Anthologie de la littérature française

II

Anthologie
de la littérature française

Tome II   Nouvelle édition revue et augmentée

DIX–NEUVIÈME ET VINGTIÈME SIÈCLES

TEXTES CHOISIS, COMMENTÉS ET ANNOTÉS

PAR HENRI CLOUARD ET ROBERT LEGGEWIE

1975

NEW YORK · OXFORD UNIVERSITY PRESS

LONDON   TORONTO

Avertissement

UN LIVRE DE MORCEAUX choisis peut se concevoir selon deux types opposés:
ou bien il s'ouvre au plus grand nombre possible d'auteurs, ce qui excitera au premier
abord la curiosité, mais oblige à se contenter de textes courts et n'attachera donc
pas sérieusement l'esprit; ou bien il choisit un nombre assez restreint d'auteurs,
mais les plus représentatifs, et il a ainsi la place d'en reproduire de longs morceaux,
des ensembles importants, capables de donner l'idée exacte d'un art, d'une psychologie, d'une pensée.

C'est selon le second de ces types que le présent ouvrage a été conçu. Ainsi sommes-
nous persuadés qu'il contribuera à former l'esprit des jeunes gens, tout en leur
procurant une connaissance approfondie de la littérature à laquelle il est consacré.

Nous avons mis tous nos soins à présenter les extraits avec clarté, à préciser leur
position dans l'ouvrage dont ils sont détachés, enfin à sauvegarder tout leur intérêt,
à leur faire dégager toute leur signification, à leur permettre de rayonner de toute
leur beauté. Nous n'avons pas craint de reproduire des œuvres entières.

En tête de la partie consacrée au Moyen Âge, puis en tête des parties consacrées
à chacun des siècles suivants, on trouvera des notices générales qui situent la littérature dans la société et en indiquent les principales directions, en sorte que la suite
de ces notices équivaudra à un précis d'histoire littéraire. Ensuite chaque auteur a
sa notice particulière qui résume sa vie et donne une idée de ses ouvrages. Ainsi
les époques de la littérature française se reflètent dans nos pages avec leur courants
de pensée, de sentiment et d'expression, avec leurs grandes figures individuelles,
avec un aperçu de leurs œuvres essentielles.

Les notes qu'on lira au bas des pages ont été rédigées de manière à former un
véritable enseignement du français; elles expliquent les gallicismes, les tours familiers,
les expressions populaires. En outre, des notes historiques et des notes littéraires
dispenseront les élèves de recourir aux dictionnaires. Ils disposeront ici de tout ce
qui leur sera nécessaire.

Les illustrations que nous avons choisies sont pour la plupart des illustrations
d'atmosphère. Elles évoquent les cadres, les ambiances, les aspects de vie générale
dans lesquels s'est developpée la littérature française au cours des âges. D'autres
illustrations reproduisent des portraits d'écrivains ou se rapportent à une œuvre.

La première édition de ce livre avait paru en 1960. Aujourd'hui nous effrons à
nos collègues et aux étudiants des collèges et des universités une nouvelle édition
revue et augmentée.

De la première édition nous avons gardé presque tous les textes. Et si nous avons éliminé Agrippa d'Aubigné, Heredia, Gérard de Nerval, Anatole France, Cocteau et François Mauriac, par contre nous avons ajouté des pages importantes à Rabelais, Montaigne, Chateaubriand, Diderot et mis à jour le vingtième siècle avec l'addition de Saint-John Perse, Anouilh, Ionesco, Robbe-Grillet et Butor. Enfin, nous donnons *Candide* en entier, alors que cette œuvre paraissait avec coupures dans la première édition.

Nous avons éliminé les *Sujets de devoir* ainsi que les *Bibliographies d'ouvrages critiques*. Certains des livres cités n'ont plus qu'un intérêt secondaire aujourd'hui et avec la parution annuelle de livres nouveaux ces listes sont vite périmées.

Puisse cette nouvelle édition qui se présente ainsi revue et augmentée, au public des universités américaines, répondre à ses besoins et à ses vœux, faire de son étude un plaisir et vraiment l'introduire dans la vie française.

Je ne veux pas manquer de remercier ici tous ceux qui nous ont aidés.

Pour le choix des nouveaux extraits nous avons été guidés par tous ceux qui ont bien voulu nous écrire. Ils sont trop nombreux pour que je puisse les citer, mais je leur adresse mes plus sincères remerciements et j'espère qu'ils retrouveront ici leurs textes préférés.

Je tiens aussi à exprimer ma sincère et profonde gratitude à la maison Oxford. Tout d'abord à notre éditeur, John Wright, qui est responsable de cette nouvelle édition; à Joyce Berry qui en a obtenu les illustrations; à Stephanie Golden qui en a vérifié et revu le texte.

Enfin, je tiens à rendre hommage ici à Henri Clouard qui nous a quittés au moment où nous terminions cette nouvelle édition. Ami dévoué, collaborateur fidèle, critique éminent, Henri Clouard avait, par-dessus tout, la qualité que l'on admire le plus chez un homme cultivé, la modestie. Sa mort est une perte pour les Lettres françaises et pour tous ceux qui l'ont connu et aimé.

R. L.

Pomona College
Claremont, California
Novembre 1974

Table des Matières

LE DIX-NEUVIÈME SIÈCLE

LE VINGTIÈME SIÈCLE

TABLE DES ILLUSTRATIONS

Le Dix-neuvième Siècle

LE DIX-NEUVIÈME SIÈCLE

1800	1810	1820	1830	1840	1850	1860	1870	1880	1890	1900

DATES HISTORIQUES

1799–1804: Le Consulat
1801: Le Concordat
1804: Sacre de NAPOLÉON
1804–14: L'Empire
1815: Waterloo
1815–24: Règne de LOUIS XVIII
1824–30: Règne de CHARLES X
1830: Révolution de Juillet
1830–48: Règne de LOUIS-PHILIPPE
1848: Révolution de Février
1848–51: La IIᵉ République
1851: Coup d'État du 2 Décembre
1852–70: Le Second Empire: NAPOLÉON III
1870–71: Guerre Franco-Allemande
1870: Sedan, Le Siège de Paris,
La Commune
1870: La Troisième République
Affaire Dreyfus: 1894–1906

DATES LITTÉRAIRES

1766 MME DE STAËL 1817
1800: *De la littérature*
1810: *De l'Allemagne*
1767 BENJAMIN CONSTANT 1830
1816: *Adolphe*
1768 ———— CHATEAUBRIAND ———— 1848
1801: *Atala*
1802: *René, Le Génie du christianisme*
1809: *Les Martyrs*
1848–50: *Mémoires d'outre-tombe*
1770 ———— SENANCOUR ———— 1846
1804: *Oberman*
1783 ———— STENDHAL ———— 1842
1831: *Le Rouge et le Noir*
1839: *La Chartreuse de Parme*
1790 ———————— LAMARTINE ———————— 1869
1820: *Méditations poétiques*
1830: *Harmonies*
1836: *Jocelyn*
1839: *Recueillements*
1795 ———— AUGUSTIN THIERRY ———— 1856
1840: *Récits des temps mérovingiens*
1797 ———————— ALFRED DE VIGNY ———————— 1863
1826: *Poèmes antiques et modernes*
1835: *Chatterton, Servitude et grandeur militaires*
1864: *Destinées*
1798 ———————— MICHELET ———————— 1874
1831: *Histoire romaine*
1833 ——— *Histoire de France* ——— 1867
1847: *Histoire de la Révolution*

1799 ———— HONORÉ DE BALZAC ———— 1850
1829–48: *La Comédie humaine*
1833: *Eugénie Grandet*
1834: *Le Père Goriot*
1835: *Le Lys dans la vallée*
1837: *Illusions perdues*
1846: *La Cousine Bette*
1847: *Le Cousin Pons*

1802 ———————————— VICTOR HUGO ———————— 1885
1822–28: *Odes et ballades*
1829: *Les Orientales*
1830: *Hernani*
1831: *Notre-Dame de Paris, Les Feuilles d'automne*
1840: *Les Rayons et les ombres*
1853: *Les Châtiments*
1856: *Les Contemplations*
1859: *La Légende des siècles*
1862: *Les Misérables*

1803 ———————— MÉRIMÉE ———————— 1870
1825: *Théâtre de Clara Gazul*
1829: *Chronique du règne de Charles IX*
1840: *Colomba*
1845: *Carmen*

1803 ————— ALEXANDRE DUMAS ———— 1870
1829: *Henri III et sa cour*
1832: *Antony*
1844: *Les Trois Mousquetaires*

1804 ————— GEORGE SAND ———— 1876
1831: *Indiana*
1845: *Le Meunier d'Angibault*
1846: *La Mare au diable*

1804 ————— SAINTE-BEUVE ———— 1869
1834: *Volupté*
1840 *Port-Royal* 1859
1851 *Les Lundis* 1869

1808 — GÉRARD DE NERVAL — 1855
1853–55: *Sylvie, Les Chimères, Aurélia*

1810 — ALFRED DE MUSSET — 1857
1830: *Contes d'Espagne et d'Italie*
1834: *On ne badine pas avec l'amour*
1835: *Lorenzaccio*
1836: *Confession d'un enfant du siècle*
1835–37: *Les Nuits*

1811 ———— THÉOPHILE GAUTIER ———— 1872
1852: *Émaux et Camées*

1818 ———————— LECONTE DE LISLE ———————— 1894
1852: *Poèmes antiques*
1862: *Poèmes barbares*

1821 ———— BAUDELAIRE ——— 1867
1857: *Les Fleurs du mal*
1869: *Petits Poèmes en prose*

1821 ———— GUSTAVE FLAUBERT ———— 1880
1857: *Madame Bovary*
1862: *Salammbô*
1869: *L'Éducation sentimentale*
1874: *La Tentation de Saint-Antoine*
1877: *Trois Contes*
1881: *Bouvard et Pécuchet*

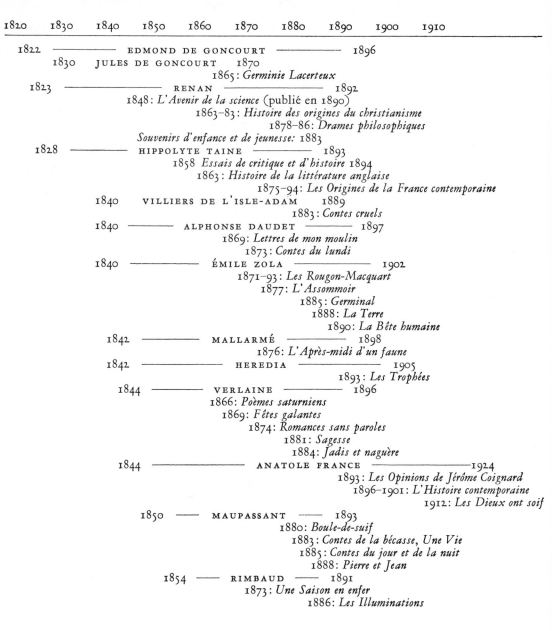

1820　1830　1840　1850　1860　1870　1880　1890　1900　1910

1822 ——————————— EDMOND DE GONCOURT ——————— 1896
　　　1830　　JULES DE GONCOURT　　1870
　　　　　　　　　　　1865: *Germinie Lacerteux*
　　1823 ———————————— RENAN ———————————— 1892
　　　　　　　1848: *L'Avenir de la science* (publié en 1890)
　　　　　　　　　1863-83: *Histoire des origines du christianisme*
　　　　　　　　　　1878-86: *Drames philosophiques*
　　　　　　　Souvenirs d'enfance et de jeunesse: 1883
　　　1828 ———————————— HIPPOLYTE TAINE ———————— 1893
　　　　　　　　1858 *Essais de critique et d'histoire* 1894
　　　　　　　　　1863: *Histoire de la littérature anglaise*
　　　　　　　　　　1875-94: *Les Origines de la France contemporaine*
　　　　1840　　VILLIERS DE L'ISLE-ADAM　　1889
　　　　　　　　　　1883: *Contes cruels*
　　　　1840 ———————— ALPHONSE DAUDET ———————— 1897
　　　　　　　　1869: *Lettres de mon moulin*
　　　　　　　　1873: *Contes du lundi*
　　　　1840 ———————— ÉMILE ZOLA ———————————— 1902
　　　　　　　　1871-93: *Les Rougon-Macquart*
　　　　　　　　1877: *L'Assommoir*
　　　　　　　　　　1885: *Germinal*
　　　　　　　　　　1888: *La Terre*
　　　　　　　　　　1890: *La Bête humaine*
　　　　1842 ———————— MALLARMÉ ———————— 1898
　　　　　　　1876: *L'Après-midi d'un faune*
　　　　1842 ———————— HEREDIA ———————— 1905
　　　　　　　　　　1893: *Les Trophées*
　　　　1844 ———————— VERLAINE ———————— 1896
　　　　　　　1866: *Poèmes saturniens*
　　　　　　　1869: *Fêtes galantes*
　　　　　　　　1874: *Romances sans paroles*
　　　　　　　　　1881: *Sagesse*
　　　　　　　　　1884: *Jadis et naguère*
　　　　1844 ———————— ANATOLE FRANCE ———————1924
　　　　　　　　　1893: *Les Opinions de Jérôme Coignard*
　　　　　　　　　1896-1901: *L'Histoire contemporaine*
　　　　　　　　　　1912: *Les Dieux ont soif*
　　　1850 ———— MAUPASSANT ———— 1893
　　　　　　　1880: *Boule-de-suif*
　　　　　　　1883: *Contes de la bécasse, Une Vie*
　　　　　　　1885: *Contes du jour et de la nuit*
　　　　　　　　1888: *Pierre et Jean*
　　　1854 ———— RIMBAUD ———— 1891
　　　　　　　1873: *Une Saison en enfer*
　　　　　　　　1886: *Les Illuminations*

DATES ESSENTIELLES D'ŒUVRES PARUES A LA FIN DU SIÈCLE

1884: HUYSMANS, *A Rebours*
1885: LAFORGUE, *Complaintes*
1886: BLOY, *Le Désespéré*
1887-96: Pièces jouées au Théâtre Libre d'Antoine
1889: BOURGET, *Le Disciple*
1890: GEORGES DE PORTO-RICHE, *Amoureuse*
1893: GEORGES COURTELINE, *Boubouroche*

1896: ALFRED JARRY, *Ubu Roi*
1897: EDMOND ROSTAND, *Cyrano de Bergerac*
1897: MAURICE BARRÈS, *Les Déracinés*
1897: HENRI DE RÉGNIER, *Les Jeux rustiques et divins*
1899: FRANÇOIS DE CUREL, *La Nouvelle Idole*
1900: JULES RENARD, *Poil de carotte*

I. Vue générale

LE DIX-NEUVIÈME SIÈCLE littéraire de la France a commencé en 1800, puisqu'un grand livre de Mme de Staël en marque le début; mais il ne s'est terminé qu'à la veille de la première guerre mondiale. Il s'étend donc de 1800 à 1914. C'est après la guerre de 1914–1918 qu'un siècle nouveau, le XXᵉ, s'est ouvert.

Le XIXᵉ plus qu'aucun autre a passé par des avatars et des métamorphoses. Il a débuté dans des conditions que les événements politiques avaient créées. La société capable de lire s'élargissait. Le régime semi-républicain, semi-consulaire, autorisant une certaine liberté de la presse, excitait un public de plus en plus étendu à échanger des opinions, à agiter des idées, à causer, à lire. Seulement ce public était tout nouveau. Car depuis que la Révolution avait fermé les collèges, dispersé les salons et coupé ainsi les nouvelles générations de l'ancienne tradition, l'« honnête homme » des classiques avait disparu. On avait affaire à un public qui ne se souciait plus des règles du goût, de l'humanisme, des disciplines grecques et romaines. Il s'intéressait surtout à l'originalité personnelle. Il pensait aux hommes partis de rien et que Napoléon avait hissés au sommet. Aussi est-ce l'Homme individuel, la destinée particulière qui allaient devenir héros et matière de la littérature, à la place de l'Homme général des moralistes, des philosophes cartésiens, des orateurs de la chaire et des poètes tragiques.

L'INDIVIDUALISME

Hommes individuels et destinées particulières se ressentaient d'une époque volcanique. On comprend que les Français ayant subi la Révolution sans y laisser leur tête et ayant par surcroît pris part ou assisté à l'épopée impériale fussent des lecteurs qui demandaient à se sentir secoués. C'est pourquoi l'individualisme littéraire, à qui déjà Jean-Jacques Rousseau avait fait quitter le chemin de la raison et du sens commun pour prendre celui de la sensibilité et de l'imagination, s'y est enfoncé toujours plus avant, sous des ciels grondants. . . « Levez-vous, orages désirés! » vont s'écrier les poètes et les romanciers.

Le chemin passait par les littératures étrangères. Une influence des littératures européennes s'est exercée sur la littérature française depuis la seconde partie du XVIIIᵉ siècle, évidemment ralentie par la Révolution et l'Empire, qui opposèrent la France à l'Europe. Rousseau déjà avait reçu des reflets des romans anglais de Richardson, *Paméla* et *Clarisse Harlowe*. Ensuite, le poète anglais Macpherson, sous le nom d'Ossian, barde écossais en partie inventé par lui, avait fait aimer en France ses envolées ardentes. Napoléon emportait Ossian dans sa cantine, toute une jeunesse le portait dans son cœur. *Werther,* le roman de Gœthe, traduit depuis 1776, était à la mode. Le poète Legouvé représentait la jeune fille de sa *Mélancolie,* en 1798, « un cyprès devant elle et *Werther* à la main ».

Le renouveau de la sensibilité française qu'exprimaient déjà Thomas, Parny, et secrètement André Chénier, aurait eu son développement naturel en accord avec de telles influences, si ce mouvement général n'avait pas été interrompu par des tyrannies sanglantes.

Encore ne fut-ce qu'une interruption apparente, car le développement, soudain moins étendu, s'est alors précisé et approfondi. C'est en effet sous le joug napoléonien que les deux grands précurseurs du Romantisme ont publié leurs ouvrages décisifs et précipité la révolution littéraire par la force de leur génie.

Mme de Staël dans *De la littérature* (1800) expose que les ouvrages de l'esprit dépendent des sociétés, des époques, des climats; ils émanent des nations et en expriment l'âme. Dès lors il n'existe pas de beau absolu, comme l'a cru Boileau, dont les règles n'ont pas de valeur universelle. Par exemple, les littératures du nord, l'anglaise et l'allemande, fondamentalement différentes des littératures méditerranéennes, n'offrent pas moins de beautés: ce sont beautés de l'imagination et du rêve opposées aux beautés de la raison et de la claire réalité, elles sont plus spiritualistes, plus chevaleresques, plus favorables à la femme et à l'amour. Or tel aussi avait été le caractère de la littérature française jadis au Moyen Âge. Par conséquent, conclut l'auteur, la France a intérêt désormais à mettre sa littérature dans le sens de l'âme nationale, en se libérant des Grecs et des Romains, en renouant avec le Moyen Âge par dessus le classicisme des XVIIᵉ et XVIIIᵉ siècles, et en se rapprochant des Anglais et surtout des Allemands, dont l'exemple lui donnera le sentiment du divin, la profondeur chrétienne, le goût de communier avec la nature. Revenant à la charge dans *De l'Allemagne* (1810), Mme de Staël invitait les Français à étudier les écrivains allemands, parce qu'ils préservaient leur originalité de la vie de société, dédaignaient les règles, s'inspiraient des traditions nationales en même temps que des émotions personnelles et qu'ils avaient le goût de la profondeur philosophique et religieuse. Ainsi voyait-elle les Allemands. Dès cette époque, ils étaient plus réalistes que cela, devait lui objecter plus tard l'Allemand Henri Heine.

Moins philosophe, mais plus artiste que sa contemporaine, Chateaubriand a confirmé les principes révolutionnaires qu'elle prêchait. Il a célébré les beautés du christianisme, mis à la mode les antiquités médiévales, ouvert la littérature au plus large sentiment de la nature, enfin a poussé son Moi au premier plan de son œuvre, comme Mme de Staël dans ses propres romans, *Delphine* (1802) et surtout *Corinne* (1807) où nous admirons la coquette au turban, l'inspiratrice du cap Misène, la vibrante amoureuse d'Italie.

Les premiers ouvrages des deux écrivains soulevaient donc les flots de tout un romantisme français. Mais le fleuve, arrêté pour quelques années au barrage des événements politiques, n'allait reprendre sa course qu'au lendemain des guerres, après l'installation du gouvernement de Louis XVIII, après la *Valérie* de Mme de Krudener (1804), après les premiers récits fantaisistes, romanesques et sentimentaux de Xavier de Maistre, de Charles Nodier, et les poèmes de Chênedollé, de Millevoye, de Soumet, tous romanciers et poètes de transition déjà pénétrés des nouvelles façons de sentir, mais empêtrés dans le style le plus usé et prisonniers d'un art faussement classique.

LE ROMANTISME

Le Classicisme était né dans les salons, le Romantisme s'est formé dans les cénacles. Nous énumérons plus loin, dans une notice particulière sur la poésie romantique, ces réunions si propices à l'échange des idées et des goûts, réunions d'écrivains et d'artistes, car peintres, sculpteurs, écrivains ont cherché leur inspiration aux mêmes sources; Gros a exposé en 1804 ses « Pestiférés de Jaffa », Géricault en 1819 son « Radeau de la Méduse », et Delacroix devait peindre en 1822 son « Dante aux enfers », tandis que le statuaire Rude méditait ses créations futures et qu'Émile Devéria, le dessinateur, regardait aller et venir et croquait Hugo déjà olympien, Vigny secret et hautain, Dumas jovial et drôle, Musset dandy et gamin.

Dans ces joyeux cénacles, la jeunesse a crié sur tous les tons: — Au diable la raison qui paralyse, le goût qui étrique, le style noble qui égare! A nous, l'imagination, le rêve, la passion, le cœur! Prenons la Bastille des rimes! Mettons le bonnet rouge au vieux dictionnaire!

Et la gloire de grands étrangers l'encourageait. Bien avant celle de *Faust* en 1823, les traductions de maintes œuvres allemandes avaient peuplé la littérature française de démons, de sylphes, de fées. Elle s'ouvrit à partir de 1822 à Byron, homme des tempêtes, ange déchu et révolté, et qui, comme Faust, demandait à la vie plus qu'elle ne peut donner. Elle s'ouvrit également à Walter Scott qui restaurait un passé vivant et tirait de l'histoire des récits épiques. Car partout en Europe un Romantisme avait précédé le nôtre non seulement avec ces auteurs-là, mais encore avec Shelley et Keats en Angleterre, Schiller et Wieland en Allemagne, Manzoni en Italie, en attendant les traductions du Romancero espagnol et des chants populaires de la Grèce. Bien entendu, le vieux Shakespeare demeurait souverain, la saison shakespearienne de 1827 au Théâtre de l'Odéon devait soulever l'enthousiasme de Paris.

Au centre de cette neuve cité s'est élevé le trône d'une royauté: celle du lyrisme. Le Romantisme, trop complexe pour être défini, ce fut essentiellement le lyrisme roi. Ce lyrisme que la littérature mondaine de deux siècles avait tenu prisonnier du bon ton, de la galanterie, des conversations de salons, conquérait à présent tous les droits: le droit d'être soi, avec ou contre la nature, avec ou contre Dieu, avec ou contre la société. Il n'y avait pas eu de grands poètes lyriques aux XVIIe et XVIIIe siècles. Non seulement le XIXe siècle français a compté de grands poètes lyriques, mais le lyrisme a renouvelé tous les genres de prose et de vers: roman, théâtre, histoire, et critique.

Dans nos notices consacrées aux poètes Lamartine, Hugo, Vigny, Musset, Nerval, homme et œuvre, se trouvera résumé ce qui caractérise leur génie non seulement dans la poésie mais aussi dans le roman et au théâtre. Ici, dans ce panorama d'ensemble, notons seulement l'évolution des activités et leur diversité prodigieuse. Pour l'assaut livré au théâtre, remarquons que Stendhal en traça le plan dans *Racine et Shakespeare,* en 1823, et que le premier coup de boutoir donné aux vieilles coutumes est dû à Mérimée, dont *Le Théâtre de Clara Gazul* (1825) s'inspirait de Shakespeare et de Calderon; mais il ne le fit point jouer. Les revendications de Stendhal seront reprises par Victor Hugo dans sa fameuse *Préface de Cromwell* (1827), dont la verve et le style donnent à ce manifeste une allure révolutionnaire et font de Victor Hugo le chef de l'école nouvelle. Le premier romantique audacieux à avoir occupé la scène en vainqueur fut Alexandre Dumas, en 1829, avec *Henri III et sa cour;* mais la victoire suprême et complète a été remportée avec l'*Hernani* (1830) de Victor Hugo, dans l'enthousiasme d'une jeunesse qui par haine du conformisme affichait ses larges chapeaux, ses longs cheveux, ses gilets royaux. Il y eut deux « batailles d'Hernani » successives. S'il y en avait eu trois, on pourrait les appeler du même nom que les journées politiques de la même année 1830: les trois Glorieuses. Et le théâtre romantique, dans l'ensemble, a eu beau se solder par un échec, du moins a-t-il servi la littérature théâtrale en l'affranchissant de ses vieux carcans et en lui assurant les libertés de l'art.

Cette libération s'est révélée beaucoup plus féconde et heureuse dans le roman, qui a pris grâce à elle de nombreuses formes aussi vivantes que diverses. Les voici: roman personnel dans la suite de Mme de Staël et de Chateaubriand: *Adolphe* (1816) de Benjamin Constant, *Volupté* (1834) de Sainte-Beuve, qui analysent leur Moi en psychologues; roman historique dans lequel se sont exercés Vigny (*Cinq Mars,* 1826), Mérimée (*La Chronique de Charles IX,* 1829), Eugène Sue (*Les Mystères de Paris,* 1842), Alexandre Dumas (*Les Trois Mousquetaires,* 1844, *La Reine Margot,* 1845, etc.), Hugo (*Notre-Dame de Paris,* 1831, *Les Misérables,* 1862, *Quatre-vingt-treize,* 1873); roman de mœurs contemporaines, idéaliste et romanesque chez George Sand, qu'elle soit lyrique avec *Indiana* (1831), *Lélia* (1833), et *Mauprat* (1836), humanitaire et socialiste avec *Le Compagnon du tour de France* (1840), *Consuelo* (1842), *Le Meunier d'Angibault* (1845), ou agreste avec *La Mare au diable* (1846), *La Petite Fadette* (1849), *François le Champi* (1850), *Les Maîtres sonneurs* (1852); grand roman de l'homme dans la société, avec Mérimée encore, Stendhal, et Balzac dont *La Comédie humaine* embrasse toutes les classes d'une époque qui va de la Révolution jusqu'en 1850. On remarquera qu'il s'agit toujours, dans ces fictions, de personnages hors série, d'ardeurs extraordinaires, d'aventures frénétiques.

Le Romantisme a naturellement trouvé dans l'histoire un décor et une mise en scène faits pour lui. La matière propre de l'histoire n'est-elle pas tout ce qui a sans cesse changé les mœurs et les pensées des hommes au cours des siècles, tout ce qui a donné figure et couleur locale aux hommes de chaque temps? Il n'est plus question de l'Homme de Bossuet, mais des hommes particuliers de Thierry et de Michelet. Il est significatif qu'Augustin Thierry, qui a décrit la *Conquête de l'Angleterre par les Normands* (1825) et peint *Les Temps mérovingiens* (1840) en grandes scènes dramatiques, ait senti sa vocation d'historien s'éveiller à lire le roman des *Martyrs,* à voir apparaître dans l'épopée en prose de Chateaubriand la prêtresse Velléda au cœur des forêts gauloises, la marche des Francs au combat contre les Romains, le sacrifice des chrétiens dans le Cirque antique de Rome. Jules Michelet a fait revivre la réalité intégrale de sa patrie, il l'a traitée comme une personne luttant de toutes ses forces morales contre les fatalités, forgeant courageusement sa liberté, et il a accompagné cette évolution dramatique de son enthousiasme, de sa passion, de ses cris.

D'autres, plus philosophes, tels Guizot et Tocqueville, ou plus documentaires, tel Thiers, préparaient l'époque suivante, ainsi que le faisait de son côté, pour l'histoire littéraire et la critique, Sainte-Beuve. Celui-ci avait commencé par être poète et romancier, il l'est resté dans sa critique par le don de vie et de sympathie, mais en se servant pour analyser et juger les œuvres d'une méthode des plus positives. « Je suis, disait-il, un naturaliste des esprits », et il a écrit en effet une histoire naturelle de la littérature, dans ses *Portraits littéraires* (1844), son *Histoire de Port-Royal* (1840–48), ses *Causeries du lundi* (1851–62). C'était déjà de la science, tout en restant de l'art.

Cependant le siècle arrivait à son milieu, et les années épuisaient le Romantisme. Au Théâtre français, l'actrice Rachel, nouvelle Champmeslé, mit les romantiques en fuite devant Racine dès les dernières années du règne de Louis-Philippe. En poésie, Lamartine n'écoutait plus son âme, Vigny tournait au philosophe, Musset ironisait, Sainte-Beuve, traître à ses amis des jeunes années, était passé depuis 1840 aux classiques. Et d'ailleurs le Romantisme ne se trouva bientôt plus accordé à la pensée générale du temps. En effet, l'influence scientifique de Cuvier, de Geoffroy Saint-Hilaire, d'Ampère se fit alors sentir. Marcellin Berthelot n'allait pas tarder à publier ses *Leçons de synthèse chimique* (1860), Claude Bernard son *Introduction à la médecine expérimentale* (1865); la théorie darwinienne de l'évolution allait pénétrer en France, tandis que le philosophe Auguste Comte fondait la doctrine positiviste qui renonce aux recherches métaphysiques et prétend se consacrer uniquement à l'étude des faits. Un climat était ainsi créé auquel contribuèrent les artistes, les Millet, les Courbet, les Carpeaux. L'esprit positif établissait son règne, les pensées et les goûts devenaient plus épais, plus utilitaires, plus matériels. C'est que les vainqueurs de 1848, puis les profiteurs du Second Empire, ont été l'industrie, le commerce, la banque. Qu'est-ce que le lyrisme aurait eu à faire dans cette société-là? A sa place, la description de la réalité extérieure, l'esprit objectif, la pratique d'un art plus soucieux d'exécution que d'inspiration, ont caractérisé une période nouvelle de la littérature. Le Réalisme succédait au Romantisme.

Le roman est devenu dans cette période le plus important de tous les genres. Le prestige des méthodes scientifiques l'a orienté vers le souci des faits réels, l'étude des milieux, la reproduction sans illusion de la vie. Le grand romancier réaliste est Gustave Flaubert. Après lui sont venus les Goncourt et Daudet. Chacun d'eux a d'ailleurs profité pour son œuvre d'un ferment qui l'a soustrait à tout excès: Flaubert de ce qu'il avait encore de romantique en lui, les Goncourt de leur goût pour l'art du dix-huitième siècle, Alphonse Daudet de sa gentillesse méridionale. En dehors d'eux, le réalisme s'est durci en naturalisme avec Zola et ses disciples. Le roman naturaliste n'est plus seulement documentaire comme le roman réaliste, il se fait « expérimental » c'est-à-dire que Zola, par exemple, ayant choisi un triste héros, chargé d'une hérédité d'hystérique et d'alcoolique, vérifie son développement physiologique et celui de sa famille en leur faisant traverser des milieux divers: que ses Rougon-Macquart soient ouvriers, commerçants, hommes politiques, mineurs, paysans ou cheminots, tous portent en eux la tare originelle qui engendre vices et maladies, et telle est la signification des romans de cette série (*L'Assommoir, Germinal, La Bête humaine,* et d'autres) réunis sous ce sous-titre significatif: *Histoire naturelle et sociale d'une famille sous le Second Empire* (1871–93). Cette conception a obligé les naturalistes à descendre dans les mines, à risquer des nausées dans les salles d'hôpital, à monter sur les locomotives de chemin de fer; elle leur a fait représenter l'être humain livré aux instincts. Heureusement le naturalisme s'est démenti lui-même, il a maintes fois désobéi à ses principes. Zola a amplifié le réel par une imagination encore gonflée d'un romantisme qui décidément ne voulait pas mourir. Maupassant, pur naturaliste dans certaines de ses œuvres, s'est montré dans d'autres, par exemple dans *Pierre et Jean* (1888), un délicat psychologue. Huysmans s'est échappé à partir d'*A Rebours* (1884) et a rejoint une haute littérature mystique. En somme, les seuls vrais naturalistes ont été de petits auteurs négligeables qu'on ne lit plus, tels que Henry Céard, Paul Alexis, Léon Hennique, débiteurs de « tranches de vie ».

Au théâtre également, il n'y a eu d'intéressants dans la peinture de la réalité contemporaine que les auteurs en qui persistaient de bonnes habitudes traditionnelles et dont les qualités d'observation étaient capables de tailler des caractères dans l'humanité de la vie courante. Ce fut le cas pour Émile Augier (1820–89), dont la plus célèbre comédie de mœurs est *Le Gendre de M. Poirier* (1854) et qui a écrit aussi de solides comédies sociales; pour Alexandre Dumas Fils (1824–95), le touchant psychologue de *La Dame aux camélias* (1852), le critique social de *La Question d'argent* (1857), le tribun du *Fils naturel* (1858); pour Victorien Sardou (1831–1908), le créateur de *La Famille Benoiton* (1865), et qui a su aussi faire surgir du drame historique un type, *Madame Sans-Gêne* (1893); pour Édouard Pailleron (1834–99), l'homme d'esprit du *Monde où l'on s'ennuie* (1881) qui est le monde académique. A côté de ce théâtre moral et social, un théâtre gai a eu la faveur du Second Empire avec Labiche, Gondinet, Meilhac et Halévy.

Voilà pour le réalisme au théâtre. Le naturalisme l'a surclassé. Henri Becque (1837-99) a donné une puissance vraiment dramatique à son pessimisme, à sa passion d'exacte vérité, à son goût des détails de la vie la plus odieuse, dans *Les Corbeaux* (1882) et *La Parisienne* (1885). Jules Renard (1864-1910) est le comique amer et sarcastique du *Pain de ménage* (1899) et de *Poil de carotte* (1900). Octave Mirbeau (1848-1917) s'est partagé entre le théâtre et le roman avec un égal succès. Sa pièce *Les Affaires sont les affaires* (1903) s'affirme comme une grande comédie de caractère, où l'homme d'affaires arriviste est dépeint avec un réalisme féroce.

De semblables tendances ont amené la poésie à la description objective de la réalité et à la recherche d'une solidité de forme. Théophile Gautier, qui avait débuté dans le romantisme le plus virulent, est arrivé à composer les petites pièces d'*Émaux et Camées* (1852) comme un joaillier façonne des pierres précieuses, et la dernière pièce de ce recueil, « l'Art », peut servir de manifeste à l'Art pour l'art, l'Art n'étant plus que le métier, au sens artisanal du mot. Ensuite Leconte de Lisle a réalisé l'union de l'art ainsi entendu avec la science des religions et des mythes. Autour de lui s'est groupée l'école parnassienne. A ces jeux, la poésie risquait l'étouffement, mais nous verrons ci-après comment elle en a été sauvée.

Enfin les méthodes de la science pouvaient-elles ne pas contraindre l'histoire aux enquêtes rigoureuses et limitées pour chaque historien à un domaine déterminé? Mais le Réalisme a eu la chance que dans sa période l'histoire rencontrât de grands esprits, hommes de science. Un Ernest Renan (1823-92), spécialiste de la critique historique des textes sacrés, auteur de l'*Histoire des origines du christianisme* (1863-83) et de l'*Histoire du peuple d'Israël* (1887-94); un Hippolyte Taine (1828-93), historien des *Origines de la France contemporaine* (1875-94), sont aussi des philosophes originaux et de beaux écrivains. Renan, détaché de la religion et plein de foi dans l'avenir de la science, représente avec éclat la génération positiviste. Mais il gardait cependant le sens du mystère, le besoin d'idéal, et par suite une sympathie pour les religions. Moins libéral, plus systématique, Taine, esprit essentiellement positif, a appliqué aux sciences morales de la philosophie, de l'histoire et de la critique la méthode des sciences naturelles fondée sur l'observation des faits et se proposant la découverte des lois. A ce point de vue, son livre le plus remarquable est l'*Histoire de la littérature anglaise* (1864-69).

La littérature du XIXᵉ siècle a connu une quatrième période: celle de la réaction contre le naturalisme. Elle était fatale, car le naturalisme négligeait trop certains besoins éternels de la nature humaine, ceux qui intéressent l'âme. Des contemporains le lui reprochaient durement. Barbey d'Aurevilly appelait Zola « un Michel-Ange de la crotte ». Certains disciples répudièrent le maître du roman naturaliste, à cause de son parti-pris de brutale matérialité. En outre, les influences étrangères, les opéras de Wagner, les romans de Tolstoï et de Dostoievsky, l'intimisme profond de quelques poètes anglais et l'idéalisme sensible des poètes romantiques allemands tels que Novalis, enfin les poèmes et les contes géniaux d'Edgar Poe, ont aidé à la renaissance du spiritualisme, de l'idéalisme et de la psychologie.

LE SYMBOLISME

En poésie, cette période anti-naturaliste a été anti-parnassienne. Elle s'est déroulée dans le sillage du poète des *Fleurs du mal* (1857), Charles Baudelaire, dont le « frisson nouveau », l'ambiance de mystère, les « correspondances » avaient jeté dans la poésie française, sous une apparence encore parnassienne, les germes du Symbolisme.

Pour les Symbolistes, les réalités du monde visible sont des signes qu'il faut interpréter et qui servent à suggérer des existences supérieures, à la fois idées, divinités, rayons d'étoiles. Voilà les symboles évocateurs qui peuplent notre vie intérieure, qui tissent le réseau des « correspondances » baudelairiennes d'une sensation à une autre et de ce monde terrestre à un autre peut-être céleste. La plupart des Symbolistes ont cru, pour exprimer cette vie intime, mouvante, clair-obscur, avoir besoin d'une forme d'extrême souplesse. Ils ont donc renoncé à la cadence syllabique, l'ont remplacée par des rythmes subtils, ont substitué l'assonance à la rime, certains ont été jusqu'au « vers libre », qui n'est plus vers proprement dit, mais ligne plus ou moins harmonieuse ou lignes tendant au verset. Par ces moyens, les Symbolistes ont rapproché la poésie de la musique, alors que les Parnassiens avaient rivalisé avec les arts plastiques.

Si Baudelaire a été le précurseur de ce mouvement, les initiateurs immédiats en ont été Verlaine, Mallarmé, Laforgue, et Rimbaud, qui demandent une notice spéciale: nous ne manquerons pas de la leur donner. A leur suite, un assez grand nombre de poètes ont formé l'école symboliste: Gustave Kahn, Henri de Régnier, Charles Morice, Saint-Pol Roux, Robert de Souza, René Ghil, etc., avec plusieurs Belges, Maurice Maeterlinck, Émile Verhaeren, Charles Van Lerberghe, Max Elskamp, et deux Américains, Francis Viélé-Griffin et Stuart Merrill.

Il est compréhensible que l'ambition symboliste d'exprimer l'ineffable et de traduire le mystère ait présenté des dangers, celui notamment d'une obscurité involontaire ou de l'obscurité voulue appelée hermétisme, d'autant plus que la libération du vers a souvent abouti à un langage qui n'est plus qu'une prose bizarre. Ces deux inconvénients menaçaient de priver la poésie de tout public.

Plusieurs poètes engagés dans le Symbolisme comprirent la situation et se séparèrent de leurs compagnons d'art. Henri de Régnier (1864-1936) en est le plus remarquable exemple. Il a écrit tour à tour en vers libérés et en vers libres, puis s'est décidé pour des alexandrins réguliers et fort beaux. Jean Moréas (1856-1910) a fondé une école adverse, l'« École romane », et il est l'immortel auteur des *Stances*. . . Mais d'autre part, une tradition issue de Mallarmé devait se poursuivre à travers le siècle suivant.

On s'explique aisément qu'entre les Symbolistes et les « Romans » bien des poètes aient suivi une voie intermédiaire et composé des amalgames de romantisme, de parnasse et de symbolisme évolué. Nommons Albert Samain, Charles Guérin, Louis Le Cardonnel. Nommons surtout Jammes et Fort. Francis Jammes (1868–1938), poète et romancier, a retrempé le Symbolisme aux sources de la nature et créé une forme tout à lui. Paul Fort (né en 1872) a pris des forces dans les anciennes chansons de terroir et publié à partir de 1897 ses *Ballades françaises* dont il a curieusement disposé les vers comme de la prose, bien que ce soient des vers authentiques.

Le théâtre de la réaction anti-naturaliste n'a été symboliste de façon vivante et heureuse que chez les Belges de langue française, Verhaeren, Rodenbach, surtout Maurice Maeterlinck (1862–1949) qui a su montrer dans *La Princesse Maleine* (1889), *Les Aveugles* (1890), *Pelléas et Mélisande* (1892), si suavement inspiratrice de la musique de Debussy, quel mystère profond enveloppe notre vie quotidienne. Mais au théâtre bien plus encore qu'en poésie, un art aussi différent du Symbolisme que du Naturalisme et rapproché des traditions antérieures s'est donné libre cours. Cela a été un théâtre d'idées et un théâtre de sentiment, voire un théâtre social. François de Curel (1854–1928) a renouvelé la tragédie cornélienne, quoique prosateur, dans ses drames de conscience, *Le Repas du lion* (1897), *La Nouvelle Idole* (1899), *Le Coup d'aile* (1906). Un théâtre à thèse a porté sur les planches les hautes intentions moralisatrices d'Eugène Brieux (1858–1932) dans vingt pièces qui vont de *Blanchette* (1892) à *La Robe rouge* (1900). Le théâtre de sentiment, le théâtre d'amour, oblige à retenir les noms de Georges de Porto-Riche (1849–1930), auteur d'*Amoureuse* (1891) et du *Passé* (1897); d'Henri Lavedan (1859–1940), peintre étincelant de la vie parisienne dans *Le Marquis de Priola* (1902); de Maurice Donnay (1859–1945), l'analyste aimable et pénétrant d'*Amants* (1895) et du *Torrent* (1898); d'Henri Bataille (1872–1922) qui avec *La Lépreuse* (1897), *Maman Colibri* (1904), *La Marche nuptiale* (1905), fit frémir un vaste public.

La comédie pure et simple a retrouvé l'oreille du public en ces années de diversité littéraire assez anarchique. Georges Courteline (1858–1929), fort amusant dans ses saynètes frondeuses, a atteint la haute comédie dans *Boubouroche* (1893) qui perpétuera un type inoubliable de l'homme dupé par une femme. Tristan Bernard (1866–1947), désopilant dans ses comédies légères, a réussi deux comédies de caractère, *Triplepatte* (1905) et *Monsieur Codomat* (1907).

Dans la même période, il n'est pas jusqu'au théâtre en vers qui n'ait brillamment claironné avec Richepin, Mendès, Haraucourt, Zamacoïs. Il s'est même élevé jusqu'à la gloire avec *Cyrano de Bergerac* (1897) d'Edmond Rostand, la pièce de panache, de risque amoureux et d'épée.

Le roman a pris sa part, on le pense bien, dans la réaction de la psychologie spiritualiste et idéaliste. Villiers de l'Isle Adam est le premier nom qui s'impose, mais il importe de lui adjoindre ceux de Barbey d'Aurevilly et de Melchior de Vogüé. Ces écrivains puissants ont ouvert dans le réalisme naturaliste une brèche, par où les forces reconstituées de plusieurs traditions sont alertement passées: la tradition d'analyse, d'observation spirituelle et de philosophie humaine, représentée par Anatole France et, avec un coefficient de pensée traditionnaliste, par Paul Bourget (1852–1935), dont *Le Disciple* (1889) marque une date, et Maurice Barrès (1862–1923); la tradition de grande narration et de récit attachant reprise par Eugène Fromentin, Pierre Loti, Élémir Bourges, Édouard Estaunié; la tradition de la peinture des mœurs, avec les frères Rosny, Paul Adam, Jules Renard, Charles-Louis Philippe.

Si l'histoire, après Renan et Taine, a évolué vers l'érudition, sortant donc de la littérature, malgré les efforts de Fustel de Coulanges, d'Albert Sorel, d'Ernest Lavisse, de Camille Jullian, la critique en revanche, genre longtemps secondaire avant Sainte-Beuve, a poussé au premier rang la génération des Ferdinand Brunetière, des Émile Faguet et des Jules Lemaître. Puis c'est la philosophie qui a marqué la date la plus importante avec l'apparition d'Henri Bergson (1859–1941), dont l'*Essai sur les données immédiates de la conscience* (1899) a mis en train une psychologie intuitive beaucoup mieux adaptée que l'intelligence stricte au réel. Bergson affranchissait le monde moral des lois du monde physique. La littérature devait profiter d'autant plus largement de cet intuitionisme qu'il a rejoint le pragmatisme américain pour ressusciter l'âme et aboutir à un magnifique élargissement de la connaissance des hommes.

Aussi s'est-il manifesté dans tous les domaines. Il a donné une extension particulière à un genre qui date de Montaigne, qui a longtemps été plus anglais que français, qui tient de l'histoire, de la critique et des contes, qui jouit de la liberté la plus fantaisiste dans la composition, et qui s'appelle l'« essai ». Beaucoup d'écrivains y ont brillé. C'est à coup d'essais qu'en littérature et en art comme en politique, les Français se battaient entre traditionnalistes (Bourget, Barrès, Maurras, Péguy) et progressistes plus ou moins révolutionnaires (d'Anatole France à Romain Rolland, de Léon Blum à Gabriel Monod et aux intellectuels de la Sorbonne) quand la guerre éclata et pour plusieurs années les réconcilia dans l'« union sacrée ».

Sacre de Napoléon (partie centrale), par Jacques-Louis David. Musée du Louvre. (Photographie Giraudon)

Portrait de Chateaubriand, par Anne-Louis Girodet de Roucy. Château de Versailles.
(Photographie Giraudon)

II. Chateaubriand (1768–1848)

FRANÇOIS–RENÉ est né à Saint-Malo, fils d'un armateur, le comte de Chateaubriand, qui, lorsqu'il eut fait fortune, se retira aux environs, dans le château féodal de Combourg, avec sa femme et ses enfants. Ayant fait des études fort décousues dans trois collèges successifs, à Dol, à Rennes et à Dinan, l'adolescent a rejoint sa famille à Combourg, lieu propice à la lecture et à la rêverie. Ses aînés étaient établis loin de là. Il ne restait plus que sa sœur Lucile, âme mélancolique promise au suicide, avec qui il s'unit d'une amitié profonde.

Le comte envoya le vicomte à l'armée, quand il eut dix-huit ans, avec un brevet de sous-lieutenant: affecté à Cambrai, le jeune officier a passé de longues permissions chez son frère parisien qui était bien vu à la Cour, et il a fréquenté salons et cercles littéraires. Puis les premiers excès de la Révolution lui ont fait mettre le cap sur le Nouveau-Monde, chargé d'une mission géographique par un ministre complaisant: il s'agissait de découvrir le passage du Nord-Ouest entre les deux Océans. Il resta cinq mois en Amérique (juillet 1791 – janvier 1792). C'est la nouvelle de l'arrestation du roi Louis XVI qui l'a rappelé en France.

Engagé dans l'armée des émigrés, blessé au siège de Thionville, passé presque mourant dans l'île de Jersey, puis en Grande-Bretagne, Chateaubriand a connu à Londres la misère. Il s'était marié en France à son retour d'Amérique: sinon, il aurait peut-être épousé la fille d'un pasteur de la banlieue londonienne, chez qui il fut soigné à la suite d'une chute de cheval. Elle avait seize ans, et elle l'aimait. Il donnait des leçons de français, il écrivait, il publia même son *Essai sur les révolutions*.

Rentré à Paris en 1800 grâce à des amitiés qui le firent rayer sur la liste des émigrés, il n'a pas tardé à fonder une brillante réputation sur un roman, *Atala* (1801), et sur le *Génie du christianisme* (1802), dont *Atala* avait été détaché. Il avait retrouvé en Angleterre, sous l'influence d'un poète ami, Fontanes, le désir de la foi, naguère perdue, et il l'avait embrassée définitivement en apprenant la mort de sa mère par la lettre retardée d'une sœur qui venait de mourir à son tour: « J'ai pleuré, et j'ai cru », a-t-il dit.

Après une brève carrière diplomatique, interrompue par la démission qu'il adressa à Bonaparte pour protester contre l'exécution du duc d'Enghien, Chateaubriand a entrepris un long voyage pour recueillir les éléments pittoresques dont il devait illustrer les récits des *Martyrs*. Il a vu la Grèce, la Palestine, il est revenu par l'Égypte et l'Espagne. A la chute du régime impérial, il est rentré dans l'action. Diplomate sous la Restauration, ambassadeur à Berlin, puis à Londres, représentant de la France au Congrès de Vérone, ministre des Affaires Étrangères, mais écarté du pouvoir par sa mésentente avec le gouvernement, il se jeta dans l'opposition libérale. Par contre, sous la monarchie libérale de Louis-Philippe, il est redevenu le fidèle chevalier des Bourbons en exil.

A la fin de sa vie, il ne quittait plus sa retraite de la Vallée-aux-Loups, propriété proche de Meaux, que pour apparaître chez Madame Récamier, son dernier amour (à la suite de beaucoup d'autres dont les plus illustres avaient été Mme de Beaumont, la marquise de Custine, Nathalie de Noailles, la duchesse de Duras). Il consacrait sa plume à écrire ses mémoires.

La tombe solitaire de Chateaubriand est creusée dans le rocher du Grand Bé, en rade de Saint-Malo.

Après l'*Essai sur les révolutions,* « livre de douleur et de doute », *Atala* ouvrait en 1801, dans l'œuvre de Chateaubriand, la période de littérature chrétienne. Ce roman de passion tragique et noble, enveloppée dans des descriptions de savane américaine, c'est une harmonie d'amour, d'exotisme, et de poésie. Il remporta un immense succès. Le style en a malheureusement vieilli. **L'ŒUVRE**

Dans *Le Génie du christianisme* (paru en 1802), « génie » signifie « esprit », « âme profonde ». L'auteur a-t-il voulu démontrer que la religion chrétienne est *vraie*? Non, mais qu'elle est la plus poétique des religions par ses sacrements et ses cérémonies, ses églises, ses cloches, en même temps que la plus favorable à l'art et à la littérature qu'elle a magnifiquement inspirés. Ainsi Chateaubriand, tout en travaillant à ruiner le préjugé anti-religieux, a réveillé le goût du Moyen Âge et de ses cathédrales, le sentiment de la nature qui par ses beautés loue Dieu; il a soutenu contre la raison abusive des derniers classiques les intérêts du cœur et les enchantements de l'imagination. Il a donc renouvelé l'inspiration des écrivains et créé le romantisme.

René faisait d'abord partie du *Génie du christianisme,* dans lequel il témoignait du « vague des passions »; l'auteur l'en a détaché en 1805. C'est un petit roman, à demi-autobiographique, mais où se reconnaît le jeune homme de cette époque, qui abusait du rêve opposé à la vie réelle, était dégoûté d'agir, se complaisait dans les souffrances et le désenchantement. C'est ce « mal de René » qui est devenu le « mal du siècle », le mal romantique et chimérique de l'âme.

Chateaubriand, ayant opposé dans le *Génie* le « merveilleux chrétien » au « merveilleux païen »,[1] a eu l'ambition d'inventer un exemple qui prouve la supériorité du premier sur le second, et il a composé une épopée chrétienne (en prose): *Les Martyrs* (1809). Deux personnages y incarnent la religion païenne en son déclin et la religion chrétienne grandissante: Cymodocée et Eudore. Des tableaux d'histoire (Rome antique, la vie des Catacombes, les combats en Gaule contre les barbares germains) donnent au livre son intérêt véritable. Le morceau

---

[1] « Le merveilleux »: on appelle de ce nom l'intervention des êtres surnaturels vénérés par les religions dans le cours des affaires humaines.

le plus à remarquer est l'épisode passionnel de la druidesse Velléda. Mais les personnages ne font pas l'impression de vivre, les passions ne frémissent pas, et l'ensemble est d'une rhétorique usée.

Les notes de voyage qu'il n'a pas utilisées pour *Les Martyrs*, Chateaubriand les a rassemblées dans l'*Itinéraire de Paris à Jérusalem* (1811). Ce livre révélait des pays, faisait chatoyer des couleurs, apportait un divertissement. Il a mis l'Orient à la mode. Le *Voyage en Amérique* (1827), le *Voyage en Italie* (1826) brillent de mérites équivalents.

Les *Mémoires d'outre-tombe,* ainsi nommés parce qu'ils ne devaient paraître qu'après la mort de l'auteur, terminés en 1847 après trente années de travail, constituent son chef-d'œuvre. Ils le résument et résument son temps dans un style incomparable. Il y a ajouté en 1844 la *Vie de Rancé,* biographie du réformateur de la Trappe, mais dans laquelle il se confesse encore et qui forme donc une sorte d'appendice aux *Mémoires.*

Chateaubriand a exercé une influence considérable. Nous avons vu qu'il avait créé le romantisme, mais il a fait davantage. Il a répandu dans tout le siècle la mélancolie moderne, il a ouvert les esprits français aux littératures étrangères modernes appelées en témoignage pour le génie chrétien, il a mis au premier plan de l'art littéraire la notion de beauté; il a pénétré les cœurs de religiosité en même temps que d'amour de la nature. Il importe de rappeler que cette vaste action avait été, du moins pour une part importante, commencée et poussée déjà fort avant par Jean-Jacques Rousseau.

Souvenirs de jeunesse

LA VIE A COMBOURG

Le calme morne du château de Combourg[1] était augmenté par l'humeur taciturne et insociable de mon père. Au lieu de resserrer sa famille et ses gens autour de lui, il les avait dispersés à toutes les aires de vent de l'édifice. Sa chambre à coucher était placée dans la petite tour de l'est, et son cabinet dans la petite tour de l'ouest. Les meubles de ce cabinet consistaient en trois chaises de cuir noir et une table converte de titres et de parchemins. Un arbre généalogique de la famille des Chateaubriand tapissait le manteau de la cheminée, et dans l'embrasure d'une fenêtre on voyait toutes sortes d'armes, depuis le pistolet jusqu'à l'espingole. L'appartement de ma mère régnait au-dessus de la grand'salle, entre les deux petites tours: il était parqueté et orné de glaces de Venise à facettes. Ma sœur habitait un cabinet dépendant de l'appartement de ma mère. La femme de chambre couchait loin de là, dans le corps de logis des grandes tours. Moi, j'étais niché dans une espèce de cellule isolée, au haut de la tourelle de l'escalier qui communiquait de la cour intérieure aux diverses parties du château. Au bas de cet escalier, le valet de chambre de mon père et le domestique gisaient dans des caveaux voûtés, et la cuisinière tenait garnison dans la grosse tour de l'ouest.

Mon père se levait à quatre heures du matin, hiver comme été: il venait dans la cour intérieure

[1] château construit au XIe siècle, situé près de Dinan et dans lequel Chateaubriand passa une partie de sa jeunesse

appeler et éveiller son valet de chambre, à l'entrée de l'escalier de la tourelle. On lui apportait un peu de café à cinq heures; il travaillait ensuite dans son cabinet jusqu'à midi. Ma mère et ma sœur déjeunaient chacune dans leur chambre, à huit heures du matin. Je n'avais aucune heure fixe, ni pour me lever, ni pour déjeuner; j'étais censé étudier jusqu'à midi; la plupart du temps je ne faisais rien.

A onze heures et demie, on sonnait le dîner que l'on servait à midi. La grand'salle était à la fois salle à manger et salon: on dînait et l'on soupait à l'une de ses extrémités du côté de l'est; après le repas, on se venait placer à l'autre extrémité du côté de l'ouest, devant une énorme cheminée. La grand'salle était boisée, peinte en gris blanc et ornée de vieux portraits depuis le règne de François Ier jusqu'à celui de Louis XIV;[2] parmi ces portraits, on distinguait ceux de Condé et de Turenne;[3] un tableau, représentant Hector tué par Achille sous les murs de Troie, était suspendu au-dessus de la cheminée.

Le dîner fait, on restait ensemble jusqu'à deux heures. Alors, si, l'été, mon père prenait le divertissement de la pêche, visitait ses potagers, se promenait dans l'étendue du vol du chapon;[4] si, l'automne et l'hiver, il partait pour la chasse, ma mère se retirait dans la chapelle, où elle passait quelques heures en prière. Cette chapelle était un oratoire sombre, embelli de bons tableaux des plus grands maîtres, qu'on ne s'attendait guère à trouver dans un château féodal, au fond de la Bretagne. J'ai aujourd'hui, en ma possession, une Sainte Famille de l'Albane,[5] peinte sur cuivre, tirée de cette chapelle: c'est tout ce qui me reste de Combourg.

Mon père parti et ma mère en prière, Lucile s'enfermait dans sa chambre; je regagnais ma cellule, ou j'allais courir les champs.

A huit heures, la cloche annonçait le souper.

Après le souper, dans les beaux jours, on s'asseyait sur le perron. Mon père, armé de son fusil, tirait des chouettes qui sortaient des créneaux à l'entrée de la nuit. Ma mère, Lucile et moi, nous regardions le ciel, les bois, les derniers rayons du soleil, les premières étoiles. A dix heures, on rentrait et l'on se couchait.

Les soirées d'automne et d'hiver étaient d'une autre nature. Le souper fini et les quatre convives revenus de la table à la cheminée, ma mère se jetait, en soupirant, sur un vieux lit de jour de siamoise flambée;[6] on mettait devant elle un guéridon avec une bougie. Je m'asseyais auprès du feu avec Lucile; les domestiques enlevaient le couvert et se retiraient. Mon père commençait alors une promenade, qui ne cessait qu'à l'heure de son coucher. Il était vêtu d'une robe de ratine blanche,[7] ou plutôt d'une espèce de manteau que je n'ai vu qu'à lui. Sa tête, demi-chauve, était couverte d'un grand bonnet blanc qui se tenait tout droit. Lorsque, en se promenant, il s'éloignait du foyer, la vaste salle était si peu éclairée par une seule bougie qu'on ne le voyait plus; on l'entendait seulement encore marcher dans les ténèbres: puis il revenait lentement vers la lumière et émergeait peu à peu de l'obscurité, comme un spectre, avec sa robe blanche, son bonnet blanc, sa figure longue et pâle. Lucile et moi, nous échangions quelques mots à voix basse quand il était à l'autre bout de la salle; nous nous taisions quand il se rapprochait de nous. Il nous disait, en passant: «De quoi parliez-vous?» Saisis de terreur, nous ne répondions rien; il continuait sa marche. Le reste de la soirée, l'oreille n'était plus frappée que du bruit mesuré de ses pas, des soupirs de ma mère et du murmure du vent.

Dix heures sonnaient à l'horloge du château: mon père s'arrêtait; le même ressort, qui avait soulevé le marteau de l'horloge, semblait avoir suspendu ses pas. Il tirait sa montre, la montait, prenait un grand flambeau d'argent surmonté d'une grande bougie, entrait un moment dans la petite tour de l'ouest, puis revenait, son flambeau à la main, et s'avançait vers sa chambre à coucher, dépendante de la petite tour de l'est. Lucile et moi,

---

[2] rois de France: François Ier (1515–47); Louis XIV (1643–1715)
[3] le prince de Condé (1621–86), l'un des plus grands généraux du règne de Louis XIV; Turenne (1611–75), autre grand général du règne de Louis XIV.
[4] se dit d'une certaine étendue autour d'un château qui revenait à l'aîné de la famille
[5] peintre italien (1578–1660) très goûté de ses contemporains pour ses peintures religieuses

[6] étoffe de coton
[7] tissu de laine à longs poils frisés

nous nous tenions sur son passage; nous l'embrassions, en lui souhaitant une bonne nuit. Il penchait vers nous sa joue sèche et creuse sans nous répondre, continuait sa route et se retirait au fond de la tour, dont nous entendions les portes se refermer sur lui.

Le talisman était brisé; ma mère, ma sœur et moi, transformés en statues par la présence de mon père, nous recouvrions les fonctions de la vie. Le premier effet de notre désenchantement se manifestait par un débordement de paroles: si le silence nous avait opprimés, il nous le payait cher.

Ce torrent de paroles écoulé, j'appelais la femme de chambre, et je reconduisais ma mère et ma sœur à leur appartement. Avant de me retirer, elles me faisaient regarder sous les lits, dans les cheminées, derrière les portes, visiter les escaliers, les passages et les corridors voisins. Toutes les traditions du château, voleurs et spectres, leur revenaient en mémoire. Les gens étaient persuadés qu'un certain comte de Combourg, à jambe de bois, mort depuis trois siècles, apparaissait à certaines époques, et qu'on l'avait rencontré dans le grand escalier de la tourelle; sa jambe de bois se promenait aussi quelquefois seule avec un chat noir.

Ces récits occupaient tout le temps du coucher de ma mère et de ma sœur: elles se mettaient au lit mourantes de peur; je me retirais au haut de ma tourelle; la cuisinière rentrait dans la grosse tour, et les domestiques descendaient dans leur souterrain.

La fenêtre de mon donjon s'ouvrait sur la cour intérieure; le jour, j'avais en perspective les créneaux de la courtine opposée, où végétaient des scolopendres et croissait un prunier sauvage. Quelques martinets, qui, durant l'été, s'enfonçaient en criant dans les trous des murs, étaient mes seuls compagnons. La nuit, je n'apercevais qu'un petit morceau de ciel et quelques étoiles. Lorsque la lune brillait et qu'elle s'abaissait à l'occident, j'en étais averti par ses rayons, qui venaient à mon lit au travers des carreaux losangés de la fenêtre. Des chouettes, voletant d'une tour à l'autre, passant et repassant entre la lune et moi, dessinaient sur mes rideaux l'ombre mobile de leurs ailes. Relégué dans l'endroit le plus désert, à l'ouverture des galeries, je ne perdais pas un murmure des ténèbres. Quelquefois, le vent semblait courir à pas légers; quelquefois, il laissait échapper des plaintes; tout à coup, ma porte était ébranlée avec violence, les souterrains poussaient des mugissements, puis ces bruits expiraient pour recommencer encore. A quatre heures du matin, la voix du maître du château, appelant le valet de chambre à l'entrée des voûtes séculaires, se faisait entendre comme la voix du dernier fantôme de la nuit. Cette voix remplaçait pour moi la douce harmonie au son de laquelle le père de Montaigne éveillait son fils.

L'entêtement du comte de Chateaubriand à faire coucher un enfant seul au haut d'une tour pouvait avoir quelque inconvénient; mais il tourna à mon avantage. Cette manière violente de me traiter me laissa le courage d'un homme, sans m'ôter cette sensibilité d'imagination dont on voudrait aujourd'hui priver la jeunesse. Au lieu de chercher à me convaincre qu'il n'y avait point de revenants, on me força de les braver. Lorsque mon père me disait avec un sourire ironique: «Monsieur le chevalier aurait-il peur?» il m'eût fait coucher avec un mort. Lorsque mon excellente mère disait: «Mon enfant, tout n'arrive que par la permission de Dieu; vous n'avez rien à craindre des mauvais esprits, tant que vous serez bon chrétien», j'étais mieux rassuré que par tous les arguments de la philosophie. Mon succès fut si complet que les vents de la nuit, dans ma tour déshabitée, ne servaient que de jouets à mes caprices et d'ailes à mes songes. Mon imagination allumée, se propageant sur tous les objets, ne trouvait nulle part assez de nourriture et aurait dévoré la terre et le ciel. C'est cet état moral qu'il faut maintenant décrire. Replongé dans ma jeunesse, je vais essayer de me saisir dans le passé, de me montrer tel que j'étais, tel peut-être que je regrette de n'être plus, malgré les tourments que j'ai endurés.

(Mémoires d'outre-tombe)

Le Mal du siècle

[René *parut en 1802 dans la première édition du Génie du Christianisme. En 1805, il en avait été détaché pour être réuni à* Atala *qui avait paru en 1801.*

*Les circonstances de l'arrivée de René en Amé- 5 rique sont racontées dans le prologue d'*Atala: «*En 1725, un Français, nommé René, poussé par des passions et des malheurs, arriva en Louisiane. Il remonta le Meschacebé jusqu'aux Natchez, et de- manda à être reçu guerrier de cette nation. Chactas 10 l'ayant interrogé, et le trouvant inébranlable dans sa résolution, l'adopta pour fils, et lui donna pour épouse une indienne, appelée Céluta.»*

Les incidents sont peu nombreux dans ce roman. Il faut y voir surtout l'analyse de ce «mal de René» 15 qui est devenu «le mal du siècle», le mal roman- tique et chimérique de l'âme.

Nous donnons ici le passage où René raconte sa jeunesse à Chactas et au Père Souël.]

LES INCERTITUDES DE RENÉ

En arrivant chez les Natchez, René avait été obligé de prendre une épouse, pour se conformer aux mœurs des Indiens, mais il ne vivait point avec 25 elle. Un penchant mélancolique l'entraînait au fond des bois; il y passait seul des journées entières, et semblait sauvage parmi les sauvages. Hors Chactas, son père adoptif, et le père Souël, missionnaire au fort Rosalie, il avait renoncé au commerce des 30 hommes. Ces deux vieillards avaient pris beaucoup d'empire sur son cœur: le premier, par une indul- gence aimable; l'autre, au contraire, par une ex- trême sévérité. Depuis la chasse du castor, où le Sachem aveugle[1] raconta ses aventures à René, 35 celui-ci n'avait jamais voulu parler des siennes. Cependant Chactas et le missionnaire désiraient vivement connaître par quel malheur un Européen bien né avait été conduit à l'étrange résolution de s'ensevelir dans les déserts de la Louisiane. René 40

avait toujours donné pour motif de ses refus le peu d'intérêt de son histoire, qui se bornait, disait-il, à celles de ses pensées et de ses sentiments. «Quant à l'événement qui m'a déterminé à passer en Amérique, ajoutait-il, je le dois ensevelir dans un éternel oubli.»

Quelques années s'écoulèrent de la sorte, sans que les deux vieillards lui pussent arracher son secret. Une lettre qu'il reçut d'Europe, par le bureau des Missions étrangères, redoubla tellement sa tristesse, qu'il fuyait jusqu'à ses vieux amis. Ils n'en furent que plus ardents à le presser de leur ouvrir son cœur; ils y mirent tant de discrétion, de douceur et d'autorité, qu'il fut enfin obligé de les satisfaire. Il prit donc jour avec eux pour leur raconter, non les aventures de sa vie, puisqu'il n'en avait point éprouvé, mais les sentiments secrets de son âme.

Le 21 de ce mois que les sauvages appellent la lune des fleurs,[2] René se rendit à la cabane de Chactas. Il donna le bras au Sachem, et le con- duisit sous un sassafras, au bord du Meschacebé.[3] Le père Souël ne tarda pas à arriver au rendez-vous. L'aurore se levait: à quelque distance dans la plaine, on apercevait le village des Natchez, avec son bocage de mûriers et ses cabanes qui ressem- blent à des ruches d'abeilles. La colonie française et le fort Rosalie se montraient sur la droite, au bord du fleuve. Des tentes, des maisons à moitié bâties, des forteresses commencées, des défriche- ments couverts de nègres, des groupes de blancs et d'Indiens, présentaient, dans ce petit espace, le contraste des mœurs sociales et des mœurs sauvages. Vers l'orient, au fond de la perspective, le soleil commençait à paraître entre les sommets brisés des Apalaches, qui se dessinaient comme des caractères d'azur dans les hauteurs dorées du ciel; à l'occident, le Meschacebé roulait ses ondes dans un silence magnifique et formait la bordure du tableau avec une inconcevable grandeur.

---

[1] Chactas, chef des Natchez, héros aveugle d'*Atala*

[2] le mois de mai
[3] Mississipi

Le jeune homme et le missionnaire admirèrent quelque temps cette belle scène, en plaignant le Sachem, qui ne pouvait plus en jouir; ensuite le père Souël et Chactas s'assirent sur le gazon, au pied de l'arbre; René prit sa place au milieu d'eux, et, après un moment de silence, il parla de la sorte à ses vieux amis:

«Je ne puis, en commençant mon récit, me défendre d'un mouvement de honte. La paix de vos cœurs, respectables vieillards, et le calme de la nature autour de moi me font rougir du trouble et de l'agitation de mon âme.

«Combien vous aurez pitié de moi! que mes éternelles inquiétudes vous paraîtront misérables! Vous qui avez épuisé tous les chagrins de la vie, que penserez-vous d'un jeune homme sans force et sans vertu, qui trouve en lui-même son tourment et ne peut guère se plaindre que des maux qu'il se fait à lui-même? Hélas! ne le condamnez pas: il a été trop puni!

«J'ai coûté la vie à ma mère[4] en venant au monde; j'ai été tiré de son sein avec le fer. J'avais un frère, que mon père bénit, parce qu'il voyait en lui son fils aîné. Pour moi, livré de bonne heure à des mains étrangères, je fus élevé loin du toit paternel.[5]

«Mon humeur était impétueuse, mon caractère inégal. Tour à tour bruyant et joyeux, silencieux et triste, je rassemblais autour de moi mes jeunes compagnons; puis, les abandonnant tout à coup, j'allais m'asseoir à l'écart pour contempler la nue fugitive, ou entendre la pluie tomber sur le feuillage.

«Chaque automne, je revenais au château paternel,[6] situé au milieu des forêts, près d'un lac, dans une province reculée.

«Timide et contraint devant mon père, je ne trouvais l'aise et le contentement qu'auprès de ma sœur Amélie.[7] Une douce conformité d'humeur et de goûts m'unissait étroitement à cette sœur; elle était un peu plus âgée que moi. Nous aimions à gravir les coteaux ensemble, à voguer sur le lac, à parcourir les bois à la chute des feuilles: promenades dont le souvenir remplit encore mon âme de délices. O illusions de l'enfance et de la patrie, ne perdez-vous jamais vos douceurs?

«Tantôt nous marchions en silence, prêtant l'oreille au sourd mugissement de l'automne, ou au bruit des feuilles séchées que nous traînions tristement sous nos pas; tantôt, dans nos jeux innocents, nous poursuivions l'hirondelle dans la prairie, l'arc-en-ciel sur les collines pluvieuses; quelquefois aussi nous murmurions des vers que nous inspirait le spectacle de la nature.[8] Jeune, je cultivais les Muses; il n'y a rien de plus poétique, dans la fraîcheur de ses passions, qu'un cœur de seize années. Le matin de la vie est comme le matin du jour, plein de pureté, d'images et d'harmonies.

«Les dimanches et les jours de fête, j'ai souvent entendu, dans le grand bois, à travers les arbres, les sons de la cloche lointaine[9] qui appelait au temple l'homme des champs. Appuyé contre le tronc d'un ormeau, j'écoutais en silence le pieux murmure. Chaque frémissement de l'airain portait à mon âme naïve l'innocence des mœurs champêtres, le calme de la solitude, le charme de la religion, et la délectable mélancolie des souvenirs de ma première enfance! Oh! quel cœur si mal fait n'a tressailli au bruit des cloches de son lieu natal, de ces cloches qui frémirent de joie sur son berceau, qui annoncèrent son avènement à la vie, qui marquèrent le premier battement de son cœur, qui publièrent dans tous les lieux d'alentour la sainte allégresse de son père, les douleurs et les joies encore plus ineffables de sa mère! Tout se trouve dans les rêveries enchantées où nous plonge le bruit de la cloche natale: religion, famille, patrie, et le berceau et la tombe, et le passé et l'avenir.

«Il est vrai qu'Amélie et moi nous jouissions plus que personne de ces idées graves et tendres, car nous avions tous les deux peu de tristesse au fond du cœur: nous tenions cela de Dieu ou de notre mère.

«Cependant mon père fut atteint d'une maladie

---

[4] Allusion à Jean-Jacques Rousseau. La mère de Chateaubriand mourut lorsqu'il était à Londres
[5] Chateaubriand fut élevé à la campagne, loin de sa famille.
[6] le château de Combourg
[7] Lucile, qui avait quatre ans de plus que lui

[8] Chateaubriand et sa sœur s'exerçaient en effet à la poésie. Il en parle dans ses *Mémoires*.
[9] Quand Chateaubriand écrivait son livre, les sonneries étaient encore interdites. Le bourdon de Notre-Dame sonna, pour la première fois, après dix années de silence, le jour de Pâques où fut promulgué le Concordat.

qui le conduisit en peu de jours au tombeau. Il expira dans mes bras.[10] J'appris à connaître la mort sur les lèvres de celui qui m'avait donné la vie. Cette impression fut grande; elle dure encore. C'est la première fois que l'immortalité de l'âme s'est présentée clairement à mes yeux. Je ne pus croire que ce corps inanimé était en moi l'auteur de la pensée; je sentis qu'elle me devait venir d'une autre source; et, dans une sainte douleur qui approchait de la joie, j'espérai me rejoindre un jour à l'esprit de mon père.

«Un autre phénomène me confirma dans cette haute idée. Les traits paternels avaient pris au cercueil quelque chose de sublime. Pourquoi cet étonnant mystère ne serait-il pas l'indice de notre immortalité? Pourquoi la mort, qui sait tout, n'aurait-elle pas gravé sur le front de sa victime les secrets d'un autre univers? Pourquoi n'y aurait-il pas dans la tombe quelque grande vision de l'éternité?

«Amélie, accablée de douleur, était retirée au fond d'une tour, d'où elle entendit retentir, sous les voûtes du château gothique, le chant des prêtres du convoi et les sons de la cloche funèbre.

«J'accompagnai mon père à son dernier asile; la terre se referma sur sa dépouille; l'éternité et l'oubli le pressèrent de tout leur poids: le soir même l'indifférent passait sur sa tombe; hors pour sa fille et pour son fils, c'était déjà comme s'il n'avait jamais été.

«Il fallut quitter le toit paternel, devenu l'héritage de mon frère: je me retirai avec Amélie chez de vieux parents.

«Arrêté à l'entrée des voies trompeuses de la vie, je les considérais l'une après l'autre sans m'y oser engager. Amélie m'entretenait souvent du bonheur de la vie religieuse; elle me disait que j'étais le seul lien qui la retînt dans le monde, et ses yeux s'attachaient sur moi avec tristesse.

«Le cœur ému par ces conversations pieuses, je portais souvent mes pas vers un monastère voisin de mon nouveau séjour; un moment même j'eus la tentation d'y cacher ma vie. Heureux ceux qui ont fini leur voyage sans avoir quitté le port, et qui n'ont point, comme moi, traîné d'inutiles jours sur la terre!

«Les Européens, incessamment agités, sont obligés de se bâtir des solitudes. Plus notre cœur est tumultueux et bruyant, plus le calme et le silence nous attirent. Ces hospices de mon pays, ouverts aux malheureux et aux faibles, sont souvent cachés dans des vallons qui portent au cœur le vague sentiment de l'infortune et l'espérance d'un abri; quelquefois aussi on les découvre sur de hauts sites où l'âme religieuse, comme une plante des montagnes, semble s'élever vers le ciel pour lui offrir ses parfums.

«Je vois encore le mélange majestueux des eaux et des bois de cette antique abbaye où je pensai dérober ma vie au caprice du sort; j'erre encore au déclin du jour dans ces cloîtres retentissants et solitaires. Lorsque la lune éclairait à demi les piliers des arcades et dessinait leur ombre sur le mur opposé, je m'arrêtais à contempler la croix qui marquait le champ de la mort et les longues herbes qui croissaient entre les pierres des tombes. O hommes qui, ayant vécu loin du monde, avez passé du silence de la vie au silence de la mort, de quel dégoût de la terre vos tombeaux ne remplissaient-ils pas mon cœur!

«Soit inconstance naturelle, soit préjugé contre la vie monastique, je changeai mes desseins; je me résolus à voyager. Je dis adieu à ma sœur; elle me serra dans ses bras avec un mouvement qui ressemblait à de la joie, comme si elle eût été heureuse de me quitter; je ne pus me défendre d'une réflexion amère sur l'inconséquence des amitiés humaines.

«Cependant, plein d'ardeur, je m'élançai seul sur cet orageux océan du monde, dont je ne connaissais ni les ports ni les écueils. Je visitai d'abord les peuples qui ne sont plus; je m'en allai, m'asseyant sur les débris de Rome et de la Grèce,[11] pays de forte et d'ingénieuse mémoire, où les palais sont ensevelis dans la poudre[12] et les mausolées des rois cachés sous les ronces. Force de la nature, et faiblesse de l'homme! un brin d'herbe perce souvent le marbre le plus dur de ces tombeaux, que tous ces morts, si puissants, ne soulèveront jamais!

---

[10] Chateaubriand n'assista pas à la mort de son père. Il était à Cambrai.

[11] Détail imaginé. Lorsqu'il écrit *René* Chateaubriand n'a pas encore vu la Grèce ni Rome.

[12] poussière

«Quelquefois une haute colonne se montrait seule debout dans un désert, comme une grande pensée s'élève, par intervalles, dans une âme que le temps et le malheur ont dévastée.

«Je méditai sur ces monuments dans tous les accidents et à toutes les heures de la journée. Tantôt ce même soleil qui avait vu jeter les fondements de ces cités se couchait majestueusement, à mes yeux, sur leurs ruines; tantôt la lune se levant dans un ciel pur, entre deux urnes cinéraires à moitié brisées, me montrait les pâles tombeaux. Souvent, aux rayons de cet astre qui alimente les rêveries, j'ai cru voir le Génie des souvenirs, assis tout pensif à mes côtés.

«Mais je me lassai de fouiller dans des cercueils, où je ne remuais trop souvent qu'une poussière criminelle.[13]

«Je voulus voir si les races vivantes m'offriraient plus de vertus, ou moins de malheurs, que les races évanouies. Comme je me promenais un jour dans une grande cité, en passant derrière un palais, dans une cour retirée et déserte, j'aperçus une statue[14] qui indiquait du doigt un lieu fameux par un sacrifice.[15] Je fus frappé du silence de ces lieux; le vent seul gémissait autour du marbre tragique. Des manœuvres étaient couchés avec indifférence au pied de la statue, ou taillaient des pierres en sifflant. Je leur demandai ce que signifiait ce monument: les uns purent à peine me le dire, les autres ignoraient la catastrophe qu'il retraçait. Rien ne m'a plus donné la juste mesure des événements de la vie, et du peu que nous sommes. Que sont devenus ces personnages qui firent tant de bruit? Le temps a fait un pas, et la face de la terre a été renouvelée.

«Je recherchai surtout dans mes voyages les artistes, et ces hommes divins qui chantent les dieux sur la lyre, et la félicité des peuples qui honorent les lois, la religion et les tombeaux.

«Ces chantres sont de race divine, ils possèdent le seul talent incontestable dont le ciel ait fait présent à la terre. Leur vie est à la fois naïve et sublime; ils célèbrent les dieux avec une bouche d'or, et sont les plus simples des hommes; ils causent comme des immortels ou comme de petits enfants; ils expliquent les lois de l'univers et ne peuvent comprendre les affaires les plus innocentes de la vie; ils ont des idées merveilleuses de la mort, et meurent sans s'en apercevoir, comme des nouveau-nés.

«Sur les monts de la Calédonie,[16] le dernier barde qu'on ait ouï dans ces déserts me chanta des poèmes dont un héros consolait jadis sa vieillesse. Nous étions assis sur quatre pierres rongées de mousse; un torrent coulait à nos pieds; le chevreuil paissait à quelque distance parmi les débris d'une tour, et le vent des mers sifflait sur la bruyère de Cona.[17] Maintenant la religion chrétienne, fille aussi des hautes montagnes, a placé des croix sur les monuments des héros de Morven,[18] et touché la harpe de David au bord du même torrent où Ossian fit gémir la sienne. Aussi pacifique que les divinités de Selma[19] étaient guerrières, elle garde des troupeaux où Fingal[20] livrait des combats, et elle a répandu des anges de paix dans les nuages qu'habitaient des fantômes homicides.

«L'ancienne et riante Italie m'offrit la foule de ses chefs-d'œuvre. Avec quelle sainte et poétique horreur j'errais dans ces vastes édifices consacrés par les arts à la religion! Quel labyrinthe de colonnes! quelle succession d'arches et de voûtes! Qu'ils sont beaux, ces bruits qu'on entend autour des dômes, semblables aux rumeurs des flots dans l'Océan, aux murmures des vents dans les forêts, ou à la voix de Dieu dans son temple! L'architecte bâtit, pour ainsi dire, les idées du poète, et les fait toucher aux sens.

«Cependant qu'avais-je appris jusqu'alors avec tant de fatigue? rien de certain parmi les anciens, rien de beau parmi les modernes. Le passé et le présent sont deux statues incomplètes: l'une a été retirée toute mutilée du débris des âges; l'autre n'a pas encore reçu sa perfection de l'avenir.

«Mais peut-être, mes vieux amis, vous surtout, habitants du désert, êtes-vous étonnés que, dans ce

---

[13] *criminelle* parce qu'elle atteste les crimes de ceux qui ont tué ou de ceux qui ont été tués
[14] statue de Jacques II, fils de Charles I
[15] Le lieu à Londres où Charles I avait été mis à mort en 1649.

[16] l'Ecosse
[17] rivière d'Ecosse
[18] montagne d'Ecosse, lieu des exploits de Fingal
[19] là où vivait Fingal
[20] un des héros des poèmes d'Ossian

récit de mes voyages, je ne vous aie pas une seule fois entretenus des monuments de la nature?

«Un jour, j'étais monté au sommet de l'Etna, volcan qui brûle au milieu d'une île. Je vis le soleil se lever dans l'immensité de l'horizon au-dessous de moi, la Sicile resserrée comme un point à mes pieds, et la mer déroulée au loin dans les espaces. Dans cette vue perpendiculaire du tableau, les fleuves ne me semblaient plus que des lignes géographiques tracées sur une carte; mais, tandis que d'un côté mon œil apercevait ces objets, de l'autre il plongeait dans le cratère de l'Etna, dont je découvrais les entrailles brûlantes entre les bouffées d'une noir vapeur.

«Un jeune homme plein de passions, assis sur la bouche d'un volcan, et pleurant sur les mortels dont à peine il voyait à ses pieds les demeures, n'est sans doute, ô vieillards,[21] qu'un objet digne de votre pitié; mais, quoi que vous puissiez penser de René, ce tableau vous offre l'image de son caractère et de son existence: c'est ainsi que toute ma vie j'ai eu devant les yeux une création à la fois immense et imperceptible, et un abîme ouvert à mes côtés.»

En prononçant ces derniers mots, René se tut et tomba subitement dans la rêverie. Le père Souël le regardait avec étonnement, et le vieux Sachem aveugle, qui n'entendait plus parler le jeune homme, ne savait que penser de ce silence.

René avait les yeux attachés sur un groupe d'Indiens qui passaient gaiement dans la plaine. Tout à coup sa physionomie s'attendrit, des larmes coulent de ses yeux; il s'écrie:

«Heureux sauvages! oh! que ne puis-je jouir de la paix qui vous accompagne toujours! Tandis qu'avec si peu de fruit je parcourais tant de contrées, vous, assis tranquillement sous vos chênes, vous laissiez couler les jours sans les compter. Votre raison n'était que vos besoins, et vous arriviez mieux que moi au résultat de la sagesse, comme l'enfant, entre les jeux et le sommeil. Si cette mélancolie qui s'engendre de l'excès du bonheur atteignait quelquefois votre âme, bientôt vous sortiez de cette tristesse passagère et votre regard levé vers le ciel cherchait avec attendrissement ce je ne sais quoi inconnu qui prend pitié du pauvre sauvage.»

Ici la voix de René expira de nouveau, et le jeune homme pencha la tête sur sa poitrine. Chactas, étendant les bras dans l'ombre et prenant le bras de son fils, lui cria d'un ton ému: «Mon fils! mon cher fils!» A ces accents, le frère d'Amélie, revenant à lui et rougissant de son trouble, pria son père de lui pardonner.

Alors le vieux sauvage: «Mon jeune ami, les mouvements d'un cœur comme le tien ne sauraient être égaux; modère seulement ce caractère qui t'a déjà fait tant de mal. Si tu souffres plus qu'un autre des choses de la vie, il ne faut pas t'en étonner: une grande âme doit contenir plus de douleurs qu'une petite. Continue ton récit. Tu nous as fait parcourir une partie de l'Europe, fais-nous connaître ta patrie. Tu sais que j'ai vu la France et quels liens m'y ont attaché; j'aimerais à entendre parler de ce grand chef[22] qui n'est plus et dont j'ai visité la superbe cabane. Mon enfant, je ne vis plus que pour la mémoire. Un vieillard avec ses souvenirs ressemble au chêne décrépit de nos bois: ce chêne ne se décore plus de son propre feuillage, mais il couvre quelquefois sa nudité des plantes étrangères qui ont végété sur ses antiques rameaux.»

Le frère d'Amélie, calmé par ces paroles, reprit ainsi l'histoire de son cœur:

«Hélas, mon père! je ne pourrai t'entretenir de ce grand siècle dont je n'ai vu que la fin dans mon enfance, et qui n'était plus lorsque je rentrai dans ma patrie. Jamais un changement plus étonnant et plus soudain ne s'est opéré chez un peuple. De la hauteur du génie, du respect pour la religion, de la gravité des mœurs, tout était subitement descendu à la souplesse de l'esprit, à l'impiété, à la corruption.[23]

«C'était donc bien vainement que j'avais espéré retrouver dans mon pays de quoi calmer cette inquiétude, cette ardeur de désir qui me suit partout. L'étude du monde ne m'avait rien appris, et pourtant je n'avais plus la douceur de l'ignorance.

«Ma sœur, par une conduite inexplicable, sem-

---

[21] Il s'adresse ici à Chactas et au Père Souël.

[22] Louis XIV
[23] l'époque de la Régence (1715-24)

blait se plaire à augmenter mon ennui; elle avait quitté Paris quelques jours avant mon arrivée. Je lui écrivis que je comptais l'aller rejoindre; elle se hâta de me répondre pour me détourner de ce projet, sous prétexte qu'elle était incertaine du lieu où l'appelleraient ses affaires. Quelles tristes réflexions ne fis-je point alors sur l'amitié, que la présence attiédit, que l'absence efface, qui ne résiste point au malheur, et encore moins à la prospérité!

«Je me trouvai bientôt plus isolé dans ma patrie que je ne l'avais été sur une terre étrangère. Je voulus me jeter pendant quelque temps dans un monde qui ne disait rien et qui ne m'entendait pas. Mon âme, qu'aucune passion n'avait encore usée, cherchait un objet qui pût l'attacher; mais je m'aperçus que je donnais plus que je ne recevais. Ce n'était ni un langage élevé ni un sentiment profond qu'on demandait de moi. Je n'étais occupé qu'à rapetisser ma vie, pour la mettre au niveau de la société. Traité partout d'esprit romanesque, honteux du rôle que je jouais, dégoûté de plus en plus des choses et des hommes, je pris le parti de me retirer dans un faubourg pour y vivre totalement ignoré.

«Je trouvai d'abord assez de plaisir dans cette vie obscure et indépendante. Inconnu, je me mêlais à la foule: vaste désert d'hommes!

«Souvent assis dans une église peu fréquentée, je passais des heures entières en méditation. Je voyais de pauvres femmes venir se prosterner devant le Très-Haut, ou des pêcheurs s'agenouiller au tribunal de la pénitence. Nul ne sortait de ces lieux sans un visage plus serein, et les sourdes clameurs qu'on entendait au dehors semblaient être les flots des passions et les orages du monde qui venaient expirer au pied du temple du Seigneur. Grand Dieu, qui vis en secret couler mes larmes dans ces retraites sacrées, tu sais combien de fois je me jetai à tes pieds pour te supplier de me décharger du poids de l'existence, ou de changer en moi le vieil homme! Ah! qui n'a senti quelquefois le besoin de se régénérer, de se rajeunir aux eaux du torrent, de retremper son âme à la fontaine de vie! Qui ne se trouve quelquefois accablé du fardeau de sa propre corruption, et incapable de rien faire de grand, de noble, de juste?

«Quand le soir était venu, reprenant le chemin de ma retraite, je m'arrêtais sur les ponts pour voir se coucher le soleil. L'astre, enflammant les vapeurs de la cité, semblait osciller lentement dans un fluide d'or, comme le pendule de l'horloge des siècles. Je me retirais ensuite avec la nuit, à travers un labyrinthe de rues solitaires.[24] En regardant les lumières qui brillaient dans la demeure des hommes, je me transportais par la pensée au milieu des scènes de douleur et de joie qu'elles éclairaient, et je songeais que sous tant de toits habités je n'avais pas un ami. Au milieu de mes réflexions, l'heure venait frapper à coups mesurés dans la tour de la cathédrale gothique;[25] elle allait se répéter sur tous les tons et à toutes les distances d'église en église. Hélas! chaque heure dans la société ouvre un tombeau et fait couler des larmes.

«Cette vie, qui m'avait d'abord enchanté, ne tarda pas à me devenir insupportable. Je me fatiguai de la répétition des mêmes scènes et des mêmes idées. Je me mis à sonder mon cœur, à me demander ce que je désirais. Je ne le savais pas; mais je crus tout à coup que les bois me seraient délicieux. Me voilà soudain résolu d'achever dans un exil champêtre une carrière à peine commencée et dans laquelle j'avais déjà dévoré des siècles.

«J'embrassai ce projet avec l'ardeur que je mets à tous mes desseins; je partis précipitamment pour m'ensevelir dans une chaumière, comme j'étais parti autrefois pour faire le tour du monde.

«On m'accuse d'avoir des goûts inconstants, de ne pouvoir jouir longtemps de la même chimère, d'être la proie d'une imagination qui se hâte d'arriver au fond de mes plaisirs, comme si elle était accablée de leur durée; on m'accuse de passer toujours le but que je puis atteindre: hélas! je cherche seulement un bien inconnu, dont l'instinct me poursuit. Est-ce ma faute, si je trouve partout des bornes, si ce qui est fini n'a pour moi aucune valeur? Cependant je sens que j'aime la monotonie des sentiments de la vie, et si j'avais encore la folie de croire au bonheur, je le chercherais dans l'habitude.

La solitude absolue, le spectacle de la nature,

---

[24] allusion à la vie que Chateaubriand menait à Londres lors de son premier séjour où il connut la misère
[25] souvenirs de certaines impressions de Londres et de Westminster

me plongèrent bientôt dans un état presque impossible à décrire. Sans parents, sans amis, pour ainsi dire seul sur la terre, n'ayant point encore aimé, j'étais accablé d'une surabondance de vie. Quelquefois je rougissais subitement, et je sentais couler dans mon cœur comme des ruisseaux d'une lave ardente; quelquefois je poussais des cris involontaires, et la nuit était également troublée de mes songes et de mes veilles. Il me manquait quelque chose pour remplir l'abîme de mon existence: je descendais dans la vallée, je m'élevais sur la montagne, appelant de toute la force de mes désirs l'idéal objet d'une flamme future; je l'embrassais dans les vents, je croyais l'entendre dans les gémissements du fleuve; tout était ce fantôme imaginaire, et les astres dans les cieux, et le principe même de vie dans l'univers.

«Toutefois cet état de calme et de trouble, d'indigence et de richesse, n'était pas sans quelques charmes: un jour je m'étais amusé à effeuiller une branche de saule sur un ruisseau, et à attacher une idée à chaque feuille que le courant entraînait. Un roi, qui craint de perdre sa couronne par une révolution subite, ne ressent pas des angoisses plus vives que les miennes à chaque accident qui menaçait les débris de mon rameau. Ô faiblesse des mortels! ô enfance du cœur humain, qui ne vieillit jamais! Voilà donc à quel degré de puérilité notre superbe raison peut descendre! Et encore est-il vrai que bien des hommes attachent leur destinée à des choses d'aussi peu de valeur que mes feuilles de saule.

«Mais comment exprimer cette foule de sensations fugitives que j'éprouvais dans mes promenades? Les sons que rendent les passions dans le vide d'un cœur solitaire ressemblent au murmure que les vents et les eaux font entendre dans le silence d'un désert: on en jouit, mais on ne peut les peindre.

«L'automne me surprit au milieu de ces incertitudes: j'entrai avec ravissement dans les mois des tempêtes.[26] Tantôt j'aurais voulu être un de ces guerriers errants au milieu des vents, des nuages et des fantômes, tantôt j'enviais jusqu'au sort du

[26] description dans ce passage et ceux qui suivent du *mal du siècle*, caractérisé par le dégoût de la vie et les aspirations à l'infini

pâtre que je voyais réchauffer ses mains à l'humble feu de broussailles qu'il avait allumé au coin d'un bois. J'écoutais ses chants mélancoliques qui me rappelaient que dans tout pays le chant naturel de l'homme est triste, lors même qu'il exprime le bonheur. Notre cœur est un instrument incomplet, une lyre où il manque des cordes, et où nous sommes forcés de rendre les accents de la joie sur le ton consacré aux soupirs.

«Le jour, je m'égarais sur de grandes bruyères terminées par des forêts. Qu'il fallait peu de choses à ma rêverie! une feuille séchée que le vent chassait devant moi, une cabane dont la fumée s'élevait dans la cime dépouillée des arbres, la mousse qui tremblait au souffle du nord sur le tronc d'un chêne, une roche écartée, un étang désert où le jonc flétri murmurait! Le clocher solitaire s'élevant au loin dans la vallée a souvent attiré mes regards; souvent j'ai suivi des yeux les oiseaux de passage qui volaient au-dessus de ma tête. Je me figurais les bords ignorés, les climats lointains où ils se rendent; j'aurais voulu être sur leurs ailes. Un secret instinct me tourmentait; je sentais que je n'étais moi-même qu'un voyageur; mais une voix du ciel semblait me dire: «Homme, la saison de ta migration n'est pas encore venue; attends que le vent de la mort se lève, alors tu déploieras ton vol vers ces régions inconnues que ton cœur demande.»

«Levez-vous vite, orages désirés, qui devez emporter René dans les espaces d'une autre vie!» Ainsi disant, je marchais à grands pas, le visage enflammé, le vent sifflant dans ma chevelure, ne sentant ni pluie ni frimas, enchanté, tourmenté, et comme possédé par le démon de mon cœur.

«La nuit, lorsque l'aquilon ébranlait ma chaumière, que les pluies tombaient en torrent sur mon toit, qu'à travers ma fenêtre je voyais la lune sillonner les nuages amoncelés, comme un pâle vaisseau qui laboure les vagues, il me semblait que la vie redoublait au fond de mon cœur, que j'aurais eu la puissance de créer des mondes. Ah! si j'avais pu faire partager à une autre les transports que j'éprouvais! Ô Dieu! si tu m'avais donné une femme selon mes désirs; si, comme à notre premier père, tu m'eusses amené par la main une Ève tirée de moi-même. . . Beauté céleste! je me serais prosterné devant toi, puis, te prenant dans mes bras, j'aurais prié l'Éternel de te donner le reste de ma vie!

«Hélas! j'étais seul, seul sur la terre! Une langueur secrète s'emparait de mon corps. Ce dégoût de la vie que j'avais ressenti dès mon enfance revenait avec une force nouvelle. Bientôt mon cœur ne fournit plus d'aliment à ma pensée, et je ne m'apercevais de mon existence que par un profond sentiment d'ennui.

«Je luttai quelque temps contre mon mal, mais avec indifférence et sans avoir la ferme résolution de le vaincre. Enfin, ne pouvant trouver de remède à cette étrange blessure de mon cœur, qui n'était nulle part et qui était partout, je résolus de quitter la vie.

«Prêtre du Très-Haut, qui m'entendez, pardonnez à un malheureux que le ciel avait presque privé de la raison. J'étais plein de religion, et je raisonnais en impie; mon cœur aimait Dieu, et mon esprit le méconnaissait; ma conduite, mes discours, mes sentiments, mes pensées, n'étaient que contradiction, ténèbres, mensonges. Mais l'homme sait-il bien toujours ce qu'il veut? est-il toujours sûr de ce qu'il pense?

«Tout m'échappait à la fois, l'amitié, le monde, la retraite. J'avais essayé de tout, et tout m'avait été fatal. Repoussé par la société, abandonné d'Amélie quand la solitude vint à me manquer, que me restait-il? C'était la dernière planche sur laquelle j'avais espéré me sauver, et je la sentais encore s'enfoncer dans l'abîme!

«Décidé que j'étais à me débarrasser du poids de la vie, je résolus de mettre toute ma raison dans cet acte insensé. Rien ne me pressait; je ne fixai point le moment de départ, afin de savourer à longs traits les derniers moments de l'existence et de recueillir toutes mes forces, à l'exemple d'un ancien, pour sentir mon âme s'échapper.

«Cependant je crus nécessaire de prendre des arrangements concernant ma fortune, et je fus obligé d'écrire à Amélie. Il m'échappa quelques plaintes sur son oubli, et je laissai sans doute percer l'attendrissement qui surmontait peu à peu mon cœur. Je m'imaginais pourtant avoir bien dissimulé mon secret; mais ma sœur, accoutumée à lire dans les replis de mon âme, le devina sans peine. Elle fut alarmée du ton de contrainte qui régnait dans ma lettre et de mes questions sur des affaires dont je ne m'étais jamais occupé. Au lieu de me répondre, elle me vint tout à coup surprendre.

«Pour bien sentir quelle dut être dans la suite l'amertume de ma douleur et quels furent mes premiers transports en revoyant Amélie, il faut vous figurer que c'était la seule personne au monde que j'eusse aimée, que tous mes sentiments se venaient confondre en elle avec la douceur des souvenirs de mon enfance. Je reçus donc Amélie dans une sorte d'extase de cœur. Il y avait si longtemps que je n'avais trouvé quelqu'un qui m'entendît et devant qui je pusse ouvrir mon âme!

«Amélie, se jetant dans mes bras, me dit: «Ingrat, tu veux mourir, et ta sœur existe! Tu soupçonnes son cœur! Ne t'explique point, ne t'excuse point, je sais tout; j'ai tout compris, comme si j'avais été avec toi. Est-ce moi que l'on trompe, moi qui ai vu naître tes premiers sentiments? Voilà ton malheureux caractère, tes dégoûts, tes injustices. Jure, tandis que je te presse sur mon cœur, jure que c'est la dernière fois que tu te livreras à tes folies; fais le serment de ne jamais attenter à tes jours.»

«En prononçant ces mots, Amélie me regardait avec compassion et tendresse, et couvrait mon front de ses baisers; c'était presque une mère, c'était quelque chose de plus tendre. Hélas! mon cœur se rouvrit à toutes les joies; comme un enfant je ne demandais qu'à être consolé; je cédai à l'empire d'Amélie: elle exigea un serment solennel; je le fis sans hésiter, ne soupçonnant même pas que désormais je pusse être malheureux.

«Nous fûmes plus d'un mois à nous accoutumer à l'enchantement d'être ensemble. Quand le matin, au lieu de me trouver seul, j'entendais la voix de ma sœur, j'éprouvais un tressaillement de joie et de bonheur. Amélie avait reçu de la nature quelque chose de divin; son âme avait les mêmes grâces innocentes que son corps; la douceur de ses sentiments était infinie; il n'y avait rien que de suave et d'un peu rêveur dans son esprit; on eût dit que son cœur, sa pensée et sa voix soupiraient comme de concert; elle tenait de la femme la timidité et l'amour, et de l'ange la pureté et la mélodie.

«Le moment était venu où j'allais expier toutes mes inconséquences. Dans mon délire, j'avais été jusqu'à désirer d'éprouver un malheur, pour avoir du moins un objet réel de souffrance; épouvantable souhait que Dieu, dans sa colère, a trop exaucé!

«Que vais-je vous révéler, ô mes amis! voyez les pleurs qui coulent de mes yeux. Puis-je même. . . 5

Il y a quelques jours, rien n'aurait pu m'arracher ce secret. . . A présent, tout est fini!

«Toutefois, ô vieillards! que cette histoire soit à jamais ensevelie dans le silence: souvenez-vous qu'elle n'a été racontée que sous l'arbre du désert.»

En Amérique

DIEU PRÉSENT DANS LA NATURE

Le vaisseau sur lequel nous passions en Amérique[2] s'étant élevé au-dessus du gisement des terres, bientôt l'espace ne fut plus tendu que du 5 double azur de la mer et du ciel, comme une toile préparée pour recevoir les futures créations de quelque grand peintre. La couleur des eaux devint semblable à celle du verre liquide. Une grosse houle venait du couchant, bien que le vent soufflât de 10 l'est; d'énormes ondulations s'étendaient du nord au midi, et ouvraient dans leurs vallées de longues échappées de vue sur les déserts de l'Océan. Ces mobiles paysages changeaient d'aspect à toute minute: tantôt une multitude de tertres verdoyants 15 représentaient des sillons de tombeaux dans un cimetière immense; tantôt les lames, en faisant moutonner[3] leurs cimes, imitaient des troupeaux blancs répandus sur des bruyères; souvent l'espace semblait borné, faute de[4] point de comparaison; 20 mais si une vague venait à se lever, un flot à se courber comme une côte lointaine, un escadron de chiens de mer[5] à passer à l'horizon, l'espace s'ouvrait subitement devant nous. On avait surtout l'idée de l'étendue lorsqu'une brume légère rampait à la surface de la mer et semblait accroître 25 l'immensité même. Oh! qu'alors les aspects de l'Océan sont grands et tristes! Dans quelles rêveries

ils vous plongent, soit que l'imagination s'enfonce sur les mers du Nord au milieu des frimas et des tempêtes, soit qu'elle aborde sur les mers du Midi à des îles de repos et de bonheur!

Il nous arrivait souvent de nous lever au milieu de la nuit et d'aller nous asseoir sur le pont, où nous ne trouvions que l'officier de quart[6] et quelques matelots qui fumaient leurs pipes en silence. Pour tout bruit on entendait le froissement de la proue sur les flots, tandis que les étincelles de feu couraient avec une blanche écume le long des flancs du navire. Dieu des chrétiens! c'est surtout dans les eaux de l'abîme et dans les profondeurs des cieux que tu as gravé bien fortement les traits de ta toute-puissance! Des millions d'étoiles rayonnant dans le sombre azur du dôme céleste, la lune au milieu du firmament, une mer sans rivage, l'infini dans le ciel et sur les flots! Jamais tu ne m'as plus troublé de ta grandeur que dans ces nuits où, suspendu entre les astres et l'Océan, j'avais l'immensité sur ma tête et l'immensité sous mes pieds!

Je ne suis rien; je ne suis qu'un simple solitaire; j'ai souvent entendu les savants disputer[7] sur le premier Être, et je ne les ai point compris: mais j'ai toujours remarqué que c'est à la vue des grandes scènes de la nature que cet Être inconnu se manifeste au cœur de l'homme. Un soir (il faisait un profond calme) nous nous trouvions dans ces belles mers qui baignent les rivages de la Virginie;[8] toutes les voiles étaient pliées; j'étais occupé sous le pont,

---

[2] Ils étaient partis de Saint-Malo le 7 avril 1791.
[3] se dit de l'eau de la mer quand elle s'agite en écume blanchissante
[4] par manque de
[5] animaux marins qui ne sont nullement de l'espèce canine

[6] celui qui a la surveillance du navire pendant un quart de journée (six heures)
[7] discuter
[8] État américain

lorsque j'entendis la cloche qui appelait l'équipage à la prière: je me hâtai d'aller mêler mes vœux à ceux de mes compagnons de voyage. Les officiers étaient sur le château de poupe [9] avec les passagers; l'aumônier, un livre à la main, se tenait un peu en avant d'eux; les matelots étaient répandus pêle-mêle sur le tillac: [10] nous étions tous debout, le visage tourné vers la proue du vaisseau, qui regardait l'occident.

Le globe du soleil, prêt à se plonger dans les flots, apparaissait entre les cordages du navire au milieu des espaces sans bornes. On eût dit, par les balancements de la poupe, que l'astre radieux changeait à chaque instant d'horizon. Quelques nuages étaient jetés sans ordre dans l'orient,[11] où la lune montait avec lenteur; le reste du ciel était pur: vers le nord, formant un glorieux triangle avec l'astre du jour et celui de la nuit, une trombe,[12] brillante des couleurs du prisme, s'élevait de la mer comme un pilier de cristal supportant la voûte du ciel.

Il eût été bien à plaindre, celui qui dans ce spectacle n'eût point reconnu la beauté de Dieu. Des larmes coulèrent malgré moi de mes paupières, lorsque mes compagnons, ôtant leurs chapeaux goudronnés, vinrent à entonner d'une voix rauque leur simple cantique à *Notre-Dame-de-Bon-Secours,* patronne des mariniers.[13] Qu'elle était touchante, la prière de ces hommes qui, sur une planche fragile, au milieu de l'Océan, contemplaient le soleil couchant sur les flots! Comme elle allait à l'âme, cette invocation du pauvre matelot à la Mère de Douleur! [14] La conscience de notre petitesse à la vue de l'infini, nos chants s'étendant au loin sur les vagues, la nuit s'approchant avec ses embûches,[15] la merveille de notre vaisseau au milieu de tant de merveilles, un équipage religieux saisi d'admiration et de crainte, un prêtre auguste en prières, Dieu penché sur l'abîme, d'une main retenant le soleil aux portes de l'occident,[16] de l'autre élevant la lune dans l'orient, et prêtant, à travers l'immensité, une oreille attentive à la voix de sa créature: voilà ce qu'on ne saurait peindre, et ce que tout le cœur de l'homme suffit à peine pour sentir.

Passons à la scène terrestre.

Un soir je m'étais égaré dans une forêt, à quelque distance de la cataracte du Niagara; [17] bientôt je vis le jour s'éteindre autour de moi, et je goûtai, dans toute sa solitude, le beau spectacle d'une nuit dans les déserts du Nouveau-Monde.

Une heure après le coucher du soleil, la lune se montra au-dessus des arbres à l'horizon opposé. Une brise embaumée, que cette reine des nuits [18] amenait de l'orient avec elle, semblait la précéder dans les forêts comme sa fraîche haleine. L'astre solitaire monta peu à peu dans le ciel: tantôt il suivait paisiblement sa course azurée; tantôt il reposait sur des groupes de nues qui ressemblaient à la cime de hautes montagnes couronnées de neige. Ces nues, ployant et déployant leurs voiles, se déroulaient en zones diaphanes de satin blanc, se dispersaient en légers flocons d'écume, ou formaient dans les cieux des bancs d'une ouate éblouissante, si doux à l'œil, qu'on croyait ressentir leur mollesse et leur élasticité.

La scène sur la terre [19] n'était pas moins ravissante: le jour bleuâtre et velouté de la lune descendait dans les intervalles des arbres et poussait des gerbes de lumière jusque dans l'épaisseur des plus profondes ténèbres. La rivière qui coulait à mes pieds tour à tour se perdait dans le bois, tour à tour reparaissait brillante des constellations de la nuit, qu'elle répétait dans son sein.[20] Dans une savane,[21] de l'autre côté de la rivière, la clarté de la lune dormait sans mouvement sur les gazons; des bouleaux agités par les brises et dispersés, çà et là formaient des îles d'ombres flottantes sur cette mer immobile de lumière. Auprès, tout aurait été si-

---

[9] sorte de logement construit sur l'avant (*proue*) du navire ou sur la *poupe* qui est l'arrière

[10] pont d'un grand navire

[11] le ciel à l'est

[12] masse d'eau en forme de colonne

[13] La Vierge

[14] La Vierge, mère du Christ crucifié

[15] périls

[16] l'ouest ou couchant; *l'orient:* est ou levant

[17] On n'est pas certain que Chateaubriand ait eu le temps en cinq mois de voir tout ce qu'il dit avoir vu. Il a plus d'une fois « arrangé » et embelli des récits empruntés à d'autres voyageurs. Pour l'excursion au Niagara, il bénéficie du doute.

[18] périphrase qui date du XVIIIe siècle

[19] le sol, le terrain

[20] la profondeur de la rivière considérée comme une personne

[21] vaste étendue de prairies

lence et repos, sans la chute de quelques feuilles, le passage d'un vent subit, le gémissement de la hulotte;[22] au loin, par intervalles, on entendait les sourds mugissements de la cataracte du Niagara, qui, dans le calme de la nuit, se prolongeaient de désert en désert et expiraient à travers les forêts solitaires.[23]

[22] oiseau de nuit
[23] Remarquez le style imagé qui sert à animer et à personnifier les aspects du paysage: *dormait, chute, passage, expiraient.*

La grandeur, l'étonnante mélancolie de ce tableau, ne sauraient s'exprimer dans les langues humaines; les plus belles nuits en Europe ne peuvent en donner une idée. En vain dans nos champs cultivés l'imagination cherche à s'étendre; elle rencontre de toutes parts les habitations des hommes; mais dans ces régions sauvages l'âme se plaît à s'enfoncer dans un océan de forêts, à planer sur le gouffre des cataractes, à méditer au bord des lacs et des fleuves, et, pour ainsi dire, à se trouver seule devant Dieu.

(*Le Génie du christianisme*)

En Italie

LA CAMPAGNE ROMAINE

[*Chateaubriand avait été nommé en 1803 premier secrétaire d'ambassade à Rome. La lettre qu'il écrivit de là à Fontanes, communiquée tout aussitôt au public, est célèbre.*

Le marquis de Fontanes, poète élégant, était alors professeur au Collège des quatre nations, membre de l'Institut et du Corps législatif. Il devait bientôt devenir Grand Maître de l'Université.]

Rome, le 10 janvier 1804
Je ne veux pas quitter Rome sans vous dire au moins quelques mots de cette ville fameuse. Nous étions convenus que je vous écrirais au hasard et sans suite tout ce que je penserais de l'Italie, comme je vous disais autrefois l'impression que faisaient sur mon cœur les solitudes du Nouveau-Monde. Sans autre préambule, je vais donc essayer de vous peindre les *dehors* de Rome, ses campagnes et ses ruines.

Vous avez lu tout ce qu'on a écrit sur ce sujet; mais je ne sais si les voyageurs vous ont donné une idée bien juste du tableau que présente la campagne de Rome. Figurez-vous quelque chose de la désolation de Tyr et de Babylone dont parle l'Écriture; un silence et une solitude aussi vastes que le bruit et le tumulte des hommes qui se pressaient jadis sur ce sol. On croit y entendre retentir cette malédiction du prophète: *Venient tibi duo haec subito in die una, sterilitas et viduitas.*[1] Vous apercevez çà et là quelques bouts de voies romaines, dans des lieux où il ne passe plus personne, quelques traces desséchées des torrents de l'hiver: ces traces vues de loin ont elles-mêmes l'air de grands chemins battus[2] et fréquentés, et elles ne sont que le lit désert d'une onde orageuse qui s'est écoulée comme le peuple romain. A peine découvrez-vous quelques arbres, mais partout s'élèvent des ruines d'aqueducs et de tombeaux; ruines qui semblent être les forêts et les plantes indigènes d'une terre composée de la poussière des morts et des débris des empires. Souvent, dans une grande plaine, j'ai cru voir de riches moissons; je m'en approchais: des herbes flétries avaient trompé mon œil. Parfois sous ces moissons stériles vous distinguez les traces d'une ancienne culture. Point d'oiseaux, point de laboureurs, point de mouvements champêtres, point de mugissements de troupeaux, point de villages. Un petit nombre de fermes délabrées se montrent sur la nudité des champs; les fenêtres et les portes en sont fermées; il n'en sort ni fumée, ni bruit, ni habitants. Une espèce de sauvage, presque nu, pâle et miné par la fièvre,[3] garde ces tristes chaumières, comme les spectres qui, dans nos histoires gothiques,[4] défen-

[1] Deux malheurs t'arriveront à la fois en un seul jour, la stérilité et le veuvage. (Isaïe)
[2] battus par les pieds: même sens que *fréquentés* (faute de style appelée *pléonasme*)
[3] la malaria (fièvre des marais Pontins)
[4] moyenâgeuses (du temps des Goths)

dent l'entrée des châteaux abandonnés. Enfin l'on dirait qu'aucune nation n'a osé succéder aux maîtres du monde dans leur terre natale, et que ces champs sont tels que les a laissés le soc de Cincinnatus,[5] ou la dernière charrue romaine.

C'est du milieu de ce terrain inculte que domine et qu'attriste encore un monument appelé par la voix populaire le *Tombeau de Néron*,[6] que s'élève la grande ombre de la Ville Éternelle. Déchue de sa puissance terrestre, elle semble, dans son orgueil, avoir voulu s'isoler: elle s'est séparée des autres cités de la terre; et, comme une reine tombée du trône, elle a noblement caché ses malheurs dans la solitude.

Il me serait impossible de vous dire ce qu'on éprouve, lorsque Rome vous apparaît tout à coup au milieu de ses royaumes vides, *inania regna*,[7] et qu'elle a l'air de se lever pour vous, de la tombe où elle était couchée. Tâchez de vous figurer ce trouble et cet étonnement qui saisissaient les prophètes, lorsque Dieu leur envoyait la vision de quelque cité à laquelle il avait attaché les destinées de son peuple: *Quasi aspectus splendoris*.[8] La multitude des souvenirs, l'abondance des sentiments vous oppressent; votre âme est bouleversée à l'aspect de cette Rome qui a recueilli deux fois la succession du monde, comme héritière de Saturne et de Jacob.[9]

Vous croirez peut-être, mon cher ami, d'après cette description, qu'il n'y a rien de plus affreux que les campagnes romaines? Vous vous tromperiez beaucoup; elles ont une inconcevable grandeur; on est toujours prêt, en les regardant, à s'écrier avec Virgile:

Salve, magna parens frugum, Saturnia tellus,
Magna virum.[10]

Si vous les voyez en économiste, elles vous désoleront; si vous les contemplez en artiste, en poète, et même en philosophe, vous ne voudriez peut-être pas qu'elles fussent autrement. L'aspect d'un champ de blé ou d'un coteau de vignes ne vous donnerait pas d'aussi fortes émotions que la vue de cette terre dont la culture moderne n'a pas rajeuni le sol, et qui est demeurée comme les ruines qui la couvrent.

Rien n'est comparable pour la beauté aux lignes de l'horizon romain, à la douce inclinaison des plans,[11] aux contours suaves et fuyants des montagnes qui le terminent. Souvent les vallées dans la campagne prennent la forme d'une arène, d'un cirque, d'un hippodrome; les coteaux sont taillés en terrasses, comme si la main puissante des Romains avait remué toute cette terre. Une vapeur particulière, répandue dans les lointains, arrondit les objets et dissimule ce qu'ils pourraient avoir de dur ou de heurté dans leurs formes. Les ombres ne sont jamais lourdes et noires; il n'y a pas de masses si obscures de rochers et de feuillages, dans lesquelles il ne s'insinue toujours un peu de lumière. Une teinte singulièrement harmonieuse marie la terre, le ciel, et les eaux: toutes les surfaces, au moyen d'une gradation insensible de couleurs, s'unissent par leurs extrémités, sans qu'on puisse déterminer le point où une nuance finit et où l'autre commence. Vous avez sans doute admiré dans les paysages de Claude Lorrain,[12] cette lumière qui semble idéale et plus belle que nature? Eh bien, c'est la lumière de Rome!

Je ne me lassais point de voir à la *villa* Borghèse[13] le soleil se coucher sur les cyprès du mont Marius[14] et sur les pins de la *villa* Pamphili, plantés par le Nôtre. J'ai souvent aussi remonté le Tibre à Ponte-Mole, pour jouir de cette grande scène de la fin du jour. Les sommets des montagnes de la Sabine apparaissent alors de lapis lazuli et d'or pâle, tandis que leurs bases et leurs flancs sont noyés

---

[5] Dictateur de Rome en 460 avant J.-C. Il labourait son champ quand les Romains l'envoyèrent chercher pour prendre la tête de leurs troupes contre les Volsques envahisseurs.

[6] appelé ainsi à tort, car le véritable tombeau de Néron était à la Porte du Peuple, dans Rome

[7] royaumes vides (*Énéide*, chant VI)

[8] comme une vision de splendeur (Ézéchiel)

[9] Saturne représente les temps du paganisme, Jacob ceux du christianisme.

[10] Salut, grande productrice de moissons, terre de Saturne, mère des grands hommes. (*Les Géorgiques*, chant II)

[11] surfaces successives du terrain

[12] Claude Gellée, dit Le Lorrain, parce qu'il naquit à Toul (1600–82), peintre de paysages

[13] palais appartenant à une famille illustre

[14] En réalité, le mont Mario, du nom d'une *villa* ayant appartenu à un seigneur du seizième siècle, Mario Mellini. *Plantés par le Nôtre*: c'est-à-dire que leur plan avait été tracé par le Français Le Nôtre (1613–1700) comme ceux des jardins de Versailles, de Saint-Cloud, des Tuileries, etc.

dans une vapeur d'une teinte violette et purpurine. Quelquefois de beaux nuages comme des chars légers, portés sur le vent du soir avec une grâce inimitable, font comprendre l'apparition des habitants de l'Olympe [15] sous ce ciel mythologique; quelquefois l'antique Rome semble avoir étendu dans l'occident toute la pourpre de ses consuls et de ses Césars, sous les derniers pas du dieu du jour.[16] Cette riche décoration ne se retire pas aussi vite que dans nos climats: lorsque vous croyez que ses teintes vont s'effacer, elles se raniment sur quelque autre point de l'horizon; un crépuscule succède à un crépuscule, et la magie du couchant se prolonge. Il est vrai qu'à cette heure du repos des campagnes, l'air ne retentit plus de chants bucoliques; les bergers n'y sont plus: *Dulcia linquimus arval!* [17] mais on voit encore les *grandes victimes du Clytumne*,[18] des bœufs blancs ou des troupeaux de cavales demi-sauvages, qui descendent au bord du Tibre et viennent s'abreuver dans ses eaux. Vous vous croiriez transporté au temps des vieux Sabins ou au siècle de l'Arcadien Évandre.[19]

[15] Les dieux de la religion païenne avaient leur demeure sur le mont Olympe, en Grèce. (mythologie)
[16] périphrase pour désigner le soleil

[17] Nous abandonnons nos champs que nous aimions. (Première Églogue de Virgile)
[18] *Le Clytumne* est un fleuve italien. Chateaubriand cite ici une allusion de Virgile (*Géorgiques*) aux bœufs offerts en sacrifice aux dieux. *Cavales:* nom poétique des juments.
[19] les *Sabins*, peuple autochtone, voisin de Rome; *Évandre*, prince d'Arcadie (Grèce) et fondateur légendaire d'une colonie en Italie, plusieurs siècles avant J.-C. (*Énéide*, chant VIII)

En Grèce

ATHÈNES

La première chose qui frappa mes yeux, ce fut la citadelle éclairée du soleil levant: elle était juste en face de moi, de l'autre côté de la plaine, et semblait appuyée sur le mont Hymette, qui faisait le fond du tableau. Elle présentait, dans un assemblage confus, les chapiteaux des Propylées,[1] les colonnes du Parthénon [2] et du temple d'Érechthée,[3] les embrasures d'une muraille chargée de canons, les débris gothiques des chrétiens, et les masures des musulmans.

Deux petites collines, l'Anchesme et le Musée, s'élevaient au nord et au midi de l'Acropolis. Entre ces deux collines et au pied de l'Acropolis, Athènes se montrait à moi: ses toits aplatis, entremêlés de minarets,[4] de cyprès, de ruines, de colonnes isolées; les dômes de ses mosquées couronnés par de gros nids de cigognes, faisaient un effet agréable aux rayons du soleil. Mais si l'on reconnaissait encore Athènes à [5] ses débris, on voyait aussi, à l'ensemble de son architecture et au caractère général des monuments, que la ville de Minerve [6] n'était plus habitée par son peuple.

Une enceinte de montagnes, qui se termine à la mer, forme la plaine ou le bassin d'Athènes. Du point où je voyais cette plaine au mont Pœcile, elle paraissait divisée en trois bandes ou régions, courant dans une direction parallèle du nord au midi. La première de ces régions, et la plus voisine de moi, était inculte et couverte de bruyères; la seconde offrait un terrain labouré, où l'on venait de faire la moisson; la troisième présentait un long bois d'oliviers qui s'étendait un peu circulairement depuis les sources de l'Ilissus,[7] en passant au pied de l'Anchesme, jusque vers le port de Phalère. Le Céphise [8] coule dans cette forêt, qui, par sa vieillesse, semble descendre de l'olivier que Minerve fit sortir de la terre.[9] L'Ilissus a son lit desséché de l'autre côté d'Athènes, entre le mont Hymette et la ville. La

[1] vestibule de l'Acropolis (citadelle d'Athènes)
[2] temple élevé au Ve siècle avant J.-C. à la déesse Athéna-Parthénos, patronne de la ville
[3] temple élevé au roi Érechthée et à d'autres dieux
[4] tours des mosquées (la ville appartenait alors aux Turcs)

[5] d'après
[6] nom latin de la déesse Athéna, cf. note ci-dessus
[7] rivière longeant les pieds de la ville
[8] petit fleuve qui reçoit l'Ilissus comme affluent
[9] légende athénienne

plaine n'est pas parfaitement unie: une petite chaîne de collines détachées du mont Hymette en surmonte le niveau, et forme les différentes hauteurs sur lesquelles Athènes plaça peu à peu ses monuments.

Ce n'est pas dans le premier moment d'une émotion très-vive que l'on jouit le plus de ses sentiments. Je m'avançais vers Athènes avec une espèce de plaisir qui m'ôtait le pouvoir de la réflexion; non que j'éprouvasse quelque chose de semblable à ce que j'avais senti à la vue de Lacédémone. Sparte et Athènes ont conservé jusque dans leurs ruines leurs différents caractères: celles de la première sont tristes, graves et solitaires; celles de la seconde sont riantes, légères, habitées. A l'aspect de la patrie de Lycurgue,[10] toutes les pensées deviennent sérieuses, mâles et profondes; l'âme fortifiée semble s'élever et s'agrandir; devant la ville de Solon,[11] on est comme enchanté[12] par les prestiges du génie; on a l'idée de la perfection de l'homme, considéré comme un être intelligent et immortel. Les hauts sentiments de la nature humaine prenaient à Athènes quelque chose d'élégant qu'ils n'avaient point à Sparte. L'amour de la patrie et de la liberté n'était point pour les Athéniens un instinct aveugle, mais un sentiment éclairé, fondé sur ce goût du beau dans tous les genres que le ciel leur avait si libéralement départi: enfin, en passant des ruines de Lacédémone aux ruines d'Athènes, je sentis que j'aurais voulu mourir avec Léonidas, et vivre avec Périclès.[13]

[*Chateaubriand visite Athènes le 23 août et le lendemain, à quatre heures du matin, monte sur la colline de la citadelle (Acropole).*]

Il faut maintenant se figurer tout cet espace[14] tantôt nu et couvert d'une bruyère jaune, tantôt coupé par des bouquets d'oliviers, par des carrés d'orge, par des sillons de vignes; il faut se représenter des fûts de colonnes et des bouts de ruines anciennes et modernes, sortant du milieu de ces cultures; des murs blanchis et des clôtures de jardins traversant les champs: il faut répandre dans la campagne des Albanaises qui tirent de l'eau, ou qui lavent à des puits les robes des Turcs; des paysans qui vont et viennent, conduisant des ânes, ou portant sur leur dos des provisions à la ville: il faut supposer toutes ces montagnes dont les noms sont si beaux, toutes ces ruines si célèbres, toutes ces îles, toutes ces mers non moins fameuses, éclairées d'une lumière éclatante. J'ai vu, du haut de l'Acropolis, le soleil se lever entre les deux cimes du mont Hymette: les corneilles qui nichent autour de la citadelle, mais qui ne franchissent jamais son sommet, planaient au-dessous de nous; leurs ailes noires et lustrées étaient glacées de rose par les premiers reflets du jour; des colonnes de fumée bleue et légère montaient dans l'ombre le long des flancs de l'Hymette, et annonçaient les parcs ou les chalets des abeilles; Athènes, l'Acropolis et les débris du Parthénon se coloraient de la plus belle teinte de la fleur du pêcher; les sculptures de Phidias,[15] frappées horizontalement d'un rayon d'or, s'animaient, et semblaient se mouvoir sur le marbre par la mobilité des ombres du relief; au loin, la mer et le Pirée[16] étaient tout blancs de lumière; et la citadelle de Corinthe,[17] renvoyant l'éclat du jour nouveau, brillait sur l'horizon du couchant, comme un rocher de pourpre et de feu.

Du lieu où nous étions placés, nous aurions pu voir, dans les beaux jours d'Athènes, les flottes sortir du Pirée pour combattre l'ennemi ou pour se rendre aux fêtes de Délos;[18] nous aurions pu entendre éclater au théâtre de Bacchus[19] les douleurs d'Œdipe, de Philoctète et d'Hécube;[20] nous aurions pu ouïr les applaudissements des citoyens aux discours de Démosthène.[21] Mais, hélas! aucun son ne frappait notre oreille. A peine quelques cris échappés à

---

[10] législateur de Sparte (IXe siècle avant J.-C.)
[11] législateur d'Athènes (VIIe avant J.-C.)
[12] ainsi que par opération magique
[13] Pour *Léonidas:* cf. « Ruines de Sparte »; *Périclès:* grand homme d'État athénien, dont le nom symbolise l'apogée d'Athènes.
[14] Cf. plus haut, « Athènes » au troisième paragraphe.

[15] auteur de la fameuse frise du Parthénon
[16] port d'Athènes
[17] grande cité grecque de l'antiquité
[18] île des Cyclades, où étaient célébrées tous les quatre ans des fêtes en l'honneur d'Artémis et d'Apollon
[19] Le Théâtre d'Athènes était consacré à Dionysos, ou Bacchus, dieu grec de la Vigne, du Vin et du délire mystique.
[20] personnages célèbres de tragédies grecques de Sophocle et d'Euripide
[21] grand orateur politique (IVe siècle avant J.-C.)

une populace esclave sortaient par intervalles de ces murs, qui retentirent si longtemps de la voix d'un peuple libre. Je me disais, pour me consoler, ce qu'il faut se dire sans cesse: tout passe, tout finit dans ce monde. Où sont allés les génies divins qui élevèrent le temple sur les débris duquel j'étais assis? Ce soleil, qui peut-être éclairait les derniers soupirs de la pauvre fille de Mégare,[22] avait vu mourir la bril-lante Aspasie.[23] Ce tableau de l'Attique,[24] ce spectacle que je contemplais, avait été contemplé par des yeux fermés depuis deux mille ans. Je passerai à mon tour: d'autres hommes aussi fugitifs que moi viendront faire les mêmes réflexions sur les mêmes ruines. Notre vie et notre cœur sont entre les mains de Dieu: laissons-le donc disposer de l'une comme de l'autre.

(*Itinéraire de Paris à Jérusalem*)

[22] une jeune fille que Chateaubriand avait été appelé à soigner, lors de son passage à Mégare

[23] *Aspasie,* fameuse courtisane athénienne
[24] province d'Athènes

En Judée

CONTEMPLATION DE JÉRUSALEM

Vue de la montagne des Oliviers, de l'autre côté de la vallée de Josaphat, Jérusalem présente un plan incliné, sur un sol qui descend du couchant au levant.[1] Une muraille crénelée,[2] fortifiée par des tours et par un château gothique, enferme la ville dans son entier, laissant toutefois au dehors une partie de la montagne de Sion, qu'elle embrassait autrefois.

Dans la région du couchant et au centre de la ville, vers le Calvaire, les maisons se serrent d'assez près; mais au levant, le long de la vallée de Cédron, on aperçoit des espaces vides, entre autres l'enceinte qui règne autour de la mosquée bâtie sur les débris du temple,[3] et le terrain presque abandonné où s'élevaient le château Antonia et le second palais d'Hérode.[4]

Les maisons de Jérusalem sont de lourdes masses carrées, fort basses, sans cheminées et sans fenêtres; elles se terminent en terrasses aplaties ou en dômes, et elles ressemblent à des prisons ou à des sépulcres. Tout serait à l'œil d'un niveau égal, si les clochers des églises, les minarets des mosquées, les cimes de quelques cyprès, et les buissons de nopals,[5] ne rompaient l'uniformité du plan. A la vue de ces maisons de pierres, renfermées dans un paysage de pierres, on se demande si ce ne sont pas là les monuments confus d'un cimetière au milieu d'un désert.

Entrez dans la ville, rien ne vous consolera de la tristesse extérieure: vous vous égarez dans de petites rues non pavées, qui montent et descendent sur un sol inégal, et vous marchez dans des flots de poussière, ou parmi des cailloux roulants. Des toiles jetées d'une maison à l'autre augmentent l'obscurité de ce labyrinthe;[6] des bazars[7] voûtés et infects achèvent d'ôter la lumière à la ville désolée; quelques chétives boutiques n'étalent aux yeux que la misère; et souvent ces boutiques mêmes sont fermées, dans la crainte du passage d'un cadi.[8] Personne dans les rues, personne aux portes de la ville; quelquefois seulement un paysan se glisse dans l'ombre, cachant sous ses habits les fruits de son labeur, dans la crainte d'être dépouillé par le soldat; dans un coin à l'écart, le boucher arabe égorge quelque bête suspendue par les pieds à un mur en ruine: à l'air hagard et féroce de cet homme, à ses bras ensanglantés, vous croiriez plutôt qu'il vient de tuer son semblable que d'immoler un agneau. Pour

[1] de l'ouest à l'est
[2] surmontée de créneaux (maçonnerie dentelée au sommet d'une citadelle)
[3] Le second temple, bâti par le roi Hérode. Le premier avait été bâti par Salomon.
[4] Ce roi avait donné le nom inspiré par son protecteur Antoine, triumvir romain, à la tour que Chateaubriand appelle château.

[5] plante grasse à épines
[6] réseau de rues tracées sans ordre
[7] marchés couverts en Orient
[8] juge musulman

tout bruit, dans la cité déicide,[9] on entend par intervalles le galop de la cavale du désert: c'est le janissaire qui apporte la tête du Bédouin,[10] ou qui va piller le Fellah.[11]

Au milieu de cette désolation extraordinaire, il faut s'arrêter un moment pour contempler des choses plus extraordinaires encore. Parmi les ruines de Jérusalem, deux espèces de peuples indépendants trouvent dans leur foi de quoi surmonter[12] tant d'horreurs et de misères. Là vivent des religieux chrétiens[13] que rien ne peut forcer à abandonner le tombeau de Jésus-Christ, ni spoliations, ni mauvais traitements, ni menaces de la mort. Leurs cantiques retentissent nuit et jour autour du Saint-Sépulcre. Dépouillés le matin par un gouverneur turc, le soir les retrouve au pied du Calvaire, priant au lieu où Jésus-Christ souffrit pour le salut des hommes. Leur front est serein, leur bouche est riante. Ils reçoivent l'étranger avec joie. Sans forces et sans soldats, ils protègent des villages entiers contre l'iniquité. Pressés par le bâton et par le sabre,[14] les femmes, les enfants, les troupeaux se réfugient dans les cloîtres de ces solitaires. Qui empêche le méchant armé de poursuivre sa proie, et de renverser d'aussi faibles remparts? la charité des moines; ils se privent des dernières ressources de la vie pour racheter[15] leurs suppliants. Turcs, Arabes, Grecs, chrétiens, schismatiques,[16] tous se jettent sous la protection de quelques pauvres religieux qui ne peuvent se défendre eux-mêmes. C'est ici qu'il faut reconnaître, avec Bossuet, « que des mains levées vers le ciel enfoncent plus de bataillons que des mains armées de javelots ».

Tandis que la nouvelle Jérusalem sort ainsi *du désert, brillante de clarté*,[17] jetez les yeux entre la montagne de Sion et le Temple; voyez cet autre petit peuple qui vit séparé du reste des habitants de la cité. Objet particulier de tous les mépris, il baisse la tête sans se plaindre; il souffre toutes les avanies sans demander justice; il se laisse accabler de coups sans soupirer: on lui demande sa tête, il la présente au cimeterre.[18] Si quelque membre de cette société proscrite vient à mourir, son compagnon ira, pendant la nuit, l'enterrer furtivement dans la vallée de Josaphat,[19] à l'ombre du temple de Salomon. Pénétrez dans la demeure de ce peuple, vous le trouverez dans une affreuse misère, faisant lire un livre mystérieux[20] à des enfants qui, à leur tour, le feront lire à leurs enfants. Ce qu'il faisait il y a cinq mille ans, ce peuple le fait encore. Il a assisté dix-sept fois à la ruine de Jérusalem, et rien ne peut l'empêcher de tourner ses regards vers Sion. Quand on voit les Juifs dispersés sur la terre, selon la parole de Dieu, on est surpris, sans doute; mais pour être frappé d'un étonnement surnaturel, il faut les retrouver à Jérusalem; il faut voir ces légitimes maîtres de la Judée esclaves et étrangers dans leur propre pays: il faut les voir attendant, sous toutes les oppressions, un roi[21] qui doit les délivrer. Écrasés par la Croix qui les condamne, et qui est plantée sur leurs têtes; cachés près du Temple, dont il ne reste pas pierre sur pierre, ils demeurent dans leur déplorable aveuglement. Les Perses, les Grecs, les Romains, ont disparu de la terre; et un petit peuple, dont l'origine précéda celle de ces grands peuples, existe sans mélange dans les décombres de sa patrie. Si quelque chose, parmi les nations, porte le caractère du miracle, nous pensons que ce caractère est ici. Et qu'y a-t-il de plus merveilleux, même aux yeux du philosophe, que cette rencontre de l'antique et de la nouvelle Jérusalem au pied du Calvaire: la première s'affligeant[22] à l'aspect du sépulcre de Jésus-Christ ressuscité; la seconde se consolant auprès du seul tombeau qui n'aura rien à rendre à la fin des siècles![23]

(*Itinéraire de Paris à Jérusalem*)

---

[9] qui a tué un Dieu (le Christ)
[10] Arabe vivant dans le désert
[11] paysan et ouvrier
[12] la force de résister à
[13] les pères latins du Saint-Sépulcre (sépulcre dans lequel Jésus fut déposé après sa mort)
[14] C'est-à-dire par les voleurs et les soldats.
[15] payer une somme pour leur obtenir la paix
[16] tribus juives séparées de Juda
[17] mots empruntés à un vers de Racine dans *Athalie* (Acte III, sc. 7)

[18] sabre à lame large et recourbée; *proscrite:* chassée de sa patrie
[19] C'est la vallée du Cédron, qu'une tradition chrétienne désigne comme le lieu du Jugement dernier.
[20] la Bible
[21] le Messie, que les Juifs attendent toujours
[22] parce que les Juifs ne croyaient pas que Jésus était le Messie attendu
[23] puisqu'aux yeux des chrétiens il est vide depuis la résurrection

III. Les Poètes romantiques

LES ÉPOQUES d'art et de littérature commencent souvent en France par des réunions mi-mondaines mi-littéraires, salons ou cénacles.

Les partisans d'une littérature nouvelle au dix-neuvième siècle se sont réunis tout jeunes, à partir de 1823 chez deux poètes, les frères Émile et Anthony Deschamps qui fondèrent le cénacle de la « Muse française », puis de 1824 à 1840 dans le salon de Charles Nodier, à la Bibliothèque de l'Arsenal dont il était conservateur.

Hugo, Vigny et, après 1830, Musset, Nerval, Gautier, ont animé ces réunions, de concert avec Balzac, Dumas, Mérimée. Lamartine s'est parfois joint à eux quand il se trouvait à Paris. Un autre salon, un troisième cénacle, celui que Victor Hugo ouvrit chez lui en 1827, a mêlé des artistes aux écrivains.

Les poètes, dans ces trois groupements, dominaient. Si Rousseau et Chateaubriand ont rassemblé les forces de la révolution romantique, ce sont les poètes qui l'ont conduite.

Ce qui caractérise essentiellement les poètes romantiques, c'est la liberté; la poésie fut pour eux une création spontanée et libre du génie. Ils ont brisé les chaînes de la tradition, ils ont rejeté le joug des Anciens, la raison de Malherbe, les règles de Boileau. Ils n'ont plus obéi qu'à leur âme individuelle.

Ils ont donc chanté sans contrainte les émotions, les passions, l'amour avec ses joies et ses douleurs, la nature qui sourit ou qui fait trembler, la foi religieuse avec ses certitudes et ses doutes, la mort avec ses horreurs et ses consolations. En même temps, par delà ce qui s'agite dans les cœurs individuels, ils ont capté les événements qui surprennent les peuples et les bouleversent. Tous, presque tous, ont été plus ou moins ce qu'a été Victor Hugo: échos sonores de leur époque. Et tout cela a fait d'eux des lyriques, des élégiaques, des satiriques, des épiques.

Il leur a fallu nécessairement une langue, un style, une prosodie adaptés à leur inspiration. Lamartine a usé d'un instrument poétique encore tout près des habitudes classiques, mais toutefois renouvelé par le nombre et l'éclat des images. Vigny et Musset ont rapproché le vocabulaire poétique de la langue commune et substitué le mot propre à la périphrase (ils ont dit *la lune* et non plus *l'astre des nuits*). Hugo a été plus loin qu'eux, il a employé des expressions et des mots volontairement bas, il s'est vanté d'avoir mis « le bonnet rouge au vieux dictionnaire ». Il n'a pas moins révolutionné la prosodie. Non seulement il s'est servi de tous les mètres, mais il a disloqué l'alexandrin par l'enjambement et le rejet. Il n'a pas reculé devant le tintamarre des rimes riches.

Aussi l'admire-t-on comme le plus complet des poètes de son temps. Il y a toujours quelque part au fond de son œuvre immense certain poème ou certains vers dans lesquels il se découvre l'initiateur de tel ou tel poète qui l'a suivi et qui à première vue paraît révolutionnairement original : ce sera le cas notamment de Gérard de Nerval.

ALPHONSE DE LAMARTINE (1790–1869)

Né à Mâcon d'une vieille famille de gentilhommes pauvres, Alphonse de Lamartine a passé son enfance et une partie de sa jeunesse dans la vie agreste et patriarcale du modeste domaine de Milly. Devenu grand, il a flâné et chassé plus que les collèges de sa province ne l'ont vu étudier. Du moins fut-il grand lecteur de la Bible, des poètes anglais, de la *Nouvelle Héloïse.* Un voyage en Italie lui donna l'occasion d'un premier amour, un séjour à Aix-les-Bains lui fit rencontrer celle qu'il a appelée Elvire et qui était Mme Charles, femme d'un savant connu. Il la revit à Paris où elle devait mourir bientôt.

Il s'était mis très jeune à composer des vers. Et pourtant il atteignait déjà la trentaine lorsqu'il publia les *Méditations poétiques,* qui remportèrent un succès aussi magnifique qu'inattendu et l'aidèrent à entrer dans la diplomatie. Il occupa des postes successifs de secrétaire d'ambassade à Londres, de chargé d'affaires en Toscane, de ministre en Grèce. Entre temps il épousa une riche Anglaise. Démissionnaire aussitôt après l'avènement de Louis-Philippe, il accomplit un long et somptueux voyage en Orient qui ouvrit la première brèche dans la fortune que lui avait apportée son mariage.

Tout en poursuivant son œuvre littéraire, Lamartine n'a guère tardé à se tourner du côté de la politique. Mais l'ancien royaliste légitimiste (c'est-à-dire attaché à la dynastie des Bourbons) s'orientait vers les idées républicaines. Député, puis après la révolution de 1848 membre du gouvernement provisoire, il devint ministre des Affaires étrangères. Mais bientôt son rôle alla s'effaçant. Au lendemain du coup d'État napoléonien de 1851, il rentra dans la vie privée. Il y trouva la gêne et même la pauvreté. Il dut accumuler les travaux de librairie pour vivre et payer ses dettes. Il a accepté peu avant de mourir une pension de l'Autorité impériale.

L'HOMME

Le poète en exprimant avec profondeur ses émotions intimes a été la voix d'une génération. Dans les *Méditations poétiques* (1820) il a mis en vers le lyrisme formé chez Rousseau, renforcé et précisé par Chateaubriand. Théophile Gautier a écrit que le livre produisit un immense enivrement et qu'il fut « comme une palpitation d'ailes qui passait sur les âmes ».

L'ŒUVRE

Dans les *Nouvelles Méditations* (1823), puis dans les *Harmonies poétiques et religieuses* (1829) Lamartine élargit encore son inspiration, l'éleva à un très haut degré de spiritualité. Il chanta de beaux hymnes au bonheur et à l'amour, à la nature, à la terre natale, et à Dieu. Malheureusement le flot des mots et leurs cascades trop abondantes et un peu molles noyaient assez souvent dans les *Harmonies* les contours si simples et si purs que les *Nouvelles Méditations* avaient fait aimer.

Lamartine en était venu à méditer un grand poème, le poème des destins de l'humanité. Il commença l'ouvrage en composant l'épisode de *Jocelyn* (1836). Il y peint l'aventure d'un homme amoureux, dont le vœu religieux contracté par dévouement à un évêque sous la Révolution combat et étouffe l'amour dans la souffrance et la résignation. Le poète voyait dans *Jocelyn* le terme d'une épopée spiritualiste dont il écrivit également le prélude, qui est *La Chute d'un ange* (1838). Un ange s'est fait homme par amour. Avec sa femme et leur famille, il traverse l'humanité primitive aux instincts féroces et meurt sur un bûcher à la veille du déluge. Mais auparavant il a reçu d'un prophète les plus hautes révélations divines.

Hélas! Lamartine était trop improvisateur de nature, et négligent par surcroît: il ne poussa pas plus loin son épopée. Il revient à la poésie purement lyrique dans les *Recueillements poétiques* (1839) et dans *La Vigne et la maison* (1857), continuant de célébrer les plus généreux sentiments, de s'enivrer de la vie rustique, de rêver les grands lieux-communs de tous les temps.

Il est demeuré poète dans ses œuvres en prose, dont les plus importantes consistent en deux romans et un livre d'histoire: le roman de *Graziella* la napolitaine (1852) et celui de *Raphaël* (1849), récit touchant de ses amours avec Elvire; l'*Histoire des Girondins* (1847), peu sûre au point de vue strictement historique mais contenant du drame et même de l'idylle dans les scènes, de la psychologie profonde dans les portraits, de l'épopée dans la conduite générale du récit. L'*Histoire des Girondins* est le livre qui a le plus fait pour diriger les esprits dans la voie de la République et de la démocratie.

Méditations poétiques

LE VALLON [1]

Mon cœur, lassé de tout, même de l'espérance,
N'ira plus de ses vœux importuner le sort:
Prêtez-moi seulement, vallon de mon enfance,
Un asile d'un jour pour attendre la mort.

[1] Vallon dans les monts du Dauphiné, où Lamartine enfant allait se promener avec un ami. Il le revoit ici, encore jeune.

Voici l'étroit sentier de l'obscure vallée;
Du flanc de ces coteaux pendent des bois épais
Qui, courbant sur mon front leur ombre entremêlée,
Me couvrent tout entier de silence et de paix.

Là, deux ruisseaux cachés sous des ponts de verdure
Tracent en serpentant les contours du vallon;
Ils mêlent un moment leur onde et leur murmure,
Et non loin de leur source ils se perdent sans nom.

La source de mes jours comme eux s'est écoulée;
Elle a passé sans bruit, sans nom et sans retour:
Mais leur onde est limpide, et mon âme troublée
N'aura pas réfléchi les clartés d'un beau jour.

La fraîcheur de leurs lits, l'ombre qui les couronne,
M'enchaînent tout le jour sur les bords des ruis-
    seaux;
Comme un enfant bercé par un chant monotone,
Mon âme s'assoupit [2] au murmure des eaux.

Ah! c'est là qu'entouré d'un rempart de verdure,
D'un horizon borné qui suffit à mes yeux,
J'aime à fixer mes pas, et, seul dans la nature,
A n'entendre que l'onde, à ne voir que les cieux.

J'ai trop vu, trop senti, trop aimé dans ma vie;
Je viens chercher vivant le calme du Léthé.[3]
Beaux lieux, soyez pour moi ces bords où l'on
    oublie:
L'oubli seul désormais est ma félicité.

Mon cœur est en repos, mon âme est en silence;
Le bruit lointain du monde expire en arrivant,
Comme un son éloigné qu'affaiblit la distance,
A l'oreille incertaine apporté par le vent.

D'ici je vois la vie, à travers un nuage,
S'évanouir pour moi dans l'ombre du passé;
L'amour seul est resté, comme une grande image
Survit seule au réveil dans un songe effacé.

Repose-toi, mon âme, en ce dernier asile,
Ainsi qu'un voyageur qui, le cœur plein d'espoir,
S'assied, avant d'entrer, aux portes de la ville,
Et respire un moment l'air embaumé du soir.

Comme lui, de nos pieds secouons la poussière;
L'homme par ce chemin ne repasse jamais:
Comme lui, respirons au bout de la carrière [4]
Ce calme avant-coureur de l'éternelle paix.

Tes jours, sombres et courts comme les jours
    d'automne,
Déclinent comme l'ombre au penchant des coteaux;
L'amitié te trahit, la pitié t'abandonne,
Et, seule, tu descends le sentier des tombeaux.

Mais la nature est là qui t'invite et qui t'aime;
Plonge-toi dans son sein qu'elle t'ouvre toujours:
Quand tout change pour toi, la nature est la même,
Et le même soleil se lève sur tes jours.

De lumière et d'ombrage elle t'entoure encore:
Détache ton amour des faux biens que tu perds;
Adore ici l'écho qu'adorait Pythagore,[5]
Prête avec lui l'oreille aux célestes concerts.

Suis le jour dans le ciel, suis l'ombre sur la terre;
Dans les plaines de l'air vole avec l'aquilon; [6]
Avec le doux rayon de l'astre du mystère [7]
Glisse à travers les bois dans l'ombre du vallon.

Dieu, pour le concevoir, a fait l'intelligence; [8]
Sous la nature enfin découvre son auteur!
Une voix à l'esprit parle dans son silence:
Qui n'a pas entendu cette voix dans son cœur?

LE LAC [1]

Ainsi, toujours poussés vers de nouveaux rivages,
Dans la nuit éternelle emportés sans retour,
Ne pourrons-nous jamais sur l'océan des âges
    Jeter l'ancre un seul jour?

Ô lac! l'année à peine a fini sa carrière,
Et, près des flots chéris qu'elle devait revoir,
Regarde! je viens seul m'asseoir sur cette pierre
    Où tu la vis s'asseoir!

Tu mugissais ainsi sous ces roches profondes;
Ainsi tu te brisais sur leurs flancs déchirés;
Ainsi le vent jetait l'écume de tes ondes
    Sur ses pieds adorés.

[5] philosophe grec du VIe siècle avant J.-C., qui a
célébré l'harmonie des choses célestes
    [6] vent de tempête
    [7] la lune
    [8] a donné à l'homme l'intelligence pour que l'homme
le conçoive, lui Dieu

___

[2] La douleur du poète s'apaise.
[3] fleuve des enfers où les âmes des morts buvaient l'oubli
(mythologie)
[4] le cours de la vie (Lamartine croit qu'il va mourir
bientôt.)

___

[1] Il s'agit du lac du Bourget et d'une promenade que
le poète y avait faite en barque avec Mme Charles. Il revient
seul sur ses bords, tandis qu'elle est mourante, cette Mme
Charles qu'il a immortalisée sous le nom d'Elvire.

Un soir, t'en souvient-il? [2] nous voguions en silence;
On n'entendait au loin, sur l'onde et sous les cieux,
Que le bruit des rameurs qui frappaient en cadence
    Tes flots harmonieux.

Tout à coup des accents inconnus à la terre
Du rivage charmé [3] frappèrent les échos;
Le flot fut attentif, et la voix qui m'est chère
    Laissa tomber ces mots:

« Ô temps, suspends ton vol! et vous, heures pro-
        pices,
    Suspendez votre cours!
Laissez-nous savourer les rapides délices
    Des plus beaux de nos jours!

« Assez de malheureux ici-bas vous implorent:
    Coulez, coulez pour eux;
Prenez avec leurs jours les soins [4] qui les dévorent;
    Oubliez les heureux.

« Mais je demande en vain quelques moments en-
        core,
    Le temps m'échappe et fuit;
Je dis à cette nuit: « Sois plus lente »; et l'aurore
    Va dissiper la nuit.

« Aimons donc, aimons donc! de l'heure fugitive,
    Hâtons-nous, jouissons!
L'homme n'a point de port, le temps n'a point
        de rive:
    Il coule, et nous passons! »

Temps jaloux, se peut-il que ces moments d'ivresse,
Où l'amour à longs flots nous verse le bonheur,
S'envolent loin de nous de la même vitesse
    Que les jours de malheur?

Hé quoi! n'en pourrons-nous fixer au moins la
        trace?
Quoi! passés pour jamais? quoi! tout entiers perdus?
Ce temps qui les donna, ce temps qui les efface,
    Ne nous les rendra plus?

Éternité, néant, passé, sombres abîmes,
Que faites-vous des jours que vous engloutissez?
Parlez: nous rendrez-vous ces extases sublimes
    Que vous nous ravissez?

Ô lac! rochers muets! grottes! forêt obscure!
Vous que le temps épargne ou qu'il peut rajeunir,
Gardez de cette nuit, gardez, belle nature,
    Au moins le souvenir!

Qu'il soit [5] dans ton repos, qu'il soit dans tes orages,
Beau lac, et dans l'aspect de tes riants coteaux,
Et dans ces noirs sapins, et dans ces rocs sauvages
    Qui pendent sur tes eaux!

Qu'il soit dans le zéphyr qui frémit et qui passe,
Dans les bruits de tes bords par tes bords répétés, [6]
Dans l'astre au front d'argent [7] qui blanchit ta sur-
        face
    De ses molles clartés!

Que le vent qui gémit, le roseau qui soupire,
Que les parfums légers de ton air embaumé,
Que tout ce qu'on entend, l'on voit ou l'on respire,
    Tout dise: « Ils ont aimé! »

L'AUTOMNE [1]

Salut, bois couronnés d'un reste de verdure!
Feuillages jaunissants sur les gazons épars!
Salut, derniers beaux jours! le deuil de la nature
Convient à la douleur et plaît à mes regards.

Je suis d'un pas rêveur le sentier solitaire;
J'aime à revoir encor, pour la dernière fois,
Ce soleil pâlissant, dont la faible lumière
Perce à peine à mes pieds l'obscurité des bois.

Oui, dans ces jours d'automne où la nature expire,
A ses regards voilés je trouve plus d'attraits;
C'est l'adieu d'un ami, c'est le dernier sourire
Des lèvres que la mort va fermer pour jamais.

---

[2] Le poète prête au lac des sentiments humains.
[3] au sens magique du mot
[4] emportez avec leurs jours les soucis

[5] le souvenir
[6] en écho
[7] la lune

---

[1] méditation écrite au cours d'une année (1819) où la
santé du poète était compromise et le faisait penser à la
mort (comme dans *Le Vallon*)

Ainsi, prêt à quitter l'horizon de la vie,
Pleurant de mes longs jours l'espoir évanoui,
Je me retourne encore, et d'un regard d'envie
Je contemple ses biens dont je n'ai pas joui.

Terre, soleil, vallons, belle et douce nature,
Je vous dois une larme aux bords de mon tombeau!
L'air est si parfumé! la lumière est si pure!
Aux regards d'un mourant le soleil est si beau!

Je voudrais maintenant vider jusqu'à la lie
Ce calice mêlé de nectar et de fiel: [2]

[2] le bon et le mauvais de l'existence

Au fond de cette coupe où je buvais la vie,
Peut-être restait-il une goutte de miel! [3]

Peut-être l'avenir me gardait-il encore
Un retour de bonheur [4] dont l'espoir est perdu!
Peut-être, dans la foule, une âme que j'ignore
Aurait compris mon âme, et m'aurait répondu! . . .

La fleur tombe en livrant ses parfums au zéphire;
A la vie, au soleil, ce sont là ses adieux:
Moi, je meurs; et mon âme, au moment qu'elle
    expire,
S'exhale comme un son triste et mélodieux.

[3] un peu d'amour
[4] bonheur d'amour

Nouvelles Méditations

BONAPARTE [1]

Sur un écueil [2] battu par la vague plaintive,
Le nautonier, de loin, voit blanchir sur la rive
Un tombeau près du bord par les flots déposé;
Le temps n'a pas encor bruni l'étroite pierre,
Et sous le vert tissu de la ronce et du lierre
    On distingue. . . un sceptre brisé.

Ici gît. . . Point de nom! demandez à la terre!
Ce nom, il est inscrit en sanglant caractère
Des bords du Tanaïs au sommet du Cédar, [3]
Sur le bronze et le marbre, et sur le sein des braves,
Et jusque dans le cœur de ces troupeaux d'esclaves
    Qu'il foulait tremblants sous son char.

Depuis les deux grands noms [4] qu'un siècle au siècle
    annonce,
Jamais nom qu'ici-bas toute langue prononce
Sur l'aile de la foudre aussi loin ne vola;

[1] Méditation écrite en 1823, deux ans après la mort de
Napoléon Bonaparte. Lamartine était royaliste de tradition.
[2] Sainte-Hélène; *nautonier:* l'homme qui conduit une
embarcation
[3] Le Tanaïs est aujourd'hui le Don. Cédar est une ville
d'Arabie, le poète désigne par ce nom le Sinaï.
[4] Alexandre et César

Jamais d'aucun mortel le pied qu'un souffle efface
N'imprima sur la terre une plus forte trace:
    Et ce pied s'est arrêté là. . .

Il [5] est là! . . . Sous trois pas un enfant le mesure!
Son ombre ne rend pas même un léger murmure;
Le pied d'un ennemi foule en paix son cercueil.
Sur ce front foudroyant le moucheron bourdonne,
Et son ombre n'entend que le bruit monotone
    D'une vague contre un écueil.

Ne crains pas cependant, ombre encore inquiète,
Que je vienne outrager ta majesté muette.
Non! La lyre [6] aux tombeaux n'a jamais insulté:
La mort fut de tout temps l'asile de la gloire.
Rien ne doit jusqu'ici [7] poursuivre une mémoire;
    Rien. . . excepté la vérité!

Ta tombe et ton berceau sont couverts d'un nuage.
Mais, pareil à l'éclair, tu sortis d'un orage; [8]
Tu foudroyas le monde avant d'avoir un nom:

[5] Napoléon
[6] pour: la poésie
[7] jusqu'à la tombe
[8] la Révolution française

Tel ce Nil, dont Memphis boit les vagues fécondes,
Avant d'être nommé fait bouillonner ses ondes
    Aux solitudes de Memnon.[9]

Les dieux étaient tombés, les trônes étaient vides;
La Victoire te prit sur ses ailes rapides;
D'un peuple de Brutus[10] la gloire te fit roi.
Ce siècle, dont l'écume entraînait dans sa course
Les mœurs, les rois, les dieux. . . , refoulé vers sa
    source
    Recula d'un pas devant toi. . .

Ah! si, rendant ce sceptre à ses mains légitimes,
Plaçant sur ton pavois[11] de royales victimes,
Tes mains des saints bandeaux[12] avaient lavé l'af-
    front,
Soldat vengeur des rois, plus grand que ces rois
    même,
De quel divin parfum, de quel pur diadème
    La gloire aurait sacré ton front![13]

Gloire, honneur, liberté, ces mots que l'homme
    adore,
Retentissaient pour toi comme l'airain sonore
Dont un stupide écho répète au loin le son:
De cette langue en vain ton oreille frappée
Ne comprit ici-bas que le cri de l'épée
    Et le mâle accord du clairon.

Superbe,[14] et dédaignant ce que la terre admire,
Tu ne demandais rien au monde que l'empire.
Tu marchais. . . tout obstacle était ton ennemi.
Ta volonté volait comme ce trait[15] rapide
Qui va frapper le but où le regard le guide,
    Même à travers un cœur ami.

Jamais, pour éclaircir ta royale tristesse,
La coupe des festins ne te versa l'ivresse;
Tes yeux d'une autre pourpre[16] aimaient à s'eni-
    vrer.

Comme un soldat debout qui veille sous ses armes,
Tu vis de la beauté le sourire et les larmes,
    Sans sourire et sans soupirer.[17]

Tu n'aimais que le bruit du fer, le cri d'alarmes,[18]
L'éclat resplendissant de l'aube sur les armes;
Et ta main ne flattait que ton léger coursier,
Quand les flots ondoyants de sa pâle crinière
Sillonnaient comme un vent la sanglante poussière,
    Et que ses pieds brisaient l'acier.

Tu grandis sans plaisir, tu tombas sans murmure.
Rien d'humain ne battait sous ton épaisse armure:
Sans haine et sans amour, tu vivais pour penser.
Comme l'aigle régnant dans un ciel solitaire,
Tu n'avais qu'un regard pour mesurer la terre,
    Et des serres pour l'embrasser.

S'élancer d'un seul bond au char de la victoire;
Foudroyer l'univers des splendeurs de sa gloire:
Fouler d'un même pied des tribuns et des rois;
Forger un joug trempé dans l'amour et la haine[19]
Et faire frissonner sous le frein qui l'enchaîne
    Un peuple échappé de ses lois;

Être d'un siècle entier la pensée et la vie;
Émousser le poignard,[20] décourager l'envie;
Ébranler, raffermir l'univers incertain;
Aux sinistres clartés de ta foudre qui gronde,[21]
Vingt fois contre les dieux jouer[22] le sort du
    monde,
    Quel rêve!!! et ce fut ton destin! . . .

Tu tombas cependant de ce sublime faîte:
Sur ce rocher désert jeté par la tempête,
Tu vis tes ennemis déchirer ton manteau;
Et le sort, ce seul dieu qu'adora ton audace,
Pour dernière faveur t'accorda cet espace
    Entre le trône et le tombeau. . .

[9] célèbre statue de la Haute-Égypte
[10] citoyens pareils au Romain devenu symbole de l'esprit républicain
[11] le grand bouclier sur lequel les Francs portaient le roi qu'ils venaient d'élire
[12] le diadème royal
[13] Le poète veut dire que Bonaparte aurait dû rétablir la royauté en France.
[14] orgueilleux
[15] cette flèche ou ce javelot
[16] celle du manteau impérial

[17] Le poète accuse injustement Napoléon de n'avoir jamais aimé: il a vraiment aimé Joséphine et aussi Marie-Louise, il a aimé son fils.
[18] alarmes guerrières
[19] Ce vers contredit les strophes précédentes.
[20] le poignard des conspirateurs
[21] la foudre des canons
[22] avec des batailles au lieu de cartes

LES PRÉLUDES [1]

Ô vallons paternels; doux champs; humble chau-
    mière [2]
Au bord penchant des bois suspendue aux coteaux,
Dont l'humble toit, caché sous des touffes de lierre,
    Ressemble au nid sous les rameaux;

Gazons entrecoupés de ruisseaux et d'ombrages:
Seuil antique où mon père, adoré comme un roi,
Comptait ses gras troupeaux rentrant des pâturages,
    Ouvrez-vous, ouvrez-vous! c'est moi.

Voilà du dieu des champs la rustique demeure.[3]
J'entends l'airain [4] frémir au sommet de ses tours;
Il semble que dans l'air une voix qui me pleure
    Me rappelle à mes premiers jours.

Oui, je reviens à toi, berceau de mon enfance,
Embrasser pour jamais tes foyers protecteurs.
Loin de moi les cités et leur vaine opulence!
    Je suis né parmi les pasteurs.[5]

Enfant, j'aimais comme eux à suivre dans la plaine
Les agneaux pas à pas, égarés [6] jusqu'au soir;
A revenir comme eux baigner leur blanche laine
    Dans l'eau courante du lavoir;

J'aimais à me suspendre aux lianes légères,
A gravir dans les airs de rameaux en rameaux,
Pour ravir, le premier, sous l'aile de leurs mères
    Les tendres œufs des tourtereaux;

J'aimais les voix du soir dans les airs répandues,
Le bruit lointain des chars gémissant sous leur
    poids,
Et le sourd tintement des cloches suspendues
    Au cou des chevreaux [7] dans les bois.

Et depuis, exilé de ces douces retraites,
Comme un vase imprégné d'une première odeur,
Toujours, loin des cités, des voluptés secrètes [8]
    Entraînaient mes yeux et mon cœur.

Beaux lieux, recevez-moi sous vos sacrés ombrages!
Vous qui couvrez le seuil de rameaux éplorés,[9]
Saules contemporains,[10] courbez vos longs feuillages
    Sur le frère que vous pleurez.

Reconnaissez mes pas, doux gazons que je foule,
Arbres que dans mes jeux j'insultais [11] autrefois
Et toi qui loin de moi te cachais à la foule,
    Triste écho, réponds à ma voix.

Je ne viens pas traîner, dans vos riants asiles,
Les regrets du passé, les songes du futur:
J'y viens vivre, et, couché sous vos berceaux [12] fer-
    tiles,
    Abriter mon repos obscur.

S'éveiller, le cœur pur, au réveil de l'aurore,
Pour bénir,[13] au matin, le Dieu qui fait le jour;
Voir les fleurs du vallon sous la rosée éclore,
    Comme pour fêter son retour; [14]

Respirer les parfums que la colline exhale,
Ou l'humide fraîcheur qui tombe des forêts;
Voir onduler [15] de loin l'haleine matinale
    Sur le sein flottant des guérets;

Conduire la génisse à la source qu'elle aime,
Ou suspendre la chèvre au cytise embaumé,
Ou voir les blancs taureaux venir tendre d'eux-
    même [16]
    Leur front au joug accoutumé;

---

[1] Nous donnons de ce poème seulement la partie consacrée aux souvenirs qui se rattachent à la maison d'enfance.
[2] Le poète exagère la modestie de la maison familiale de
Milly (en Bourgogne).
[3] Lamartine désigne ainsi l'église du village.
[4] la cloche
[5] bergers
[6] vagabonds
[7] petits des chèvres

[8] les souvenirs agrestes cachés dans son cœur
[9] qui semblent pleurer (le saule est dit *pleureur*)
[10] du même âge que moi, qui suis votre frère
[11] auxquels je donnais l'assaut (sens étymologique de
ce verbe)
[12] ici: feuillages en forme de voûtes
[13] remercier
[14] le retour du jour
[15] évocation des buées matinales
[16] pour *eux-mêmes* (licence poétique)

Guider un soc [17] tremblant dans le sillon qui crie,
Du pampre domestique émonder les berceaux,
Ou creuser mollement, au sein de la prairie,
  Les lits murmurants des ruisseaux;

Le soir, assis en paix au seuil de la chaumière,
Tendre au pauvre qui passe un morceau de son
    pain,
Et, fatigué du jour, y fermer sa paupière
  Loin des soucis du lendemain;

Sentir, sans les compter, dans leur ordre paisible,
Les jours suivre les jours, sans faire plus de bruit
Que ce sable léger dont la fuite insensible
  Nous marque l'heure qui s'enfuit; [18]

[17] partie de la charrue
[18] *clepsydre*, antique appareil dans lequel de l'eau
s'écoulait de façon à mesurer l'heure

Voir de vos doux vergers sur vos fronts les fruits
    pendre,
Les fruits d'un chaste amour [19] dans vos bras accou-
    rir,
Et, sur eux appuyé, doucement redescendre: [20]
  C'est assez pour qui doit mourir.

Le chant meurt, la voix tombe. Adieu, divin
    Génie; [21]
Remonte au vrai séjour de la pure harmonie!
Tes chants ont arrêté les larmes de mes yeux.
Je lui [22] parlais encore. . . Il était dans les cieux.

[19] les enfants
[20] descendre le second versant de la vie
[21] le souffle de l'inspiration
[22] au Génie

ALFRED DE VIGNY (1797–1863)

Né à Loches en Touraine d'une famille de militaires, Alfred de Vigny, après des études rapides, s'est engagé à seize ans dans les gendarmes de la Maison du roi Louis XVIII, puis est passé, après les Cent jours, dans l'infanterie de la Garde. Mais l'existence de garnison l'ennuyait, il renonça vite à faire carrière dans l'armée.

Ce capitaine découragé avait trente ans. Mari d'une Anglaise hélas devenue invalide, Vigny a eu sa vie traversée par la passion qu'il éprouva pour Marie Dorval, actrice illustre. A part cela, sa biographie se confond avec sa littérature. Jusqu'à sa mort, il a écrit, tantôt à Paris, tantôt dans son manoir du Maine-Giraud, en Angoumois.

L'HOMME

Vigny est le seul des grands romantiques à n'avoir pas voulu étaler son cœur, et pourtant il vibrait d'une intense sensibilité. Il a trouvé l'issue de cette situation dans un système poétique qui s'appelle le *Symbole*, c'est-à-dire qu'il a exprimé son Moi et ses idées sous des formes générales, imagées, scéniques.

Par exemple, au lieu de proclamer que le génie isole les poètes, que les poètes

L'ŒUVRE

sont solitaires et qu'ils souffrent de cette solitude, il a composé « Moïse » (*Poèmes antiques et modernes,* 1826). Au lieu de prêcher la fierté stoïque, il a évoqué « La Mort du loup » (1838). Au lieu de discourir du sort fait à l'homme par un Dieu injuste, il a écrit « Le Mont des oliviers » (1843). Ces deux derniers poèmes appartiennent au recueil *Les Destinées* (1864), publié posthumement.

Le Moïse de Vigny est peu biblique, son Christ n'a rien de chrétien, l'orgueil de son loup se dresse tout humain. Mais ces drames en raccourci sont beaux et le poète exprime par leur moyen son âme pessimiste, solennelle, noble. On n'a d'ailleurs pas le droit de le classer parmi les désespérés. Son dernier mot, il le dit, en somme, dans *La Bouteille à la mer* (1854), qui signifie une confiance en l'élite humaine, un espoir en l'humanité.

Romancier et conteur autant que poète, Vigny est l'auteur de plusieurs romans et recueils de nouvelles, chaque livre racontant et expliquant une grande mort collective. *Cinq-Mars* (1826): la mort d'une aristocratie; *Stello* (1832): la mort du poète écrasé par tous les régimes politiques; *Servitude et grandeur militaires* (1835): la mort de la fierté des armes; *Daphné* (1837): la mort des religions.

Vigny fut encore homme de théâtre. Il traduisit et adapta des pièces de Shakespeare. Il écrivit deux drames: *La Maréchale d'Ancre* (1831), et *Chatterton* (1835), drame philosophique en trois actes et en prose, qui est de beaucoup le meilleur.

Poèmes antiques et modernes

MOÏSE [1]

Le soleil prolongeait sur la cime des tentes [2]
Ces obliques rayons, ces flammes éclatantes,
Ces larges traces d'or qu'il laisse dans les airs,
Lorsqu'en un lit de sable il se couche aux déserts.
La pourpre et l'or semblaient revêtir la campagne.
Du stérile Nébo [3] gravissant la montagne,

Moïse, homme de Dieu, s'arrête, et, sans orgueil,
Sur le vaste horizon promène un long coup d'œil.
Il voit d'abord Phasga, que des figuiers entourent;
Puis, au-delà des monts que ses regards parcourent,
S'étend tout Galaad, Éphraïm, Manassé,
Dont le pays fertile à sa droite est placé;
Vers le midi, Juda, grand et stérile, étale
Ses sables où s'endort la mer occidentale; [4]
Plus loin, dans un vallon que le soir a pâli,
Couronné d'oliviers, se montre Nephtali;
Dans des plaines de fleurs magnifiques et calmes
Jéricho s'aperçoit: c'est la ville des palmes;

[1] Le poète a pris le grand personnage biblique comme symbole du penseur, que son génie sépare du reste des hommes.
[2] le camp des Israélites que Moïse ramenait d'Égypte dans leur patrie
[3] Mont de Palestine, d'où Moïse aperçut la terre promise. Les noms qui suivent désignent des villes et des provinces de l'ancienne Palestine.

[4] la Méditerranée

Et, prolongeant ses bois, des plaines de Phogor,
Le lentisque touffu s'étend jusqu'à Ségor.
Il voit tout Chanaan, et la terre promise,[5]
Où sa tombe, il le sait, ne sera point admise.[6]
Il voit; sur les Hébreux étend sa grande main,
Puis vers le haut du mont il reprend son chemin.

Or, des champs de Moab couvrant la vaste enceinte,
Pressés au large pied de la montagne sainte,
Les enfants d'Israël s'agitaient au vallon
Comme les blés épais qu'agite l'aquilon.
Dès l'heure où la rosée humecte l'or des sables
Et balance sa perle au sommet des érables,
Prophète centenaire,[7] environné d'honneur,
Moïse était parti pour trouver le Seigneur.
On le suivait des yeux aux flammes de sa tête,
Et, lorsque du grand mont il atteignit le faîte,
Lorsque son front perça le nuage de Dieu
Qui couronnait d'éclairs la cime du haut lieu,
L'encens brûla partout sur les autels de pierre.
Et six cent mille [8] Hébreux, courbés dans la pous-
    sière,
A l'ombre du parfum par le soleil doré,
Chantèrent d'une voix le cantique sacré;
Et les fils de Lévi,[9] s'élevant sur la foule,
Tels qu'un bois de cyprès sur le sable qui roule,
Du peuple avec la harpe accompagnant les voix,
Dirigeaient vers le ciel l'hymne du Roi des rois.[10]
Et, debout devant Dieu, Moïse ayant pris place,
Dans le nuage obscur lui parlait face à face.
Il disait au Seigneur: « Ne finirai-je pas?
Où voulez-vous encor que je porte mes pas?
Je vivrai donc toujours puissant et solitaire?
Laissez-moi m'endormir du sommeil de la terre.[11] —
Que vous ai-je donc fait pour être votre élu?
J'ai conduit votre peuple où vous avez voulu.
Voilà que son pied touche à la terre promise.
De vous à lui qu'un autre accepte l'entremise,

Au coursier d'Israël qu'il attache le frein;
Je lui lègue mon livre et la verge d'airain.[12]

« Pourquoi vous fallut-il tarir mes espérances,
Ne pas me laisser homme avec mes ignorances,
Puisque du mont Horeb [13] jusques au mont Nébo
Je n'ai pas pu trouver le lieu de mon tombeau?
Hélas! vous m'avez fait sage parmi les sages!
Mon doigt du peuple errant a guidé les passages.[14]
J'ai fait pleuvoir le feu sur la tête des rois; [15]
L'avenir à genoux adorera mes lois;
Des tombes des humains j'ouvre la plus antique,[16]
La mort trouve à ma voix une voix prophétique,
Je suis très grand, mes pieds sont sur les nations,
Ma main fait et défait les générations. —
Hélas! je suis, Seigneur, puissant et solitaire,
Laissez-moi m'endormir du sommeil de la terre!

« Hélas! je sais aussi tous les secrets des cieux,
Et vous m'avez prêté la force de vos yeux.
Je commande à la nuit de déchirer ses voiles;
Ma bouche par leur nom a compté les étoiles,
Et, dès qu'au firmament mon geste l'appela,
Chacune s'est hâtée en disant: « Me voilà. »
J'impose mes deux mains sur le front des nuages
Pour tarir dans leurs flancs la source des orages;
J'engloutis les cités sous les sables mouvants;
Je renverse les monts sous les ailes des vents;
Mon pied infatigable est plus fort que l'espace;
Le fleuve aux grandes eaux se range quand je
    passe,
Et la voix de la mer se tait devant ma voix.
Lorsque mon peuple souffre, ou qu'il lui faut des
    lois,
J'élève mes regards, votre esprit me visite;
La terre alors chancelle et le soleil hésite,
Vos anges sont jaloux et m'admirent entre eux. —
Et cependant, Seigneur, je ne suis pas heureux;

---

[5] promise au « peuple de Dieu »
[6] Dieu voulait qu'il ne redescendît point du mont Nebo, sur lequel il va s'entretenir avec lui.
[7] La Bible lui donne cent vingt ans.
[8] Tel est le chiffre de la Bible. Le parfum est celui de leur encens.
[9] petits-fils de Jacob et prêtres du Seigneur (lévites)
[10] Jéhovah, dieu des Hébreux
[11] sommeil des morts dans leur tombe

[12] Le livre de Moïse est le *Pentateuque,* et sa verge d'airain une baguette magique de sourcier.
[13] Mont d'Arabie Pétrée. Dieu y parla à Moïse dans le « buisson ardent ».
[14] notamment celui de la Mer Rouge, qui sera évoqué plus loin
[15] orages catastrophiques d'Égypte
[16] la sienne, dans laquelle il va descendre et d'où datera tout un monde

Vous m'avez fait vieillir puissant et solitaire,
Laissez-moi m'endormir du sommeil de la terre.

« Sitôt que votre souffle a rempli le berger,[17]
Les hommes se sont dit: « Il nous est étranger »;
Et leurs yeux se baissaient devant mes yeux de
flamme,
Car ils venaient, hélas! d'y voir plus que mon âme.
J'ai vu l'amour s'éteindre et l'amitié tarir;
Les vierges se voilaient et craignaient de mourir.
M'enveloppant alors de la colonne noire,[18]
J'ai marché devant tous, triste et seul dans ma
gloire,
Et j'ai dit dans mon cœur: « Que vouloir à pré-
sent? »
Pour dormir sur un sein mon front est trop pesant,
Ma main laisse l'effroi sur la main qu'elle touche,

[17] Il l'avait été dans sa jeunesse.
[18] La colonne de nuées qui guidait la marche des Hébreux. Dans la suite de prodiges énumérés plus haut, le
poète a par deux fois confondu Moïse avec Josué.

L'orage est dans ma voix, l'éclair est sur ma
bouche;
Aussi, loin de m'aimer, voilà qu'ils tremblent tous,
Et, quand j'ouvre les bras, on tombe à mes genoux.
O Seigneur! j'ai vécu puissant et solitaire,
Laissez-moi m'endormir du sommeil de la terre! »

Or, le peuple attendait, et, craignant son courroux,
Priait sans regarder le mont du Dieu jaloux; [19]
Car, s'il levait les yeux, les flancs noirs du nuage
Roulaient et redoublaient les foudres de l'orage,
Et le feu des éclairs, aveuglant les regards,
Enchaînait tous les fronts courbés de toutes parts.
Bientôt le haut du mont reparut sans Moïse. —
Il fut pleuré. — Marchant vers la terre promise,
Josué [20] s'avançait pensif, et pâlissant,
Car il était déjà l'élu du Tout-Puissant.

[19] Jéhovah, ainsi appelé dans la Bible
[20] Successeur de Moïse. C'est sous sa conduite que les
Hébreux rentrèrent dans leur patrie.

Les Destinées

LA MAISON DU BERGER

A ÉVA [1]

Éva, qui donc es-tu? Sais-tu bien ta nature?
Sais-tu quel est ici ton but et ton devoir?
Sais-tu que, pour punir l'homme, sa créature,
D'avoir porté la main sur l'arbre du savoir,[2]

[1] *Éva* ne désigne pas une femme particulière, mais le
symbole de la femme compagne de l'homme. Ici, le poète
l'invite à venir partager sa vie libre et méditative dans une
retraite qui a aussi son symbole: cette humble cabane
roulante au milieu des champs, qu'il appelle « La maison du
berger ». Ce poème signifie que la femme a pour mission
de consoler.
[2] L'arbre du bien et du mal dont Adam et Ève ont
cueilli le fruit défendu (récit biblique). Mais le poète innocente Ève.

Dieu permit qu'avant tout, de l'amour de soi-même
En tout temps, à tout âge, il fît son bien suprême,
Tourmenté de s'aimer, tourmenté de se voir?

Mais, si Dieu près de lui t'a voulu mettre, ô femme!
Compagne délicate! Éva! sais-tu pourquoi?
C'est pour qu'il se regarde au miroir d'une autre
âme,
Qu'il entende ce chant qui ne vient que de toi:
— L'enthousiasme pur dans une voix suave.
C'est afin que tu sois son juge et son esclave
Et règnes sur sa vie en vivant sous sa loi.

Ta parole joyeuse a des mots despotiques;
Tes yeux sont si puissants, ton aspect est si fort,

Que les rois d'Orient ont dit dans leurs cantiques
Ton regard redoutable à l'égal de la mort; [3]
Chacun cherche à fléchir tes jugements rapides. . .
—Mais ton cœur, qui dément tes formes intrépides,[4]
Cède sans coup férir aux rudesses du sort.

Ta pensée a des bonds comme ceux des gazelles,
Mais ne saurait marcher sans guide et sans appui.
Le sol meurtrit ses pieds, l'air fatigue ses ailes,
Son œil se ferme au jour dès que le jour a lui;
Parfois, sur les hauts lieux [5] d'un seul élan posée,
Troublée au bruit des vents, ta mobile pensée
Ne peut seule y veiller sans crainte et sans ennui.

Mais aussi tu n'as rien de nos lâches prudences,
Ton cœur vibre et résonne au cri de l'opprimé,
Comme dans une église aux austères silences
L'orgue entend un soupir et soupire alarmé.[6]
Tes paroles de feu meuvent les multitudes,
Tes pleurs lavent l'injure et les ingratitudes,
Tu pousses par le bras l'homme. . . Il se lève
    armé.[7]

C'est à toi qu'il convient d'ouïr les grandes plaintes
Que l'humanité triste exhale sourdement.
Quand le cœur est gonflé d'indignations saintes,
L'air des cités l'étouffe à chaque battement.
Mais de loin [8] les soupirs des tourmentes civiles,
S'unissant au-dessus du charbon noir des villes,
Ne forment qu'un grand mot qu'on entend clairement.[9]

Viens donc![10] le ciel pour moi n'est plus qu'une
    auréole
Qui t'entoure d'azur, t'éclaire et te défend;
La montagne est ton temple et le bois sa coupole;
L'oiseau n'est sur la fleur balancé par le vent,
Et la fleur ne parfume et l'oiseau ne soupire
Que pour mieux enchanter l'air que ton sein respire;
La terre est le tapis de tes beaux pieds d'enfant.

[3] allusion au *Cantique des Cantiques*
[4] sûres d'elles; *sans coup férir:* sans combat (*férir,* vieux mot qui signifiait *frapper*)
[5] les hauts lieux de l'esprit
[6] phénomène de résonance
[7] La femme est consolation et réconfort.
[8] à la campagne, loin des villes
[9] le mot de pitié
[10] Le poète invite Éva dans la maison du berger.

Éva, j'aimerai tout dans les choses créées,
Je les contemplerai dans ton regard rêveur
Qui partout répandra ses flammes colorées,
Son repos gracieux, sa magique saveur:
Sur mon cœur déchiré viens poser ta main pure,
Ne me laisse jamais seul avec la Nature;
Car je la connais trop pour n'en pas avoir peur.

Elle me dit: « Je suis l'impassible théâtre
Que ne peut remuer le pied de ses acteurs;
Mes marches d'émeraude et mes parvis d'albâtre,
Mes colonnes de marbre ont les dieux pour sculpteurs;
Je n'entends ni vos cris ni vos soupirs; à peine
Je sens passer sur moi la comédie humaine
Qui cherche en vain au ciel ses muets spectateurs.[11]

Je roule avec dédain, sans voir et sans entendre,
A côté des fourmis les populations;
Je ne distingue pas leur terrier de leur cendre,
J'ignore en les portant les noms des nations.
On me dit une mère, et je suis une tombe,
Mon hiver prend vos morts comme son hécatombe,[12]
Mon printemps ne sent pas vos adorations.

Avant vous, j'étais belle et toujours parfumée,
J'abandonnais au vent mes cheveux tout entiers:
Je suivais dans les cieux ma route accoutumée,
Sur l'axe harmonieux des divins balanciers,[13]
Après vous, traversant l'espace où tout s'élance,
J'irai seule et sereine, en un chaste silence
Je fendrai l'air du front et de mes seins altiers. »

C'est là ce que me dit sa voix triste et superbe,
Et dans mon cœur alors je la hais, et je vois
Notre sang dans son onde et nos morts sous son
    herbe
Nourrissant de leurs sucs la racine des bois.
Et je dis à mes yeux qui lui trouvaient des charmes:
« Ailleurs tous vos regards, ailleurs toutes vos
    larmes,
Aimez ce que jamais on ne verra deux fois.[14] . .

[11] les dieux indifférents au sort des hommes
[12] comme un sacrifice sacré qui lui est offert
[13] L'axe du monde. Les « divins balanciers » sont la force attractive et la force centrifuge des corps.
[14] C'est-à-dire l'humanité éphémère et mortelle, opposée à la Nature éternelle.

Vivez, froide Nature, et revivez sans cesse
Sous nos pieds, sur nos fronts, puisque c'est votre
    loi;
Vivez et dédaignez, si vous êtes déesse,
L'homme, humble passager, qui dut [15] vous être un
    roi;
Plus que tout votre règne et que ses splendeurs
    vaines,
J'aime la majesté des souffrances humaines;
Vous ne recevrez pas un cri d'amour de moi.

Mais toi, ne veux-tu pas, voyageuse indolente,
Rêver sur mon épaule, en y posant ton front?
Viens du paisible seuil de la maison roulante [16]
Voir ceux qui sont passés et ceux qui passeront.
Tous les tableaux humains qu'un Esprit pur [17]
    m'apporte
S'animeront pour toi quand devant notre porte
Les grands pays muets longuement s'étendront.

Nous marcherons ainsi, ne laissant que notre ombre
Sur cette terre ingrate où les morts ont passé;
Nous nous parlerons d'eux à l'heure où tout est
    sombre,
Où tu te plais à suivre un chemin effacé,
A rêver, appuyée aux branches incertaines,[18]
Pleurant comme Diane au bord de ses fontaines,[19]
Ton amour taciturne et toujours menacé.

LA MORT DU LOUP

I

Les nuages couraient sur la lune enflammée
Comme sur l'incendie on voit fuir la fumée,
Et les bois étaient noirs jusques à l'horizon.
Nous marchions, sans parler, dans l'humide gazon,
Dans la bruyère épaisse, et dans les hautes brandes,
Lorsque, sous des sapins pareils à ceux des Landes,[1]
Nous avons aperçu les grands ongles marqués
Par les loups voyageurs que nous avions traqués.

Nous avons écouté, retenant notre haleine
Et le pas suspendu. — Ni le bois ni la plaine
Ne poussait un soupir dans les airs; seulement
La girouette en deuil criait au firmament;
Car le vent, élevé bien au-dessus des terres,
N'effleurait de ses pieds que les tours solitaires,
Et les chênes d'en bas, contre les rocs penchés,
Sur leurs coudes semblaient endormis et couchés.
Rien ne bruissait [2] donc, lorsque, baissant la tête,
Le plus vieux des chasseurs qui s'étaient mis en
    quête
A regardé le sable en s'y couchant; bientôt,
Lui que jamais ici l'on ne vit en défaut,[3]
A déclaré tout bas que ces marques récentes
Annonçaient la démarche et les griffes puissantes
De deux grands loups-cerviers [4] et de deux louve-
    teaux.
Nous avons tous alors préparé nos couteaux,
Et, cachant nos fusils et leurs lueurs trop blanches,
Nous allions pas à pas en écartant les branches.
Trois s'arrêtent, et moi, cherchant ce qu'ils voyaient,
J'aperçois tout à coup deux yeux qui flamboyaient,
Et je vois au delà quatre formes [5] légères
Qui dansaient sous la lune au milieu des bruyères,
Comme font chaque jour, à grand bruit sous nos
    yeux,
Quand le maître revient, les lévriers joyeux.
Leur forme était semblable et semblable la danse;
Mais les enfants du Loup se jouaient,[6] en silence,
Sachant bien qu'à deux pas, ne dormant qu'à demi,
Se couche dans ses murs l'homme, leur ennemi.
Le père était debout, et plus loin, contre un arbre,
Sa louve reposait, comme celle de marbre
Qu'adoraient les Romains, et dont les flancs velus
Couvaient les demi-dieux Rémus et Romulus.[7]
Le loup vient et s'assied, les deux jambes [8] dressées,
Par leurs ongles crochus dans le sable enfoncées.
Il s'est jugé perdu, puisqu'il était surpris,
Sa retraite coupée et tous ses chemins pris; [9]

---

[15] aurait dû
[16] la cabane du berger
[17] l'inspiration
[18] pliantes et peu sûres
[19] Le poète mêle ici l'idée de Diane, déesse antique de
la chasse (mythologie), avec celle d'une héroïne de Shakespeare.

---

[1] forêts du sud-ouest de la France

[2] ne faisait le moindre bruit
[3] se dit du chasseur qui a perdu une piste
[4] lynx
[5] les deux louveteaux et leurs ombres
[6] *se jouaient:* jouaient
[7] Une légende romaine faisait de Romulus et de Rémus,
fondateurs de Rome, des nourrissons d'une louve.
[8] pour *pattes*
[9] interceptés

Alors il a saisi, dans sa gueule brûlante,
Du chien le plus hardi la gorge pantelante,
Et n'a pas desserré ses mâchoires de fer.
Malgré nos coups de feu, qui traversaient sa chair,
Et nos couteaux aigus qui, comme des tenailles,
Se croisaient en plongeant dans ses larges entrailles,
Jusqu'au dernier moment où le chien étranglé,
Mort longtemps avant lui, sous ses pieds a roulé.
Le Loup le quitte alors et puis il nous regarde.
Les couteaux lui restaient au flanc jusqu'à la garde,
Le clouaient au gazon tout baigné dans son sang;
Nos fusils l'entouraient en sinistre croissant,
Il nous regarde encore, ensuite il se recouche,
Tout en léchant le sang répandu sur sa bouche,
Et, sans daigner savoir comment il a péri,
Refermant ses grands yeux, meurt sans jeter un cri.

II

J'ai reposé mon front sur mon fusil sans poudre,
Me prenant à penser, et n'ai pu me résoudre
A poursuivre sa Louve et ses fils, qui, tous trois,
Avaient voulu l'attendre, et, comme je le crois,
Sans ses deux louveteaux, la belle et sombre veuve
Ne l'eût pas laissé seul subir la grande épreuve;
Mais son devoir était de les sauver, afin
De pouvoir leur apprendre à bien souffrir la faim,
A ne jamais entrer dans le pacte des villes
Que l'homme a fait avec les animaux serviles [10]
Qui chassent devant lui, pour avoir le coucher,
Les premiers possesseurs du bois et du rocher.

III

Hélas! ai-je pensé, malgré ce grand nom d'Hommes,
Que j'ai honte de nous, débiles que nous sommes! [11]
Comment on doit quitter la vie et tous ses maux,
C'est vous qui le savez, sublimes animaux.
A voir ce que l'on fut sur terre et ce qu'on laisse,[12]
Seul le silence est grand; tout le reste est faiblesse.
— Ah! je t'ai bien compris, sauvage voyageur,
Et ton dernier regard m'est allé jusqu'au cœur.
Il disait: « Si tu peux, fais que ton âme arrive,
A force de rester studieuse et pensive,
Jusqu'à ce haut degré de stoïque fierté
Où naissant dans le bois j'ai tout d'abord [13] monté.

[10] animaux domestiques: les chiens
[11] qui sommes si peu forts
[12] le peu de traces qu'on laisse en mourant
[13] dès ma naissance

Gémir, pleurer, prier, est également lâche.
Fais énergiquement ta longue et lourde tâche
Dans la voie où le sort a voulu t'appeler,
Puis, après, comme moi, souffre et meurs sans parler. »

LE MONT DES OLIVIERS [1]

I

Alors il était nuit, et Jésus marchait seul,
Vêtu de blanc ainsi qu'un mort de son linceul;
Les disciples dormaient au pied de la colline.
Parmi les oliviers, qu'un vent sinistre incline,
Jésus marche à grands pas en frissonnant comme eux;
Triste jusqu'à la mort, l'œil sombre et ténébreux,
Le front baissé, croisant les deux bras sur sa robe
Comme un voleur de nuit cachant ce qu'il dérobe;
Connaissant les rochers mieux qu'un sentier uni,
Il s'arrête en un lieu nommé Gethsémani.[2]
Il se courbe à genoux, le front contre la terre;
Puis regarde le ciel en appelant: « Mon père! »
— Mais le ciel reste noir, et Dieu ne répond pas.
Il se lève étonné, marche encore à grands pas,
Froissant les oliviers qui tremblent. Froide et lente,
Découle de sa tête une sueur sanglante.
Il recule, il descend, il crie avec effroi:
« Ne pouviez-vous prier et veiller avec moi? »
Mais un sommeil de mort accable les apôtres.
Pierre à la voix du maître est sourd comme les autres.
Le Fils de l'Homme alors remonte lentement;
Comme un pasteur [3] d'Égypte, il cherche au firmament
Si l'Ange ne luit pas au fond de quelque étoile.
Mais un nuage en deuil s'étend comme le voile
D'une veuve, et ses plis entourent le désert.
Jésus, se rappelant ce qu'il avait souffert
Depuis trente-trois ans, devint homme, et la crainte
Serra son cœur mortel d'une invincible étreinte.

[1] Vigny a tiré des Évangiles le point de départ de ce poème. Mais il se sépare du texte évangélique dès le trentième vers pour s'efforcer de nous persuader que la rédemption de Jésus a été inutile et que Dieu persiste dans une cruelle sévérité à l'égard des hommes.
[2] jardin des environs de Jérusalem
[3] berger

Il eut froid. Vainement il appela trois fois:
« Mon Père! » Le vent seul répondit à sa voix.
Il tomba sur le sable assis, et, dans sa peine,
Eut sur le monde et l'homme une pensée humaine.
— Et la terre trembla, sentant la pesanteur
Du Sauveur qui tombait aux pieds du Créateur.

II

Jésus disait: « Ô Père, encor laisse-moi vivre!
Avant le dernier mot ne ferme pas mon livre!
Ne sens-tu pas le monde et tout le genre humain
Qui souffre avec ma chair et frémit dans ta main?
C'est que la Terre a peur de rester seule et veuve,
Quand meurt celui qui dit une parole neuve,
Et que tu n'as laissé dans son sein desséché
Tomber qu'un mot du ciel par ma bouche épanché.
Mais ce mot est si pur, et sa douceur est telle,
Qu'il a comme enivré la famille mortelle
D'une goutte de vie et de divinité,
Lorsqu'en ouvrant les bras j'ai dit: « Fraternité. »
« Père, oh! si j'ai rempli mon douloureux message.[4]
Si j'ai caché le Dieu sous la face du sage,
Du sacrifice humain si j'ai changé le prix,
Pour l'offrande des corps recevant les esprits,
Substituant partout aux choses le symbole,
La parole au combat, comme au trésor l'obole,
Aux flots rouges du sang les flots vermeils du vin,
Aux membres de la chair le pain blanc sans levain:[5]
Si j'ai coupé les temps en deux parts,[6] l'une esclave
Et l'autre libre; — au nom du passé que je lave,
Par le sang de mon corps qui souffre et va finir,
Versons-en la moitié pour laver l'avenir![7]
Père libérateur! jette aujourd'hui, d'avance,
La moitié de ce sang d'amour et d'innocence
Sur la tête de ceux qui viendront en disant:
« Il est permis pour tous[8] de tuer l'innocent. »
Nous savons qu'il naîtra, dans le lointain des âges,
Des dominateurs durs escortés de faux sages
Qui troubleront l'esprit de chaque nation
En donnant un faux sens à ma rédemption.[9]

[4] message: mission
[5] l'hostie substituée aux animaux sacrifiés sur les autels
[6] le temps avant le Christ et le temps après
[7] en affranchissant définitivement les hommes de leur triste sort
[8] dans l'intérêt de tous
[9] allusion au fanatisme religieux qui a inspiré l'Inquisition, les guerres de religion, etc.

— Hélas! je parle encor, que déjà ma parole
Est tournée en poison dans chaque parabole;[10]
Éloigne ce calice impur et plus amer
Que le fiel, ou l'absinthe, ou les eaux de la mer.
Les verges[11] qui viendront, la couronne d'épine,
Les clous des mains, la lance au fond de ma poitrine,
Enfin toute la croix qui se dresse et m'attend,
N'ont rien, mon Père, oh! rien qui m'épouvante autant!
Quand les Dieux veulent bien s'abattre sur les mondes,
Ils n'y doivent laisser que des traces profondes;
Et, si j'ai mis le pied sur ce globe incomplet,[12]
Dont le gémissement sans repos m'appelait,
C'était pour y laisser deux Anges à ma place
De qui la race humaine aurait baisé la trace,
La Certitude heureuse et l'Espoir confiant,
Qui, dans le paradis, marchent en souriant.
Mais je vais la quitter, cette indigente terre,
N'ayant que soulevé ce manteau de misère
Qui l'entoure à grands plis, drap lugubre et fatal,
Que d'un bout tient le Doute et de l'autre le Mal.
« Mal et Doute! En un mot je puis les mettre en poudre.[13]
Vous les aviez prévus, laissez-moi vous absoudre
De les avoir permis. — C'est l'accusation
Qui pèse de partout sur la création! —
Sur son tombeau désert faisons monter Lazare.[14]
Du grand secret des morts qu'il ne soit plus avare,
Et de ce qu'il a vu donnons-lui souvenir;
Qu'il parle. — Ce qui dure et ce qui doit finir,[15]
Ce qu'a mis le Seigneur au cœur de la Nature,
Ce qu'elle prend et donne à toute créature,
Quels sont avec le ciel ses muets entretiens,
Son amour ineffable[16] et ses chastes liens;

[10] allégorie, méthode d'enseignement qu'aimait Jésus
[11] les verges de la flagellation
[12] imparfait
[13] poussière
[14] ressuscité par Jésus
[15] Ce qui est éternel et ce qui est mortel. Dans les vers suivants, le poète s'interroge — en interrogeant Lazare — sur les mystères de la nature et ses rapports avec Dieu, sur les sciences, sur la question de savoir si les astres ont la même destinée que notre globe, sur le problème de l'âme, sur la Mort, sur la Providence et le hasard, sur le bien et le mal, la justice et l'injustice des destinées, la politique des nations, bref sur tous les grands thèmes métaphysiques.
[16] impossible à définir

Comment tout s'y détruit et tout s'y renouvelle;
Pourquoi ce qui s'y cache et ce qui s'y révèle;
Si les astres des cieux tour à tour éprouvés
Sont comme celui-ci coupables et sauvés;
Si la terre est pour eux ou s'ils sont pour la terre;
Ce qu'a de vrai la fable et de clair le mystère,
D'ignorant le savoir et de faux la raison;
Pourquoi l'âme est liée en sa faible prison,
Et pourquoi nul sentier entre deux larges voies,
Entre l'ennui du calme et des paisibles joies
Et la rage sans fin des vagues passions,
Entre la léthargie et les convulsions;
Et pourquoi pend la Mort comme une sombre
    épée,[17]
Attristant la Nature à tout moment frappée;
Si le juste et le bien, si l'injuste et le mal
Sont de vils[18] accidents en un cercle fatal,
Ou si de l'univers ils sont les deux grands pôles,
Soutenant terre et cieux sur leurs vastes épaules;[19]
Et pourquoi les Esprits du mal[20] sont triomphants
Des maux immérités, de la mort des enfants;
Et si les Nations sont des femmes guidées
Par les étoiles d'or des divines idées,
Ou de folles enfants sans lampes dans la nuit,
Se heurtant et pleurant, et que rien ne conduit;[21]

---

[17] l'épée que Denys de Syracuse avait fait suspendre, attachée par un lien fragile, au-dessus de la tête de son flatteur Damoclès pendant un festin, pour lui donner une image du bonheur d'un prince
[18] peu importants
[19] comparables aux épaules d'Atlas, qui portaient le monde (mythologie)
[20] les démons
[21] allusion aux Vierges sages et aux Vierges folles de l'Évangile

Et si, lorsque des temps l'horloge périssable
Aura jusqu'au dernier versé ses grains de sable,
Un regard de vos yeux, un cri de votre voix,
Un soupir de mon cœur, un signe de ma croix,
Pourra faire ouvrir l'ongle aux Peines éternelles,
Lâcher leur proie humaine et reployer leurs ailes.
— Tout sera révélé dès que l'homme saura
De quels lieux il arrive et dans quels il ira. »

III

Ainsi le divin Fils parlait au divin Père.
Il se prosterne encor, il attend, il espère,
Mais il renonce et dit: « Que votre volonté
Soit faite et non la mienne, et pour l'éternité! »
Une terreur profonde, une angoisse infinie
Redoublent sa torture et sa lente agonie.
Il regarde longtemps, longtemps cherche sans voir,
Comme un marbre de deuil tout le ciel était noir;
La Terre, sans clartés, sans astre et sans aurore,
Et sans clartés de l'âme ainsi qu'elle est encore,
Frémissait. — Dans le bois il entendit des pas,
Et puis il vit rôder la torche de Judas.

LE SILENCE

S'il est vrai qu'au Jardin sacré des Écritures,[22]
Le Fils de l'homme ait dit ce qu'on voit rapporté;
Muet, aveugle et sourd au cri des créatures,[23]
Si le Ciel nous laissa comme un monde avorté,[24]
Le juste opposera le dédain à l'absence
Et ne répondra plus que par un froid silence
Au silence éternel de la Divinité.

---

[22] jardin des Oliviers dont parlent les Écritures
[23] Ce vers est une apposition à *ciel* du vers suivant.
[24] mal venu

VICTOR HUGO (1802–1885)

L'HOMME

Victor Hugo est né à Besançon d'un père lorrain qui était colonel de l'Empire et d'une mère vendéenne. Enfant, les changements de garnison et les circonstances guerrières l'ont balloté de France en Italie et d'Italie en Espagne, où le père était devenu général. Mais père et mère ne s'entendaient point, et Mme Hugo, laissant son mari à son sort militaire, s'installa avec ses trois fils à Paris, où Victor fit d'excellentes études.

Dès la seizième année, il composait des vers. A vingt ans, il publiait son premier recueil de poèmes, *Odes et poésies diverses,* et à vingt-cinq ans le drame de *Cromwell* avec la fameuse préface qui était un manifeste décisif pour le Romantisme. Il n'avait pas trente ans qu'il se voyait à la tête de la nouvelle école, chef de la jeunesse littéraire. Avec abondance et régularité, il n'a cessé de publier vers et prose. Il était marié depuis 1822.

De légitimiste, Hugo est devenu libéral vers la fin de la Restauration. Il s'accommoda de la Monarchie de juillet qui le fit pair de France, mais il la considéra vite comme une étape vers la République. La Révolution de 1848 le trouva démocrate. Député, il soutint le prince Napoléon parce que celui-ci paraissait décidé aux réformes sociales. Mais quand le prince-président rétablit l'Empire, Hugo s'exila.

Il se retira à Jersey, puis s'installa à Guernesey, et ce fut pour lui une période de prodigieuse production littéraire, ses plus grandes œuvres sont datées de là.

Rentré à Paris quand la République y fut proclamée, il n'a cessé d'accroître son prestige par les œuvres, par les discours, par la multiplication des amitiés. Sa mort en 1885 mit la France entière en deuil et Paris l'honora de funérailles nationales. Il avait demandé à être porté dans le corbillard des pauvres, et ces funérailles se transformèrent en une immense manifestation du peuple qui lui fit une garde sous l'Arc de Triomphe et l'accompagna comme un dieu au Panthéon.

L'ŒUVRE

Après la rhétorique juvénile que les *Odes et ballades* (1826) avaient mise au service de sentiments catholiques et royalistes, *Les Orientales* (1829), saisissant le prétexte de l'indépendance grecque en 1821, ont fait assister les amis de la poésie à une explosion de pittoresque splendidement coloré. Puis ç'a été, depuis *Les Feuilles d'automne* (1831) jusqu'aux *Rayons et les ombres* (1840), un déploiement du lyrisme le plus varié, allant de l'âme intime aux enfants et à la famille, de la passion pour Juliette Drouet au jugement des événements nationaux, de l'amour de la nature au façonnement de la légende napoléonienne.

Les trois grandes œuvres poétiques de l'exil ont été *Les Châtiments, Les Contemplations,* et *La Légende des siècles*. Le poète y devient un visionnaire, un mage. *Les Châtiments* (1853) entremêlent les thèmes de la haine et les accents de l'invective avec les thèmes de l'amour et les chants à la louange de l'avenir libéré et de l'idéalisme victorieux. *Les Contemplations* (1856) développent, comme l'a dit Hugo lui-même, « les mémoires d'une âme ». Il ne s'y complaît pas seulement à son Moi, il ne pleure pas seulement sa fille Léopoldine, toute jeune mariée morte en accident. Il s'élève à la méditation sur les mystères de la vie et de la mort, à la recherche ardente de la vérité invisible et cachée. Enfin *La Légende des siècles* (1859) réalise, en tableaux où se résument des civilisations, une ascension vers la lumière, une marche à la justice et à la liberté, une victoire de l'humanité sur toutes les formes du despotisme. Dans les visions de douceur et d'harmonie comme dans les visions fantastiques et terrifiantes, Hugo a fait resplendir la plénitude et la hardiesse des conceptions et des images.

Enfin, il ne faut pas oublier ici le romancier, car Victor Hugo a écrit plusieurs

romans dont les plus importants sont: *Notre-Dame de Paris* (1831), roman historique qui est une évocation prestigieuse du Paris du XVe siècle avec la cathédrale dont l'ombre couvre la ville, et *Les Misérables* (1862), roman touffu en
dix volumes où les figures du forçat Jean Valjean, de l'évêque Myriel, de l'inspecteur Javert et d'autres animent puissamment une thèse de justice et de pitié,
dressée contre l'ignorance et la misère qui dégradent l'être humain.

LES DJINNS [1]

Murs, ville,
Et port,
Asile
De mort,[2]
Mer grise
Où brise [3]
La brise,
Tout dort.

Dans la plaine
Naît un bruit.
C'est l'haleine
De la nuit.
Elle brame
Comme une âme
Qu'une flamme
Toujours suit! [4]

La voix plus haute [5]
Semble un grelot.
D'un nain qui saute
C'est le galop.
Il fuit, s'élance,
Puis en cadence
Sur un pied danse
Au bout [6] d'un flot.

La rumeur approche,
L'écho la redit.
C'est comme la cloche
D'un couvent maudit; [7]

Comme un bruit de foule,
Qui tonne et qui roule,
Et tantôt s'écroule,
Et tantôt grandit.

Dieu! la voix sépulcrale
Des Djinns! . . . Quel bruit ils font!
Fuyons sous la spirale
De l'escalier profond.
Déjà s'éteint ma lampe,
Et l'ombre de la rampe,
Qui le long du mur rampe,
Monte jusqu'au plafond.

C'est l'essaim [8] des Djinns qui passe,
Et tourbillonne en sifflant!
Les ifs,[9] que leur vol fracasse,
Craquent comme un pin brûlant.
Leur troupeau, lourd et rapide,
Volant dans l'espace vide,
Semble un nuage livide
Qui porte un éclair au flanc.

Ils sont tout près! — Tenons fermée
Cette salle, où nous les narguons.[10]
Quel bruit dehors! Hideuse armée
De vampires et de dragons!
La poutre du toit descellée
Ploie ainsi qu'une herbe mouillée,
Et la vieille porte rouillée
Tremble, à déraciner ses gonds!

Cris de l'enfer! voix qui hurle et qui pleure!
L'horrible essaim, poussé par l'aquilon,
Sans doute, ô ciel! s'abat sur ma demeure.
Le mur fléchit sous le noir bataillon.

1 génies orientaux de la nuit
2 la mort qu'est le sommeil
3 terme marin, pour *se brise*
4 flamme de l'enfer
5 se faisant plus forte
6 à la crête
7 aux yeux des Musulmans

8 foule, multitude
9 arbres en forme de pyramide et toujours verts
10 nous nous moquons d'eux

La maison crie et chancelle penchée,
Et l'on dirait que, du sol arrachée,
Ainsi qu'il chasse une feuille séchée,
Le vent la roule avec leur tourbillon!

Prophète! [11] si ta main me sauve
De ces impurs démons des soirs,
J'irai prosterner mon front chauve
Devant tes sacrés encensoirs!
Fais que sur ces portes fidèles [12]
Meure leur souffle d'étincelles,
Et qu'en vain l'ongle de leurs ailes
Grince et crie à ces vitraux noirs!

Ils sont passés! — Leur cohorte
S'envole, et fuit, et leurs pieds
Cessent de battre ma porte
De leurs coups multipliés.
L'air est plein d'un bruit de chaînes,
Et dans les forêts prochaines
Frissonnent tous les grands chênes,
Sous leur vol de feu pliés!

De leurs ailes lointaines
Le battement décroît,
Si confus dans les plaines,
Si faible, que l'on croit
Ouïr la sauterelle
Crier d'une voix grêle,
Ou pétiller la grêle,
Sur le plomb d'un vieux toit.

D'étranges syllabes
Nous viennent encor;
Ainsi, des Arabes
Quand sonne le cor,
Un chant sur la grève
Par instants s'élève,
Et l'enfant qui rêve
Fait des rêves d'or.

Les Djinns funèbres,
Fils du trépas,
Dans les ténèbres
Pressent leurs pas;

Leur essaim gronde:
Ainsi, profonde,
Murmure une onde
Qu'on ne voit pas.

Ce bruit vague
Qui s'endort,
C'est la vague
Sur le bord;
C'est la plainte,
Presque éteinte,
D'une sainte
Pour un mort.

On doute [13]
La nuit. [14] . .
J'écoute: —
Tout fuit,
Tout passe;
L'espace
Efface
Le bruit.

(*Les Orientales*)

CE QU'ON ENTEND SUR LA MONTAGNE

Avez-vous quelquefois, calme et silencieux,
Monté sur la montagne, en présence des cieux?
Était-ce aux bords du Sund? [1] aux côtes de Bretagne?
Aviez-vous l'océan au pied de la montagne?
Et là, penché sur l'onde et sur l'immensité,
Calme et silencieux, avez-vous écouté?

Voici ce qu'on entend. — Du moins un jour qu'en rêve
Ma pensée abattit son vol sur une grève,
Et, du sommet d'un mont plongeant au gouffre amer,
Vit d'un côté la terre et de l'autre la mer,
J'écoutai, j'entendis, et jamais voix pareille
Ne sortit d'une bouche et n'émut une oreille.

[13] On s'interroge sur les bruits.
[14] pendant la nuit

[11] Mahomet, invoqué comme un Dieu
[12] qui me gardent fidèlement

[1] Il n'y a pas de montagne aux bords du Sund qui sépare le Danemark de la Suède. L'imagination a ici trompé le poète.

Ce fut d'abord un bruit large, immense, confus,
Plus vague que le vent dans les arbres touffus,
Plein d'accords éclatants, de suaves murmures,
Doux comme un chant du soir, fort comme un choc
    d'armures
Quand la sourde mêlée étreint les escadrons
Et souffle, furieuse, aux bouches des clairons.
C'était une musique ineffable et profonde,
Qui, fluide, oscillait sans cesse autour du monde,
Et dans les vastes cieux, par ses flots rajeunis,
Roulait élargissant ses orbes[2] infinis
Jusqu'au fond où son flux s'allait perdre dans
    l'ombre
Avec le temps, l'espace et la forme et le nombre.[3]
Comme une autre atmosphère épars et débordé,
L'hymne éternel couvrait tout le globe inondé.
Le monde, enveloppé dans cette symphonie,
Comme il vogue dans l'air, voguait dans l'harmo-
    nie.

Et pensif, j'écoutais ces harpes de l'éther,
Perdu dans cette voix comme dans une mer.

Bientôt je distinguai, confuses et voilées,
Deux voix dans cette voix l'une à l'autre mêlées,
De la terre et des mers s'épanchant jusqu'au ciel,
Qui chantaient à la fois le chant universel;
Et je les distinguai dans la rumeur profonde,
Comme on voit deux courants qui se croisent sous
    l'onde.
L'une venait des mers; chant de gloire! hymne
    heureux!
C'était la voix des flots qui se parlaient entre eux.
L'autre, qui s'élevait de la terre où nous sommes,
Était triste; c'était le murmure des hommes.
Et dans ce grand concert, qui chantait jour et nuit,
Chaque onde avait sa voix et chaque homme son
    bruit.

Or, comme je l'ai dit, l'océan magnifique[4]
Épandait une voix joyeuse et pacifique,
Chantait comme la harpe aux temples de Sion,[5]

Et louait la beauté de la création.
Sa clameur, qu'emportaient la brise et la rafale,
Incessamment vers Dieu montait plus triomphale,
Et chacun de ses flots, que Dieu seul peut dompter,
Quand l'autre avait fini, se levait pour chanter.
Comme ce grand lion dont Daniel fut l'hôte,[6]
L'océan par moments abaissait sa voix haute,
Et moi je croyais voir, vers le couchant en feu,
Sur sa crinière d'or passer la main de Dieu.

Cependant, à côté de l'auguste fanfare,
L'autre voix, comme un cri de coursier qui s'effare,
Comme le gond rouillé d'une porte d'enfer,
Comme l'archet d'airain sur la lyre de fer,[7]
Grinçait; et pleurs, et cris, l'injure, l'anathème,
Refus du viatique et refus du baptême,
Et malédiction, et blasphème, et clameur,
Dans le flot tournoyant de l'humaine rumeur,
Passaient, comme le soir on voit dans les vallées
De noirs oiseaux de nuit qui s'en vont par volées.
Qu'était-ce que ce bruit dont mille échos vibraient?
Hélas! c'était la terre et l'homme qui pleuraient.

Frères! de ces deux voix étranges, inouïes,
Sans cesse renaissant, sans cesse évanouies,
Qu'écoute l'Éternel durant l'éternité,
L'une disait: NATURE! et l'autre: HUMANITÉ!

Alors je méditai; car mon esprit fidèle,
Hélas! n'avait jamais déployé plus grande aile;[8]
Dans mon ombre jamais n'avait lui tant de jour;[9]
Et je rêvai longtemps, contemplant tour à tour,
Après l'abîme obscur que me cachait la lame,
L'autre abîme sans fond qui s'ouvrait dans mon
    âme.
Et je me demandai pourquoi l'on est ici,[10]
Quel peut être après tout le but de tout ceci,[11]
Que fait l'âme, lequel vaut mieux d'être ou de
    vivre,[12]

---

[2] cercles sur l'eau ou dans les airs
[3] *Forme* désigne l'aspect extérieur des choses; *nombre* signifie rythme et cadence.
[4] pleinement généreux
[5] La harpe de David à Jérusalem. *Sion* est une des quatre collines sur lesquelles Jérusalem était bâtie.

[6] le prophète jeté par les Babyloniens dans une fosse où le lion qui devait le dévorer ne lui fit aucun mal
[7] musique de Satan
[8] dans les hauteurs du monde mystérieux
[9] *L'ombre* signifie l'ignorance, le *jour* signifie le savoir.
[10] sur la terre
[11] *ceci:* l'aventure humaine
[12] être comme les choses, vivre comme l'homme

La Liberté guidant le peuple (1830). Musée du Louvre. (Lauros-Giraudon)

Le Café Frascati en 1807. Gravure de Debucourt. Bibliothèque Nationale. (Photographie Giraudon)

Et pourquoi le Seigneur, qui seul lit à son livre,[13]
Mêle éternellement dans un fatal hymen [14]
Le chant de la nature au cri du genre humain?

(*Les Feuilles d'automne*)

LORSQUE L'ENFANT PARAÎT

Lorsque l'enfant paraît, le cercle de famille
Applaudit à grands cris. Son doux regard qui brille
    Fait briller tous les yeux,
Et les plus tristes fronts, les plus souillés peut-être,
Se dérident soudain à voir l'enfant paraître,
    Innocent et joyeux.[1]

Soit que juin ait verdi mon seuil, ou que novembre
Fasse autour d'un grand feu vacillant dans la
    chambre
    Les chaises se toucher,
Quand l'enfant vient, la joie arrive et nous éclaire.
On rit, on se récrie, on l'appelle, et sa mère
    Tremble à le voir marcher.

Quelquefois nous parlons, en remuant la flamme,
De patrie et de Dieu, des poètes, de l'âme
    Qui s'élève en priant;
L'enfant paraît, adieu le ciel et la patrie
Et les poètes saints! la grave causerie
    S'arrête en souriant.

La nuit, quand l'homme dort, quand l'esprit rêve, à
    l'heure
Où l'on entend gémir, comme une voix qui pleure,
    L'onde entre les roseaux,
Si l'aube tout à coup là-bas luit comme un phare,
Sa clarté dans les champs éveille une fanfare
    De cloches et d'oiseaux.

Enfant, vous êtes l'aube et mon âme est la plaine
Qui des plus douces fleurs embaume son haleine
    Quand vous la respirez;
Mon âme est la forêt dont les sombres ramures
S'emplissent pour vous seul de suaves murmures
    Et de rayons dorés!

[13] comprend le monde qu'il a créé
[14] mariage voulu par la fatalité

[1] Le plus jeune fils du poète avait alors vingt mois.

Car vos beaux yeux sont pleins de douceurs infinies,
Car vos petites mains, joyeuses et bénies,
    N'ont point mal fait encor;
Jamais vos jeunes pas n'ont touché notre fange,[2]
Tête sacrée! enfant aux cheveux blonds! bel ange
    A l'auréole d'or!

Vous êtes parmi nous la colombe de l'arche,[3]
Vos pieds tendres et purs n'ont point l'âge où l'on
    marche,
    Vos ailes sont d'azur.[4]
Sans le comprendre encor vous regardez le monde.
Double virginité! corps où rien n'est immonde,
    Âme où rien n'est impur!

Il est si beau, l'enfant, avec son doux sourire,
Sa douce bonne foi, sa voix qui veut tout dire,
    Ses pleurs vite apaisés,
Laissant errer sa vue étonnée et ravie,
Offrant de toutes parts sa jeune âme à la vie
    Et sa bouche aux baisers!

Seigneur! préservez-moi, préservez ceux que j'aime,
Frères, parents, amis, et mes ennemis même
    Dans le mal triomphants,
De jamais voir, Seigneur! l'été sans fleurs vermeilles,
La cage sans oiseaux, la ruche sans abeilles,
    La maison sans enfants!

(*Les Feuilles d'automne*)

TRISTESSE D'OLYMPIO [1]

Les champs n'étaient point noirs, les cieux n'étaient
    pas mornes;
Non, le jour rayonnait dans un azur sans bornes
    Sur la terre étendu,
L'air était plein d'encens et les prés de verdures
Quand il revit ces lieux où par tant de blessures
    Son cœur s'est répandu.

[2] le mal dans lequel vivent les hommes
[3] la colombe qui annonça à Noé la fin du déluge
[4] comme le ciel

[1] Nom fictif sous lequel le poète se désigne lui-même.
Le poème lui a été inspiré en 1837 par une promenade dans
une campagne des environs de Paris qui avait servi de
cadre à ses amours avec Juliette Drouet deux ans auparavant.

L'automne souriait; les coteaux vers la plaine
Penchaient leurs bois charmants qui jaunissaient à
    peine;
    Le ciel était doré;
Et les oiseaux, tournés vers celui que tout nomme,[2]
Disant peut-être à Dieu quelque chose de l'homme,
    Chantaient leur chant sacré.

Il voulut tout revoir, l'étang près de la source,
La masure[3] où l'aumône avait vidé leur bourse,
    Le vieux frêne plié,
Les retraites d'amour au fond des bois perdues,
L'arbre où dans les baisers leurs âmes confondues
    Avaient tout oublié.

Il chercha le jardin, la maison isolée,
La grille d'où l'œil plonge en une oblique allée,
    Les vergers en talus.
Pâle, il marchait. — Au bruit de son pas grave et
    sombre
Il voyait à chaque arbre, hélas! se dresser l'ombre
    Des jours qui ne sont plus.

Il entendait frémir dans la forêt qu'il aime
Ce doux vent qui, faisant tout vibrer en nous-même,
    Y réveille l'amour,
Et, remuant le chêne ou balançant la rose,
Semble l'âme de tout qui va sur chaque chose
    Se poser tour à tour!

Les feuilles qui gisaient dans le bois solitaire,
S'efforçant sous ses pas de s'élever de terre,
    Couraient dans le jardin;
Ainsi, parfois, quand l'âme est triste, nos pensées
S'envolent un moment sur leurs ailes blessées,
    Puis retombent soudain.

Il contempla longtemps les formes magnifiques
Que la nature prend dans les champs pacifiques;
    Il rêva jusqu'au soir;
Tout le jour il erra le long de la ravine,
Admirant tour à tour le ciel, face divine,
    Le lac, divin miroir.[4]

Hélas! se rappelant ses douces aventures,
Regardant, sans entrer, par-dessus les clôtures,
    Ainsi qu'un paria,[5]
Il erra tout le jour. Vers l'heure où la nuit tombe,
Il se sentit le cœur triste comme une tombe,
    Alors il s'écria:

— « Ô douleur! j'ai voulu, moi dont l'âme est trou-
    blée,
Savoir si l'urne encor conservait la liqueur,
Et voir ce qu'avait fait cette heureuse vallée
De tout ce que j'avais laissé là de mon cœur!

« Que peu de temps suffit pour changer toutes
    choses!
Nature au front serein, comme vous oubliez!
Et comme vous brisez dans vos métamorphoses
Les fils mystérieux où nos cœurs sont liés!

« Nos chambres de feuillage en halliers[6] sont
    changées;
L'arbre où fut notre chiffre[7] est mort ou renversé;
Nos roses dans l'enclos ont été ravagées
Par les petits enfants qui sautent le fossé.

« Un mur clôt la fontaine où, par l'heure échauffée,
Folâtre, elle[8] buvait en descendant des bois;
Elle prenait de l'eau dans sa main, douce fée,
Et laissait retomber des perles de ses doigts!

« On a pavé la route âpre et mal aplanie,
Où, dans le sable pur se dessinant si bien,
Et de sa petitesse étalant l'ironie,
Son pied charmant semblait rire à côté du mien!

« La borne du chemin, qui vit des jours sans
    nombre,
Où jadis pour m'attendre elle aimait à s'asseoir,
S'est usée en heurtant, lorsque la route est sombre,
Les grands chars gémissants[9] qui reviennent le soir.

« La forêt ici manque et là s'est agrandie.
De tout ce qui fut nous[10] presque rien n'est vivant;

<hr />

    [2] Dieu
    [3] *masure*: petite maison en mauvais état; *frêne*: arbre à
bois clair, souple et résistant
    [4] Le lac n'existe pas dans la réalité; le poète l'a imaginé
en pensant peut-être à Lamartine.

    [5] homme exclu d'une société
    [6] buissons impénétrables
    [7] initiales des noms gravées dans l'écorce
    [8] Juliette; *Folâtre*: gaie, enjouée
    [9] qui grincent sous le poids des gerbes
    [10] tout le paysage avec lequel le couple s'est confondu

Et, comme un tas de cendre éteinte et refroidie,
L'amas des souvenirs se disperse à tout vent!

« N'existons-nous donc plus? Avons-nous eu notre
      heure?
Rien ne la rendra-t-il à nos cris superflus?
L'air joue avec la branche au moment où je pleure;
Ma maison [11] me regarde et ne me connaît plus.

« D'autres vont maintenant passer où nous pas-
      sâmes.
Nous y sommes venus, d'autres vont y venir;
Et le songe qu'avaient ébauché nos deux âmes,
Ils le continueront sans pouvoir le finir!

« Car personne ici-bas ne termine et n'achève;
Les pires des humains sont comme les meilleurs;
Nous nous réveillons tous au même endroit du
      rêve.[12]
Tout commence en ce monde et tout finit ailleurs.

« Oui, d'autres à leur tour viendront, couples sans
      tache,
Puiser dans cet asile heureux, calme, enchanté,[13]
Tout ce que la nature à l'amour qui se cache
Mêle de rêverie et de solennité!

« D'autres auront nos champs, nos sentiers, nos
      retraites.
Ton bois, ma bien-aimée, est à des inconnus.
D'autres femmes viendront, baigneuses indiscrètes,
Troubler le flot sacré qu'ont touché tes pieds nus.

« Quoi donc! c'est vainement qu'ici nous nous
      aimâmes!
Rien ne nous restera de ces coteaux fleuris
Où nous fondions notre être en y mêlant nos
      flammes! [14]
L'impassible nature a déjà tout repris.

« Oh! dites-moi, ravins, frais ruisseaux, treilles
      mûres,
Rameaux chargés de nids, grottes, forêts, buissons,

[11] la maison de campagne où se rencontraient Juliette
et le poète
[12] le rêve qu'est la vie
[13] par un charme magique
[14] flammes de la passion

Est-ce que vous ferez pour d'autres vos murmures?
Est-ce que vous direz à d'autres vos chansons?

« Nous vous comprenions tant! doux, attentifs, aus-
      tères,
Tous nos échos s'ouvraient si bien à votre voix!
Et nous prêtions si bien, sans troubler vos mystères,
L'oreille aux mots profonds que vous dites parfois!

« Répondez, vallon pur, répondez, solitude,
Ô nature abritée en ce désert [15] si beau,
Lorsque nous dormirons tous deux dans l'attitude
Que donne aux morts pensifs [16] la forme du tom-
      beau;

« Est-ce que vous serez à ce point insensible
De nous savoir couchés, morts avec nos amours,
Et de continuer votre fête paisible,
Et de toujours sourire et de chanter toujours?

« Est-ce que, nous sentant errer dans vos retraites,
Fantômes reconnus par vos monts et vos bois,
Vous ne nous direz pas de ces choses secrètes
Qu'on dit en revoyant des amis d'autrefois?

« Est-ce que vous pourriez, sans tristesse et sans
      plainte,
Voir nos ombres flotter où marchèrent nos pas,
Et la [17] voir m'entraîner, dans une morne étreinte,
Vers quelque source en pleurs qui sanglote tout
      bas?

« Et s'il est quelque part, dans l'ombre où rien ne
      veille,
Deux amants sous vos fleurs abritant leurs trans-
      ports,
Ne leur irez-vous pas murmurer à l'oreille:
— Vous qui vivez, donnez une pensée aux morts!

« Dieu nous prête un moment les prés et les fon-
      taines,
Les grands bois frissonnants, les rocs profonds et
      sourds,
Et les cieux azurés et les lacs et les plaines,
Pour y mettre nos cœurs, nos rêves, nos amours;

[15] lieu non fréquenté
[16] encore doués de vie spirituelle
[17] Juliette

« Puis il nous les retire. Il souffle notre flamme.
Il plonge dans la nuit l'antre [18] où nous rayonnons;
Et dit à la vallée, où s'imprima notre âme,
D'effacer notre trace et d'oublier nos noms.

« Eh bien! oubliez-nous, maison, jardin, ombrages!
Herbe, use notre seuil! ronce, cache nos pas!
Chantez, oiseaux! ruisseaux, coulez! croissez, feuil-
lages!
Ceux que vous oubliez ne vous oublieront pas.

« Car vous êtes pour nous l'ombre de l'amour
même!
Vous êtes l'oasis qu'on rencontre en chemin!
Vous êtes, ô vallon, la retraite suprême
Où nous avons pleuré nous tenant par la main!

« Toutes les passions s'éloignent avec l'âge,
L'une emportant son masque [19] et l'autre son cou-
teau, [20]
Comme un essaim chantant d'histrions [21] en voyage
Dont le groupe décroit derrière le coteau.

« Mais toi, rien ne t'efface, amour! toi qui nous
charmes!
Toi qui, torche ou flambeau, [22] luis dans notre
brouillard!
Tu nous tiens par la joie, et surtout par les larmes;
Jeune homme on te maudit, on t'adore vieillard. [23]

« Dans ces jours où la tête au poids des ans s'incline,
Où l'homme, sans projets, sans but, sans visions, [24]
Sent qu'il n'est déjà plus qu'une tombe en ruine
Où gisent ses vertus et ses illusions;

« Quand notre âme en rêvant descend dans nos
entrailles, [25]
Comptant dans notre cœur, qu'enfin la glace atteint,
Comme on compte les morts sur un champ de
batailles,
Chaque douleur tombée et chaque songe éteint,

[18] la caverne de notre existence
[19] pour se cacher d'autrui
[20] le couteau du crime
[21] comédiens
[22] passion violente ou doux amour
[23] quand on est vieillard
[24] visions d'avenir
[25] au fond de nous-mêmes

« Comme quelqu'un qui cherche en tenant une
lampe,
Loin des objets réels, loin du monde rieur,
Elle arrive à pas lents par une obscure rampe [26]
Jusqu'au fond désolé du gouffre intérieur;

« Et là, dans cette nuit qu'aucun rayon n'étoile,
L'âme, en un repli sombre où tout semble finir,
Sent quelque chose encor palpiter sous un voile. . .
C'est toi qui dors dans l'ombre, ô sacré souvenir! »

(Les Rayons et les Ombres)

L'EXPIATION [1]

I

Il neigeait. On était vaincu par sa conquête. [2]
Pour la première fois l'aigle [3] baissait la tête.
Sombres jours! l'Empereur revenait lentement,
Laissant derrière lui brûler Moscou fumant. [4]
Il neigeait. L'âpre hiver fondait en avalanche.
Après la plaine blanche une autre plaine blanche.
On ne connaissait plus les chefs ni le drapeau.
Hier la grande armée, et maintenant troupeau.
On ne distinguait plus les ailes ni le centre.
Il neigeait. Les blessés s'abritaient dans le ventre
Des chevaux morts; au seuil des bivouacs désolés
On voyait des clairons à leur poste gelés,
Restés debout, en selle et muets, blancs de givre,
Collant leur bouche en pierre aux trompettes de
cuivre.
Boulets, mitraille, obus, mêlés aux flocons blancs,
Pleuvaient; les grenadiers, surpris d'être tremblants,
Marchaient pensifs, la glace à leur moustache grise.
Il neigeait, il neigeait toujours! La froide bise
Sifflait; sur le verglas, dans des lieux inconnus,
On n'avait pas de pain et l'on allait pieds nus.
Ce n'étaient plus des cœurs vivants, des gens de
guerre,
C'était un rêve errant dans la brume, un mystère,
Une procession d'ombres sous le ciel noir.

[26] chemin en pente

[1] Dans ce poème, Hugo évoque les épreuves de Napoléon (retraite de Russie, défaite de Waterloo, exil à Sainte-Hélène) et l'épreuve posthume (règne de son descendant Napoléon III) qu'il considère comme l'expiation du coup d'État du 18 brumaire, qui avait tué la liberté républicaine.
[2] qui entraînait l'armée trop loin, et dans l'hiver russe
[3] l'étendard impérial
[4] La ville avait été incendiée par ses défenseurs.

La solitude vaste, épouvantable à voir,
Partout apparaissait, muette vengeresse.[5]
Le ciel faisait sans bruit avec la neige épaisse
Pour cette immense armée un immense linceul.
Et, chacun se sentant mourir, on était seul.
— Sortira-t-on jamais de ce funeste empire?
Deux ennemis! le czar, le nord. Le nord est pire.
On jetait les canons pour brûler les affûts.
Qui se couchait, mourait. Groupe morne et confus,
Ils fuyaient; le désert dévorait le cortège.
On pouvait, à des plis qui soulevaient la neige,
Voir que des régiments s'étaient endormis là.
Ô chutes d'Annibal! lendemains d'Attila![6]
Fuyards, blessés, mourants, caissons, brancards, ci-
vières,
On s'écrasait aux ponts pour passer les rivières,
On s'endormait dix mille, on se réveillait cent.
Ney,[7] que suivait naguère une armée, à présent
S'évadait, disputant sa montre à trois cosaques.
Toutes les nuits, qui vive! alerte! assauts! attaques!
Ces fantômes prenaient leur fusil, et sur eux
Ils voyaient se ruer, effrayants, ténébreux,
Avec des cris pareils aux voix des vautours chauves,
D'horribles escadrons, tourbillons d'hommes fauves.
Toute une armée ainsi dans la nuit se perdait.
L'Empereur était là, debout, qui regardait.
Il était comme un arbre en proie à la cognée.
Sur ce géant, grandeur jusqu'alors épargnée,
Le malheur, bûcheron sinistre, était monté;
Et lui, chêne vivant, par la hache insulté,
Tressaillant sous le spectre aux lugubres revanches,
Il regardait tomber autour de lui ses branches.
Chefs, soldats, tous mouraient. Chacun avait son
tour.
Tandis qu'environnant sa tente avec amour,
Voyant son ombre aller et venir sur la toile,
Ceux qui restaient, croyant toujours à son étoile,[8]
Accusaient le destin de lèse-majesté,
Lui se sentit soudain dans l'âme épouvanté.
Stupéfait du désastre et ne sachant que croire,
L'Empereur se tourna vers Dieu; l'homme de gloire
Trembla; Napoléon comprit qu'il expiait
Quelque chose peut-être, et, livide, inquiet,

Devant ses légions sur la neige semées:
— Est-ce le châtiment, dit-il, Dieu des armées? —
Alors il s'entendit appeler par son nom
Et quelqu'un qui parlait dans l'ombre lui dit: Non.

II

Waterloo! Waterloo! Waterloo! morne plaine!
Comme une onde qui bout dans une urne trop
pleine,
Dans ton cirque de bois, de coteaux, de vallons,[9]
La pâle mort mêlait les sombres bataillons.
D'un côté c'est l'Europe [10] et de l'autre la France.
Choc sanglant! des héros, Dieu trompait l'espé-
rance;
Tu désertais, victoire, et le sort était las.
Ô Waterloo! je pleure et je m'arrête, hélas!
Car ces derniers soldats de la dernière guerre
Furent grands; ils avaient vaincu toute la terre,
Chassé vingt rois, passé les Alpes et le Rhin,
Et leur âme chantait dans les clairons d'airain!

Le soir tombait; la lutte était ardente et noire.
Il avait l'offensive et presque la victoire;
Il tenait Wellington [11] acculé sur un bois.
Sa lunette à la main, il observait parfois
Le centre du combat, point obscur où tressaille
La mêlée, effroyable et vivante broussaille,
Et parfois l'horizon, sombre comme la mer.
Soudain, joyeux, il dit: Grouchy! [12] — C'était Blü-
cher [13]
L'espoir changea de camp, le combat changea
d'âme,
La mêlée en hurlant grandit comme une flamme.
La batterie [14] anglaise écrasa nos carrés.[15]
La plaine, où frissonnaient les drapeaux déchirés,
Ne fut plus, dans les cris des mourants qu'on
égorge,
Qu'un gouffre flamboyant,[16] rouge comme une
forge;

[5] des pays opprimés
[6] Annibal, Attila, Napoléon: trois conquérants vaincus
[7] un des plus illustres maréchaux de l'Empire
[8] destinée: bonne ou mauvaise; ici, glorieuse

[9] La plaine de Waterloo présente quelques bosses de
terrain.
[10] Anglais, Prussiens, Flamands
[11] le généralissime anglais
[12] général français attendu sur le champ de bataille
[13] Chef des Prussiens. C'est lui qui arriva à la place de
Grouchy.
[14] l'artillerie
[15] formation de combat
[16] du feu des canons

Gouffre où les régiments comme des pans de murs
Tombaient, où se couchaient comme des épis mûrs
Les hauts tambours-majors aux panaches énormes,
Où l'on entrevoyait des blessures difformes!
Carnage affreux! moment fatal! L'homme [17] inquiet
Sentit que la bataille entre ses mains pliait.
Derrière un mamelon la garde était massée.[18]
La garde, espoir suprême et suprême pensée!
— Allons! faites donner la garde! — cria-t-il.
Et, lanciers, grenadiers aux guêtres de coutil,
Dragons que Rome eût pris pour des légionnaires,[19]
Cuirassiers, canonniers qui traînaient des tonnerres,
Portant le noir colback ou le casque poli,[20]
Tous, ceux de Friedland et ceux de Rivoli,[21]
Comprenant qu'ils allaient mourir dans cette fête,
Saluèrent leur dieu, debout dans la tempête.[22]
Leur bouche, d'un seul cri, dit: « Vive l'Empe-
    reur! »
Puis, à pas lents, musique en tête, sans fureur,
Tranquille, souriant à la mitraille anglaise,
La garde impériale entra dans la fournaise.
Hélas! Napoléon, sur sa garde penché,
Regardait, et, sitôt qu'ils avaient débouché
Sous les sombres canons crachant des jets de soufre,
Voyait, l'un après l'autre, en cet horrible gouffre,
Fondre ces régiments de granit et d'acier
Comme fond une cire au souffle d'un brasier.
Ils allaient, l'arme au bras,[23] front haut, graves,
    stoïques.
Pas un ne recula. Dormez, morts héroïques!
Le reste de l'armée hésitait sur leurs corps [24]
Et regardait mourir la garde. — C'est alors
Qu'élevant tout à coup sa voix désespérée,
La Déroute, géante à la face effarée,
Qui, pâle, épouvantant les plus fiers bataillons,
Changeant subitement les drapeaux en haillons,

A de certains moments, spectre fait de fumées,
Se lève grandissante au milieu des armées,
La Déroute apparut au soldat qui s'émeut,[25]
Et, se tordant les bras, cria: « Sauve qui peut! »
Sauve qui peut! — affront! horreur! — toutes les
    bouches
Criaient; à travers champs, fous, éperdus, farouches,
Comme si quelque souffle avait passé sur eux,
Parmi les lourds caissons et les fourgons poudreux,
Roulant dans les fossés, se cachant dans les sei-
    gles,
Jetant shakos, manteaux, fusils, jetant les aigles,
Sous les sabres prussiens, ces vétérans,[26] ô deuil!
Tremblaient, hurlaient, pleuraient, couraient! — En
    un clin d'œil,
Comme s'envole au vent une paille enflammée,
S'évanouit ce bruit [27] qui fut la grande armée,
Et cette plaine, hélas! où l'on rêve aujourd'hui,
Vit fuir ceux devant qui l'univers avait fui!
Quarante ans sont passés, et ce coin de la terre,
Waterloo, ce plateau funèbre et solitaire,
Ce champ sinistre où Dieu mêla tant de néants,[28]
Tremble encor d'avoir vu la fuite des géants!
Napoléon les vit s'écouler comme un fleuve;
Hommes, chevaux, tambours, drapeaux; — et dans
    l'épreuve
Sentant confusément revenir son remords,
Levant les mains au ciel, il dit: — Mes soldats
    morts,
Moi vaincu! mon empire est brisé comme verre.
Est-ce le châtiment cette fois, Dieu sévère? —
Alors parmi les cris, les rumeurs, le canon,
Il entendit la voix qui lui répondait: Non!

III

Il croula. Dieu changea la chaîne [29] de l'Europe.

Il est, au fond des mers [30] que la brume enveloppe,
Un roc hideux, débris des antiques volcans.
Le Destin prit des clous, un marteau, des carcans,

---

[17] Napoléon
[18] la garde impériale
[19] soldats de ses légions à cause de leur poids et de leur puissance
[20] bonnet à poil des hussards, chasseurs à cheval, artilleurs de la garde, et casque des dragons
[21] C'est-à-dire les jeunes (soldats de la victoire de Friedland) et les vieux (soldats de la victoire de Rivoli)
[22] allusion aux combats des gladiateurs romains et au salut qu'ils faisaient à l'empereur avant d'engager la lutte (« Jeux » du Cirque)
[23] comme pour un défilé de parade
[24] cadavres

[25] prend peur et abandonne son poste
[26] vieux soldats
[27] gloire qui n'était finalement qu'un vain bruit
[28] les grandeurs humaines ne sont rien
[29] les maîtres
[30] Il s'agit de Sainte-Hélène.

Saisit, pâle et vivant, ce voleur du tonnerre,[31]
Et, joyeux, s'en alla sur le pic centenaire
Le clouer, excitant par son rire moqueur
Le vautour Angleterre à lui ronger le cœur.

Évanouissement d'une splendeur immense!
Du soleil qui se lève à la nuit qui commence,
Toujours l'isolement, l'abandon, la prison,
Un soldat rouge[32] au seuil, la mer à l'horizon,
Des rochers nus, des bois affreux, l'ennui, l'espace,
Des voiles s'enfuyant comme l'espoir qui passe,
Toujours le bruit des flots, toujours le bruit des
vents.
Adieu, tente de pourpre aux panaches mouvants!
Adieu, le cheval blanc que César éperonne!
Plus de tambours battant aux champs, plus de cou-
ronne,
Plus de rois prosternés dans l'ombre avec terreur,
Plus de manteau traînant sur eux, plus d'empereur!
Napoléon était retombé Bonaparte.
Comme un romain blessé par la flèche du parthe,[33]
Saignant, morne, il songeait à Moscou qui brûla.
Un caporal anglais lui disait: halte-là!
Son fils aux mains des rois![34] sa femme aux bras
d'un autre![35]
Plus vil que le pourceau qui dans l'égout se vautre,
Son sénat qui l'avait adoré, l'insultait.
Au bord des mers, à l'heure où la bise se tait,
Sur les escarpements croulant en noirs décembres,
Il marchait, seul, rêveur, captif des vagues sombres.
Sur les monts, sur les flots, sur les cieux, triste et
fier,
L'œil encore ébloui des batailles d'hier,
Il laissait sa pensée errer à l'aventure.
Grandeur, gloire, ô néant! calme de la nature!
Les aigles qui passaient ne le connaissaient pas.
Les rois, ses guichetiers,[36] avaient pris un compas

Et l'avaient enfermé dans un cercle inflexible.[37]
Il expirait. La mort de plus en plus visible
Se levait dans sa nuit et croissait à ses yeux
Comme le froid matin d'un jour mystérieux.
Son âme palpitait, déjà presque échappée.
Un jour enfin il mit sur son lit son épée,
Et se coucha près d'elle, et dit: c'est aujourd'hui!
On jeta le manteau de Marengo sur lui.
Ses batailles du Nil, du Danube, du Tibre,
Se penchaient sur son front, il dit: — Me voici
libre!
Je suis vainqueur! je vois mes aigles accourir! —
Et, comme il retournait sa tête pour mourir,
Il aperçut, un pied dans la maison déserte,
Hudson Lowe[38] guettant par la porte entrouverte.
Alors, géant broyé sous le talon des rois,
Il cria: — La mesure est comble cette fois!
Seigneur! c'est maintenant fini! Dieu que j'implore,
Vous m'avez châtié! — La voix dit: — Pas encore!

IV

Ô noirs événements, vous fuyez dans la nuit!
L'Empereur mort tomba sur l'empire détruit
Napoléon alla s'endormir sous le saule.[39]
Et les peuples alors, de l'un à l'autre pôle,
Oubliant le tyran, s'éprirent du héros.
Les poètes, marquant au front[40] les rois bourreaux,
Consolèrent, pensifs, cette gloire abattue.
A la colonne veuve on rendit sa statue.[41]
Quand on levait les yeux, on le voyait debout
Au-dessus de Paris, serein, dominant tout,
Seul, le jour dans l'azur et la nuit dans les astres.
Panthéons, on grava son nom sur vos pilastres!
On ne regarda plus qu'un seul côté du temps,
On ne se souvint plus que des jours éclatants;
Cet homme étrange avait comme enivré l'histoire;
La justice à l'œil froid disparut sous sa gloire;
On ne vit plus qu'Essling, Ulm, Arcole, Austerlitz;
Comme dans les tombeaux des romains abolis,
On se mit à fouiller dans ces grandes années;
Et vous applaudissiez, nations inclinées,

---

[31] Titre donné par la légende à Prométhée, le Titan
antique qui avait dérobé le feu aux dieux pour le donner
aux hommes, et que les dieux en punition enchaînèrent sur
le Caucase où un vautour devait lui ronger le foie éternellement (mythologie). Le poète compare Napoléon à
Prométhée.
[32] couleur de l'uniforme anglais
[33] Le soldat parthe, en s'enfuyant, tirait des flèches sur
l'ennemi qui le poursuivait.
[34] Napoléon II, prisonnier de l'Autriche
[35] le général autrichien Néipperg, amant, puis époux de
Marie-Louise
[36] puisqu'ils le tenaient prisonnier

[37] cercle de l'océan
[38] gouverneur de Sainte-Hélène, qui n'osait entrer
[39] qui ombragea sa tombe
[40] comme on faisait jadis aux criminels
[41] statue couronnant la colonne de la place Vendôme à
Paris, enlevée en 1815, rétablie en 1833

Chaque fois qu'on tirait de ce sol souverain
Ou le consul de marbre ou l'empereur d'airain![42] . . .

VI

Enfin, mort triomphant,[43] il vit sa délivrance,
Et l'océan rendit son cercueil à la France.[44]

L'homme, depuis douze ans, sous le dôme doré
Reposait, par l'exil et par la mort sacré,
En paix! — Quand on passait près du monument
   sombre,
On se le figurait, couronne au front, dans l'ombre,
Dans son manteau semé d'abeilles d'or, muet,
Couché sous cette voûte où rien ne remuait,
Lui, l'homme qui trouvait la terre trop étroite,
Le sceptre en sa main gauche, et l'épée en sa droite,
A ses pieds son grand aigle ouvrant l'œil à demi,
Et l'on disait: C'est là qu'est César endormi!

Laissant dans la clarté marcher l'immense ville,
Il dormait; il dormait confiant et tranquille.

VII

Une nuit, — c'est toujours la nuit dans le tom-
   beau, —
Il s'éveilla. Luisant comme un hideux flambeau,
D'étranges visions emplissaient sa paupière;
Des rires éclataient sous son plafond de pierre;
Livide, il se dressa, la vision grandit;
Ô terreur! une voix qu'il reconnut[45] lui dit:

— Réveille-toi. Moscou, Waterloo, Sainte-Hélène,
L'exil, les rois geôliers, l'Angleterre inhumaine
Sur ton lit accoudée à ton dernier moment,
Sire, cela n'est rien. Voici le châtiment!

[*Ici, le poète évoque une suprême vision de l'Empereur: la cour de Napoléon III et son gouvernement qui, protégés par son nom glorieux, deshono-
rent sa mémoire.*]

[42] marbre et bronze des bustes et des statues
[43] triomphe moral, créé par la légende
[44] Le gouvernement de Louis-Philippe a ramené les
cendres de l'Empereur en France; elles sont placées depuis
lors sous le dôme des Invalides.
[45] Elle avait répondu non plusieurs fois à son interrogation angoissée.

L'horrible vision s'éteignit. — L'Empereur,
Désespéré, poussa dans l'ombre un cri d'horreur,
Baissant les yeux, dressant ses mains épouvantées.
Les Victoires de marbre à la porte sculptées,
Fantômes blancs debout hors du sépulcre obscur,
Se faisaient du doigt signe et, s'appuyant au mur,
Écoutaient le titan pleurer dans les ténèbres.
Et lui, cria: Démon aux visions funèbres,
Toi qui me suis partout, que jamais je ne vois,
Qui donc es-tu? — Je suis ton crime, dit la voix. —
La tombe alors s'emplit d'une lumière étrange
Semblable à la clarté de Dieu quand il se venge;
Pareils aux mots que vit resplendir Balthazar,[46]
Deux mots dans l'ombre écrits flamboyaient sur
   César;
Bonaparte, tremblant comme un enfant sans mère,
Leva sa face pâle et lut: — DIX-HUIT BRUMAIRE!

                       (*Les Châtiments*)

A VILLEQUIER [1]

Maintenant que Paris, ses pavés et ses marbres,
Et sa brume et ses toits sont bien loin de mes yeux;
Maintenant que je suis sous les branches des arbres,
Et que je puis songer à la beauté des cieux;

Maintenant que du deuil qui m'a fait l'âme obscure
   Je sors, pâle et vainqueur,
Et que je sens la paix de la grande nature
   Qui m'entre dans le cœur;

Maintenant que je puis, assis au bord des ondes,[2]
Ému par ce superbe et tranquille horizon,
Examiner en moi les vérités profondes
Et regarder les fleurs qui sont dans le gazon;

Maintenant, ô mon Dieu! que j'ai ce calme sombre
   De pouvoir désormais

[46] les trois mots apparus en traits de flammes et qui
annonçaient sa ruine au dernier roi de Babylone en train
de festoyer (récit biblique)

[1] Village normand au bord de la Seine: la fille de Hugo
y a sa tombe, avec son mari. Les jeunes mariés s'étaient
noyés par accident le 4 septembre 1843, et Léopoldine n'avait
que dix-neuf ans. Le poète a complété en 1846 ce poème
écrit en 1844.
[2] celles de la Seine, qui coule au centre d'un paysage
splendide

Voir de mes yeux la pierre où je sais que dans
    l'ombre
    Elle dort pour jamais;

Maintenant qu'attendri par ces divins spectacles,
Plaines, forêts, rochers, vallons, fleuve argenté,
Voyant ma petitesse et voyant vos miracles,[3]
Je reprends ma raison devant l'immensité;

Je viens à vous, Seigneur, père auquel il faut croire;
    Je vous porte, apaisé,
Les morceaux de ce cœur tout plein de votre gloire
    Que vous avez brisé!

Je viens à vous, Seigneur, confessant que vous êtes
Bon, clément, indulgent et doux, ô Dieu vivant!
Je conviens que vous seul savez ce que vous faites,
Et que l'homme n'est rien qu'un jonc qui tremble
    au vent;

Je dis que le tombeau qui sur les morts se ferme
    Ouvre le firmament;
Et que ce qu'ici-bas nous prenons pour le terme
    Est le commencement;

Je conviens à genoux que vous seul, père auguste,
Possédez l'infini, le réel, l'absolu;
Je conviens qu'il est bon, je conviens qu'il est juste
Que mon cœur ait saigné, puisque Dieu l'a voulu!

Je ne résiste plus à tout ce qui m'arrive
    Par votre volonté.
L'âme de deuils en deuils, l'homme de rive en rive,
    Roule à l'éternité.

Nous ne voyons jamais qu'un seul côté des choses,
L'autre plonge en la nuit d'un mystère effrayant.
L'homme subit le joug [4] sans connaître les causes.
Tout ce qu'il voit est court, inutile et fuyant.

Vous faites revenir toujours la solitude
    Autour de tous ses pas.
Vous n'avez pas voulu qu'il eût la certitude
    Ni la joie ici-bas!

        [3] miracles de beauté
        [4] de la fatalité

Dès qu'il possède un bien, le sort le lui retire.
Rien ne lui fut donné, dans ses rapides jours,
Pour qu'il s'en puisse faire une demeure, et dire:
C'est ici ma maison, mon champ et mes amours!

Il doit voir peu de temps tout ce que ses yeux voient;
    Il vieillit sans soutiens.
Puisque ces choses sont, c'est qu'il faut qu'elles
    soient;
    J'en conviens, j'en conviens!

Le monde est sombre, ô Dieu! l'immuable harmonie
Se compose des pleurs aussi bien que des chants;
L'homme n'est qu'un atome en cette ombre infinie,[5]
Nuit où montent les bons, où tombent les mé-
    chants.[6]

Je sais que vous avez bien autre chose à faire
    Que de nous plaindre tous,
Et qu'un enfant qui meurt, désespoir de sa mère,
    Ne vous fait rien, à vous!

Je sais que le fruit tombe au vent qui le secoue,
Que l'oiseau perd sa plume et la fleur son parfum;
Que la création est une grande roue
Qui ne peut se mouvoir sans écraser quelqu'un;

Les mois, les jours, les flots des mers, les yeux qui
    pleurent,
    Passent sous le ciel bleu;
Il faut que l'herbe pousse et que les enfants meurent;
    Je le sais, ô mon Dieu!

Dans vos cieux, au-delà de la sphère des nues,[7]
Au fond de cet azur immobile et dormant,
Peut-être faites-vous des choses inconnues
Où la douleur de l'homme entre comme élément.

Peut-être est-il utile à vos desseins sans nombre
    Que des êtres charmants
S'en aillent, emportés par le tourbillon sombre
    Des noirs événements.

    [5] l'immensité obscure et mystérieuse
    [6] Hugo croyait à la métempsycose et disait que les hu-
mains s'élèvent en passant d'un corps dans un autre, s'ils
ont été bons, mais que, s'ils ont été méchants, ils peuvent
tomber jusque dans le corps d'un animal.
    [7] le ciel visible pour nous

Nos destins ténébreux [8] vont sous des lois immenses
Que rien ne déconcerte et que rien n'attendrit.
Vous ne pouvez avoir de subites clémences
Qui dérangent le monde, ô Dieu, tranquille esprit!

Je vous supplie, ô Dieu! de regarder mon âme,
    Et de considérer
Qu'humble comme un enfant et doux comme une
        femme,
    Je viens vous adorer!

Considérez encor que j'avais, dès l'aurore,[9]
Travaillé, combattu, pensé, marché, lutté,
Expliquant la nature à l'homme qui l'ignore,
Éclairant toute chose avec votre clarté;

Que j'avais, affrontant la haine et la colère,
    Fait ma tâche ici-bas,
Que je ne pouvais pas m'attendre à ce salaire,[10]
    Que je ne pouvais pas

Prévoir que, vous aussi, sur ma tête qui ploie
Vous appesantiriez votre bras triomphant,
Et que, vous qui voyiez comme j'ai peu de joie,
Vous me reprendriez si vite mon enfant!

Qu'une âme ainsi frappée à se plaindre est sujette,
    Que j'ai pu blasphémer,
Et vous jeter mes cris comme un enfant qui jette
    Une pierre à la mer!

Considérez qu'on doute, ô mon Dieu! quand on
        souffre,
Que l'œil qui pleure trop finit par s'aveugler,
Qu'un être que son deuil plonge au plus noir du
        gouffre,
Quand il ne vous voit plus, ne peut vous contem-
        pler,

Et qu'il ne se peut pas que l'homme, lorsqu'il
        sombre
    Dans les afflictions,
Ait présente à l'esprit la sérénité sombre
    Des constellations!

Aujourd'hui, moi qui fus faible comme une mère,
Je me courbe à vos pieds devant vos cieux ouverts.[11]
Je me sens éclairé dans ma douleur amère
Par un meilleur regard jeté sur l'univers.

Seigneur, je reconnais que l'homme est en délire
    S'il ose murmurer;
Je cesse d'accuser, je cesse de maudire,
    Mais laissez-moi pleurer!

Hélas! laissez les pleurs couler de ma paupière,
Puisque vous avez fait les hommes pour cela!
Laissez-moi me pencher sur cette froide pierre
Et dire à mon enfant: Sens-tu que je suis là?

Laissez-moi lui parler, incliné sur ses restes,
    Le soir, quand tout se tait,
Comme si, dans sa nuit rouvrant ses yeux célestes,[12]
    Cet ange m'écoutait!

Hélas! vers le passé tournant un œil d'envie,
Sans que rien ici-bas puisse m'en consoler,
Je regarde toujours ce moment de ma vie
Où je l'ai vue ouvrir son aile [13] et s'envoler!

Je verrai cet instant jusqu'à ce que je meure,
    L'instant, pleurs superflus!
Où je criai: L'enfant que j'avais tout à l'heure,
    Quoi donc! je ne l'ai plus!

Ne vous irritez pas que je sois de la sorte,
Ô mon Dieu! cette plaie a si longtemps saigné!
L'angoisse dans mon âme est toujours la plus forte,
Et mon cœur est soumis, mais n'est pas résigné.

Ne vous irritez pas! fronts que le deuil réclame,[14]
    Mortels sujets aux pleurs,
Il nous est malaisé de retirer notre âme
    De ces grandes douleurs.

Voyez-vous, nos enfants nous sont bien nécessaires,
Seigneur; quand on a vu dans sa vie, un matin,
Au milieu des ennuis, des peines, des misères,
Et de l'ombre que fait sur nous notre destin,

[8] qui échappent à la raison; *vont:* se déroulent
[9] le début de sa carrière
[10] la mort de son enfant

[11] C'est-à-dire: qui laissent voir Dieu.
[12] devenus célestes
[13] son aile d'ange
[14] nous qui tombons dans le deuil

Apparaître un enfant, tête chère et sacrée,
Petit être joyeux,
Si beau, qu'on a cru voir s'ouvrir à son entrée
Une porte des cieux;

Quand on a vu, seize ans,[15] de cet autre soi-même
Croître la grâce aimable et la douce raison,
Lorsqu'on a reconnu que cet enfant qu'on aime
Fait le jour dans notre âme et dans notre maison,

Que c'est la seule joie ici-bas qui persiste
De tout ce qu'on rêva,
Considérez que c'est une chose bien triste
De le voir qui s'en va!

(*Les Contemplations*)

BOOZ ENDORMI [1]

Booz s'était couché de fatigue accablé;
Il avait tout le jour travaillé dans son aire,[2]
Puis avait fait son lit à sa place ordinaire;[3]
Booz dormait auprès des boisseaux pleins de blé.

Ce vieillard possédait des champs de blés et d'orge;
Il était, quoique riche, à la justice enclin;
Il n'avait pas de fange en l'eau de son moulin;
Il n'avait pas d'enfer dans le feu de sa forge.

Sa barbe était d'argent comme un ruisseau d'avril.
Sa gerbe n'était point avare ni haineuse;[4]
Quand il voyait passer quelque pauvre glaneuse:
« Laissez tomber exprès des épis », disait-il.[5]

Cet homme marchait pur loin des sentiers obliques,[6]
Vêtu de probité candide et de lin blanc;

Et, toujours du côté des pauvres ruisselant,
Ses sacs de grains semblaient des fontaines publiques.

Booz était bon maître et fidèle parent; [7]
Il était généreux, quoiqu'il fût économe;
Les femmes regardaient Booz plus qu'un jeune homme,
Car le jeune homme est beau, mais le vieillard est grand.

Le vieillard, qui revient vers la source première,[8]
Entre aux jours éternels et sort des jours changeants;
Et l'on voit de la flamme aux yeux des jeunes gens,
Mais dans l'œil du vieillard on voit de la lumière.[9]

Donc, Booz dans la nuit dormait parmi les siens.
Près des meules, qu'on eût prises pour des décombres,
Les moissonneurs couchés faisaient des groupes sombres;
Et ceci se passait dans des temps très anciens.

Les tribus d'Israël avaient pour chef un juge; [10]
La terre, où l'homme errait sous la tente, inquiet
Des empreintes de pieds de géants qu'il voyait,
Était encor mouillée et molle du déluge.[11]

Comme dormait Jacob, comme dormait Judith,[12]
Booz, les yeux fermés, gisait sous la feuillée;
Or, la porte du ciel s'étant entrebâillée
Au-dessus de sa tête, un songe en descendit.

Et ce songe était tel, que Booz vit un chêne
Qui, sorti de son ventre, allait jusqu'au ciel bleu;
Une race y montait comme une longue chaîne;
Un roi chantait en bas, en haut mourait un Dieu.[13]

---

[15] durant seize années

[1] Le poème s'inspire du récit biblique de *Ruth*. Booz était un propriétaire cultivateur de Bethléem. Ruth était une Moabite, jeune veuve d'un homme de Juda. Booz, son vieux parent, l'épousa: de leur union devait naître David et par conséquent se poursuivre la lignée destinée à aboutir à Jésus.

[2] surface plane où l'on bat les blés

[3] sur l'aire, avec ses moissonneurs

[4] Ces adjectifs se rapportent par la pensée à la personne de Booz.

[5] à ses moissonneurs, pour que la « pauvre glaneuse » eût quelque chose à ramasser

[6] voies tortueuses, suivies par les méchants

[7] Cf. la note 1.

[8] Il a accompli le cycle de sa vie.

[9] La *flamme* est passionnée, la *lumière* est pure.

[10] magistrat suprême des Juifs avant l'établissement de la royauté

[11] Époque très ancienne en effet, la Bible y imaginait des géants encore mêlés aux hommes (Genèse).

[12] souvenirs bibliques, dont le premier seul est exact et précis (Genèse)

[13] arbre généalogique, s'élevant de David (*un roi*) jusqu'au *Christ* (*un Dieu*)

Et Booz murmurait avec la voix de l'âme:
« Comment se pourrait-il que de moi ceci vînt?
Le chiffre de mes ans a passé quatre-vingt,
Et je n'ai pas de fils, et je n'ai plus de femme.

« Voilà longtemps que celle avec qui j'ai dormi,
Ô Seigneur! a quitté ma couche pour la vôtre;[14]
Et nous sommes encor tout mêlés l'un à l'autre,
Elle à demi vivante[15] et moi mort à demi.

« Une race naîtrait de moi! Comment le croire?
Comment se pourrait-il que j'eusse des enfants?
Quand on est jeune, on a des matins triomphants,
Le jour sort de la nuit comme d'une victoire;

« Mais, vieux, on tremble ainsi qu'à l'hiver le bou-
leau;
Je suis veuf, je suis seul, et sur moi le soir tombe,
Et je courbe, ô mon Dieu! mon âme vers la tombe,
Comme un bœuf ayant soif penche son front vers
l'eau. »

Ainsi parlait Booz dans le rêve et l'extase,[16]
Tournant vers Dieu ses yeux par le sommeil noyés;
Le cèdre ne sent pas une rose à sa base,
Et lui ne sentait pas une femme à ses pieds.

Pendant qu'il sommeillait, Ruth, une moabite,[17]
S'était couchée aux pieds de Booz, le sein nu,
Espérant on ne sait quel rayon inconnu,
Quand viendrait du réveil la lumière subite.

Booz ne savait point qu'une femme était là,
Et Ruth ne savait point ce que Dieu voulait d'elle,
Un frais parfum sortait des touffes d'asphodèle;
Les souffles de la nuit flottaient sur Galgala.[18]

L'ombre était nuptiale,[19] auguste et solennelle;
Les anges y volaient sans doute obscurément,
Car on voyait passer dans la nuit, par moment,
Quelque chose de bleu qui paraissait une aile.

La respiration de Booz qui dormait
Se mêlait au bruit sourd des ruisseaux sur la mousse
On était dans le mois où la nature est douce,
Les collines ayant des lys sur leur sommet.

Ruth songeait et Booz dormait; l'herbe était noire;
Les grelots des troupeaux palpitaient vaguement;
Une immense bonté tombait du firmament;
C'était l'heure tranquille où les lions vont boire.

Tout reposait dans Ur et dans Jérimadeth;[20]
Les astres émaillaient le ciel profond et sombre;
Le croissant fin et clair parmi ces fleurs de l'ombre
Brillait à l'occident, et Ruth se demandait,

Immobile, ouvrant l'œil à moitié sous ses voiles,
Quel dieu, quel moissonneur de l'éternel été,
Avait, en s'en allant, négligemment jeté
Cette faucille d'or dans le champ des étoiles.[21]

(*La Légende des siècles*)

[14] La Bible dit des justes qui meurent: « Ils s'endorment dans le Seigneur ».
[15] dans le cœur de Booz
[16] élévation vers le divin
[17] Cf. la note 1.

[18] ville voisine de Bethléem
[19] Elle annonçait le mariage de Ruth et de Booz.
[20] villes dont la première fut la patrie d'Abraham, et dont la seconde est une invention du poète
[21] Cette admirable fin du poème unit l'impression agreste et nocturne à celle d'une mystérieuse promesse qui semble descendre du ciel.

ALFRED DE MUSSET (1810–1857)

Né à Paris et fils choyé d'un fonctionnaire important, Alfred de Musset a   *L'HOMME*
vécu ses jeunes années en garçon élégant, ami du plaisir, dandy.

Mais à vingt-sept ans, il a eu sa vie brisée par le triste dénouement de ses
amours avec George Sand. Il traîna dès lors son existence.

Bibliothécaire au ministère de l'Intérieur grâce à l'amitié du duc d'Orléans
dont il avait été le condisciple au lycée Henri IV, nommé ensuite par l'Empire

au ministère de l'Instruction publique, il souffrit malgré tout de la gêne, étant sans fortune et dépensier.

Il abrégea ses jours par ses excès et s'éteignit dans un affaissement prématuré de son génie.

Les Contes d'Espagne et d'Italie, puis *Un Spectacle dans un fauteuil* (que composent un drame, *La Coupe et les lèvres,* une comédie, *A quoi rêvent les jeunes filles,* et *Namouna,* récit fantaisiste et extravagant) ont fait connaître en 1830 et 1832 le premier Musset, ironique, désinvolte, cavalier, un peu agaçant.

Le second Musset, formé par une malheureuse expérience de la passion, fut celui des *Nuits* (1835-37), dialogues avec sa Muse, pleins d'amour et de souffrance, pathétiques et poignants, et du « Souvenir » apaisé, mais triste pour toujours.

Un troisième Musset a trouvé le ton d'une grâce aussi spirituelle qu'émouvante pour ses *Poésies nouvelles* (1835-52), telles qu'*Une soirée perdue* (1840) ou *Trois marches de marbre rose* (1849) dans lesquelles un reste de romantisme sentimental s'allie au charme retrouvé du dix-huitième siècle.

Un roman, *Confession d'un enfant du siècle* (1836), double les *Nuits* par le sujet traité, mais le traite avec une clairvoyance douloureuse.

Le théâtre en prose égale l'œuvre poétique.

L'ŒUVRE

LA NUIT DE MAI [1]

LA MUSE

Poète, prends ton luth [2] et me donne un baiser;
La fleur de l'églantier sent ses bourgeons éclore.
Le printemps naît ce soir; les vents vont s'embraser;
Et la bergeronnette, en attendant l'aurore,
Aux premiers buissons verts commence à se poser.
Poète, prends ton luth et me donne un baiser.

LE POÈTE [3]

Comme il fait noir dans la vallée!
J'ai cru qu'une forme voilée
Flottait là-bas sur la forêt.
Elle sortait de la prairie;
Son pied rasait l'herbe fleurie;
C'est une étrange rêverie;
Elle s'efface et disparaît.

LA MUSE

Poète, prends ton luth; la nuit, sur la pelouse,
Balance le zéphyr dans son voile odorant.
La rose, vierge encor, se referme jalouse
Sur le frelon nacré qu'elle enivre en mourant.
Écoute! tout se tait; songe à ta bien-aimée.[4]
Ce soir, sous les tilleuls, à la sombre ramée
Le rayon du couchant laisse un adieu plus doux.
Ce soir, tout va fleurir: l'immortelle nature
Se remplit de parfums, d'amour et de murmure,
Comme le lit joyeux de deux jeunes époux.

LE POÈTE

Pourquoi mon cœur bat-il si vite?
Qu'ai-je donc en moi qui s'agite
Dont je me sens épouvanté?
Ne frappe-t-on pas à ma porte?
Pourquoi ma lampe à demi morte
M'éblouit-elle de clarté?
Dieu puissant! tout mon corps frissonne.
Qui vient? qui m'appelle? — Personne.
Je suis seul; c'est l'heure qui sonne;
Ô solitude! ô pauvreté! [5]

---

[1] La Muse invite à reprendre courage et à écrire des vers le poète qu'a désespéré une rupture avec la fameuse aimée, George Sand. Pour arriver à le persuader, elle lui rappelle que la douleur est une inspiratrice. La Muse parle ici au nom des admirateurs et des amis de Musset.

[2] lyre d'accompagnement dont se servaient les Anciens pour leurs récitations

[3] le poète ne pense qu'à sa maîtresse perdue

[4] La Muse, non George Sand

[5] solitude et pauvreté de l'âme

LA MUSE

Poëte, prends ton luth; le vin de la jeunesse
Fermente cette nuit dans les veines de Dieu.[6]
Mon sein est inquiet; la volupté l'oppresse,
Et les vents altérés [7] m'ont mis la lèvre en feu.
Ô paresseux enfant! regarde, je suis belle.
Notre premier baiser,[8] ne t'en souviens-tu pas,
Quand je te vis si pâle au toucher de mon aile,
Et que, les yeux en pleurs, tu tombas dans mes
    bras?
Ah! Je t'ai consolé d'une amère souffrance!
Hélas! bien jeune encor, tu te mourais d'amour.
Console-moi ce soir, je me meurs d'espérance;
J'ai besoin de prier pour vivre jusqu'au jour.

LE POÈTE

Est-ce toi dont la voix m'appelle,
Ô ma pauvre Muse! est-ce toi?
Ô ma fleur! ô mon immortelle!
Seul être pudique et fidèle
Où vive encor l'amour de moi!
Oui, te voilà, c'est toi, ma blonde,
C'est toi, ma maîtresse et ma sœur!
Et je sens, dans la nuit profonde,
De ta robe d'or qui m'inonde
Les rayons glisser dans mon cœur.

LA MUSE

Poëte, prends ton luth; c'est moi, ton immortelle,
Qui t'ai vu cette nuit triste et silencieux,
Et qui, comme un oiseau que sa couvée appelle,
Pour pleurer avec toi descends du haut des cieux.
Viens, tu souffres, ami. Quelque ennui solitaire
Te ronge, quelque chose a gémi dans ton cœur;
Quelque amour t'est venu, comme on en voit sur
    terre,
Une ombre de plaisir, un semblant de bonheur.
Viens, chantons devant Dieu; chantons dans tes
    pensées,
Dans tes plaisirs perdus, dans tes peines passées;
Partons, dans un baiser, pour un monde inconnu.
Éveillons au hasard les échos de ta vie,
Parlons-nous de bonheur, de gloire et de folie,
Et que ce soit un rêve, et le premier venu.

[6] Dieu est ici l'univers.
[7] secs, ils altèrent
[8] la première inspiration

Inventons quelque part des lieux où l'on oublie;
Partons, nous sommes seuls, l'univers est à nous.
Voici la verte Écosse et la brune Italie,[9]
Et la Grèce, ma mère, où le miel est si doux,[10]
Argos, et Ptéléon, ville des hécatombes,
Et Messa, la divine, agréable aux colombes;
Et le front chevelu du Pélion changeant;
Et le bleu Titarèse, et le golfe d'argent
Qui montre dans ses eaux, où le cygne se mire,
La blanche Oloossone à la blanche Camyre.[11]
Dis-moi, quel songe d'or nos chants vont-ils bercer?
D'où vont venir les pleurs que nous allons verser?
Ce matin, quand le jour a frappé ta paupière,
Quel séraphin pensif, courbé sur ton chevet,
Secouait des lilas dans sa robe légère,
Et te contait tout bas les amours qu'il rêvait?
Chanterons-nous l'espoir, la tristesse ou la joie?
Tremperons-nous de sang les bataillons d'acier? [12]
Suspendrons-nous l'amant sur l'échelle de soie? [13]
Jetterons-nous au vent l'écume du coursier? [14]
Dirons-nous quelle main, dans les lampes sans
    nombre
De la maison céleste, allume nuit et jour
L'huile sainte de vie et d'éternel amour? [15]
Crierons-nous à Tarquin: « Il est temps, voici
    l'ombre! » [16]
Descendrons-nous cueillir la perle au fond des
    mers? [17]
Mènerons-nous la chèvre aux ébéniers amers? [18]
Montrerons-nous le ciel à la Mélancolie? [19]
Suivrons-nous le chasseur sur les monts escarpés? [20]
La biche le regarde; elle pleure et supplie;
Sa bruyère l'attend; ses faons sont nouveau-nés;
Il se baisse, il l'égorge, il jette à la curée

[9] l'Italie cuite par le soleil
[10] La Mère des arts. Le miel du mont Hymette était célèbre dans l'antiquité. Les *hécatombes* du vers suivant sont des sacrifices offerts aux dieux.
[11] noms de villes et de lieux dont la sonorité sert à évoquer la Grèce de façon attirante
[12] sujet de poésie épique
[13] sujet de poésie amoureuse
[14] sujet de poésie fantastique à la manière allemande
[15] sujet de poésie religieuse
[16] Sujet de poésie dramatique. Il s'agit du prince romain qui outragea Lucrèce et perdit ainsi la royauté.
[17] sujet de poésie scientifique
[18] sujet de poésie bucolique
[19] sujet de poésie rêveuse et romantique
[20] sujet de poésie à la Schiller et à la Byron

Sur les chiens en sueur son cœur encor vivant.
Peindrons-nous une vierge à la joue empourprée,
S'en allant à la messe, un page la suivant,
Et d'un regard distrait, à côté de sa mère,
Sur sa lèvre entr'ouverte oubliant sa prière?
Elle écoute en tremblant, dans l'écho du pilier,
Résonner l'éperon d'un hardi cavalier.
Dirons-nous aux héros des vieux temps de la France
De monter tout armés aux créneaux de leurs tours,
Et de ressusciter la naïve romance
Que leur gloire oubliée apprit aux troubadours? [21]
Vêtirons-nous de blanc une molle élégie?
L'homme de Waterloo nous dira-t-il sa vie,[22]
Et ce qu'il a fauché du troupeau des humains
Avant que l'envoyé de la nuit éternelle
Vînt sur son tertre vert l'abattre d'un coup d'aile,
Et sur son cœur de fer lui croiser les deux mains?
Clouerons-nous au poteau d'une satire altière
Le nom sept fois vendu d'un pâle [23] pamphlétaire,
Qui, poussé par la faim, du fond de son oubli,
S'en vient, tout grelottant d'envie et d'impuissance,
Sur le front du génie insulter l'espérance,
Et mordre le laurier que son souffle a sali?
Prends ton luth! prends ton luth! je ne peux plus
 me taire,
Mon aile me soulève au souffle du printemps.
Le vent va m'emporter; je vais quitter la terre.
Une larme de toi! Dieu m'écoute; il est temps.

LE POÈTE

S'il ne te faut, ma sœur chérie,
Qu'un baiser d'une lèvre amie
Et qu'une larme de mes yeux,
Je te les donnerai sans peine;
De nos amours qu'il te souvienne,
Si tu remontes dans les cieux.
Je ne chante ni l'espérance,
Ni la gloire, ni le bonheur,
Hélas! pas même la souffrance.
La bouche garde le silence
Pour écouter parler le cœur.

LA MUSE

Crois-tu donc que je sois comme le vent d'automne,
Qui se nourrit de pleurs jusque sur un tombeau,
Et pour qui la douleur n'est qu'une goutte d'eau?
Ô poète! un baiser, c'est moi qui te le donne.
L'herbe que je voulais arracher de ce lieu,
C'est ton oisiveté; ta douleur est à Dieu.
Quel que soit le souci que ta jeunesse endure,
Laisse-la s'élargir, cette sainte blessure
Que les noirs séraphins [24] t'ont faite au fond du
 cœur;
Rien ne nous rend si grands qu'une grande douleur.
Mais, pour en être atteint,[25] ne crois pas, ô poète,
Que ta voix ici-bas doive rester muette.
Les plus désespérés sont les chants les plus beaux,
Et j'en sais d'immortels qui sont de purs sanglots.
Lorsque le pélican, lassé d'un long voyage,
Dans les brouillards du soir retourne à ses roseaux,
Ses petits affamés courent sur le rivage
En le voyant au loin s'abattre sur les eaux.
Déjà, croyant saisir et partager leur proie,
Ils courent à leur père avec des cris de joie
En secouant leurs becs sur leurs goitres hideux.
Lui, gagnant à pas lents une roche élevée,
De son aile pendante abritant sa couvée,
Pêcheur mélancolique, il regarde les cieux.
Le sang coule à longs flots de sa poitrine ouverte;
En vain il a des mers fouillé la profondeur:
L'Océan était vide et la plage déserte;
Pour toute nourriture, il apporte son cœur.
Sombre et silencieux, étendu sur la pierre,
Partageant à ses fils ses entrailles de père,
Dans son amour sublime il berce sa douleur,
Et, regardant couler sa sanglante mamelle,
Sur son festin de mort il s'affaisse et chancelle,
Ivre de volupté, de tendresse et d'horreur.
Mais parfois, au milieu du divin sacrifice,
Fatigué de mourir dans un trop long supplice,
Il craint que ses enfants ne le laissent vivant;
Alors il se soulève, ouvre son aile au vent,
Et, se frappant le cœur avec un cri sauvage,
Il pousse dans la nuit un si funèbre adieu,
Que les oiseaux des mers désertent le rivage,
Et que le voyageur attardé sur la plage,
Sentant passer la mort, se recommande à Dieu.[26]
Poète, c'est ainsi que font les grands poètes.

---

[21] thème de poésie moyenâgeuse alors à la mode
[22] Napoléon
[23] pâle d'envie et de méchanceté

[24] les anges du mal
[25] quoique tu en sois atteint
[26] pure légende, née de la façon dont cet oiseau porte dans une poche membraneuse la nourriture destinée à ses petits

Ils laissent s'égayer ceux qui vivent un temps; [27]
Mais les festins humains qu'ils servent à leurs fêtes
Ressemblent la plupart à ceux des pélicans.
Quand ils parlent ainsi d'espérances trompées,
De tristesse et d'oubli, d'amour et de malheur,
Ce n'est pas un concert à dilater [28] le cœur.
Leurs déclamations sont comme des épées:
Elles tracent dans l'air un cercle éblouissant,
Mais il y pend toujours quelque goutte de sang.

LE POÈTE

Ô Muse! spectre insatiable,
Ne m'en demande pas si long.
L'homme n'écrit rien sur le sable
A l'heure où passe l'aquilon.[29]
J'ai vu le temps où ma jeunesse
Sur mes lèvres était sans cesse
Prête à chanter comme un oiseau;
Mais j'ai souffert un dur martyre,
Et le moins que j'en pourrais dire,
Si je l'essayais sur ma lyre,
La briserait comme un roseau.

(*Poésies nouvelles*)

SOUVENIR [1]

J'espérais bien pleurer, mais je croyais souffrir
En osant te revoir, place à jamais sacrée,
Ô la plus chère tombe [2] et la plus ignorée
    Où dorme un souvenir!

Que redoutiez-vous donc de cette solitude,
Et pourquoi, mes amis, me preniez-vous la main,
Alors qu'une si douce et si vieille habitude
    Me montrait ce chemin?

Les voilà ces coteaux, ces bruyères fleuries
Et ces pas argentins sur le sable muet,
Ces sentiers amoureux, remplis de causeries,
    Où son bras m'enlaçait.

Les voilà ces sapins à la sombre verdure,
Cette gorge profonde [3] aux nonchalants détours,
Ces sauvages amis, dont l'antique murmure
    A bercé mes beaux jours.

Les voilà ces buissons, où toute ma jeunesse [4]
Comme un essaim d'oiseaux chante au bruit de mes
    pas.
Lieux charmants, beau désert où passa ma maîtresse,
    Ne m'attendiez-vous pas?

Ah! laissez-les couler, elles me sont bien chères,
Ces larmes que soulève un cœur encor blessé!
Ne les essuyez pas, laissez sur mes paupières
    Ce voile du passé!

Je ne viens point jeter un regret inutile
Dans l'écho de ces bois témoins de mon bonheur.
Fière est cette forêt dans sa beauté tranquille,
    Et fier aussi mon cœur.

Que celui-là se livre à des plaintes amères
Qui s'agenouille et prie au tombeau d'un ami.
Tout respire [5] en ces lieux; les fleurs des cimetières
    Ne poussent point ici.

Voyez! la lune monte à travers ces ombrages,
Ton regard tremble encor, belle reine des nuits,
Mais du sombre horizon déjà tu te dégages
    Et tu t'épanouis.

Ainsi de cette terre, humide encor de pluie,
Sortent, sous tes rayons, tous les parfums du jour;
Aussi calme, aussi pur, de mon âme attendrie
    Sort mon ancien amour.

Que sont-ils devenus, les chagrins de ma vie?
Tout ce qui m'a fait vieux [6] est bien loin mainte-
    nant;
Et rien qu'en regardant cette vallée amie,
    Je redeviens enfant.

Ô puissance du temps! ô légères années!
Vous emportez nos pleurs, nos cris et nos regrets;

---

[27] pendant quelque temps
[28] de joie
[29] vent de tempête

[1] Ce poème est la conclusion des *Nuits*. Une traversée
de la forêt de Fontainebleau a réveillé après sept années les
souvenirs du grand amour pour George Sand. Mais le poète
apaisé y a trouvé, contrairement à ce qu'il craignait, de la
douceur. Il avait alors trente et un ans.
[2] au sens métaphorique

[3] la gorge de Franchard
[4] sa jeunesse passée
[5] tout est vivant
[6] vieux avant l'âge

Mais la pitié vous prend, et sur nos fleurs fanées
    Vous ne marchez jamais.

Tout mon cœur te bénit, bonté consolatrice!
Je n'aurais jamais cru que l'on pût tant souffrir
D'une telle blessure et que sa cicatrice
    Fût si douce à sentir.

Loin de moi les vains mots, les frivoles pensées,
Des vulgaires douleurs linceul accoutumé,
Que viennent étaler sur leurs amours passées
    Ceux qui n'ont point aimé.

Dante, pourquoi dis-tu [7] qu'il n'est pire misère
Qu'un souvenir heureux dans les jours de douleur?
Quel chagrin t'a dicté cette parole amère,
    Cette offense au malheur?

En est-il donc moins vrai que la lumière existe,
Et faut-il l'oublier du moment qu'il fait nuit?
Est-ce bien toi, grande âme immortellement triste,
    Est-ce toi qui l'as dit?

Non, par ce pur flambeau [8] dont la splendeur
    m'éclaire,
Ce blasphème vanté [9] ne vient pas de ton cœur.
Un souvenir heureux est peut-être sur terre
    Plus vrai que le bonheur.

Eh quoi! l'infortuné qui trouve une étincelle
Dans la cendre brûlante où dorment ses ennuis,
Qui saisit cette flamme et qui fixe sur elle
    Ses regards éblouis;

Dans ce passé perdu quand son âme se noie,
Sur ce miroir brisé lorsqu'il rêve en pleurant,
Tu lui dis qu'il se trompe, et que sa faible joie
    N'est qu'un affreux tourment!

Et c'est à ta Françoise, à ton ange de gloire,
Que tu pouvais donner ces mots à prononcer,
Elle qui s'interrompt, pour conter son histoire,
    D'un éternel baiser

[7] quand il évoque Françoise de Rimini au chant V de
l'Enfer
[8] le soleil
[9] le distique de Dante

Qu'est-ce donc, juste Dieu, que la pensée humaine,
Et qui pourra jamais aimer la vérité,
S'il n'est joie ou douleur si juste et si certaine
    Dont quelqu'un n'ait douté?

Comment vivez-vous donc, étranges créatures? [10]
Vous riez, vous chantez, vous marchez à grands
    pas,
Le ciel et sa beauté, le monde et ses souillures
    Ne vous dérangent pas;

Mais lorsque par hasard le destin vous ramène
Vers quelque monument [11] d'un amour oublié,
Ce caillou vous arrête et cela vous fait peine
    Qu'il vous heurte le pié.

Et vous criez alors que la vie est un songe;
Vous vous tordez les bras comme en vous réveillant,
Et vous trouvez fâcheux qu'un si joyeux mensonge
    Ne dure qu'un instant.

Malheureux! Cet instant où votre âme engourdie
A secoué les fers qu'elle traîne ici-bas,
Ce fugitif instant fut toute votre vie;
    Ne le regrettez pas!

Regrettez la torpeur qui vous cloue à la terre,
Vos agitations dans la fange et le sang,
Vos nuits sans espérance et vos jours sans lumière;
    C'est là qu'est le néant!

Mais que vous revient-il de vos froides doctrines?
Que demandent au ciel ces regrets inconstants
Que vous allez semant sur vos propres ruines,
    A chaque pas du Temps?

Oui, sans doute, tout meurt; ce monde est un grand
    rêve,
Et le peu de bonheur qui nous vient en chemin,
Nous n'avons pas plus tôt ce roseau dans la main
    Que le vent nous l'enlève.

Oui, les premiers baisers, oui, les premiers serments
Que deux êtres mortels échangèrent sur terre,
Ce fut au pied d'un arbre effeuillé par les vents
    Sur un roc en poussière.

[10] êtres humains
[11] témoin

Ils prirent à témoin de leur joie éphémère
Un ciel toujours voilé qui change à tout moment,
Et des astres sans nom que leur propre lumière
    Dévore incessamment.

Tout mourait autour d'eux, l'oiseau dans le feuil-
    lage,
La fleur entre leurs mains, l'insecte sous leurs piés,
La source desséchée où vacillait l'image
    De leurs traits oubliés.

Et sur tous ces débris joignant leurs mains d'argile,
Étourdis des éclairs d'un instant de plaisir,
Ils croyaient échapper à cet Être immobile [12]
    Qui regarde mourir.

Insensés, dit le sage. — Heureux! dit le poète,
Et quels tristes amours as-tu donc dans le cœur,
Si le bruit du torrent te trouble et t'inquiète,
    Si le vent te fait peur?

J'ai vu sous le soleil tomber bien d'autres choses
Que les feuilles des bois et l'écume des eaux,
Bien d'autres s'en aller que le parfum des roses
    Et le chant des oiseaux.

Mes yeux ont contemplé des objets plus funèbres
Que Juliette morte au fond de son tombeau.
Plus affreux que le toast à l'ange des ténèbres
    Porté par Roméo.[13]

J'ai vu ma seule amie, à jamais la plus chère,
Devenue elle-même un sépulcre blanchi,[14]
Une tombe vivante où flottait la poussière
    De notre mort chéri,

De notre pauvre amour que, dans la nuit profonde,
Nous avions sur nos cœurs si doucement bercé!
C'était plus qu'une vie, hélas! c'était un monde
    Qui s'était effacé.

Oui, jeune et belle encor, plus belle, osait-on dire,
Je l'ai vue,[15] et ses yeux brillaient comme autrefois,
Ses lèvres s'entr'ouvraient, et c'était un sourire,
    Et c'était une voix;

[12] le Temps ou Dieu
[13] Roméo et Juliette du drame de Shakespeare
[14] un être impur (comme étaient les tombeaux chez les Juifs de la Bible: considérés comme impurs, ils étaient extérieurement blanchis à la chaux)
[15] rencontrée au Théâtre italien à Paris

Mais non plus cette voix, non plus ce doux langage,
Ces regards adorés dans les miens confondus;
Mon cœur, encor plein d'elle, errait sur son visage,
    Et ne la trouvait plus.

Et pourtant j'aurais pu marcher alors vers elle,
Entourer de mes bras ce sein vide et glacé,
Et j'aurais pu crier: « Qu'as-tu fait, infidèle,
    Qu'as-tu fait du passé? »

Mais non: il me semblait qu'une femme inconnue
Avait pris par hasard cette voix et ces yeux;
Et je laissai passer cette froide statue
    En regardant les cieux.

Eh bien! ce fut sans doute une horrible misère
Que ce riant adieu d'un être inanimé.[16]
Eh bien! qu'importe encore? Ô nature! ô ma mère!
    En ai-je moins aimé?

La foudre maintenant peut tomber sur ma tête,
Jamais ce souvenir ne peut m'être arraché!
Comme le matelot brisé par la tempête,
    Je m'y tiens attaché.

Je ne veux rien savoir, ni si les champs fleurissent,
Ni ce qu'il adviendra du simulacre [17] humain,
Ni si ces vastes cieux éclaireront demain
    Ce qu'ils ensevelissent.

Je me dis seulement: « A cette heure, en ce lieu,
Un jour, je fus aimé, j'aimais, elle était belle.
J'enfouis ce trésor dans mon âme immortelle
    Et je l'emporte à Dieu! »

              (Poésies nouvelles)

TRISTESSE [18]

J'ai perdu ma force et ma vie,
Et mes amis et ma gaîté;
J'ai perdu jusqu'à la fierté
Qui faisait croire à mon génie.

Quand j'ai connu la Vérité,
J'ai cru que c'était une amie;
Quand je l'ai comprise et sentie,
J'en étais déjà dégoûté.

[16] impassible
[17] le corps
[18] poème de la trentième année, mais le poète avait déjà ses forces usées

Et pourtant elle est éternelle,
Et ceux qui se sont passés d'elle
Ici-bas ont tout ignoré.

Dieu parle,[19] il faut qu'on lui réponde.
— Le seul bien qui me reste au monde
Est d'avoir quelquefois pleuré.

(*Dernières Poésies*)

UNE SOIRÉE PERDUE [1]

J'étais seul, l'autre soir, au Théâtre-Français,
Ou presque seul; l'auteur n'avait pas grand succès.
Ce n'était que Molière, et nous savons de reste
Que ce grand maladroit, qui fit un jour *Alceste,*
Ignora le bel art de chatouiller l'esprit
Et de servir à point un dénoûment bien cuit.[2]
Grâce à Dieu, nos auteurs ont changé de méthode,
Et nous aimons bien mieux quelque drame à la
    mode
Où l'intrigue, enlacée et roulée en feston,
Tourne comme un rébus autour d'un mirliton.[3]

J'écoutais cependant cette simple harmonie,
Et comme le bon sens fait parler le génie.
J'admirais quel amour pour l'âpre vérité
Eut cet homme si fier en sa naïveté,[4]
Quel grand et vrai savoir des choses de ce monde,
Quelle mâle gaîté, si triste et si profonde
Que, lorsqu'on vient d'en rire, on devrait en
    pleurer![5]
Et je me demandais: « Est-ce assez d'admirer?
Est-ce assez de venir un soir, par aventure,
D'entendre au fond de l'âme un cri de la nature,
D'essuyer une larme, et de partir ainsi,
Quoi qu'on fasse d'ailleurs, sans en prendre sou-
    ci? . . . »

Puis je songeais encore (ainsi va la pensée)
Que l'antique franchise, à ce point délaissée,

Avec notre finesse et notre esprit moqueur,[6]
Ferait croire, après tout, que nous manquons de
    cœur;
Que c'était une triste et honteuse misère
Que cette solitude à l'entour de Molière,
Et qu'il est *pourtant temps,* comme dit la chanson,[7]
De sortir de ce siècle ou d'en avoir raison; [8]
Car à quoi comparer cette scène [9] embourbée,
Et l'effroyable honte où la muse est tombée?
La lâcheté nous bride, et les sots vont disant
Que, sous ce vieux soleil, tout est fait [10] à pré-
    sent;
Comme si les travers de la famille humaine
Ne rajeunissaient pas chaque an, chaque semaine.
Notre siècle a ses mœurs, partant [11] sa vérité;
Celui qui l'ose dire est toujours écouté.

Ah! j'oserais parler, si je croyais bien dire.
J'oserais ramasser le fouet de la satire,
Et l'habiller de noir, cet homme aux rubans verts,[12]
Qui se fâchait jadis pour quelques mauvais vers.
S'il rentrait aujourd'hui dans Paris la grand'ville,[13]
Il y trouverait mieux pour émouvoir sa bile
Qu'une méchante femme et qu'un méchant son-
    net; [14]
Nous avons autre chose à mettre au cabinet.[15]
O notre maître à tous! si ta tombe est fermée,
Laisse-moi, dans ta cendre un instant ranimée,
Trouver une étincelle, et je vais t'imiter!
J'en aurai fait assez si je puis le tenter.
Apprends-moi de quel ton, dans ta bouche hardie,
Parlait la vérité, ta seule passion,
Et, pour me faire entendre, à défaut du génie,
J'en aurai le courage et l'indignation! . . .

(*Dernières Poésies*)

---

[19] Sa parole, c'est la Vérité.

[1] rêverie inspirée par une représentation du *Misanthrope*
qui n'avait pas attiré beaucoup de spectateurs
[2] Cette apparente critique est évidemment ironique.
[3] critique des mélodrames du temps
[4] naïveté: naturel
[5] Les comédies de Molière ont souvent un fond sérieux
et assez triste.
[6] ajoutés à ce délaissement
[7] Chanson d'autrefois: « Il est pourtant temps — De
me marier, ma mère — Il est pourtant temps — De me
marier ».
[8] triompher de lui
[9] d'aujourd'hui
[10] tout est dit
[11] par conséquent
[12] donner un habit de notre temps à l'Alceste du *Misanthrope* que Célimène désignait par ces mots
[13] réminiscence de la chanson d'Alceste
[14] la méchante femme: Célimène; le méchant sonnet:
celui d'Oronte
[15] tiroir de secrétaire, dans lequel Alceste invitait Oronte
à enfermer son sonnet

IV. Le Théâtre romantique

LIBÉRATEURS de la poésie et régénérateurs du lyrisme, les poètes romantiques ont voulu accomplir les mêmes révolutions au théâtre.

Ils ont, dans ce but, institué le drame, qui devait substituer la réalité particulière et concrète à la vérité générale et idéale de la tragédie classique. Hugo en a défini les principes dans la préface de son *Cromwell* (1827) : le drame romantique renonce à l'unité de temps et de lieu, mélange le tragique et le comique, le grotesque et le sublime, parce que ce mélange existe dans la vie réelle; il remplace les êtres typiques (l'ambitieux, l'amoureux, l'hypocrite, la mère inquiète, l'amante furieuse, la coquette, etc.) par des êtres individualisés (tel roi d'Espagne, tel prince italien, telle grande dame, tel bandit); enfin il se situe dans des milieux historiques qu'il s'efforce de reconstituer avec exactitude.

Les romantiques ont échoué, du moins en général, dans cette ambition de faire plus vrai que les classiques. Ils sont plus faibles en psychologie. Ils modèlent leurs personnages sur des idées et arrangent leurs situations en vue de l'effet, ce qui fait que les personnages sont arbitraires et les situations peu vraisemblables. Quant à l'exactitude historique de l'Henri III de Dumas ou du François Ier de Hugo, elle a été déformée par l'imagination et la fantaisie. Les romantiques ont fabriqué trop souvent du faux Shakespeare.

Il y a cependant des exceptions à tout cela. Par exemple, il est équitable de considérer à part les drames de Victor Hugo, parce qu'ils sont d'un grand poète; ils offrent des scènes d'un lyrisme exaltant, des vers qui éblouissent ou d'une amusante cocasserie. Pour le choix d'un texte, on hésite entre trois: *Hernani* (1830), qui contient de belles scènes de fierté et d'amour; *Ruy Blas* (1838), dont le quatrième acte allume une drôlerie étincelante sur un fond de fatalité et d'effroi; *Les Burgraves* (1843), incohérents et obscurs, mais d'une majestueuse ampleur. Nous avons choisi le premier acte d'*Hernani,* qui est un peu, au moins par la jeunesse des vers, *Le Cid* de Hugo.

Les autres grands romantiques qui abordèrent le théâtre ont employé la prose à la place des vers. *Chatterton* (1835) de Vigny, où l'héroïne est si touchante, met en scène en même temps qu'un poète assez vivant un symbole de poésie; la pièce a le caractère du théâtre philosophique, elle donne l'impression du réel, mais en se forçant un peu. Elle reste d'ailleurs belle. Elle aussi est à considérer à part.

Surtout, saluons la réussite la plus exceptionnelle, celle de Musset. Il s'est vraiment approché assez près de Shakespeare dans son drame de *Lorenzaccio*

(1835). Et toutes ses comédies et proverbes, si poétiques soient-elles par leur inspiration et dans leur prose, doivent leur succès durable à une subtile analyse de la passion, à une solide vérité du cœur. Ce théâtre de la jeunesse est mélancolique à ses heures, la petite paysanne d'*On ne badine pas avec l'amour* comme le Cœlio des *Caprices de Marianne* meurent d'amour. Mais d'une façon générale, les jeunes femmes, les jeunes hommes, sont comme emportés par une danse aussi tendre et rieuse que pathétique, au milieu des pères, des mères, des amis, tous capables d'attendrir, d'amuser, et de faire rêver.

Nous avons choisi de donner ici *Fantasio* (1834), parce que le héros de cette comédie sentimentale, aussi riche d'imagination que privé d'énergie, incarne de façon nette et brillante le « mal du siècle » dont Musset a nourri son roman, *La Confession d'un enfant du siècle* (1836), et la plupart de ses poèmes.

Le drame d'*Hernani* représente une lutte pour l'amour et l'honneur. Nous sommes en Espagne, au seizième siècle.

Trois hommes aiment la jeune doña Sol: son oncle, le comte Ruy Gomez de Silva; le roi don Carlos, futur Charles Quint; Hernani, qui est un banni, ennemi du roi qui a fait monter son père sur l'échafaud. Elle, c'est Hernani qu'elle aime. Les trois hommes se rencontrent au premier acte, dès la première scène.

Tous les personnages obéissent à l'honneur castillan. C'est l'honneur qui commande à Hernani de venger son père et de rendre sa parole à doña Sol lorsqu'il se voit traqué. C'est l'honneur, appuyé sur l'estime et l'admiration, qui attache passionnément la jeune fille au héros. C'est l'honneur qui explique le comportement de don Carlos et de don Ruy Gomez au cours de l'acte I et des actes suivants.

Hernani

PERSONNAGES DU PREMIER ACTE

HERNANI
DON CARLOS, roi d'Espagne
DON RUY GOMEZ DE SILVA
DOÑA SOL DE SILVA, sa nièce
DOÑA JOSEFA DUARTE

ACTE PREMIER

La scène se passe à Saragosse. Une chambre à coucher. La nuit. Une lampe sur une table.

SCÈNE PREMIÈRE — DOÑA JOSEFA DUARTE, *vieille, en noir, avec le corps de sa jupe cousu de jais, à la mode d'Isabelle la Catholique;* DON CARLOS

5   DOÑA JOSEFA, *seule*
(*Elle ferme les rideaux cramoisis de la fenêtre et met en ordre quelques fauteuils. On frappe à une petite porte dérobée à droite. Elle écoute. On frappe un second coup.*)
10 Serait-ce déjà lui?
                    (*Un nouveau coup.*)
                    C'est bien à l'escalier
Dérobé.

(Un quatrième coup.)
Vite, ouvrons.
*(Elle ouvre la petite porte masquée. Entre don
Carlos, le manteau sur le nez et le chapeau sur
les yeux.)*   5
                    Bonjour, beau cavalier.
*(Elle l'introduit. Il écarte son manteau et laisse
voir un riche costume de velours et de soie, à la
mode castillane de 1519. Elle le regarde sous le
nez et recule étonnée.)*   10
Quoi, seigneur Hernani, ce n'est pas vous! — Main-
forte!
Au feu!

              DON CARLOS, *lui saisissant le bras*   15
    Deux mots de plus, duègne, vous êtes morte!
(Il la regarde fixement. Elle se tait, effrayée.)
Suis-je chez doña Sol, fiancée au vieux duc
De Pastraña, son oncle, un bon seigneur, caduc,
Vénérable et jaloux? dites? La belle adore   20
Un cavalier sans barbe et sans moustache encore,
Et reçoit tous les soirs, malgré les envieux,
Le jeune amant sans barbe à la barbe du vieux.[1]
Suis-je bien informé?
(Elle se tait. Il la secoue par le bras.)   25
                    Vous répondrez peut-être?

                  DOÑA JOSEFA
Vous m'avez défendu de dire deux mots, maître.
                                                       30
                  DON CARLOS
Aussi n'en veux-je qu'un. — Oui, — non. — Ta
dame est bien
Doña Sol de Silva? Parle.

                  DOÑA JOSEFA
                    Oui. — Pourquoi?

                  DON CARLOS
                           Pour rien. 40
Le duc, son vieux futur,[2] est absent à cette
heure?

                  DOÑA JOSEFA
Oui.

    [1] sous son nez, chez lui
    [2] son vieux fiancé

                  DON CARLOS
Sans doute elle attend son jeune?

                  DOÑA JOSEFA
                                        Oui.

                  DON CARLOS
                              Que je meure!

                  DOÑA JOSEFA
                                        Oui.

                  DON CARLOS
    Duègne, c'est ici qu'aura lieu l'entretien?

                  DOÑA JOSEFA
                                        Oui.

                  DON CARLOS
    Cache-moi céans.[3]

                  DOÑA JOSEFA
                    Vous!

                  DON CARLOS
                              Moi.

                  DOÑA JOSEFA
                                   Pourquoi?

                  DON CARLOS
                                        Pour rien.

                  DOÑA JOSEFA
          35 Moi vous cacher!

                  DON CARLOS
                    Ici.

                  DOÑA JOSEFA
                    Jamais!

          DON CARLOS, *tirant de sa ceinture un poignard et une
          bourse*
                           Daignez, madame,
    Choisir de cette bourse ou bien de cette lame.

                    [3] ici dedans

DOÑA JOSEFA, *prenant la bourse*

Vous êtes donc le diable?

DON CARLOS

Oui, duègne.

DOÑA JOSEFA, *ouvrant une armoire étroite dans le mur*

Entrez ici.

10

DON CARLOS, *examinant l'armoire*

Cette boîte?

DOÑA JOSEFA, *la refermant*

Va-t'en, si tu n'en veux pas.

DON CARLOS, *rouvrant l'armoire*

Si!

(*L'examinant encore.*)

Serait-ce l'écurie où tu mets d'aventure
Le manche du balai qui te sert de monture? ⁴

(*Il s'y blottit avec peine.*)

Ouf!

DOÑA JOSEFA, *joignant les mains et scandalisée*

Un homme ici!

DON CARLOS, *dans l'armoire restée ouverte*

C'est une femme, est-ce pas,⁵
Qu'attendait ta maîtresse?

DOÑA JOSEFA

O ciel! j'entends le pas
De doña Sol. — Seigneur, fermez vite la porte.

(*Elle pousse la porte de l'armoire qui se referme.*)

DON CARLOS, *de l'intérieur de l'armoire*

Si vous dites un mot, duègne, vous êtes morte.

DOÑA JOSEFA, *seule*

Qu'est cet homme? Jésus mon Dieu! si j'appelais?
Qui? Hors madame et moi, tout dort dans le palais.
Bah! l'autre va venir. La chose le regarde.

---

⁴ la monture attribuée par la légende aux sorcières se
rendant au sabbat
⁵ pour *n'est-ce pas* (licence poétique) (Ceci est dit sur un
ton ironique.)

Il a sa bonne épée, et que le ciel nous garde
De l'enfer!

(*Pesant la bourse.*)

Après tout, ce n'est pas un voleur.

5 (*Entre doña Sol, en blanc. Doña Josefa cache la bourse.*)

SCÈNE II — DOÑA JOSEFA, DON CARLOS *caché*,
10   DOÑA SOL, *puis* HERNANI

DOÑA SOL

Josefa!

15

DOÑA JOSEFA

Madame?

DOÑA SOL

Ah! je crains quelque malheur.
20 Hernani devrait être ici.

(*Bruit de pas à la petite porte.*)

Voici qu'il monte.

Ouvre avant qu'il ne frappe, et fais vite, et sois
prompte.

25 (*Josefa ouvre la petite porte. Entre Hernani. Grand
manteau, grand chapeau, Dessous, un costume de
montagnard d'Aragon, gris, avec une cuirasse de
cuir, une épée, un poignard et un cor à la ceinture.*)

30   DOÑA SOL, *courant à lui*

Hernani!

HERNANI

Doña Sol! Ah! c'est vous que je vois
35 Enfin! Et cette voix qui parle est votre voix!
Pourquoi le sort mit-il mes jours si loin des vôtres?
J'ai tant besoin de vous pour oublier les autres!

40   DOÑA SOL, *touchant ses vêtements*

Jésus! votre manteau ruisselle! Il pleut donc bien?

HERNANI

Je ne sais.

DOÑA SOL

Vous devez avoir froid!

HERNANI

Ce n'est rien.

DOÑA SOL

Ôtez donc ce manteau.

HERNANI

Doña Sol, mon amie,
Dites-moi, quand la nuit vous êtes endormie,
Calme, innocente et pure, et qu'un sommeil joyeux 10
Entrouvre votre bouche et du doigt clôt vos yeux,
Un ange vous dit-il combien vous êtes douce
Au malheureux que tout abandonne et repousse?

DOÑA SOL

Vous avez bien tardé, seigneur! Mais dites-moi
Si vous avez froid.

HERNANI

Moi! je brûle près de toi!   20
Ah! quand l'amour jaloux bouillonne dans nos
    têtes,
Quand notre cœur se gonfle et s'emplit de tempêtes,
Qu'importe ce que peut un nuage des airs
Nous jeter en passant de tempête et d'éclairs!   25

DOÑA SOL, lui défaisant son manteau

Allons! donnez la cape, — et l'épée avec elle.

HERNANI, la main sur son épée

Non. C'est mon autre amie, innocente et fidèle.
— Doña Sol, le vieux duc, votre futur époux,
Votre oncle, est donc absent?

DOÑA SOL

Oui, cette heure est à nous.

HERNANI

Cette heure! et voilà tout. Pour nous plus rien
    qu'une heure!
Après, qu'importe? Il faut qu'on oublie ou qu'on
    meure.
Ange! une heure avec vous! une heure, en vérité,
A qui voudrait la vie, et puis l'éternité!

DOÑA SOL

Hernani!

HERNANI, amèrement

Que je suis heureux que le duc sorte!
Comme un larron qui tremble et qui force une
    porte,
5 Vite, j'entre, et vous vois, et dérobe au vieillard
Une heure de vos chants et de votre regard;
Et je suis bien heureux, et sans doute on m'envie
De lui voler une heure, et lui me prend ma vie!

DOÑA SOL

Calmez-vous.
    (Remettant le manteau à la duègne.)
Josefa, fais sécher le manteau.
    (Josefa sort.)
15 (Elle s'assied et fait signe à Hernani de venir près
    d'elle.)
Venez là.

HERNANI, sans l'entendre

Donc le duc est absent du château?   20

DOÑA SOL, souriant

Comme vous êtes grand!

HERNANI

Il est absent.   25

DOÑA SOL

Chère âme,
30 Ne pensons plus au duc.

HERNANI

Ah! pensons-y, madame!
Ce vieillard! il vous aime, il va vous épouser!
35 Quoi donc! vous prit-il pas ⁶ l'autre jour un baiser?
N'y plus penser!

DOÑA SOL, riant

C'est là ce qui vous désespère!
40 Un baiser d'oncle! au front! presque un baiser de
    père!

HERNANI

Non, un baiser d'amant, de mari, de jaloux.
45 Ah! vous serez à lui, madame! Y pensez-vous?
Ô l'insensé vieillard, qui, la tête inclinée,

⁶ pour ne vous prit-il pas

Pour achever sa route et finir sa journée,
A besoin d'une femme, et va, spectre glacé,
Prendre une jeune fille! ô vieillard insensé!
Pendant que d'une main il s'attache à la vôtre,
Ne voit-il pas la mort qui l'épouse de l'autre?
Il vient dans nos amours se jeter sans frayeur!
Vieillard! va-t'en donner mesure au fossoyeur! [7]
— Qui fait ce mariage? On vous force, j'espère!

DOÑA SOL

Le roi, dit-on, le veut.

HERNANI

            Le roi! le roi! Mon père
Est mort sur l'échafaud, condamné par le sien; [8]
Or, quoiqu'on ait vieilli depuis ce fait ancien,
Pour l'ombre du feu roi, pour son fils, pour sa
        veuve,
Pour tous les siens, ma haine est encor toute
        neuve!
Lui, mort, ne compte plus. Et, tout enfant, je fis
Le serment de venger mon père sur son fils.
Je te cherchais partout, Carlos, roi des Castilles!
Car la haine est vivace entre nos deux familles.
Les pères ont lutté sans pitié, sans remords,
Trente ans! Or, c'est en vain que les pères sont
        morts!
Leur haine vit. Pour eux la paix n'est point venue,
Car les fils sont debout, et le duel continue.
Ah! c'est donc toi [9] qui veux cet exécrable hymen!
Tant mieux. Je te cherchais, tu viens dans mon
        chemin!

DOÑA SOL

Vous m'effrayez.

HERNANI

            Chargé d'un mandat d'anathème, [10]
Il faut que j'en arrive à m'effrayer moi-même! [11]
Écoutez. L'homme auquel, jeune, on vous destina,
Ruy de Silva, votre oncle, est duc de Pastraña,

Riche-homme [12] d'Aragon, comte et grand de Cas-
tille.
A défaut de jeunesse, il peut, ô jeune fille,
Vous apporter tant d'or, de bijoux, de joyaux,
Que votre front reluise entre des fronts royaux,
Et pour le rang, l'orgueil, la gloire et la richesse,
Mainte reine peut-être enviera sa duchesse.
Voilà donc ce qu'il est. Moi, je suis pauvre, et
        n'eus,
Tout enfant, que les bois où je fuyais pieds nus.
Peut-être aurais-je aussi quelque blason illustre,
Qu'une rouille de sang à cette heure délustre; [13]
Peut-être ai-je des droits, dans l'ombre ensevelis,
Qu'un drap d'échafaud noir cache encor sous ses
        plis,
Et qui, si mon attente un jour n'est pas trompée,
Pourront de ce fourreau sortir avec l'épée.
En attendant, je n'ai reçu du ciel jaloux
Que l'air, le jour et l'eau, la dot qu'il donne à tous.
Or du duc ou de moi, souffrez qu'on vous délivre.
Il faut choisir des deux, l'épouser, ou me suivre.

DOÑA SOL

Je vous suivrai.

HERNANI

            Parmi mes rudes compagnons?
Proscrits [14] dont le bourreau sait d'avance les noms,
Gens dont jamais le fer ni le cœur ne s'émousse,
Ayant tous quelque sang à venger qui les pousse?
Vous viendrez commander ma bande, comme on
        dit?
Car, vous ne savez pas, moi, je suis un bandit!
Quand tout me poursuivait dans toutes les Espa-
        gnes,
Seule, dans ses forêts, dans ses hautes montagnes,
Dans ses rocs où l'on n'est que de l'aigle aperçu,
La vieille Catalogne [15] en mère m'a reçu,
Parmi ses montagnards, libres, pauvres, et graves,
Je grandis, et demain trois mille de ses braves,
Si ma voix dans leurs monts fait résonner ce cor,
Viendront. . . Vous frissonnez. Réfléchissez encor.

---

[7] pour une tombe
[8] Philippe le Beau, duc de Bourgogne, qui revendiquait la Castille
[9] toi, le roi don Carlos (l'homme enfermé dans l'armoire!)
[10] malédiction prononcée par l'autorité ecclésiastique
[11] pour avoir le courage de venger son père

[12] *riche d'aïeux* (titre nobiliaire de Castille); autre titre; *grand* (d'Espagne)
[13] prive de son éclat
[14] bannis par le parti victorieux en guerre civile
[15] ancienne province d'Espagne qui a aujourd'hui Barcelone pour capitale

Me suivre dans les bois, dans les monts, sur les grèves,
Chez des hommes pareils aux démons de vos rêves,
Soupçonner tout, les yeux, les voix, les pas, le bruit,
Dormir sur l'herbe, boire au torrent, et la nuit
Entendre, en allaitant quelque enfant qui s'éveille,
Les balles des mousquets siffler à votre oreille.
Être errante avec moi, proscrite, et, s'il le faut,
Me suivre où je suivrai mon père, — à l'échafaud!

DOÑA SOL

Je vous suivrai.

HERNANI

                    Le duc est riche, grand, prospère.
Le duc n'a pas de tache au vieux nom de son père.
Le duc peut tout. Le duc vous offre avec sa main
Trésors, titres, bonheur. . .

DOÑA SOL

                    Nous partirons demain.
Hernani, n'allez pas sur mon audace étrange
Me blâmer. Êtes-vous mon démon ou mon ange?
Je ne sais, mais je suis votre esclave. Écoutez.
Allez où vous voudrez, j'irai. Restez, partez,
Je suis à vous. Pourquoi fais-je ainsi? Je l'ignore.
J'ai besoin de vous voir et de vous voir encore
Et de vous voir toujours. Quand le bruit de vos pas
S'efface, alors je crois que mon cœur ne bat pas,
Vous me manquez, je suis absente de moi-même;
Mais, dès qu'enfin ce pas que j'attends et que j'aime
Vient frapper mon oreille, alors il me souvient
Que je vis, et je sens mon âme qui revient!

HERNANI, *la serrant dans ses bras*

Ange!

DOÑA SOL

    A minuit. Demain. Amenez votre escorte
Sous ma fenêtre. Allez, je serai brave et forte.
Vous frapperez trois coups.

HERNANI

                    Savez-vous qui je suis,
Maintenant?

DOÑA SOL

Monseigneur, qu'importe? Je vous suis

HERNANI

5   Non, puisque vous voulez me suivre, faible femme,
Il faut que vous sachiez quel nom, quel rang, quelle âme,
Quel destin est caché dans le pâtre Hernani.
Vous vouliez d'un brigand, voulez-vous d'un banni?

10

DON CARLOS, *ouvrant avec fracas la porte de l'armoire*

Quand aurez-vous fini de conter votre histoire?
Croyez-vous donc qu'on soit à l'aise en cette armoire?

15 (*Hernani recule, étonné. Doña Sol pousse un cri et se réfugie dans ses bras, en fixant sur don Carlos des yeux effarés.*)

HERNANI, *la main sur la garde de son épée*

20 Quel est cet homme?

DOÑA SOL

            O ciel! Au secours!

HERNANI

25   Taisez-vous.
Doña Sol! vous donnez l'éveil aux yeux jaloux.
Quand je suis près de vous, veuillez, quoi qu'il advienne,
30 Ne réclamer jamais d'autre aide que la mienne.
    (*A don Carlos.*)
Que faisiez-vous là?

DON CARLOS

35   Moi? Mais, à ce qu'il paraît,
Je ne chevauchais pas à travers la forêt.

HERNANI

Qui raille après l'affront s'expose à faire rire
40 Aussi son héritier.[16]

DON CARLOS

        Chacun son tour! — Messire,
Parlons franc. Vous aimez madame et ses yeux
45 noirs,
Vous y venez mirer les vôtres tous les soirs,

16 C'est-à-dire qu'il s'expose à mourir.

C'est fort bien. J'aime aussi madame, et veux con-
naître
Qui j'ai vu tant de fois entrer par la fenêtre,
Tandis que je restais à la porte.

HERNANI

En honneur,
Je vous ferai sortir par où j'entre, seigneur.

DON CARLOS

Nous verrons. J'offre donc mon amour à madame.
Partageons. Voulez-vous? J'ai vu dans sa belle âme
Tant d'amour, de bonté, de tendres sentiments,
Que madame, à coup sûr, en a pour deux amants.
Or, ce soir, voulant mettre à fin [17] mon entreprise,
Pris, je pense, pour vous,[18] j'entre ici par surprise,
Je me cache, j'écoute, à ne vous céler [19] rien;
Mais j'entendais très mal et j'étouffais très bien.
Et puis, je chiffonnais ma veste à la française.[20]
Ma foi, je sors!

HERNANI

Ma dague aussi n'est pas à l'aise
Et veut sortir.

DON CARLOS, *le saluant*

Monsieur, c'est comme il vous plaira.

HERNANI, *tirant son épée*

En garde!
(*Don Carlos tire son épée.*)

DOÑA SOL, *se jetant entre eux*

Hernani! Ciel!

DON CARLOS

Calmez-vous, señora.

HERNANI, *à don Carlos*

Dites-moi votre nom.

DON CARLOS

Hé! dites-moi le vôtre!

[17] à bonne fin
[18] faussement reconnu comme étant vous
[19] cacher
[20] habit à collet droit

HERNANI

Je le garde, secret et fatal, pour un autre [21]
Qui doit un jour sentir sous mon genou vainqueur,
Mon nom à son oreille, et ma dague à son cœur!

DON CARLOS

Alors, quel est le nom de l'autre?

HERNANI

Que t'importe?
En garde! défends-toi!
(*Ils croisent leurs épées. Doña Sol tombe tremblante sur un fauteuil. On entend des coups à
la porte.*)

DOÑA SOL, *se levant avec effroi*

Ciel; on frappe à la porte!
(*Les champions s'arrêtent. Entre Josefa par la petite
porte et tout effarée.*)

HERNANI, *à Josefa*

Qui frappe ainsi?

DOÑA JOSEFA, *à doña Sol*

Madame! un coup inattendu!
C'est le duc qui revient!

DOÑA SOL, *joignant les mains*

Le duc! tout est perdu!
Malheureuse!

DOÑA JOSEFA, *jetant les yeux autour d'elle*

Jésus! l'inconnu! des épées!
On se battait. Voilà de belles équipées!
(*Les deux combattants remettent leurs épées dans
le fourreau. Don Carlos s'enveloppe dans son
manteau et rabat son chapeau sur ses yeux. On
frappe.*)

HERNANI

Que faire?
(*On frappe.*)

UNE VOIX, *au dehors*

Doña Sol, ouvrez-moi!

[21] le roi (Hernani ne se doute pas qu'il l'a devant lui.)

(*Doña Josefa fait un pas vers la porte. Hernani l'arrête.*)

HERNANI

N'ouvrez pas.

DOÑA JOSEFA, *tirant son chapelet*   5

Saint-Jacques monseigneur![22] tirez-nous de ce pas!

(*On frappe de nouveau.*)

HERNANI, *montrant l'armoire à don Carlos*

Cachons-nous.

DON CARLOS

Dans l'armoire?

HERNANI, *montrant la porte*

Entrez-y. Je m'en charge.

Nous y tiendrons tous deux.

DON CARLOS

Grand merci, c'est trop large.   20

HERNANI, *montrant la petite porte*

Fuyons par là.

DON CARLOS

Bonsoir. Pour moi, je reste ici.

HERNANI

Ah! tête et sang, monsieur, vous me paierez ceci!

(*A doña Sol.*)

Si je barricadais l'entrée?

DON CARLOS, *à Josefa*

Ouvrez la porte.

HERNANI

Que dit-il?

DON CARLOS, *à Josefa interdite*

Ouvrez donc, vous dis-je!

(*On frappe toujours. Doña Josefa va ouvrir en tremblant.*)

DOÑA SOL

Je suis morte!   45

SCÈNE III — LES MÊMES, DON RUY GOMEZ DE SILVA,
    barbe et cheveux blancs; en noir
    (*Valets avec des flambeaux.*)

DON RUY GOMEZ

Des hommes chez ma nièce à cette heure de nuit!
Venez tous! Cela vaut la lumière et le bruit.

(*A doña Sol.*)

Par saint Jean d'Avila,[23] je crois que, sur mon âme,
10 Nous sommes trois chez vous! C'est trop de deux,
    madame.

(*Aux deux jeunes gens.*)

Mes jeunes cavaliers, que faites-vous céans? —
Quand nous avions le Cid et Bernard,[24] ces géants
15 De l'Espagne et du monde allaient par les Castilles
Honorant les vieillards et protégeant les filles.
C'étaient des hommes forts et qui trouvaient moins
    lourds
Leur fer et leur acier que vous votre velours.
20 Ces hommes-là portaient respect aux barbes grises,
Faisaient agenouiller leur amour aux églises,
Ne trahissaient personne, et donnaient pour raison
Qu'ils avaient à garder l'honneur de leur maison.
S'ils voulaient une femme, ils la prenaient sans
25   tache,
En plein jour, devant tous, et l'épée, ou la hache,
Ou la lance à la main. — Et quant à ces félons
Qui le soir, et les yeux tournés vers leurs talons,[25]
Ne fiant[26] qu'à la nuit leurs manœuvres infâmes,
30 Par derrière aux maris volent l'honneur des femmes,
J'affirme que le Cid, cet aïeul de nous tous,
Les eût tenus pour vils et fait mettre à genoux,
Et qu'il eût, dégradant leur noblesse usurpée,
Souffleté leur blason du plat de son épée!
35 Voilà ce que feraient, j'y songe avec ennui,
Les hommes d'autrefois aux hommes d'aujourd'hui.
— Qu'êtes-vous venus faire ici? C'est donc à dire
Que je ne suis qu'un vieux dont les jeunes vont rire?
On va rire de moi, soldat de Zamora?[27]
40 Et quand je passerai, tête blanche, on rira?
Ce n'est pas vous, du moins, qui rirez!

[22] saint Jacques de Compostelle; *de ce pas:* de cette mauvaise situation

[23] Bienheureux castillan, mais reconnu trop tard pour être invoqué ici. Il y a anachronisme.

[24] héros castillans

[25] prêts à fuir

[26] confiant

[27] Autre anachronisme, mais en sens contraire du premier: la bataille de Zamora est de l'histoire trop ancienne.

*La Première représentation d'*Hernani (avant la Bataille), 1830, par Albert Besnard. Musée Victor Hugo. (Photographie Giraudon)

Caricature de Victor Hugo. Lithographie de Benjamin. Musée Victor Hugo. (Photographie Giraudon)

HERNANI

Duc. . .

DON RUY GOMEZ

Silence! 5

Quoi! vous avez l'épée, et la bague,[28] et la lance,
La chasse, les festins, les meutes, les faucons,
Les chansons à chanter le soir sous les balcons,
Les plumes au chapeau, les casaques de soie,
Les bals, les carrousels, la jeunesse, la joie.
Enfants, l'ennui vous gagne! A tout prix, au ha-
sard,
Il vous faut un hochet.[29] Vous prenez un vieillard,
Ah! vous l'avez brisé, le hochet! mais Dieu fasse
Qu'il vous puisse en éclats rejaillir à la face! 15
Suivez-moi!

HERNANI

Seigneur duc. . .

DON RUY GOMEZ

Suivez-moi! suivez-moi!
Messieurs, avez-vous fait cela pour rire? Quoi!
Un trésor est chez moi. C'est l'honneur d'une fille,
D'une femme, l'honneur de toute une famille; 25
Cette fille, je l'aime, elle est ma nièce, et doit
Bientôt changer sa bague à[30] l'anneau de mon
doigt,
Je la crois chaste et pure, et sacrée à tout homme.
Or il faut que je sorte une heure, et moi qu'on 30
nomme
Ruy Gomez de Silva, je ne puis l'essayer,
Sans qu'un larron d'honneur se glisse à mon foyer!
Arrière! lavez donc vos mains, hommes sans âmes,
Car rien qu'en y touchant, vous nous tachez nos 35
femmes.
Non. C'est bien. Poursuivez. Ai-je autre chose en-
cor?

(Il arrache son collier.)

Tenez, foulez aux pieds, foulez ma toison d'or![31] 40

(Il jette son chapeau.)

Arrachez mes cheveux, faites-en chose vile!
Et vous pourrez demain vous vanter par la ville

---

[28] Jeu de la bague: elle devait être enlevée par la lance
d'un chevalier au galop.
[29] jouet d'enfant
[30] contre
[31] ordre de chevalerie

Que jamais débauchés, dans leurs jeux insolents,
N'ont sur plus noble front souillé cheveux plus
blancs.

DOÑA SOL

Monseigneur. . .

DON RUY GOMEZ, *à ses valets*

Écuyers! écuyers! à mon aide!
Ma hache, mon poignard, ma dague de Tolède!
(*Aux deux jeunes gens.*)
Et suivez-moi tous deux!

DON CARLOS, *faisant un pas*

Duc, ce n'est pas d'abord
De cela qu'il s'agit. Il s'agit de la mort
De Maximilien, empereur d'Allemagne.[32]
(*Il jette son manteau, et découvre son visage caché
par son chapeau.*)
20

DON RUY GOMEZ

Raillez-vous? . . . — Dieu! le roi!

DOÑA SOL

Le roi!

HERNANI, *dont les yeux s'allument*

Le roi d'Espagne!

DON CARLOS, *gravement*

Oui, Carlos. — Seigneur duc, es-tu donc insensé?
Mon aïeul l'empereur est mort. Je ne le sai[33]
Que de ce soir. Je viens tout en hâte, et moi-même,
Dire la chose, à toi, féal[34] sujet que j'aime,
Te demander conseil, incognito, la nuit,
Et l'affaire est bien simple, et voilà bien du bruit!
(*Don Ruy Gomez renvoie ses gens d'un signe. Il
s'approche de don Carlos que doña Sol examine
avec crainte et surprise, et sur lequel Hernani,
demeuré dans un coin, fixe des yeux étince-
lants.*)

DON RUY GOMEZ

Mais pourquoi tarder tant à m'ouvrir cette porte?

---

[32] Maximilien Ier (1459–1519)
[33] pour: *sais*
[34] fidèle (terme du Moyen Âge)

DON CARLOS

Belle raison! tu viens avec toute une escorte!
Quand un secret d'État m'amène en ton palais,
Duc, est-ce pour l'aller dire à tous tes valets?

DON RUY GOMEZ

Altesse, pardonnez! L'apparence.

DON CARLOS

                              Bon père,
Je t'ai fait gouverneur du château de Figuère,[35]
Mais qui dois-je à présent faire ton gouverneur?

DON RUY GOMEZ

Pardonnez. . .

DON CARLOS

              Il suffit. N'en parlons plus, seigneur.
Donc l'empereur est mort.

DON RUY GOMEZ

                    L'aïeul de Votre Altesse
Est mort?

DON CARLOS

          Duc, tu m'en vois pénétré de tristesse.

DON RUY GOMEZ

Qui lui succède?

DON CARLOS

                Un duc de Saxe est sur les rangs.
François premier, de France, est un des concurrents.

DON RUY GOMEZ

Où vont se rassembler les électeurs d'empire?[36]

DON CARLOS

Ils ont choisi, je crois, Aix-la-Chapelle, ou Spire,
Ou Francfort.

DON RUY GOMEZ

              Notre roi, dont Dieu garde les jours,
N'a-t-il pensé jamais à l'Empire?

DON CARLOS

Toujours

DON RUY GOMEZ

5 C'est à vous qu'il revient.[37]

DON CARLOS

                          Je le sais.

DON RUY GOMEZ

10   Votre père
Fut archiduc d'Autriche et l'Empire, j'espère,
Aura ceci présent,[38] que c'était votre aïeul,
Celui qui vient de choir de la pourpre au linceul.
15

DON CARLOS

Et puis on est[39] bourgeois de Gand.[40]

DON RUY GOMEZ

20   Dans mon jeune âge
Je le vis, votre aïeul. Hélas! seul je surnage
D'un siècle tout entier. Tout est mort à présent.
C'était un empereur magnifique et puissant.

DON CARLOS

25   DON CARLOS
Rome[41] est pour moi.

DON RUY GOMEZ

                    Vaillant, ferme, point tyrannique.
30 Cette tête[42] allait bien au vieux corps germanique!
(Il s'incline sur les mains du roi et les baise.)
Que je vous plains! Si jeune, en un tel deuil plongé!

DON CARLOS

35 Le pape veut ravoir la Sicile, que j'ai.
Un empereur ne peut posséder la Sicile,[43]
Il me fait empereur; alors, en fils docile,
Je lui rends Naple. Ayons l'aigle,[44] et puis nous
      verrons
40 Si je lui laisserai rogner les ailerons!

[35] ville forte de Catalogne
[36] Les princes allemands qui avaient le privilège d'élire
l'empereur.
[37] comme chef de la maison d'Autriche
[38] dans l'esprit
[39] pour: *Je suis*
[40] ville principale du Comté de Flandre
[41] La Papauté
[42] la tête de Maximilien
[43] C'était du moins une tradition.
[44] insigne de l'Empire

DON RUY GOMEZ

Qu'avec joie il verrait, ce vétéran du trône,
Votre front déjà large aller à sa couronne!
Ah! seigneur, avec vous nous le pleurerons bien,
Cet empereur très grand, très bon et très chré- 5
tien!

DON CARLOS

Le saint-père est adroit. — Qu'est-ce que la Sicile?
C'est une île qui pend à mon royaume, une île, 10
Une pièce, un haillon, qui, tout déchiqueté,
Tient à peine à l'Espagne et qui traîne à côté.
— Que ferez-vous, mon fils,[45] de cette île bossue,
Au monde impérial au bout d'un fil cousue?
Votre empire est mal fait; vite, venez ici, 15
Des ciseaux! et coupons! — Très saint-père, merci!
Car de ces pièces-là, si j'ai bonne fortune,
Je compte au saint-Empire[46] en recoudre plus
d'une,
Et, si quelques lambeaux m'en étaient arrachés, 20
Rapiécer mes États d'îles et de duchés!

DON RUY GOMEZ

Consolez-vous! Il est un empire des justes[47]
Où l'on revoit les morts plus saints et plus au- 25
gustes!

DON CARLOS

Ce roi François premier, c'est un ambitieux!
Le vieil empereur meurt. Vite il fait les doux 30
yeux
A l'Empire! A-t-il pas sa France très chrétienne?
Ah! la part est pourtant belle, et vaut qu'on s'y
tienne![48]
L'empereur mon aïeul disait au roi Louis:
— Si j'étais Dieu le Père, et si j'avais deux fils, 35
Je ferais l'aîné Dieu, le second roi de France.
        (Au duc.)
Crois-tu que François puisse avoir quelque espé-
rance? 40

DON RUY GOMEZ

C'est un victorieux.

DON CARLOS

        Il faudrait tout changer.
La bulle d'or[49] défend d'élire un étranger.

DON RUY GOMEZ

A ce compte, seigneur, vous êtes roi d'Espagne?

DON CARLOS

Je suis bourgeois de Gand.

DON RUY GOMEZ

        La dernière campagne[50]
A fait monter bien haut le roi François premier.

DON CARLOS

L'aigle qui va peut-être éclore à mon cimier[51]
Peut aussi déployer ses ailes.

DON RUY GOMEZ

        Votre Altesse
Sait-elle le latin?

DON CARLOS

Mal.

DON RUY GOMEZ

        Tant pis. La noblesse
D'Allemagne aime fort qu'on lui parle latin.[52]

DON CARLOS

Ils se contenteront d'un espagnol hautain;
Car il importe peu, croyez-en le roi Charle,
Quand la voix parle haut, quelle langue elle parle.
— Je vais en Flandre. Il faut que ton roi, cher
Silva,
Te revienne empereur. Le roi de France va 35
Tout remuer.[53] Je veux le gagner de vitesse.[54]
Je partirai sous peu.

DON RUY GOMEZ

        Vous nous quittez, Altesse,
Sans purger l'Aragon de ces nouveaux bandits

---

[45] C'est le Pape qui est censé parler ici.
[46] saint Empire romain ou Empire d'Occident
[47] le Ciel
[48] qu'on s'en contente
[49] Boule attachée au sceau des actes officiels. L'acte dont il s'agit réglait les conditions des élections à l'Empire.
[50] d'Italie, illustrée par la victoire française de Marignan
[51] ornement qui surmonte un casque
[52] C'était alors la langue diplomatique de l'Empire.
[53] chercher partout des partisans
[54] agir plus vite que lui

Qui partout dans nos monts lèvent leurs fronts
hardis?

DON CARLOS

J'ordonne au duc d'Arcos d'exterminer la bande.   5

DON RUY GOMEZ

Donnez-vous aussi l'ordre au chef qui la commande
De se laisser faire?   10

DON CARLOS

Hé! quel est ce chef? son nom?

DON RUY GOMEZ

Je l'ignore. On le dit un rude compagnon.   15

DON CARLOS

Bah! je sais que pour l'heure il se cache en Galice [55]
Et j'en aurai raison avec quelque milice.   20

DON RUY GOMEZ

De faux avis alors le disaient près d'ici.

DON CARLOS

Faux avis! — Cette nuit tu me loges.   25

DON RUY GOMEZ, *s'inclinant jusqu'à terre*
Merci,
Altesse!
(*Il appelle ses valets.*)   30
Faites tous honneur au roi mon hôte.
(*Les valets rentrent avec des flambeaux. Le duc les
range sur deux haies jusqu'à la porte du fond.
Cependant doña Sol s'approche lentement d'Her-*   35
nani. Le roi les épie tous deux.)

DOÑA SOL, *bas à Hernani*

Demain, sous ma fenêtre, à minuit, et sans faute.
Vous frapperez des mains trois fois.   40

HERNANI, *bas*

Demain!

DON CARLOS, *à part*   45
Demain!

[55] province montagneuse du nord-ouest de l'Espagne

(*Haut à doña Sol vers laquelle il fait un pas avec
galanterie.*)
Souffrez que pour rentrer je vous offre la main.
(*Il la reconduit à la porte. Elle sort.*)

HERNANI, *la main dans sa poitrine sur la poignée de
sa dague*

Mon bon poignard!

DON CARLOS, *revenant, à part*
Notre homme a la mine attrapée.[56]
(*Il prend à part Hernani.*)
Je vous ai fait l'honneur de toucher votre épée,
Monsieur. Vous me seriez suspect pour cent raisons.
Mais le roi don Carlos répugne aux trahisons.
Allez. Je daigne encor protéger votre fuite.

DON RUY GOMEZ, *revenant et montrant Hernani*

Qu'est ce seigneur?

DON CARLOS

Il part. C'est quelqu'un de ma suite.
(*Ils sortent avec les valets et les flambeaux, le duc
précédant le roi, une cire [57] à la main.*)

SCÈNE IV — HERNANI, *seul*

Oui, de ta suite, ô roi! de ta suite! — j'en suis!
Nuit et jour, en effet, pas à pas, je te suis.
Un poignard à la main, l'œil fixé sur ta trace,
Je vais. Ma race en moi poursuit en toi ta race.
Et puis, te voilà donc mon rival! Un instant
Entre aimer et haïr je suis resté flottant;
Mon cœur pour elle et toi n'était point assez large,
J'oubliais en l'aimant ta haine qui me charge;
Mais, puisque tu le veux, puisque c'est toi qui viens
Me faire souvenir, c'est bon, je me souviens!
Mon amour fait pencher la balance incertaine
Et tombe tout entier du côté de ma haine.
Oui, je suis de ta suite, et c'est toi qui l'as dit!
Va, jamais courtisan de ton lever [58] maudit,
Jamais seigneur baisant ton ombre, ou major-
dome [59]

[56] la mine d'un homme qui a eu une mauvaise surprise
[57] bougie (allumée)
[58] courtisan qui assiste au lever du roi
[59] chef des domestiques d'un souverain

Ayant à te servir abjuré son cœur d'homme,
Jamais chiens de palais dressés à suivre un roi
Ne seront sur tes pas plus assidus que moi!
Ce qu'ils veulent de toi, tous ces grands de Castille,
C'est quelque titre creux, quelque hochet qui brille, 5
C'est quelque mouton d'or [60] qu'on se va pendre au
    cou;
Moi, pour vouloir si peu je ne suis pas si fou!
Ce que je veux de toi, ce n'est point faveurs vaines,
C'est l'âme de ton corps, c'est le sang de tes 10
    veines,
C'est tout ce qu'un poignard, furieux et vainqueur,
En y fouillant longtemps peut prendre au fond d'un
    cœur.
Va devant! je te suis. Ma vengeance qui veille
Avec moi toujours marche et me parle à l'oreille. 15
Va! je suis là, j'épie et j'écoute, et sans bruit
Mon pas cherche ton pas et le presse et le suit.
Le jour tu ne pourras, ô roi, tourner la tête
Sans me voir immobile et sombre dans ta fête; 20
La nuit tu ne pourras tourner les yeux, ô roi,
Sans voir mes yeux ardents luire derrière toi!
        (Il sort par la petite porte.)

[A l'acte suivant, dans la nuit, don Carlos de- 25
vance Hernani au rendez-vous pris avec doña Sol.
Hernani la délivre et veut se battre, mais le roi refuse de reprendre le duel avec un bandit. Celui-ci
pourrait l'assassiner, il le couvre au contraire de son
manteau pour le sauver de ses gens en armes dans 30
le voisinage. L'acte s'achève sur un duo d'amour
entre doña Sol et Hernani.
    L'acte III se passe dans les monts d'Aragon où le
bandit se cache, car sa bande a été décimée et sa
tête mise à prix. Ruy Gomez en son château s'ap- 35
prête à célébrer son mariage avec sa nièce, lorsqu'Hernani survient et, quoique déguisé en pèlerin,

        [60] insigne de la Toison d'or

se fait connaître de tous, parce qu'il a cru la jeune
fille consentante au mariage. Mais le vieux duc, respectueux des lois de l'hospitalité, ne le livrera pas
au roi. Les portraits de ses ancêtres qui ornent la
grande salle lui commandent cette fidélité à l'honneur. Et pourtant il a la douleur de surprendre sa
nièce dans les bras du proscrit, et ensuite de voir le
roi emmener doña Sol en otage. Hernani lui ayant
révélé l'amour du roi pour la jeune fille, ils con-
cluent un pacte: Hernani tuera don Carlos, puis
livrera sa vie au vieillard, qui n'aura qu'à sonner
du cor pour lui rappeler cet engagement pris par
serment.
    Mais le quatrième acte renverse les projets des
conjurés qui ont suivi le roi à Aix-la-Chapelle où
doit se faire l'élection impériale. 1° Don Carlos,
s'étant enfermé dans les souterrains pour se recueillir en un long et splendide monologue devant
le tombeau de Charlemagne, a surpris malgré lui
les préparatifs de l'exécution; 2° trois coups de
canon lui apprennent son élection au trône impérial: il sort du tombeau et fait arrêter ses ennemis;
3° Hernani révèle sa véritable identité: il est Jean
d'Aragon, grand d'Espagne. Sur quoi, l'Empereur
pardonne aux conjurés et marie doña Sol à Hernani.
    Hélas! le vieillard, lui, ne pardonne pas. Au
cinquième acte, sur une terrasse du palais d'Aragon
où les deux jeunes gens achèvent la soirée de leurs
noces et se redisent dans la joie leur mutuel amour,
soudain retentit l'appel du cor. Aussitôt Ruy Gomez, qui s'était mêlé à la fête dans le costume d'un
domino noir, se démasque, rappelle au jeune
homme son serment et lui présente le poison qu'ils
se partageront, dit-il. Mais doña Sol lui arrache la
fiole, en boit une moitié, la tend à Hernani qui la
vide, tandis que Ruy Gomez s'écrie: «Je suis
damné!»]

Fantasio

[Musset a situé sa comédie dans une Bavière de
fantaisie, à une date incertaine.
    La fille du roi doit épouser par intérêt d'État un

prince italien qu'elle n'a aucune raison d'aimer. Lui,
voulant se faire aimer pour lui-même, se présente à
la cour bavaroise sous le déguisement de son valet

qui prend sa place. Une telle équivoque a déjà servi à Marivaux.

On va voir le développement de l'intrigue ainsi nouée et comment Fantasio la dénoue dans les deux actes suivants.]

PERSONNAGES

Le Roi de Bavière
Le Prince de Mantoue
Marinoni, son aide de camp
Rutten, secrétaire du roi
Fantasio ⎫
Spark   ⎬ jeunes gens de la ville
Hartman ⎭
Facio
Officiers, pages, etc.
Elsbeth, fille du roi de Bavière
La gouvernante d'Elsbeth

La scène est à Munich.

ACTE PREMIER

Scène première — LE ROI, *entouré de ses courtisans;*
RUTTEN
A la cour.

LE ROI — Mes amis, je vous ai annoncé, il y a déjà longtemps, les fiançailles de ma chère Elsbeth avec le prince de Mantoue.[1] Je vous annonce aujourd'hui l'arrivée de ce prince; ce soir peut-être, demain au plus tard, il sera dans ce palais. Que ce soit un jour de fête pour tout le monde; que les prisons s'ouvrent, et que le peuple passe la nuit dans les divertissements. Rutten, où est ma fille? (*Les courtisans se retirent.*)

RUTTEN — Sire, elle est dans le parc avec sa gouvernante.

LE ROI — Pourquoi ne l'ai-je pas encore vue aujourd'hui? Est-elle triste ou gaie de ce mariage qui s'apprête?

RUTTEN — Il m'a paru que le visage de la princesse était voilé de quelque mélancolie. Quelle est la

[1] prince imaginaire, car Mantoue n'a jamais été une principauté

jeune fille qui ne rêve pas la veille de ses noces? La mort de Saint-Jean l'a contrariée.

LE ROI — Y penses-tu? La mort de mon bouffon? d'un plaisant de cour bossu et presque aveugle?

RUTTEN — La princesse l'aimait.

LE ROI — Dis-moi, Rutten, tu as vu le prince; quel homme est-ce? Hélas! je lui donne ce que j'ai de plus précieux au monde, et je ne le connais point.

RUTTEN — Je suis demeuré fort peu de temps à Mantoue.

LE ROI — Parle franchement. Par quels yeux puis-je voir la vérité, si ce n'est par les tiens?

RUTTEN — En vérité, sire, je ne saurais rien dire sur le caractère et l'esprit du noble prince.

LE ROI — En est-il ainsi? Tu hésites, toi, courtisan! De combien d'éloges l'air de cette chambre serait déjà rempli, de combien d'hyperboles et de métaphores flatteuses, si le prince qui sera demain mon gendre t'avait paru digne de ce titre! Me serais-je trompé, mon ami? aurais-je fait en lui un mauvais choix?

RUTTEN — Sire, le prince passe pour le meilleur des rois.

LE ROI — La politique est une fine toile d'araignée, dans laquelle se débattent bien des pauvres mouches mutilées; je ne sacrifierai le bonheur de ma fille à aucun intérêt. (*Ils sortent.*)

Scène II — SPARK, HARTMAN *et* FACIO, *buvant autour d'une table*
Une rue.

HARTMAN — Puisque c'est aujourd'hui le mariage de la princesse, buvons, fumons, et tâchons de faire du tapage.

FACIO — Il serait bon de nous mêler à tout ce peuple qui court les rues, et d'éteindre quelques lampions [2] sur de bonnes têtes de bourgeois.

SPARK — Allons donc! [3] fumons tranquillement.

HARTMAN — Je ne ferai rien tranquillement. Dussé-je me faire battant de cloche, et me pendre dans le bourdon [4] de l'église, il faut que je carillonne un jour de fête. Où diable est donc Fantasio?

[2] lanternes de papier
[3] mais non
[4] grosse cloche

SPARK — Attendons-le; ne faisons rien sans lui.

FACIO — Bah! il nous trouvera toujours. Il est à se griser dans quelque trou [5] de la rue Basse. Holà, ohé! un dernier coup! (*Il lève son verre.*)

UN OFFICIER, *entrant* — Messieurs, je viens vous prier de vouloir bien aller plus loin, si vous ne voulez point être dérangés dans votre gaieté.

HARTMAN — Pourquoi, mon capitaine?

L'OFFICIER — La princesse est dans ce moment sur la terrasse que vous voyez, et vous comprenez aisément qu'il n'est pas convenable que vos cris arrivent jusqu'à elle. (*Il sort.*)

FACIO — Voilà qui est intolérable!

SPARK — Qu'est-ce que cela nous fait de rire ici ou ailleurs?

HARTMAN — Qui est-ce qui nous dit qu'ailleurs il nous sera permis de rire? Vous verrez qu'il sortira un drôle [6] en habit vert de tous les pavés de la ville, pour nous prier d'aller rire dans la lune. (*Entre Marinoni, couvert d'un manteau.*)

SPARK — La princesse n'a jamais fait un acte de despotisme de sa vie. Que Dieu la conserve! Si elle ne veut pas qu'on rie, c'est qu'elle est triste, ou qu'elle chante; laissons-la en repos.

FACIO — Humph! voilà un manteau rabattu [7] qui flaire quelque nouvelle. Le gobe-mouches [8] a envie de nous aborder.

MARINONI, *approchant* — Je suis étranger, messieurs; à quelle occasion cette fête?

SPARK — La princesse Elsbeth se marie.

MARINONI — Ah! ah! c'est une belle femme, à ce que je présume?

HARTMAN — Comme vous êtes un bel homme, vous l'avez dit.

MARINONI — Aimée de son peuple, si j'ose le dire, car il me paraît que tout est illuminé.

HARTMAN — Tu ne te trompes pas, brave étranger, tous ces lampions allumés que tu vois, comme tu l'as remarqué sagement, ne sont pas autre chose qu'une illumination.

MARINONI — Je voulais demander par là si la princesse est la cause de ces signes de joie.

HARTMAN — L'unique cause, puissant rhéteur. Nous aurions beau nous marier tous, il n'y aurait aucune espèce de joie dans cette ville ingrate.

MARINONI — Heureuse la princesse qui sait se faire aimer de son peuple!

HARTMAN — Des lampions allumés ne font pas le bonheur d'un peuple, cher homme primitif. Cela n'empêche pas la susdite princesse d'être fantasque [9] comme une bergeronnette.

MARINONI — En vérité? vous avez dit fantasque?

HARTMAN — Je l'ai dit, cher inconnu, je me suis servi de ce mot. (*Marinoni salue et se retire.*)

FACIO — A qui diantre en veut ce baragouineur [10] d'italien? Le voilà qui nous quitte pour aborder un autre groupe. Il sent l'espion d'une lieue.[11]

HARTMAN — Il ne sent rien du tout; il est bête à faire plaisir.

SPARK — Voilà Fantasio qui arrive.

HARTMAN — Qu'a-t-il donc? il se dandine [12] comme un conseiller de justice. Ou je me trompe fort, ou quelque lubie [13] mûrit dans sa cervelle.

FACIO — Eh bien, ami, que ferons-nous de cette soirée?

FANTASIO, *entrant* — Tout absolument, hors un roman nouveau.

FACIO — Je disais qu'il faudrait nous lancer dans cette canaille,[14] et nous divertir un peu.

FANTASIO — L'important serait d'avoir des nez de carton et des pétards.

HARTMAN — Prendre la taille aux filles, tirer les bourgeois par la queue [15] et casser les lanternes. Allons, partons, voilà qui est dit.

FANTASIO — Il était une fois un roi de Perse. . .

HARTMAN — Viens donc, Fantasio.

FANTASIO — Je n'en suis pas, je n'en suis pas!

HARTMAN — Pourquoi?

FANTASIO — Donnez-moi un verre de ça. (*Il boit.*)

HARTMAN — Tu as le mois de mai sur les joues.

FANTASIO — C'est vrai; et le mois de janvier dans le cœur. Ma tête est comme une vieille cheminée sans feu: il n'y a que du vent et des cendres. Ouf! (*Il s'asseoit.*) Que cela m'ennuie que tout le mon-

---

[5] endroit (ici auberge) de basse catégorie
[6] homme à mépriser; *habit vert:* uniforme
[7] quelqu'un qui se cache sous un manteau
[8] qui croit sans examen ni réflexion n'importe quelle nouvelle qu'on lui débite
[9] de caractère capricieux
[10] qui parle mal une langue
[11] Même de loin on devine que c'est un mouchard.
[12] balance son corps en marchant
[13] idée un peu folle
[14] la foule
[15] les basques de l'habit

de s'amuse! Je voudrais que ce grand ciel si lourd fût un immense bonnet de coton,[16] pour envelopper jusqu'aux oreilles cette sotte ville et ses sots habitants. Allons, voyons! dites-moi, de grâce, un calembour [17] usé, quelque chose de bien rebattu.[18] 5

HARTMAN — Pourquoi?

FANTASIO — Pour que je rie. Je ne ris plus de ce qu'on invente; peut-être que je rirai de ce que je connais.

HARTMAN — Tu me parais un tant soit peu misan- 10 thrope, et enclin à la mélancolie.

FANTASIO — Du tout; c'est que je viens de chez ma maîtresse.

FACIO — Oui ou non, es-tu des nôtres?

FANTASIO — Je suis des vôtres, si vous êtes des miens; 15 restons un peu ici à parler de choses et d'autres, en regardant nos habits neufs.

FACIO — Non, ma foi. Si tu es las d'être debout, je suis las d'être assis; il faut que je m'évertue [19] en plein air. 20

FANTASIO — Je ne saurais m'évertuer. Je vais fumer sous ces marronniers, avec ce brave Spark, qui va me tenir compagnie. N'est-ce pas, Spark?

SPARK — Comme tu voudras.

HARTMAN — En ce cas, adieu. Nous allons voir la 25 fête. (*Hartman et Facio sortent. — Fantasio s'assied avec Spark.*)

FANTASIO — Comme ce soleil couchant est manqué! La nature est pitoyable ce soir. Regarde-moi un peu cette vallée là-bas, ces quatre ou cinq mé- 30 chants nuages qui grimpent sur cette montagne. Je faisais des paysages comme celui-là quand j'avais douze ans, sur la couverture de mes livres de classe.

SPARK — Quel bon tabac! quelle bonne bière! 35

FANTASIO — Je dois t'ennuyer, Spark?

SPARK — Non; pourquoi cela?

FANTASIO — Toi, tu m'ennuies horriblement. Cela ne te fait rien de voir tous les jours la même figure? Que diable Hartman et Facio s'en vont-ils 40 faire dans cette fête?

SPARK — Ce sont des gaillards actifs, et qui ne sauraient rester en place.

FANTASIO — Quelle admirable chose que les Mille et une Nuits! [20] O Spark! mon cher Spark, si tu pouvais me transporter en Chine! Si je pouvais seulement sortir de ma peau pendant une heure ou deux! Si je pouvais être ce monsieur qui passe!

SPARK — Cela me paraît assez difficile.

FANTASIO — Ce monsieur qui passe est charmant. Regarde: quelle belle culotte de soie! quelles belles fleurs rouges sur son gilet! Ses breloques de montre [21] battent sur sa panse,[22] en opposition avec les basques de son habit, qui voltigent sur ses mollets. Je suis sûr que cet homme-là a dans la tête un millier d'idées qui me sont absolument étrangères; son essence [23] lui est particulière. Hélas! tout ce que les hommes se disent entre eux se ressemble; les idées qu'ils échangent sont presque toujours les mêmes dans toutes leurs conversations; mais, dans l'intérieur de toutes ces machines isolées, quels replis, quels compartiments secrets! C'est tout un monde que chacun porte en lui! un monde ignoré qui naît et qui meurt en silence! Quelles solitudes que tous ces corps humains!

SPARK — Bois donc, désœuvré, au lieu de te creuser la tête.

FANTASIO — Il n'y a qu'une chose qui m'ait amusé depuis trois jours: c'est que mes créanciers ont obtenu un arrêt [24] contre moi, et que si je mets les pieds dans ma maison, il va arriver quatre estafiers [25] qui me prendront au collet.

SPARK — Voilà qui est fort gai, en effet. Où coucheras-tu ce soir?

FANTASIO — Chez la première venue.[26] Te figures-tu [27] que mes meubles se vendent demain matin? Nous en achèterons quelques-uns, n'est-ce pas?

SPARK — Manques-tu d'argent, Henri? Veux-tu ma bourse?

FANTASIO — Imbécile! Si je n'avais pas d'argent, je n'aurais pas de dettes. J'ai envie de prendre pour maîtresse une fille d'opéra.

---

[16] bonnet que l'on se mettait alors pour dormir
[17] jeu de mots qui ont même son et sens différents
[18] souvent répété
[19] que je me remue
[20] recueil célèbre de contes arabes
[21] petits bijoux attachés à la chaîne de la montre
[22] son ventre (familier et moqueur)
[23] nature intime
[24] décision de justice
[25] gens de police
[26] n'importe quelle femme
[27] te rends-tu compte

SPARK — Cela t'ennuiera à périr.

FANTASIO — Pas du tout; mon imagination se remplira de pirouettes et de souliers de satin blanc; il y aura un gant à moi sur la banquette du balcon depuis le premier janvier jusqu'a la Saint-Sylvestre, et je fredonnerai des solos de clarinette dans mes rêves, en attendant que je meure d'une indigestion de fraises dans les bras de ma bien-aimée. Remarques-tu une chose, Spark? c'est que nous n'avons point d'état; nous n'exerçons aucune profession.

SPARK — C'est là ce qui t'attriste?

FANTASIO — Il n'y a point de maître d'armes mélancolique.[28]

SPARK — Tu me fais l'effet d'être revenu de tout.[29]

FANTASIO — Ah! pour être revenu de tout, mon ami, il faut être allé dans bien des endroits.

SPARK — Eh bien donc?

FANTASIO — Eh bien donc! où veux-tu que j'aille? Regarde cette vieille ville enfumée; il n'y a pas de places, de rues, de ruelles où je n'aie rôdé trente fois; il n'y a pas de pavés où je n'aie traîné ces talons usés, pas de maisons où je ne sache quelle est la fille ou la vieille femme dont la tête stupide se dessine éternellement à la fenêtre; je ne saurais faire un pas sans marcher sur mes pas d'hier; eh bien, mon cher ami, cette ville n'est rien auprès de ma cervelle. Tous les recoins m'en sont cent fois plus connus; toutes les rues, tous les trous de mon imagination sont cent fois plus fatigués; je m'y suis promené en cent fois plus de sens, dans cette cervelle délabrée,[30] moi son seul habitant! je m'y suis grisé dans tous les cabarets; je m'y suis roulé comme un roi absolu dans un carrosse doré; j'y ai trotté en bon bourgeois sur une mule pacifique, et je n'ose seulement pas maintenant y entrer comme un voleur, une lanterne sourde[31] à la main!

SPARK — Je ne comprends rien à ce travail[32] perpétuel sur toi-même; moi, quand je fume, par exemple, ma pensée se fait fumée de tabac; quand je bois, elle se fait vin d'Espagne ou bière de Flandre; quand je baise la main de ma maîtresse, elle entre par le bout de ses doigts effilés pour se répandre dans tout son être sur des courants électriques; il me faut le[33] parfum d'une fleur pour me distraire, et de tout ce que renferme l'universelle nature, le plus chétif objet suffit pour me changer en abeille et me faire voltiger çà et là avec un plaisir toujours nouveau.

FANTASIO — Tranchons le mot,[34] tu es capable de pêcher à la ligne.

SPARK — Si cela m'amuse, je suis capable de tout.

FANTASIO — Même de prendre la lune avec les dents?

SPARK — Cela ne m'amuserait pas.

FANTASIO — Ah! ah! qu'en sais-tu? Prendre la lune avec les dents n'est pas à dédaigner. Allons jouer au trente-et-quarante.[35]

SPARK — Non, en vérité.

FANTASIO — Pourquoi?

SPARK — Parce que nous perdrions notre argent.

FANTASIO — Ah! mon Dieu! qu'est-ce que tu vas imaginer là! Tu ne sais quoi inventer pour te torturer l'esprit. Tu vois donc tout en noir, misérable? Perdre notre argent! tu n'as donc dans le cœur, ni foi en Dieu, ni espérance? tu es donc un athée épouvantable, capable de me dessécher le cœur et de me désabuser de tout, moi qui suis plein de sève et de jeunesse? (*Il se met à danser.*)

SPARK — En vérité, il y a de certains moments où je ne jurerais pas que tu n'es pas fou.

FANTASIO, *dansant toujours* — Qu'on me donne une cloche! une cloche de verre!

SPARK — A propos de quoi une cloche?

FANTASIO — Jean-Paul[36] n'a-t-il pas dit qu'un homme absorbé par une grande pensée est comme un plongeur sous sa cloche, au milieu du vaste océan? Je n'ai point de cloche, Spark, point de cloche, et je danse comme Jésus-Christ sur le vaste océan.[37]

SPARK — Fais-toi journaliste ou homme de lettres, Henri, c'est encore le plus efficace moyen qui nous

---

[28] C'est-à-dire qu'un métier ne laisse point de place à la mélancolie.
[29] n'avoir plus d'illusions
[30] en mauvais état
[31] dont on peut cacher la lumière
[32] de l'esprit

[33] je n'ai besoin que du
[34] parlons nettement
[35] jeu de cartes
[36] Jean-Paul Richter, écrivain allemand (1763–1825)
[37] allusion au miracle de Jésus marchant sur les eaux

reste de désopiler la misanthropie [38] et d'amortir [39] l'imagination.

FANTASIO — Oh! je voudrais me passionner pour un homard à la moutarde, pour une grisette,[40] pour une classe de minéraux! Spark! essayons de bâtir une maison à nous deux.

SPARK — Pourquoi n'écris-tu pas tout ce que tu rêves? cela ferait un joli recueil.

FANTASIO — Un sonnet vaut mieux qu'un long poème,[41] et un verre de vin vaut mieux qu'un sonnet. (*Il boit.*)

SPARK — Pourquoi ne voyages-tu pas? va en Italie.

FANTASIO — J'y ai été.

SPARK — Eh bien! est-ce que tu ne trouves pas ce pays-là beau?

FANTASIO — Il y a une quantité de mouches grosses comme des hannetons qui vous piquent toute la nuit.

SPARK — Va en France.

FANTASIO — Il n'y a pas de bon vin du Rhin à Paris.

SPARK — Va en Angleterre.

FANTASIO — J'y suis. Est-ce que les Anglais ont une patrie? J'aime autant les voir ici que chez eux.

SPARK — Va donc au diable, alors!

FANTASIO — Oh! s'il y avait un diable dans le ciel! S'il y avait un enfer, comme je me brûlerais la cervelle pour aller voir tout ça! Quelle misérable chose que l'homme! ne pas pouvoir seulement sauter par sa fenêtre sans se casser les jambes! être obligé de jouer du violon dix ans pour devenir un musicien passable! Apprendre pour être peintre, pour être palefrenier! Apprendre pour faire une omelette! Tiens, Spark, il me prend des envies de m'asseoir sur un parapet, de regarder couler la rivière et de me mettre à compter un, deux, trois, quatre, cinq, six, sept, et ainsi de suite jusqu'au jour de ma mort.

SPARK — Ce que tu dis là ferait rire bien des gens; moi, cela me fait frémir: c'est l'histoire du siècle entier. L'éternité est une grande aire,[42] d'où tous les siècles, comme de jeunes aiglons, se sont envolés tour à tour pour traverser le ciel et disparaître; le nôtre est arrivé à son tour au bord du nid; mais on lui a coupé les ailes, et il attend la mort en regardant l'espace dans lequel il ne peut s'élancer.

FANTASIO, *chantant*

Tu m'appelles ta vie, appelle-moi ton âme,
Car l'âme est immortelle, et la vie est un jour...

Connais-tu une plus divine romance que celle-là, Spark? C'est une romance portugaise. Elle ne m'est jamais venue à l'esprit, sans me donner envie d'aimer quelqu'un.

SPARK — Qui, par exemple?

FANTASIO — Qui? Je n'en sais rien; quelque belle fille toute ronde comme les femmes de Miéris; [43] quelque chose de doux comme le vent d'ouest, de pâle comme les rayons de la lune; quelque chose de pensif comme ces petites servantes d'auberge des tableaux flamands qui donnent le coup de l'étrier [44] à un voyageur à larges bottes, droit comme un piquet sur un grand cheval blanc. Quelle belle chose que le coup de l'étrier! une jeune femme sur le pas de la porte, le feu allumé qu'on aperçoit au fond de la chambre, le souper préparé, les enfants endormis; toute la tranquillité de la vie paisible et contemplative dans un coin du tableau! et là l'homme encore haletant, mais ferme sur sa selle, ayant fait vingt lieues, en ayant trente à faire; une gorgée d'eau-de-vie, et adieu. La nuit est profonde là-bas, le temps menaçant, la forêt dangereuse; la bonne femme le suit des yeux une minute, puis elle laisse tomber, en retournant à son feu, cette sublime aumône du pauvre: Que Dieu le protège!

SPARK — Si tu étais amoureux, Henri, tu serais le plus heureux des hommes.

FANTASIO — L'amour n'existe plus, mon cher ami. La religion, sa nourrice, a les mamelles pendantes comme une vieille bourse au fond de laquelle il y a un gros sou. L'amour est une hostie [45] qu'il

---

[38] Désopiler: déboucher, *désopiler la rate* en faisant beaucoup rire est une expression courante (on a long-temps cru que la mélancolie venait d'une rate obstruée).

[39] apaiser

[40] qu'on appelle aujourd'hui midinette

[41] quand il est sans défaut (Boileau)

[42] ici, nid des oiseaux de proie

[43] famille de peintres hollandais des XVIIe et XVIIIe siècles

[44] le verre qu'un voyageur à cheval boit en passant, à la porte d'une maison ou d'une auberge

[45] pain sans levain fait pour être consacré par un prêtre qui dit la messe

faut briser en deux au pied d'un autel, et avaler ensemble dans un baiser; il n'y a plus d'autel, il n'y a plus d'amour. Vive la nature! il y a encore du vin. (*Il boit.*)

SPARK — Tu vas te griser.

FANTASIO — Je vais me griser, tu l'as dit.

SPARK — Il est un peu tard pour cela.

FANTASIO — Qu'appelles-tu tard? midi, est-ce tard? minuit, est-ce de bonne heure? Où prends-tu la journée? Restons là, Spark, je t'en prie. Buvons, causons, analysons, déraisonnons, faisons de la politique; imaginons des combinaisons de gouvernement; attrapons tous les hannetons qui passent autour de cette chandelle, et mettons-les dans nos poches. Sais-tu que les canons à vapeur sont une belle chose en matière de philanthropie?

SPARK — Comment l'entends-tu?

FANTASIO — Il y avait une fois un roi qui était très sage, très sage, très heureux, très heureux. . .

SPARK — Après?

FANTASIO — La seule chose qui manquait à son bonheur, c'était d'avoir des enfants. Il fit faire des prières publiques dans toutes les mosquées.

SPARK — A quoi en veux-tu venir?

FANTASIO — Je pense à mes chères Mille et une Nuits. C'est comme cela qu'elles commencent toutes. Tiens, Spark, je suis gris. Il faut que je fasse quelque chose. Tra la, tra la! Allons, levons-nous! (*Un enterrement passe.*) Ohé! braves gens, qui enterrez-vous là? Ce n'est pas maintenant l'heure d'enterrer proprement.

LES PORTEURS — Nous enterrons Saint-Jean.

FANTASIO — Saint-Jean est mort? le bouffon du roi est mort? Qui a pris sa place? le ministre de la justice?

LES PORTEURS — Sa place est vacante: vous pouvez la prendre si vous voulez. (*Ils sortent.*)

SPARK — Voilà une insolence que tu t'es bien attirée. A quoi penses-tu d'arrêter ces gens?

FANTASIO — Il n'y a là rien d'insolent. C'est un conseil d'ami que m'a donné cet homme, et que je vais suivre à l'instant.

SPARK — Tu vas te faire bouffon de la cour?

FANTASIO — Cette nuit même, si l'on veut de moi. Puisque je ne puis coucher chez moi, je veux me donner [46] la représentation de cette royale comé-

die qui se jouera demain,[47] et de la loge du roi lui-même.

SPARK — Comme tu es fin! On te reconnaîtra, et les laquais te mettront à la porte; n'es-tu pas filleul de la feue reine? [48]

FANTASIO — Comme tu es bête! je me mettrai une bosse et une perruque rousse comme la portait Saint-Jean, et personne ne me reconnaîtra, quand j'aurais [49] trois douzaines de parrains à mes trousses. (*Il frappe à une boutique*). Hé! brave homme, ouvrez-moi, si vous n'êtes pas sorti, vous, votre femme et vos petits chiens!

UN TAILLEUR, *ouvrant la boutique* — Que demande Votre Seigneurie?

FANTASIO — N'êtes-vous pas tailleur de la cour?

LE TAILLEUR — Pour vous servir.

FANTASIO — Est-ce vous qui habilliez Saint-Jean?

LE TAILLEUR — Oui, monsieur.

FANTASIO — Vous le connaissiez? Vous savez de quel côté était sa bosse, comment il frisait sa moustache, et quelle perruque il portait?

LE TAILLEUR — Hé! hé! monsieur veut rire.

FANTASIO — Homme! je ne veux point rire: entre dans ton arrière-boutique; et si tu ne veux être empoisonné demain dans ton café au lait, songe à être muet comme la tombe sur tout ce qui va se passer ici. (*Il sort avec le tailleur; Spark le suit.*)

SCÈNE III — *Entrent le* PRINCE DE MANTOUE *et* MARINONI

Une auberge sur la route de Munich.

LE PRINCE — Eh bien, colonel?

MARINONI — Altesse?

LE PRINCE — Eh bien, Marinoni?

MARINONI — Mélancolique, fantasque, d'une joie folle, soumise à son père, aimant beaucoup les pois verts.

LE PRINCE — Écris cela; je ne comprends clairement que les écritures moulées en bâtarde.[50]

MARINONI, *écrivant* — Mélanco. . .

LE PRINCE — Écris à voix basse; je rêve à un projet d'importance depuis mon dîner.

---

[46] m'offrir
[47] le mariage princier
[48] la reine qui est morte
[49] même si j'avais
[50] lettres bien arrondies

MARINONI — Voilà, Altesse, ce que vous demandez.

LE PRINCE — C'est bien; je te nomme mon ami intime; je ne connais pas dans tout mon royaume de plus belle écriture que la tienne. Assieds-toi à quelque distance. Vous pensez donc, mon ami, que le caractère de la princesse, ma future épouse, vous est secrètement connu?

MARINONI — Oui, Altesse: j'ai parcouru les alentours du palais, et ces tablettes [51] renferment les principaux traits des conversations différentes dans lesquelles je me suis immiscé. [52]

LE PRINCE, se mirant — Il me semble que je suis poudré comme un homme de la dernière classe.

MARINONI — L'habit est magnifique.

LE PRINCE — Que dirais-tu, Marinoni, si tu voyais ton maître revêtir un simple frac olive? [53]

MARINONI — Son Altesse se rit de ma crédulité!

LE PRINCE — Non, colonel. Apprends que ton maître est le plus romanesque des hommes.

MARINONI — Romanesque, Altesse?

LE PRINCE — Oui, mon ami (je t'ai accordé ce titre); l'important prejet que je médite est inouï [54] dans ma famille; je prétends arriver à la cour du roi mon beau-père dans l'habillement d'un simple aide de camp; [55] ce n'est pas assez d'avoir envoyé un homme de ma maison recueillir les bruits publics sur la future princesse de Mantoue (et cet homme, Marinoni, c'est toi-même), je veux encore observer par mes yeux.

MARINONI — Est-il vrai, Altesse?

LE PRINCE — Ne reste pas pétrifié. Un homme tel que moi ne doit avoir pour ami intime qu'un esprit vaste et entreprenant.

MARINONI — Une seule chose me paraît s'opposer au dessein de Votre Altesse.

LE PRINCE — Laquelle?

MARINONI — L'idée d'un tel travestissement ne pouvait appartenir qu'au prince glorieux qui nous gouverne. Mais si mon gracieux souverain est confondu parmi l'état-major, à qui le roi de Bavière fera-t-il les honneurs d'un festin splendide qui doit avoir lieu dans la grande galerie?

LE PRINCE — Tu as raison; si je me déguise, il faut que quelqu'un prenne ma place. Cela est impossible, Marinoni; je n'avais pas pensé à cela.

MARINONI — Pourquoi impossible, Altesse?

LE PRINCE — Je puis bien abaisser la dignité princière jusqu'au grade de colonel; mais comment peux-tu croire que je consentirais à élever jusqu'à mon rang un homme quelconque? Penses-tu d'ailleurs que mon futur beau-père me le pardonnerait?

MARINONI — Le roi passe pour un homme de beaucoup de sens et d'esprit, avec une humeur agréable.

LE PRINCE — Ah! ce n'est pas sans peine que je renonce à mon projet. Pénétrer dans cette cour nouvelle sans faste et sans bruit, observer tout, approcher de la princesse sous un faux nom, et peut-être m'en faire aimer! — Oh! je m'égare; cela est impossible. Marinoni, mon ami, essaye mon habit de cérémonie; je ne saurais y résister.

MARINONI, s'inclinant — Altesse!

LE PRINCE — Penses-tu que les siècles futurs oublieront une pareille circonstance?

MARINONI — Jamais, gracieux Prince.

LE PRINCE — Viens essayer mon habit. (Ils sortent.)

ACTE II

SCÈNE PREMIÈRE — *Entrent* ELSBETH *et sa* GOUVERNANTE

Le jardin du roi de Bavière.

LA GOUVERNANTE — Mes pauvres yeux en ont pleuré, pleuré un torrent du ciel.

ELSBETH — Tu es si bonne! Moi aussi, j'aimais Saint-Jean; il avait tant d'esprit! Ce n'était pas un bouffon ordinaire.

LA GOUVERNANTE — Dire que le pauvre homme est allé là-haut [1] la veille de vos fiançailles! Lui qui ne parlait que de vous à dîner et à souper, tant que le jour durait. Un garçon si gai, si amusant qu'il faisait aimer la laideur, et que les yeux le cherchaient toujours en dépit d'eux-mêmes!

ELSBETH — Ne me parle pas de mon mariage; c'est encore là un grand malheur.

LA GOUVERNANTE — Ne savez-vous pas que le prince

---

[51] feuilles de carnet qu'on portait sur soi
[52] glissé sans y avoir droit
[53] habit qui recouvre les hanches, couleur de l'olive
[54] ne s'est jamais réalisé
[55] officier attaché au service d'un souverain ou d'un général

[1] au ciel

de Mantoue arrive aujourd'hui? On dit que c'est un Amadis.[2]

ELSBETH — Que dis-tu là, ma chère? Il est horrible et idiot, tout le monde le sait déjà ici.

LA GOUVERNANTE — En vérité? on m'avait dit que c'était un Amadis.

ELSBETH — Je ne demandais pas un Amadis, ma chère; mais cela est cruel quelquefois de n'être qu'une fille de roi. Mon père est le meilleur des hommes; le mariage qu'il prépare assure la paix de son royaume; il recevra en récompense la bénédiction d'un peuple; mais moi, hélas! j'aurai la sienne, et rien de plus.

LA GOUVERNANTE — Comme vous parlez tristement!

ELSBETH — Si je refusais le prince, la guerre serait bientôt recommencée; quel malheur que ces traités de paix se signent avec des larmes! Je voudrais être une forte tête, et me résigner à épouser le premier venu, quand cela est nécessaire en politique. Être la mère d'un peuple, cela console les grands cœurs, mais non les têtes faibles. Je ne suis qu'une pauvre rêveuse; peut-être la faute en est-elle à tes romans, tu en as toujours dans tes poches.

LA GOUVERNANTE — Seigneur! n'en dites rien.

ELSBETH — J'ai peu connu la vie, et j'ai beaucoup rêvé.

LA GOUVERNANTE — Si le prince de Mantoue est tel que vous le dites, Dieu ne laissera pas cette affaire-là s'arranger, j'en suis sûre.

ELSBETH — Tu crois! Dieu laisse faire les hommes, ma pauvre amie, et il ne fait guère plus de cas de nos plaintes que du bêlement d'un mouton.

LA GOUVERNANTE — Je suis sûre que si vous refusiez le prince, votre père ne vous forcerait pas.

ELSBETH — Non, certainement, il ne me forcerait pas; et c'est pour cela que je me sacrifie. Veux-tu que j'aille dire à mon père d'oublier sa parole, et de rayer d'un trait de plume son nom respectable sur un contrat qui fait des milliers d'heureux? Qu'importe qu'il fasse une malheureuse? Je laisse mon bon père être un bon roi.

LA GOUVERNANTE — Hi! hi! (*Elle pleure.*)

ELSBETH — Ne pleure pas sur moi, ma bonne; tu me ferais peut-être pleurer moi-même, et il ne

faut pas qu'une royale fiancée ait les yeux rouges. Ne t'afflige pas de tout cela. Après tout, je serai une reine, c'est peut-être amusant; je prendrai peut-être goût à mes parures, que sais-je? à mes carrosses, à ma nouvelle cour; heureusement qu'il y a pour une princesse autre chose dans le mariage qu'un mari. Je trouverai peut-être le bonheur au fond de ma corbeille de noces.

LA GOUVERNANTE — Vous êtes un vrai agneau pascal.[3]

ELSBETH — Tiens, ma chère, commençons toujours par en rire, quitte à en pleurer quand il en sera temps. On dit que le prince de Mantoue est la plus ridicule chose du monde.

LA GOUVERNANTE — Si Saint-Jean était là!

ELSBETH — Ah! Saint-Jean! Saint-Jean!

LA GOUVERNANTE — Vous l'aimiez beaucoup, mon enfant?

ELSBETH — Cela est singulier; son esprit m'attachait à lui avec des fils imperceptibles qui semblaient venir de mon cœur; sa perpétuelle moquerie de mes idées romanesques me plaisait à l'excès, tandis que je ne puis supporter qu'avec peine bien des gens qui abondent dans mon sens; [4] je ne sais ce qu'il y avait autour de lui, dans ses yeux, dans ses gestes, dans la manière dont il prenait son tabac. C'était un homme bizarre; tandis qu'il me parlait, il me passait devant les yeux des tableaux délicieux; sa parole donnait la vie, comme par enchantement, aux choses les plus étranges.

LA GOUVERNANTE — C'était un vrai Triboulet.[5]

ELSBETH — Je n'en sais rien; mais c'était un diamant d'esprit.[6]

LA GOUVERNANTE — Voilà des pages[7] qui vont et viennent; je crois que le prince ne va pas tarder à se montrer; il faudrait retourner au palais pour vous habiller.

ELSBETH — Je t'en supplie, laisse-moi un quart d'heure encore; va préparer ce qu'il me faut. Hélas! ma chère, je n'ai plus longtemps à rêver.

LA GOUVERNANTE. — Seigneur, est-il possible que ce mariage se fasse, s'il vous déplaît? Un père sacri-

---

[2] héros d'un roman de chevalerie, type du chevalier parfait

[3] agneau que les Juifs mangeaient à la fête de Pâques; d'où: douce fille parfaite

[4] qui sont toujours de mon avis

[5] célèbre bouffon de François Ier

[6] Son esprit avait l'éclat d'un diamant.

[7] jeunes gens nobles attachés au service d'un roi

fier sa fille! le roi serait un véritable Jephté,[8] s'il le faisait.

ELSBETH — Ne dis pas de mal de mon père; va, ma chère, prépare ce qu'il me faut. (*La gouvernante sort.*)

ELSBETH, *seule* — Il me semble qu'il y a quelqu'un derrière ces bosquets. Est-ce le fantôme de mon pauvre bouffon que j'aperçois dans ces bluets, assis sur la prairie? Répondez-moi; qui êtes-vous? que faites-vous là, à cueillir ces fleurs? (*Elle s'avance vers un tertre.*)

FANTASIO, *assis, vêtu en bouffon, avec une bosse et une perruque* — Je suis un brave cueilleur de fleurs, qui souhaite le bonjour à vos beaux yeux.

ELSBETH — Que signifie cet accoutrement?[9] qui êtes-vous pour venir parodier sous cette large perruque un homme que j'ai aimé? Êtes-vous écolier en bouffonnerie?

FANTASIO — Plaise à Votre Altesse sérénissime, je suis le nouveau bouffon du roi; le majordome[10] m'a reçu favorablement; je suis présenté au valet de chambre; les marmitons me protègent depuis hier au soir, et je cueille modestement des fleurs en attendant qu'il me vienne de l'esprit.

ELSBETH — Cela me paraît douteux que vous cueilliez jamais cette fleur-là.

FANTASIO — Pourquoi? l'esprit peut venir à un homme vieux, tout comme à une jeune fille. Cela est si difficile quelquefois de distinguer un trait spirituel d'une grosse sottise! Beaucoup parler, voilà l'important; le plus mauvais tireur de pistolet peut attraper la mouche,[11] s'il tire sept cent quatre-vingts coups à la minute, tout aussi bien que le plus habile homme qui n'en tire qu'un ou deux bien ajustés. Je ne demande qu'à être nourri convenablement pour la grosseur de mon ventre, et je regarderai mon ombre au soleil pour voir si ma perruque pousse.

ELSBETH — En sorte que vous voilà revêtu des dépouilles de Saint-Jean? Vous avez raison de parler de votre ombre; tant que vous aurez ce costume, elle lui ressemblera toujours, je crois, plus que vous.

FANTASIO — Je fais en ce moment une élégie qui décidera de mon sort.

ELSBETH — En quelle façon?

FANTASIO — Elle prouvera clairement que je suis le premier homme du monde, ou bien elle ne vaudra rien du tout. Je suis en train de bouleverser l'univers pour le mettre en acrostiche;[12] la lune, le soleil et les étoiles se battent pour entrer dans mes rimes, comme des écoliers à la porte d'un théâtre de mélodrames.

ELSBETH — Pauvre homme! quel métier tu entreprends! faire de l'esprit à tant[13] par heure! N'as-tu ni bras ni jambes, et ne ferais-tu pas mieux de labourer la terre que ta propre cervelle?

FANTASIO — Pauvre petite! quel métier vous entreprenez! épouser un sot que vous n'avez jamais vu! — N'avez-vous ni cœur ni tête, et ne feriez-vous pas mieux de vendre vos robes que votre corps?

ELSBETH — Voilà qui est hardi, monsieur le nouveau venu![14]

FANTASIO — Comment appelez-vous cette fleur-là, s'il vous plaît?

ELSBETH — Une tulipe. Que veux-tu prouver?

FANTASIO — Une tulipe rouge, ou une tulipe bleue?

ELSBETH — Bleue, à ce qu'il me semble.

FANTASIO — Point du tout, c'est une tulipe rouge.

ELSBETH — Veux-tu mettre un habit neuf à une vieille sentence? tu n'en as pas besoin pour dire que des goûts et des couleurs il n'en faut pas disputer.

FANTASIO — Je ne dispute pas; je vous dis que cette tulipe est une tulipe rouge, et cependant je conviens qu'elle est bleue.

ELSBETH — Comment arranges-tu cela?

FANTASIO — Comme votre contrat de mariage. Qui peut savoir sous le soleil s'il est né bleu ou rouge? Les tulipes elles-mêmes n'en savent rien. Les jardiniers et les notaires font des greffes si extraordi-

---

[8] Un des juges d'Israël antique. Il avait offert à Dieu, en échange de la victoire sur ses ennemis, le sacrifice de la première personne qu'il rencontrerait: ce fut sa fille (récit biblique).
[9] habillement ridicule
[10] chef du personnel domestique
[11] point noir au centre d'une cible

[12] poème contenant autant de vers qu'il y a de lettres dans le nom de la chose prise pour sujet, chaque lettre du nom devenant la première lettre de chaque vers
[13] payé tel prix
[14] Les bouffons des rois jouissaient de la plus grande liberté dans leurs propos.

naires que les pommes deviennent des citrouilles, et que les chardons sortent de la mâchoire de l'âne pour s'inonder de sauce dans le plat d'argent d'un évêque. Cette tulipe que voilà s'attendait bien à être rouge; mais on l'a mariée, elle est tout 5 étonnée d'être bleue: c'est ainsi que le monde entier se métamorphose sous les mains de l'homme; et la pauvre dame Nature doit se rire parfois au nez [15] de bon cœur, quand elle mire dans ses lacs et dans ses mers son éternelle mascarade. Croyez- 10 vous que ça sentît la rose dans le paradis de Moïse? [16] ça ne sentait que le foin vert. La rose est la fille de la civilisation; c'est une marquise comme vous et moi.

ELSBETH — La pâle fleur de l'aubépine peut devenir 15 une rose, et un chardon peut devenir un artichaut; mais une fleur ne peut en devenir une autre: ainsi qu'importe à la nature? on ne la change pas, on l'embellit ou on la tue. La plus chétive violette mourrait plutôt que de céder, si 20 l'on voulait, par des moyens artificiels, altérer sa forme d'une étamine.[17]

FANTASIO — C'est pourquoi je fais plus de cas d'une violette que d'une fille de roi.

ELSBETH — Il y a certaines choses que les bouffons 25 eux-mêmes n'ont pas le droit de railler; fais-y attention. Si tu as écouté ma conversation avec ma gouvernante, prends garde à tes oreilles.

FANTASIO — Non pas à mes oreilles, mais à ma langue. Vous vous trompez de sens; il y a une 30 erreur de sens dans vos paroles.

ELSBETH — Ne me fais pas de calembour,[18] si tu veux gagner ton argent, et ne me compare pas à des tulipes, si tu ne veux gagner autre chose.[19]

FANTASIO — Qui sait? un calembour console de bien 35 des chagrins; et jouer avec les mots est un moyen comme un autre de jouer avec les pensées, les actions et les êtres. Tout est calembour ici-bas, et il est aussi difficile de comprendre le regard d'un enfant de quatre ans que le galimatias [20] de trois 40 drames modernes.

[15] rire en se moquant d'elle-même
[16] la Terre promise ou le Paradis terrestre
[17] un des filets qui s'élèvent du centre de la fleur
[18] jeu de mots fondé sur une équivoque, une similitude de sons.
[19] un châtiment
[20] écrit embrouillé et confus

ELSBETH — Tu me fais l'effet de regarder le monde à travers un prisme [21] tant soit peu changeant.

FANTASIO — Chacun a ses lunettes; mais personne ne sait au juste de quelle couleur en sont les verres. Qui est-ce qui pourra me dire au juste si je suis heureux ou malheureux, bon ou mauvais, triste ou gai, bête ou spirituel?

ELSBETH — Tu est laid, du moins; cela est certain.

FANTASIO — Pas plus certain que votre beauté. Voilà votre père qui vient avec votre futur mari. Qui est-ce qui peut savoir si vous l'épouserez? (Il sort.)

ELSBETH — Puisque je ne puis éviter la rencontre du prince de Mantoue, je ferai aussi bien d'aller au-devant de lui. (Entrent le roi, Marinoni sous le costume de prince et le prince vêtu en aide de camp.)

LE ROI — Prince, voici ma fille. Pardonnez-lui cette toilette de jardinière; vous êtes ici chez un bourgeois qui en gouverne d'autres, et notre étiquette [22] est aussi indulgente pour nous-mêmes que pour eux.

MARINONI — Permettez-moi de baiser cette main charmante, madame, si ce n'est pas une trop grande faveur pour mes lèvres.

LA PRINCESSE — Votre Altesse m'excusera si je rentre au palais. Je la verrai, je pense, d'une manière plus convenable à la présentation de ce soir. (Elle sort.)

LE PRINCE — La princesse a raison; voilà une divine pudeur.

LE ROI, à Marinoni — Quel est donc cet aide de camp qui vous suit comme votre ombre? Il m'est insupportable de l'entendre ajouter une remarque inepte à tout ce que nous disons. Renvoyez-le, je vous en prie. (Marinoni parle bas au prince.)

LE PRINCE, de même — C'est fort adroit de ta part de lui avoir persuadé de m'éloigner; je vais tâcher de joindre la princesse et de lui toucher quelques mots délicats sans faire semblant de rien. (Il sort.)

LE ROI — Cet aide de camp est un imbécile, mon ami; que pouvez-vous faire de cet homme-là?

MARINONI — Hum! hum! Poussons quelques pas

[21] disposition de l'esprit qui fait voir les choses d'une façon ou d'une autre
[22] le code qui règle les cérémonies

plus avant, si Votre Majesté le permet; je crois apercevoir un kiosque [23] tout à fait charmant dans ce bocage. (*Ils sortent.*)

Scène II
Une autre partie du jardin.

LE PRINCE, *entrant* — Mon déguisement me réussit à merveille; j'observe, et je me fais aimer. Jusqu'ici tout va au gré de mes souhaits; le père me paraît un grand roi, quoique trop sans façon,[24] et je m'étonnerais si je ne lui avais plu tout d'abord. J'aperçois la princesse qui rentre au palais; le hasard me favorise singulièrement. (*Elsbeth entre; le prince l'aborde.*)

Altesse, permettez à un fidèle serviteur de votre futur époux de vous offrir les félicitations sincères que son cœur humble et dévoué ne peut contenir en vous voyant. Heureux les grands de la terre! ils peuvent vous épouser, moi je ne le puis pas; cela m'est tout à fait impossible; je suis d'une naissance obscure; je n'ai pour tout bien qu'un nom redoutable à l'ennemi, — un cœur pur et sans tache bat sous ce modeste uniforme — ; je suis un pauvre soldat criblé de balles des pieds à la tête; — je n'ai pas un ducat [25] — ; je suis solitaire et exilé de ma terre natale comme de ma patrie céleste, c'est-à-dire du paradis de mes rêves; je n'ai pas un cœur de femme à presser sur mon cœur; je suis maudit et silencieux.

ELSBETH — Que me voulez-vous, mon cher monsieur? Êtes-vous fou, ou demandez-vous l'aumône?

LE PRINCE — Qu'il serait difficile de trouver des paroles pour exprimer ce que j'éprouve! Je vous ai vue passer toute seule dans cette allée; j'ai cru qu'il était de mon devoir de me jeter à vos pieds et de vous offrir ma compagnie jusqu'à la poterne.[26]

ELSBETH — Je vous suis obligée; rendez-moi le service de me laisser tranquille. (*Elle sort.*)

LE PRINCE, *seul* — Aurais-je eu tort de l'aborder? Il le fallait cependant, puisque j'ai le projet de la séduire sous mon habit supposé. Oui, j'ai bien fait de l'aborder. — Cependant elle m'a répondu d'une manière désagréable. — Je n'aurais peutêtre pas dû lui parler si vivement. — Il le fallait pourtant bien, puisque son mariage est presque assuré, et que je suis censé devoir supplanter Marinoni, qui me remplace. — Mais la réponse est désagréable. Aurait-elle un cœur dur et faux? Il serait bon de sonder [27] adroitement la chose. (*Il sort.*)

Scène III
Une antichambre.

FANTASIO, *couché sur un tapis* — Quel métier délicieux que celui de bouffon! J'étais gris, je crois, hier soir, lorsque j'ai pris ce costume et que je me suis présenté au palais; mais, en vérité, jamais la saine raison ne m'a rien inspiré qui valût cet acte de folie. J'arrive, et me voilà reçu, choyé, enregistré,[28] et, ce qu'il y a de mieux encore, oublié. Je vais et viens dans ce palais comme si je l'avais habité toute ma vie. Tout à l'heure j'ai rencontré le roi; il n'a pas même eu la curiosité de me regarder; son bouffon étant mort, on lui a dit: « Sire, en voilà un autre. » C'est admirable! Dieu merci, voilà ma cervelle à l'aise, je puis faire toutes les balivernes [29] possibles sans qu'on me dise rien pour m'en empêcher; je suis un des animaux domestiques du roi de Bavière, et si je veux, tant que je garderai ma bosse et ma perruque, on me laissera vivre jusqu'à ma mort entre un épagneul et une pintade. En attendant, mes créanciers peuvent se casser le nez contre ma porte tout à leur aise. Je suis aussi bien en sûreté ici, sous cette perruque, que dans les Indes occidentales.[30]

N'est-ce pas la princesse que j'aperçois dans la chambre voisine, à travers cette glace? Elle rajuste son voile de noces; deux longues larmes coulent sur ses joues; en voilà une qui se détache comme une perle et qui tombe sur sa poitrine. Pauvre petite! j'ai entendu ce matin sa conversation avec sa gouvernante; en vérité, c'était par hasard; j'étais assis sur le gazon, sans autre dessein que

---

[23] pavillon qui sert d'abri dans un jardin
[24] simple de manières
[25] monnaie d'or ou d'argent
[26] petite porte dans une muraille

[27] examiner à fond
[28] officiellement accepté
[29] choses qu'il ne faut pas prendre au **sérieux**
[30] l'Amérique

celui de dormir. Maintenant la voilà qui pleure et qui ne se doute guère que je la vois encore. Ah! si j'étais un écolier de rhétorique,[31] comme je réfléchirais profondément sur cette misère couronnée, sur cette pauvre brebis à qui on met un ruban rose au cou pour la mener à la boucherie! Cette petite fille est sans doute romanesque; il lui est cruel d'épouser un homme qu'elle ne connaît pas. Cependant elle se sacrifie en silence. Que le hasard est capricieux! il faut que je me grise, que je rencontre l'enterrement de Saint-Jean, que je prenne son costume et sa place, que je fasse enfin la plus grande folie de la terre, pour venir voir tomber, à travers cette glace, les deux seules larmes que cette enfant versera peut-être sur son triste voile de fiancée! (*Il sort.*)

Scène IV — LE PRINCE, MARINONI
Une allée du jardin.

LE PRINCE — Tu n'es qu'un sot, colonel.

MARINONI — Votre Altesse se trompe sur mon compte de la manière la plus pénible.

LE PRINCE — Tu es un maître butor.[32] Ne pouvais-tu pas empêcher cela? Je te confie le plus grand projet qui se soit enfanté[33] depuis une suite d'années incalculable, et toi, mon meilleur ami, mon plus fidèle serviteur, tu entasses bêtises sur bêtises. Non, non, tu as beau dire, cela n'est point pardonnable.

MARINONI — Comment pouvais-je empêcher votre Altesse de s'attirer les désagréments qui sont la suite nécessaire du rôle supposé qu'elle joue? Vous m'ordonnez de prendre votre nom et de me comporter en véritable prince de Mantoue. Puis-je empêcher le roi de Bavière de faire un affront à mon aide de camp? Vous aviez tort de vous mêler de nos affaires.

LE PRINCE — Je voudrais bien qu'un maraud[34] comme toi se mêlât de me donner des ordres!

MARINONI — Considérez, Altesse, qu'il faut cependant que je sois le prince ou que je sois l'aide de camp. C'est par votre ordre que j'agis.

LE PRINCE — Me dire que je suis un impertinent en présence de toute la cour, parce que j'ai voulu baiser la main de la princesse! Je suis prêt à lui déclarer la guerre, et à retourner dans mes États pour me mettre à la tête de mes armées.

MARINONI — Songez donc, Altesse, que ce mauvais compliment s'adressait à l'aide de camp et non au prince. Prétendez-vous qu'on vous respecte sous ce déguisement?

LE PRINCE — Il suffit. Rends-moi mon habit.

MARINONI, *ôtant l'habit* — Si mon souverain l'exige, je suis prêt à mourir pour lui.

LE PRINCE — En vérité, je ne sais que résoudre. D'un côté, je suis furieux de ce qui m'arrive, et d'un autre, je suis désolé de renoncer à mon projet. La princesse ne paraît pas répondre indifféremment aux mots à double entente dont je ne cesse de la poursuivre. Déjà je suis parvenu deux ou trois fois à lui dire à l'oreille des choses incroyables. Viens, réfléchissons à tout cela.

MARINONI, *tenant l'habit* — Que ferai-je, Altesse?

LE PRINCE — Remets-le, remets-le, et rentrons au palais. (*Ils sortent.*)

Scène V — LA PRINCESSE ELSBETH, LE ROI

LE ROI — Ma fille, il faut répondre franchement à ce que je vous demande: ce mariage vous déplaît-il?

ELSBETH — C'est à vous, Sire, de répondre vous-même. Il me plaît, s'il vous plaît; il me déplaît, s'il vous déplaît.

LE ROI — Le prince m'a paru être un homme ordinaire, dont il est difficile de rien dire. La sottise de son aide de camp lui fait seule tort dans mon esprit; quant à lui, c'est peut-être un bon prince, mais ce n'est pas un homme élevé. Il n'y a rien en lui qui me repousse ou qui m'attire. Que puis-je te dire là-dessus? Le cœur des femmes a des secrets que je ne puis connaître; elles se font des héros parfois si étranges, elles saisissent si singulièrement un ou deux côtés d'un homme qu'on leur présente qu'il est impossible de juger pour elles, tant qu'on n'est pas guidé par quelque point tout à fait sensible.[35] Dis-moi donc clairement ce que tu penses de ton fiancé.

---

31 en classe de rhétorique
32 homme stupide et maladroit
33 qui ait été conçu
34 je serais curieux de voir qu'un coquin insolent
35 quelque chose de net

ELSBETH — Je pense qu'il est le prince de Mantoue, et que la guerre recommencera demain entre lui et vous, si je ne l'épouse pas.

LE ROI — Cela est certain, mon enfant.

ELSBETH — Je pense donc que je l'épouserai, et que la guerre sera finie.

LE ROI — Que les bénédictions de mon peuple te rendent grâces pour ton père! Ô ma fille chérie! je serai heureux de cette alliance; mais je ne voudrais pas voir dans ces beaux yeux cette tristesse qui dément [36] leur résignation. Réfléchis encore quelques jours. (*Il sort. — Entre Fantasio.*)

ELSBETH — Te voilà, pauvre garçon, comment te plais-tu ici?

FANTASIO — Comme un oiseau en liberté.

ELSBETH — Tu aurais mieux répondu si tu avais dit comme un oiseau en cage. Ce palais en est assez belle; cependant c'en est une.

FANTASIO — La dimension d'un palais ou d'une chambre ne fait pas l'homme plus ou moins libre. Le corps se remue où il peut; l'imagination ouvre quelquefois des ailes grandes comme le ciel dans un cachot grand comme la main.

ELSBETH — Ainsi donc, tu es un heureux fou?

FANTASIO — Très heureux. Je fais la conversation avec les petits chiens et les marmitons. Il y a là un roquet [37] pas plus haut que cela dans la cuisine, qui m'a dit des choses charmantes.

ELSBETH — En quel langage?

FANTASIO — Dans le style le plus pur. Il ne ferait pas une seule faute de grammaire dans l'espace d'une année.

ELSBETH — Pourrais-je entendre quelques mots de ce style?

FANTASIO — En vérité, je ne le voudrais pas; c'est une langue qui est particulière. Il n'y a pas que les roquets qui la parlent; les arbres et les grains de blé eux-mêmes la savent aussi; mais les filles de roi ne la savent pas. A quand votre noce?

ELSBETH — Dans quelques jours tout sera fini.

FANTASIO — C'est-à-dire tout sera commencé. Je compte vous offrir un présent de ma main.

ELSBETH — Quel présent? Je suis curieuse de cela.

FANTASIO — Je compte vous offrir un joli petit serin empaillé,[38] qui chante comme un rossignol.

ELSBETH — Comment peut-il chanter, s'il est empaillé?

FANTASIO — Il chante parfaitement.

ELSBETH — En vérité, tu te moques de moi avec un rare acharnement.

FANTASIO — Point du tout. Mon serin a une petite serinette [39] dans le ventre. On pousse tout doucement un petit ressort sous la patte gauche, et il chante tous les opéras nouveaux, exactement comme Mademoiselle Grisi.[40]

ELSBETH — C'est une invention de ton esprit, sans doute?

FANTASIO — En aucune façon. C'est un serin de cour; il y a beaucoup de petites filles très bien élevées qui n'ont pas d'autres procédés que celui-là. Elles ont un petit ressort sous le bras gauche, un joli petit ressort en diamant fin, comme la montre d'un petit-maître.[41] Le gouverneur ou la gouvernante fait jouer le ressort, et vous voyez aussitôt les lèvres s'ouvrir avec le sourire le plus gracieux; une charmante cascatelle [42] de paroles mielleuses sort avec le plus doux murmure, et toutes les convenances sociales, pareilles à des nymphes légères, se mettent aussitôt à dansoter sur la pointe du pied autour de la fontaine merveilleuse. Le prétendu ouvre des yeux ébahis; l'assistance chuchote avec indulgence, et le père, rempli d'un secret contentement, regarde avec orgueil les boucles d'or de ses souliers.

ELSBETH — Tu parais revenir volontiers sur de certains sujets. Dis-moi, bouffon, que t'ont donc fait ces pauvres jeunes filles, pour que tu en fasses si gaiement la satire? Le respect d'aucun devoir ne peut-il trouver grâce devant toi? [43]

FANTASIO — Je respecte fort la laideur; c'est pourquoi je me respecte moi-même si profondément.

ELSBETH — Tu parais quelquefois en savoir plus que

[38] mort et dont on a rempli la peau de paille pour lui garder sa forme

[39] instrument mécanique de musique et de chant

[40] célèbre cantatrice italienne, mais qui s'est fait admirer aussi en France, à l'époque de Musset

[41] jeune homme s'habillant avec recherche

[42] diminutif (de *cascade*) comme plus bas *dansotter:* assez méprisants

[43] être épargné par toi

[36] indique le contraire de

[37] sorte de petit chien

tu n'en dis. D'où viens-tu donc, et qui es-tu, pour que, depuis un jour que tu es ici, tu saches déjà pénétrer des mystères que les princes eux-mêmes ne soupçonnent jamais? Est-ce à moi que s'adressent tes folies, ou est-ce au hasard que tu parles?

FANTASIO — C'est au hasard; je parle beaucoup au hasard: c'est mon plus cher confident.

ELSBETH — Il semble en effet t'avoir appris ce que tu ne devrais pas connaître. Je croirais volontiers que tu épies mes actions et mes paroles.

FANTASIO — Dieu le sait. Que vous importe?

ELSBETH — Plus que tu ne peux penser. Tantôt, dans cette chambre, pendant que je mettais mon voile, j'ai entendu marcher tout à coup derrière la tapisserie. Je me trompe fort si ce n'était toi qui marchais.

FANTASIO — Soyez sûre que cela reste entre votre mouchoir et moi. Je ne suis pas plus indiscret que je ne suis curieux. Quel plaisir pourraient me faire vos chagrins? quel chagrin pourraient me faire vos plaisirs? Vous êtes ceci, et moi cela. Vous êtes jeune, et moi je suis vieux; belle, et je suis laid; riche, et je suis pauvre. Vous voyez bien qu'il n'y a aucun rapport entre nous. Que vous importe que le hasard ait croisé sur sa grande route deux roues qui ne suivent pas la même ornière, et qui ne peuvent marquer la même poussière? Est-ce ma faute s'il m'est tombé, tandis que je dormais, une de vos larmes sur la joue?

ELSBETH — Tu me parles sous la forme d'un homme que j'ai aimé,[44] voilà pourquoi je t'écoute malgré moi. Mes yeux croient voir Saint-Jean; mais peut-être n'es-tu qu'un espion?

FANTASIO — A quoi cela me servirait-il? Quand il serait vrai que votre mariage vous coûterait quelques larmes, et quand je l'aurais appris par hasard, qu'est-ce que je gagnerais à l'aller raconter? On ne me donnerait pas une pistole[45] pour cela, et on ne vous mettrait pas au cabinet noir.[46] Je comprends très bien qu'il doit être assez ennuyeux d'épouser le prince de Mantoue; mais, après tout, ce n'est pas moi qui en suis chargé.

Demain ou après-demain vous serez partie pour Mantoue avec votre robe de noce, et moi je serai encore sur ce tabouret avec mes vieilles chausses.[47] Pourquoi voulez-vous que je vous en veuille? Je n'ai pas de raison pour désirer votre mort; vous ne m'avez jamais prêté d'argent.

ELSBETH — Mais si le hasard t'a fait voir ce que je veux qu'on ignore, ne dois-je pas te mettre à la porte, de peur de nouvel accident?

FANTASIO — Avez-vous le dessein de me comparer à un confident de tragédie, et craignez-vous que je ne suive votre ombre en déclamant? Ne me chassez pas, je vous en prie. Je m'amuse beaucoup ici. Tenez, voilà votre gouvernante qui arrive avec des mystères[48] plein ses poches. La preuve que je ne l'écouterai pas, c'est que je m'en vais à l'office manger une aile de pluvier[49] que le majordome a mise de côté pour sa femme. (Il sort.)

LA GOUVERNANTE, entrant — Savez-vous une chose terrible, ma chère Elsbeth?

ELSBETH — Que veux-tu dire? tu es toute tremblante.

LA GOUVERNANTE — Le prince n'est pas le prince, ni l'aide de camp non plus. C'est un vrai conte de fées.

ELSBETH — Quel imbroglio[50] me fais-tu là?

LA GOUVERNANTE — Chut! chut! C'est un des officiers du prince lui-même qui vient de me le dire. Le prince de Mantoue est un véritable Almaviva;[51] il est déguisé et caché parmi les aides de camp; il a voulu sans doute chercher à vous voir et à vous connaître d'une manière féerique.[52] Il est déguisé, le digne seigneur, il est déguisé comme Lindor;[53] celui qu'on vous a présenté comme votre futur époux n'est qu'un aide de camp nommé Marinoni.

ELSBETH — Cela n'est pas possible!

LA GOUVERNANTE — Cela est certain, certain mille fois. Le digne homme est déguisé, il est impos-

---

[44] l'ancien bouffon
[45] ancienne monnaie d'or
[46] on ne vous enfermerait pas

[47] culotte et bas
[48] potins (petits commérages) à vous raconter
[49] oiseau apprécié des gourmets
[50] récit d'intrigue compliquée
[51] personnage du *Barbier de Séville* (comédie de Beaumarchais) qui se déguise lui aussi, pour surprendre Rosine dont il est amoureux
[52] digne des contes de fées
[53] nom que Figaro a l'ordre de donner au comte Almaviva dans *Le Barbier de Séville*

sible de le reconnaître; c'est une chose extraordinaire.

ELSBETH — Tu tiens cela, dis-tu, d'un officier?

LA GOUVERNANTE — D'un officier du prince. Vous pouvez le lui demander à lui-même.

ELSBETH — Et il ne t'a pas montré parmi les aides de camp le véritable prince de Mantoue?

LA GOUVERNANTE — Figurez-vous qu'il en tremblait lui-même, le pauvre homme, de ce qu'il me disait. Il ne m'a confié son secret que parce qu'il désire vous être agréable, et qu'il savait que je vous préviendrais. Quant à Marinoni, cela est positif; mais, pour ce qui est du prince véritable, il ne me l'a pas montré.

ELSBETH — Cela me donnerait quelque chose à penser, si c'était vrai. Viens, amène-moi cet officier. (*Entre un page.*)

LA GOUVERNANTE — Qu'y a-t-il, Flamel? Tu parais hors d'haleine.

LE PAGE — Ah! Madame! c'est une chose à en mourir de rire. Je n'ose parler devant votre Altesse.

ELSBETH — Parle: qu'y a-t-il encore de nouveau?

LE PAGE — Au moment où le prince de Mantoue entrait à cheval dans la cour, à la tête de son état-major, sa perruque s'est enlevée dans les airs, et a disparu tout à coup.

ELSBETH — Pourquoi cela?[54] Quelle niaiserie!

LE PAGE — Madame, je veux mourir si ce n'est pas la vérité. La perruque s'est enlevée en l'air au bout d'un hameçon. Nous l'avons retrouvée dans l'office, à côté d'une bouteille cassée; on ignore qui a fait cette plaisanterie. Mais le duc n'en est pas moins furieux, et il a juré que si l'auteur n'en est pas puni de mort, il déclarera la guerre au roi votre père et mettra tout à feu et à sang.

ELSBETH — Viens écouter toute cette histoire, ma chère. Mon sérieux commence à m'abandonner. (*Entre un autre page.*) — Eh bien! quelle nouvelle?

LE PAGE — Madame, le bouffon du roi est en prison: c'est lui qui a enlevé la perruque du prince.

ELSBETH — Le bouffon est en prison? et sur l'ordre du prince?

LE PAGE — Oui, Altesse.

ELSBETH — Viens, chère mère, il faut que je parle. (*Elle sort avec sa gouvernante.*)

[54] Pourquoi racontes-tu cela?

SCÈNE VI — LE PRINCE, MARINONI

LE PRINCE — Non, non, laisse-moi me démasquer. Il est temps que j'éclate. Cela ne se passera pas ainsi. Feu et sang![55] une perruque royale au bout d'un hameçon! Sommes-nous chez les barbares, dans les déserts de la Sibérie! Y a-t-il encore sous le soleil quelque chose de civilisé et de convenable? J'écume de colère, et les yeux me sortent de la tête.

MARINONI — Vous perdez tout par cette violence.

LE PRINCE — Et ce père, ce roi de Bavière, ce monarque vanté dans tous les almanachs de l'année passée! cet homme qui a un extérieur si décent, qui s'exprime en termes si mesurés, et qui se met à rire en voyant la perruque de son gendre voler dans les airs! Car enfin, Marinoni, je conviens que c'est ta perruque qui a été enlevée; mais n'est-ce pas toujours celle du prince de Mantoue, puisque c'est lui que l'on croit voir en toi? Quand je pense que si c'eût été moi, en chair et en os, ma perruque aurait peut-être. . Ah! il y a une Providence; lorsque Dieu m'a envoyé tout à coup l'idée de me travestir;[56] lorsque cet éclair a traversé ma pensée: « Il faut que je me travestisse », ce fatal événement était prévu par le destin. C'est lui qui a sauvé de l'affront le plus intolérable la tête qui gouverne mes peuples. Mais par le ciel! tout sera connu. C'est trop longtemps trahir ma dignité. Puisque les majestés divines et humaines sont impitoyablement violées et lacérées, puisqu'il n'y a plus chez les hommes de notion du bien et du mal, puisque le roi de plusieurs milliers d'hommes éclate de rire comme un palefrenier à la vue d'une perruque, Marinoni, rends-moi mon habit.

MARINONI, *ôtant son habit* — Si mon souverain le commande, je suis prêt à souffrir pour lui mille tortures.

LE PRINCE — Je connais ton dévouement. Viens, je vais dire au roi son fait[57] en propres termes.

MARINONI — Vous refusez la main de la princesse? elle vous a cependant lorgné d'une manière évidente pendant tout le dîner.

LE PRINCE — Tu crois? Je me perds dans un abîme de perplexités. Viens toujours, allons chez le roi.

[55] juron
[56] déguiser
[57] ce que je pense de lui

MARINONI, *tenant l'habit* — Que faut-il faire, Altesse?

LE PRINCE — Remets-le pour un instant. Tu me le rendras tout à l'heure; ils seront bien plus pétrifiés en m'entendant prendre le ton qui me convient, sous ce frac de couleur foncée. (*Ils sortent.*)

SCÈNE VII
Une prison.

FANTASIO, *seul* — Je ne sais s'il y a une Providence, mais c'est amusant d'y croire. Voilà pourtant une pauvre petite princesse qui allait épouser à son corps défendant[58] un animal immonde, un cuistre[59] de province, à qui le hasard a laissé tomber une couronne sur la tête, comme l'aigle d'Eschyle sa tortue.[60] Tout était préparé: les chandelles allumées, le prétendu poudré, la pauvre petite confessée. Elle avait essuyé les deux larmes que j'ai vues couler ce matin. Rien ne manquait que deux ou trois capucinades[61] pour que le malheur de sa vie fût en règle. Il y avait dans tout cela la fortune[62] de deux royaumes, la tranquillité de deux peuples; et il faut que j'imagine de me déguiser en bossu, pour venir me griser derechef[63] dans l'office de notre bon roi, et pour pêcher au bout d'une ficelle la perruque de son cher allié! En vérité, lorsque je suis gris, je crois que j'ai quelque chose de surhumain. Voilà le mariage manqué, et tout remis en question. Le prince de Mantoue a demandé ma tête, en échange de sa perruque. Le roi de Bavière a trouvé la peine un peu forte, et n'a consenti qu'à la prison. Le prince de Mantoue, grâce à Dieu, est si bête qu'il se ferait plutôt couper en morceaux que d'en démordre;[64] ainsi la princesse reste fille, du moins pour cette fois. S'il n'y a pas là le sujet d'un poème épique en douze chants, je ne m'y connais pas. Pope et Boileau ont fait des vers admirables sur des sujets bien moins importants.[65] Ah! si j'étais poète, comme je peindrais la scène de cette perruque voltigeant dans les airs! Mais celui qui est capable de faire de pareilles choses dédaigne de les écrire. Ainsi la postérité s'en passera. (*Il s'endort.* — *Entrent Elsbeth et sa gouvernante, une lampe à la main.*)

ELSBETH — Il dort; ferme la porte doucement.

LA GOUVERNANTE — Voyez; cela n'est pas douteux. Il a ôté sa perruque postiche, sa difformité a disparu en même temps; le voilà tel qu'il est, tel que ses peuples le voient sur son char de triomphe; c'est le noble prince de Mantoue.

ELSBETH — Oui, c'est lui; voilà ma curiosité satisfaite; je voulais voir son visage, et rien de plus; laisse-moi me pencher sur lui. (*Elle prend la lampe.*) Psyché, prends garde à ta goutte d'huile.[66]

LA GOUVERNANTE — Il est beau comme un vrai Jésus.

ELSBETH — Pourquoi m'as-tu donné à lire tant de romans et de contes de fées? Pourquoi as-tu semé dans ma pauvre pensée tant de fleurs étranges et mystérieuses?

LA GOUVERNANTE — Comme vous voilà émue sur la pointe de vos petits pieds!

ELSBETH — Il s'éveille; allons-nous-en.

FANTASIO, *s'éveillant* — Est-ce un rêve? Je tiens le coin d'une robe blanche.

ELSBETH — Lâchez-moi; laissez-moi partir.

FANTASIO — C'est vous, princesse! Si c'est la grâce[67] du bouffon du roi que vous m'apportez si divinement, laissez-moi remettre ma bosse et ma perruque; ce sera fait dans un instant.

LA GOUVERNANTE — Ah! Prince, qu'il vous sied mal[68] de nous tromper ainsi! Ne reprenez pas ce costume; nous savons tout.

FANTASIO — Prince! Où en voyez-vous un?

---

[58] malgré elle et par force
[59] pédant grossier
[60] Une tortue lâchée par un aigle sur le crâne chauve d'Eschyle, le grand dramaturge grec, l'aurait tué, selon la fable antique.
[61] petits discours dévots
[62] le sort
[63] encore une fois
[64] d'y renoncer

[65] Pope a composé *La Boucle de cheveux enlevée*, Boileau a composé *Le Lutrin*.
[66] La goutte d'huile tombée de la lampe de la jeune Psyché, sur son amant Cupidon endormi. Il l'aimait en cachette et donc lui avait fait défense de vouloir connaître son visage, parce qu'il craignait la colère de Vénus, sa mère, si elle venait à tout savoir. Il se réveilla et s'enfuit, mais bientôt, pris de pitié et toujours amoureux, revint, épousa la jeune fille et l'immortalisa. (légende mythologique)
[67] pardon et remise d'une peine
[68] Ce n'est pas convenable, de votre part.

LA GOUVERNANTE — A quoi sert-il de dissimuler?

FANTASIO — Je ne dissimule pas le moins du monde; par quel hasard m'appelez-vous prince?

LA GOUVERNANTE — Je connais mes devoirs envers Votre Altesse.

FANTASIO — Madame, je vous supplie de m'expliquer les paroles de cette honnête dame. Y a-t-il réellement quelque méprise extravagante, ou suis-je l'objet d'une raillerie?

ELSBETH — Pourquoi le demander, lorsque c'est vous-même qui raillez?

FANTASIO — Suis-je donc un prince, par hasard? Concevrait-on quelque soupçon sur l'honneur de ma mère?

ELSBETH — Qui êtes-vous si vous n'êtes pas le prince de Mantoue?

FANTASIO — Mon nom est Fantasio; je suis un bourgeois de Munich. (Il lui montre une lettre.)

ELSBETH — Un bourgeois de Munich! Et pourquoi êtes-vous déguisé? Que faites-vous ici?

FANTASIO — Madame, je vous supplie de me pardonner. (Il se jette à genoux.)

ELSBETH — Que veut dire cela? Relevez-vous, homme, et sortez d'ici. Je vous fais grâce d'une punition que vous mériteriez peut-être. Qui vous a poussé à cette action?

FANTASIO — Je ne puis dire le motif qui m'a conduit ici.

ELSBETH — Vous ne pouvez le dire? et cependant je veux le savoir.

FANTASIO — Excusez-moi: je n'ose l'avouer.

LA GOUVERNANTE — Sortons, Elsbeth; ne vous exposez pas à entendre des discours indignes de vous. Cet homme est un voleur, ou un insolent qui va vous parler d'amour.

ELSBETH — Je veux savoir la raison qui vous a fait prendre ce costume.

FANTASIO — Je vous supplie, épargnez-moi.

ELSBETH — Non, non! parlez, ou je ferme cette porte sur vous pour dix ans.

FANTASIO — Madame, je suis criblé de dettes; mes créanciers ont obtenu un arrêt contre moi; à l'heure où je vous parle, mes meubles sont vendus, et si je n'étais dans cette prison, je serais dans une autre. On a dû venir m'arrêter hier au soir; ne sachant où passer la nuit, ni comment me soustraire aux poursuites [69] des huissiers, j'ai imaginé de prendre ce costume et de venir me réfugier aux pieds du roi; si vous me rendez la liberté, on va me prendre au collet; mon oncle est un avare qui vit de pommes de terre et de radis, et qui me laisse mourir de faim dans tous les cabarets du royaume. Puisque vous voulez le savoir, je dois vingt mille écus.

ELSBETH — Tout cela est-il vrai?

FANTASIO — Si je mens, je consens à les payer. (On entend un bruit de chevaux.)

LA GOUVERNANTE — Voilà des chevaux qui passent; c'est le roi en personne. Si je pouvais faire signe à un page! (Elle appelle par la fenêtre.) Holà! Flamel, où allez-vous donc?

LE PAGE, en dehors — Le prince de Mantoue va partir.

LA GOUVERNANTE — Le prince de Mantoue!

LE PAGE — Oui, la guerre est déclarée. Il y a eu entre lui et le roi une scène épouvantable devant toute la cour, et le mariage de la princesse est rompu.

ELSBETH — Entendez-vous cela, monsieur Fantasio? vous avez fait manquer mon mariage.

LA GOUVERNANTE — Seigneur, mon Dieu! le prince de Mantoue s'en va, et je ne l'aurai pas vu!

ELSBETH — Si la guerre est déclarée, quel malheur!

FANTASIO — Vous appelez cela un malheur, Altesse? Aimeriez-vous mieux un mari qui prend fait et cause pour [70] sa perruque? Eh! Madame, si la guerre est déclarée, nous saurons quoi faire de nos bras; les oisifs de nos promenades mettront leurs uniformes; moi-même je prendrai mon fusil de chasse, s'il n'est pas encore vendu. Nous irons faire un tour d'Italie, et si vous entrez jamais [71] à Mantoue, ce sera comme une véritable reine, sans qu'il y ait besoin pour cela d'autres cierges que nos épées.

ELSBETH — Fantasio, veux-tu rester le bouffon de mon père? Je te paye tes vingt mille écus.

FANTASIO — Je le voudrais de grand cœur; mais, en vérité, si j'y étais forcé, je sauterais par la fenêtre pour me sauver un de ces jours.

[69] procédure de justice
[70] se range dans le parti de
[71] un jour (gallicisme)

ELSBETH — Pourquoi? Tu vois que Saint-Jean est mort; il nous faut absolument un bouffon.

FANTASIO — J'aime ce métier plus que tout autre; mais je ne puis faire aucun métier. Si vous trouvez que cela vaille vingt mille écus de vous avoir débarrassée du prince de Mantoue, donnez-les-moi, et ne payez pas mes dettes. Un gentilhomme sans dettes ne saurait où se présenter. Il ne m'est jamais venu à l'esprit de me trouver sans dettes.

ELSBETH — Eh bien! je te les donne; mais prends la clef de mon jardin: le jour où tu t'ennuieras d'être poursuivi par tes créanciers, viens te cacher dans les bluets où je t'ai trouvé ce matin; aie soin de prendre ta perruque et ton habit bariolé; ne parais jamais devant moi sans cette taille contrefaite et ces grelots d'argent; car c'est ainsi que tu m'as plu: tu redeviendras mon bouffon pour le temps qu'il te plaira de l'être, et puis tu iras à tes affaires. Maintenant tu peux t'en aller, la porte est ouverte.

LA GOUVERNANTE — Est-il possible que le prince de Mantoue soit parti sans que je l'aie vu?

V. Le Roman

STENDHAL (1783–1842)

NÉ A GRENOBLE d'un avocat au parlement de la province dauphinoise, Henri Beyle est entré à treize ans à l'École centrale de la ville en vue d'y préparer l'École polytechnique, mais il ne s'est pas présenté à l'examen. Privé de sa mère à sept ans, il a adoré une de ses sœurs, Pauline. Un parent, le comte Pierre Daru, personnage important, l'a fait entrer dans l'administration, à Paris, puis en 1800, comme sous-lieutenant de dragons, à l'armée de Napoléon en Italie.

Il a appartenu à l'Intendance de 1806 à 1809. Après un séjour de trois ans dans la capitale comme auditeur au Conseil d'État, il est revenu à la carrière militaire et a rejoint la Grande Armée; il a traversé les horreurs de Moscou et de la Bérésina avec le plus grand sang-froid: son chef le voyait surgir chaque matin correct et bien rasé.

En 1813, Beyle a quitté la Grande Armée et est rentré en France. Le gouvernement de la Restauration lui offrit vainement de diriger l'approvisionnement de Paris, il refusa: il détestait les royalistes, les prêtres et les bourgeois. Il avait contracté à vingt ans la passion de l'Italie et il y avait été amoureux. Il alla donc vivre à Milan, pauvre mais libre. Il y publia des compilations d'histoire de l'art, mais s'en vit chassé par la police autrichienne. Il devient alors un mondain parisien et commence d'écrire ses romans.

Il salue avec plaisir la révolution du 29 juillet 1830, ayant moins d'antipathie pour Louis-Philippe que pour Charles X. Il demande un poste dans la diplomatie, on l'envoie à Trieste comme consul de France, puis à Civitavecchia. Il prend le plus de congés possible, qu'il vient passer à Paris, où il meurt foudroyé par une attaque d'apoplexie.

Henri Beyle a écrit sous le pseudonyme de Stendhal, nom d'une petite ville allemande. D'abord essayiste, il a milité pour la liberté dans l'art et la littérature avec *Racine et Shakespare* (1823). En 1822 il avait publié *De l'amour*, analyse générale, mais aussi autobiographique: on retrouve là les espoirs, les joies, et les tristesses que lui inspirait alors Mathilde Viscontini, milanaise mariée à un officier polonais.

Stendhal est l'auteur de souvenirs de voyage, *Rome, Naples et Florence* (1817), *Promenades dans Rome* (1829), *Mémoires d'un touriste* (1838). Mais son œuvre essentielle consiste en quatre romans, *Armance* (1827), *Le Rouge et le Noir* (1831), *La Chartreuse de Parme* (1839), *Lucien Leuwen* (posthume, publié en 1895).

Dans les romans de Stendhal il s'agit toujours d'une chasse au bonheur. Dans *Le Rouge et le Noir,* la jeunesse libérée par les promesses révolutionnaires se heurte à une société hostile, satisfaite, égoïste, et fermée. Dans *La Chartreuse de Parme,* c'est la jeunesse encore, mais en Italie, et brimée par une politique que commande l'Autriche. L'exaltation de l'énergie inspire ces récits, Stendhal a aimé l'énergie plus que tout, c'est pourquoi il avait voué un culte à Napoléon.

Par conséquent, c'est Stendhal en personne que nous retrouvons dans son œuvre romanesque: sa passion pour l'Italie, son expérience de l'armée, sa collaboration avec Daru, ses amours. Voilà ce qui la fait si vivante, ce qui la remplit des manifestations passionnées du cœur humain. L'esprit d'analyse n'est si efficace chez Stendhal que parce que son intelligence très lucide a éclairé une sensibilité ardente et profonde.

Aussi, malgré l'intérêt de Julien Sorel et de ses protecteurs, du comte Mosca et de Lucien Leuwen, est-ce le chœur des figures de femmes qui reflètent le mieux le génie du romancier: Mme de Rénal, Mlle de La Mole, la duchesse de Sanséverina, Clélia Conti, Mme de Chasteller.

Stendhal est romantique par l'exaltation de la passion qui se mêle à son culte de l'énergie et par son horreur des contraintes, donc par l'importance qu'il donne à son Moi et au Moi de ses personnages. Mais ce Moi, au lieu d'en faire une source de poésie et un principe de conscience morale, il lui fait affronter le monde de la politique, des hypocrisies sociales, des préjugés bourgeois, et il lui choisit comme moteur la clairvoyance de l'esprit, la vigilance de l'analyse, la force de la volonté, combinées avec les ardeurs du cœur.

Stendhal est remarquable par la sobriété, l'acuité, l'ironie de son style. Il feignait d'avoir pris pour modèle le Code civil. Par là, il est resté comme Mérimée à l'écart de son temps. « Je serai comprise vers 1880 », disait-il. Il l'a été en effet à partir de cette date, « découvert » par Taine, « redécouvert » par Paul Bourget et sa génération. Depuis lors on voit toujours des stendhaliens dans chaque génération qui arrive à la vie littéraire et il existe un groupe d'écrivains dévoués à sa mémoire, le « Stendhal-Club ».

Le Rouge et le Noir

UN COMBAT DE L'AMOUR ET DE L'ORGUEIL

[*L'histoire racontée par Stendhal dans* Le Rouge et le Noir *se passe en France sous la Restauration,* à une époque où les ambitieux se font prêtres et portent « le noir ». C'est ce qu'a fait Julien Sorel, fils d'un charpentier. Sous Napoléon, il aurait pris l'uniforme de soldat, « le rouge ». Précepteur des 5 enfants de M. de Rénal, maire de Verrières*

*(Franche-Comté), il est devenu l'amant de Mme
de Rênal. Dénoncé, envoyé par son protecteur, le
curé de la petite ville, au séminaire de Besançon, il
n'y reste point et entre chez le marquis de La Mole,
à Paris, comme secrétaire. Cette fois, c'est la fille de* 5
son maître dont il gagne l'amour.

*Mathilde de La Mole est fière, hautaine, altière;
et Julien, follement orgueilleux, craint toujours de
se voir méprisé et bafoué à cause de ses origines. Et
cependant les deux cœurs, nobles et ardents, com-* 10
*munient. Mais la lutte que l'amour et l'orgueil
soutiennent en eux l'un contre l'autre ne cesse pas.]*

X. LA REINE MARGUERITE

Amour! dans quelle folie ne parviens-tu pas à
nous faire trouver du plaisir?   15
Lettres d'une Religieuse portugaise

. . . Julien ne voyait qu'affectation dans toutes 20
les femmes de Paris; et, pour peu qu'il fût disposé à
la tristesse, ne trouvait rien à leur dire. Mademoiselle de La Mole fit exception.

Il commençait à ne plus prendre pour de la sécheresse de cœur le genre de beauté qui tient à la 25
noblesse du maintien. Il eut de longues conversations avec mademoiselle de La Mole, qui, quelquefois
après dîner, se promenait avec lui dans le jardin, le long des fenêtres ouvertes du salon. Elle lui
dit un jour qu'elle lisait l'histoire de d'Aubigné, et 30
Brantôme.[1] Singulière lecture, pensa Julien; et la
marquise ne lui permet pas de lire les romans de
Walter Scott!

Un jour elle lui raconta, avec ces yeux brillants
de plaisir qui prouvent la sincérité de l'admiration, 35
ce trait d'une jeune femme du règne de Henri III,
qu'elle venait de lire dans les *Mémoires* de l'Étoile:[2]
trouvant son mari infidèle, elle le poignarda.

L'amour-propre de Julien était flatté. Une per-

sonne environnée de tant de respects, et qui, au dire
de l'académicien,[3] menait toute la maison, daignait
lui parler d'un air qui pouvait presque ressembler à
de l'amitié.

Je m'étais trompé, pensa bientôt Julien; ce n'est
pas de la familiarité, je ne suis qu'un confident de
tragédie, c'est le besoin de parler. Je passe pour savant dans cette famille. Je m'en vais lire Brantôme,
d'Aubigné, l'Étoile. Je pourrai contester quelques-
unes des anecdotes dont me parle mademoiselle 10
de La Mole. Je veux sortir de ce rôle de confident
passif.[4]

Peu à peu ses conversations avec cette jeune fille,
d'un maintien si imposant et en même temps si aisé,
devinrent plus intéressantes. Il oubliait son triste 15
rôle de plébéien révolté. Il la trouvait savante, et
même raisonnable. Ses opinions dans le jardin
étaient bien différentes de celles qu'elle avouait au
salon. Quelquefois elle avait avec lui un enthousiasme et une franchise qui formaient un contraste 20
parfait avec sa manière d'être ordinaire, si altière et
si froide.

—Les guerres de la Ligue[5] sont les temps héroïques de la France, lui disait-elle un jour, avec des
yeux étincelants de génie et d'enthousiasme. Alors 25
chacun se battait pour obtenir une certaine chose
qu'il désirait, pour faire triompher son parti, et non
pas pour gagner platement une croix comme du
temps de votre empereur.[6] Convenez qu'il y avait 30
moins d'égoïsme et de petitesse. J'aime ce siècle.

—Et Boniface de La Mole en fut le héros, lui
dit-il.[7]

—Du moins il fut aimé comme peut-être il est
doux de l'être. Quelle femme actuellement vivante 35
n'aurait horreur de toucher à la tête de son amant
décapité?

Madame de La Mole appela sa fille. L'hypocrisie,
pour être utile, doit se cacher; et Julien, comme on
voit, avait fait à mademoiselle de La Mole une 40
demi-confidence sur son admiration pour Napoléon.

---

[1] Poète et chroniqueur français du seizième siècle, qui
ont accrédité la légende des amours de Marguerite de Valois
(la reine Margot), femme de Henri de Navarre (futur
Henri IV), avec Boniface de la Mole. Celui-ci, chef d'un
complot contre Henri III, fut arrêté et décapité (1574).
D'après la légende, Marguerite l'aurait enseveli elle-même
à l'abbaye Saint-Martin, au pied de Montmartre.
[2] Pierre de l'Estoile (1546–1611) grand audiencier de
la Chancellerie, n'a pas rédigé de Mémoires, mais a tenu un
Journal pendant les règnes de Henri III et Henri IV.

[3] habitué de la maison du marquis de La Mole
[4] qui écoute sans parler
[5] organisation politique des Catholiques, qui a soutenu
contre les Protestants les « guerres de religion » au XVIᵉ
siècle, en France
[6] Napoléon, dont Julien restait, sous la Restauration,
fervent admirateur: ce qui explique le « votre ».
[7] dit Julien

Voilà l'immense avantage qu'ils ont sur nous, se dit Julien, resté seul au jardin. L'histoire de leurs aïeux les élève au-dessus des sentiments vulgaires, et ils n'ont pas toujours à songer à leur subsistance! Quelle misère! ajoutait-il avec amertume, je suis indigne de raisonner sur ces grands intérêts. Ma vie n'est qu'une suite d'hypocrisies, parce que je n'ai pas mille francs de rente pour acheter du pain.

— A quoi rêvez-vous là, monsieur? lui dit Mathilde, qui revenait en courant.

Julien était las de se mépriser. Par orgueil, il dit franchement sa pensée. Il rougit beaucoup en parlant de sa pauvreté à une personne aussi riche. Il chercha à bien exprimer par son ton fier qu'il ne demandait rien. Jamais il n'avait semblé aussi joli à Mathilde; elle lui trouva une expression de sensibilité et de franchise qui souvent lui manquait.

A moins d'un mois de là, Julien se promenait pensif dans le jardin de l'hôtel de La Mole; mais sa figure n'avait plus la dureté et la roguerie philosophique[8] qu'y imprimait le sentiment continu de son infériorité. Il venait de reconduire jusqu'à la porte du salon mademoiselle de La Mole, qui prétendait s'être fait mal au pied en courant avec son frère.

Elle s'est appuyée sur mon bras d'une façon bien singulière! se disait Julien. Suis-je un fat,[9] ou serait-il vrai qu'elle a du goût pour moi? Elle m'écoute d'un air si doux, même quand je lui avoue toutes les souffrances de mon orgueil! Elle qui a tant de fierté avec tout le monde! On serait bien étonné au salon si on lui voyait cette physionomie. Très-certainement cet air doux et bon, elle ne l'a avec personne.

Julien cherchait à ne pas s'exagérer cette singulière amitié. Il la comparait lui-même à un commerce armé.[10] Chaque jour en se retrouvant, avant de reprendre le ton presque intime de la veille, on se demandait presque: Serons-nous aujourd'hui amis ou ennemis? Julien avait compris que se laisser offenser impunément une seule fois par cette fille si hautaine, c'était tout perdre. Si je dois me brouiller, ne vaut-il pas mieux que ce soit de prime abord, en défendant les justes droits de mon orgueil, qu'en repoussant les marques de mépris dont serait bientôt suivi le moindre abandon de ce que je dois à ma dignité personnelle?

Plusieurs fois, en des jours de mauvaise humeur, Mathilde essaya de prendre avec lui le ton d'une grande dame;[11] elle mettait une rare finesse à ces tentatives, mais Julien les repoussait rudement.

Un jour il l'interrompit brusquement: Mademoiselle de La Mole a-t-elle quelque ordre à donner au secrétaire de son père? lui dit-il; il doit écouter ses ordres, et les exécuter avec respect; mais du reste,[12] il n'a pas un mot à lui adresser. Il n'est point payé pour lui communiquer ses pensées.

Cette manière d'être et les singuliers doutes qu'avait Julien, firent disparaître l'ennui qu'il trouvait régulièrement dans ce salon si magnifique, mais où l'on avait peur de tout, et où il n'était convenable de plaisanter de rien.[13]

Il serait plaisant qu'elle m'aimât! Qu'elle m'aime ou non, continuait Julien, j'ai pour confidente intime une fille d'esprit, devant laquelle je vois trembler toute la maison, et, plus que tous les autres, le marquis de Croisenois.[14] Ce jeune homme si poli, si doux, si brave, et qui réunit tous les avantages de naissance et de fortune dont un seul me mettrait le cœur si à l'aise! Il en est amoureux fou, il doit l'épouser. Que de lettres M. de La Mole m'a fait écrire aux deux notaires pour arranger le contrat! Et moi qui me vois si subalterne la plume à la main,[15] deux heures après, ici dans le jardin, je triomphe de ce jeune homme si aimable: car enfin, les préférences sont frappantes, directes. Peut-être aussi elle hait en lui un mari futur. Elle a assez de hauteur pour cela. Et les bontés qu'elle a pour moi, je les obtiens à titre de confident subalterne!

Mais non, ou je suis fou, ou elle me fait la cour;[16] plus je me montre froid et respectueux avec elle, plus elle me recherche. Ceci pourrait être un parti pris, une affectation; mais je vois ses yeux s'animer

---

[8] air sombre, causé par la réflexion
[9] sot prétentieux
[10] relation de société entre deux personnes dressées l'une contre l'autre
[11] femme appartenant à la haute société
[12] pour le reste, en dehors du secrétariat
[13] Tel était le ton des salons sous la Restauration, dominée par l'esprit dévot.
[14] familier de la maison
[15] aux ordres d'une autre personne quand il est dans la position de secrétaire
[16] Elle me flatte par amour.

quand je parais à l'improviste. Les femmes de Paris savent-elles feindre à ce point? Que m'importe! j'ai l'apparence pour moi, jouissons des apparences. Mon Dieu, qu'elle est belle! Que ses grands yeux bleus me plaisent, vus de près, et me regardant 5 comme ils le font souvent! Quelle différence de ce printemps-ci à celui de l'année passée, quand je vivais malheureux et me soutenant à force de caractère, au milieu de ces trois cents hypocrites méchants et sales! [17] J'étais presque aussi méchant 10 qu'eux.

Dans les jours de méfiance: Cette jeune fille se moque de moi, pensait Julien. Elle est d'accord avec son frère pour me mystifier.[18] Mais elle a l'air de tellement mépriser le manque d'énergie de ce frère! 15 Il est brave, et puis c'est tout, me dit-elle. Il n'a pas une pensée qui ose s'écarter de la mode. C'est toujours moi qui suis obligé de prendre sa défense. Une jeune fille de dix-neuf ans! A cet âge peut-on être fidèle à chaque instant de la journée à l'hypocrisie 20 qu'on s'est prescrite? [19]

D'un autre côté, quand mademoiselle de La Mole fixe sur moi ses grands yeux bleus avec une certaine expression singulière, toujours le comte Norbert [20] s'éloigne. Ceci m'est suspect; ne devrait-il pas s'in- 25 digner de ce que sa sœur distingue un *domestique* [21] de leur maison? car j'ai entendu le duc de Chaulnes [22] parler ainsi de moi. A ce souvenir la colère remplaçait tout autre sentiment. Est-ce amour du vieux langage chez ce duc maniaque? [23] 30

Eh bien, elle est jolie! continuait Julien avec des regards de tigre. Je l'aurai, je m'en irai ensuite, et malheur à qui me troublera dans ma fuite!

Cette idée devint l'unique affaire de Julien; il ne pouvait plus penser à rien autre chose. Ses jour- 35 nées passaient comme des heures.

A chaque instant, cherchant à s'occuper de quelque affaire sérieuse, sa pensée abandonnait tout, et il se réveillait un quart d'heure après, le cœur palpitant, la tête troublée, et rêvant à cette idée: 40 M'aime-t-elle?

[17] ses camarades du séminaire
[18] s'amuser de moi
[19] qu'on s'est donnée pour règle
[20] le frère de Mathilde
[21] qui fait partie de la maison mais est payé
[22] grand-père maternel de Mlle de La Mole
[23] qui a des manies (habitudes bizarres, ridicules)

XI. L'EMPIRE D'UNE JEUNE FILLE

J'admire sa beauté, mais je crains son esprit.

Mérimée [1]

Si Julien eût employé à examiner ce qui se passait dans le salon le temps qu'il mettait à s'exagérer la beauté de Mathilde, ou à se passionner contre la hauteur [2] naturelle à sa famille, qu'elle oubliait pour lui, il eût compris en quoi consistait son empire sur tout ce qui l'entourait. Dès qu'on déplaisait à mademoiselle de La Mole, elle savait punir par une plaisanterie si mesurée, si bien choisie, si convenable en apparence, lancée si à propos, que la blessure croissait à chaque instant, plus on y réfléchissait. Peu à peu elle devenait atroce pour l'amour-propre offensé. Comme elle n'attachait aucun prix à bien des choses qui étaient des objets de désirs sérieux pour le reste de la famille, elle paraissait toujours de sang-froid à leurs yeux. Les salons de l'aristocratie sont agréables à citer [3] quand on en sort, mais voilà tout; la politesse toute seule n'est quelque chose par elle-même que les premiers jours. Julien l'éprouvait; après le premier enchantement, le premier étonnement. La politesse, se disait-il, n'est que l'absence de la colère que donneraient les mauvaises manières. Mathilde s'ennuyait souvent, peut-être se fût-elle ennuyée partout. Alors aiguiser une épigramme [4] était pour elle une distraction et un vrai plaisir.

C'était peut-être pour avoir des victimes un peu plus amusantes que ses grands parents, que l'académicien et les cinq ou six autres subalternes qui leur faisaient la cour, qu'elle avait donné des espérances au marquis de Croisenois, au comte de Caylus et deux ou trois autres jeunes gens de la première distinction. Ils n'étaient pour elle que de nouveaux objets d'épigramme.

Nous avouerons avec peine, car nous aimons Mathilde,[5] qu'elle avait reçu des lettres de plusieurs d'entre eux, et leur avait quelquefois répondu. Nous nous hâtons d'ajouter que ce personnage fait exception aux mœurs du siècle. Ce n'est pas en général le

[1] boutade parlée, car elle ne figure nulle part dans les œuvres de Mérimée (ami de Stendhal)
[2] orgueil dans les manières et le ton
[3] pour faire savoir qu'on les fréquente
[4] propos railleur et piquant (ce qui explique *aiguiser*)
[5] *nous:* romancier et lecteur

manque de prudence que l'on peut reprocher aux élèves du noble couvent du Sacré-Cœur.[6]

Un jour le marquis de Croisenois rendit à Mathilde une lettre assez compromettante qu'elle lui avait écrite la veille. Il croyait par cette marque de haute prudence avancer beaucoup ses affaires.[7] Mais c'était l'imprudence que Mathilde aimait dans ses correspondances. Son plaisir était de jouer son sort. Elle ne lui adressa pas la parole de six semaines.

Elle s'amusait des lettres de ces jeunes gens; mais suivant elle, toutes se ressemblaient. C'était toujours la passion la plus profonde, la plus mélancolique.

— Ils sont tous le même homme parfait, prêt à partir pour la Palestine,[8] disait-elle à sa cousine. Connaissez-vous quelque chose de plus insipide? Voilà donc les lettres que je vais recevoir toute la vie! Ces lettres-là ne doivent changer que tous les vingt ans, suivant le genre d'occupation qui est à la mode. Elles devaient être moins décolorées du temps de l'Empire. Alors tous ces jeunes gens du grand monde avaient vu ou fait des actions qui *réellement* avaient de la grandeur. Le duc de N * * *, mon oncle, a été à Wagram.[9]

— Quel esprit faut-il pour donner un coup de sabre? Et quand cela leur est arrivé, ils en parlent si souvent! dit mademoiselle de Sainte-Hérédité, la cousine de Mathilde.

— Eh bien! ces récits me font plaisir. Être dans une *véritable* bataille, une bataille de Napoléon, où l'on tuait dix mille soldats, cela prouve du courage. S'exposer au danger élève l'âme et la sauve de l'ennui où mes pauvres adorateurs semblent plongés; et il est contagieux, cet ennui. Lequel d'entre eux a l'idée de faire quelque chose d'extraordinaire? Ils cherchent à obtenir ma main, la belle affaire! Je suis riche, et mon père avancera[10] son gendre. Ah! pût-il en trouver un qui fût un peu amusant!

La manière de voir vive, nette, pittoresque de Mathilde, gâtait son langage comme on voit. Souvent un mot d'elle faisait tache aux yeux de ses amis si polis. Ils se seraient presque avoué, si elle eût été moins à la mode, que son parler avait quel-

que chose d'un peu coloré pour la délicatesse féminine.

Elle, de son côté, était bien injuste envers les jolis cavaliers qui peuplent le bois de Boulogne. Elle voyait l'avenir non pas avec terreur, c'eût été un sentiment vif, mais avec un dégoût bien rare à son âge.

Que pouvait-elle désirer? la fortune, la haute naissance, l'esprit, la beauté, à ce qu'on disait,[11] et à ce qu'elle croyait, tout avait été accumulé sur elle par les mains du hasard.

Voilà quelles étaient les pensées de l'héritière la plus enviée du faubourg Saint-Germain,[12] quand elle commença à trouver du plaisir à se promener avec Julien. Elle fut étonnée de son orgueil; elle admira l'adresse de ce petit bourgeois. Il saura se faire évêque comme l'abbé Maury,[13] se dit-elle.

Bientôt cette résistance sincère et non jouée, avec laquelle notre héros accueillait plusieurs de ses idées, l'occupa; elle y pensait; elle racontait à son amie les moindres détails des conversations, et trouvait que jamais elle ne parvenait à en bien rendre toute la physionomie.

Une idée l'illumina tout à coup: J'ai le bonheur d'aimer, se dit-elle un jour, avec un transport de joie incroyable. J'aime, j'aime, c'est clair! A mon âge, une fille jeune, belle, spirituelle, où peut-elle trouver des sensations, si ce n'est dans l'amour? J'ai beau faire, je n'aurai jamais d'amour pour Croisenois, Caylus, et *tutti quanti*.[14] Ils sont parfaits, trop parfaits peut-être; enfin, ils m'ennuient.

Elle repassa dans sa tête toutes les descriptions de passion qu'elle avait lues dans *Manon Lescaut*, la *Nouvelle Héloïse*, les *Lettres d'une Religieuse portugaise*,[15] etc., etc. Il n'était question, bien entendu, que de la grande passion; l'amour léger était indigne d'une fille de son âge et de sa naissance. Elle ne donnait le nom d'amour qu'à ce sentiment héroïque que l'on rencontrait en France du temps de

---

[6] où avait été élevée Mlle de la Mole

[7] affaires de cœur

[8] comme au temps des Croisades

[9] victoire de Napoléon sur les Autrichiens (juillet 1809)

[10] fera faire des progrès dans sa carrière à

[11] *à ce qu'on*: comme on le

[12] quartier parisien de la haute société

[13] fils d'un cordonnier, il fut évêque et cardinal (1746–1817)

[14] tous les habitués du salon de La Mole; *Tutti quanti*: tous sans exception

[15] Livres d'amour, dont les deux premiers sont des romans de l'abbé Prévost et de J.-J. Rousseau. Les *Lettres d'une Religieuse portugaise* étaient adressées à un officier français, le comte de Saint-Léger, au dix-septième siècle.

Henri III et de Bassompierre.[16] Cet amour-là ne cédait point bassement aux obstacles; mais, bien loin de là, faisait faire de grandes choses. Quel malheur pour moi qu'il n'y ait pas une cour véritable comme celle de Catherine de Médicis ou de Louis XIII! Je me sens au niveau de tout ce qu'il y a de plus hardi et de plus grand. Que ne ferais-je pas d'un roi homme de cœur, comme Louis XIII, soupirant à mes pieds! Je le mènerais en Vendée,[17] comme dit si souvent le baron de Tolly, et de là il reconquer- rait son royaume; alors plus de charte . . . et Julien me seconderait. Que lui manque-t-il? un nom [18] et de la fortune. Il se ferait un nom, il acquerrait de la fortune.

Rien ne manque à Croisenois, et il ne sera toute sa vie qu'un duc à demi-ultra,[19] à demi-libéral, un être indécis toujours éloigné des extrêmes, et *par conséquent se trouvant le second partout.*

Quelle est la grande action qui ne soit pas *un extrême* au moment où on l'entreprend? C'est quand elle est accomplie qu'elle semble possible aux êtres du commun. Oui, c'est l'amour avec tous ses miracles qui va régner dans mon cœur; je le sens au feu [20] qui m'anime. Le ciel me devait cette faveur. Il n'aura pas en vain accumulé sur un seul être tous les avantages. Mon bonheur sera digne de moi. Chacune de mes journées ne ressemblera pas froidement à celle de la veille. Il y a déjà de la grandeur et de l'audace à oser aimer un homme placé si loin de moi par sa position sociale. Voyons: continuera-t-il à me mériter? [21] A la première fai- blesse que je vois en lui, je l'abandonne. Une fille de ma naissance, et avec le caractère chevaleresque que l'on veut bien m'accorder (c'était un mot de son père), ne doit pas se conduire comme une sotte.

N'est-ce pas là le rôle que je jouerais si j'aimais le marquis de Croisenois? J'aurais une nouvelle édi- tion du bonheur [22] de mes cousines, que je méprise si complètement. Je sais d'avance tout ce que me dirait le pauvre marquis, tout ce que j'aurais à lui répondre. Qu'est-ce qu'un amour qui fait bâiller? autant vaudrait être dévote. J'aurais une signature de contrat [23] comme celle de la cadette de mes cou- sines, où les grands parents s'attendriraient, si pour- tant ils n'avaient pas d'humeur [24] à cause d'une dernière condition introduite la veille dans le con- trat par le notaire de la partie adverse.

XII. SERAIT–CE UN DANTON?

Le besoin d'anxiété, tel était le caractère de la belle Marguerite de Valois, ma tante qui bientôt épousa le roi de Navarre, que nous voyons de pré- sent régner en France sous le nom de Henry IV. Le besoin de jouer formait tout le secret du caractère de cette princesse aimable; de là ses brouilles et ses raccommodements avec ses frères dès l'âge dè seize ans. Or, que peut jouer une jeune fille? Ce qu'elle a de plus précieux: sa réputation, la con- sidération de toute sa vie.
Mémoires du duc d'Angoulême, fils naturel de Charles IX

Entre Julien et moi il n'y a point de signature de contrat, point de notaire; tout est héroïque, tout sera fils du hasard. A la noblesse près, qui lui manque, c'est l'amour de Marguerite de Valois pour le jeune La Mole, l'homme le plus distingué son temps.[1] Est-ce ma faute à moi si les jeunes gens de la cour sont de si grands partisans du *convenable,* et pâlis- sent à la seule idée de la moindre aventure un peu singulière? Un petit voyage en Grèce ou en Afri- que [2] est pour eux le comble de l'audace, et en- core ne savent-ils marcher qu'en troupe. Dès qu'ils se voient seuls, ils ont peur, non de la lance du Bé- douin, mais du ridicule, et cette peur les rend fous.

Mon petit Julien, au contraire, n'aime à agir que seul. Jamais, dans cet être privilégié, la moindre idée de chercher de l'appui et du secours dans les autres! il méprise les autres, c'est pour cela que je ne le méprise pas.

Si, avec sa pauvreté, Julien était noble, mon

---

[16] maréchal de France (1579–1646), qui eut beaucoup de succès féminins
[17] pour se retremper dans ce milieu anti-révolutionnaire et rendre à la monarchie de Charles X tout son pouvoir (que limitait la Charte)
[18] nom noble
[19] *ultra:* partisan du pouvoir absolu
[20] mouvement passionné
[21] être digne de moi
[22] je serais heureuse à la manière de

[23] droit de signer des actes devant notaire
[24] mauvaise humeur

[1] Cf. ch. X, « la reine Marguerite ».
[2] allusions aux volontaires qui combattirent pour la cause grecque contre les Turcs à partir de 1821, et au débarquement des Français sur la terre d'Afrique en juin 1830

amour ne serait qu'une sottise vulgaire, une mésalliance plate; je n'en voudrais pas; il n'aurait point ce qui caractérise les grandes passions: l'immensité de la difficulté à vaincre et la noire incertitude de l'événement.

Mademoiselle de La Mole était si préoccupée de ces beaux raisonnements, que le lendemain, sans s'en douter, elle vantait Julien au marquis de Croisenois et à son frère. Son éloquence alla si loin, qu'elle les piqua.

— Prenez bien garde à ce jeune homme, qui a tant d'énergie, s'écria son frère; si la révolution recommence, il nous fera tous guillotiner.

Elle se garda de répondre, et se hâta de plaisanter son frère et le marquis de Croisenois sur la peur que leur faisait l'énergie. Ce n'est au fond que la peur de rencontrer l'imprévu, que la crainte de rester court en présence de l'imprévu. . .

— Toujours, toujours, Messieurs, la peur du ridicule,[3] monstre qui, par malheur, est mort en 1816. Il n'y a plus de ridicule, disait M. de La Mole, dans un pays où il y a deux partis.

Sa fille avait compris cette idée.

— Ainsi, Messieurs, disait-elle aux ennemis de Julien, vous aurez eu bien peur toute votre vie, et après on vous dira:

Ce n'était pas un loup, ce n'en était que l'ombre.[4]

Mathilde les quitta bientôt. Le mot de son frère lui faisait horreur; il l'inquiéta beaucoup; mais, dès le lendemain, elle y voyait la plus belle des louanges.

Dans ce siècle, où toute énergie est morte, son énergie leur fait peur. Je lui dirai le mot de mon frère; je veux voir la réponse qu'il y fera. Mais je choisirai un des moments où ses yeux brillent. Alors il ne peut me mentir.

— Ce serait un Danton![5] ajouta-t-elle après une longue et indistincte rêverie. Eh bien! la révolution aurait recommencé. Quels rôles joueraient alors Croisenois et mon frère? Il est écrit d'avance: la

résignation sublime. Ce seraient des moutons héroïques, se laissant égorger sans mot dire. Leur seule peur en mourant serait encore d'être de mauvais goût. Mon petit Julien brûlerait la cervelle au jacobin[6] qui viendrait l'arrêter, pour peu qu'il eût l'espérance de se sauver. Il n'a pas peur d'être de mauvais goût, lui.

Ce dernier mot la rendit pensive; il réveillait de pénibles souvenirs, et lui ôta toute sa hardiesse. Ce mot lui rappelait les plaisanteries de MM. de Caylus, de Croisenois, de Luz et de son frère. Ces messieurs reprochaient unanimement à Julien l'air *prêtre:* humble et hypocrite.

— Mais, reprit-elle tout à coup, l'œil brillant de joie, l'amertume et la fréquence de leurs plaisanteries prouvent, en dépit d'eux, que c'est l'homme le plus distingué que nous ayons vu cet hiver. Qu'importent ses défauts, ses ridicules? Il a de la grandeur, et ils en sont choqués, eux d'ailleurs si bons et si indulgents. Il est sûr qu'il est pauvre, et qu'il a étudié pour être prêtre; eux sont chefs d'escadron,[7] et n'ont pas eu besoin d'étude; c'est plus commode.

Malgré tous les désavantages de son éternel habit noir et de cette physionomie de prêtre, qu'il lui faut bien avoir, le pauvre garçon, sous peine de mourir de faim, son mérite leur fait peur, rien de plus clair. Et cette physionomie de prêtre, il ne l'a plus dès que nous sommes quelques instants seuls ensemble. Et quand ces messieurs disent un mot qu'ils croient fin et imprévu, leur premier regard n'est-il pas pour Julien? je l'ai fort bien remarqué. Et pourtant ils savent bien que jamais il ne leur parle, à moins d'être interrogé. Ce n'est qu'à moi qu'il adresse la parole, il me croit l'âme haute. Il ne répond à leurs objections que juste autant qu'il faut pour être poli. Il tourne au respect tout de suite. Avec moi, il discute des heures entières, il n'est pas sûr de ses idées tant que j'y trouve la moindre objection. Enfin tout cet hiver nous n'avons pas eu de coups de fusil; il ne s'est agi que d'attirer l'attention par des paroles.[8] Eh bien, mon père, homme supérieur, et qui portera loin la fortune de notre maison, respecte Julien. Tout le reste

[3] peur d'être moqué, manque d'audace; 1816: avènement de la Restauration; plus haut, *rester court*: ne pas savoir que faire
[4] vers de La Fontaine, dans la fable *Le berger et son troupeau*
[5] personnage de la Révolution française, pris ici comme symbole d'énergie; contraste: peur d'*être de mauvais goût* (cf. plus loin), c'est-à-dire de manquer d'élégance

[6] nom donné aux révolutionnaires coupeurs de têtes
[7] division d'un régiment de cavalerie
[8] On ne s'est battu qu'à coups de paroles au Parlement.

le hait, personne ne le méprise, que [9] les dévotes amies de ma mère.

Le comte de Caylus avait ou feignait une grande passion pour les chevaux; il passait sa vie dans son écurie, et souvent y déjeunait. Cette grande passion, jointe à l'habitude de ne jamais rire, lui donnait beaucoup de considération parmi ses amis: c'était l'aigle de ce petit cercle.

Dès qu'il fut réuni le lendemain derrière la bergère de madame de La Mole, Julien n'étant point présent, M. de Caylus, soutenu par Croisenois et par Norbert, attaqua vivement la bonne opinion que Mathilde avait de Julien, et cela sans à-propos, et presque au premier moment où il vit mademoiselle de La Mole. Elle comprit cette finesse d'une lieue, et en fut charmée.

Les voilà tous ligués, se dit-elle, contre un homme de génie qui n'a pas dix louis de rente, et qui ne peut leur répondre qu'autant qu'il est interrogé. Ils en ont peur sous son habit noir. Que serait-ce avec des épaulettes?

Jamais elle n'avait été plus brillante. Dès les premières attaques, elle couvrit de sarcasmes plaisants Caylus et ses alliés. Quand le feu des plaisanteries de ces brillants officiers fut éteint:

— Que demain quelque hobereau des montagnes de la Franche-Comté, dit-elle à M. de Caylus, s'aperçoive que Julien est son fils naturel, et lui donne un nom et quelques milliers de francs, dans six semaines il a des moustaches comme vous, messieurs; dans six mois il est officier de housards comme vous, messieurs. Et alors la grandeur de son caractère n'est plus un ridicule. Je vous vois réduit, monsieur le duc futur, à cette ancienne mauvaise raison: la supériorité de la noblesse de cour sur la noblesse de province. Mais que vous restera-t-il si je veux vous pousser à bout, si j'ai la malice de donner [10] pour père à Julien un duc espagnol, prisonnier de guerre à Besançon du temps de Napoléon, et qui, par scrupule de conscience, le reconnaît à son lit de mort?

Toutes ces suppositions de naissance non légitime furent trouvées d'assez mauvais goût [11] par MM. de Caylus et de Croisenois. Voilà tout ce qu'ils virent dans le raisonnement de Mathilde.

Quelque dominé que fût Norbert, les paroles de sa sœur étaient si claires, qu'il prit un air grave qui allait assez mal, il faut l'avouer, à sa physionomie souriante et bonne. Il osa dire quelques mots.

— Êtes-vous malade, mon ami? lui répondit Mathilde d'un petit air sérieux. Il faut que vous soyez bien mal pour répondre à des plaisanteries par de la morale.

De la morale, vous! est-ce que vous sollicitez une place de préfet?

Mathilde oublia bien vite l'air piqué du comte de Caylus, l'humeur de Norbert et le désespoir silencieux de M. de Croisenois. Elle avait à prendre un parti sur une idée fatale qui venait de saisir son âme.

Julien est assez sincère avec moi, se dit-elle; à son âge, dans une fortune inférieure, malheureux comme il l'est par une ambition étonnante, on a besoin d'une amie. Je suis peut-être cette amie; mais je ne lui vois point d'amour. Avec l'audace de son caractère, il m'eût parlé de cet amour.[12]

Cette incertitude, cette discussion avec soi-même, qui dès cet instant occupa chacun des instants de Mathilde, et pour laquelle, à chaque fois que Julien lui parlait, elle se trouvait de nouveaux arguments, chassa tout à fait ces moments d'ennui auxquels elle était tellement sujette.

Fille d'un homme d'esprit qui pouvait devenir ministre, et rendre ses bois au clergé,[13] mademoiselle de La Mole avait été, au couvent du Sacré-Cœur, l'objet des flatteries les plus excessives. Ce malheur jamais ne se compense. On lui avait persuadé qu'à cause de tous ses avantages de naissance, de fortune, etc., elle devait être plus heureuse qu'une autre. C'est la source de l'ennui des princes et de toutes leurs folies.

Mathilde n'avait point échappé à la funeste influence de cette idée. Quelque esprit qu'on ait, l'on n'est pas en garde à dix ans contre les flatteries de tout un couvent, et aussi bien fondées [14] en apparence.

Du moment qu'elle eut décidé qu'elle aimait Julien, elle ne s'ennuya plus. Tous les jours elle se félicitait du parti qu'elle avait pris de se donner une

---

[9] excepté
[10] imaginer
[11] choquantes

[12] l'amour qu'il aurait pu éprouver
[13] qui en avait été dépouillé aux temps révolutionnaires
[14] établies sur des raisons sérieuses

grande passion. Cet amusement a bien des dangers, pensait-elle. Tant mieux! mille fois tant mieux!

Sans grande passion, j'étais languissante d'ennui au plus beau moment de la vie, de seize ans jusqu'à vingt. J'ai déjà perdu mes plus belles années; obligée 5 pour tout plaisir à entendre déraisonner les amies de ma mère, qui, à Coblentz [15] en 1792, n'étaient pas tout à fait, dit-on, aussi sévères que leurs paroles d'aujourd'hui.

C'était pendant que ces grandes incertitudes agi- 10 taient Mathilde que Julien ne comprenait pas ses longs regards qui s'arrêtaient sur lui. Il trouvait bien un redoublement de froideur dans les manières du comte Norbert, et un nouvel accès de hauteur dans celles de MM. de Caylus, de Luz et de Croise- 15 nois. Il y était accoutumé. Ce malheur lui arrivait quelquefois à la suite d'une soirée où il avait brillé plus qu'il ne convenait à sa position. Sans l'accueil particulier que lui faisait Mathilde, et la curiosité que tout cet ensemble lui inspirait, il eût évité de 20 suivre au jardin ces brillants jeunes gens à moustaches, lorsque les après-dînées ils y accompagnaient mademoiselle de La Mole.

Oui, il est impossible que je me le dissimule, se disait Julien, mademoiselle de La Mole me regarde 25 d'une façon singulière. Mais, même quand ses beaux yeux bleus fixés sur moi sont ouverts avec le plus d'abandon, j'y lis toujours un fond d'examen, de sang-froid et de méchanceté. Est-il possible que ce soit là de l'amour? Quelle différence avec les re- 30 gards de madame de Rênal! [16]

Une après-dînée, Julien, qui avait suivi M. de La Mole dans son cabinet, revenait rapidement au jardin. Comme il approchait sans précaution du groupe de Mathilde, il surprit quelques mots prononcés 35 très haut. Elle tourmentait son frère. Julien entendit son nom prononcé distinctement deux fois. Il parut; un silence profond s'établit tout à coup, et l'on fit de vains efforts pour le faire cesser. Mademoiselle de La Mole et son frère étaient trop animés pour trou- 40 ver un autre sujet de conversation. MM. de Caylus, de Croisenois, de Luz et un de leurs amis parurent à Julien d'un froid de glace. Il s'éloigna.

[15] Ville de Prusse, rendez-vous des émigrés français sous la Révolution. Beaucoup de femmes s'y donnèrent des distractions galantes.

[16] Première maîtresse de Julien, elle l'avait aimé d'un amour spontané, confiant, généreux.

XIII. UN COMPLOT

Des propos décousus, des rencontres par effet du hasard se transforment en preuves de la dernière évidence aux yeux de l'homme à imagination s'il a quelque feu dans le cœur.

Schiller

Le lendemain, il surprit encore Norbert et sa sœur, qui parlaient de lui. A son arrivée, un silence de mort s'établit, comme la veille. Ses soupçons n'eurent plus de bornes. Ces aimables jeunes gens auraient-ils entrepris de se moquer de moi? Il faut avouer que cela est beaucoup plus probable, beaucoup plus naturel qu'une prétendue passion de mademoiselle de La Mole, pour un pauvre diable de secrétaire. D'abord ces gens-là ont-ils des passions? Mystifier est leur fort. Ils sont jaloux de ma pauvre petite supériorité de paroles. Être jaloux, est encore un de leurs faibles. Tout s'explique dans ce système. Mademoiselle de La Mole veut me persuader qu'elle me distingue, tout simplement pour me donner en spectacle à son prétendu.[1]

Ce cruel soupçon changea toute la position morale de Julien. Cette idée trouva dans son cœur un commencement d'amour qu'elle n'eut pas de peine à détruire. Cet amour n'était fondé que sur la rare beauté de Mathilde, ou plutôt sur ses façons de reine et sa toilette admirable. En cela Julien était encore un parvenu.[2] Une jolie femme du grand monde est, à ce qu'on assure, ce qui étonne le plus un paysan homme d'esprit, quand il arrive aux premières classes de la société. Ce n'était point le caractère de Mathilde qui faisait rêver Julien les jours précédents. Il avait assez de sens pour comprendre qu'il ne connaissait point ce caractère. Tout ce qu'il en voyait pouvait n'être qu'une apparence.

Par exemple, pour tout au monde, Mathilde n'aurait pas manqué la messe un dimanche; presque tous les jours elle y accompagnait sa mère. Si, dans le salon de l'hôtel de La Mole, quelque imprudent oubliait le lieu où il était, et se permettait l'allusion la plus éloignée à une plaisanterie contre les intérêts vrais ou supposés du trône ou de l'autel,[3] Mathilde devenait à l'instant d'un sérieux de glace. Son re-

[1] fiancé

[2] personne de basse naissance qui a fait carrière

[3] le trône et l'autel: la Monarchie et l'Église

gard, qui était si piquant, reprenait toute la hauteur impassible d'un vieux portrait de famille.

Mais Julien s'était assuré qu'elle avait toujours dans sa chambre un ou deux des volumes les plus philosophiques de Voltaire. Lui-même volait [4] souvent quelques tomes de la belle édition si magnifiquement reliée. En écartant un peu chaque volume de son voisin, il cachait l'absence de celui qu'il emportait, mais bientôt il s'aperçut qu'une autre personne lisait Voltaire. Il eut recours à une finesse de séminaire,[5] il plaça quelques petits morceaux de crin sur les volumes qu'il supposait pouvoir intéresser mademoiselle de La Mole. Ils disparaissaient pendant des semaines entières.

M. de La Mole, impatienté contre son libraire, qui lui envoyait tous les *faux Mémoires*,[6] chargea Julien d'acheter toutes les nouveautés un peu piquantes. Mais, pour que le venin [7] ne se répandît pas dans la maison, le secrétaire avait l'ordre de déposer ces livres dans une petite bibliothèque placée dans la chambre même du marquis. Il eut bientôt la certitude que pour peu que ces livres nouveaux fussent hostiles aux intérêts du trône et de l'autel, ils ne tardaient pas à disparaître. Certes, ce n'était pas Norbert qui lisait.

Julien, s'exagérant cette expérience, croyait à mademoiselle de La Mole la duplicité de Machiavel.[8] Cette scélératesse prétendue était un charme à ses yeux, presque l'unique charme moral qu'elle eût. L'ennui de l'hypocrisie et des propos de vertu le jetait dans cet excès.

Il excitait son imagination plus qu'il n'était entraîné par son amour.

C'était après s'être perdu en rêveries sur l'élégance de la taille de mademoiselle de La Mole, sur l'excellent goût de sa toilette, sur la blancheur de sa main, sur la beauté de son bras, sur la *disinvoltura* [9] de tous ses mouvements, qu'il se trouvait amoureux. Alors, pour achever le charme, il la croyait une

Catherine de Médicis.[10] Rien n'était trop profond ou trop scélérat pour le caractère qu'il lui prêtait. C'était l'idéal des Maslon, des Frilair et des Castanède par lui admirés dans sa jeunesse.[11] C'était er un mot pour lui l'idéal de Paris.

Y eut-il jamais rien de plus plaisant que de croire de la profondeur ou de la scélératesse au caractère parisien?

Il est possible que ce *trio* se moque de moi, pensait Julien. On [12] connaît bien peu son caractère, si l'on ne voit pas déjà l'expression sombre et froide que prirent ses regards en répondant à ceux de Mathilde. Une ironie amère repoussa les assurances d'amitié que mademoiselle de La Mole étonnée osa hasarder deux ou trois fois.

Piqué par cette bizarrerie soudaine, le cœur de cette jeune fille naturellement froid, ennuyé, sensible à l'esprit, devint aussi passionné qu'il était dans sa nature de l'être.[13] Mais il y avait aussi beaucoup d'orgueil dans le caractère de Mathilde, et la naissance d'un sentiment qui faisait dépendre d'un autre tout son bonheur fut accompagnée d'une sombre tristesse.

Julien avait déjà assez profité [14] depuis son arrivée à Paris pour distinguer que ce n'était pas là la tristesse sèche de l'ennui. Au lieu d'être avide, comme autrefois, de soirées, de spectacles et de distractions de tous genres, elle les fuyait.

La musique chantée par des Français ennuyait Mathilde à la mort, et cependant Julien, qui se faisait un devoir d'assister à la sortie de l'Opéra, remarqua qu'elle s'y faisait mener le plus souvent qu'elle pouvait. Il crut distinguer qu'elle avait perdu un peu de la mesure parfaite qui brillait dans toutes ses actions. Elle répondait quelquefois à ses amis par des plaisanteries outrageantes à force de piquante énergie. Il lui sembla qu'elle prenait en guignon [15] le marquis de Croisenois. Il faut que ce jeune homme aime furieusement l'argent, pour ne pas planter là cette fille, si riche qu'elle soit! pensait

---

[4] se cachait pour prendre
[5] habileté apprise au séminaire (maison d'enseignement où l'on prépare les jeunes gens à la prêtrise)
[6] mémoires faussement attribués à des personnages illustres et rédigés par des anonymes
[7] l'esprit des auteurs nouveaux considéré comme empoisonneur par le monde des de La Mole
[8] Florentin (1469–1527), chancelier de la République florentine, auteur du *Prince,* manuel de la duplicité politique
[9] désinvolture, laisser-aller gracieux

[10] reine de France, d'origine italienne (1519–89), élevée dans l'esprit de Machiavel
[11] ecclésiastiques que le romancier présente comme des habiles à la Machiavel
[12] le lecteur
[13] *de l'être* (passionné)
[14] tiré profit de l'expérience
[15] elle traitait avec mauvaise grâce

Julien. Et pour lui, indigné des outrages faits à la dignité masculine, il redoublait de froideur envers elle. Souvent il alla jusqu'aux réponses peu polies.

Quelque résolu qu'il fût à ne pas être dupe des marques d'intérêt de Mathilde, elles étaient si évi- dentes de certains jours, et Julien, dont les yeux commençaient à se dessiller, la trouvait si jolie, qu'il en était quelquefois embarrassé.

L'adresse et la longanimité [16] de ces jeunes gens du grand monde finiraient par triompher de mon peu d'expérience, se dit-il; il faut partir et mettre un terme à tout ceci. Le marquis venait de lui confier l'administration d'une quantité de petites terres et de maisons qu'il possédait dans le bas Languedoc. Un voyage était nécessaire: M. de La Mole y con- sentit avec peine. Excepté pour les matières de haute ambition, Julien était devenu un autre lui-même.

Au bout du compte, ils ne m'ont point attrapé, se disait Julien en préparant son départ. Que les plaisanteries que mademoiselle de La Mole fait à ces messieurs soient réelles ou seulement destinées à m'inspirer de la confiance, je m'en suis amusé.

S'il n'y a pas conspiration contre le fils du char- pentier,[17] mademoiselle de La Mole est inexplicable, mais elle l'est pour le marquis de Croisenois du moins autant que pour moi. Hier, par exemple, son humeur était bien réelle, et j'ai eu le plaisir de faire bouquer [18] par ma faveur un jeune homme aussi noble et aussi riche que je suis gueux et plébéien. Voilà le plus beau de mes triomphes; il m'égaiera dans ma chaise de poste, en courant les plaines du Languedoc.

Il avait fait de son départ un secret, mais Ma- thilde savait mieux que lui qu'il allait quitter Paris le lendemain, et pour longtemps. Elle eut recours à un mal de tête fou, qu'augmentait l'air étouffé du salon. Elle se promena beaucoup dans le jardin, et poursuivit tellement de ses plaisanteries mordantes Norbert, le marquis de Croisenois, Caylus, de Luz et quelques autres jeunes gens qui avaient dîné à l'hôtel de La Mole, qu'elle les força de partir. Elle regardait Julien d'une façon étrange.

Ce regard est peut-être une comédie, pensa Ju- lien; mais cette respiration pressée, mais tout ce trouble! Bah! se dit-il, qui suis-je pour juger de toutes ces choses? Il s'agit ici de ce qu'il y a de plus sublime et de plus fin parmi les femmes de Paris. Cette respiration pressée qui a été sur le point de me toucher, elle l'aura étudiée chez Léontine Fay [19] qu'elle aime tant.

Ils étaient restés seuls; la conversation languissait évidemment. Non! Julien ne sent rien pour moi, se disait Mathilde vraiment malheureuse.

Comme il prenait congé d'elle, elle lui serra le bras avec force:

— Vous recevrez ce soir une lettre de moi, lui dit-elle d'une voix tellement altérée, que le son n'en était pas reconnaissable.

Cette circonstance toucha sur-le-champ Julien.

— Mon père, continua-t-elle, a une juste estime pour les services que vous lui rendez. *Il faut* ne pas partir demain; trouvez un prétexte. Et elle s'éloigna en courant.

Sa taille était charmante. Il était impossible d'avoir un plus joli pied, elle courait avec une grâce qui ravit Julien; mais devinerait-on à quoi fut sa seconde pensée [20] après qu'elle eut tout à fait dis- paru? Il fut offensé du ton impératif avec lequel elle avait dit ce mot *il faut*. Louis XV aussi, au mo- ment de mourir, fut vivement piqué du mot *il faut*, maladroitement employé par son premier mé- decin, et Louis XV pourtant n'était pas un parvenu.

Une heure après, un laquais remit une lettre à Julien; c'était tout simplement une déclaration d'amour.

Il n'y a pas trop d'affectation dans le style, se dit Julien, cherchant par ses remarques littéraires à contenir la joie qui contractait ses joues et le forçait à rire malgré lui.

Enfin moi, s'écria-t-il tout à coup, la passion étant trop forte pour être contenue, moi, pauvre paysan, j'ai donc une déclaration d'amour d'une grande dame!

Quant à moi, ce n'est pas mal, ajouta-t-il en comprimant sa joie le plus possible. J'ai su conserver la dignité de mon caractère. Je n'ai point dit que j'aimais. Il se mit à étudier la forme des carac- tères; [21] mademoiselle de La Mole avait une jolie

---

[16] patience
[17] lui-même, Julien Sorel
[18] obliger à parler contre son gré

[19] actrice à la mode
[20] la seconde pensée de Julien
[21] caractères d'écriture

petite écriture anglaise. Il avait besoin d'une occupation physique pour se distraire d'une joie qui allait jusqu'au délire.

« Votre départ m'oblige à parler. . . Il serait au-dessus de mes forces de ne plus vous voir. »

Une pensée vint frapper Julien comme une découverte, interrompre l'examen qu'il faisait de la lettre de Mathilde, et redoubler sa joie. Je l'emporte sur le marquis de Croisenois, s'écria-t-il, moi, qui ne dis que des choses sérieuses! Et lui est si joli! il a des moustaches, un charmant uniforme; il trouve toujours à dire, juste au moment convenable, un mot spirituel et fin.

Julien eut un instant délicieux; il errait à l'aventure dans le jardin, fou de bonheur.

Plus tard il monta à son bureau et se fit annoncer chez le marquis de La Mole, qui heureusement n'était pas sorti. Il lui prouva facilement, en lui montrant quelques papiers marqués[22] arrivés de Normandie, que le soin des procès normands l'obligeait à différer son départ pour le Languedoc.

— Je suis bien aise que vous ne partiez pas, lui dit le marquis, quand ils eurent fini de parler d'affaires, *j'aime à vous voir.* Julien sortit; ce mot le gênait.[23]

Et moi, je vais séduire sa fille! rendre impossible peut-être ce mariage avec le marquis de Croisenois, qui fait le charme de son avenir: s'il n'est pas duc, du moins sa fille aura un tabouret.[24] Julien eut l'idée de partir pour le Languedoc malgré la lettre de Mathilde, malgré l'explication donnée au marquis. Cet éclair de vertu disparut bien vite.

Que je suis bon, se dit-il; moi, plébéien, avoir pitié d'une famille de ce rang! Moi, que le duc de Chaulnes appelle un domestique! Comment le marquis augmente-t-il son immense fortune? En vendant de la rente, quand il apprend au château qu'il y aura le lendemain apparence de coup d'État.[25] Et moi, jeté au dernier rang par une Providence marâtre, moi à qui elle a donné un cœur noble et pas mille francs de rente, c'est-à-dire pas de pain, *exacte-*

ment parlant pas de pain; moi, refuser un plaisir qui s'offre! Une source limpide qui vient étancher ma soif dans le désert brûlant de la médiocrité que je traverse si péniblement! Ma foi, pas si bête; chacun pour soi dans ce désert d'égoïsme qu'on appelle la vie.

Et il se rappela quelques regards remplis de dédain, à lui adressés par madame de La Mole, et surtout par les *dames* ses amies.

Le plaisir de triompher du marquis de Croisenois vint achever la déroute de ce souvenir de vertu.

Que je voudrais qu'il se fâchât! dit Julien; avec quelle assurance je lui donnerais maintenant un coup d'épée. Et il faisait le geste du coup de seconde.[26] Avant ceci, j'étais un cuistre,[27] abusant bassement d'un peu de courage. Après cette lettre, je suis son égal.

Oui, se disait-il avec une volupté infinie et en parlant lentement, nos mérites, au marquis et à moi, ont été pesés,[28] et le pauvre charpentier du Jura l'emporte.

Bon! s'écria-t-il, voilà la signature de ma réponse trouvée. N'allez pas vous figurer, mademoiselle de La Mole, que j'oublie mon état. Je vous ferai comprendre et bien sentir que c'est pour le fils d'un charpentier que vous trahissez un descendant du fameux Guy de Croisenois, qui suivit saint Louis à la croisade.

Julien ne pouvait contenir sa joie. Il fut obligé de descendre au jardin. Sa chambre, où il s'était enfermé à clef, lui semblait trop étroite pour y respirer.

Moi, pauvre paysan du Jura, se répétait-il sans cesse, moi, condamné à porter toujours ce triste habit noir! Hélas! vingt ans plut tôt,[29] j'aurais porté l'uniforme comme eux! Alors un homme comme moi était tué, ou *général à trente-six ans.* Cette lettre, qu'il tenait serrée dans sa main, lui donnait la taille et l'attitude d'un héros. Maintenant, il est vrai, avec cet habit noir, à quarante ans, on a cent mille francs d'appointements et le cordon bleu,[30] comme M. l'évêque de Beauvais.

Eh bien! se dit-il en riant comme Méphisto-phé-

---

[22] marqués d'un timbre et destinés aux actes de justice ou d'état-civil
[23] parce que Mathilde lui avait dit à peu près le même
[24] sur lequel avaient le droit de s'asseoir les duchesses, au souper du roi ou au cercle de la reine
[25] et que par conséquent la rente baissera; *au château:* dans l'entourage du roi

[26] terme d'escrime
[27] pédant encrassé
[28] par Mlle de La Mole
[29] sous Napoléon
[30] la croix de Saint-Esprit, (ordre de chevalerie)

lès,[31] j'ai plus d'esprit qu'eux; je sais choisir l'uniforme de mon siècle.[32] Et il sentit redoubler son ambition et son attachement à l'habit ecclésiastique. Que de cardinaux nés plus bas que moi et qui ont gouverné! mon compatriote Granvelle,[33] par exemple.

Peu à peu l'agitation de Julien se calma; la prudence surnagea. Il se dit, comme son maître Tartuffe, dont il savait le rôle par cœur:

Je puis croire ces mots un artifice honnête.
. . . .
Je ne me fierai point à des propos si doux,
Qu'un peu de *ses* faveurs, après quoi je soupire,
Ne vienne m'assurer tout ce qu'ils m'ont pu dire.[34]

Tartuffe aussi fut perdu par une femme, et il en valait bien un autre. . . Ma réponse peut être montrée[35]. . . , à quoi nous trouvons ce remède, ajouta-t-il en prononçant lentement, et avec l'accent de la férocité qui se contient, nous la commençons par les phrases les plus vives de la lettre de la sublime Mathilde.

Oui, mais quatre laquais de M. de Croisenois se précipitent sur moi et m'arrachent l'original.[36]

Non, car je suis bien armé, et j'ai l'habitude, comme on sait, de faire feu sur les laquais.

Eh bien! l'un d'eux a du courage; il se précipite sur moi. On lui a promis cent napoléons. Je le tue ou je le blesse, à la bonne heure, c'est ce qu'on demande. On me jette en prison fort légalement; je parais en police correctionnelle, et l'on m'envoie, avec toute justice et équité de la part des juges, tenir compagnie dans Poissy à MM. Fontan et Magalon.[37] Là, je couche avec quatre cents gueux pêle-mêle. . . Et j'aurais quelque pitié de ces gens-là,[38] s'écria-t-il en se levant impétueusement! En ont-ils

pour les gens du tiers état[39] quand ils les tiennent! Ce mot fut le dernier soupir de sa reconnaissance pour M. de La Mole qui, malgré lui, le tourmentait jusque-là.

Doucement, messieurs les gentilshommes, je comprends ce petit trait de machiavélisme;[40] l'abbé Maslon ou M. Castanède du séminaire[41] n'auraient pas mieux fait. Vous m'enlèverez la lettre *provocatrice,* et je serai le second tome du colonel Caron à Colmar.[42]

Un instant, messieurs, je vais envoyer la lettre fatale en dépôt dans un paquet bien cacheté à M. l'abbé Pirard.[43] Celui-là est honnête homme, janséniste, et en cette qualité à l'abri des séductions du budget. Oui, mais il ouvre les lettres. . . c'est à Fouqué[44] que j'enverrai celle-ci.

Il faut en convenir, le regard de Julien était atroce, sa physionomie hideuse; elle respirait le crime sans alliage. C'était l'homme malheureux en guerre avec toute la société.

Aux armes![45] s'écria Julien. Et il franchit d'un saut les marches du perron de l'hôtel. Il entra dans l'échoppe de l'écrivain[46] du coin de la rue; il lui fit peur. Copiez, lui dit-il en lui donnant la lettre de mademoiselle de La Mole.

Pendant que l'écrivain travaillait, il écrivit lui-même à Fouqué; il le priait de lui conserver un dépôt précieux. Mais, se dit-il en s'interrompant, le cabinet noir[47] à la poste ouvrira ma lettre et vous rendra celle que vous cherchez. . . ; non, messieurs. Il alla acheter une énorme Bible chez un libraire protestant, cacha fort adroitement la lettre de Mathilde dans la couverture, fit emballer le tout, et son paquet partit par la diligence, adressé à un des ouvriers de Fouqué, dont personne à Paris ne savait le nom.

Cela fait, il rentra joyeux et leste à l'hôtel de La

---

[31] le Diable déguisé en homme princier dans la légende de Faust
[32] C'est-à-dire l'habit ecclésiastique. *Siècle:* époque.
[33] Perrenot de Granvelle, évêque, puis ministre de Charles Quint
[34] *Tartuffe,* acte IV, sc. 5. L'hypocrite se méfie d'Elmire et voudrait qu'elle lui prouve par quelque faveur amoureuse les sentiments qu'elle dit éprouver pour lui.
[35] Aux parents et aux amis de la jeune fille. Mais il prend ses précautions (« ce remède »).
[36] texte premier, écrit de la main de Mathilde
[37] pamphlétaires envoyés aux galères de Poissy
[38] les gens capables de lui faire un tel sort

[39] les bourgeois (ni nobles ni ecclésiastiques)
[40] Cf. ch. XIII note 8.
[41] séminaire de Besançon où Julien avait étudié
[42] fusillé comme conspirateur en 1822
[43] directeur du séminaire de Besançon
[44] Ami d'enfance de Julien. Il était marchand de bois.
[45] Julien avait l'habitude de s'exhorter au courage en poussant ce cri napoléonien et révolutionnaire.
[46] « écrivain public », qui écrivait des lettres pour les gens ne sachant pas écrire ou bien qui recopiait des lettres
[47] service postal affecté secrètement, honteusement (*noir*), à l'examen et à l'ouverture des lettres dans un dessein de censure et de police

Mole. *A nous!* maintenant, s'écria-t-il, en s'enfermant à clef dans sa chambre, et jetant son habit:

« Quoi! mademoiselle, écrivait-il à Mathilde, c'est mademoiselle de La Mole qui, par les mains d'Arsène, laquais de son père, fait remettre une [5] lettre trop séduisante à un pauvre charpentier du Jura, sans doute pour se jouer de sa simplicité. . . » Et il transcrivait les phrases les plus claires de la lettre qu'il venait de recevoir.

La sienne eût fait honneur à la prudence diplo- [10] matique de M. le chevalier de Beauvoisis.[48] Il n'était encore que dix heures; Julien, ivre de bonheur et du sentiment de sa puissance, si nouveau pour un pauvre diable, entra à l'Opéra italien. Il entendit chanter son ami Geronimo. Jamais la musique ne [15] l'avait exalté à ce point. Il était un dieu.

XIV. PENSÉES D'UNE JEUNE FILLE

Que de perplexités! Que de nuits passées sans sommeil! Grand Dieu! vais-je me rendre méprisable? Il me méprisera lui-même. Mais il part, il s'éloigne. [20]

Alfred de Musset

Ce n'était point sans combats que Mathilde avait [25] écrit. Quel qu'eût été le commencement de son intérêt pour Julien, bientôt il domina l'orgueil qui, depuis qu'elle se connaissait, régnait seul dans son cœur. Cette âme haute et froide était emportée pour la première fois par un sentiment passionné. Mais [30] s'il dominait l'orgueil, il était encore fidèle aux habitudes de l'orgueil. Deux mois de combats et de sensations nouvelles renouvelèrent pour ainsi dire tout son être moral.

Mathilde croyait voir le bonheur. Cette vue toute [35] puissante sur les âmes courageuses, liées à un esprit supérieur, eut à lutter longuement contre la dignité et tous sentiments de devoirs vulgaires. Un jour, elle entra chez sa mère, dès sept heures du matin, la priant de lui permettre de se réfugier à Ville- [40] quier. La marquise ne daigna pas même lui répondre, et lui conseilla d'aller se remettre au lit. Ce fut le dernier effort de la sagesse vulgaire et de la déférence aux idées reçues.[1]

La crainte de mal faire et de heurter les idées tenues pour sacrées par les Caylus, les de Luz, les Croisenois, avait assez peu d'empire sur son âme; de tels êtres ne lui semblaient pas faits pour la comprendre; elle les eût consultés s'il eût été question d'acheter une calèche ou une terre. Sa véritable terreur était que Julien ne fût mécontent d'elle.

Peut-être aussi n'a-t-il que les apparences d'un homme supérieur?

Elle abhorrait le manque de caractère, c'était sa seule objection contre les beaux jeunes gens qui l'entouraient. Plus ils plaisantaient avec grâce tout ce qui s'écarte de la mode, ou la suit mal, croyant la suivre, plus ils se perdaient[2] à ses yeux.

Ils étaient braves, et voilà tout. Et encore, comment braves? se disait-elle: en duel, mais le duel n'est plus qu'une cérémonie. Tout en est su d'avance, même ce que l'on doit dire en tombant. Étendu sur le gazon, et la main sur le cœur, il faut un pardon généreux pour l'adversaire et un mot pour une belle souvent imaginaire, ou bien qui va au bal le jour de votre mort, de peur d'exciter les soupçons.

On brave le danger à la tête d'un escadron tout brillant d'acier, mais le danger solitaire, singulier, imprévu, vraiment laid?

Hélas! se disait Mathilde, c'était à la cour de Henri III que l'on trouvait des hommes grands par le caractère comme par la naissance! Ah! si Julien avait servi à Jarnac ou à Montcontour,[3] je n'aurais plus de doute. En ces temps de vigueur et de force, les Français n'étaient pas des poupées. Le jour de la bataille était presque celui des moindres perplexités.

Leur vie n'était pas emprisonnée comme une momie d'Égypte, sous une enveloppe toujours commune à tous, toujours la même. Oui, ajoutait-elle, il y avait plus de vrai courage à se retirer seul à onze heures du soir, en sortant de l'hôtel de Soissons, habité par Catherine de Médicis, qu'aujourd'hui à courir à Alger.[4] La vie d'un homme était une suite de hasards. Maintenant la civilisation a chassé le hasard, plus d'imprévu. S'il paraît dans les idées, il n'est pas assez d'épigrammes pour lui; s'il paraît dans les événements, aucune lâcheté n'est au-dessus

---

[48] Diplomate en effet. Plus loin, l'ami Geronimo est une connaissance de chez les Rênal.

[1] partagées par toute la société

[2] ils devenaient méprisables

[3] deux victoires d'Henri III (guerres de religion)

[4] prise par les Français le 4 juillet 1830

de notre peur. Quelque folie que nous fasse faire la peur, elle est excusée. Siècle dégénéré et ennuyeux. Qu'aurait dit Boniface de La Mole si, levant hors de la tombe sa tête coupée, il eût vu, en 1793, dix-sept de ses descendants, se laisser prendre comme des moutons, pour être guillotinées deux jours après? [5] La mort était certaine, mais il eût été de mauvais ton de se défendre et de tuer au moins un jacobin ou deux. Ah! dans les temps héroïques de la France, au siècle de Boniface de La Mole, Julien eût été le chef d'escadron, et mon frère, le jeune prêtre, aux mœurs convenables, avec la sagesse dans les yeux et la raison à la bouche.

Quelques mois auparavant, Mathilde désespérait de rencontrer un être un peu différent du patron commun. Elle avait trouvé quelque bonheur en se permettant d'écrire à quelques jeunes gens de la société. Cette hardiesse si inconvenante, si imprudente chez une jeune fille, pouvait la déshonorer aux yeux de M. de Croisenois, du duc de Chaulnes son père,[6] et de tout l'hôtel de Chaulnes, qui, voyant se rompre le mariage projeté, aurait voulu savoir pourquoi. En ce temps-là les jours où elle avait écrit une de ses lettres, Mathilde ne pouvait dormir. Mais ces lettres n'étaient que des réponses.

Ici elle osait dire qu'elle aimait. Elle écrivait *la première* (quel mot terrible!) à un homme placé dans les derniers rangs de la société.

Cette circonstance assurait, en cas de découverte, un déshonneur éternel. Laquelle des femmes venant chez sa mère eût osé prendre son parti? Quelle phrase eût-on pu leur donner à répéter pour amortir le coup de l'affreux mépris des salons?

Et encore parler était affreux, mais écrire! *Il est des choses qu'on n'écrit pas,* s'écriait Napoléon apprenant la capitulation de Baylen.[7] Et c'était Julien qui lui avait conté ce mot! comme lui faisant d'avance une leçon.

Mais tout cela n'était rien encore, l'angoisse de Mathilde avait d'autres causes. Oubliant l'effet horrible sur la société, la tache ineffaçable et toute pleine de mépris, car elle outrageait sa caste, Ma-

thilde allait écrire à un être d'une bien autre nature que les Croisenois, les de Luz, les Caylus.

La profondeur, l'*inconnu* du caractère de Julien eussent effrayé, même en nouant avec lui une relation ordinaire. Et elle en allait faire son amant, peut-être son maître!

Quelles ne seront pas ses prétentions, si jamais il peut tout sur moi? Eh bien! je me dirai comme Médée: *Au milieu de tant de périls, il me reste* MOI.[8]

Julien n'avait nulle vénération pour la noblesse du sang,[9] croyait-elle. Bien plus, peut-être il n'avait nul amour pour elle!

Dans ces derniers moments de doutes affreux, se présentèrent les idées d'orgueil féminin. Tout doit être singulier dans le sort d'une fille comme moi, s'écria Mathilde impatientée. Alors l'orgueil qu'on lui avait inspiré dès le berceau se battait contre la vertu. Ce fut dans cet instant que le départ de Julien vint tout précipiter.

(De tels caractères sont heureusement fort rares.)

Le soir, fort tard, Julien eut la malice de faire descendre une malle très-pesante chez le portier; il appela pour la transporter le valet de pied qui faisait la cour à la femme de chambre de mademoiselle de La Mole. Cette manœuvre peut n'avoir aucun résultat, se dit-il, mais si elle réussit, elle me croit parti. Il s'endormit fort gai sur cette plaisanterie. Mathilde ne ferma pas l'œil.

Le lendemain, de fort grand matin, Julien sortit de l'hôtel sans être aperçu, mais il rentra avant huit heures.

A peine était-il dans la bibliothèque, que mademoiselle de La Mole parut sur la porte. Il lui remit sa réponse. Il pensait qu'il était de son devoir de lui parler; rien n'était plus commode, du moins, mais mademoiselle de La Mole ne voulut pas l'écouter et disparut. Julien en fut charmé, il ne savait que lui dire.

Si tout ceci n'est pas un jeu convenu avec le comte Norbert, il est clair que ce sont mes regards pleins de froideur qui ont allumé l'amour baroque que cette fille de si haute naissance s'avise d'avoir pour moi. Je serais un peu plus sot qu'il ne convient, si jamais je me laissais entraîner à avoir du goût pour

[5] allusion à la docilité des condamnés de la Terreur, en 1793
[6] inadvertance de Stendhal, qui confond ici père avec grand-père (cf. ch. X note 21)
[7] Ville d'Espagne. La capitulation honteuse fut signée par le général Dupont.

[8] « Moi seule et c'est assez » (*Médée* de Corneille)
[9] noblesse de famille, acquise à la guerre

cette grande poupée blonde. Ce raisonnement le laissa plus froid et plus calculant qu'il n'avait jamais été.

Dans la bataille qui se prépare, ajouta-t-il, l'orgueil de la naissance sera comme une colline élevée, formant position militaire entre elle et moi. C'est là-dessus qu'il faut manœuvrer. J'ai fort mal fait de rester à Paris; cette remise de mon départ m'avilit et m'expose si tout ceci n'est qu'un jeu. Quel danger y avait-il à partir? Je me moquais d'eux, s'ils se moquent de moi. Si son intérêt pour moi a quelque réalité, je centuplais cet intérêt.

La lettre de mademoiselle de La Mole avait donné à Julien une jouissance de vanité si vive, que, tout en riant de ce qui lui arrivait, il avait oublié de songer sérieusement à la convenance du départ.[10]

C'était une fatalité de son caractère d'être extrêmement sensible à ses fautes. Il était fort contrarié de celle-ci, et ne songeait presque plus à la victoire incroyable qui avait précédé ce petit échec, lorsque, vers les neuf heures, mademoiselle de La Mole parut sur le seuil de la porte de la bibliothèque, lui jeta une lettre et s'enfuit.

Il paraît que ceci va être le roman par lettres, dit-il en relevant celle-ci. L'ennemi fait un faux mouvement, moi je vais faire donner[11] la froideur et la vertu.

On[12] lui demandait une réponse décisive avec une hauteur qui augmenta sa gaîté intérieure. Il se donna le plaisir de mystifier, pendant deux pages, les personnes qui voudraient se moquer de lui, et ce fut encore par une plaisanterie qu'il annonça, vers la fin de sa réponse, son départ décidé pour le lendemain matin.

Cette lettre terminée: Le jardin va me servir pour la remettre, pensa-t-il, et il y alla. Il regardait la fenêtre de la chambre de mademoiselle de La Mole.

Elle était au premier étage, à côté de l'appartement de sa mère, mais il y avait un grand entre-sol.

Ce premier était tellement élevé, qu'en se promenant sous l'allée de tilleuls, sa lettre à la main, Julien ne pouvait être aperçu de la fenêtre de mademoiselle de La Mole. La voûte formée par les tilleuls, fort bien taillés, interceptait la vue. Mais quoi! se dit Julien avec humeur, encore une imprudence! Si l'on a entrepris de se moquer de moi, me faire voir une lettre à la main, c'est servir mes ennemis.

La chambre de Norbert était précisément au-dessus de celle de sa sœur, et si Julien sortait de la voûte formée par les branches taillées des tilleuls, le comte et ses amis pouvaient suivre tous ses mouvements.

Mademoiselle de La Mole parut derrière sa vitre; il montra sa lettre à demi; elle baissa la tête. Aussitôt Julien remonta chez lui en courant, et rencontra par hasard, dans le grand escalier, la belle Mathilde, qui saisit sa lettre avec une aisance parfaite et des yeux riants.

Que de passion il y avait dans les yeux de cette pauvre madame de Rênal, se dit Julien, quand, même après six mois de relations intimes, elle osait recevoir une lettre de moi! De sa vie, je crois, elle ne m'a regardé avec des yeux riants.

Il ne s'exprima pas aussi nettement le reste de sa réponse; avait-il honte de la futilité des motifs? Mais aussi quelle différence, ajoutait sa pensée, dans l'élégance de la robe du matin, dans l'élégance de la tournure! En apercevant mademoiselle de La Mole à trente pas de distance, un homme de goût devinerait le rang qu'elle occupe dans la société. Voilà ce qu'on peut appeler un mérite explicite.

Tout en plaisantant, Julien ne s'avouait pas encore toute sa pensée; madame de Rênal n'avait pas de marquis de Croisenois à lui sacrifier. Il n'avait pour rival que cet ignoble sous-préfet M. Charcot,[13] qui se faisait appeler de Maugiron, parce qu'il n'y a plus de Maugirons.

A cinq heures, Julien reçut une troisième lettre; elle lui fut lancée de la porte de la bibliothèque. Mademoiselle de La Mole s'enfuit encore. Quelle manie d'écrire! se dit-il en riant, quand on peut se parler si commodément! L'ennemi veut avoir de mes lettres,[14] c'est clair, et plusieurs! Il ne se hâtait point d'ouvrir celle-ci. Encore des phrases élégantes, pensait-il; mais il pâlit en lisant. Il n'y avait que huit lignes.

« J'ai besoin de vous parler: il faut que je vous parle, ce soir; au moment où une heure après mi-

---

[10] examiner s'il fallait partir ou non
[11] Terme militaire: donner ordre à une troupe de charger l'ennemi. La troupe, c'est ici la froideur vertueuse.
[12] Mathilde

[13] à Verrières, quand Julien était chez M. de Rênal
[14] l'ennemi qu'il imagine et qui n'existe pas

nuit sonnera, trouvez-vous dans le jardin. Prenez la grande échelle du jardinier auprès du puits; placez-la contre ma fenêtre et montez chez moi. Il fait clair de lune: n'importe. »

XV. EST–CE UN COMPLOT?

Ah! que l'intervalle est cruel entre un grand projet conçu et son exécution! Que de vaines terreurs! que d'irrésolutions! Il s'agit de la vie. — Il s'agit de bien plus: de l'honneur!

Schiller

Ceci devient sérieux, pensa Julien. . . et un peu trop clair, ajouta-t-il après avoir pensé. Quoi! cette belle demoiselle peut me parler dans la bibliothèque avec une liberté qui, grâce à Dieu, est entière; le marquis, dans la peur qu'il a qu'il ne lui montre des comptes, n'y vient jamais. Quoi! M. de La Mole et le comte Norbert, les seules personnes qui entrent ici, sont absents presque toute la journée; on peut facilement observer le moment de leur rentrée à l'hôtel, et la sublime Mathilde, pour la main de laquelle un prince souverain ne serait pas trop noble, veut que je commette une imprudence abominable!

C'est clair, on veut me perdre ou se moquer de moi, tout au moins. D'abord, on a voulu me perdre avec mes lettres; elles se trouvent prudentes;[1] eh bien! il leur faut une action plus claire que le jour. Ces jolis petits messieurs me croient aussi trop bête ou trop fat. Diable! par le plus beau clair de lune du monde monter ainsi par une échelle à un premier étage de vingt-cinq pieds d'élévation! on aura le temps de me voir, même des hôtels voisins. Je serai beau sur mon échelle! Julien monta chez lui et se mit à faire sa malle en sifflant. Il était résolu à partir et à ne pas même répondre.

Mais cette sage résolution ne lui donnait pas la paix du cœur. Si par hasard, se dit-il tout à coup, sa malle fermée, Mathilde était de bonne foi; alors moi je joue, à ses yeux, le rôle d'un lâche parfait. Je n'ai point de naissance, moi, il me faut de grandes qualités, argent comptant,[2] sans suppositions complaisantes, bien prouvées par des actions parlantes. . .

Il fut un quart d'heure à réfléchir. A quoi bon le nier? dit-il enfin; je serai un lâche à ses yeux. Je perds non seulement la personne la plus brillante de la haute société, ainsi qu'ils disaient tous au bal de M. le duc de Retz, mais encore le divin plaisir de me voir sacrifier le marquis de Croisenois, le fils d'un duc, et qui sera duc lui-même. Un jeune homme charmant qui a toutes les qualités qui me manquent: esprit d'à-propos, naissance, fortune. . .

Ce remords va me poursuivre toute ma vie, non pour elle, il est tant de maîtresses!

. . . Mais il n'est qu'un honneur!

dit le vieux don Diègue,[3] et ici clairement et nettement, je recule devant le premier péril qui m'est offert; car ce duel avec M. de Beauvoisis se présentait comme une plaisanterie. Ceci est tout différent. Je puis être tiré au blanc par un domestique, mais c'est le moindre danger; je puis être déshonoré.

Ceci devient sérieux, mon garçon, ajouta-t-il avec une gaîté et un accent gascons. Il y va de l'*honur*.[4] Jamais un pauvre diable, jeté aussi bas que moi par le hasard, ne retrouvera une telle occasion; j'aurai des bonnes fortunes, mais subalternes.[4a] . .

Il réfléchit, longtemps, il se promenait à pas précipités, s'arrêtant tout court de temps à autre. On avait déposé dans sa chambre un magnifique buste en marbre du cardinal Richelieu, qui malgré lui attirait ses regards. Ce buste avait l'air de le regarder d'une façon sévère, et comme lui reprochant le manque de cette audace qui doit être si naturelle au caractère français. De ton temps, grand homme, aurais-je hésité?

Au pire, se dit enfin Julien, supposons que tout ceci soit un piège, il est bien noir et bien compromettant pour une jeune fille. On sait que je ne suis pas homme à me taire. Il faudra donc me tuer. Cela était bon en 1574, du temps de Boniface de La Mole, mais jamais celui d'aujourd'hui n'oserait. Ces gens-là ne sont plus les mêmes. Mademoiselle de La Mole est si enviée! Quatre cents salons retentiraient demain de sa honte, et avec quel plaisir!

---

[1] Il se trouve qu'elles sont prudentes.
[2] montrées tout de suite, évidentes

[3] dans *Le Cid* de Corneille
[4] prononciation gasconne du mot *honneur*
[4a] des aventures d'amour avec des femmes de la basse classe

Les domestiques jasent, entre eux, des préférences marquées dont je suis l'objet, je le sais, je les ai entendus. . .

D'un autre côté, ses lettres! . . . ils peuvent croire que je les ai sur moi. Surpris dans sa chambre, on me les enlève. J'aurai affaire à deux, trois, quatre hommes, que sais-je? Mais ces hommes, où les prendront-ils? où trouver des subalternes discrets à Paris? La justice leur fait peur. . . Parbleu! les Caylus, les Croisenois, les de Luz eux-mêmes. Ce moment, et la sotte figure que je ferai au milieu d'eux sera ce qui les aura séduits. Gare le sort d'Abailard, M. le secrétaire! [5]

Eh bien, parbleu! messieurs, vous porterez de mes marques, je frapperai à la figure, comme les soldats de César à Pharsale.[6] . . Quant aux lettres, je puis les mettre en lieu sûr.

Julien fit des copies des deux dernières, les cacha dans un volume du beau Voltaire de la bibliothèque, et porta lui-même les originaux à la poste.

Quand il fut de retour: Dans quelle folie je vais me jeter! se dit-il avec surprise et terreur. Il avait été un quart d'heure sans regarder en face son action de la nuit prochaine.

Mais, si je refuse, je me méprise moi-même dans la suite! Toute la vie cette action sera un grand sujet de doute, et, pour moi, un tel doute est le plus cuisant des malheurs. Ne l'ai-je pas éprouvé pour l'amant d'Amanda![7] Je crois que je me pardonnerais plus aisément un crime bien clair; une fois avoué, je cesserais d'y penser.

Quoi! j'aurai été en rivalité avec un homme portant un des plus beaux noms de France, et je me serai moi-même, de gaîté de cœur,[8] déclaré son inférieur! Au fond, il y a de la lâcheté à ne pas aller. Ce mot décide tout, s'écria Julien en se levant . . . d'ailleurs elle est bien jolie.

Si ceci n'est pas une trahison, quelle folie elle fait pour moi! . . . Si c'est une mystification, parbleu! messieurs, il ne tient qu'à moi de rendre la plaisanterie sérieuse, et ainsi ferai-je.

[5] philosophe illustre du Moyen Âge, mutilé sur l'ordre du chanoine Fulbert dont il avait enlevé la nièce
[6] où Pompée, rival de César, fut vaincu en 48 avant J.-C.
[7] souvenir de son arrivée à Besançon et de l'intrigue qu'il y avait nouée avec une jeune caissière de café
[8] en le voulant nettement

Mais s'ils m'attachent les bras au moment de l'entrée dans la chambre; ils peuvent avoir placé quelque machine ingénieuse!

C'est comme un duel, se dit-il en riant, il y a parade à tout, dit mon maître d'armes, mais le bon Dieu, qui veut qu'on en finisse, fait que l'un des deux oublie de parer. Du reste, voici de quoi leur répondre: il tirait ses pistolets de poche; et quoique l'amorce fût fulminante,[9] il la renouvela.

Il y avait encore bien des heures à attendre; pour faire quelque chose, Julien écrivit à Fouqué: « Mon ami, n'ouvre la lettre ci-incluse qu'en cas d'accident, si tu entends dire que quelque chose d'étrange m'est arrivé. Alors, efface les noms propres du manuscrit que je t'envoie, et fais-en huit copies que tu enverras aux journaux de Marseille, Bordeaux, Lyon, Bruxelles, etc.; dix jours plus tard, fais imprimer ce manuscrit, envoie le premier exemplaire à M. le marquis de La Mole; et quinze jours après, jette les autres exemplaires de nuit dans les rues de Verrières.[10] »

Ce petit mémoire justificatif arrangé en forme de conte, que Fouqué ne devait ouvrir qu'en cas d'accident, Julien le fit aussi peu compromettant que possible pour mademoiselle de La Mole, mais enfin il peignait fort exactement sa position.

Julien achevait de fermer son paquet, lorsque la cloche du dîner sonna; elle fit battre son cœur. Son imagination, préoccupée du récit qu'il venait de composer, était toute aux pressentiments tragiques. Il s'était vu saisi par des domestiques, garrotté, conduit dans une cave avec un bâillon dans la bouche. Là, un domestique le gardait à vue, et si l'honneur de la noble famille exigeait que l'aventure eût une fin tragique, il était facile de tout finir avec ces poisons qui ne laissent point de traces; alors, on disait[11] qu'il était mort de maladie, et on le transportait mort dans sa chambre.

Ému de son propre conte comme un auteur dramatique, Julien avait réellement peur lorsqu'il entra dans la salle à manger. Il regardait tous ces domestiques en grande livrée. Il étudiait leur physionomie. Quels sont ceux qu'on a choisis pour l'expé-

[9] bonne à faire partir le coup
[10] où M. et Mme de Rênal avaient leur résidence
[11] Tous ces imparfaits ont un sens de futurs (Julien bâtit un rêve).

dition de cette nuit? se disait-il. Dans cette famille, les souvenirs de la cour de Henri III sont si présents, si souvent rappelés, que, se croyant outragés, ils auront plus de décision que les autres personnages de leur rang. Il regarda mademoiselle de La Mole 5 pour lire dans ses yeux les projets de sa famille; elle était pâle, et avait tout à fait une physionomie du moyen-âge. Jamais il ne lui avait trouvé l'air si grand, elle était vraiment belle et imposante. Il en devint presque amoureux. *Pallida morte futura*,[12] 10 se dit-il (Sa pâleur annonce ses grands desseins).

En vain, après dîner, il affecta de se promener longtemps dans le jardin, mademoiselle de La Mole n'y parut pas. Lui parler eût, dans ce moment, délivré son cœur d'un grand poids. 15

Pourquoi ne pas l'avouer? il avait peur. Comme il était résolu à agir, il s'abandonnait à ce sentiment sans vergogne.[13] Pourvu qu'au moment d'agir, je me trouve le courage qu'il faut, se disait-il, qu'importe ce que je puis sentir en ce moment? Il alla re- 20 connaître la situation et le poids de l'échelle.

C'est un instrument, se dit-il en riant, dont il est dans mon destin de me servir! ici comme à Verrières.[14] Quelle différence! Alors, ajouta-t-il avec un soupir, je n'étais pas obligé de me méfier de la per- 25 sonne pour laquelle je m'exposais. Quelle différence aussi dans le danger!

J'eusse été tué dans les jardins de M. de Rênal qu'il n'y avait point de déshonneur pour moi. Facilement on eût rendu ma mort inexplicable. Ici, 30 quels récits abominables ne va-t-on pas faire dans les salons de l'hôtel de Chaulnes, de l'hôtel de Caylus, de l'hôtel de Retz, etc., partout enfin. Je serai un monstre dans la postérité.[15]

Pendant deux ou trois ans, reprit-il en riant, et se 35 moquant de soi. Mais cette idée l'anéantissait. Et moi, où [16] pourra-t-on me justifier? En supposant que Fouqué imprime mon pamphlet posthume, ce ne sera qu'une infamie de plus. Quoi! Je suis reçu dans une maison, et pour prix de l'hospitalité que 40 j'y reçois, des bontés dont on m'y accable, j'imprime un pamphlet sur ce qui s'y passe! j'attaque l'hon-

[12] pâle d'une mort prochaine
[13] sans honte
[14] Il s'en était servi pour gagner la chambre de Mme de 45 Rênal.
[15] aux yeux des générations futures
[16] dans quel milieu

neur des femmes! Ah! mille fois plutôt, soyons dupes!

Cette soirée fut affreuse.

XVI. UNE HEURE DU MATIN

Ce jardin était fort grand, dessiné depuis peu d'années avec un goût parfait. Mais les arbres avaient plus d'un siècle. On y trouvait quelque chose de champêtre.

Massinger

Il allait écrire un contre-ordre à Fouqué lorsque onze heures sonnèrent. Il fit jouer avec fruit la serrure de la porte de sa chambre, comme s'il se fût enfermé chez lui. Il alla observer à pas de loup ce qui se passait dans toute la maison, surtout au quatrième étage, habité par les domestiques. Il n'y avait rien d'extraordinaire. Une des femmes de chambre de madame de La Mole donnait soirée, les domestiques prenaient du punch fort gaîment. Ceux qui rient ainsi, pensa Julien, ne doivent pas faire partie de l'expédition nocturne, ils seraient plus sérieux.

Enfin il alla se placer dans un coin obscur du jardin. Si leur plan est de se cacher des domestiques de la maison, ils feront arriver par-dessus les murs du jardin les gens chargés de me surprendre.

Si M. de Croisenois porte quelque sang-froid dans tout ceci, il doit trouver moins compromettant pour la jeune personne qu'il veut épouser de me faire surprendre avant le moment où je serai entré dans sa chambre.

Il fit une reconnaissance militaire[1] et fort exacte. Il s'agit de mon honneur, pensa-t-il; si je tombe dans quelque bévue, ce ne sera pas une excuse à mes propres yeux de me dire: Je n'y avais pas songé.

Le temps était d'une sérénité désespérante. Vers les onze heures la lune se leva, à minuit et demi elle éclairait en plein la façade de l'hôtel donnant sur le jardin.

Elle est folle, se disait Julien; comme une heure sonna, il y avait encore de la lumière aux fenêtres du comte Norbert. De sa vie Julien n'avait eu autant de peur, il ne voyait que les dangers de l'entreprise, et n'avait aucun enthousiasme.

[1] comme fait une armée en guerre, au moyen de patrouilles, pour connaître les positions de l'ennemi

Il alla prendre l'immense échelle, attendit cinq minutes, pour laisser le temps à un contre-ordre,[2] et à une heure cinq minutes posa l'échelle contre la fenêtre de Mathilde. Il monta doucement le pistolet à la main, étonné de n'être pas attaqué. Comme il approchait de la fenêtre, elle s'ouvrit sans bruit:

—Vous voilà, monsieur, lui dit Mathilde avec beaucoup d'émotion; je suis vos mouvements depuis une heure.

Julien était fort embarrassé, il ne savait comment se conduire, il n'avait pas d'amour du tout. Dans son embarras, il pensa qu'il fallait oser, il essaya d'embrasser Mathilde.

—Fi donc! lui dit-elle en le repoussant.

Fort content d'être éconduit, il se hâta de jeter un coup d'œil autour de lui: la lune était si brillante que les ombres qu'elle formait dans la chambre de mademoiselle de La Mole étaient noires. Il peut fort bien y avoir là des hommes cachés sans que je les voie, pensa-t-il.

—Qu'avez-vous dans la poche de côté de votre habit? lui dit Mathilde, enchantée de trouver un sujet de conversation. Elle souffrait étrangement; tous les sentiments de retenue et de timidité, si naturels à une fille bien née, avaient repris leur empire, et la mettaient au supplice.

—J'ai toutes sortes d'armes et de pistolets, répondit Julien, non moins content d'avoir quelque chose à dire.

—Il faut retirer l'échelle, dit Mathilde.

—Elle est immense, et peut casser les vitres du salon en bas, ou de l'entre-sol.

—Il ne faut pas casser les vitres, reprit Mathilde essayant en vain de prendre le ton de la conversation ordinaire; vous pourriez, ce me semble, abaisser l'échelle au moyen d'une corde qu'on attacherait au premier échelon. J'ai toujours une provision de cordes chez moi.

Et c'est là une femme amoureuse! pensa Julien, elle ose dire qu'elle aime! tant de sang-froid, tant de sagesse dans les précautions m'indiquent assez que je ne triomphe pas de M. de Croisenois comme je le croyais sottement; mais que tout simplement je lui succède.[3] Au fait, que m'importe! est-ce que je l'aime? je triomphe du marquis en ce sens qu'il sera très-fâché d'avoir un successeur, et plus fâché encore que ce successeur soit moi. Avec quelle hauteur il me regardait hier soir au café Tortoni,[4] en affectant de ne pas me reconnaître! avec quel air méchant il me salua ensuite, quand il ne put plus s'en dispenser!

Julien avait attaché la corde au dernier échelon de l'échelle, il la descendait doucement, et en se penchant beaucoup en dehors du balcon pour faire en sorte qu'elle ne touchât pas les vitres. Beau moment pour me tuer, pensa-t-il, si quelqu'un est caché dans la chambre de Mathilde; mais un silence profond continuait à régner partout.

L'échelle toucha la terre, Julien parvint à la coucher dans la plate-bande de fleurs exotiques le long du mur.

—Que va dire ma mère, dit Mathilde, quand elle verra ses belles plantes tout écrasées! . . . Il faut jeter la corde, ajouta-t-elle d'un grand sang-froid. Si on l'apercevait remontant au balcon, ce serait une circonstance difficile à expliquer.

—Et comment moi m'en aller? dit Julien d'un ton plaisant, et en affectant le langage créole. (Une des femmes de chambre de la maison était née à Saint-Domingue.)

—Vous, vous en aller par la porte, dit Mathilde ravie de cette idée.

Ah! que cet homme est digne de tout mon amour! pensa-t-elle.

Julien venait de laisser tomber la corde dans le jardin; Mathilde lui serra le bras. Il crut être saisi par un ennemi, et se retourna vivement en tirant un poignard. Elle avait cru entendre ouvrir une fenêtre. Ils restèrent immobiles et sans respirer. La lune les éclairait en plein. Le bruit ne se renouvelant pas, il n'y eut plus d'inquiétude.

Alors l'embarras recommença, il était grand des deux parts. Julien s'assura que la porte était fermée avec tous ses verrous; il pensait bien à regarder sous le lit, mais n'osait pas; on avait pu y placer un ou deux laquais. Enfin il craignit un reproche futur [5] de sa prudence et regarda.

---

[2] que Mathilde pouvait lui envoyer
[3] comme amant
[4] le plus ancien café des boulevards parisiens, rendez-vous des élégants sous l'Empire et sous la Restauration
[5] qu'il se ferait plus tard (pour n'avoir pas obéi à la prudence)

Mathilde était tombée dans toutes les angoisses de la timidité la plus extrême. Elle avait horreur de sa position.

— Qu'avez-vous fait de mes lettres? dit-elle enfin.

Quelle bonne occasion de déconcerter ces messieurs s'ils sont aux écoutes, et d'éviter la bataille! pensa Julien.

— La première est cachée dans une grosse Bible protestante que la diligence d'hier soir emporte bien loin d'ici.

Il parlait fort distinctement en entrant dans ces détails, et de façon à être entendu des personnes qui pouvaient être cachées dans deux grandes armoires d'acajou qu'il n'avait pas osé visiter.

— Les deux autres sont à la poste, et suivent la même route que la première.

— Eh, grand Dieu! pourquoi toutes ces précautions? dit Mathilde étonnée.

A propos de quoi est-ce que je mentirais? pensa Julien, et il lui avoua tous ses soupçons.

— Voilà donc la cause de la froideur de tes lettres! s'écria Mathilde avec l'accent de la folie plus que de la tendresse.

Julien ne remarqua pas cette nuance. Ce tutoiement lui fit perdre la tête, ou du moins ses soupçons s'évanouirent; il osa serrer dans ses bras cette fille si belle, et qui lui inspirait tant de respect. Il ne fut repoussé qu'à demi.

Il eut recours à sa mémoire, comme jadis à Besançon auprès d'Amanda Binet,[6] et récita plusieurs des plus belles phrases de la *Nouvelle Héloïse*.

— Tu as un cœur d'homme, lui répondit-on sans trop écouter ses phrases; j'ai voulu éprouver ta bravoure, je l'avoue. Tes premiers soupçons et ta résolution te montrent plus intrépide encore que je ne croyais.

Mathilde faisait effort pour le tutoyer, elle était évidemment plus attentive à cette étrange façon de parler qu'au fond des choses qu'elle disait. Ce tutoiement, dépouillé du ton de la tendresse, ne faisait aucun plaisir à Julien, il s'étonnait de l'absence du bonheur; enfin pour le sentir il eut recours à sa raison. Il se voyait estimé par cette jeune fille si fière, et qui n'accordait jamais de louanges sans restriction; avec ce raisonnement il parvint à un bonheur d'amour-propre.

Ce n'était pas, il est vrai, cette volupté de l'âme qu'il avait trouvée quelquefois auprès de madame de Rênal. Il n'y avait rien de tendre dans ses sentiments de ce premier moment. C'était le plus vif bonheur d'ambition, et Julien était surtout ambitieux. Il parla de nouveau des gens par lui soupçonnés, et des précautions qu'il avait inventées. En parlant il songeait aux moyens de profiter de sa victoire.

Mathilde encore fort embarrassée, et qui avait l'air atterrée de sa démarche, parut enchantée de trouver un sujet de conversation. On parla des moyens de se revoir. Julien jouit délicieusement de l'esprit et de la bravoure dont il fit preuve de nouveau pendant cette discussion. On avait affaire à des gens très-clairvoyants, le petit Tanbeau[7] était certainement un espion, mais Mathilde et lui n'étaient pas non plus sans adresse.

Quoi de plus facile que de se rencontrer dans la bibliothèque, pour convenir de tout?

— Je puis paraître, sans exciter de soupçons, dans toutes les parties de l'hôtel, ajoutait Julien, et presque jusque dans la chambre de madame de La Mole. Il fallait absolument la traverser pour arriver à celle de sa fille. Si Mathilde trouvait mieux qu'il arrivât toujours par une échelle, c'était avec un cœur ivre de joie qu'il s'exposerait à ce faible danger.

En l'écoutant parler, Mathilde était choquée de cet air de triomphe. Il est donc mon maître! se dit-elle. Déjà elle était en proie au remords. Sa raison avait horreur de l'insigne folie qu'elle venait de commettre. Si elle l'eût pu, elle eût anéanti elle et Julien. Quand par instants la force de sa volonté faisait taire les remords, des sentiments de timidité et de pudeur souffrante la rendaient fort malheureuse. Elle n'avait nullement prévu l'état affreux où elle se trouvait.

Il faut cependant que je lui parle, se dit-elle à la fin, cela est dans les convenances, on parle à son amant. Et alors, pour accomplir un devoir, et avec une tendresse qui était bien plus dans les paroles dont elle se servait que dans le son de sa voix, elle raconta les diverses résolutions qu'elle avait prises à son égard pendant ces derniers jours.

---

[6] Comme il avait fait pour plaire à Amanda. Cf. ch. XV note 7.

[7] employé subalterne du marquis de La Mole

Elle avait décidé que s'il osait arriver chez elle avec le secours de l'échelle du jardinier, ainsi qu'il lui était prescrit, elle serait toute à lui. Mais jamais l'on ne dit d'un ton plus froid et plus poli des choses aussi tendres. Jusque-là ce rendez-vous était glacé. C'était à faire prendre l'amour en haine. Quelle leçon de morale pour une jeune imprudente! Vaut-il la peine de perdre son avenir pour un tel moment?

Après de longues incertitudes, qui eussent pu paraître à un observateur superficiel l'effet de la haine la plus décidée, tant les sentiments qu'une femme se doit à elle-même [8] avaient de peine à céder même à une volonté aussi ferme, Mathilde finit par être pour lui une maîtresse aimable.

A la vérité, ces transports étaient un peu *voulus*. L'amour passionné était encore plutôt un modèle qu'on imitait qu'une réalité.

Mademoiselle de La Mole croyait remplir un devoir envers elle-même et envers son amant. Le pauvre garçon, se disait-elle, a été d'une bravoure achevée, il doit être heureux,[9] ou bien c'est moi qui manque de caractère. Mais elle eût voulu racheter au prix d'une éternité de malheur la nécessité cruelle où elle se trouvait.

Malgré la violence affreuse qu'elle se faisait,[10] elle fut parfaitement maîtresse de ses paroles.

Aucun regret, aucun reproche ne vinrent gâter cette nuit qui sembla singulière plutôt qu'heureuse à Julien. Quelle différence, grand Dieu! avec son dernier séjour de vingt-quatre heures à Verrières! Ces belles façons de Paris ont trouvé le secret de tout gâter, même l'amour, se disait-il dans son injustice extrême.

Il se livrait à ces réflexions debout dans une des grandes armoires d'acajou où on l'avait fait entrer aux premiers bruits entendus dans l'appartement voisin, qui était celui de madame de La Mole. Mathilde suivit sa mère à la messe, les femmes [11] quittèrent bientôt l'appartement, et Julien s'échappa facilement avant qu'elles ne revinssent terminer leurs travaux.

Il monta à cheval et chercha les endroits les plus solitaires d'une des forêts voisines de Paris. Il était bien plus étonné qu'heureux. Le bonheur qui, de temps à autre, venait occuper son âme, était comme celui d'un jeune sous-lieutenant qui, à la suite de quelque action étonnante, vient d'être nommé colonel d'emblée [12] par le général en chef; il se sentait porté à une immense hauteur. Tout ce qui était au-dessus de lui la veille, était à ses côtés maintenant ou bien au-dessous. Peu à peu le bonheur de Julien augmenta à mesure qu'il s'éloignait.

S'il n'y avait rien de tendre dans son âme, c'est que, quelque étrange que ce mot [13] puisse paraître, Mathilde, dans toute sa conduite avec lui, avait accompli un devoir. Il n'y eut rien d'imprévu pour elle dans tous les événements de cette nuit, que le malheur et la honte qu'elle avait trouvés au lieu de cette entière félicité dont parlent les romans.

Me serais-je trompée, n'aurais-je pas d'amour pour lui? se dit-elle.

XVII. UNE VIEILLE ÉPÉE

I now mean to be serious; — it is time,
Since laughter now-a-days is deem'd too serious.
A jest at vice by virtue's called a crime.
Don Juan, c. XIII

Elle ne parut pas au dîner. Le soir elle vint un instant au salon, mais ne regarda pas Julien. Cette conduite lui parut étrange; mais, pensa-t-il, je ne connais pas leurs usages; elle me donnera quelque bonne raison pour tout ceci. Toutefois, agité par la plus extrême curiosité, il étudiait l'expression des traits de Mathilde; il ne put pas se dissimuler qu'elle avait l'air sec et méchant. Évidemment ce n'était pas la même femme qui, la nuit précédente, avait ou feignait des transports de bonheur trop excessifs pour être vrais.

Le lendemain, le surlendemain, même froideur de sa part; elle ne le regardait pas, elle ne s'apercevait pas de son existence. Julien, dévoré par la plus vive inquiétude, était à mille lieues des sentiments de triomphe qui l'avaient seuls animé le premier jour. Serait-ce, par hasard, se dit-il, un retour à la vertu? Mais ce mot était bien bourgeois [1] pour l'altière Mathilde.

---

[8] sentiments de pudeur
[9] J'ai le devoir de le rendre heureux.
[10] le combat qui se livrait en elle
[11] femmes de chambre

[12] sans opposition
[13] le mot *devoir*

[1] sans caractère élevé

Dans les positions ordinaires de la vie elle ne croit guère à la religion, pensait Julien, elle l'aime comme très-utile aux intérêts de sa caste.

Mais par simple délicatesse ne peut-elle pas se reprocher vivement la faute qu'elle a commise? Julien croyait être son premier amant.

Mais, se disait-il dans d'autres instants, il faut avouer qu'il n'y a rien de naïf, de simple, de tendre dans toute sa manière d'être; jamais je ne l'ai vue plus altière. Me mépriserait-elle? Il serait digne d'elle de se reprocher ce qu'elle a fait pour moi, à cause seulement de la bassesse de ma naissance.

Pendant que Julien, rempli de ses préjugés puisés dans les livres et dans les souvenirs de Verrières, poursuivait la chimère d'une maîtresse tendre et qui ne songe plus à sa propre existence du moment qu'elle a fait le bonheur de son amant, la vanité de Mathilde était furieuse contre lui.

Comme elle ne s'ennuyait plus depuis deux mois, elle ne craignait plus l'ennui; ainsi, sans pouvoir s'en douter le moins du monde, Julien avait perdu son plus grand avantage.

Je me suis donné un maître! se disait mademoiselle de La Mole en proie au plus noir chagrin. Il est rempli d'honneur, à la bonne heure; mais si je pousse à bout sa vanité, il se vengera en faisant connaître la nature de nos relations. Jamais Mathilde n'avait eu d'amant, et dans cette circonstance de la vie qui donne quelques illusions tendres même aux âmes les plus sèches, elle était en proie aux réflexions les plus amères.

Il a sur moi un empire immense, puisqu'il règne par la terreur et peut me punir d'une peine atroce, si je le pousse à bout. Cette seule idée suffisait pour porter mademoiselle de la Mole à l'outrager.[2] Le courage était la première qualité de son caractère. Rien ne pouvait lui donner quelque agitation et la guérir d'un fond d'ennui sans cesse renaissant que l'idée qu'elle jouait à croix ou pile [3] son existence entière.

Le troisième jour, comme mademoiselle de La Mole s'obstinait à ne pas le regarder, Julien la suivit° après dîner, et évidemment malgré elle, dans la salle de billard.

—Eh bien, monsieur, vous croyez donc avoir acquis des droits bien puissants sur moi, lui dit-elle avec une colère à peine retenue, puisque en opposition à ma volonté bien évidemment déclarée, vous prétendez me parler? . . . Savez-vous que personne au monde n'a jamais tant osé?

Rien ne fut plaisant comme le dialogue de ces deux amants; sans s'en douter ils étaient animés l'un contre l'autre des sentiments de la haine la plus vive. Comme ni l'un ni l'autre n'avaient le caractère endurant, que d'ailleurs ils avaient des habitudes de bonne compagnie, ils en furent bientôt à se déclarer nettement qu'ils se brouillaient à jamais.

—Je vous jure un secret éternel, dit Julien, j'ajouterais même que jamais je ne vous adresserai la parole, si votre réputation ne pouvait souffrir de ce changement trop marqué. Il salua avec respect et partit.

Il accomplissait sans trop de peine ce qu'il croyait un devoir; il était bien loin de se croire fort amoureux de mademoiselle de La Mole. Sans doute il ne l'aimait pas trois jours auparavant, quand on l'avait caché dans la grande armoire d'acajou. Mais tout changea rapidement dans son âme du moment qu'il se vit à jamais brouillé avec elle.

Sa mémoire cruelle se mit à lui retracer les moindres circonstances de cette nuit qui dans la réalité l'avait laissé si froid.

Dans la nuit même qui suivit la déclaration de brouille éternelle, Julien faillit devenir fou en étant obligé de s'avouer qu'il aimait mademoiselle de La Mole.

Des combats affreux suivirent cette découverte: tous ses sentiments étaient bouleversés.

Deux jours après, au lieu d'être fier avec M. de Croisenois, il l'aurait presque embrassé en fondant en larmes.

L'habitude du malheur lui donna une lueur de bon sens, il se décida à partir pour le Languedoc, fit sa malle et alla à la poste.

Il se sentit défaillir quand, arrivé au bureau des malles-poste, on lui apprit que, par un hasard singulier, il y avait une place le lendemain dans la malle [4] de Toulouse. Il l'arrêta et revint à l'hôtel de La Mole, annoncer son départ au marquis.

[2] lui faire injure ou affront

[3] jeu de hasard pour lequel on se sert de pièces de monnaie

[4] malle-poste, voiture qui transportait le courrier à travers le pays, mais prenait aussi des voyageurs

M. de La Mole était sorti. Plus mort que vif, Julien alla l'attendre dans la bibliothèque. Que devint-il en y trouvant mademoiselle de La Mole?

En le voyant paraître elle prit un air de méchanceté auquel il lui fut impossible de se méprendre.

Emporté par son malheur, égaré par la surprise, Julien eut la faiblesse de lui dire, du ton le plus tendre et qui venait de l'âme: Ainsi, vous ne m'aimez plus?

— J'ai horreur de m'être livrée au premier venu,[5] dit Mathilde en pleurant de rage contre elle-même.

— *Au premier venu!* s'écria Julien, et il s'élança sur une vieille épée du moyen-âge qui était conservée dans la bibliothèque comme une curiosité.

Sa douleur, qu'il croyait extrême au moment où il avait adressé la parole à mademoiselle de La Mole, venait d'être centuplée par les larmes de honte qu'il lui voyait répandre. Il eût été le plus heureux des hommes de pouvoir la tuer.

Au moment où il venait de tirer l'épée, avec quelque peine, de son fourreau antique, Mathilde, heureuse d'une sensation si nouvelle, s'avança fièrement vers lui; ses larmes s'étaient taries.

L'idée du marquis de La Mole, son bienfaiteur, se présenta vivement à Julien. Je tuerais sa fille! se dit-il, quelle horreur! Il fit un mouvement pour jeter l'épée. Certainement, pensa-t-il, elle va éclater de rire à la vue de ce mouvement de mélodrame: il dut à cette idée le retour de tout son sang-froid. Il regarda la lame de la vieille épée curieusement et comme s'il y eût cherché quelque tache de rouille, puis il la remit dans le fourreau, et avec la plus grande tranquillité la replaça au clou de bronze doré qui la soutenait.

Tout ce mouvement, fort lent sur la fin, dura bien une minute; mademoiselle de La Mole le regardait étonnée. J'ai donc été sur le point d'être tuée par mon amant! se disait-elle.

Cette idée la transportait dans les plus beaux temps du siècle de Charles IX et de Henri III.

Elle était immobile devant Julien qui venait de replacer l'épée, elle le regardait avec des yeux où il n'y avait plus de haine. Il faut convenir qu'elle était bien séduisante en ce moment; certainement jamais

[5] un homme quelconque

femme n'avait moins ressemblé à une poupée parisienne (ce mot était la grande objection de Julien contre les femmes de ce pays).

Je vais retomber dans quelque faiblesse pour lui, pensa Mathilde; c'est bien pour le coup [6] qu'il se croirait mon seigneur et maître, après une rechute,[7] et au moment précis où je viens de lui parler si ferme. Elle s'enfuit.

Mon Dieu! qu'elle est belle! dit Julien en la voyant courir: voilà cet être qui se précipitait dans mes bras avec tant de fureur il n'y a pas huit jours. . . Et ces instants ne reviendront jamais! et c'est par ma faute! et, au moment d'une action si extraordinaire, si intéressante pour moi, je n'y étais pas sensible![8] . . . Il faut avouer que je suis né avec un caractère bien plat et bien malheureux.

Le marquis parut; Julien se hâta de lui annoncer son départ.

— Pour où? dit M. de La Mole.

— Pour le Languedoc.

— Non pas, s'il vous plaît, vous êtes réservé à de plus hautes destinées, si vous partez ce sera pour le Nord. . . même, en termes militaires, je vous consigne [9] à l'hôtel. Vous m'obligerez de n'être [10] jamais plus de deux ou trois heures absent, je puis avoir besoin de vous d'un moment à l'autre.

Julien salua, et se retira sans mot dire, laissant le marquis fort étonné; il était hors d'état de parler, il s'enferma dans sa chambre. Là, il put s'exagérer en liberté toute l'atrocité de son sort.

Ainsi, pensait-il, je ne puis pas même m'éloigner! Dieu sait combien de jours le marquis va me retenir à Paris; grand Dieu! que vais-je devenir? et pas un ami que je puisse consulter: l'abbé Pirard ne me laisserait pas finir la première phrase, le comte Altamira [11] me proposerait de m'affilier à quelque conspiration.

Et cependant je suis fou, je le sens; je suis fou!

Qui pourra me guider, que vais-je devenir?

[6] pour cette fois
[7] retour à l'amour
[8] Je n'en éprouvais pas de bonheur.
[9] Je vous donne l'ordre de ne pas sortir.
[10] vous me rendrez service en n'étant
[11] conspirateur napolitain devenu l'ami de Julien

XVIII. MOMENTS CRUELS

*Et elle me l'avoue! Elle détaille jusqu'aux moin-
dres circonstances! Son œil si beau fixé sur le mien
peint l'amour qu'elle sentit pour un autre!*

                        Schiller

Mademoiselle de La Mole ravie ne songeait qu'au
bonheur d'avoir été sur le point d'être tuée. Elle allait jusqu'à se dire: Il est digne d'être mon maître,
puisqu'il a été sur le point de me tuer. Combien
faudrait-il fondre ensemble de beaux jeunes gens de
la société pour arriver à un tel mouvement de passion?

Il faut avouer qu'il était bien joli au moment où
il est monté sur la chaise, pour replacer l'épée, précisément dans la position pittoresque que le tapissier
décorateur lui a donnée! Après tout, je n'ai pas été
si folle de l'aimer.

Dans cet instant, s'il se fût présenté quelque
moyen honnête de renouer, elle l'eût saisi avec plaisir. Julien, enfermé à double tour dans sa chambre,
était en proie au plus violent désespoir. Dans ses
idées folles, il pensait à se jeter à ses pieds. Si au
lieu de se tenir caché dans un lieu écarté, il eût erré
au jardin et dans l'hôtel, de manière à se tenir à la
portée des occasions, il eût peut-être en un seul instant changé en bonheur le plus vif son affreux malheur.

Mais l'adresse dont nous lui reprochons l'absence,
aurait exclu le mouvement sublime de saisir l'épée
qui, dans ce moment, le rendait si joli aux yeux de
mademoiselle de La Mole. Ce caprice, favorable à
Julien, dura toute la journée; Mathilde se faisait une
image charmante des courts instants pendant lesquels elle l'avait aimée, elle les regrettait.

Au fait, se disait-elle, ma passion pour ce pauvre
garçon n'a duré à ses yeux que depuis une heure
après minuit, quand je l'ai vu arriver par son échelle
avec tous ses pistolets, dans la poche de côté de son
habit, jusqu'à huit heures du matin. C'est un quart
d'heure après, en entendant la messe à Sainte-
Valère, que j'ai commencé à penser qu'il allait se
croire mon maître, et qu'il pourrait bien essayer de
me faire obéir au nom de la terreur.

Après dîner, mademoiselle de La Mole, loin de
fuir Julien, lui parla et l'engagea en quelque sorte
à la suivre au jardin; il obéit. Cette épreuve[1] lui
manquait. Mathilde cédait sans trop s'en douter à
l'amour qu'elle reprenait pour lui. Elle trouvait un
plaisir extrême à se promener à ses côtés, c'était avec
curiosité qu'elle regardait ces mains qui le matin
avaient saisi l'épée pour la tuer.

Après une telle action, après tout ce qui s'était
passé, il ne pouvait plus être question de leur ancienne conversation.

Peu à peu Mathilde se mit à lui parler avec confidence intime de l'état de son cœur. Elle trouvait une
singulière volupté dans ce genre de conversation;
elle en vint à lui raconter les mouvements d'enthousiasme passagers qu'elle avait éprouvés pour M. de
Croisenois, pour M. de Caylus. . .

— Quoi! pour M. de Caylus aussi! s'écria Julien;
et toute l'amère jalousie d'un amant délaissé éclatait
dans ce mot. Mathilde en jugea ainsi, et n'en fut
point offensée.

Elle continua à torturer Julien, en lui détaillant
ses sentiments d'autrefois de la façon la plus pittoresque, et avec l'accent de la plus intime vérité.
Il voyait qu'elle peignait ce qu'elle avait sous les
yeux.[2] Il avait la douleur de remarquer qu'en parlant, elle faisait des découvertes dans son propre
cœur.

Le malheur de la jalousie ne peut aller plus loin.

Soupçonner qu'un rival est aimé est déjà bien
cruel, mais se voir avouer en détail l'amour qu'il
inspire par la femme qu'on adore est sans doute le
comble[3] des douleurs.

O combien étaient punis, en cet instant, les
mouvements d'orgueil qui avaient porté Julien à se
préférer aux Caylus, aux Croisenois! Avec quel malheur intime et senti il s'exagérait leurs plus petits
avantages! Avec quelle bonne foi ardente il se méprisait lui-même!

Mathilde lui semblait adorable, toute parole est
faible pour exprimer l'excès de son admiration. En
se promenant à côté d'elle, il regardait à la dérobée
ses mains, ses bras, son port de reine. Il était sur le
point de tomber à ses pieds, anéanti d'amour et de
malheur, et en criant: Pitié!

---

[1] circonstance qui pouvait lui causer de la douleur
[2] Elle avait l'air de tenir ses amoureux devant elle.
[3] le plus haut degré

Et cette personne si belle, si supérieure à tout, qui une fois m'a aimé, c'est M. de Caylus qu'elle aimera sans doute bientôt!

Julien ne pouvait douter de la sincérité de mademoiselle de La Mole: l'accent de la vérité était trop évident dans tout ce qu'elle disait. Pour que rien absolument ne manquât à son malheur, il y eut des moments où à force de s'occuper des sentiments qu'elle avait éprouvés une fois pour M. de Caylus, Mathilde en vint à parler de lui comme si elle l'aimait actuellement. Certainement il y avait de l'amour dans son accent, Julien le voyait nettement.

L'intérieur de sa poitrine eût été inondé de plomb fondu qu'il eût moins souffert.[4] Comment, arrivé à cet excès de malheur, le pauvre garçon eût-il pu deviner que c'était parce qu'elle parlait à lui, que mademoiselle de La Mole trouvait tant de plaisir à repenser aux velléités d'amour [5] qu'elle avait éprouvées jadis pour M. de Caylus ou M. de Luz?

Rien ne saurait exprimer les angoisses de Julien. Il écoutait les confidences détaillées de l'amour éprouvé pour d'autres dans cette même allée de tilleuls où si peu de jours auparavant il attendait qu'une heure sonnât pour pénétrer dans sa chambre. Un être humain ne peut soutenir le malheur à un plus haut degré.

Ce genre d'intimité cruelle dura huit grands jours. Mathilde tantôt semblait rechercher, tantôt ne fuyait pas les occasions de lui parler; et le sujet de conversation, auquel ils semblaient tous deux revenir avec une sorte de volupté cruelle, c'était le récit des sentiments qu'elle avait éprouvés pour d'autres: elle lui racontait les lettres qu'elle avait écrites, elle lui en rappelait jusqu'aux paroles, elle lui récitait des phrases entières. Les derniers jours elle semblait contempler Julien avec une sorte de joie maligne. Ses douleurs étaient une vive jouissance pour elle.

On voit que Julien n'avait aucune expérience de la vie, il n'avait pas même lu de romans; s'il eût été un peu moins gauche et qu'il eût dit avec quelque sangfroid à cette jeune fille, par lui si adorée et qui lui faisait des confidences si étranges: Convenez que quoique je ne vaille pas tous ces messieurs, c'est pourtant moi que vous aimez.[6]. .

Peut-être eût-elle été heureuse d'être devinée; du moins le succès eût-il dépendu entièrement de la grâce avec laquelle Julien eût exprimé cette idée, et du moment qu'il eût choisi. Dans tous les cas il sortait bien, et avec avantage pour lui, d'une situation qui allait devenir monotone aux yeux de Mathilde.

—Et vous ne m'aimez plus, moi qui vous adore! lui dit un jour Julien éperdu d'amour et de malheur. Cette sottise était à peu près la plus grande qu'il pût commettre.

Ce mot détruisit en un clin d'œil tout le plaisir que mademoiselle de La Mole trouvait à lui parler de l'état de son cœur. Elle commençait à s'étonner qu'après ce qui s'était passé il ne s'offensât pas de ses récits, elle allait jusqu'à s'imaginer, au moment où il lui tint ce sot propos, que peut-être il ne l'aimait plus. La fierté a sans doute éteint son amour, se disait-elle. Il n'est pas homme à se voir impunément préférer des êtres comme Caylus, de Luz, Croisenois, qu'il avoue lui être tellement supérieurs. Non, je ne le verrai plus à mes pieds!

Les jours précédents, dans la naïveté de son malheur, Julien lui faisait souvent un éloge sincère des brillantes qualités de ces messieurs; il allait jusqu'à les exagérer. Cette nuance n'avait point échappé à mademoiselle de La Mole, elle en était étonnée, mais n'en devinait point la cause. L'âme frénétique [7] de Julien, en louant un rival qu'il croyait aimé, sympathisait avec son bonheur.

Son mot si franc, mais si stupide, vint tout changer en un instant: Mathilde, sûre d'être aimée, le méprisa parfaitement.

Elle se promenait avec lui au moment de ce propos maladroit; elle le quitta, et son dernier regard exprimait le plus affreux mépris. Rentrée au salon, de toute la soirée elle ne le regarda plus. Le lendemain ce mépris occupait tout son cœur; il n'était plus question du mouvement qui, pendant huit jours, lui avait fait trouver tant de plaisir à traiter Julien comme l'ami le plus intime; sa vue lui était désagréable. La sensation de Mathilde alla jusqu'au dégoût; rien ne saurait exprimer l'excès du mépris qu'elle éprouvait en le rencontrant sous ses yeux.

Julien n'avait rien compris à tout ce qui s'était passé, depuis huit jours, dans le cœur de Mathilde,

[4] si l'intérieur de sa poitrine avait été. . . il aurait. . .
[5] *velléités:* mouvements de volonté faibles et sans effet
[6] Négligence du romancier: il n'a pas achevé sa phrase.

[7] enthousiaste jusqu'au délire

mais il discerna le mépris. Il eut le bon sens de ne paraître devant elle que le plus rarement possible, et jamais ne la regarda.

Mais ce ne fut pas sans une peine mortelle qu'il se priva en quelque sorte de sa présence. Il crut 5 sentir que son malheur s'en augmentait encore. Le courage d'un cœur d'homme ne peut aller plus loin, se disait-il. Il passait sa vie à une petite fenêtre dans les combles [8] de l'hôtel; la persienne en était fermée avec soin, et de là du moins il pouvait apercevoir 10 mademoiselle de La Mole quand elle paraissait au jardin.

Que devenait-il quand après dîner il la voyait se promener avec M. de Caylus, M. de Luz ou tel autre pour qui elle lui avait avoué quelque velléité 15 d'amour autrefois éprouvée?

Julien n'avait pas l'idée d'une telle intensité de malheur; il était sur le point de jeter des cris; cette âme si ferme était enfin bouleversée de fond en comble. 20

Toute pensée étrangère à mademoiselle de La Mole lui était devenue odieuse; il était incapable d'écrire les lettres les plus simples.

— Vous êtes fou, lui dit le marquis.

Julien, tremblant d'être deviné, parla de maladie 25 et parvint à se faire croire. Heureusement pour lui, le marquis le plaisanta à dîner sur son prochain voyage: Mathilde comprit qu'il pouvait être fort long. Il y avait déjà plusieurs jours que Julien la fuyait, et les jeunes gens si brillants qui avaient tout 30 ce qui manquait à cet être si pâle et si sombre, autrefois aimé d'elle, n'avaient plus le pouvoir de la tirer de sa rêverie.

Une fille ordinaire, se disait-elle, eût cherché l'homme qu'elle préfère, parmi ces jeunes gens qui 35 attirent tous les regards dans un salon; mais un des caractères du génie est de ne pas traîner sa pensée dans l'ornière [9] tracée par le vulgaire.

Compagne d'un homme tel que Julien, auquel il ne manque que de la fortune que j'ai, j'exciterai 40 continuellement l'attention, je ne passerai point inaperçue dans la vie. Bien loin de redouter sans cesse une révolution comme mes cousines, qui de peur du peuple n'osent pas gronder un postillon qui les mène mal, je serai sûre de jouer un rôle et un 45

[8] le grenier sous les toits

[9] les communes habitudes (métaphore)

grand rôle, car l'homme que j'ai choisi a du caractère et une ambition sans bornes. Que lui manque-t-il? des amis, de l'argent? je lui en donne. Mais sa pensée traitait un peu Julien en être inférieur, dont on se fait aimer quand on veut.

XIX. L'OPÉRA BOUFFE

O how this spring of love resembleth
The uncertain glory of an April day;
  Which now shows all the beauty of the sun,
  And by and by a cloud takes all away!

Shakespeare

Occupée de l'avenir et du rôle singulier qu'elle espérait, Mathilde en vint bientôt jusqu'à regretter les discussions sèches et métaphysiques qu'elle avait souvent avec Julien. Fatiguée de si hautes pensées, quelquefois aussi elle regrettait les moments de bonheur qu'elle avait trouvés auprès de lui; ces derniers souvenirs ne paraissaient point sans remords, elle en était accablée dans de certains moments.

Mais si l'on a une faiblesse, se disait-elle, il est digne d'une fille telle que moi de n'oublier ses devoirs que pour un homme de mérite; on ne dira point que ce sont ses jolies moustaches ni sa grâce à monter à cheval qui m'ont séduite, mais ses profondes discussions sur l'avenir qui attend la France, ses idées sur la ressemblance que les événements qui vont fondre sur nous peuvent avoir avec la révolution de 1688 en Angleterre. J'ai été séduite, répondait-elle à ses remords, je suis une faible femme, mais du moins je n'ai pas été égarée comme une poupée par les avantages extérieurs.[1]

S'il y a une révolution, pourquoi Julien Sorel ne jouerait-il pas le rôle de Roland, et moi celui de madame Roland? [2] j'aime mieux ce rôle que celui de madame de Staël: [3] l'immoralité de la conduite sera un obstacle dans notre siècle. Certainement on ne me reprochera pas une seconde faiblesse; [4] j'en mourrais de honte.

[1] avantages physiques ou de rang social

[2] Révolutionnaires victimes de la Révolution. Mme Roland mourut courageusement sur l'échafaud. Son mari, qui avait pu se sauver, se donna la mort en apprenant celle de sa femme.

[3] Ce grand écrivain ne suivit la Révolution que de loin, mais soutint une lutte courageuse contre Napoléon. On lui connut plusieurs amants.

[4] La première avait été en faveur de Julien.

Les rêveries de Mathilde n'étaient pas toutes aussi graves, il faut l'avouer, que les pensées que nous venons de transcrire.

Elle regardait Julien, elle trouvait une grâce charmante à ses moindres actions.

Sans doute, se disait-elle, je suis parvenue à détruire chez lui jusqu'à la plus petite idée qu'il a des droits.[5]

L'air de malheur et de passion profonde avec lequel le pauvre garçon m'a dit ce mot d'amour, il y a huit jours, le prouve de reste;[6] il faut convenir que j'ai été bien extraordinaire de me fâcher d'un mot où brillaient tant de respect, tant de passion. Ne suis-je pas sa femme? Ce mot était bien naturel, et, il faut l'avouer, il était bien aimable. Julien m'aimait encore après des conversations éternelles, dans lesquelles je ne lui avais parlé, et avec bien de la cruauté, j'en conviens, que des velléités d'amour que l'ennui de la vie que je mène m'avait inspirées pour ces jeunes gens de la société desquels il est si jaloux. Ah! s'il savait combien ils sont peu dangereux pour moi, combien auprès de lui ils me semblent étiolés[7] et tous copiés les uns des autres.

En faisant ces réflexions, Mathilde traçait au hasard des traits de crayon sur une feuille de son album. Un des profils qu'elle venait d'achever l'étonna, la ravit: il ressemblait à Julien d'une manière frappante. C'est la voix du ciel! voilà un des miracles de l'amour, s'écria-t-elle avec transport: sans m'en douter je fais son portrait.

Elle s'enfuit dans sa chambre, s'y enferma, s'appliqua beaucoup, chercha sérieusement à faire le portrait de Julien, mais elle ne put réussir; le profil tracé au hasard se trouva toujours le plus ressemblant; Mathilde en fut enchantée, elle y vit une preuve évidente de grande passion.

Elle ne quitta son album que fort tard, quand la marquise la fit appeler pour aller à l'Opéra italien. Elle n'eut qu'une idée, chercher Julien des yeux pour le faire engager par sa mère à les accompagner.

Il ne parut point; ces dames n'eurent que des êtres vulgaires dans leur loge. Pendant tout le premier acte de l'opéra, Mathilde rêva à l'homme qu'elle aimait avec les transports de la passion la plus vive; mais au second acte une maxime d'amour chantée, il faut l'avouer, sur une mélodie digne de Cimarosa,[8] pénétra son cœur. L'héroïne de l'opéra disait: Il faut me punir de l'excès d'adoration que je sens pour lui, je l'aime trop!

Du moment qu'elle eut entendu cette cantilène[9] sublime, tout ce qui existait au monde disparut pour Mathilde. On lui parlait; elle ne répondait pas; sa mère la grondait, à peine pouvait-elle prendre sur elle de[10] la regarder. Son extase arriva à un état d'exaltation et de passion comparable aux mouvements les plus violents que depuis quelques jours Julien avait éprouvés pour elle. La cantilène, pleine d'une grâce divine sur laquelle était chantée la maxime qui lui semblait faire une application si frappante à sa position, occupait tous les instants où elle ne songeait pas directement à Julien. Grâce à son amour pour la musique, elle fut ce soir-là comme madame de Rênal était toujours en pensant à Julien. L'amour de tête[11] a plus d'esprit sans doute que l'amour vrai,[12] mais il n'a que des instants d'enthousiasme; il se connaît trop, il se juge sans cesse; loin d'égarer la pensée, il n'est bâti qu'à force de pensées.

De retour à la maison, quoi que pût dire madame de La Mole, Mathilde prétendit avoir la fièvre, et passa une partie de la nuit à répéter cette cantilène sur son piano. Elle chantait les paroles de l'air célèbre qui l'avait charmée:

> Devo punirmi, devo punirmi,
> Se troppo amai, etc.

Le résultat de cette nuit de folie fut qu'elle crut être parvenue à triompher de son amour. (Cette page nuira de plus d'une façon au malheureux auteur.[13] Les âmes glacées l'accuseront d'indécence. Il ne fait point l'injure aux jeunes personnes qui brillent dans les salons de Paris, de supposer qu'une seule d'entre elles soit susceptible des mouvements de folie qui dégradent le caractère de Mathilde. Ce personnage est tout à fait d'imagination, et même

---

[5] droits d'un amant
[6] suffisamment
[7] dégénérés
[8] compositeur d'opéras italiens (1749–1801)
[9] mélodie passionnée
[10] faire effort pour
[11] celui qui s'empare de la pensée et de l'imagination
[12] celui qui prend aussi l'être sensuel
[13] Stendhal parle de lui-même.

imaginé bien en dehors des habitudes sociales qui parmi tous les siècles assureront un rang si distingué à la civilisation du XIXe siècle.

Ce n'est point la prudence qui manque aux jeunes filles qui ont fait l'ornement des bals de cet hiver.

Je ne pense pas non plus que l'on puisse les accuser de trop mépriser une brillante fortune, des chevaux, de belles terres et tout ce qui assure une position agréable dans le monde. Loin de ne voir que de l'ennui dans tous ces avantages, ils sont en général l'objet des désirs les plus constants, et s'il y a passion dans les cœurs elle est pour eux.

Ce n'est point l'amour non plus qui se charge de la fortune des jeunes gens doués de quelque talent comme Julien; ils s'attachent d'une étreinte invincible à une coterie, et quand la coterie fait fortune, toutes les bonnes choses de la société pleuvent sur eux. Malheur à l'homme d'étude qui n'est d'aucune coterie, on lui reprochera jusqu'à de petits succès fort incertains, et la haute vertu triomphera en le volant. Eh, monsieur, un roman est un miroir qui se promène sur une grande route. Tantôt il reflète à vos yeux l'azur des cieux, tantôt la fange des bourbiers de la route. Et l'homme qui porte le miroir dans sa hotte sera par vous accusé d'être immoral! Son miroir montre la fange, et vous accusez le miroir! Accusez bien plutôt le grand chemin où est le bourbier, et plus encore l'inspecteur des routes qui laisse l'eau croupir et le bourbier se former.[14]

Maintenant qu'il est bien convenu que le caractère de Mathilde est impossible dans notre siècle, non moins prudent que vertueux, je crains moins d'irriter en continuant le récit des folies de cette aimable fille.)

Pendant toute la journée du lendemain elle épia les occasions de s'assurer de son triomphe sur sa folle passion. Son grand but fut de déplaire en tout à Julien; mais aucun de ses mouvements ne lui échappa.

Julien était trop malheureux et surtout trop agité pour deviner une manœuvre de passion aussi compliquée, encore moins put-il voir tout ce qu'elle avait de favorable pour lui: il en fut la victime; jamais peut-être son malheur n'avait été aussi excessif. Ses actions étaient tellement peu sous la direction de son esprit, que si quelque philosophe chagrin lui eût dit: « Songez à profiter rapidement des dispositions qui vont vous être favorables; dans ce genre d'amour de tête, que l'on voit à Paris, la même manière d'être ne peut durer plus de deux jours, » il ne l'eût pas compris. Mais quelque exalté qu'il fût, Julien avait de l'honneur. Son premier devoir était la discrétion; il le comprit. Demander conseil, raconter son supplice au premier venu eût été un bonheur comparable à celui du malheureux qui, traversant un désert enflammé, reçoit du ciel une goutte d'eau glacée. Il connut le péril,[15] il craignit de répondre par un torrent de larmes à l'indiscret qui l'interrogerait; il s'enferma chez lui.

Il vit Mathilde se promener longtemps au jardin; quand enfin elle l'eut quitté, il y descendit; il s'approcha d'un rosier où elle avait pris une fleur.

La nuit était sombre, il put se livrer à tout son malheur sans craindre d'être vu. Il était évident pour lui que mademoiselle de La Mole aimait un de ces jeunes officiers avec qui elle venait de parler si gaîment. Elle l'avait aimé lui, mais elle avait connu[16] son peu de mérite.

Et en effet, j'en ai bien peu! se disait Julien avec pleine conviction; je suis au total un être bien plat, bien vulgaire, bien ennuyeux pour les autres, bien insupportable à moi-même. Il était mortellement dégoûté de toutes ses bonnes qualités, de toutes les choses qu'il avait aimées avec enthousiasme; et dans cet état d'*imagination renversée*,[17] il entreprenait de juger la vie avec son imagination. Cette erreur est d'un homme supérieur.

Plusieurs fois l'idée du suicide s'offrit à lui; cette image était pleine de charmes, c'était comme un repos délicieux; c'était le verre d'eau glacée offert au misérable qui, dans le désert, meurt de soif et de chaleur.

Ma mort augmentera le mépris qu'elle a pour moi! s'écria-t-il. Quel souvenir je laisserai!

Tombé dans ce dernier abîme du malheur, un être humain n'a de ressources que le courage. Julien n'eut pas assez de génie pour se dire: Il faut oser; mais comme il regardait la fenêtre de la chambre

---

[14] âpre critique humaine et sociale à laquelle se livre Stendhal pour souligner à quel point Mathilde et Julien sont des êtres exceptionnels

[15] Il se rendit compte de la tentation.
[16] découvert
[17] ou plutôt qui renversait tout son être intérieur

de Mathilde, il vit à travers les persiennes qu'elle éteignait sa lumière: il se figurait cette chambre charmante qu'il avait vue, hélas! une fois en sa vie. Son imagination n'allait pas plus loin.

Une heure sonna; entendre le son de la cloche et se dire: Je vais monter avec l'échelle, ne fut qu'un instant.[18]

Ce fut l'éclair du génie, les bonnes raisons arrivèrent en foule. Puis-je être plus malheureux? se disait-il. Il courut à l'échelle, le jardinier l'avait enchaînée. A l'aide du chien[19] d'un de ses petits pistolets, qu'il brisa, Julien, animé dans ce moment d'une force surhumaine, tordit un des chaînons de la chaîne qui retenait l'échelle; il en fut maître en peu de minutes, et la plaça contre la fenêtre de Mathilde.

Elle va se fâcher, m'accabler de mépris, qu'importe? Je lui donne un baiser, un dernier baiser, je monte chez moi et je me tue . . . ; mes lèvres toucheront sa joue avant que de mourir!

Il volait en montant l'échelle, il frappe à la persienne; après quelques instants Mathilde l'entend, elle veut ouvrir la persienne, l'échelle s'y oppose: Julien se cramponne au crochet de fer destiné à tenir la persienne ouverte, et, au risque de se précipiter[20] mille fois, donne une violente secousse à l'échelle, et la déplace un peu. Mathilde peut ouvrir la persienne.

Il se jette dans la chambre plus mort que vif:[21]

—C'est donc toi! dit-elle en se précipitant dans ses bras. . .

[*Le marquis obtiendra pour Julien un titre de noblesse et un brevet d'officier: les deux jeunes gens pourront s'unir par les liens du mariage. Ainsi Julien Sorel touche à son but, il accèdera aux hauts emplois. Malheureusement Mme de Rênal, sur le conseil de son directeur religieux, écrit au marquis une lettre accusatrice qui perd l'homme tant aimé naguère. Fou de colère, il rejoint Mme de Rênal à l'église et tire sur elle deux coups de pistolet. Arrêté, condamné, il affronte le supplice avec courage. Mme de Rênal meurt de cette mort. Mlle de La Mole se fait livrer la tête tranchée de son amant et l'ensevelit elle-même.*]

---

[18] *entendre* et *se dire:* dans un seul instant
[19] partie de l'arme qui à cette époque portait le silex

[20] tomber dans le vide
[21] avec une inquiétude angoissée (gallicisme)

HONORÉ DE BALZAC (1799–1850)

L'HOMME

Descendant de laboureurs du midi de la France, fils d'une mère assez dure et d'un père égoïste qui avait fait sa carrière dans l'administration des vivres de l'armée et qui administrait les hospices de Tours, Honoré, né dans cette ville en 1799, n'a guère aimé de sa famille nombreuse que sa grand'mère maternelle, qui le gâta, et sa sœur Laure. Après des études médiocres au collège de Vendôme, puis à celui de Tours, il suivit en 1814 sa famille à Paris où son père avait été nommé directeur dans le service des subsistances militaires. A Paris, il entra chez un avoué; jouissant de beaucoup de liberté, il suivait des cours à la Sorbonne et fréquentait les bibliothèques. Très vite, il voulut faire de la littérature.

Son père, ayant pris sa retraite, ne disposait plus que d'une pension modeste. Il donna à son fils deux années pour réussir. Le jeune homme a vécu dans une mansarde qu'il appelait son « sépulcre aérien », avec un vieux châle prêté par Laure pour se chauffer en hiver. Il écrivit des romans médiocres, fit lire une mauvaise pièce de lui, *Cromwell,* à sa famille, qui le rappela à Villeparisis où elle s'était retirée.

Il y demeura cinq ans. Une voisine, Mme de Berny, s'intéressa à lui. Elle avait vingt ans de plus que lui. Ils s'aimèrent, elle l'affina, lui apprit la vie, l'aida, et lui permit de regagner Paris. Là, il a été imprimeur, fondeur de caractères, mais s'est couvert de dettes et a vraiment fait mourir son père d'orgueil blessé. Il résolut de compter uniquement sur la littérature pour se tirer d'affaires et il y réussit à partir de 1829, l'année où parurent *Les Chouans*.

Balzac a eu d'autres amies que Mme de Berny — qu'il appelait « la Dilecta »: notamment la duchesse d'Abrantés et la marquise de Castries. Par leurs soins, il devient un vrai dandy, se meuble, achète un attelage, va au Bois, au bal de l'Opéra. S'étant épris d'une admiratrice qui lui écrivait de Pologne, la comtesse Hanska, il va plusieurs fois la rejoindre en Allemagne, à Rome, en Russie, et comme elle est devenue veuve, il l'épouse en 1850.

Mais il souffre d'une maladie de cœur, le travail l'a miné (de six heures du soir au lendemain midi, le plus souvent), l'excès de café l'a empoisonné, et il meurt après deux mois de fragile bonheur. Il eut des funérailles magnifiques. Hugo dit sur sa tombe: « Il est impossible que ceux qui ont été des génies pendant leur vie ne soient pas des âmes après leur mort. »

Les savants naturalistes faisaient beaucoup parler d'eux à l'époque de Balzac, *L'ŒUVRE* et la mode était aux *physiologies*. Il publia avec succès une *Physiologie du mariage* (1829). On était donc tenté alors de calquer la société des humains sur celle des animaux. L'idée de la *Comédie humaine* est venue à Balzac, il l'a écrit, « d'une comparaison entre l'humanité et l'animalité ». Il a classé sa matière romanesque en Geoffroy Saint-Hilaire ou en Cuvier de la littérature.

Son œuvre comprend une centaine de romans, contes, nouvelles, pièces de théâtre. Il serait trop long de la décrire. Il suffit de donner les divisions générales et d'indiquer dans chacune quelques-uns des romans les plus lus.

I. ÉTUDES DE MŒURS: Scènes de la vie privée (*Le Père Goriot*, 1834). Scènes de la vie de province (*Eugénie Grandet*, 1833), (*Le Curé de Tours*, 1832). Scènes de la vie parisienne (*La Duchesse de Langeais*, 1833-34), (*La Cousine Bette*, 1846), (*Le Cousin Pons*, 1847). Scènes de la vie politique (*Les Chouans*, 1829). Scènes de la vie de campagne (*Le Lys dans la vallée*, 1835).

II. ÉTUDES PHILOSOPHIQUES: (*La Peau de chagrin*, 1831), (*Louis Lambert*, 1832-33).

III. ÉTUDES ANALYTIQUES: (*Physiologie du mariage*, 1829).

Beaucoup de ces romans ont pour héros et héroïnes des types qui sont devenus classiques. On dit « un Gobsek » pour un avare, « un Hulot » pour un débauché, « un Rastignac » pour un ambitieux.

Balzac a mêlé la peinture des caractères à la peinture des mœurs. Il a décrit chaque groupe social dans sa condition et même avec son vocabulaire. Il a fait une place énorme à l'argent, parce que dans une société où la noblesse n'est plus rien et où le travail ne compte pas encore, l'argent est à peu près tout. Nous en retrouvons l'obsession dans tous les mondes peints par Balzac: les bourgeois, les médecins, les journalistes, etc. Car c'est toute une société, avec ses familles et ses individus, que l'œuvre de Balzac a récréée. Il a vraiment fait concurrence à l'état-civil.

Il est le père du réalisme moderne: tous les romanciers dépendent encore aujourd'hui de lui, ils n'existeraient sans doute pas sans lui. Toutefois, il faut se rendre compte qu'il y a eu chez lui, par dessus le réaliste, un visionnaire: il n'avait pu traverser le romantisme sans s'imprégner de sa grande vague d'imagination. C'était un tel visionnaire qu'il ne distinguait plus entre ses inventions et la vie réelle. D'Arthez, le héros des *Secrets de la princesse de Cadignan* (1839), n'a jamais existé. Or des amis entendirent un soir le romancier dire très sérieusement, au cours d'une conversation, « Revenons à la réalité, parlons de d'Arthez. » Aussi certains de ses personnages, de Vautrin ou du Père Goriot au Curé de Tours, montrent-ils une grandeur presque démesurée.

Le Curé de Tours appartint tout d'abord à la série des « Célibataires », avec *La Rabouilleuse* (1841–42), et *Pierrette* (1840); puis il est passé dans les « Scènes de la vie de province » avec *Eugénie Grandet* (1833), *L'Illustre Gaudissart* (1833), *Les Illusions perdues* (1837–49, 1843).

Trois fois Balzac a conduit son lecteur dans la capitale de la Touraine. *La Femme de trente ans* (1831–44), *Maître Cornélius* (1831), se la partagent avec *Le Curé de Tours*.

Ce court roman, qui commence assez comiquement avec les pauvres tribulations d'un médiocre homme d'église, se déploie bientôt tragiquement dans la révélation d'une puissance occulte qui prend toute une société dans ses filets, à l'époque de la Restauration (1814–30), sous Louis XVIII. (Les sous-titres sont les nôtres et n'apparaissent pas dans le texte de Balzac.)

Le Curé de Tours

LES AMBITIONS DE L'ABBÉ BIROTTEAU

Au commencement de l'automne de l'année 1826, l'abbé Birotteau,[1] principal personnage de cette histoire, fut surpris par une averse en revenant de la maison où il était allé passer la soirée. Il traversait donc, aussi promptement que son embonpoint pouvait le lui permettre, la petite place déserte, nommée *le Cloître,* qui se trouve derrière le chevet de Saint-Gatien,[2] à Tours.

L'abbé Birotteau, petit homme court, de constitution apoplectique,[3] âgé d'environ soixante ans, avait déjà subi plusieurs attaques de goutte.[4] Or, entre toutes les petites misères de la vie humaine, celle pour laquelle le bon prêtre éprouvait le plus d'aversion était le subit arrosement de ses souliers à larges agrafes d'argent et l'immersion de leurs semelles. En effet, malgré les chaussons de flanelle dans lesquels il empaquetait en tout temps ses pieds avec le soin que les ecclésiastiques prennent d'eux-mêmes, il y gagnait toujours un peu d'humidité; puis, le lendemain, la goutte lui donnait infaillible-

[1] Il est, dans l'œuvre de Balzac, le frère de César Birotteau, qu'il a essayé d'aider au moment de ses pires difficultés. Il a été le directeur de conscience de Mme de Mortsauf (*Le Lys dans la vallée*).
[2] L'église Saint-Gatien est la cathédrale.

[3] disposé à l'apoplexie (perte subite des sensations et arrêt des mouvements)
[4] maladie des petites circulations dans les mains, dans les pieds

ment quelques preuves de sa constance.⁵ Néanmoins, comme le pavé du Cloître est toujours sec, que l'abbé Birotteau avait gagné trois livres dix sous au whist ⁶ chez Mme de Listomère,⁷ il endura la pluie avec résignation depuis le milieu de la place de l'Archevêché, où elle avait commencé à tomber en abondance. En ce moment, il caressait d'ailleurs sa chimère,⁸ un désir déjà vieux de douze ans, un désir de prêtre! un désir qui, formé tous les soirs, paraissait alors près de s'accomplir; enfin, il s'enveloppait trop bien dans l'aumusse d'un canonicat ⁹ pour sentir les intempéries de l'air: pendant la soirée, les personnes habituellement réunies chez madame de Listomère lui avaient presque garanti sa nomination à la place de chanoine, alors vacante au chapitre métropolitain ¹⁰ de Saint-Gatien, en lui prouvant que personne ne la méritait mieux que lui, dont les droits, longtemps méconnus, étaient incontestables. S'il eût perdu au jeu, s'il eût appris que l'abbé Poirel, son concurrent, passait ¹¹ chanoine, le bonhomme eût alors trouvé la pluie bien froide. Peut-être eût-il médit de l'existence. Mais il se trouvait dans une de ces rares circonstances de la vie où d'heureuses sensations font tout oublier. En hâtant le pas, il obéissait à un mouvement machinal, et la vérité, si essentielle dans une histoire de mœurs, oblige à dire qu'il ne pensait ni à l'averse, ni à la goutte.

Jadis, il existait dans le Cloître, du côté de la Grand'Rue, plusieurs maisons réunies par une clôture, appartenant à la cathédrale et où logeaient quelques dignitaires ¹² du chapitre. Depuis l'aliénation des biens du clergé,¹³ la ville a fait du passage qui sépare ces maisons une rue, nommée rue de la *Psalette,* et par laquelle on va du Cloître à la Grand'Rue. Ce nom indique suffisamment que là demeu-

rait autrefois le grand chantre,¹⁴ ses écoles et ceux qui vivaient sous sa dépendance. Le côté gauche de cette rue est rempli par une seule maison dont les murs sont traversés par les arcs-boutants ¹⁵ de Saint-Gatien, qui sont implantés dans son petit jardin étroit, de manière à laisser en doute si la cathédrale fut bâtie avant ou après cet antique logis. Mais, en examinant les arabesques et la forme des fenêtres, le cintre de la porte, et l'extérieur de cette maison brunie par le temps, un archéologue voit qu'elle a toujours fait partie du monument magnifique avec lequel elle est mariée. Un antiquaire, s'il y en avait à Tours, une des villes les moins littéraires ¹⁶ de France, pourrait même reconnaître, à l'entrée du passage dans le Cloître, quelques vestiges de l'arcade qui formait jadis le portail de ces habitations ecclésiastiques et qui devait s'harmoniser au caractère général de l'édifice. Située au nord de Saint-Gatien, cette maison se trouve continuellement dans les ombres projetées par cette grande cathédrale sur laquelle le temps a jeté son manteau noir, imprimé ses rides, semé son froid humide, ses mousses et ses hautes herbes. Aussi cette habitation est-elle toujours enveloppée dans un profond silence, interrompu seulement par le bruit des cloches, par le chant des offices qui franchit les murs de l'église, ou par les cris des choucas ¹⁷ nichés dans le sommet des clochers. Cet endroit est un désert de pierres, une solitude pleine de physionomie,¹⁸ et qui ne peut être habitée que par des êtres arrivés à une nullité complète ou doués d'une force d'âme prodigieuse. La maison dont il s'agit avait toujours été occupée par des abbés, et appartenait à une vieille fille nommée Mlle Gamard. Quoique ce bien eût été acquis de la nation,¹⁹ pendant la Terreur, par le père de made-

---

⁵ Elle était toujours là.

⁶ jeu de cartes à quatre personnes

⁷ Ce personnage se retrouve dans un autre roman de Balzac, *La Muse du Département.*

⁸ Il pensait à un projet difficile ou impossible à réaliser.

⁹ Fonction de chanoine (prêtre qui fait partie du conseil d'un évêque ou d'un archevêque). *L'aumusse* est la peau de martre que les chanoines portent sur le bras pendant les offices religieux.

¹⁰ assemblée des chanoines attachés au métropolitain (l'archevêque)

¹¹ était nommé

¹² membres éminents

¹³ leur captation par l'État, à l'époque révolutionnaire

---

¹⁴ Le maître de chœur. *Psalette* vient de *psaumes.*

¹⁵ Soutiens extérieurs d'un mur; ils sont en forme de demi-arcs.

¹⁶ les moins occupées de lecture; *antiquaire:* ici, érudit qui étudie les objets et édifices laissés par le passé

¹⁷ oiseaux vivant en bandes bruyantes dans les tours et les clochers

¹⁸ air personnel du visage (la solitude est ici personnifiée)

¹⁹ La Révolution avait confisqué des propriétés foncières appartenant à la noblesse et au clergé, et avait vendu au profit de l'État ces biens devenus « biens nationaux ». *La Terreur:* période la plus violente de la Révolution, depuis la chute des Girondins (31 mai 1793) jusqu'à celle de Robespierre (27 juillet 1794).

moiselle Gamard, comme, depuis vingt ans, cette vieille fille y logeait des prêtres, personne ne s'avisait de trouver mauvais, sous la Restauration, qu'une dévote conservât un bien national: peut-être les gens religieux lui supposaient-ils l'intention de le léguer [5] au chapitre, et les gens du monde n'en voyaient-ils pas la destination changée.[20]

L'abbé Birotteau se dirigeait donc vers cette maison, où il demeurait depuis deux ans. Son appartement avait été, comme l'était alors le canonicat, [10] l'objet de son envie et son *hoc erat in votis*[21] pendant une douzaine d'années. Être le pensionnaire de Mlle Gamard et devenir chanoine furent les deux grandes affaires de sa vie; et peut-être résument-elles exactement l'ambition d'un prêtre, qui, se considé- [15] rant comme en voyage vers l'éternité, ne peut souhaiter en ce monde qu'un bon gîte, une bonne table, des vêtements propres, des souliers à agrafes d'argent, choses suffisantes pour les besoins de la bête,[22] et un canonicat pour satisfaire l'amour-propre, ce [20] sentiment indicible qui nous suivra, dit-on, jusqu'auprès de Dieu, puisqu'il y a des grades parmi les saints.[23] Mais la convoitise de l'appartement alors habité par l'abbé Birotteau, ce sentiment, minime aux yeux des gens du monde, avait été pour lui [25] toute une passion, passion pleine d'obstacles, et, comme les plus criminelles passions, pleine d'espérances, de plaisirs et de remords.

La distribution intérieure et la contenance[24] de sa maison n'avaient pas permis à mademoiselle Ga- [30] mard d'avoir plus de deux pensionnaires logés. Or, environ douze ans avant le jour où Birotteau devint le pensionnaire de cette fille, elle s'était chargée d'entretenir en joie et en santé M. l'abbé Troubert et M. l'abbé Chapeloud. L'abbé Troubert vivait. [35] L'abbé Chapeloud était mort, et Birotteau lui avait immédiatement succédé.

Feu M. l'abbé Chapeloud, en son vivant chanoine de Saint-Gatien, avait été l'ami intime de l'abbé Birotteau. Toutes les fois que le vicaire était [40] entré chez le chanoine, il en avait admiré constamment l'appartement, les meubles et la bibliothèque.

De cette admiration naquit un jour l'envie de posséder ces belles choses. Il avait été impossible à l'abbé Birotteau d'étouffer ce désir, qui souvent le fit horriblement souffrir quand il venait à penser que la mort de son meilleur ami pouvait seule satisfaire cette cupidité cachée, mais qui allait toujours croissant.[25] L'abbé Chapeloud et son ami Birotteau n'étaient pas riches. Tous deux fils de paysans, ils n'avaient rien autre chose que les faibles émoluments accordés aux prêtres; et leurs minces économies furent employées à passer les temps malheureux de la Révolution. Quand Napoléon rétablit le culte catholique, l'abbé Chapeloud fut nommé chanoine de Saint-Gatien, et Birotteau devint vicaire de la cathédrale. Chapeloud se mit alors en pension[26] chez Mlle Gamard. Lorsque Birotteau vint visiter le chanoine dans sa nouvelle demeure, il trouva l'appartement parfaitement bien distribué; mais il n'y vit rien autre chose. Le début de cette concupiscence mobilière fut semblable à celui d'une passion vraie,[27] qui, chez un jeune homme, commence quelquefois par une froide admiration pour la femme que plus tard il aimera toujours.

Cet appartement, desservi par un escalier en pierre, se trouvait dans un corps de logis à l'exposition du midi.[28] L'abbé Troubert occupait le rez-de-chaussée et Mlle Gamard le premier étage du principal bâtiment situé sur[29] la rue. Lorsque Chapeloud entra dans son logement, les pièces étaient nues et les plafonds noircis par la fumée. Les chambranles des cheminées en pierre assez mal sculptée n'avaient jamais été peints. Pour tout mobilier,[30] le pauvre chanoine y mit d'abord un lit, une table, quelques chaises, et le peu de livres qu'il possédait. L'appartement ressemblait à une belle femme en haillons. Mais, deux ou trois ans après, une vieille dame ayant laissé deux mille francs à l'abbé Chapeloud, il employa cette somme à l'emplette d'une bibliothèque en chêne, provenant de la démolition d'un château dépecé par la bande noire,[31]

---

[20] puisqu'elle restait ainsi ecclésiastique
[21] voilà ce que je souhaitais (Horace, livre II, satire 6)
[22] la partie animale de l'être humain
[23] depuis les bienheureux jusqu'au saint des saints qui est Dieu
[24] le nombre et la disposition des pièces

[25] qui ne s'arrêtait pas de croître
[26] logement et repas payés au mois
[27] passion d'amour; *concupiscence*: envie violente de posséder; *mobilière*: qui s'intéresse à un intérieur de maison
[28] tourné du côté du sud
[29] du côté de
[30] pour rien d'autre en fait de mobilier
[31] antiquaires (ici les marchands qui achètent et revendent de vieux meubles) associés pour acheter à bas-prix

et remarquable par des sculptures dignes de l'admiration des artistes. L'abbé fit cette acquisition, séduit moins par le bon marché que par la parfaite concordance qui existait entre les dimensions de ce meuble et celles de la galerie. Ses économies lui permirent alors de restaurer entièrement la galerie, jusque-là pauvre et délaissée. Le parquet fut soigneusement frotté, le plafond blanchi, et les boiseries furent peintes de manière à figurer les teintes et les nœuds du chêne. Une cheminée de marbre remplaça l'ancienne. Le chanoine eut assez de goût pour chercher et pour trouver de vieux fauteuils en bois de noyer sculpté. Puis une longue table en ébène et deux meubles de Boulle[32] achevèrent de donner à cette galerie une physionomie pleine de caractère. Dans l'espace de deux ans, les libéralités de plusieurs personnes dévotes, et des legs[33] de ses pieuses pénitentes, quoique légers, remplirent de livres les rayons de la bibliothèque alors vide. Enfin, un oncle de Chapeloud, un ancien oratorien,[34] lui légua sa collection in-folio des Pères de l'Église,[35] et plusieurs autres grands ouvrages précieux pour un ecclésiastique. Birotteau, surpris de plus en plus par les transformations successives de cette galerie jadis nue, arriva par degrés à une involontaire convoitise. Il souhaita posséder ce cabinet, si bien en rapport avec la gravité des mœurs ecclésiastiques. Cette passion s'accrut de jour en jour. Occupé pendant des journées entières à travailler dans cet asile, le vicaire put en apprécier le silence et la paix, après en avoir primitivement admiré l'heureuse distribution. Pendant les années suivantes, l'abbé Chapeloud fit de la cellule un oratoire,[36] que ses dévotes amies se plurent à embellir. Plus tard encore, une dame offrit au chanoine pour sa chambre un meuble en tapisserie[37] qu'elle avait faite elle-même pendant longtemps sous les yeux de cet homme aimable sans qu'il en soupçonnât la destination. Il en fut alors de[38] la chambre à coucher comme de la galerie, elle éblouit le vicaire. Enfin, trois ans avant sa mort,

l'abbé Chapeloud avait complété le confortable de son appartement en en décorant le salon. Quoique simplement garni de velours d'Utrecht[39] rouge, le meuble avait séduit Birotteau. Depuis le jour où le camarade du chanoine vit les rideaux de lampasse[40] rouge, les meubles d'acajou, le tapis d'Aubusson[41] qui ornaient cette vaste pièce peinte à neuf, l'appartement de Chapeloud devint pour lui l'objet d'une monomanie secrète. Y demeurer, se coucher dans le lit à grands rideaux de soie où couchait le chanoine, et trouver toutes ses aises autour de lui, comme les trouvait Chapeloud, fut pour Birotteau le bonheur complet: il ne voyait rien au delà. Tout ce que les choses du monde font naître d'envie et d'ambition dans le cœur des autres hommes se concentra chez l'abbé Birotteau dans le sentiment secret et profond avec lequel il désirait un intérieur semblable à celui que s'était créé l'abbé Chapeloud. Quand son ami tombait malade, il venait certes chez lui conduit par une sincère affection; mais, en apprenant l'indisposition du chanoine, ou en lui tenant compagnie, il s'élevait, malgré lui, dans le fond de son âme, mille pensées dont la formule la plus simple était toujours:

— Si Chapeloud mourait, je pourrais avoir son logement.

Cependant, comme Birotteau avait un cœur excellent, des idées étroites et une intelligence bornée, il n'allait pas jusqu'à concevoir les moyens de se faire léguer la bibliothèque et les meubles de son ami.

L'abbé Chapeloud, égoïste aimable et indulgent, devina la passion de son ami, ce qui n'était pas difficile, et la lui pardonna, ce qui peut sembler facile chez un prêtre. Mais aussi le vicaire, dont l'amitié resta toujours la même, ne cessa-t-il pas de se promener avec son ami tous les jours dans la même allée du Mail de Tours,[42] sans lui faire tort[43] un seul moment du temps consacré depuis vingt années à cette promenade. Birotteau, qui considérait ses vœux involontaires comme des fautes, eût été ca-

---

[32] ébéniste célèbre (1642–1732)
[33] ce qui est donné par testament
[34] membre de la Congrégation de l'Oratoire fondée en Italie et introduite en France au XVIIe siècle
[35] les docteurs qui ont fixé les formes de la foi aux premiers siècles de l'église; *in folio:* de grand format
[36] petite pièce réservée à la prière
[37] tissu fait à l'aiguille pour recouvrir un fauteuil
[38] il se produisit pour

[39] ville de Hollande, créatrice d'un velours apprécié; *le meuble:* le mobilier
[40] soie de Chine
[41] ville de France qui possède des manufactures de tapisseries, rivales de celles de Beauvais
[42] belle promenade publique
[43] le priver

pable, par contrition,[44] du plus grand dévouement pour l'abbé Chapeloud. Celui-ci paya sa dette envers[45] une fraternité si naïvement sincère en disant, quelques jours avant sa mort, au vicaire, qui lui lisait *la Quotidienne:*[46]

— Pour cette fois, tu auras l'appartement. Je sens que tout est fini pour moi.

En effet, par son testament, l'abbé Chapeloud légua sa bibliothèque et son mobilier à Birotteau. La possession de ces choses, si vivement désirées, et la perspective d'être pris en pension par Mlle Gamard, adoucirent beaucoup la douleur que causait à Birotteau la perte de son ami le chanoine: il ne l'aurait peut-être pas ressuscité, mais il le pleura. Pendant quelques jours, il fut comme Gargantua, dont la femme, étant morte en accouchant de Pantagruel, ne savait s'il devait se réjouir de la naissance de son fils,[47] ou se chagriner d'avoir enterré sa bonne Badebec, et qui se trompait en se réjouissant de la mort de sa femme et déplorant la naissance de Pantagruel.[48] L'abbé Birotteau passa les premiers jours de son deuil à vérifier les ouvrages de *sa* bibliothèque, à se servir de *ses* meubles, à les examiner, en disant d'un ton qui, malheureusement, n'a pu être noté:[49] « Pauvre Chapeloud! » Enfin sa joie et sa douleur l'occupaient tant, qu'il ne ressentit aucune peine de voir donner à un autre la place de chanoine, dans laquelle feu Chapeloud espérait avoir Birotteau pour successeur.

MADEMOISELLE GAMARD

Mlle Gamard ayant pris avec plaisir le vicaire en pension, celui-ci participa dès lors à toutes les félicités de la vie matérielle que lui vantait le défunt chanoine. Incalculables avantages! A entendre feu l'abbé Chapeloud, aucun de tous les prêtres qui habitaient la ville de Tours ne pouvait être, sans en excepter l'archevêque, l'objet de soins aussi délicats, aussi minutieux que ceux prodigués par Mlle Ga-

mard à ses deux pensionnaires. Les premiers mots que disait le chanoine à son ami, en se promenant sur le Mail, avaient presque toujours trait au succulent dîner qu'il venait de faire, et il était bien rare que, pendant les sept promenades de la semaine, il ne lui arrivât pas de dire au moins quatorze fois:

— Cette excellente fille a certes pour vocation le service ecclésiastique. Pensez donc, disait l'abbé Chapeloud à Birotteau, que, pendant douze années consécutives, linge blanc, aubes, surplis, rabats,[50] rien ne m'a jamais manqué. Je trouve toujours chaque chose en place, en nombre suffisant, et sentant l'iris. Mes meubles sont frottés, et toujours si bien essuyés, que, depuis longtemps, je ne connais plus la poussière. En avez-vous vu un seul grain chez moi? Jamais! Puis le bois de chauffage est bien choisi, les moindres choses sont excellentes; bref, il semble que Mlle Gamard ait sans cesse un œil dans ma chambre. Je ne me souviens pas d'avoir sonné[51] deux fois, en dix ans, pour demander quoi que ce fût. Voilà vivre! N'avoir rien à chercher, pas même ses pantoufles. Trouver toujours bon feu, bonne table. Enfin, mon soufflet[52] m'impatientait, il avait le larynx embarrassé, je ne m'en suis pas plaint deux fois. Bast![53] le lendemain, mademoiselle m'a donné un très joli soufflet, et cette paire de badines avec lesquelles vous me voyez tisonnant.

Birotteau, pour toute réponse, disait:

— Sentant l'iris!

Ce *sentant l'iris* le frappait toujours. Les paroles du chanoine accusaient un bonheur fantastique pour le pauvre vicaire, à qui ses rabats et ses aubes faisaient tourner la tête; car il n'avait aucun ordre, et oubliait assez fréquemment de commander son dîner. Aussi, soit en quêtant, soit en disant la messe, quand il apercevait Mlle Gamard à Saint-Gatien, ne manquait-il jamais de lui jeter un regard doux et bienveillant, comme sainte Thérèse[54] pouvait en jeter au ciel.

---

[44] douleur d'avoir offensé Dieu
[45] pour
[46] journal royaliste et catholique
[47] Cette phrase n'est pas correctement construite.
[48] personnages du grand ouvrage de Rabelais
[49] Évidemment, puisqu'il était seul. D'ailleurs, comment Balzac sait-il ce que cet homme seul disait? Sa remarque souligne maladroitement une convention commode.

[50] trois parties du vêtement d'église
[51] pour appeler la servante
[52] instrument qui sert à activer le feu dans la cheminée
[53] interjection qui signifie: pas d'importance; *badines:* pincettes qui servent à tisonner le feu, c'est-à-dire à remuer les bois à demi brûlés dans le foyer
[54] réformatrice du Carmel en Espagne au XVIe siècle, née à Avila, auteur de traités ascétiques et mystiques

Quoique le bien-être que désire toute créature, et qu'il avait si souvent rêvé, lui fût échu, comme il est difficile à tout le monde, même à un prêtre, de vivre sans un dada,[55] depuis dix-huit mois, l'abbé Birotteau avait remplacé ses deux passions satisfaites par le souhait d'un canonicat. Le titre de chanoine était devenu pour lui ce que doit être la pairie[56] pour un ministre plébéien. Aussi la probabilité de sa nomination, les espérances qu'on venait de lui donner chez Mme de Listomère lui tournaient-elles si bien la tête, qu'il ne se rappela y avoir oublié son parapluie qu'en arrivant à son domicile. Peut-être même, sans la pluie qui tombait alors à torrents, ne s'en serait-il pas souvenu, tant il était absorbé par le plaisir avec lequel il rabâchait en lui-même tout ce que lui avaient dit, au sujet de sa promotion, les personnes de la société de Mme de Listomère, vieille dame chez laquelle il passait la soirée du mercredi. Le vicaire sonna vivement, comme pour dire à la servante de ne pas le faire attendre. Puis il se serra dans le coin de la porte, afin de se laisser arroser le moins possible; mais l'eau qui tombait du toit coula précisément sur le bout de ses souliers, et le vent poussa par moments sur lui certaines bouffées de pluie assez semblables à des douches. Après avoir calculé le temps nécessaire[57] pour sortir de la cuisine et venir tirer le cordon placé sous la porte, il resonna encore de manière à produire un carillon très significatif.

— Ils ne peuvent pas être sortis, se dit-il en n'entendant aucun mouvement dans l'intérieur.

Et, pour la troisième fois, il recommença sa sonnerie, qui retentit si aigrement dans la maison et fut si bien répétée par tous les échos de la cathédrale, qu'à ce factieux tapage il était impossible de ne pas se réveiller. Aussi, quelques instants après, n'entendit-il pas sans un certain plaisir mêlé d'humeur les sabots de la servante qui claquaient sur le petit pavé caillouteux. Néanmoins, le malaise du podagre[58] ne finit pas aussitôt qu'il le croyait. Au lieu de tirer le cordon, Marianne fut obligée d'ouvrir la serrure de la porte avec la grosse clef et de défaire les verrous.

[55] idée favorite (terme familier)
[56] dignité des membres de la Chambre haute sous la Restauration
[57] nécessaire à la servante
[58] qui souffre de la goutte aux pieds

— Comment me laissez-vous sonner trois fois par un temps pareil? dit-il à Marianne.

— Mais, monsieur, vous voyez bien que la porte était fermée. Tout le monde est couché depuis longtemps, les trois quarts de dix heures sont sonnés. Mademoiselle aura cru que vous n'étiez pas sorti.

— Mais vous m'avez bien vu partir, vous! D'ailleurs, mademoiselle sait bien que je vais chez Mme de Listomère tous les mercredis.

— Ma foi! monsieur, j'ai fait ce que mademoiselle m'a commandé de faire, répondit Marianne en fermant la porte.

Ces paroles portèrent à l'abbé Birotteau un coup qui lui fut d'autant plus sensible, que sa rêverie l'avait rendu plus complètement heureux. Il se tut, suivit Marianne à la cuisine pour prendre son bougeoir, qu'il supposait y avoir été mis. Mais, au lieu d'entrer dans la cuisine, Marianne mena l'abbé chez lui, où le vicaire aperçut son bougeoir sur une table qui se trouvait à la porte du salon rouge, dans une espèce d'antichambre formée par le palier de l'escalier auquel le défunt chanoine avait adapté une grande clôture vitrée. Muet de surprise, il entra promptement dans sa chambre, n'y vit pas de feu dans la cheminée, et appela Marianne, qui n'avait pas encore eu le temps de descendre.

— Vous n'avez donc pas allumé de feu? dit-il.

— Pardon, monsieur l'abbé, répondit-elle. Il se sera éteint.

Birotteau regarda de nouveau le foyer, et s'assura que le feu était resté couvert depuis le matin.

— J'ai besoin de me sécher les pieds, reprit-il; faites-moi du feu.

Marianne obéit avec la promptitude d'une personne qui avait envie de dormir. Tout en cherchant lui-même ses pantoufles, qu'il ne trouvait pas au milieu de son tapis de lit, comme elles y étaient jadis, l'abbé fit, sur la manière dont Marianne était habillée, certaines observations par lesquelles il lui fut démontré qu'elle ne sortait pas de son lit, comme elle le lui avait dit. Il se souvint alors que, depuis environ quinze jours, il était sevré de tous ces petits soins qui, pendant dix-huit mois, lui avaient rendu la vie si douce à porter. Or, comme la nature des esprits étroits les porte à deviner les minuties, il se livra soudain à de très grandes réflexions sur ces quatre événements, imperceptibles pour tout autre, mais qui, pour lui, constituaient quatre catastrophes. Il s'agissait évidemment de la perte entière de son bonheur, dans l'oubli des pantoufles, dans le mensonge de Marianne relativement au feu, dans le transport insolite de son bougeoir sur la table de l'antichambre, et dans la station forcée qu'on lui avait ménagée, par la pluie, sur le seuil de la porte.

Quand la flamme eut brillé dans le foyer, quand la lampe de nuit fut allumée, et que Marianne l'eut quitté sans lui demander, comme elle faisait jadis: « Monsieur a-t-il encore besoin de quelque chose? » l'abbé Birotteau se laissa doucement aller dans la belle et ample bergère[59] de son défunt ami; mais le mouvement par lequel il y tomba[60] eut quelque chose de triste. Le bonhomme était accablé sous le pressentiment d'un affreux malheur. Ses yeux se tournèrent successivement sur le beau cartel, sur la commode, sur les sièges, les rideaux, les tapis, le lit en tombeau, le bénitier, le crucifix, sur une *Vierge* du Valentin, sur un *Christ* de Lebrun,[61] enfin sur tous les accessoires de cette chambre; et l'expression de sa physionomie révéla les douleurs du[62] plus tendre adieu qu'un amant ait jamais fait à sa première maîtresse, ou un vieillard à ses derniers arbres plantés. Le vicaire venait de reconnaître, un peu tard à la vérité, les signes d'une persécution sourde[63] exercée sur lui depuis environ trois mois par Mlle Gamard, dont les mauvaises intentions eussent sans doute été beaucoup plus tôt devinées par un homme d'esprit. Les vieilles n'ont-elles pas toutes un certain talent pour accentuer les actions et les mots que la haine leur suggère? Elles égratignent à la manière des chats. Puis non seulement elles blessent, mais elles éprouvent du plaisir à blesser, et à faire voir à leur victime qu'elles l'ont blessée. Là où un homme du monde ne se serait pas laissé griffer deux fois, le bon Birotteau avait besoin de plusieurs coups de patte dans la figure avant de croire à une intention méchante.

Aussitôt, avec cette sagacité questionneuse que contractent les prêtres habitués à diriger les consciences et à creuser des riens au fond du confession-nal,[64] l'abbé Birotteau se mit à établir, comme s'il s'agissait d'une controverse[65] religieuse, la proposition suivante:

— En admettant que Mlle Gamard n'ait plus songé à la soirée de Mme de Listomère, que Marianne ait oublié de faire mon feu, que l'on m'ait cru rentré; attendu que j'ai descendu ce matin, et moi-même! *mon bougeoir!!!* il est impossible que Mlle Gamard, en le voyant dans son salon, ait pu me supposer couché. *Ergo,*[66] Mlle Gamard a voulu me laisser à la porte par la pluie; et, en faisant remonter mon bougeoir chez moi, elle a eu l'intention de me faire connaître . . . — Quoi? dit-il tout haut, emporté par la gravité des circonstances, en se levant pour quitter ses habits mouillés, prendre sa robe de chambre et se coiffer de nuit.[67]

Puis il alla de son lit à la cheminée, en gesticulant et lançant sur des tons différents les phrases suivantes, qui toutes furent terminées d'une voix de fausset,[68] comme pour remplacer des points d'interjection:

— Que diantre[69] lui ai-je fait? Pourquoi m'en veut-elle? Marianne n'a pas dû oublier mon feu! C'est mademoiselle qui lui aura dit de ne pas l'allumer! Il faudrait être un enfant pour ne pas s'apercevoir, au ton et aux manières qu'elle prend avec moi, que j'ai eu le malheur de lui déplaire. Jamais il n'est arrivé rien de pareil à Chapeloud! Il me sera impossible de vivre au milieu des tourments que. . . A mon âge!. . .

Il se coucha dans l'espoir d'éclaircir le lendemain matin la cause de la haine qui détruisait à jamais ce bonheur dont il avait joui pendant deux ans, après l'avoir si longtemps désiré. Hélas! les secrets motifs du sentiment que Mlle Gamard lui portait[70] devaient lui être éternellement inconnus, non qu'ils fussent difficiles à deviner, mais parce que le pauvre homme manquait de cette bonne foi avec laquelle les grandes âmes et les fripons savent réagir sur eux-mêmes et se juger. Un homme de génie ou un

[59] fauteuil large et profond
[60] s'assit lourdement
[61] deux peintres français du XVIIe siècle
[62] pareilles à celles du
[63] sans éclat
[64] examiner les fautes insignifiantes des pénitents dans le réduit clos où le prêtre les reçoit
[65] dispute méthodique sur un problème
[66] *par conséquent*, terme de raisonnement
[67] pour le lit
[68] voix grêle et aiguë
[69] sorte de jurement (pour *diable*)
[70] éprouvait pour lui

intrigant seuls se disent: « J'ai eu tort. » L'intérêt et le talent sont les seuls conseillers consciencieux et lucides. Or, l'abbé Birotteau, dont la bonté allait jusqu'à la bêtise, dont l'instruction n'était en quelque sorte que plaquée [71] à force de travail, qui n'avait aucune expérience du monde ni de ses mœurs, et qui vivait entre la messe et le confessionnal, grandement occupé de décider les cas de conscience [72] les plus légers, en sa qualité de confesseur des pensionnats de la ville et de quelques belles âmes qui l'appréciaient, l'abbé Birotteau pouvait être considéré comme un grand enfant, à qui la majeure partie des pratiques sociales [73] était complètement étrangère. Seulement, l'égoïsme naturel à toutes les créatures humaines, renforcé par l'égoïsme particulier au prêtre, et par celui de la vie étroite que l'on mène en province, s'était insensiblement développé chez lui, sans qu'il s'en doutât.

Si quelqu'un eût pu trouver assez d'intérêt à fouiller l'âme du vicaire pour lui démontrer que, dans les infiniment petits détails de son existence et dans les devoirs minimes de sa vie privée, il manquait essentiellement de ce dévouement dont il croyait faire profession,[74] il se serait puni lui-même, et se serait mortifié de bonne foi. Mais ceux que nous offensons, même à notre insu, nous tiennent peu compte de notre innocence, ils veulent et savent se venger. Donc Birotteau, quelque faible qu'il fût, dut être soumis aux effets de cette grande Justice distributive, qui va toujours chargeant le monde d'exécuter ses arrêts, nommés, par certains niais, *les malheurs de la vie*.

Il y eut cette différence entre feu l'abbé Chapeloud et le vicaire, que l'un était un égoïste adroit et spirituel et l'autre un franc et maladroit égoïste. Lorsque l'abbé Chapeloud vint se mettre en pension chez Mlle Gamard, il sut parfaitement juger le caractère de son hôtesse. Le confessionnal lui avait appris à connaître tout ce que le malheur de se trouver en dehors de la société met d'amertume au cœur d'une vieille fille; il calcula donc sagement sa conduite chez Mlle Gamard. L'hôtesse, n'ayant guère alors que trente-huit ans, gardait encore quelques

prétentions, qui, chez ces discrètes personnes, se changent plus tard en une haute estime d'elles-mêmes. Le chanoine comprit que, pour bien vivre avec Mlle Gamard, il devait lui toujours accorder les mêmes attentions et les mêmes soins, être plus infaillible que ne l'est le pape. Pour obtenir ce résultat, il ne laissa s'établir entre elle et lui que les points de contact strictement ordonnés par la politesse, et ceux qui existent nécessairement entre des personnes vivant sous le même toit. Ainsi, quoique l'abbé Troubert et lui fissent régulièrement trois repas par jour, il s'était abstenu de partager le déjeuner commun, en habituant Mlle Gamard à lui envoyer dans son lit une tasse de café à la crème. Puis il avait évité les ennuis du souper en prenant tous les soirs du thé dans les maisons où il allait passer ses soirées. Il voyait ainsi rarement son hôtesse à un autre moment de la journée que celui du dîner; [75] mais il venait toujours quelques instants avant l'heure fixée.

Durant cette espèce de visite polie, il lui avait adressé, pendant les douze années qu'il passa sous son toit, les mêmes questions, en obtenant d'elle les mêmes réponses. La manière dont avait dormi Mlle Gamard durant la nuit, son déjeuner, les petits événements domestiques,[76] l'air de son visage, l'hygiène de sa personne, le temps qu'il faisait, la durée des offices,[77] les incidents de la messe, enfin la santé de tel ou tel prêtre, faisaient tous les frais de cette conversation périodique. Pendant le dîner, il procédait toujours par des flatteries indirectes, allant sans cesse de la qualité d'un poisson, du bon goût des assaisonnements ou des qualités d'une sauce aux qualités de Mlle Gamard et à ses vertus de maîtresse de maison. Il était sûr de caresser toutes les vanités de la vieille fille en vantant l'art avec lequel étaient faits ou préparés ses confitures, ses cornichons, ses conserves, ses pâtés, et autres inventions gastronomiques. Enfin, jamais le rusé chanoine n'était sorti du salon jaune de son hôtesse sans dire que, dans aucune maison de Tours, on ne prenait du café aussi bon que celui qu'il venait d'y déguster.

Grâce à cette parfaite entente du caractère de

---

[71] donc superficielle
[72] difficultés au sujet de ce que la religion permet ou défend en telle circonstance
[73] coutumes de la société
[74] faire preuve publiquement

[75] repas du milieu de la journée
[76] de la maison
[77] cérémonies du service divin

Mlle Gamard, et à cette science d'existence professée pendant douze années par le chanoine, il n'y eut jamais entre eux matière à discuter le moindre point de discipline intérieure.[78] L'abbé Chapeloud avait tout d'abord reconnu les angles, les aspérités, le rêche de cette vieille fille, et réglé l'action des tangentes [79] inévitables entre leurs personnes de manière à obtenir d'elle toutes les concessions nécessaires au bonheur et à la tranquillité de sa vie. Aussi, Mlle Gamard disait-elle que l'abbé Chapeloud était un homme très aimable, extrêmement facile à vivre [80] et de beaucoup d'esprit. Quant à l'abbé Troubert, la dévote n'en disait absolument rien. Complètement entré dans le mouvement de sa vie comme un satellite dans l'orbite de sa planète, Troubert était pour elle une sorte de créature intermédiaire entre les individus de l'espèce humaine et ceux de l'espèce canine; il se trouvait classé dans son cœur immédiatement avant la place destinée aux amis et celle occupée par un gros carlin poussif [81] qu'elle aimait tendrement; elle le gouvernait entièrement, et la promiscuité de leurs intérêts devint si grande, que bien des personnes, parmi celles de la société de Mlle Gamard, pensaient que l'abbé Troubert avait des vues sur [82] la fortune de la vieille fille, se l'attachait insensiblement par une continuelle patience, et la dirigeait d'autant mieux qu'il paraissait lui obéir, sans laisser apercevoir en lui le moindre désir de la mener.

Lorsque l'abbé Chapeloud mourut, la vieille fille, qui voulait un pensionnaire de mœurs douces, pensa naturellement au vicaire. Le testament du chanoine n'était pas encore connu, que déjà Mlle Gamard méditait de donner le logement du défunt à son bon abbé Troubert, qu'elle trouvait fort mal au rez-de-chaussée. Mais, quand l'abbé Birotteau vint stipuler avec la vieille fille les conventions chirographaires [83] de sa pension, elle le vit fort épris de cet appartement pour lequel il avait nourri si longtemps des désirs dont la violence pouvait alors être avouée, qu'elle n'osa lui parler d'un échange, et fit céder l'affection aux exigences de l'intérêt. Pour consoler le bien-aimé chanoine, mademoiselle remplaça les larges briques blanches de Château-Regnaud [84] qui formaient le carrelage de l'appartement par un parquet en point de Hongrie,[85] et reconstruisit une cheminée qui fumait.

L'abbé Birotteau avait vu pendant douze ans son ami Chapeloud, sans avoir jamais eu la pensée de chercher d'où procédait l'extrême circonspection [86] de ses rapports avec Mlle Gamard. En venant demeurer chez cette sainte fille, il se trouvait dans la situation d'un amant sur le point d'être heureux. Quand il n'aurait pas [87] été déjà naturellement aveugle d'intelligence, ses yeux étaient trop éblouis par le bonheur pour qu'il lui fût possible de juger Mlle Gamard, et de réfléchir sur la mesure [88] à mettre dans ses relations journalières avec elle. Mlle Gamard, vue de loin et à travers le prisme des félicités matérielles que le vicaire rêvait de goûter près d'elle, lui semblait une créature parfaite, une chrétienne accomplie, une personne essentiellement charitable, la femme de l'Évangile, la vierge sage,[89] décorée de ces vertus humbles et modestes qui répandent sur la vie un céleste parfum. Aussi, avec tout l'enthousiasme d'un homme qui parvient à un but longtemps souhaité, avec la candeur d'un enfant et la niaise étourderie d'un vieillard sans expérience mondaine, entra-t-il dans la vie de Mlle Gamard, comme une mouche se prend dans la toile d'une araignée. Ainsi, le premier jour où il vint dîner et coucher chez la vieille fille, il fut retenu dans son salon par le désir de faire connaissance avec elle, aussi bien que par cet inexplicable embarras qui gêne souvent les gens timides, et leur fait craindre d'être impolis en interrompant une conversation pour sortir. Il y resta donc pendant toute la soirée.

Une autre vieille fille, amie de Birotteau, nommée Mlle Salomon de Villenoix,[90] vint le soir. Mlle Gamard eut alors la joie d'organiser chez elle une

---

[78] règles de la maison
[79] points de rencontre; *le rêche:* l'humeur un peu difficile
[80] agréable dans la vie en commun
[81] Petit chien ras. Il respirait avec peine.
[82] souhaitait d'obtenir
[83] fixées par engagement privé et non par acte notarié

[84] Petite ville voisine de Tours. On y fabrique des briques réfractaires.
[85] dispositif des lattes encore observé aujourd'hui
[86] réserve prudente
[87] à supposer qu'il n'eût pas
[88] modération réfléchie
[89] opposée dans l'Écriture à la vierge folle
[90] Balzac la fait connaître dans son roman *Louis Lambert,* d'après lequel elle aurait ici vingt-six ans et était donc déjà une vieille fille aux yeux de cette époque.

partie de boston. Le vicaire trouva, en se couchant, qu'il avait passé une très agréable soirée. Ne connaissant encore que fort légèrement Mlle Gamard et l'abbé Troubert, il n'aperçut que la superficie de leurs caractères. Peu de personnes montrent tout d'abord leurs défauts à nu. Généralement, chacun tâche de se donner une écorce attrayante. L'abbé Birotteau conçut donc le charmant projet de consacrer ses soirées à Mlle Gamard, au lieu d'aller les passer au dehors.

L'hôtesse avait, depuis quelques années, enfanté un désir qui se reproduisait plus fort de jour en jour. Ce désir, que forment les vieillards et même les jolies femmes, était devenu chez elle une passion semblable à celle de Birotteau pour l'appartement de son ami Chapeloud, et tenait au cœur de la vieille fille par les sentiments d'orgueil et d'égoïsme, d'envie et de vanité qui préexistent[91] chez les gens du monde. Cette histoire est de tous les temps: il suffit d'étendre un peu le cercle étroit au fond duquel vont agir ces personnages pour trouver la raison coefficiente[92] des événements qui arrivent dans les sphères les plus élevées de la société.

Mlle Gamard passait alternativement ses soirées dans six ou huit maisons différentes. Soit qu'elle regrettât d'être obligée d'aller chercher le monde et se crût en droit, à son âge, d'en exiger quelque retour; soit que son amour-propre eût été froissé de ne point avoir de société à elle; soit enfin que sa vanité désirât les compliments et les avantages dont elle voyait jouir ses amies, toute son ambition était de rendre son salon le point d'une réunion vers laquelle chaque soir un certain nombre de personnes se dirigeassent *avec plaisir*. Quand Birotteau et son amie Mlle Salomon eurent passé quelques soirées chez elle, en compagnie du fidèle et patient abbé Troubert, un soir, en sortant de Saint-Gatien, Mlle Gamard dit aux bonnes amies, de qui elle se considérait comme l'esclave jusqu'alors, que les personnes qui voulaient la voir pouvaient bien venir une fois par semaine chez elle, où elle réunissait un nombre d'amis suffisant pour faire une partie de boston; elle ne devait pas laisser seul l'abbé Birotteau, son nouveau pensionnaire; Mlle Salomon n'avait pas encore manqué une seule soirée de la

semaine; elle appartenait à ses amis, et que. . . et que. . . , etc., etc.[93]

Ses paroles furent d'autant plus humblement altières[94] et abondamment doucereuses, que Mlle Salomon de Villenoix tenait à la société la plus aristocratique de Tours. Quoique Mlle Salomon vînt uniquement par amité pour le vicaire, Mlle Gamard triomphait de l'avoir dans son salon, et se vit, grâce à l'abbé Birotteau, sur le point de faire réussir son grand dessein de former un cercle[95] qui pût devenir aussi nombreux, aussi agréable que l'étaient ceux de Mme de Listomère, de Mlle Merlin de la Blottière, et autres dévotes en possession de recevoir la société pieuse de Tours. Mais, hélas! l'abbé Birotteau fit avorter l'espoir de Mlle Gamard.

Or, si tous ceux qui dans leur vie sont parvenus à jouir d'un bonheur souhaité longtemps ont compris la joie que put avoir le vicaire en se couchant dans le lit de Chapeloud, ils devront aussi prendre une légère idée du chagrin que Mlle Gamard ressentit au renversement de son plan favori. Après avoir pendant six mois accepté son bonheur assez patiemment, Birotteau déserta le logis, entraînant avec lui Mlle Salomon.[96] Malgré des efforts inouïs, l'ambitieuse Gamard avait à peine recruté cinq ou six personnes, dont l'assiduité fut très problématique, et il fallait au moins quatre gens fidèles pour constituer un boston.[97] Elle fut donc forcée de faire amende honorable[98] et de retourner chez ses anciennes amies, car les vieilles filles se trouvent en trop mauvaise compagnie avec elles-mêmes pour ne pas rechercher les agréments équivoques de la société.

La cause de cette désertion est facile à concevoir. Quoique le vicaire fût un de ceux auxquels le paradis doit un jour appartenir en vertu de l'arrêt: *Bienheureux les pauvres d'esprit!*[99] il ne pouvait,

[91] existent avant tout
[92] la même, mais en proportion

[93] Le romancier laisse imaginer la suite des propos.
[94] adverbe et adjectif en contradiction apparente (ce qu'on appelle « alliance de mots »): humbles en apparence, altières en réalité
[95] société réunie pour le plaisir de la conversation
[96] phrase surprenante et obscure qui sera expliquée aux paragraphes suivants
[97] jeu de cartes à quatre personnes
[98] aveu public d'une faute
[99] *Bienheureux*, dit l'Écriture dans un sens très différent, sont ceux qui ne se laissent pas enchaîner par les biens de ce monde et qui ont l'esprit de pauvreté.

comme beaucoup de sots, supporter l'ennui que lui causaient d'autres sots. Les gens sans esprit ressemblent aux mauvaises herbes qui se plaisent dans les bons terrains, et ils aiment d'autant plus à être amusés qu'ils s'ennuient eux-mêmes. L'incarnation de l'ennui dont ils sont victimes, jointe au besoin qu'ils éprouvent de divorcer perpétuellement avec eux-mêmes, produit cette passion pour le mouvement, cette nécessité d'être toujours là où ils ne sont pas qui les distingue,[100] ainsi que les êtres dépourvus de sensibilité et ceux dont la destinée est manquée, ou qui souffrent par leur faute. Sans trop sonder le vide, la nullité de Mlle Gamard, ni sans s'expliquer la petitesse de ses idées, le pauvre abbé Birotteau s'aperçut, un peu tard, pour son malheur, des défauts qu'elle partageait avec toutes les vieilles filles et de ceux qui lui étaient particuliers. Le mal, chez autrui, tranche[101] si vigoureusement sur le bien, qu'il nous frappe presque toujours la vue avant de nous blesser.[102] Ce phénomène moral justifierait, au besoin, la pente qui nous porte plus ou moins vers la médisance. Il est, socialement parlant,[103] si naturel de se moquer des imperfections d'autrui, que nous devrions pardonner le bavardage railleur que nos ridicules autorisent, et ne nous étonner que de la calomnie. Mais les yeux du bon vicaire n'étaient jamais à ce point d'optique[104] qui permet aux gens du monde de voir et d'éviter promptement les aspérités du voisin; il fut donc obligé, pour reconnaître les défauts de son hôtesse, de subir l'avertissement que donne la nature à toutes ses créations,[105] la douleur!

Les vieilles filles n'ayant pas fait plier leur caractère et leur vie à une autre vie ni à d'autres caractères, comme l'exige la destinée de la femme, ont, pour la plupart, la manie de vouloir tout faire plier autour d'elles. Chez Mlle Gamard, ce sentiment dégénérait en despotisme; mais ce despotisme ne pouvait se prendre[106] qu'à de petites choses. Ainsi, entre mille exemples, le panier de fiches et de jetons posé sur la table de boston pour l'abbé Birotteau

devait rester à la place où elle l'avait mis; et l'abbé la contrariait vivement en le dérangeant, ce qui arrivait presque tous les soirs. D'où procédait cette susceptibilité stupidement portée sur des riens, et quel en était le but? Personne n'eût pu le dire, Mlle Gamard ne le savait pas elle-même. Quoique très mouton de sa nature,[107] le nouveau pensionnaire n'aimait cependant pas plus que les brebis à sentir trop souvent la houlette, surtout quand elle est armée de pointes. Sans s'expliquer la haute patience de l'abbé Troubert, Birotteau voulut se soustraire au bonheur que Mlle Gamard prétendait lui assaisonner à sa manière, car elle croyait qu'il en était du bonheur comme de ses confitures; mais le malheureux s'y prit assez maladroitement, par suite de la naïveté de son caractère. Cette séparation n'eut donc pas lieu sans bien des tiraillements et des picoteries,[108] auxquels l'abbé Birotteau s'efforça de ne pas se montrer sensible.

A l'expiration de la première année qui s'écoula sous le toit de Mlle Gamard, le vicaire avait repris ses anciennes habitudes en allant passer deux soirées par semaine chez Mme de Listomère, trois chez Mlle Salomon, et les deux autres chez Mlle Merlin de la Blottière. Ces personnes appartenaient à la partie aristocratique de la société tourangelle, où Mlle Gamard n'était point admise. Aussi, l'hôtesse fut-elle vivement outragée par l'abandon de l'abbé Birotteau, qui lui faisait sentir son peu de valeur: toute espèce de choix implique un mépris pour l'objet refusé.

— M. Birotteau ne nous a pas trouvés assez aimables, dit l'abbé Troubert aux amies de Mlle Gamard, lorsqu'elle fut obligée de renoncer à ses soirées. C'est un homme d'esprit, un gourmet! Il lui faut du beau monde, du luxe, des conversations à saillies,[109] les médisances de la ville.

Ces paroles amenaient toujours Mlle Gamard à justifier l'excellence de son caractère aux dépens de Birotteau.

— Il n'a pas déjà tant d'esprit, disait-elle. Sans l'abbé Chapeloud, il n'aurait jamais été reçu chez Mme de Listomère. Oh! j'ai bien perdu en perdant l'abbé Chapeloud. Quel homme aimable et facile à

---

100 *Qui les distingue* sert de complément à *nécessité.*
101 *tranche sur:* s'oppose à
102 se fait voir avant de faire du mal
103 si nous parlons des relations *sociales*
104 position du regard
105 ou plutôt *créatures*
106 s'attaquer

107 naturellement soumis et suiveur
108 paroles dites avec l'intention d'irriter
109 traits d'esprits

vivre! Enfin, pendant douze ans, je n'ai pas eu la moindre difficulté ni le moindre désagrément avec lui.

Mlle Gamard fit de l'abbé Birotteau un portrait si peu flatteur, que l'innocent pensionnaire passa dans cette société bourgeoise, secrètement ennemie de la société aristocratique, pour un homme essentiellement difficultueux et très difficile à vivre. Puis la vieille fille eut, pendant quelques semaines, le plaisir de s'entendre plaindre par ses amies, qui, sans penser un mot de ce qu'elles disaient, ne cessèrent de lui répéter: « Comment, vous, si douce et si bonne, avez-vous inspiré de la répugnance. . . ? » ou: « Consolez-vous, ma chère mademoiselle Gamard, vous êtes si bien connue, que. . . » etc.

Mais, enchantées d'éviter une soirée par semaine dans le Cloître, l'endroit le plus désert, le plus sombre et le plus éloigné du centre qu'il y ait à Tours, toutes bénissaient le vicaire.

Entre personnes sans cesse en présence, la haine et l'amour vont toujours croissant: on trouve à tout moment des raisons pour s'aimer ou se haïr mieux. Aussi l'abbé Birotteau devint-il insupportable à Mlle Gamard. Dix-huit mois après l'avoir pris en pension, au moment où le bonhomme croyait voir la paix du contentement dans le silence de la haine,[110] et s'applaudissait d'avoir su *très bien corder* avec la vieille fille, pour se servir de son expression,[111] il fut pour elle l'objet d'une persécution sourde et d'une vengeance froidement calculée. Les quatre circonstances capitales de la porte fermée, des pantoufles oubliées, du manque de feu, du bougeoir porté chez lui, pouvaient seules lui révéler cette inimitié terrible dont les dernières conséquences ne devaient le frapper qu'au moment où elles seraient irréparables.

Tout en s'endormant, le bon vicaire se creusait donc, mais inutilement, la cervelle, et certes il en sentait bien vite le fond, pour s'expliquer la conduite singulièrement impolie de Mlle Gamard. En effet, ayant agi jadis très logiquement en obéissant aux lois naturelles de son égoïsme, il lui était impossible de deviner ses torts envers son hôtesse. Si les choses grandes sont simples à comprendre, faciles à exprimer, les petitesses de la vie veulent beaucoup

de détails. Les événements qui constituent en quelque sorte l'avant-scène de ce drame bourgeois, mais où les passions se retrouvent tout aussi violentes que si elles étaient excitées par de grands intérêts, exigeaient cette longue introduction,[112] et il eût été difficile à un historien exact d'en resserrer les minutieux développements.

Le lendemain matin, en s'éveillant, Birotteau pensa si fortement à son canonicat, qu'il ne songeait plus aux quatre circonstances dans lesquelles il avait aperçu, la veille, les sinistres pronostics d'un avenir plein de malheurs. Le vicaire n'était pas homme à se lever sans feu, il sonna pour avertir Marianne de son réveil et la faire venir chez lui; puis il resta, selon son habitude, plongé dans les rêvasseries somnolescentes pendant lesquelles la servante avait coutume, en lui embrasant la cheminée, de l'arracher doucement à ce dernier sommeil par les bourdonnements de ses interpellations et de ses allures,[113] espèce de musique qui lui plaisait. Une demi-heure se passa sans que Marianne eût paru. Le vicaire, à moitié chanoine, allait sonner de nouveau, quand il laissa le cordon de sa sonnette en entendant le bruit d'un pas d'homme dans l'escalier. En effet, l'abbé Troubert, après avoir discrètement frappé à la porte, entra, sur l'invitation de Birotteau. Cette visite, que les deux abbés se faisaient assez régulièrement une fois par mois l'un à l'autre, ne surprit point le vicaire. Le chanoine s'étonna, dès l'abord, que Marianne n'eût pas encore allumé le feu de son quasi-collègue. Il ouvrit une fenêtre, appela Marianne d'une voix rude, lui dit de venir chez Birotteau; puis, se retournant vers son frère:[114]

— Si mademoiselle apprenait que vous n'avez pas de feu, elle gronderait Marianne.

Après cette phrase, il s'enquit de la santé de Birotteau, et lui demanda d'une voix douce s'il avait quelques nouvelles récentes qui lui fissent espérer d'être nommé chanoine. Le vicaire lui expliqua ses démarches, et lui dit naïvement quelles étaient les personnes auprès desquelles Mme de Listomère agissait, ignorant que Troubert n'avait jamais su pardonner à cette dame de ne pas l'avoir admis chez

[110] silence causé en réalité par la haine
[111] Elle signifie: faire assemblage.

[112] tout ce qui précède, car le vrai récit va commencer maintenant
[113] allées et venues
[114] terme religieux: frère en Jésus-Christ

elle, lui, l'abbé Troubert, déjà deux fois désigné pour être vicaire-général du diocèse.

LES DEUX ADVERSAIRES

Il était impossible de rencontrer deux figures qui offrissent autant de contrastes qu'en présentaient celles de ces deux abbés. Troubert, grand et sec, avait un teint jaune et bilieux, tandis que le vicaire était ce qu'on appelle familièrement grassouillet. Ronde et rougeaude, la figure de Birotteau peignait une bonhomie sans idées; tandis que celle de Troubert, longue et creusée par des rides profondes, contractait en certains moments une expression pleine d'ironie ou de dédain: mais il fallait cependant l'examiner avec attention pour y découvrir ces deux sentiments. Le chanoine restait habituellement dans un calme parfait, en tenant ses paupières presque toujours abaissées sur deux yeux orangés dont le regard devenait, à son gré, clair et perçant. Des cheveux roux complétaient cette sombre physionomie sans cesse obscurcie par le voile que de graves méditations jettent sur les traits. Plusieurs personnes avaient pu d'abord le croire absorbé par une haute et profonde ambition; mais celles qui prétendaient le mieux connaître avaient fini par détruire cette opinion en le montrant hébété par le despotisme de Mlle Gamard ou fatigué par de trop longs jeûnes. Il parlait rarement et ne riait jamais. Quand il lui arrivait d'être agréablement ému, il lui échappait un sourire faible qui se perdait dans les plis de son visage. Birotteau était, au contraire, tout expansion, tout franchise, aimait les bons morceaux,[115] et s'amusait d'une bagatelle avec la simplicité d'un homme sans fiel ni malice.

L'abbé Troubert causait, à la première vue, un sentiment de terreur involontaire, tandis que le vicaire arrachait un sourire doux à ceux qui le voyaient. Quand, à travers les arcades et les nefs de Saint-Gatien, le haut chanoine marchait d'un pas solennel, le front incliné, l'œil sévère, il excitait le respect: sa figure cambrée était en harmonie avec les voussures jaunes de la cathédrale, les plis de sa soutane avaient quelque chose de monumental, digne de la statuaire. Mais le bon vicaire y circulait sans gravité, trottait, piétinait en paraissant rouler

115 mets recherchés

sur lui-même. Ces deux hommes avaient néanmoins une ressemblance. De même que l'air ambitieux de Troubert, en donnant lieu de le redouter, avait contribué peut-être à le faire condamner au rôle insignifiant de simple chanoine, le caractère et la tournure de Birotteau semblaient le vouer éternellement au vicariat de la cathédrale.

Cependant, l'abbé Troubert, arrivé à l'âge de cinquante ans, avait tout à fait dissipé, par la mesure[116] de sa conduite, par l'apparence d'un manque total d'ambition et par sa vie toute sainte, les craintes que sa capacité soupçonnée[117] et son terrible extérieur avaient inspirées à ses supérieurs. Sa santé s'étant même gravement altérée depuis un an, sa prochaine élévation au vicariat-général de l'archevêché paraissait probable. Ses compétiteurs eux-mêmes souhaitaient sa nomination, afin de pouvoir mieux préparer la leur pendant le peu de jours qui lui seraient accordés par une maladie devenue chronique.[118] Loin d'offrir les mêmes espérances, le triple menton de Birotteau présentait aux concurrents qui lui disputaient son canonicat les symptômes d'une santé florissante, et sa goutte leur semblait être, suivant le proverbe, une assurance de longévité.

L'abbé Chapeloud, homme d'un grand sens, et que son amabilité avait toujours fait rechercher par les gens de bonne compagnie et par les différents chefs de la métropole,[119] s'était toujours opposé, mais secrètement et avec beaucoup d'esprit, à l'élévation de l'abbé Troubert; il lui avait même très adroitement interdit l'accès de tous les salons où se réunissait la meilleure société de Tours, quoique pendant sa vie Troubert l'eût traité sans cesse avec un grand respect, en lui témoignant en toute occasion la plus haute déférence. Cette constante soumission n'avait pu changer l'opinion du défunt chanoine qui, pendant sa dernière promenade, disait encore à Birotteau:

— Défiez-vous de ce grand sec de Troubert! C'est Sixte-Quint[120] réduit aux proportions de l'évêché.

Tel était l'ami, le commensal de Mlle Gamard, qui venait, le lendemain même du jour où elle avait,

116 modération calculée
117 valeur qu'on attribuait à son esprit
118 Ils prévoient et souhaitent sa mort.
119 lieu et services de l'archevêché
120 pape du XVIe siècle, qui montra du génie

pour ainsi dire, déclaré la guerre au pauvre Birotteau, le visiter et lui donner des marques d'amitié.

— Il faut excuser Marianne, dit le chanoine en la voyant entrer. Je pense qu'elle a commencé par venir chez moi. Mon appartement est très humide, et j'ai beaucoup toussé pendant toute la nuit. — Vous êtes très sainement ici, ajouta-t-il en regardant les corniches.

— Oh! je suis ici en chanoine, répondit Birotteau en souriant.

— Et moi en vicaire, répliqua l'humble prêtre.

— Oui, mais vous logerez bientôt à l'Archevêché, dit le bon prêtre, qui voulait que tout le monde fût heureux.

— Oh! ou dans le cimetière. Mais que la volonté de Dieu soit faite!

Et Troubert leva les yeux au ciel par un mouvement de résignation.

— Je venais, ajouta-t-il, vous prier de me prêter le *pouillé* des évêques.[121] Il n'y a que vous à Tours qui ayez cet ouvrage.

— Prenez-le dans ma bibliothèque, répondit Birotteau, que la dernière phrase du chanoine fit ressouvenir de toutes les jouissances de sa vie.

Le grand chanoine passa dans la bibliothèque, et y resta pendant le temps que le vicaire mit à s'habiller. Bientôt la cloche du déjeuner se fit entendre, et le goutteux, pensant que, sans la visite de Troubert, il n'aurait pas eu de feu pour se lever, se dit:

— C'est un bon homme!

Les deux prêtres descendirent ensemble, armés chacun d'un énorme in-folio, qu'ils posèrent sur une des consoles de la salle à manger.

— Qu'est-ce que c'est que ça? demanda d'une voix aigre Mlle Gamard en s'adressant à Birotteau. J'espère que vous n'allez pas encombrer ma salle à manger de vos bouquins.

— C'est des livres dont j'ai besoin, répondit l'abbé Troubert, monsieur le vicaire a la complaisance de me les prêter.

— J'aurais dû deviner cela, dit-elle en laissant échapper un sourire de dédain. M. Birotteau ne lit pas souvent dans ces gros livres-là.

— Comment vous portez-vous, Mademoiselle? reprit le pensionnaire d'une voix flûtée.

[121] état de tous les biens dont dispose un diocèse ou une abbaye

— Mais pas très bien, répondit-elle sèchement. Vous êtes cause que j'ai été réveillée hier pendant mon premier sommeil, et toute ma nuit s'en est ressentie.

En s'asseyant, Mlle Gamard ajouta:

— Messieurs, le lait va se refroidir.

Stupéfait d'être si aigrement accueilli par son hôtesse quand il en attendait des excuses, mais effrayé, comme le sont les gens timides, par la perspective d'une discussion, surtout quand ils en sont l'objet, le pauvre vicaire s'assit en silence. Puis, en reconnaissant dans le visage de Mlle Gamard les symptômes d'une mauvaise humeur apparente, il resta constamment en guerre avec sa raison, qui lui ordonnait de ne pas souffrir le manque d'égards de son hôtesse, tandis que son caractère le portait à éviter une querelle.

En proie à cette angoisse intérieure, Birotteau commença par examiner sérieusement les grandes hachures vertes peintes sur le gros taffetas ciré que, par un usage immémorial, Mlle Gamard laissait pendant le déjeuner sur la table, sans avoir égard ni aux bords usés ni aux nombreuses cicatrices de cette couverture. Les deux pensionnaires se trouvaient établis, chacun dans un fauteuil de canne,[122] en face l'un de l'autre, à chaque bout de cette table royalement[123] carrée, dont le centre était occupé par l'hôtesse, et qu'elle dominait du haut de sa chaise à patins,[124] garnie de coussins et adossée au poêle de la salle à manger. Cette pièce et le salon commun étaient situés au rez-de-chaussée, sous la chambre et le salon de l'abbé Birotteau.

Lorsque le vicaire eut reçu de Mlle Gamard sa tasse de café sucré, il fut glacé du profond silence dans lequel il allait accomplir l'acte si habituellement gai de son déjeuner. Il n'osait regarder ni la figure aride de Troubert ni le visage menaçant de la vieille fille, et se tourna par contenance vers le gros carlin chargé d'embonpoint qui, couché sur un coussin près du poêle, n'en bougeait jamais, trouvant toujours à sa gauche un petit plat rempli de friandises, et à sa droite un bol plein d'eau claire.

[122] d'osier
[123] magnifiquement
[124] pièces de bois qui aident les pieds de la chaise à glisser

— Eh bien, mon mignon, lui dit-il, tu attends ton café.

Ce personnage, l'un des plus importants au logis, mais peu gênant en ce qu'il n'aboyait plus et laissait la parole à sa maîtresse, leva sur Birotteau ses petits [5] yeux perdus sous les plis formés dans son masque par la graisse, puis il les referma sournoisement. Pour comprendre la souffrance du pauvre vicaire, il est nécessaire de dire que, doué d'une loquacité vide et sonore comme le retentissement d'un ballon,[125] il [10] prétendait, sans avoir jamais pu donner aux médecins une seule raison de son opinion, que les paroles favorisaient la digestion. Mademoiselle, qui partageait cette doctrine hygiénique, n'avait pas encore manqué, malgré leur mésintelligence, à causer pen- [15] dant les repas; mais, depuis plusieurs matinées, le vicaire avait usé vainement son intelligence à lui faire des questions insidieuses pour parvenir à lui délier la langue.

Si les bornes étroites dans lesquelles se renferme [20] cette histoire avaient permis de rapporter une seule de ces conversations qui excitaient presque toujours le sourire amer et sardonique de l'abbé Troubert, elle eût offert une peinture achevée de la vie béotienne [126] des provinciaux. Quelques gens d'esprit [25] n'apprendraient peut-être pas sans plaisir les étranges développements que l'abbé Birotteau et Mlle Gamard donnaient à leurs opinions personnelles sur la politique, la religion et la littérature.

Il y aurait certes quelque chose de comique à [30] exposer: soit les raisons qu'ils avaient tous deux de douter sérieusement, en 1826, de la mort de Napoléon; soit les conjectures qui les faisaient croire à l'existence de Louis XVII, sauvé dans le creux d'une grosse bûche.[127] Qui n'eût pas ri de les entendre [35] établissant, par des raisons bien évidemment à eux,[128] que le roi de France disposait seul de tous les impôts, que les Chambres étaient assemblées pour détruire le clergé, qu'il était mort plus de treize cent mille personnes sur l'échafaud pendant [40] la Révolution?[129] Puis ils parlaient de la presse

sans connaître le nombre des journaux, sans avoir la moindre idée de ce qu'était cet instrument moderne.

Enfin, M. Birotteau écoutait avec attention Mlle Gamard quand elle disait qu'un homme nourri d'un œuf chaque matin devait infailliblement mourir à la fin de l'année, et que cela s'était vu; qu'un petit pain mollet,[130] mangé sans boire pendant quelques jours, guérissait de la sciatique; que tous les ouvriers qui avaient travaillé à la démolition de l'abbaye Saint-Martin étaient morts dans l'espace de six mois; que certain préfet avait fait tout son possible, sous Bonaparte, pour ruiner les tours de Saint-Gatien; et mille autres contes absurdes.

Mais, en ce moment, Birotteau se sentit la langue morte, il se résigna donc à manger sans entamer la conversation. Bientôt il trouva ce silence dangereux pour son estomac et dit hardiment:

— Voilà du café excellent!

Cet acte de courage fut complètement inutile. Après avoir regardé le ciel par le petit espace qui séparait, au-dessus du jardin, les deux arcs-boutants noirs de Saint-Gatien, le vicaire eut encore le courage de dire:

— Il fera plus beau aujourd'hui qu'hier. . .

A ce propos, Mlle Gamard se contenta de jeter la plus gracieuse de ses œillades à l'abbé Troubert, et reporta ses yeux empreints d'une sévérité terrible sur Birotteau, qui heureusement avait baissé les [30] siens.

LES VIEILLES FILLES

Nulle créature du genre féminin n'était plus capable que Mlle Sophie Gamard de formuler [131] la nature élégiaque de la vieille fille; mais, pour bien peindre un être dont le caractère prête un intérêt immense aux petits événements de ce drame, et à la vie antérieure des personnages qui en sont les acteurs, peut-être faut-il résumer ici les idées dont l'expression se trouve chez la vieille fille: la vie habituelle fait l'âme, et l'âme fait la physionomie.

Si tout, dans la société, comme dans le monde, [45] doit avoir une fin, il y a certes ici-bas quelques

---

[125] le bruit d'un ballon bondissant sur le sol
[126] Les Béotiens avaient en Grèce antique la réputation d'esprits lourds.
[127] On n'a jamais eu la preuve que le fils de Louis XVI n'eût pas survécu à la Révolution.
[128] C'est-à-dire: sans valeur pour les autres.
[129] erreurs et exagérations ridicules

[130] ou mollet: fin et délicat
[131] représenter exactement

existences dont le but et l'utilité sont inexplicables. La morale et l'économie politique repoussent également l'individu qui consomme sans produire, qui tient une place sur terre sans répandre autour de lui ni bien ni mal; car le mal est sans doute un bien dont les résultats ne se manifestent pas immédiatement. Il est rare que les vieilles filles ne se rangent pas d'elles-mêmes dans la classe de ces êtres improductifs. Or, si la conscience de son travail donne à l'être agissant un sentiment de satisfaction qui l'aide à supporter la vie, la certitude d'être à charge[132] ou même inutile doit produire un effet contraire, et inspirer pour lui-même à l'être inerte le mépris qu'il excite chez les autres. Cette dure réprobation sociale est une des causes qui, à l'insu des vieilles filles, contribuent à mettre dans leur âme le chagrin qu'expriment leurs figures.

Un préjugé dans lequel il y a du vrai peut-être jette constamment partout, et en France encore plus qu'ailleurs, une grande défaveur sur la femme avec laquelle personne n'a voulu ni partager les biens ni supporter les maux de la vie. Or, il arrive pour les filles un âge où le monde, à tort ou à raison, les condamne sur[133] le dédain dont elles sont victimes. Laides, la bonté de leur caractère devait racheter les imperfections de la nature; jolies, leur malheur a dû être fondé sur des causes graves. On ne sait lesquelles, des unes ou des autres, sont les plus dignes de rebut. Si leur célibat a été raisonné, s'il est un vœu d'indépendance, ni les hommes ni les mères ne leur pardonnent d'avoir menti au[134] dévouement de la femme, en s'étant refusées aux passions qui rendent leur sexe si touchant: renoncer à ses douleurs, c'est en abdiquer la poésie, et ne plus mériter les douces consolations auxquelles une mère a toujours d'incontestables droits. Puis les sentiments généreux, les qualités exquises de la femme ne se développent que par leur constant exercice; en restant fille, une créature du sexe féminin n'est plus qu'un non-sens: égoïste et froide, elle fait horreur.

Cet arrêt implacable est malheureusement trop juste pour que les vieilles filles en ignorent les motifs. Ces idées germent dans leur cœur aussi naturellement que les effets de leur triste vie se reproduisent dans leurs traits. Donc, elles se flétrissent, parce que l'expansion constante ou le bonheur qui épanouit la figure des femmes et jette tant de mollesse dans leurs mouvements n'a jamais existé chez elles. Puis elles deviennent âpres et chagrines, parce qu'un être qui a manqué sa vocation est malheureux; il souffre, et la souffrance engendre la méchanceté. En effet, avant de s'en prendre à elle-même de son isolement, une fille en accuse longtemps le monde. De l'accusation à un désir de vengeance, il n'y a qu'un pas. Enfin, la mauvaise grâce répandue sur leurs personnes est encore un résultat nécessaire de leur vie. N'ayant jamais senti le besoin de plaire, l'élégance, le bon goût leur restent étrangers. Elles ne voient qu'elles en elles-mêmes. Ce sentiment les porte insensiblement à choisir les choses qui leur sont commodes, au détriment de celles qui peuvent être agréables à autrui. Sans se bien rendre compte de leur dissemblance avec les autres femmes, elles finissent par l'apercevoir et par en souffrir. La jalousie est un sentiment indélébile dans les cœurs féminins. Les vieilles filles sont donc jalouses à vide,[135] et ne connaissent que les malheurs de la seule passion que les hommes pardonnent au beau sexe, parce qu'elle les flatte.

Ainsi, torturées dans tous leurs vœux, obligées de se refuser aux développements de leur nature, les vieilles filles éprouvent toujours une gêne intérieure à laquelle elles ne s'habituent jamais. N'est-il pas dur à tout âge, surtout pour une femme, de lire sur les visages un sentiment de répulsion, quand il est dans sa destinée de n'éveiller autour d'elle, dans les cœurs, que des sensations gracieuses? Aussi le regard d'une vieille fille est-il toujours oblique, moins par modestie que par peur et honte. Ces êtres ne pardonnent pas à la société leur position fausse, parce qu'ils ne se la pardonnent pas à eux-mêmes. Or, il est impossible à une personne perpétuellement en guerre avec elle, ou en contradiction avec la vie, de laisser les autres en paix, et de ne pas envier leur bonheur.

Ce monde d'idées tristes était tout entier dans les yeux gris et ternes de Mlle Gamard, et le large cercle noir par lequel ils étaient bordés accusait les longs combats de sa vie solitaire. Toutes les rides

---

[132] vivre aux frais d'autrui
[133] en se basant sur
[134] de n'avoir pas pratiqué le

[135] sans objet

de son visage étaient droites. La charpente de son front, de sa tête et de ses joues avait les caractères de la rigidité, de la sécheresse. Elle laissait pousser, sans aucun souci, les poils jadis bruns de quelques signes parsemés sur son menton. Ses lèvres minces couvraient à peine des dents trop longues qui ne manquaient pas de blancheur. Brune, ses cheveux, jadis noirs, avaient été blanchis par d'affreuses migraines. Cet accident la contraignait à porter un tour;[136] mais, ne sachant pas le mettre de manière à en dissimuler la naissance, il existait souvent de légers interstices entre le bord de son bonnet et le cordon noir qui soutenait cette demi-perruque assez mal bouclée. Sa robe, de taffetas en été, de mérinos en hiver, mais toujours de couleur carmélite,[137] serrait un peu trop sa taille disgracieuse et ses bras maigres. Sans cesse rabattue, sa collerette laissait voir un cou dont la peau rougeâtre était aussi artistement rayée que peut l'être une feuille de chêne vue dans la lumière.

Son origine expliquait assez bien les malheurs de sa conformation. Elle était fille d'un marchand de bois, espèce de paysan parvenu. A dix-huit ans, elle avait pu être fraîche et grasse, mais il ne lui restait aucune trace ni de la blancheur de teint ni des jolies couleurs qu'elle se vantait d'avoir eues. Les tons de sa chair avaient contracté la teinte blafarde assez commune chez les dévotes. Son nez aquilin était celui de tous les traits de sa figure qui contribuait le plus à exprimer le despotisme de ses idées, de même que la forme plate de son front trahissait l'étroitesse de son esprit. Ses mouvements avaient une soudaineté bizarre qui excluait toute grâce; et rien qu'à la voir tirant son mouchoir de son sac pour se moucher à grand bruit, vous eussiez deviné son caractère et ses mœurs. D'une taille assez élevée, elle se tenait très droit, et justifiait l'observation d'un naturaliste qui a physiquement expliqué la démarche de toutes les vieilles filles en prétendant que leurs jointures se soudent. Elle marchait sans que le mouvement se distribuât également dans sa personne, de manière à produire ces ondulations si gracieuses, si attrayantes chez les femmes; elle allait, pour ainsi dire, d'une seule pièce, en paraissant surgir, à chaque pas, comme la statue du Commandeur.[138] Dans ses moments de bonne humeur, elle donnait à entendre, comme le font toutes les vieilles filles, qu'elle aurait bien pu se marier, mais elle s'était heureusement aperçue à temps de la mauvaise foi de son amant, et faisait ainsi, sans le savoir, le procès à son cœur en faveur de son esprit de calcul.

Cette figure typique du genre *vieille fille* était très bien encadrée par les grotesques inventions d'un papier verni représentant des paysages turcs qui ornaient les murs de la salle à manger. Mlle Gamard se tenait habituellement dans cette pièce, décorée de deux consoles et d'un baromètre. A la place adoptée par chaque abbé se trouvait un petit coussin en tapisserie dont les couleurs étaient passées. Le salon commun où elle recevait était digne d'elle. Il sera bientôt connu en faisant[139] observer qu'il se nommait *le salon jaune:* les draperies en étaient jaunes, le meuble et la tenture jaunes; sur la cheminée garnie d'une glace à cadre doré, des flambeaux et une pendule en cristal jetaient un éclat dur à l'œil. Quant au logement particulier de Mlle Gamard, il n'avait été permis à personne d'y pénétrer. On pouvait seulement conjecturer qu'il était rempli de ces chiffons, de ces meubles usés, de ces espèces de haillons dont s'entourent toutes les vieilles filles, et auxquels elles tiennent tant.

Telle était la personne destinée à exercer la plus grande influence sur les derniers jours de l'abbé Birotteau.

Faute d'exercer, selon les vœux de la nature, l'activité donnée à la femme, et par la nécessité où elle était de la dépenser, cette vieille fille l'avait transportée dans les intrigues mesquines, les caquetages de province et les combinaisons égoïstes dont finissent par s'occuper exclusivement toutes les vieilles filles. Birotteau, pour son malheur, avait développé chez Sophie Gamard les seuls sentiments qu'il fût possible à cette pauvre créature d'éprouver, ceux de la haine, qui, latents jusqu'alors, par suite du calme et de la monotonie d'une vie provinciale dont pour elle l'horizon s'était encore rétréci, devaient acquérir d'autant plus d'intensité qu'ils allaient s'exercer sur de petites choses et au milieu d'une sphère étroite. Birotteau était de ces

---

[136] faux cheveux
[137] brune, couleur de la robe du Carmel
[138] allusion au suprême épisode de la vie de Don Juan
[139] très vite connu du lecteur quand j'aurai fait

gens qui sont prédestinés à tout souffrir, parce que, ne sachant rien voir, ils ne peuvent rien éviter: tout leur arrive.

— Oui, il fera beau, répondit après un moment le chanoine, qui parut sortir de sa rêverie et vouloir pratiquer les lois de la politesse.

Birotteau, effrayé du temps qui s'écoula entre la demande et la réponse, car il avait, pour la première fois de sa vie, pris son café sans parler, quitta la salle à manger, où son cœur était serré comme dans un étau. Sentant sa tasse de café pesante sur son estomac, il alla se promener tristement dans les petites allées étroites et bordées de buis qui dessinaient une étoile dans le jardin. Mais, en se retournant, après le premier tour qu'il y fit, il vit sur le seuil de la porte du salon Mlle Gamard et l'abbé Troubert plantés silencieusement: lui, les bras croisés et immobile comme la statue d'un tombeau; elle, appuyée sur la porte-persienne. Tous deux semblaient, en le regardant, compter le nombre de ses pas. Rien n'est déjà plus gênant, pour une créature naturellement timide, que d'être l'objet d'un examen curieux; mais, s'il est fait par les yeux de la haine, l'espèce de souffrance qu'il cause se change en un martyre intolérable. Bientôt, l'abbé Birotteau s'imagina qu'il empêchait Mlle Gamard et le chanoine de se promener. Cette idée, inspirée tout à la fois par la crainte et par la bonté, prit un tel accroissement, qu'elle lui fit abandonner la place. Il s'en alla, ne pensant déjà plus à son canonicat, tant il était absorbé par la désespérante tyrannie de la vieille fille. Il trouva par hasard, et heureusement pour lui, beaucoup d'occupation à Saint-Gatien, où il y eut plusieurs enterrements, un mariage et deux baptêmes. Il put alors oublier ses chagrins. Quand son estomac lui annonça l'heure du dîner, il ne tira pas sa montre sans effroi, en voyant quatre heures et quelques minutes. Il connaissait la ponctualité de Mlle Gamard, il se hâta donc de se rendre au logis.

Il aperçut dans la cuisine le premier service[140] desservi. Puis, quand il arriva dans la salle à manger, la vieille fille lui dit d'un son de voix où se peignaient également l'aigreur d'un reproche et la joie de trouver son pensionnaire en faute:

— Il est quatre heures et demie, monsieur Birot-

140 le premier plat apporté sur la table, puis enlevé

teau. Vous savez que nous ne devons pas nous attendre.

Le vicaire regarda le cartel de la salle à manger, et la manière dont était posée l'enveloppe de gaze destinée à le garantir de la poussière lui prouva que son hôtesse l'avait remonté pendant la matinée, en se donnant le plaisir de le faire avancer sur l'horloge de Saint-Gatien. Il n'y avait pas d'observation possible. L'expression verbale du soupçon[141] conçu par le vicaire eût causé la plus terrible et la mieux justifiée des explosions éloquentes que Mlle Gamard sût, comme toutes les femmes de sa classe, faire jaillir en pareil cas.

Les mille et une contrariétés qu'une servante peut faire subir à son maître, ou une femme à son mari dans les habitudes privées de la vie, furent devinées par Mlle Gamard, qui en accabla son pensionnaire. La manière dont elle se plaisait à ourdir ses conspirations contre le bonheur domestique du pauvre prêtre portait l'empreinte du génie le plus profondément malicieux. Elle s'arrangea pour ne jamais paraître avoir tort.

Huit jours après le moment où ce récit commence, l'habitation de cette maison et les relations que l'abbé Birotteau avait avec Mlle Gamard lui révélèrent une trame ourdie depuis six mois. Tant que la vieille fille avait sourdement[142] exercé sa vengeance, et que le vicaire avait pu s'entretenir volontairement dans l'erreur, en refusant de croire à des intentions malveillantes, le mal moral avait fait peu de progrès chez lui. Mais, depuis l'affaire du bougeoir remonté, de la pendule avancée, Birotteau ne pouvait pas douter qu'il ne vécût sous l'empire d'une haine dont l'œil était toujours ouvert sur lui. Il arriva dès lors rapidement au désespoir, en apercevant, à toute heure, les doigts crochus et effilés de Mlle Gamard prêts à s'enfoncer dans son cœur.

Heureuse de vivre par un sentiment aussi fertile en émotions que l'est celui de la vengeance, la vieille fille se plaisait à planer, à peser sur le vicaire, comme un oiseau de proie plane et pèse sur un mulot avant de le dévorer. Elle avait conçu depuis longtemps un plan que le prêtre abasourdi ne pouvait deviner, et qu'elle ne tarda pas à dérouler, en montrant le génie que savent déployer, dans les petites choses, les per-

141 le soupçon, s'il l'avait exprimé
142 de façon insensible

sonnes solitaires dont l'âme, inhabile à sentir les grandeurs de la piété vraie, s'est jetée dans les minuties de la dévotion. Dernière mais affreuse aggravation de peine! La nature de ses chagrins interdisait à Birotteau, homme d'expansion, aimant à être plaint et consolé, la petite douceur de les raconter à ses amis. Le peu de tact qu'il devait à sa timidité lui faisait redouter de paraître ridicule en s'occupant de pareilles niaiseries. Et cependant ces niaiseries composaient toute son existence, sa chère existence pleine d'occupations dans le vide et de vide dans les occupations; vie terne et grise où les sentiments trop forts étaient[143] des malheurs, où l'absence de toute émotion était une félicité. Le paradis du pauvre prêtre se changea donc subitement en enfer. Enfin, ses souffrances devinrent intolérables. La terreur que lui causait la perspective d'une explication avec Mlle Gamard s'accrut de jour en jour, et le malheur secret qui flétrissait les heures de sa vieillesse altéra sa santé. Un matin, en mettant ses bas bleus chinés,[144] il reconnut une perte de huit lignes dans la circonférence de son mollet. Stupéfait de ce diagnostic si cruellement irrécusable, il résolut de faire une tentative auprès de l'abbé Troubert, pour le prier d'intervenir officieusement entre Mlle Gamard et lui.

En se trouvant en présence de l'imposant chanoine, qui, pour le recevoir dans une chambre nue, quitta promptement un cabinet plein de papiers où il travaillait sans cesse, et où ne pénétrait personne, le vicaire eut presque honte de parler des taquineries de Mlle Gamard à un homme qui lui paraissait si sérieusement occupé. Mais, après avoir subi toutes les angoisses de ces délibérations[145] intérieures que les gens humbles, indécis ou faibles éprouvent même pour des choses sans importance, il se décida, non sans avoir le cœur grossi par des pulsations extraordinaires, à expliquer sa position à l'abbé Troubert. Le chanoine écouta d'un air grave et froid, essayant, mais en vain, de réprimer certains sourires qui, peut-être, eussent révélé les émotions d'un contentement intime à des yeux intelligents. Une flamme parut s'échapper de ses paupières lorsque Birotteau lui peignit, avec l'éloquence que

donnent les sentiments vrais, la constante amertume dont il était abreuvé; mais Troubert mit la main au-dessus de ses yeux par un geste assez familier aux penseurs, et garda l'attitude de dignité qui lui était habituelle.

Quand le vicaire eut cessé de parler, il aurait été bien embarrassé s'il avait voulu chercher sur la figure de Troubert, alors marbrée par des taches plus jaunes encore que ne l'était ordinairement son teint bilieux, quelques traces des sentiments qu'il avait dû exciter chez ce prêtre mystérieux. Après être resté pendant un moment silencieux, le chanoine fit une de ces réponses dont toutes les paroles devaient être longtemps étudiées pour que leur portée[146] fût entièrement mesurée, mais qui, plus tard, prouvaient aux gens réfléchis l'étonnante profondeur de son âme et la puissance de son esprit. Enfin, il accabla Birotteau en lui disant que ces choses l'étonnaient d'autant plus, qu'il ne s'en serait jamais aperçu sans la confession de son frère; il attribuait ce défaut d'intelligence à ses occupations sérieuses, à ses travaux, et à la tyrannie de certaines pensées élevées qui ne lui permettaient pas de regarder aux détails de la vie. Il lui fit observer, mais sans avoir l'air de vouloir censurer la conduite d'un homme dont l'âge et les connaissances méritaient son respect, que « jadis les solitaires songeaient rarement à leur nourriture, à leur abri, au fond des thébaïdes[147] où ils se livraient à de saintes contemplations, » et que, « de nos jours, le prêtre pouvait par la pensée se faire partout une thébaïde. »

Puis, revenant à Birotteau, il ajouta que « ces discussions étaient toutes nouvelles pour lui. Pendant douze années, rien de semblable n'avait eu lieu entre Mlle Gamard et le vénérable abbé Chapeloud. » Quant à lui, sans doute, il pouvait bien, ajouta-t-il, devenir l'arbitre entre le vicaire et leur hôtesse, parce que son amitié pour elle ne dépassait pas les bornes imposées par les lois de l'Église à ses fidèles serviteurs; mais alors la justice exigeait qu'il entendît aussi Mlle Gamard. Que, d'ailleurs, il ne trouvait rien de changé en elle; qu'il l'avait toujours vue ainsi; qu'il s'était volontiers soumis à

[143] ne pouvaient être que
[144] où des nuances différentes font un dessin
[145] hésitations en forme de raisonnement

[146] signification et importance
[147] lieux déserts de la haute Égypte où des hommes pieux faisaient retraite dans les premiers temps du christianisme

quelques-uns de ses caprices, sachant que cette respectable demoiselle était la bonté, la douceur même;
qu'il fallait attribuer les légers changements de son
humeur aux souffrances causées par une pulmonie
dont elle ne parlait pas, et à laquelle elle se résignait 5
en vraie chrétienne. . . Il finit en disant au vicaire,
que: « pour peu qu'il restât [148] encore quelques
années auprès de mademoiselle, il saurait mieux
l'apprécier, et reconnaître les trésors de cet excellent
caractère ».   10

L'abbé Birotteau sortit confondu. Dans la nécessité fatale où il se trouvait de ne prendre conseil que
de lui-même, il jugea Mlle Gamard d'après lui. Le
bonhomme crut, en s'absentant pendant quelques
jours, éteindre, faute d'aliment, la haine que lui 15
portait cette fille. Donc, il résolut d'aller, comme
jadis, passer plusieurs jours à une campagne où
Mme de Listomère se rendait à la fin de l'automne,
époque à laquelle le ciel est ordinairement pur et
doux en Touraine. Pauvre homme! il accomplissait 20
précisément les vœux secrets de sa terrible ennemie,
dont les projets ne pouvaient être déjoués que par
une patience de moine; mais, ne devinant rien, ne
sachant point ses propres affaires, il devait [149] succomber, comme un agneau, sous le premier coup 25
du boucher.

LUTTE SANS MERCI

Située sur la levée [150] qui se trouve entre la ville 30
de Tours et les hauteurs de Saint-Georges, exposée
au midi, entourée de rochers, la propriété de Mme
de Listomère offrait les agréments de la campagne et
tous les plaisirs de la ville. En effet, il ne fallait pas
plus de dix minutes pour venir du pont de Tours 35
à la porte de cette maison, nommée l'Alouette:
avantage précieux dans un pays où personne ne
veut se déranger pour quoi que ce soit, même
pour aller chercher un plaisir. L'abbé Birotteau
était à l'Alouette depuis environ dix jours, lorsqu'un 40
matin, au moment du déjeuner, le concierge vint lui
dire que M. Caron désirait lui parler. M. Caron
était un avocat chargé des affaires de Mlle Gamard.
Birotteau, ne s'en souvenant pas et ne se connaissant

aucun point litigieux à démêler avec qui que ce fût
au monde, quitta la table en proie à une sorte
d'anxiété pour chercher l'avocat: il le trouva modestement assis sur la balustrade d'une terrasse.

— L'intention où vous êtes de ne plus loger chez
Mlle Gamard étant devenue évidente. . ., dit
l'homme d'affaires.

— Eh! monsieur, s'écria l'abbé Birotteau en interrompant, je n'ai jamais pensé à la quitter.

— Cependant, monsieur, reprit l'avocat, il faut
bien que vous vous soyez expliqué à cet égard avec
mademoiselle, puisqu'elle m'envoie à la fin de savoir
si vous restez longtemps à la campagne. Le cas
d'une longue absence, n'ayant pas été prévu dans
vos conventions, peut donner matière à contestation.
Or, Mlle Gamard entendant que votre pension. . .

— Monsieur, dit Birotteau, surpris et interrompant encore l'avocat, je ne croyais pas qu'il fût
nécessaire d'employer des voies presque judiciaires
pour. . .

— Mlle Gamard, qui veut prévenir toute difficulté, dit M. Caron, m'a envoyé pour m'entendre
avec vous.

— Eh bien, si vous voulez avoir la complaisance
de revenir demain, reprit encore l'abbé Birotteau,
j'aurai consulté de mon côté.

— Soit, dit Caron en saluant.

Et le ronge-papiers [151] se retira. Le pauvre vicaire, épouvanté de la persistance avec laquelle Mlle
Gamard le poursuivait, rentra dans la salle à manger de Mme de Listomère en offrant une figure
bouleversée. A son aspect, chacun de lui demander: [152]

— Que vous arrive-t-il donc, monsieur Birotteau?

L'abbé, désolé, s'assit sans répondre, tant il était
frappé par les vagues images de son malheur. Mais,
après le déjeuner, quand plusieurs de ses amis furent réunis dans le salon devant un bon feu, Birotteau leur raconta naïvement les détails de son aventure. Ses auditeurs, qui commençaient à s'ennuyer
de leur séjour à la campagne, s'intéressèrent vivement à cette intrigue, si bien en harmonie avec la
vie de province. Chacun prit parti pour l'abbé contre la vieille fille.

---

[148] si seulement il restait
[149] il était condamné à
[150] digue

[151] Cette comparaison avec un rat conviendrait mieux
à un notaire ou à un avoué.
[152] infinitif de narration: chacun lui demanda

— Comment, lui dit Mme de Listomère, ne voyez-vous pas clairement que l'abbé Troubert veut votre logement?

Ici, l'historien serait en droit de crayonner le portrait de cette dame; mais il a pensé que ceux mêmes auxquels le système de *cognomologie* de Sterne [153] est inconnu, ne pourraient pas prononcer ces trois mots: Mme DE LISTOMÈRE! sans se la peindre noble, digne, tempérant les rigueurs de la piété par la vieille élégance des mœurs monarchiques et classiques,[154] par des manières polies; bonne, mais un peu roide; légèrement nasillarde; se permettant la lecture de *la Nouvelle Héloïse,* la comédie, et se coiffant encore en cheveux.[155]

— Il ne faut pas que l'abbé Birotteau cède à cette vieille tracassière! s'écria M. de Listomère, lieutenant de vaisseau venu en congé chez sa tante. Si le vicaire a du cœur et veut suivre mes avis, il aura bientôt conquis sa tranquillité.

Enfin, chacun se mit à analyser les actions de Mlle Gamard avec la perspicacité particulière aux gens de province, auxquels on ne peut refuser le talent de savoir mettre à nu les motifs les plus secrets des actions humaines.

— Vous n'y êtes pas, dit un vieux propriétaire qui connaissait le pays. Il y a là-dessous quelque chose de grave que je ne saisis pas encore. L'abbé Troubert est trop profond pour être deviné si promptement. Notre cher Birotteau n'est qu'au commencement de ses peines. D'abord, sera-t-il heureux et tranquille, même en cédant son logement à Troubert? J'en doute. — Si Caron est venu vous dire, ajouta-t-il en se tournant vers le prêtre ébahi, que vous aviez l'intention de quitter Mlle Gamard, sans doute Mlle Gamard a l'intention de vous mettre hors de chez elle. . . Eh bien, vous en sortirez bon gré, mal gré. Ces sortes de gens ne hasardent jamais rien et ne jouent qu'à coup sûr.

Ce vieux gentilhomme, nommé M. de Bourbonne,[156] résumait toutes les idées de la province aussi complètement que Voltaire a résumé l'esprit de son époque. Ce vieillard, sec et maigre, professait en matière d'habillement toute l'indifférence d'un propriétaire dont la valeur territoriale est cotée dans le département. Sa physionomie, tannée par le soleil de la Touraine, était moins spirituelle que fine. Habitué à peser ses paroles, à combiner ses actions, il cachait sa profonde circonspection sous une simplicité trompeuse. Aussi l'observation la plus légère suffisait-elle pour faire reconnaître que, semblable à un paysan de Normandie, il avait toujours l'avantage dans toutes les affaires. Il était très supérieur en œnologie,[157] la science favorite des Tourangeaux. Il avait su arrondir les prairies d'un de ses domaines aux dépens des lais [158] de la Loire en évitant tout procès avec l'État. Ce bon tour le faisait passer pour un homme de talent. Si, charmé par la conversation de M. de Bourbonne, vous eussiez demandé sa biographie à quelque Tourangeau: « Oh! *c'est un vieux malin!* » eût été la réponse proverbiale de tous ses jaloux, et il en avait beaucoup. En Touraine, la jalousie forme, comme dans la plupart des provinces, *le fond de la langue.*

L'observation de M. de Bourbonne occasionna momentanément un silence pendant lequel les personnes qui composaient ce petit comité parurent réfléchir. Sur ces entrefaites, Mlle Salomon de Villenoix fut annoncée. Amenée par le désir d'être utile à Birotteau, elle arrivait de Tours, et les nouvelles qu'elle en apportait changèrent complètement la face des affaires. Au moment de son arrivée, chacun, sauf le propriétaire, conseillait à Birotteau de guerroyer contre Troubert et Gamard, sous les auspices de la société aristocratique qui devait le protéger.

— Le vicaire-général, auquel le travail du personnel [159] est remis, dit Mlle Salomon, vient de tomber malade, et l'archevêque a commis [160] à sa place M. l'abbé Troubert. Maintenant, la nomination au canonicat dépend donc entièrement de lui. Or, hier, chez Mlle de la Blottière, l'abbé Poirel a parlé des désagréments que l'abbé Birotteau causait à Mlle Gamard, de manière à vouloir justifier la disgrâce

---

[153] Le système de Sterne consiste à penser que les noms révèlent souvent le caractère ou la position sociale des personnes qui les portent. (Cf. son *Tristam Shandy.*)

[154] mœurs de l'ancienne France

[155] Sans tour. Cf. la note 136.

[156] Ce tourangeau avait vécu à Paris et avait fréquenté le grand monde. (Cf. un autre roman de Balzac, *Madame Firmiani.*)

[157] art de faire le vin

[158] alluvions du fleuve

[159] état des promotions et nominations

[160] choisi

dont sera frappé notre bon abbé: « L'abbé Birotteau est un homme auquel l'abbé Chapeloud était bien nécessaire, disait-il; et, depuis la mort de ce vertueux chanoine, il a été prouvé que. . .» Les suppositions, les calomnies se sont succédé. Vous comprenez?

— Troubert sera vicaire-général, dit solennellement M. de Bourbonne.

— Voyons! s'écria Mme de Listomère en regardant Birotteau, que préférez-vous: être chanoine, ou rester chez Mlle Gamard?

— Être chanoine! fut un cri général.

— Eh bien! reprit Mme de Listomère, il faut donner gain de cause à l'abbé Troubert et à Mlle Gamard. Ne vous font-ils pas savoir indirectement, par la visite de Caron, que, si vous consentez à les quitter, vous serez chanoine? Donnant, donnant!

Chacun se récria sur la finesse et la sagacité de Mme de Listomère, excepté le baron de Listomère, son neveu, qui dit d'un ton comique à M. de Bourbonne:

— J'aurais voulu le combat entre *la Gamard* et *le Birotteau*.

Mais, pour le malheur du vicaire, les forces n'étaient pas égales entre les gens du monde et la vieille fille soutenue par l'abbé Troubert. Le moment arriva bientôt où la lutte devait se dessiner plus franchement, s'agrandir et prendre des proportions énormes. Sur l'avis de Mme de Listomère et de la plupart de ses adhérents, qui commençaient à se passionner pour cette intrigue jetée dans le vide de leur vie provinciale, un valet fut expédié à M. Caron. L'homme d'affaires revint avec une célérité remarquable, et qui n'effraya que M. de Bourbonne.

— Ajournons toute décision jusqu'à un plus ample informé, fut l'avis de ce Fabius en robe de chambre,[161] auquel de profondes réflexions révélaient les hautes combinaisons de l'échiquier tourangeau.

Il voulut éclairer Birotteau sur les dangers de sa position. La sagesse du *vieux malin* ne servait pas[162] les passions du moment, il n'obtint qu'une légère attention. La conférence entre l'avocat et Birotteau dura peu. Le vicaire rentra tout effaré, disant:

— Il me demande un écrit qui constate mon *retrait*.

— Quel est ce mot effroyable? dit le lieutenant de vaisseau.

— Qu'est-ce que cela veut dire? s'écria Mme de Listomère.

— Cela signifie simplement que l'abbé doit déclarer vouloir quitter la maison de Mlle Gamard, répondit M. de Bourbonne en prenant une prise de tabac.

— N'est-ce que cela? Signez! dit Mme de Listomère en regardant Birotteau. Si vous êtes décidé sérieusement à sortir de chez elle, il n'y a aucun inconvénient à constater votre volonté.

La volonté de Birotteau!

— Cela est juste, dit M. de Bourbonne en fermant sa tabatière par un geste sec dont la signification est impossible à rendre, car c'était tout un langage.

— Mais il est toujours dangereux d'écrire, ajouta-t-il en posant sa tabatière sur la cheminée d'un air à épouvanter le vicaire.

Birotteau se trouvait tellement hébété par le renversement de toutes ses idées, par la rapidité des événements qui le surprenaient sans défense, par la facilité avec laquelle ses amis traitaient les affaires les plus chères de sa vie solitaire, qu'il restait immobile, comme perdu dans la lune, ne pensant à rien, mais écoutant et cherchant à comprendre le sens des rapides paroles que tout le monde prodiguait. Il prit l'écrit de M. Caron et le lut, comme si le *libellé* de l'avocat allait être l'objet de son attention; mais ce fut un mouvement machinal.[163] Et il signa cette pièce, par laquelle il reconnaissait renoncer volontairement à demeurer chez Mlle Gamard, comme à y être nourri suivant les conventions faites entre eux.

Quand le vicaire eut achevé d'apposer sa signature, le sieur Caron reprit l'acte et lui demanda dans quel endroit sa cliente devait faire remettre les choses à lui appartenant. Birotteau indiqua la maison de Mme de Listomère. Par un signe, cette dame consentit à recevoir l'abbé pour quelques jours, ne doutant pas qu'il ne fût bientôt nommé chanoine. Le vieux propriétaire voulut voir cette espèce d'acte de renonciation, et M. Caron le lui apporta.

---

[161] allusion au général romain Maximus Quintus Verrucosus Fabius (IIIe siècle avant J.-C.), célèbre pour sa tactique d'extrême prudence

[162] n'excitait pas

[163] non réfléchi

— Eh bien, demanda-t-il au vicaire après l'avoir lu, il existe donc entre vous et Mlle Gamard des conventions écrites? où sont-elles? quelles en sont les stipulations?

— L'acte est chez moi, répondit Birotteau.

— En connaissez-vous la teneur? demanda le propriétaire à l'avocat.

— Non, monsieur, dit M. Caron en tendant la main pour reprendre le papier fatal.

— Ah! se dit en lui-même le vieux propriétaire, toi, monsieur l'avocat, tu sais sans doute tout ce que cet acte contient; mais tu n'es pas payé pour nous le dire.

Et M. de Bourbonne rendit la renonciation à l'avocat.

— Où vais-je mettre tous mes meubles? s'écria Birotteau, et mes livres, ma belle bibliothèque, mes beaux tableaux, mon salon rouge, enfin tout mon mobilier?

Et le désespoir du pauvre homme, qui se trouvait déplanté, pour ainsi dire, avait quelque chose de si naïf; il peignait si bien la pureté de ses mœurs, son ignorance des choses du monde, que Mme de Listomère et Mlle Salomon lui dirent pour le consoler, en prenant le ton employé par les mères quand elles promettent un jouet à leurs enfants:

— N'allez-vous pas vous inquiéter de ces niaiseries-là? Mais nous vous trouverons toujours bien une maison moins froide, moins noire que celle de Mlle Gamard. S'il ne se rencontre pas de logement qui vous plaise, eh bien, l'une de nous vous prendra chez elle en pension. Allons, faisons un trictrac.[164] Demain, vous irez voir M. l'abbé Troubert pour lui demander son appui, et vous verrez comme vous serez bien reçu par lui!

Les gens faibles se rassurent aussi facilement qu'ils se sont effrayés. Donc, le pauvre Birotteau, ébloui par la perspective de demeurer chez Mme de Listomère, oublia la ruine, consommée sans retour, du bonheur qu'il avait si longtemps désiré, dont il avait si délicieusement joui. Mais, le soir, avant de s'endormir, et avec la douleur d'un homme pour qui le tracas d'un déménagement et de nouvelles habitudes étaient la fin du monde, il se tortura l'esprit à chercher où il pourrait retrouver pour sa biblio-

thèque un emplacement aussi commode que l'était sa galerie. En voyant ses livres errants, ses meubles disloqués et son ménage en désordre, il se demandait mille fois pourquoi la première année passée chez Mlle Gamard avait été si douce, et la seconde si cruelle. Et toujours son aventure était un puits sans fond où tombait sa raison. Le canonicat ne lui semblait plus une compensation suffisante à tant de malheurs, et il comparait sa vie à un bas dont une seule maille échappée faisait déchirer toute la trame. Mlle Salomon lui restait. Mais, en perdant ses vieilles illusions, le pauvre prêtre n'osait plus croire à une jeune amitié.

Dans la *citta dolente*[165] des vieilles filles, il s'en rencontre beaucoup, surtout en France, dont la vie est un sacrifice noblement offert tous les jours à de nobles sentiments. Les unes demeurent fièrement fidèles à un cœur que la mort leur a trop promptement ravi: martyres de l'amour, elles trouvent le secret d'être femmes par l'âme. Les autres obéissent à un orgueil de famille, qui, chaque jour, déchoit à notre honte,[166] et se dévouent à la fortune d'un frère, ou à des neveux orphelins: celles-là se font mères en restant vierges. Ces vieilles filles atteignent au plus haut héroïsme de leur sexe en consacrant tous les sentiments féminins au culte du malheur. Elles idéalisent la figure de la femme en renonçant aux récompenses de sa destinée et n'en acceptant que les peines. Elles vivent alors entourées de la splendeur de leur dévouement, et les hommes inclinent respectueusement la tête devant leurs traits flétris. Mlle de Sombreuil n'a été ni femme ni fille; elle fut et sera toujours une vivante poésie.[167]

Mlle Salomon appartenait à ces créatures héroïques. Son dévouement était religieusement sublime, en ce qu'il devait être sans gloire, après avoir été une souffrance de tous les jours. Belle, jeune, elle fut aimée, elle aima; son prétendu perdit la raison. Pendant cinq années, elle s'était, avec le courage de l'amour, consacrée au bonheur mécanique[168] de ce

---

[164] une partie de trictrac (jeu de hasard et de calcul, appelé aujourd'hui jacquet)

[165] cité de douleur (expression dantesque)

[166] à la honte de notre époque

[167] C'était une jeune fille. Elle avait vingt ans lorsqu'elle couvrit de son corps son père le maréchal et le sauva ainsi, par son courage et sa beauté, des massacres de septembre 1792.

[168] La folie avait fait de lui une machine.

malheureux, de qui elle avait si bien épousé la folie qu'elle ne le croyait point fou. C'était, du reste, une personne simple de manières, franche en son langage, et dont le visage pâle ne manquait pas de physionomie, malgré la régularité de ses traits. Elle ne parlait jamais des événements de sa vie. Seulement, parfois, les tressaillements soudains qui lui échappaient en entendant le récit d'une aventure affreuse, ou triste, révélaient en elle les belles qualités que développent les grandes douleurs. Elle était venue habiter Tours après avoir perdu le compagnon de sa vie. Elle ne pouvait y être appréciée à sa juste valeur, et passait pour une *bonne personne.* Elle faisait beaucoup de bien, et s'attachait, par goût, aux êtres faibles. A ce titre, le pauvre vicaire lui avait inspiré naturellement un profond intérêt.

Mlle de Villenoix, qui allait à la ville dès le matin, y emmena Birotteau, le mit sur le quai de la Cathédrale, et le laissa s'acheminant vers le Cloître, où il avait grand désir d'arriver pour sauver au moins le canonicat du naufrage, et veiller à l'enlèvement de son mobilier. Il ne sonna pas sans éprouver de violentes palpitations de cœur à la porte de cette maison, où il avait l'habitude de venir depuis quatorze ans, qu'il avait habitée, et d'où il devait s'exiler à jamais, après avoir rêvé d'y mourir en paix, à l'imitation de son ami Chapeloud. Marianne parut surprise de voir le vicaire. Il lui dit qu'il venait parler à l'abbé Troubert, et se dirigea vers le rez-de-chaussée où demeurait le chanoine; mais Marianne lui cria:

—L'abbé Troubert n'est plus là, monsieur le vicaire, il est dans votre ancien logement.

Ces mots causèrent un affreux saisissement au vicaire, qui comprit enfin le caractère de Troubert, et la profondeur d'une vengeance si lentement calculée, en le trouvant établi dans la bibliothèque de Chapeloud, assis dans le beau fauteuil gothique de Chapeloud, couchant sans doute dans le lit de Chapeloud, jouissant des meubles de Chapeloud, logé au cœur de Chapeloud, annulant le testament de Chapeloud, et déshéritant enfin l'ami de ce Chapeloud, qui, pendant si longtemps, l'avait parqué chez Mlle Gamard, en lui interdisant tout avancement et lui fermant les salons de Tours.

Par quel coup de baguette magique cette métamorphose avait-elle eu lieu? Tout cela n'appartenait-il donc plus à Birotteau? Certes, en voyant l'air sardonique avec lequel Troubert contemplait cette bibliothèque, le pauvre Birotteau jugea que le futur vicaire-général était sûr de posséder toujours la dépouille de ceux qu'il avait si cruellement haïs, Chapeloud comme un ennemi, et Birotteau, parce qu'en lui se retrouvait encore Chapeloud. Mille idées se levèrent, à cet aspect, dans le cœur du bonhomme et le plongèrent dans une sorte de songe. Il resta immobile et comme fasciné par l'œil de Troubert, qui le regardait fixement.

—Je ne pense pas, monsieur, dit enfin Birotteau, que vous vouliez me priver des choses qui m'appartiennent. Si Mlle Gamard a pu être impatiente de vous mieux loger, elle doit se montrer cependant assez juste pour me laisser le temps de reconnaître mes livres et d'enlever mes meubles.

—Monsieur, dit froidement l'abbé Troubert en ne laissant paraître sur son visage aucune marque d'émotion, Mlle Gamard m'a instruit hier de votre départ, dont la cause m'est encore inconnue. Si elle m'a installé ici, ce fut par nécessité. M. l'abbé Poirel a pris mon appartement. J'ignore si les choses qui sont dans ce logement appartiennent ou non à mademoiselle; mais, si elles sont à vous, vous connaissez sa bonne foi: la sainteté de sa vie est une garantie de sa probité. Quant à moi, vous n'ignorez pas la simplicté de mes mœurs. J'ai couché pendant quinze années dans une chambre nue sans faire attention à l'humidité, qui m'a tué à la longue. Cependant, si vous vouliez habiter de nouveau cet appartement, je vous le céderais volontiers.

En entendant ces mots terribles, Birotteau oublia l'affaire du canonicat, il descendit avec la promptitude d'un jeune homme pour chercher Mlle Gamard, et la rencontra au bas de l'escalier, sur le large palier dallé qui unissait les deux corps de logis.

—Mademoiselle, dit-il en la saluant et sans faire attention ni au sourire aigrement moqueur qu'elle avait sur les lèvres ni à la flamme extraordinaire qui donnait à ses yeux la clarté de ceux des tigres, je ne m'explique pas comment vous n'avez pas attendu que j'aie enlevé mes meubles, pour. . .

—Quoi! lui dit-elle en l'interrompant, est-ce que

tous vos effets n'auraient pas été remis chez Mme de Listomère?

— Mais mon mobilier?

— Vous n'avez donc pas lu votre acte? dit la vieille fille d'un ton qu'il faudrait pouvoir écrire musicalement [169] pour faire comprendre combien la haine sut mettre de nuances dans l'accentuation de chaque mot.

Et Mlle Gamard parut grandir, et ses yeux brillèrent encore, et son visage s'épanouit, et toute sa personne frissonna de plaisir. L'abbé Troubert ouvrit une fenêtre pour lire plus distinctement dans un volume in-folio. Birotteau resta comme foudroyé. Mlle Gamard lui cornait aux oreilles, d'une voix aussi claire que le son d'une trompette, les phrases suivantes:

— N'est-il pas convenu, au cas où vous sortiriez de chez moi, que votre mobilier m'appartiendrait, pour m'indemniser de la différence qui existait entre la quotité de votre pension et celle du respectable abbé Chapeloud? Or, M. l'abbé Poirel ayant été nommé chanoine. . .

En entendant ces derniers mots, Birotteau s'inclina faiblement, comme pour prendre congé de la vieille fille; puis il sortit précipitamment. Il avait peur, en restant plus longtemps, de tomber en défaillance et de donner ainsi un trop grand triomphe à de si implacables ennemis. Marchant comme un homme ivre, il gagna la maison de Mme de Listomère, où il trouva dans une salle basse son linge, ses vêtements et ses papiers contenus dans une malle. A l'aspect des débris de son mobilier, le malheureux prêtre s'assit, et se cacha le visage dans les mains pour dérober aux gens la vue de ses pleurs. L'abbé Poirel était chanoine! Lui, Birotteau, se voyait sans asile, sans fortune et sans mobilier! Heureusement, Mlle Salomon vint à passer en voiture. Le concierge de la maison, qui comprit le désespoir du pauvre homme, fit un signe au cocher. Puis, après quelques mots échangés entre la vieille fille [170] et le concierge, le vicaire se laissa conduire à demi-mort près de sa fidèle amie, à laquelle il ne put dire que des mots sans suite. Mlle Salomon, effrayée du dérangement momentané d'une tête

[169] sur des notes de musique
[170] Cf. la note 90.

déjà si faible, l'emmena sur-le-champ à l'Alouette, en attribuant ce commencement d'aliénation mentale à l'effet qu'avait dû produire sur lui la nomination de l'abbé Poirel. Elle ignorait les conventions du prêtre avec Mlle Gamard, par l'excellente raison qu'il en ignorait lui-même l'étendue. Et, comme il est dans la nature que le comique se trouve mêlé parfois aux choses les plus pathétiques, les étranges réponses de Birotteau firent presque sourire Mlle Salomon.

— Chapeloud avait raison, disait-il. C'est un monstre!

— Qui? demandait-elle.

— Chapeloud. Il m'a tout pris!

— Poirel, donc?

— Non, Troubert.

Enfin, ils arrivèrent à l'Alouette, où les amis du prêtre lui prodiguèrent des soins si empressés, que, vers le soir, ils le calmèrent, et purent obtenir de lui le récit de ce qui s'était passé pendant la matinée.

Le flegmatique propriétaire demanda naturellement à voir l'acte qui, depuis la veille, lui paraissait contenir le mot de l'énigme. Birotteau tira le fatal papier timbré de sa poche, le tendit à M. de Bourbonne, qui le lut rapidement, et arriva bientôt à une clause ainsi conçue:

« Comme il se trouve une différence de huit cents francs par an entre la pension que payait feu M. Chapeloud et celle pour laquelle ladite Sophie Gamard consent à prendre chez elle, aux conditions ci-dessus stipulées, ledit François Birotteau; attendu que le soussigné François Birotteau reconnaît surabondamment être hors d'état de donner pendant plusieurs années le prix payé par les pensionnaires de la demoiselle Gamard, et notamment par l'abbé Troubert; enfin, eu égard à diverses avances faites par ladite Sophie Gamard soussignée, ledit Birotteau s'engage à lui laisser à titre d'indemnité le mobilier dont il se trouvera possesseur à son décès, ou lorsque, par quelque cause que ce puisse être, il viendrait à quitter volontairement, et à quelque époque que ce soit, les lieux à lui présentement loués, et à ne plus profiter des avantages stipulés dans les engagements pris par Mlle Gamard envers lui, ci-dessus. . . »

— Tudieu, quelle grosse![171] s'écria le propriétaire, et de quelles griffes est armée ladite Sophie
Gamard!

Le pauvre Birotteau, n'imaginant dans sa cervelle
d'enfant aucune cause qui pût le séparer un jour de
Mlle Gamard, comptait mourir chez elle. Il n'avait
aucun souvenir de cette clause, dont les termes ne
furent pas même discutés jadis, tant elle lui avait
semblé juste, lorsque, dans son désir d'appartenir à
la vieille fille, il aurait signé tous les parchemins
qu'on lui aurait présentés. Cette innocence était si
respectable, et la conduite de Mlle Gamard si atroce;
le sort de ce pauvre sexagénaire avait quelque chose
de si déplorable, et sa faiblesse le rendait si touchant, que, dans un premier moment d'indignation, Mme de Listomère s'écria:

— Je suis cause de la signature de l'acte qui vous
a ruiné, je dois vous rendre le bonheur dont je vous
ai privé.

— Mais, dit le vieux gentilhomme, l'acte constitue un dol,[172] et il y a matière à procès. . .

— Eh bien! Birotteau plaidera. S'il perd à Tours,
il gagnera à Orléans. S'il perd à Orléans, il gagnera
à Paris, s'écria le baron de Listomère.

— S'il veut plaider, reprit froidement M. de Bourbonne, je lui conseille de se démettre d'abord de son
vicariat.

— Nous consulterons des avocats, reprit Mme de
Listomère, et nous plaiderons, s'il faut plaider. Mais
cette affaire est trop honteuse pour Mlle Gamard, et
peut devenir trop nuisible à l'abbé Troubert, pour
que nous n'obtenions pas quelque transaction.

Après mûre délibération, chacun promit son assistance à l'abbé Birotteau dans la lutte qui allait
s'engager entre lui et tous les adhérents de[173] ses
antagonistes. Un sûr pressentiment, un instinct pro-
vincial indéfinissable forçait chacun à unir les deux
noms de Gamard et de Troubert. Mais aucun de
ceux qui se trouvaient alors chez Mme de Listomère, excepté le *vieux malin,* n'avait une idée bien
exacte de l'importance d'un semblable combat.
M. de Bourbonne attira dans un coin le pauvre abbé.

— Des quatorze personnes qui sont ici, lui dit-il

à voix basse, il n'y en aura pas une pour vous dans
quinze jours. Si vous avez besoin d'appeler quelqu'un à votre secours, vous ne trouverez peut-être
alors que moi d'assez hardi pour oser prendre votre
défense, parce que je connais la province, les hommes, les choses et, mieux encore, les intérêts! Mais
tous vos amis, quoique pleins de bonnes intentions,
vous mettent dans un mauvais chemin d'où vous
ne pourrez vous tirer. Écoutez mon conseil. Si vous
voulez vivre en paix, quittez le vicariat de Saint-
Gatien, quittez Tours. Ne dites pas où vous irez,
mais allez chercher quelque cure éloignée où Troubert ne puisse pas vous rencontrer.

— Abandonner Tours? s'écria le vicaire avec un
effroi indescriptible.

C'était pour lui une sorte de mort. N'était-ce pas
briser toutes les racines par lesquelles il s'était planté
dans le monde? Les célibataires remplacent les sentiments par des habitudes. Lorsqu'à ce système
moral, qui les fait moins vivre que traverser la vie,
se joint un caractère faible, les choses extérieures
prennent sur eux un empire étonnant. Aussi Birotteau était-il devenu semblable à quelque végétal:
le transplanter, c'était en risquer[174] l'innocente
fructification. De même que, pour vivre, un arbre
doit retrouver à toute heure les mêmes sucs, et toujours avoir ses chevelus[175] dans le même terrain,
Birotteau devait toujours trotter dans Saint-Gatien,
toujours piétiner dans l'endroit du Mail où il se
promenait habituellement, sans cesse parcourir les
rues par lesquelles il passait, et continuer d'aller
dans les trois salons où il jouait, pendant chaque
soir, au whist ou au tric trac.

— Ah! je n'y pensais pas, répondit M. de Bourbonne en regardant le prêtre avec une espèce de
pitié.

Tout le monde sut bientôt, dans la ville de Tours,
que Mme la baronne de Listomère, veuve d'un lieutenant général, recueillait l'abbé Birotteau, vicaire
de Saint-Gatien. Ce fait, que beaucoup de gens ré-
voquaient en doute, trancha nettement toutes les
questions, et dessina les partis, surtout lorsque Mlle
Salomon osa, la première, parler de dol et de procès. Avec la vanité subtile qui distingue les vieilles

---

[171] copie légale d'un acte notarié
[172] manœuvre frauduleuse destinée à tromper
[173] ceux qui prenaient le parti de

[174] mettre en péril
[175] les plus tenues des extrêmes racines

filles et le fanatisme de personnalité qui les caractérise, Mlle Gamard se trouva fortement blessée du parti que prenait Mme de Listomère. La baronne était une femme de haut rang, élégante dans ses mœurs, et dont le bon goût, les manières polies, la piété, ne pouvaient être contestés. Elle donnait, en recueillant Birotteau, le démenti le plus formel à toutes les assertions de Mlle Gamard, en censurait indirectement la conduite, et semblait sanctionner les plaintes du vicaire contre son ancienne hôtesse.

Il est nécessaire, pour l'intelligence de cette histoire, d'expliquer ici tout ce que le discernement et l'esprit d'analyse avec lesquels les vieilles femmes se rendent compte des actions d'autrui prêtaient de force à Mlle Gamard, et quelles étaient les ressources de son parti. Accompagnée du silencieux abbé Troubert, elle allait passer ses soirées dans quatre ou cinq maisons où se réunissaient une douzaine de personnes toutes liées entre elles par les mêmes goûts, et par l'analogie de leur situation. C'étaient un ou deux vieillards qui épousaient les passions et les caquetages de leurs servantes; cinq ou six vieilles filles qui passaient toute leur journée à tamiser les paroles, à scruter les démarches de leurs voisins et des gens placés au-dessus ou au-dessous d'elles dans la société; puis, enfin, plusieurs femmes âgées, exclusivement occupées à distiller les médisances, à tenir un registre exact de toutes les fortunes, ou à contrôler les actions des autres: elles pronostiquaient les mariages, et blâmaient la conduite de leurs amies aussi aigrement que celle de leurs ennemies.

Ces personnes, logées toutes dans la ville de manière à y figurer les [176] vaisseaux capillaires d'une plante, aspiraient, avec la soif d'une feuille pour la rosée, les nouvelles, les secrets de chaque ménage, les pompaient et les transmettaient machinalement à l'abbé Troubert, comme les feuilles communiquent à la tige la fraîcheur qu'elles ont absorbée.

Donc, pendant chaque soirée de la semaine, excitées par ce besoin d'émotion qui se retrouve chez tous les individus, ces bonnes dévotes dressaient un bilan exact de la situation de la ville, avec une sagacité digne du conseil des Dix,[177] et faisaient

la police, armées de cette espèce d'espionnage à coup sûr que créent les passions. Puis, quand elles avaient deviné la raison secrète d'un événement, leur amour-propre les portait à s'approprier la sagesse de leur sanhédrin,[178] pour donner le ton du bavardage dans leurs zones respectives. Cette congrégation, oisive et agissante, invisible et voyant tout, muette et parlant sans cesse, possédait alors une influence que sa nullité [179] rendait en apparence peu nuisible, mais qui cependant devenait terrible quand elle était animée par un intérêt majeur. Or, il y avait bien longtemps qu'il ne s'était présenté dans la sphère de leurs existences un événement aussi grave et aussi généralement important pour chacune d'elles que l'était la lutte de Birotteau, soutenu par Mme de Listomère, contre l'abbé Troubert et Mlle Gamard.

En effet, les trois salons de Mmes de Listomère, Merlin de la Blottière et de Villenoix étant considérés comme ennemis par ceux où allait Mlle Gamard, il y avait au fond de cette querelle l'esprit de corps [180] et toutes ses vanités. C'était le combat du peuple et du sénat romain [181] dans une taupinière, ou une tempête dans un verre d'eau, comme l'a dit Montesquieu en parlant de la république de Saint-Marin, dont les charges publiques ne duraient qu'un jour, tant la tyrannie y était facile à saisir.[182] Mais cette tempête développait néanmoins dans les âmes autant de passions qu'il en aurait fallu pour diriger les plus grands intérêts sociaux. N'est-ce pas une erreur de croire que le temps ne soit rapide que pour les cœurs en proie aux vastes projets qui troublent la vie et la font bouillonner? Les heures de l'abbé Troubert coulaient aussi animées, s'enfuyaient chargées de pensées tout aussi soucieuses, étaient ridées par des désespoirs et des espérances aussi profonds que pouvaient l'être les heures cruelles de l'ambitieux, du joueur et de l'amant. Dieu seul est dans le secret de l'énergie que nous coûtent les triomphes occultement remportés sur les

---

[176] ressembler aux
[177] tribunal suprême de l'ancienne Venise, composé de dix nobles
[178] tribunal des Juifs dans la Bible
[179] manque d'importance sociale
[180] opinions communes aux membres d'une corporation
[181] Le sénat de l'ancienne Rome groupait les représentants de l'aristocratie.
[182] Sur de hauts magistrats si éphémères, explique Montesquieu (*L'Esprit des lois*), la corruption par les puissances avoisinantes n'avait pas de prise.

hommes, sur les choses et sur nous-mêmes. Si nous ne savons pas toujours où nous allons, nous connaissons bien les fatigues du voyage. Seulement, s'il est permis à l'historien [183] de quitter le drame qu'il raconte pour prendre pendant un moment le rôle des critiques, s'il vous convie à jeter un coup d'œil sur les existences de ces vieilles filles et des deux abbés, afin d'y chercher la cause du malheur qui les viciait dans leur essence,[184] il vous sera peut-être démontré qu'il est nécessaire à l'homme d'éprouver certaines passions pour développer en lui des qualités qui donnent à sa vie de la noblesse, en étendent le cercle, et assouplissent l'égoïsme naturel à toutes les créatures.[185]

Mme de Listomère revint en ville sans savoir que, depuis cinq ou six jours, plusieurs de ses amis étaient obligés de réfuter une opinion, accréditée sur elle, dont elle aurait ri si elle l'eût connue, et qui supposait à son affection pour son neveu des causes presque criminelles. Elle mena l'abbé Birotteau chez son avocat, à qui le procès ne parut pas chose facile. Les amis du vicaire, animés par le sentiment que donne la justice d'une bonne cause, ou paresseux pour un procès qui ne leur était pas personnel, avaient remis le commencement de l'instance [186] au jour où ils reviendraient à Tours. Les amis de Mlle Gamard purent donc prendre les devants, et surent raconter l'affaire peu favorablement pour l'abbé Birotteau.

Donc, l'homme de loi, dont la clientèle se composait exclusivement des gens pieux de la ville, étonna beaucoup Mme de Listomère en lui conseillant de ne pas s'embarquer dans un semblable procès, et il termina la conférence en disant que, d'ailleurs, il ne s'en chargerait pas, parce que, aux termes de l'acte, Mlle Gamard avait raison en droit; qu'en équité, c'est-à-dire en dehors de la justice,[187] l'abbé Birotteau paraîtrait, aux yeux du tribunal et à ceux des honnêtes gens, manquer au caractère de paix, de conciliation, et à la mansuétude qu'on lui avait supposés jusqu'alors; que Mlle Gamard, connue pour

une personne douce et facile à vivre, avait obligé [188] Birotteau en lui prêtant l'argent nécessaire pour payer les droits successifs [189] auxquels avait donné lieu le testament de Chapeloud, sans lui en demander de reçu; que Birotteau n'était pas d'âge et de caractère à signer un acte sans savoir ce qu'il contenait, ni sans en connaître l'importance; et que, s'il avait quitté Mlle Gamard après deux ans d'habitation, quand son ami Chapeloud était resté chez elle pendant douze ans, et Troubert pendant quinze ans, ce ne pouvait être qu'en vue d'un projet à lui connu; [190] que le procès serait donc jugé comme un acte d'ingratitude, etc. Après avoir laissé Birotteau marcher en avant vers l'escalier, l'avoué prit Mme de Listomère à part, en la reconduisant, et l'engagea, au nom de son repos, à ne pas se mêler de cette affaire.

Cependant, le soir, le pauvre vicaire, qui se tourmentait autant qu'un condamné à mort dans le cabanon de Bicêtre [191] quand il y attend le résultat de son pourvoi en cassation, ne put s'empêcher d'apprendre à ses amis le résultat de sa visite, au moment où, avant l'heure de faire les parties, le cercle se formait devant la cheminée de Mme de Listomère.

— Excepté l'avoué des libéraux,[192] je ne connais, à Tours, aucun homme de chicane qui voulût se charger de ce procès sans avoir l'intention de vous le faire perdre, s'écria M. de Bourbonne, et je ne vous conseille pas de vous y embarquer.

— Eh bien! c'est une infamie, dit le lieutenant de vaisseau. Moi, je conduirai l'abbé chez cet avoué.

— Allez-y lorsqu'il fera nuit, dit M. de Bourbonne en l'interrompant.

— Et pourquoi?

— Je viens d'apprendre que l'abbé Troubert est nommé vicaire-général, à la place de celui qui est mort avant-hier.

— Je me moque bien de l'abbé Troubert.

---

[183] ici, Balzac
[184] nature profonde
[185] Balzac paraît condamner ici, non seulement le célibat des filles, mais celui des prêtres catholiques.
[186] procès comportant demande et défense
[187] *justice:* justice selon les lois: *équité:* justice selon la nature et le bon sens

[188] rendu service à
[189] sommes exigées par l'État sur les successions
[190] connu de lui
[191] Hospice et prison. Bicêtre (près de Paris) date du XVIIIᵉ siècle. Un condamné peut toujours faire appel du premier jugement auprès de la Cour de cassation (cour suprême).
[192] les opposants au gouvernement de la Restauration

Malheureusement le baron de Listomère, homme de trente-six ans, ne vit pas le signe que lui fit M. de Bourbonne, pour lui recommander de peser ses paroles, en lui montrant un conseiller de préfecture, ami de Troubert. Le lieutenant de vaisseau ajouta donc:

— Si M. l'abbé Troubert est un fripon. . .

— Oh! dit M. de Bourbonne en l'interrompant, pourquoi mettre l'abbé Troubert dans une affaire à laquelle il est complètement étranger? . . .

— Mais, reprit le baron, ne jouit-il pas des meubles de l'abbé Birotteau? Je me souviens d'être allé chez Chapeloud, et d'y avoir vu deux tableaux de prix. Supposez qu'ils valent dix mille francs. . . Croyez-vous que M. Birotteau ait eu l'intention de donner, pour deux ans d'habitation chez cette Gamard, dix mille francs, quand déjà la bibliothèque et les meubles valent à peu près cette somme?

L'abbé Birotteau ouvrit de grands yeux en apprenant qu'il avait possédé un capital si énorme.

Et le baron, poursuivant avec chaleur, ajouta:

— Par Dieu! M. Salmon, l'ancien expert du Musée de Paris, est venu voir ici sa belle-mère. Je vais y aller ce soir même, avec l'abbé Birotteau, pour le prier d'estimer les tableaux. De là, je le mènerai chez l'avoué.

Deux jours après cette conversation, le procès avait pris de la consistance. L'avoué des libéraux, devenu celui de Birotteau, jetait beaucoup de défaveur sur la cause du vicaire. Les gens opposés au gouvernement, et ceux qui étaient connus pour ne pas aimer les prêtres ou la religion, deux choses que beaucoup de gens confondent, s'emparèrent de cette affaire, et toute la ville en parla. L'ancien expert du Musée avait estimé onze mille francs la *Vierge* du Valentin et le *Christ* de Lebrun, morceaux d'une beauté capitale. Quant à la bibliothèque et aux meubles gothiques, le goût dominant qui croissait de jour en jour à Paris pour ces sortes de choses leur donnait momentanément une valeur de douze mille francs. Enfin, l'expert, vérification faite, évalua le mobilier entier à dix mille écus.[193] Or, il était évident que, Birotteau n'ayant pas entendu donner à Mlle Gamard cette somme énorme pour le peu d'argent qu'il pouvait lui devoir en vertu de la soulte stipulée,[194] il y avait, judiciairement parlant, lieu à réformer leurs conventions; autrement, la vieille fille eût été coupable d'un dol volontaire. L'avoué des libéraux entama donc l'affaire en lançant un exploit introductif d'instance à Mlle Gamard. Quoique très acerbe, cette pièce, fortifiée par des citations d'arrêts souverains et corroborée par quelques articles du Code, n'en était pas moins un chef-d'œuvre de logique judiciaire, et condamnait si évidemment la vieille fille, que trente ou quarante copies en furent méchamment distribuées dans la ville par l'opposition.[195]

Quelques jours après le commencement des hostilités entre la vieille fille et Birotteau, le baron de Listomère, qui espérait être compris, en qualité de capitaine de corvette, dans la première promotion,[196] annoncée depuis quelque temps au ministère de la Marine, reçut une lettre par laquelle un de ses amis lui annonçait qu'il était question dans les bureaux de le mettre hors du cadre d'activité. Étrangement surpris de cette nouvelle, il partit immédiatement pour Paris, et vint à la première soirée du ministre, qui en parut fort étonné lui-même, et se prit à rire en apprenant les craintes dont lui fit part le baron de Listomère. Le lendemain, nonobstant la parole du ministre, le baron consulta les bureaux. Par une indiscrétion que certains chefs commettent assez ordinairement pour leurs amis, un secrétaire lui montra un travail tout préparé, mais que la maladie d'un directeur avait empêché jusqu'alors d'être soumis au ministre, et qui confirmait la fatale [197] nouvelle.

Aussitôt le baron de Listomère alla chez un de ses oncles, lequel, en sa qualité de député, pouvait voir immédiatement le ministre à la Chambre, et le pria de sonder les dispositions de Son Excellence, car il s'agissait pour lui de la perte de son avenir. Aussi attendit-il avec la plus vive anxiété, dans la voiture de son oncle, la fin de la séance. Le député sortit

[193] monnaie de valeur extrêmement changeante

[194] différence (dont ils avaient convenu) entre ce qu'il devait et ce qu'il payait

[195] l'opposition au gouvernement et à l'Église: les libéraux

[196] *corvette:* bâtiment de guerre, immédiatement au dessous de la frégate, au XVIIIe siècle; *promotion:* ensemble de nominations faites dans une administration à la même date

[197] très mauvaise

bien avant la clôture, et dit à son neveu, pendant le chemin qu'il fit en se rendant à son hôtel:

— Comment, diable! vas-tu te mêler de faire la guerre aux prêtres? Le ministre a commencé par m'apprendre que tu t'étais mis à la tête des libéraux 5 à Tours! Tu as des opinions détestables, tu ne suis pas la ligne du gouvernement, etc. Ses phrases étaient aussi entortillées que s'il parlait encore à la Chambre. Alors, je lui ai dit: « Ah çà, entendons-nous! » Son Excellence a fini par m'avouer que tu 10 étais mal avec la Grande Aumônerie.[198] Bref, en demandant quelques renseignements à mes collè-gues, j'ai su que tu parlais fort légèrement d'un certain abbé Troubert, simple vicaire-général, mais le personnage le plus important de la province où 15 il représente la Congrégation.[199] J'ai répondu de toi corps pour corps[200] au ministre. Monsieur mon neveu, si tu veux faire ton chemin, ne te crée au-cune inimitié sacerdotale.[201] Va vite à Tours, fais-y la paix avec ce diable de vicaire-général. Apprends 20 que les vicaires-généraux sont des hommes avec lesquels il faut toujours vivre en paix. Morbleu! lorsque nous travaillons tous à rétablir la religion, il est stupide à un lieutenant de vaisseau, qui veut être capitaine, de déconsidérer les prêtres. Si tu ne 25 te raccommodes pas avec l'abbé Troubert, ne compte plus sur moi: je te renierai. Le ministre des Affaires Ecclésiastiques[202] m'a parlé tout à l'heure de cet homme comme d'un futur évêque. Si Troubert pre-nait notre famille en haine, il pourrait m'empêcher 30 d'être compris dans la prochaine fournée de pairs.[203] Comprends-tu?

Ces paroles expliquèrent au lieutenant de vais-seau les secrètes occupations de Troubert, de qui Birotteau disait niaisement: « Je ne sais pas à quoi 35 lui sert de passer les nuits. »

La position du chanoine au milieu du sénat fe-melle[204] qui faisait si subtilement la police de la province et sa capacité personnelle l'avaient fait choisir par la Congrégation, entre tous les ecclésias-tiques de la ville, pour être le proconsul inconnu de la Touraine. Archevêque, général, préfet, grands et petits étaient sous son occulte domination. Le baron de Listomère eut bientôt pris son parti.

— Je ne veux pas, dit-il à son oncle, recevoir une seconde bordée ecclésiastique dans mes *œuvres vives*.[205]

Trois jours après cette conférence diplomatique entre l'oncle et le neveu, le marin, subitement re-venu par la malle-poste à Tours, révélait à sa tante, le soir même de son arrivée, les dangers que cou-raient les plus chères espérances de la famille de Listomère, s'ils s'obstinaient l'un et l'autre à sou-tenir *cet imbécile de Birotteau*. Le baron avait re-tenu M. de Bourbonne au moment où le vieux gen-tilhomme prenait sa canne et son chapeau pour s'en aller après la partie de whist. Les lumières du *vieux malin* étaient indispensables pour éclairer les écueils dans lesquels se trouvaient engagés les Listomère, et le *vieux malin* n'avait prématurément cherché sa canne et son chapeau que pour se faire dire à l'oreille:

— Restez, nous avons à causer.

Le prompt retour du baron, son air de contente-ment, en désaccord avec la gravité peinte en certains moments sur sa figure, avaient accusé vaguement à M. de Bourbonne quelques échecs reçus par le lieu-tenant dans sa croisière contre Gamard et Troubert. Il ne marqua point de surprise en entendant le baron proclamer le secret pouvoir du vicaire-géné-ral congréganiste.

— Je le savais, dit-il.

— Eh bien, s'écria la baronne, pourquoi ne pas nous avoir avertis?

— Madame, répondit-il vivement, oubliez que j'ai deviné l'invisible influence de ce prêtre, et j'oublie-rai que vous la connaissez également. Si nous ne nous gardions pas le secret, nous passerions pour ses complices; nous serions redoutés et haïs. Imitez-

---

[198] charge de l'aumônier de la Cour, qui avait des pou-voirs très étendus dans le monde ecclésiastique

[199] Association fondée à Paris en 1801 par les Jésuites avec de nombreuses ramifications en province. Ayant eu d'abord pour objet la défense de la foi et des bonnes mœurs, mais devenue puissante, elle a joui sous Charles X d'une influence excessive dont Balzac donne l'idée.

[200] C'est-à-dire: de toi comme de moi.

[201] chez les prêtres

[202] sa charge avait été créée en 1824

[203] Membres de la pairie. Cf. la note 56.

[204] Cf. le paragraphe correspondant aux notes 177, 178, 179.

[205] Il se compare à un navire dont on appelle ainsi la partie immergée.

moi: feignez d'être une dupe; mais sachez bien où vous mettez les pieds. Je vous en avais assez dit, vous ne me compreniez point, et je ne voulais pas me compromettre.

— Comment devons-nous maintenant nous y prendre? dit le baron.

Abandonner Birotteau n'était pas une question,[206] et ce fut une première condition sous-entendue par les trois conseillers.

— Battre en retraite avec les honneurs de la guerre a toujours été le chef-d'œuvre des plus habiles généraux, répondit M. de Bourbonne. Pliez devant Troubert: si sa haine est moins forte que sa vanité, vous vous en ferez un allié; mais, si vous pliez trop, il vous marchera sur le ventre; car

Abîme tout plutôt, c'est l'esprit de l'Église,

a dit Boileau.[207] Faites croire que vous quittez le service, vous lui échappez, monsieur le baron. — Renvoyez le vicaire, madame, vous donnerez gain de cause à la Gamard. Demandez chez l'archevêque à l'abbé Troubert s'il sait le whist, il vous dira *oui*. Priez-le de venir faire une partie dans ce salon, où il veut être reçu; certes il y viendra. Vous êtes femme, sachez mettre ce prêtre dans vos intérêts. Quand le baron sera capitaine de vaisseau, son oncle pair de France, Troubert évêque, vous pourrez faire Birotteau chanoine tout à votre aise. Jusque-là, pliez; mais pliez avec grâce et en menaçant. Votre famille peut prêter à Troubert autant d'appui qu'il vous en donnera; vous vous entendrez à merveille. — D'ailleurs, marchez la sonde en main,[208] marin!

— Ce pauvre Birotteau! dit la baronne.

— Oh! entamez-le[209] promptement, répliqua le propriétaire en s'en allant. Si quelque libéral adroit s'emparait de cette tête vide, il vous causerait des chagrins. Après tout, les tribunaux prononceraient en sa faveur, et Troubert doit avoir peur du jugement. Il peut encore vous pardonner d'avoir entamé le combat; mais, après une défaite, il serait implacable. J'ai dit.

[206] C'était une certitude.
[207] dans *Le Lutrin*, chant I; *vous quittez le service:* vous donnez votre démission
[208] pour connaître les profondeurs de la société
[209] terme de guerre: rompez sa défense

Il fit claquer sa tabatière, alla mettre ses doubles souliers, et partit.

Le lendemain matin, après le déjeuner, la baronne resta seule avec le vicaire, et lui dit, non sans un visible embarras:

— Mon cher monsieur Birotteau, vous allez trouver mes demandes bien injustes et bien inconséquentes; mais il faut, pour vous et pour nous, d'abord éteindre votre procès contre Mlle Gamard en vous désistant de vos prétentions, puis quitter ma maison.

En entendant ces mots, le pauvre prêtre pâlit.

— Je suis, reprit-elle, la cause innocente de vos malheurs, et sais que sans mon neveu vous n'eussiez pas intenté le procès qui maintenant fait votre chagrin et le nôtre. Mais écoutez!

Elle lui déroula succinctement l'immense étendue de cette affaire et lui expliqua la gravité de ses suites. Ses méditations lui avaient fait deviner pendant la nuit les antécédents probables de la vie de Troubert: elle put alors, sans se tromper, démontrer à Birotteau la trame dans laquelle l'avait enveloppé cette vengeance si habilement ourdie, lui révéler la haute capacité, le pouvoir de son ennemi en lui dévoilant la haine, en lui en apprenant les causes, en le lui montrant couché durant douze années devant Chapeloud, et dévorant Chapeloud, et persécutant encore Chapeloud dans son ami. L'innocent Birotteau joignit ses mains comme pour prier et pleura de chagrin à l'aspect d'horreurs humaines que son âme pure n'avait jamais soupçonnées. Aussi effrayé que s'il se fût trouvé sur le bord d'un abîme, il écoutait, les yeux fixes et humides, mais sans exprimer aucune idée, le discours de sa bienfaitrice, qui lui dit en terminant:

— Je sais tout ce qu'il y a de mal à vous abandonner; mais, mon cher abbé, les devoirs de famille passent avant ceux de l'amitié. Cédez, comme je le fais, à cet orage, je vous en prouverai toute ma reconnaissance. Je ne vous parle pas de vos intérêts, je m'en charge. Vous serez hors de toute inquiétude pour votre existence. Par l'entremise de Bourbonne, qui saura sauver les apparences, je ferai en sorte que rien ne vous manque. Mon ami, donnez-moi droit de vous trahir. Je resterai votre amie tout en me conformant aux maximes du monde. Décidez.

Le pauvre abbé stupéfait s'écria:

— Chapeloud avait donc raison en disant que, si Troubert pouvait venir le tirer par les pieds dans la tombe, il le ferait! Il couche dans le lit de Chapeloud.

— Il ne s'agit pas de se lamenter, dit Mme de Listomère, nous avons peu de temps à nous. Voyons!

Birotteau avait trop de bonté pour ne pas obéir, dans les grandes crises, au dévouement irréfléchi du premier moment. Mais, d'ailleurs, sa vie n'était déjà plus qu'une agonie. Il dit, en jetant à sa protectrice un regard désespérant qui la navra:

— Je me confie à vous. Je ne suis plus qu'un *bourrier* de la rue!

Ce mot tourangeau n'a pas d'autre équivalent possible que le mot brin de paille. Mais il y a de jolis petits brins de paille, jaunes, polis, rayonnants, qui font le bonheur des enfants; tandis que le *bourrier* est le brin de paille décoloré, boueux, roulé dans les ruisseaux, chassé par la tempête, tordu par les pieds du passant.

— Mais, madame, je ne voudrais pas laisser à l'abbé Troubert le portrait de Chapeloud; il a été fait pour moi, il m'appartient, obtenez qu'il me soit rendu, j'abandonnerai tout le reste.

— Eh bien! dit Mme de Listomère, j'irai chez Mlle Gamard.

Ces mots furent dits d'un ton qui révéla l'effort extraordinaire que faisait la baronne de Listomère en s'abaissant à flatter l'orgueil de la vieille fille.

— Et, ajouta-t-elle, je tâcherai de tout arranger. A peine osé-je l'espérer. Allez voir M. de Bourbonne, qu'il minute [210] votre désistement en bonne forme, apportez-m'en l'acte bien en règle; puis, avec le secours de monseigneur l'archevêque, peut-être pourrons-nous en finir.

Birotteau sortit épouvanté. Troubert avait pris à ses yeux les dimensions d'une pyramide d'Égypte. Les mains de cet homme étaient à Paris et ses coudes dans le cloître Saint-Gatien.

— Lui, se dit-il, empêcher M. le marquis de Listomère de devenir pair de France? . . . *Et peut-être, avec le secours de monseigneur l'archevêque, pourra-t-on en finir!*

En présence de si grands intérêts, Birotteau se trouvait comme un ciron: il se faisait justice.

La nouvelle du déménagement de Birotteau fut d'autant plus étonnante, que la cause en était impénétrable. Mme de Listomère disait que, son neveu voulant se marier et quitter le service, elle avait besoin, pour agrandir son appartement, de celui du vicaire. Personne ne connaissait encore le désistement de Birotteau.

Ainsi les instructions de M. de Bourbonne étaient sagement exécutées. Ces deux nouvelles, en parvenant aux oreilles du grand-vicaire, devaient flatter son amour-propre en lui apprenant que, si elle ne capitulait pas, la famille de Listomère restait au moins neutre, et reconnaissait tacitement le pouvoir occulte de la Congrégation: le reconnaître, n'était-ce pas s'y soumettre? Mais le procès demeurait tout entier *sub judice.*[211] N'était-ce pas à la fois plier et menacer?

Les Listomère avaient donc pris dans cette lutte une attitude exactement semblable à celle du grand-vicaire: ils se tenaient en dehors et pouvaient tout diriger. Mais un événement grave survint et rendit encore plus difficile la réussite des desseins médités par M. de Bourbonne et par les Listomère pour apaiser le parti Gamard et Troubert. La veille, Mlle Gamard avait pris du froid en sortant de la cathédrale, s'était mise au lit et passait pour être dangereusement malade. Toute la ville retentissait de plaintes excitées par une fausse commisération. « La sensibilité de Mlle Gamard n'avait pu résister au scandale de ce procès. Malgré son bon droit, elle allait mourir de chagrin. Birotteau tuait sa bienfaitrice. . . » Telle était la substance des phrases jetées en avant par les tuyaux capillaires du grand conciliabule femelle,[212] et complaisamment répétées par la ville de Tours.

Mme de Listomère eut la honte d'être venue chez la vieille fille sans recueillir le fruit de sa visite. Elle demanda fort poliment à parler à M. le vicaire-général. Flatté peut-être de recevoir dans la bibliothèque de Chapeloud, et au coin de cette cheminée ornée des deux fameux tableaux contestés, une femme par laquelle il avait été méconnu, Troubert fit attendre la baronne un moment; puis il consentit à lui donner audience. Jamais courtisan ni diplomate ne mirent dans la discussion de leurs intérêts

---

[210] qu'il rédige le brouillon de

[211] Il attendait la décision du juge.

[212] Cf. le paragraphe correspondant aux notes 177, 178, 179.

particuliers, ou dans la conduite d'une négociation nationale, plus d'habileté, de dissimulation, de profondeur que n'en déployèrent la baronne et l'abbé dans le moment où ils se trouvèrent tous les deux en scène.

Semblable au parrain qui, dans le moyen âge, armait le champion [213] et en fortifiait la valeur par d'utiles conseils, au moment où il entrait en lice, le *vieux malin* avait dit à la baronne:

— N'oubliez pas votre rôle, vous êtes conciliatrice et non partie intéressée. Troubert est également un médiateur. Pesez vos mots! étudiez les inflexions de la voix du vicaire-général. S'il se caresse le menton, vous l'aurez séduit.

Quelques dessinateurs se sont amusés à représenter en caricature le contraste fréquent qui existe entre *ce que l'on dit* et *ce que l'on pense.* Ici, pour bien saisir l'intérêt du duel de paroles qui eut lieu entre le prêtre et la grande dame, il est nécessaire de dévoiler les pensées qu'ils cachèrent mutuellement sous des phrases en apparence insignifiantes.[214] Mme de Listomère commença par témoigner le chagrin que lui causait le procès de Birotteau, puis elle parla du désir qu'elle avait de voir terminer cette affaire à la satisfaction des deux parties.

— Le mal est fait, madame, dit l'abbé d'une voix grave, la vertueuse Mlle Gamard se meurt. (*Je ne m'intéresse pas plus à cette sotte fille qu'au prêtre Jean,*[215] pensait-il; *mais je voudrais bien vous mettre sa mort sur le dos, et vous en inquiéter la conscience, si vous êtes assez niais pour en prendre du souci.*)

— En apprenant sa maladie, monsieur, lui répondit la baronne, j'ai exigé de M. le vicaire un désistement que j'apportais à cette sainte fille. (*Je te devine, rusé coquin! pensait-elle; mais nous voilà mis à l'abri de tes calomnies. Quant à toi, si tu prends le désistement, tu t'enferreras, tu avoueras ainsi ta complicité.*)

Il se fit un moment de silence.

— Les affaires temporelles de Mlle Gamard ne me concernent pas, dit enfin le prêtre en abaissant ses larges paupières sur ses yeux d'aigle pour voiler ses émotions. (*Oh! oh! vous ne me compromettrez pas! Mais, Dieu soit loué! les damnés avocats ne plaideront pas une affaire qui pouvait me salir. Que veulent donc les Listomère, pour se faire ainsi mes serviteurs?*)

— Monsieur, répondit la baronne, les affaires de M. Birotteau me sont aussi étrangères que vous le sont les intérêts de Mlle Gamard; mais, malheureusement, la religion peut souffrir de leurs débats, et je ne vois en vous qu'un médiateur, là où moi-même j'agis en conciliatrice. . . (*Nous ne nous abuserons ni l'un ni l'autre, monsieur Troubert, pensait-elle. Sentez-vous le tour épigrammatique* [216] *de cette réponse?*)

— La religion souffrir, madame! dit le grand-vicaire. La religion est trop haut située pour que les hommes puissent y porter atteinte. (*La religion, c'est moi,* pensait-il.) — Dieu nous jugera sans erreur, madame, ajouta-t-il, je ne reconnais que son tribunal.

— Eh bien, monsieur, répondit-elle, tâchons d'accorder les jugements des hommes avec les jugements de Dieu. (*Oui, la religion, c'est toi.*)

L'abbé Troubert changea de ton:

— Monsieur votre neveu n'est-il pas allé à Paris? (*Vous avez eu là de mes nouvelles,* pensait-il. *Je puis vous écraser, vous qui m'avez méprisé. Vous venez capituler.*)

— Oui, monsieur, je vous remercie de l'intérêt que vous prenez à lui. Il retourne ce soir à Paris, il est mandé par le ministre, qui est parfait pour nous, et voudrait ne pas lui voir quitter le service. (*Jésuite, tu ne nous écraseras pas,* pensait-elle, *et ta plaisanterie est comprise.*)

Un moment de silence.

— Je ne trouve pas sa conduite convenable dans cette affaire, reprit-elle, mais il faut pardonner à un marin de ne pas se connaître en droit. (*Faisons alliance,* pensait-elle. *Nous ne gagnerons rien à guerroyer.*)

Un léger sourire de l'abbé se perdit dans les plis de son visage.

— Il nous aura rendu le service de nous apprendre la valeur de ces deux peintures, dit-il en regardant les tableaux; elles seront un bel ornement

[213] pour un tournoi
[214] Ces pensées cachées, le romancier va les mettre entre parenthèses après chaque répartie des deux combattants.
[215] personnage légendaire de l'Asie moyenâgeuse, à qui étaient attribuées une grande puissance et des faits remarquables

[216] railleur

pour la chapelle de la Vierge. (*Vous m'avez lancé une épigramme,* pensait-il, *en voici deux, nous sommes quittes, madame.*)

— Si vous les donniez à Saint-Gatien, je vous demanderais de me laisser offrir à l'église des cadres dignes du lieu et de l'œuvre. (*Je voudrais bien te faire avouer que tu convoitais les meubles de Birotteau,* pensait-elle.)

— Elles ne m'appartiennent pas, dit le prêtre en se tenant toujours sur ses gardes.

— Mais voici, dit Mme de Listomère, un acte qui éteint toute discussion, et les rend à Mlle Gamard. — Elle posa le désistement sur la table. — (*Voyez, monsieur,* pensait-elle, *combien j'ai de confiance en vous.*) Il est digne de vous, monsieur, ajouta-t-elle, digne de votre beau caractère, de réconcilier deux chrétiens; quoique je prenne maintenant peu d'intérêt à M. Birotteau. . .

— Mais il est votre pensionnaire, dit-il en l'interrompant.

— Non, monsieur, il n'est plus chez moi. (*La pairie de mon beau-frère et le grade de mon neveu me font faire bien des lâchetés,* pensait-elle.)

L'abbé demeura impassible, mais son attitude calme était l'indice des émotions les plus violentes. M. de Bourbonne avait seul deviné le secret de cette paix apparente. Le prêtre triomphait!

— Pourquoi vous êtes-vous donc chargée de son désistement? demanda-t-il, excité par un sentiment analogue à celui qui pousse une femme à se faire répéter des compliments.

— Je n'ai pu me défendre d'un mouvement de compassion. Birotteau, dont le caractère faible doit vous être connu, m'a suppliée de voir Mlle Gamard, afin d'obtenir, pour prix de sa renonciation à. . .

L'abbé fronça ses sourcils.

— . . . A des *droits* reconnus par des avocats distingués, le portrait. . .

Le prêtre regarda Mme de Listomère.

— . . . Le portrait de Chapeloud, dit-elle en continuant. Je vous laisse le juge de sa prétention. . . (*Tu serais condamné, si tu voulais plaider,* pensait-elle.)

L'accent que prit la baronne pour prononcer les mots *avocats distingués* fit voir au prêtre qu'elle connaissait le fort et le faible de l'ennemi. Mme de Listomère montra tant de talent à ce connaisseur [217] émérite dans le cours de cette conversation, qui se maintint longtemps sur ce ton, que l'abbé descendit chez Mlle Gamard pour aller chercher sa réponse à la transaction proposée.

Troubert revint bientôt.

— Madame, voici les paroles de la pauvre mourante: « M. l'abbé Chapeloud m'a témoigné trop d'amitié, m'a-t-elle dit, pour que je me sépare de son portrait. » Quant à moi, reprit-il, s'il m'appartenait, je ne le céderais à personne. J'ai porté des sentiments trop constants au cher défunt pour ne pas me croire le droit de disputer son image à tout le monde.

— Monsieur, ne *nous brouillons* pas pour une mauvaise peinture. (*Je m'en moque autant que vous vous en moquez vous-même,* pensait-elle.) — Gardez-la, nous en ferons faire une copie. Je m'applaudis d'avoir assoupi [218] ce triste et déplorable procès, et j'y aurai personnellement gagné le plaisir de vous connaître. J'ai entendu parler de votre talent au whist. Vous pardonnerez à une femme d'être curieuse, dit-elle en souriant. Si vous vouliez venir jouer quelquefois chez moi, vous ne pouvez pas douter de l'accueil que vous y recevriez.

Troubert se caressa le menton. — (*Il est pris! Bourbonne avait raison,* pensait-elle, *il a sa dose de vanité.*)

En effet, le grand vicaire éprouvait en ce moment la sensation délicieuse contre laquelle Mirabeau [219] ne savait pas se défendre quand, aux jours de sa puissance, il voyait ouvrir devant sa voiture la porte cochère d'un hôtel autrefois fermé pour lui.

— Madame, répondit-il, j'ai de trop grandes occupations pour aller dans le monde; mais, pour vous, que ne ferait-on pas? (*La vieille fille va crever, j'entamerai les Listomère, et les servirai s'ils me servent!* pensait-il. *Il vaut mieux les avoir pour amis que pour ennemis.*)

Mme de Listomère retourna chez elle, espérant que l'archevêque consommerait une œuvre de paix si heureusement commencée. Mais Birotteau ne de-

[217] sachant apprécier la valeur des êtres humains
[218] enfoncé dans le sommeil de l'abandon
[219] Engagé dans le mouvement révolutionnaire et vite devenu personnage très important, le jeune marquis s'était fait auparavant mépriser par la noblesse à cause de sa vie scandaleuse.

vait pas même profiter de son désistement. Mme de Listomère apprit, le lendemain, la mort de Mlle Gamard. Le testament de la vieille fille ouvert, personne ne fut surpris en apprenant qu'elle avait fait l'abbé Troubert son légataire universel. Sa fortune fut estimée à cent mille écus. Le vicaire-général envoya deux billets d'invitation pour le service et le convoi de son amie chez Mme de Listomère: l'un pour elle, l'autre pour son neveu.

— Il faut y aller, dit-elle.

— Ça ne veut pas dire autre chose! s'écria M. de Bourbonne. C'est une épreuve par laquelle Mgr Troubert veut vous juger. — Baron, allez jusqu'au cimetière, ajouta-t-il en se tournant vers le lieutenant de vaisseau, qui, pour son malheur,[220] n'avait pas quitté Tours.

Le service eut lieu et fut d'une grande magnificence ecclésiastique. Une seule personne y pleura. Ce fut Birotteau, qui, seul dans une chapelle écartée, et sans être vu, se crut coupable de cette mort, et pria sincèrement pour l'âme de la défunte, en déplorant avec amertume de n'avoir pas obtenu d'elle le pardon de ses torts. L'abbé Troubert accompagna le corps de son amie jusqu'à la fosse où elle devait être enterrée. Arrivé sur le bord, il prononça un discours où, grâce à son talent, le tableau de la vie étroite menée par la testatrice prit des proportions monumentales. Les assistants remarquèrent ces paroles dans la péroraison:

« Cette vie pleine de jours acquis à Dieu et à la religion, cette vie que décorent tant de belles actions faites dans le silence, tant de vertus modestes et ignorées, fut brisée par une douleur que nous appellerions imméritée, si, au bord de l'éternité, nous pouvions oublier que toutes nos afflictions nous sont envoyées par Dieu. Les nombreux amis de cette sainte fille, connaissant la noblesse et la candeur de son âme, prévoyaient qu'elle pouvait tout supporter, hormis des soupçons qui flétrissaient sa vie entière. Aussi, peut-être la Providence l'a-t-elle emmenée au sein de Dieu pour l'enlever à nos misères. Heureux ceux qui peuvent reposer, ici-bas, en paix avec eux-mêmes, comme Sophie repose maintenant au séjour des bienheureux dans sa robe d'innocence! »

[220] qui va apparaître dans la suite du récit

— Quand il eut achevé ce pompeux discours, reprit M. de Bourbonne, qui raconta les circonstances de l'enterrement à Mme de Listomère au moment où, les parties finies et les portes fermées, ils furent seuls avec le baron, figurez-vous, si cela est possible, ce Louis XI en soutane,[221] donnant ainsi le dernier coup de goupillon chargé d'eau bénite.

M. de Bourbonne prit la pincette et imita si bien le geste de l'abbé Troubert, que le baron et sa tante ne purent s'empêcher de sourire.

— Là seulement, reprit le vieux propriétaire, il s'est démenti. Jusqu'alors, sa contenance avait été parfaite; mais il lui a sans doute été impossible, en calfeutrant pour toujours cette vieille fille qu'il méprisait souverainement et haïssait peut-être autant qu'il a détesté Chapeloud, de ne pas laisser percer sa joie dans un geste.

Le lendemain matin, Mlle Salomon vint déjeuner chez Mme de Listomère, et, en arrivant, lui dit tout émue:

— Notre pauvre abbé Birotteau a reçu tout à l'heure un coup affreux, qui annonce les calculs les plus étudiés de la haine. Il est nommé curé de Saint-Symphorien.

Saint-Symphorien est un faubourg de Tours,[222] situé au delà du pont. Ce pont, un des plus beaux monuments de l'architecture française, a dix-neuf cents pieds de long, et les deux places qui le terminent à chaque bout sont absolument pareilles.

— Comprenez-vous? reprit-elle après une pause et tout étonnée de la froideur que marquait Mme de Listomère en apprenant cette nouvelle. L'abbé Birotteau sera là comme à cent lieues de Tours, de ses amis, de tout. N'est-ce pas un exil d'autant plus affreux, qu'il est arraché à une ville que ses yeux verront tous les jours et où il ne pourra plus guère venir? Lui qui, depuis ses malheurs, peut à peine marcher, serait obligé de faire une lieue pour nous voir. En ce moment, le malheureux est au lit, il a la fièvre. Le presbytère de Saint-Symphorien est froid, humide, et la paroisse n'est pas assez riche pour le réparer. Le pauvre vieillard va donc se trouver enterré dans un véritable sépulcre. Quelle affreuse combinaison!

[221] Louis XI, roi de France (de 1461 à 1483), a pratiqué une politique habile, dissimulée, et cynique.
[222] sur la rive droite de la Loire

Maintenant, il nous suffira peut-être, pour achever cette histoire, de rapporter simplement quelques événements, et d'esquisser un dernier tableau.

Cinq mois après, le vicaire-général fut nommé évêque. Mme de Listomère était morte et laissait quinze cents francs de rente par testament à l'abbé Birotteau. Le jour où le testament de la baronne fut connu, Mgr Hyacinthe, évêque de Troyes,[223] était sur le point de quitter la ville de Tours pour aller résider dans son diocèse; mais il retarda son départ. Furieux d'avoir été joué par une femme à laquelle il avait donné la main tandis qu'elle tendait secrètement la sienne à un homme qu'il regardait comme son ennemi, Troubert menaça de nouveau l'avenir du baron et la pairie du marquis de Listomère. Il dit en pleine assemblée, dans le salon de l'archevêque, un de ces mots ecclésiastiques, gros de vengeance et pleins de mielleuse mansuétude. L'ambitieux marin vint voir ce prêtre implacable, qui lui dicta sans doute de dures conditions; car la conduite du baron attesta le plus entier dévouement aux volontés du terrible congréganiste. Le nouvel évêque rendit, par un acte authentique,[224] la maison de Mlle Gamard au Chapitre de la cathédrale, il donna la bibliothèque et les livres de Chapeloud au petit séminaire, il dédia les deux tableaux contestés à la chapelle de la Vierge; mais il garda le portrait de Chapeloud.

Personne ne s'expliqua cet abandon presque total de la succession de Mlle Gamard. M. de Bourbonne supposa que l'évêque en conservait secrètement la partie liquide,[225] afin d'être à même de tenir avec honneur son rang à Paris, s'il était porté au banc des évêques dans la Chambre haute.[226] Enfin, la veille du départ de Mgr Troubert, le *vieux malin* finit par deviner le dernier calcul que cachait cette action, coup de grâce donné par la plus persistante de toutes les vengeances à la plus faible de toutes les victimes. Le legs de Mme de Listomère à Birotteau fut attaqué [227] par le baron de Listomère, sous prétexte de captation! Quelques jours après l'exploit introductif d'instance,[228] le baron fut nommé capitaine de vaisseau. Par une mesure disciplinaire, le curé de Saint-Symphorien était interdit.[229] Les supérieurs ecclésiastiques jugeaient le procès par avance. L'assassin de feue Sophie Gamard était donc un fripon! Si Mgr Troubert avait conservé la succession de la vieille fille, il eût été difficile de faire censurer Birotteau.

Au moment où Mgr Hyacinthe, évêque de Troyes, venait en chaise de poste, le long du quai Saint-Symphorien, pour se rendre à Paris, le pauvre abbé Birotteau avait été mis dans un fauteuil au soleil, au-dessus d'une terrasse. Ce pauvre prêtre, frappé par son archevêque, était pâle et maigre. Le chagrin, empreint dans tous les traits, décomposait entièrement ce visage, qui jadis était si doucement gai. La maladie jetait sur les yeux, naïvement animés autrefois par les plaisirs de la bonne chère et dénués d'idées pesantes, un voile qui simulait une pensée.[230] Ce n'était plus que le squelette du Birotteau qui roulait, un an auparavant, si vide mais si content, à travers le Cloître. L'évêque lança sur sa victime un regard de mépris et de pitié; puis il consentit à l'oublier, et passa. . .

[223] nouveau nom et titre de Troubert, qu'on retrouve, comme évêque de Troyes, dans *Le député d'Arcis*
[224] acte notarié
[225] l'argent immédiatement utilisable
[226] chambre non élective des pairs
[227] sur l'injonction de Troubert
[228] acte judiciaire qui commence la procédure devant aboutir à un jugement du tribunal
[229] frappé d'une sentence ecclésiastique qui, pour lui infliger une punition (mesure disciplinaire), lui défendait de célébrer la messe
[230] donnait l'air de penser

PROSPER MÉRIMÉE (1803–1870)

Enfant de Paris, et fils d'un peintre de talent et d'une mère artiste elle-même, qui l'éleva avec beaucoup de soins quoique sans aucune pensée religieuse, Prosper Mérimée a fait des études assez médiocres au lycée Henri IV, où com-

L'HOMME

mença son amitié avec Jean-Jacques Ampère, fils de savant et futur érudit, scellée par leur traduction à dix-sept ans des poèmes d'Ossian.

Ses camarades d'adolescence et de jeunesse ont été le peintre Delacroix, le sculpteur David d'Angers, puis Stendhal, Michelet, et Musset. A vingt-sept ans, s'étant fait connaître par des nouvelles remarquables, *Mateo Falcone, L'Enlèvement de la redoute,* il s'offrit un voyage en Espagne, où il eut l'occasion de donner des leçons de français à la fillette de la comtesse de Montijo qui avait quatre ans et qui devait être un jour l'Impératrice Eugénie en épousant Napoléon III. Quand il rentra à Paris, la révolution de 1830 était faite. Il fut bientôt chef de bureau au Secrétariat de la Marine, puis chef de cabinet du comte d'Argout, ministre du Commerce.

Nommé en 1834 inspecteur des Monuments historiques, Mérimée a parcouru la France en tous sens et publié des travaux d'histoire et d'archéologie. Il a exercé ses fonctions avec application et plaisir. On lui doit la restauration de la Cité de Carcassonne; il a sauvé l'église de Vézelay, les amphithéâtres romains d'Arles et d'Orange. Il n'en menait pas moins une vie mondaine, reçu chez la comtesse de Boigne, chez Madame Délessert, femme du Préfet de police, qui devint sa maîtresse.

Il allait avoir cinquante ans lorsqu'il lui fallut faire quinze jours de prison pour avoir énergiquement défendu dans un article de revue Libri, inspecteur général des bibliothèques, accusé du vol de livres précieux et de manuscrits. Il employa ces loisirs forcés à lire et à traduire du russe. Il était l'ami de Tourgueniev, et il a fait connaître en France Pouchkine et Gogol.

Sénateur sous le régime napoléonien, il ne sympathisait guère avec l'empereur. Il fit pourtant partie des soirées de Compiègne. On connaît l'épisode de la fameuse dictée. L'impératrice avait prétendu un soir qu'on sait l'orthographe de naissance. Mérimée proposa aux habitués une dictée de sa composition, évidemment pleine de pièges. Ils firent beaucoup de fautes, l'impératrice 62, l'empereur 45, Alexandre Dumas 24, Octave Feuillet 19 . . .

Sous ses dehors de sourires pincés et d'humour froid, Mérimée cachait un cœur qu'il avait dompté, mais qui battait ardemment, comme en témoigne sa correspondance avec l'*Inconnue,* qu'on connaît à présent: elle s'appelait Jenny Dacquin. Quand Maxime du Camp lui eut enlevé Madame Délessert, il souffrit. La guerre de 1870 le bouleversa. Il est mort à Cannes, d'une crise cardiaque.

La mystification a toujours attiré Mérimée. Le *Théâtre de Clara Gazul* (1825)   **L'ŒUVRE** en est une, puisque Clara Gazul n'a jamais existé: c'est Mérimée déguisé en Espagnole. Mais ces petits drames de passion, que Gœthe admirait, introduisaient en France le pathétique tragi-comique de Cervantes mêlé à celui de Shakespeare. *Le Carrosse du Saint Sacrement,* comédie ajoutée au recueil en 1830, est un chef-d'œuvre. En 1827, nouvelle mystification: recueil de prétendus chants d'Illyrie, intitulé *La Guzla* (anagramme de *Gazul*).

Un roman historique, *La Chronique de Charles IX* (1829) dessine des traits de caractères vifs et forts sur un fond de couleur locale où les guerres de religion mettent du sang.

Les œuvres les plus célèbres de Mérimée sont de courts romans: *Colomba* (1840), qui dépeint les mœurs de la Corse de son temps, et *Carmen* (1845), qui évoque les gitans et gitanes d'Espagne. Il en a recueilli les éléments sur place, ayant approché un brigand d'Andalousie, et ayant connu en Corse, lorsqu'elle avait soixante-quatorze ans, l'héroïne de *Colomba*.

Mérimée est un conteur à pathétique violent. *Colomba* raconte une vendetta sanglante et montre comment une jeune fille verse la haine dans le cœur d'un frère. *Carmen* est un vrai tourbillon de passion et de crime. Dans *Mateo Falcone*, un père tue son jeune fils pour un manquement à l'honneur. Dans *Tamango*, un épisode de la traite des nègres va jusqu'aux extrêmes limites de la cruauté.

Écrivain habile, Mérimée remplace les longues analyses par de l'action rapide et suggestive. Pour le style, il est du parti de Stendhal, mais il pousse la sobriété de son ami jusqu'à la sécheresse. Et pourtant il sait créer l'illusion de la vie. S'il appartient au romantisme par les sujets et la psychologie de ses fictions, il est classique par l'allure du récit. Les romanciers de son siècle et ceux du nôtre ont souvent profité de cet exemple.

Carmen

[*Dans la première partie du roman, Mérimée raconte qu'il est en Andalousie, province de l'Espagne, à la recherche du lieu historique d'une bataille livrée par César. Il rencontre un soir dans la montagne un homme avec lequel il engage une conver-* 5 *sation mais que son guide reconnaît comme étant un meurtrier recherché par les autorités. Pendant la nuit, l'auteur surprend son guide qui est sur le point de partir pour dénoncer l'inconnu à la gendarmerie d'un village voisin. Ne pouvant l'en dissuader, il* 10 *avertit l'inconnu qui s'enfuit.*

Quelques mois plus tard, visitant Cordoue, l'auteur apprend que l'inconnu a été arrêté, qu'il a été condamné à mort, et qu'il est en prison. Il va le voir et l'inconnu lui raconte l'histoire suivante.] 15

Je suis né, dit-il, à Élizondo, dans la vallée de Baztan.[1] Je m'appelle don José Lizzarrabengoa, et vous connaissez assez l'Espagne, monsieur, pour que mon nom vous dise aussitôt que je suis Basque 20

et vieux chrétien. Si je prends le *don,* c'est que j'en ai le droit, et si j'étais à Elizondo, je vous montrerais ma généalogie sur un parchemin.[2] On voulait que je fusse d'église,[3] et l'on me fit étudier, mais je ne profitais guère. J'aimais trop à jouer à la paume,[4] c'est ce qui m'a perdu. Quand nous jouons à la paume, nous autres Navarrais, nous oublions tout. Un jour que j'avais gagné, un gars de l'Alava[5] me chercha querelle; nous prîmes nos *maquilas,*[6] et j'eus encore l'avantage,[7] mais cela m'obligea de quitter le pays. Je rencontrai des dragons, et je m'engageai dans le régiment d'Almanza, cavalerie. Les gens de nos montagnes apprennent vite le métier militaire. Je devins bientôt brigadier, et on me promettait de me faire maréchal des logis, quand, pour mon malheur, on me mit de garde à la manufacture de ta-

---

[1] dans la haute vallée de la Bidassoa, en plein pays basque

[2] Il est noble.
[3] prêtre
[4] jeu national qui s'appelle aujourd'hui *pelote basque*
[5] une des trois provinces basques de l'Espagne
[6] bâtons ferrés dont le manche se dévissait et libérait un aiguillon servant à faire avancer les bœufs
[7] je gagnai à la lutte comme au jeu

bacs à Séville. Si vous êtes allé à Séville, vous aurez vu ce grand bâtiment-là, hors des remparts, près du Guadalquivir. Il me semble en voir encore la porte et le corps de garde [8] auprès. Quand ils sont de service, les Espagnols jouent aux cartes, ou dorment; moi, comme un franc Navarrais, je tâchais toujours de m'occuper. Je faisais une chaîne avec du fil de laiton, pour tenir mon épinglette.[9] Tout d'un coup les camarades disent: « Voilà la cloche qui sonne; les filles vont rentrer à l'ouvrage. » Vous saurez, monsieur, qu'il y a bien quatre à cinq cents femmes occupées dans la manufacture. Ce sont elles qui roulent les cigares dans une grande salle, où les hommes n'entrent pas sans une permission du *Vingt-quatre*,[10] parce qu'elles se mettent à leur aise, les jeunes surtout, quand il fait chaud. A l'heure où les ouvrières rentrent, après leur dîner, bien des jeunes gens vont les voir passer, et leur en content de toutes les couleurs.[11] Il y a peu de ces demoiselles qui refusent une mantille de taffetas, et les amateurs, à cette pêche-là, n'ont qu'à se baisser pour prendre le poisson. Pendant que les autres regardaient, moi, je restais sur mon banc, près de la porte. J'étais jeune alors; je pensais toujours au pays, et je ne croyais pas qu'il y eût de jolies filles sans jupes bleues et sans nattes tombant sur les épaules.[12] D'ailleurs, les Andalouses me faisaient peur; je n'étais pas encore fait à leurs manières: toujours à railler, jamais un mot de raison. J'étais donc le nez sur ma chaîne, quand j'entends des bourgeois qui disaient: « Voilà la gitanilla! » [13] Je levai les yeux, et je la vis. C'était un vendredi, et je ne l'oublierai jamais. Je vis cette Carmen que vous connaissez, chez qui je vous ai rencontré il y a quelques mois.

Elle avait un jupon rouge fort court qui laissait voir des bas de soie blancs avec plus d'un trou, et des souliers mignons de maroquin rouge attachés avec des rubans couleur de feu. Elle écartait sa mantille afin de montrer ses épaules et un gros bouquet de cassie [14] qui sortait de sa chemise. Elle avait encore une fleur de cassie dans le coin de la bouche, et elle s'avançait en se balançant sur ses hanches comme une pouliche du haras de Cordoue. Dans mon pays, une femme en ce costume aurait obligé le monde à se signer.[15] A Séville, chacun lui adressait quelque compliment gaillard sur sa tournure; elle répondait à chacun, faisant les yeux en coulisse, le poing sur la hanche, effrontée comme une vraie bohémienne qu'elle était. D'abord elle ne me plut pas, et je repris mon ouvrage; mais elle, suivant l'usage des femmes et des chats qui ne viennent pas quand on les appelle et qui viennent quand on ne les appelle pas, s'arrêta devant moi et m'adressa la parole:

—Compère, me dit-elle à la façon andalouse, veux-tu me donner ta chaîne pour tenir les clefs de mon coffre-fort.

—C'est pour attacher mon épinglette, lui répondis-je.

—Ton épinglette! s'écria-t-elle en riant. Ah! monsieur fait de la dentelle, puisqu'il a besoin d'épingles!

Tout le monde qui était là se mit à rire, et moi je me sentais rougir, et je ne pouvais trouver rien à lui répondre.

—Allons, mon cœur, reprit-elle, fais-moi sept aunes de dentelle noire pour une mantille, épinglier de mon âme!

Et prenant la fleur de cassie qu'elle avait à la bouche, elle me la lança, d'un mouvement du pouce, juste entre les deux yeux. Monsieur, cela me fit l'effet d'une balle qui m'arrivait. . . Je ne savais où me fourrer, je demeurais immobile comme une planche. Quand elle fut entrée dans la manufacture, je vis la fleur de cassie qui était tombée à terre entre mes pieds; je ne sais ce qui me prit, mais je la ramassai sans que mes camrades s'en aperçussent et je la mis précieusement dans ma veste. Première sottise!

Deux ou trois heures après, j'y pensais encore, quand arrive dans le corps de garde un portier tout haletant, la figure renversée. Il nous dit que dans la

---

[8] salle où se tient une petite troupe chargée de garder une caserne, un palais, un ministère, une manufacture

[9] tige rigide servant à déboucher la lumière du fusil

[10] magistrat chargé de l'administration municipale

[11] expressions qui parlent hardiment et drôlement des choses de l'amour

[12] costume et coiffure des paysannes basques

[13] Diminutif de *gitane*, femme d'une race de nomades. Ils se sont répandus en Europe au seizième siècle, originaires probables de l'Inde, ayant séjourné spécialement en Bohême, en Hongrie, en Suisse, dans les Pays-Bas. Ils ont prétendu venir d'Égypte; on les a souvent appelés *Égyptiens* et *Égyptiennes*, ainsi que *gitans* et *gitanes*.

[14] sorte de mimosa

[15] faire le signe de la croix pour conjurer le mauvais sort

grande salle des cigares il y avait une femme assassinée, et qu'il fallait y envoyer la garde. Le maréchal [16] me dit de prendre deux hommes et d'y aller voir. Je prends mes deux hommes et je monte. Figurez-vous, monsieur, qu'entré dans la salle je trouve d'abord trois cents femmes en chemise, ou peu s'en faut, toutes criant, hurlant, gesticulant, faisant un vacarme à ne pas entendre Dieu tonner. D'un côté, il y en avait une, les quatre fers en l'air, couverte de sang, avec un X sur la figure qu'on venait de lui marquer en deux coups de couteau. En face de la blessée, que secouraient les meilleurs de la bande, je vois Carmen tenue par cinq ou six commères. La femme blessée criait: « Confession! confession! » je suis morte! [17] Carmen ne disait rien; elle serrait les dents, et roulait des yeux comme un caméléon. « Qu'est-ce que c'est? » demandai-je. J'eus grand-peine à savoir ce qui s'était passé, car toutes les ouvrières me parlaient à la fois. Il paraît que la femme blessée s'était vantée d'avoir assez d'argent en poche pour acheter un âne au marché de Triana. « Tiens, dit Carmen qui avait une langue, tu n'as donc pas assez d'un balai? » L'autre, blessée du reproche, [18] peut-être parce qu'elle se sentait véreuse sur l'article, lui répond qu'elle ne se connaissait pas en balais, n'ayant pas l'honneur d'être bohémienne ni filleule de Satan, mais que mademoiselle Carmencita ferait bientôt connaissance avec son âne, quand M. le corrégidor la mènerait à la promenade avec deux laquais par-derrière pour l'émoucher. [19] « Eh bien, moi, dit Carmen, je te ferai des abreuvoirs à mouches sur la joue, et je veux y peindre un damier. » [20] Là-dessus, vli vlan! elle commence, avec le couteau dont elle coupait le bout des cigares, à lui dessiner des croix de Saint-André [21] sur la figure.

Le cas était clair; je pris Carmen par le bras: —

[16] maréchal des logis, sous-officier de cavalerie
[17] Elle réclame un prêtre pour se confesser.
[18] allusion au balai que les sorcières chevauchent pour aller au sabbat (légende de pays où l'on croit au diable); elle entraîne une idée de débauche; d'où: *véreuse sur l'article* (suspecte à ce sujet-là)
[19] lui chasser les mouches; *laquais:* ironique (agents de police)
[20] Traduction d'un mot espagnol qui désigne un bâtiment à trois mats alors en usage sur la Méditerranée et dont la bande était peinte à carreaux rouges et blancs. Les phrases suivantes expliquent la comparaison.
[21] croix en forme de X

Ma sœur, lui dis-je poliment, il faut me suivre. Elle me lança un regard comme si elle me reconnaissait; mais elle dit d'un air résigné: — Marchons. Où est ma mantille? — Elle la mit sur sa tête de façon à ne montrer qu'un seul de ses grands yeux, et suivit mes deux hommes, [22] douce comme un mouton. Arrivés au corps de garde, le maréchal des logis dit que c'était grave, et qu'il fallait la mener à la prison. C'était encore moi qui devais la conduire. Je la mis entre deux dragons, et je marchais derrière comme un brigadier doit faire en semblable rencontre. Nous nous mîmes en route pour la ville. D'abord la bohémienne avait gardé le silence; mais dans la rue du Serpent, — vous la connaissez, elle mérite bien son nom par les détours qu'elle fait, — dans la rue du Serpent, elle commence par laisser tomber sa mantille sur ses épaules, afin de me montrer son minois enjôleur, et, se tournant vers moi autant qu'elle pouvait, elle me dit:

— Mon officier, où me menez-vous?

— A la prison, ma pauvre enfant, lui répondis-je le plus doucement que je pus, comme un bon soldat doit parler à un prisonnier, surtout à une femme.

— Hélas! que deviendrai-je? Seigneur officier, ayez pitié de moi. Vous êtes si jeune, si gentil! . . . Puis, d'un ton plus bas: Laissez-moi m'échapper, dit-elle, je vous donnerai un morceau de la *bar lachi,* qui vous fera aimer de toutes les femmes.

La *bar lachi,* monsieur, c'est la pierre d'aimant, avec laquelle les bohémiens prétendent qu'on fait quantité de sortilèges quand on sait s'en servir. Faites-en boire à une femme une pincée râpée dans un verre de vin blanc, elle ne résiste plus. Moi, je lui répondis le plus sérieusement que je pus:

— Nous ne sommes pas ici pour dire des balivernes; il faut aller à la prison, c'est la consigne, et il n'y a pas de remède.

Nous autres gens du pays basque, nous avons un accent qui nous fait reconnaître facilement des Espagnols; en revanche, il n'y en a pas un qui puisse seulement apprendre à dire *baï, jaona.* [23] Carmen donc n'eut pas de peine à deviner que je venais des provinces. Vous saurez, monsieur, que les bohémiens, comme n'étant d'aucun pays, voyageant tou-

[22] les deux soldats
[23] *oui, monsieur*

jours, parlent toutes langues, et la plupart sont chez eux en Portugal, en France, dans les provinces, en Catalogne, partout; même avec les Maures et les Anglais, ils se font entendre. Carmen savait assez bien le basque.

— *Laguna ene bihotsarena,* camarade de mon cœur, me dit-elle tout à coup, êtes-vous du pays?

Notre langue, monsieur, est si belle, que, lorsque nous l'entendons en pays étranger, cela nous fait tressaillir. . . — Je voudrais avoir un confesseur des provinces, ajouta plus bas le bandit.

Il reprit après un silence:

— Je suis d'Elizondo, lui répondis-je en basque, fort ému de l'entendre parler ma langue.

— Moi, je suis d'Etchalar, dit-elle. (C'est un pays à quatre heures de chez nous.) J'ai été emmenée par des bohémiens à Séville. Je travaillais à la manufacture pour gagner de quoi retourner en Navarre, près de ma pauvre mère qui n'a que moi pour soutien, et un petit *barratcea* [24] avec vingt pommiers à cidre! Ah! si j'étais au pays, devant la montagne blanche! On m'a insultée parce que je ne suis pas de ce pays de filous, marchands d'oranges pourries; et ces gueuses se sont mises toutes contre moi, parce que je leur ai dit que tous leurs *jaques* [25] de Séville, avec leurs couteaux, ne feraient pas peur à un gars de chez nous avec son béret bleu et son *maquila.* [26] Camarade, mon ami, ne ferez-vous rien pour une payse? [27]

Elle mentait, monsieur, elle a toujours menti. Je ne sais pas si dans sa vie cette fille-là a jamais dit un mot de vérité; mais quand elle parlait, je la croyais: c'était plus fort que moi. Elle estropiait le basque, et je la crus Navarraise; ses yeux seuls et sa bouche et son teint la disaient bohémienne. J'étais fou, je ne faisais plus attention à rien. Je pensais que, si des Espagnols s'étaient avisés de mal parler du pays, je leur aurais coupé la figure, tout comme elle venait de faire à sa camarade. Bref, j'étais comme un homme ivre; je commençais à dire des bêtises, j'étais tout près d'en faire.

— Si je vous poussais, et si vous tombiez, mon pays, reprit-elle en basque, ce ne seraient pas ces deux conscrits [28] de Castillans qui me retiendraient. . .

Ma foi, j'oubliai la consigne et tout, et je lui dis:

— Eh bien, m'amie, ma payse, essayez, et que Notre-Dame de la Montagne [29] vous soit en aide!

En ce moment, nous passions devant une de ces ruelles étroites comme il y en a tant à Séville. Tout à coup Carmen se retourne et me lance un coup de poing dans la poitrine. Je me laissai tomber exprès à la renverse. D'un bond, elle saute par-dessus moi et se met à courir en nous montrant une paire de jambes! . . . On dit jambes de Basques: les siennes en valaient bien d'autres . . . aussi vites que bien tournées. Moi, je me relève aussitôt; mais je mets ma lance en travers, de façon à barrer la rue, si bien que, de prime abord, [30] les camarades furent arrêtés au moment de la poursuivre. Puis je me mis moi-même à courir, et eux après moi; mais l'atteindre! Il n'y avait pas de risque, avec nos éperons, nos sabres et nos lances! En moins de temps que je n'en mets à vous le dire, la prisonnière avait disparu. D'ailleurs, toutes les commères du quartier favorisaient sa fuite, et se moquaient de nous, et nous indiquaient la fausse voie. Après plusieurs marches et contremarches, il fallut nous en revenir au corps de garde sans un reçu du gouverneur de la prison.

Mes hommes, pour n'être pas punis, dirent que Carmen m'avait parlé basque; et il ne paraissait pas trop naturel, pour dire la vérité, qu'un coup de poing d'une tant petite fille eût terrassé si facilement un gaillard de ma force. Tout cela parut louche ou plutôt trop clair. En descendant la garde, je fus dégradé [31] et envoyé pour un mois à la prison. C'était ma première punition depuis que j'étais au service. Adieu les galons de maréchal des logis que je croyais déjà tenir!

Mes premiers jours de prison se passèrent fort tristement. En me faisant soldat, je m'étais figuré que je deviendrais tout au moins officier. Longa, Mina, mes compatriotes, sont bien capitaines généraux; Chapelangarra, qui est un négro [32] comme

---

24 verger
25 fanfarons
26 Cf. la note 6.
27 qui est du même pays que vous
28 jeunes soldats inexpérimentés
29 nom local donné à la Vierge
30 tout aussitôt
31 Les heures de garde étant achevées, je fus dépouillé de mon grade après jugement.
32 terme de mépris pour désigner un nègre

Mina, et réfugié comme lui dans votre pays, Chapelangarra était colonel, et j'ai joué à la paume vingt fois avec son frère, qui était un pauvre diable comme moi. Maintenant je me disais: Tout le temps que tu as servi sans punition, c'est du temps perdu. Te voilà mal noté; pour te remettre bien dans l'esprit des chefs, il te faudra travailler dix fois plus que lorsque tu es venu comme conscrit! Et pourquoi me suis-je fait punir? Pour une coquine de bohémienne qui s'est moquée de moi, et qui, dans ce moment, est à voler dans quelque coin de la ville. Pourtant je ne pouvais m'empêcher de penser à elle. Le croiriez-vous, monsieur? ses bas de soie troués qu'elle me faisait voir tout à plein en s'enfuyant, je les avais toujours devant les yeux. Je regardais par les barreaux de la prison dans la rue, et, parmi toutes les femmes qui passaient, je n'en voyais pas une seule qui valût cette diable de fille-là. Et puis, malgré moi, je sentais la fleur de cassie qu'elle m'avait jetée, et qui, sèche, gardait toujours sa bonne odeur. . . S'il y a des sorcières, cette fille-là en était une!

Un jour, le geôlier entre, et me donne un pain d'Alcalá.[33]

— Tenez, me dit-il, voilà ce que votre cousine vous envoie.

Je pris le pain, fort étonné, car je n'avais pas de cousine à Séville. C'est peut-être une erreur, pensai-je en regardant le pain; mais il était si appétissant, il sentait si bon, que, sans m'inquiéter de savoir d'où il venait et à qui il était destiné, je résolus de le manger. En voulant le couper, mon couteau rencontra quelque chose de dur. Je regarde, et je trouve une petite lime anglaise qu'on avait glissée dans la pâte avant que le pain fût cuit. Il y avait encore dans le pain un pièce d'or de deux piastres.[34] Plus de doute alors, c'était un cadeau de Carmen. Pour les gens de sa race, la liberté est tout, et ils mettraient le feu à une ville pour s'épargner un jour de prison. D'ailleurs, la commère [35] était fine, et avec ce pain-là on se moquait des geôliers. En une heure, le plus gros barreau était scié avec la petite lime; et avec la pièce de deux piastres, chez le premier fripier, je changeais [36] ma capote d'uniforme pour un habit bourgeois. Vous pensez bien qu'un homme qui avait déniché maintes fois des aiglons dans nos rochers ne s'embarrassait guère de descendre dans la rue, d'une fenêtre haute de moins de trente pieds; mais je ne voulais pas m'échapper. J'avais encore mon honneur de soldat, et déserter me semblait un grand crime. Seulement, je fus touché de cette marque de souvenir. Quand on est en prison, on aime à penser qu'on a dehors un ami qui s'intéresse à vous. La pièce d'or m'offusquait un peu, j'aurais bien voulu la rendre; mais où trouver mon créancier? Cela ne me semblait pas facile.

Après la cérémonie de la dégradation, je croyais n'avoir plus rien à souffrir; mais il me restait encore une humiliation à dévorer: ce fut à ma sortie de prison, lorsqu'on me commanda de service et qu'on me mit en faction comme un simple soldat. Vous ne pouvez vous figurer ce qu'un homme de cœur [37] éprouve en pareille occasion. Je crois que j'aurais aimé autant à être fusillé. Au moins on marche seul, en avant de son peloton; on se sent quelque chose; le monde vous regarde.

Je fus mis en faction à la porte du colonel. C'était un jeune homme riche, bon enfant, qui aimait à s'amuser. Tous les jeunes officiers étaient chez lui, et force bourgeois, des femmes aussi, des actrices, à ce qu'on disait. Pour moi, il me semblait que toute la ville s'était donné rendez-vous à sa porte pour me regarder. Voilà qu'arrive la voiture du colonel, avec son valet de chambre sur le siège. Qu'est-ce que je vois descendre? . . . la gitanilla. Elle était parée, cette fois, comme une châsse,[38] pomponnée, attifée, tout or et tout rubans. Une robe à paillettes, des souliers bleus à paillettes aussi, des fleurs et des galons partout. Elle avait un tambour de basque à la main. Avec elle il y avait deux autres bohémiennes, une jeune et une vieille. Il y a toujours une vieille pour les mener; puis un vieux avec une guitare, bohémien aussi, pour jouer et les faire danser. Vous savez qu'on s'amuse souvent à faire venir des bohémiennes dans les sociétés, afin de leur

---

[33] bourg du voisinage de Séville, où l'on fait des petits pains dont la qualité est due à l'eau du pays

[34] monnaie d'or ou d'argent, dont la valeur a bien changé depuis Mérimée

[35] terme d'amitié, comme *compère* employé par Carmen

[36] Ces imparfaits expriment des futurs de projet rêvé.

[37] courage

[38] coffre généralement très orné qui contient les reliques d'un saint

faire danser la *romalis,* c'est leur danse, et souvent bien autre chose.

Carmen me reconnut, et nous échangeâmes un regard. Je ne sais, mais, en ce moment, j'aurais voulu être à cent pieds sous terre.

— *Agur laguna,*[39] dit-elle. Mon officier, tu montes la garde comme un conscrit!

Et, avant que j'eusse trouvé un mot à répondre, elle était dans la maison.

Toute la société était dans le patio,[40] et, malgré la foule, je voyais à peu près tout ce qui se passait à travers la grille. J'entendais les castagnettes, le tambour, les rires et les bravos; parfois j'apercevais sa tête quand elle sautait avec son tambour. Puis j'entendais encore des officiers qui lui disaient bien des choses qui me faisaient monter le rouge à la figure. Ce qu'elle répondait, je n'en savais rien. C'est de ce jour-là, je pense, que je me mis à l'aimer pour tout de bon; car l'idée me vint trois ou quatre fois d'entrer dans le patio, et de donner de mon sabre dans le ventre à tous ces freluquets qui lui contaient fleurettes.[41] Mon supplice dura une bonne heure; puis les bohémiens sortirent, et la voiture les ramena. Carmen, en passant, me regarda encore avec les yeux que vous savez, et me dit très bas:

— Pays, quand on aime la bonne friture, on en va manger à Triana, chez Lillas Pastia.

Légère comme un cabri, elle s'élança dans la voiture, le cocher fouetta ses mules, et toute la bande joyeuse s'en alla je ne sais où.

Vous devinez bien qu'en descendant ma garde j'allai à Triana; mais d'abord je me fis raser et je me brossai comme pour un jour de parade. Elle était chez Lillas Pastia, un vieux marchand de friture, bohémien, noir comme un Maure, chez qui beaucoup de bourgeois venaient manger du poisson frit, surtout, je crois, depuis que Carmen y avait pris ses quartiers.

— Lillas, dit-elle sitôt qu'elle me vit, je ne fais plus rien de la journée. Demain il fera jour![42] Allons, pays, allons nous promener.

---

[39] *bonjour, camarade*
[40] cour intérieure entourée de galeries et de portiques, fermée par une grille
[41] propos galants
[42] Proverbe espagnol, signifie: A demain les affaires sérieuses et le travail.

Elle mit sa mantille devant son nez, et nous voilà dans la rue, sans savoir où j'allais.

— Mademoiselle, lui dis-je, je crois que j'ai à vous remercier d'un présent que vous m'avez envoyé quand j'étais en prison. J'ai mangé le pain; la lime me servira pour affiler ma lance, et je la garde comme souvenir de vous; mais l'argent, le voilà.

— Tiens! Il a gardé l'argent, s'écria-t-elle en éclatant de rire. Au reste, tant mieux, car je ne suis guère en fonds; mais qu'importe? chien qui chemine ne meurt pas de famine.[43] Allons, mangeons tout. Tu me régales.

Nous avions repris le chemin de Séville. A l'entrée de la rue du Serpent, elle acheta une douzaine d'oranges, qu'elle me fit mettre dans mon mouchoir. Un peu plus loin, elle acheta encore un pain, du saucisson, une bouteille de manzanilla; puis enfin elle entra chez un confiseur. Là, elle jeta sur le comptoir la pièce d'or que je lui avais rendue, une autre encore qu'elle avait dans sa poche, avec quelque argent blanc; enfin elle me demanda tout ce que j'avais. Je n'avais qu'une piécette et quelques cuartos,[44] que je lui donnai, fort honteux de n'avoir pas davantage. Je crus qu'elle voulait emporter toute la boutique. Elle prit tout ce qu'il y avait de plus beau et de plus cher, *yemas, turon,*[45] fruits confits, tant que l'argent dura. Tout cela, il fallut encore que je le portasse dans des sacs de papier. Vous connaissez peut-être la rue du Candilejo, où il y a une tête du roi don Pedro le Justicier.[46] Elle aurait dû m'inspirer des réflexions. Nous nous ar-

---

[43] Proverbe bohémien, signifie: Il n'y a qu'à sortir dans les rues, on trouve toujours de quoi se débrouiller. *Mangeons tout:* tout l'argent. *Tu me régales:* tu m'offres un festin.

[44] menue monnaie de cuivre

[45] *yemas:* jaunes d'œufs sucrés; *Turon:* sorte de nougat

[46] Mérimée lui-même a expliqué ce passage dans une note: Don Pèdre, roi de Castille, surnommé *le Justicier* par Isabelle la catholique, mais *le cruel* par son peuple, aimait se promener le soir dans les rues de Séville, cherchant aventure. Certain soir, il se prit de querelle avec un amoureux qui donnait une sérénade à sa belle, il le tua. Une vieille femme, s'éclairant de sa petite lampe (*candilejo*), vit d'une fenêtre la scène. Le lendemain, à l'administrateur de la ville venu faire son rapport et répondant à une question du roi qu'il connaissait le meurtrier, le roi dit: « *Exécutez la loi!* » Or la loi condamnait tout duelliste à être décapité, la tête devant rester exposée sur le lieu du combat. Le magistrat, homme d'esprit, fit scier la tête d'une statue du roi et l'exposa dans une niche sur la rue qui s'est appelée depuis lors (cela se passait au XIVe siècle) rue du candilejo.

rêtâmes, dans cette rue-là, devant une vieille maison. Elle entra dans l'allée, et frappa au rez-de-chaussée. Une bohémienne, vraie servante de Satan, vint nous ouvrir. Carmen lui dit quelques mots en rommani. La vieille grogna d'abord. Pour l'apaiser, Carmen lui donna deux oranges et une poignée de bonbons et lui permit de goûter au vin. Puis elle lui mit sa mante sur le dos et la conduisit à la porte, qu'elle ferma avec la barre de bois. Dès que nous fûmes seuls, elle se mit à danser et à rire comme une folle, en chantant:

— Tu es mon *rom*, je suis ta *romi*.[47]

Moi, j'étais au milieu de la chambre, chargé de toutes ses emplettes, ne sachant où les poser. Elle jeta tout par terre, et me sauta au cou en me disant:

— Je paye mes dettes, je paye mes dettes! c'est la loi des Calé![48]

— Ah! monsieur, cette journée-là! cette journée-là!... quand j'y pense, j'oublie celle de demain.

Le bandit se tut un instant; puis, après avoir rallumé son cigare, il reprit:

Nous passâmes ensemble toute la journée, mangeant, buvant, et le reste. Quand elle eut mangé des bonbons comme un enfant de six ans, elle en fourra des poignées dans la jarre d'eau de la vieille. « C'est pour lui faire du sorbet », disait-elle. Elle écrasait des yemas en les lançant contre la muraille. « C'est pour que les mouches nous laissent tranquilles, disait-elle... » Il n'y a pas de tour ni de bêtise qu'elle ne fît. Je lui dis que je voudrais la voir danser; mais où trouver des castagnettes? Aussitôt elle prend la seule assiette de la vieille, la casse en morceaux, et la voilà qui danse la romalis en faisant claquer les morceaux de faïence aussi bien que si elle avait eu des castagnettes d'ébène ou d'ivoire. On ne s'ennuyait pas auprès de cette fille-là, je vous en réponds. Le soir vint, et j'entendis les tambours qui battaient la retraite.

— Il faut que j'aille au quartier pour l'appel, lui dis-je.

— Au quartier? dit-elle d'un air de mépris; tu es donc un nègre, pour te laisser mener à la baguette? Tu es un vrai canari, d'habit et de caractère.[49] Va, tu as un cœur de poulet.

Je restai, résigné d'avance à la salle de police. Le matin, ce fut elle qui parla la première de nous séparer.

— Écoute, Joseito, dit-elle; t'ai-je payé? D'après notre loi, je ne te devais rien, puisque tu es un *payllo*;[50] mais tu es un joli garçon, et tu m'as plu. Nous sommes quittes. Bonjour.

Je lui demandai quand je la reverrais.

— Quand tu seras moins niais, répondit-elle en riant. Puis, d'un ton plus sérieux: Sais-tu, mon fils, que je crois que je t'aime un peu? Mais cela ne peut durer. Chien et loup ne font pas longtemps bon ménage. Peut-être que, si tu prenais la loi d'Égypte, j'aimerais à devenir ta romi. Mais, ce sont des bêtises: cela ne se peut pas. Bah! mon garçon, crois-moi, tu en es quitte à bon compte. Tu as rencontré le diable, oui, le diable; il n'est pas toujours noir, et il ne t'a pas tordu le cou. Je suis habillée de laine, mais je ne suis pas mouton.[51] Va mettre un cierge devant ta *majari*;[52] elle l'a bien gagné. Allons, adieu encore une fois. Ne pense plus à Carmencita, ou elle te ferait épouser une veuve à jambes de bois.[53]

En parlant ainsi, elle défaisait la barre qui fermait la porte, et une fois dans la rue elle s'enveloppa dans sa mantille et me tourna les talons.

Elle disait vrai. J'aurais été sage de ne plus penser à elle; mais, depuis cette journée dans la rue du Candilejo, je ne pouvais plus songer à autre chose. Je me promenais tout le jour, espérant la rencontrer. J'en demandais des nouvelles à la vieille et au marchand de friture. L'un et l'autre répondaient qu'elle était partie pour Laloro,[54] c'est ainsi qu'ils appellent le Portugal. Probablement c'était d'après les instructions de Carmen qu'ils parlaient de la sorte, mais je ne tardai pas à savoir qu'ils mentaient. Quelques semaines après ma journée de la rue du Candilejo, je fus de faction à une des portes de la ville. A peu de distance de cette porte, il y avait une brèche qui s'était faite dans le mur d'enceinte; on y travaillait pendant le jour, et la nuit on y mettait un factionnaire pour empêcher les fraudeurs. Pendant le jour, je vis Lillas Pastia passer et repasser autour du

---

[47] *rom*, mari; *romi*, femme; pluriel: *romi*
[48] Bohémiens
[49] Les dragons espagnols portaient un uniforme jaune.
[50] tout homme étranger à la race bohémienne
[51] proverbe bohémien
[52] ta sainte (la Sainte Vierge)
[53] veuve, nom familier donné à la guillotine
[54] « La rouge » (terre rouge)

corps de garde, et causer avec quelques-uns de mes camarades; tous le connaissaient, et ses poissons et ses beignets encore mieux. Il s'approcha de moi et me demanda si j'avais des nouvelles de Carmen.

— Non, lui dis-je.

— Eh bien, vous en aurez, compère.

Il ne se trompait pas. La nuit, je fus mis de faction à la brèche. Dès que le brigadier se fut retiré, je vis venir à moi une femme. Le cœur me disait que c'était Carmen. Cependant je criai:

— Au large! On ne passe pas!

— Ne faites donc pas le méchant, me dit-elle en se faisant connaître à moi.

— Quoi! vous voilà, Carmen!

— Oui, mon pays. Parlons peu, parlons bien. Veux-tu gagner un douro?[55] Il va venir des gens avec des paquets; laisse-les faire.

— Non, répondis-je. Je dois les empêcher de passer; c'est la consigne.

— La consigne! la consigne! Tu n'y pensais pas rue du Candilejo.

— Ah! répondis-je, tout bouleversé par ce seul souvenir, cela valait bien la peine d'oublier la consigne; mais je ne veux pas de l'argent des contrebandiers.

— Voyons, si tu ne veux pas d'argent, veux-tu que nous allions encore dîner chez la vieille Dorothée?

— Non! dis-je à moitié étranglé par l'effort que je faisais. Je ne puis pas.

— Fort bien. Si tu es si difficile, je sais à qui m'adresser. J'offrirai à ton officier d'aller chez Dorothée. Il a l'air d'un bon enfant, et il fera mettre en sentinelle un gaillard qui ne verra que ce qu'il faudra voir. Adieu, canari. Je rirai bien le jour où la consigne sera de te pendre.

J'eus la faiblesse de la rappeler, et je promis de laisser passer toute la bohème, s'il le fallait, pourvu que j'obtinsse la seule récompense que je désirais. Elle me jura aussitôt de me tenir parole dès le lendemain, et courut prévenir ses amis, qui étaient à deux pas. Il y en avait cinq, dont était Pastia, tous bien chargés de marchandises anglaises. Carmen faisait le guet. Elle devait avertir avec castagnettes dès qu'elle apercevrait la ronde, mais elle

n'en eut pas besoin. Les fraudeurs firent leur affaire en un instant.

Le lendemain, j'allai rue du Candilejo. Carmen se fit attendre, et vint d'assez mauvaise humeur.

— Je n'aime pas les gens qui se font prier, dit-elle. Tu m'as rendu un plus grand service la première fois, sans savoir si tu y gagnerais quelque chose. Hier, tu as marchandé[56] avec moi. Je ne sais pas pourquoi je suis venue, car je ne t'aime plus. Tiens, va-t'en, voilà un douro pour ta peine.

Peu s'en fallut que je ne lui jetasse la pièce à la tête, et je fus obligé de faire un effort violent sur moi-même pour ne pas la battre. Après nous être disputés pendant une heure, je sortis furieux. J'errai quelque temps par la ville, marchant deçà et delà comme un fou, enfin j'entrai dans une église, et m'étant mis dans le coin le plus obscur, je pleurai à chaudes larmes. Tout d'un coup j'entends une voix:

— Larmes de dragon! j'en veux faire un philtre.[57]

Je lève les yeux, c'était Carmen en face de moi.

— Eh bien, mon pays, m'en voulez-vous encore? me dit-elle. Il faut bien que je vous aime, malgré que j'en aie,[58] car, depuis que vous m'avez quittée, je ne sais ce que j'ai. Voyons, maintenant c'est moi qui te demande si tu veux venir rue du Candilejo.

Nous fîmes donc la paix; mais Carmen avait l'humeur comme est le temps chez nous. Jamais l'orage n'est si près dans nos montagnes que lorsque le soleil est le plus brillant. Elle m'avait promis de me revoir une autre fois chez Dorothée, et elle ne vint pas. Et Dorothée me dit de plus belle[59] qu'elle était allée à Laloro pour les affaires d'Égypte.

Sachant déjà par expérience à quoi m'en tenir[60] là-dessus, je cherchais Carmen partout où je croyais qu'elle pouvait être, et je passais vingt fois par jour dans la rue du Candilejo. Un soir, j'étais chez Dorothée, que j'avais presque apprivoisée en lui payant de temps à autre quelque verre d'anisette, lorsque Carmen entra suivie d'un jeune homme, lieutenant dans notre régiment.

---

[55] ancienne monnaie d'argent, valant 5 pesetas

[56] hésité à faire ce que je demandais (comme on discute un prix)

[57] breuvage magique destiné à inspirer de l'amour

[58] bien que je ne le veuille pas, puisque je suis irritée contre vous (gallicisme)

[59] en insistant

[60] ce dont il s'agissait vraiment (gallicisme); *affaires d'Égypte, gens d'Égypte*: affaires et gens de la bande gitane

— Va-t'en vite, me dit-elle en basque.

Je restai stupéfait, la rage dans le cœur.

— Qu'est-ce que tu fais ici? me dit le lieutenant. Décampe, hors d'ici!

Je ne pouvais faire un pas; j'étais comme perclus. L'officier, en colère, voyant que je ne me retirais pas, et que je n'avais même pas ôté mon bonnet de police, me prit au collet et me secoua rudement. Je ne sais ce que je lui dis. Il tira son épée, et je dégainai.[61] La vieille me saisit le bras, et le lieutenant me donna un coup au front, dont je porte encore la marque. Je reculai, et d'un coup de coude je jetai Dorothée à la renverse; puis, comme le lieutenant me poursuivait, je lui mis la pointe au corps, et il s'enferra. Carmen alors éteignit la lampe, et dit dans sa langue à Dorothée de s'enfuir. Moi-même je me sauvai dans la rue, et je me mis à courir sans savoir où. Il me semblait que quelqu'un me suivait. Quand je revins à moi, je trouvai que Carmen ne m'avait pas quitté.

— Grand niais de canari! me dit-elle, tu ne sais faire que des bêtises. Aussi bien, je te l'ai dit que je te porterais malheur. Allons, il y a remède à tout, quand on a pour bonne amie une flamande de Rome.[62] Commence à mettre ce mouchoir sur ta tête, et jette-moi ce ceinturon. Attends-moi dans cette allée. Je reviens dans deux minutes.

Elle disparut, et me rapporta bientôt une mante rayée qu'elle était allée chercher je ne sais où. Elle me fit quitter mon uniforme, et mettre la mante par-dessus ma chemise. Ainsi accoutré, avec le mouchoir dont elle avait bandé la plaie que j'avais à la tête, je ressemblais assez à un paysan valencien, comme il y en a à Séville, qui viennent vendre leur orgeat de chufas.[63] Puis elle me mena dans une maison assez semblable à celle de Dorothée, au fond d'une petite ruelle. Elle et une autre bohémienne me lavèrent, me pansèrent mieux que n'eût pu le faire un chirurgien-major, me firent boire je ne sais quoi; enfin, on me mit sur un matelas, et je m'endormis.

Probablement ces femmes avaient mêlé dans ma boisson quelques-unes de ces drogues assoupissantes dont elles ont le secret, car je ne m'éveillai que fort tard le lendemain. J'avais un grand mal de tête et un peu de fièvre. Il fallut quelque temps pour que le souvenir me revînt de la terrible scène où j'avais pris part la veille. Après avoir pansé ma plaie, Carmen et son amie, accroupies toutes les deux sur les talons auprès de mon matelas, échangèrent quelques mots de chipe calli, qui paraissaient être une consultation médicale.[64] Puis toutes les deux m'assurèrent que je serais guéri avant peu, mais qu'il fallait quitter Séville le plus tôt possible; car, si l'on m'y attrapait, j'y serais fusillé sans rémission.

— Mon garçon, me dit Carmen, il faut que tu fasses quelque chose; maintenant que le roi ne te donne plus ni riz ni merluche,[65] il faut que tu songes à gagner ta vie. Tu es trop bête pour voler à pastesas;[66] mais tu es leste et fort: si tu as du cœur, va-t'en à la côte, et fais-toi contrebandier. Ne t'ai-je pas promis de te faire pendre? Cela vaut mieux que d'être fusillé. D'ailleurs, si tu sais t'y prendre, tu vivras comme un prince, aussi longtemps que les miñons[67] et les gardes-côtes ne te mettront pas la main sur le collet.

Ce fut de cette façon engageante que cette diable de fille me montra la nouvelle carrière qu'elle me destinait, la seule, à vrai dire, qui me restât, maintenant que j'avais encouru la peine de mort. Vous le dirai-je, monsieur? elle me détermina sans beaucoup de peine. Il me semblait que je m'unissais à elle plus intimement par cette vie de hasards et de rébellion. Désormais je crus m'assurer son amour. J'avais entendu souvent parler de quelques contrebandiers qui parcouraient l'Andalousie, montés sur un bon cheval, l'espingole[68] au poing, leur maîtresse en croupe. Je me voyais déjà trottant par monts et par vaux avec la gentille bohémienne derrière moi. Quand je lui parlais de cela, elle riait à se tenir les côtes, et me disait qu'il n'y a rien de si beau qu'une nuit passée au bivouac, lorsque chaque rom se retire avec sa romi sous sa petite tente formée de trois cerceaux, avec une couverture par-dessus.

— Si je te tiens jamais dans la montagne, lui

---

[61] je sortis mon épée, ou mon sabre, du fourreau

[62] Traduction de *Flamenco de Roma.* Les premiers bohémiens d'Espagne passèrent pour être arrivés des Flandres (d'où *flamenco*) et *Roma* désigne la nation des Romi: *gens mariés,* ainsi que se désignent les bohémiens.

[63] racine bulbeuse dont on fait une boisson très douce

[64] *chipe calli* ou *rommani:* la langue bohémienne

[65] morue séchée, nourriture des soldats

[66] à la pickpocket, avec adresse

[67] sorte de corps franc

[68] gros fusil court

disais-je, je serai sûr de toi! Là, il n'y a pas de lieutenant pour partager avec moi.

— Ah! tu es jaloux, répondait-elle. Tant pis pour
toi. Comment es-tu assez bête pour cela? Ne vois-tu
pas que je t'aime, puisque je ne t'ai jamais demandé d'argent?

Lorsqu'elle parlait ainsi, j'avais envie de l'étran-
gler.

Pour le faire court,[69] monsieur, Carmen me pro-
cura un habit bourgeois, avec lequel je sortis de Séville sans être reconnu. J'allai à Jerez[70] avec une lettre de Pastia pour un marchand d'anisette chez qui
se réunissaient des contrebandiers. On me présenta
à ces gens-là, dont le chef, surnommé le Dancaïre,[71]
me reçut dans sa troupe. Nous partîmes pour Gaucin,[72] où je retrouvai Carmen, qui m'y avait donné
rendez-vous. Dans les expéditions, elle servait d'espion à nos gens, et de meilleur il n'y en eut jamais.
Elle revenait de Gibraltar, et déjà elle avait arrangé avec un patron de navire l'embarquement de
marchandises anglaises que nous devions recevoir
sur la côte. Nous allâmes les attendre près d'Este-
pona,[73] puis nous en cachâmes une partie dans la
montagne; chargés du reste, nous nous rendîmes à
Ronda.[74] Carmen nous y avait précédés. Ce fut elle
encore qui nous indiqua le moment où nous entre-
rions en ville. Ce premier voyage et quelques autres
après furent heureux. La vie de contrebandier me
plaisait mieux que la vie de soldat; je faisais des
cadeaux à Carmen. J'avais de l'argent et une maîtresse. Je n'avais guère de remords, car, comme disent les bohémiens: « Gale avec plaisir ne démange
pas. » Partout nous étions bien reçus; mes compagnons me traitaient bien, et même me témoi-
gnaient de la considération. La raison, c'était que
j'avais tué un homme, et parmi eux il y en avait qui
n'avaient pas un pareil exploit sur la conscience.
Mais ce qui me touchait davantage dans ma nouvelle vie, c'est que je voyais souvent Carmen. Elle
me montrait plus d'amitié que jamais; cependant,
devant les camarades, elle ne convenait pas qu'elle
était ma maîtresse; et même, elle m'avait fait jurer
par toutes sortes de serments de ne rien leur dire
sur son compte. J'étais si faible devant cette créature, que j'obéissais à tous ses caprices. D'ailleurs,
c'était la première fois qu'elle se montrait à moi
avec la réserve d'une honnête femme, et j'étais assez simple pour croire qu'elle s'était véritablement
corrigée de ses façons d'autrefois.

Notre troupe, qui se composait de huit ou dix
hommes, ne se réunissait guère que dans les moments décisifs, et d'ordinaire nous étions dispersés
deux à deux, trois à trois, dans les villes et les villages. Chacun de nous prétendait avoir un métier:
celui-ci était chaudronnier, celui-là maquignon; moi,
j'étais marchand de merceries, mais je ne me montrais guère dans les gros endroits, à cause de ma
mauvaise affaire de Séville. Un jour, ou plutôt une
nuit, notre rendez-vous était au bas de Véger.[75] Le
Dancaïre et moi nous nous y trouvâmes avant les
autres. Il paraissait fort gai.

— Nous allons avoir un camarade de plus, me
dit-il. Carmen vient de faire un de ses meilleurs
tours. Elle vient de faire échapper son rom qui
était au presidio[76] à Tarifa.[77]

Je commençais déjà à comprendre le bohémien,
que parlaient presque tous mes camarades, et ce mot
de rom me causa un saisissement.

— Comment! son mari! elle est donc mariée? demandai-je au capitaine.

— Oui, répondit-il, à Garcia le Borgne, un bohémien aussi fûté qu'elle. Le pauvre garçon était aux
galères. Carmen a si bien embobeliné[78] le chirurgien du presidio, qu'elle en a obtenu la liberté de
son rom. Ah! cette fille-là vaut son pesant d'or.[79] Il
y a deux ans qu'elle cherche à le faire évader. Rien
n'a réussi, jusqu'au moment où l'on s'est avisé de
changer le major. Avec celui-ci, il paraît qu'elle a
trouvé bien vite le moyen de s'entendre.

Vous vous imaginez le plaisir que me fit cette
nouvelle. Je vis bientôt Garcia le Borgne; c'était

[69] pour abréger mon récit

[70] ou Xérès, ville d'Andalousie, célèbre par ses vins

[71] Le mot espagnol signifie: qui joue avec l'argent
d'autrui.

[72] petite ville de la province de Malaga

[73] petit port de pêche

[74] Ville fortifiée, à 16 lieues au nord-ouest de Malaga.
C'est l'ancienne Munda, vieille ville d'Andalousie, célèbre
par la victoire que César remporta sur les fils de Pompée en
45 av. J.-C. et qui mit fin à la guerre civile des Romains.

[75] ville d'Andalousie, bâtie sur une colline

[76] garnison et prison d'une ville fortifiée

[77] port sur le détroit de Gibraltar

[78] enjôlé par de belles paroles

[79] a de merveilleuses qualités (*pesant*, déformation de
besant, ancienne monnaie)

bien le plus vilain monstre que la Bohême ait nourri: noir de peau et plus noir d'âme, c'était le plus franc scélérat que j'aie rencontré dans ma vie. Carmen vint avec lui; et, lorsqu'elle l'appelait son rom devant moi, il fallait voir les yeux qu'elle me faisait, et ses grimaces quand Garcia tournait la tête. J'étais indigné, et je ne lui parlai pas de la nuit. Le matin nous avions fait nos ballots, et nous étions déjà en route, quand nous nous aperçûmes qu'une douzaine de cavaliers étaient à nos trousses. Les fanfarons Andalous, qui ne parlaient que de tout massacrer, firent aussitôt piteuse mine. Ce fut un sauve-qui-peut général. Le Dancaïre, Garcia, un joli garçon d'Ecija,[80] qui s'appelait le Remendado, et Carmen ne perdirent pas la tête. Le reste avait abandonné les mulets, et s'était jeté dans les ravins où les chevaux ne pouvaient les suivre. Nous ne pouvions conserver nos bêtes, et nous nous hâtâmes de défaire le meilleur de notre butin, et de le charger sur nos épaules, puis nous essayâmes de nous sauver au travers des rochers par les pentes les plus raides. Nous jetions nos ballots devant nous, et nous les suivions de notre mieux en glissant sur les talons. Pendant ce temps-là, l'ennemi nous canardait;[81] c'était la première fois que j'entendais siffler les balles, et cela ne me fit pas grand-chose. Quand on est en vue d'une femme, il n'y a pas de mérite à se moquer de la mort. Nous nous échappâmes, excepté le pauvre Remendado, qui reçut un coup de feu dans les reins. Je jetai mon paquet, et j'essayai de le prendre.

— Imbécile! me cria Garcia, qu'avons-nous affaire d'une charogne? achève-le et ne perds pas les bas de coton.

— Jette-le! me criait Carmen.

La fatigue m'obligea de le déposer un moment à l'abri d'un rocher. Garcia s'avança, et lui lâcha son espingole dans la tête.

— Bien habile qui le reconnaîtrait maintenant, dit-il en regardant sa figure que douze balles avaient mise en morceaux.

Voilà, monsieur, la belle vie que j'ai menée. Le soir, nous nous trouvâmes dans un hallier, épuisés de fatigue, n'ayant rien à manger et ruinés par la perte de nos mulets. Que fit cet infernal Garcia? il

tira un paquet de cartes de sa poche, et se mit à jouer avec le Dancaïre à la lueur d'un feu qu'ils allumèrent. Pendant ce temps-la, moi, j'étais couché, regardant les étoiles, pensant au Remendado, et me disant que j'aimerais autant être à sa place. Carmen était accroupie près de moi, et de temps en temps elle faisait un roulement de castagnettes en chantonnant. Puis, s'approchant comme pour me parler à l'oreille, elle m'embrassa, presque malgré moi, deux ou trois fois.

— Tu es le diable, lui disais-je.

— Oui, me répondait-elle.

Après quelques heures de repos, elle s'en fut à Gaucin, et le lendemain matin un petit chevrier vint nous porter du pain. Nous demeurâmes là tout le jour, et la nuit nous nous rapprochâmes de Gaucin. Nous attendions des nouvelles de Carmen. Rien ne venait. Au jour, nous voyons un muletier qui menait une femme bien habillée, avec un parasol, et une petite fille qui paraissait sa domestique. Garcia nous dit:

— Voilà deux mules et deux femmes que saint Nicolas[82] nous envoie; j'aimerais mieux quatre mules; n'importe, j'en fais mon affaire!

Il prit son espingole et descendit vers le sentier en se cachant dans les broussailles. Nous le suivions, le Dancaïre et moi, à peu de distance. Quand nous fûmes à portée, nous nous montrâmes, et nous criâmes au muletier de s'arrêter. La femme, en nous voyant, au lieu de s'effrayer, et notre toilette aurait suffi pour cela, fait un grand éclat de rire.

— Ah! les *lillipendi* qui me prennent pour une *erani*![83]

C'était Carmen, mais si bien déguisée, que je ne l'aurais pas reconnue parlant une autre langue. Elle sauta en bas de sa mule, et causa quelque temps à voix basse avec le Dancaïre et Garcia, puis elle me dit:

— Canari, nous nous reverrons avant que tu sois pendu. Je vais à Gibraltar pour les affaires d'Égypte. Vous entendrez bientôt parler de moi.

Nous nous séparâmes après qu'elle nous eut indiqué un lieu où nous pourrions trouver un abri

---

[80] ville andalouse à vingt lieues à l'est de Séville
[81] faisait feu sur nous (expression familière)
[82] saint populaire depuis le Moyen Âge, apportant des cadeaux comme le père Noël
[83] *Ah! les imbéciles qui me prennent pour une femme comme il faut!*

pour quelques jours. Cette fille était la providence de notre troupe. Nous reçûmes bientôt quelque argent qu'elle nous envoya, et un avis qui valait mieux pour nous: c'était que tel jour partiraient deux milords anglais, allant de Gibraltar à Grenade par tel chemin. A bon entendeur, salut.[84] Ils avaient de belles et bonnes guinées.[85] Garcia voulait les tuer, mais le Dancaïre et moi nous nous y opposâmes. Nous ne leur prîmes que l'argent et les montres, outre les chemises, dont nous avions grand besoin.

Monsieur, on devient coquin sans y penser. Une jolie fille vous fait perdre la tête, on se bat pour elle, un malheur arrive, il faut vivre à la montagne, et de contrebandier on devient voleur avant d'avoir réfléchi. Nous jugeâmes qu'il ne faisait pas bon pour nous dans les environs de Gibraltar après l'affaire des milords, et nous nous enfonçâmes dans la sierra de Ronda. — Vous m'avez parlé de José-Maria; tenez, c'est là que j'ai fait connaissance avec lui. Il menait sa maîtresse dans ses expéditions. C'était une jolie fille, sage, modeste, de bonnes manières; jamais un mot malhonnête, et un dévouement! . . . En revanche, il la rendait bien malheureuse. Il était toujours à courir après toutes les filles, il la malmenait, puis quelquefois il s'avisait de faire le jaloux. Une fois, il lui donna un coup de couteau. Eh bien, elle ne l'en aimait que davantage. Les femmes sont ainsi faites, les Andalouses surtout. Celle-là était fière de la cicatrice qu'elle avait au bras, et la montrait comme la plus belle chose du monde. Et puis José-Maria, par-dessus le marché, était le plus mauvais camarade! . . . Dans une expédition que nous fîmes, il s'arrangea si bien, que tout le profit lui en demeura, à nous les coups et l'embarras de l'affaire. Mais je reprends mon histoire. Nous n'entendions plus parler de Carmen. Le Dancaïre dit:

— Il faut qu'un de nous aille à Gibraltar pour en avoir des nouvelles; elle doit avoir préparé quelque affaire. J'irais bien, mais je suis trop connu à Gibraltar.

Le borgne dit:

— Moi aussi, on m'y connaît, j'y ai fait tant de farces aux Écrevisses![86] et, comme je n'ai qu'un œil, je suis difficile à déguiser.

— Il faut donc que j'y aille? dis-je à mon tour, enchanté à la seule idée de revoir Carmen; voyons, que faut-il faire?

Les autres me dirent:

— Fais tant que de[87] t'embarquer ou de passer par Saint-Roc,[88] comme tu aimeras le mieux, et, lorsque tu seras à Gibraltar, demande sur le port où demeure une marchande de chocolat qui s'appelle la Rollona; quand tu l'auras trouvée tu sauras d'elle ce qui se passe là-bas.

Il fut convenu que nous partirions tous les trois pour la sierra de Gaucin, que j'y laisserais mes deux compagnons, et que je me rendrais à Gibraltar comme un marchand de fruits. A Ronda, un homme qui était à nous[89] m'avait procuré un passeport; à Gaucin, on me donna un âne: je le chargeai d'oranges et de melons, et je me mis en route. Arrivé à Gibraltar, je trouvai qu'on y connaissait bien la Rollona, mais elle était morte ou elle était allée à *finibus terrae*,[90] et sa disparition expliquait, à mon avis, comment nous avions perdu notre moyen de correspondre avec Carmen. Je mis mon âne dans une écurie, et, prenant mes oranges, j'allais par la ville comme pour les vendre, mais, en effet,[91] pour voir si je ne rencontrerais pas quelque figure de connaissance. Il y a là force canaille de tous les pays du monde, et c'est la tour de Babel,[92] car on ne saurait faire dix pas dans une rue sans entendre parler autant de langues. Je voyais bien des gens d'Égypte, mais je n'osais guère m'y fier; je les tâtais, et ils me tâtaient. Nous devinions bien que nous étions des coquins; l'important était de savoir si nous étions de la même bande. Après deux jours passés en courses inutiles, je n'avais rien appris touchant la Rollona ni Carmen, et je pensais à re-

---

[84] C'est-à-dire: celui qui comprend ce qu'on dit n'a qu'en faire son profit.

[85] monnaie d'or anglaise, mise en circulation de 1663 à 1813, et valant 21 shillings

[86] surnom populaire donné aux Anglais à cause de la couleur de leur uniforme

[87] fais l'effort de

[88] ville de la province de Cadix

[89] affilié à notre bande

[90] *au bout de la terre;* expression française correspondante: *à tous les diables*

[91] en réalité

[92] Allusion à la tour construite à Babylone (dont *Babel* est le nom hébreu) par les fils de Noé, et dans laquelle régnait la confusion des langues (Bible). — Parmi la « canaille » dont parle le bandit, les « gens d'Égypte » sont gitans et gitanes de la bande (cf. la note 60).

tourner auprès de mes camarades après avoir fait quelques emplettes, lorsqu'en me promenant dans une rue, au coucher du soleil, j'entends une voix de femme d'une fenêtre qui me dit : « Marchand d'oranges ! . . . » Je lève la tête, et je vois à un balcon Carmen, accoudée avec un officier en rouge, épaulettes d'or, cheveux frisés, tournure d'un gros mylord. Pour elle, elle était habillée superbement : un châle sur ses épaules, un peigne d'or, tout en soie ; et la bonne pièce,[93] toujours la même ! riait à se tenir les côtes. L'Anglais, en baragouinant l'espagnol, me cria de monter, que madame voulait des oranges ; et Carmen me dit en basque :

— Monte et ne t'étonne de rien.

Rien, en effet, ne devait m'étonner de sa part. Je ne sais si j'eus plus de joie que de chagrin en la retrouvant. Il y avait à la porte un grand domestique anglais, poudré, qui me conduisit dans un salon magnifique. Carmen me dit aussitôt en basque :

— Tu ne sais pas un mot d'espagnol, tu ne me connais pas.

Puis, se tournant vers l'Anglais :

— Je vous le disais bien, je l'ai tout de suite reconnu pour un Basque ; vous allez entendre quelle drôle de langue. Comme il a l'air bête, n'est-ce pas ? On dirait un chat surpris dans un garde-manger.

— Et toi, lui dis-je dans ma langue, tu as l'air d'une effrontée coquine, et j'ai bien envie de te balafrer la figure devant ton galant.

— Mon galant ! dit-elle, tiens, tu as deviné cela tout seul ? Et tu es jaloux de cet imbécile-là ? Tu es encore plus niais qu'avant nos soirées de la rue du Candilejo. Ne vois-tu pas, sot que tu es, que je fais en ce moment les affaires d'Égypte, et de la façon la plus brillante. Cette maison est à moi, les guinées de l'écrevisse[94] seront à moi ; je le mène par le bout du nez ; je le mènerai d'où il ne sortira jamais.

— Et moi, lui dis-je, si tu fais encore les affaires d'Égypte de cette manière-là, je ferai si bien que tu ne recommenceras plus.

— Ah ! oui-dà ! Es-tu mon rom, pour me commander ? Le Borgne le trouve bon,[95] qu'as-tu à y

voir ? Ne devrais-tu pas être bien content d'être le seul qui se puisse dire mon *minchorrô ?*[96]

— Qu'est-ce qu'il dit ? demanda l'Anglais.

— Il dit qu'il a soif et qu'il boirait bien un coup, répondit Carmen.

Et elle se renversa sur un canapé en éclatant de rire à sa traduction.

Monsieur, quand cette fille-là riait, il n'y avait pas moyen de parler raison. Tout le monde riait avec elle. Ce grand Anglais se mit à rire aussi, comme un imbécile qu'il était, et ordonna qu'on m'apportât à boire.

Pendant que je buvais :

— Vois-tu cette bague qu'il a au doigt ? dit-elle ; si tu veux je te la donnerai.

Moi je répondis :

— Je donnerais un doigt pour tenir ton mylord dans la montagne, chacun un maquila au poing.[97]

— Maquila, qu'est-ce que cela veut dire ? demanda l'Anglais.

— Maquila, dit Carmen riant toujours, c'est une orange. N'est-ce pas un bien drôle de mot pour une orange ? Il dit qu'il voudrait vous faire manger du maquila.

— Oui ? dit l'Anglais. Eh bien ? apportez encore demain du maquila.

Pendant que nous parlions, le domestique entra et dit que le dîner était prêt. Alors l'Anglais se leva, me donna une piastre, et offrit son bras à Carmen, comme si elle ne pouvait pas marcher seule. Carmen, riant toujours, me dit :

— Mon garçon, je ne puis t'inviter à dîner ; mais demain, dès que tu entendras le tambour pour la parade,[98] viens ici avec des oranges. Tu trouveras une chambre mieux meublée que celle de la rue du Candilejo, et tu verras si je suis toujours ta Carmencita. Et puis nous parlerons des affaires d'Égypte.

Je ne répondis rien, et j'étais dans la rue que l'Anglais me criait :

— Apportez demain du maquila ! et j'entendais les éclats de rire de Carmen.

Je sortis ne sachant ce que je ferais, je ne dormis

---

[93] celle qui dit ou fait des malices
[94] Cf. la note 86 pour *l'écrevisse* et la note 60 pour *les affaires d'Égypte.*
[95] approuve ce que je fais

[96] *mon amour, mon caprice*
[97] Cf. la note 6 pour comprendre la drôlerie du quiproquo qui va suivre.
[98] défilé militaire

guère, et le matin je me trouvais si en colère contre cette traîtresse que j'avais résolu de partir de Gibraltar sans la revoir; mais, au premier roulement de tambour, tout mon courage m'abandonna: je pris ma natte d'oranges et je courus chez Carmen. Sa jalousie [99] était entrouverte, et je vis son grand œil noir qui me guettait. Le domestique poudré m'introduisit aussitôt; Carmen lui donna une commission, et dès que nous fûmes seuls, elle partit d'un de ses éclats de rire de crocodile, et se jeta à mon cou. Je ne l'avais jamais vue si belle. Parée comme une madone, parfumée... des meubles de soie, des rideaux brodés... ah!... et moi fait comme un voleur que j'étais.

— Minchorrô! disait Carmen, j'ai envie de tout casser ici, de mettre le feu à la maison et de m'enfuir à la sierra.

Et c'étaient des tendresses!... et puis des rires!... et elle dansait, et elle déchirait ses falbalas: [100] jamais singe ne fit plus de gambades, de grimaces, de diableries. Quand elle eut repris son sérieux:

— Écoute, me dit-elle, il s'agit de l'Égypte. Je veux qu'il [101] me mène à Ronda, où j'ai une sœur religieuse... (Ici nouveaux éclats de rire). Nous passons par un endroit que je te ferai dire. Vous tombez sur lui: pillé rasibus! [102] Le mieux serait de l'escofier, [103] mais, ajouta-t-elle avec un sourire diabolique qu'elle avait dans de certains moments, et ce sourire-là, personne n'avait alors envie de l'imiter, — sais-tu ce qu'il faudrait faire? Que le Borgne paraisse le premier. Tenez-vous un peu en arrière; l'Écrevisse est brave et adroit: il a de bons pistolets... Comprends-tu?...

Elle s'interrompit par un nouvel éclat de rire qui me fit frissonner.

— Non, lui dis-je: je hais Garcia, mais c'est mon camarade. Un jour peut-être je t'en débarrasserai, mais nous réglerons nos comptes à la façon de mon pays. Je ne suis Égyptien que par hasard; et pour

---

certaines choses, je serai toujours franc Navarrais, comme dit le proverbe.

Elle reprit:

— Tu es une bête, un niais, un vrai *payllo*. Tu es comme le nain qui se croit grand quand il a pu cracher loin. Tu ne m'aimes pas, va-t'en.

Quand elle me disait: Va-t'en, je ne pouvais m'en aller. Je promis de partir, de retourner auprès de mes camarades et d'attendre l'Anglais; de son côté, elle me promit d'être malade jusqu'au moment de quitter Gibraltar pour Ronda. [104] Je demeurai encore deux jours à Gibraltar. Elle eut l'audace de me venir voir déguisée dans mon auberge. Je partis; moi aussi j'avais mon projet. Je retournai à notre rendez-vous, sachant le lieu et l'heure où l'Anglais et Carmen devaient passer. Je trouvai le Dancaïre et Garcia qui m'attendaient. Nous passâmes la nuit dans un bois auprès d'un feu de pommes de pin qui flambait à merveille. Je proposai à Garcia de jouer aux cartes. Il accepta. A la seconde partie je lui dis qu'il trichait; il se mit à rire. Je lui jetai les cartes à la figure. Il voulut prendre son espingole; je mis le pied dessus, et je lui dis: « On dit que tu sais jouer du couteau comme le meilleur jaque de Malaga, veux-tu t'essayer avec moi? » Le Dancaïre voulut nous séparer. J'avais donné deux ou trois coups de poing à Garcia. La colère l'avait rendu brave; il avait tiré son couteau, moi le mien. Nous dîmes tous deux au Dancaïre de nous laisser place libre et franc jeu. Il vit qu'il n'y avait pas moyen de nous arrêter, et il s'écarta. Garcia était déjà ployé en deux comme un chat prêt à s'élancer contre une souris. Il tenait son chapeau à la main gauche pour parer, son couteau en avant. C'est leur garde andalouse. Moi, je me mis à la navarraise, droit en face de lui, le bras gauche levé, la jambe gauche en avant, le couteau le long de la cuisse droite. Je me sentais plus fort qu'un géant. Il se lança sur moi comme un trait; je tournai sur le pied gauche et il ne trouva plus rien devant lui; mais je l'atteignis à la gorge, et le couteau entra si avant, que ma main était sous son menton. Je retournai la lame si fort qu'elle se cassa. C'était fini. La lame sortit de la plaie lancée [105] par un bouillon de sang gros comme le bras. Il tomba sur le nez raide comme un pieu.

---

[99] contrevent formé de planchettes minces assemblées par cordelettes et qu'on lève ou baisse à volonté
[100] volants cousus au bas des jupes
[101] L'Anglais. « Il s'agit de l'Égypte »: cf. les notes 60 et 92.
[102] *Rasibus*, mot familier formé de *ras* (à ras, au niveau du sol, c'est-à-dire qu'il ne reste rien) et d'une désinence latine qui donne un air bouffon à ce mot.
[103] achever (mot vulgaire)

[104] promesse faite pour prévenir sa jalousie
[105] *Lancée* est l'attribut de *lame*.

— Qu'as-tu fait? me dit le Dancaïre.

— Écoute, lui dis-je: nous ne pouvions vivre ensemble. J'aime Carmen, et je veux être seul. D'ailleurs, Garcia était un coquin, et je me rappelle ce qu'il a fait au pauvre Ramendado. Nous ne sommes plus que deux, mais nous sommes de bons garçons. Voyons, veux-tu de moi pour ami, à la vie à la mort?

Le Dancaïre me tendit la main. C'était un homme de cinquante ans.

— Au diable les amourettes! s'écria-t-il. Si tu lui avais demandé Carmen, il te l'aurait vendue pour une piastre. Nous ne sommes plus que deux; comment ferons-nous demain?

— Laisse-moi faire tout seul, lui répondis-je. Maintenant je me moque du monde entier.

Nous enterrâmes Garcia, et nous allâmes placer notre camp deux cents pas plus loin. Le lendemain, Carmen et son Anglais passèrent avec deux muletiers et un domestique. Je dis au Dancaïre:

— Je me charge de l'Anglais. Fais peur aux autres, ils ne sont pas armés.

L'Anglais avait du cœur.[106] Si Carmen ne lui eût poussé le bras, il me tuait. Bref, je reconquis Carmen ce jour-là, et mon premier mot fut de lui dire qu'elle était veuve. Quand elle sut comment cela s'était passé:

— Tu seras toujours un *lillipendi!* [107] me dit-elle. Garcia devait [108] te tuer. Ta garde navarraise n'est qu'une bêtise, et il en a mis à l'ombre de plus habiles que toi. C'est que son temps était venu. Le tien viendra.

— Et le tien, répondis-je, si tu n'es pas pour moi une vraie romi.

— A la bonne heure, dit-elle; j'ai vu plus d'une fois dans du marc de café que nous devions finir ensemble. Bah! arrive qui plante! [109]

Et elle fit claquer ses castagnettes, ce qu'elle faisait toujours quand elle voulait chasser quelque idée importune.

On s'oublie quand on parle de soi. Tous ces détails-là vous ennuient sans doute, mais j'ai bientôt fini. La vie que nous menions dura assez longtemps. Le Dancaïre et moi nous nous étions associés quelques camarades plus sûrs que les premiers, et nous nous occupions de contrebande, et aussi parfois, il faut bien l'avouer, nous arrêtions [110] sur la grande route, mais à la dernière extrémité, et lorsque nous ne pouvions faire autrement. D'ailleurs, nous ne maltraitions pas les voyageurs, et nous nous bornions à leur prendre leur argent. Pendant quelques mois je fus content de Carmen; elle continuait à nous être utile pour nos opérations, en nous avertissant des bons coups que nous pourrions faire. Elle se tenait, soit à Malaga, soit à Cordoue, soit à Grenade; mais, sur un mot de moi, elle quittait tout, et venait me retrouver dans une venta isolée, ou même au bivouac. Une fois seulement, c'était à Malaga, elle me donna quelque inquiétude. Je sus qu'elle avait jeté son dévolu sur un négociant fort riche, avec lequel probablement elle se proposait de recommencer la plaisanterie de Gibraltar. Malgré tout ce que le Dancaïre put me dire pour m'arrêter, je partis et j'entrai dans Malaga en plein jour, je cherchai Carmen et je l'emmenai aussitôt. Nous eûmes une verte explication.

— Sais-tu, me dit-elle, que, depuis que tu es mon rom pour tout de bon, je t'aime moins que lorsque tu étais mon minchorrô? Je ne veux pas être tourmentée ni surtout commandée. Ce que je veux, c'est être libre et faire ce qui me plaît. Prends garde de me pousser à bout. Si tu m'ennuies, je trouverai quelque bon garçon qui te fera comme tu as fait au borgne.

Le Dancaïre nous raccommoda; mais nous nous étions dit des choses qui nous restaient sur le cœur et nous n'étions plus comme auparavant. Peu après, un malheur nous arriva. La troupe nous surprit. Le Dancaïre fut tué, ainsi que deux de mes camarades; deux autres furent pris. Moi, je fus grièvement blessé, et, sans mon bon cheval, je demeurais [111] entre les mains des soldats. Exténué de fatigue, ayant une balle dans le corps, j'allai me cacher dans un bois avec le seul compagnon qui me restât. Je m'évanouis en descendant de cheval, et je crus que j'allais crever dans les broussailles comme un lièvre qui a reçu du plomb. Mon camarade me porta dans

[106] du courage
[107] un niais
[108] aurait dû normalement
[109] Quel que soit celui qui plante (qui prépare et entreprend quelque chose), il arrivera ce qui doit arriver (l'expression est familièrement raccourcie de moitié).

[110] les voyageurs, pour les voler
[111] je serais demeuré

une grotte que nous connaissions, puis il alla chercher Carmen. Elle était à Grenade, et aussitôt elle accourut. Pendant quinze jours, elle ne me quitta pas d'un instant. Elle ne ferma pas l'œil; elle me soigna avec une adresse et des attentions que jamais femme n'a eues pour l'homme le plus aimé. Dès que je pus me tenir sur mes jambes, elle me mena à Grenade dans le plus grand secret. Les bohémiennes trouvent partout des asiles sûrs, et je passai plus de six semaines dans une maison, à deux portes du corrégidor qui me cherchait. Plus d'une fois, regardant derrière un volet, je le vis passer. Enfin je me rétablis; mais j'avais fait bien des réflexions sur mon lit de douleur, et je projetais de changer de vie. Je parlai à Carmen de quitter l'Espagne, et de chercher à vivre honnêtement dans le Nouveau Monde. Elle se moqua de moi.

— Nous ne sommes pas faits pour planter des choux, dit-elle; notre destin, à nous, c'est de vivre aux dépens des payllos. Tiens, j'ai arrangé une affaire avec Nathan ben-Joseph de Gibraltar. Il a des cotonnades qui n'attendent que toi pour passer. Il sait que tu es vivant. Il compte sur toi. Que diraient nos correspondants de Gibraltar, si tu leur manquais de parole?

Je me laissai entraîner, et je repris mon vilain commerce.

Pendant que j'étais caché à Grenade, il y eut des courses de taureaux où Carmen alla. En revenant, elle parla beaucoup d'un picador très adroit nommé Lucas. Elle savait le nom de son cheval, et combien lui coûtait sa veste brodée. Je n'y fis pas attention. Juanito, le camarade qui m'était resté, me dit, quelques jours après, qu'il avait vu Carmen avec Lucas chez un marchand du Zacatin.[112] Cela commença à m'alarmer. Je demandai à Carmen comment et pourquoi elle avait fait connaissance avec le picador.

— C'est un garçon, me dit-elle, avec qui on peut faire une affaire. Rivière qui fait du bruit a de l'eau ou des cailloux.[113] Il a gagné douze cents réaux[114] aux courses. De deux choses l'une: ou bien il faut avoir cet argent; ou bien, comme c'est un bon cavalier et un gaillard de cœur, on peut l'enrôler dans notre bande. Un tel et un tel sont morts, tu as besoin de les remplacer. Prends-le avec toi.

— Je ne veux, répondis-je, ni de son argent, ni de sa personne, et je te défends de lui parler.

— Prends garde, me dit-elle; lorsqu'on me défie de faire un chose, elle est bientôt faite!

Heureusement le picador partit pour Malaga, et moi, je me mis en devoir de faire entrer les cotonnades du juif. J'eus fort à faire dans cette expédition-là, Carmen aussi, et j'oubliai Lucas; peut-être aussi l'oublia-t-elle, pour le moment du moins. C'est vers ce temps, monsieur, que je vous rencontrai d'abord près de Montilla, puis après à Cordoue. Je ne vous parlerai pas de notre dernière entrevue. Vous en savez peut-être plus long que moi. Carmen vous vola votre montre; elle voulait encore votre argent, et surtout cette bague que je vois à votre doigt, et qui, dit-elle, est un anneau magique qu'il lui importait beaucoup de posséder. Nous eûmes une violente dispute, et je la frappai. Elle pâlit et pleura. C'était la première fois que je la voyais pleurer, et cela me fit un effet terrible. Je lui demandai pardon, mais elle me bouda pendant tout un jour, et, quand je repartis pour Montilla, elle ne voulut pas m'embrasser. J'avais le cœur gros, lorsque, trois jours après, elle vint me trouver l'air riant et gaie comme un pinson. Tout était oublié, et nous avions l'air d'amoureux de deux jours. Au moment de nous séparer, elle me dit:

— Il y a une fête à Cordoue, je vais la voir, puis je saurai les gens qui s'en vont avec de l'argent, et je te le dirai.

Je la laissai partir. Seul, je pensai à cette fête et à ce changement d'humeur de Carmen. Il faut qu'elle se soit vengée déjà, me dis-je, puisqu'elle est revenue la première. Un paysan me dit qu'il y avait des taureaux à Cordoue. Voilà mon sang qui bouillonne, et, comme un fou, je pars, et je vais à la place.[115] On me montra Lucas, et, sur le banc contre la barrière, je reconnus Carmen. Il me suffit de la voir une minute pour être sûr de mon fait. Lucas, au premier taureau, fit le joli cœur,[116] comme je

---

[112] petite place (mot arabe)
[113] proverbe bohémien
[114] Cette monnaie vaut à peu près un quart de dollar.

[115] Les arènes où la course de taureaux avait lieu.
[116] fit des grâces

l'avais prévu. Il arracha la cocarde [117] du taureau et la porta à Carmen, qui s'en coiffa sur-le-champ. Le taureau se chargea de me venger. Lucas fut culbuté avec son cheval sur la poitrine, et le taureau par-dessus tous les deux. Je regardai Carmen, elle n'était déjà plus à sa place. Il m'était impossible de sortir de celle où j'étais, et je fus obligé d'attendre la fin des courses. Alors j'allai à la maison que vous connaissez, et je m'y tins coi toute la soirée et une partie de la nuit. Vers deux heures du matin Carmen revint, et fut un peu surprise de me voir.

— Viens avec moi, lui dis-je.

— Eh bien! dit-elle, partons!

J'allai prendre mon cheval, je la mis en croupe, et nous marchâmes tout le reste de la nuit sans nous dire un seul mot. Nous nous arrêtâmes au jour dans une venta isolée, assez près d'un petit ermitage. Là je dis à Carmen.

— Écoute, j'oublie tout. Je ne te parlerai de rien; mais jure-moi une chose: c'est que tu vas me suivre en Amérique, et que tu t'y tiendras tranquille.

— Non, dit-elle d'un ton boudeur, je ne veux pas aller en Amérique. Je me trouve bien ici.

— C'est parce que tu es près de Lucas; mais songes-y bien, s'il guérit, ce ne sera pas pour faire de vieux os. Au reste, pourquoi m'en prendre à lui? Je suis las de tuer tous tes amants; c'est toi que je tuerai.

Elle me regarda fixement de son regard sauvage, et me dit:

— J'ai toujours pensé que tu me tuerais. La première fois que je t'ai vu, je venais de rencontrer un prêtre à la porte de ma maison. Et cette nuit, en sortant de Cordoue, n'as-tu rien vu? Un lièvre a traversé le chemin entre les pieds de ton cheval. C'est écrit.[118]

— Carmencita, lui demandai-je, est-ce que tu ne m'aimes plus?

Elle ne répondit rien. Elle était assise les jambes croisées sur une natte et faisait des traits par terre avec son doigt.

— Changeons de vie, Carmen, lui dis-je d'un ton suppliant. Allons vivre quelque part où nous ne serons jamais séparés. Tu sais que nous avons, pas loin d'ici, sous un chêne, cent vingt onces [119] enterrées. . . Puis, nous avons des fonds encore chez le juif ben-Joseph.

Elle se mit à sourire, et me dit:

— Moi d'abord, toi ensuite. Je sais que cela doit arriver ainsi.

— Réfléchis, repris-je; je suis au bout de ma patience et de mon courage; prends ton parti ou je prendrai le mien.

Je la quittai et j'allai me promener du côté de l'ermitage. Je trouvai l'ermite qui priait. J'attendis que sa prière fût finie; j'aurais bien voulu prier, mais je ne pouvais pas. Quand il se releva, j'allai à lui.

— Mon père, lui dis-je, voulez-vous prier pour quelqu'un qui est en grand péril?

— Je prie pour tous les affligés, dit-il.

— Pouvez-vous dire une messe pour une âme qui va peut-être paraître devant son Créateur?

— Oui, répondit-il en me regardant fixement.

Et, comme il y avait dans mon air quelque chose d'étrange, il voulut me faire parler:

— Il me semble que je vous ai vu, dit-il.

Je mis une piastre sur son banc.

— Quand direz-vous la messe? lui demandai-je.

— Dans une demi-heure. Le fils de l'aubergiste de là-bas va venir la servir. Dites-moi, jeune homme, n'avez-vous pas quelque chose sur la conscience qui vous tourmente? voulez-vous écouter les conseils d'un chrétien?

Je me sentais près de pleurer. Je lui dis que je reviendrais, et je me sauvai. J'allai me coucher sur l'herbe jusqu'à ce que j'entendisse la cloche. Alors je m'approchai, mais je restai en dehors de la chapelle. Quand la messe fut dite, je retournai à la venta. J'espérais que Carmen se serait enfuie; elle aurait pu prendre mon cheval et se sauver . . . mais je la retrouvai. Elle ne voulait pas qu'on pût dire que je lui avais fait peur. Pendant mon ab-

[117] Nœud de rubans dont la couleur indique les pâturages d'où vient le taureau et qui est fixé dans sa peau au moyen d'un crochet. Le picador, s'il veut faire le galant, l'arrache à l'animal encore vivant et l'offre à une femme de l'assistance.

[118] dans le ciel (La date de ma mort est fixée par la volonté divine.)

[119] Onces d'or sans doute. Cela ne fait pas une grosse somme.

sence, elle avait défait l'oulet de sa robe pour en retirer le plomb.[120] Maintenant, elle était devant une table, regardant dans une terrine pleine d'eau le plomb qu'elle avait fait fondre, et qu'elle venait d'y jeter. Elle était si occupée de sa magie qu'elle ne s'aperçut pas d'abord de mon retour. Tantôt elle prenait un morceau de plomb et le tournait de tous les côtés d'un air triste, tantôt elle chantait quelqu'une de ces chansons magiques où elles invoquent Marie Padilla, la maîtresse de don Pedro, qui fut, dit-on, la *Bari Crallisa,* ou la grande reine des Bohémiens: [121]

— Carmen, lui dis-je, voulez-vous venir avec moi?

Elle se leva, jeta sa sébile, et mit sa mantille sur sa tête comme prête à partir. On m'amena mon cheval, elle monta en croupe et nous nous éloignâmes.

— Ainsi, ma Carmen, lui dis-je après un bout de chemin, tu veux bien me suivre, n'est-ce pas?

— Je te suis à la mort, oui, mais je ne vivrai plus avec toi.

Nous étions dans une gorge solitaire; j'arrêtai mon cheval.

— Est-ce ici? dit-elle.

Et d'un bond elle fut à terre. Elle ôta sa mantille, la jeta à ses pieds, et se tint immobile un poing sur la hanche, me regardant fixement.

— Tu veux me tuer, je le vois bien, dit-elle; c'est écrit, mais tu ne me feras pas céder.

— Je t'en prie, lui dis-je, sois raisonnable. Écoute-moi! tout le passé est oublié. Pourtant, tu le sais, c'est toi qui m'as perdu; c'est pour toi que je suis devenu un voleur et un meurtrier. Carmen! ma Carmen! laisse-moi te sauver et me sauver avec toi.

— José, répondit-elle, tu me demandes l'impossible. Je ne t'aime plus; toi, tu m'aimes encore, et c'est pour cela que tu veux me tuer. Je pourrais bien encore te faire quelque mensonge; mais je ne veux pas m'en donner la peine. Tout est fini entre nous. Comme mon rom, tu as le droit de tuer ta romi; mais Carmen sera toujours libre. Calli [122] elle est née, calli elle mourra.

— Tu aimes donc Lucas? lui demandai-je.

— Oui, je l'ai aimé, comme toi, un instant, moins que toi peut-être. A présent, je n'aime plus rien, et je me hais pour t'avoir aimé.

Je me jetai à ses pieds, je lui pris les mains, je les arrosai de mes larmes. Je lui rappelai tous les moments de bonheur que nous avions passés ensemble. Je lui offris de rester brigand pour lui plaire. Tout, monsieur, tout; je lui offris tout, pourvu qu'elle voulût m'aimer encore!

Elle me dit:

— T'aimer encore, c'est impossible. Vivre avec toi, je ne le veux pas.

La fureur me possédait. Je tirai mon couteau. J'aurais voulu qu'elle eût peur et me demandât grâce, mais cette femme était un démon.

— Pour la dernière fois, m'écriai-je, veux-tu rester avec moi!

— Non! non! non! dit-elle en frappant du pied.

Et elle tira de son doigt une bague que je lui avais donnée, et la jeta dans les broussailles.

Je la frappai deux fois. C'était le couteau du Borgne que j'avais pris, ayant cassé le mien. Elle tomba au second coup sans crier. Je crois encore voir son grand œil noir me regarder fixement; puis il devint trouble et se ferma. Je restai anéanti une bonne heure devant ce cadavre. Puis, je me rappelai que Carmen m'avait dit souvent qu'elle aimerait à être enterrée dans un bois. Je lui creusai une fosse avec mon couteau, et je l'y déposai. Je cherchai longtemps sa bague et je la trouvai à la fin. Je la mis dans la fosse auprès d'elle avec une petite croix. Peut-être ai-je eu tort. Ensuite je montai sur mon cheval, je galopai jusqu'à Cordoue, et au premier corps de garde je me fis connaître. J'ai dit que j'avais tué Carmen; mais je n'ai pas voulu dire où était son corps. L'ermite était un saint homme. Il a prié pour elle! Il a dit une messe pour son âme. . . Pauvre enfant! Ce sont les *Calé* [123] qui sont coupables pour l'avoir élevée ainsi.

---

[120] qu'elle y tenait en réserve, en vue de ses opérations magiques
[121] Une tradition populaire la faisait passer pour avoir ensorcelé le roi de Castille don Pédre.

[122] bohémienne
[123] les Bohémiens

GUSTAVE FLAUBERT (1821–1880)

Gustave Flaubert, fils d'un chirurgien en chef de l'Hôtel-Dieu de Rouen, où   *L'HOMME*
il est né en 1821, a commencé des études médicales, mais à dix-huit ans s'est
orienté sur le droit, à Paris, où il a lié amitié avec Maxime de Camp.

Dès sa quinzième année, il a écrit. Ses *Mémoires d'un fou,* qui sont de cet
âge, ont de l'intérêt. Ne dirait-on pas qu'il prévoyait la maladie nerveuse de
forme épileptique qui devait le frapper de son premier coup vers la trentaine
et qui n'a cessé ensuite de faire peser sur lui sa menace? Elle l'a doté
d'une fâcheuse susceptibilité, mais en revanche d'une rare délicatesse d'impression.

Une autre hantise, qui devait d'ailleurs se muer en bienfait littéraire, a douloureusement chargé sa vie: une passion, qui a mis ses premières marques dans
les *Mémoires d'un fou,* mais les a renouvelées dans toute l'œuvre, et que lui
inspira Élisa Schlésinger, femme d'un éditeur de musique, plus agée que lui
de douze années. Il l'a aimée désespérément et ne devait la voir libre que trop
tard, vieille et promise à la folie.

Il trouva une triste consolation sensuelle dans l'amour qui l'a uni pendant
huit ans à une femme rencontrée dans l'atelier du sculpteur Pradier, la poétesse
et romancière Louise Colet. Nous devons à cette femme de la reconnaissance,
car les deux amants vivant séparés ont échangé une correspondance qui, du
côté de Flaubert, est une œuvre magnifique. Louise Colet d'ailleurs était belle.
« On a retrouvé les bras de la Vénus de Milo, disait-elle, ils sont dans mes
manches. »

Flaubert perdit son père en 1846, sa sœur Caroline l'année suivante. Éprou-
vant le besoin de distraire sa tristesse, il partit avec Maxime du Camp pour un
voyage en Bretagne et en Normandie, raconté plus tard dans *Par les champs
et par les grèves.* Puis il s'installa dans sa propriété de Croisset, près de Rouen,
sur les bords de la Seine, avec sa mère et sa nièce, la fille de Caroline. Il consacra
ses journées à lire et à écrire, tout en faisant l'éducation de la jeune fille. Il ne
coupa sérieusement sa retraite que deux fois: en 1849, emporté dans un voyage
— avec Maxime du Camp encore — en Grèce et en Turquie; en 1858, obligé
d'aller voir dans le pourtour de Tunis le cadre qu'il préparait pour sa *Salammbô.* De brèves absences furent consacrées à Paris, où il retrouvait des amis,
les Goncourt, Alphonse Daudet, Zola, les habitués du dîner Magny.

Ses dernières années se trouvèrent assombries par la ruine d'Ernest Comman-
ville, l'importateur de bois à qui il avait marié sa nièce. Il se ruina pour le sauver
de la faillite. En même temps, il perdait ses amis, Sainte-Beuve, Jules de Goncourt, Louis Bouilhet. Il travaillait pourtant, il était attelé à son dernier livre,
qu'il a laissé inachevé, *Bouvard et Pécuchet.* Il est mort, « las jusqu'aux mœlles »,
disait-il, achevé par une hémorragie cérébrale.

Madame Bovary (1857) est une sorte de psychanalyse de la chimère dans un cœur romantique que la vie réelle ne satisfait pas. Le modèle approximatif de l'héroïne a existé, ainsi que les autres personnages du roman, et cependant Flaubert avait raison de dire : « Madame Bovary, c'est moi. »

En effet, la déception que donne la vie, il l'a éprouvée. Il a avoué peu après la publication de l'ouvrage avoir « plein le dos de la laideur moderne ». C'est pourquoi il se réfugia en désespéré dans la vie antique : « Je me fiche une bosse d'antiquité comme d'autres se gorgent de vin », a-t-il écrit en composant *Salammbô* (1862) ; il s'est documenté comme un archéologue pour ce récit d'une guerre de Carthage contre ses mercenaires.

L'Éducation sentimentale (1869) est l'histoire des jeunes gens qui arrivent de province à Paris avec d'immenses ambitions et un grand rêve d'amour. C'est dans ce livre que le souvenir d'Élisa Schlésinger devient un thème littéraire important sous le nom de Madame Arnoux. Mais l'aventure se développe sur un fond d'histoire : la France à l'époque de 1848. « Il faut lire ce livre pour comprendre la Révolution de Février », a dit un philosophe des révolutions, Georges Sorel. Dans combien de milieux Flaubert nous fait pénétrer : les salons, les ateliers d'artistes, les boudoirs de filles, les clubs politiques, les rues envahies par l'émeute !

La Tentation de Saint-Antoine (1874) rassemble dans une rêverie philosophique très brillante toutes les images de religion, de pensée systématique, de volupté propres à étonner un saint et à le troubler. Néanmoins la réussite de l'ouvrage ne saurait être reconnue égale à son ambition.

Les admirateurs de Flaubert hésitent pour fixer leur préférence, entre les *Trois Contes* (1877) — la vie familière d'« Un Cœur simple », le vitrail hiératique de « Saint Julien l'Hospitalier », l'orientalisme éclatant d'« Hérodias » — et *Madame Bovary,* qui est peut-être le livre de Flaubert où son imagination a moulé les plus grands prestiges du style sur une réalité de tous les jours patiemment observée, minutieusement décrite, et d'où émergent plusieurs types immortels. Car le réalisme de Flaubert n'est jamais une copie de la vie. Il élève la vie au plan de hautes leçons et d'un art volontairement impersonnel et parfait. Par là il dépasse en qualité celui des Goncourt, de Maupassant, de Daudet, de Zola, qui ont avancé dans son sillage.

Madame Bovary

LA FÊTE AU CHÂTEAU

[*Emma Rouault, fille d'un riche fermier, a été élevée dans un couvent où elle s'est nourrie de lectures romanesques qui ont enflammé son imagina-* tion. *Elle épouse un médecin de campagne, Charles Bovary, croyant satisfaire ainsi son goût pour la vie brillante. Charles est un homme bon, mais médiocre et ordinaire. « La conversation de Charles était plate comme un trottoir de rue, et les idées de tout le*

*monde y défilaient dans leur costume ordinaire,
sans exciter d'émotion, de rire ou de rêverie. » Et
Emma Bovary finit par se répéter: « Pourquoi, mon
Dieu! me suis-je mariée? »*

*Peu après, elle est invitée avec son mari à un bal
au château voisin, chez le marquis d'Andevilliers.
C'est ce divertissement qui forme la matière du
chapitre VIII que nous avons choisi de donner ici.*]

Le château, de construction moderne, à l'italienne, avec deux ailes avançant et trois perrons, se
déployait au bas d'une immense pelouse où pais-
saient quelques vaches, entre des bouquets de
grands arbres espacés, tandis que des bannettes
d'arbustes, rhododendrons, seringas et boules-de-
neige bombaient leurs touffes de verdure inégales
sur la ligne courbe du chemin sablé. Une rivière
passait sous un pont; à travers la brume, on distinguait des bâtiments à toit de chaume, éparpillés
dans la prairie, que bordaient en pente douce deux
coteaux couverts de bois, et par derrière, dans les
massifs, se tenaient, sur deux lignes parallèles, les
remises et les écuries, restes conservés de l'ancien
château démoli.

Le *boc* [1] de Charles s'arrêta devant le perron du
milieu; les domestiques parurent; le marquis
s'avança, et, offrant son bras à la femme du médecin, l'introduisit dans le vestibule.

Il était pavé de dalles en marbre, très haut, et le
bruit des pas avec celui des voix y retentissait
comme dans une église. En face montait un escalier
droit, et à gauche une galerie, donnant sur le jardin,
conduisait à la salle de billard dont on entendait,
dès la porte, caramboler [2] les boulets d'ivoire.
Comme elle la [3] traversait pour aller au salon,
Emma vit autour du jeu des hommes à figure grave,
le menton posé sur de hautes cravates, décorés tous,
et qui souriaient silencieusement, en poussant leur
queue. Sur la boiserie sombre du lambris, de grands
cadres dorés portaient, au bas de leur bordure, des
noms écrits en lettres noires. Elle lut: « Jean-An-
toine d'Andervilliers d'Yverbonville, comte de la
Vaubyessard et baron de la Fresnaye, tué à la bataille de Coutras, le 20 octobre 1587. » Et sur un
autre: « Jean-Antoine-Henry-Guy d'Andervilliers de
la Vaubyessard, amiral de France et chevalier de
l'ordre de Saint-Michel, blessé au combat de la
Hougue-Saint-Waast, le 29 mai 1692, mort à la
Vaubyessard, le 23 janvier 1693. » Puis on distinguait à peine ceux qui suivaient, car la lumière des
lampes, rabattue sur le tapis vert du billard, laissait
flotter une ombre dans l'appartement. Brunissant les
toiles horizontales,[4] elle se brisait contre elles en
arêtes fines, selon les craquelures du vernis; et de
tous ces grands carrés noirs bordés d'or sortaient çà
et là quelque portion plus claire de la peinture, un
front pâle, deux yeux qui vous regardaient, des per-
ruques se déroulant sur l'épaule poudrée des habits
rouges, ou bien la boucle d'une jarretière au haut
d'un mollet rebondi.

Le marquis ouvrit la porte du salon; une des
dames se leva (la marquise elle-même), vint à la
rencontre d'Emma et la fit asseoir près d'elle, sur
une causeuse, où elle se mit à lui parler amicalement, comme si elle la connaissait depuis longtemps. C'était une femme de la quarantaine environ, à belles épaules, à nez busqué, à la voix traî-
nante, et portant, ce soir-là, sur ses cheveux châ-
tains, un simple fichu de guipure [5] qui retombait
par derrière, en triangle. Une jeune personne blonde
se tenait à côté, dans une chaise à dossier long; et
des messieurs, qui avaient une petite fleur à la bou-
tonnière de leur habit, causaient avec les dames,
tout autour de la cheminée.

A sept heures, on servit le dîner. Les hommes,
plus nombreux, s'assirent à la première table, dans
le vestibule, et les dames à la seconde, dans la salle
à manger, avec le marquis et la marquise.

Emma se sentit, en entrant, enveloppée par un air
chaud, mélange du parfum des fleurs et du beau
linge, du fumet des viandes et de l'odeur des truf-
fes. Les bougies des candélabres allongeaient des
flammes sur les cloches d'argent; les cristaux à fa-

---

[1] La description du château donne une impression de
richesse qu'accentue le contraste entre ce vaste édifice et le
« boc » (carriole plutôt que voiture) de Charles.

[2] *caramboler*: au billard, toucher avec une bille, qu'on
pousse à l'aide d'un instrument de bois appelé « queue » (cf.
plus loin), les deux autres

[3] Cette salle de billards est en même temps une longue
galerie de portraits d'ancêtres, qu'Emma regarde tout en
se dirigeant vers le salon.

[4] La description des tableaux est évocatrice d'un grand
passé, mais avouons qu'on ne voit pas trop bien comment
ces toiles peuvent être dites « horizontales ».

[5] dentelle de fil ou de soie à larges mailles

cettes, couverts d'une buée mate, se renvoyaient des rayons pâles; des bouquets étaient en ligne sur toute la longueur de la table, et, dans les assiettes à large bordure, les serviettes, arrangées en manière de[6] bonnet d'évêque, tenaient entre le bâillement de leurs deux plis chacune un petit pain de forme ovale. Les pattes rouges des homards dépassaient les plats; de gros fruits dans des corbeilles à jour s'étageaient sur la mousse; les cailles avaient leurs plumes, des fumées montaient; et, en bas de soie, en culotte courte, en cravate blanche, en jabot, grave comme un juge, le maître d'hôtel, passant entre les épaules des convives les plats tout découpés, faisait d'un coup de sa cuiller sauter pour vous le morceau qu'on choisissait. Sur le grand poêle de porcelaine à baguettes de cuivre, une statue de femme drapée jusqu'au menton regardait immobile la salle pleine de monde.

Mme Bovary remarqua que plusieurs dames n'avaient pas mis leurs gants dans leur verre.[7]

Cependant, au haut bout de la table, seul parmi toutes ces femmes, courbé sur son assiette remplie, et la serviette nouée dans le dos comme un enfant, un vieillard mangeait, laissant tomber de sa bouche des gouttes de sauce. Il avait les yeux éraillés[8] et portait une petite queue[9] enroulée d'un ruban noir. C'était le beau-père du marquis, le vieux duc de Laverdière, l'ancien favori du comte d'Artois, dans le temps des parties de chasse au Vaudreuil, chez le marquis de Conflans, et qui avait été, disait-on, l'amant de la reine Marie-Antoinette, entre MM. de Coigny et de Lauzun.[10] Il avait mené une vie bruyante de débauches, pleine de duels, de paris, de femmes enlevées, avait dévoré sa fortune et effrayé toute sa famille. Un domestique, derrière sa chaise, lui nommait tout haut, dans l'oreille, les plats qu'il désignait du doigt en bégayant; et sans cesse les yeux d'Emma revenaient d'eux-mêmes sur ce vieil

homme à lèvres pendantes, comme sur quelque chose d'extraordinaire et d'auguste. Il avait vécu à la Cour et couché dans le lit des reines!

On versa du vin de Champagne à la glace. Emma frissonna de toute sa peau en sentant ce froid dans sa bouche. Elle n'avait jamais vu de grenades ni mangé d'ananas. Le sucre en poudre même lui parut plus blanc et plus fin qu'ailleurs.

Les dames, ensuite, montèrent dans leurs chambres s'apprêter pour le bal.

Emma fit sa toilette avec la conscience méticuleuse d'une actrice à son début. Elle disposa ses cheveux d'après les recommandations du coiffeur, et elle entra dans sa robe de barège,[11] étalée sur le lit. Le pantalon de Charles le serrait au ventre.

— Les sous-pieds[12] vont me gêner pour danser, dit-il.

— Danser? reprit Emma.

— Oui!

— Mais tu as perdu la tête! on se moquerait de toi, reste à ta place. D'ailleurs, c'est plus convenable pour un médecin, ajouta-t-elle.[13]

Charles se tut. Il marchait de long en large, attendant qu'Emma fût habillée.

Il la voyait par derrière, dans la glace, entre deux flambeaux. Ses yeux noirs semblaient plus noirs. Ses bandeaux, doucement bombés vers les oreilles, luisaient d'un éclat bleu; une rose à son chignon tremblait sur une tige mobile, avec des gouttes d'eau factices au bout de ses feuilles. Elle avait une robe de safran pâle, relevée par trois bouquets de roses pompon mêlées de verdure.

Charles vint l'embrasser sur l'épaule.

— Laisse-moi! dit-elle, tu me chiffonnes.

On entendit une ritournelle de violon et les sons d'un cor. Elle descendit l'escalier, se retenant de courir.

Les quadrilles étaient commencés. Il arrivait du monde. On se poussait. Elle se plaça près de la porte, sur une banquette.

Quand la contredanse fut finie, le parquet resta libre pour les groupes d'hommes causant debout et

---

[6] comme un

[7] Les dames mettaient leurs gants dans leur verre pour indiquer qu'elles ne voulaient pas de vin.

[8] Il avait des filets rouges dans l'œil.

[9] Ses cheveux de derrière se terminaient en une longue mèche nouée par un ruban.

[10] Marie-Antoinette, fille de Marie-Thérèse, impératrice d'Autriche. Née en 1755, elle épousa Louis XVI et mourut sur l'échafaud le 16 octobre 1793. Lauzun et Coigny: maréchaux de France. En vérité, la reine n'a jamais eu d'amants.

[11] barège: étoffe de laine légère

[12] patte de cuir ou d'étoffe passant sous la chaussure et fixée des deux côtés au bas d'un pantalon, d'une guêtre, pour l'empêcher de remonter

[13] Elle craint de voir Charles se ridiculiser aux yeux du monde.

les domestiques en livrée qui apportaient de grands plateaux. Sur la ligne des femmes assises, les éventails peints s'agitaient, les bouquets cachaient à demi le sourire des visages, et les flacons à bouchons d'or tournaient dans des mains entr'ouvertes dont les gants blancs marquaient la forme des ongles et serraient la chair au poignet. Les garnitures de dentelles, les broches de diamants, les bracelets à médaillon frissonnaient aux corsages, scintillaient aux poitrines, bruissaient sur les bras nus. Les chevelures, bien collées sur les fronts et tordues à la nuque, avaient, en couronnes, en grappes ou en rameaux, des myosotis, du jasmin, des fleurs de grenadier, des épis ou des bluets. Pacifiques à leurs places, des mères à figure renfrognée portaient des turbans rouges.

Le cœur d'Emma lui battit un peu lorsque, son cavalier la tenant par le bout des doigts, elle vint se mettre en ligne et attendit le coup d'archet pour partir. Mais bientôt l'émotion disparut; et, se balançant au rythme de l'orchestre, elle glissait en avant, avec des mouvements légers du cou. Un sourire lui montait aux lèvres à certaines délicatesses du violon, qui jouait seul, quelquefois, quand les autres instruments se taisaient; on entendait le bruit clair des louis d'or qui se versaient à côté, sur le tapis des tables; [14] puis tout reprenait à la fois, le cornet à piston lançait un éclat sonore, les pieds retombaient en mesure, les jupes se bouffaient et frôlaient, les mains se donnaient, se quittaient; les mêmes yeux, s'abaissant devant vous, revenaient se fixer sur les vôtres.

Quelques hommes (une quinzaine) de vingt-cinq à quarante ans, disséminés parmi les danseurs ou causant à l'entrée des portes, se distinguaient de la foule par un air de famille, quelles que fussent leurs différences d'âge, de toilette ou de figure.

Leurs habits, mieux faits, semblaient d'un drap plus souple, et leurs cheveux, ramenés en boucles vers les tempes, lustrés par des pommades plus fines. Ils avaient le teint de la richesse, ce teint blanc que rehaussent la pâleur des porcelaines, les moires du satin, le vernis des beaux meubles, et qu'entretient dans sa santé un régime discret de nourritures exquises. Leur cou tournait à l'aise sur des cravates basses; leurs favoris longs tombaient sur des cols rabattus; ils s'essuyaient les lèvres à des mouchoirs brodés d'un large chiffre, d'où sortait une odeur suave. Ceux qui commençaient à vieillir avaient l'air jeune, tandis que quelque chose de mûr s'étendait sur le visage des jeunes. Dans leurs regards indifférents flottait la quiétude de passions journellement assouvies; et, à travers leurs manières douces, perçait cette brutalité particulière que communique la domination de choses à demi faciles, dans lesquelles la force s'exerce et où la vanité s'amuse, le maniement des chevaux de race et la société des femmes perdues.

A trois pas d'Emma, un cavalier en habit bleu causait Italie avec une jeune femme pâle, portant une parure de perles. Ils vantaient la grosseur des piliers de Saint-Pierre, Tivoli, le Vésuve, Castellamare et les Cassines, les roses de Gênes, le Colisée au clair de lune. Emma écoutait de son autre oreille une conversation pleine de mots qu'elle ne comprenait pas. On entourait un tout jeune homme qui avait battu, la semaine d'avant, *Miss Arabelle* et *Romulus,* et gagné deux mille louis à sauter un fossé en Angleterre. L'un se plaignait de ses coureurs qui engraissaient; un autre, des fautes d'impression qui avaient dénaturé le nom de son cheval.

L'air du bal était lourd; les lampes pâlissaient. On refluait dans la salle de billard. Un domestique monta sur une chaise et cassa deux vitres; au bruit des éclats de verre, Mme Bovary tourna la tête et aperçut dans le jardin, contre les carreaux, des faces de paysans qui regardaient. Alors le souvenir des Bertaux [15] lui arriva. Elle revit la ferme, la mare bourbeuse, son père en blouse sous les pommiers, et elle se revit elle-même, comme autrefois, écrémant avec son doigt les terrines de lait dans la laiterie. Mais, aux fulgurations de l'heure présente, sa vie passée, si nette jusqu'alors, s'évanouissait tout entière, et elle doutait presque de l'avoir vécue. Elle était là; puis autour du bal, il n'y avait plus que de l'ombre, étalée sur tout le reste. Elle mangeait alors une glace au marasquin, qu'elle tenait de la main gauche dans une coquille de vermeil, et fermait à demi les yeux, la cuiller entre les dents.

Une dame, près d'elle, laissa tomber son éventail. Un danseur passait.

[14] où se tenaient les jeux de hasard

[15] la ferme paternelle où elle est née

— Que vous seriez bon, monsieur, dit la dame, de vouloir bien ramasser mon éventail, qui est derrière ce canapé!

Le monsieur s'inclina, et, pendant qu'il faisait le mouvement d'étendre son bras, Emma vit la main de la jeune dame qui jetait dans son chapeau quelque chose de blanc, plié en triangle. Le monsieur, ramenant l'éventail, l'offrit à la dame, respectueusement; elle le remercia d'un signe de tête et se mit à respirer son bouquet.

Après le souper, où il y eut beaucoup de vins d'Espagne et de vins du Rhin, des potages à la bisque et au lait d'amandes, des puddings à la Trafalgar et toutes sortes de viandes froides avec des gelées alentour qui tremblaient dans les plats, les voitures, les unes après les autres, commencèrent à s'en aller. En écartant du coin le rideau de mousseline, on voyait glisser dans l'ombre la lumière de leurs lanternes. Les banquettes s'éclaircirent; quelques joueurs restaient encore; les musiciens rafraîchissaient, sur leur langue, le bout de leurs doigts; Charles dormait à demi, le dos appuyé contre une porte.

A trois heures du matin, le cotillon [16] commença. Emma ne savait pas valser. Tout le monde valsait, Mlle d'Andervilliers elle-même et la marquise; il n'y avait plus que les hôtes du château, une douzaine de personnes à peu près.

Cependant, un des valseurs, qu'on appelait familièrement *vicomte,* et dont le gilet très ouvert semblait moulé sur sa poitrine, vint une seconde fois encore inviter Mme Bovary, l'assurant qu'il la guiderait et qu'elle s'en tirerait bien.

Ils commencèrent lentement, puis allèrent plus vite. Ils tournaient: tout tournait autour d'eux, les lampes, les meubles, les lambris, et le parquet, comme un disque sur un pivot. En passant auprès des portes, la robe d'Emma, par le bas, s'éraflait au pantalon; leurs jambes entraient l'une dans l'autre; il baissait ses regards vers elle, elle levait les siens vers lui; une torpeur la prenait, elle s'arrêta. Ils repartirent; et, d'un mouvement plus rapide, le vicomte, l'entraînant, disparut avec elle jusqu'au bout de la galerie, où, haletante, elle faillit tomber, et, un instant, s'appuya la tête sur sa poitrine. Et puis, tournant toujours, mais plus doucement, il la re-

[16] *cotillon*: la danse qui termine le bal

conduisit à sa place; elle se renversa contre la muraille et mit la main devant ses yeux.

Quand elle les rouvrit, au milieu du salon, une dame assise sur un tabouret avait devant elle trois valseurs agenouillés. Elle choisit le vicomte, et le violon recommença.

On les regardait. Ils passaient et revenaient, elle immobile du corps et le menton baissé, et lui toujours dans sa même pose, la taille cambrée, le coude arrondi, la bouche en avant. Elle savait valser, celle-là! Ils continuèrent longtemps et fatiguèrent tous les autres.

On causa quelques minutes encore et, après les adieux ou plutôt le bonjour, les hôtes du château s'allèrent coucher.

Charles se traînait à la rampe, les genoux *lui rentraient dans le corps.*[17] Il avait passé cinq heures de suite, tout debout devant les tables, à regarder jouer au whist, sans y rien comprendre. Aussi poussa-t-il un grand soupir de satisfaction lorsqu'il eut retiré ses bottes.

Emma mit un châle sur ses épaules, ouvrit la fenêtre et s'accouda.

La nuit était noire. Quelques gouttes de pluie tombaient. Elle aspira le vent humide qui lui rafraîchissait les paupières. La musique du bal bourdonnait encore à ses oreilles et elle faisait des efforts pour se tenir éveillée, afin de prolonger l'illusion de cette vie luxueuse qu'il lui faudrait tout à l'heure abandonner.

Le petit jour parut. Elle regarda les fenêtres du château, longuement, tâchant de deviner quelles étaient les chambres de tous ceux qu'elle avait remarqués la veille. Elle aurait voulu savoir leurs existences, y pénétrer, s'y confondre.

Mais elle grelottait de froid. Elle se déshabilla et se blottit entre les draps, contre Charles qui dormait.

Il y eut beaucoup de monde au déjeuner. Le repas dura dix minutes; on ne servit aucune liqueur, ce qui étonna le médecin. Ensuite Mlle d'Andervilliers ramassa des morceaux de brioche dans une bannette, pour les porter aux cygnes sur la pièce d'eau et on s'alla promener dans la serre chaude, où des plantes bizarres, hérissées de poils, s'étageaient en pyramides sous des vases suspendus, qui, pareils à des nids de serpents trop pleins, laissaient retom-

[17] il n'en pouvait plus de fatigue (gallicisme)

ber, de leurs bords, de longs cordons verts entrelacés. L'orangerie, que l'on trouvait au bout, menait à couvert jusqu'aux communs du château. Le marquis, pour amuser la jeune femme, la mena voir les écuries. Au-dessus des râteliers en forme de corbeille, des plaques de porcelaine portaient en noir le nom des chevaux. Chaque bête s'agitait dans sa stalle, quand on passait près d'elle, en claquant de la langue. Le plancher de la sellerie luisait à l'œil comme le parquet d'un salon. Les harnais de voiture étaient dressés dans le milieu sur deux colonnes tournantes, et les mors, les fouets, les étriers, les gourmettes rangés en ligne tout le long de la muraille.

Charles, cependant, alla prier un domestique d'atteler son *boc*. On l'amena devant le perron, et, tous les paquets y étant fourrés, les époux Bovary firent leurs politesses au marquis et à la marquise, et repartirent pour Tostes.

Emma, silencieuse, regardait tourner les roues. Charles, posé sur le bord extrême de la banquette, conduisait les deux bras écartés, et le petit cheval trottait l'amble [18] dans les brancards, qui étaient trop larges pour lui. Les guides molles battaient sur sa croupe en s'y trempant d'écume, et la boîte ficelée derrière le *boc* donnait contre la caisse de grands coups réguliers.

Ils étaient sur les hauteurs de Thibourville, lorsque, devant eux, tout à coup, des cavaliers passèrent en riant, avec des cigares à la bouche. Emma crut reconnaître le vicomte; elle se détourna, et n'aperçut à l'horizon que le mouvement des têtes s'abaissant et montant, selon la cadence inégale du trot ou du galop.

Un quart de lieue plus loin, il fallut s'arrêter pour raccommoder, avec de la corde, le reculement qui était rompu.

Mais Charles, donnant au harnais un dernier coup d'œil, vit quelque chose par terre, entre les jambes de son cheval; et il ramassa un porte-cigares tout bordé de soie verte et blasonné [19] à son milieu, comme la portière d'un carrosse.

— Il y a même deux cigares dedans, dit-il; ce sera pour ce soir, après dîner.

— Tu fumes donc? demanda-t-elle.

— Quelquefois, quand l'occasion se présente.

Il mit sa trouvaille dans sa poche et fouetta le bidet.

Quand ils arrivèrent chez eux, le dîner n'était point prêt. Madame s'emporta. Nastasie répondit insolemment.

— Partez! dit Emma. C'est se moquer, je vous chasse.

Il y avait pour dîner de la soupe à l'oignon, avec un morceau de veau à l'oseille. Charles, assis devant Emma, dit en se frottant les mains d'un air heureux:

— Cela fait plaisir de se retrouver chez soi!

On entendait Nastasie qui pleurait. Il aimait un peu cette pauvre fille. Elle lui avait, autrefois, tenu société pendant bien des soirs, dans les désœuvrements de son veuvage. [20] C'était sa première pratique, sa plus ancienne connaissance du pays.

— Est-ce que tu l'as renvoyée pour tout de bon? dit-il enfin.

— Oui. Qui m'en empêche? répondit-elle.

Puis ils se chauffèrent dans la cuisine, pendant qu'on apprêtait leur chambre. Charles se mit à fumer. Il fumait en avançant les lèvres, crachant à toute minute, se reculant à chaque bouffée.

— Tu vas te faire mal, dit-elle dédaigneusement.

Il déposa son cigare, et courut avaler, à la pompe, un verre d'eau froide. Emma, saisissant le porte-cigares, le jeta vivement au fond de l'armoire.

La journée fut longue, le lendemain! Elle se promena dans son jardinet, passant et revenant par les mêmes allées, s'arrêtant devant les platesbandes, devant l'espalier, devant le curé de plâtre, considérant avec ébahissement toutes ces choses d'autrefois qu'elle connaissait si bien. Comme le bal déjà lui semblait loin! Qui donc écartait, à tant de distance, le matin d'avant-hier et le soir d'aujourd'hui? Son voyage à la Vaubyessard avait fait un trou dans sa vie, à la manière de ces grandes crevasses qu'un orage, en une seule nuit, creuse quelquefois dans les montagnes. Elle se résigna pourtant; elle serra pieusement dans la commode sa belle toilette et jusqu'à ses souliers de satin, dont la semelle s'était jaunie à la cire glissante du parquet. Son cœur était

---

[18] levait les deux jambes du même côté
[19] portant un emblême

[20] Charles avait perdu sa première femme et était veuf quand il fit la connaissance d'Emma.

comme eux: au frottement de la richesse, il s'était placé dessus quelque chose qui ne s'effacerait pas.

Ce fut donc une occupation pour Emma que le souvenir de ce bal. Toutes les fois que revenait le mercredi, elle se disait en s'éveillant: « Ah! il y a 5 huit jours. . . , il y a quinze jours. . . , il y a trois semaines, j'y étais! » Et peu à peu, les physionomies se confondirent dans sa mémoire, elle oublia l'air des contredanses, elle ne vit plus si nettement les livrées et les appartements; quelques détails s'en al- 10 lèrent, mais le regret lui resta.

[*Emma continue à vivre une vie médiocre et routinière. Charles déménage à Yonville-L'Abbaye,*

croyant que le changement d'air fera du bien à sa femme. Là, un jeune clerc de notaire romantique et grand liseur, Léon Dupuis, fera sa conquête intellectuelle. Emma se laissera ensuite séduire par un hobereau à bonnes fortunes, Rodolphe Boulanger. Mais cette liaison ne dure guère. Désormais, elle ne cherche plus qu'à s'étourdir. Elle fait des extravagances, des dettes qu'elle ne peut pas payer. Traquée de tous côtés, elle vole de l'arsenic chez le pharmacien Homais et s'empoisonne. Charles, bouleversé par sa mort et ruiné, lui pardonne ses trahisons. Il traînera une existence solitaire jusqu'à sa propre mort.]

ÉMILE ZOLA (1840–1902)

L'HOMME

La famille Zola venait de Venise; le père d'Émile, ingénieur d'élite, vivait à Aix-en-Provence, et la ville lui doit son eau potable. Au cours d'un séjour de M. et Mme Zola à Paris, le futur écrivain y est né en 1840. Devenu orphelin de père à sept ans, il fit des études au collège d'Aix, où il se lia d'une amitié durable avec celui qui devait être un jour le grand peintre Cézanne. Ayant obtenu une bourse pour le lycée Saint-Louis à Paris, où il avait suivi sa mère, il échoua au baccalauréat. Alors il renonça à poursuivre, car il lui fallait gagner sa vie.

Il travailla d'abord aux Docks. Puis la librairie Hachette l'employa, comme il avait vingt-deux ans, à la manutention, mais il s'éleva assez vite à la direction de la publicité. Cela le mit en rapport avec des écrivains, il décida d'écrire lui-même et publia les *Contes à Ninon* (1864). Il avait vingt-quatre ans. *La Confession de Claude* (1866) attira sur lui, pour cause d'immoralité, les foudres de la justice et les remontrances de M. Hachette. Il démissionna alors de ses fonctions dans la maison, se jeta courageusement dans le journalisme littéraire et artistique, défendit des artistes nouveaux, les Manet, les Pissaro, et depuis lors fit marcher de front œuvres et théories, se livrant à un labeur acharné.

Il venait de se marier quand la guerre de 1870 éclata. Myope, non mobilisable, il s'est trouvé à Marseille pendant le siège de Paris, est passé de là à Bordeaux, vivant dans la gêne; il finit par être nommé sous-préfet à Castelsarrazin, mais servit en réalité de secrétaire à un ami journaliste, Glais-Bizoin, qui était devenu ministre.

En 1877, Zola, grâce au succès de *L'Assommoir,* acheta à Médan, aux environs de Paris, une petite propriété, y reçut ses amis, y écrivit ses livres. Le groupe de romanciers qu'on a appelé « L'école de Médan » s'est formé autour de lui. Il se voyait ainsi promu chef du « naturalisme », entouré d'écrivains tels que Maupassant, Hennique, Alexis, Céard. Il était célèbre.

Quand l'Affaire Dreyfus eut éclaté et partagé la France en deux camps, Zola prit parti et publia un réquisitoire violent, *J'accuse* (Lettre publiée le 13 janvier 1898 dans le journal « L'Aurore »), contre les chefs militaires qui avaient condamné le capitaine. Condamné lui-même à un an de prison et à cinq mille francs d'amende, il se réfugia en Angleterre, de juillet 1898 à juin 1899, et poursuivit sa campagne pour la révision du fameux procès.

La mort par accident de cheminée et asphyxie le surprit un soir chez lui. Ses restes ont été portés en 1908 au Panthéon.

Les théories naturalistes ne méritent pas beaucoup de crédit et Zola était ridicule quand il prétendait accorder littérature et science en passant des semaines dans les bibliothèques, penché sur les livres de Darwin, du docteur Lucas, dont le *Traité de l'hérédité naturelle* (1847–56), l'enthousiasma. Enfin *L'Introduction à l'étude de la médecine expérimentale,* de Claude Bernard, publiée en 1865, sera la révélation qu'il attendait.   *L'ŒUVRE*

La puissance de l'hérédité a été le point de départ des *Rougon-Macquart.* Zola à l'hérédité ajouta le milieu, le métier, les conditions matérielles de la vie. Il a cru à tort que son « naturalisme » était une méthode scientifique; or il n'y a rien de semblable entre une observation, même une enquête, pleine forcément d'interprétation individuelle, et une expérience de laboratoire. Mais il a cru avec raison qu'il était bon de renoncer à une vue plus ou moins rêvée et idéalisée des choses et de la remplacer par une vue exacte et complète, même si elle est laide. Dans cet esprit, il a peint, sous le titre général des *Rougon-Macquart,* « histoire naturelle et sociale d'une famille sous le second Empire », cinq générations dispersées dans les milieux les plus divers: financiers (*La Curée,* 1871; *L'Argent,* 1891), hommes politiques (*Son Excellence Eugène Rougon,* 1876), bourgeois (*Pot Bouille,* 1882), ouvriers (*L'Assommoir,* 1877; *Germinal,* 1885; *La Bête humaine,* 1890), paysans (*La Terre,* 1888) etc.

Des séries plus brèves ont suivi: les Trois villes, *Lourdes* (1894), *Rome* (1896), *Paris* (1898), et les quatre évangiles: *Fécondité* (1899), *Travail* (1901), *Vérité* (1903), *Justice* (n'a pas paru), où il y a plus d'imagination et de symboles que d'observation et d'individus: le peintre naturaliste est devenu un prophète.

Pour écrire ses meilleurs livres, Zola s'est livré à des enquêtes approfondies. Par exemple, il est monté sur une locomotive et il est descendu dans une fosse de mine; pour écrire *La Curée,* il a visité minutieusement l'hôtel de M. Menier au parc Monceau, a consulté les plans du baron Haussmann, a étudié des ouvrages de banque. C'est ce soin rigoureux de la documentation qui distingue le naturalisme du réalisme balzacien.

Mais, à vrai dire, ce naturaliste lui-même ne s'est pas contenté de copier la réalité. Tout en décrivant ce qu'on a appelé des « tranches de vie », il les a malgré lui douées d'une certaine grandeur, il les a animées d'une certaine force qui fait de ses romans des sortes d'épopées sociologiques. Flaubert disait de lui à propos d'un de ses livres ce qu'on peut dire à propos de tous: « C'est un colosse qui a les pieds sales peut-être, mais c'est un colosse tout de même. » On a insisté injustement sur les vulgarités et les grossièretés qu'il a cru nécessaires à l'authenticité de son œuvre, et qui n'affectent guère que des détails, car, dans l'ensemble, l'œuvre respire une passion de vérité qui l'ennoblit.

Le style de Zola est brutal mais énergique, lourd mais puissant.

En France, son influence s'est ajoutée à celle de Flaubert pour agir sur Vallès, sur Mirbeau, sur quantité d'auteurs jusqu'à Jules Romains. Elle s'est étendue jusqu'à des auteurs de différents pays: Théodore Dreiser et Upton Sinclair en Amérique, Arnold Bennett en Angleterre, Heinrich Mann en Allemagne, maints romanciers italiens.

Germinal

[Germinal *d'Émile Zola transporte les lecteurs au temps de Napoléon III, dans les plaines du nord de la France où l'on exploite un sol riche en houille.*

Une crise économique s'est produite, le chômage règne, les compagnies houillères menacées de ruine 5 *s'efforcent de sauver la situation en la faisant supporter par les ouvriers mineurs dont elles diminuent les salaires.*

Les mineurs se sont donc mis en grève. La grève dure, elle glisse à la violence, elle commence à dé- 10 *truire l'appareillage des fosses de mines. C'est pourquoi le préfet du département a appelé de la troupe pour garder la fosse du Voreux.*

L'initiateur de la grève a été Étienne Lantier, honnête garçon passionné de justice sociale, mais il 15 *se voit débordé par les fureurs de ses camarades; il essaie en vain de les arrêter sur le chemin des malheurs sanglants.*

Trois familles du même coron se détachent en relief et sont représentées dans le récit suivant: 20 *(1) Maheu et sa femme, la Maheude, avec leurs enfants: Catherine, 15 ans; Zacharie, 21 ans; Jeanlin, 11 ans; Estelle, 3 mois. (2) Les Levaque; leur fille aînée, Philomène, maîtresse de Zacharie Maheu, dont elle a deux enfants, Achille et Désirée; leur fils* 25 *Bébert, qui a 12 ans. (3) Pierron et sa femme, la* Pierronne, *qui ont une fille, Lydie, et qui vivent avec la Brûlé, mère de la Pierronne.*

Le vieux Mouque habite un coron voisin, Réquillart, avec son fils, Mouquet, et sa fille, la Mouquette. Mouque est le palefrenier de la fosse.]

GRÈVE DE MINEURS

On venait de fermer toutes les ouvertures du Voreux; et les soixante soldats, l'arme au pied, barraient la seule porte restée libre, celle qui menait à la recette,[1] par un escalier étroit, où s'ouvraient la chambre des porions[2] et la baraque.[3] Le capitaine les avait alignés sur deux rangs, contre le mur de briques, pour qu'on ne pût les attaquer parderrière.

D'abord, la bande des mineurs descendue du coron[4] se tint à distance. Ils étaient une trentaine au

[1] l'atelier où est reçu et contrôlé chaque chargement de houille qui monte du fond de la fosse
[2] contremaîtres chargés de diriger le travail des ouvriers mineurs
[3] la salle dans laquelle les groupes de mineurs attendent la cage-ascenseur qui les descendra dans les galeries
[4] le village aux maisons basses et uniformes qu'habitent les mineurs

Le Wagon de troisième classe, par Honoré Daumier. The Metropolitan Museum of Art, New York, The H. O. Havemeyer Collection.

Portrait d' Émile Zola, par Édouard Manet. Musée du Louvre. (Photographie Giraudon)

plus, ils se concertaient en paroles violentes et confuses.

La Maheude, arrivée la première, dépeignée sous
un mouchoir noué à la hâte, ayant au bras Estelle
endormie, répétait d'une voix fiévreuse:

— Que personne n'entre et que personne ne sorte!
Faut les pincer tous là-dedans!

Maheu approuvait, lorsque le père Mouque, justement, arriva de Réquillart. On voulut l'empêcher
de passer. Mais il se débattit, il dit que ses chevaux
mangeaient tout de même leur avoine et se fichaient
de la révolution. D'ailleurs, il y avait un cheval
mort, on l'attendait pour le sortir. Étienne dégagea
le vieux palefrenier, que les soldats laissèrent monter
au puits. Et, un quart d'heure plus tard, comme la
bande des grévistes peu à peu grossie devenait
menaçante, une large porte se rouvrit au rez-de-
chaussée, des hommes parurent, charriant la bête
morte, un paquet lamentable, encore serré dans le
filet de corde, qu'ils abandonnèrent au milieu des
flaques de neige fondue. Le saisissement fut tel,
qu'on ne les empêcha pas de rentrer et de barri-
cader la porte de nouveau. Tous avaient reconnu le
cheval, à sa tête repliée et raidie contre le flanc. Des
chuchotements coururent.

— C'est Trompette, n'est-ce pas? c'est Trompette.

C'était Trompette, en effet. Depuis sa descente,
jamais il n'avait pu s'acclimater. Il restait morne,
sans goût à la besogne,[5] comme torturé du regret
de la lumière. Vainement, Bataille,[6] le doyen de la
mine, le frottait amicalement de ses côtes, lui mor-
dillait le cou, pour lui donner un peu de la résignation de ses dix années de fond. Ces caresses redoublaient sa mélancolie, son poil frémissait sous les
confidences du camarade vieilli dans les ténèbres; et
tous deux, chaque fois qu'ils se rencontraient et
qu'ils s'ébrouaient ensemble, avaient l'air de se lamenter, le vieux d'en être à ne plus se souvenir, le
jeune de ne pouvoir oublier. A l'écurie, voisins de
mangeoire, ils vivaient la tête basse, se soufflant aux
naseaux, échangeant leur continuel rêve du jour,
des visions d'herbes vertes, de routes blanches, de

clartés jaunes, à l'infini. Puis, quand Trompette,
trempé de sueur, avait agonisé, sur sa litière, Bataille s'était mis à le flairer désespérément, avec des
reniflements courts, pareils à des sanglots. Il le sentait devenir froid, la mine lui prenait sa joie dernière, cet ami tombé d'en haut, frais de bonnes
odeurs, qui lui rappelaient sa jeunesse au plein
air. Et il avait cassé sa longe, hennissant de
peur, lorsqu'il s'était aperçu que l'autre ne remuait
plus.

Mouque, du reste, avertissait depuis huit jours le
maître porion.[7] Mais on s'inquiétait bien d'un cheval malade, en ce moment-là! Ces messieurs n'aimaient guère déplacer les chevaux. Maintenant, il
fallait pourtant se décider à le sortir. La veille, le
palefrenier avait passé une heure avec deux hommes, ficelant Trompette. On attela Bataille, pour
l'amener jusqu'au puits. Lentement, le vieux cheval
tirait, traînait le camarade mort, par une galerie si
étroite, qu'il devait donner des secousses, au risque
de l'écorcher; et, harassé, il branlait la tête, en
écoutant le long frôlement de cette masse attendue
chez l'équarrisseur.[8] A l'accrochage, quand on l'eut
dételé, il suivit de son œil morne les préparatifs de
la remonte, le corps poussé sur des traverses, au-
dessus du puisard, le filet attaché sous une cage.[9]
Enfin, les chargeurs sonnèrent à la viande,[10] il leva
le cou pour le regarder partir, d'abord doucement,
puis tout de suite noyé de ténèbres, envolé à jamais
en haut de ce trou noir. Et il demeurait le cou allongé, sa mémoire vacillante de bête se souvenait
peut-être des choses de la terre. Mais c'était fini, le
camarade ne verrait plus rien, lui-même serait ainsi
ficelé en un paquet pitoyable, le jour où il remon-
terait par là. Ses pattes se mirent à trembler, le
grand air qui venait des campagnes lointaines
l'étouffait; et il était comme ivre, quand il rentra
pesamment à l'écurie.

Sur le carreau,[11] les charbonniers restaient som-

[5] Elle consiste à tirer les « berlines », chariots dans
lesquels est transportée la houille le long des galeries jusqu'à
la cage.
[6] l'autre cheval

[7] le super-contremaître
[8] celui qui fait métier de dépecer (couper en morceaux)
les bêtes mortes ou abattues
[9] cage-ascenseur, ou cage de montée
[10] avertirent par une sonnerie que la cage montait de la
chair et non de la houille
[11] terrain extérieur sur lequel est entassée la houille montée de la fosse

bres, devant le cadavre de Trompette. Une femme dit à demi-voix:

— Encore un homme, ça descend si ça veut!

Mais un nouveau flot arrivait du coron, et Levaque qui marchait en tête, suivi de la Levaque et de Bouteloup,[12] criait:

— A mort, les Borains![13] pas d'étrangers chez nous! à mort! à mort!

Tous se ruaient, il fallut qu'Étienne les arrêtât. Il s'était approché du capitaine, un grand jeune homme mince, de vingt-huit ans à peine, la face désespérée et résolue; et il lui expliquait les choses, il tâchait de le gagner, guettant l'effet de ses paroles. A quoi bon risquer un massacre inutile? est-ce que la justice ne se trouvait pas du côté des mineurs? On était tous frères, on devait s'entendre. Au mot de république, le capitaine avait eu un geste nerveux. Il gardait une raideur militaire, il dit brusquement:

— Au large! ne me forcez pas à faire mon devoir.

Trois fois, Étienne recommença. Derrière lui, les camarades grondaient. Le bruit courait que M. Hennebeau[14] était à la fosse, et on parlait de le descendre par le cou, pour voir s'il abattrait son charbon lui-même. Mais c'était un faux bruit, il n'y avait là que Négrel et Dansaert,[15] qui tous deux se montrèrent un instant à une fenêtre de la recette: le maître porion se tenait en arrière, décontenancé depuis son aventure avec la Pierronne; tandis que l'ingénieur, bravement, promenait sur la foule ses petits yeux vifs, souriant du mépris goguenard dont il enveloppait les hommes et les choses. Des huées s'élevèrent, ils disparurent. Et, à leur place, on ne vit plus que la face blonde de Souvarine.[16] Il était justement de service, il n'avait pas quitté sa machine un seul jour, depuis le commencement de la grève, ne parlant plus, absorbé peu à peu dans une idée fixe, dont le clou d'acier semblait luire au fond de ses yeux pâles.

— Au large! répéta très haut le capitaine. Je n'ai rien à entendre, j'ai l'ordre de garder le puits, je le garderai. . . Et ne vous poussez pas sur mes hommes, ou je saurai vous faire reculer.

Malgré sa voix ferme, une inquiétude croissante le pâlissait, à la vue du flot toujours montant des mineurs. On devait le relever à midi; mais, craignant de ne pouvoir tenir jusque-là, il venait d'envoyer à Montsou[17] un galibot[18] de la fosse, pour demander du renfort.

Des vociférations lui avaient répondu.

— A mort les étrangers! à mort les Borains! . . . Nous voulons être les maîtres chez nous!

Étienne recula, désolé. C'était la fin, il n'y avait plus qu'à se battre et à mourir. Et il cessa de retenir les camarades, la bande roula jusqu'à la petite troupe. Ils étaient près de quatre cents, les corons du voisinage se vidaient, arrivaient au pas de course. Tous jetaient le même cri, Maheu et Levaque disaient furieusement aux soldats:

— Allez-vous-en! nous n'avons rien contre vous, allez-vous-en!

— Ça ne vous regarde pas, reprenait la Maheude. Laissez-nous faire nos affaires.

Et, derrière elle, la Levaque ajoutait, plus violente:

— Est-ce qu'il faudra vous manger pour passer? On vous prie de foutre le camp!

Même on entendit la voix grêle de Lydie, qui s'était fourrée au plus épais avec Bébert, dire sur un ton aigu:

— En voilà des andouilles de lignards![19]

Catherine, à quelques pas, regardait, écoutait, l'air hébété par ces nouvelles violences, au milieu desquelles le mauvais sort la faisait tomber. Est-ce qu'elle ne souffrait pas trop déjà? quelle faute avait-elle donc commise, pour que le malheur ne lui laissât pas de repos? La veille encore, elle ne comprenait rien aux colères de la grève, elle pensait que, lorsqu'on a sa part de gifles, il est inutile d'en cher-

---

[12] mineur célibataire qui vit chez les Levaque

[13] les ouvriers amenés du Borinage (pays de houillières belges autour de Mons) pour travailler à la place des mineurs en grève

[14] le directeur de la mine

[15] L'ingénieur-chef et le maître porion. Celui-ci est l'amant de la Pierronne. Il leur est arrivé de faire scandale.

[16] Révolutionnaire nihiliste, russe d'origine, qui considère la grève comme inutile. Sa « machine » actionne la cage de montée.

[17] ville voisine

[18] enfant employé comme manœuvre

[19] soldats de la « ligne » (troupe d'infanterie); *fourrée au plus épais*: mêlée (familier) à la foule la plus épaisse

cher davantage; et, à cette heure, son cœur se gonflait d'un besoin de haine, elle se souvenait de ce
qu'Étienne racontait autrefois à la veillée, elle tâchait d'entendre ce qu'il disait maintenant aux soldats. Il les traitait de camarades, il leur rappelait 5
qu'ils étaient du peuple, eux aussi, qu'ils devaient
être avec le peuple, contre les exploiteurs de la
misère.

Mais il y eut dans la foule une longue secousse, et
une vieille femme déboula. C'était la Brûlé, ef- 10
frayante de maigreur, le cou et les bras à l'air, ac-
courue d'un tel galop, que des mèches de cheveux
gris l'aveuglaient.

— Ah! nom de Dieu, j'en suis! balbutiait-elle,
l'haleine coupée. Ce vendu de Pierron qui m'avait 15
enfermée dans la cave!

Et, sans attendre, elle tomba sur l'armée, la
bouche noire, vomissant l'injure.

— Tas de canailles! tas de crapules! ça lèche les
bottes de ses supérieurs, ça n'a de courage que con- 20
tre le pauvre monde!

Alors, les autres se joignirent à elle, ce furent des
bordées d'insultes. Quelques-uns criaient encore:
« Vivent les soldats! au puits l'officier! » Mais bientôt il n'y eut plus qu'une clameur: « A bas les pan- 25
talons rouges! » [20] Ces hommes qui avaient écouté,
impassibles, d'un visage immobile et muet, les appels à la fraternité, les tentatives amicales d'embau-
chage, gardaient la même raideur passive, sous cette
grêle de gros mots. Derrière eux, le capitaine avait 30
tiré son épée; et, comme la foule les serrait de plus
en plus, menaçant de les écraser contre le mur, il
leur commanda de croiser la baïonnette.[21] Ils obéi-
rent, une double rangée de pointes d'acier s'abattit
devant les poitrines des grévistes. 35

— Ah! les jean-foutre! [22] hurla la Brûlé, en reculant.

Déjà, tous revenaient, dans un mépris exalté de la
mort. Des femmes se précipitaient, la Maheude et
la Levaque clamaient: 40

— Tuez-nous, tuez-nous donc! Nous voulons nos
droits.

Levaque, au risque de se couper, avait saisi à
pleines mains un paquet de baïonnettes, trois baïonnettes, qu'il secouait, qu'il tirait à lui, pour les arracher; et il les tordait, dans les forces décuplées de
sa colère, tandis que Bouteloup, à l'écart, ennuyé
d'avoir suivi le camarade, le regardait faire tranquillement.

— Allez-y, pour voir, répétait Maheu, allez-y un
peu, si vous êtes de bons bougres! [23]

Et il ouvrait sa veste, et il écartait sa chemise,
étalant sa poitrine nue, sa chair velue et tatouée de
charbon. Il se poussait sur les pointes, il les obligeait
à reculer, terrible d'insolence et de bravoure. Une
d'elles l'avait piqué au sein, il en était comme fou
et s'efforçait qu'elle entrât davantage, pour entendre
craquer ses côtes.

— Lâches, vous n'osez pas. . . Il y en a dix mille
derrière nous. Oui, vous pouvez nous tuer, il y en
aura dix mille à tuer encore.

La position des soldats devenait critique, car ils
avaient reçu l'ordre sévère de ne se servir de leurs
armes qu'à la dernière extrémité. Et comment empêcher ces enragés-là de s'embrocher eux-mêmes?
D'autre part, l'espace diminuait, ils se trouvaient
maintenant acculés contre le mur, dans l'impossibilité de reculer davantage. Leur petite troupe, une
poignée d'hommes, en face de la marée montante
des mineurs, tenait bon cependant, exécutait avec
sang-froid les ordres brefs donnés par le capitaine.
Celui-ci, les yeux clairs, les lèvres nerveusement
amincies, n'avait qu'une peur, celle de les voir s'emporter [24] sous les injures. Déjà, un jeune sergent, un
grand maigre dont les quatre poils de moustaches
se hérissaient, battait des paupières d'une façon inquiétante. Près de lui, un vieux chevronné,[25] au
cuir tanné par vingt campagnes, avait blêmi, quand
il avait vu sa baïonnette tordue comme une paille.
Un autre, une recrue [26] sans doute, sentant encore
le labour, devenait très rouge, chaque fois qu'il s'en-

---

[20] pantalons des « lignards »

[21] Arme pointue qui peut s'ajuster à l'extrémité du
fusil. La *croiser*, c'est la présenter horizontalement, ainsi
ajustée à hauteur des poitrines ennemies.

[22] injure méprisante

[23] Nom populaire du Moyen Âge pour désigner les Bul-
gares, qui avaient alors mauvaise réputation en Europe.
Bons a ici le sens de *vrais*.

[24] se laisser aller à la violence

[25] couvert de *chevrons*, galons marquant le temps de
service

[26] soldat de la dernière levée, donc jeune soldat; *sentant
le labour*: laissant voir qu'il arrivait de la campagne

tendait traiter de crapule et de canaille. Et les violences ne cessaient pas, les poings tendus, les mots abominables, des pelletées d'accusations et de menaces qui les soufffletaient au visage. Il fallait toute la force de la consigne pour les tenir ainsi, la face muette, dans le hautain et triste silence de la discipline militaire.

Une collision semblait fatale, lorsqu'on vit sortir, derrière la troupe, le porion Richomme, avec sa tête blanche de bon gendarme, bouleversée d'émotion. Il parlait tout haut.

— Nom de Dieu, c'est bête à la fin! On ne peut pas permettre des bêtises pareilles.

Et il se jeta entre les baïonnettes et les mineurs.

— Camarades, écoutez-moi. . . Vous savez que je suis un vieil ouvrier et que je n'ai jamais cessé d'être un des vôtres. Eh bien! nom de Dieu! je vous promets que, si l'on n'est pas juste avec vous, ce sera moi qui dirai aux chefs leurs quatre vérités.[27] . . Mais en voilà de trop, ça n'avance à rien de gueuler des mauvaises paroles à ces braves gens et de vouloir se faire trouer le ventre.

On écoutait, on hésitait. En haut, malheureusement, reparut le profil aigu du petit Négrel.[28] Il craignait sans doute qu'on ne l'accusât d'envoyer un porion, au lieu de se risquer lui-même; et il tâcha de parler. Mais sa voix se perdit au milieu d'un tumulte si épouvantable, qu'il dut quitter de nouveau la fenêtre, après avoir simplement haussé les épaules. Richomme, dès lors, eut beau les supplier en son nom, répéter que cela devait se passer entre camarades: on le repoussait, on le suspectait. Mais il s'entêta, il resta au milieu d'eux.

— Nom de Dieu! qu'on me casse la tête avec vous, mais je ne vous lâche pas, tant que vous serez si bêtes!

Étienne, qu'il suppliait de l'aider à leur faire entendre raison, eut un geste d'impuissance. Il était trop tard, leur nombre maintenant montait à plus de cinq cents. Et il n'y avait pas que des enragés, accourus pour chasser les Borains: des curieux stationnaient, des farceurs qui s'amusaient de la bataille. Au milieu d'un groupe, à quelque distance, Zacharie et Philomène regardaient comme au spectacle, si

paisibles, qu'ils avaient amené les deux enfants, Achille et Désirée. Un nouveau flot arrivait de Réquillart, dans lequel se trouvaient Mouquet et la Mouquette: lui, tout de suite, alla en ricanant taper sur les épaules de son ami Zacharie; tandis qu'elle, très allumée,[29] galopait au premier rang des mauvaise têtes.

Cependant, à chaque minute, le capitaine se tournait vers la route de Montsou. Les renforts demandés n'arrivaient pas, ses soixante hommes ne pouvaient tenir davantage.

Enfin, il eut l'idée de frapper l'imagination de la foule, il commanda de charger les fusils devant elle. Les soldats exécutèrent le commandement, mais l'agitation grandissait, des fanfaronnades et des moqueries.

— Tiens! ces feignants, ils partent pour la cible![30] ricanaient les femmes, la Brûlé, la Levaque et les autres.

La Maheude, la gorge couverte du petit corps d'Estelle, qui s'était réveillée et qui pleurait, s'approchait tellement, que le sergent lui demanda ce qu'elle venait faire, avec ce pauvre mioche.

— Qu'est-ce que ça te fout? répondit-elle. Tire dessus, si tu l'oses.

Les hommes hochaient la tête de mépris. Aucun ne croyait qu'on pût tirer sur eux.

— Il n'y a pas de balles dans leurs cartouches, dit Levaque.

— Est-ce que nous sommes des Cosaques?[31] cria Maheu. On ne tire pas contre des Français, nom de Dieu!

D'autres répétaient que, lorsqu'on avait fait la campagne de Crimée,[32] on ne craignait pas le plomb. Et tous continuaient à se jeter sur les fusils. Si une décharge avait eu lieu à ce moment, elle aurait fauché la foule.

Au premier rang, la Mouquette s'étranglait de fureur, en pensant que des soldats voulaient trouer la peau à des femmes. Elle leur avait craché tous

[27] qui leur parlerai avec une brutale simplicité
[28] l'ingénieur-chef, dûr aux ouvriers, qui le détestent

[29] rouge de passion reflétée sur le visage; *mauvaises têtes:* gens à l'esprit révolté
[30] la planche que visent les soldats en exercice sur le champ de tir; *feignants:* déformation populaire de *fainéants*
[31] cavaliers que l'ancienne Russie recrutait dans l'Ukraine, synonyme ici de *sauvages*
[32] Allusion à la guerre des Franco-Anglais contre la Russie, en 1852. *On ne craignait pas le plomb:* on ne craignait pas les balles.

ses gros mots, elle ne trouvait pas d'injure assez basse. . .

Mais une bousculade se produisit. Le capitaine, pour calmer l'énervement de ses hommes, se décidait à faire des prisonniers. D'un saut, la Mouquette s'échappa, en se jetant entre les jambes des camarades. Trois mineurs, Levaque et deux autres, furent empoignés dans le tas des plus violents, et gardés à vue, au fond de la chambre des porions.

D'en haut, Négrel et Dansaert criaient au capitaine de rentrer, de s'enfermer avec eux. Il refusa, il sentait que ces bâtiments, aux portes sans serrure, allaient être emportés d'assaut, et qu'il y subirait la honte d'être désarmé. Déjà sa petite troupe grondait d'impatience, on ne pouvait fuir devant ces misérables en sabots. Les soixante, acculés au mur, le fusil chargé, firent de nouveau face à la bande.

Il y eut d'abord un recul, un profond silence. Les grévistes restaient dans l'étonnement de ce coup de force. Puis, un cri monta, exigeant les prisonniers, réclamant leur liberté immédiate. Des voix disaient qu'on les égorgeait là-dedans. Et, sans s'être concertés, emportés d'un même élan, d'un même besoin de revanche, tous coururent aux tas de briques voisins, à ces briques dont le terrain marneux fournissait l'argile, et qui étaient cuites sur place. Les enfants les charriaient une à une, des femmes en emplissaient leurs jupes. Bientôt, chacun eut à ses pieds des munitions, la bataille à coups de pierres commença.

Ce fut la Brûlé qui se campa[33] la première. Elle cassait les briques, sur l'arête maigre de son genou, et de la main droite, et de la main gauche, elle lâchait les deux morceaux. La Levaque se démanchait les épaules, si grosse, si molle, qu'elle avait dû s'approcher pour taper juste, malgré les supplications de Bouteloup, qui la tirait en arrière, dans l'espoir de l'emmener, maintenant que le mari était à l'ombre.[34] Toutes s'excitaient, la Mouquette, ennuyée de se mettre en sang, à rompre les briques sur ses cuisses trop grasses, préférait les lancer entières. Des gamins eux-mêmes entraient en ligne, Bébert montrait à Lydie comment on envoyait ça, par-dessous le coude. C'était une grêle, des grêlons

énormes, dont on entendait les claquements sourds. Et, soudain, au milieu de ces furies, on aperçut Catherine, les poings en l'air, brandissant elle aussi des moitiés de brique, les jetant de toute la force de ses petits bras. Elle n'aurait pu dire pourquoi, elle suffoquait, elle crevait d'une envie de massacrer le monde. Est-ce que ça n'allait pas être bientôt fini, cette sacrée existence de malheur? Elle en avait assez, d'être giflée et chassée par son homme,[35] de patauger ainsi qu'un chien perdu dans la boue des chemins, sans pouvoir seulement demander une soupe à son père, en train d'avaler sa langue[36] comme elle. Jamais ça ne marchait mieux, ça se gâtait au contraire depuis qu'elle se connaissait; et elle cassait des briques, et elle les jetait devant elle, avec la seule idée de balayer tout, les yeux si aveuglés de sang, qu'elle ne voyait même pas à qui elle écrasait les mâchoires.

Étienne, resté devant les soldats, manqua d'avoir le crâne fendu. Son oreille enflait, il se retourna, il tressaillit en comprenant que la brique était partie des poings fiévreux de Catherine; et, au risque d'être tué, il ne s'en allait pas, il la regardait. Beaucoup d'autres s'oubliaient[37] également là, passionnés par la bataille, les mains ballantes. Mouquet jugeait les coups, comme s'il eût assisté à une partie de bouchon:[38] oh! celui-là, bien tapé! et cet autre, pas de chance! Il rigolait, il poussait du coude Zacharie, qui se querellait avec Philomène, parce qu'il avait giflé Achille et Désirée, en refusant de les prendre sur son dos, pour qu'ils pussent voir. Il y avait des spectateurs, massés au loin, le long de la route. Et, en haut de la pente, à l'entrée du coron, le vieux Bonnemort venait de paraître, se traînant sur une canne, immobile maintenant, droit dans le ciel couleur de rouille.

Dès les premières briques lancées, le porion Richomme s'était planté de nouveau entre les soldats et les mineurs. Il suppliait les uns, il exhortait les autres, insoucieux du péril, si désespéré que de grosses larmes lui coulaient des yeux. On n'entendait pas ses paroles au milieu du vacarme, on voyait

---

[33] prit une posture provocante
[34] c'est-à-dire: prisonnier
[35] le mineur avec qui elle vivait
[36] s'obliger à se taire
[37] ne bougeaient plus
[38] jeu dans lequel on met des pièces de monnaie sur un bouchon qu'il s'agit d'abattre avec un palet (morceau de métal plat et rond)

seulement ses grosses moustaches grises qui tremblaient.

Mais la grêle des briques devenait plus drue, les
hommes s'y mettaient, à l'exemple des femmes.

Alors, la Maheude s'aperçut que Maheu demeurait en arrière. Il avait les mains vides, l'air sombre.

— Qu'est-ce que tu as, dis? cria-t-elle. Est-ce que
tu les [39] lâches? est-ce que tu vas laisser conduire tes
camarades en prison? . . . Ah! si je n'avais pas
cette enfant, tu verrais!

Estelle, qui s'était cramponnée à son cou en hurlant, l'empêchait de se joindre à la Brûlé et aux
autres. Et, comme son homme ne semblait pas entendre, elle lui poussa du pied des briques dans les
jambes.

— Nom de Dieu! veux-tu prendre ça! Faut-il que
je te crache à la figure devant le monde, pour te
donner du cœur? [40]

Redevenu très rouge, il cassa des briques, il les
jeta. Elle le cinglait, l'étourdissait, aboyait derrière
lui des paroles de mort, en étouffant sa fille sur sa
gorge, dans ses bras crispés; et il avançait toujours,
il se trouva en face des fusils.

Sous cette rafale de pierres, la petite troupe disparaissait. Heureusement, elles tapaient trop haut,
le mur en était criblé. Que faire? l'idée de rentrer,
de tourner le dos, empourpra un instant le visage
pâle du capitaine; mais ce n'était même plus possible, on les écharperait, au moindre mouvement.
Une brique venait de briser la visière de son képi,
des gouttes de sang coulaient de son front. Plusieurs de ses hommes étaient blessés; et il les sentait
hors d'eux,[41] dans cet instinct débridé [42] de la défense personnelle, où l'on cesse d'obéir aux chefs. Le
sergent avait lâché un nom de Dieu! l'épaule gauche
à moitié démontée, la chair meurtrie par un choc
sourd, pareil à un coup de battoir dans du linge.
Eraflée à deux reprises, la recrue avait un pouce
broyé, tandis qu'une brûlure l'agaçait au genou
droit: est-ce qu'on se laisserait embêter longtemps
encore? Une pierre ayant ricoché et atteint le vieux
chevronné sous le ventre, ses joues verdirent, son
arme trembla, s'allongea, au bout de ses bras

maigres. Trois fois, le capitaine fut sur le point de
commander le feu. Une angoisse l'étranglait, une
lutte interminable de quelques secondes [43] heurta
en lui des idées, des devoirs, toutes ses croyances
d'homme et de soldat. La pluie des briques redoublait, et il ouvrait la bouche, il allait crier: Feu!
lorsque les fusils partirent d'eux-mêmes, trois coups
d'abord, puis cinq, puis un roulement de peloton,[44]
puis un coup tout seul, longtemps après, dans le
grand silence.

Ce fut une stupeur. Ils avaient tiré, la foule béante
restait immobile, sans le croire encore. Mais des cris
déchirants s'élevèrent, tandis que le clairon sonnait
la cessation du feu. Et il y eut une panique folle, un
galop de bétail mitraillé, une fuite éperdue dans la
boue.

Bébert et Lydie s'étaient affaissés l'un sur l'autre,
aux trois premiers coups, la petite frappée à la face,
le petit troué au-dessous de l'épaule gauche. Elle,
foudroyée, ne bougeait plus. Mais lui, remuait, la
saisissait à pleins bras, dans les convulsions de
l'agonie, comme s'il eût voulu la reprendre, ainsi
qu'il l'avait prise, au fond de la cachette noire, où
ils venaient de passer leur nuit dernière. Et Jeanlin,
justement, qui accourait enfin de Réquillart, bouffi
de sommeil, gambillant [45] au milieu de la fumée,
le regarda étreindre sa petite femme, et mourir.

Les cinq autres coups avaient jeté bas la Brûlé et
le porion Richomme. Atteint dans le dos, au moment où il suppliait les camarades, il était tombé à
genoux; et, glissé sur une hanche, il râlait par terre,
les yeux pleins des larmes qu'il avait pleurées. La
vieille, la gorge ouverte, s'était abattue toute raide
et craquante comme un fagot de bois sec, en bégayant un dernier juron dans le gargouillement du
sang.

Mais alors le feu de peloton balayait le terrain,
fauchait à cent pas les groupes de curieux qui
riaient de la bataille. Une balle entra dans la bouche
de Mouquet, le renversa, fracassé, aux pieds de
Zacharie et de Philomène, dont les deux mioches
furent couverts de gouttes rouges. Au même instant,
la Mouquette recevait deux balles dans le ventre.

---

[39] les camarades
[40] du courage
[41] dans un état d'extrême fureur
[42] emportés par cet instinct que rien ne retenait plus

[43] Elle paraît interminable, alors qu'elle ne dure que
quelques secondes.
[44] ensemble de coups tirés par un groupe de soldats
[45] se traînant d'une jambe après l'autre

Elle avait vu les soldats épauler, elle s'était jetée, d'un mouvement instinctif de bonne fille, devant Catherine, en lui criant de prendre garde; et elle poussa un grand cri, elle s'étala sur les reins, culbutée par la secousse. Étienne accourut, voulut la relever, l'emporter; mais, d'un geste, elle disait qu'elle était finie. Puis, elle hoqueta, sans cesser de leur sourire à l'un et à l'autre, comme si elle était heureuse de les voir ensemble, maintenant qu'elle s'en allait.[46]

Tout semblait terminé, l'ouragan des balles s'était perdu très loin, jusque dans les façades du coron, lorsque le dernier coup partit, isolé, en retard.

Maheu, frappé en plein cœur, vira sur lui-même et tomba la face dans une flaque d'eau, noire de charbon.

Stupide, la Maheude se baissa.

— Eh! mon vieux, relève-toi. Ce n'est rien, dis?

Les mains gênées par Estelle, elle dut la mettre sous un bras, pour retourner la tête de son homme.

— Parle-donc! où as-tu mal?

Il avait les yeux vides, la bouche baveuse d'une écume sanglante. Elle comprit, il était mort. Alors, elle resta assise dans la crotte, sa fille sous le bras comme un paquet, regardant son vieux d'un air hébété.

La fosse était libre. De son geste nerveux, le capitaine avait retiré, puis remis son képi coupé par une pierre; et il gardait sa raideur blême devant le désastre de sa vie;[47] pendant que ses hommes, aux faces muettes, rechargeaient leurs armes. On aperçut les visages effarés de Négrel et de Dansaert, à la fenêtre de la recette. Souvarine était derrière eux, le front barré d'une grande ride, comme si le clou de son idée fixe se fût imprimé là, menaçant. De l'autre côté de l'horizon, au bord du plateau, Bonnemort n'avait pas bougé, calé d'une main sur sa canne, l'autre main aux sourcils pour mieux voir, en bas, l'égorgement des siens. Les blessés hurlaient, les morts se refroidissaient dans des postures cassées, boueux de la boue liquide du dégel, çà et là envasés parmi les taches d'encre du charbon, qui reparaissaient sous les lambeaux salis de la neige. Et, au milieu de ces cadavres d'hommes, tout petits, l'air pauvre avec leur maigreur de misère, gisait le cadavre de Trompette, un tas de chair morte, monstrueux et lamentable.

Étienne n'avait pas été tué. Il attendait toujours, près de Catherine tombée de fatigue et d'angoisse, lorsqu'une voix vibrante le fit tressaillir. C'était l'abbé Ranvier,[48] qui revenait de dire sa messe, et qui, les deux bras en l'air, dans une fureur de prophète, appelait sur les assassins la colère de Dieu. Il annonçait l'ère de justice, la prochaine extermination de la bourgeoisie par le feu du ciel, puisqu'elle mettait le comble à ses crimes en faisant massacrer les travailleurs et les déshérités de ce monde.

[46] Étienne avait été son amant.

[47] Sa carrière militaire est compromise, et le souvenir des morts l'obsédera.

[48] jeune curé, d'esprit évangélique, hostile aux possesseurs et dirigeants des mines

VI. *Parnasse et Symbolisme*

LECONTE DE LISLE (1818–1894)

NÉ DANS L'ÎLE FRANÇAISE de La Réunion, Leconte de Lisle y vécut et étudia jusqu'à sa dix-neuvième année. Sa famille l'envoya alors pour faire son droit, à Rennes. Il avait vingt-sept ans lorsqu'il arriva à Paris. On le destinait au commerce, on le fit voyager dans l'Inde, à Madagascar, à travers les îles de la Sonde, mais il préféra s'adonner à la poésie, en donnant des leçons pour ne pas être à charge à ses parents.

Son père, chirurgien militaire, avait été grand admirateur de l'Encyclopédie, et le jeune homme professa toujours des idées républicaines et humanitaires. Il était de retour à La Réunion lorsqu'une revue fouriériste le rappela à Paris. En 1848, il prit part à une propagande active avec les clubs que la capitale envoyait dans les départements. Le Coup d'État de 1851 l'accabla. Il ne s'occupa plus que de poésie.

Ignoré du public, qu'il méprisait, il recevait chaque samedi soir les jeunes poètes qui devinrent ses disciples et formèrent l'*école parnassienne* dont il a été le chef. L'école porte ce nom parce qu'elle se groupait autour d'une publication que l'éditeur Lemerre avait appelée « *Le Parnasse contemporain* ». Elle rassembla des poètes dont les principaux se nomment Léon Dierx, Louis Ménard, Jean Lahor, J.-M. de Heredia, Sully Prudhomme, François Coppée. Leconte de Lisle, en 1872, fut nommé bibliothécaire au Sénat, il s'assit en 1886 à l'Académie dans le fauteuil de Victor Hugo. Il est mort à Louveciennes.

Leconte de Lisle représente en poésie la réaction contre le romantisme, auquel il reprochait surtout l'expression indiscrète de la personne intime, comme dans *Les Méditations,* et les préoccupations de la conscience morale, comme dans *Les Contemplations.* Il voulut refaire *La Légende des siècles,* mais dans l'esprit le plus objectif, en historien et en philosophe. Il n'en a pas moins laissé percer malgré lui son *Moi,* qui était pessimiste, nihiliste, athée.

Les *Poèmes antiques* (1852), les *Poèmes barbares* (1862), les *Poèmes tragiques* (1884), et les *Derniers poèmes* (1895) sont consacrés à la nature de son pays natal et aux animaux de grande taille qu'il y avait vus ou entrevus (lions, jaguars, éléphants); aux civilisations mortes de la Grèce et de l'Inde, aux anciennes religions; enfin à un idéal de liberté et de justice qui fait contraste avec la platitude utilitaire de la société et les difficultés cruelles de la vie. Un pes-

simisme sombre et fier domine toute l'œuvre. Les vers sont d'une grande beauté
formelle qui a servi d'exemple à tous les poètes parnassiens.

Leconte de Lisle avait traduit dans une prose noble et pleine toute une littérature de la Grèce antique: Homère, Hésiode, Théocrite, les Tragiques
(Eschyle, Sophocle, Euripide).

MIDI

Midi, roi des étés, épandu sur la plaine,
Tombe en nappes d'argent des hauteurs du ciel
   bleu.
Tout se tait. L'air flamboie et brûle sans haleine; [1]
La terre est assoupie en sa robe de feu.

L'étendue est immense, et les champs n'ont point
   d'ombre,
Et la source est tarie où buvaient les troupeaux;
La lointaine forêt, dont la lisière est sombre,
Dort là-bas, immobile, en un pesant repos. [2]

Seuls, les grands blés mûris, tels qu'une mer dorée,
Se déroulent au loin, dédaigneux du sommeil; [3]
Pacifiques enfants de la terre sacrée,
Ils épuisent [4] sans peur la coupe du soleil.

Parfois, comme un soupir de leur âme brûlante,
Du sein des épis lourds qui murmurent entre eux,
Une ondulation majestueuse et lente
S'éveille, et va mourir à l'horizon poudreux. [5]

Non loin, quelques bœufs blancs, couchés parmi les
   berbes,
Bavent avec lenteur sur leurs fanons [6] épais,
Et suivent de leurs yeux languissants et superbes
Le songe intérieur qu'ils n'achèvent jamais.

Homme, si, le cœur plein de joie ou d'amertume,
Tu passais vers midi dans les champs radieux,
Fuis! la nature est vide et le soleil consume:
Rien n'est vivant ici, rien n'est triste ou joyeux.

Mais si, désabusé des larmes et du rire,
Altéré de [7] l'oubli de ce monde agité,

Tu veux, ne sachant plus pardonner ou maudire, [8]
Goûter une suprême et morne volupté,

Viens! Le soleil te parle en paroles sublimes;
Dans sa flamme implacable absorbe-toi sans fin;
Et retourne à pas lents vers les cités infimes, [9]
Le cœur trempé [10] sept fois dans le néant divin. [11]

(Poèmes antiques)

HYPATHIE [12]

Au déclin des grandeurs qui dominent la terre,
Quand les cultes divins, sous les siècles ployés,
Reprenant de l'oubli le sentier solitaire,
Regardent s'écrouler leurs autels foudroyés; [13]

Quand du chêne d'Hellas [14] la feuille vagabonde
Des parvis désertés efface le chemin,
Et qu'au delà des mers, où l'ombre [15] épaisse
   abonde,
Vers un jeune soleil [16] flotte l'esprit humain;

Toujours des Dieux vaincus embrassant la fortune, [17]
Un grand cœur les défend du sort injurieux:

[1] sans dégager la moindre vapeur
[2] un repos qui paraît alourdir le volume de la forêt
[3] vers expliqué par la quatrième strophe
[4] ils vident
[5] enveloppé de poussière flottante
[6] peau pendante que les bœufs ont sous la gorge
[7] recherchant passionnément

[8] pardon ou malédiction pour le mal que nous font la
vie et les hommes
[9] infimes par rapport à la nature
[10] qui a reçu la trempe, comme l'acier
[11] le *Tout* avec lequel Dieu se confond et dans lequel
les êtres particuliers se dissolvent
[12] Grecque illustre (370–415 après J.–C.), très belle et
de grand savoir. Elle a enseigné à l'école d'Alexandrie la
philosophie, les mathématiques, et l'astronomie. Elle était
restée fidèle aux croyances païennes. Un jour, une foule de
chrétiens s'empara d'elle, la tua et promena son corps à
travers la ville.
[13] sens de la strophe: quand les religions séculaires sont
abandonnées et haïes
[14] arbre sacré et le plus ancien oracle de la Grèce ou
Hellade
[15] symbole de l'ignorance et de la peur
[16] un dieu nouveau
[17] la destinée

L'aube des jours nouveaux [18] le blesse et l'importune,
Il suit à l'horizon l'astre de ses aïeux.[19]

Pour un destin meilleur qu'un autre siècle naisse
Et d'un monde épuisé s'éloigne sans remords:
Fidèle au songe heureux [20] où fleurit sa jeunesse,
Il entend tressaillir [21] la poussière des morts.

Les sages, les héros se lèvent pleins de vie!
Les poètes en chœur murmurent leurs beaux noms;
Et l'Olympe idéal, qu'un chant sacré convie,[22]
Sur l'ivoire s'assied dans les blancs Parthénons.[23]

Ô vierge,[24] qui, d'un pan de ta robe pieuse,
Couvris la tombe auguste où s'endormaient tes
    Dieux,
De leur culte éclipsé prêtresse harmonieuse,
Chaste et dernier rayon détaché de leurs cieux! [25]

Je t'aime et te salue, ô vierge magnanime!
Quand l'orage ébranla le monde paternel,[26]
Tu suivis dans l'exil cet Œdipe [27] sublime,
Et tu l'enveloppas d'un amour éternel.

Debout, dans ta pâleur, sous les sacrés portiques [28]
Que des peuples ingrats abandonnait l'essaim,[29]
Pythonisse [30] enchaînée aux trépieds prophétiques,
Les Immortels trahis palpitaient dans ton sein.[31]

Tu les voyais passer dans la nue [32] enflammée!
De science et d'amour ils t'abreuvaient encor;

Et la terre écoutait, de ton rêve charmée,
Chanter l'abeille attique [33] entre tes lèvres d'or.

Comme un jeune lotos [34] croissant sous l'œil des
    sages,
Fleur de leur éloquence et de leur équité,
Tu faisais, sur la nuit moins sombre des vieux âges,
Resplendir ton génie à travers ta beauté! [35]

Le grave enseignement des vertus éternelles
S'épanchait de ta lèvre au fond des cœurs charmés;
Et les Galiléens [36] qui te rêvaient des ailes
Oubliaient leur Dieu mort pour tes Dieux bien
    aimés.

Mais le siècle [37] emportait ces âmes insoumises
Qu'un lien trop fragile enchaînait à tes pas;
Et tu les voyais fuir vers les terres promises;
Mais toi, qui savais tout, tu ne les suivis pas!

Que t'importait, ô vierge, un semblable délire?
Ne possédais-tu pas cet idéal cherché?
Va! dans ces cœurs troublés tes regards savaient lire,
Et les Dieux bienveillants ne t'avaient rien caché.

Ô sage enfant, si pure entre tes sœurs mortelles!
Ô noble front, sans tache entre les fronts sacrés!
Quelle âme avait chanté sur des lèvres plus belles,
Et brûlé plus limpide en des yeux inspirés?

Sans effleurer jamais ta robe immaculée,
Les souillures du siècle ont respecté tes mains:
Tu marchais, l'œil tourné vers la Vie étoilée,
Ignorante des maux et des crimes humains.

Le vil Galiléen [38] t'a frappée et maudite,
Mais tu tombas plus grande! [39] Et maintenant,
    hélas!

[18] la naissance de la religion nouvelle
[19] la religion ancienne
[20] la croyance illusoire qui le rendait heureux dans sa jeunesse
[21] éprouver une subite émotion, comme pour ressusciter
[22] l'assemblée des dieux du paganisme, rappelée et réunie par le chœur des poètes et des sages
[23] temples dont le Parthénon est le modèle
[24] Hypathie
[25] Cf. la note 12.
[26] le monde dont ton père partageait les croyances
[27] Grec légendaire chassé de sa patrie à la suite de crimes involontaires. Le poète lui compare le père d'Hypathie.
[28] édifices grecs où les philosophes donnaient leur enseignement
[29] que l'essaim des peuples ingrats abandonnait
[30] Prêtresse antique. Elle rendait des oracles, assise sur un siège appelé *trépied*.
[31] Les dieux (appelés « Immortels » par les Grecs anciens), trahis pour un Dieu nouveau, semblaient vivre encore dans le cœur d'Hypathie.
[32] le haut des airs livré au feu du soleil

[33] symbole de la sagesse éloquente, que les Grecs anciens disaient voir sur les lèvres de Platon
[34] nom grec du nénuphar blanc, plante sacrée pour les Anciens
[35] Cf. la note 12.
[36] nom que les païens donnèrent à Jésus (né en Galilée), puis aux chrétiens
[37] l'époque, inspirée par des idées nouvelles
[38] Cf. la note 36.
[39] C'est-à-dire: rendue plus noble encore par ta chute héroïque.

Le souffle de Platon [40] et le corps d'Aphrodite [41]
Sont partis à jamais pour les beaux cieux d'Hellas!

Dors, ô blanche victime, en notre âme profonde,
Dans ton linceul de vierge et ceinte de lotos;
Dors! l'impure laideur est la reine du monde,
Et nous avons perdu le chemin de Paros. [42]

Les Dieux sont en poussière et la terre est muette:
Rien ne parlera plus dans ton ciel déserté.
Dors! mais, vivante en lui, [43] chante au cœur du
     poète
L'hymne mélodieux de la sainte Beauté! [44]

Elle seule survit, immuable, éternelle.
La mort peut disperser les univers tremblants,
Mais la Beauté flamboie, et tout renaît en elle,
Et les mondes encor roulent sous ses pieds blancs!

(Poèmes antiques)

LES ÉLÉPHANTS

Le sable rouge est comme une mer sans limite,
Et qui flambe, muette, affaissée en son lit. [45]
Une ondulation immobile remplit
L'horizon aux vapeurs de cuivre [46] où l'homme
     habite.

Nulle vie et nul bruit. Tous les lions repus
Dorment au fond de l'antre éloigné de cent lieues,
Et la girafe boit dans les fontaines bleues,
Là-bas, sous les dattiers des panthères connus.

Pas un oiseau ne passe en fouettant de son aile
L'air épais, où circule un immense soleil.
Parfois quelque boa, chauffé dans son sommeil,
Fait onduler son dos dont l'écaille étincelle.

Tel l'espace enflammé brûle sous les cieux clairs.
Mais, tandis que tout dort aux mornes solitudes,
Les éléphants rugueux, voyageurs lents et rudes,
Vont au pays natal à travers les déserts.

D'un point de l'horizon, comme des masses brunes,
Ils viennent, soulevant la poussière, et l'on voit,
Pour ne pas dévier du chemin le plus droit,
Sous leur pied large et sûr crouler au loin les
     dunes. [47]

Celui qui tient la tête est un vieux chef. Son corps
Est gercé comme un tronc que le temps ronge et
     mine;
Sa tête est comme un roc, et l'arc de son échine
Se voûte puissamment à ses moindres efforts.

Sans ralentir jamais et sans hâter sa marche,
Il guide au but certain ses compagnons poudreux;
Et, creusant par derrière un sillon sablonneux,
Les pèlerins massifs suivent leur patriarche. [48]

L'oreille en éventail, la trompe entre les dents,
Ils cheminent, l'œil clos. Leur ventre bat et fume,
Et leur sueur dans l'air embrasé monte en brume;
Et bourdonnent autour [49] mille insectes ardents.

Mais qu'importent la soif et la mouche vorace,
Et le soleil cuisant leur dos noir et plissé?
Ils rêvent en marchant du pays délaissé,
Des forêts de figuiers où s'abrita leur race.

Ils reverront le fleuve échappé des grands monts,
Où nage en mugissant l'hippopotame énorme,
Où, blanchis par la lune et projetant leur forme, [50]
Ils descendaient pour boire en écrasant les joncs.

Aussi, pleins de courage et de lenteur, ils passent
Comme une ligne noire au sable illimité;
Et le désert reprend son immobilité
Quand les lourds voyageurs à l'horizon s'effacent.

(Poèmes barbares)

[40, 41] *Platon*, illustre philosophe de la Grèce antique (427–347 av. J.-C.); *Aphrodite*: nom grec de Vénus, déesse de la beauté (mythologie). Ce sont ici les deux symboles de la science et de la beauté, chassés d'Alexandrie et réfugiés en Grèce (Hellas).
[42] île des Cyclades, jadis célèbre pour ses beaux marbres blancs, pays symbolique de la pure beauté intellectuelle
[43] lui: le poète
[44] beauté physique et spirituelle
[45] C'est le désert, enflammé par le soleil.
[46] vapeurs chauffées et rougeâtres qui s'élèvent au-dessus des oasis

[47] Ils ne prennent pas souci des inégalités du terrain de sable.
[48] C'est en effet un pèlerinage au « pays natal ».
[49] autour d'eux; *ardents*: qui brûlent par leurs piqûres et morsures
[50] leur ombre portée par la lumière lunaire

SACRA FAMES [51]

L'immense mer sommeille. Elle hausse et balance
Ses houles où le ciel met d'éclatants îlots. [52]
Une nuit d'or emplit d'un magique silence
La merveilleuse horreur de l'espace et des flots.

Les deux gouffres [53] ne font qu'un abîme sans borne
De tristesse, de paix et d'éblouissement,
Sanctuaire et tombeau, désert splendide et morne
Où des millions d'yeux regardent fixement. [54]

Tels, le ciel magnifique et les eaux vénérables
Dorment dans la lumière et dans la majesté,
Comme si la rumeur des vivants misérables [55]
N'avait troublé jamais leur rêve illimité.

Cependant, plein de faim dans sa peau flasque et
    rude,
Le sinistre Rôdeur des steppes de la mer [56]
Vient, va, tourne, et, flairant au loin la solitude,
Entre-bâille d'ennui ses mâchoires de fer.

Certes, il n'a souci de l'immensité bleue,
Des Trois Rois, du Triangle ou du long Scorpion [57]
Qui tord dans l'infini sa flamboyante queue,

Ni de l'Ourse qui plonge au clair Septentrion. [58]

Il ne sait [59] que la chair qu'on broie et qu'on dépèce,
Et, toujours absorbé dans son désir sanglant,
Au fond des masses d'eau lourdes d'une ombre
    épaisse
Il laisse errer son œil terne, impassible et lent.

Tout est vide et muet. Rien qui nage ou qui flotte,
Qui soit vivant ou mort, qu'il puisse entendre ou
    voir.
Il reste inerte, aveugle, et son grêle pilote [60]
Se pose pour dormir sur son aileron noir.

Va, monstre! tu n'es pas autre que nous ne sommes,
Plus hideux, plus féroce, ou plus désespéré.
Console-toi! demain tu mangeras des hommes,
Demain par l'homme aussi tu seras dévoré.

La Faim sacrée [61] est un long meurtre légitime
Des profondeurs de l'ombre aux cieux resplendis-
    sants,
Et l'homme et le requin, égorgeur ou victime,
Devant ta face, ô Mort, sont tous deux innocents.

                         (*Poèmes tragiques*)

[51] expression latine: faim sacrée
[52] éclats de lumière
[53] la mer et le ciel
[54] les yeux des bêtes marines et des oiseaux
[55] les humains
[56] le requin
[57] noms de constellations

[58] Le Nord. Il s'agit de la petite Ourse.
[59] il ne connaît
[60] petit poisson qui sert de guide au requin
[61] *Sacrée*, c'est-à-dire: qui exige d'être respectée, puisque
la Nature l'impose.

BAUDELAIRE (1821–1867)

Charles Baudelaire était fils d'un fonctionnaire du sénat impérial qui avait
des dons d'artiste et fréquentait l'aristocratie intellectuelle de l'époque. Né à
Paris en 1821, il perdit son père à sept ans, et il a souffert du remariage de sa
mère avec le commandant et futur général Aupick. Cette mère était d'ailleurs
névrosée et dévote; c'est la servante Mariette, « servante au grand cœur », qui
gâtait l'enfant.

    Après des études commencées à Lyon, poursuivies à Paris, l'adolescent mena
une vie très libre au Quartier Latin, se lia avec de jeunes poètes, composa ses
premiers vers. Pour l'arracher à la bohème, sa famille le fit voyager sur un
paquebot des mers du Sud pendant l'hiver de 1841–42. Se grisa-t-il mélancolique-

        L'HOMME

ment de l'Océan et des ports? En tout cas, après l'escale à l'île Maurice, il exigea son rapatriement: il avait atteint l'âge de la majorité.

Une fois maître de l'argent qui lui revenait de son père (75.000 francs or), Baudelaire a mené une existence d'élégant raffiné (ce qu'on appelait un dandy) et très vite a dissipé sa petite fortune. Banville dit qu'il avait alors un visage de jeune dieu. Il était l'amant d'une mulâtresse, Jeanne Duval; il fut quelque temps l'amoureux quasi mystique de Madame Sabatier, demi-mondaine qui recevait dans son salon beaucoup d'hommes de lettres. Plusieurs poèmes ont été inspirés par ces deux femmes.

Baudelaire s'est mêlé aux révolutionnaires de 1848, mais la littérature le prit bientôt tout entier. Il fit de la critique d'art, soutenant l'effort des peintres les plus originaux de l'époque, Courbet, Corot, Manet. Il fit également de la critique littéraire, et il découvrit à vingt-cinq ans le génie d'Edgar Poe. Cependant ce sont *Les Fleurs du mal* qui lui acquirent la célébrité, surtout à cause de sa condamnation en correctionnelle à la suite d'un absurde procès pour prétendue offense de certains poèmes du recueil à la morale publique. Sa réputation depuis lors n'a cessé de grandir.

Malheureusement le poète avait la santé délabrée. La maladie et la pauvreté, après son procès, lui ont fait une existence qui devait devenir tragique. Au cours d'une série de conférences en Belgique, un soir à Namur, il tomba terrassé par une hémiplégie avec aphasie conséquente. Ramené à Paris, il est mort dans la maison de santé du docteur Duval.

L'ŒUVRE

Malgré l'intérêt de ses essais de critique, *L'Art romantique* (1869), malgré la beauté des *Petits Poèmes en prose* (1869), Baudelaire doit sa gloire à son livre de vers, *Les Fleurs du mal,* composé en une quinzaine d'années et paru en 1857. C'est, en dépit des apparences, une œuvre de haute et exaltante spiritualité, dans laquelle une mystique venue de Platon rencontre la mystique chrétienne et s'unit avec elle. Pour Baudelaire, l'homme possédé par le mal cherche à lui échapper au moyen de l'amour, du voyage, et de l'art, et aspire à un paradis perdu qu'il entrevoit à travers les apparentes réalités et leurs mystérieuses « correspondances ».

Hugo a félicité Baudelaire d'avoir introduit dans la poésie « un frisson nouveau ». Ce frisson vient de la richesse des images, de la magie des rapports établis entre toutes choses, de la musique verbale, qui arrivent à créer une extraordinaire harmonie et à donner par elle l'impression qu'il y a derrière toutes les émotions humaines quelque chose de divin.

L'auteur des *Fleurs du mal* a été le maître de Verlaine, de Mallarmé, et de Rimbaud.

Les Fleurs du mal

L'ALBATROS

Souvent, pour s'amuser, les hommes d'équipage
Prennent des albatros, vastes oiseaux des mers,
Qui suivent, indolents compagnons de voyage,
Le navire glissant sur les gouffres amers.

A peine les ont-ils déposés sur les planches,
Que ces rois de l'azur, maladroits et honteux,
Laissent piteusement leurs grandes ailes blanches
Comme des avirons traîner à côté d'eux.

Ce voyageur ailé, comme il est gauche et veule!
Lui, naguère si beau, qu'il est comique et laid!
L'un agace son bec avec un brûle-gueule,[1]
L'autre mime, en boitant, l'infirme qui volait!

Le Poëte est semblable au prince des nuées
Qui hante la tempête et se rit de l'archer;
Exilé sur le sol au milieu des huées,[2]
Ses ailes de géant l'empêchent de marcher.

CORRESPONDANCES

La Nature est un temple où de vivants piliers[3]
Laissent parfois sortir de confuses paroles;
L'homme y passe à travers des forêts de symboles[4]
Qui l'observent avec des regards familiers.

Comme de longs échos qui de loin se confondent
Dans une ténébreuse et profonde unité,
Vaste comme la nuit et comme la clarté,
Les parfums, les couleurs et les sons se répondent.[5]

Il est des parfums[6] frais comme des chairs d'en-
fants,
Doux comme les hautbois, verts comme les prairies,
— Et d'autres, corrompus, riches et triomphants,

Ayant l'expansion des choses infinies,
Comme l'ambre, le musc, le benjoin et l'encens,
Qui chantent les transports de l'esprit et des sens.[7]

LA VIE ANTÉRIEURE [8]

J'ai longtemps habité sous de vastes portiques
Que les soleils marins teignaient de mille feux,
Et que leurs grands piliers, droits et majestueux,
Rendaient pareils, le soir, aux grottes basaltiques.[9]

Les houles, en roulant les images des cieux,
Mêlaient d'une façon solennelle et mystique [10]
Les tout-puissants accords de leur riche musique
Aux couleurs du couchant reflété par mes yeux.

C'est là que j'ai vécu dans les voluptés calmes,
Au milieu de l'azur, des vagues, des splendeurs
Et des esclaves nus, tout imprégnés d'odeurs,

Qui me rafraîchissaient le front avec des palmes,[11]
Et dont l'unique soin était d'approfondir
Le secret douloureux qui me faisait languir.

L'HOMME ET LA MER

Homme libre, toujours tu chériras la mer!
La mer est ton miroir; tu contemples ton âme
Dans le déroulement infini de sa lame,
Et ton esprit n'est pas un gouffre moins amer.

Tu te plais à plonger au sein de ton image;
Tu l'embrasses des yeux et des bras, et ton cœur
Se distrait quelquefois de sa propre rumeur [12]
Au bruit de cette plainte indomptable et sauvage.

Vous êtes tous les deux ténébreux et discrets:
Homme, nul n'a sondé le fond de tes abîmes;

---

[1] nom vulgaire de la pipe
[2] les moqueries de la foule
[3] Les arbres, mais le poète pense aux arbres sacrés des légendes antiques.
[4] signes de la nature qu'il faut interpréter pour comprendre la signification spirituelle qu'ils cachent
[5] par leur signification profonde
[6] exemple de « correspondance »

[7] Le poète, en comparant les parfums, oppose les aspirations spirituelles aux désirs de la sensualité.
[8] Imaginée dans le rêve. Le poète en éprouve la nostalgie obscure et douloureuse qu'exprimera le dernier vers.
[9] paysage imaginaire et rêvé, comme tout ce qui suit
[10] supra-terrestre
[11] Le Poëte est le *Roi* de ce pays imaginaire.
[12] le tumulte intérieur des sentiments et des passions

Ô mer, nul ne connaît tes richesses intimes,
Tant vous êtes jaloux de garder vos secrets!

Et cependant voilà des siècles innombrables
Que vous vous combattez sans pitié ni remord,[13]
Tellement vous aimez le carnage et la mort,
Ô lutteurs éternels, ô frères implacables!

UNE CHAROGNE

Rappelez-vous l'objet que nous vîmes, mon âme,[14]
    Ce beau matin d'été si doux:
Au détour d'un sentier une charogne infâme
    Sur un lit semé de cailloux,

Les jambes en l'air, comme une femme lubrique,
    Brûlante et suant les poisons,[15]
Ouvrait d'une façon nonchalante et cynique
    Son ventre plein d'exhalaisons.

Le soleil rayonnait sur cette pourriture,
    Comme afin de la cuire à point,
Et de rendre au centuple à la grande Nature
    Tout ce qu'ensemble elle avait joint;

Et le ciel regardait la carcasse superbe
    Comme une fleur s'épanouir.
La puanteur était si forte, que sur l'herbe
    Vous crûtes vous évanouir[16]

Les mouches bourdonnaient sur ce ventre putride,
    D'où sortaient de noirs bataillons
De larves, qui coulaient comme un épais liquide
    Le long de ces vivants haillons.

Tout cela descendait, montait comme une vague,
    Ou s'élançait en pétillant;
On eût dit que le corps, enflé d'un souffle vague,
    Vivait en se multipliant.

Et ce monde rendait une étrange musique,
    Comme l'eau courante et le vent,
Ou le grain qu'un vanneur d'un mouvement ryth-
    mique
    Agite et tourne dans son van.

Les formes s'effaçaient et n'étaient plus qu'un rêve,
    Une ébauche lente à venir[17]
Sur la toile oubliée, et que l'artiste achève
    Seulement par le souvenir.

Derrière les rochers une chienne inquiète
    Nous regardait d'un œil fâché,
Épiant le moment de reprendre au squelette
    Le morceau qu'elle avait lâché.

— Et pourtant vous serez semblable à cette ordure,
    A cette horrible infection,
Étoile de mes yeux, soleil de ma nature,
    Vous, mon ange et ma passion!

Oui! telle vous serez, ô la reine des grâces,
    Après les derniers sacrements,[18]
Quand vous irez, sous l'herbe et les floraisons
    grasses,
    Moisir parmi les ossements.

Alors, ô ma beauté! dites à la vermine
    Qui vous mangera de baisers,
Que j'ai gardé la forme et l'essence divine
    De mes amours décomposés![19]

LE CHAT

I

Dans ma cervelle se promène,
Ainsi qu'en son appartement,
Un beau chat, fort, doux et charmant.
Quand il miaule, on l'entend à peine,

Tant son timbre est tendre et discret;
Mais que sa voix s'apaise ou gronde,
Elle est toujours riche et profonde.
C'est là son charme et son secret.

Cette voix, qui perle et qui filtre
Dans mon fond le plus ténébreux,

---

[13] Par la navigation, les digues et les tempêtes. *Remord* sans *s* est une licence poétique.
[14] Le poète s'adresse à une femme aimée.
[15] les mauvaises humeurs sécrétées par le corps
[16] à remarquer le violent contraste entre les deux distiques de cette strophe

[17] Les formes étaient comparables à l'ébauche d'une peinture lente à se faire. *Venir*, dans ce sens, est un terme technique chez les peintres.
[18] l'Extrême-Onction administrée par les prêtres aux mourants
[19] C'est-à-dire qu'il restera fidèle à la spiritualité de l'être qui ne meurt que dans sa nature matérielle. *Forme* ici, comme dans la philosophie traditionnelle, désigne ce qui donne l'être à sa matière.

Me remplit comme un vers nombreux [20]
Et me réjouit comme un philtre.[21]

Elle endort les plus cruels maux
Et contient toutes les extases;
Pour dire les plus longues phrases,
Elle n'a pas besoin de mots.

Non, il n'est pas d'archet qui morde
Sur mon cœur, parfait instrument,[22]
Et fasse plus royalement
Chanter sa plus vibrante corde,

Que ta voix, chat mystérieux,
Chat séraphique,[23] chat étrange,
En qui tout est, comme en un ange,
Aussi subtil qu'harmonieux!

II

De sa fourrure blonde et brune
Sort un parfum si doux, qu'un soir
J'en fus embaumé, pour l'avoir
Caressée une fois, rien qu'une.

C'est l'esprit familier du lieu;
Il juge, il préside, il inspire
Toutes choses dans son empire;
Peut-être est-il fée, est-il dieu?

Quand mes yeux, vers ce chat que j'aime,
Tirés comme par un aimant,
Se retournent docilement
Et que je regarde en moi-même,

Je vois avec étonnement
Le feu de ses prunelles pâles,
Clairs fanaux, vivantes opales,
Qui me contemplent fixement.[24]

L'INVITATION AU VOYAGE

Mon enfant, ma sœur,[25]
Songe à la douceur

D'aller là-bas [26] vivre ensemble!
Aimer à loisir,
Aimer et mourir,
Au pays qui te ressemble!
Les soleils mouillés
De ces ciels brouillés
Pour mon esprit ont les charmes
Si mystérieux
De tes traîtres yeux,
Brillant à travers leurs larmes.

Là, tout n'est qu'ordre et beauté,
Luxe, calme et volupté.[27]

Des meubles luisants,
Polis par les ans,
Decoreraient notre chambre;
Les plus rares fleurs
Mêlant leurs odeurs
Aux vagues senteurs de l'ambre,
Les riches plafonds,
Les miroirs profonds,
La splendeur orientale,[28]
Tout y parlerait
A l'âme en secret
Sa douce langue natale.[29]

Là, tout n'est qu'ordre et beauté,
Luxe, calme et volupté.

Vois sur ces canaux
Dormir ces vaisseaux
Dont l'humeur est vagabonde;
C'est pour assouvir
Ton moindre désir
Qu'ils viennent du bout du monde.
— Les soleils couchants
Revêtent les champs,
Les canaux, la ville entière,
D'hyacinthe [30] et d'or;
Le monde s'endort
Dans une chaude lumière.

Là tout n'est qu'ordre et beauté,
Luxe, calme et volupté.

[20] qui a du rythme
[21] breuvage magique
[22] Il est difficile de savoir si ces mots sont en apposition à *archet* ou à *mon cœur* considéré comme violon.
[23] fantastique, puisqu'il habite la cervelle du poète
[24] Le poète laisse s'établir, dans les trois dernières strophes, une confusion entre l'empire du chat et son Moi.
[25] femme tendrement aimée

[26] dans un pays rêvé
[27] caractères de la patrie idéale du poète
[28] le luxe des palais d'Orient
[29] La langue de la vraie patrie, c'est-à-dire de la « vie antérieure »: ce qui explique l'expression « en secret ».
[30] couleur bleue tirant sur le violet

MŒSTA ET ERRABUNDA [31]

Dis-moi, ton cœur parfois s'envole-t-il, Agathe,[32]
Loin du noir océan de l'immonde cité,
Vers un autre océan où la splendeur éclate,
Bleu, clair, profond, ainsi que la virginité?
Dis-moi, ton cœur, parfois, s'envole-t-il, Agathe?

La mer, la vaste mer, console nos labeurs!
Quel démon a doté la mer, rauque chanteuse
Qu'accompagne l'immense orgue des vents gron-
        deurs,
De cette fonction sublime de berceuse?
La mer, la vaste mer, console nos labeurs!

Emporte-moi, wagon! enlève-moi, frégate!
Loin! loin! ici la boue [33] est faite de nos pleurs!
— Est-il vrai que parfois le triste cœur d'Agathe
Dise: Loin des remords, des crimes, des douleurs,
Emporte-moi, wagon, enlève-moi, frégate?

[31] triste et vagabonde
[32] femme inconnue
[33] celle de l'« immonde cité »

Comme vous êtes loin, paradis parfumé,[34]
Où sous un clair azur tout n'est qu'amour et joie,
Où tout ce que l'on aime est digne d'être aimé,
Où dans la volupté pure le cœur se noie!
Comme vous êtes loin, paradis parfumé!

Mais le vert [35] paradis des amours enfantines,
Les courses, les chansons, les baisers, les bouquets,
Les violons vibrant derrière les collines,
Avec les brocs de vin, le soir, dans les bosquets,
— Mais le vert paradis des amours enfantines,

L'innocent paradis, plein de plaisirs furtifs,
Est-il déjà plus loin que l'Inde ou que la Chine?
Peut-on le rappeler avec des cris plaintifs,
Et l'animer encor [36] d'une voix argentine,
L'innocent paradis plein de plaisirs furtifs?

[34] Paradis atteint par le voyage ou retrouvé par le rêve? Ils se confondent.
[35] plein de la verdure des jardins et des champs
[36] Le faire revivre. Le poète passe de l'idéal rêvé au souvenir des jeunes années.

PAUL VERLAINE (1844–1896)

Fils d'un officier de carrière, capitaine du génie, Paul Verlaine naquit à Metz.   *L'HOMME*
Il suivit ses parents à Montpellier, puis à Paris où l'officier s'installa après avoir
démissionné en 1851. Entré dans une institution privée, passé ensuite au lycée
Bonaparte, il a beaucoup lu dès ce moment, peu surveillé par sa famille. Arrivé
à l'âge d'homme, il a occupé une place d'expéditionnaire à l'Hôtel de ville.

Ayant perdu son père à vingt-et-un ans, puis une cousine très aimée, il s'est
mis tout de suite à boire, tout en écrivant des vers, en allant aux réceptions de
Leconte de Lisle, en fréquentant les salons parnassiens. Et à vingt-deux ans, il
publiait son premier recueil, *Poèmes saturniens* (1866). Bientôt il se maria.
Mais la guerre éclata comme il avait vingt-cinq ans. Il s'engagea dans un bataillon de marche. Puis, s'étant quelque peu compromis avec les Communards, il
s'enfuit à Londres. Lorsqu'il revint, il était révoqué. Il se fit courtier d'assurances et vécut chez ses beaux-parents.

C'est alors qu'il tomba sous l'influence d'Arthur Rimbaud, venu lui demander
l'hospitalité. Il quitta sa jeune femme, entreprit avec son ami un voyage
(Bruxelles, Londres, Bruxelles), assaisonné de ruptures et de réconciliations. Au
cours d'une scène violente de jalousie en 1873, à Bruxelles, Verlaine tira sur
Rimbaud deux coups de revolver. La prison de Bruxelles puis celle de Mons
l'ont gardé deux années, pendant lesquelles la tristesse du divorce réclamé par

sa femme et l'action exercée par l'aumônier le ramenèrent à la foi de son enfance. Il écrivit les poèmes de *Sagesse*.

Libre, Verlaine a repris le chemin de l'Angleterre, y a donné des leçons.
Revenu sur le continent, professeur au collège ecclésiastique de Rethel, il s'est
pris d'effection pour le jeune Lucien Létinois, lui a acheté une ferme dans les
Ardennes, s'y est installé avec le garçon et sa famille. Il labourait, fauchait,
soignait les bêtes. Hélas! la petite entreprise agricole périclita, il fallut vendre.
Ensuite la mort de Lucien Létinois l'a désespéré et l'alcool, puis la débauche
prirent définitivement possession de lui. Sa mère lui avait procuré l'abri d'une
maison de campagne achetée pour lui en terre ardennaise. Mais il lui fallait
Paris. Il y a traîné les tristesses du « pauvre Lélian » (anagramme de Paul Verlaine). Une fois sa mère morte, tous les hôpitaux de Paris tour à tour l'ont reçu.
Il mourut frappé d'une congestion pulmonaire dans la misère et la gloire. Il
avait été élu prince des poètes, à la mort de Leconte de Lisle.

L'ŒUVRE

Après une courte période parnassienne, à laquelle appartiennent les *Poèmes
saturniens* (1866) et les *Fêtes galantes* (1869), Verlaine a dégagé son originalité
dans *La Bonne Chanson* (1870), poèmes heureux du fiancé et du jeune marié.
Il devient alors un poète à l'âme ondoyante, usant d'une versification extrêmement souple et musicale. Les *Romances sans paroles* (1874), qui contiennent des
paysages et des portraits adorables, laissent voir avec évidence l'influence de
Rimbaud. *Sagesse* (1881) fait admirer des poèmes chrétiens écrits en l'honneur
de Jésus et de la Vierge. Ce poète bohème et libertin, ce Villon moderne, a été
à ses heures, comme Villon, un poète mystique.

C'est avec *Jadis et naguère* (1885) — où se trouve l'« Art poétique » — que
Verlaine a brisé la conspiration du silence tramée autour de lui. Les poètes
« décadents », dont le plus célèbre est Laforgue, le saluèrent alors comme leur
chef. Il a inspiré également les poètes « symbolistes » (Henri de Régnier, Francis
Jammes, Maurice Maeterlinck, etc.) de concert avec Mallarmé, surtout dans
la recherche des plus fines nuances du sentiment et de la sensation, et dans l'art
de *suggérer* plutôt que de *dire*.

Par delà décadents et symbolistes, l'influence de son jaillissement sensitif et
sentimental s'est répandue dans toute la poésie française du XIXe siècle et même
du XXe.

MON RÊVE FAMILIER

Je fais souvent ce rêve étrange et pénétrant
D'une femme inconnue, et que j'aime, et qui
    m'aime,
Et qui n'est, chaque fois, ni tout à fait la même
Ni tout à fait une autre, et m'aime et me comprend.

Car elle me comprend, et mon cœur, transparent
Pour elle seule hélas! cesse d'être un problème
Pour elle seule, et les moiteurs de mon front blême,
Elle seule les sait rafraîchir en pleurant.

Est-elle brune, blonde ou rousse? — Je l'ignore.
Son nom? Je me souviens qu'il est doux et sonore
Comme ceux des aimés que la Vie exila.

Son regard est pareil au regard des statues,
Et, pour sa voix, lointaine, et calme, et grave, elle a
L'inflexion des voix chères qui se sont tues.[1]

(*Poèmes saturniens*)

CHANSON D'AUTOMNE

Les sanglots longs
Des violons
  De l'automne [2]
Blessent mon cœur
D'une langueur
  Monotone.

Tout suffocant
Et blême, quand
  Sonne l'heure,
Je me souviens
Des jours anciens
  Et je pleure;

Et je m'en vais
Au vent mauvais
  Qui m'emporte
Deçà, delà,
Pareil à la
  Feuille morte.

(*Poèmes saturniens*)

COLLOQUE SENTIMENTAL [3]

Dans le vieux parc solitaire et glacé
Deux formes ont tout à l'heure passé.

Leurs yeux sont morts et leurs lèvres sont molles,
Et l'on entend à peine leurs paroles,

Dans le vieux parc solitaire et glacé
Deux spectres ont évoqué le passé.

— Te souvient-il de notre extase ancienne?
— Pourquoi voulez-vous donc qu'il m'en souvienne?

— Ton cœur bat-il toujours à mon seul nom?
Toujours vois-tu mon âme en rêve? — Non.

— Ah! les beaux jours de bonheur indicible
Où nous joignions nos bouches! — C'est possible.

— Qu'il était bleu, le ciel, et grand, l'espoir!
— L'espoir a fui, vaincu, vers le ciel noir.

Tels ils marchaient dans les avoines folles,[4]
Et la nuit seule entendit leurs paroles.

(*Fêtes galantes*)

ARIETTE OUBLIÉE

Il pleure [5] dans mon cœur
Comme il pleut sur la ville.
Quelle est cette langueur
Qui pénètre mon cœur?

Ô bruit doux de la pluie
Par terre et sur les toits!
Pour un cœur qui s'ennuie,
Ô le chant de la pluie!

Il pleure sans raison
Dans ce cœur qui s'écœure.
Quoi! nulle trahison?
Ce deuil est sans raison.

C'est bien la pire peine
De ne savoir pourquoi,
Sans amour et sans haine,
Mon cœur a tant de peine!

(*Romances sans paroles*)

STANCES

Dans l'interminable
Ennui de la plaine,
La neige incertaine [6]
Luit comme du sable.

Le ciel est de cuivre [7]
Sans lueur aucune,
On croirait voir vivre
Et mourir la lune.

Comme des nuées
Flottent gris les chênes

---

[1] mais que l'on entend encore par nostalgie
[2] les murmures du vent
[3] poème de l'oubli: mort des souvenirs

[4] ou *stériles*: non cultivées
[5] forme inusitée, mais qui s'harmonise ici avec *il pleut*
[6] toujours prête à disparaître
[7] de couleur rousse

Des forêts prochaines [8]
Parmi les buées.

Le ciel est de cuivre
Sans lueur aucune,
On croirait voir vivre
Et mourir la lune.

Corneille poussive
Et vous, les loups maigres,
Par ces bises aigres
Quoi donc vous arrive?

Dans l'interminable
Ennui de la plaine,
La neige incertaine
Luit comme du sable.

(*Romances sans paroles*)

GREEN [9]

Voici des fruits, des fleurs, des feuilles et des
    branches
Et puis voici mon cœur, qui ne bat que pour vous.
Ne le déchirez pas avec vos deux mains blanches
Et qu'à vos yeux si beaux l'humble présent soit
    doux.

J'arrive tout couvert encore de rosée
Que le vent du matin vient glacer à mon front.
Souffrez que ma fatigue, à vos pieds reposée,
Rêve des chers instants qui la délasseront.

Sur votre jeune sein laissez rouler ma tête
Toute sonore encor de vos derniers baisers;
Laissez-la s'apaiser de la bonne tempête,[10]
Et que je dorme un peu puisque vous reposez.

(*Romances sans paroles*)

CHANSON

Écoutez la chanson bien douce
Qui ne pleure que pour vous plaire,
Elle est discrète, elle est légère:
Un frisson d'eau sur de la mousse!

La voix vous fut connue (et chère?)
Mais à présent elle est voilée
Comme une veuve désolée,
Pourtant comme elle encor fière,

Et dans les longs plis de son voile,
Qui palpite aux brises d'automne,
Cache et montre au cœur qui s'étonne
La vérité comme une étoile.

Elle dit, la voix reconnue,
Que la bonté c'est notre vie,
Que de la haine et de l'envie
Rien ne reste, la mort venue.

Elle parle aussi de la gloire
D'être simple sans plus attendre,
Et de noces d'or [11] et du tendre
Bonheur d'une paix sans victoire.

Accueillez la voix qui persiste
Dans son naïf épithalame.[12]
Allez, rien n'est meilleur à l'âme
Que de faire une âme moins triste!

Elle est *en peine* et *de passage*,[13]
L'âme qui souffre sans colère,
Et comme sa morale est claire! . . .
Écoutez la chanson bien sage.[14]

(*Sagesse*)

LITANIES

Ô mon Dieu, vous m'avez blessé d'amour,[15]
Et la blessure est encore vibrante,
Ô mon Dieu, vous m'avez blessé d'amour.

Ô mon Dieu, votre crainte m'a frappé
Et la brûlure [16] est encor là qui tonne,
Ô mon Dieu, votre crainte m'a frappé.

Ô mon Dieu, j'ai connu que tout est vil
Et votre gloire en moi s'est installée,
Ô mon Dieu, j'ai connu que tout est vil.

Noyez mon âme aux flots de votre Vin,
Fondez ma vie au Pain de votre table,
Noyez mon âme aux flots de votre Vin.

---

[8] voisines
[9] verdure
[10] De la nature ou de l'amour? les deux peut-être.

[11] C'est-à-dire d'une union qui dure. *Noces d'or*: fête
donnée pour célébrer le cinquantième anniversaire d'un
mariage.
[12] chant nuptial
[13] Elle ne va pas s'attarder.
[14] Le poème était adressé à l'épouse dont le poète était
séparé et lui demandait une réconciliation. La prière ne fut
pas exaucée.
[15] blessure mystique
[16] *brûlure* évoque la foudre (ce qui explique *tonne*)

Voici mon sang que je n'ai pas versé,
Voici ma chair indigne de souffrance,
Voici mon sang que je n'ai pas versé.

Voici mon front qui n'a pu que rougir,
Pour [17] l'escabeau de vos pieds adorables,
Voici mon front qui n'a pu que rougir.[18]

Voici mes mains qui n'ont pas travaillé,
Pour les charbons ardents et l'encens rare,[19]
Voici mes mains qui n'ont pas travaillé.

Voici mon cœur qui n'a battu qu'en vain,
Pour palpiter aux ronces [20] du Calvaire,
Voici mon cœur qui n'a battu qu'en vain.

Voici mes pieds, frivoles voyageurs,
Pour accourir au cri de votre grâce,
Voici mes pieds, frivoles voyageurs.

Voici ma voix, bruit maussade et menteur,
Pour les reproches de la Pénitence,
Voici ma voix, bruit maussade et menteur.

Voici mes yeux, luminaires d'erreur,[21]
Pour être éteints aux pleurs de la prière,
Voici mes yeux, luminaires d'erreur.

Hélas! Vous, Dieu d'offrande [22] et de pardon,
Quel est le puits de mon ingratitude,
Hélas! Vous, Dieu d'offrande et de pardon.

Dieu de terreur et Dieu de sainteté,
Hélas! ce noir abîme de mon crime,
Dieu de terreur et Dieu de sainteté,

Vous, Dieu de paix, de joie et de bonheur,
Toutes mes peurs, toutes mes ignorances,
Vous, Dieu de paix, de joie et de bonheur,

Vous connaissez tout cela, tout cela,
Et que je suis plus pauvre que personne,
Vous connaissez tout cela, tout cela,

Mais ce que j'ai, mon Dieu, je vous le donne.

(Sagesse)

DIALOGUE MYSTIQUE

Mon Dieu m'a dit: « Mon fils il faut m'aimer. Tu
vois
Mon flanc percé, mon cœur qui rayonne et qui
saigne,
Et mes pieds offensés que Madeleine baigne
De larmes, et mes bras douloureux sous le poids

De tes péchés, et les mains! Et tu vois la croix,
Tu vois les clous, le fiel, l'éponge, et tout t'enseigne
A n'aimer, en ce monde amer où la chair règne,
Que ma Chair et mon Sang, ma parole et ma voix.

Ne t'ai-je pas aimé jusqu'à la mort moi-même,
Ô mon frère en mon Père, ô mon fils en l'Esprit,[23]
Et n'ai-je pas souffert, comme c'était écrit? [24]

N'ai-je pas sangloté [25] ton angoisse suprême
Et n'ai-je pas sué la sueur de tes nuits,
Lamentable ami qui me cherches où je suis? »

(Sagesse)

COMPLAINTE

Le ciel est, par-dessus le toit,[26]
    Si bleu, si calme!
Un arbre, par-dessus le toit,
    Berce sa palme.

La cloche, dans le ciel qu'on voit,
    Doucement tinte.
Un oiseau sur l'arbre qu'on voit
    Chante sa plainte.

Mon Dieu, mon Dieu, la vie est là
    Simple et tranquille.
Cette paisible rumeur-là
    Vient de la ville.
— Qu'as-tu fait, ô toi que voilà [27]
    Pleurant sans cesse,
Dis, qu'as-tu fait, toi que voilà,
    De ta jeunesse? [28]

(Sagesse)

---

[17] que je vous donne pour être . . .
[18] Le poète s'exprime comme le Psalmiste.
[19] que je vous donne pour l'encensoir et ses braises
[20] sur le chemin
[21] qui devraient éclairer (*luminaires*) et qui trompent la
marche (*d'erreur*)
[22] Dieu qui se donne

[23] le Saint-Esprit
[24] dans les prophéties
[25] partagé dans un sanglot
[26] toit que le poète aperçoit par la lucarne de la prison
où il est enfermé, à Bruxelles
[27] Le poète s'adresse à lui-même
[28] écho lointain d'un poème de Villon

ART POÉTIQUE [29]

De la musique avant toute chose,
Et pour cela préfère l'Impair,[30]
Plus vague et plus soluble dans l'air,
Sans rien en lui qui pèse ou qui pose.

Il faut aussi que tu n'ailles point
Choisir tes mots sans quelque méprise: [31]
Rien de plus cher que la chanson grise
Où l'Indécis au Précis se joint.

C'est [32] des beaux yeux derrière des voiles,
C'est le grand jour tremblant de midi,
C'est, par un ciel d'automne attiédi,
Le bleu fouillis des claires étoiles!

Car nous voulons la Nuance encor,
Pas la Couleur, rien que la nuance!
Oh! la nuance seule fiance [33]
Le rêve au rêve et la flûte au cor!

Fuis du plus loin la Pointe assassine,[34]
L'Esprit cruel et le Rire impur,

Qui font pleurer les yeux de l'Azur,[35]
Et tout cet ail de basse cuisine!

Prends l'éloquence [36] et tords-lui son cou!
Tu feras bien, en train d'énergie,[37]
De rendre un peu la Rime assagie.[38]
Si l'on n'y veille, elle ira jusqu'où?

Ô qui dira les torts de la Rime?
Quel enfant sourd ou quel nègre fou
Nous a forgé ce bijou d'un sou
Qui sonne creux et faux sous la lime?

De la musique encore et toujours!
Que ton vers soit la chose envolée
Qu'on sent qui fuit d'une âme en allée
Vers d'autres cieux à d'autres amours.

Que ton vers soit la bonne aventure [39]
Éparse au vent crispé du matin
Qui va fleurant la menthe et le thym. . .
Et tout le reste est littérature.[40]

(Jadis et naguère)

[29] Les poètes symbolistes ont fait de ce poème **un de** leurs manifestes.
[30] Le vers impair de 3, 5, 7, 9, 11 syllabes.
[31] Ne pas hésiter à employer parfois un terme qui **n'est** pas le terme propre.
[32] c'est comparable à
[33] *fiance:* unit
[34] le trait d'esprit qui tue l'émotion

[35] la pureté de l'âme
[36] Elle est « assassine » comme le trait d'esprit.
[37] si tu es dans un moment d'énergie
[38] plus de rimes trop sonores
[39] l'aventure heureuse
[40] C'est-à-dire construction artificielle et sans âme.

STÉPHANE MALLARMÉ (1842–1898)

L'HOMME

Né parisien, élève d'un pensionnat d'Auteuil, puis du lycée de Sens, Stéphane Mallarmé alla en Angleterre à vingt ans pour apprendre la langue anglaise. A Londres il se maria avec une jeune institutrice allemande et rentra en France. Il enseigna de 1862 à 1892 à Tournon, à Besançon, à Avignon, enfin à Paris dans trois lycées successivement: Condorcet, Janson de Sailly, Rollin.

Il avait atteint la trentaine lorsqu'il commença d'écrire dans les revues. Il était l'ami de Jean Lahor et de plusieurs autres poètes parnassiens. Mais c'est une page de Huysmans dans son roman *A rebours* qui a révélé le nom de Mallarmé au public. La jeunesse vint à lui. A partir de 1885, il prit l'habitude de recevoir dans la salle à manger de son modeste appartement de la rue de Rome, chaque mardi, les poètes de l'époque, notamment Henri de Régnier, Stuart Merrill, Vielé-Griffin, Albert Samain, André Gide, Camille Mauclair.

La cinquantaine atteinte, il alla s'installer avec sa femme et sa fille sur les bords de la Seine, près de Fontainebleau, à Valvins. C'est là qu'il mourut.

En prose, Mallarmé a publié des chroniques de revues et de journaux sous les titres suivants: *La Musique et les Lettres* (1895), les *Divagations* (1897). Il a magnifiquement traduit les poèmes d'Edgar Poe.

L'ŒUVRE

Ses premiers vers ressemblaient assez à du Baudelaire. Mais il n'a pas tardé à pratiquer une poésie toute nouvelle. Nous devons d'ailleurs distinguer avec soin entre les théories et leurs prétendues réalisations. Celles-ci ne répondent pas toujours à celles-là. Successeur de Verlaine comme prince des poètes, Mallarmé a plus nettement que lui agi par les unes et par les autres sur les poètes qu'on a appelés symbolistes.

En théorie, le Symbolisme poétique consiste à prendre les apparences de la vie et du monde comme les signes d'une réalité invisible qui fait penser à l'idée platonicienne ou à des existences mystiques. Cela est vrai de Baudelaire et n'est complètement vrai que de lui.

Avec Mallarmé et les poètes qui l'ont suivi, la poésie arrive à un état différent de celui-là, elle se résout en de petites sensations mises bout à bout comme des pierres assemblées sans ciment, quelquefois au contraire unies par une syntaxe insolite qui se rapproche soit du latin soit de l'anglais. Elle aboutit alors à une signification purement allégorique ou même à un rébus que le lecteur doit déchiffrer. Mallarmé a serré et condensé le vers français, ce vers devient chez lui un petit univers de mots cristallisé: on peut le comparer à une goutte transparente et prête à tomber dans le néant. Par là, Mallarmé fut l'initiateur de ce qu'on a appelé «la poésie pure». Le vers ainsi compris atteint à une beauté singulière et unique.

LE SONNEUR

Cependant que la cloche éveille sa voix claire
A l'air pur et limpide et profond du matin
Et passe [1] sur l'enfant qui jette pour lui plaire
Un angelus [2] parmi la lavande et le thym,

Le sonneur effleuré par l'oiseau qu'il éclaire,[3]
Chevauchant tristement en geignant [4] du latin
Sur la pierre qui tend la corde séculaire,
N'entend descendre à lui qu'un tintement lointain.

Je suis cet homme. Hélas! de la nuit désireuse,[5]
J'ai beau tirer le câble à sonner l'Idéal,[6]
De froids péchés s'ébat un plumage féal,[7]

Et la voix ne me vient que par bribes et creuse!
Mais, un jour, fatigué d'avoir enfin [8] tiré,
Ô Satan, j'ôterai la pierre [9] et me pendrai.

(*Poésies*)

BRISE MARINE

La chair est triste, hélas! et j'ai lu tous les livres.[10]
Fuir! là-bas [11] fuir! Je sens que des oiseaux sont ivres
D'être parmi l'écume inconnue [12] et les cieux!
Rien, ni les vieux jardins reflétés par les yeux
Ne retiendra ce cœur qui dans la mer se trempe
Ô nuits! ni la clarté déserte [13] de ma lampe
Sur le vide papier que la blancheur défend [14]

[1] C'est le son de la cloche qui passe sur l'enfant.
[2] prière
[3] par les reflets de la cloche en mouvement
[4] prononçant sur un ton gémissant
[5] dans ma nuit, pleine de désirs
[6] appeler à l'Idéal, comme la cloche appelle à la messe
[7] *Féal:* fidèle, toujours le même. Les péchés sont comparés à un essaim d'oiseaux.

[8] *enfin* dépend de *fatigué*
[9] la pierre qui tendait la corde
[10] Ce vers résume les amours et les études.
[11] loin
[12] sur la mer
[13] qui n'éclaire pour moi que la solitude
[14] Le poète avait l'esprit paralysé par la feuille blanche.

Et ni la jeune femme allaitant son enfant.
Je partirai! Steamer balançant ta mâture,
Lève l'ancre pour une exotique [15] nature!
Un Ennui, désolé par les cruels espoirs,
Croit encore à l'adieu suprême des mouchoirs! [16]
Et, peut-être, les mâts, invitant les orages
Sont-ils de ceux qu'un vent penche sur les naufrages
Perdus, sans mâts, sans mâts, ni fertiles îlots. . .[17]
Mais, ô mon cœur, entends le chant des matelots! [18]

(*Poésies*)

L'APRÈS–MIDI D'UN FAUNE

FRAGMENT

[*Le faune est une divinité champêtre créée par la mythologie païenne. C'est un symbole de la Nature. Mallarmé imagine un faune dans la campagne sicilienne. Ce faune ne sait pas s'il voit réellement deux nymphes se livrant à des jeux, ou bien si elles ne sont que les figures et les formes d'un rêve.*
Il monologue.
Le poète avait destiné ce poème à un ballet.]

. . . Ô bords siciliens d'un calme marécage
Qu'à l'envi des [1] soleils ma vanité saccage,
Tacite sous les fleurs d'étincelles,[2] CONTEZ
« *Que je coupais ici les creux roseaux domptés*
« *Par le talent;* [3] *quand, sur l'or glauque de loin-*
      taines
« *Verdures* [4] *dédiant* [5] *leur vigne à des fontaines,*
« *Ondoie une blancheur animale* [6] *au repos:*
« *Et qu'au prélude lent où naissent les pipeaux,*[7]
« *Ce vol de cygnes, non! de naïades* [8] *se sauve*
« *Ou plonge. . .* »

Inerte, tout brûle dans l'heure fauve [9]
Sans marquer par quel art ensemble détala
Trop d'hymen souhaité de qui cherche le *la:* [10]
Alors m'éveillerai-je à la ferveur première,
Droit et seul, sous un flot antique de lumière,
Lys! et l'un de vous tous [11] pour l'ingénuité.

Autre que ce doux rien par leur lèvre ébruité,
Le baiser,[12] qui tout bas des perfides assure,[13]
Mon sein, vierge de preuve, atteste une morsure
Mystérieuse, due à quelque auguste dent; [14]
Mais, bast! [15] arcane tel élut pour confident
Le jonc vaste et jumeau [16] dont sous l'azur on joue:
Qui, détournant à soi [17] le trouble de la joue
Rêve, dans un solo long, que nous amusions
La beauté d'alentour par des confusions
Fausses entre elle-même et notre chant crédule; [18]
Et de faire aussi haut que l'amour se module [19]
Évanouir du songe ordinaire de dos
Ou de flanc pur suivis avec mes regards clos,[20]
Une sonore, vaine et monotone ligne.

Tâche donc, instrument des fuites, ô maligne
Syrinx,[21] de refleurir aux lacs où tu m'attends! [22]
Moi, de ma rumeur [23] fier, je vais parler longtemps
Des déesses; et par d'idolâtres peintures,[24]
A leur ombre enlever encore des ceintures: [25]

---

[9] roussie par le soleil
[10] La vision s'est évanouie, comme pour punir le faune musicien d'avoir espéré trop de plaisir amoureux.
[11] Il s'adresse aux lys, pour dire qu'il va revenir à son état d'innocence chaste.
[12] C'est le « doux rien ».
[13] Les femmes (ou les divinités) perfides se servent du baiser pour faire des promesses.
[14] Mon âme n'a reçu aucune preuve (d'amour), mais elle a été troublée par les effets d'un prestige divin.
[15] Reste d'un ancien verbe, *baster:* il n'importe!
[16] définition de la flûte dans laquelle est passé un secret mystérieux (arcane)
[17] vers soi
[18] Le poète veut dire que la musique a créé une vision dans laquelle réalité et rêve se confondent.
[19] si haute que soit l'expression amoureuse de la musique
[20] se dégager de la vision des naïades que le faune contemple au-dedans de lui-même (les yeux fermés)
[21] instrument qui exprime les beautés furtives; flûte à plusieurs tuyaux qu'employaient les bergers antiques
[22] C'est-à-dire de me redonner d'autres visions dans mes futures flaneries.
[23] la musique que j'ai maintenant dans l'oreille
[24] faites en paroles de poète
[25] pratiquer l'amour avec leur apparence (c'est-à-dire en imagination)

---

[15] lointaine
[16] augmente encore lorsqu'on agite les mouchoirs pour dire un dernier adieu à celui qui part
[17] pressentiment du naufrage
[18] pour te donner la confiance qu'ont les matelots

---

[1] en concurrence avec les soleils
[2] Le marécage est muet sous les taches de soleil.
[3] Il en a fait des flutes champêtres.
[4] feuillages dorés par l'automne
[5] semblant offrir
[6] vivante et charnelle
[7] A préluder au chant, la flûte champêtre prend vie.
[8] Divinités des fontaines dans la mythologie païenne. Le faune les a prises tout d'abord pour des cygnes.

Ainsi, quand des raisins j'ai sucé la clarté,
Pour bannir un regret par ma feinte [26] écarté,
Rieur, j'élève au ciel d'été la grappe vide
Et, soufflant dans ses peaux lumineuses, avide
D'ivresse,[27] jusqu'au soir je regarde au travers. . .

(*Poésies*)

SONNET

Ô si [1] chère de loin et proche et blanche, si
Délicieusement toi, Mary, que je songe
A quelque baume rare émané par mensonge
Sur aucun bouquetier de cristal obscurci [2]

Le sais-tu, oui! pour moi voici des ans, voici
Toujours que ton sourire éblouissant prolonge
La même rose avec son bel été qui plonge
Dans autrefois et puis dans le futur aussi.

Mon cœur qui dans les nuits parfois cherche à s'en-
tendre [3]
Ou de quel dernier mot [4] t'appeler le plus tendre
S'exalte en [5] celui rien que chuchoté de sœur,

N'était,[6] très grand trésor et tête si petite,
Que tu m'enseignes bien toute une autre douceur
Tout bas par le baiser seul dans tes cheveux dite.[7]

(*Poésies*)

LE VIERGE, LE VIVACE ET LE BEL
AUJOURD'HUI . . .

Le vierge, le vivace et le bel aujourd'hui [8]
Va-t-il nous déchirer avec un coup d'aile ivre

[26] art du poète
[27] impatient d'être ivre (de beauté)

[1] tellement
[2] un parfum tel qu'aucun vase de fleurs ne saurait le répandre
[3] à s'entendre battre (pour toi)
[4] cherche de quel dernier mot
[5] sur
[6] si ce n'était. . .
[7] *Dite* dépend de *douceur*.
[8] annonce d'une journée de soleil en hiver

Ce lac dur oublié [9] que hante sous le givre
Le transparent glacier des vols qui n'ont pas fui!

Un cygne d'autrefois se souvient que c'est lui
Magnifique, mais qui sans espoir se délivre [10]
Pour n'avoir pas chanté la région où vivre [11]
Quand du stérile hiver a resplendi l'ennui.

Tout son col secouera cette blanche agonie [12]
Par l'espace infligée à l'oiseau qui le nie,
Mais non l'horreur du sol où le plumage est pris.[13]

Fantôme qu'à ce lieu son pur éclat assigne,[14]
Il s'immobilise au [15] songe froid de mépris
Que vêt [16] parmi l'exil inutile [17] le Cygne.

(*Poésies*)

LE TOMBEAU D'EDGAR POE [18]

Tel qu'en Lui-même enfin l'éternité le change,[19]
Le Poète suscite avec un glaive nu [20]
Son siècle épouvanté de n'avoir pas connu
Que la mort triomphait dans cette voix étrange! [21]

Eux,[22] comme un vil sursaut d'hydre oyant [23] jadis
l'ange
Donner un sens plus pur aux mots de la tribu [24]

[9] Qui paraît oublié sous la glace. Le vers suivant évoque la prison dans laquelle la glace enferme le lac.
[10] qui se délivre, magnifique mais sans espoir, parce qu'il n'a pas chanté
[11] où il aurait dû rêver d'aller vivre
[12] agonie dans la blancheur glacée
[13] Il est évident que le Cygne symbolise l'effort du poète pour échapper à la laide réalité.
[14] évocation du Cygne idéal (le poète)
[15] dans le
[16] dont s'enveloppe
[17] exil dans la réalité
[18] sonnet écrit pour prendre part à un hommage collectif qui fut organisé en 1875 par des écrivains américains
[19] Éternisé par sa mort, Edgar Poe a dégagé sa véritable personnalité.
[20] avec un éclat pareil à une épée nue
[21] que sa voix était la grande voix de la mort (ou qu'il a su mieux que tout autre évoquer la mort)
[22] la foule
[23] pareils à une bête à cent têtes, lorsqu'ils entendirent (*oyant*, du verbe *ouïr*, entendre)
[24] donner leur plus belle signification aux mots dont tout le monde se sert

Proclamèrent très haut le sortilège bu
Dans le flot sans honneur de quelque noir mélange.[25]

Du sol et de la nue hostiles ô grief! [26]
Si notre idée avec [27] ne sculpte [28] un bas-relief
Dont la tombe de Poe éblouissante s'orne,

[25] proclamèrent que l'ensorcellement dans lequel nous prenait sa poésie, il l'avait puisé dans l'ivresse.
[26] Ô crime de la terre et du ciel!
[27] avec tout ce que nous lui devons
[28] ne nous fait pas sculpter

Calme bloc [29] ici-bas chu d'un désastre obscur [30]
Que ce granit du moins montre à jamais sa borne [31]
Aux noirs vols du Blasphème épars dans le futur.[32]

(*Les Poèmes d'Edgar Poe*)

[29] complément de *ce granit*
[30] pareil à un aérolithe tombé d'une catastrophe astrale mystérieuse
[31] oppose pour toujours une borne
[32] contre laquelle les blasphèmes désormais briseront leur vol noir

ARTHUR RIMBAUD (1854–1891)

Enfant de Charleville (Ardennes), élevé par une mère dure, Arthur Rimbaud **L'HOMME**
a fait de bonnes études secondaires, mais s'est gorgé tout jeune de lectures oc-
cultistes à la bibliothèque de sa ville, et très vite s'est abandonné à la violence de
sa nature. Au sortir de sa rhétorique, c'était un adolescent révolté.

Paris l'attira. Il y arriva en pleine Commune et se mêla à l'agitation révolutionnaire. Une fois guerre et révolution finies, il s'imposa à Verlaine, le pervertit
(cf. la notice sur Verlaine). En 1873 commença sa vie de voyage et d'aventures.
Tour à tour soldat dans l'armée hollandaise, déserteur, marin, négociant, il
est allé jusqu'aux Indes néerlandaises. Il avait renoncé à la littérature.

Rimbaud se refit une santé morale en travaillant. Il se livra à un commerce
de cuirs et de cafés à Aden. A Harrar, en Abyssinie, il entra en affaires avec le
négus Ménélik. Il aura passé dix années en Afrique, amassant une petite fortune. Malheureusement la maladie fondit sur lui à Harrar. Une tumeur au
genou l'amena à Marseille, où les médecins diagnostiquèrent un cancer géné-
ralisé. Rimbaud est mort au moment où il faisait le projet de se marier et de
fonder une famille.

Parnassien dans ses premiers poèmes, Rimbaud est très tôt devenu ce qu'il **L'ŒUVRE**
appelait « un voyant », c'est-à-dire un poète s'efforçant de saisir l'invisible, de
plonger dans l'inconnu. C'est dans cet esprit qu'il a écrit « Le Bateau ivre ».
Puis il s'est enfermé de plus en plus dans la rêverie, loin des réalités. En même
temps, il abandonnait le vers régulier, mêlait les mètres les plus divers. Et enfin
il a abouti d'une part à *Une Saison en enfer* (1873), récit en prose des drames
de son esprit, aveu de l'échec de ses expériences, et d'autre part aux *Illuminations* (composées en 1872, publiées par Verlaine en 1886), vers et prose, où le
rêve, l'hallucination, tout l'irrationnel du « voyant » sont poussés à leur extrême
limite. Elles sont obscures. Faut-il y entendre l'écho de doctrines venues de
l'Inde? Faut-il y voir des œuvres d'art cherchant à fixer l'inexprimable? . . .
chacun conclura à son gré.

MA BOHÈME [1]

(Fantaisie)

Je m'en allais, les poings dans mes poches crevées;
Mon paletot aussi devenait idéal; [2]
J'allais sous le ciel, Muse! et j'étais ton féal; [3]
Oh! là là! que d'amours splendides j'ai rêvées!

Mon unique culotte avait un large trou.
— Petit-Poucet rêveur, j'égrenais dans ma course
Des rimes. [4] Mon auberge était à la Grande-Ourse [5]
— Mes étoiles au ciel avaient un doux frou-frou [6]

Et je les écoutais, assis au bord des routes,
Ces bons soirs de septembre où je sentais des gouttes
De rosée à mon front, comme un vin de vigueur; [7]

Où, rimant au milieu des ombres fantastiques,
Comme des lyres, [8] je tirais les élastiques
De mes souliers blessés, un pied près de mon cœur!

(Poésies, 1870)

LE BATEAU IVRE [9]

Comme je descendais des Fleuves impassibles,
Je ne me sentis plus guidé par les haleurs: [10]
Des Peaux-Rouges criards [11] les avaient pris pour
  cibles,
Les ayant cloués nus aux poteaux de couleurs.

J'étais insoucieux de tous les équipages,
Porteur de blés flamands ou de cotons anglais.
Quand avec mes haleurs [12] ont fini ces tapages,
Les Fleuves m'ont laissé descendre où je voulais.

Dans les clapotements furieux des marées,
Moi, l'autre hiver, plus sourd que les cerveaux
  d'enfants, [13]
Je courus! Et les Péninsules démarrées [14]
N'ont pas subi tohu-bohus [15] plus triomphants.

La tempête a béni [16] mes éveils maritimes.
Plus léger qu'un bouchon j'ai dansé sur les flots
Qu'on appelle rouleurs éternels de victimes, [17]
Dix nuits, sans regretter l'œil niais des falots! [18]

Plus douce qu'aux enfants la chair des pommes
  sures,
L'eau verte pénétra ma coque de sapin
Et des taches de vins bleus et des vomissures [19]
Me lava, dispersant gouvernail et grappin.

Et dès lors, je me suis baigné dans le Poème
De la Mer, infusé d'astres, et lactescent, [20]
Dévorant les azurs verts; [21] où, flottaison [22] blême
Et ravie, un noyé pensif parfois descend;

Où, teignant tout à coup les bleuités, délires
Et rythmes lents sous les rutilements [23] du jour,
Plus fortes que l'alcool, plus vastes que vos lyres, [24]
Fermentent les rousseurs [25] amères de l'amour!

Je sais les cieux crevant en éclairs, et les trombes
Et les ressacs et les courants: je sais le soir,
L'Aube exaltée [26] ainsi qu'un peuple de colombes,
Et j'ai vu quelquefois ce que l'homme a cru voir!

J'ai vu le soleil bas, taché d'horreurs mystiques,
Illuminant de longs figements [27] violets,
Pareils à des acteurs de drames très antiques,
Les flots roulant au loin leurs frissons de volets. [28]

---

[1] vie vagabonde que mènent beaucoup de jeunes artistes et de jeunes écrivains

[2] usé au point de ne plus guère exister

[3] compagnon fidèle (terme du Moyen Âge)

[4] Le Petit-Poucet des Contes de fée égrenait des miettes de pain.

[5] Façon pittoresque de dire: « à la belle étoile », c'est-à-dire dehors, en plein air.

[6] semblaient faire un bruit de robes légères (robes des fées)

[7] un vin fortifiant

[8] Ces mots servent de complément à *élastiques.*

[9] poème de la révolte et de l'aventure symbolisées dans le mythique bateau qui parle ici

[10] hommes qui font avancer un bateau au moyen d'une corde tirée du chemin bordant le fleuve et appelé *chemin de halage*

[11] On dit plutôt *crieurs.*

[12] avec la mort des haleurs

[13] quand ils « ne veulent rien entendre »

[14] blocs de terre détachés des rivages par la tempête

[15] grande confusion

[16] comblé de joie

[17] Ces victimes sont les noyés.

[18] lanternes des quais, dans un port

[19] complément de *Me lava*

[20] Les astres sont comme des fleurs de camomille ou de verveine mêlées à l'eau de la mer qui a pris une blancheur laiteuse.

[21] couleur fréquente de la mer

[22] objet flottant

[23] lumière rouge

[24] Le bateau s'adresse insolemment aux humains.

[25] Le poète fait de la mer un grand être personnel.

[26] s'élevant dans le ciel

[27] masses d'eau immobilisées

[28] sans doute pareils aux ailerons qui font tourner la roue d'un moulin à eau

J'ai rêvé la nuit verte aux neiges éblouies,
Baiser montant aux yeux des mers avec lenteurs,[29]
La circulation des sèves inouïes,
Et l'éveil jaune et bleu des phosphores [30] chanteurs!

J'ai suivi, des mois pleins, pareille aux vacheries [31]
Hystériques, la houle à l'assaut des récifs,
Sans songer que les pieds lumineux des Maries [32]
Pussent forcer le mufle aux Océans poussifs! [33]

J'ai heurté, savez-vous, d'incroyables Florides
Mêlant aux fleurs des yeux de panthères à peaux
D'hommes! Des arcs-en-ciel tendus comme des
    brides,
Sous l'horizon des mers, à de glauques [34] troupeaux!

J'ai vu fermenter les marais, énormes nasses
Où pourrit dans les joncs tout un Léviathan! [35]
Des écroulements d'eaux au milieu des bonaces
Et les lointains vers les gouffres cataractant! [36]

Glaciers, soleils d'argent, flots nacreux, cieux de
    braises,
Échouages hideux au fond des golfes bruns
Où les serpents géants dévorés des punaises
Choient, des arbres tordus, avec de noirs parfums!

J'aurais voulu montrer aux enfants ces dorades
Du flot bleu, ces poissons d'or, ces poissons chan-
    tants.[37]
— Des écumes de fleurs ont bercé mes dérades [38]
Et d'ineffables vents m'ont ailé par instants.

Parfois, martyr lassé des pôles et des zones,[39]
La mer dont le sanglot faisait mon roulis doux
Montait vers moi ses fleurs d'ombre aux ventouses
    jaunes
Et je restais, ainsi qu'une femme à genoux. . .

Presque île,[40] ballottant sur mes bords les querelles
Et les fientes d'oiseaux clabaudeurs aux yeux
    blonds.[41]
Et je voguais, lorsqu'à travers mes liens frêles [42]
Des noyés descendaient dormir, à reculons! . . .

Or moi, bateau perdu sous les cheveux des anses,[43]
Jeté par l'ouragan dans l'éther sans oiseau,
Moi dont les Monitors et les voiliers des Hanses [44]
N'auraient pas repêché la carcasse ivre d'eau;

Libre, fumant, monté de brumes violettes,
Moi qui trouais le ciel rougeoyant comme un mur
Qui porte, confiture exquise aux bons poètes,
Des lichens de soleil et des morves d'azur;

Qui courais, taché de lunules [45] électriques,
Planche folle, escorté des hippocampes noirs,[46]
Quand les juillets faisaient crouler à coups de triques
Les cieux ultramarins aux ardents entonnoirs; [47]

Moi qui tremblais, sentant geindre à cinquante
    lieues
Le rut des Béhémots [48] et les Maelstroms épais,
Fileur éternel des immobilités bleues,
Je regrette l'Europe aux anciens parapets! [49]

J'ai vu des archipels sidéraux! et des îles
Dont les cieux délirants sont ouverts au vogueur: [50]

[29] Le baiser du soir, avant le sommeil. Cf. la note 17.
[30] corps brillants dans l'obscurité; *chanter*: se dit de tons qui éclatent aux yeux
[31] Tumulte de bétail affolé (*hystériques*). Ce membre de phrase sert de complément à *houle*.
[32] allusion aux trois saintes, Marie-Madeleine, Marie femme de Cléopas, Marie-Salomé, qui, selon une légende provençale, vinrent de Palestine, cinquante ans après J.-C. dans une barque sans gouvernail et débarquèrent en France, au lieu appelé aujourd'hui Saintes-Maries de la mer
[33] à la respiration bruyante comme celle des bêtes à *mufle* (museau des taureaux, bœufs, veaux)
[34] couleur vert foncé
[35] animal monstrueux de la Bible (Livre de Job)
[36] Mot forgé par le poète. Une cataracte est la chute profonde d'un fleuve.
[37] Cf. la note 30.
[38] mot forgé par le poète d'après le verbe *dérader*: se dit d'un vent violent qui pousse un navire avec ses ancres hors d'une rade

[39] divisions du globe terrestre
[40] ressemblant à une île flottante (et non presqu'île)
[41] La phrase de ces deux vers n'a pas de verbe
[42] cordages que le bateau laissait pendre dans l'eau
[43] la végétation sous-marine des petites baies
[44] bateaux gardes-côtes et voiliers des ligues formées au Moyen Âge par des villes maritimes pour faire la police des mers
[45] figures géométriques
[46] moi qui courais, escorté des « chevaux marins » dont la couleur passe souvent du brun au noir
[47] évocation d'orages tropicaux (*ultramarins*)
[48] grands monstres marins (nom biblique)
[49] digues qui protègent les ports
[50] En réalité, ce sont les visions du poète qui deviennent de plus en plus délirantes.

—Est-ce en ces nuits sans fond que tu dors et
  t'exiles,
Million d'oiseaux d'or, ô future Vigueur? [51] —

Mais, vrai, j'ai trop pleuré! Les Aubes sont na-
  vrantes.
Toute lune est atroce et tout soleil amer:
L'âcre amour [52] m'a gonflé de torpeurs enivrantes.
Ô que ma quille éclate! Ô que j'aille à la mer! [53]

Si je désire une eau d'Europe, c'est la flache [54]
Noire et froide où vers le crépuscule embaumé
Un enfant accroupi plein de tristesses, lâche
Un bateau frêle comme un papillon de mai.[55]

Je ne puis plus, baigné de vos langueurs, ô lames,
Enlever leur sillage aux porteurs de cotons,[56]
Ni traverser l'orgueil des drapeaux et des flammes,[57]
Ni nager [58] sous les yeux horribles des pontons.[59]

(Poésies, 1871)

VOYELLES [1]

A noir, E blanc, I rouge, U vert, O bleu: voyelles,
Je dirai quelque jour vos naissances latentes: [2]
A, noir corset velu des mouches éclatantes
Qui bombinent [3] autour des puanteurs cruelles,

Golfes d'ombre; E, candeurs [4] des vapeurs et des
  tentes,
Lances des glaciers fiers, rois [5] blancs, frissons d'om-
  belles; [6]

[51] Le bateau épuisé rêve de retrouver des forces.
[52] l'amour de la vie dans l'indépendance
[53] au fond de la mer (plutôt que de continuer cette
course épuisante)
[54] nom de dialecte ardennais pour désigner une flaque
d'eau
[55] Le navire imagine un enfant pauvre jouant avec un
de ses débris.
[56] suivre de près les navires chargés de cotons
[57] oriflammes
[58] naviguer à la rame
[59] vieux bateaux servant de prisons

---

[1] Soit que le poète se rappelle un alphabet colorié de
son enfance, soit qu'il cherche des correspondances entre
les sons et les couleurs, il s'agit d'un jeu, dans ce sonnet que
Verlaine jugeait « un peu fumiste ».
[2] cachées, mystérieuses
[3] bourdonnent
[4] blancheurs
[5] pareils à des rois
[6] fleurs blanches des prairies

I, pourpres, sang craché, rire des lèvres belles
Dans la colère ou les ivresses pénitentes; [7]

U, cycles, vibrements divins des mers virides,[8]
Paix des pâtis semés d'animaux, paix des rides
Que l'alchimie imprime aux grands fronts stu-
  dieux; [9]

O, suprême Clairon plein de strideurs [10] étranges,
Silences traversés des Mondes et des Anges:
— O l'Oméga,[11] rayon violet de Ses Yeux! [12]

(Poésies, 1871)

LES CORBEAUX

Seigneur, quand froide est la prairie,
Quand dans les hameaux abattus,[13]
Les longs angelus se sont tus. . .
Sur la nature défleurie
Faites s'abattre des grands cieux
Les chers corbeaux délicieux.

Armée étrange aux cris sévères,
Les vents froids attaquent vos nids!
Vous, le long des fleuves jaunis,
Sur les routes aux vieux calvaires,[14]
Sur les fossés et sur les trous
Dispersez-vous, ralliez-vous!

Par milliers, sur les champs de France,
Où dorment les morts d'avant-hier,[15]
Tournoyez, n'est-ce pas, l'hiver,
Pour que chaque passant repense! [16]
Sois donc le crieur du devoir,
Ô notre funèbre oiseau noir!

Mais, saints du ciel, en haut du chêne,
Mât perdu dans le soir charmé,[17]

[7] des belles pénitentes (pécheresses qui se repentent)
[8] mot forgé par le poète, d'après le verbe *vibrer* et
l'adjectif latin *viridis* (verdâtre)
[9] front ridés des savants pareils aux anciens alchimistes
(qui cherchaient les secrets de la nature)
[10] Mot forgé par le poète d'après *strident* (qui a un son
aigre et perçant). Le *suprême Clairon* est sans doute celui
du Jugement dernier (ce qui expliquerait le vers suivant).
[11] dernière lettre de l'alphabet grec
[12] les yeux d'une femme aimée
[13] Ce mot se rapporte à *longs angelus.*
[14] croix de pierre plantées le long des routes
[15] les morts de la guerre de 1870
[16] repense aux morts
[17] enveloppé dans un charme magique

Laissez les fauvettes de mai [18]
Pour ceux qu'au fond du bois enchaîne,
Dans l'herbe d'où l'on ne peut fuir,
La défaite sans avenir.[19]

(*Poésies,* 1871)

ALCHIMIE DU VERBE [1]

A moi. L'histoire d'une de mes folies.[2]

Depuis longtemps je me vantais de posséder [3] tous les paysages possibles, et trouvais dérisoires les célébrités de la peinture et de la poésie modernes.

J'aimais les peintures idiotes,[4] dessus de portes, décors, toiles de saltimbanques, enseignes, enluminures populaires; la littérature démodée, latin d'église, livres érotiques sans orthographe, romans de nos aïeules, contes de fées, petits livres de l'enfance, opéras vieux, refrains niais, rythmes naïfs.

Je rêvais croisades, voyages de découvertes dont on n'a pas de relations, républiques sans histoires, guerres de religion étouffées, révolutions de mœurs, déplacements de races et de continents: je croyais à tous les enchantements.[5]

J'inventai la couleur des voyelles! — *A* noir, *E* blanc, *I* rouge, *O* bleu, *U* vert. — Je réglai la forme et le mouvement de chaque consonne, et, avec des rythmes instinctifs, je me flattai [6] d'inventer un verbe poétique accessible, un jour ou l'autre, à tous les sens.[7] Je réservais la traduction.[8]

Ce fut d'abord une étude.[9] J'écrivais des silences, des nuits, je notais l'inexprimable. Je fixais des vertiges.

Loin des oiseaux, des troupeaux, des villageoises,
Que buvais-je, à genoux dans cette bruyère
Entourée de tendres bois de noisetiers,
Dans un brouillard d'après-midi tiède et vert?

Que pouvais-je boire dans cette jeune Oise,[10]
— Ormeaux sans voix, gazon sans fleurs, ciel couvert! —
Boire à ces gourdes jaunes, loin de ma case [11]
Chérie? Quelque liqueur d'or qui fait suer.[12]

Je faisais une louche enseigne d'auberge.[13]
— Un orage vint chasser le ciel. Au soir
L'eau des bois se perdait sur les sables vierges,
Le vent de Dieu jetait des glaçons aux mares;

Pleurant,[14] je voyais de l'or — et ne pus boire. —

A quatre heures du matin, l'été,
Le sommeil d'amour [15] dure encore.
Sous les bocages s'évapore
L'odeur du soir fêté.[16]

Là-bas, dans leur vaste chantier,
Au soleil des Hespérides,[17]
Déjà s'agitent en bras de chemise
Les Charpentiers.

Dans leurs déserts de mousse, tranquilles,
Ils préparent les lambris précieux
Où la ville [18]
Peindra de faux cieux.

Ô, pour ces ouvriers, charmants
Sujets d'un roi de Babylone,[19]
Vénus! quitte un instant les Amants [20]
Dont l'âme est en couronne!

---

[18] symbole d'espoir
[19] représentée par les soldats enterrés là

---

[1] Les alchimistes du Moyen Âge cherchaient un secret pour obtenir la « transmutation des métaux » et leur changement en or. Rimbaud, alchimiste du verbe (la parole organisée par les grammaires), espère transformer le sens des mots afin de lui donner une puissance nouvelle.

[2] illusions, chimères

[3] par l'esprit

[4] naïves, primitives

[5] choses merveilleuses

[6] Je conçus l'espoir.

[7] grâce aux correspondances entre les formes, les couleurs, et les sons

[8] Il avoue par ces mots que son « verbe poétique » resterait longtemps obscur.

[9] C'est-à-dire des essais.

[10] rivière française, affluent de la Seine

[11] maison familiale

[12] bière

[13] sans doute humoristique

[14] sans doute de froid

[15] le sommeil qui a suivi l'amour

[16] l'odeur de vin bu la veille au soir

[17] Soleil couchant sur les jardins. Les Hespérides étaient dans la mythologie classique les filles d'Atlas qui vivaient aux extrémités occidentales du monde et possédaient un beau jardin produisant des pommes d'or.

[18] la population de la ville

[19] symbole de grande capitale

[20] Cf. le second vers du poème.

Ô Reine des Bergers,
Porte aux travailleurs l'eau-de-vie,
Que leurs forces soient en paix [21]
En attendant le bain dans la mer à midi.

La vieillerie poétique [22] avait une bonne part dans mon alchimie du verbe.

Je m'habituai à l'hallucination [23] simple: je voyais très franchement une mosquée à la place d'une usine, une école de tambours faite par des anges, des calèches sur les routes du ciel, un salon au fond d'un lac; les monstres, les mystères; un titre de vaudeville [24] dressait des épouvantes devant moi.

Puis j'expliquai mes sophismes magiques avec l'hallucination des mots! [25]

Je finis par trouver sacré le désordre de mon esprit. J'étais oisif, en proie à une lourde fièvre: j'enviais la félicité des bêtes, — les chenilles, qui représentent l'innocence des limbes,[26] les taupes,[27] le sommeil de la virginité!

Mon caractère s'aigrissait. Je disais adieu au monde dans d'espèces de romances:

CHANSON DE LA PLUS HAUTE TOUR

Qu'il vienne, qu'il vienne,
Le temps dont on s'éprenne.[28]

J'ai tant fait patience
Qu'à jamais j'oublie,
Craintes et souffrances
Aux cieux sont parties.
Et la soif malsaine
Obscurcit mes veines.

Qu'il vienne, qu'il vienne,
Le temps dont on s'éprenne.

Telle [29] la prairie
A l'oubli livrée,
Grandie et fleurie
D'encens et d'ivraies,
Au bourdon farouche
Des sales mouches.

Qu'il vienne, qu'il vienne,
Le temps dont on s'éprenne.

J'aimai le désert, les vergers brûlés, les boutiques fanées, les boissons tiédies. Je me traînais dans les ruelles puantes, et, les yeux fermés, je m'offrais au soleil, dieu de feu. . .

(*Une Saison en enfer*)

APRÈS LE DÉLUGE [1]

Aussitôt que l'idée du Déluge se fut rassise,[2]

Un lièvre s'arrêta dans les sainfoins et les clochettes mouvantes, et dit sa prière à l'arc-en-ciel à travers la toile de l'araignée.

Oh! les pierres précieuses qui se cachaient, — les fleurs qui regardaient déjà.

Dans la grande rue sale les étals se dressèrent, et l'on tira les barques vers la mer étagée là-haut comme sur les gravures.

Le sang coula, chez Barbe-Bleue, — aux abattoirs, — dans les cirques, où le sceau de Dieu [3] blêmit les fenêtres. Le sang et le lait coulèrent.

Les castors bâtirent. Les « mazagrans » [4] fumèrent dans les estaminets.

Dans la grande maison de vitres encore ruisselante, les enfants en deuil regardèrent les merveilleuses images.

Une porte claqua, et sur la place du hameau, l'enfant tourna ses bras, compris des girouettes et des coqs des clochers de partout, sous l'éclatante giboulée.

---

[21] qu'ils ne désirent plus rien
[22] la poésie d'autrefois
[23] perception d'objets absents (on croit les voir)
[24] sans doute sur une affiche
[25] *sophismes magiques:* faussetés créés par l'hallucination; *hallucination des mots:* expressions métaphoriques, images remplaçant la réalité en vertu de l'« alchimie du verbe »
[26] lieux de l'Au-delà, où la religion chrétienne situe les enfants morts sans baptême
[27] sous-entendu: *qui représentent*
[28] dont on puisse s'éprendre

[29] pareille à moi est (la prairie)

[1] Rimbaud veut dire qu'après le déluge la pureté rendue à la terre n'a pas duré et que tout a recommencé comme avant, à cause des vices des hommes. C'est ce que signifie ce rêve, dans lequel se succèdent des tableaux incohérents.
[2] calmée
[3] le soleil
[4] cafés servis dans de grands verres

Madame*** établit un piano dans les Alpes. La messe et les premières communions se célébrèrent aux cent mille autels de la cathédrale.

Les caravanes partirent. Et le Splendide Hôtel fut bâti dans le chaos de glaces et de nuit du pôle.

Depuis lors, la Lune entendit les chacals piaulant par les déserts de thym, — et les églogues en sabots grognant dans le verger. Puis, dans la futaie violette, bourgeonnante, Eucharis [5] me dit que c'était le printemps.

— Sourds, [6] étang; — Écume, roule sur le pont et par-dessus les bois; — draps noirs et orgues, — éclairs et tonnerre, — montez et roulez; — Eaux et tristesses, montez et relevez les Déluges.

Car depuis qu'ils se sont dissipés, — oh les pierres précieuses s'enfouissant, et les fleurs ouvertes! — c'est un ennui! et la Reine, la Sorcière qui allume sa braise dans le pot de terre, ne voudra jamais nous raconter ce qu'elle sait, et que nous ignorons.

(*Les Illuminations*)

[5] nom d'une nymphe dans le *Télémaque* de Fénélon
[6] sors de terre

MYSTIQUE [7]

Sur la pente du talus, les anges tournent leurs robes de laine dans les herbages d'acier et d'émeraude.

Des prés de flammes bondissent jusqu'au sommet du mamelon. A gauche le terreau de l'arête est piétiné par tous les homicides et toutes les batailles, et tous les bruits désastreux filent leur courbe. Derrière l'arête de droite la ligne des orients, des progrès. [8]

Et tandis que la bande en haut du tableau est formée de la rumeur tournante et bondissante des conques [9] des mers et des nuits humaines,

La douceur fleurie des étoiles et du ciel et du reste descend en face du talus, comme un panier, contre notre face, et fait l'abîme fleurant et bleu là-dessous.

(*Les Illuminations*)

[7] Tableau irréel, paysage de rêve et peut-être souvenir d'ouvrages de magie. Un critique suggère l'idée que le poète s'est souvenu du tableau de Van Eyck, « L'agneau mystique »: de là peut-être le titre de cette « illumination ».
[8] contrées où le soleil se lève et d'où il progresse
[9] coquilles en spirales, pleines d'échos

VII. Contes et Nouvelles

VILLIERS DE L'ISLE–ADAM (1838–1889)

L'HOMME

DESCENDANT D'UNE FAMILLE illustre qui a compté un maréchal de France et un grand maître de l'Ordre de Malte, Auguste Villiers de l'Isle-Adam est né en Bretagne, à Saint-Brieuc. Il aima une jeune fille, elle mourut; cette mort le jeta dans un désarroi sans fin. Il suivit sans grand espoir à Paris un père chimérique qui, vite ruiné, repartit en Bretagne avec sa femme pour y mourir un peu avant elle.

Le fils vécut en bohême famélique, connut Baudelaire, brilla dans les brasseries. Léon Bloy l'a peint dans le roman de *La Femme pauvre,* sous le nom de Bohémond de l'Isle-de-France. Il a fait un séjour à l'abbaye de Solesmes, mais sa pensée a oscillé entre le catholicisme et l'occultisme. Il a plus d'une fois atteint les confins de la folie.

Il a cependant beaucoup travaillé et lié de sérieuses amitiés non seulement avec Baudelaire, mais avec Théophile Gautier, avec Verlaine. Ayant connu Wagner à Paris, il alla le voir à Munich en 1868. Vingt ans après, il avait forcé la réputation avec des œuvres remarquables lorsqu'il tomba, prématurément épuisé, d'ailleurs sans argent, et mourut à l'Hôpital des Frères-de-Saint-Jean-de-Dieu.

L'ŒUVRE

Villiers a méprisé le monde réel et ceux qui s'en contentent. Il n'a cru qu'aux idées. « L'idée est la plus haute forme de la réalité même », disait-il. Il a symbolisé ses semblables tels qu'il les voyait: d'une part, dans le personnage de *Tribulat Bonhomet* (1887), incarnation du scientisme qui tue l'âme, d'autre part dans ceux et celles qu'il disait au contraire « atteints d'âme », Claire Lenoir, Axël, Sara de Maupers. Le drame d'*Axël,* écrit Thibaudet, est « le mythe le plus haut de l'idéalisme poétique » (1872).

Villiers avait en lui du prophète. *L'Ève future* (1886) annonçait les merveilles d'aujourd'hui qui rapprochent la machine tout près de l'homme; et les *Contes cruels* (1883) contiennent d'étonnantes anticipations qui préfiguraient notre prométhéisme triomphant.

« La Torture par l'espérance » appartient aux *Nouveaux Contes cruels* (1888).

« La Torture par l'espérance », une nouvelle curieusement tragique, raconte un épisode imaginé de la Terreur qu'exerça l'Inquisition. Ce tribunal institué par l'Église romaine au XIIIᵉ siècle a pris en Espagne, deux siècles plus tard, un caractère de persécution implacable contre les hérétiques, les Juifs, les judaïsants, les suspects. Il s'est appelé aussi le Saint-Office. Il condamnait à l'eau et au feu.

L'auteur a trouvé l'idée de sa nouvelle dans une nouvelle d'Edgar Poe, comme l'indique son épigraphe. Mais les deux récits sont tout à fait différents. Non seulement les faits ne sont pas les mêmes, mais l'humour domine le récit de Villiers qui insiste sur le caractère paradoxalement charitable et fraternel des tortures infligées au nom de la foi et de la volonté de salut.

La Torture par l'espérance

—Oh! une voix, une voix, pour crier! . . .
Edgar Poe (Le Puits et le Pendule)

Sous les caveaux de l'Official[1] de Sarragosse, au tomber d'un soir de jadis, le vénérable Pedro Arbuez d'Espila, sixième prieur[2] des dominicains[3] de Ségovie, troisième Grand-Inquisiteur d'Espagne — suivi d'un *fra* redemptor (maître-tortionnaire)[4] et précédé de deux familiers du Saint-Office,[5] ceux-ci tenant des lanternes, descendit vers un cachot perdu. La serrure d'une porte massive grinça: on pénétra dans un méphitique *in-pace*,[6] où le jour de souffrance[7] d'en haut laissait entrevoir entre des anneaux scellés aux murs un chevalet[8] noirci de sang, un réchaud, une cruche. Sur une litière de fumier, et maintenu par des entraves, le carcan[9] de fer au cou, se trouvait assis, hagard, un homme en haillons, d'un âge désormais indistinct.

Ce prisonnier n'était autre que rabbi Aser Abarbanel, juif aragonais, qui — prévenu[10] d'usure et d'impitoyable dédain des Pauvres, — avait, depuis plus d'une année, été, quotidiennement, soumis à la torture. Toutefois, son « aveuglement[11] étant aussi dur que son cuir », il s'était refusé à l'abjuration.[12]

Fier d'une filiation[13] plusieurs fois millénaire, orgueilleux de ses antiques ancêtres, — car tous les Juifs dignes de ce nom sont jaloux de leur sang, — il descendait, talmudiquement,[14] d'Othoniel,[15] et, par conséquent, d'Ipsiboë, femme de ce dernier Juge d'Israël: circonstance qui avait aussi soutenu son courage au plus fort des incessants supplices.

Ce fut donc les yeux en pleurs, en songeant que cette âme si ferme s'excluait du salut,[16] que le vénérable Pedro Arbuez d'Espila, s'étant approché du rabbin[17] frémissant, prononça les paroles suivantes:

—Mon fils, réjouissez-vous: voici que vos épreuves d'ici-bas vont prendre fin. Si, en présence de tant d'obstination, j'ai dû permettre, en gémissant, d'employer bien des rigueurs, ma tâche de correction fraternelle a ses limites. Vous êtes le figuier rétif qui, trouvé tant de fois sans fruit, encourt d'être[18] séché. . . mais c'est à Dieu seul de statuer sur votre âme. Peut-être l'infinie Clémence

---

[1] juge ecclésiastique chargé d'examiner les accusés de l'Inquisition
[2] le religieux qui régit une communauté monastique
[3] ordre religieux fondé par le Castillan saint Dominique au XIIIe siècle
[4] le bourreau
[5] officiers du *Saint-Office*, congrégation de l'Inquisition établie à Rome, qui les envoyait la représenter à l'étranger
[6] prison très sévère dans les monastères; *méphitique:* sans air pur
[7] ouverture donnant une avare lumière comme par tolérance (souffrance)
[8] instrument de torture
[9] collier de fer fixé à un poteau
[10] accusé

[11] obscurcissement de la raison
[12] action de renoncer à une doctrine religieuse
[13] descendance en ligne directe, de père en fils
[14] selon le *Talmud,* ancien recueil des lois et coutumes des Juifs
[15] juge du royaume d'Israël, quatorze ou quinze cents ans avant J.–C.
[16] félicité éternelle promise par la religion chrétienne aux méritants
[17] docteur de la foi judaïque
[18] s'expose à être

luira-t-elle pour vous au suprême instant! Nous devons l'espérer! Il est des exemples. . . Ainsi soit! — Reposez donc, ce soir, en paix. Vous ferez partie, demain, de l'*auto da fé*:[19] c'est-à-dire que vous serez exposé au *quemadero*, brasier prémonitoire de l'éternelle Flamme:[20] il ne brûle, vous le savez, qu'à distance, mon fils, et la Mort met au moins deux heures (souvent trois) à venir, à cause des langes mouillés et glacés dont nous avons soin de préserver le front et le cœur des holocaustes.[21] Vous serez quarante-trois seulement. Considérez que, placé au dernier rang, vous aurez le temps nécessaire pour invoquer Dieu, pour lui offrir ce baptême du feu[22] qui est de l'Esprit-Saint. Espérez donc en La Lumière et dormez.

En achevant ce discours, dom Arbuez ayant, d'un signe, fait désenchaîner le malheureux, l'embrassa tendrement. Puis, ce fut le tour du *fra* redemptor, qui, tout bas, pria le juif de lui pardonner ce qu'il lui avait fait subir en vue de le rédimer;[23] — puis l'accolèrent les deux familiers, dont le baiser, à travers leurs cagoules,[24] fut silencieux. La cérémonie terminée, le captif fut laissé, seul et interdit, dans les ténèbres.

Rabbi Aser Abarbanel, la bouche sèche, le visage hébété de souffrance, considéra d'abord sans attention précise la porte fermée. — « Fermée? . . . » Ce mot, tout au secret de lui-même, éveillait, en ses confuses pensées, une songerie. C'est qu'il avait entrevu, un instant, la lueur des lanternes en la fissure d'entre les murailles de cette porte. Une morbide[25] idée d'espoir, due à l'affaissement de son cerveau, émut son être. Il se traîna vers l'insolite *chose* apparue! Et, bien doucement, glissant un doigt, avec de longues précautions, dans l'entre-bâillement, il tira la porte vers lui. . . Ô stupeur! par un hasard extraordinaire, le familier qui l'avait refermée avait tourné la grosse clef un peu avant le heurt contre les montants de pierre! De sorte que, le pène rouillé n'étant pas entré dans l'écrou,[26] la porte roula de nouveau dans le réduit.[27]

Le rabbin risqua un regard au dehors.

A la faveur d'une sorte d'obscurité livide, il distingua, tout d'abord, un demi-cercle de murs terreux, troués par des spirales de marches;[28] — et, dominant, en face de lui, cinq ou six degrés de pierre, une espèce de porche noir, donnant accès en un vaste corridor, dont il n'était possible d'entrevoir, d'en bas, que les premiers arceaux.

S'allongeant donc, il rampa jusqu'au ras de ce seuil. — Oui, c'était bien un corridor, mais d'une longueur démesurée! Un jour blême, une lueur de rêve l'éclairait: des veilleuses, suspendues aux voûtes, bleuissaient, par intervalles, la couleur terne de l'air: — le fond lointain n'était que de l'ombre. Pas une porte, latéralement,[29] en cette étendue! D'un seul côté, à sa gauche, des soupiraux,[30] aux grilles croisées, en des enfoncées du mur, laissaient passer un crépuscule — qui devait être celui du soir, à cause des rouges rayures qui coupaient, de loin en loin, le dallage. Et quel effrayant silence! . . . Pourtant, là-bas, au profond de ces brumes, une issue pouvait donner sur la liberté! La vacillante espérance du juif était tenace, car c'était la dernière.

Sans hésiter donc, il s'aventura sur les dalles, côtoyant la paroi des soupiraux, s'efforçant de se confondre avec la ténébreuse teinte des longues murailles. Il avançait avec lenteur, se traînant sur la poitrine — et se retenant de crier lorsqu'une plaie, récemment avivée,[31] le lancinait.

Soudain, le bruit d'une sandale qui s'approchait parvint jusqu'à lui dans l'écho de cette allée de pierre. Un tremblement le secoua, l'anxiété l'étouffait; sa vue s'obscurcit. Allons! c'était fini, sans doute! Il se blottit, à croppetons,[32] dans un enfoncement, et, à demi-mort, attendit.

---

[19] exécution, par le feu, des hérétiques condamnés par les tribunaux de l'Inquisition

[20] qui prépare à L'Éternelle Flamme: l'Enfer

[21] victimes du feu

[22] épreuve du feu subie pour la première fois; *qui est de:* qui est un bienfait de

[23] obtenir le pardon divin pour ses péchés

[24] vêtement des moines

[25] maladive

[26] *pène et écrou:* parties essentielles d'une serrure

[27] tout petit local

[28] escalier en forme de vis

[29] sur les côtés

[30] ouvertures pratiquées à la partie inférieure d'un bâtiment pour donner de l'air à des souterrains; *enfoncées:* substantif inventé par l'auteur

[31] mise à vif par le bourreau

[32] assis à terre, les jambes croisées et repliées

C'était un familier [33] qui se hâtait. Il passa rapidement, un arrache-muscles [34] au poing, cagoule baissée, terrible, et disparut. Le saisissement, dont le rabbin venait de subir l'étreinte, ayant comme suspendu les fonctions de la vie, [35] il demeura, près d'une heure, sans pouvoir effectuer un mouvement. Dans la crainte d'un surcroît de tourments s'il était repris, l'idée lui vint de retourner en son cachot. Mais le vieil espoir lui chuchotait, dans l'âme, ce divin *Peut-être,* qui réconforte dans les pires détresses! Un miracle s'était produit! Il ne fallait plus douter! Il se remit donc à ramper vers l'évasion possible. Exténué de souffrance et de faim, tremblant d'angoisses, il avançait! — Et ce sépulcral corridor semblait s'allonger mystérieusement! Et lui, n'en finissant pas d'avancer, regardait toujours l'ombre, là-bas, où *devait* être une issue salvatrice.

— Oh! oh! Voici que des pas sonnèrent de nouveau, mais cette fois, plus lents et plus sombres. Les formes blanches et noires, aux longs chapeaux à bords roulés, de deux inquisiteurs, lui apparurent, émergeant sur l'air terne, là-bas. Ils causaient à voix basse et paraissaient en controverse [36] sur un point important, car leurs mains s'agitaient.

A cet aspect, rabbi Aser Abarbanel ferma les yeux: son cœur battit à le tuer; ses haillons furent pénétrés d'une froide sueur d'agonie; il resta béant, immobile, étendu le long du mur, sous le rayon d'une veilleuse, immobile, implorant le Dieu de David.

Arrivés en face de lui, les deux inquisiteurs s'arrêtèrent sous la lueur de la lampe, — ceci par un hasard sans doute provenu [37] de leur discussion. L'un d'eux, en écoutant son interlocuteur, se trouva regarder le rabbin! Et, sous ce regard dont il ne comprit pas d'abord l'expression distraite, le malheureux croyait sentir les tenailles chaudes mordre encore sa pauvre chair; il allait donc redevenir une plainte et une plaie! Défaillant, ne pouvant respirer, les paupières battantes, il frissonnait, sous l'effleurement de cette robe. Mais, chose à la fois étrange et naturelle, les yeux de l'inquisiteur étaient évidemment ceux d'un homme profondément préoccupé de ce qu'il va répondre, absorbé par l'idée de ce qu'il écoute, ils étaient fixes — et semblaient regarder le juif *sans le voir!*

En effet, au bout de quelques minutes, les deux sinistres discuteurs continuèrent leur chemin, à pas lents, et toujours causant à voix basse, vers le carrefour d'où le captif était sorti; *on ne l'avait pas vu!* . . . Si bien que, dans l'horrible désarroi de ses sensations, celui-ci eut le cerveau traversé par cette idée: « Serais-je déjà mort, qu'on ne me voit pas? » Une hideuse impression le tira de léthargie: [38] en considérant le mur, tout contre son visage, il crut voir, en face des siens, deux yeux féroces qui l'observaient! . . . Il rejeta la tête en arrière en une transe éperdue et brusque, les cheveux dressés! . . . Mais non! non. Sa main venait de se rendre compte, en tâtant les pierres: c'était le *reflet* des yeux de l'inquisiteur qu'il avait encore dans les prunelles, et qu'il avait réfracté [39] sur deux taches de la muraille.

En marche! Il fallait se hâter vers ce but qu'il s'imaginait (maladivement sans doute) être la délivrance! vers ces ombres dont il n'était plus distant que d'une trentaine de pas, à peu près. Il reprit donc, plus vite, sur les genoux, sur les mains, sur le ventre, sa voie douloureuse; et bientôt il entra dans la partie obscure de ce corridor effrayant.

Tout à coup, le misérable éprouva du froid *sur* ses mains qu'il appuyait sur les dalles; cela provenait d'un violent souffle d'air, glissant sous une petite porte à laquelle aboutissaient les deux murs. — Ah! Dieu! si cette porte s'ouvrait sur le dehors! Tout l'être du lamentable évadé eut comme un vertige d'espérance! Il l'examinait, du haut en bas, sans pouvoir bien la distinguer à cause de l'assombrissement autour de lui. — Il tâtait: point de verrous, ni de serrure. — Un loquet! . . . [40] Il se redressa: le loquet céda sous son pouce; la silencieuse porte roula devant lui.

[33] Cf. la note 5.

[34] instrument de tortures

[35] nécessaires à la vie, par exemple les mouvements du cœur

[36] discussion méthodique sur une question religieuse ou philosophique

[37] Ce participe passé de *provenir* est inusité.

[38] état d'inertie dans lequel un homme semble mort

[39] dirigé en le faisant dévier

[40] fermeture très simple qui remplace rudimentairement une serrure

« — Alleluia! . . . »[41] murmura, dans un immense soupir d'actions de grâces,[42] le rabbin, maintenant debout sur le seuil, à la vue de ce qui lui apparaissait.

La porte s'était ouverte sur des jardins, sous une nuit d'étoiles! sur le printemps, la liberté, la vie! Cela donnait sur la campagne prochaine, se prolongeant vers les sierras[43] dont les sinueuses lignes bleues se profilaient sur l'horizon; — là, c'était le salut! — Oh! s'enfuir! Il courrait toute la nuit sous ces bois de citronniers dont les parfums lui arrivaient. Une fois dans les montagnes, il serait sauvé! Il respirait le bon air sacré; le vent le ranimait, ses poumons ressuscitaient! Il entendait, en son cœur dilaté, le *Veni foràs*[44] de Lazare![45] Et, pour bénir encore le Dieu qui lui accordait cette miséricorde, il étendit les bras devant lui, en levant les yeux au firmament. Ce fut une extase.

Alors, il crut voir l'ombre de ses bras se retourner sur lui-même: il crut sentir que ces bras d'ombre l'entouraient, l'enlaçaient, — et qu'il était pressé tendrement contre une poitrine. Une haute figure était, en effet, auprès de la sienne. Confiant, il abaissa le regard vers cette figure — et demeura pantelant, affolé, l'œil morne, tremblant, gonflant les joues et bavant d'épouvante.

Horreur! il était dans les bras du Grand-Inquisiteur lui-même, du vénérable Pédro Arbuez d'Espila, qui le considérait, de grosses larmes plein les yeux, et d'un air de bon pasteur[46] retrouvant sa brebis égarée! . . .

Le sombre prêtre pressait contre son cœur, avec un élan de charité si fervente, le malheureux juif, que les pointes du cilice[47] monacal sarclèrent, sous le froc,[48] la poitrine du dominicain. Et, pendant que rabbi Aser Abarbanel, les yeux révulsés sous les paupières, râlait d'angoisse entre les bras de l'ascétique dom Arbuez et comprenait confusément *que toutes les phases de la fatale soirée n'étaient qu'un supplice prévu, celui de l'Espérance!* le Grand-Inquisiteur, avec un accent de poignant reproche et le regard consterné, lui murmurait à l'oreille, d'une haleine brûlante et altérée par les jeûnes:

— Eh quoi, mon enfant! A la veille, peut-être, du salut. . .[49] vous vouliez donc nous quitter!

[41] mot hébreu de réjouissance que l'Église chrétienne chante à la fin de certains versets et qui signifie: *Louez Dieu*
[42] témoignage de reconnaissance
[43] montagnes d'Espagne
[44] expression latine: *sors* (de ta tombe)
[45] frère de Marie et de Marthe, ressuscité par Jésus quatre jours après sa mort

[46] celui qui, dans l'Évangile, retrouve et ramène la brebis égarée (chrétien égaré par le péché)
[47] ceinture de crin portée sur la peau par mortification
[48] habit de moines
[49] Cf. la note 16.

ALPHONSE DAUDET (1840–1897)

Nîmois de naissance, Alphonse Daudet, ses études faites à Lyon, a subi les conséquences de la révolution de 1848 qui ruina son père, riche manufacturier lyonnais. Il se fit à seize ans maître d'études au collège d'Alès. Le roman du *Petit Chose* raconte cette mélancolique période de son existence. Mais il avait à Paris un frère, son aîné de trois ans, Ernest Daudet, futur historien; il le rejoignit en 1857 et en reçut une aide.

L'HOMME

L'année suivante, les vers d'*Amoureuses* lui valurent de collaborer au *Figaro* et bientôt, en 1860, de devenir le secrétaire du duc de Morny, frère utérin de Napoléon III et président du Corps législatif. Il jouissait de grands loisirs et écrivit pour le théâtre: *La Dernière Idole* eut du succès à l'Odéon. Malheureusement sa santé était délicate, il dut partir en 1865 pour un pays de soleil, l'Algérie, ensuite pour un autre, la Corse, et il prit l'habitude d'aller passer des mois en Provence. Il y a connu Mistral et les autres maîtres du *Félibrige,* groupe d'écrivains occupés à créer une littérature de *langue d'oc*. Ils l'ont aidé à recueillir de bonnes et belles histoires locales dont il a composé ses *Lettres de mon moulin* (1869), ainsi intitulées en souvenir du vieux moulin en ruines qui dressait ses ailes au bord de la route d'Arles aux Baux, qui a souvent abrité les rêveries de l'écrivain et qui est maintenant un « Musée Alphonse Daudet ». Une des nouvelles du livre, « L'Arlésienne », est devenue en 1872 un drame dont la musique de Bizet entretient la gloire.

Son mariage avec Julia Allard avait apporté à Daudet la fortune en 1867.

Les *Contes du lundi* ont suivi en 1873 les *Lettres de mon moulin;* les histoires inspirées par la guerre de 1870 y tiennent la plus grande place. Mais depuis une année déjà la gloire avait salué l'auteur des *Aventures prodigieuses de Tartarin de Tarascon,* qui devait avoir deux suites: *Tartarin sur les Alpes* (1885) et *Port-Tarascon* (1890). C'est à partir de 1874 et pendant quinze années que s'est déroulée la série des grands romans de mœurs.

Hélas! Dès sa quarantième année Alphonse Daudet a souffert d'un mal alors incurable. Devenu tabétique, il s'est acheminé vers la mort dans une lente et implacable souffrance. *La Doulou* (livre posthume) raconte ce martyre.

Lettres, Contes, Tartarin marquent avec *Numa Roumestan* (1880) la période de littérature méridionale, aimable, tantôt idyllique, tantôt satirique, moins souvent tragique. Flaubert appela *Tartarin* un chef-d'œuvre, et le héros de l'histoire est resté un type. Dans sa série de romans de mœurs, Daudet a peint une humanité moyenne mais très diverse: le monde du commerce (*Fromont jeune et Risler aîné,* 1874), le demi-monde (*Jack,* 1876), la haute société parisienne entrevue autour du duc de Morny (*Le Nabab,* 1877), les souverains déchus (*Rois en exil,* 1879), la société académique (*L'Immortel,* 1888).

L'ŒUVRE

Il est allé au delà de l'apparence des mœurs, il a pénétré les cœurs et atteint le destin dans deux livres: *L'Évangéliste* (1883), histoire d'une vie perdue par le fanatisme d'une prédicante, et *Sapho* (1884), peinture d'une liaison dans laquelle s'enlise une carrière d'artiste.

Naturaliste, puisqu'il pousse le réalisme jusqu'au détail documentaire, Daudet échappe au naturalisme de Zola et de Maupassant par la force de l'émotion. Son œuvre est la réalité vraie, mais transformée par l'âme du romancier. Il y a dans ses romans des égoïstes et des canailles, mais une majorité de braves gens et les plus touchantes figures. Si ses sens d'artiste le rapprochent des frères Goncourt, son don de sympathie l'apparente à Dickens dont l'influence a agi sur lui. Il a eu beau associer ses lecteurs à de nombreuses souffrances, il est toujours resté dans son œuvre comme dans sa vie, ainsi que l'a dit son fils Léon, « un marchand de bonheur ». Aussi ses romans et ses contes exercent-ils toujours une action de large rayonnement jusqu'à l'étranger.

Le Déjeuner des canotiers, par Pierre Auguste Renoir. The Phillips Collection, Washington, D.C.

Ouverture de Carnaval au Moulin Rouge, 1890. (Photo Harlingue-Viollet)

Lettres de mon moulin

LE PHARE DES SANGUINAIRES

Cette nuit, je n'ai pas pu dormir. Le mistral [1] était en colère, et les éclats de sa grande voix m'ont tenu éveillé jusqu'au matin. Balançant lourdement ses ailes mutilées [2] qui sifflaient à la bise [3] comme les agrès d'un navire, tout le moulin craquait. Des tuiles s'envolaient de sa toiture en déroute. [4] Au loin, les pins serrés dont la colline est couverte s'agitaient et bruissaient dans l'ombre. On se serait cru en pleine mer. . .

Cela m'a rappelé tout à fait mes insomnies [5] d'il y a trois ans quand j'habitais le phare des Sanguinaires, là-bas, sur la côte corse, à l'entrée du golfe d'Ajaccio. [6]

Encore [7] un joli coin que j'avais trouvé là [8] pour rêver et être seul.

Figurez-vous une île rougeâtre et d'aspect farouche; le phare à une pointe, à l'autre une vieille tour génoise [9] où, de mon temps, [10] logeait un aigle. En bas, au bord de l'eau, un lazaret [11] en ruine, envahi de partout par les herbes; puis, des ravins, des maquis, [12] de grandes roches, quelques chèvres sauvages, de petits chevaux corses gambadant la crinière au vent; enfin là-haut, tout en haut, dans un tourbillon [13] d'oiseaux de mer, la maison du phare, avec sa plate-forme [14] en maçonnerie blanche, où les gardiens se promènent de long en large, [15] la porte verte en ogive, [16] la petite tour de fonte, et au-dessus la grosse lanterne à facettes qui flambe [17] au soleil et fait de la lumière même pendant le jour. . .

Voilà l'île des Sanguinaires, [18] comme je l'ai revue cette nuit, en entendant ronfler [19] mes pins. C'était dans cette île enchantée qu'avant d'avoir un moulin j'allais m'enfermer quelquefois, lorsque j'avais besoin de grand air et de solitude.

Ce que je faisais?

Ce que je fais ici, moins encore. Quand le mistral ou la tramontane [20] ne soufflaient pas trop fort, je venais me mettre entre deux roches au ras [21] de l'eau, au milieu des goélands, des merles, des hirondelles, et j'y restais presque tout le jour dans cette espèce de stupeur et d'accablement délicieux que donne la contemplation de la mer. Vous connaissez, n'est-ce pas, cette jolie griserie [22] de l'âme? On ne pense pas, on ne rêve pas non plus. Tout votre être vous échappe, s'envole, s'éparpille. On est la mouette qui plonge, la poussière [23] d'écume qui flotte au soleil entre deux vagues, la fumée blanche de ce paquebot qui s'éloigne, ce petit corailleur [24] à voile rouge, cette perle d'eau, [25] ce flocon [26] de brume, tout excepté soi-même. . . Oh! que j'en [27] ai passé dans mon île de ces belles heures de demi-sommeil et d'éparpillement! . . .

[1] vent violent et froid qui souffle du nord dans la vallée du Rhône
[2] qui ont perdu une partie de leur bois, car le moulin est en ruine et ne fonctionne pas
[3] *à la bise:* sous l'action du vent froid
[4] en désordre de ruine
[5] privations de sommeil
[6] chef-lieu de la Corse, dans une belle rade, au sud-ouest de l'île
[7] c'est encore
[8] *Là:* adverbe qui, en liaison avec *encore,* marque un peu de moquerie du narrateur à l'égard de lui-même.
[9] construite par les Gênois qui ont été maîtres de la Corse depuis 1347 jusqu'à 1768
[10] *quand je venais là*
[11] établissement où jadis faisaient quarantaine (séjour obligatoire de 40 jours) les passagers de navires venant de pays dévastés par des épidémies
[12] terrains encombrés de broussailles
[13] vol en cercles concentriques
[14] terrasse
[15] C'est-à-dire: en tous sens.
[16] terminée au sommet en forme d'arc surélevé
[17] brille et éclate comme une flamme (expression métaphorique)
[18] Île à l'entrée du golfe. Elle forme avec la côte un passage dangereux.
[19] Produire un bruit sourd dans le vent. *Ronfler* **est** attribut de *pins.*
[20] vent du nord en Provence
[21] niveau
[22] demi-ivresse
[23] multitude de gouttelettes
[24] barque affectée à la pêche du corail
[25] goutte d'eau transparente
[26] amas très léger
[27] pronom personnel, représente et annonce *belles heures* (redondance familière)

Les jours de grand vent, le bord de l'eau n'étant pas tenable,[28] je m'enfermais dans la cour du lazaret, une petite cour mélancolique, tout embaumée de romarin et d'absinthe sauvage, et là, blotti contre un pan de vieux mur, je me laissais envahir doucement par le vague parfum [29] d'abandon et de tristesse qui flottait avec le soleil dans les logettes [30] de pierre, ouvertes tout autour comme d'anciennes tombes. De temps en temps, un battement de porte, un bond léger dans l'herbe. . . c'était une chèvre qui venait brouter à l'abri du vent. En me voyant, elle s'arrêtait interdite,[31] et restait plantée [32] devant moi, l'air vif, la corne haute, me regardant d'un œil enfantin. . .

Vers cinq heures, le porte-voix [33] des gardiens m'appelait pour dîner. Je prenais alors un petit sentier dans le maquis grimpant à pic au-dessus de la mer, et je revenais lentement vers le phare, me retournant à chaque pas sur cet immense horizon d'eau et de lumière qui semblait s'élargir à mesure que je montais.

Là-haut, c'était charmant. Je vois encore cette belle salle à manger à larges dalles,[34] à lambris [35] de chêne, la bouillabaisse [36] fumant au milieu, la porte grande ouverte sur la terrasse et tout le couchant [37] qui entrait. . . Les gardiens étaient là, m'attendant pour se mettre à table. Il y en avait trois, un Marseillais et deux Corses, tous trois petits barbus, le même visage tanné,[38] crevassé,[39] le même *pelone* (caban) en poil de chèvre, mais d'allure [40] et d'humeur [41] entièrement opposées.

A la façon de vivre de ces gens, on sentait tout de suite la différence des deux races. Le Marseillais, industrieux et vif, toujours affairé, toujours en mouvement, courait l'île du matin au soir, jardinant, pêchant, ramassant des œufs de *gouailles,*[42] s'embusquant [43] dans le maquis pour traire une chèvre au passage; et toujours quelque aïoli [44] ou quelque bouillabaisse en train.

Les Corses, eux, en dehors de leur service, ne s'occupaient absolument de rien; ils se considéraient comme des fonctionnaires,[45] et passaient toutes leurs journées dans la cuisine à jouer d'interminables parties de *scopa,*[46] ne s'interrompant que pour rallumer leurs pipes d'un air grave et hacher avec des ciseaux, dans le creux de leurs mains, de grandes feuilles de tabac vert. . .

Du reste, Marseillais et Corses, tous trois de bonnes gens, simples, naïfs, et pleins de prévenances pour leur hôte,[47] quoique au fond [48] il dût leur paraître un monsieur bien extraordinaire. . .

Pensez donc! [49] venir s'enfermer au phare pour son plaisir! . . . Eux qui trouvent les journées si longues, et qui sont si heureux quand c'est leur tour d'aller à terre. . . Dans la belle saison, ce grand bonheur leur arrive tous les mois. Dix jours de terre pour trente jours de phare, voilà le règlement; [50] mais, avec l'hiver et les gros temps,[51] il n'y a plus de règlement qui tienne.[52] Le vent souffle, la vague monte, les Sanguinaires sont blanches d'écume, et les gardiens de service restent bloqués [53] deux ou trois mois de suite, quelquefois même dans de terribles conditions.

— Voici ce qui m'est arrivé à moi, monsieur, — me contait un jour le vieux Bartoli, pendant que nous dînions, — voici ce qui m'est arrivé il y a cinq ans, à cette même table où nous sommes, un soir d'hiver, comme maintenant. Ce soir-là, nous n'étions que deux dans le phare, moi et un camarade qu'on appelait Tchéco. . . Les autres étaient

[28] impossible d'y rester
[29] ce qu'on sent dans l'atmosphère
[30] petites cavités
[31] frappée d'étonnement
[32] dressée immobile
[33] instrument en forme de trompette, dont les sons portent loin les appels
[34] tablettes de pierre servant au pavage
[35] revêtement sur les murs
[36] mets provençal à base de poisson cuit dans le vin blanc et relevé de beaucoup de condiments
[37] la lumière du soleil couchant
[38] qui a la couleur du *tan,* écorce de chêne, d'un brun roux, avec quoi on prépare les cuirs
[39] qui est marqué de gerçures profondes
[40] manières
[41] caractère

[42] nom indigène d'oiseaux de mer
[43] se cachant pour surprendre
[44] coulis d'ail pilé et mélangé d'huile d'olive
[45] c'est-à-dire qu'une fois leur service fait, ils estimaient ne plus devoir aucun autre travail
[46] nom corse d'un jeu de hasard
[47] le narrateur
[48] en réalité, s'ils réfléchissaient
[49] réfléchissez, vous trouverez étonnant ceci: venir, etc.
[50] statut qui précise ce qu'il y a à faire
[51] temps d'orage en mer
[52] sous-entendu: contre ces circonstances (gallicisme)
[53] enfermés complètement

à terre,[54] malades, en congé, je ne sais plus. . . Nous finissions de dîner, bien tranquilles. . . Tout à coup, voilà mon camarade qui s'arrête de manger, me regarde un moment avec de drôles d'yeux,[55] et, pouf![56] tombe sur la table, les bras en avant. Je vais à lui, je le secoue, je l'appelle:

«— Oh! Tché! . . .[57] Oh! Tché! . . .

«Rien! Il était mort. . . Vous jugez[58] quelle émotion! Je restai plus d'une heure stupide[59] et tremblant devant ce cadavre, puis, subitement, cette idée me vient: «Et le phare!» Je n'eus que le temps de monter dans la lanterne[60] et d'allumer. La nuit était déjà là. . . Quelle nuit, monsieur! La mer, le vent n'avaient plus leurs voix naturelles. A tout moment il me semblait que quelqu'un m'appelait dans l'escalier. . . Avec cela une fièvre,[61] une soif! Mais vous ne m'auriez pas[62] fait descendre. . . j'avais trop peur du mort. Pourtant, au petit jour,[63] le courage me revint un peu. Je portai mon camarade sur son lit; un drap dessus, un bout de prière, et puis vite[64] aux signaux d'alarme.[65]

«Malheureusement, la mer était trop grosse;[66] j'eus beau[67] appeler, appeler, personne ne vint. . . Me voilà seul dans le phare avec mon Tchéco, et Dieu sait[68] pour combien de temps. . . J'espérais pouvoir le garder près de moi jusqu'à l'arrivée du bateau![69] mais au bout de trois jours ce n'était plus possible. . . Comment faire? le porter dehors? l'enterrer? La roche était trop dure, et il y a tant de corbeaux dans l'île. C'était pitié[70] de leur abandonner ce chrétien.[71] Alors je songeai à le descendre dans une des logettes du lazaret. . . Ça[72] me prit toute une après-midi cette triste corvée-là, et je vous réponds qu'il m'en[73] fallut, du courage. . . Tenez![74] monsieur, encore aujourd'hui, quand je descends ce côté de l'île par une après-midi de grand vent, il me semble que j'ai toujours le mort sur les épaules. . .»

Pauvre vieux Bartoli! La sueur lui en coulait sur le front, rien que d'y penser.[75]

Nos repas se passaient ainsi à causer longuement: le phare, la mer, des récits de naufrages, des histoires de bandits corses. . . Puis, le jour tombant, le gardien du premier quart[76] allumait sa petite lampe, prenait sa pipe, sa gourde,[77] un gros Plutarque[78] à tranche rouge, toute la bibliothèque[79] des Sanguinaires, et disparaissait par le fond.[80] Au bout d'un moment, c'était[81] dans tout le phare un fracas de chaînes, de poulies, de gros poids[82] d'horloge qu'on remontait.

Moi, pendant ce temps, j'allais m'asseoir sur la terrasse. Le soleil, déjà très bas, descendait vers l'eau de plus en plus vite, entraînant tout l'horizon après lui. Le vent fraîchissait,[83] l'île devenait violette. Dans le ciel, près de moi, un gros oiseau passait lourdement: c'était l'aigle de la tour génoise qui rentrait. . . Peu à peu la brume de mer montait. Bientôt on ne voyait plus que l'ourlet blanc[84] de l'écume autour de l'île. . . Tout à coup, au-dessus de ma tête, jaillissait un grand flot de lumière douce. Le phare était allumé. Laissant toute l'île dans l'ombre, le clair rayon[85] allait tomber au large[86] sur la mer, et j'étais là perdu dans la nuit, sous ces

[54] sur la côte de la Corse
[55] pour: des yeux bizarres
[56] interjection qui imite le bruit d'une chute
[57] abréviation familière de Tchéco
[58] vous vous rendez compte de
[59] frappé de stupeur
[60] décrite au début du conte
[61] agitation qui élève le degré de chaleur du corps
[62] sous-entendu: à aucun prix
[63] quand le jour parut
[64] sous-entendu: je courus
[65] annonce de malheur et demande de secours
[66] soulevée par la tempête
[67] je m'efforçai en vain de
[68] Dieu seul peut savoir
[69] qui faisait le service de la petite île à la côte
[70] pitié: digne de pitié
[71] un chrétien veut être mis en terre avec cérémonie
[72] ça: pour cela

[73] pronom personnel, annonce *du courage*
[74] interjection qui sert à appeler l'attention
[75] Il lui suffisait pour cela d'y penser.
[76] Les quatre heures de nuit pendant lesquelles le gardien devait veiller. Un autre lui succédait pour les quatre suivantes.
[77] flacon gainé d'osier et dans lequel on met du vin ou de l'eau-de-vie
[78] Historien de l'ancienne Grèce, auteur des *Vies des hommes illustres*. Il s'agit évidemment d'une traduction.
[79] sous-entendu: qui constituait à lui seul
[80] sortait
[81] pour: il y avait
[82] corps pesants suspendus aux chaînes d'une horloge pour lui donner le mouvement
[83] devenait plus fort (terme de marine)
[84] Métaphore: l'île est comparée à une robe, et l'écume au repli cousu au bas de la robe.
[85] projection de lumière
[86] loin (en haute mer)

grandes ondes lumineuses qui m'éclaboussaient [87] à peine en passant. . . Mais le vent fraîchissait encore. Il fallait rentrer. A tâtons,[88] je fermais la grosse porte, j'assurais [89] les barres de fer; puis, toujours tâtonnant, je prenais un petit escalier de fonte [90] qui tremblait et sonnait sous mes pas, et j'arrivais au sommet du phare. Ici, par exemple,[91] il y en avait de la lumière!

Imaginez une lampe Carcel [92] gigantesque à six rangs de mèches, autour de laquelle pivotent [93] lentement les parois [94] de la lanterne, les unes remplies par une énorme lentille de cristal,[95] les autres ouvertes sur un grand vitrage immobile qui met la flamme à l'abri du vent. . . En entrant, j'étais ébloui. Ces cuivres, ces étains,[96] ces réflecteurs de métal blanc, ces murs de cristal bombé [97] qui tournaient avec de grands cercles bleuâtres,[98] tout ce miroitement, tout ce cliquetis [99] de lumières me donnait un moment de vertige.[100]

Peu à peu, cependant, mes yeux s'y faisaient,[101] et je venais m'asseoir au pied même de la lampe, à côté du gardien qui lisait son Plutarque à haute voix, de peur de s'endormir. . .

Au dehors, le noir, l'abîme. Sur le petit balcon qui tourne autour du [102] vitrage, le vent court comme un fou en hurlant. Le phare craque, la mer ronfle. A la pointe de l'île, sur les brisants,[103] les lames [104] font comme des coups de canon. . . Par moments, un doigt invisible frappe aux carreaux: quelque oiseau de nuit,[105] que la lumière attire, et qui vient se casser la tête contre le cristal. . . Dans la lanterne étincelante et chaude, rien que [106] le crépitement de la flamme, le bruit de l'huile qui s'égoutte, de la chaîne qui se dévide,[107] et une voix monotone psalmodiant [108] la vie de Démétrius de Phalère. . .[109]

A minuit, le gardien se levait, jetait un dernier coup d'œil à ses mèches, et nous descendions. Dans l'escalier, on rencontrait le camarade du second quart [110] qui montait en se frottant les yeux; on lui passait la gourde, le Plutarque. . . Puis, avant de gagner nos lits, nous entrions un moment dans la chambre du fond, tout encombrée de chaînes, de gros poids, de réservoirs d'étain, de cordages, et là, à la lueur de sa petite lampe, le gardien écrivait sur le grand livre [111] du phare, toujours ouvert:

Minuit. Grosse mer. Tempête. Navire au large.

REPRODUIT AVEC L'AUTORISATION DE FASQUELLE, ÉDITEURS

[87] Métaphore: les ondes lumineuses sont comparées aux flots de la mer.
[88] en tâtonnant (tâtant les murs de la main)
[89] je mettais bien en place
[90] variété de fer
[91] interjection familière exprimant la surprise
[92] lampe particulièrement puissante inventée par l'horloger français de ce nom en 1800
[93] tournent comme sur un pivot
[94] surfaces intérieures
[95] cristal taillé en forme convexe ou concave et qui amplifie la lumière
[96] métaux qui recouvrent les parois de la lanterne
[97] lentille
[98] en projetant de grands cercles bleuâtres
[99] les lumières s'entrechoquent comme des épées
[100] étourdissement qui fait perdre l'équilibre
[101] s'y habituaient

[102] entoure le
[103] roches à fleur d'eau
[104] vagues de la mer
[105] sous-entendu: c'est (quelque oiseau)
[106] il n'y a rien, excepté
[107] se déroule
[108] débitant sur un ton égal
[109] homme d'État de l'ancienne Grèce (IVe siècle av. J.-C.), qui a sa vie racontée par Plutarque
[110] Cf. la note 76.
[111] Le phare a un *grand livre* ou *livre de bord*, comme un navire.

GUY DE MAUPASSANT (1850–1893)

L'HOMME

Le château de Miromesnil, près de Dieppe, a vu naître Guy de Maupassant. L'enfant suivit sa mère à Étretat lorsqu'elle se fut séparée de son mari, qui était l'associé d'un agent de change parisien. M. de Maupassant descendait d'une famille noble de Lorraine, Mme de Maupassant était née à Fécamp.

Guy, confié à un précepteur indulgent, a grandi dans un beau jardin, puis a vagabondeé dans la campagne et sur le rivage de la mer. Il a commenceé sérieusement ses études au petit séminaire d'Yvetot, il les a terminées au lycée de Rouen. Le poète Louis Bouilhet, conservateur de la bibliothèque de la ville, était son correspondant pour les sorties du dimanche. Ils devinrent amis. C'est Bouilhet qui lui fit connaître Flaubert.

Interrompu dans ses études de droit par la guerre franco-allemande de 1870, Maupassant a été soldat d'infanterie dans l'armée du Nord. Mais très vite son père le mit à l'abri dans l'intendance, puis le fit entrer après la guerre au ministère de la Marine comme surnuméraire. Un ami de Flaubert était alors ministre de l'Instruction publique, il attacha le jeune homme à son Cabinet pendant quelque temps, lui laissant des loisirs qui étaient fougueusement employés à des parties de canotage sur la Seine, à Chatou, et à Sartrouville, en compagnie d'amis joyeux et de jeunes femmes faciles. A cette époque, Flaubert, qui a été pour lui une sorte de parrain, lui écrivait: « Petit cochon ».

Maupassant a débuté dans la vie littéraire par la poésie (*Des Vers*, 1880), mais c'est une nouvelle, *Boule-de-suif,* le meilleur morceau des *Soirées de Médan,* qui l'a fait connaître. Ayant réussi tôt, gagnant de l'argent, libéré de son emploi administratif, l'écrivain avait un cotre sur la Méditerranée, passait ses étés en Normandie, menait à Paris vie de jouisseur. Il s'y est d'autant plus usé qu'une hérédité lourde pesait sur lui; son frère était mort fou et il vivait dans la terreur d'avoir à subir le même sort. Il souffrait d'ailleurs de migraines et, prenant de l'éther pour se soulager, il éprouvait des hallucinations qui sont passées dans son œuvre. Toutefois le fameux *Horla* a été écrit en toute lucidité sur un sujet fourni par un ami, au moment où tout Paris parlait du Docteur Charcot et de ses travaux à la Salpétrière.

Maupassant n'en a pas moins tenté de se suicider. Après quoi, il a endossé la camisole de force au cours de près de deux années d'internement à la maison de santé du Docteur Blanche, où il est mort, paralytique général et aliéné.

L'existence tumultueuse et tourmentée de Maupassant ne l'a pas empêché de produire en dix ans, de 1880 à 1890, une trentaine de volumes contenant six grands romans et trois cents nouvelles. Cette œuvre considérable exprime la tristesse. Disciple de Flaubert, Maupassant s'est montré pessimiste comme lui, trouvant dans les spectacles de la vie une justification certaine de la philosophie de Schopenhauer, et découragé par un monde d'où les savants matérialistes chassaient les consolations possibles de la religion. *L'ŒUVRE*

Beaucoup plus simple que son maître dans l'art de ses récits, Maupassant en a banni toute préoccupation d'analyse et s'est contenté d'une psychologie assez sommaire, surtout dans la partie de sa production qui a le plus fait pour sa renommée, c'est-à-dire dans ses nouvelles, petits drames condensés où tout se passe en actes, en gestes, en paroles — juste les paroles indispensables!

Il n'en va pas tout à fait de même pour les romans. Certes ils sont le modèle de l'art flaubertien influencé par Zola: peinture exacte, détails documentaires, traits essentiels de la société mondaine, des fonctionnaires et employés, des politiciens et journalistes, des paysans normands, sans le moindre accompagnement de commentaires moraux.

Cependant Maupassant s'est intéressé à des milieux délicats dans *Fort comme la mort*, le drame de vieillir (1889). D'autre part, une situation comme celle de *Pierre et Jean* (1888) — cette lutte entre une mère coupable et son fils accusateur — a été imaginée avec une sensibilité profonde. *Une Vie* (1883) déroule de façon poignante l'histoire d'une pauvre femme qui souffre par son mari, puis par son fils et qui n'a vraiment qu'à mourir. A part *Bel-Ami*, figure cynique d'homme de proie, les autres romans, *Mont-Oriol, Notre Cœur,* quoique moins émouvants, sont pleins d'une pitié qui demande à être devinée.

Maupassant a écrit dans un style clair, plein, bien charpenté, qui assure son succès durable à l'étranger comme en France.

Nous avons choisi ici une nouvelle qui décrit le monde de la petite bourgeoisie, le monde des fonctionnaires que Maupassant connaissait si bien et qui forme la matière de plusieurs de ses nouvelles.

Les Bijoux

M. Lantin, ayant rencontré cette jeune fille, dans une soirée, chez son sous-chef de bureau, l'amour l'enveloppa comme un filet.

C'était la fille d'un percepteur [1] de province, mort depuis plusieurs années. Elle était venue ensuite à 5 Paris avec sa mère, qui fréquentait quelques familles bourgeoises de son quartier dans l'espoir de marier la jeune personne. Elles étaient pauvres et honorables, tranquilles et douces. La jeune fille semblait le type absolu de l'honnête femme à la- 10 quelle le jeune homme sage rêve de confier sa vie. Sa beauté modeste avait un charme de pudeur angélique, et l'imperceptible sourire qui ne quittait point ses lèvres semblait un reflet de son cœur.

Tout le monde chantait ses louanges; tous ceux qui la connaissaient répétaient sans fin: « Heureux celui qui la prendra. On ne pourrait trouver mieux. »

M. Lantin, alors commis principal au ministère 20

de l'Intérieur, aux appointements annuels de trois mille cinq cents francs,[2] la demanda en mariage et l'épousa.

Il fut avec elle invraisemblablement heureux. Elle gouverna sa maison avec une économie si adroite qu'ils semblaient vivre dans le luxe. Il n'était point d'attentions, de délicatesses, de chatteries[3] qu'elle n'eût pour son mari; et la séduction de sa personne était si grande que, six ans après leur rencontre, il l'aimait plus encore qu'aux premiers jours.

Il ne blâmait en elle que deux goûts, celui du théâtre et celui des bijouteries fausses.

Ses amies (elle connaissait quelques femmes de modestes fonctionnaires) lui procuraient à tous moments des loges pour les pièces en vogue, même pour les premières représentations; et elle traînait, bon gré, mal gré, son mari à ces divertissements qui le fatiguaient affreusement après sa journée de travail. Alors il la supplia de consentir à aller au spectacle avec quelque dame de sa connaissance qui la

---

[1] fonctionnaire chargé du recouvrement des impôts directs, ainsi que des amendes pénales

[2] Il avait donc un poste modestement rémunéré.

[3] gentillesses malignes ou quelquefois perfides

ramènerait ensuite. Elle fut longtemps à céder, trouvant peu convenable cette manière d'agir. Elle s'y décida enfin par complaisance, et il lui en sut un gré infini.[4]

Or, ce goût pour le théâtre fit bientôt naître en elle le besoin de se parer. Ses toilettes demeuraient toutes simples, il est vrai, de bon goût toujours, mais modestes; et sa grâce douce, sa grâce irrésistible, humble et souriante, semblait acquérir une saveur nouvelle de la simplicité de ses robes, mais elle prit l'habitude de pendre à ses oreilles deux gros cailloux du Rhin qui simulaient des diamants, et elle portait des colliers de perles fausses, des bracelets en similor,[5] des peignes agrémentés de verroteries[6] variées jouant les pierres fines.

Son mari, que choquait un peu cet amour du clinquant,[7] répétait souvent: « Ma chère, quand on n'a pas le moyen de se payer des bijoux véritables, on ne se montre parée que de sa beauté et de sa grâce, voilà encore les plus rares joyaux. »

Mais elle souriait doucement et répétait: « Que veux-tu? J'aime ça. C'est mon vice. Je sais bien que tu as raison; mais on ne se refait pas. J'aurais adoré les bijoux, moi! »

Et elle faisait rouler dans ses doigts les colliers de perles, miroiter les facettes de cristaux taillés, en répétant: « Mais regarde donc comme c'est bien fait. On jurerait du vrai. »

Il souriait en déclarant: « Tu as des goûts de Bohémienne. »

Quelquefois, le soir, quand ils demeuraient en tête à tête au coin du feu, elle apportait sur la table où ils prenaient le thé la boite de maroquin où elle enfermait la « pacotille »,[8] selon le mot de M. Lantin; et elle se mettait à examiner ces bijoux imités avec une attention passionnée, comme si elle eût savouré quelque jouissance secrète et profonde; et elle s'obstinait à passer un collier au cou de son mari pour rire ensuite de tout son cœur en s'écriant: « Comme tu es drôle! » Puis elle se jetait dans ses bras et l'embrassait éperdument.

Comme elle avait été à l'Opéra, une nuit d'hiver, elle rentra toute frissonnante de froid. Le lendemain elle toussait. Huit jours plus tard elle mourait d'une fluxion de poitrine.

Lantin faillit la suivre dans la tombe. Son désespoir fut si terrible que ses cheveux devinrent blancs en un mois. Il pleurait du matin au soir, l'âme déchirée d'une souffrance intolérable, hanté par le souvenir, par le sourire, par la voix, par tout le charme de la morte.

Le temps n'apaisa point sa douleur. Souvent, pendant les heures du bureau, alors que les collègues s'en venaient causer un peu des choses du jour, on voyait soudain ses joues se gonfler, son nez se plisser, ses yeux s'emplir d'eau; il faisait une grimace affreuse et se mettait à sangloter.

Il avait gardé intacte la chambre de sa compagne où il s'enfermait tous les jours pour penser à elle; et tous les meubles, ses vêtements mêmes demeuraient à leur place comme ils se trouvaient au dernier jour.

Mais la vie se faisait dure pour lui. Ses appointements,[9] qui, entre les mains de sa femme, suffisaient à tous les besoins du ménage, devenaient, à présent, insuffisants pour lui tout seul. Et il se demandait avec stupeur comment elle avait su s'y prendre pour lui faire boire toujours des vins excellents et manger des nourritures délicates qu'il ne pouvait plus se procurer avec ses modestes ressources.

Il fit quelques dettes et courut après l'argent à la façon des gens réduits aux expédients.[10] Un matin enfin, comme il se trouvait sans un sou, une semaine entière avant la fin du mois, il songea à vendre quelque chose; et tout de suite la pensée lui vint de se défaire de la « pacotille » de sa femme, car il avait gardé au fond du cœur une sorte de rancune contre ces « trompe-l'œil » qui l'irritaient autrefois. Leur vue même, chaque jour, lui gâtait un peu le souvenir de sa bien-aimée.

Il chercha longtemps dans le tas de clinquant qu'elle avait laissé, car jusqu'aux derniers jours de sa vie elle en avait acheté obstinément, rapportant presque chaque soir un objet nouveau, et il se décida pour le grand collier qu'elle semblait préférer, et qui pouvait bien valoir, pensait-il, six ou huit francs, car il était vraiment d'un travail très soigné pour du faux.

[4] Il lui en fut très reconnaissant.
[5] qui ressemblaient à de l'or
[6] bijoux de verre; *jouant:* imitant
[7] faux brillant, éclat trompeur
[8] marchandise de qualité inférieure
[9] salaire mensuel régulier
[10] moyens désespérés de se tirer d'embarras

Il le mit en sa poche et s'en alla vers son ministère en suivant les boulevards, cherchant une boutique de bijoutier qui lui inspirât confiance.

Il en vit une enfin et entra, un peu honteux d'étaler ainsi sa misère et de chercher à vendre une chose de si peu de prix.

— Monsieur, dit-il au marchand, je voudrais bien savoir ce que vous estimez ce morceau.

L'homme reçut l'objet, l'examina, le retourna, le soupesa, prit une loupe, appela son commis, lui fit tout bas des remarques, reposa le collier sur son comptoir et le regarda de loin pour mieux juger de l'effet.

M. Lantin, gêné par toutes ces cérémonies, ouvrait la bouche pour déclarer: « Oh! je sais bien que cela n'a aucune valeur, » — quand le bijoutier prononça:

— Monsieur, cela vaut de douze à quinze mille francs; mais je ne pourrais l'acheter que si vous m'en faisiez connaître exactement la provenance.

Le veuf ouvrit des yeux énormes et demeura béant, ne comprenant pas. Il balbutia enfin: « Vous dites? . . . Vous êtes sûr? » L'autre se méprit sur son étonnement, et, d'un ton sec: « Vous pouvez chercher ailleurs si on vous en donne davantage. Pour moi, cela vaut, au plus, quinze mille. Vous reviendrez me trouver si vous ne trouvez pas mieux. »

M. Lantin, tout à fait idiot, reprit son collier et s'en alla, obéissant à un confus besoin de se trouver seul et de réfléchir.

Mais, dès qu'il fut dans la rue, un besoin de rire le saisit, et il pensa: « L'imbécile, oh! l'imbécile! Si je l'avais pris au mot tout de même! En voilà un bijoutier qui ne sait pas distinguer le faux du vrai! »

Et il pénétra chez un autre marchand à l'entrée de la rue de la Paix. Dès qu'il eut aperçu le bijou, l'orfèvre s'écria:

— Ah! parbleu; je le connais bien, ce collier; il vient de chez moi.

M. Lantin, fort troublé, demanda:

— Combien vaut-il?

— Monsieur, je l'ai vendu vingt-cinq mille. Je suis prêt à le reprendre pour dix-huit mille, quand vous m'aurez indiqué, pour obéir aux prescriptions légales, comment vous en êtes détenteur.[11]

Cette fois M. Lantin s'assit perclus d'étonnement. Il reprit: — Mais . . . mais, examinez-le bien attentivement, Monsieur, j'avais cru jusqu'ici qu'il était en . . . faux.

Le joaillier reprit: — Voulez-vous me dire votre nom, Monsieur?

— Parfaitement. Je m'appelle Lantin, je suis employé au ministère de l'Intérieur, je demeure 16, rue des Martyrs.

Le marchand ouvrit ses registres, rechercha, et prononça: — Ce collier a été envoyé en effet à l'adresse de Mme Lantin, 16, rue des Martyrs, le 20 juillet 1876.

Et les deux hommes se regardèrent dans les yeux, l'employé éperdu de surprise, l'orfèvre flairant[12] un voleur.

Celui-ci reprit: — Voulez-vous me laisser cet objet pendant vingt-quatre heures seulement, je vais vous en donner un reçu?

M. Lantin balbutia: — Mais oui, certainement. Et il sortit en pliant le papier qu'il mit dans sa poche.

Puis il traversa la rue, la remonta, s'aperçut qu'il se trompait de route, redescendit aux Tuileries, passa la Seine, reconnut encore son erreur, revint aux Champs-Élysées sans une idée nette dans la tête. Il s'efforçait de raisonner, de comprendre. Sa femme n'avait pu acheter un objet d'une pareille valeur. — Non, certes. — Mais alors, c'était un cadeau! Un cadeau! Un cadeau de qui? Pourquoi?

Il s'était arrêté, et il demeurait debout au milieu de l'avenue. Le doute horrible l'effleura. — Elle? — Mais alors tous les autres bijoux étaient aussi des cadeaux! Il lui sembla que la terre remuait; qu'un arbre, devant lui, s'abattait; il étendit les bras et s'écroula, privé de sentiment.

Il reprit connaissance dans la boutique d'un pharmacien où les passants l'avaient porté. Il se fit reconduire chez lui, et s'enferma.

Jusqu'à la nuit il pleura éperdument, mordant un mouchoir pour ne pas crier. Puis il se mit au lit, accablé de fatigue et de chagrin, et il dormit d'un pesant sommeil.

Un rayon de soleil le réveilla, et il se leva lentement pour aller à son ministère. C'était dur de travailler après de pareilles secousses. Il réfléchit

---

[11] possesseur

[12] croyant avoir affaire à

alors qu'il pouvait s'excuser auprès de son chef; et il lui écrivit. Puis il songea qu'il fallait retourner chez le bijoutier; et une honte l'empourpra. Il demeura longtemps à réfléchir. Il ne pouvait pourtant pas laisser le collier chez cet homme; il s'habilla et sortit.

Il faisait beau, le ciel bleu s'étendait sur la ville qui semblait sourire. Des flâneurs [13] allaient devant eux, les mains dans les poches.

Lantin se dit, en les regardant passer: « Comme on est heureux quand on a de la fortune! Avec de l'argent on peut secouer jusqu'aux chagrins, on va où l'on veut, on voyage, on se distrait! Oh! si j'étais riche! »

Il s'aperçut qu'il avait faim, n'ayant pas mangé depuis l'avant-veille. Mais sa poche était vide, et il se ressouvint du collier. Dix-huit mille francs! Dix-huit mille francs! c'était une somme, cela!

Il gagna la rue de la Paix et commença à se promener de long en large sur le trottoir, en face de la boutique. Dix-huit mille francs! Vingt fois il faillit entrer; mais la honte l'arrêtait toujours.

Il avait faim pourtant, grand'faim, et pas un sou. Il se décida brusquement, traversa la rue en courant pour ne pas se laisser le temps de réfléchir, et il se précipita chez l'orfèvre.

Dès qu'il l'aperçut, le marchand s'empressa, offrit un siège avec une politesse souriante. Les commis eux-même arrivèrent, qui regardaient de côté Lantin, avec des gaietés dans les yeux et sur les lèvres.

Le bijoutier déclara: — Je me suis renseigné, Monsieur, et si vous êtes toujours dans les mêmes dispositions, je suis prêt à payer la somme que je vous ai proposée.

L'employé balbutia: — Mais certainement.

L'orfèvre tira d'un tiroir dix-huit grands billets, les compta, les tendit à Lantin, qui signa un petit reçu et mit d'une main frémissante l'argent dans sa poche.

Puis, comme il allait sortir, il se tourna vers le marchand qui souriait toujours, et, baissant les yeux: — J'ai... j'ai d'autres bijoux... qui me viennent... de la même succession. Vous conviendrait-il de me les acheter aussi?

Le marchand s'inclina: — Mais certainement, Monsieur.

Un des commis sortit pour rire à son aise; un autre se mouchait avec force.

Lantin impassible, rouge et grave, annonça: — Je vais vous les apporter.

Et il prit un fiacre pour aller chercher les joyaux.

Quand il revint chez le marchand, une heure plus tard, il n'avait pas encore déjeuné. Ils se mirent à examiner les objets pièce à pièce, évaluant chacun. Presque tous venaient de la maison.

Lantin, maintenant, discutait les estimations, se fâchait, exigeait qu'on lui montrât les livres de vente, et parlait de plus en plus haut à mesure que s'élevait la somme.

Les gros brillants d'oreilles valaient vingt mille francs, les bracelets trente-cinq mille, les broches, bagues et médaillons seize mille, une parure d'émeraudes et de saphirs quatorze mille; un solitaire suspendu à une chaîne d'or formant collier quarante mille; le tout atteignant le chiffre de cent quatre-vingt-seize mille francs.

Le marchand déclara avec une bonhomie railleuse: — Cela vient d'une personne qui mettait toutes ses économies en bijoux.

Lantin prononça gravement: — C'est une manière comme une autre de placer son argent. Et il s'en alla après avoir décidé avec l'acquéreur qu'une contre-expertise [14] aurait lieu le lendemain.

Quand il se trouva dans la rue, il regarda la colonne Vendôme [15] avec l'envie d'y grimper, comme si c'eût été un mât de cocagne. Il se sentait léger à jouer à saute-mouton [16] par-dessus la statue de l'Empereur perché là-haut dans le ciel.

Il alla déjeuner chez Voisin [17] et but du vin à vingt francs la bouteille.

Puis il prit un fiacre et fit un tour au Bois.[18] Il regardait les équipages avec un certain mépris, oppressé du désir de crier aux passants: « Je suis riche aussi, moi. J'ai deux cent mille francs! »

[13] personnes qui errent sans but, en s'arrêtant pour regarder les boutiques ou les spectacles de la rue

[14] autre estimation de la valeur
[15] la fameuse colonne de la Grande Armée, haute de 44 mètres, qui perpétue le souvenir des victoires napoléoniennes de 1805
[16] jeu de garçons où l'un courbe le dos et où un autre saute par-dessus lui, les jambes écartées
[17] restaurant à la mode
[18] le bois de Boulogne

Le souvenir de son ministère lui revint. Il s'y fit conduire, entra délibérément chez son chef et annonça:

— Je viens, Monsieur, vous donner ma démission. J'ai fait un héritage de trois cent mille francs. Il alla serrer la main de ses anciens collègues et leur confia ses projets d'existence nouvelle; puis il dîna au café Anglais.[19]

[19] autre restaurant à la mode

Se trouvant à côté d'un monsieur qui lui parut distingué, il ne put résister à la démangeaison de lui confier, avec une certaine coquetterie, qu'il venait d'hériter de quatre cent mille francs.

Pour la première fois de sa vie, il ne s'ennuya pas au théâtre, et il passa sa nuit avec des filles.

Six mois plus tard il se remariait. Sa seconde femme était très honnête, mais d'un caractère difficile. Elle le fit beaucoup souffrir.

Le Vingtième Siècle

LE VINGTIÈME SIÈCLE

1900   1910   1920   1930   1940   1950

DATES HISTORIQUES

1870 ─────────── La Troisième République ─────── 1946

1914-18: Première guerre mondiale
1919: Traité de Versailles
1925: Pacte de Locarno
1933: HITLER prend le pouvoir en Allemagne
1938: Traité de Munich
1939-45: Seconde guerre mondiale
1946: Constitution de la Quatrième République
1958: Constitution de la Cinquième République

DATES LITTÉRAIRES

1868 ─────────── PAUL CLAUDEL ─────── 1955

1892: *La jeune fille Violaine*
1910: *Cinq grandes odes*
1911: *L'Ôtage*
1912: *L'Annonce faite à Marie*
1918: *Le Pain dur*
1920: *Le Père humilié*
1928-29: *Le Soulier de satin*
1948: *L'Annonce faite à Marie* (version définitive)
1949: *Paul Claudel et André Gide, correspondance*

1869 ─────────── ANDRÉ GIDE ─────── 1951

1897: *Les Nourritures terrestres*
1902: *L'Immoraliste*
1907: *Le Retour de l'enfant prodigue*
1909: *La Porte étroite*
1914: *Les Caves du Vatican*
1926: *Si le grain ne meurt*
1926: *Les Faux-monnayeurs*
1950: *Journal (1942-48)*
1955: *Correspondance André Gide et Paul Valéry (1890-1942)*

1871 ──── MARCEL PROUST ──── 1922

1913-27: *A la recherche du temps perdu*

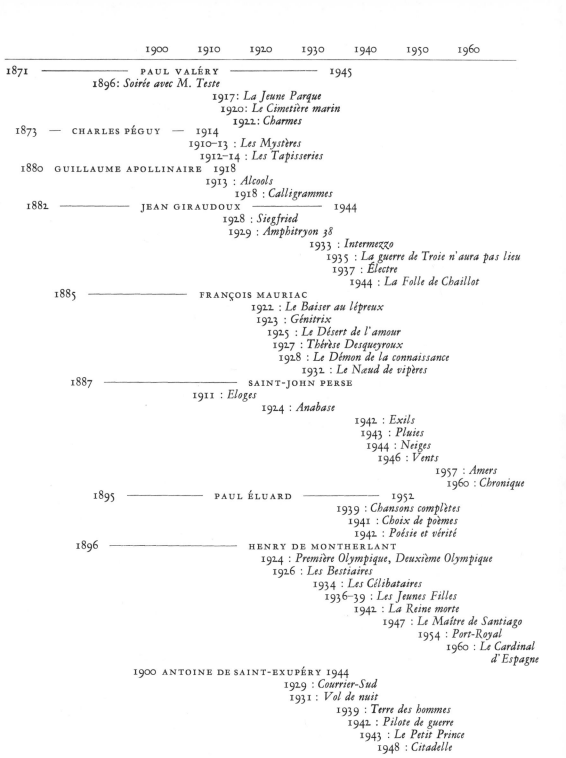

	1900	1910	1920	1930	1940	1950	1960

1871 ———————————— PAUL VALÉRY ———————— 1945
1896: *Soirée avec M. Teste*
1917: *La Jeune Parque*
1920: *Le Cimetière marin*
1922: *Charmes*

1873 — CHARLES PÉGUY — 1914
1910–13 : *Les Mystères*
1912–14 : *Les Tapisseries*

1880 GUILLAUME APOLLINAIRE 1918
1913 : *Alcools*
1918 : *Calligrammes*

1882 ———————————— JEAN GIRAUDOUX ——————— 1944
1928 : *Siegfried*
1929 : *Amphitryon 38*
1933 : *Intermezzo*
1935 : *La guerre de Troie n'aura pas lieu*
1937 : *Électre*
1944 : *La Folle de Chaillot*

1885 ———————————— FRANÇOIS MAURIAC
1922 : *Le Baiser au lépreux*
1923 : *Génitrix*
1925 : *Le Désert de l'amour*
1927 : *Thérèse Desqueyroux*
1928 : *Le Démon de la connaissance*
1932 : *Le Nœud de vipères*

1887 ——————————————— SAINT-JOHN PERSE
1911 : *Eloges*
1924 : *Anabase*
1942 : *Exils*
1943 : *Pluies*
1944 : *Neiges*
1946 : *Vents*
1957 : *Amers*
1960 : *Chronique*

1895 ———————————— PAUL ÉLUARD ————————— 1952
1939 : *Chansons complètes*
1941 : *Choix de poèmes*
1942 : *Poésie et vérité*

1896 ———————————————— HENRY DE MONTHERLANT
1924 : *Première Olympique, Deuxième Olympique*
1926 : *Les Bestiaires*
1934 : *Les Célibataires*
1936–39 : *Les Jeunes Filles*
1942 : *La Reine morte*
1947 : *Le Maître de Santiago*
1954 : *Port-Royal*
1960 : *Le Cardinal
d'Espagne*

1900 ANTOINE DE SAINT-EXUPÉRY 1944
1929 : *Courrier-Sud*
1931 : *Vol de nuit*
1939 : *Terre des hommes*
1942 : *Pilote de guerre*
1943 : *Le Petit Prince*
1948 : *Citadelle*

1900	1910	1920	1930	1940	1950	1960

1900 ─────────────────────── JACQUES PRÉVERT
                              1946 : *Paroles*
                                    1951 : *Spectacles*

1901 ─────────────────────── ANDRÉ MALRAUX
                        1928 : *Les Conquérants*
                        1930 : *La Voie royale*
                          1933 : *La Condition humaine*
                            1937 : *L'Espoir*
                                  1945 : *Les Noyers de l'Altenburg*
                                      1951 : *Les Voix du silence*

1905 ─────────────────────── JEAN-PAUL SARTRE
                          1938 : *La Nausée*
                          1939 : *Le Mur*
                            1942 : *Les Mouches*
                              1943 : *L'Être et le Néant*
                              1944 : *Huis-clos*
                                1948 : *Les Mains sales*
                                    1951 : *Le Diable et le Bon
                                           Dieu*
                                      1953 : *Kean*
                                          1956 : *Nekrassov*

1910 ─────────────────────── JEAN ANOUILH
                          1938 : *Le Bal des voleurs*
                            1941 : *Eurydice*
                            1942 : *Antigone*
                                   Le Rendez-vous de Senlis
                              1947 : *L'Invitation au château*
                              1948 : *Ardèle ou la Marguerite*
                                  1956 : *Ornifle ou le
                                         courant d'air*
                                         Pauvre Bitos
                                    1953 : *L'Alouette*
                                        1959 : *Becket*

1912 ─────────────────────── EUGENE IONESCO
                            1950 : *La Cantatrice chauve*
                            1951 : *La Leçon*
                              1952 : *Les Chaises*
                                1954 : *Amédée ou
                                       comment s'en
                                       débarasser*
                                    1959 : *Tueur de gages*
                                           Le Rhinocéros
                                      1962 : *Le Roi se
                                             meurt*
                                        1963 : *Le Piéton
                                               de l'air*

1913 ─────── ALBERT CAMUS ─────── 1960
                        1937 : *L'Envers et l'endroit*
                        1938 : *Noces*
                          1942 : *L'Étranger; Le Mythe de
                                 Sisyphe*
                            1945 : *Lettres à un ami allemand*
                            1947 : *La Peste*
                              1951 : *L'Homme révolté*
                                1956 : *La Chute*
                                  1957 : *L'Exil et le
                                         Royaume*

1900	1910	1920	1930	1940	1950	1960

1922 ——————————— ALAIN ROBBE-GRILLET
1953 : *Les Gommes*
1955 : *Le Voyeur*
1957 : *La Jalousie*
1959 : *Dans le labyrinthe*
1963 : *Pour un nouveau roman*

1926 ——————————— MICHEL BUTOR
1954 : *Passage de Milan*
1956 : *L'Emploi du temps*
1957 : *La Modification*
1960 : *Degrés Répertoire*
1962 : *Mobile*

I. Vue générale

NOUS AVONS dit que le dix-neuvième siècle ne s'achevait qu'en 1914. La littérature du vingtième commence donc en 1918, au lendemain de la première guerre mondiale. Le cours s'en déroule encore trop près de nous pour que nous puissions en prendre une vue tout à fait nette, mais nous en dégagerons les grandes lignes.

La paix revenue, les joies de la victoire, la liberté complète goûtée à nouveau, ont fait prendre à la littérature comme à tous les arts un essor extraordinaire et la période 1920–1930 devait briller d'un exceptionnel éclat. Néanmoins beaucoup d'âmes et d'esprits éprouvaient au fond d'eux un malaise fait d'inquiétude pour l'avenir, de révolte à l'égard du passé immédiat, car la France avait perdu un million et demi d'hommes, elle voyait la civilisation ébranlée, les applications de la science engagées dans l'horreur, l'esprit désarmé. Toute une jeunesse, se souvenant de ses martyrs, eut en 1918 et pendant quelques années une âme d'accusatrice et de révolutionnaire.

En sorte que la littérature d'après-guerre a présenté deux faces: l'une, qui est celle d'une tradition renouvelée et enrichie, à laquelle correspondent les noms de Proust et de Valéry, de Gide, de Péguy, de Claudel, de Lacretelle, de Chardonne, et de Morand, etc.; l'autre, qui est celle de la révolution plus ou moins brutale, à laquelle correspondent les noms d'Apollinaire, des dadaïstes, des surréalistes.

C'est cette littérature subversive qui s'est manifestée tout d'abord avec le plus de vivacité et même avec une véritable fureur. *Dada,* groupe et mouvement de jeunes poètes — Tzara, Aragon, Éluard, Soupault — afficha bruyamment dans Paris une insolante négation. Dada, nom qui ne signifie rien et veut ne rien signifier, niait tout: lois, règles, institutions, littérature, et publiait des textes extravagants. Les *Dadaïstes* se sont abrités derrière la réputation d'un aîné, Guillaume Apollinaire, qui par la partie durable de son œuvre continuait Verlaine et charmait le cœur, mais par une autre mettait le monde à l'envers et faisait des pieds de nez à la société civilisée, jouait à des excentricités, à de petits chaos voulus, à des absurdités provocantes. Dès avant la guerre, cette partie de son œuvre avait fait d'Apollinaire l'excitateur de quelques poètes révoltés ou farceurs, avec d'autant plus d'entrain que par ses campagnes en faveur de la peinture cubiste, par sa recherche d'un « esprit nouveau » à tout prix, par son goût de scandaliser, il était bien désigné pour devenir le porte-drapeau de la singularité insolite, de l'anarchie drôlatique, de la mystification, aidé et relayé dans cette fonction par son ami Max Jacob et son contemporain Blaise Cendrars.

La subversion totale n'a toutefois été tentée qu'après eux. Les dadaïstes pris en main par André Breton, qui avait un esprit de grand sorcier, remontèrent jusqu'à Rimbaud, s'emparèrent de son exemple, l'exploitèrent à l'aide des leçons du Dr Freud, du dramaturge sicilien Pirandello, et du romancier psychologue Joyce, irlandais. Alors plus de raison à suivre, plus de sentiments pensés, plus d'émotions reconnaissables; mais à leur place, liberté absolue des images et plaisir de les associer au hasard: voilà le Surréalisme, qui chercha par ce moyen à découvrir, à manifester, à libérer tout ce qu'il peut y avoir dans l'inconscient freudien — besoins obscurs, refoulements, mirages érotiques, confusions bizarres du sommeil et de la veille.

En fait, les Surréalistes ne sont guère arrivés qu'à aventurer poésie et roman, à travers un désordre irrationnel, dans un petit univers de larves, dans un grouillement sous-humain. Ni Breton, ni Desnos, ni l'Aragon surréaliste ne laisseront un seul poème, un seul livre, complètement lisibles. Seuls Éluard et Cocteau surnagent, parce qu'Éluard a rejoint par l'amour sincère des thèmes qui survivent à toute théorie, et parce que Cocteau a souvent capté les impulsions surréalistes dans un filet aux mailles serrées tiré des magasins classiques.

Du côté de l'art pensé réfléchi, rationnel, personne ne pouvait contraster plus nettement avec la littérature cubiste et surréaliste que Paul Valéry, car Valéry gardait toute sa force à l'esprit conscient, mettait tout son souci dans la lucidité de la connaissance, enfin restaurait le vers français traditionnel. Il a servi de garant à des écrivains, surtout à des poètes (Toulet, Muselli, Mary, Beauduin) qui se rattachaient à la double branche de Mallarmé et de Moréas.

Valéry fait partie de cette génération de prestigieux talents qui avaient commencé leur œuvre avant la guerre de 1914–1918, mais n'avaient pu s'imposer à un public encore trop fidèle à France et à Barrès. C'est après la guerre qu'elle est arrivée à l'épanouissement et à la gloire. Elle compte avec Valéry quatre autres écrivains de premier plan: Claudel, Gide, Proust, même Péguy posthumement, venus prendre place à côté de Romain Rolland, déjà illustre, lui, par son *Jean-Christophe,* mais momentanément rejeté dans le silence à cause de son attitude pendant la guerre.

Au sein du massif montagneux d'où sortent fleuves et rivières du XXᵉ siècle, des contrastes d'un autre ordre se peuvent comparer en importance au contraste Valéry-Apollinaire, celui par exemple de Claudel avec d'autres écrivains de croyance religieuse. Paul Claudel non seulement construisait un théâtre où l'on voit une imagination immense embrasser l'univers dans tous ses aspects de passion et de pensée, mais il amenait l'idée catholique à épouser tout le drame de la présente civilisation: d'où les pièces mystiques qui de *L'Annonce faite à Marie* jusqu'au *Soulier de satin* débordent d'un pathétique qui heurte les forces du désir aux forces de la foi.

Or, tandis que le catholicisme de Claudel respire dans une vaste atmosphère d'espoir, au contraire un Mauriac, presqu'en même temps que lui, très peu de temps après, a senti et pensé sa foi dans l'angoisse. Au centre d'un univers que la science d'Einstein, des Curie, et des Broglie a bouleversé, l'homme s'interroge non seulement sur sa sécurité, mais sur sa raison d'être; dans une société où les lois économiques exercent une tyrannie désordonnée, où l'autorité et la liberté jouent ensemble un jeu dangereux, l'homme s'inquiète pour lui, pour les siens, pour tout ce qu'il aime; il a pris conscience, comme il ne l'avait fait encore que de rares fois, de ce que sa condition a de tragique. Même s'il est croyant. Et d'ailleurs, croyant, il s'interroge alors par surcroît sur ses chances auprès de Dieu.

François Mauriac a donc écrit sous l'obsession du péché. Puis sont venus Bernanos, Julien Green, chez qui l'angoisse a poussé le sentiment chrétien au paroxysme, et leurs œuvres en conséquence, leurs romans et leurs drames, ont mis en pleine lumière les défauts et les vices de l'homme mortel, orgueil, haine, avarice, luxure, colère.

Autre contraste encore. En face de cette littérature de croyants attachés à l'Église, un homme a défendu le violent goût du plaisir, le vouloir-vivre nietz-schéen, ce qui l'a entraîné à prendre position contre tous les conformismes moraux et sociaux: André Gide, cet anti-Mauriac, cet anti-Claudel, mêlé à toutes les formes littéraires, puisqu'il a été romancier, dramaturge, essayiste. Son influence a pénétré fort avant dans la jeunesse du siècle.

Au-dessus de ces personnalités et de ces tendances s'étendait un ciel de philosophie. Bergson n'avait pas été remplacé, les nouveaux venus tendaient à le délaisser; cependant il régnait encore, et c'est entre les deux guerres qu'il a publié ses ouvrages les plus accessibles au public, *Les Deux Sources de la morale et de la religion* (1932), *La Pensée et le mouvant* (1934). Au point de vue littéraire, Bergson est important à considérer. Le cerveau de l'homme, la suite de ses états psychologiques, son Moi par conséquent, mais aussi toute la vie, Bergson les soustrait aux mesures de l'intelligence rationnelle aussi bien qu'aux mécanismes physiologiques, aux commodités de la vie sociale comme aux catégories du langage, et montre qu'en eux tout est durée, mobilité, liberté, création continue. Voilà un réel concret et vivant qui est passé dans la littérature.

S'il y a une œuvre qui réalise romanesquement la conception bergsonnienne de la durée, de l'écoulement vital, de la vie profonde de l'être plongé dans le fleuve des choses, c'est la grande œuvre de Proust. Marcel Proust d'une part se rattache lointainement à Saint-Simon et à Montaigne, d'autre part a apporté à la littérature les importantes nouveautés du Moi secret, difficile à saisir, profond, en même temps que la vision d'une société humaine qui se métamorphose sans cesse autour de l'homme comme l'homme se métamorphose dans son for intérieur.

Par le grand portique de Proust, de son *Temps perdu* et de son *Temps retrouvé*, le roman a fait son entrée glorieuse dans le siècle. Ce siècle est et sera le siècle du roman.

Romain Rolland avait créé avant 1914 le « roman-fleuve », ce genre de roman qui conduit le long de cinq, dix, ou vingt-cinq volumes la destinée d'un homme, d'une famille, d'un groupe, ou de groupes. *Jean-Christophe* eut un succès mondial. *L'Âme enchantée,* dans l'après-guerre, a doublé cette synthèse d'une autre plus modeste. Entre les deux fleuves romanesques, l'auteur a fait couler l'affluent inattendu qu'est *Colas Brugnon.* Martin du Gard, Georges Duhamel, Jacques de Lacretelle ont rivalisé avec Romain Rolland. Puis Jules Romains a rassemblé une somme énorme de chroniques qui magnifient sa vue « unanimiste » des choses, fixée par lui dès 1910, en un très grand fleuve d'histoire contemporaine, *Les Hommes de bonne volonté.*

Dans la génération suivante, l'entreprise la plus marquante est celle qui reprend la représentation angoissée de notre temps assurée jusque-là par les chrétiens catholiques, mais la développe du point de vue non croyant, sur un plan stoïcien. Telle est la position d'André Malraux, dont l'œuvre bâtie sur un fond de convulsions révolutionnaires et guerrières se résume en une invitation au courage ainsi qu'en un espoir dans le pouvoir d'invention de l'homme. L'influence très forte du Tchèque Kafka et des romanciers américains, Faulkner, Steinbeck, Hemingway, Dos Passos, est à noter ici. De leur côté, Montherlant et Saint-Exupéry, dans un esprit analogue, ont cherché leur point d'appui sur l'entraînement héroïque du corps et ont renouvelé le récit romanesque par les virilités du sport. Tous deux jettent sur le néant, comme un manteau de pourpre, leur volonté d'énergie. Saint-Exupéry, héros de l'aviation, a découvert dans le ciel des sensations inédites.

Montherlant, Mauriac, Green, en plein succès de romanciers, ont abordé le théâtre. Après Claudel, puis en même temps que lui dans l'entre-deux-guerres, Giraudoux a fait étinceler des pièces de pensée mythique et poétique. L'œuvre dramatique de tous ces auteurs enjambe la seconde guerre mondiale. Même Anouilh et Sartre avaient débuté l'un à la veille l'autre au milieu de cette guerre, parmi des auteurs à multiples tendances: Salacrou et Paul Raynal, riches d'idées incarnées; Sacha Guitry et Marcel Achard, hérauts de l'esprit parisien; Édouard Bourdet, peintre des mœurs du temps; Gabriel Marcel, qui a une entente profonde des besoins de l'âme.

Anouilh et Sartre dominent le théâtre, depuis la fin de la seconde grande guerre. L'œuvre de Jean Anouilh offre une telle variété qu'on a l'impression de voir l'auteur hésiter d'une pièce à l'autre entre la poésie la plus tendre et la satire la plus violente. Quant à Sartre, il a porté à la scène l'angoisse existentialiste. On sait que l'Existentialisme est une philosophie selon laquelle l'homme, ne croyant plus en Dieu, se sentant abandonné dans le monde et ne se connaissant point de raison d'être, libre mais sans aucun idéal possible, doit « se faire » lui-même, à partir de la « situation » qu'il occupe dans l'existence, choisir son engagement, se créer ses valeurs morales. Quelle harassante destinée! Dans le roman comme au théâtre, une telle conception fournit une matière abondante et originale, comme on le verra à *Huis-clos,* que nous donnons en entier.

Les maîtres du roman ont poursuivi leur œuvre dans l'entre-deux-guerres: Colette, Chardonne, Giono, Mauriac, Malraux. Parmi les nouveaux, parus en nombre considérable dans la paix de ces dernières années, Françoise Sagan, Roger Peyrefitte, Henri Queffelec, Harvé Bazin, Julien Gracq, Marcel Aymé ont fait briller du neuf. Les existentialistes ont la chance que Simone de Beauvoir consacre son magnifique talent à leur· propagande. Enfin le prix Nobel a projeté son rayon sur Albert Camus, à qui l'idéologie nuit sur la scène, mais qui dans le roman et la nouvelle a développé des fictions saisissantes pour arracher à l'horreur de l'absurde qui l'obsédait et qu'avait renforcée chez lui Kafka, des étincelles, vagues promesses de salut humain.

En poésie, les surréalistes doivent à la dernière guerre un sursaut. La «résistance» dans laquelle ils étaient engagés contre l'occupation ennemie les a obligés à opter pour la clarté, puisqu'ils voulaient se faire entendre du grand public et lui donner des sortes de mots d'ordre. Aragon, d'ailleurs romancier intéressant, en est même curieusement venu à rythmer et rimer de beaux vers. Éluard a maintenu une assez haute tenue poétique, grâce à sa liaison imagée avec le mystère. Le poème de lui que nous avons choisi donne l'idée de ce privilège.

Depuis lors, une multitude de poètes mélangent goûts et doctrines. Les plus en vue sont Prévert, le fantaisiste tumultueux, et, d'un caractère tout différent, Saint-John Perse. Tous deux cependant, chacun à sa manière, traduisent tantôt l'inquiétude humaine, tantôt le besoin de s'étourdir et d'oublier.

Il en est ainsi, en somme, de toute la littérature la plus récente. Les Anouilh, les Montherlant se voient contestés, attaqués par la «nouvelle vague» littéraire. Un jeune théâtre connait le succès en prenant des directions tout autres. La pièce d'Ionesco dont nous donnons un extrait est un spécimen de ce théâtre auquel attachent leurs noms Eugène Ionesco, Samuel Beckett, Arthur Adamov. Ces auteurs s'enfoncent plus profondément que les existentialistes dans la misère de l'humanité. Ils lui retirent toute pensée et tout sentiment. Les êtres ne sont plus avec eux que des fantoches qui s'agitent dans des situations insolites, fantastiques, ridicules ou atroces. Ce théâtre est une caricature de notre destinée mortelle; il exagère tout, au point de détruire le réel et de glisser au néant.

Il se passe quelque chose d'analogue dans le roman. Les auteurs que rassemble la doctrine du «nouveau roman», quoique très différents entre eux, ne croient plus à la solidité du monde et à l'avenir de l'esprit humain, qui a selon eux perdu son pouvoir; dès lors, à quoi bon créer des caractères et les engager dans des aventures ayant un commencement et une fin? Il vaut mieux les noyer dans les apparences les plus superficielles d'un monde dont la réalité est douteuse. L'humanité est ainsi réduite à une vie élémentaire.

Il s'accomplit donc un mouvement général contre la littérature telle qu'elle s'est développée ces dernières années. Théâtre et roman sont en rupture de ban. Et il en va de même chez les poètes. La poésie de tradition n'a pas abdiqué, elle a ses associations, ses auteurs, ses œuvres, mais se tient comme sur une voie de garage. Le train attendu, le train qu'on prend est tout différent. Tous les poètes d'aujourd'hui qui font parler d'eux tendent à l'hermétisme, c'est-à-dire à l'obscurité voulue. Même quand une grande inspiration les porte comme Saint-John Perse, ou quand ils rendent compte d'une destinée, comme La Tour du Pin, ils s'expriment par l'entremise de légendes très mystérieuses ou par les moyens d'un symbolisme dont l'intelligibilité est des plus voilées.

Le mot *rupture* s'impose. Rupture non seulement avec les habitudes de l'esprit français, mais avec la logique, avec la réalité communément reconnue, avec même le langage, auquel sont cherchées maintes querelles. Rupture évidemment provoquée par le dégoût de la vie présente, par la colère contre le sort humain tel qu'il est fait, par un désespoir qui paraissait sans remède jusqu'à hier, et dont les écrivains restés fidèles à la tradition, à l'ordre, au plaisir d'écrire semblaient ne pas vouloir connaître les raisons. Reste à savoir si la personne individuelle aura part satisfaisante dans cette littérature.

II. La Poésie

PAUL VALÉRY (1871–1945)

ISSU D'UNE VIEILLE FAMILLE bourgeoise qui mêlait le sang corse au sang italien, Paul Valéry est né à Sète, port lumineux de la France méridionale. Il a commencé ses études au collège de la ville et les a poursuivies au lycée de Montpellier (où ses parents s'étaient transportés), puis, après son année de volontariat militaire, à la Faculté de droit. André Gide y avait un oncle professeur, à qui il avait été confié par sa mère: le jeune Valéry eut ainsi la chance de faire avec lui de longues promenades dans le fameux jardin des Plantes. Il avait rencontré déjà un autre jeune homme passionné de littérature, Pierre Louÿs, qui dirigeait même une revue, *La Conque,* et qui lui demanda des vers. Il se mit à en écrire.

Il allait passer ses vacances à Gênes, patrie de sa mère. C'est là qu'en 1892, une nuit d'août, au cours d'un orage qu'il voyait de sa chambre illuminer le port, il a eu une sorte de révélation: il découvrait le devoir de délaisser la poésie et de ne plus s'occuper que d'armer son intelligence. C'est pourquoi, l'année suivante, à Paris, sa petite chambre de la rue Gay-Lussac s'ornait pour meuble principal d'un grand tableau noir. Il s'en servait pour réfléchir, à travers les mathématiques, sur les mécanismes de la pensée.

Il se ménageait cependant des amitiés littéraires. Lié avec Henri de Régnier, Heredia, Huysmans, fréquentant chez Mallarmé, il se vit demander en 1896 par la *Nouvelle Revue* un article sur Léonard de Vinci. Mais l'artiste n'a été pour lui qu'un symbole, il s'y est référé pour définir la rigueur inquiète de son propre esprit. Autre symbole, dans son second écrit de prose: le personnage décrit dans *La Soirée avec M. Teste* (1895). Après quoi a commencé un long silence littéraire, pendant lequel Valéry a dirigé un bureau de presse à Londres, puis a fait une besogne de rédacteur au ministère de la guerre pendant trois années, de 1897 à 1900, enfin a tenu le secrétariat de la direction à l'Agence Havas après son mariage avec une nièce du grand peintre Berthe Morisot.

C'est en 1913 que la *Nouvelle Revue française* lui manifesta l'intention de réunir en volume ses premiers vers. Il les reprit, les retoucha, en fit d'autres. La guerre de 1914 le surprit dans cette occupation et ne l'en arracha point. En 1917 il avait achevé *La Jeune Parque.* En 1920, il était le poète du *Cimetière marin* et jouissait soudain de la gloire. Alors l'éditeur publia l'*Album de vers anciens* (1921), puis *Charmes* en 1922.

Paul Valéry a eu une existence aux ressources matérielles modestes mais au rayonnement spirituel mondial. De partout on lui demandait des conférences, et il y étincelait. Le Collège de France s'est honoré de l'avoir pour professeur de Poétique; le Centre Méditerranéen de Nice, dont il a été administrateur, lui a dû ses programmes culturels. Il mena une vie mondaine très active jusqu'à l'invasion de 1940. Il n'a pas profité longtemps de sa patrie libérée, étant mort le 20 juillet 1945. La France lui a fait des funérailles nationales.

L'ŒUVRE

Ainsi que Mallarmé, le poète s'est défié de l'inspiration et de l'enthousiasme; il considérait la poésie, non comme une effusion, mais comme un exercice discipliné. Il obéit donc à des prosodies très classiques et très parnassiennes; mais, comme les Symbolistes, il était accueillant aux images, il en était même avide.

Dans cette forme rigoureuse qu'a-t-il mis? Rien de son moi sentimental, mais son intellect en action. Il a dessiné les attitudes et les démarches de sa pensée, comme un peintre dessine les formes d'un nu. Par exemple, *La Jeune Parque* dessine les changements d'un esprit conscient pendant la durée d'une nuit. L'« Aurore » c'est l'ivresse de la pensée dans son réveil à l'aube (Valéry se levait avec le jour). On verra ce que signifie *Le Cimetière marin*. Il s'agit, en somme, d'une pensée philosophique, appliquée aux problèmes de l'être et de la destinée, mais qui s'exprime par les moyens les plus poétiques. Elle est difficile à saisir à cause de son extrême précision, de sa concentration au maximum.

En prose, l'intellectualiste pénétrant et profond qui se regarde sévèrement en train de penser dans l'*Introduction à la méthode* va dans *La Soirée* jusqu'à la conception du pur cerveau qui abolit tout caractère personnel et atteint à une effrayante pureté. M. Teste s'est construit « une île intérieure » d'où il dessèche et vide tout. *Mon Faust,* de l'autre extrémité de l'œuvre (puisque le dialogue fut composé pendant l'occupation et mis au théâtre à Bruxelles en 1947), a répondu à *M. Teste* par un désenchantement absolu.

Eupalinos (1921), *L'Âme et la danse* (1925) sont deux dialogues de forme platonicienne sur l'esthétique de l'artiste dans ses rapports avec l'intelligence méditative et la pensée morale; l'éternel problème de la connaissance s'y débat avec lui-même dans une prose originale et pure.

Variétés, recueils d'essais publiés à partir de 1919, brillent d'aperçus ingénieux et neufs, sur la littérature, les mœurs, la politique de l'Europe, l'état général des choses dont l'auteur a dressé en quelque sorte la carte, en 1931, dans *Regards sur le monde actuel*. Paul Valéry était de l'Académie française depuis 1925.

CANTIQUE DES COLONNES

Douces colonnes, aux
Chapeaux garnis de jour [1]
Ornés de vrais oiseaux
Qui marchent sur le tour,

Douces colonnes, ô
L'orchestre de fuseaux!
Chacun immole son
Silence à l'unisson.[2]

« Que portez-vous si haut,
Égales radieuses?

[1] chapiteaux ajourés

[2] l'harmonie de l'ensemble (orchestre)

— Au désir sans défaut
Nos grâces studieuses![3]

« Nous chantons à la fois
Que nous portons les cieux!
Ô seule et sage voix
Qui chantes pour les yeux![4]

« Vois quels hymnes candides!
Quelle sonorité
Nos éléments limpides
Tirent de la clarté!

« Si froides et dorées
Nous fûmes de nos lits
Par le ciseau[5] tirées,
Pour devenir ces lis!

« De nos lits de cristal!
Nous fûmes éveillées,
Des griffes de métal
Nous ont appareillées.[6]

« Pour affronter la lune,
La lune et le soleil,
On nous polit chacune
Comme ongle de l'orteil!

« Servantes sans genoux,[7]
Sourires sans figures,
La belle devant nous
Se sent les jambes pures,[8]

« Pieusement pareilles,
Le nez sous le bandeau[9]
Et nos riches oreilles
Sourdes au blanc fardeau,[10]

« Un temple sur les yeux
Noirs pour l'éternité,[11]

Nous allons sans les dieux[12]
A la divinité!

« Nos antiques jeunesses,
Chair mate et belles ombres,
Sont fières des finesses
Qui naissent par les nombres![13]

« Filles des nombres d'or,
Fortes des lois du ciel,[14]
Sur nous tombe et s'endort
Un dieu couleur de miel.[15]

« Il dort content, le Jour,
Que chaque jour offrons
Sur la table d'amour
Étale sur nos fronts.

« Incorruptibles sœurs,
Mi-brûlantes, mi fraîches,
Nous prîmes pour danseurs
Brises et feuilles sèches,

« Et les siècles par dix,
Et les peuples passés,
C'est un profond jadis,
Jadis jamais assez![16]

« Sous nos mêmes amours[17]
Plus lourdes que le monde[18]
Nous traversons les jours
Comme une pierre l'onde![19]

« Nous marchons dans le temps
Et nos corps éclatants
Ont des pas ineffables
Qui marquent dans les fables.[20] . . »

(Charmes)

[3] qui s'appliquent à satisfaire le désir de la perfection
[4] Le poète appelle *chant* l'harmonie des formes sensibles aux yeux.
[5] le ciseau du sculpteur
[6] rendues égales
[7] C'est-à-dire fières.
[8] comme le galbe (courbure plus ou moins gracieuse) des colonnes
[9] coussin de pierre qui surmonte chaque colonne
[10] fardeau du bandeau et du chapiteau
[11] Les « yeux » des colonnes sont comme fermés sous le poids du temple.

[12] Morts sont les dieux auxquels les temples étaient élevés, tandis que la *divinité* est éternelle.
[13] les calculs des architectes constructeurs
[14] les lois divines qui représentent les nombres et en font des *nombres d'or* (idée pythagoricienne des Anciens)
[15] la lumière de Grèce, le *jour* du vers suivant
[16] le passé, qui ne cessera de continuer
[17] toujours les mêmes, ou toutes les mêmes
[18] puisque le temps ne les emporte pas
[19] une pierre sur laquelle passe l'eau d'un fleuve
[20] les récits qui concernent les déesses

LE CIMETIÈRE MARIN[1]

I

Ce toit tranquille, où marchent des colombes,[2]
Entre les pins palpite, entre les tombes;
Midi le juste[3] y compose de feux[4]
La mer, la mer, toujours recommencée![5]
Ô récompense après une pensée[6]
Qu'un long regard sur le calme des dieux![7]

II

Quel pur travail de fins éclairs consume
Maint diamant d'imperceptible écume,[8]
Et quelle paix semble se concevoir![9]
Quand sur l'abîme un soleil se repose,
Ouvrages purs d'une éternelle cause,[10]
Le Temps scintille et le Songe est savoir.[11]

III

Stable trésor, temple simple à Minerve,[12]
Masse de calme, et visible réserve,
Eau sourcilleuse, Œil qui gardes en toi
Tant de sommeil sous un voile de flamme,
Ô mon silence?. . . Édifice dans l'âme,
Mais comble d'or aux mille tuiles, Toit![13]

IV

Temple du Temps, qu'un seul soupir résume,[14]
A ce point pur je monte et m'accoutume,[15]

Tout entouré de mon regard marin;
Et comme aux dieux mon offrande suprême,
La scintillation sereine sème
Sur l'altitude un dédain souverain.[16]

V

Comme le fruit se fond en jouissance,
Comme en délice il change son absence[17]
Dans une bouche où sa forme se meurt,
Je hume ici ma future fumée,[18]
Et le ciel chante à l'âme consumée
Le changement des rives en rumeur.[19]

VI

Beau ciel, vrai ciel, regarde-moi qui change![20]
Après tant d'orgueil, après tant d'étrange
Oisiveté, mais pleine de pouvoir,[21]
Je m'abandonne à ce brillant espace,
Sur les maisons des morts mon ombre passe
Qui m'apprivoise à son frêle mouvoir.[22]

VII

L'âme exposée aux torches du solstice,
Je te soutiens, admirable justice
De la lumière aux armes sans pitié!
Je te rends pure à ta place première:[23]
Regarde-toi! . . . Mais rendre la lumière
Suppose d'ombre une morne moitié.[24]

VIII

Ô pour moi seul, à moi seul, en moi-même,
Auprès d'un cœur, aux sources du poème,
Entre le vide et l'événement pur,[25]
J'attends l'écho de ma grandeur interne,

[1] poème inspiré par le cimetière de Sète, qui domine la mer
[2] Le *toit* c'est la mer calme, les *colombes* sont les barques à voiles.
[3] Il partage la journée par le milieu.
[4] éclats de soleil
[5] immense, infinie
[6] un effort de pensée
[7] les dieux païens auxquels la Méditerranée fait rêver le poète
[8] Le soleil pénètre et épuise chaque gouttelette d'eau.
[9] se former
[10] Dieu
[11] Le temps se sent dans le scintillement du soleil, et l'homme connaît les choses par sa communion avec elles, obtenue par l'extase rêveuse.
[12] L'imagination du poète croit voir apparaître un temple dédié à la déesse de la Sagesse, mais qui se confond avec la mer comparée (cf. stance III, vers 4–5) à un œil plein de flammes sous des sourcils froncés.
[13] la mer aux vagues dorées par le soleil
[14] La vision du temple intérieur n'a duré que le temps d'un soupir.
[15] Le poète prolonge en lui-même l'effet de sa vision.

[16] le dédain de l'esprit qui plane sur l'*altitude* (mot latin qui signifie aussi bien la profondeur de la mer que la hauteur des montagnes)
[17] sa disparition dans le gosier
[18] fumée de son cadavre brûlé (souvenir de l'antiquité et de ses bûchers).
[19] Le spectacle qu'il contemple ne sera plus, quand il sera mort, qu'une rumeur lointaine.
[20] L'être humain ne peut échapper au temps.
[21] efficacité
[22] le mouvement de la créature éphémère
[23] Le poète salue la toute-puissance du soleil, emblème de la lucidité.
[24] Mais il y a donc une partie de la vie qui reste dans l'ombre et échappe à la lucidité (les profondeurs de l'inconscient).
[25] création du poème

Amère, sombre et sonore citerne,
Sonnant dans l'âme un creux toujours futur![26]

IX

Sais-tu, fausse captive des feuillages,
Golfe mangeur de ces maigres grillages,[27]
Sur mes yeux clos, secrets éblouissants,
Quel corps me traîne à sa fin paresseuse,
Quel front l'attire à cette terre osseuse?
Une étincelle y pense à mes absents.[28]

X

Fermé, sacré, plein d'un feu sans matière,[29]
Fragment terrestre offert à la lumière,
Ce lieu me plaît, dominé de flambeaux,[30]
Composé d'or, de pierre et d'arbres sombres,
Où tant de marbre est tremblant sur tant d'ombres;[31]
La mer fidèle y dort sur mes tombeaux![32]

XI

Chienne splendide, écarte l'idolâtre![33]
Quand solitaire au sourire de pâtre,
Je pais longtemps, moutons mystérieux,
Le blanc troupeau de mes tranquilles tombes,
Éloignes-en les prudentes colombes,[34]
Les songes vains, les anges curieux!

XII

Ici venu, l'avenir est paresse.[35]
L'insecte net gratte la sécheresse;[36]
Tout est brûlé, défait, reçu dans l'air,
A je ne sais quelle sévère essence. . .[37]

La vie est vaste, étant ivre d'absence,[38]
Et l'amertume est douce, et l'esprit clair.[39]

XIII

Les morts cachés sont bien dans cette terre
Qui les réchauffe et sèche leur mystère.
Midi là-haut, Midi sans mouvement
En soi se pense et convient à soi-même. . .[40]
Tête complète et parfait diadème,
Je suis en toi le secret changement.[41]

XIV

Tu n'as que moi pour contenir tes craintes!
Mes repentirs, mes doutes, mes contraintes
Sont le défaut de ton grand diamant. . .
Mais dans leur nuit toute lourde de marbres,
Un peuple vague aux racines des arbres
A pris déjà ton parti lentement.[42]

XV

Ils ont fondu dans une absence épaisse,
L'argile rouge a bu la blanche espèce,
Le don de vivre a passé dans les fleurs!
Où sont des morts les phrases familières,
L'art personnel, les âmes singulières?
La larve file où se formaient des pleurs.[43]

XVI

Les cris aigus des filles chatouillées,
Les yeux, les dents, les paupières mouillés,
Le sein charmant qui joue avec le feu,[44]
Le sang qui brille aux lèvres qui se rendent,
Les derniers dons, les doigts qui se défendent,
Tout va sous terre et rentre dans le jeu![45]

[26] Il cherche à tirer une richesse de son Moi obscur, mais la réponse à son espoir le reporte toujours à plus tard.
[27] la Nature, prise dans les feuillages, les tombes entourées de grillages et le golfe marin, la nature mystérieuse et éblouissante
[28] Il s'incline vers le sol, et la pensée des morts le saisit.
[29] le feu subtil du soleil
[30] les flambeaux de la lumière
[31] En ce lieu, le marbre ne paraît plus solide.
[32] Elle est toujours là.
[33] La mer fidèle est comparée à une chienne qui garde le troupeau des tombes, pareilles à des moutons.
[34] les âmes, si elles sont sages
[35] Considérée de ce lieu, la vie future est illusion d'esprit paresseux.
[36] évocation de la cigale et de son « chant »
[37] y devient parfum

[38] l'absence: la mort universelle
[39] L'esprit ne se trouble pas.
[40] *Midi* devient symbole de Dieu, que définit la stance XIII, vers 5.
[41] J'apporte dans la perfection divine le changement propre à l'être humain.
[42] Les morts participent à l'ordre immuable (le grand *diamant*) que dérangent les hommes vivants.
[43] Toute cette strophe définit l'état de cadavre.
[44] jouer avec le feu: courir des risques
[45] Le jeu éternel. Les cinq vers précédents énumèrent des attitudes de l'amour.

XVII

Et vous, grande âme,[46] espérez-vous un songe [47]
Qui n'aura plus ces couleurs de mensonge
Qu'aux yeux de chair [48] l'onde et l'or font ici? [49]
Chanterez-vous quand serez vaporeuse? [50]
Allez! Tout fuit! Ma présence est poreuse,[51]
La sainte impatience [52] meurt aussi!

XVIII

Maigre immortalité noire et dorée,
Consolatrice affreusement laurée,[53]
Qui de la mort fais un sein maternel,
Le beau mensonge et la pieuse ruse!
Qui ne connaît, et qui ne les refuse,
Ce crâne vide et ce rire éternel! [54]

XIX

Pères profonds,[55] têtes inhabitées,
Qui sous le poids de tant de pelletées,
Êtes la terre et confondez nos pas,[56]
Le vrai rongeur, le ver irréfutable
N'est point pour vous qui dormez sous la table,[57]
Il vit de vie, il ne me quitte pas! [58]

XX

Amour, peut-être, ou de moi-même haine?
Sa dent secrète est de moi si prochaine
Que tous les noms lui peuvent convenir! [59]
Qu'importe! Il voit, il veut, il songe, il touche!

[46] ironique
[47] songe de la survie
[48] yeux des vivants
[49] *l'onde et l'or:* la mer et le soleil
[50] quand vous serez devenue fantôme
[51] pareille à une poterie d'où l'eau s'échappe par suintement
[52] l'espoir d'une vie future
[53] L'idée d'une victoire sur la mort se présente sous un aspect affreux (le squelette), la stance XVIII, vers 3, la montre née de la mort même.
[54] le rictus du squelette
[55] dans la profondeur de la terre
[56] ne reconnaissez plus les pas individuels de vos visiteurs
[57] la dalle tombale, comparable à la table sous laquelle dort le convive repu et inconscient
[58] Le vrai *ver* ronge l'être du vivant, car ce ver c'est la conscience lucide que le vivant a des choses.
[59] Le ver à la « dent secrète », c'est-à-dire la conscience, peut prendre des noms divers: amour, haine. Mais, disent les trois vers suivants, la vie se confond avec elle.

Ma chair lui plaît, et jusque sur ma couche,
A ce vivant je vis d'appartenir!

XXI

Zénon! Cruel Zénon! Zénon d'Élée! [60]
M'as-tu percé de cette flèche ailée
Qui vibre, vole, et qui ne vole pas!
Le son m'enfante et la flèche me tue!
Ah! le soleil. . . Quelle ombre de tortue
Pour l'âme, Achille immobile à grands pas! [61]

XXII

Non, non! . . . Debout! Dans l'ère successive! [62]
Brisez, mon corps, cette forme pensive! [63]
Buvez, mon sein, la naissance du vent!
Une fraîcheur, de la mer exhalée,
Me rend mon âme. . . Ô puissance salée!
Courons à l'onde en rejaillir vivant! [64]

XXIII

Oui! Grande mer de délires douée,
Peau de panthère et chlamyde trouée
De mille et mille idoles [65] du soleil,
Hydre absolue,[66] ivre de ta chair bleue,

[60] Philosophe grec du Ve siècle avant J.-C. Ses fameux arguments tourmentent la pensée du poète, qui le trouve donc « cruel ».
[61] Zénon voulait montrer la nécessité de croire à l'unité de la vie et l'absurdité de croire à la réalité multiple. La réalité, disait-il, n'est pas décomposable, et il prétendait le prouver au moyen de ce qu'on appelle un raisonnement par l'absurde, que voici. Voulez-vous diviser le temps qu'une flèche met à voler au but? Son vol la laisse toujours dans une fraction du temps, et cet instant pourra toujours être divisé en autant de parties que la flèche occupera de positions: cela nie son mouvement. — Voulez-vous diviser l'espace? Achille, le héros habile à la course, ne pourra jamais rattraper une tortue, car il devra toujours passer par le point où la tortue est passée avant lui, et si l'espace est divisible, la distance qui le sépare de la tortue tout en diminuant sans cesse, subsistera indéfiniment. — De même que l'argument de la flèche prive le poète de mouvement, donc de vie, malgré l'évidence produite par la vibration (« Le son m'enfante »), de même l'argument de la tortue (la stance XXI, vers 5–6) lui fait craindre que le soleil, c'est-à-dire la lucidité pure, la connaissance de l'absolu, ne soit aussi impossible à atteindre. — Contre ces jeux d'esprit, le poète va se révolter dans la strophe suivante.
[62] la durée, dans laquelle aujourd'hui suit hier et demain suivra aujourd'hui
[63] le raisonnement tout formel de Zénon
[64] la mer lui rend le sens du réel
[65] images, reflets; *chlamyde:* manteau grec très ample, tenu par une agrafe
[66] déchaînement sauvage de l'eau

Portrait de Paul Valéry en costume d'académicien. (Photo Harlingue-Viollet)

Portrait de Charles Péguy par J. P. Laurens. Musée des Beaux Arts, Chartres. (Photographie Giraudon)

Qui te remords l'étincelante queue [67]
Dans un tumulte au silence pareil.[68]

XXIV

Le vent se lève! . . . il faut tenter de vivre! [69]
L'air immense ouvre et referme mon livre,

[67] les vagues
[68] parce qu'il assourdit
[69] au lieu de penser

La vague en poudre [70] ose jaillir des rocs!
Envolez-vous, pages tout éblouies!
Rompez, vagues! Rompez d'eaux réjouies
Ce toit tranquille où picoraient des focs! [71]

(*Charmes*)

[70] poudre d'eau
[71] voiles pointues des barques qui ont l'air de pigeons ou de colombes picorant sur le « toit » de la mer

CHARLES PÉGUY (1873–1914)

Charles Péguy est né le 7 janvier 1873 à Orléans, d'une famille ouvrière et paysanne. Son père, menuisier, est mort des suites de la guerre de 1870 quand l'enfant n'avait que quelques mois. Sa mère, rempailleuse de chaises, a fait vivre la petite famille, enfant et grand-mère.

L'HOMME

Après des études secondaires au lycée de sa ville natale, une bourse lui a permis d'aller préparer au lycée Lakanal l'École normale supérieure. Il y est entré en 1894 après une année de service militaire, et un stage à Sainte-Barbe et à Louis-le-Grand. C'est alors qu'il a connu ses deux meilleurs amis Joseph Lotte et Marcel Baudouin dont il devait épouser la sœur. A Normale, il se lia avec les étudiants socialistes endoctrinés par le bibliothécaire Lucien Herr. La chambre de travail, qu'il partageait avec Albert Mathiez, le futur historien de la Révolution française, était baptisée « la turne Utopie ».

Très vite et sans souci d'obtenir les grades universitaires, Péguy s'est jeté dans l'action. Il a publié des manifestes: *De la cité socialiste* (1897) et *Marcel, premier dialogue de la cité harmonieuse* (1898); il a quitté prématurément l'école et a fondé au Quartier latin une « Librairie socialiste » au moment où l'Affaire Dreyfus battait son plein et coupait la France en deux. Comme Zola, comme Anatole France, il lutta pour la révision du triste procès. Dans une bagarre à Versailles, il se fit arrêter. Marié depuis 1894, il perdait dans son entreprise de librairie l'argent de sa femme. Mais il ne tarda pas à s'apercevoir que la mystique de justice et de vérité dans laquelle il s'était engagé dégénérait en politique et en intérêts de parti. Jaurès, d'abord follement admiré, le décevait. Et puis ses compagnons de combat, presque tous groupés à la Sorbonne, étaient adversaires d'une pensée qui l'avait conquis, celle de Bergson (« Il a rompu nos fers », disait-il). Il se sépara d'eux et s'organisa en 1900 une existence indépendante.

Installé 3 rue de la Sorbonne dans « la boutique », qui était une librairie cette fois bien à lui, il y a publié, du 5 janvier 1900 jusqu'en 1914, les *Cahiers de la quinzaine,* cette curieuse revue dont il était à la fois l'imprimeur, l'éditeur, le principal collaborateur, et dans laquelle il a révélé au public lettré, à côté de ses propres œuvres, celles de débutants qui allaient devenir des écrivains illustres: Romain Rolland, Daniel Halévy, les frères Tharaud, Julien Benda, François Porché, Georges Sorel. Son but était de maintenir une ferveur historique et une ardeur de dévouement au socialisme pur en même temps qu'à la haute culture de l'esprit.

Dans cette ambition, il a bataillé contre Jaurès et les politiciens, contre Gustave Hervé et son pacifisme, contre le « parti intellectuel » de la Sorbonne alors puissante, contre son travail d'inutile érudition et sans âme. Puis il a tendu l'oreille aux menaces de l'Allemagne impérialiste et publié *Notre Patrie* en 1905: du péril humain contre lequel s'était dressé son socialisme, l'inquiétude de Péguy passait au péril national. Alors sa pensée revint à Jeanne d'Arc qui lui avait inspiré un drame lyrique en 1897; il lui donna pour compagne sainte Geneviève, libératrice de Paris comme sainte Jeanne a été libératrice d'Orléans, et écrivit *Le Mystère de la charité de Jeanne d'Arc* (1910) où s'exprimait la foi catholique retrouvée, la foi simple et profonde en la religion de sa mère. Dès lors s'égrena une série d'ouvrages qui sont des méditations religieuses et qui ont alterné avec des pamphlets contre l'époque.

Lorsque la guerre qu'il avait prévue éclata, Péguy demanda à partir au front. Il y fut tué, le 5 septembre, d'une balle au front.

L'ŒUVRE

Elle est de prose et de vers. En prose, Péguy a dit sa croyance mystique en l'humanité dans *Notre Jeunesse* (1910), les méfaits de la République ploutocratique dans *L'Argent* (1912). Il avait dénoncé en 1906 et 1907 la connivence désastreuse de la philosophie matérialiste avec la force gouvernementale, dans les quatre essais de *Situations*.

En vers, Péguy a clamé sa foi chrétienne et confessé sa vie de pensée dans les *Mystères* et les *Tapisseries,* dans *Ève* (1912), dans les *Quatrains.*

La poésie comme la prose de Péguy ont souvent déplu par leur piétinement, par les incessantes répétitions d'une même idée avec des mots à peine différents: on a l'impression d'une troupe en marche difficile et lourde. Mais l'effet est puissant. Autre chose plus gênant dans les ouvrages en prose, c'est leur actualité immédiate aux dates de publication, et par conséquent leur vieillissement aux yeux des lecteurs d'aujourd'hui. C'est pourquoi nous avons choisi de ne représenter ici Péguy que par la poésie, qui se déploie sur des thèmes éternels.

En écoutant l'hymne chanté à l'office que l'Église célèbre en l'honneur des enfants juifs assassinés par le roi Hérode au Ier siècle avant J.-C., Péguy a eu l'idée de son *Mystère des Saints Innocents* (1912). Il y évoque, au terme de méditations sur l'homme, sur les Français, sur saint Louis, la fuite de la sainte Famille en Égypte et la figure de l'Enfant Jésus, image vivante de l'espérance.

Il s'y exprime en vers-libres. Dans les *Tapisseries* (1912–13), il emploie le vers régulier. *La Tapisserie de Notre-Dame,* qui fit suite à la *Tapisserie de sainte Geneviève,* s'inspire des pèlerinages accomplis par le poète en 1912, l'un pour le salut d'un fils malade, l'autre pour le repos de l'âme d'un jeune normalien ami. Elle contient la « Présentation de la Beauce à Notre Dame de Chartres ».

Les *Quatrains* sont posthumes; ils furent tous écrits (1911 et 1912) en vers courts, rapides, denses. Une âme ardente y lutte contre un amour qui la tente mais que lui interdisent les devoirs du mari et du père.

UNE GRÂCE DE L'ENFANCE

Rien n'est beau comme un enfant qui s'endort en faisant sa prière, dit Dieu.[1]
Je vous le dis, rien n'est aussi beau dans le monde.
Je n'ai jamais rien vu d'aussi beau dans le monde.
Et pourtant j'en ai vu des beautés dans le monde
Et je m'y connais.[2] Ma création regorge de beautés.
Ma création regorge de merveilles.
Il y en a tant qu'on ne sait pas où les mettre.
J'ai vu des millions et des millions d'astres rouler sous mes pieds comme les sables de la mer.
J'ai vu des journées ardentes[3] comme des flammes.
Des jours d'été de juin, de juillet et d'août.
J'ai vu des soirs d'hiver posés comme un manteau.[4]
J'ai vu des soirs d'été calmes et doux comme une tombée de paradis[5]
Tout constellés d'étoiles.
J'ai vu ces coteaux de la Meuse et ces églises qui sont mes propres maisons.
Et Paris et Reims et Rouen et des cathédrales qui sont mes propres palais et mes propres châteaux.
Si beaux que je les garderai dans le ciel.
J'ai vu la capitale du royaume et Rome capitale de chrétienté.
J'ai entendu chanter la messe et les triomphantes[6] vêpres.
Et j'ai vu ces plaines et ces vallonnements de France.[7]
Qui sont plus beaux que tout.

J'ai vu la profonde mer, et la forêt profonde, et le cœur profond de l'homme.
J'ai vu des cœurs dévorés d'amour
Pendant des vies entières.
Perdus de[8] charité.
Brûlant comme des flammes.
J'ai vu des martyrs si animés de foi
Tenir comme un roc sur le chevalet,[9]
Sous les dents de fer.
(Comme un soldat qui tiendrait bon tout seul toute une vie
Par foi
Pour son général (apparemment)[10] absent.)
J'ai vu des martyrs flamber comme des torches
Se préparant ainsi les palmes[11] toujours vertes.
Et j'ai vu perler sous les griffes de fer
Des gouttes de sang qui resplendissaient comme des diamants.
Et j'ai vu perler des larmes d'amour
Qui dureront plus longtemps que les étoiles du ciel.
Et j'ai vu des regards de prière, des regards de tendresse,
Perdus de charité
Qui brilleront éternellement dans les nuits et les nuits.
Et j'ai vu des vies tout entières de la naissance à la mort,
Du baptême au viatique,[12]
Se dérouler comme un bel écheveau de laine.
Or je le dis, dit Dieu, je ne connais rien d'aussi beau dans tout le monde
Qu'un petit enfant qui s'endort en faisant sa prière

---

[1] Péguy a souvent fait parler Dieu ainsi avec bonhomie.
[2] Ici, la bonhomie devient drôlerie, comme plus loin avec « on ne sait pas où les mettre ». Ce Dieu parle en brave père de famille.
[3] brûlantes
[4] image qui évoque la neige
[5] tombée de plumes d'un oiseau des Indes, en contraste avec la tombée de la neige
[6] parce qu'aux vêpres on chante des hymnes
[7] Le poète coupe plusieurs phrases de ce poème par des points pour qu'on les lise en psalmodiant.
[8] entièrement absorbés par la
[9] ancien instrument de torture, dont les dents de fer déchiraient le patient
[10] Cet adverbe — parenthèse enfermée dans une parenthèse — atténue un peu l'ironie d'*absent*.
[11] branches de palmier que portent à la main les martyrs dans les images saintes
[12] l'ultime sacrement administré par le prêtre aux agonisants

Sous l'aile de son ange gardien [13]
Et qui rit aux anges en commençant de s'endormir.
Et qui déjà mêle tout ça ensemble et qui n'y com-
    prend plus rien
Et qui fourre [14] les paroles du *Notre Père* à tort et à
    travers pêle-mêle dans les paroles du *Je vous salue
    Marie* [15]
Pendant qu'un voile déjà descend sur ses paupières,
Le voile de la nuit sur son regard et sur sa voix.
J'ai vu les plus grands saints, dit Dieu. Eh bien je
    vous le dis.
Je n'ai jamais rien vu de si drôle et par conséquent
    je ne connais rien de si beau dans le monde
Que cet enfant qui s'endort en faisant sa prière
(Que ce petit être qui s'endort de confiance)
Et qui mélange son *Notre Père* avec son *Je vous
    salue Marie.*

(*Le Mystère des Saints Innocents*)

LA TENTATION DE BONHEUR

Un bonheur est passé [1]
    Timide et doux,
Vois, le laisserons-nous
    Outrepasser. [2]

Sa marche était plus douce
    Que le propos [3]
D'un oiseau qui se pousse
    En plein repos, [4]

Il marchait sur la mousse,
    Inentendu, [5]
Plus vif qu'un jeune mousse,
    Plus suspendu. [6]

Un bonheur a passé
    Sur le chemin,
Ô cœur, et c'est assez [7]
    Jusqu'à demain.

Un bonheur a passé
    Ô taciturne,
Diane a renversé
    L'eau de cette urne. [8]

Le jeune homme bonheur
    Était armé.
Mais le vieil homme honneur [9]
    Était aimé.

Le jeune enfant bonheur
    Portait flambeau. [10]
Mais le vieillard honneur
    Seul était beau. [11]

Ô jeune homme bonheur,
    Fleur de sagesse, [12]
Voici le maître honneur
    Par droit d'aînesse. [13]

Bonheur ô nouveau-né,
    Fleur de tendresse,
Voici le suranné,
    Fruit de rudesse. [14]

Bonheur ô dernier-né,
    Maître flâneur, [15]
Voici le premier-né,
    Le maître honneur.

Bonheur, petit cadet,
    Laisse l'honneur
Attaché au gibet [16]
    Du vrai bonheur.

---

[13] ange qui, d'après les croyances catholiques, est
affecté à la protection de chaque être humain contre le mal
[14] *fourre:* pour met (très familier: cf. note 2); familières
aussi les expressions *à tort et à travers* (sans jugement) et
pêle-mêle (sans ordre)
[15] premiers mots de la prière à la Vierge, comme *Notre
père* (qui êtes aux cieux) sont les premiers mots de la
prière à Dieu le père

---

[1] sous la forme d'un amour qui s'offrait
[2] franchir les limites du devoir
[3] la décision
[4] sans effort
[5] discret
[6] sans certitude

---

[7] assez d'émotion
[8] La déesse antique de la pureté chaste a renversé
l'urne (le cœur) qui contenait l'eau du bonheur.
[9] Dans ces vers et les suivants, le bonheur est représenté comme un jeune homme et même comme un enfant,
l'honneur comme un aîné, comme un vieillard. Le bonheur
est un conquérant, mais on est attaché à l'honneur.
[10] flambeau de fête et de réjouissance
[11] d'une beauté de noblesse et d'esprit
[12] même quand tu fleuris en sagesse
[13] complément de *maître*
[14] rudesse morale
[15] qui va d'un côté et d'autre, toujours en quête
[16] la Croix (Le poète pense sans doute à la Croix chrétienne.)

Cœur dévoré d'amour,
Te tairas-tu,
Ô cœur de jour en jour
Inentendu.[17]

Ô Tombeau d'un secret
Mort et vivant; [18]
Vase plein d'un regret
Fixe et mouvant;

Regret plein du seul être
Toujours présent,
Esclave du seul maître
Toujours absent.[19]

Cœur plein d'un seul regret
Poignant et bref,
Comme un unique fret
Charge une nef.[20]

Cœur plein d'un seul regret
Poignant et sourd,
Comme un fardeau trop lourd
Charge une nef.

Cœur qui as tant aimé
D'amour, de haine,[21]
Ô cœur accoutumé
A tant de peine.

Cœur qui as tant rêvé,
Ô cœur charnel,[22]
Ô cœur inachevé,[23]
Cœur éternel.[24]

Cœur qui as tant battu,
D'amour, d'espoir,
Ô cœur trouveras-tu
La paix du soir.

(*Quatrains*)

[17] que je me refuse à entendre
[18] tu, mais qui dure
[19] C'est le même être qui est toujours présent et absent.
[20] ancien nom des navires
[21] Il haïssait les ennemis de ce qu'il aimait (allusion aux luttes d'idées et de croyances).
[22] attaché aux réalités de chair
[23] insatisfait
[24] éternellement insatisfait

PRÉSENTATION DE LA BEAUCE A NOTRE DAME DE CHARTRES [1]

Étoile de la mer [2] voici la lourde nappe [3]
Et la profonde houle et l'océan des blés
Et la mouvante écume [4] et nos greniers comblés,
Voici votre regard sur cette immense chape [5]

Et voici votre voix [6] sur cette lourde plaine
Et nos amis absents et nos cœurs dépeuplés,
Voici le long de nous nos poings désassemblés
Et notre lassitude et notre force pleine.[7]

Étoile du matin,[8] inaccessible reine,
Voici que nous marchons vers votre illustre cour,
Et voici le plateau de notre pauvre amour,
Et voici l'océan de notre immense peine.

Un sanglot [9] rôde et court par-delà l'horizon.
A peine quelques toits font comme un archipel.
Du vieux clocher retombe une sorte d'appel.[10]
L'épaisse église semble une basse maison.

Ainsi nous naviguons vers votre cathédrale.
De loin en loin surnage un chapelet [11] de meules,
Rondes comme des tours, opulentes et seules
Comme un rang de châteaux [12] sur la barque amirale.[13]

Deux mille ans de labeur ont fait de cette terre
Un réservoir sans fin pour les âges nouveaux.
Mille ans de votre grâce ont fait de ces travaux
Un reposoir sans fin pour l'âme solitaire.[14]

[1] La Beauce, vaste plaine, ancien pays de France, département d'Eure-et-Loir, a pour chef-lieu Chartres, ville célèbre par sa cathédrale (dite Notre-Dame, parce qu'un voile de la Vierge y est vénéré).
[2] invocation empruntée aux litanies de la Vierge
[3] étendue régulière
[4] la cime des épis qui combleront les greniers
[5] manteau long des ecclésiastiques que le poète suppose étendu à terre et auquel il compare la plaine
[6] allusion au bruit des cloches
[7] synonyme de *lourde*
[8] autre invocation des litanies
[9] sanglot symbolique qui évoque le malheur général des hommes
[10] à la traversée d'un village
[11] succession régulière
[12] maisons de bois élevées à la proue ou à la poupe des navires d'autrefois
[13] qui porte l'amiral commandant une flotte; *barque* pour *navire*
[14] Le poète veut dire que le culte de la Vierge spiritualise cette plaine si riche matériellement.

Vous nous voyez marcher sur cette route droite,
Tout poudreux, tout crottés, la pluie entre les dents.
Sur ce large éventail ouvert à tous les vents
La route nationale est notre porte étroite.[15]

Nous allons devant nous, les mains le long des poches,
Sans aucun appareil,[16] sans fatras, sans discours,
D'un pas toujours égal, sans hâte ni recours,[17]
Des champs les plus présents vers les champs les plus proches.

Vous nous voyez marcher, nous sommes la piétaille.[18]
Nous n'avançons jamais que d'un pas à la fois.
Mais vingt siècles de peuple et vingt siècles de rois,
Et toute leur séquelle et toute leur volaille

Et leurs chapeaux à plume avec leur valetaille [19]
Ont appris ce que c'est que d'être familiers,[20]
Et comme on peut marcher, les pieds dans ses souliers,
Vers un dernier carré [21] le soir d'une bataille.

Nous sommes nés pour vous au bord de ce plateau,
Dans le recourbement [22] de notre blonde Loire,
Et ce fleuve de sable et ce fleuve de gloire
N'est là que pour baiser votre auguste manteau.

Nous sommes nés au bord de ce vaste plateau,
Dans l'antique Orléans sévère et sérieuse,
Et la Loire coulante et souvent limoneuse
N'est là que pour laver les pieds de ce coteau.

Nous sommes nés au bord de votre plate Beauce
Et nous avons connu dès nos plus jeunes ans

Le portail de la ferme et les durs paysans
Et l'enclos dans le bourg et la bêche et la fosse.[23]

Nous sommes nés au bord de votre Beauce plate
Et nous avons connu dès nos premiers regrets
Ce que peut recéler de désespoirs secrets
Un soleil qui descend dans un ciel écarlate [24]

Et qui se couche au ras d'un sol inévitable [25]
Dur comme une justice, égal comme une barre,
Juste comme une loi, fermé comme une mare,
Ouvert comme un beau socle et plan comme une table.

Un homme de chez nous,[26] de la glèbe féconde
A fait jaillir ici d'un seul enlèvement,
Et d'une seule source et d'un seul portement,[27]
Vers votre assomption [28] la flèche unique au monde.

Tour de David,[29] voici votre tour beauceronne.[30]
C'est l'épi le plus dur [31] qui soit jamais monté
Vers un ciel de clémence et de sérénité,[32]
Et le plus beau fleuron dedans [33] votre couronne.

Un homme de chez nous a fait ici jaillir,
Depuis le ras du sol jusqu'au pied de la croix,[34]
Plus haut que tous les saints, plus haut que tous les rois,
La flèche irréprochable et qui ne peut faillir.

•   •   •   •   •   •   •   •   •

(La Tapisserie de Notre-Dame)

[23] Ces singuliers (ferme, bourg, bêche, etc.) doivent être entendus comme des pluriels.
[24] tristesse des soirs
[25] puisqu'il est partout au même niveau
[26] Jean Texier, l'architecte à qui la cathédrale doit sa flèche septentrionale, était né à Vendôme.
[27] une seule assise
[28] enlèvement de la Vierge au ciel par les anges, selon la croyance catholique dont tant de peintres se sont inspirés
[29] invocation des litanies
[30] de la Beauce
[31] image qui fait de la flèche une sœur des champs de blé
[32] ciel clément et serein
[33] vieille préposition pour *dans*
[34] la croix imaginée dans le ciel par un homme de foi comme Péguy

[15] la porte qui, d'après saint Mathieu, mène à la vie éternelle
[16] ensemble de signes extérieurs de faste; *fatras:* bagages embarrassants
[17] demande d'aide
[18] Mot forgé par les hommes qui ont fait la guerre. Il désigne les soldats d'infanterie.
[19] *sequelle, volaille, valetaille:* trois mots qui désignent une suite méprisable de gens
[20] avoir des manières libres
[21] formation d'une troupe en profondeur de façon à faire front sur quatre faces
[22] forme prise par le fleuve à Orléans, patrie de Péguy

GUILLAUME APOLLINAIRE (1880–1918)

Wilhelm de Kostrowitzky, en littérature Guillaume Apollinaire, est né à Rome d'une excentrique d'origine aristocratique et d'un comte italien. Il a grandi dans la gêne et a fait des études désordonnées, brillantes par moments, à l'image de sa mère, dans divers établissements et même diverses villes. Car elle ne tenait jamais en place, et le père, poussé par sa famille, avait rompu.

Apollinaire a voyagé en France, en Belgique, en Angleterre, en Allemagne. Précepteur quelque temps dans une famille allemande, il y a connu une institutrice anglaise qui refusa de l'épouser et lui a inspiré des poèmes douloureux. A Paris, il a fait pas mal de métiers, mais très vite connut des poètes comme André Salmon et Max Jacob. Finalement il se fixa dans le journalisme d'art, faisant campagne pour les peintres cubistes. Il aimait les étrangetés. Le « douanier » Rousseau lui doit sa réputation.

Entre les femmes qu'il a aimées et dont il a épousé la dernière, la plus intéressante pour son art, après la jeune Anglaise récalcitrante, fut Marie Laurencin, la « Marie » des poèmes, comme sa femme en est la « jolie rousse ». Marie devint un peintre célèbre. Elle devait mourir en 1956.

Guillaume, engagé en 1914, est mort en 1918 des suites d'une blessure reçue à la tête deux années plus tôt. Trépané, il n'a pu résister à la grippe infectueuse qui ravageait l'Europe dans l'année de l'armistice. Il avait obtenu en 1916 la nationalité française.

Apollinaire a laissé des livres de contes: *L'Enchanteur pourrissant* (1909), *L'Hérésiarque* (1910), *Le Poète assassiné* (1916); un petit livre de souvenirs d'érudit, *Le Flâneur des deux rives* (1914), et une farce surréaliste, *Les Mamelles de Tirésias* (1918). Mais il compte surtout comme poète. Ses deux recueils capitaux sont *Alcools* (1913), et *Calligrammes* (1918). Ce dernier recueil doit son titre à certains de ses poèmes dont les vers sont disposés typographiquement de façon à imiter des objets: un obus, par exemple, ou un cigare. Mais les poèmes les plus nombreux restent en dehors de ce jeu qui est imité d'anciennes pratiques du seizième siècle déjà reprises par les « futuristes » italiens.

Beaucoup de poèmes posthumes se sont ajoutés à ceux d'*Alcools* et de *Calligrammes*, sous les titres du *Guetteur mélancolique*, de *Il y a*, de *Poèmes à Lou*.

Dans les poèmes où il a écouté simplement son cœur, Apollinaire fait penser à Verlaine et à Villon. Dans beaucoup d'autres, la fantaisie de l'esprit joue son rôle et lui fait une originalité agréable et drôle. Mais trop souvent sa désinvolture chaotique et désireuse de dérouter ses lecteurs le rend à peu près inintelligible. C'est d'ailleurs par cette excentricité qu'il a exercé la plus nette influence sur la poésie contemporaine.

Il a expliqué, dans une lettre du 19 juillet 1913 au directeur du *Divan,* pourquoi il supprimait toute ponctuation. Elle lui paraissait inutile, et d'autre part il voulait isoler chaque vers et ramasser son unité rythmique dans une diction monotone.

Nous avons respecté cette volonté, mais, en revanche, nous avons choisi dans l'œuvre des poèmes qui n'ajoutent pas, ou presque pas, d'autres obscurités à celle dont l'absence de ponctuation est la cause. Il fallait bien cependant faire figurer ici « Le Voyageur » et « Merveille de la guerre », pour représenter le côté artificiel du poète et montrer les moyens assez charlatanesques de sa grande influence sur les jeunes poètes.

LE PONT MIRABEAU

Sous le pont Mirabeau coule la Seine
        Et [1] nos amours
    Faut-il qu'il m'en souvienne
La joie venait toujours après la peine

        Vienne la nuit sonne l'heure
        Les jours s'en vont je demeure

Les mains dans les mains restons face à face
        Tandis que sous
    Le pont de nos bras [2] passe
Des éternels regards [3] l'onde si lasse

        Vienne la nuit sonne l'heure
        Les jours s'en vont je demeure

L'amour s'en va comme cette eau courante
        L'amour s'en va
    Comme [4] la vie est lente
Et comme l'Espérance est violente

        Vienne la nuit sonne l'heure
        Les jours s'en vont je demeure

Passent les jours et passent les semaines
        Ni temps passé
    Ni les amours reviennent [5]
Sous le pont Mirabeau coule la Seine

        Vienne la nuit sonne l'heure
        Les jours s'en vont je demeure

                                    (*Alcools*)

    [1] et aussi
    [2] que forment nos bras
    [3] complément de *si lasse*
    [4] conjonction marquant l'étonnement
    [5] *Ne reviennent* serait plus correct.

LE VOYAGEUR

Ouvrez-moi cette porte où je frappe en pleurant

La vie est variable aussi bien que l'Euripe [6]

Tu regardais un banc de nuages descendre
Avec le paquebot orphelin [7] vers les fièvres futures [8]
Et de tous ces regrets de tous ces repentirs
        Te souviens-tu

Vagues poissons arqués [9] fleurs surmarines [10]
Une nuit c'était la mer
Et les fleuves s'y répandaient

Je m'en souviens je m'en souviens encore

Un soir [11] je descendis dans une auberge triste
Auprès de Luxembourg
Dans le fond de la salle il s'envolait un Christ [12]
Quelqu'un avait un furet [13]
Un autre un hérisson [14]
L'on jouait aux cartes
Et toi tu m'avais oublié

    [6] étroit bras de mer entre la côte orientale de la Grèce et l'île d'Eubée, plein de surprises pour les navigateurs
    [7] *orphelin:* qui semblait perdu
    [8] celles qu'on prend en Orient (vers lequel voguait le navire)
    [9] forme que prennent souvent les poissons dans l'eau
    [10] sans doute les poissons (métaphore), ou des fleurs à la surface d'une eau peu profonde
    [11] autre évocation de voyage (Apollinaire n'a jamais été en Grèce, mais il connaissait le Luxembourg comme la Belgique.)
    [12] Un Christ d'image paraissait monter au ciel.
    [13] petit animal carnivore
    [14] petit animal insectivore

Te souviens-tu [15] du long orphelinat des gares
Nous traversâmes des villes qui tout le jour tour-
naient [16]
Et vomissaient la nuit le soleil des journées [17]
Ô matelots ô femmes sombres et vous mes compa-
gnons
　　　　　Souvenez-vous-en

Deux matelots qui ne s'étaient jamais quittés
Deux matelots qui ne s'étaient jamais parlé
Le plus jeune en mourant tomba sur le côté [18]

　　　　O vous chers compagnons
Sonneries électriques des gares chant des moisson-
neuses
Traîneau d'un boucher régiment des rues sans
nombre
Cavalerie des ponts nuits livides de l'alcool [19]
Les villes que j'ai vues vivaient comme des folles

Te souviens-tu des banlieues et du troupeau plaintif [20] des paysages

Les cyprès projetaient sous la lune leurs ombres
J'écoutais cette nuit au déclin de l'été
Un oiseau langoureux et toujours irrité
Et le bruit éternel d'un fleuve large et sombre

Mais tandis que mourants [21] roulaient vers l'es-
tuaire
Tous les regards tous les regards de tous les yeux
Les bords étaient déserts herbus silencieux
Et la montagne à l'autre rive était très claire

Alors sans bruit sans qu'on pût voir rien de vivant
Contre le mont passèrent des ombres vivaces

De profil ou soudain tournant leurs vagues faces
Et tenant l'ombre de leurs lances en avant [22]

Les ombres contre le mont perpendiculaire
Grandissaient ou parfois s'abaissaient brusquement
Et ces ombres barbues pleuraient humainement
En glissant pas à pas sur la montagne claire

Qui donc reconnais-tu sur ces vieilles photographies
Te souviens-tu du jour où une abeille tomba dans
le feu
C'était tu t'en souviens à la fin de l'été [23]

Deux matelots qui ne s'étaient jamais quittés
L'aîné portait au cou une chaîne de fer
Le plus jeune mettait ses cheveux blonds en tresse

Ouvrez-moi cette porte où je frappe en pleurant

La vie est variable aussi bien que l'Euripe

　　　　　　　　　　　　　　（*Alcools*）

MARIE [24]

Vous y dansiez petite fille
Y danserez-vous mère-grand
C'est la maclotte qui sautille [25]
Toutes les cloches sonneront
Quand donc reviendrez-vous Marie [26]

Les masques [27] sont silencieux
Et la musique est si lointaine
Qu'elle semble venir des cieux
Oui je veux vous aimer mais vous aimer à peine [28]
Et mon mal est délicieux

---

[15] D'autres évocations de voyage vont suivre, volontairement vagues; *orphelinat*, employé comme plus loin *régiment*,
évoque la longueur de quais vides et comme perdus (cf. la
note 7).
[16] comme des mondes sur leur axe
[17] évocation de débauches nocturnes
[18] victime d'une rixe
[19] souvenirs en tourbillon (les trains, les vues par la
portière, les villes traversées, les saoûleries)
[20] *plaintif* traduit la mélancolie des impressions de
voyage rapide
[21] se rapporte à *regards*

[22] Cette strophe et la suivante donnent raison à un ami
du poète, Fernand Fleuret, à qui le poème est dédié et qui
a révélé que *Le Voyageur* était une de ces « complaintes
populaires sans queue ni tête » que tous deux s'amusaient
à improviser en marchant dans la rue quand ils sortaient
ensemble de la Bibliothèque Nationale.
[23] Cette strophe-ci fait tomber brusquement dans le
poème une notation inattendue. Apollinaire se plaisait à
employer ce procédé de surprise.
[24] Marie Laurencin
[25] La maclotte est dansée en Belgique.
[26] Des désaccords étaient survenus entre les deux amants
à cette époque (1912).
[27] pour quelle fête? on ne sait.
[28] taquinerie et jeu

Les brebis s'en vont dans la neige
Flocons de laine et ceux d'argent
Des soldats passent et que n'ai-je
Un cœur à moi ce cœur changeant
Changeant et puis encor que sais-je [29]

Sais-je où s'en iront tes cheveux
Crépus comme mer qui moutonne
Sais-je où s'en iront tes cheveux
Et tes mains feuilles de l'automne
Que jonchent [30] aussi nos aveux

Je passais au bord de la Seine
Un livre ancien sous le bras
Le fleuve est pareil à ma peine
Il s'écoule et ne tarit pas [31]
Quand donc finira la semaine [32]

(*Alcools*)

MERVEILLE DE LA GUERRE [1]

Que c'est beau ces fusées qui illuminent la nuit
Elles montent sur leur propre cime et se penchent
    pour regarder [2]
Ce sont des dames qui dansent avec leurs regards
    pour yeux bras et cœurs [3]

J'ai reconnu ton sourire et ta vivacité [4]

C'est aussi l'apothéose quotidienne de toutes mes
    Bérénices dont les chevelures sont devenues des
    comètes [5]

[29] Cette strophe veut donner l'idée de changements qui emportent tout dans leur glissement infini.
[30] sur lequel (automne) se répandent
[31] Il s'écoule sans fin.
[32] et pourtant le temps est lent (sans Marie)

[1] Poème composé en décembre 1915. Le poète vient de passer de l'artillerie dans l'infanterie, avec le grade de sous-lieutenant. C'est en Champagne. La guerre de tranchées a commencé.
[2] admirable évocation des fusées jaillissantes de la guerre, qui les a employées comme signaux
[3] Leurs feux (regards) leur servaient d'yeux, de bras et de cœurs.
[4] sorte de parenthèse qui est un hommage à une femme comparée à une de ces fusées
[5] La « chevelure de Bérénice » est une constellation qui reçut ce nom d'un astronome d'Alexandrie qui voulait flatter une Bérénice du IIIe siècle avant J.-C., princesse d'Égypte. Apollinaire substitue ses amoureuses à l'Égyptienne et transforme ses étoiles en comètes (retombée des fusées).

Ces danseuses surdorées appartiennent à tous les
    temps et à toutes les races
Elles accouchent brusquement d'enfants qui n'ont
    que le temps de mourir [6]

Comme c'est beau toutes ces fusées
Mais ce serait bien plus beau s'il y en avait plus
    encore
S'il y en avait des millions qui auraient un sens
    complet et relatif [7] comme les lettres d'un livre
Pourtant c'est aussi beau que si la vie même sortait
    des mourants [8]

Mais ce serait plus beau encore s'il y en avait plus
    encore
Cependant je les regarde comme une beauté qui
    s'offre et s'évanouit aussitôt
Il me semble assister à un grand festin éclairé a
    giorno [9]
C'est un banquet que s'offre la terre
Elle a faim et ouvre de longues bouches pâles [10]
La terre a faim et voici son festin de Balthazar [11]
    cannibale [12]

Qui aurait dit qu'on pût être à ce point anthropo-
    phage
Et qu'il fallût tant de feu pour rôtir le corps hu-
    main [13]
C'est pourquoi l'air a un petit goût empyreuma-
    tique [14] qui n'est ma foi pas désagréable
Mais le festin serait plus beau encore si le ciel y
    mangeait avec la terre
Il n'avale que les âmes [15]
Ce qui est une façon de ne pas se nourrir
Et se contente de jongler avec des feux versicolores

[6] métaphore qui évoque l'éclatement de la fusée en feux multicolores
[7] relatif des unes aux autres
[8] soldats mortellement blessés
[9] comme en plein jour (expression italienne)
[10] fusées montantes
[11] roi babylonien du VIe siècle avant J.-C. dont la Bible (livre de Daniel) raconte le festin somptueux à la veille de sa ruine sous les coups des Perses
[12] La terre en guerre, dans son « festin de Balthazar », mange les hommes.
[13] Le poète, en pleine tragédie, plaisante encore.
[14] âcre, comme toute saveur d'une matière organique soumise à un feu violent
[15] Cf. la note 13.

Le Rêve, par Henri Rousseau, 1910. Apollinaire était un ami et admirateur du Douanier Rousseau. Collection, The Museum of Modern Art, New York. Gift of Nelson A. Rockefeller.

La Tour Eiffel, par R. Delaunay. Cette œuvre a représenté, en 1910, le désir de rupture avec le passé. The Solomon R. Guggenheim Museum.

Mais j'ai coulé dans la douceur de cette guerre avec
   toute ma compagnie au long des longs boyaux [16]
Quelques cris de flamme [17] annoncent sans cesse ma
   présence
J'ai creusé le lit où je coule en me ramifiant en
   mille petits fleuves qui vont partout [18]
Je suis dans la tranchée de première ligne et cependant je suis partout ou plutôt je commence à
   être partout
C'est moi qui commence cette chose des siècles à
   venir [19]
Ce sera plus long à réaliser que non [20] la fable
   d'Icare [21] volant

Je lègue à l'avenir l'histoire de Guillaume Apolli-
   naire
Qui fut à la guerre et sut être partout
Dans les villes heureuses de l'arrière
Dans tout le reste de l'univers
Dans ceux qui meurent en piétinant dans le bar-
   belé [22]
Dans les femmes dans les canons dans les chevaux
Au zénith au nadir aux 4 points cardinaux
Et dans l'unique ardeur de cette veillée d'armes [23]

---

[16] Le poète commandait une compagnie dans les tranchées. *Douceur, coulé*, s'accordent avec le déploiement silencieux des soldats.
[17] coups de feux
[18] Le déploiement signalé à la note 16 se faisait dans un
labyrinthe de tranchées.
[19] Le poète a l'impression d'être l'initiateur d'une action
à longue portée.
[20] particule ici explétive (sans rôle dans la signification
de la phrase).
[21] Personnage mythologique qui s'étant envolé d'une
prison (qu'avec son père il avait construite pour Minos, roi
de Crète) à l'aide d'ailes fixées sur lui avec de la cire,
s'approcha trop près du soleil: la cire fondit, les ailes se
détachèrent, et il tomba à la mer.
[22] fil de fer muni de pointes qui servait à la défense des
tranchées
[23] Soirée des soldats en armes, qui précède un jour
d'attaque. Apollinaire, dans sa rêverie, étend sa chaleur
d'âme à tout ce qu'énumèrent les vers précédents.

Et ce serait sans doute bien plus beau
Si je pouvais supposer que toutes ces choses dans
   lesquelles je suis partout
Pouvaient m'occuper aussi [24]
Mais dans ce sens il n'y a rien de fait [25]
Car si je suis partout à cette heure il n'y a cependant
   que moi qui suis en moi [26]

                   (Calligrammes)

TRISTESSE D'UNE ÉTOILE

Une belle Minerve est l'enfant de ma tête [1]
Une étoile de sang me couronne à jamais [2]
La raison est au fond et le ciel est au faîte
Du chef [3] où dès longtemps Déesse tu t'armais [4]

C'est pourquoi de mes maux ce n'était pas le pire
Ce trou presque mortel et qui s'est étoilé [5]
Mais le secret malheur qui nourrit mon délire
Est bien plus grand qu'aucune âme ait jamais celé [6]

Et je porte avec moi cette ardente souffrance
Comme le ver luisant tient son corps enflammé
Comme au cœur du soldat il [7] palpite la France [8]
Et comme au cœur du lys le pollen parfumé [9]

                   (Calligrammes)

[24] s'installer en lui comme il s'installe en elles
[25] C'est impossible (familier).
[26] Le poète soldat tout à coup se sent seul.

---

[1] Minerve, déesse de la raison, était sortie tout armée
du cerveau de Jupiter (mythologie).
[2] Apollinaire blessé avait été trépané.
[3] *chef*: tête (vieux mot)
[4] Cf. la note 1.
[5] élargi en forme d'étoile
[6] Le plus grand qu'une âme ait jamais pu contenir en
secret. Il s'agissait d'un renoncement du grand blessé à
l'amour.
[7] *il*: pronom ici impersonnel
[8] C'est-à-dire: c'est le cœur de la France qui bat.
[9] sous-entendu: *palpite* (frémit)

SAINT-JOHN PERSE (1887–   )

Ce poète, de son vrai nom Alexis Léger, est né le 31 mai 1887 à la Gaudeloupe. Seul garçon d'une famille de cinq enfants, son père était descendant d'un cadet de Bourgogne parti de France à la fin du XVIIᵉ siècle. Sa mère appartenait à une famille de planteurs et d'officiers de marine établie aux Îles depuis le XVIIIᵉ siècle.

Formé très tôt à l'équitation et à la vie de mer, le jeune Alexis eut des précepteurs et vint en France à l'âge de onze ans continuer ses études à Pau. Encore lycéen, il connut Francis Jammes et, par lui, Paul Claudel. Ensuite à Bordeaux, les études de droit ont marché de pair avec les exercices poétiques et des cours de philosophie et de sciences. Il était aussi passionné pour la musique et la peinture.

Après quelques voyages en Espagne, en Angleterre et en Allemagne, le jeune homme se fit recevoir au concours des Affaires étrangères en 1914. Entré dans la carrière des ambassades, la protection et l'amitié de chefs politiques français ont fait de lui un diplomate heureux et l'ont porté au poste suprême, le secrétariat général du Quai d'Orsay. Mais en juin 1940, il quitta la France pour les États-Unis, à la suite de quoi il fut révoqué par le gouvernement d'alors.

Washington le recueillit et le nomma conseiller technique de la Bibliotèque du Congrès. En 1960, il reçut le Prix Nobel de littérature.

Dans ses années de fonctions diplomatiques, il n'avait publié, sous le pseudonyme de Saint-Léger, qu'*Éloges* (1911) et *Anabase* (1924). C'est seulement à partir de 1942 qu'ayant pris le pseudonyme de Saint-John Perse, il a livré au public toute la série de ses recueils: *Exils* (1942), *Pluies* (1943), *Neiges* (1944), *Vents* (1946), *Amers* (1957), *Chronique* (1960).

La poésie de Saint-John Perse consiste en rappels voilés de sa propre existence en même temps qu'en visions d'histoire et d'imagination cosmique.

Éloges dit adieu à l'enfance antillaise. *Anabase* est un chant d'aventure à la gloire d'un symbolique fondateur de cité. *Exil, Pluies, Neiges* rassemblent les plaintes du monde moderne menacé de destruction. Mais *Vents* apporte pourtant une espérance, et *Amers* célèbre l'alliance de l'homme avec la mer. *Chronique* récapitule l'histoire humaine dans un panorama grandiose.

La forme de cette poésie est de large déploiement verbal; elle élève le verset claudélien à une harmonie très méditée qui se gonfle d'images de grande envergure. Seulement on souhaiterait que la poésie de Saint-John Perse donne par son style moins de mal aux lecteurs.

Le fragment d'*Amers* que nous donnons ici évoque une synthèse de l'amour et de la mer dont le poète entremêle les images.

«... ÉTROITS SONT LES VAISSEAUX»

I

... Étroits sont les vaisseaux, étroite notre couche.
Immense l'étendue des eaux, plus vaste notre empire

Aux chambres closes du désir.[1]
Entre l'Été,[2] qui vient de mer. A la mer seule nous[3] dirons
Quels étrangers nous fûmes aux fêtes de la Ville, et quel astre montant des fêtes sous-marines
S'en vint un soir, sur notre couche, flairer la couche du divin.[4]

En vain la terre proche nous trace sa frontière.
Une même vague par le monde, une même vague depuis Troie[5]

Roule sa hanche jusqu'à nous. Au très grand large loin de nous fut imprimé jadis ce souffle...

Et la rumeur un soir fut grande dans les chambres:[6] la mort elle-même, à son de conques, ne s'y ferait point entendre![7]

Aimez, ô couples, les vaisseaux; et la mer haute dans les chambres![8]
La terre un soir pleure ses dieux, et l'homme chasse aux bêtes rousses; les villes s'usent, les femmes songent...[9] Qu'il y ait toujours à notre porte
Cette aube immense appelée mer—élite d'ailes et levée d'armes;[10] amour et mer de même lit, amour et mer au même lit[11]—

et ce dialogue encore dans les chambres:[12]

[1] l'empire de l'amour
[2] l'Été entre
[3] nous, les amants
[4] Essayer de trouver les traces des dieux. (Il y a là deux confidences mystérieuses que la mer est seule digne d'entendre.)
[5] c'est-à-dire: partout et depuis longtemps
[6] conséquence de la vague et du souffle
[7] c'est-à-dire: une rumeur telle qu'elle aurait empêché d'entendre même l'annonce par conques d'un péril de mort
[8] aimez dans les chambres
[9] évocation de la mort des religions et de la destinée humaine
[10] surgissement comparable à des battements d'ailes et à une levée guerrière
[11] assimilation de l'amour à la mer
[12] Dialogue entre la femme et l'homme. La femme va parler la première.

II

I—

«... Amour, amour, qui tiens si haut le cri de ma naissance, qu'il est de mer en marche vers l'Amante.[13] Vigne foulée sur toutes grèves, bienfait d'écume en toute chair, et chant de bulles sur les sables...[14] Hommage, hommage à la Vivacité divine!

Toi, l'homme avide, me dévêts:[15] maître plus calme qu'à son bord le maître du navire. Et tant de toile se défait, il n'est plus femme qu'agréée.[16] S'ouvre l'Été, qui vit de mer. Et mon cœur t'ouvre[17] femme plus fraîche que l'eau verte: semence et sève de douceur, l'acide avec le lait mêlé, le sel avec le sang très vif, et l'or et l'iode, et la saveur aussi du cuivre et son principe d'amertume[18]—toute la mer en moi portée comme dans l'urne maternelle...

Et sur la grève de mon corps l'homme né de mer s'est allongé. Qu'il rafraîchisse son visage à même la source sous les sables;[19] et se réjouisse sur mon aire, comme le dieu tatoué de fougère mâle... Mon amour, as-tu soif? Je suis femme à tes lèvres plus neuve que la soif. Et mon visage entre tes mains comme aux mains fraîches du naufrage, ah! qu'il te soit dans la nuit chaude fraîcheur d'amande et saveur d'aube, et connaissance première du fruit sur la rive étrangère.[20]

J'ai rêvé, l'autre soir, d'îles plus vertes que le songe... Et les navigateurs descendent au rivage en quête d'une eau bleue; ils voient—c'est le reflux—le lit refait des sables ruisselants: la mer arborescente y laisse, s'enlisant,[21] ces pures empreintes capillaires,[22] comme de grandes palmes suppliciées, de grandes filles extasiées qu'elle couche en larmes dans leurs pagnes et dans leurs tresses dénouées.

[13] toi qui juges si importante ma venue au monde que tu la compares à un hommage de la mer à l'amante
[14] évocations métaphoriques de l'amour
[15] dévêts-moi
[16] qui ne soit désirée
[17] livre à ton amour
[18] énumération du bon et du moins bon chez la femme
[19] désignation métaphorique de la profonde fraîcheur féminine
[20] la découverte du premier fruit goûté sur une rive étrangère où l'on aborde
[21] s'enfonçant dans le sable
[22] fines comme des cheveux

Et ce sont là figurations du songe. Mais toi l'homme au front droit, couché dans la réalité du songe, tu bois à même la bouche ronde, et sais son revêtement punique:[23] chair de grenade et cœur d'oponce,[24] figue d'Afrique et fruit d'Asie... Fruits de la femme, ô mon amour, sont plus que fruits de mer: de moi non peinte ni parée, reçois les arrhes[25] de l'Été de mer...»

2—

«... Au cœur de l'homme, solitude.[26] Étrange l'homme, sans rivage,[27] près de la femme, riveraine.[28] Et mer moi-même à ton orient,[29] comme à ton sable d'or mêlé,[30] que j'aille encore et tarde, sur ta rive, dans le déroulement très lent de tes anneaux d'argile—femme qui se fait et se défait avec la vague qui l'engendre...[31]

Et toi plus chaste d'être plus nue, de tes seules mains vêtue, tu n'es point Vierge des grands fonds,[32] Victoire de bronze ou de pierre blanche[33] que l'on ramène, avec l'amphore, dans les grandes mailles chargées d'algues des tâcherons de mer,[34] mais chair de femme à mon visage,[35] chaleur de femme sous mon flair, et femme qu'éclaire son arôme comme la flamme de feu rose[36] entre les doigts mi-joints.

Et comme le sel est dans le blé, la mer en toi dans son principe, la chose en toi qui fut de mer, t'a fait ce goût de femme heureuse et qu'on approche...[37] Et ton visage est renversé, ta bouche est fruit à consommer, à fond de barque, dans la nuit. Libre mon souffle sur ta gorge, et la montée,

de toutes parts, des nappes du désir, comme aux marées de lune proche,[38] lorsque la terre femelle s'ouvre à la mer salace et souple, ornée de bulles, jusqu'en ses mares, ses maremmes,[39] et la mer haute dans l'herbage fait son bruit de noria,[40] la nuit est pleine d'éclosions...[41]

O mon amour au goût de mer, que d'autres paissent loin de mer[42] l'églogue au fond des vallons clos—menthes, mélisse et mélilot, tiédeurs d'alysse et d'origan[43]—et l'un y parle d'abeillage et l'autre y traite d'agnelage, et la brebis feutrée baise la terre au bas des murs de pollen noir.[44] Dans le temps où les pêches se nouent, et les liens sont triés[45] pour la vigne, moi j'ai tranché le nœud de chanvre qui tient la coque sur son ber,[46] à son berceau de bois. Et mon amour est sur les mers! et ma brûlure[47] est sur les mers!...

Étroits sont les vaisseaux, étroite l'alliance;[48] et plus étroite ta mesure, ô corps fidèle de l'Amante... Et qu'est ce corps lui-même, qu'image et forme du navire?[49] nacelle et nave, et nef votive, jusqu'en son ouverture médiane;[50] instruit en forme de carène, et sur ses courbes façonne,[51] ployant le double arceau d'ivoire au vœu des courbes nées de mer... Les assembleurs de coques, en tout temps, ont eu cette façon de lier la quille au jeu des couples et varangues.[52]

Vaisseau,[53] mon beau vaisseau, qui cède sur ses couples et porte la charge d'une nuit d'homme, tu m'es vaisseau qui porte roses. Tu romps sur l'eau chaîne d'offrandes.[54] Et nous voici, contre la mort,

---

[23] trompeurs (les fards)
[24] plante grasse
[25] don partiel fait d'avance
[26] L'homme parle à son tour.
[27] qui ne sait où aborder
[28] qui est fixée
[29] éclat
[30] mêlé à ton orient
[31] La femme est donnée comme une création de la mer (Venus).
[32] statue perdue dans les profondeurs de la mer
[33] statue antique commémorant une victoire militaire
[34] nettoyeurs d'épaves marines
[35] à mes yeux
[36] sous-entendu: produit une lueur
[37] sous-entendu: avec amour

[38] grandes marées
[39] eaux marécageuses
[40] machine hydraulique
[41] naissances
[42] mènent une vie champêtre
[43] plantes aromatiques
[44] murs d'usines
[45] choisis
[46] appareil sur lequel repose la coque d'un navire presque achevé
[47] passion
[48] l'union de l'homme et de la femme
[49] sinon image et forme de navire
[50] détail anatomique
[51] inversion
[52] pièces de construction d'un navire
[53] apostrophe à la femme
[54] Tu es l'offrande par excellence.

sur les chemins d'acanthes noires de la mer écarlate. . .[55] Immense l'aube appelée mer, immense l'étendue des eaux, et sur la terre faite songe[56] à nos confins violets,[57] toute la houle au loin qui lève et se couronne d'hyacinthes comme un peuple d'amants!

Il n'est d'usurpation plus haute qu'au vaisseau de l'amour.»[58]

(*Amers, I, II*)

© ÉDITIONS GALLIMARD

[55] au moment du soleil couchant
[56] à l'heure des rêves
[57] devant l'horloge qui a pris cette couleur

[58] L'amour est au-dessus de toutes choses.

PAUL ÉLUARD (1895–1952)

L'HOMME

Il s'appelait Eugène Grindel, et il est né de parents modestes à Saint-Denis (Seine). Assez maladif, il a fait des études souvent interrompues. Un sanatorium de Suisse l'a abrité pendant deux années. Il n'en a pas moins fait la guerre de 1914 dans le service de santé, puis dans l'infanterie. Gazé, il a été réformé en 1917 et s'est alors marié. C'est dès cette époque qu'il se mit à écrire. En 1918, il a chanté la paix.

Curieux caractère, grand nerveux, tenté par les fugues, il a disparu en 1924 sans qu'aucun des siens sût où il était. La disparition a duré sept mois. Il était dans l'Inde, en Indochine, en Malaisie.

Mêlé au mouvement des surréalistes dès le début, il a pris part à leurs manifestations, a fait sa partie dans leurs scandales. Un voyage en Espagne dans l'année 1936, les amitiés qu'il y contracta, l'ont fait sympathiser avec les révolutionnaires. En 1940, il est entré dans un réseau de Résistance et a collaboré à des publications clandestines. N'a-t-il pas dit qu'il avait fait prendre le maquis à la poésie? Éluard a adhéré au parti communiste en 1942. Comment ce fanatique de la liberté a-t-il supporté la discipline totalitaire?

Il s'était remarié en 1929. Il perdit sa seconde femme en 1946 et cette mort l'a beaucoup inspiré. Il prit et chanta une troisième compagne en 1949, connue au congrès de la paix à Mexico.

L'ŒUVRE

Capitale de la douleur (1926), *La Rose publique* (1934), *Le Phénix* (1951) sont peut-être les recueils les plus attachants d'Éluard, parce qu'il s'y montre ce qu'il est essentiellement: le poète de l'amour. Qu'il ait chanté Gala, Nusch, ou Dominique, le chant est toujours d'une inspiration où la tendresse et la vénération dominent. Mais il a aussi aimé fraternellement les hommes, il a souhaité pouvoir parler pour l'homme de la rue, pour la femme, pour l'enfant.

Il a même confié à ses poèmes les préoccupations politiques les plus immédiates dans *Cours naturel* (1938) en pensant à l'Espagne, puis dans *Poésie et vérité* (1942) en pensant à la France.

Il y a dans toute la poésie d'Éluard, quand le surréalisme ne lui impose pas trop d'obscurité, une sincérité simple et forte. La fameuse « Liberté », que nous extrayons de *Poésie et vérité* et qui a été écrite sous l'occupation allemande, rassemble bien les tendances essentielles du poète: sensibilité aux circonstances, tendresse humaine, mélange intime de vérité et d'imagination, de choses réelles et de choses rêvées, enfin un sacrifice fait à certaines modes de l'époque, notamment l'absence de ponctuation. On remarquera que ces vers non rimés sont assez fermement rythmés.

LIBERTÉ

Sur mes cahiers d'écolier
Sur mon pupitre et les arbres
Sur le sable sur la neige
J'écris ton nom

Sur toutes les pages lues
Sur toutes les pages blanches
Pierre sang [1] papier ou cendre
J'écris ton nom

Sur les images dorées
Sur les armes des guerriers [2]
Sur la couronne des rois
J'écris ton nom

Sur la jungle et le désert [3]
Sur les nids sur les genêts
Sur l'écho de mon enfance [4]
J'écris ton nom

Sur les merveilles des nuits [5]
Sur le pain blanc des journées
Sur les saisons fiancées [6]
J'écris ton nom

Sur tous mes chiffons d'azur [7]
Sur l'étang soleil moisi
Sur le lac lune vivante [8]
J'écris ton nom

Sur les champs sur l'horizon
Sur les ailes des oiseaux
Et sur le moulin des ombres [9]
J'écris ton nom

Sur chaque bouffée d'aurore
Sur la mer sur les bateaux
Sur la montagne démente [10]
J'écris ton nom

Sur la mousse des nuages
Sur les sueurs de l'orage
Sur la pluie épaisse et fade
J'écris ton nom

Sur les formes scintillantes [11]
Sur les cloches des couleurs [12]
Sur la vérité physique
J'écris ton nom

Sur les sentiers éveillés
Sur les routes déployées
Sur les places qui débordent
J'écris ton nom

[1] sang de la guerre et, dans le même vers, cendre des ruines
[2] représentés en images
[3] imaginés
[4] souvenirs des jeunes années
[5] dans les rêves
[6] avec le monde ou avec l'année

[7] ce qui flotte dans le ciel
[8] clair reflet opposé au reflet trouble de l'étang
[9] qui tournent avec les heures
[10] dans les tempêtes
[11] étoiles
[12] qui chantent et sonnent pour les yeux

Sur la lampe qui s'allume
Sur la lampe qui s'éteint
Sur mes maisons réunies [13]
J'écris ton nom

Sur le fruit coupé en deux
Du miroir et de ma chambre [14]
Sur mon lit coquille vide [15]
J'écris ton nom

Sur mon chien gourmand et tendre
Sur ses oreilles dressées
Sur sa patte maladroite
J'écris ton nom

Sur le tremplin de ma porte [16]
Sur les objets familiers
Sur le flot du feu béni
J'écris ton nom

Sur toute chair accordée [17]
Sur le front de mes amis
Sur chaque main qui se tend
J'écris ton nom

Sur la vitre des surprises [18]
Sur les lèvres attentives

Bien au-dessus du silence [19]
J'écris ton nom

Sur mes refuges détruits
Sur mes phares écroulés
Sur les murs de mon ennui [20]
J'écris ton nom

Sur l'absence sans désirs [21]
Sur la solitude nue
Sur les marches de la mort
J'écris ton nom

Sur la santé revenue
Sur le risque disparu
Sur l'espoir sans souvenirs [22]
J'écris ton nom

Et par le pouvoir d'un mot [23]
Je recommence ma vie
Je suis né pour te connaître
Pour te nommer [24]

Liberté.

(*Poésie et vérité*)

[13] dans l'amitié de la ville
[14] moitié des objets dont l'autre moitié est dans le miroir
[15] laissé vide par les veilles
[16] par où le poète bondit dans la vie
[17] unie à lui
[18] surprises à acheter, cadeaux en étalage
[19] car les lèvres sont muettes (temps de guerre)
[20] ennui — chagrin, causé par la guerre qui a détruit les refuges et jeté à bas les phares
[21] dans l'exil découragé
[22] coupé du passé
[23] le mot *liberté*
[24] célébrer

JACQUES PRÉVERT (1900–   )

Né à Neuilly en 1900, Jacques Prévert tient à l'Auvergne par sa mère, à la Bretagne par son père.

Il s'est fait connaître à trente ans en invectivant dans des vers parus à la revue *Commerce* les élites officielles de la société: ce fut la fameuse « Description d'un dîner de têtes ».

Chansons populaires et dialogues de cinéma l'ont ensuite occupé. Il se décida assez tard à réunir ses poèmes et atteignit par trois fois le grand public avec *Paroles* (1946), *Histoires* (1946), *Spectacle* (1951). Le dernier recueil, *La Pluie et le beau temps* (1955), a fait moindre sensation.

Prévert est extrêmement lu, parce que sa gouaille est celle des villes modernes, que ses chansons d'inspiration populaire ont été mises en musique par Joseph Kosma, et aussi, il faut bien le dire, parce qu'il ose être violemment vulgaire. N'oublions pas cependant ce que doit sa réputation à ses dialogues cinématographiques qui ont été composés pour des films célèbres, *Les Visiteurs du soir, Les Enfants du paradis*.

Une partie de l'œuvre se tient en marge de la littérature, car elle est faite de procédés et de trucs destinés à amuser facilement le plus grand public.

Par exemple, Prévert prend une expression commune et il la case dans une phrase noble, de façon à lui redonner une valeur par le contraste drôle. Ainsi fait-il dire à un Président de la République devant un monument aux morts de la guerre: «Soldats tombés à Fontenoy, sachez que vous n'êtes pas tombés dans l'oreille d'un sourd.» Ou bien il parodie les grands de la poésie, ou encore il multiplie les jeux de mots, les énumérations burlesques, les inventions de mots saugrenus: autant de pieds de nez au style traditionnel. Il va même jusqu'à l'injure grossière et à la moquerie insolente à l'égard des autorités morales les plus respectables.

Tout cela est déplaisant. Heureusement la poésie de Prévert présente un autre versant. Elle a une grande force de caricature, elle cloue au pilori les atroces sottises de l'époque, et la pire de toutes, la guerre. Et puis elle est fraternellement humaine à l'égard du malheur, de la pauvreté, et de l'amour. Enfin elle éclate souvent en trouvailles de feu d'artifice.

On verra que sa prosodie se meut avec une totale liberté. C'est une prosodie de chanson et de monologue. En général, pas de ponctuation.

RUE DE SEINE [1]

Rue de Seine dix heures et demie
le soir
au coin d'une autre rue

un homme titube [2]. . . un homme jeune
avec un chapeau
un imperméable
une femme le secoue. . .

[1] à Paris, quartier de Saint-Germain-des-Prés

[2] tient mal sur ses jambes

elle le secoue
et elle lui parle
et il secoue la tête
son chapeau est tout de travers
et le chapeau de la femme s'apprête à tomber en
    arrière
ils sont très pâles tous les deux
l'homme certainement a envie de partir. . .
de disparaître. . . de mourir. . .
mais la femme a une furieuse envie de vivre
et sa voix
sa voix qui chuchote
on ne peut pas ne pas l'entendre
c'est une plainte. . .
un ordre. . .
un cri. . .
tellement [3] avide cette voix. . .
et triste
et vivante. . .
un [4] nouveau né malade qui grelotte sur une tombe
dans un cimetière l'hiver. . .
le cri d'un être les doigts pris dans la portière [5]. . .
une chanson
une phrase
toujours la même
une phrase
répétée. . .
sans arrêt
sans réponse. . .
l'homme la regarde ses yeux tournent
il fait des gestes avec les bras
comme un noyé
et la phrase revient [6]
rue de Seine au coin d'une autre rue
la femme continue
sans se lasser. . .
continue sa question inquiète
plaie [7] impossible à panser
Pierre dis-moi la vérité
je veux tout savoir
dis-moi la vérité. . .
le chapeau de la femme tombe
Pierre je veux tout savoir

dis-moi la vérité. . .
question stupide [8] et grandiose [9]
Pierre ne sait que répondre
il est perdu
celui qui s'appelle Pierre. . .
il a un sourire que peut-être il voudrait tendre
et répète
voyons calme-toi tu es folle
mais il ne croit pas si bien [10] dire
mais il ne voit pas
il ne peut pas voir comment
sa bouche d'homme est tordue par un sourire [11]. . .
il étouffe
le monde se couche sur lui [12]
et l'étouffe
il est prisonnier
coincé par ses promesses [13]. . .
on lui demande des comptes [14]. . .
en face de lui. . .
une machine à compter [15]
une machine à écrire des lettres d'amour
une machine à souffrir
le saisit. . .
s'accroche à lui. . .
Pierre dis-moi la vérité

(Paroles)

CHANSON DES ESCARGOTS QUI VONT A L'ENTERREMENT

A l'enterrement d'une feuille morte
Deux escargots s'en vont
Ils ont la coquille noire
Du crêpe [1] autour des cornes
Ils s'en vont dans le noir

---

[3] oh! comme elle est
[4] on dirait un
[5] petite porte d'auto ou de wagon
[6] sur les lèvres de la femme
[7] au sujet d'un plaie du cœur, plaie d'amour

[8] parce qu'évidemment il ne dira pas la vérité
[9] parce que toute la douleur d'amour est en elle
[10] si exactement
[11] parce que ce sourire menteur est forcé
[12] Il a l'impression de porter ce poids.
[13] d'amour
[14] explications
[15] Le mot *comptes* a amené *machine à compter*, mots qui amènent *machine à écrire*, etc. (Ce procédé est fréquent chez Prévert.)

[1] tissu noir qui se porte en signe de deuil

Un très beau soir d'automne
Hélas quand ils arrivent
C'est déjà le printemps
Les feuilles qui étaient mortes
Sont toutes ressuscitées
Et les deux escargots
Sont très désappointés [2]
Mais voilà le soleil
Le soleil qui leur dit
Prenez prenez la peine
La peine de vous asseoir
Prenez un verre de bière
Si le cœur vous en dit [3]
Prenez si ça vous plaît
L'autocar pour Paris
Il partira ce soir
Vous verrez du pays
Mais ne prenez [4] pas le deuil
C'est moi qui vous le dis
Ça noircit le blanc de l'œil
Et puis ça enlaidit
Les histoires de cercueils
C'est triste et pas joli
Reprenez vos couleurs
Les couleurs de la vie
Alors toutes les bêtes
Les arbres et les plantes
Se mettent à chanter
A chanter à tue-tête [5]
La vraie chanson vivante
La chanson de l'été
Et tout le monde de [6] boire
Tout le monde de trinquer
C'est un très joli soir
Un joli soir d'été
Et les deux escargots
S'en retournent chez eux
Ils s'en vont très émus
Ils s'en vont très heureux
Comme ils ont beaucoup bu
Ils titubent [7] un p'tit [8] peu

Mais là-haut dans le ciel
La lune veille sur eux.

(*Paroles*)

CHANSON DANS LE SANG

Il y a de grandes flaques de sang sur le monde
où s'en va-t-il tout ce sang répandu
Est-ce la terre qui le boit et qui se saoule [1]
drôle de [2] saoulographie alors
si sage. . . si monotone. . .
Non la terre ne se saoule pas
la terre ne tourne pas de travers
elle pousse régulièrement sa petite voiture ses quatre
    saisons [3]
la pluie. . . la neige. . .
la grêle. . . le beau temps. . .
jamais elle n'est ivre
c'est à peine si elle se permet de temps en temps
un malheureux petit volcan [4]
Elle tourne la terre
elle tourne avec ses arbres. . . ses jardins. . . ses
    maisons. . .
elle tourne avec ses grandes flaques de sang
et toutes les choses vivantes tournent avec elle et
    saignent. . .
Elle elle s'en fout [5]
la terre
elle tourne et toutes les choses vivantes se mettent à
    hurler
elle s'en fout elle tourne
elle n'arrête pas de tourner
et le sang n'arrête pas de couler. . .
Où s'en va-t-il tout ce sang répandu
le sang des meurtres. . . le sang des guerres. . .
le sang de la misère. . .
et le sang des hommes torturés dans les prisons. . .

---

[2] trompés dans leur projet
[3] si vous en avez envie (gallicisme)
[4] L'auteur a joué sur le mot *prenez*.
[5] de toutes les forces de leur voix
[6] de: se met à
[7] n'avancent pas droit
[8] pour: petit (abréviation familière)

[1] s'enivre (populaire)
[2] expression familière pour: surprenante et invraisemblable
[3] Voiture des quatre saisons, qui sert à vendre des légumes dans les rues. Mais l'auteur a écrit *ses*, pour amener les deux vers suivants, et alors la *petite voiture* c'est l'année.
[4] qui vomit
[5] s'en moque (vulgaire)

le sang des enfants torturés tranquillement par leur
   papa et leur maman. . .

et le sang des hommes qui saignent de la tête
dans les cabanons [6]. . .

et le sang du couvreur [7]
quand le couvreur glisse et tombe du toit
Et le sang qui arrive et qui coule à grands flôts
avec le nouveau-né. . . avec l'enfant-nouveau. . .
la mère qui crie. . . l'enfant pleure. . .
le sang coule. . . la terre tourne
la terre n'arrête pas de tourner
le sang n'arrête pas de couler
Où s'en va-t-il tout ce sang répandu
le sang des matraqués. . . des humiliés. . .
des suicidés. . . des fusillés. . . des condamnés. . .
et le sang de ceux qui meurent comme ça [8]. . . par
   accident.

Dans la rue passe un vivant
avec tout son sang dedans
soudain le voilà mort
et tout son sang est dehors
et les autres vivants font disparaître le sang
ils emportent le corps
mais il est têtu le sang [9]
et là où était le mort
beaucoup plus tard tout noir [10]
un peu de sang s'étale encore. . .
sang coagulé [11]
rouille [12] de la vie rouille des corps
sang caillé [13] comme le lait
comme le lait quand il tourne [14]
quand il tourne comme la terre
comme la terre qui tourne
avec son lait. . . avec ses vaches. . .
avec ses vivants. . . avec ses morts. . .
la terre qui tourne avec ses arbres. . . ses vivants. . .
   ses maisons. . .
la terre qui tourne avec les mariages [15]. . .

les enterrements
les coquillages [16]. . .
les régiments. . .
la terre qui tourne et qui tourne et qui tourne
avec ses grands ruisseaux de sang.

(Paroles)

LE JARDIN

Des milliers et des milliers d'années
   Ne sauraient suffire
      Pour dire
La petite seconde d'éternité [17]
   Où tu m'as embrassé
   Où je t'ai embrassée
Un matin dans la lumière de l'hiver
   Au parc Montsouris [18] à Paris
      A Paris
      Sur la terre
La terre qui est un astre

(Paroles)

PARIS AT NIGHT

Trois allumettes une à une allumées [19] dans la nuit
   La première pour voir ton visage tout entier
      La seconde pour voir tes yeux
      La dernière pour voir ta bouche
Et l'obscurité tout entière [20] pour me rappeler tout
      cela
      En te serrant dans mes bras

(Paroles)

AUBERVILLIERS

I. CHANSON DES ENFANTS

Gentils enfants d'Aubervilliers [1]
Vous plongez la tête la première
Dans les eaux grasses [2] de la misère
   Où flottent les vieux morceaux de liège

---

[6] cellules réservées aux fous furieux
[7] ouvrier qui fait et répare les toits
[8] *comme ça:* sans cause, absurdement
[9] il ne s'en va pas
[10] *Tout noir* dépend de *un peu de sang.*
[11] non liquide
[12] maladie du métal exposé à l'humidité; ici, le métal:
la vie, les corps (métaphore)
[13] Épaissi et aigri, se dit du lait.
[14] s'altère; ensuite *tourne* change de sens
[15] contraste avec les *enterrements:* la vie et la mort

[16] font contraste par leur petitesse avec les *régiments*
[17] seconde pendant laquelle on vit une éternité
[18] grand parc de Paris-sud
[19] ont été allumées (par moi)
[20] a été refaite

---

[1] agglomération ouvrière au nord-est de Paris
[2] sales et corrompues

Avec les pauvres vieux chats crevés
Mais votre jeunesse vous protège
Et vous êtes les privilégiés [3]
D'un monde hostile et sans pitié
Le triste monde d'Aubervilliers
Où sans cesse vos pères et mères
Ont toujours travaillé
Pour échapper à la misère
A la misère d'Aubervilliers
A la misère du monde entier
Gentils enfants d'Aubervilliers
Gentils enfants des prolétaires [4]
Gentils enfants de la misère
Gentils enfants du monde entier
Gentils enfants d'Aubervilliers
C'est les vacances et c'est l'été
Mais pour vous le bord de la mer [5]
La côte d'azur [6] et le grand air
C'est la poussière d'Aubervilliers
Et vous jetez sur le pavé
Les pauvres dés [7] de la misère
Et de l'enfance désœuvrée [8]
Et qui pourrait vous en blâmer
Gentils enfants d'Aubervilliers
Gentils enfants des prolétaires
Gentils enfants de la misère
Gentils enfants d'Aubervilliers.

II. CHANSON DE L'EAU

Furtive comme un petit rat
Un petit rat d'Aubervilliers
Comme la misère qui court les rues [9]
Les petites rues d'Aubervilliers
L'eau courante court sur le pavé
Sur le pavé d'Aubervilliers
Elle se dépêche
Elle est pressée
On dirait qu'elle veut échapper

Échapper à Aubervilliers
Pour s'en aller dans la campagne
Dans les prés et dans les forêts
Et raconter à ses compagnes
Les rivières les bois et les prés
Les simples rêves des ouvriers
Des ouvriers d'Aubervilliers.

III. CHANSON DE LA SEINE

La Seine a de la chance
Elle n'a pas de soucis
Elle se la coule douce [10]
Le jour comme la nuit
Et elle sort de sa source
Tout doucement sans bruit
Et sans se faire de mousse [11]
Sans sortir de son lit [12]
Elle s'en va vers la mer
En passant par Paris

La Seine a de la chance
Elle n'a pas de soucis
Et quand elle se promène [13]
Tout le long de ses quais
Avec sa belle robe verte
Et ses lumières dorées [14]
Notre-Dame [15] jalouse
Immobile et sévère
Du haut de toutes ses pierres
La regarde de travers [16]
Mais la Seine s'en balance [17]
Elle n'a pas de soucis
Elle se la coule douce
Le jour comme la nuit
Et s'en va vers le Havre [18]
Et s'en va vers la mer
En passant comme un rêve
Au milieu des mystères
Des misères de Paris.

(*Spectacle*)

[3] ceux qui jouissent d'avantages exceptionnels
[4] travailleurs qui vivent uniquement de leur labeur quotidien
[5] où beaucoup de gens de villes vont passer leurs vacances
[6] côte de France sur la Méditerranée, à l'est du Rhône
[7] cailloux qui remplacent pour eux les petits cubes d'ivoire dont on se sert dans les salles de jeux (de la Côte d'azur)
[8] qui ne sait que faire
[9] qu'on trouve partout
[10] Elle vit paresseusement (familier).
[11] sans s'inquiéter de rien (populaire)
[12] fond de terre sur lequel coule un fleuve
[13] car elle est lente et tranquille
[14] reflets des lampes qui éclairent les quais
[15] cathédrale de Paris
[16] avec hostilité
[17] ne s'en soucie pas (populaire)
[18] grand port à l'embouchure de la Seine

III. Le Théâtre

PAUL CLAUDEL (1868–1955)

L'HOMME

FILS D'UN CONSERVATEUR des hypothèques mais descendant de propriétaires paysans, Paul Claudel est né à Villeneuve-sur-Fère, aux confins de l'Ile-de-France et de la Champagne. Il a fait ses études dans les petites villes où son père était successivement nommé. Il les a terminées à Paris où il avait suivi sa sœur passionnée de sculpture et qui fut l'élève de Rodin.

A la distribution des prix du lycée Louis-le-Grand, où il venait d'achever son année de rhétorique, Claudel se vit couronner par le philosophe Renan, qui présidait la cérémonie et qui l'embrassa. Le jeune homme s'en est souvenu toute sa vie comme d'une souillure. Le positivisme de Renan l'horrifiait. Aussi supporta-t-il avec impatience l'année philosophique du lycée où le professeur Burdeau (que Barrès peint sous le nom de Bouthillier dans le roman des *Déracinés*) enseignait un rationalisme total.

Cela montre assez qu'il tournait déjà le dos aux ambitions de la raison laïque. A dix-huit ans, entré à Notre-Dame pour les vêpres de Noël, il se sentit soudain illuminé par la foi, qui depuis lors ne l'a plus quitté. Il prétend y avoir été préparé par l'œuvre de Rimbaud, qui lui aurait donné «l'impression vivante et presque physique du surnaturel». Mais, à vrai dire, Baudelaire déjà, et Pascal, et Bossuet l'avaient mis sur le chemin.

Reçu trois ans plus tard au «grand concours» des Affaires Étrangères, Claudel fut nommé consul suppléant à New York et à Boston, puis a occupé des postes en Chine, pendant plus de dix années, coupées par quelques séjours en France, pendant lesquels il fréquenta chez Mallarmé, car il avait déjà commencé son œuvre littéraire. C'est au cours d'un de ces brefs séjours qu'il épousa Reine Sainte-Marie Perrin.

A partir de 1909, la carrière diplomatique de Claudel l'a promené de Prague à Francfort-sur-le-Main et à Hambourg, ensuite, pendant la guerre de 1914–1918, en Italie et au Brésil. Après la guerre, il fut ministre au Danemark, puis, nommé ambassadeur, se vit envoyé successivement à Tokio, à Washington, à Bruxelles.

Ses fonctions n'ont jamais empêché Claudel de collaborer à des revues et de publier des livres. En l'obligeant à de nombreux voyages, en le faisant vivre dans les pays les plus variés, elles ont élargi son inspiration et accru l'ampleur de son œuvre.

Longtemps on a pu croire Paul Claudel uniquement lyrique. Mais en 1910 *L'Otage* a brusquement révélé le dramaturge et, deux ans plus tard, ce fut le grand succès de *L'Annonce faite à Marie*. Pareille surprise dans l'évolution intérieure de l'inspiration. Il avait commencé par célébrer la beauté de la vie, par s'abandonner à l'orgueil de sentir et de comprendre, comme on le voit dans une pièce encore toute lyrique, *Tête d'or* (1889) et dans un essai, *Connaissance de l'Est* (1900). Puis dans l'*Art poétique* (1907), Dieu et l'univers se reflétaient l'un dans l'autre. Après la conversion à la foi catholique et l'éclat de joie du « Magnificat » dans les *Cinq grandes odes* (1910), Claudel a poursuivi dans l'univers sensible tout le spirituel qui y représente l'œuvre de Dieu, toute la liberté humaine sauvée par la Rédemption, tout l'arrachement heureux aux péchés de l'orgueil et de l'égoïsme, toute une immense réciprocité de sacrifices et de renoncements.

De là est né un théâtre, un ensemble de drames, où les personnages se débattent ou trouvent leur voie entre le Destin et la Providence. *L'Annonce*, la trilogie de *L'Otage*, du *Pain dur* (1918) et du *Père humilié* (1920), *Le Soulier de satin*, publié en 1930, joué en 1943, sont les pièces extraordinaires d'un gigantesque théâtre de théologie poétique. *Le Soulier de satin* associe l'espace de trois continents à la durée d'un siècle et la plus violente des passions d'amour au triomphe divin. C'est que pour l'auteur la vérité religieuse se confond avec la vie et doit se colleter avec les passions, en sorte que ses drames, tout en se développant dans le climat du surnaturel, restent intensément humains.

D'entre les nombreux ouvrages en prose, ceux qui concernent la Bible sont les plus significatifs. Claudel s'est constamment nourri de la Bible; elle lui a sans doute donné l'idée des versets qui sont la forme de son expression poétique. On en verra un spécimen dans le texte que nous avons choisi et qui est le prologue de son chef-d'œuvre, *L'Annonce faite à Marie*.

L'Annonce faite à Marie

[*La scène se passe à la fin du Moyen Âge dans la grange d'une ferme de Combernon, village du nord de la Champagne.*

On aperçoit une grande porte à deux battants munie d'un lourd appareil de serrures et de barres 5 *de fer. Il fait encore nuit. C'est un gros cierge fixé à un pilier qui éclaire.*

Un homme à cheval s'apprête à sortir avec une valise en croupe: c'est Pierre de Craon, architecte, constructeur de cathédrales. Une jeune paysanne se détache d'un pilier et se porte à sa rencontre: c'est Violaine, la plus jeune fille de la ferme. « L'Annonce faite à Marie » est le message de l'ange annonçant à la Vierge qu'elle sera mère du Christ. Or Violaine aussi aura été marquée par Dieu pour accomplir une destinée exceptionnelle. Et telle est la signification de l'Angelus qu'elle entend dans la scène qu'on va lire.]

PROLOGUE

VIOLAINE, *levant en riant vers le chevalier ses deux mains avec les index croisés* — Halte, seigneur cavalier! Pied à terre!

PIERRE DE CRAON — Violaine!

(Il descend de cheval)

VIOLAINE — Tout beau,[1] maître [2] Pierre! Est-ce ainsi qu'on décampe [3] de la maison comme un voleur sans saluer honnêtement [4] les dames?

PIERRE DE CRAON — Violaine, retirez-vous. Il fait nuit pleine [5] encore et nous sommes seuls ici tous les deux.

Et vous savez que je ne suis pas un homme tellement sûr.[6]

VIOLAINE — Je n'ai pas peur de vous, maçon! [7] N'est pas un mauvais homme qui veut!

On ne vient pas à bout [8] de moi comme on veut!

Pauvre Pierre! vous n'avez même pas réussi à me tuer.

Avec votre mauvais couteau! Rien qu'une petite coupure au bras dont personne ne s'est aperçu.

PIERRE DE CRAON — Violaine, il faut me pardonner.

VIOLAINE — C'est pour cela que je suis ici.

PIERRE DE CRAON — Vous êtes la première femme que j'aie touchée. Le diable m'a saisi tout d'un coup, qui [9] profite de l'occasion.

VIOLAINE — Mais vous m'avez trouvée plus forte que lui!

PIERRE DE CRAON — Violaine, je suis ici plus dangereux qu'alors.

VIOLAINE— Allons-nous donc nous battre de nouveau?

PIERRE DE CRAON — Ma seule présence par elle-même est funeste.[10]

[1] allez plus doucement (gallicisme)
[2] terme de respect
[3] s'en va (familier)
[4] comme il faut
[5] totale
[6] à qui on puisse se fier
[7] maître-maçon, nom donné aux architectes du Moyen Âge
[8] on ne triomphe pas
[9] *Qui* a pour antécédent *le diable.* On comprend que Pierre, amoureux de Violaine, a voulu, quelques jours auparavant, la violenter.
[10] fait du mal

(Silence)

VIOLAINE — Je ne vous entends [11] pas.

PIERRE DE CRAON — N'avais-je pas assez de pierres à assembler et de bois à joindre et de métaux à réduire?

Mon œuvre [12] à moi, pour que tout d'un coup, Je porte la main sur l'œuvre d'un autre et convoite une âme vivante avec impiété?

VIOLAINE — Dans la maison de mon père et de votre hôte! Seigneur! qu'aurait-on dit si on l'avait su? Mais je vous ai bien caché.

Et chacun comme auparavant vous prend pour [13] un homme sincère et irréprochable.

PIERRE DE CRAON — Dieu juge le cœur sous l'apparence.[14]

VIOLAINE — Ceci restera donc à nous trois.[15]

PIERRE DE CRAON — Violaine!

VIOLAINE — Maître Pierre?

PIERRE DE CRAON — Mettez-vous là près de ce cierge que je vous regarde bien.

(Elle se place en souriant sous le cierge. Il la regarde longuement)

VIOLAINE — Vous m'avez bien regardée?

PIERRE DE CRAON — Qui êtes-vous, jeune fille, et quelle est donc cette part que Dieu en vous s'est réservée,[16]

Pour que la main qui vous touche avec désir et la chair même soit ainsi

Flétrie, comme si elle avait approché le mystère de sa résidence? [17]

VIOLAINE — Que vous est-il donc arrivé depuis un an?

PIERRE DE CRAON — Le lendemain même de ce jour que vous savez. . .[18]

VIOLAINE — Eh bien?

PIERRE DE CRAON — . . . J'ai reconnu à mon flanc le mal affreux.

VIOLAINE — Le mal, dites-vous? Quel mal?

[11] comprends
[12] sous-entendu: *c'est*
[13] vous croit
[14] Dieu sait que le cœur de Pierre est bon.
[15] Dieu, Violaine et Pierre
[16] la part qui semble au-dessus de l'humain
[17] son emploi
[18] allusion à la tentative de violence

PIERRE DE CRAON — La lèpre [19] même dont il est parlé au livre de Moïse.[20]

VIOLAINE — Qu'est-ce que la lèpre?

PIERRE DE CRAON — Ne vous a-t-on jamais parlé de cette femme autrefois qui vivait seule dans les roches du Géyn [21]

Toute voilée du haut en bas et qui avait une cliquette [22] à la main?

VIOLAINE — C'est ce mal-là, maître Pierre?

PIERRE DE CRAON — Il est de nature telle

Que celui qui l'a conçu dans toute sa malice [23]

Doit être mis à part aussitôt,

Car il n'est homme vivant si peu gâté [24] que la lèpre ne puisse y prendre.

VIOLAINE — Comment donc restez-vous parmi nous en liberté?

PIERRE DE CRAON — L'Évêque me l'a dispensé, et vous voyez que je suis rare et peu fréquent.

Sauf à mes ouvriers pour les ordres à donner, et mon mal est encore couvert et masqué.

Et qui sans moi mènerait à leurs noces [25] ces naissantes églises dont Dieu m'a remis la charge?

VIOLAINE — C'est pourquoi l'on ne vous a point vu cette fois à Combernon?

PIERRE DE CRAON — Je ne pouvais m'exempter de revenir ici,

Car mon office est d'ouvrir le flanc de Monsanvierge [26]

Et de fendre la paroi à chaque fois qu'un vol nouveau de colombes y veut entrer de l'Arche haute dont les guichets ne sont que vers le ciel seul ouverts! [27]

Et cette fois nous amenions à l'autel une illustre hostie, un solennel encensoir,

La Reine elle-même, mère du Roi, montant en sa personne,

Pour son fils défait de son royaume.[28]

Et maintenant je m'en retourne à Rheims.

VIOLAINE — Faiseur de portes, laissez-moi vous ouvrir celle-ci.

PIERRE DE CRAON — N'y avait-il à la ferme personne autre pour me rendre ce service?

VIOLAINE — La servante aime à dormir et m'a remis les clefs sans peine.

PIERRE DE CRAON — N'avez-vous pas crainte et horreur du lépreux?

VIOLAINE — Dieu est là qui sait garder.

PIERRE DE CRAON — Donnez-moi donc la clef.

VIOLAINE — Laissez-moi faire! Vous ne connaissez pas la manière de ces vieilles portes.

Eh bien! me prenez-vous pour une belle demoiselle

Dont les doigts effilés ne connaissent rien de plus rude que l'éperon [29] du nouveau chevalier, léger comme un os d'oiseau, pour lui en armer le talon?

Vous allez voir!

(*Elle ouvre les deux serrures qui grincent et tire les verrous*)

PIERRE DE CRAON — Cette ferraille est fort rouillée.

VIOLAINE — On ne passe plus par cette porte. Mais le chemin par là est plus court.

(*Elle approche la barre avec effort*)

J'ai ouvert la porte!

PIERRE DE CRAON — Qui tiendrait contre un tel assaillant? [30]

Quelle poussière! le vieux vantail dans toute sa hauteur craque et s'ébranle.

Les épeires [31] noires fuient, les vieux nids croulent,

Et tout enfin s'ouvre par le milieu.

(*La porte s'ouvre. On voit par la baie la campagne couverte de prairies et de moissons dans la nuit*)

VIOLAINE — Cette petite pluie a fait du bien à tout le monde.

---

[19] Maladie de la peau qui corrompait peu à peu tout le corps. Elle a été un des fléaux du Moyen Âge.

[20] Une loi de Moïse séparait complètement les lépreux du reste des humains.

[21] contrée voisine

[22] castagnettes primitives, obligatoires pour les lépreux qui s'en servaient pour avertir de leur présence

[23] qui l'a contracté dans sa forme la plus grave

[24] si sain soit-il

[25] Il compare les églises *achevées* à des jeunes filles qui se marient.

[26] monastère voisin

[27] évocation de la chapelle du monastère; *les colombes:* les jeunes nonnes

[28] Charles VII, vaincu par les Anglais

[29] appareil de métal armé de pointes qu'on s'attache au talon pour piquer le cheval

[30] gentiment ironique

[31] espèce d'oiseaux

PIERRE DE CRAON — La poussière du chemin sera couchée.

VIOLAINE, *à voix basse, affectueusement* — Paix sur vous, Pierre!

(*Silence. — Et tout soudain, sonore et clair et très haut dans le ciel, le premier coup de l'Angélus.*[32] *— Pierre ôte son chapeau et tous deux font le signe de la croix*)

VIOLAINE, *les mains jointes et la figure vers le ciel, d'une voix admirablement limpide et pénétrante* — *Regina Cæli, lætare, alleluia!* [33]

(*Second coup*)

PIERRE DE CRAON, *à voix sourde — Quia quem meruisti portare, alleluia!* [34]

(*Troisième coup*)

VIOLAINE — *Resurrexit sicut dixit, alleluia!* [35]

PIERRE DE CRAON — *Ora pro nobis Deum.*[36]

(*Pause*)

VIOLAINE — *Gaude et lætare, Virgo Maria, alleluia!* [37]

PIERRE DE CRAON — *Quia resurrexit dominus vere, alleluia.*[38]

(*Volée de l'Angélus*)

PIERRE DE CRAON, *très bas — Oremus. Deus qui per resurrectionem Filii tui Domini Nostri Jesu Christi mundum lætificare dignatus es, præsta, quæsumus, ut per ejus Genitricem Virginem Mariam perpetuæ capiamus gaudia vitæ. Per eumdem Dominum Nostrum Jesum Christum qui tecum vivit et regnat in unitate Spiritus Sancti Deus per omnia sæcula sæculorum.*[39]

VIOLAINE — *Amen.*[40]

(*Tous deux se signent*)

PIERRE DE CRAON — Comme l'Angélus sonne de bonne heure!

VIOLAINE — On dit là-haut Matines [41] en pleine nuit comme chez les Chartreux.[42]

PIERRE DE CRAON — Je serai ce soir à Rheims.

VIOLAINE — Vous savez bien le chemin? Cette haie-ci d'abord.

Et puis cette maison basse dans le bosquet de sureaux sous lequel vous verrez cinq ou six ruches.[43]

Et cent pas plus loin vous joignez la route Royale.

(*Pause*)

PIERRE DE CRAON — *Pax tibi.*[44]

Comme toute la création est avec [45] Dieu dans un mystère profond!

Ce qui était caché redevient visible avec Lui [46] et je sens sur mon visage un souffle d'une fraîcheur de rose.

Loue ton Dieu, terre bénite, dans les larmes et l'obscurité!

Le fruit est pour l'homme, mais la fleur est pour Dieu et [47] la bonne odeur de tout ce qui naît.

Ainsi de la sainte âme cachée [48] l'odeur comme de [49] la feuille de menthe a décelé sa vertu.

Violaine qui m'avez ouvert la porte, adieu! je ne retournerai plus vers vous.

Ô jeune arbre de la science du Bien et du Mal,[50] voici que je commence à me séparer [51] parce que j'ai porté la main sur vous.

---

[32] prière du matin, du midi, et du soir, annoncée par les cloches
[33] Reine du ciel, joie! louange à Dieu! Alleluia, mot hébreu.
[34] Parce que tu as mérité d'être mère de Jésus, louange à Dieu!
[35] Il est ressuscité comme il avait annoncé, louange à Dieu!
[36] Priez Dieu pour nous.
[37] Plaisir et joie, vierge Marie, louange à Dieu!
[38] Parce que le Seigneur est réellement ressuscité, louange à Dieu!
[39] Prions. Dieu, vous qui par la résurrection de votre fils notre Seigneur Jésus Christ l'avez jugée digne de faire la joie du monde, faites, nous vous en prions, que grâce à sa mère la Vierge Marie nous gagnions les joies de la vie éternelle. Par Notre Seigneur qui vit avec Vous et règne divinement uni au Saint Esprit dans les siècles des siècles.
[40] ainsi soit-il
[41] premier office divin de la journée
[42] religieux de l'ordre de saint Bruno
[43] abris de bois pour les abeilles
[44] Que la paix soit avec vous.
[45] en accord avec
[46] évocation du jour qui se lève
[47] ainsi que
[48] par modestie
[49] comme celle de
[50] Il compare Violaine à l'arbre du Paradis terrestre.
[51] me retirer à l'écart

Et déjà mon âme et mon corps se divisent, comme le vin dans la cuve mêlé à la grappe meurtrie!

Qu'importe? je n'avais pas besoin de femme. Je n'ai point possédé de femme corruptible.⁵²

L'homme qui a préféré Dieu dans son cœur, quand il meurt, il voit cet Ange qui le gardait.⁵³

Le temps viendra bientôt qu'une autre porte se dissolve.⁵⁴

Quand celui qui a plu à peu de gens en cette vie s'endort, ayant fini de travailler, entre les bras de l'Oiseau éternel: ⁵⁵

Quand déjà au travers des murs diaphanes de tous côtés apparaît le sombre ⁵⁶ Paradis,

Et que les encensoirs de la nuit se mêlent à l'odeur de la mèche infecte qui s'éteint! ⁵⁷

VIOLAINE — Pierre de Craon, je sais que vous n'attendez pas de moi des « Pauvre homme! » et de faux soupirs, et des « Pauvre Pierre ».

Car à celui qui souffre, les consolations d'un consolateur joyeux ne sont pas de grand prix, et son mal n'est pas pour nous ce qu'il est pour lui.

Souffrez avec Notre-Seigneur.

Mais sachez que votre action mauvaise ⁵⁸ est effacée;

En tant qu'il est de moi,⁵⁹ et je suis en paix avec vous,⁶⁰

Et que je ne vous méprise et abhorre point parce que vous êtes atteint et malade,

Mais je vous traiterai comme un homme sain et ⁶¹ Pierre de Craon, notre vieil ami, que je révère, aime et crains.

Je vous le dis. C'est vrai.

PIERRE DE CRAON — Merci, Violaine.

VIOLAINE — Et maintenant, j'ai à vous demander quelque chose.

PIERRE DE CRAON — Parlez.

VIOLAINE — Quelle est cette belle histoire que mon père nous a racontée? Quelle est cette « Justice » que vous construisez à Rheims et qui sera plus belle que Saint-Rémy et Notre-Dame? ⁶²

PIERRE DE CRAON — C'est l'église que les métiers ⁶³ de Rheims m'ont donnée à construire sur l'emplacement de l'ancien Parc-aux-Ouilles,⁶⁴

Là où l'ancien Marc-de-l'Évêque ⁶⁵ a été brûlé cet antan.⁶⁶

Premièrement pour remercier Dieu de sept années grasses dans la détresse de tout le Royaume,

Les grains et le fruit à force,⁶⁷ la laine bon marché et belle,

Les draps et le parchemin bien vendus aux marchands de Paris et d'Allemagne.

Secondement pour les libertés acquises, les privilèges conférés par le Roi Notre Sire,

L'ancien mandat contre nous des évêques Félix II et Abondant de Cramail,⁶⁸

Rescindé ⁶⁹ par le Pape,

Le tout à force d'épée claire et des écus champenois.

Car telle est la république chrétienne, non point de ⁷⁰ crainte servile,

Mais que ⁷¹ chacun ait son droit, selon qu'il est bon à l'établir,⁷² en diversité merveilleuse,

Afin que la charité soit remplie.⁷³

VIOLAINE — Mais de quel Roi parlez-vous et de quel Pape? Car il y en a deux et l'on ne sait qui est le bon.⁷⁴

PIERRE DE CRAON — Le bon est celui qui nous fait du bien.

VIOLAINE — Vous ne parlez pas comme il faut.

PIERRE DE CRAON — Pardonnez-moi. Je ne suis qu'un ignorant.

⁵² qui se laisse corrompre
⁵³ l'Ange gardien
⁵⁴ se dissoudra (dans la mort)
⁵⁵ le Saint-Esprit
⁵⁶ obscur par son mystère
⁵⁷ évocation de la mort (pourriture humaine et espérance céleste)
⁵⁸ Cf. la note 9.
⁵⁹ de ma part (elle n'engage pas le jugement de Dieu)
⁶⁰ Ces mots font parenthèse dans la phrase.
⁶¹ et comme

⁶² une église et la cathédrale
⁶³ corporations
⁶⁴ Parc-aux-brebis
⁶⁵ bâtiment fiscal de l'ancien évêché
⁶⁶ l'année d'avant
⁶⁷ en quantité
⁶⁸ prélats et seigneurs féodaux
⁶⁹ annulé
⁷⁰ inspirée par la
⁷¹ voulant que
⁷² en veillant à ce que tout se passe de façon à maintenir (la diversité)
⁷³ complètement faite
⁷⁴ C'était l'époque du grand chisme (pape de Rome et pape d'Avignon) en même temps que de la France du Roi de Bourges (Charles VII) et de l'occupant anglais (règne d'Henri V).

VIOLAINE — Et d'où vient ce nom qui est donné à la nouvelle paroisse?

PIERRE DE CRAON — N'avez-vous jamais entendu parler de sainte-Justice qui fut martyrisée du temps de l'Empereur Julien [75] dans un champ d'anis? 5
(Ces graines que l'on met dans notre pain d'épices à la foire de Pâques.)
Essayant de détourner les eaux d'une source souterraine pour nos fondations,
Nous avons retrouvé son tombeau avec ce titre 10 sur une dalle cassée en deux: JUSTITIA ANCILLA DOMINI IN PACE.[76]
Le frêle petit crâne était fracassé comme une noix, c'était un enfant de huit ans,
Et quelques dents de lait [77] tiennent encore à la 15 mâchoire.
De quoi tout Rheims est dans l'admiration, et maints signes et miracles suivent le corps
Que nous avons placé en chapelle, attendant le terme [78] de l'œuvre. 20
Mais nous avons laissé les petites dents comme une semence sous le grand bloc de base.

VIOLAINE — Quelle belle histoire! Et le père nous disait aussi que toutes les dames de Rheims donnent leurs bijoux pour la construction de la Jus- 25 tice?

PIERRE DE CRAON — Nous en avons un grand tas et beaucoup de Juifs autour comme mouches.

(*Violaine tient les yeux baissés, tournant avec hési-* *tation un gros anneau d'or qu'elle porte au qua-* 30 *trième doigt*)

PIERRE DE CRAON — Quel est cet anneau, Violaine?

VIOLAINE — Un anneau que Jacques [79] m'a donné.

(*Silence*) 35

PIERRE DE CRAON — Je vous félicite.

(*Elle lui tend l'anneau*)

VIOLAINE — Ce [80] n'est pas décidé encore. Mon père 40 n'a rien dit.
Eh bien! c'est ce que je voulais vous dire.

[75] Julien dit l'Apostat, empereur romain du IVᵉ siècle
[76] Que Justitia, servante du Seigneur, soit en paix.
[77] dents de l'enfance
[78] l'achèvement
[79] son fiancé Jacques Hury
[80] cela, le mariage

Prenez mon bel anneau qui est tout ce que j'ai et Jacques me l'a donné en secret.

PIERRE DE CRAON — Mais je ne le veux pas!

VIOLAINE — Prenez-le vite, car je n'aurai plus la force de m'en détacher.

(*Il prend l'anneau*)

PIERRE DE CRAON — Que dira votre fiancé?

VIOLAINE — Ce n'est pas mon fiancé encore tout à fait.
L'anneau en moins ne change pas le cœur. Il me connaît. Il m'en donnera un autre en argent.
Celui-ci était trop beau pour moi.

PIERRE DE CRAON, *l'examinant* — Il est d'or végétal,[81] comme on savait les faire jadis avec un alliage de miel.
Il est facile [82] comme la cire et rien ne peut le rompre.

VIOLAINE — Jacques l'a trouvé dans la terre en labourant, dans un endroit où l'on ramasse parfois de vieilles épées toutes vertes et de jolis morceaux de verre.
J'avais crainte à porter cette chose païenne qui appartient aux morts.

PIERRE DE CRAON — J'accepte cet or pur.

VIOLAINE — Et baisez pour moi ma sœur Justice.

PIERRE DE CRAON, *la regardant soudain et comme* *frappé d'une idée* — Est-ce tout ce que vous avez à me donner pour elle? un peu d'or retiré de votre doigt?

VIOLAINE — Cela ne suffit-il pas à payer une petite pierre?

PIERRE DE CRAON — Mais Justice est une grande pierre elle-même.

VIOLAINE, *riant* — Je ne suis pas de la même carrière.[83]

PIERRE DE CRAON — Celle qu'il faut à la base n'est point celle qu'il faut pour le faîte.

VIOLAINE — Une pierre, si j'en suis une, que ce soit cette pierre active qui moud le grain accouplée à la meule jumelle.[84]

PIERRE DE CRAON — Et Justitia aussi n'était qu'une humble petite fille près de sa mère

[81] végétal par l'alliage de miel
[82] malléable
[83] Elle est très simple créature humaine (elle le dit avec esprit).
[84] définition du moulin primitif

Jusqu'à l'instant que Dieu l'appela à la confession.[85]

VIOLAINE — Mais personne ne me veut aucun mal! Faut-il que j'aille prêcher l'Évangile chez les Sarrasins? [86]

PIERRE DE CRAON — Ce n'est point à la pierre de choisir sa place, mais au Maître de l'Œuvre [87] qui l'a choisie.

VIOLAINE — Loué donc soit Dieu qui m'a donné la mienne tout de suite et je n'ai plus à la chercher. Et je ne lui en demande point d'autre.

Je suis Violaine, j'ai dix-huit ans, mon père s'appelle Anne Vercors, ma mère s'appelle Élisabeth,

Ma sœur s'appelle Mara, mon fiancé s'appelle Jacques. Voilà, c'est fini, il n'y a plus rien à savoir.

Tout est parfaitement clair, tout est réglé d'avance et je suis très contente.

Je suis libre, je n'ai à m'inquiéter de rien, c'est un autre qui me mène, le pauvre homme, et qui sait tout ce qu'il y a à faire!

Semeur de clochers,[88] venez à Combernon! nous vous donnerons de la pierre et du bois, mais vous n'aurez pas la fille de la maison!

Et d'ailleurs, n'est-ce pas ici déjà maison de Dieu, terre de Dieu, service de Dieu?

Est-ce que notre charge n'est pas du seul Monsanvierge que nous avons à nourrir et garder, fournissant le pain, le vin et la cire,[89]

Relevant de cette seule aire d'anges à demi déployés?

Ainsi comme les hauts Seigneurs ont leur colombier,[90] nous avons le nôtre aussi, reconnaissable au loin.

PIERRE DE CRAON — Jadis passant dans la forêt de Fisme [91] j'ai entendu deux beaux chênes qui parlaient entre eux,

Louant Dieu qui les avait faits inébranlables à la place où ils étaient nés.

Maintenant, à la proue d'une drome,[92] l'un fait la guerre aux Turcs sur la mer Océane,

L'autre, coupé par mes soins, au travers de la Tour de Laon,[93]

Soutient Jehanne la bonne cloche [94] dont la voix s'entend à dix lieues.

Jeune fille, dans mon métier, on n'a pas les yeux dans sa poche.[95] Je reconnais la bonne pierre sous les genévriers et le bon bois comme un maître-pivert: [96]

Tout de même [97] les hommes et les femmes.

VIOLAINE — Mais pas les jeunes filles, maître Pierre! Ça, c'est trop fin pour vous.

Et d'abord il n'y a rien à connaître du tout.

PIERRE DE CRAON, à demi-voix — Vous l'aimez bien, Violaine?

VIOLAINE, les yeux baissés — C'est un grand mystère entre nous deux.[98]

PIERRE DE CRAON — Bénie sois-tu dans ton chaste cœur!

La sainteté n'est pas d'aller se faire lapider chez les Turcs ou de baiser un lépreux sur la bouche,

Mais de faire [99] le commandement de Dieu aussitôt, qu'il soit

De rester à notre place, ou de monter plus haut.

VIOLAINE — Ah! que ce monde est beau et que je suis heureuse!

PIERRE DE CRAON, à demi-voix — Ah! que ce monde est beau et que je suis malheureux!

VIOLAINE, levant le doigt vers le ciel — Homme de la ville, écoutez!

(Pause)

Entendez-vous tout là-haut cette petite âme qui chante?

PIERRE DE CRAON — C'est l'alouette!

VIOLAINE — C'est l'alouette, alleluia! L'alouette de la terre chrétienne, alleluia, alleluia!

---

85 aveu de sa foi nouvelle
86 allusion aux Croisades
87 titre de l'architecte médiéval (Pierre pense à l'architecte divin.)
88 puisque Pierre est constructeur d'églises
89 cire pour les cierges
90 Seuls les gentilshommes avaient au Moyen Âge le droit de se faire construire un colombier.
91 au voisinage de Reims

92 la charpente d'un avant de navire
93 tour de la cathédrale
94 On donnait un nom de baptême aux grosses cloches.
95 on y voit clair (familier)
96 oiseau qui frappe du bec l'écorce des arbres pour en faire sortir les larves
97 je reconnais aussi les bons parmi
98 le fiancé et Violaine
99 exécuter

L'entendez-vous qui crie quatre fois de suite
hi! hi! hi! hi! plus haut, plus haute!

La voyez-vous, les ailes étendues, la petite
croix [100] véhémente, comme les séraphins [101] qui
ne sont qu'ailes sans aucuns pieds et une voix 5
perçante devant le trône de Dieu?

PIERRE DE CRAON — Je l'entends.

Et c'est ainsi qu'une fois je l'ai entendue à
l'aurore, le jour que nous avons dédié ma fille,
Notre-Dame de la Couture, [102]

Et il lui brillait un peu d'or, à la pointe extrême
de cette grande chose que j'avais faite, comme une
étoile neuve!

VIOLAINE — Pierre de Craon, si vous aviez fait de
moi à votre volonté, [103]   15

Est-ce que vous en seriez plus joyeux, maintenant, ou est-ce que j'en serais plus belle?

PIERRE DE CRAON — Non, Violaine.

VIOLAINE — Et est-ce que je serais encore cette
même Violaine que vous aimiez?   20

PIERRE DE CRAON — Non pas elle, mais une autre.

VIOLAINE — Et lequel vaut mieux, Pierre?

Que je vous partage [104] ma joie, ou que je partage votre douleur?

PIERRE DE CRAON — Chante au plus haut du ciel, 25
alouette de France! [105]

VIOLAINE — Pardonnez-moi parce que je suis trop
heureuse! parce que celui que j'aime

M'aime, et je suis sûre de lui, et je sais qu'il
m'aime, et tout est égal entre nous!   30

Et parce que Dieu m'a faite pour être heureuse
et non point pour le mal et aucune peine. [106]

PIERRE DE CRAON — Va au ciel d'un seul trait!

Quant à moi, pour monter un peu, il me faut
tout l'ouvrage d'une cathédrale et ses profondes 35
fondations.

VIOLAINE — Et dites-moi que vous pardonnez à
Jacques parce qu'il va m'épouser.

PIERRE DE CRAON — Non, je ne lui pardonne pas.

VIOLAINE — La haine ne vous fait pas de bien, 40
Pierre, et elle me fait du chagrin.

---

[100] dessinée sur le ciel par l'oiseau qui vole
[101] esprits célestes de la première hiérarchie des Anges
[102] Il est le père de ses églises.
[103] Cf. la note 9.
[104] que je partage avec vous
[105] Il répond ainsi qu'il choisit le partage de la joie.
[106] chagrin ou douleur

PIERRE DE CRAON — C'est vous qui me faites parler.
Pourquoi me forcer à montrer l'affreuse plaie
qu'on ne voit pas? [107]

Laissez-moi partir et ne m'en demandez pas
davantage. Nous ne nous reverrons plus.

Tout de même j'emporte son anneau! [108]

VIOLAINE — Laissez votre haine à la place [109] et
je vous la rendrai quand vous en aurez besoin.

PIERRE DE CRAON — Mais aussi, Violaine, je suis bien 10
malheureux!

Il est dur d'être un lépreux et de porter avec
soi la plaie infâme et de savoir que l'on ne guérira
pas et que rien n'y fait, [110]

Mais que chaque jour elle gagne et pénètre, et
d'être seul et de supporter son propre poison, et
de se sentir tout vivant corrompre! [111]

Et non point, la mort, seulement une fois et
dix fois la savourer, mais sans en rien perdre
jusqu'au bout l'affreuse alchimie de la tombe! [112]

C'est vous qui m'avez fait ce mal par votre
beauté, [113] car avant de vous voir j'étais pur et
joyeux,

Le cœur à mon seul travail et idée [114] sous
l'ordre d'un autre.

Et maintenant que c'est moi qui commande à
mon tour et de qui l'on prend le dessin,

Voici que vous vous tournez vers moi avec ce
sourire plein de poison!

VIOLAINE — Le poison n'était pas en moi, Pierre! 30

PIERRE DE CRAON — Je le hais, il était en moi, et il y
est toujours et cette chair malade n'a pas guéri
l'âme atteinte! [115]

O petite âme, est-ce qu'il était possible que je
vous visse sans que je vous aimasse?

VIOLAINE — Et certes vous avez montré que vous
m'aimiez! [116]

---

[107] la plaie de l'amour malheureux
[108] l'anneau qui vient de Jacques
[109] à la place de l'anneau
[110] Aucun remède n'est efficace.
[111] complément de *se sentir*
[112] Phrase confuse et obscure. Elle veut dire que la lèpre
fait mourir jour à jour et que le pourrissement s'accomplit
avant la tombe.
[113] Pierre confond volontairement le mal de la lèpre avec
le mal d'amour. Cf. la note 107.
[114] plan du travail
[115] Le souci de la maladie n'a pas éteint l'amour.
[116] Cf. la note 9.

PIERRE DE CRAON — Est-ce ma faute si le fruit tient à la branche? [117]

Et quel est celui qui aime, qui ne veut avoir tout de ce qu'il aime?

VIOLAINE — Et c'est pourquoi vous avez essayé de me détruire?

PIERRE DE CRAON — L'homme outragé aussi a ses ténèbres [118] comme la femme.

VIOLAINE — En quoi vous ai-je manqué? [119]

PIERRE DE CRAON — Ô image de la Beauté éternelle, tu n'es pas à moi!

VIOLAINE — Je ne suis pas une image! Ce n'est pas une manière de dire les choses!

PIERRE DE CRAON — Un autre prend en vous ce qui était à moi.

VIOLAINE — Il reste l'image.

PIERRE DE CRAON — Un autre me prend Violaine et me laisse cette chair atteinte et cet esprit dévoré!

VIOLAINE — Soyez un homme, Pierre! Soyez digne de la flamme [120] qui vous consume!

Et s'il faut être dévoré, que ce soit sur un candélabre d'or comme le Cierge Pascal [121] en plein chœur pour la gloire de toute l'Église!

PIERRE DE CRAON — Tant de faîtes sublimes! [122] Ne verrai-je jamais celui de ma petite maison dans les arbres?

Tant de clochers dont l'ombre en tournant écrit l'heure sur toute une ville! Ne ferai-je jamais le dessin d'un four et de la chambre des enfants? [123]

VIOLAINE — Il ne fallait pas que je prisse pour moi seule ce qui est à tous. [124]

PIERRE DE CRAON — Quand sera la noce, Violaine?

VIOLAINE — A la Saint-Michel, je suppose, lorsque la moisson est finie.

PIERRE DE CRAON — Ce jour-là, quand les cloches de Monsanvierge se seront tues, prêtez l'oreille et vous m'entendrez bien loin de Rheims répondre.

VIOLAINE — Qui prend soin de vous là-bas?

PIERRE DE CRAON — J'ai toujours vécu comme un ouvrier; une botte de paille me suffit entre deux pierres, un habit de cuir, un peu de lard sur du pain.

VIOLAINE — Pauvre Pierre!

PIERRE DE CRAON — Ce n'est pas de cela qu'il faut me plaindre; nous [125] sommes à part.

Je ne vis pas de plain-pied avec [126] les autres hommes, toujours sous terre avec les fondations ou dans le ciel avec le clocher.

VIOLAINE — Eh bien! Nous n'aurions pas fait ménage ensemble! Je ne puis monter au grenier sans que la tête me tourne.

PIERRE DE CRAON — Cette église seule sera ma femme qui va être tirée de mon côté comme une Ève de pierre, dans le sommeil de la douleur. [127]

Puissé-je bientôt sous moi sentir s'élever mon vaste ouvrage, poser la main sur cette chose indestructible que j'ai faite et qui tient ensemble dans toutes ses parties, cette œuvre bien fermée que j'ai construite de pierre forte afin que le principe y commence, [128] mon œuvre que Dieu habite!

Je ne descendrai plus! C'est moi qu'à cent pieds au-dessous, [129] sur le pavé quadrillé, un paquet de jeunes filles enlacées désigne d'un doigt aigu!

VIOLAINE — Il faut descendre. Qui sait si je n'aurai pas besoin de vous un jour?

PIERRE DE CRAON — Adieu, Violaine, mon âme, je ne vous verrai plus!

VIOLAINE — Qui sait si vous ne me verrez plus?

PIERRE DE CRAON — Adieu, Violaine!

Que de choses j'ai faites déjà! Quelles choses il me reste à faire et suscitation [130] de demeures!

De l'ombre avec Dieu. [131]

Non point les heures de l'Office dans un livre, mais les vraies, avec une cathédrale dont le soleil successif [132] fait de toutes les parties lumière et ombre!

J'emporte votre anneau.

---

[117] L'objet de l'amour ne peut se séparer du corps de l'aimée.
[118] sentiments compliqués
[119] Me suis-je conduite méchamment avec vous?
[120] l'ardeur à créer des beautés
[121] qui brûle le jour de Pâques
[122] ses clochers
[123] Il voudrait faire le plan d'une maison de famille.
[124] l'esprit et le cœur de l'architecte
[125] *nous:* les hommes comme moi
[126] au même niveau que
[127] allusion à la création de la femme selon la Bible
[128] afin qu'elle soit un modèle
[129] quand il est dans les hauteurs d'un clocher
[130] projet
[131] puisqu'il s'agit de demeures consacrées à Dieu
[132] en marche continue

Et de ce petit cercle je vais faire une semence d'or!

« Dieu a fait séjourner le déluge » comme il est dit au psaume du baptême,

Et moi entre les parois de la Justice je con-[5]tiendrai l'or du matin!

La lumière profane change mais non point celle que je décanterai [133] sous ces voûtes,

Pareille à celle de l'âme humaine pour que l'hostie réside au milieu,[134]

L'âme de Violaine, mon enfant, en qui mon cœur se complaît.

Il y a des églises qui sont comme des gouffres, et d'autres qui sont comme des fournaises,

Et d'autres si juste combinées, et de tel art [15] tendues, qu'il semble que tout sonne sous l'ongle.[135]

Mais celle que je vais faire sera sous sa propre ombre comme celle de l'or condensé et comme une pyxide [136] pleine de manne!

VIOLAINE — O maître Pierre, le beau vitrail que vous avez donné aux moines de Clinchy.[137]

PIERRE DE CRAON — Le verre n'est pas de mon art, bien que j'y entende quelque chose.

Mais avant le verre, l'architecte, par la disposi-[25]tion qu'il sait,[138]

Construit l'appareil de pierre comme un filtre dans les eaux de la Lumière de Dieu,[139]

Et donne à tout l'édifice son orient [140] comme à une perle.

[133] purifierai (s'emploie généralement pour les liquides qui ont du dépôt)
[134] dans le tabernacle, petite armoire au milieu et au fond de l'autel
[135] comme dans un tambour
[136] enveloppe de graines ou de semences
[137] monastère du voisinage
[138] dont il a la science
[139] Double métaphore (ou image): la construction de pierre comparée à un filtre, la lumière comparée à des eaux.
[140] partie lumineuse d'une perle

(Mara Vercors [141] *est entrée et les observe sans qu'ils la voient)*

— Et maintenant adieu! Le soleil est levé, je devrais déjà être loin.

VIOLAINE — Adieu, Pierre!

PIERRE DE CRAON — Adieu, Violaine!

VIOLAINE — Pauvre Pierre!

[10] *(Elle le regarde, les yeux pleins de larmes, hésite et lui tend la main. Il la saisit et pendant qu'il la tient dans les siennes elle se penche et le baise sur le visage. Mara fait un geste de surprise et sort. Pierre de Craon et Violaine sortent, chacun de leur côté.)*

[Le baiser donné à Pierre de Craon dans les dernières lignes de ce texte, est donné, en réalité, au sacrifice et à la pitié, parce que Pierre a aimé la jeune fille et qu'elle ne l'aime pas, parce qu'elle est heureuse et qu'il est lépreux. Dans la suite de la pièce, Violaine contaminée, devenue lépreuse, et dé-noncée par Mara à son fiancé, connaîtra le malheur de se voir abandonnée, devenue aveugle, obligée de se retirer dans la solitude et la prière. Mais son mal-heur lui donne un pouvoir mystique, elle ressusci-tera par miracle l'enfant morte de sa méchante sœur. Celle-ci n'en provoquera pas moins la mort de la sainte; mais grâce à la réversibilité des mérites, qui est un dogme chrétien, elle sera pardonnée du ciel, suprême bienfait de la souffrance et de la pu-reté incarnées dans Violaine. Toute la pièce se dé-roule à l'époque de Jeanne d'Arc, sur un fond de forêt que traverse l'armée royale pour aller faire [35] couronner Charles VII à Reims.]

[141] Sœur de Violaine. C'est une jalouse.

JEAN GIRAUDOUX (1882–1944)

Limousin de Bellac (Haute-Vienne), fils d'un fonctionnaire modeste, Jean Giraudoux a eu à subir l'internat au lycée de Châteauroux. Mais avec le sourire, qu'il avait déjà, il s'est conformé à un assez rigoureux régime. Adolescent, en-

L'HOMME

voyé avec une bourse au lycée Lakanal, il a préparé l'École Normale Supérieure, y est entré, a mêlé le sport à l'étude, et, sorti de l'École, ne se sentant aucun goût pour l'agrégation, s'est mis à voyager en Allemagne grâce à ses diplômes de licence et d'études supérieures classiques, grâce aussi à une mission journalistique du *Figaro* à Munich. Il fut même quelque temps précepteur du prince de Saxe-Meiningen.

Tout en participant à la direction littéraire du *Matin,* il a brillamment passé en 1912 le grand concours des chancelleries. Très vite lié d'amitié avec le secrétaire général des Affaires Étrangères, Philippe Berthelot, dont il faisait la partie au tennis, il a pu assurer sa carrière dans des services qui le retinrent le plus souvent à Paris, services de la Presse, des œuvres françaises dans le monde, de la Dette ottomane, puis il a été nommé ministre plénipotentiaire et inspecteur des postes consulaires. Il n'en a pas moins fait la guerre de 1914–1918 et y fut blessé.

A la veille de la guerre, il avait publié des nouvelles. Envoyé aux États-Unis une fois guéri de sa blessure, en 1917, il en a rapporté *Amica America.* On admirait déjà l'auteur de *L'École des indifférents* (1911) et de *Lectures pour une ombre* (1918) qui racontent ses souvenirs de guerre. Il publia encore *Suzanne et le Pacifique* (1921), *Juliette au pays des hommes* (1924). Et voilà qu'un soir de 1928, contrairement à ce qu'on attendait de ce délicat, de cet expert et subtil artisan de la littérature en dentelles, le succès de *Siegfried* au théâtre éclata devant un public ravi. Jouvet avait donc découvert une valeur. Il exhorta, soutint, dirigea Giraudoux et lui fit composer dix grandes pièces.

Commissaire général à l'information en 1939, Giraudoux supporta mal le poids de ses responsabilités dans une période accablante. Délivré de cette charge, mais fatigué, miné par sa douleur de patriote sous l'occupation ennemie, il est mort le 31 janvier de l'année qui l'aurait rendu à la joie de vivre dans une France libérée.

L'ŒUVRE

Le romancier s'est amusé de lui-même et a joué avec ses lecteurs. Il imaginait des fictions légères, cocasses, ravissantes, qui servaient de cadres à des figures de jeunes femmes inoubliables. Dans un seul de ses romans, *Bella* (1926), il s'est attaqué à un sujet positif en peignant deux grands politiques face à face, Poincaré et Berthelot.

Son théâtre, et c'est à la scène qu'il a donné vraiment sa mesure, est un théâtre de poète qui fait penser à celui de Musset: même tendre sagesse. Elle se prononce pour les chances du cœur dans *Intermezzo* (1933), pour la sauvegarde des cités contre de dangereuses intentions de justice dans *Électre* (1937), pour la bienfaisance du mariage dans *Amphitryon 38.* Elle avait dit adieu aux illusions dans *La guerre de Troie n'aura pas lieu* (1935), c'est que Giraudoux, sous ses dehors souriants, était un pessimiste. Il l'a montré encore dans *Sodome et Gomorrhe* (1943) et dans *La Folle de Chaillot* (1945) qui est pourtant une farce, mais non exempte de cruauté.

Une fantaisie un peu précieuse est à la fois qualité et défaut, le théâtre de Giraudoux s'en pare et en souffre. Mais un autre de ses caractères, son admirable pureté tragique, lui assure de la grandeur et explique d'ailleurs que les pièces de sujet antique soient les plus belles. Giraudoux a certainement atteint son sommet avec *La guerre de Troie n'aura pas lieu.*

La guerre de Troie est légende, mais déformation d'événements sans doute réels. Nous la connaissons par Homère, qui lui donne pour cause l'enlèvement d'Hélène, femme du roi de Sparte Ménélas, par Pâris, fils du roi de Troie, Priam.

Giraudoux imagine qu'Hector, fils aîné de Priam, a essayé d'écarter la guerre. Il a fait l'impossible, mais il avait contre lui les nationalistes chauvins des deux pays, qui ont fini par déclencher l'affreuse aventure.

Donc la pièce rassemble dans Troie, ville d'Asie mineure, d'une part les Troyens, le roi Priam et son épouse Hécube, ses fils Hector et Pâris, sa belle-fille Andromaque, femme d'Hector, sa fille Cassandre, non mariée, douée de pouvoir prophétique, mais jamais crue, et sa dernière fille, la petite Polyxène, enfin le poète Demokos, sorte de poète national; d'autre part les Grecs, Hélène, la « belle Hélène », l'envoyé plénipotentiaire Ulysse qui vient réclamer Hélène, Oïax qui est un nationaliste grec.

Le conseiller juridique Busiris, le géomètre, et Abnéos sont des personnages épisodiques.

La guerre de Troie n'aura pas lieu

ACTE PREMIER

Terrasse d'un rempart dominé par une autre terrasse et dominant d'autres remparts

SCÈNE PREMIÈRE — ANDROMAQUE, CASSANDRE

ANDROMAQUE — La guerre de Troie n'aura pas lieu, Cassandre!

CASSANDRE — Je te tiens un pari,[1] Andromaque.

ANDROMAQUE — Cet [2] envoyé des Grecs a raison. On va bien le recevoir. On va bien lui envelopper sa petite Hélène, et on la lui rendra.

CASSANDRE — On va le recevoir grossièrement. On ne lui rendra pas Hélène. Et la guerre de Troie aura lieu.

ANDROMAQUE — Oui, si Hector n'était pas là! . . . Mais il arrive, Cassandre, il arrive! Tu entends assez ses trompettes. . . En cette minute, il entre dans la ville, victorieux. Je pense qu'il aura

son mot à dire.[3] Quand il est parti, voilà trois mois, il m'a juré que cette guerre était la dernière.

CASSANDRE — C'était la dernière. La suivante l'attend.

ANDROMAQUE — Cela ne te fatigue pas de ne voir et de ne prévoir que l'effroyable?

CASSANDRE — Je ne vois rien, Andromaque. Je ne prévois rien. Je tiens seulement compte de deux bêtises, celle des hommes et celle des éléments.[4]

ANDROMAQUE — Pourquoi la guerre aurait-elle lieu? Pâris ne tient plus à Hélène. Hélène ne tient plus à Pâris.

CASSANDRE — Il s'agit bien d'eux![5]

ANDROMAQUE — Il s'agit de quoi?

CASSANDRE — Pâris ne tient plus à Hélène! Hélène ne tient plus à Pâris! Tu as vu le destin s'intéresser à des phrases négatives? [6]

---

[1] Je te soutiens le contraire.
[2] Ce démonstratif veut dire: l'envoyé dont tout le monde parle.
[3] Il devra être consulté.
[4] les éléments: le monde physique et les rivalités qu'il déchaîne
[5] Il ne s'agit pas du tout d'eux.
[6] Le destin est toujours positif.

ANDROMAQUE — Je ne sais pas ce qu'est le destin.

CASSANDRE — Je vais te le dire. C'est simplement la forme accélérée du temps.[7] C'est épouvantable.

ANDROMAQUE — Je ne comprends pas les abstractions.[8]

CASSANDRE — A ton aise. Ayons recours aux métaphores.[9] Figure-toi un tigre. Tu la [10] comprends, celle-là? C'est la métaphore pour jeunes filles. Un tigre qui dort.

ANDROMAQUE — Laisse-le dormir.

CASSANDRE — Je ne demande pas mieux. Mais ce sont les affirmations qui l'arrachent à son sommeil.[11] Depuis quelque temps, Troie en est pleine.

ANDROMAQUE — Pleine de quoi?

CASSANDRE — De ces phrases qui affirment que le monde et la direction du monde appartiennent aux hommes en général, et aux Troyens ou Troyennes en particulier. . .

ANDROMAQUE — Je ne te comprends pas.

CASSANDRE — Hector en cette heure rentre dans Troie?

ANDROMAQUE — Oui. Hector en cette heure revient à sa femme.

CASSANDRE — Cette femme d'Hector va avoir un enfant?

ANDROMAQUE — Oui, je vais avoir un enfant.

CASSANDRE — Ce ne sont pas des affirmations, tout cela?

ANDROMAQUE — Ne me fais pas peur,[12] Cassandre.

UNE JEUNE SERVANTE, *qui passe avec du linge* — Quel beau jour, maîtresse!

CASSANDRE — Ah! oui? Tu trouves?

LA JEUNE SERVANTE, *qui sort* — Troie touche [13] aujourd'hui son plus beau jour de printemps.

CASSANDRE — Jusqu'au lavoir qui [14] affirme!

ANDROMAQUE — Oh! justement, Cassandre! Comment peux-tu parler de guerre en un jour pareil? Le bonheur tombe sur le monde!

CASSANDRE — Une vraie neige.

ANDROMAQUE — La beauté aussi. Vois ce soleil. Il [15] s'amasse plus de nacre sur les faubourgs de Troie qu'au fond des mers.[16] De toute maison de pêcheur, de tout arbre sort le murmure des coquillages.[17] Si jamais il y a eu une chance de voir les hommes trouver un moyen pour vivre en paix, c'est aujourd'hui. . . Et pour qu'ils soient modestes. . . Et pour qu'ils soient immortels. . .

CASSANDRE — Oui les paralytiques qu'on a traînés devant les portes se sentent immortels.[18]

ANDROMAQUE — Et pour qu'ils soient bons! . . . Vois ce cavalier de l'avant-garde [19] se baisser sur l'étrier pour caresser un chat dans ce créneau.[20] Nous sommes peut-être aussi au premier jour de l'entente entre l'homme et les bêtes.

CASSANDRE — Tu parles trop. Le destin s'agite, Andromaque!

ANDROMAQUE — Il s'agite dans les filles qui n'ont pas de mari.[21] Je ne te crois pas.

CASSANDRE — Tu as tort. Ah! Hector rentre dans la gloire chez sa femme adorée! . . . Il [22] ouvre un œil. . . Ah! Les hémiplégiques [23] se croient immortels sur leurs petits bancs! . . . Il s'étire. . . Ah! Il est aujourd'hui une chance pour que la paix s'installe sur le monde! . . . Il se pourlèche. . . Et Andromaque va avoir un fils! Et les cuirassiers se baissent maintenant sur l'étrier pour caresser les matous dans les créneaux! . . . Il se met en marche!

ANDROMAQUE — Tais-toi!

CASSANDRE — Et il monte sans bruit les escaliers du palais. Il pousse du mufle [24] les portes. . . Le voilà. . . Le voilà. . .

---

[7] En période calme, le temps semble se traîner.

[8] les vues de l'esprit

[9] La métaphore, ou image, est une comparaison abrégée. Comparaison: le destin est comme un tigre. Métaphore: ce tigre (on vient de parler du destin).

[10] la: cette métaphore

[11] la période tranquille

[12] peur de la foudre que ces « affirmations » peuvent attirer

[13] reçoit, comme on « touche » son salaire (familier)

[14] le lavoir lui-même, c'est-à-dire: les femmes qui y travaillent

[15] pronom ici impersonnel

[16] Elle compare la lumière irisée sur la ville à la substance que contiennent certaines coquilles marines.

[17] phrase de fantaisie poétique qu'explique la phrase précédente

[18] impression ressentie dans des moments de bonheur

[19] avant-garde de l'armée qui rentre

[20] maçonnerie dentelée à la crête d'un rempart

[21] remarque lancée comme une pique à Cassandre qui est restée fille

[22] le destin (tigre)

[23] paralytiques de la moitié seulement du corps

[24] extrémité du museau du tigre

LA VOIX D'HECTOR — Andromaque!

ANDROMAQUE — Tu mens! . . . C'est Hector!

CASSANDRE — Qui t'a dit autre chose? [25]

SCÈNE II — ANDROMAQUE, CASSANDRE, HECTOR

ANDROMAQUE — Hector!

HECTOR — Andromaque! . . . (*Ils s'étreignent.*) A toi aussi bonjour, Cassandre! Appelle-moi [26] Pâris, veux-tu. Le plus vite possible. (*Cassandre s'attarde.*) Tu as quelque chose à me dire?

ANDROMAQUE — Ne l'écoute pas! . . . Quelque catastrophe! [27]

HECTOR — Parle!

CASSANDRE — Ta femme porte un enfant.

SCÈNE III — ANDROMAQUE, HECTOR

(*Il l'a prise dans ses bras, l'a amenée au banc de pierre, s'est assis près d'elle. Court silence.*)

HECTOR — Ce sera un fils, une fille?

ANDROMAQUE — Qu'as-tu voulu créer en l'appelant? [28]

HECTOR — Mille garçons. . . Mille filles. . .

ANDROMAQUE — Pourquoi? Tu croyais étreindre mille femmes? . . . Tu vas être déçu. Ce sera un fils, un seul fils.[29]

HECTOR — Il y a toutes les chances pour qu'il en soit un. . . Après les guerres, il naît plus de garçons que de filles.

ANDROMAQUE — Et avant les guerres?

HECTOR — Laissons les guerres, et laissons la guerre. . . Elle vient de finir. Elle t'a pris un père, un frère, mais ramené un mari.

ANDROMAQUE — Elle est trop bonne. Elle se rattrapera.[30]

HECTOR — Calme-toi. Nous ne lui laisserons plus l'occasion. Tout à l'heure, en te quittant, je vais solennellement, sur la place, fermer les portes de la guerre.[31] Elles ne s'ouvriront plus.

ANDROMAQUE — Ferme-les. Mais elles s'ouvriront.

HECTOR — Tu peux même nous dire le jour! [32]

ANDROMAQUE — Le jour où les blés seront dorés et pesants, la vigne surchargée, les demeures pleines de couples.

HECTOR — Et la paix à son comble, sans doute?

ANDROMAQUE — Oui. Et mon fils robuste et éclatant.

(*Hector l'embrasse.*)

HECTOR — Ton fils peut être lâche. C'est une sauvegarde.[33]

ANDROMAQUE — Il ne sera pas lâche. Mais je lui aurai coupé l'index de la main droite.[34]

HECTOR — Si toutes les mères coupent l'index droit de leur fils, les armées de l'univers se feront la guerre sans index. . . Et si elles lui coupent la jambe droite, les armées seront unijambistes. . . Et si elles lui crèvent les yeux, les armées seront aveugles, mais il y aura des armées, et dans la mêlée elles se chercheront le défaut de l'aine,[35] ou la gorge, à tâtons. . .

ANDROMAQUE — Je le tuerai plutôt.

HECTOR — Voilà la vraie solution maternelle des guerres.

ANDROMAQUE — Ne ris pas. Je peux encore le tuer avant sa naissance.

HECTOR — Tu ne veux pas le voir une minute, juste une minute? Après, tu réfléchiras. . . Voir ton fils?

ANDROMAQUE — Le tien seul m'intéresse. C'est parce qu'il est de toi, c'est parce qu'il est toi que j'ai peur. Tu ne peux t'imaginer combien il te ressemble.[36] Dans ce néant où il est encore, il a déjà apporté tout ce que tu as mis dans notre vie courante. Il y a tes tendresses, tes silences. Si tu aimes la guerre, il l'aimera. . . Aimes-tu la guerre?

HECTOR — Pourquoi cette question?

ANDROMAQUE — Avoue que certains jours tu l'aimes.

HECTOR — Si l'on aime [37] ce qui vous délivre de l'espoir, du bonheur, des êtres les plus chers. . .

[25] Mots terribles. Ils signifient qu'Hector porte en lui le destin tragique.

[26] pour moi (il donne un ordre)

[27] Elle t'annoncerait encore quelque catastrophe.

[28] en l'appelant à la vie

[29] tendre raillerie

[30] Elle prendra ce qu'elle n'a pas encore pris.

[31] portes d'un temple, qu'on ouvrait quand on déclarait la guerre, qu'on fermait quand on faisait la paix

[32] moquerie provocante

[33] parce qu'il ne se battrait pas

[34] pour que, mutilé, il ne soit pas soldat

[35] partie du corps où cesse l'os supérieur de la **cuisse**, sous le bas-ventre

[36] encore une tendre et poétique fantaisie

[37] si nous admettons qu'on aime

ANDROMAQUE — Tu ne crois pas si bien dire. . . On l'aime.

HECTOR — Si l'on se laisse séduire par cette petite délégation [38] que les dieux vous donnent à l'instant du combat. . .

ANDROMAQUE — Ah? Tu te sens un dieu, à l'instant du combat?

HECTOR — Très souvent moins qu'un homme. . . Mais parfois, à certains matins, on se relève du sol allégé, étonné, mué. Le corps, les armes ont un autre poids, sont d'un autre alliage.[39] On est invulnérable. Une tendresse vous envahit, vous submerge, la variété de tendresse des [40] batailles: on est tendre parce qu'on est impitoyable; ce doit être en effet la tendresse des dieux. On avance vers l'ennemi lentement, presque distraitement, mais tendrement. Et l'on évite aussi d'écraser le scarabée. Et l'on chasse le moustique sans l'abattre. Jamais l'homme n'a plus respecté la vie sur son passage. . .

ANDROMAQUE — Puis l'adversaire arrive? . . .

HECTOR — Puis l'adversaire arrive, écumant, terrible. On a pitié de lui, on voit en lui, derrière sa bave et ses yeux blancs, toute l'impuissance et tout le dévouement du pauvre fonctionnaire humain qu'il est, du pauvre mari et gendre, du pauvre cousin germain, du pauvre amateur de raki et d'olives qu'il est.[41] On a de l'amour pour lui. On aime sa verrue sur sa joue, sa taie dans son œil. On l'aime. . . Mais il insiste. . . Alors on le tue.[42]

ANDROMAQUE — Et l'on se penche en dieu sur ce pauvre corps; mais on n'est pas dieu, on ne rend pas la vie.

HECTOR — On ne se penche pas. D'autres vous attendent. D'autres avec leur écume et leurs regards de haine. D'autres pleins de famille, d'olives, de paix.

ANDROMAQUE — Alors on les tue?

HECTOR — On les tue. C'est la guerre.

ANDROMAQUE — Tous, on les tue?

HECTOR — Cette fois nous les avons tués tous. A des-

sein. Parce que leur peuple était vraiment la race de la guerre, parce que c'est par lui que la guerre subsistait et se propageait en Asie. Un seul a échappé.

ANDROMAQUE — Dans mille ans, tous les hommes seront les fils de celui-là. Sauvetage inutile d'ailleurs. . . Mon fils aimera la guerre, car tu l'aimes.

HECTOR — Je crois plutôt que je la hais. . . Puisque je ne l'aime plus.

ANDROMAQUE — Comment arrive-t-on à ne plus aimer ce que l'on adorait? Raconte. Cela m'intéresse.

HECTOR — Tu sais, quand on a découvert qu'un ami est menteur? De lui tout sonne faux,[43] alors, même ses vérités. . . Cela semble étrange à dire, mais la guerre m'avait promis la bonté, la générosité, le mépris des bassesses. Je croyais lui devoir mon ardeur et mon goût à vivre, et toi-même. . . Et jusqu'à cette dernière campagne, pas un ennemi que je n'aie aimé. . .

ANDROMAQUE — Tu viens de le dire: on ne tue bien que ce qu'on aime.

HECTOR — Et tu ne peux savoir comme la gamme de la guerre était accordée [44] pour me faire croire à sa noblesse. Le galop nocturne des chevaux, le bruit de vaisselle à la fois et de soie que fait le régiment d'hoplites [45] se frottant contre votre tente, le cri du faucon au-dessus de la compagnie étendue et aux aguets, tout avait sonné jusque-là si juste, si merveilleusement juste. . .

ANDROMAQUE — Et la guerre a sonné faux, cette fois?

HECTOR — Pour quelle raison? Est-ce l'âge? [46] Est-ce simplement cette fatigue du métier dont parfois l'ébéniste sur son pied de table [47] se trouve tout à coup saisi, qui un matin m'a accablé, au moment où penché sur un adversaire de mon âge, j'allais l'achever? Auparavant ceux que j'allais tuer me semblaient le contraire de moi-même. Cette fois j'étais agenouillé sur un miroir.[48]

---

[38] transfert de pouvoirs
[39] se rapporte à *armes:* faites d'une autre combinaison de métaux
[40] éprouvée dans les
[41] *qu'il est:* gallicisme familier
[42] imaginations singulièrement fantaisistes

[43] choque comme si c'était faux
[44] Les habitudes de la guerre sont comparées à des accords de musique (métaphore).
[45] fantassins lourdement armés
[46] est-ce parce que je vieillis
[47] qu'il travaille
[48] un homme en qui je me reconnaissais (métaphore)

Cette mort que j'allais donner, c'était un petit suicide. Je ne sais ce que fait l'ébéniste dans ce cas, s'il jette sa varlope,[49] son vernis,[50] ou s'il continue. . . J'ai continué. Mais de [51] cette minute, rien n'est demeuré de la résonance parfaite. La lance qui a glissé contre mon bouclier a soudain sonné faux, et le choc du tué contre la terre, et, quelques heures plus tard, l'écroulement des palais. Et la guerre d'ailleurs a vu que j'avais compris. Et elle ne se gênait plus.[52] . . Les cris des mourants sonnaient faux. . . J'en suis là.

ANDROMAQUE — Tout sonnait juste pour les autres.

HECTOR — Les autres sont comme moi. L'armée que j'ai ramenée hait la guerre.

ANDROMAQUE — C'est une armée à mauvaises oreilles.[53]

HECTOR — Non. Tu ne saurais t'imaginer combien soudain tout a sonné juste pour elle, voilà une heure, à la vue de Troie. Pas un régiment qui ne se soit arrêté d'angoisse à ce concert. Au point que nous n'avons osé entrer durement par les portes, nous nous sommes répandus en groupes autour des murs. . . C'est la seule tâche digne d'une vraie armée: faire le siège paisible de sa patrie ouverte.

ANDROMAQUE — Et tu n'as pas compris que c'était là la pire fausseté! La guerre est dans Troie, Hector! C'est elle qui vous a reçus aux portes. C'est elle qui me donne à toi ainsi désemparée, et non l'amour.

HECTOR — Que racontes-tu là?

ANDROMAQUE — Ne sais-tu donc pas que Pâris a enlevé Hélène?

HECTOR — On vient de me le dire. . . Et après?

ANDROMAQUE — Et que les Grecs la réclament? Et que leur envoyé arrive aujourd'hui? Et que si on ne la rend pas, c'est la guerre?

HECTOR — Pourquoi ne la rendrait-on pas? Je la rendrai moi-même.

ANDROMAQUE — Pâris n'y consentira jamais.

HECTOR — Pâris m'aura cédé dans quelques minutes. Cassandre me l'amène.

ANDROMAQUE — Il ne peut te céder. Sa gloire, comme vous dites, l'oblige à ne pas céder. Son amour aussi, comme il dit, peut-être.

HECTOR — C'est ce que nous allons voir. Cours demander à Priam s'il peut m'entendre à l'instant, et rassure-toi. Tous ceux des Troyens qui ont fait et peuvent faire la guerre ne veulent pas la guerre.

ANDROMAQUE — Il reste tous les autres.

CASSANDRE — Voilà Pâris.

(*Andromaque disparaît.*)

SCÈNE IV — CASSANDRE, HECTOR, PÂRIS

HECTOR — Félicitations, Pâris. Tu as bien occupé notre absence.

PÂRIS — Pas mal. Merci.

HECTOR — Alors? Quelle est cette histoire d'Hélène?

PÂRIS — Hélène est une très gentille personne. N'est-ce pas, Cassandre?

CASSANDRE — Assez gentille.

PÂRIS — Pourquoi ces réserves, aujourd'hui? Hier encore tu disais que tu la trouvais très jolie.

CASSANDRE — Elle est très jolie, mais assez gentille.

PÂRIS — Elle n'a pas l'air d'une gentille petite gazelle?

CASSANDRE — Non.

PÂRIS — C'est toi-même qui m'as dit qu'elle avait l'air d'une gazelle!

CASSANDRE — Je m'étais trompée. J'ai revu une gazelle depuis.

HECTOR — Vous m'ennuyez avec vos gazelles! Elle ressemble si peu à une femme que cela?

PÂRIS — Oh! Ce n'est pas le type de femme d'ici, évidemment.

CASSANDRE — Quel est le type de femme [54] d'ici?

PÂRIS — Le tien, chère sœur. Un type effroyablement peu distant.[55]

CASSANDRE — Ta Grecque est distante en amour?

PÂRIS — Écoute parler nos vierges! [56] . . . Tu sais parfaitement ce que je veux dire. J'ai assez des femmes asiatiques. Leurs étreintes sont de la glu, leurs baisers des effractions, leurs paroles de la déglutition. A mesure qu'elles se déshabillent, elles ont l'air de revêtir un vêtement plus chamarré

---

[49] rabot long
[50] enduit qui donne du brillant aux meubles
[51] à partir de
[52] encore une fantaisie à la Giraudoux
[53] plaisanterie pleine d'amertume

[54] ensemble de traits physiques et psychologiques qui est commun à un certain nombre de femmes
[55] *distant:* qui repousse les familiarités
[56] C'est-à-dire: comme nos vierges (ironie à l'égard de Cassandre, cf. la note 21) disent des bêtises!

que tous les autres, la nudité, et aussi, avec leurs fards, de vouloir se décalquer [57] sur nous. Et elles se décalquent. Bref, on est terriblement avec elles.[58]. . Même au milieu de mes bras, Hélène est loin de moi.

HECTOR — Très intéressant! Mais tu crois que cela vaut une guerre, de permettre à Pâris de faire l'amour à distance?

CASSANDRE — Avec distance.[59]. . Il aime les femmes distantes, mais de près.

PÂRIS — L'absence d'Hélène dans sa présence vaut tout.

HECTOR — Comment l'as-tu enlevée? Consentement ou contrainte?

PÂRIS — Voyons, Hector! Tu connais les femmes aussi bien que moi. Elles ne consentent qu'à [60] la contrainte. Mais alors avec enthousiasme.

HECTOR — A cheval? [61] Et laissant sous ses fenêtres cet amas de crottin qui est la trace des séducteurs?

PÂRIS — C'est une enquête? [62]

HECTOR — C'est une enquête. Tâche pour une fois de répondre avec précision. Tu n'as pas insulté la maison conjugale, ni la terre grecque?

PÂRIS — L'eau grecque, un peu. Elle se baignait. . .

CASSANDRE — Elle est née de l'écume, quoi! La froideur est née de l'écume, comme Vénus.[63]

HECTOR — Tu n'as pas couvert la plinthe [64] du palais d'inscriptions ou de dessins offensants, comme tu en es coutumier? Tu n'as pas lâché le premier sur les échos [65] ce mot qu'ils doivent tous redire en ce moment au mari trompé?[66]

PÂRIS — Non. Ménélas [67] était nu sur le rivage, occupé à se débarrasser l'orteil d'un crabe. Il a regardé filer mon canot comme si le vent emportait ses vêtements.

HECTOR — L'air furieux?

PÂRIS — Le visage d'un roi que pince un crabe n'a jamais exprimé la béatitude.

[57] reproduire leurs traits en déteignant
[58] trop mêlé à elles
[59] *avec distance:* sans familiarité; *à distance:* de loin
[60] que par
[61] complément de *l'as-tu enlevée*
[62] sous-entendu: que tu fais
[63] déesse née de l'écume de la mer (mythologie)
[64] bande en saillie à la base des murs intérieurs
[65] ondes sonores
[66] mot vulgaire, mais qui fait rire: *cocu*
[67] mari d'Hélène, roi de Sparte

HECTOR — Pas d'autres spectateurs?

PÂRIS — Mes gabiers.[68]

HECTOR — Parfait!

PÂRIS — Pourquoi parfait? Où veux-tu en venir?

HECTOR — Je dis parfait, parce que tu n'as rien commis d'irrémédiable. En somme, puisqu'elle était déshabillée, pas un seul des vêtements d'Hélène, pas un de ses objets n'a été insulté. Le corps seul a été souillé. C'est négligeable. Je connais assez les Grecs pour savoir qu'ils tireront une aventure divine et tout [69] à leur honneur, de cette petite reine grecque qui va à la mer, et qui remonte tranquillement après quelques mois de sa plongée,[70] le visage innocent.

CASSANDRE — Nous garantissons le visage.

PÂRIS — Tu penses que je vais ramener Hélène à Ménélas?

HECTOR — Nous ne t'en demandons pas tant, ni lui. . . L'envoyé grec s'en charge. . . Il la repiquera [71] lui-même dans la mer, comme le piqueur de plantes d'eau, à l'endroit désigné. Tu la lui remettras dès ce soir.

PÂRIS — Je ne sais pas si tu te rends très bien compte de la monstruosité que tu commets, en supposant qu'un homme a devant lui une nuit avec Hélène, et accepte d'y renoncer.

CASSANDRE — Il te reste un après-midi avec Hélène. Cela fait plus grec.[72]

HECTOR — N'insiste pas. Nous te connaissons. Ce n'est pas la première séparation que tu acceptes.

PÂRIS — Mon cher Hector, c'est vrai. Jusqu'ici, j'ai toujours accepté d'assez bon cœur les séparations. La séparation d'avec une femme, fût-ce la plus aimée, comporte un agrément que je sais goûter mieux que personne. La première promenade solitaire dans les rues de la ville au sortir de la dernière étreinte, la vue du premier petit visage de couturière, tout indifférent et tout frais, après le départ de l'amante adorée au nez rougi par les pleurs, le son du premier rire de blanchisseuse ou de fruitière, après les adieux enroués par le désespoir, constituent une jouissance à laquelle je

[68] matelots spécialisés dans la manœuvre des hauts cordages
[69] tout-à-fait
[70] qu'Hector prolonge ironiquement jusqu'à Troie
[71] transplantera (terme de jardinage)
[72] ressemble davantage aux mœurs grecques

sacrifie bien volontiers les autres. . . Un seul être vous manque, et tout est repeuplé.[73] . . Toutes les femmes sont créées à nouveau pour vous, toutes sont à vous, et cela dans la liberté, la dignité, la paix de votre conscience. . . Oui, tu as bien raison, l'amour comporte des moments vraiment exaltants, ce sont les ruptures. . . Aussi ne me séparerai-je jamais d'Hélène, car avec elle j'ai l'impression d'avoir rompu avec toutes les autres femmes, et j'ai mille libertés et mille no-blesses au lieu d'une.

HECTOR — Parce qu'elle ne t'aime pas. Tout ce que que tu dis le prouve.

PÂRIS — Si tu veux. Mais je préfère à toutes les passions cette façon dont Hélène ne m'aime pas.

HECTOR — J'en suis désolé. Mais tu la rendras.

PÂRIS — Tu n'es pas le maître ici.[74]

HECTOR — Je suis ton aîné, et le futur maître.

PÂRIS — Alors commande dans le futur. Pour le présent, j'obéis à notre père.

HECTOR — Je n'en demande pas davantage! Tu es d'accord pour que nous nous en remettions au jugement de Priam?

PÂRIS — Parfaitement d'accord.

HECTOR — Tu le jures? Nous le jurons?

CASSANDRE — Méfie-toi, Hector! Priam est fou d'Hé-lène. Il livrerait plutôt ses filles.

HECTOR — Que racontes-tu là?

PÂRIS — Pour une fois qu'elle dit le présent au lieu de l'avenir,[75] c'est la vérité.

CASSANDRE — Et tous nos frères, et tous nos oncles, et tous nos arrière-grands-oncles! . . . Hélène a une garde d'honneur, qui assemble tous nos vieil-lards. Regarde. C'est l'heure de sa promenade. . . Vois aux créneaux toutes ces têtes à barbe blanche. . . On dirait les cigognes caquetant sur les remparts.

HECTOR — Beau spectacle. Les barbes sont blanches et les visages rouges.

CASSANDRE — Oui. C'est la congestion. Ils devraient être à la porte du Scamandre,[76] par où entrent nos troupes et la victoire. Non, ils sont aux portes Scées,[77] par où sort Hélène.

HECTOR — Les voilà qui se penchent tout d'un coup, comme les cigognes quand passe un rat.

CASSANDRE — C'est Hélène qui passe. . .

PÂRIS — Ah oui?

CASSANDRE — Elle est sur la seconde terrasse. Elle rajuste sa sandale, debout, prenant bien soin de croiser haut la jambe.

HECTOR — Incroyable. Tous les vieillards de Troie sont là à la regarder d'en haut.[78]

CASSANDRE — Non. Les plus malins regardent d'en bas.

CRIS AU DEHORS — Vive la Beauté!

HECTOR — Que crient-ils?

PÂRIS — Ils crient: Vive la Beauté!

CASSANDRE — Je suis de leur avis. Qu'ils meurent vite.[79]

CRIS AU DEHORS — Vive Vénus!

HECTOR — Et maintenant?

CASSANDRE — Vive Vénus. . . Ils ne crient que des phrases sans r, à cause de leur manque de dents. . . Vive la Beauté. . . Vive Vénus. . . Vive Hélène. . . Ils croient proférer des cris. Ils poussent simplement le mâchonnement à sa plus haute puissance.[80]

HECTOR — Que vient faire Vénus là-dedans?

CASSANDRE — Ils ont imaginé que c'était Vénus qui nous donnait Hélène. . . Pour récompenser Pâris de lui avoir décerné la pomme à première vue.[81]

HECTOR — Tu as fait aussi un beau coup ce jour-là!

PÂRIS — Ce que tu es frère aîné![82]

SCÈNE V — LES MÊMES. DEUX VIEILLARDS

PREMIER VIEILLARD — D'en bas, nous la voyons mieux. . .

---

[73] Drôlerie de lettré, qui fait parodier par Pâris le vers de Lamartine: Un seul être vous manque et tout est dépeuplé.

[74] Le maître est le roi Priam.

[75] moquerie à l'égard de la devineresse

[76] du côté du fleuve

[77] porte occidentale de la ville

[78] Les remparts de Troie comportaient plusieurs terrasses étagées.

[79] car ils sont laids

[80] expression mathématique: *au maximum*

[81] Élevé sur le mont Ida, il s'était vu choisi par les trois déesses Junon, Minerve, et Vénus, pour juger de leur beauté. C'est à Vénus qu'il avait décerné la pomme d'or (mythologie).

[82] C'est-à-dire: Tu singes le père de famille.

SECOND VIEILLARD — Nous l'avons même bien vue!

PREMIER VIEILLARD — Mais d'ici elle nous entend mieux. Allez! Une, deux, trois!

TOUS DEUX — Vive Hélène!

DEUXIÈME VIEILLARD — C'est un peu fatigant, à 5 notre âge, d'avoir à descendre et à remonter constamment par des escaliers impossibles, selon que nous voulons la voir ou l'acclamer.

PREMIER VIEILLARD — Veux-tu que nous alternions? Un jour nous l'acclamerons? Un jour nous la re- 10 garderons?

DEUXIÈME VIEILLARD — Tu es fou, un jour sans bien voir Hélène! . . . Songe à ce que nous avons vu d'elle aujourd'hui! Une, deux, trois!

TOUS DEUX — Vive Hélène! 15

PREMIER VIEILLARD — Et maintenant en bas! . . .

(*Ils disparaissent en courant.*)

CASSANDRE — Et tu les vois, Hector. Je me demande comment vont résister tous ces poumons beso- 20 gneux.[83]

HECTOR — Notre père ne peut être ainsi.

PÂRIS — Dis-moi, Hector, avant de nous expliquer devant lui tu pourrais peut-être jeter un coup d'œil sur Hélène. 25

HECTOR — Je me moque d'Hélène. . . Oh! Père, salut!

(*Priam est entré, escorté d'Hécube,[84] d'Andromaque, du poète Demokos et d'un autre vieillard. Hécube tient à la main la petite Polyxène.[85]*) 30

SCÈNE VI — HÉCUBE, ANDROMAQUE, CASSANDRE, HECTOR, PÂRIS, DEMOKOS, LA PETITE POLYXÈNE

PRIAM — Tu dis?

HECTOR — Je dis, Père, que nous devons nous précipiter pour fermer les portes de la guerre, les verrouiller, les cadenasser. Il ne faut pas qu'un moucheron puisse passer entre les deux battants!

PRIAM — Ta phrase[86] m'a paru moins longue. 40

DEMOKOS — Il disait qu'il se moquait d'Hélène.

PRIAM — Penche-toi. . . (*Hector obéit.*) Tu la vois?

HÉCUBE — Mais oui, il la voit. Je me demande qui

ne la verrait pas et qui ne l'a pas vue. Elle fait[87] le chemin de ronde.[88]

DEMOKOS — C'est la ronde de la beauté.

PRIAM — Tu la vois?

HECTOR — Oui. . . Et après?

DEMOKOS — Priam te demande ce que tu vois!

HECTOR — Je vois une jeune femme qui rajuste sa sandale.

CASSANDRE — Elle met un certain temps à rajuster sa sandale.

PÂRIS — Je l'ai emportée nue et sans garde-robe. Ce sont des sandales à toi. Elles sont un peu grandes.

CASSANDRE — Tout est grand pour les petites femmes.

HECTOR — Je vois deux fesses charmantes. 15

HÉCUBE — Il voit ce que vous tous voyez.

PRIAM — Mon pauvre enfant!

HECTOR — Quoi?

DEMOKOS — Priam te dit: pauvre enfant!

PRIAM — Oui, je ne savais pas que la jeunesse de 20 Troie[89] en était là.

HECTOR — Où en est-elle?

PRIAM — A l'ignorance de la beauté.

DEMOKOS — Et par conséquent de l'amour. Au réalisme,[90] quoi! Nous autres poètes appelons cela le 25 réalisme.

HECTOR — Et la vieillesse de Troie en est à la beauté et à l'amour?

HÉCUBE — C'est dans l'ordre. Ce ne sont pas ceux qui font l'amour ou ceux qui sont la beauté qui ont à[91] les comprendre.

HECTOR — C'est très courant, la beauté, père. Je ne fais pas allusion à Hélène, mais elle court les rues.[92]

PRIAM — Hector, ne sois pas de mauvaise foi. Il 35 t'est bien arrivé dans la vie, à l'aspect d'une femme, de ressentir qu'elle n'était pas seulement elle-même, mais que tout un flux d'idées et de sentiments avait coulé en sa chair et en prenait l'éclat.

DEMOKOS — Ainsi le rubis personnifie le sang.

---

[83] fatigués d'avoir servi
[84] femme du roi Priam
[85] sa plus jeune fille
[86] La phrase interrompue à la fin de la scène précédente.

[87] elle suit (familier)
[88] chemin suivi par les soldats en inspection de nuit.
[89] que représente Hector
[90] Elle en est au réalisme. Il veut dire qu'elle aime le réel plus ou moins vulgaire.
[91] qui ont la tâche de
[92] On la voit partout (gallicisme familier).

HECTOR — Pas pour ceux qui ont vu du sang. Je sors d'en prendre.[93]

DEMOKOS — Un symbole,[94] quoi! Tout guerrier que tu es, tu as bien entendu parler des symboles! Tu as bien rencontré des femmes qui, d'aussi loin que tu les apercevais, te semblaient personnifier l'intelligence, l'harmonie, la douceur?

HECTOR — J'en ai vu.

DEMOKOS — Que faisais-tu alors?

HECTOR — Je m'approchais et c'était fini.[95]. . Que personnifie celle-là?

DEMOKOS — On te le répète, la beauté.

HÉCUBE — Alors, rendez-la vite aux Grecs, si vous voulez qu'elle vous la personnifie pour longtemps.[96] C'est une blonde.

DEMOKOS — Impossible de parler avec ces femmes!

HÉCUBE — Alors ne parlez pas des femmes! Vous n'êtes guère galants, en tout cas, ni patriotes. Chaque peuple remise[97] son symbole dans sa femme, qu'elle soit camuse ou lippue. Il n'y a que vous pour aller le loger ailleurs.

HECTOR — Père, mes camarades et moi rentrons harassés. Nous avons pacifié notre continent pour toujours. Nous entendons désormais vivre heureux, nous entendons que nos femmes puissent nous aimer sans angoisse et avoir leurs enfants.

DEMOKOS — Sages principes, mais jamais la guerre n'a empêché d'accoucher.

HECTOR — Dis-moi pourquoi nous trouvons la ville transformée, du seul fait d'Hélène? Dis-moi ce qu'elle nous a apporté, qui vaille une brouille avec les Grecs!

LE GÉOMÈTRE — Tout le monde te le dira! Moi je peux te le dire!

HÉCUBE — Voilà le géomètre![98]

LE GÉOMÈTRE — Oui, voilà le géomètre! Et ne crois pas que les géomètres n'aient pas à s'occuper des femmes! Ils sont les arpenteurs[99] aussi de votre apparence.[100] Je ne te dirai pas ce qu'ils souffrent, les géomètres, d'une épaisseur de peau en trop[101] à vos cuisses ou d'un bourrelet à votre cou. . . Eh bien, les géomètres jusqu'à ce jour n'étaient pas satisfaits de cette contrée qui entoure Troie. La ligne d'attache[102] de la plaine aux collines leur semblait molle, la ligne des collines aux montagnes du fil de fer.[103] Or, depuis qu'Hélène est ici, le paysage a pris son sens et sa fermeté. Et, chose particulièrement sensible aux vrais géomètres, il n'y a plus à l'espace et au volume qu'une commune mesure qui est Hélène.[104] C'est la mort de tous ces instruments inventés par les hommes pour rapetisser l'univers. Il n'y a plus de mètres, de grammes, de lieues. Il n'y a plus que le pas d'Hélène, la coudée d'Hélène, la portée du regard ou de la voix d'Hélène, et l'air de son passage[105] est la mesure des vents. Elle est notre baromètre, notre anémomètre![106] Voilà ce qu'ils te disent, les géomètres.

HÉCUBE — Il pleure, l'idiot.

PRIAM — Mon cher fils, regarde seulement cette foule, et tu comprendras ce qu'est Hélène. Elle est une espèce d'absolution.[107] Elle prouve à tous ces vieillards que tu vois là au guet et qui ont mis des cheveux blancs au fronton de la ville,[108] à celui-là qui a volé, à celui-là qui trafiquait des femmes, à celui-là qui manqua sa vie, qu'ils avaient au fond d'eux-mêmes une revendication[109] secrète, qui était la beauté. Si la beauté avait été près d'eux, aussi près qu'Hélène l'est aujourd'hui, ils n'auraient pas dévalisé leurs amis, ni vendu leurs filles, ni bu leur héritage. Hélène est leur pardon, et leur revanche, et leur avenir.

HECTOR — L'avenir des vieillards me laisse indifférent.

DEMOKOS — Hector, je suis poète et juge en poète.

---

[93] Je viens de voir beaucoup de sang (très familier).

[94] figure ou objet qu'on interprète comme le signe d'une idée

[95] C'est-à-dire: les femmes ne personnifiaient plus rien.

[96] grâce à la magie du souvenir

[97] met en garage (familier et méprisant)

[98] Homme qui a la science des aspects de l'étendue. Giraudoux en fait le représentant de l'intelligence qui met la vie en équation, mais qui ne l'explique pas.

[99] mesureurs de superficies

[100] vos formes

[101] en quantité excessive

[102] la ligne le long de laquelle la plaine rejoint la base des collines

[103] *du fil de fer:* leur semblait rigide

[104] Ce qui signifie qu'Hélène est la raison de tout.

[105] l'air qu'elle déplace en passant

[106] *Baromètre:* sert à indiquer l'état de l'atmosphère. *Anémomètre:* sert à mesurer la force et la vitesse du vent.

[107] Elle donne l'oubli des fautes.

[108] en se tenant sur les terrasses

[109] réclamation de ce qu'on considère comme un droit

Suppose que notre vocabulaire ne soit pas quel-quefois touché par la beauté! Suppose que le mot délice n'existe pas!

HECTOR — Nous nous en passerions. Je m'en passe déjà. Je ne prononce le mot délice qu'absolument 5 forcé.

DEMOKOS — Oui, et tu te passerais du mot volupté, sans doute?

HECTOR — Si c'était au prix de [110] la guerre qu'il fallût acheter le mot volupté, je m'en passe- 10 rais.

DEMOKOS — C'est au prix de la guerre que tu as trouvé le plus beau, le mot courage.

HECTOR — C'était bien payé.

HÉCUBE — Le mot lâcheté a dû être trouvé par la 15 même occasion.[111]

PRIAM — Mon fils, pourquoi te forces-tu à ne pas nous comprendre?

HECTOR — Je vous comprends fort bien. A l'aide d'un quiproquo,[112] en prétendant nous faire bat- 20 tre [113] pour la beauté, vous voulez nous faire bat-tre pour une femme.

PRIAM — Et tu ne ferais la guerre pour aucune femme?

HECTOR — Certainement non! 25

HÉCUBE — Et il aurait rudement raison.

CASSANDRE — S'il n'y en avait qu'une, peut-être.[114] Mais ce chiffre est largement dépassé.

DEMOKOS — Tu ne ferais pas la guerre pour re-prendre Andromaque? 30

HECTOR — Andromaque et moi avons déjà convenu de moyens secrets pour échapper à toute prison et nous rejoindre.

DEMOKOS — Pour vous rejoindre, si tout espoir est perdu? 35

ANDROMAQUE — Pour cela aussi.

HÉCUBE — Tu as bien fait de les démasquer, Hec-tor. Ils veulent faire la guerre pour une femme, c'est la façon d'aimer des [115] impuissants.

DEMOKOS — C'est vous donner beaucoup de prix? 40

HÉCUBE — Ah oui! par exemple!

DEMOKOS — Permets-moi de ne pas être de ton avis. Le sexe à qui je dois ma mère, je le respecterai jusqu'en ses représentantes les moins dignes.

[*La scène s'achève sur une suite de discussions qui sont tout à fait en dehors de l'action.*]

SCÈNE VII — HÉLÈNE, PÂRIS, HECTOR

PÂRIS — Hélène chérie, voici Hector. Il a des pro-jets sur toi, des projets tout simples. Il veut te rendre aux Grecs et te prouver que tu ne m'aimes pas. . . Dis-moi que tu m'aimes, avant que je te laisse avec lui. . . Dis-le-moi comme tu le pen-ses.

HÉLÈNE — Je t'adore, chéri.

PÂRIS — Dis-moi qu'elle était belle, la vague qui t'emporta de Grèce!

HÉLÈNE — Magnifique! Une vague magnifique! . . . Où as-tu vu une vague?[1] La mer était si calme. . .

PÂRIS — Dis-moi que tu hais Ménélas. . .

HÉLÈNE — Ménélas? Je le hais.

PÂRIS — Tu n'as pas fini. . . Je ne retournerai ja-mais en Grèce. Répète.[2]

HÉLÈNE — Tu ne retourneras jamais en Grèce.

PÂRIS — Non, c'est de toi qu'il s'agit.

HÉLÈNE — Bien sûr! Que je suis sotte! . . . Jamais je ne retournerai en Grèce.

PÂRIS — Je ne le lui fais pas dire. . . A toi mainte-nant.

(*Il s'en va.*)

SCÈNE VIII — HÉLÈNE, HECTOR

HECTOR — C'est beau, la Grèce?

HÉLÈNE — Pâris l'a trouvée belle.

HECTOR — Je vous demande si c'est beau, la Grèce sans Hélène?

HÉLÈNE — Merci pour Hélène.

HECTOR — Enfin, comment est-ce, depuis qu'on en parle?

HÉLÈNE — C'est beaucoup de rois et de chèvres éparpillés sur du marbre.[3]

---

[110] en faisant
[111] Hécube fait toujours des remarques amères mais justes.
[112] méprise qui fait prendre une chose pour une autre
[113] *battre:* nous battre
[114] Sous-entendu: il ferait la guerre pour elle (elle pense à Andromaque).
[115] que pratiquent les

[1] Elle se reprend, elle avait répété machinalement la phrase de Pâris.
[2] *Répète:* « *Je ne retournerai jamais en Grèce.* »
[3] poétique évocation d'un pays de petits royaumes pauvres sur un sol magnifique

HECTOR — Si les rois sont dorés et les chèvres angora,[4] cela ne doit pas être mal [5] au soleil levant.

HÉLÈNE — Je me lève tard.

HECTOR — Des dieux aussi, en quantité? Pâris dit que le ciel en grouille,[6] que des jambes de déesses en pendent.[7]

HÉLÈNE — Pâris va toujours le nez levé. Il peut les avoir vues.

HECTOR — Vous, non?

HÉLÈNE — Je ne suis pas douée. Je n'ai jamais pu voir un poisson dans la mer. Je regarderai mieux quand j'y retournerai.

HECTOR — Vous venez de dire à Pâris que vous n'y retourneriez jamais.

HÉLÈNE — Il m'a priée de le dire. J'adore obéir à Pâris.

HECTOR — Je vois. C'est comme pour Ménélas. Vous ne le haïssez pas?

HÉLÈNE — Pourquoi le haïrais-je?

HECTOR — Pour la seule raison qui fasse vraiment haïr. Vous l'avez trop vu.

HÉLÈNE — Ménélas? Oh! non! Je n'ai jamais bien vu Ménélas, ce qui s'appelle vu.[8] Au contraire.

HECTOR — Votre mari?

HÉLÈNE — Entre les objets et les êtres, certains sont colorés pour moi. Ceux-là je les vois. Je crois en eux. Je n'ai jamais bien pu voir Ménélas.

HECTOR — Il a dû pourtant s'approcher très près.

HÉLÈNE — J'ai pu le toucher. Je ne peux pas dire que je l'ai vu.

HECTOR — On dit qu'il ne vous quittait pas.

HÉLÈNE — Évidemment. J'ai dû le traverser bien des fois sans m'en douter.[9]

HECTOR — Tandis que vous avez vu Pâris?

HÉLÈNE — Sur le ciel, sur le sol, comme une découpure.

HECTOR — Il s'y découpe encore. Regardez-le, là-bas, adossé au rempart.

HÉLÈNE — Vous êtes sûr que c'est Pâris, là-bas?

HECTOR — C'est lui qui vous attend.

HÉLÈNE — Tiens! Il est beaucoup moins net!

---

[4] d'origine asiatique et de poil long et soyeux
[5] un vilain spectacle (familier)
[6] s'agite en fourmillant de dieux (familier)
[7] imagination à la Giraudoux
[8] expression familière pour marquer une insistance
[9] Elle le traite comme une ombre.

HECTOR — Le mur est cependant passé à la chaux fraîche. Tenez, le voilà de profil!

HÉLÈNE — C'est curieux comme ceux qui vous attendent se découpent moins bien que ceux que l'on attend!

HECTOR — Vous êtes sûre qu'il vous aime, Pâris?

HÉLÈNE — Je n'aime pas beaucoup connaître les sentiments des autres. Rien ne gêne comme cela. C'est comme au jeu quand on voit dans [10] le jeu de l'adversaire. On est sûr de perdre.

HECTOR — Et vous, vous l'aimez?

HÉLÈNE — Je n'aime pas beaucoup connaître non plus mes propres sentiments.

HECTOR — Voyons! Quand vous venez d'aimer Pâris, qu'il s'assoupit dans vos bras, quand vous êtes encore ceinturée par Pâris, comblée par Pâris, vous n'avez aucune pensée?

HÉLÈNE — Mon rôle est fini. Je laisse l'univers penser à ma place. Cela, il le fait mieux que moi.

HECTOR — Mais le plaisir vous rattache bien à quelqu'un, aux autres ou à vous-même.

HÉLÈNE — Je connais surtout le plaisir des autres. . . Il m'éloigne des deux. . .

HECTOR — Il y a eu beaucoup de ces autres, avant Pâris?

HÉLÈNE — Quelques-uns.

HECTOR — Et il y en aura d'autres après lui, n'est-ce pas, pourvu qu'ils se découpent sur l'horizon, sur le mur ou sur le drap? C'est bien ce que je supposais. Vous n'aimez pas Pâris, Hélène. Vous aimez les hommes!

HÉLÈNE — Je ne les déteste pas. C'est agréable de les frotter contre soi comme de grands savons. On en est toute pure. . .

HECTOR — Cassandre! Cassandre!

SCÈNE IX — HÉLÈNE, CASSANDRE, HECTOR

CASSANDRE — Qu'y a-t-il?

HECTOR — Tu me fais rire. Ce sont toujours les devineresses qui questionnent.

CASSANDRE — Pourquoi m'appelles-tu?

HECTOR — Cassandre, Hélène repart ce soir avec l'envoyé grec.

HÉLÈNE — Moi? Que contez-vous là?

HECTOR — Vous ne venez pas de me dire que vous n'aimez pas très particulièrement Pâris?

---

[10] quand on comprend ou devine

HÉLÈNE — Vous interprétez.[11] Enfin, si vous voulez.

HECTOR — Je cite mes auteurs. Que vous aimez surtout frotter les hommes contre vous comme de grands savons?

HÉLÈNE — Oui. Ou de la pierre ponce,[12] si vous aimez mieux. Et alors?

HECTOR — Et alors, entre ce retour vers la Grèce qui ne vous déplaît pas, et une catastrophe aussi redoutable que la guerre, vous hésiteriez à choisir?

HÉLÈNE — Vous ne me comprenez pas du tout, Hector. Je n'hésite pas à choisir. Ce serait trop facile de dire: je fais ceci, ou je fais cela, pour que ceci ou cela se fît. Vous avez découvert que je suis faible. Vous en êtes tout joyeux. L'homme qui découvre la faiblesse dans une femme, c'est le [13] chasseur à midi qui découvre une source. Il s'en abreuve.[14] Mais n'allez pourtant pas croire, parce que vous avez convaincu la plus faible des femmes, que vous avez convaincu l'avenir. Ce n'est pas en manœuvrant des enfants qu'on détermine le destin. . .

HECTOR — Les subtilités et les riens [15] grecs m'échappent.[16]

HÉLÈNE — Il ne s'agit pas de subtilités et de riens. Il s'agit au moins de monstres et de pyramides.[17]

HECTOR — Choisissez-vous le départ, oui ou non?

HÉLÈNE — Ne me brusquez pas. . . Je choisis les événements comme je choisis les objets et les hommes. Je choisis ceux qui ne sont pas pour moi des ombres. Je choisis ceux que je vois.

HECTOR — Je sais, vous l'avez dit: ceux que vous voyez colorés. Et vous ne vous voyez pas rentrant dans quelques jours au palais de Ménélas?

HÉLÈNE — Non. Difficilement.

HECTOR — On peut habiller votre mari très brillant pour ce retour.[18]

HÉLÈNE — Toute la pourpre de toutes les coquilles [19] ne me le rendrait pas visible.

[11] Vous me faites dire plus que je n'ai dit.
[12] qui sert à polir
[13] il est comparable au
[14] Il se satisfait avec joie.
[15] nuances infinies
[16] Je ne les comprends pas.
[17] Elle veut dire: *choses énormes,* à l'opposé de *riens.*
[18] afin qu'elle le voie
[19] Les Anciens extrayaient le rouge d'un coquillage.

HECTOR — Voici ta concurrente, Cassandre. Celle-là aussi lit l'avenir.

HÉLÈNE — Je ne lis pas l'avenir. Mais, dans cet avenir, je vois des scènes colorées, d'autres ternes. Jusqu'ici ce sont toujours les scènes colorées qui ont eu lieu.

HECTOR — Nous allons vous remettre aux Grecs en plein midi, sur le sable aveuglant, entre la mer violette et le mur ocre. Nous serons tous en cuirasse d'or à jupe rouge, et entre mon étalon blanc et la jument noire de Priam, mes sœurs en peplum [20] vert vous remettront nue à l'ambassadeur grec, dont je devine, au-dessus du casque d'argent, le plumet amarante. Vous voyez cela, je pense?

HÉLÈNE — Non, du tout. C'est tout sombre.

HECTOR — Vous vous moquez de moi, n'est-ce pas?

HÉLÈNE — Me moquer, pourquoi? Allons! Partons, si vous voulez! Allons nous préparer pour ma remise aux Grecs. Nous verrons bien.

HECTOR — Vous doutez-vous que vous insultez l'humanité, ou est-ce inconscient?

HÉLÈNE — J'insulte quoi?

HECTOR — Vous doutez-vous que votre album de chromos [21] est la dérision du monde? Alors que tous ici nous nous battons, nous nous sacrifions pour fabriquer une heure qui soit à nous, vous êtes là à feuilleter vos gravures [22] prêtes de toute éternité! . . . Qu'avez-vous? A laquelle vous arrêtez-vous avec ces yeux aveugles? A celle sans doute où vous êtes sur ce même rempart, contemplant la bataille? Vous la voyez, la bataille? [23]

HÉLÈNE — Oui.

HECTOR — Et la ville s'effondre ou brûle, n'est-ce pas?

HÉLÈNE — Oui. C'est rouge vif.

HECTOR — Et Pâris? Vous voyez le cadavre de Pâris traîné derrière un char? [24]

HÉLÈNE — Ah! vous croyez que c'est Pâris? Je vois en effet un morceau d'aurore qui roule dans la poussière. Un diamant à sa main étincelle. . .

[20] tunique de femme
[21] les tirades d'Hélène sur les formes et les couleurs
[22] même référence
[23] celle qu'il prévoit
[24] C'est ce qui arrivera au terme de la guerre décrite dans les poèmes légendaires.

Mais oui! . . . Je reconnais souvent mal les visages, mais toujours les bijoux. C'est bien sa bague.

HECTOR — Parfait. . . Je n'ose vous questionner sur Andromaque et sur moi. . . sur le groupe Andromaque-Hector. . . Vous le voyez! Ne niez pas. Comment le voyez-vous? Heureux, vieilli, luisant?

HÉLÈNE — Je n'essaye pas de le voir.

HECTOR — Et le groupe Andromaque pleurant sur le corps d'Hector,[25] il luit?

HÉLÈNE — Vous savez, je peux très bien voir luisant, extraordinairement luisant, et qu'il n'arrive rien. Personne n'est infaillible.

HECTOR — N'insistez pas. Je comprends.[26] . . Il y a un fils entre la mère qui pleure et le père étendu?

HÉLÈNE — Oui. . . Il joue avec les cheveux emmêlés du père. . . Il est charmant.

HECTOR — Et elles sont au fond de vos yeux ces scènes? On peut les y voir?

HÉLÈNE — Je ne sais pas. Regardez.

HECTOR — Plus rien! Plus rien que la cendre de tous ces incendies, l'émeraude et l'or en poudre! Qu'elle est pure, la lentille du monde![27] Ce ne sont pourtant pas les pleurs qui doivent la laver. . . Tu pleurerais, si on allait te tuer, Hélène?

HÉLÈNE — Je ne sais pas. Mais je crierais. Et je sens que je vais crier, si vous continuez ainsi, Hector. . . Je vais crier.

HECTOR — Tu repartiras ce soir pour la Grèce, Hélène, ou je te tue.

HÉLÈNE — Mais je veux bien partir! Je suis prête à partir. Je vous répète seulement que je ne peux arriver à rien distinguer du navire qui m'emportera. Je ne vois scintiller ni la ferrure du mât de misaine,[28] ni l'anneau du nez du capitaine,[29] ni le blanc de l'œil du mousse.

HECTOR — Tu rentreras sur une mer grise, sous un soleil gris. Mais il nous faut la paix.

HÉLÈNE — Je ne vois pas la paix.

HECTOR — Demande à Cassandre de te la montrer. Elle est sorcière. Elle évoque formes et génies.[30]

UN MESSAGER — Hector, Priam te réclame! Les prêtres s'opposent à ce que l'on ferme les portes de la guerre! Ils disent que les dieux y verraient une insulte.

HECTOR — C'est curieux comme les dieux s'abstiennent de parler eux-mêmes dans les cas difficiles.[31]

LE MESSAGER — Ils ont parlé eux-mêmes. La foudre est tombée sur le temple, et les entrailles des victimes[32] sont contre le renvoi d'Hélène.

HECTOR — Je donnerais beaucoup pour consulter aussi les entrailles des prêtres.[33] . . Je te suis.

(*Le guerrier sort.*)

HECTOR — Ainsi, vous êtes d'accord, Hélène?

HÉLÈNE — Oui.

HECTOR — Vous direz désormais ce que je vous dirai de dire? Vous ferez ce que je vous dirai de faire?

HÉLÈNE — Oui.

HECTOR — Devant Ulysse, vous ne me contredirez pas, vous abonderez dans mon sens?[34]

HÉLÈNE — Oui.

HECTOR — Écoute-la, Cassandre. Écoute ce bloc de négation[35] qui dit oui! Tous m'ont cédé. Pâris m'a cédé, Priam m'a cédé, Hélène me cède. Et je sens qu'au contraire dans chacune de ces victoires apparentes, j'ai perdu. On croit lutter contre des géants, on va les vaincre, et il se trouve qu'on lutte contre quelque chose d'inflexible qui est un reflet sur la rétine d'une femme. Tu as beau me dire oui, Hélène, tu es au comble d'une obstination qui me nargue!

HÉLÈNE — C'est possible. Mais je n'y peux rien. Ce n'est pas la mienne.[36]

HECTOR — Par quelle divagation le monde a-t-il

---

[25] même référence

[26] Il comprend qu'elle *voit,* mais qu'elle ne veut pas le dire.

[27] les yeux d'Hélène, dans lesquels le monde apparaît

[28] mât d'avant

[29] qui était souvent un *barbare* ayant le nez traversé d'un anneau

[30] fantômes et démons favorables

[31] Ils ne se compromettent pas.

[32] Les prêtres ouvraient le ventre d'animaux sacrifiés et prétendaient y voir les signes de l'avenir, en tirer des conseils.

[33] Hector ici tient un propos sacrilège.

[34] Vous direz comme moi en insistant.

[35] Il veut dire que, bien qu'elle réponde oui, elle est tout entière résistante.

[36] Elle m'est inspirée malgré moi.

été [37] placer son miroir dans cette tête obtuse.[38]

HÉLÈNE — C'est regrettable, évidemment. Mais vous voyez un moyen de vaincre l'obstination des miroirs?

HECTOR — Oui. C'est à cela que je songe depuis un moment.

HÉLÈNE — Si on les brise, ce qu'ils reflétaient n'en demeure peut-être pas moins?

HECTOR — C'est là toute la question.

AUTRE MESSAGER — Hector, hâte-toi. La plage est en révolte. Les navires des Grecs sont en vue, et ils ont hissé leur pavillon non au ramat mais à l'écoutière.[39] L'honneur de notre marine est en jeu. Priam craint que l'envoyé ne soit massacré à son débarquement.

HECTOR — Je te confie Hélène, Cassandre. J'enverrai mes ordres.

SCÈNE X — HÉLÈNE, CASSANDRE

CASSANDRE — Moi je ne vois rien, coloré ou terne. Mais chaque être pèse sur moi par son approche même. A l'angoisse de mes veines, je sens son destin.

HÉLÈNE — Moi, dans mes scènes colorées, je vois quelquefois un détail plus étincelant encore que les autres. Je ne l'ai pas dit à Hector. Mais le cou de son fils est illuminé, la place du cou où bat l'artère.[40]. . .

CASSANDRE — Moi, je suis comme un aveugle qui va à tâtons. Mais c'est au milieu de la vérité que je suis aveugle. Eux tous voient, et ils voient le mensonge. Je tâte la vérité.

HÉLÈNE — Notre avantage, c'est que nos visions se confondent avec nos souvenirs, l'avenir avec le passé! On devient moins sensible. . . C'est vrai que vous êtes sorcière, que vous pouvez évoquer [41] la paix?

CASSANDRE — La paix? Très facile. Elle écoute en mendiante derrière chaque porte. . . La voilà.

(*La paix apparaît.*)

HÉLÈNE — Comme elle est jolie!

LA PAIX — Au secours, Hélène, aide-moi!

HÉLÈNE — Mais comme elle est pâle!

LA PAIX — Je suis pâle? Comment, pâle! Tu ne vois pas cet or dans mes cheveux?

HÉLÈNE — Tiens, de l'or gris? C'est une nouveauté. . .

LA PAIX — De l'or gris! Mon or est gris? [42]

(*La paix disparaît.*)

HÉLÈNE — Elle a disparu?

CASSANDRE — Je pense qu'elle se met un peu de rouge.[43]

(*La paix reparaît, outrageusement fardée.*)

LA PAIX — Et comme cela? [44]

HÉLÈNE — Je la vois de moins en moins.

LA PAIX — Et comme cela?

CASSANDRE — Hélène ne te voit pas davantage.

LA PAIX — Tu me vois, toi, puisque tu me parles!

CASSANDRE — C'est ma spécialité de parler à l'invisible.[45]

LA PAIX — Que se passe-t-il donc? Pourquoi les hommes dans la ville et sur la plage poussent-ils ces cris?

CASSANDRE — Il paraît que leurs dieux entrent dans le jeu et aussi leur honneur.[46]

LA PAIX — Leurs dieux! Leur honneur!

CASSANDRE — Oui. . . Tu es malade! [47]

(*Le rideau tombe.*)

ACTE II

Square clos de palais. A chaque angle, échappée [1] sur la mer. Au centre un monument, les portes de la guerre. Elles sont grandes ouvertes.

[*Les quatre premières scènes de l'acte II montrent le poète Demokos, représentant des « intellec-*

---

[37] il faut que le monde soit fou pour
[38] qui ne comprend pas
[39] *ramat:* haut du grand mât; *écoutière:* extrémité inférieure de la grande voile
[40] Astyanax, au cours du pillage de Troie, sera égorgé (légende).
[41] faire apparaître par des sortilèges magiques

[42] C'est de l'or faux.
[43] Elle se farde comme une femme.
[44] Sous-entendu: suis-je encore pâle?
[45] belle définition du pouvoir prophétique
[46] C'est-à-dire la superstition et la vanité nationaliste.
[47] Cassandre parle à la Paix en langage familier. Elle veut dire: tu n'en as plus pour longtemps.

[1] Espace étroit par lequel la vue plonge au loin.

tuels », occupé à répandre autour de lui son esprit de guerre.

Hector, au contraire, poursuit sa campagne pour la paix.

Nous avons omis le début de la scène V, un argument entre Priam, qui veut laisser les portes ouvertes (c'est la guerre), et Hector, qui veut les fermer (signe de paix).]

Scène V — hector, priam, demokos, busiris,
hécube, le géomètre, polyxène

HECTOR — Fermons les portes. C'est ici que nous recevrons tout à l'heure les Grecs. La conversation sera déjà assez rude. Il convient de les recevoir dans la paix.

PRIAM — Mon fils, savons-nous même si nous devons permettre aux Grecs de débarquer?

HECTOR — Ils débarqueront. L'entrevue avec Ulysse est notre dernière chance de paix.

DEMOKOS — Ils ne débarqueront pas. Notre honneur est en jeu. Nous serions la risée du monde. . .

HECTOR — Et tu prends sur toi de conseiller au Sénat une mesure qui signifie la guerre?

DEMOKOS — Sur moi? Tu tombes mal. Avance, Busiris. Ta mission commence.

HECTOR — Quel est cet étranger?

DEMOKOS — Cet étranger est le plus grand expert vivant du droit des peuples. Notre chance veut qu'il soit aujourd'hui de passage dans Troie. Tu ne diras pas que c'est un témoin partial. C'est un neutre.[2] Notre Sénat se range à son avis, qui sera demain celui de toutes les nations.

HECTOR — Et quel est ton avis?

BUSIRIS — Mon avis, Princes, après constat de visu[3] et enquête subséquente,[4] est que les Grecs se sont rendus vis-à-vis de Troie coupables de trois manquements aux règles internationales. Leur permettre de débarquer serait vous retirer cette qualité d'offensé[5] qui vous vaudra, dans le conflit, la sympathie universelle.

HECTOR — Explique-toi.

BUSIRIS — Premièrement ils ont hissé leur pavillon au ramat et non à l'écoutière. Un navire de guerre, princes et chers collègues, hisse sa flamme[6] au ramat dans le seul cas de réponse au salut d'un bateau chargé de bœufs. Devant une ville et sa population, c'est donc le type même de l'insulte. Nous avons d'ailleurs un précédent. Les Grecs ont hissé l'année dernière leur pavillon au ramat en entrant dans le port d'Ophéa.[7] La riposte a été cinglante. Ophéa a déclaré la guerre.

HECTOR — Et qu'est-il arrivé?

BUSIRIS — Ophéa a été vaincue. Il n'y a plus d'Ophéa, ni d'Ophéens.

HÉCUBE — Parfait.

BUSIRIS — L'anéantissement d'une nation ne modifie en rien l'avantage de sa position morale internationale.[8]

HECTOR — Continue.

BUSIRIS — Deuxièmement, la flotte grecque en pénétrant dans vos eaux territoriales a adopté la formation dite de face. Il avait été question, au dernier congrès, d'inscrire cette formation dans le paragraphe des mesures dites défensives-offensives. J'ai été assez heureux pour obtenir qu'on lui restituât sa vraie qualité de mesure offensive-défensive: elle est donc bel et bien une des formes larvées[9] du front de mer qui est lui-même une forme larvée du blocus,[10] c'est-à-dire qu'elle constitue un manquement au premier degré! Nous avons aussi un précédent.[11] Les navires grecs, il y a cinq ans, ont adopté la formation de face en ancrant[12] devant Magnésie. Magnésie dans l'heure a déclaré la guerre.

HECTOR — Elle l'a gagnée?

BUSIRIS — Elle l'a perdue. Il ne subsiste plus une pierre de ses murs. Mais mon paragraphe subsiste.

HÉCUBE — Je t'en félicite. Nous avions eu peur.

---

[2] Appartient à un pays qui reste en dehors de la guerre. Cette scène est pleine d'allusions satiriques aux neutres de 1914–1918 qui jugeaient de la guerre sur des principes relevant du droit des personnes et non sur les situations réelles des nations.

[3] Expression mi-française mi-latine: constatation authentique de faits qu'il a vus de ses propres yeux.

[4] enquête méthodique menée à la suite du constat

[5] qui a subi injustement un affront

[6] pavillon national

[7] port de la Méditerranée orientale

[8] Cf. la note 2.

[9] peu graves en apparence

[10] investissement d'un port pour couper ses communications avec le reste du monde

[11] fait antérieur qui sert d'exemple

[12] jetant l'ancre; *Magnésie*, ville de Lydie

HECTOR — Achève.

BUSIRIS — Le Troisième manquement est moins grave. Une des trirèmes grecques a accosté [18] sans permission et par traîtrise. Son chef Oïax, le plus brutal et le plus mauvais coucheur [14] des Grecs, monte vers la ville en semant le scandale et la provocation, et criant qu'il veut tuer Pâris. Mais, au point de vue international, ce manquement est négligeable. C'est un manquement qui n'a pas été fait dans les formes.

DEMOKOS — Te voilà renseigné. La situation a deux issues. Encaisser [15] un outrage ou le rendre. Choisis.

HECTOR — Oneah,[16] cours au-devant d'Oïax! Arrange-toi pour le rabattre ici.

PÂRIS — Je l'y attends.

HECTOR — Tu me feras le plaisir [17] de rester au Palais jusqu'à ce que je t'appelle. Quant à toi, Busiris, apprends que notre ville n'entend [18] d'aucune façon avoir été insultée par les Grecs.

BUSIRIS — Je n'en suis pas surpris. Sa fierté d'hermine [19] est légendaire.

HECTOR — Tu vas donc, et sur le champ, me trouver une thèse qui permette à notre Sénat de dire qu'il n'y a pas eu manquement de la part de nos visiteurs, et à nous, hermines immaculées, de les recevoir en hôtes.

DEMOKOS — Quelle est cette plaisanterie?

BUSIRIS — C'est contre les faits, Hector.

HECTOR — Mon cher Busiris, nous savons tous ici que le droit est la plus puissante des écoles de l'imagination.[20] Jamais poète n'a interprété la nature aussi librement qu'un juriste la réalité.

BUSIRIS — Le Sénat m'a demandé une consultation, je la donne.

HECTOR — Je te demande, moi, une interprétation. C'est plus juridique [21] encore.

BUSIRIS — C'est contre ma conscience.

HECTOR — Ta conscience a vu périr Orphéa, périr

[13] sous-entendu: le quai de débarquement
[14] de mauvais caractère (familier)
[15] recevoir et ne pas rendre
[16] messager au service d'Hector
[17] je t'ordonne
[18] n'admet pas qu'on la croie
[19] petit animal au pelage blanc sans tache
[20] définition satirique
[21] qui est dans les formes du droit

Magnésie, et elle envisage d'un cœur léger la perte de Troie?

HÉCUBE — Oui. Il est de Syracuse.[22]

HECTOR — Je t'en supplie, Busiris. Il y va de la vie de deux peuples. Aide-nous.

BUSIRIS — Je ne peux vous donner qu'une aide, la vérité.

HECTOR — Justement. Trouve une vérité qui nous sauve. Si le droit n'est pas l'armurier des [23] innocents, à quoi sert-il? Forge-nous une vérité. D'ailleurs, c'est très simple, si tu ne la trouves pas, nous te gardons ici tant que durera la guerre.

BUSIRIS — Que dites-vous?

DEMOKOS — Tu abuses de ton rang, Hector.

HÉCUBE — On emprisonne le droit pendant la guerre. On peut bien emprisonner un juriste.

HECTOR — Tiens-le-toi pour dit, Busiris. Je n'ai jamais manqué [24] ni à mes menaces ni à mes promesses. Ou ces gardes te mènent en prison pour des années, ou tu pars ce soir même couvert d'or. Ainsi renseigné, soumets de nouveau la question à ton examen le plus impartial.

BUSIRIS — Évidemment,[25] il y a des recours.

HECTOR — J'en étais sûr.

BUSIRIS — Pour le premier manquement, par exemple, ne peut-on interpréter dans certaines mers bordées de régions fertiles le salut au bateau chargé de bœufs comme un hommage de la marine à l'agriculture?

HECTOR — En effet, c'est logique. Ce serait en somme le salut de la mer à la terre.

BUSIRIS — Sans compter qu'une cargaison de bétail peut être une cargaison de taureaux. L'hommage en ce cas touche même à la flatterie.

HECTOR — Voilà. Tu m'as compris. Nous y sommes.

BUSIRIS — Quant à la formation de face, il est tout aussi naturel de l'interpréter comme une avance que comme une provocation. Les femmes qui veulent avoir des enfants se présentent de face, et non de flanc.

HECTOR — Argument décisif.

BUSIRIS — D'autant que les Grecs ont à leur proue [26] des nymphes sculptées gigantesques. Il est per-

[22] ville lointaine de Sicile
[23] celui qui procure des armures aux
[24] été infidèle
[25] à bien considérer les choses
[26] avant de leurs navires

mis de dire que le fait de présenter aux Troyens, non plus le navire en tant qu'unité navale, mais la nymphe en tant que symbole fécondant, est juste le contraire d'une insulte. Une femme qui vient vers vous nue et les bras ouverts n'est pas une menace, mais une offre. Une offre à causer, en tout cas. . .

HECTOR — Et voilà notre honneur sauf, Demokos. Que l'on publie dans la ville la consultation de Busiris, et toi, Minos,[27] cours donner l'ordre au capitaine du port de faire immédiatement débarquer Ulysse.

DEMOKOS — Cela devient impossible de discuter l'honneur avec ces anciens combattants. Ils abusent vraiment du fait qu'on ne peut les traiter de lâches.

LE GÉOMÈTRE — Prononce en tout cas le discours aux morts, Hector. Cela te fera réfléchir. . .

HECTOR — Il n'y aura pas de discours aux morts.

PRIAM — La cérémonie le comporte. Le général victorieux doit rendre hommage aux morts quand les portes se ferment.

HECTOR — Un discours aux morts de la guerre, c'est un plaidoyer hypocrite pour les vivants, une demande d'acquittement.[28] C'est la spécialité des avocats. Je ne suis pas assez sûr de mon innocence. . .

DEMOKOS — Le commandement est irresponsable.

HECTOR — Hélas, tout le monde l'est, les dieux aussi! D'ailleurs je l'ai fait déjà, mon discours aux morts. Je le leur ai fait à leur dernière minute de vie, alors qu'adossés un peu de biais aux oliviers du champ de bataille, ils disposaient d'un reste d'ouïe et de regard. Et je peux vous répéter ce que je leur ai dit. Et à l'éventré, dont les prunelles tournaient déjà, j'ai dit: « Eh bien, mon vieux, ça ne va pas si mal que ça. . . » Et à celui dont la massue avait ouvert en deux le crâne: « Ce que tu peux être laid avec ce nez fendu! » Et à mon petit écuyer, dont le bras gauche pendait et dont fuyait le dernier sang: « Tu as de la chance de t'en tirer avec le bras gauche. . . » Et je suis heureux de leur avoir fait boire à chacun une suprême goutte à la gourde de la vie.[29]

C'était tout ce qu'ils réclamaient, ils sont morts en la suçant. . . Et je n'ajouterai pas un mot. Fermez les portes.

LA PETITE POLYXÈNE — Il est mort aussi, le petit écuyer?

HECTOR — Oui, mon chat. Il est mort. Il a soulevé la main droite. Quelqu'un que je ne voyais pas le prenait par sa main valide. Et il est mort.

DEMOKOS — Notre général semble confondre paroles aux mourants et discours aux morts.

PRIAM — Ne t'obstine pas, Hector.

HECTOR — Très bien, très bien, je leur parle. . .

(*Il se place au pied des portes.*)

HECTOR — Ô vous qui ne nous entendez pas, qui ne nous voyez pas, écoutez ces paroles, voyez ce cortège. Nous sommes les vainqueurs. Cela vous est bien égal, n'est-ce pas? Vous aussi vous l'êtes. Mais, nous, nous sommes les vainqueurs vivants. C'est ici que commence la différence. C'est ici que j'ai honte. Je ne sais si dans la foule des morts on distingue les morts vainqueurs par une cocarde.[30] Les vivants, vainqueurs ou non, ont la vraie cocarde, la double cocarde. Ce sont leurs yeux. Nous, nous avons deux yeux, mes pauvres amis. Nous voyons le soleil. Nous faisons tout ce qui se fait dans le soleil. Nous mangeons. Nous buvons. . . Et dans le clair de lune! . . . Nous couchons avec nos femmes. . . Avec les vôtres aussi. . .

DEMOKOS — Tu insultes les morts, maintenant?

HECTOR — Vraiment, tu crois?

DEMOKOS — Ou les morts, ou les vivants.

HECTOR — Il y a une distinction. . .

PRIAM — Achève, Hector. . . Les Grecs débarquent. . .

HECTOR — J'achève. . . Ô vous qui ne sentez pas, qui ne touchez pas, respirez cet encens, touchez ces offrandes. Puisqu'enfin c'est un général sincère qui vous parle, apprenez que je n'ai pas une tendresse égale, un respect égal pour vous tous. Tout morts que vous êtes,[31] il y a chez vous la même proportion de braves et de peureux que

---

[27] messager au service d'Hector
[28] pour les vivants, considérés comme criminels de guerre
[29] en leur parlant comme on parle aux vivants

[30] ironie sinistre à l'égard des nationalistes belliqueux et avides de décorations
[31] quoique vous soyez morts

chez nous qui avons survécu et vous ne me ferez pas confondre, à la faveur d'une cérémonie, les morts que j'admire avec les morts que je n'admire pas. Mais ce que j'ai à vous dire aujourd'hui, c'est que la guerre me semble la recette la 5 plus sordide et la plus hypocrite pour égaliser les humains et que je n'admets pas plus la mort comme châtiment ou comme expiation au lâche que comme récompense aux vivants. Aussi, qui que vous soyez,[32] vous absents, vous inexistants, 10 vous oubliés, vous sans occupation, sans repos, sans être,[33] je comprends en effet qu'il faille en fermant ces portes excuser près de vous ces déserteurs que sont les survivants, et ressentir comme un privilège et un vol ces deux biens qui 15 s'appellent, de deux noms dont j'espère que la résonance ne vous atteint jamais, la chaleur et le ciel.

LA PETITE POLYXÈNE — Les portes se ferment, maman!

HÉCUBE — Oui, chérie.

LA PETITE POLYXÈNE — Ce sont les morts qui les poussent.[34]

HÉCUBE — Ils aident, un petit peu.

LA PETITE POLYXÈNE — Ils aident bien, surtout à 25 droite.

HECTOR — C'est fait? Elles sont fermées?

LE GARDE — Un coffre-fort.[35] . .

HECTOR — Nous sommes en paix, père, nous sommes en paix.

HÉCUBE — Nous sommes en paix!

LA PETITE POLYXÈNE — On se sent bien mieux, n'est-ce pas, maman?

HECTOR — Vraiment, chérie!

LA PETITE POLYXÈNE — Moi je me sens bien mieux. 35

(La musique des Grecs éclate.)

UN MESSAGER — Leurs équipages ont mis pied à terre, Priam!

DEMOKOS — Quelle musique! Quelle horreur de 40 musique! C'est de la musique antitroyenne au plus haut point! Allons les recevoir comme il convient.

HECTOR — Recevez-les royalement et qu'ils soient ici sans encombre.[36] Vous êtes responsables!

LE GÉOMÈTRE — Opposons-leur en tout cas la musique troyenne. Hector, à défaut d'autre indignation, autorisera peut-être le conflit musical?

LA FOULE — Les Grecs! Les Grecs!

UN MESSAGER — Ulysse est sur l'estacade,[37] Priam! Où faut-il le conduire?

PRIAM — Ici même. Préviens-nous au palais. . . Toi aussi, viens, Pâris. Tu n'as pas trop à circuler, en ce moment.[38]

HECTOR — Allons préparer notre discours aux Grecs, père.

DEMOKOS — Prépare-le un peu mieux que celui aux morts, tu trouveras plus de contradiction. *Priam et ses fils sortent.* Tu t'en vas aussi, Hécube. Tu t'en vas sans nous avoir dit à quoi ressemblait la guerre?

HÉCUBE — Tu tiens à le savoir?

DEMOKOS — Si tu l'as vue, dis-le. 20

HÉCUBE — A un cul de singe. Quand la guenon est montée à l'arbre et nous montre un fondement rouge, tout squameux et glacé, ceint d'une perruque immonde, c'est exactement la guerre que l'on voit, c'est son visage.

DEMOKOS — Avec celui d'Hélène, cela lui en fait deux.[39]

(Il sort.)

ANDROMAQUE — La voilà justement, Hélène. 30

[*Andromaque fait intervenir la petite Polyxène, sa très jeune belle-sœur, auprès d'Hélène pour la décider à quitter Troie. La démarche puérile et touchante est restée évidemment sans résultat. Tel a été l'objet des scènes VI et VII.*]

SCÈNE VIII — HÉLÈNE, ANDROMAQUE

HÉLÈNE — L'explication, alors?

ANDROMAQUE — Je crois qu'il la faut.[40]

HÉLÈNE — Écoutez-les crier et discuter là-bas, tous tant qu'ils sont! Cela ne suffit pas? Il faut en-

---

[32] braves ou lâches
[33] sans vraie existence
[34] Elle a entendu le discours d'Hector.
[35] aussi bien fermées qu'un coffre-fort
[36] obstacle ou accident
[37] digue de bois contre laquelle accoste un navire
[38] Il risque un attentat. *Préviens:* devance.
[39] un beau visage et un laid
[40] Il faut que nous l'ayons.

core que les belles-sœurs s'expliquent? S'expliquent quoi, puisque je pars?

ANDROMAQUE — Que vous partiez ou non, ce n'est plus la question, Hélène.

HÉLÈNE — Dites cela à Hector. Vous faciliterez sa journée. 5

ANDROMAQUE — Oui, Hector s'accroche à l'idée de votre départ. Il est comme tous les hommes. Il suffit d'un lièvre pour le détourner du fourré où est la panthère. Le gibier des hommes peut se chasser ainsi. Pas celui des dieux.[41] 10

HÉLÈNE — Si vous avez découvert ce qu'ils veulent, les dieux, dans toute cette histoire, je vous félicite.

ANDROMAQUE — Je ne sais pas si les dieux veulent quelque chose. Mais l'univers veut quelque chose. Depuis ce matin, tout [42] me semble le réclamer, le crier, l'exiger, les hommes, les bêtes, les plantes. . . Jusqu'à cet enfant en moi. . . 15

HÉLÈNE — Ils réclament quoi?

ANDROMAQUE — Que vous aimiez Pâris. 20

HÉLÈNE — S'ils savent que je n'aime point Pâris, ils sont mieux renseignés que moi.[43]

ANDROMAQUE — Vous ne l'aimez pas! Peut-être pourriez-vous l'aimer. Mais, pour le moment, c'est dans un malentendu [44] que vous vivez tous deux. 25

HÉLÈNE — Je vis avec lui dans la bonne humeur, dans l'agrément, dans l'accord. Le malentendu de l'entente, je ne vois pas très bien ce que cela peut être.

ANDROMAQUE — Vous ne l'aimez pas. On ne s'entend pas, dans l'amour. La vie de deux époux qui s'aiment, c'est une perte de sang-froid perpétuelle. La dot des vrais couples est la même que celle des couples faux:[45] le désaccord originel.[46] Hector est le contraire de moi. Il n'a aucun de mes goûts. Nous passons notre journée ou à nous vaincre l'un l'autre ou à nous sacrifier. Les époux amoureux n'ont pas le visage clair.[47] 35

40

HÉLÈNE — Et si mon teint était de plomb,[48] quand j'approche Pâris, et mes yeux blancs, et mes mains moites, vous pensez que Ménélas en serait transporté,[49] les Grecs épanouis?

ANDROMAQUE — Peu importerait alors ce que pensent les Grecs!

HÉLÈNE — Et la guerre n'aurait pas lieu?

ANDROMAQUE — Peut-être, en effet, n'aurait-elle pas lieu! Peut-être, si vous vous aimiez, l'amour appellerait-il à son secours l'un de ses égaux, la générosité, l'intelligence. . . Personne, même le destin, ne s'attaque d'un cœur léger à la passion. . . Et même si elle avait lieu, tant pis!

HÉLÈNE — Ce ne serait sans doute pas la même guerre?

ANDROMAQUE — Oh! non, Hélène! Vous sentez bien ce qu'elle sera, cette lutte. Le sort ne prend pas tant de précautions pour un combat vulgaire. Il veut construire l'avenir sur elle, l'avenir de nos races, de nos peuples, de nos raisonnements. Et que nos idées et que notre avenir soient fondés sur l'histoire d'une femme et d'un homme qui s'aimaient, ce n'est pas si mal. Mais il ne voit pas que vous n'êtes qu'un couple officiel.[50] . . Penser que nous allons souffrir, mourir, pour un couple officiel, que la splendeur ou le malheur des âges,[51] que les habitudes des cerveaux et des siècles vont se fonder sur l'aventure de deux êtres qui ne s'aimaient pas, c'est là l'horreur.

HÉLÈNE — Si tous croient que nous nous aimons, cela revient au même. 30

ANDROMAQUE — Ils ne le croient pas. Mais aucun n'avouera qu'il ne le croit pas. Aux approches de la guerre, tous les êtres sécrètent une nouvelle sueur,[52] tous les événements revêtent un nouveau vernis, qui est le mensonge. Tous mentent. Nos vieillards n'adorent pas la beauté, ils s'adorent eux-mêmes, ils adorent la laideur. Et l'indignation des Grecs est un mensonge. Dieu sait s'ils se moquent [53] de ce que vous pouvez faire avec Pâris, les Grecs! Et leurs bateaux qui ac-

---

[41] Eux, ils poursuivent les hommes.
[42] *tout*: les hommes, les bêtes, les plantes
[43] Cf. sa scène avec Hector à l'acte I.
[44] situation mal comprise
[45] Les *vrais*: ceux qui s'aiment; les *faux*: ceux qui ne s'aiment pas.
[46] Qui remonte à l'origine, qui tient à la nature. A ce désaccord, Giraudoux a consacré toute une pièce, *Sodome et Gomorrhe*.
[47] Ils ont le visage assombri par les tourments.

[48] couleur de plomb
[49] de joie
[50] admis comme par la loi, et qui écarte toute idée de passion
[51] époques
[52] comme s'ils changeaient de peau
[53] Ils se moquent comme Dieu seul peut le savoir.

costent là-bas dans les banderolles et les hymnes, c'est un mensonge de la mer. Et la vie de mon fils, et la vie d'Hector vont se jouer sur l'hypocrisie et le simulacre,[54] c'est épouvantable!

HÉLÈNE — Alors?

ANDROMAQUE — Alors je vous en supplie, Hélène. Vous me voyez là pressée contre vous comme si je vous suppliais de m'aimer. Aimez Pâris! Ou dites-moi que je me trompe! Dites-moi que vous vous tuerez s'il mourait! Que vous accepterez qu'on vous défigure pour qu'il vive! . . . Alors la guerre ne sera plus qu'un fléau, pas une injustice.[55] J'essaierai de la supporter.

HÉLÈNE — Chère Andromaque, tout cela n'est pas si simple. Je ne passe point mes nuits, je l'avoue, à réfléchir sur le sort des humains, mais il m'a toujours semblé qu'ils se partageaient en deux sortes. Ceux qui sont, si vous voulez, la chair de la vie humaine. Et ceux qui en sont l'ordonnance, l'allure.[56] Les premiers ont le rire, les pleurs, et tout ce que vous voudrez en sécrétions.[57] Les autres ont le geste, la tenue, le regard. Si vous les obligez à ne faire qu'une race, cela ne va plus aller du tout. L'humanité doit autant à ses vedettes [58] qu'à ses martyrs.

ANDROMAQUE — Hélène!

HÉLÈNE — D'ailleurs vous êtes difficile. . . Je ne le trouve pas si mal que cela, mon amour. Il me plaît, à moi. Évidemment cela ne tire pas sur mon foie ou ma rate [59] quand Pâris m'abandonne pour le jeu de boules ou la pêche au congre. Mais je suis commandée par lui, aimantée [60] par lui. L'aimantation, c'est aussi un amour, autant que la promiscuité.[61] C'est une passion autrement [62] ancienne et féconde que celle qui s'exprime par les yeux rougis de pleurs ou se manifeste par le frottement. Je suis aussi à l'aise dans cet amour qu'une étoile dans sa constellation. J'y gravite, j'y scintille, c'est ma façon à moi de respirer et d'étreindre. On voit très bien

[54] apparence sans réalité
[55] Le fléau vient du destin, l'injustice vient des hommes.
[56] apparence brillante
[57] productions naturelles de l'organisme animal
[58] personnalités en vue
[59] Donc ne me bouleverse pas.
[60] attirée comme avec un aimant
[61] mélange confus de l'un avec l'autre
[62] beaucoup plus

les fils qu'il peut produire, cet amour, de grands êtres clairs, bien distincts, avec des doigts annelés et un nez court. Qu'est-ce qu'il va devenir, si j'y verse la jalousie, la tendresse et l'inquiétude! Le monde est déjà si nerveux: voyez vous-même!

ANDROMAQUE — Versez-y la pitié, Hélène. C'est la seule aide dont ait besoin le monde.

HÉLÈNE — Voilà, cela devait venir, le mot est dit.

ANDROMAQUE — Quel mot?

HÉLÈNE — Le mot Pitié. Adressez-vous ailleurs. Je ne suis pas très forte en pitié.

ANDROMAQUE — Parce que vous ne connaissez pas le malheur!

HÉLÈNE — Je le connais très bien. Et les malheureux aussi. Et nous sommes très à l'aise ensemble. Tout enfant, je passais mes journées dans les huttes collées au palais, avec les filles de pêcheurs, à dénicher et à élever des oiseaux. Je suis née d'un oiseau,[63] de là, j'imagine, cette passion. Et tous les malheurs du corps humain, pourvu qu'ils aient un rapport avec les oiseaux, je les connais en détail: le corps du père rejeté par la marée au petit matin, tout rigide, avec une tête de plus en plus énorme et frissonnante, car les mouettes s'assemblent pour picorer les yeux, et le corps de la mère ivre plumant vivant notre merle apprivoisé, et celui de la sœur surprise dans la haie avec l'ilote [64] de service au-dessous du nid de fauvettes en émoi. Et mon amie au chardonneret était difforme, et mon amie au bouvreuil était phtisique.[65] Et malgré ces ailes que je prêtais au genre humain, je le voyais ce qu'il est, rampant, malpropre, et misérable. Mais jamais je n'ai eu le sentiment qu'il exigeait la pitié.

ANDROMAQUE — Parce que vous ne le jugez digne que de mépris.

HÉLÈNE — C'est à savoir.[66] Cela peut venir aussi de ce que, tous ces malheureux, je les sens mes égaux, de ce que je les admets, de ce que ma santé, ma beauté et ma gloire je ne les juge pas très supérieures à leur misère. Cela peut être de la fraternité.

[63] Hélène était fille de Léda, femme d'un roi de Sparte, et de Jupiter métamorphsé en cygne (mythologie).
[64] esclave de l'État chez les Spartiates
[65] tuberculeuse
[66] Ce n'est pas sûr.

ANDROMAQUE — Vous blasphémez,[67] Hélène.

HÉLÈNE — Les gens ont pitié des autres dans la mesure où ils auraient pitié d'eux-mêmes.[68] Le malheur ou la laideur sont des miroirs qu'ils ne supportent pas. Je n'ai aucune pitié pour moi. Vous verrez, si la guerre éclate. Je supporte la faim, le mal sans souffrir, mieux que vous. Et l'injure. Si vous croyez que je n'entends pas les Troyennes sur mon passage! Et elles me traitent de garce! Et elles disent que le matin j'ai l'œil jaune. C'est faux ou c'est vrai. Mais cela m'est égal, si égal!

ANDROMAQUE — Arrêtez-vous, Hélène!

HÉLÈNE — Et si vous croyez que mon œil, dans ma collection de chromos en couleurs, comme dit votre mari,[69] ne me montre pas parfois une Hélène vieillie, avachie, édentée, suçotant accroupie quelque confiture dans sa cuisine! Et ce que [70] le plâtre de mon grimage [71] peut éclater de blancheur! Et ce que la groseille [72] peut être rouge! Et ce que c'est coloré et sûr et certain! . . . Cela m'est complètement indifférent.

ANDROMAQUE — Je suis perdue. . .

HÉLÈNE — Pourquoi? S'il suffit d'un couple parfait pour vous faire admettre la guerre, il y a toujours le vôtre, Andromaque.

SCÈNE IX — HÉLÈNE, ANDROMAQUE, OÏAX, PUIS HECTOR

OÏAX — Où est-il? Où se cache-t-il? Un lâche! Un Troyen!

HECTOR — Qui cherchez-vous?

OÏAX — Je cherche Pâris. . .

HECTOR — Je suis son frère.

OÏAX — Belle famille! Je suis Oïax! Qui es-tu?

HECTOR — On m'appelle Hector.

OÏAX — Moi je t'appelle beau-frère de pute! [73]

HECTOR — Je vois que la Grèce nous a envoyé des négociateurs.[74] Que voulez-vous?

OÏAX — La guerre!

HECTOR — Rien à espérer. Vous la voulez pourquoi?

OÏAX — Ton frère a enlevé Hélène.

HECTOR — Elle était consentante, à ce que l'on m'a dit.

OÏAX — Une Grecque fait ce qu'elle veut. Elle n'a pas à te demander la permission. C'est un cas de guerre.

HECTOR — Nous pouvons vous offrir des excuses.

OÏAX — Les Troyens n'offrent pas d'excuses. Nous ne partirons d'ici qu'avec votre déclaration de guerre.

HECTOR — Déclarez-la vous-mêmes.

OÏAX — Parfaitement, nous la déclarerons, et dès ce soir.

HECTOR — Vous mentez. Vous ne la déclarerez pas. Aucune île de l'archipel ne vous suivra si nous ne sommes pas les responsables. . . Nous ne le serons pas.

OÏAX — Tu ne la déclareras pas, toi, personnellement, si je te déclare que tu es un lâche?

HECTOR — C'est un genre de déclaration que j'accepte.

OÏAX — Je n'ai jamais vu manquer à ce point de réflexe [75] militaire! . . . Si je te dis ce que la Grèce entière pense de Troie, que Troie est le vice, la bêtise? . . .

HECTOR — Troie est l'entêtement. Vous n'aurez pas la guerre.

OÏAX — Si je crache sur elle?

HECTOR — Crachez.

OÏAX — Si je te frappe, toi son prince?

HECTOR — Essayez.

OÏAX — Si je frappe en plein visage le symbole de sa vanité et de son faux honneur? [76]

HECTOR — Frappez. . .

OÏAX, le giflant — Voilà. . . Si Madame est ta femme, Madame peut être fière.

HECTOR — Je la connais. . . Elle est fière.

SCÈNE X — LES MÊMES, DEMOKOS

DEMOKOS — Quel est ce vacarme! Que veut cet ivrogne, Hector?

---

[67] Vous outragez l'ordre divin des choses.
[68] Hélène parle comme le moraliste français La Rochefoucauld.
[69] Cf. la scène Hélène-Hector à l'acte I.
[70] ce que: comme
[71] terme forgé par l'auteur, pour *maquillage*, mais méprisant et amer
[72] grimage encore
[73] mot injurieux pour Hélène
[74] ironique

[75] réaction instinctive et immédiate à une impression extérieure
[76] Ce symbole est Hector.

HECTOR — Il ne veut rien. Il a ce qu'il veut.

DEMOKOS — Que se passe-t-il, Andromaque?

ANDROMAQUE — Rien.

OÏAX — Deux fois rien. Un Grec gifle Hector, et Hector encaisse.[77]

DEMOKOS — C'est vrai, Hector?

HECTOR — Complètement faux, n'est-ce pas, Hélène?

HÉLÈNE — Les Grecs sont très menteurs. Les hommes grecs.

OÏAX — C'est de nature[78] qu'il a une joue plus rouge que l'autre?

HECTOR — Oui. Je me porte bien de ce côté-là.

DEMOKOS — Dis la vérité, Hector. Il a osé porter la main sur toi?

HECTOR — C'est mon affaire.

DEMOKOS — C'est affaire de guerre. Tu es la statue même de Troie.[79]

HECTOR — Justement. On ne gifle pas les statues.

DEMOKOS — Qui es-tu, brute! Moi, je suis Demokos, second fils d'Achichaos!

OÏAX — Second fils d'Achichaos? Enchanté. Dis-moi, cela est-il aussi grave de gifler un second fils d'Achichaos que de gifler Hector?

DEMOKOS — Tout aussi grave, ivrogne. Je suis chef du Sénat. Si tu veux la guerre, la guerre jusqu'à la mort, tu n'as qu'à essayer.

OÏAX — Voilà. . . J'essaye.

(*Il gifle Demokos.*)

DEMOKOS — Troyens! Soldats! Au secours!

HECTOR — Tais-toi, Demokos!

DEMOKOS — Aux armes! On insulte Troie! Vengeance!

HECTOR — Je te dis de te taire.

DEMOKOS — Je crierai! . . . J'ameuterai[80] la ville!

HECTOR — Tais-toi! . . . Ou je te gifle!

DEMOKOS — Priam! Anchise![81] Venez voir la honte de Troie. Elle a Hector pour visage.

HECTOR — Tiens!

(*Hector a giflé Demokos. Oïax s'esclaffe.*)

---

[77] Cf. la note 15, page 337.
[78] *de nature:* naturellement, de naissance
[79] sa représentation symbolique
[80] J'appellerai et soulèverai.
[81] prince troyen (légende)

SCÈNE XI — LES MÊMES

(*Pendant la scène, Priam et les notables*[82] *viennent se grouper en face du passage par où doit entrer Ulysse.*)

PRIAM — Pourquoi ces cris, Demokos?

DEMOKOS — On m'a giflé.

OÏAX — Va te plaindre à Achichaos!

PRIAM — Qui t'a giflé?

DEMOKOS — Hector! Oïax! Hector! Oïax!

PÂRIS — Qu'est-ce qu'il raconte? Il est fou!

HECTOR — On ne l'a pas giflé du tout, n'est-ce pas, Hélène?

HÉLÈNE — Je regardais pourtant bien, je n'ai rien vu.

OÏAX — Ses deux joues sont de la même couleur.

PÂRIS — Les poètes s'agitent souvent sans raison. C'est ce qu'ils appellent leurs transes. Il va nous en sortir notre chant national.

DEMOKOS — Tu me le paieras, Hector. . .

DES VOIX — Ulysse. Voici Ulysse. . .

(*Oïax s'est avancé tout cordial vers Hector.*)

OÏAX — Bravo! Du cran.[83] Noble adversaire. Belle gifle. . .

HECTOR — J'ai fait de mon mieux.

OÏAX — Excellente méthode aussi. Coude fixe. Poignet biaisé.[84] Grande sécurité pour carpe et métacarpe.[85] Ta gifle doit être plus forte que la mienne.

HECTOR — J'en doute.

OÏAX — Tu dois admirablement lancer le javelot avec ce radius en fer[86] et ce cubitus à pivot.[87]

HECTOR — Soixante-dix mètres.

OÏAX — Révérence![88] Mon cher Hector, excuse-moi. Je retire[89] mes menaces. Je retire ma gifle. Nous avons des ennemis communs, ce sont les fils d'Achichaos. Je ne me bats pas contre ceux qui

---

[82] personnages importants de la ville
[83] courage (familier)
[84] tourné de biais
[85] Os du poignet et os de la main. Oïax est un sportif.
[86] radius (petit os de l'avant-bras) dur comme du fer chez Hector
[87] cubitus (gros os de l'avant-bras) qui tourne comme sur un pivot chez Hector
[88] Je te tire ma révérence.
[89] Je désavoue.

ont avec moi pour ennemis les fils d'Achichaos. Ne parlons plus de guerre. Je ne sais ce qu'Ulysse rumine,[90] mais compte sur moi pour arranger l'histoire.[91] . .

(*Il va au-devant d'Ulysse avec lequel il rentrera.*)

ANDROMAQUE — Je t'aime, Hector.

HECTOR *montrant sa joue* — Oui. Mais ne m'embrasse pas encore tout de suite, veux-tu?

ANDROMAQUE — Tu as gagné encore ce combat. Aie confiance.

HECTOR — Je gagne chaque combat. Mais de chaque victoire l'enjeu s'envole.[92]

SCÈNE XII — PRIAM, HÉCUBE, LES TROYENS, LE GABIER, OLPIDÈS, IRIS, LES TROYENNES, ULYSSE, OÏAX ET LEUR SUITE

ULYSSE — Priam et Hector, je pense?

PRIAM — Eux-mêmes. Et derrière eux, Troie, et les faubourgs de Troie, et la campagne de Troie, et l'Hellespont, et ce pays comme un poing fermé[93] qui est la Phrygie. Vous êtes Ulysse?

ULYSSE — Je suis Ulysse.

PRIAM — Et voilà Anchise. Et derrière lui, la Thrace, le Pont, et cette main ouverte[94] qu'est la Tauride.

ULYSSE — Beaucoup de monde pour une conversation diplomatique.

PRIAM — Et voici Hélène.

ULYSSE — Bonjour, reine.

HÉLÈNE — J'ai rajeuni ici, Ulysse. Je ne suis plus que princesse.

PRIAM — Nous vous écoutons.

OÏAX — Ulysse, parle à Priam. Moi je parle à Hector.

ULYSSE — Priam, nous sommes venus pour reprendre Hélène.

OÏAX — Tu le comprends, n'est-ce pas, Hector? Ça ne pouvait pas se passer comme ça![95]

ULYSSE — La Grèce et Ménélas crient vengeance.

OÏAX — Si les maris trompés ne criaient pas vengeance, qu'est-ce qu'il leur resterait?

ULYSSE — Qu'Hélène nous soit donc rendue dans l'heure même. Ou c'est la guerre.

OÏAX — Il y a les adieux à faire.

HECTOR — Et c'est tout?

ULYSSE — C'est tout.

OÏAX — Ce n'est pas long, tu vois, Hector?

HECTOR — Ainsi, si nous vous rendons Hélène, vous nous assurez la paix.

OÏAX — Et la tranquillité.

HECTOR — Si elle s'embarque dans l'heure, l'affaire est close.[96]

OÏAX — Et liquidée.[97]

HECTOR — Je crois que nous allons pouvoir nous entendre, n'est-ce pas, Hélène?

HÉLÈNE — Oui, je le pense.

ULYSSE — Vous ne voulez pas dire qu'Hélène va nous être rendue?

HECTOR — Cela même.[98] Elle est prête.

OÏAX — Pour les bagages, elle en aura toujours plus au retour qu'elle n'en avait au départ.

HECTOR — Nous vous la rendons, et vous garantissez la paix. Plus de représailles, plus de vengeance?

OÏAX — Une femme perdue, une femme retrouvée, et c'est justement la même. Parfait! N'est-ce pas, Ulysse?

ULYSSE — Pardon! Je ne garantis rien. Pour que nous renoncions à toutes représailles, il faudrait qu'il n'y eût pas prétexte à représailles.[99] Il faudrait que Ménélas retrouvât Hélène dans l'état même où elle lui fut ravie.

HECTOR — A quoi reconnaîtra-t-il un changement?

ULYSSE — Un mari est subtil quand un scandale mondial l'a averti.[100] Il faudrait que Pâris eût respecté Hélène. Et ce n'est pas le cas. . .

LA FOULE — Ah non! Ce n'est pas le cas!

UNE VOIX — Pas précisément!

HECTOR — Et si c'était le cas?

ULYSSE — Où voulez-vous en venir, Hector?

---

[90] tourne et retourne dans son esprit (métaphore familière)

[91] On dit généralement: *arranger l'affaire.*

[92] L'enjeu pour Hector (ce pour quoi il se bat), c'est la paix.

[93] prêt à se battre

[94] pour l'entente

[95] *comme ça:* sans qu'il n'arrive rien

[96] sans suite

[97] réglée

[98] C'est cela que je veux dire.

[99] raison apparente invoquée pour engager une lutte vengeresse

[100] sous-entendu: *de son malheur*

HECTOR— Pâris n'a pas touché Hélène. Tous deux m'ont fait leurs confidences.

ULYSSE — Quelle est cette histoire?

HECTOR — La vraie histoire, n'est-ce pas, Hélène?

HÉLÈNE — Qu'a-t-elle d'extraordinaire?

UNE VOIX — C'est épouvantable! Nous sommes déshonorés!

[*La scène douzième s'achève sur le témoignage amusant de matelots troyens qui n'admettent pas que les capacités amoureuses de leur compatriote Pâris soient contestées. Ils racontent les occupations du couple auxquelles ils ont assisté pendant la traversée: c'est le cas de dire que la thèse imaginée par Hector tombe à l'eau.*]

SCÈNE XIII — ULYSSE, HECTOR

HECTOR — Et voilà le vrai combat, Ulysse.

ULYSSE — Le combat d'où sortira ou ne sortira pas la guerre, oui.

HECTOR — Elle en sortira?

ULYSSE — Nous allons le savoir dans cinq minutes.

HECTOR — Si c'est un combat de paroles, mes chances sont faibles.[1]

ULYSSE — Je crois que cela sera plutôt une pesée.[2] Nous avons vraiment l'air d'être chacun sur le plateau d'une balance. Le poids parlera. . .

HECTOR — Mon poids? Ce que je pèse, Ulysse? Je pèse un homme jeune, une femme jeune, un enfant à naître. Je pèse la joie de vivre, la confiance de vivre, l'élan vers ce qui est juste et naturel.

ULYSSE — Je pèse l'homme adulte, la femme de trente ans, le fils que je mesure chaque mois avec des encoches,[3] contre le chambranle du palais. . . Mon beau-père prétend que j'abîme la menuiserie. . . Je pèse la volupté de vivre et la méfiance de la vie.

HECTOR — Je pèse la chasse, le courage, la fidélité, l'amour.

ULYSSE — Je pèse la circonspection[4] devant les dieux, les hommes, et les choses.

HECTOR — Je pèse le chêne phrygien, tous les chênes phrygiens feuillus et trapus, épars sur nos collines avec nos bœufs frisés.

ULYSSE — Je pèse l'olivier.

HECTOR — Je pèse le faucon, je regarde le soleil en face.

ULYSSE — Je pèse la chouette.

HECTOR — Je pèse tout un peuple de paysans débonnaires, d'artisans laborieux, de milliers de charrues, de métiers à tisser, de forges et d'enclumes. . . Oh! pourquoi, devant vous, tous ces poids me paraissent-ils tout à coup si légers!

ULYSSE — Je pèse ce que pèse cet air incorruptible et impitoyable[5] sur la côte et sur l'archipel.

HECTOR — Pourquoi continuer? la balance s'incline.

ULYSSE — De mon côté? . . . Oui, je le crois.[6]

HECTOR — Et vous voulez la guerre?[7]

ULYSSE — Je ne la veux pas. Mais je suis moins sûr de ses intentions à elle.[8]

HECTOR — Nos peuples nous ont délégués tous deux ici pour la conjurer.[9] Notre seule réunion signifie que rien n'est perdu. . .

ULYSSE — Vous êtes jeune, Hector! . . . A la veille de toute guerre, il est courant que deux chefs des peuples en conflit se rencontrent seuls dans quelque innocent village, sur la terrasse au bord d'un lac, dans l'angle d'un jardin. Et ils conviennent que la guerre est le pire fléau du monde, et tous deux, à suivre du regard ces reflets et ces rides sur les eaux, à recevoir sur l'épaule ces pétales de magnolias, ils sont pacifiques, modestes, loyaux. Et ils s'étudient. Ils se regardent. Et, tiédis par le soleil, attendris par un vin clairet, ils ne trouvent dans le visage d'en face aucun trait qui justifie la haine, aucun trait qui n'appelle l'amour humain, et rien d'incompatible non plus dans leurs langages, dans leur façon de se gratter le nez ou de boire. Et ils sont vraiment comblés de paix, de désirs de paix. Et ils se quittent en se serrant les mains, en se sentant des frères. Et ils se retournent de leur calèche pour se sourire. . . Et le lendemain pourtant éclate la guerre. . . Ainsi nous sommes tous deux maintenant. . . Nos

---

[1] La tradition homérique a fait à Ulysse une grande réputation d'orateur et de diplomate.

[2] comparaison de poids

[3] petites entailles faites dans un chambranle, encadrement en bois d'une porte contre laquelle se plaque l'enfant

[4] prudence attentive

[5] pureté absolue de l'atmosphère

[6] C'est son pays qui a le plus de chances positives.

[7] Dans ces conditions, pourquoi voulez-vous la guerre?

[8] La guerre est une forme du destin imprévisible aux hommes.

[9] l'empêcher d'éclater

peuples autour de l'entretien se taisent et s'écartent, mais ce n'est pas qu'ils attendent de nous une victoire sur l'inéluctable.[10] C'est seulement qu'ils nous ont donné pleins pouvoirs, qu'ils nous ont isolés, pour que nous goûtions mieux, au-dessus de la catastrophe, notre fraternité d'ennemis. Goûtons-la. C'est un plat de riches.[11] Savourons-la. . . Mais c'est tout. Le privilège des grands,[12] c'est de voir les catastrophes d'une terrasse.

HECTOR — C'est une conversation d'ennemis que nous avons là?

ULYSSE — C'est un duo avant l'orchestre. C'est le duo des récitants[13] avant la guerre. Parce que nous avons été créés sensés, justes et courtois, nous nous parlons, une heure avant la guerre, comme nous nous parlerons longtemps après, en anciens combattants. Nous nous réconcilions avant la lutte même, c'est toujours cela. Peut-être d'ailleurs avons-nous tort. Si l'un de nous doit un jour tuer l'autre et arracher pour reconnaître sa victime la visière de son casque, il vaudrait peut-être mieux qu'il ne lui donnât pas[14] un visage de frère. . . Mais l'univers le sait, nous allons nous battre.

HECTOR — L'univers peut se tromper. C'est à cela qu'on reconnaît l'erreur, elle est universelle.

ULYSSE — Espérons-le. Mais quand le destin, depuis des années, a surélevé deux peuples, quand il leur a ouvert le même avenir d'invention et d'omnipotence, quand il a fait de chacun, comme nous l'étions tout à l'heure sur la bascule, un poids précieux et différent pour peser le plaisir, la conscience et jusqu'à la nature,[15] quand par leurs architectes, leurs poètes, leurs teinturiers, il leur a donné à chacun un royaume opposé de volumes, de sons et de nuances, quand il leur a fait inventer le toit en charpente troyen et la voûte thébaine,[16] le rouge phrygien et l'indigo grec, l'univers sait bien qu'il n'entend pas pré-

parer ainsi aux hommes deux chemins de couleur et d'épanouissement, mais se ménager son festival,[17] le déchaînement de cette brutalité et de cette folie humaines qui seules rassurent les dieux. C'est de la petite politique, j'en conviens. Mais nous sommes chefs d'État, nous pouvons bien entre nous deux le dire: c'est couramment celle du Destin.

HECTOR — Et c'est Troie et c'est la Grèce qu'il a choisies cette fois?

ULYSSE — Ce matin j'en doutais encore. J'ai posé le pied sur votre estacade, et[18] j'en suis sûr.

HECTOR — Vous vous êtes senti sur un sol ennemi?

ULYSSE — Pourquoi toujours revenir à ce mot ennemi! Faut-il vous le redire? Ce ne sont pas les ennemis naturels qui se battent. Il est des peuples que tout désigne pour une guerre, leur peau, leur langue et leur odeur, ils se jalousent, ils se haïssent, ils ne peuvent pas se sentir.[19] . . Ceux-là ne se battent jamais. Ceux qui se battent, ce sont ceux que le sort a lustrés[20] et préparés pour une même guerre: ce sont les adversaires.

HECTOR — Et nous sommes prêts pour la guerre grecque?

ULYSSE — A un point incroyable. Comme la nature munit les insectes dont elle prévoit la lutte, de faiblesses et d'armes qui se correspondent, à distance, sans que nous nous connaissions, sans que nous nous en doutions, nous nous sommes élevés tous deux au niveau de notre guerre. Tout correspond de nos armes et de nos habitudes comme des roues à pignon.[21] Et le regard de vos femmes, et le teint de vos filles sont les seuls qui ne suscitent en nous ni la brutalité, ni le désir, mais cette angoisse du cœur et de la joie qui est l'horizon de la guerre. Frontons et leurs soutaches d'ombre et de feu,[22] hennissements des chevaux, peplums disparaissant à l'angle d'une colonnade, le sort a tout passé[23] chez vous à cette couleur d'orage qui m'impose pour la pre-

---

[10] ce qu'on ne peut éviter
[11] C'est-à-dire: que ne peuvent s'offrir que des civilisés chanceux.
[12] premiers personnages de l'État
[13] ceux qui dans un drame lyrique chantent les récits
[14] comme il le fait par cette entente actuelle
[15] nature du sol et du climat
[16] pratiquée à Thèbes, ville de Grèce centrale

[17] grande fête musicale (ironie amère)
[18] et maintenant
[19] se supporter l'un l'autre
[20] On frottait d'huile les athlètes pour la lutte.
[21] roues dentées qui s'engrènent sur d'autres roues l'une plus grande et l'autre plus petite
[22] soleil
[23] repeint

mière fois le relief [24] de l'avenir. Il n'y a rien à faire. Vous êtes dans la lumière de la guerre grecque.

HECTOR — Et c'est ce que pensent aussi les autres Grecs?

ULYSSE — Ce qu'ils pensent n'est pas plus rassurant. Les autres Grecs pensent que Troie est riche, ses entrepôts magnifiques, sa banlieue fertile. Ils pensent qu'ils sont à l'étroit sur du roc. L'or de vos temples, celui de vos blés et de votre colza, ont fait à chacun de nos navires, de nos promontoires, un signe qu'il n'oublie pas. Il n'est pas très prudent d'avoir des dieux et des légumes trop dorés.

HECTOR — Voilà enfin une parole franche. . . La Grèce en nous s'est choisi une proie. Pourquoi alors une déclaration de guerre? Il était plus simple de profiter de mon absence pour bondir sur Troie. Vous l'auriez eue sans coup férir. [25]

ULYSSE — Il est une espèce de consentement à la guerre que donne seulement l'atmosphère, l'acoustique [26] et l'humeur du monde. Il serait dément d'entreprendre une guerre sans l'avoir. [27] Nous ne l'avions pas.

HECTOR — Vous l'avez maintenant!

ULYSSE — Je crois que nous l'avons.

HECTOR — Qui vous l'a donné contre nous? Troie est réputée pour son humanité, sa justice, ses arts?

ULYSSE — Ce n'est pas par des crimes qu'un peuple se met en situation fausse avec son destin, [28] mais par des fautes. Son armée est forte, sa caisse [29] abondante, ses poètes en plein fonctionnement. Mais un jour, on ne sait pourquoi, du fait que ses citoyens coupent méchamment les arbres, que son prince enlève vilainement une femme, que ses enfants adoptent une mauvaise turbulence, il est perdu. Les nations, comme les hommes, meurent d'imperceptibles impolitesses. C'est à leur façon d'éternuer ou d'éculer [30] leurs talons que se reconnaissent les peuples condam-

nés. . . Vous avez sans doute mal enlevé Hélène. . .

HECTOR — Vous voyez la proportion entre le rapt d'une femme et la guerre où l'un de nos peuples périra?

ULYSSE — Nous parlons d'Hélène. Vous vous êtes trompés sur Hélène. Pâris et vous. Depuis quinze ans je la connais, je l'observe. Il n'y a aucun doute. Elle est une des rares créatures que le destin met en circulation sur la terre pour son usage personnel. [31] Elles n'ont l'air de rien. [32] Elles sont parfois une bourgade, presque un village, une petite reine, presque une petite fille, mais si vous les touchez, prenez garde! C'est là la difficulté de la vie, de distinguer, entre les êtres et les objets, celui qui est l'otage du destin. [33] Vous ne l'avez pas distingué. Vous pouviez toucher impunément à nos grands amiraux, à nos rois. Pâris pouvait se laisser aller sans danger dans les lits de Sparte ou de Thèbes, à vingt généreuses étreintes. Il a choisi le cerveau le plus étroit, le cœur le plus rigide, le sexe le plus étroit. . . Vous êtes perdus.

HECTOR — Nous vous rendons Hélène.

ULYSSE — L'insulte au destin ne comporte pas la restitution. [34]

HECTOR — Pourquoi discuter alors! Sous vos paroles, je vois enfin la vérité. Avouez-le. Vous voulez nos richesses! Vous avez fait enlever Hélène pour avoir à la guerre un prétexte honorable! J'en rougis pour la Grèce. Elle en sera éternellement responsable et honteuse.

ULYSSE — Responsable et honteuse? Croyez-vous! Les deux mots ne s'accordent guère. Si nous nous savions vraiment responsables de la guerre, il suffirait à notre génération actuelle de nier et de mentir pour assurer la bonne foi et la bonne conscience de toutes nos générations futures. Nous mentirons. Nous nous sacrifierons.

HECTOR — Eh bien, le sort en est jeté, Ulysse! Va pour la guerre! A mesure que j'ai plus de haine pour elle, il me vient d'ailleurs un désir plus incoercible [35] de tuer. . . Partez, puisque vous me refusez votre aide. . .

---

[24] la forme évidente
[25] sans bataille (gallicisme)
[26] propagation des sons
[27] sans avoir le consentement
[28] déroulement des événements historiques
[29] sa réserve d'or
[30] user et déformer par derrière

[31] C'est une « femme fatale ».
[32] rien d'important
[33] celui que le destin se réserve comme garantie
[34] ne peut être annulée en rendant Hélène
[35] auquel on ne peut résister

ULYSSE — Comprenez-moi, Hector! . . . Mon aide vous est acquise. Ne m'en veuillez pas d'interpréter le sort. J'ai voulu seulement lire dans ces grandes lignes [36] que sont, sur l'univers, les voies des caravanes, les chemins des navires, le tracé des grues volantes et des races. Donnez-moi votre main. Elle aussi a ses lignes. Mais ne cherchons pas si leur leçon est la même. Admettons que les trois petites rides au fond de la main d'Hector disent le contraire de ce qu'assurent les fleuves, les vols [37] et les sillages. Je suis curieux de nature, et je n'ai pas peur. Je veux bien aller contre le sort. J'accepte Hélène. Je la rendrai à Ménélas. Je possède beaucoup plus d'éloquence qu'il n'en faut pour faire croire un mari à la vertu de sa femme. J'amènerai même Hélène à y croire elle-même. Et je pars à l'instant, pour éviter toute surprise. Une fois au navire, peut-être risquons-nous de déjouer la guerre.

HECTOR — Est-ce là la ruse d'Ulysse, ou sa grandeur?

ULYSSE — Je ruse en ce moment contre le destin, non contre vous. C'est mon premier essai et j'y ai plus de mérite. Je suis sincère, Hector. . . Si je voulais la guerre, je ne vous demanderais pas Hélène, mais une rançon qui vous est plus chère.[38] . . Je pars. . . Mais je ne peux me défendre de l'impression qu'il est bien long, le chemin qui va de cette place à mon navire.[39]

HECTOR — Ma garde vous escorte.

ULYSSE — Il est long comme le parcours officiel des rois en visite quand l'attentat menace. . . Où se cachent les conjurés? Heureux nous sommes, si ce n'est pas dans le ciel même. . . Et le chemin d'ici à ce coin du palais est long. . . Et long mon premier pas. . . Comment va-t-il se faire, mon premier pas, entre tous ces périls? Vais-je glisser et me tuer? . . . Une corniche [40] va-t-elle s'effondrer sur moi de cet angle? Tout est maçonnerie neuve ici, et j'attends la pierre croulante. . . Du courage. . . Allons-y.

(Il fait un premier pas.)

HECTOR — Merci, Ulysse.

ULYSSE — Le premier pas va. . . Il en reste combien?

HECTOR — Quatre cent soixante.

ULYSSE — Au second! Vous savez ce qui me décide à partir, Hector. . .

HECTOR — Je le sais. La noblesse.[41]

ULYSSE — Pas précisément. . . Andromaque a le même battement de cils que Pénélope.[42]

SCÈNE XIV — ANDROMAQUE, CASSANDRE, HECTOR, ABNÉOS, puis OÏAX, puis DEMOKOS

HECTOR — Tu étais là, Andromaque?

ANDROMAQUE — Soutiens-moi. Je n'en puis plus!

HECTOR — Tu nous écoutais?

ANDROMAQUE — Oui. Je suis brisée.

HECTOR — Tu vois qu'il ne nous faut pas désespérer. . .

ANDROMAQUE — De nous peut-être. Du monde, oui. . . Cet homme est effroyable. La misère du monde est sur moi.

HECTOR — Une minute encore, et Ulysse est [43] à son bord. . . Il marche vite. D'ici l'on suit son cortège. Le voilà déjà en face des fontaines. Que fais-tu?

ANDROMAQUE — Je n'ai plus la force d'entendre. Je me bouche les oreilles. Je n'enlèverai pas mes mains avant que notre sort soit fixé. . .

HECTOR — Cherche Hélène, Cassandre!

(Oïax entre sur la scène, de plus en plus ivre. Il voit Andromaque de dos.)

CASSANDRE — Ulysse vous attend au port, Oïax. On vous y conduit Hélène.

OÏAX — Hélène! Je me moque d'Hélène! C'est celle-là que je veux tenir dans mes bras.

CASSANDRE — Partez, Oïax. C'est la femme d'Hector.

OÏAX — La femme d'Hector! Bravo! J'ai toujours préféré les femmes de mes amis, de mes vrais amis!

CASSANDRE — Ulysse est déjà à mi-chemin. . . Partez.

---

[36] comparables en grand aux lignes de la main
[37] vols des grues
[38] Il pense à Andromaque.
[39] Il pense à un attentat possible.
[40] ornement architectural en saillie au haut d'un mur extérieur
[41] noblesse de cœur
[42] femme d'Ulysse
[43] *Est:* pour *sera.* Ce présent marque la rapidité de l'action.

oïax — Ne te fâche pas. Elle se bouche les oreilles. Je peux donc tout lui dire, puisqu'elle n'entendra pas. Si je la touchais, si je l'embrassais, évidemment! Mais des paroles qu'on n'entend pas, rien de moins grave.

cassandre — Rien de plus grave.[44] Allez, Oïax!

oïax *pendant que Cassandre essaie par la force de l'éloigner d'Andromaque et que Hector lève peu à peu son javelot* — Tu crois? Alors autant la toucher. Autant l'embrasser. Mais chastement! . . . Toujours chastement, les femmes des vrais amis! Qu'est-ce qu'elle a de plus chaste, ta femme, Hector, le cou? Voilà pour le cou. . . L'oreille aussi m'a un gentil petit air tout à fait chaste! Voilà pour l'oreille. . . Je vais te dire, moi, ce que j'ai toujours trouvé de plus chaste dans la femme. . . Laisse-moi! . . . Laisse-moi! . . . Elle n'entend pas les baisers non plus. . . Ce que tu es forte![45] . . . Je viens. . . Je viens. . . Adieu. (*Il sort.*)

(*Hector baisse imperceptiblement son javelot. A ce moment Demokos fait irruption.*)

demokos — Quelle est cette lâcheté? Tu rends Hélène? Troyens, aux armes! On nous trahit. . . Rassemblez-vous. . . Et votre chant de guerre est prêt! Écoutez votre chant de guerre!

hector — Voilà pour ton chant de guerre![46]

demokos *tombant* — Il m'a tué!

hector — La guerre n'aura pas lieu, Andromaque![47]

(*Il essaie de détacher les mains d'Andromaque qui résiste, les yeux fixés sur Demokos. Le rideau qui avait commencé à tomber se relève peu à peu.*)

abnéos — On a tué Demokos! Qui a tué Demokos?

demokos — Qui m'a tué? . . . Oïax![48] . . . Oïax! . . . Tuez-le!

abnéos — Tuez Oïax!

hector — Il ment. C'est moi qui l'ai frappé.

demokos — Non. C'est Oïax. . .

abnéos — Oïax a tué Demokos. . . Rattrapez-le! . . . Châtiez-le!

hector — C'est moi, Demokos, avoue-le! Avoue-le, ou je t'achève![49]

demokos — Non, mon cher Hector, mon bien cher Hector. C'est Oïax! Tuez Oïax!

cassandre — Il meurt, comme il a vécu, en coassant.[50]

abnéos — Voilà. . . Ils tiennent Oïax. . . Voilà. Ils l'ont tué!

hector *détachant les mains d'Andromaque* — Elle aura lieu.[51]

(*Les portes de la guerre s'ouvrent lentement. Elles découvrent Hélène qui embrasse Troïlus.[52]*)

cassandre — Le poète troyen[53] est mort. . . La parole est au poète grec.[54]

(*Le Rideau tombe définitivement.*)

REPRODUIT AVEC L'AUTORISATION DES ÉDITIONS
BERNARD GRASSET

[48] Demokos, avant de mourir, dénonce Oïax comme son meurtrier, afin d'exciter les Troyens à la guerre de représailles.

[49] Il l'avait seulement blessé.

[50] en ne cessant de crier comme les grenouilles et les crapauds

[51] puisque les Grecs auront comme prétexte la mort d'Oïax

[52] jeune Troyen qui plaît à Hélène

[53] Démokos

[54] Ce sera Homère, auteur de l'*Iliade,* qui racontera la guerre de Troie.

[44] Elles passent sur les humains comme le vent du destin.

[45] Ces mots s'adressent à Cassandre qui l'empêche d'approcher d'Andromaque.

[46] Sur ces mots, il le tue de son javelot.

[47] puisque le fauteur de guerre est abattu

HENRY DE MONTHERLANT (1896–1973)

Né à Paris le 21 avril 1896, Henry de Montherlant appartient à une famille de noblesse picarde. Sa mère, profondément janséniste, pratiquait une religion sévère. Son père, passionné d'équitation, conservait une tradition familiale de l'honneur.

L'HOMME

Au collège Sainte-Croix de Neuilly, il fut un élève indiscipliné que les directeurs durent mettre à la porte et il prépara seul son baccalauréat de philosophie.

A quinze ans il était déjà descendu dans une arène de jeunes taureaux. Engagé volontaire pendant la guerre, il y récolta plusieurs blessures et des citations. Il a pratiqué les sports avec zèle.

Montherlant avait vingt ans quand il écrivit *La Relève du matin* qui décrit avec dévotion la vie adolescente dans la vie du collège et qu'il publia en 1920. *Le Songe* (1922) raconte sa vie de guerre avec une virilité noble mais arrogante. Il a ensuite transporté l'esprit et les vertus de guerre dans la pratique des sports. Il a ainsi repris la tradition antique du *mens sana in corpore sano*. Deux essais, *Le Paradis à l'ombre des épées* et *Les Onze devant la porte dorée*, réunis dans *Les Olympiques* (1924) rendent compte de cette attitude. L'œuvre est un véritable évangile d'une religion du Stade.

Cette religion se prolonge dans *Les Bestiaires* (1926) par le culte du taureau et de la taureaumachie. Ici l'intrigue n'est qu'un prétexte pour faire vivre le lecteur dans l'atmosphère taurine d'Espagne, et Montherlant y mêle l'atmosphère de la Rome antique, de la semaine sainte à Séville, et même toute une mythologie sur le taureau et le dieu Mithra.

Montherlant a subi l'influence de Barrès et a tenu comme lui à voyager dans les pays méditerranéens. Il y a cherché un assouvissement impossible de ses désirs sensuels et poétiques et a pratiqué l'alternance, c'est-à-dire qu'il s'est plu à renoncer après s'être assouvi, à fuir après avoir désiré. Il a fait la théorie de cette méthode dans *Aux Fontaines du désir* (1927) et il l'a romancée, sur un mode mi-lyrique mi-analytique, dans *La Petite Infante de Castille* (1929).

Rentré en France, il a publié *Les Célibataires* (1934), satire plus apitoyée que cruelle d'une aristocratie déchue, et les quatre romans qui forment un cycle fameux: *Les Jeunes Filles* (1936), *Pitié pour les femmes* (1936), *Le Démon du bien* (1937), *Les Lépreuses* (1939), livres chaotiques où le romancier, sous le nom de Pierre Costals, lutte contre l'attrait féminin avec une clairvoyance cynique, défend sa liberté contre la tentation du mariage, échappe finalement à ces femmes avec qui il a joué plus ou moins cyniquement. Il a savamment dessiné et peint ces femmes dans leur diversité de cœur et d'esprit. Mais sa misogynie méprisante a indigné tout un public.

Correspondant de guerre en 1940 pour le compte du journal hebdomadaire

Marianne, légèrement blessé, soigné à Nice, il s'est surtout préparé pendant ce temps à s'affirmer au théâtre. *La Reine morte* fut représentée en 1942 avec un succès éclatant.

Depuis lors, la biographie de Montherlant se confond avec la suite de ses ouvrages. Il est entré en 1960 à l'Académie française. Dégoûté de la vie, malade, il s'est suicidé en 1973.

Il existe en Montherlant un penseur qui, ayant amalgamé la leçon de Nietzsche avec celles des rhéteurs romains, a proposé aux Français, entre les deux guerres, un programme de lucidité, de courage civique, de générosité sociale, dans *Service inutile* (1935) et dans *L'Équinoxe de septembre* (1939). Il devait poursuivre dans ce sens avec *Solstice de juin* (1940) et aller, dans *Les Chevaleries* (1941), jusqu'à rêver d'ordres stoïciens fondés par les élites. Dans la suite, sa pensée a incliné davantage vers un détachement des biens terrestres, vers une acceptation païenne du destin quotidien, pensée exprimée en des pages magnifiques dans *Le Fichier parisien* (1952). A cette série d'essais rattachons les *Cahiers,* publiées en 1959, dans lesquels Montherlant a rassemblé toutes ses reflexions de moraliste que ses ouvrages antérieurs n'avaient pas utilisées. Ils composent un miroir de sa personne et une somme de ses pensées qui étonnent souvent par ce qu'elles offrent de contradictoire et par la désinvolture avec laquelle elles passent de la plus haute noblesse à des vulgarités surprenantes.

L'ŒUVRE

La prose de Montherlant n'apparaît pas moins belle dans son théâtre que dans ses autres productions. Quelle place occupe le théâtre dans son œuvre? On a le droit d'affrmer qu'il la domine, car il rassemble dans une unité puissante ses dons, ses tendances, ses idées.

La Reine morte (1942), conflit de l'amour et de la raison d'État, *Fils de personne* (1944), drame d'un père qui rejette son fils, *Le Maître de Santiago* (1948), drame de l'inspiration à l'absolu, *Malatesta* (1948), «le drame de l'homme pour l'idée qu'il se fait de soi et qu'il veut imposer aux autres», *Demain il fera jour* (1949), *Celles qu'on prend dans ses bras* (1950); *Port-Royal* (1954); *Le Cardinal d'Espagne* (1960), ces pièces se comportent chacune avec une complète autonomie; mais dans des situations et avec des personnages sans ressemblance entre eux, elles incarnent toutes une même lutte entre les sentiments humains les plus répandus en ce monde et une conception cornélienne de la vie, c'est-à-dire fière, héroïque, hautaine. Les plus nombreuses se situent dans des milieux historiques, les autres dans des milieux bourgeois d'aujourd'hui.

Essais, romans, pièces de théâtre, les œuvres de Montherlant sont d'un grand écrivain dont la fougue ne compromet jamais la solidité et dont les deux faces, la romantique et la classique, appartiennent bien à une même figure.

Portrait de Henry de Montherlant, 1924, par J. E. Blanche. Musée des Beaux Arts, Rouen.
(Photographie Giraudon)

Le Cardinal d'Espagne de Henry de Montherlant. Le cardinal est en robe franciscaine, de bure grossière grise, les pieds nus dans des sandales, la tête tonsurée. Sa dignité n'est indiquée que par la croix pectorale en or, attachée à un cordon noir sur la poitrine. (Services culturels français, New York)

Le Cardinal d'Espagne

[Le Cardinal d'Espagne, *c'est François Jiménez de Cisneros, le confesseur de la reine Isabelle, le gouverneur de Castille à la mort de la reine, l'extraordinaire Franciscain en qui luttèrent l'orgueil du pouvoir dont s'accompagnait sa toute-puissance et la volonté d'humilité qui le conduisit par deux fois au cloître.*

Dans la scène que nous avons choisie, le cardinal affronte la nouvelle reine, la reine Jeanne au caractère pur, la mystique qui s'est laissée appeler «la folle». Il se reconnaît en elle, il reconnaît en elle sa propre force de renoncement, mais totale, absolue, définitive. Il est le tricheur malgré lui, elle est l'être de vérité. La grandeur désespérée de cette rencontre touche au sublime.]

PERSONNAGES

Le Cardinal Francisco Ximenez de Cisneros, archevêque de Tolède, primat des Espagnes, Grand Chancelier de Castille, Grand Inquisiteur de Castille et de Leon, régent de Castille, 82 ans

Jeanne, reine de Castille, de Leon, d'Aragon, etc., dite «Jeanne la Folle», mère du roi Charles Ier de Castille et de Leon (le futur Charles-Quint), 38 ans

Duque de Estrada, gouverneur de la maison de la reine

Luis Cardona, capitaine commandant la garde du cardinal, petit-neveu du cardinal, 33 ans

Doña Inès Manrique, dame d'honneur de la reine

La scène se passe à Madrid, en novembre 1517.

ACTE II

La chambre de la reine Jeanne, dans son château de Madrid. Sans être précisément tendue de noir,[1] la pièce est tout entière dans une tonalité de noir et de gris. Une petite fenêtre grillée. Un lit à baldaquin, très simple, un fauteuil à dossier droit, très haut, monté sur une estrade de trois marches,

une chaise, un tabouret. Impression de vétusté morose.[2]

Dans les deux premières scènes, on apprend que la reine a des crises de folie pendant lesquelles elle s'enferme dans sa chambre sans vouloir boire ou manger. Elle refuse aussi de signer des papiers d'État.

Scène III—
LA REINE. LE CARDINAL CISNEROS *et* SA SUITE, *puis* LA REINE *et* CISNEROS *seuls*

La reine est vêtue d'une large robe de drap noir; autour du visage, une coiffe blanche. Elle est enveloppée de la tête aux pieds d'un long voile noir. Son aspect est celui d'une religieuse. Elle a la face émaciée et blême, les yeux cernés, le regard tantôt dur, tantôt douloureux et tantôt absent. Elle tiendra souvent les mains cachées dans les manches de sa robe. Parfois, durant la scène, quand elle prendra la parole, elle les crispera, dans son effort pour parler, sur les bras de son fauteuil. Il n'est malheureusement pas possible de montrer au spectateur (au-delà du troisième rang de l'orchestre) que ses ongles sont noirs.

Des valets ouvrent la porte. Duque de Estrada entre et dit: «Madame, le Cardinal d'Espagne.» Le cardinal paraît; il est en grande tenue cardinalice (coiffé du grand chapeau), quoique avec les pieds nus comme au premier acte. Il est précédé d'un diacre portant la haute croix d'argent qui désigne le Primat des Espagnes, entouré de six moines franciscains, et suivi de plusieurs seigneurs, qui s'arrêtent aux entours de la porte, sauf Cardona, qui entre. Aussitôt que le cardinal est entré, la reine a baissé davantage son voile. Tout le monde, sauf le cardinal, met un genou en terre.

La reine descend de son estrade, va d'un pas vers le cardinal et esquisse la révérence. Elle fait le geste de lui baiser l'anneau; lui, il fait le geste de lui baiser la main, mais la reine retire vivement la main, l'essuie à sa robe, et ensuite la lui tend. Le

---

[1] c'est-à-dire: couverte de tapisseries noires

[2] impression d'ancienneté, de délabrement

*double baisement de l'anneau par la reine et de la
main par le cardinal n'est qu'ébauché de façon confuse, comme pour ne pas appuyer sur un protocole
délicat. La reine remonte à son fauteuil, où elle
s'assied. Estrada fait signe qu'on apporte une chaise* 5
*au cardinal, et le cardinal s'assied sur la chaise
devant la reine, Cardona restant toujours un genou
en terre. Estrada fait signe que les autres personnages se retirent, ainsi que les valets maures, et se
retire lui-même. Seuls demeurent la reine, le car-* 10
dinal et Cardona.

LA REINE—Le chapeau, Cardinal.

Un instant interdit,[3] *le cardinal fait tomber en
arrière son chapeau (retenu par des brides).* 15

CISNEROS—Madame, il y a un an que Votre Majesté
m'a interdit l'entrée de son palais . . .

LA REINE, *désignant Cardona*—Qui est cet homme?

CISNEROS—Le capitaine Cardona, mon petit-neveu,
pour qui le service du royaume . . . 20

LA REINE—Qu'il sorte. (*Un silence. A Cardona*)
Sors. (*au cardinal*) Je n'aime pas les visages.
(*Cardona se retire, mais on sentira sa présence,
dans la pièce d'entrée, contre la porte entrebâillée*[4]
de la chambre royale.) 25

CISNEROS—Madame, la présence du capitaine Cardona avait été acceptée par Votre Majesté . . .

LA REINE—Vous avez voulu me parler. Qu'avez-
vous à me dire?

Un silence. 30

CISNEROS—Madame, depuis un an vous avez refusé
de me donner audience. Pourtant vous le faites
enfin, et j'en rends grâces à Votre Majesté. C'est
que la circonstance est de poids.[5] Le roi votre
fils sera dans quelques jours à Madrid. 35

LA REINE—Toujours des faits! Toujours des faits!

CISNEROS—Vous recevrez le roi, n'est-ce pas, comme
vous l'avez promis?

LA REINE—Non.

CISNEROS—Comment! le fils du grand roi qui a été 40
l'unique affection de votre vie!

LA REINE—Oui, je le recevrai. Quel âge a-t-il? Il
doit bien avoir trente ans.

CISNEROS—Il a dix-sept ans.

3 très étonné
4 à peine ouverte
5 importante

LA REINE—L'âge où je me suis mariée. Le roi en
avait dix-huit.

CISNEROS—Madame, il faut que vous . . .

LA REINE—Il «faut que je»?

CISNEROS—Il est très souhaitable, dans l'intérêt de
l'État, que vous receviez le roi entourée d'une
certaine pompe, que vous usiez de cet événement
pour vous montrer au peuple, même si vous refusez de participer aux affaires. Les petites gens
se prennent avec de l'ostentation.

LA REINE—C'est pour cela que vous avez les pieds
nus? Avec un saphir au doigt.

CISNEROS—J'ai les pieds nus parce que je suis moine
franciscain. J'ai un saphir au doigt parce que je
suis cardinal, et que le pape m'a ordonné de
paraître comme un cardinal doit paraître.

LA REINE—C'est juste.

CISNEROS—Il y a onze ans que Votre Majesté
n'assiste plus à aucune cérémonie, qu'elle ne se
laisse plus voir par personne. Je sais que Votre
Majesté a ses raisons . . .

LA REINE—Mes raisons sont que cela me plaît ainsi.

CISNEROS—Vous ne gouvernez pas, et vous ne sortez
pas. Mais on ne vous reproche pas de ne pas
gouverner. On vous reproche de ne pas sortir.

LA REINE—Autrefois, je voulais sortir, et on ne me
permettait pas de sortir.

CISNEROS—Aujourd'hui vous vous cachez tellement
qu'il y en a qui croient que vous êtes morte.

LA REINE—J'aime beaucoup que l'on me croie morte.
Vous ne posez jamais le regard sur moi: mon
visage vous fait peur? Vous voyez ces marques?
Ce sont les chauves-souris. Elles sont sans cesse
autour de ma tête. Je ne veux pas me montrer
que mon visage fait peur. Et je ne veux pas
parler parce que, quand je parle, je ne peux
plus cacher que je suis folle. Un peu de douceur
me guérirait, mais je sais que c'est demander
beaucoup.

CISNEROS—Personne n'a jamais dit que vous
étiez . . .

LA REINE—Si, vous, avant quiconque. Nul n'a
voulu avec plus d'âpreté que vous que je sois
prisonnière ici. Et vous avez tout fait pour qu'il
45 soit déclaré solennellement par les Cortès[6] que

6 assemblée politique espagnole

j'étais folle, et incapable. Et ç'a été votre premier acte quand vous avez eu les pleins pouvoirs. Aujourd'hui, tantôt on dit que je suis folle, tantôt que j'ai tout mon sens, selon les intérêts politiques du moment. En réalité je suis folle; les gamins qui jouent sous ma fenêtre le crient toute la journée. En mai je le serai davantage encore, avec les premières chaleurs. La chaleur tourne le vin et les cerveaux. La chaleur est horrible. Le froid est horrible. Tout est horrible. Si on savait contre quoi j'ai à lutter, on trouverait déjà admirable que je sois ici à m'entretenir avec vous. Pourquoi êtes-vous venu me voir?

CISNEROS—Parce que cela me plaît ainsi. (*plus doucement*) Madame, que Votre Majesté me croie, il vaudrait la peine de . . .

LA REINE—Rien ne «vaut la peine de».

CISNEROS—Le roi et la reine règnent ensemble . . .

LA REINE, *se redressant avec vivacité, et rejetant en arrière son voile*—La reine et le roi règnent ensemble. Dans les actes, je suis nommée la première.

CISNEROS—Votre Majesté a raison d'être très stricte sur les égards.

LA REINE—Tout est blessure, quand on est blessé.

CISNEROS—Eh bien! que la reine et le roi règnent ensemble, cela doit être montré à tous de façon éclatante.

LA REINE, *s'effondrant soudain*—Je suis fatiguée. Ne me laissez pas me jeter sur mon lit. Si je m'y jetais, je ne pourrais plus me relever. (*Elle boit dans un bol de terre.*) Je ne peux plus faire un geste, que boire un peu d'eau passée dans de la neige, quand je souffre trop. C'est cette petite eau qui me maintient en vie toute la journée. Il faut que je vive au moins jusqu'au moment où je boirai ma petite eau. Jadis je mourais ainsi tant que je n'avais pas vu le roi Philippe.[7] C'est lui qui était ma petite eau. Il y a onze ans—depuis sa mort—que je regarde les choses d'ici-bas comme les regarde celui qui sait que dans quelques jours il aura cessé d'être: avec une indifférence sans rivages et sans fond. (*Elle boit encore.*) Pourquoi ferais-je d'autres actes que celui de boire, puisque je n'ai pas envie de ce qu'ils me feraient obtenir? Aussi je ne les fais pas, ou, si je les fais, c'est avec une telle souffrance . . . Et, au-delà de cet acte fait, il y a une autre souffrance, parce qu'il n'y a plus d'acte à faire, et alors c'est le vide.

CISNEROS—Tout cela, Madame, doit vous donner des journées bien longues.

LA REINE—Mourir est très long. Mais d'aventure, la nuit, dans un de mes sommes intermittents et brefs, j'ai un beau rêve—toujours avec mon roi Philippe—qui rachète mille heures de mes journées, et je ne me couche jamais sans dire. «Seigneur, rendez-moi dans mes rêves ce que vous m'avez retiré dans la vie.»

CISNEROS—Dieu ne s'occupe pas de nos rêves. La Puissance des Ténèbres s'en occupe.

LA REINE—Ne m'épouvantez pas sur le peu de bonheur qui me reste ici-bas.

CISNEROS—La plupart des bonheurs doivent être attentivement surveillés.

LA REINE—S'il m'arrive quelque chose de trop cruel, je songe à mon mari, et pour un moment le monde m'est rendu tolérable. Il y a dans ma vie un souvenir et c'est cela qui me permet de supporter cette vie. Rien d'autre ne me le permettrait. Il y a un souvenir, et rien. Et, quand je souhaite trop la mort, je me dis que, morte, je ne me souviendrai plus, et je n'ai plus envie de mourir.

CISNEROS, *après avoir réprimé un mouvement d'impatience*—Eh bien! Madame, voilà des pensées qui ne vous portent pas au règne.

LA REINE—Il y avait un roi qui s'appelait Philippe. Sa peau sentait bon. Ses cheveux sentaient bon . . .

CISNEROS—Allons! le roi vous frappait, il vous enfermait à clef des jours et des jours, il vous trompait avec n'importe qui,[8] votre foyer était un enfer. Pardonnez-moi, ce sont là des faits qui ont couru toute l'Europe.—Mais «que serait-ce, n'est-ce pas, qu'être fidèle, si on n'était fidèle qu'à ceux qui vous aiment»?

LA REINE—Oui, voilà qui est bien dit.

CISNEROS—Quelqu'un le disait hier en ma présence.

LA REINE—Parfois, l'été, il dormait nu . . .

---

[7] Philippe 1er le Beau (1478–1506), son mari, qu'elle épousa en 1496

[8] Il vous était infidèle avec n'importe qui.

CISNEROS—Madame, je vous en prie!

LA REINE—Alors sa poitrine était comme les montagnes. Ses jambes étaient comme les racines quand elles s'étendent au pied des arbres. Sa toison[9] était comme la toison des bêtes . . .

CISNEROS—Madame, il ne me faut pas moins que la plus forte prière intérieure pour chasser les images affreuses que vous évoquez. Je vous conjure de ne pas continuer.

LA REINE—Dans toute ma famille, et tout ce qui m'approche, et cela depuis que j'existe, je n'ai connu personne que moi qui aimât. J'en ai vu prendre des mines horrifiées parce que j'avais baisé les pieds de mon roi mort. C'est qu'ils n'avaient jamais aimé. Il y a toujours deux mondes impénétrables l'un pour l'autre. Le monde des prisonniers et le monde des hommes libres. Le monde des malades et le monde des bien-portants. Le monde des vainqueurs et le monde des vaincus. Le monde de ceux qui aiment et le monde de ceux qui n'aiment pas. Je suis du monde de ceux qui aiment, et ne suis même que de ce monde-là. Vous n'êtes pas de ce monde, et n'avez pas notion de ce qu'il est.

CISNEROS, *rompant brutalement*—Lorsque le roi viendra, Madame, ne le recevrez-vous donc qu'ici?

LA REINE—Oui, je ne le recevrai qu'ici.

CISNEROS—Dans cette chambre tellement . . . si peu . . .

LA REINE—Toujours les apparences.

CISNEROS—Et pendant que Madrid sera en fête . . .

LA REINE—La joie des autres me fait peur. Les vivats[10] et les musiques seront pour moi des rugissements de bêtes fauves. Je demeurerai immobile dans l'ombre, couchée sur le souvenir de celui que j'aimais, comme une chienne sur le tombeau de son maître; et je hurlerai quelquefois à la mort, en moi-même.

CISNEROS—Maintenant le monde est en pleine lumière. Vous seule vous êtes restée dans les ténèbres.

LA REINE—Les ténèbres me plaisent; avec la fin du jour je suis mieux. En me dérobant tout objet, l'obscurité me permet de ne penser qu'à ma

peine. Je suis morte de chagrin le jour que mon époux est mort.

CISNEROS—On ne meurt pas de chagrin en Castille. Peut-être qu'à Naples ou aux Flandres on meurt de chagrin. Mais notre race est d'un autre métal, et on ne meurt pas de chagrin chez nous.

LA REINE—Vous ne savez donc pas, vous, ce qu'est la souffrance?

CISNEROS—Mon grand âge et mon amour de Dieu m'ont mis au-delà de toute souffrance.

LA REINE—Si la douleur poussait de la fumée comme la flamme, la terre vivrait dans une éternelle nuit. Et vous cependant vous lui échappez!

CISNEROS—Votre douleur, Madame, ne peut pas être entière, puisque l'Infante vit auprès de vous.

LA REINE, *avec une soudaine frénésie*—Où est ma petite fille, mon ange? Qu'on me donne ma petite fille, je veux l'avoir tout de suite! Elle a des dents mauvaises, comme son père; c'est pour cela que je l'aime. Elle montera sur moi, elle me frappera la gorge avec ses petits poings . . . Ma fille! Je veux ma fille! Je la veux à tout prix![11]

DOÑA INÈS, *entrant timidement dans la pièce, et faisant signe aux trois demoiselles d'honneur, qui allaient la suivre, de ne pas le faire*—Madame, l'Infante est en train de déjeuner. Elle viendra aussitôt que Sa Seigneurie sera partie. A moins que . . . (*Elle se tourne vers Cisneros, qui ne dit rien, l'air glacial.*) Oh! je m'excuse d'avoir osé pénétrer . . . Mais Sa Majesté me semblait si . . . J'ai cru . . (*Elle se retire à reculons, avec confusion.*)

Un silence.

CISNEROS—Dans quelques instants, Madame, vous retrouverez l'Infante. Vous pourrez lui apprendre, entre autres choses, que lorsqu'on a des devoirs, et lorsqu'on a la foi, on n'a que peu de raisons de souffrir. Ceci pour répondre à cet étonnement que vous faisiez paraître, parce que vous pensiez que j'échappe à la douleur. Mais vous, Madame, vous écartez les devoirs et vous écartez la foi. Les devoirs? Vous voulez régner, vous ne voulez pas gouverner. Penser que, tandis que vous êtes confinée ici dans la solitude,

---

[9] poils abondants sur le corps
[10] acclamations
[11] à n'importe quel prix

l'Espagne est à vous, et les Flandres, et le royaume de Naples, et ce nouveau continent, les Indes, ce don glorieux de la Providence...

LA REINE—Il faut mettre de l'ordre dans les Indes, quand on n'est pas capable de mettre de l'ordre chez soi!

CISNEROS—Jadis, Gonzalve de Cordoue[12] a sollicité de vous une audience, Christophe Colomb a écrit pour vous proposer ses services. En vain. Si alors vous aviez reçu ces hommes supérieurs...

LA REINE—A quoi bon? Je n'avais rien à leur dire.

CISNEROS—Ils vous apportaient sans doute de grandes idées.

LA REINE—Les idées, cela n'est pas sérieux. Les choses dont ils m'auraient parlé ne m'intéressent pas. Ce sont des nuages qui changent de forme et enfin se dissipent. On me demande pourquoi je vis entourée de chats, malgré les peines qu'ils me causent. Parce que les chats ne s'occupent ni des idées ni des Empires. Cela fait un lien entre eux et moi.

CISNEROS—Je comprendrais, Madame, que vous refusiez le monde afin de vous donner complètement à Dieu. Mais, au contraire, cette répugnance qu'a Votre Majesté pour tout acte de religion, et cela depuis si longtemps, depuis près de vingt années... Et vous n'aviez pas dix-sept ans, que déjà vous n'aimiez pas la sainte Inquisition,[13] que vous condamniez ses prétendus abus...

LA REINE—On vous a dit que je n'allais pas à la messe. On ne vous a pas dit que je vais quelquefois à ma chapelle quand il n'y a pas la messe. Quand il n'y a rien, comme dans ma vie.

CISNEROS—Dans votre chapelle il n'y a jamais rien. Il y a Dieu, toujours.

LA REINE—Dieu est le rien.[14]

CISNEROS—Madame! Si j'avais l'honneur d'être le directeur de votre conscience, comme je l'ai été de celle de la reine catholique[15]...

LA REINE—Vous ne me dirigeriez pas, car je ne vais nulle part. Et d'ailleurs je ne me confesse guère, vous devez le savoir par vos espions.

CISNEROS—Mes espions! Vous croyez qu'on vous persécute.

LA REINE—Tous ceux qui croient qu'on les persécute sont en effet persécutés.—Je ne vais nulle part, je suis immobile. Mais vous, où allez-vous? Comment pouvez-vous faire un acte?

CISNEROS—Je sais très bien où je vais, et j'ai des actes parce que l'Église a besoin d'eux.

LA REINE—L'Église n'a pas besoin de vos actes. Le moulin tournera toujours, avec ou sans vous.

CISNEROS, se levant—Madame, avez-vous pensé à ce que vous dites, et savez-vous bien à qui vous parlez?

LA REINE—Je parle au Cardinal d'Espagne, archevêque de Tolède, primat des Espagnes, régent et chancelier de Castille, Grand Inquisiteur de Castille et de Leon, qui n'est que poussière comme son bouffon et comme nous tous.

CISNEROS—Madame, le frère Hernando de Talavera[16] a refusé de s'agenouiller devant la reine Isabelle pour recevoir sa confession, comme c'était la coutume; il lui a dit qu'il représentait Dieu, qui ne s'agenouille pas. Et moi, le frère François, je refuse d'entendre parler comme vous parlez de la sainte Église et de moi-même. En moi aussi c'est Dieu que vous offensez.

LA REINE—Et moi, quand vous m'offensez, c'est moi. (Un silence. Puis la reine semble chercher quelque chose.) Je croyais que j'avais mis là ma petite eau, mais comme je ne sais pas ce que je fais...(Elle retrouve le bol d'eau.) Ah! (Elle boit un peu d'eau. Silence.)

---

[12] Fameux général espagnol (1453–1515) qui chassa les Français de Calabre

[13] Tribunal dirigé par l'évêque, et permanent, chargé par la papauté de lutter contre l'hérésie au moyen de cette procédure. De l'Inquisition, il faut distinguer le tribunal du Saint-Office espagnol (1478).

[14] La formule "Dieu est le rien" est courante dans Maître Eckhart, introduit en Espagne dès le début du XVIᵉ siècle, et répandu surtout dans le milieu des suspects alumbrados. Or, Cisneros a été soupçonné lui-même de sympathie pour les alumbrados, et c'est pour cela qu'il sursaute (note de Montherlant). Eckhart était un dominicain et philosophe allemand (1260?–1327). En 1329 le pape condamna quelques unes des propositions de son système philosophique. Les alumbrados, membres d'une secte chrétienne mystique apparue en Espagne vers 1509, croyaient posséder une révélation particulière qui leur permettait de se tenir hors des lois ecclésiastiques.

[15] sa mère, Isabelle la catholique (1451–1504), reine de Castille

[16] Moine (1428?–1509) qui était le confesseur de la reine Isabelle.

CISNEROS—Votre Majesté n'emploie pas les formes qui sont d'usage quand on parle à ce que je suis. Personne ne m'a jamais parlé comme Votre Majesté me parle.

LA REINE—Cela est naturel.

CISNEROS—Votre volonté est tendue contre Dieu Notre Seigneur.

LA REINE—L'affront que Dieu m'a fait en m'enlevant mon mari . . . Supposé que ce soit Dieu qui me l'ait enlevé.

CISNEROS—Et qui donc, serait-ce, sinon Lui?

LA REINE—La mort, simplement.

CISNEROS—La volonté divine . . . (*La reine rit.*) Pourquoi riez-vous? Est-ce que . . . est-ce que vous ne croyez pas à la volonté divine? Dites au moins une fois devant moi, avant que je me retire: «Mon Dieu, que votre volonté soit faite, et non la mienne.»

LA REINE—Mon Dieu, faites-moi la grâce que je fasse toute ma vie ma volonté et non la vôtre. Non, mon Dieu, je ne ferai jamais la vôtre.

CISNEROS, *frémissant*—Madame, ceci est blasphémer! Et vous n'allez pas à la messe, et vous n'avez pas d'images pieuses sur vos murs, et vous ne prenez pas les Sacrements! Savez-vous qu'il y a de vos sujets qui sont brûlés pour moins que cela?

LA REINE, *précipitamment*—Ce sont mes dames d'honneur qui renversent l'autel et arrachent les images des murs[17] . . .

CISNEROS—Je vais ordonner une enquête, et si vos dames d'honneur font ce que vous dites, je les ferai déférer au tribunal de l'Inquisition.

LA REINE, *précipitamment*—Je crois tous les articles de la foi, Monseigneur, et je suis prête à me confesser et à communier . . . D'ailleurs, j'ai été deux fois à la messe ces temps-ci. Je suis bonne chrétienne, Monseigneur. Et je n'ai pas blas-

phémé, non, je n'ai pas blasphémé! Mais je suis si habituée à être seule—et aussi je dors si peu—que je ne suis plus bien maîtresse de ce que je dis. Et puis, quoi que je dise, cela est toujours tourné contre moi. Tout ce que je fais est mal . . .

CISNEROS—Madame, avec votre permission, je vous baise les mains et je me retire. Je me retire de votre royale présence, mais non pas du service du royaume, comme j'en eus l'envie naguère quand Votre Majesté m'interdit l'entrée de son palais. L'Église peut se passer de moi peut-être; l'État, cela est moins sûr. Il faut bien que quelqu'un la porte, cette Espagne que vous vous refusez à porter. Et le roi n'y est pas prêt, pour un temps encore.

LA REINE—J'ai toujours cru que l'entrée dans les ordres[18] était une mort au monde. Vous avez conçu cela différemment. Dieu et César ensemble: comment accordez-vous cela?

CISNEROS—La grâce de Dieu l'accorde.

LA REINE—Et à votre âge! A votre âge, s'efforcer n'est plus une vertu, c'est une manie. Être habile à quatre-vingt-deux ans! Ce n'est pas sur son lit de mort qu'on doit découvrir la vanité des choses; c'est à vingt-cinq ans, comme je l'ai fait.

CISNEROS—L'œuvre que Dieu a accomplie à travers moi en Espagne, le combat que j'ai mené . . .

LA REINE, *ricanant, haussant les épaules*—Le combat que vous avez mené! Mener un combat! Lutter contre les hommes, c'est leur donner une existence qu'ils n'ont pas. Et puis, quoi qu'on y gagne, cela ne dure qu'un instant infime de cette éternité dont les prêtres parlent mieux que personne. Alors . . . Vous croyez que je vis loin de tout cela parce que je ne peux pas le comprendre. Je vis loin de tout cela parce que je le comprends trop bien. L'œuvre de ma mère est ruinée par Jeanne la Folle. D'autres ruineront la vôtre. L'Espagne est à la veille de tragédies. Tout s'engouffrera. Le royaume qui est l'envie du monde en sera la pitié.

CISNEROS, *revenant, avec émotion*—Quelles tragédies? Que voulez-vous dire? Que savez-vous?

LA REINE—Il y a toujours des tragédies.

CISNEROS—J'en ai prévenu quelques-unes.

---

[17] Je me suis inspiré pour ce mouvement de la lettre où saint François de Borgia (Rodriguez Villa, *Bosquejo de la reina Juana*) raconte que la reine, dans les derniers jours de sa vie, lui dit que ce sont ses duègnes qui retirent les objets saints, et où Borgia répond que s'il en est ainsi elles seront livrées à l'Inquisition. «Il mit en avant à dessein, écrit Gachard, le mot d'Inquisition, sachant que le Saint-Office inspirait une grande crainte à la reine.» (Bulletin de l'Académie royale des sciences, lettres et beaux-arts de Belgique, tome 29, pp. 297 et 199). Aussitôt la reine dit qu'elle croyait les articles de foi et était prête à se confesser et à communier (note de Montherlant).

[18] les ordres religieux

LA REINE—Elles renaîtront. Je serai emportée comme un fétu[19] sur le flot de ce qui s'approche.

CISNEROS—Qu'aurais-je dû faire?

LA REINE—Rester dans une cellule, sur votre couchette, les bras en croix, comme je fais.

CISNEROS—Cela est la mort, si ce n'est pas offert.

LA REINE—C'est le royaume qui est la mort. C'est faire quelque chose qui est la mort.

CISNEROS—Eh, Madame, rester dans un cellule, n'en ai-je pas assez rêvé? Ne connaissez-vous pas ma vie? Ne vous souvenez-vous pas de toutes mes fuites vers des cloîtres?

LA REINE—Ce n'est pas ma mémoire qui est mauvaise, c'est mon indifférence qui est bonne. Vous vous êtes enfui vers des cloîtres?

CISNEROS—Une fois, pour trois ans, quand j'étais jeune. Une fois, quand j'ai été nommé confesseur de la reine catholique,—quand on m'a infligé ce supplice, d'être le confesseur de la reine. Une fois, quand j'ai été nommé archevêque. On me nommait ceci et cela, mais mon âme exigeait le contraire.

LA REINE—Vous vous êtes enfui vers des cloîtres parce que vous aimiez trop le pouvoir.

CISNEROS—Je me suis enfui au couvent parce que j'aimais trop Dieu. Vous me parlez de ma perpétuelle tentation. Vous me parlez de mon abîme.

LA REINE—Cette tentation n'a été pour vous, le plus souvent, qu'une tentation. Ce que vous avez aimé par-dessus tout, c'est de gouverner; sinon, vous seriez resté tranquille. Vous, vous composez; moi, je ne compose pas. Vous, vous vivez dans la comédie; moi, je n'y vis pas.

CISNEROS—Je vis dans la comédie!

LA REINE—Vous vivez parmi les superbes.[20] Vous manœuvrez parmi eux. Le superbe n'est pas seul à être impur; sont impurs tous ceux qui approchent de lui par goût.

CISNEROS—Je n'aime que les humbles.

LA REINE—Mais vous vivez parmi les superbes. Et parmi les canailles.[21] Vous passez votre vie comme les païens et les Turcs. On ne fréquente pas des gens méprisables, si on les méprise autant qu'on le doit.

CISNEROS—On surmonte son mépris quand il y a derrière eux quelque chose à atteindre.

LA REINE—Qui vous a obligé . . . ? (*Elle s'arrête de parler et regarde fixement un point non éloigné d'elle.*) Voilà une mouche qui est trop confiante, beaucoup trop confiante, qui a l'air de vouloir me narguer,[22] moi, la reine. (*Elle saisit très cauteleusement un fichu[23] à portée de sa main, s'approche toujours très cauteleusement de la mouche, puis frappe du fichu. Elle regarde la mouche morte, et son visage s'irradie. Elle écrase du pied la mouche.*) Je vous disais que nul ne vous a obligé à être le confesseur de ma mère. Quand la reine catholique vous a choisi pour son confesseur, vous n'aviez qu'à refuser.

CISNEROS—Refuser à la reine!

LA REINE—Il vous suffisait de dire que vous vouliez n'être qu'à Dieu. Même la reine aurait eu peur de vous retirer à Dieu. Il vous suffisait d'être ferme; vous l'êtes quand vous le voulez. Mais là vous n'avez pas voulu l'être. Et cependant la reine n'attendait de vous qu'une couverture pour sa politique. Lorsqu'on médite quelque bon coup, on fait appel à des hommes de piété. Je suis si peu folle que j'ai découvert cela.

CISNEROS—Voilà encore une parole, Madame, qui montre comme vous êtes disposée à l'égard de notre sainte religion.

LA REINE—Je suis très bien avec la religion, et c'est à cause de cela même que je sais que nombre d'hommes qui, s'ils étaient restés hommes privés, auraient sauvé leur âme, vont en enfer parce qu'ils ont été hommes d'État. L'ambition pour autrui, que ce soit une créature, ou une nation, ou un ordre religieux, est aussi fatale à l'union avec Dieu que l'est l'ambition personnelle. Cela tombe sous le sens.[24]

CISNEROS—Je serais prêt à courir le risque d'aller en enfer, si à ce prix je faisais du bien à l'État. Mais les desseins de Dieu et les desseins du gouverne-

---

[19] brin de paille
[20] ceux qui sont fiers
[21] personnes méprisables

[22] braver avec insolence
[23] pointe d'étoffe de soie, dentelle dont les femmes s'entourent les épaules et le cou; *cautesement*: d'une façon rusée
[24] C'est dans le même ordre des choses.

ment de Castille ont toujours été identiques. Au surplus, vous ignorez sans doute que j'ai une méthode d'oraison mentale qui me permet d'annihiler devant Dieu mes actions politiques au fur et à mesure que je les accomplis. (*Rire de la reine.*) Vous êtes pure, Madame, vous êtes pure! Il est facile d'être pur quand on n'agit pas, et qu'on ne voit personne.

LA REINE—Agir! Toujours agir! La maladie des actes. La bouffonnerie des actes. On laisse les actes à ceux qui ne sont capables de rien d'autre.[25]

CISNEROS—Et vous aussi, cependant, vous faites quelques actes, comme tout le monde.

LA REINE—Je ne fais pas d'actes, je fais les gestes d'actes.—Et les vôtres en apparence toujours saints ou raisonnables, et qui en réalité ne sont faits que dans la passion.

CISNEROS—Si nous ne faisions pas les choses dans la passion, nous ne ferions rien.

LA REINE—C'est justement ce qu'il faudrait.

CISNEROS—Il y a une exaltation qui vient de Dieu. Et il y a une exaltation qui vient de la terre. Dois-je me reprocher la terre, quand depuis trente ans je n'ai cessé de faire servir la terre à Dieu? J'ai fait servir Dieu à la terre,[26] et j'ai fait servir la terre à Dieu. J'ai été de Dieu et j'ai été de la terre. D'un côté abrupt vers Dieu, de l'autre à l'aise avec la terre, oui, comme ma ville de Tolède,[27] d'un côté en nid d'aigle au-dessus du fleuve, de l'autre de plain-pied avec la plaine. J'ai été un chrétien et j'ai été un homme. J'ai fait tout ce que je pouvais faire.

LA REINE—Vous sursautez si je dis que Dieu est le rien. Le rien n'est pas Dieu, mais il en est l'approche, il en est le commencement. Quand mon roi Philippe était aux Flandres, et moi ici, j'allais à Medina del Campo[28] pour être un peu plus près de la mer où il était; je respirais mon mari d'un côté à l'autre de la mer: ainsi je respire Dieu quand je suis dans le rien. Vous l'avez dit vous-même: il y a deux mondes, le monde de la passion, et le monde du rien: c'est tout. Aujourd'hui je suis du monde du rien. Je n'aime rien, je ne veux rien, je ne résiste à rien (est-ce que vous ne voyez pas que les chats me dévorent vivante, sans que je me défende?), plus rien pour moi ne se passera sur la terre, et c'est ce rien qui me rend bonne chrétienne, quoi qu'on dise, et qui me permettra de mourir satisfaite devant mon âme, et en ordre devant Dieu, même avec tout mon poids de péchés et de douleur. Chaque acte que je ne fais pas est compté sur un livre par les anges.

CISNEROS—Madame, le moine que je suis entend bien ce langage; croyez que je l'entends très singulièrement et très profondément. Mais...

LA REINE, *se levant, allant à la fenêtre et ouvrant le rideau*—Il n'y avait pas de nuages. Maintenant il y en a. Ils vont changer d'aspect. Ils vont se dissiper, puis se reconstruire d'autre façon. Tout cela est sans importance. Des nuages noirs étalés sur Madrid comme de gros crapauds. Et, au-dessous, ces espèces d'êtres qui font des choses, qui vont vers des choses... Et rien de sérieux dans tout cela que les chevaux qu'on mène boire au fleuve. Moi aussi j'aurais pu faire des choses, et même de celles que vous appelez «de grandes choses». Mais il aurait fallu tenir compte de cela. J'ai préféré être ce que je suis. Les enfants qui jouent en bas disent entre eux: «Vous voulez jouer avec nous?» Moi, je dis: «Je ne joue pas avec vous.» (*Elle regarde encore, avec horreur.*) Quel est cet univers auquel on voudrait que je prenne part?[29] Quand je le regarde, mes genoux se fondent.[30] Quelle est cette voix qui forme dans ma bouche des mots qui ne me concernent pas? Quel est cet homme qui me fait face et qui veut me persuader qu'il existe? Comment pouvez-vous croire à ce qui vous entoure, vous qui n'êtes plus de ce qui vous entoure, quand moi je n'entrois pas, qui suis, paraît-il, en vie? Et vous voulez manier[31] cela, jouer avec cela, dépendre de cela? Et vous êtes un intelligent, et un chrétien! A ces deux titres vous devriez faire le mort, comme je fais la morte. (*Elle lance les*

---

[25] c'est-à-dire: à ne rien faire d'autre que des actes
[26] Cisneros écrit, l'été 1516: «Il convient à son royal service (de Charles) que le pouvoir temporel soit appuyé du pouvoir spirituel.» (*Biblioteca de autores espanoles.* Tome II, p. 249.) (note de Montherlant).
[27] Tolède a été la capitale de l'Espagne jusqu'en 1560.
[28] petite ville située près de Ségovie
[29] que je participe
[30] faiblissent
[31] manipuler

oreillers de son lit à travers la pièce, se jette sur le lit, et s'y étend à plat, sur le dos, bras en croix, bouche entr'ouverte.)

CISNEROS—Votre Majesté est-elle souffrante? Veut-elle que j'appelle ses dames?

LA REINE—Je ne suis pas souffrante. Je suis bien, je suis enfin bien. (*Un temps.*) Non, je ne suis pas bien, voici le mal qui monte: c'est parce que j'étais bien. Mes yeux sont pleins de plomb fondu,[32] ma bouche est pleine de terre, mes nerfs se tordent comme des reptiles.—Oh! une chauve-souris contre mes tempes!—Ma grand-mère[33] a été à demi folle pendant quarante-deux ans. Le roi Henri[34] mon oncle était à demi fou. Mon père est mort de tristesse. Eux aussi ils se tordent en moi. Oh! que je boive, que je boive ma petite eau! (*Elle se lève et va boire au bol. Puis elle le tend au cardinal.*) Vous en voulez? (*Le cardinal fait non de la tête.*) Alors, allez-vous en. Laissez-moi sortir de ce songe que vous êtes et qu'est tout ce que vous représentez: il n'y a que moi qui ne sois pas un songe pour moi. (*Esquissant des pas de danse.*) Mais, auparavant, dansons un peu! Vous ne voudriez pas que je me mette à danser seulement quand vous serez parti, de la

joie de vous voir disparu. (*Le cardinal a reculé. Il appelle vers la porte du fond: «Messieurs! Messieurs!» Des gens du palais, et parmi eux Cardona, se massent à la porte et entrent même dans la chambre, mais sans oser trop pénétrer. On entend des voix: «Monseigneur, exorcisez-la!»[35]—«Qu'on fasse entrer doña Inès!»—«Jetez sur elle un peu d'eau bénite!»*) Je danse souvent avec le perroquet que Joaquin m'a rapporté des Indes; il est tout rouge comme vous, cardinal, mais il ne sait pas dire des *ave.*[36] Dansons, dansons un peu! dansons en nous accompagnant du rire des larmes. Il y a le rien et il y a l'être: ils sont faits pour danser ensemble. Le oui et le non sont pour moi comme deux mouches quand elles dansent accouplées: on ne distingue pas l'une de l'autre . . .

Pendant que la reine continue de faire des pas en chantonnant, Doña Inès et les demoiselles d'honneur, venues de la chambre voisine, l'entourent, la prennent avec douceur et respect sous les bras, et l'entraînent vers la chambre. Avant de sortir, la reine dit à Doña Inès, en désignant le cardinal:

LA REINE—On causerait bien volontiers avec lui, plus longuement. Mais on ne peut pas: il est fou!

---

[32] remplis de larmes
[33] Isabelle, la seconde femme de Jean II de Castille (1406–54)
[34] Henri IV (1454–74), fils de Jean II

[35] chassez le démon de son corps
[36] *ave Maria*

JEAN–PAUL SARTRE (1905–   )

Né à Paris, fils de famille bourgeoise, Jean-Paul Sartre perdit son père tout jeune et fut élevé par sa mère à la Rochelle; il fit ses études au lycée de cette ville. Reçu à l'École normale supérieure, il obtint son agrégation de philosophie à l'âge de vingt-trois ans. Professeur de lycée à Laon, au Havre, et à Paris, il passa l'année 1933–34 à l'Institut français de Berlin et y étudia la philosophie allemande, surtout celle de Heidegger. Mobilisé pendant la guerre dans le service médical à cause de ses yeux, il est fait prisonnier en 1940 mais libéré comme brancardier en 1941.

L'HOMME

Il avait publié son roman *La Nausée* en 1938. Sous l'occupation allemande il a fait jouer *Les Mouches,* en 1943, l'année où a paru son grand livre de philosophie *L'Être et le Néant.* Deux ans plus tard, il quittait l'enseignement et décidait de se consacrer entièrement à la propagation de l'Existentialisme athée, en même temps qu'à la direction de la revue où l'Existentialisme s'exprime chaque mois, *Les Temps modernes.*

Il a mené de 1938 à 1950 l'existence d'un écrivain extrêmement actif au théâtre, dans la littérature du roman et de l'essai, dans l'action politique également, par la fondation d'un parti d'ailleurs éphémère et par la part prise à des manifestations, par exemple contre le projet de constitution gaulliste.

Sartre vit paisiblement avec sa mère et s'enfonce dans un travail intense.

L'Être et le Néant, ainsi que plusieurs autres ouvrages de philosophie, n'est *L'ŒUVRE* accessible qu'aux esprits spécialisés. L'auteur y expose une phénoménologie d'origine chrétienne, puisqu'elle remonte à Kierkegaard et à saint Augustin, mais détournée vers l'athéisme par Nietzsche et Heidegger. L'Existentialisme de Sartre, dont on peut se faire une idée par *L'Existentialisme est un humanisme* (1946), comporte la « mort de Dieu » décrétée par Nietzsche, l'angoisse humaine qui s'ensuit, et l'issue par la liberté intérieure. Il a pénétré dans le public par le moyen des romans et des pièces de théâtre.

L'humanité que peint Sartre dépend de la condition même de l'homme, condition sans raison et absurde, et des situations qui nous enchaînent à une classe, à un groupe. Mais chacun dispose d'une liberté infinie pour devenir ce qu'il n'était pas, pour construire sa destinée. Seulement, il rencontre les autres humains qui tendent à le gêner, à le forcer, à lui imposer par la vision qu'ils prennent de lui une personnalité qui n'est pas réellement la sienne. C'est là une donnée de la condition humaine et des situations, elle est inéluctable, il n'y a pas d'engagement possible en dehors d'elle. Aussi Sartre croit-il à la solidarité humaine, liberté et solidarité étant entrelacées et ne pouvant se séparer. L'homme devra donc persévérer dans sa liberté « située », dans sa liberté « engagée », préalablement débarrassée de tous les dogmes laïques et rationalistes aussi bien que religieux, et les opprimés de ce monde étant mis à même (il faudrait pour cela une révolution) de s'engager eux aussi dans leur liberté.

La Nausée insiste sur l'absurdité de la vie et le dégoût qu'elle inspire. Les nouvelles du *Mur* (1939) sont des visions de l'absurde. *Les Chemins de la liberté* (1945–49) rendent compte de l'effort qui est nécessaire pour construire sa destinée, pour « se faire ». Malheureusement les personnages de cette série sont des idées plutôt que des êtres de chair, bien que l'obscénité y tienne beaucoup de place.

C'est au théâtre que Sartre a le mieux réussi. Il y fait voir comme est difficile l'usage de la liberté. Il importe cependant de s'y efforcer. La liberté d'Oreste,

Jean-Paul Sartre. (The Granger Collection)

dans *Les Mouches,* le conduit à un crime, mais tant pis! du moment qu'il délivre Argos des obsessions de la vieille morale (les mouches) entretenues par les dieux. Des prisonniers solitaires, oubliés de la terre entière, à quoi peuvent-ils s'accrocher? Uniquement à eux-mêmes, à leur courage, et la suite des événements ne les regardera pas (*Morts sans sépulture,* 1945). Adhérer à un parti, n'est-ce point participer à des horreurs? oui, mais l'important est que la cause triomphe (*Les Mains sales,* 1948). *Le Diable et le Bon Dieu* (1951) oppose l'altruisme contenu dans les devoirs historiques accomplis à la charité chrétienne qui dérive vers l'illusion d'un bonheur éternel et trahit ainsi la condition humaine. *Nekrassov* (1956), *Les Sequestrés d'Altona* (1959) sont malheureusement des pièces confuses et lourdes, alors que les précédentes étaient du théâtre fort, vif, éclatant.

Quant à *Huis-clos* (1944), c'est l'homme qui a achevé sa vie, l'homme sous sa forme d'au-delà: il ne peut plus échapper au jugement des « autres ». Un déserteur, une prostituée, une lesbienne ou femme damnée se voient condamnés à vivre ensemble éternellement dans une chambre d'hôtel sans issue et même sans fenêtre, qui est la préfiguration de l'enfer. Ils sont ce qu'ils sont pour toujours, ils sont fixés pour toujours par le jugement que chacun porte sur les autres: ce qui leur rend impossible toute tentative d'action et de modification. Ils resteront éternellement déserteur, prostituée et femme damnée: ce n'est que durant la vie que leur liberté pouvait et devait jouer.

Huis-clos

PERSONNAGES

INÈS   GARCIN
ESTELLE   LE GARÇON

PIÈCE EN UN ACTE

SCÈNE PREMIÈRE — GARCIN, LE GARÇON D'ÉTAGE [1]
Un salon style Second Empire.[2] Un bronze sur la cheminée.

GARCIN, *il entre et regarde autour de lui* — Alors voilà.

LE GARÇON — Voilà.

GARCIN — C'est comme ça. . .

LE GARÇON — C'est comme ça.

GARCIN — Je. . . Je pense qu'à la longue on doit s'habituer aux meubles.

LE GARÇON — Ça dépend des personnes.

GARCIN — Est-ce que toutes les chambres sont pareilles?

LE GARÇON — Pensez-vous.[3] Il nous vient des Chinois, des Hindous. Qu'est-ce que vous voulez qu'ils fassent d'un fauteuil Second Empire?

GARCIN — Et moi, qu'est-ce que vous voulez que j'en fasse? Savez-vous qui j'étais? Bah! ça n'a au-

---

[1] garçon chargé du service de toutes les chambres d'un étage, dans un hôtel
[2] époque française de Napoléon III
[3] Vous ne pouvez pas penser cela.

cune importance. Après tout, je vivais toujours dans des meubles que je n'aimais pas et des situations fausses;[4] j'adorais ça. Une situation fausse dans une salle à manger Louis-Philippe,[5] ça ne vous dit rien?[6]

LE GARÇON — Vous verrez: dans un salon Second Empire, ça n'est pas mal non plus.

GARCIN — Ah? Bon. Bon, bon bon. (*Il regarde autour de lui.*) Tout de même, je ne me serais pas attendu.[7]. . Vous n'êtes pas sans savoir ce qu'on raconte là-bas?[8]

LE GARÇON — Sur quoi?

GARCIN — Eh bien. . . (*avec un geste vague et large*) sur tout ça.

LE GARÇON — Comment pouvez-vous croire ces âneries? Des personnes qui n'ont jamais mis les pieds ici. Car enfin, si elles y étaient venues. . .

GARCIN — Oui.

Il rient tous deux.

GARCIN, *redevenant sérieux tout à coup* — Où sont les pals?

LE GARÇON — Quoi?

GARCIN — Les pals, les grils, les entonnoirs de cuir.[9]

LE GARÇON — Vous voulez rire?[10]

GARCIN, *le regardant* — Ah? Ah bon. Non, je ne voulais pas rire. (*Un silence. Il se promène.*) Pas de glaces, pas de fenêtres, naturellement. Rien de fragile (*Avec une violence subite:*) Et pourquoi m'a-t-on ôté ma brosse à dents?

LE GARÇON — Et voilà.[11] Voilà la dignité humaine qui vous revient. C'est formidable.

GARCIN, *frappant sur le bras du fauteuil avec colère* — Je vous prie de m'épargner vos familiarités. Je n'ignore rien de ma position, mais je ne supporterai pas que vous. . .

LE GARÇON — Là! là! Excusez-moi. Qu'est-ce que vous voulez, tous les clients posent la même question. Ils s'amènent:[12] « Où sont les pals? » A ce

moment-là, je vous jure qu'ils ne songent pas à faire leur toilette. Et puis, dès qu'on les a rassurés, voilà[13] la brosse à dents. Mais, pour l'amour de Dieu, est-ce que vous ne pouvez pas réfléchir? Car enfin, je vous le demande, *pourquoi* vous brosseriez-vous les dents?

GARCIN, *calmé* — Oui, en effet, pourquoi? (*Il regarde autour de lui.*) Et pourquoi se regarderait-on dans les glaces? Tandis que le bronze, à la bonne heure.[14]. . J'imagine qu'il y a de certains moments où je regarderai de tous mes yeux. De tous mes yeux, hein? Allons, allons, il n'y a rien à cacher; je vous dis que je n'ignore rien de ma position. Voulez-vous que je vous raconte comment cela se passe? Le type[15] suffoque, il s'enfonce, il se noie, seul son regard est hors de l'eau et qu'est-ce qu'il voit? Un bronze de Barbedienne.[16] Quel cauchemar! Allons, on vous a sans doute défendu de me répondre, je n'insiste pas. Mais rappelez-vous qu'on ne me prend pas au dépourvu, ne venez pas vous vanter de m'avoir surpris; je regarde la situation en face. (*Il reprend sa marche.*) Donc, pas de brosse à dents. Pas de lit non plus. Car on ne dort jamais, bien entendu?

LE GARÇON — Dame![17]

GARCIN — Je l'aurais parié.[18] *Pourquoi* dormirait-on? Le sommeil vous prend derrière les oreilles. Vous sentez vos yeux qui se ferment, mais pourquoi dormir? Vous vous allongez sur le canapé et pffft. . . le sommeil s'envole. Il faut se frotter les yeux, se relever et tout recommence.

LE GARÇON — Que vous êtes romanesque![19]

GARCIN — Taisez-vous. Je ne crierai pas, je ne gémirai pas, mais je veux regarder la situation en face. Je ne veux pas qu'elle saute sur moi par derrière, sans que j'aie pu la reconnaître. Romanesque? Alors c'est qu'on n'a même pas besoin de sommeil. Pourquoi dormir si on n'a pas sommeil? Parfait. Attendez. Attendez: pourquoi est-

---

[4] situations contraires à ce qui serait raisonnable
[5] style français de l'époque Louis-Philippe
[6] Est-ce que vous vous rendez compte?
[7] sous-entendu: *à ce que je vois*
[8] Où? (L'auteur reste vague pour ménager ses effets de surprise sur les auditeurs.)
[9] instruments de tortures auxquels il s'attendait
[10] Vous plaisantez, vous savez bien que ça n'existe pas.
[11] Voilà ce qu'on me demande toujours.
[12] Ils arrivent et demandent (vulgaire).

[13] voilà qu'ils s'inquiètent de
[14] voilà qui est bien
[15] n'importe qui, pris comme exemple
[16] fabricant d'objets d'art (XIXe siècle)
[17] interjection qui souligne la phrase précédente: *on ne dort jamais*
[18] Je l'aurais affirmé en donnant un gage (pari).
[19] Vous imaginez la réalité comme un roman.

ce pénible? Pourquoi est-ce forcément pénible? J'y suis: c'est la vie sans coupure.

LE GARÇON — Quelle coupure?

GARCIN, *l'imitant* — Quelle coupure? (*Soupçonneux.*) Regardez-moi. J'en étais sûr! Voilà ce qui explique l'indiscrétion grossière et insoutenable de votre regard. Ma parole, elles sont atrophiées.

LE GARÇON — Mais de quoi parlez-vous?

GARCIN — De vos paupières. Nous, nous battions des paupières. Un clin d'œil, ça s'appelait.[20] Un petit éclair noir, un rideau qui tombe et qui se relève: la coupure est faite.[21] L'œil s'humecte, le monde s'anéantit. Vous ne pouvez pas savoir combien c'était rafraîchissant. Quatre mille repos dans une heure. Quatre mille petites évasions. Et quand je dis quatre mille. . .[22] Alors? Je vais vivre sans paupières? Ne faites pas l'imbécile. Sans paupières, sans sommeil, c'est tout un.[23] Je ne dormirai plus. . . Mais comment pourrai-je me supporter? Essayez de comprendre, faites un effort: je suis d'un caractère taquin, voyez-vous, et je. . . j'ai l'habitude de me taquiner. Mais je. . . je ne peux pas me taquiner sans répit: là-bas il y avait les nuits. Je dormais. J'avais le sommeil douillet.[24] Par compensation. Je me faisais faire des rêves simples. Il y avait une prairie. . . Une prairie, c'est tout. Je rêvais que je me promenais dedans. Fait-il jour?

LE GARÇON — Vous voyez bien, les lampes sont allumées.

GARCIN — Parbleu. C'est ça *votre* jour. Et dehors?

LE GARÇON, *ahuri* — Dehors?

GARCIN — Dehors! de l'autre côté de ces murs?

LE GARÇON — Il y a un couloir.

GARCIN — Et au bout de ce couloir?

LE GARÇON — Il y a d'autres chambres et d'autres couloirs et des escaliers.

GARCIN — Et puis?

LE GARÇON — C'est tout.

GARCIN — Vous avez bien un jour de sortie.[25] Où allez-vous?

LE GARÇON — Chez mon oncle, qui est chef des garçons, au troisième étage.

GARCIN — J'aurais dû m'en douter. Où est l'interrupteur?[26]

LE GARÇON — Il n'y en a pas.

GARCIN — Alors? On ne peut pas éteindre?

LE GARÇON — La direction peut couper le courant. Mais je ne me rappelle pas qu'elle l'ait fait à cet étage-ci. Nous avons l'électricité à discrétion.

GARCIN — Très bien. Alors il faut vivre les yeux ouverts. . .

LE GARÇON, *ironique* — Vivre.[27] . .

GARCIN — Vous n'allez pas me chicaner pour une question de vocabulaire. Les yeux ouverts. Pour toujours. Il fera grand jour dans mes yeux. Et dans ma tête. (*Un temps.*) Et si je balançais le bronze sur la lampe électrique, est-ce qu'elle s'éteindrait?

LE GARÇON — Il est trop lourd.

GARCIN *prend le bronze dans ses mains et essaye de le soulever* — Vous avez raison. Il est trop lourd.

Un silence.

LE GARÇON — Eh bien, si vous n'avez plus besoin de moi, je vais vous laisser.

GARCIN, *sursautant* — Vous vous en allez? Au revoir. (*Le garçon gagne la porte.*) Attendez. (*Le garçon se retourne.*) C'est une sonnette, là? (*Le garçon fait un signe affirmatif.*) Je peux vous sonner quand je veux et vous êtes obligé de venir?

LE GARÇON — En principe, oui. Mais elle est capricieuse. Il y a quelque chose de coincé dans le mécanisme.

Garcin va à la sonnette et appuie sur le bouton.
Sonnerie.

GARCIN — Elle marche!

LE GARÇON, *étonné* — Elle marche. (*Il sonne à son tour.*) Mais ne vous emballez pas,[28] ça ne va pas durer. Allons, à votre service.

GARCIN *fait un geste pour le retenir* — Je. . .

LE GARÇON — Hé?

---

[20] tour populaire pour: on appelait cela un clin d'œil
[21] coupure d'avec la réalité
[22] sous-entendu: je pourrais dire davantage
[23] C'est une même chose.
[24] tranquille, sans taquinerie
[25] congé hebdomadaire

[26] appareil qui coupe un courant d'électricité
[27] ironie qui intrigue les auditeurs de la pièce
[28] sous-entendu: dans votre satisfaction

GARCIN — Non, rien. (*Il va à la cheminée et prend le coupe-papier.*) Qu'est-ce que c'est que ça?

LE GARÇON — Vous voyez bien: un coupe-papier.

GARCIN — Il y a des livres, ici?

LE GARÇON — Non.

GARCIN — Alors à quoi sert-il? (*Le garçon hausse les épaules.*) C'est bon. Allez-vous-en.

Le garçon sort.

SCÈNE II — GARCIN, *seul*

Garcin seul. Il va au bronze et le flatte de la main. Il s'assied. Il se relève. Il va à la sonnette et appuie sur le bouton. La sonnette ne sonne pas. Il essaie deux ou trois fois. Mais en vain. Il va alors à la porte et tente de l'ouvrir. Elle résiste. Il appelle.

GARCIN — Garçon! Garçon!

Pas de réponse. Il fait pleuvoir une grêle de coups de poings sur la porte en appelant le garçon. Puis il se calme subitement et va se rasseoir. A ce moment la porte s'ouvre et Inès entre, suivie du garçon.

SCÈNE III — GARCIN, INÈS, LE GARÇON

LE GARÇON, *à Garcin* — Vous m'avez appelé?

Garcin va pour répondre, mais il jette un coup d'œil à Inès.

GARCIN — Non.

LE GARÇON, *se tournant vers Inès* — Vous êtes chez vous, madame.[29] (*Silence d'Inès.*) Si vous avez des questions à me poser. . . (*Inès se tait.*)

LE GARÇON, *déçu* — D'ordinaire les clients aiment à se renseigner. . . Je n'insiste pas. D'ailleurs, pour la brosse à dents, la sonnette et le bronze de Barbedienne, monsieur est au courant et il vous répondra aussi bien que moi.

Il sort. Un silence. Garcin ne regarde pas Inès. Inès regarde autour d'elle, puis elle se dirige brusquement vers Garcin.

INÈS — Où est Florence? (*Silence de Garcin.*) Je vous demande où est Florence?

GARCIN — Je n'en sais rien.

[29] C'est-à-dire: voici votre chambre.

INÈS — C'est tout ce que vous avez trouvé? La torture par l'absence?[30] Eh bien, c'est manqué. Florence était une petite sotte et je ne la regrette pas.

GARCIN — Je vous demande pardon:[31] pour qui me prenez-vous?

INÈS — Vous? Vous êtes le bourreau.

GARCIN, *sursaute et puis se met à rire* — C'est une méprise tout à fait amusante. Le bourreau, vraiment! Vous êtes entrée, vous m'avez regardé et vous avez pensé: c'est le bourreau. Quelle extravagance! Le garçon est ridicule, il aurait dû nous présenter l'un à l'autre. Le bourreau! Je suis Joseph GARCIN, publiciste et homme de lettres. La vérité, c'est que nous sommes logés à la même enseigne.[32] Madame. . .

INÈS, *sèchement* — Inès SERRANO. Mademoiselle.

GARCIN — Très bien. Parfait. Eh bien, la glace est rompue.[33] Ainsi vous me trouvez la mine d'un bourreau? Et à quoi les reconnaît-on, les bourreaux, s'il vous plaît?

INÈS — Ils ont l'air d'avoir peur.

GARCIN — Peur? C'est trop drôle. Et de qui? De leurs victimes?

INÈS — Allez! Je sais ce que je dis. Je me suis regardée dans la glace.

GARCIN — Dans la glace? (*Il regarde autour de lui.*) C'est assommant: Ils ont ôté tout ce qui pouvait ressembler à une glace. (*Un temps.*) En tout cas, je puis vous affirmer que je n'ai pas peur. Je ne prends pas la situation à la légère et je suis très conscient de sa gravité. Mais je n'ai pas peur.

INÈS, *haussant les épaules* — Ça vous regarde. (*Un temps.*) Est-ce qu'il vous arrive de temps en temps d'aller faire un tour dehors?

GARCIN — La porte est verrouillée.

INÈS — Tant pis.

GARCIN — Je comprends très bien que ma présence vous importune. Et personnellement, je préférerais rester seul: il faut que je mette ma vie en ordre[34] et j'ai besoin de me recueillir. Mais je

[30] *La torture par,* expression qui date d'Edgar Poe et de Villiers de l'Isle-Adam (cf. *La Torture par l'espérance*)

[31] sous-entendu: si je vous demande

[32] Nous nous trouvons dans la même situation.

[33] Nous avons fait connaissance (gallicisme).

[34] pour la juger

suis sûr que nous pourrons nous accommoder l'un de l'autre: je ne parle pas, je ne remue guère et je fais peu de bruit. Seulement, si je peux me permettre un conseil, il faudra conserver entre nous une extrême politesse. Ce sera notre meilleure défense.

INÈS — Je ne suis pas polie.

GARCIN — Je le serai donc pour deux.

Un silence. Garcin est assis sur le canapé. Inès se promène de long en large.

INÈS, *le regardant* — Votre bouche.

GARCIN, *tiré de son rêve* — Plaît-il? [35]

INÈS — Vous ne pourriez pas arrêter votre bouche? Elle tourne comme une toupie sous votre nez.

GARCIN — Je vous demande pardon: je ne m'en rendais pas compte.

INÈS — C'est ce que je vous reproche. (*Tic* [36] *de Garcin.*) Encore! Vous prétendez être poli et vous laissez votre visage à l'abandon.[37] Vous n'êtes pas seul et vous n'avez pas le droit de m'infliger le spectacle de votre peur.

Garcin se lève et va vers elle.

GARCIN — Vous n'avez pas peur, vous?

INÈS — Pourquoi faire? La peur, c'était bon *avant,* quand nous gardions de l'espoir.

GARCIN, *doucement* — Il n'y a plus d'espoir, mais nous sommes toujours *avant.* Nous n'avons pas commencé de souffrir, mademoiselle.

INÈS — Je sais. (*Un temps.*) Alors? Qu'est-ce qui va venir?

GARCIN — Je ne sais pas. J'attends.[38]

Un silence. Garcin va se rasseoir. Inès reprend sa marche. Garcin a un tic de la bouche, puis, après un regard à Inès, il enfouit son visage dans ses mains. Entrent Estelle et le garçon.

SCÈNE IV — INÈS, GARCIN, ESTELLE, LE GARÇON
Estelle regarde Garcin, qui n'a pas levé la tête.

ESTELLE, *à Garcin* — Non! Non, non, ne relève pas la tête. Je sais ce que tu caches avec tes mains, je

sais que tu n'as plus de visage. (*Garcin retire ses mains.*) Ha! (*Un temps. Avec surprise:*) Je ne vous connais pas.

GARCIN — Je ne suis pas le bourreau, madame.

ESTELLE — Je ne vous prenais pas pour le bourreau. Je. . . J'ai cru que quelqu'un voulait me faire une farce.[39] (*Au garçon.*) Qui attendez-vous encore?

LE GARÇON — Il ne viendra plus personne.

ESTELLE, *soulagée* — Ah! Alors nous allons rester tout seuls, monsieur, madame et moi?

Elle se met à rire.

GARCIN, *sèchement* — Il n'y a pas de quoi rire.

ESTELLE, *riant toujours* — Mais ces canapés sont si laids. Et voyez comme on les a disposés, il me semble que c'est le premier de l'an et que je suis en visite chez ma tante Marie. Chacun a le sien, je suppose. Celui-ci est à moi? (*Au garçon:*) Mais je ne pourrai jamais m'asseoir dessus, c'est une catastrophe: [40] je suis en bleu clair et il est vert épinard.

INÈS — Voulez-vous le mien?

ESTELLE — Le canapé bordeaux? [41] Vous êtes trop gentille, mais ça ne vaudrait guère mieux. Non, qu'est-ce que vous voulez? Chacun son lot: J'ai le vert, je le garde. (*Un temps.*) Le seul qui conviendrait à la rigueur, c'est celui de monsieur.

Un silence.

INÈS — Vous entendez, Garcin?

GARCIN, *sursautant* — Le. . . canapé. Oh! Pardon. (*Il se lève.*) Il est à vous, madame.

ESTELLE — Merci. (*Elle ôte son manteau et le jette sur le canapé. Un temps.*) Faisons connaissance puisque nous devons habiter ensemble. Je suis Estelle RIGAULT.

Garcin s'incline et va se nommer, mais Inès passe devant lui.

INÈS — Inès SERRANO. Je suis très heureuse.

Garcin s'incline à nouveau.

---

[35] sorte d'interjection pour: Que voulez-vous dire?
[36] contraction involontaire et inconsciente de certains muscles du visage, devenue habituelle
[37] sans le surveiller
[38] Les auditeurs aussi attendent, très intrigués.

[39] une grosse plaisanterie
[40] situation abominable (style de conversation)
[41] couleur marron

GARCIN — Joseph GARCIN.

LE GARÇON — Avez-vous encore besoin de moi?

ESTELLE — Non, allez. Je vous sonnerai.

Le garçon s'incline et sort.

SCÈNE V — INÈS, GARCIN, ESTELLE

INÈS — Vous êtes très belle. Je voudrais avoir des fleurs pour vous souhaiter la bienvenue.

ESTELLE — Des fleurs? Oui. J'aimais beaucoup les fleurs. Elles se faneraient ici: il fait trop chaud. Bah! L'essentiel, n'est-ce pas, c'est de conserver la bonne humeur. Vous êtes. . .

INÈS — Oui, la semaine dernière.⁴² Et vous?

ESTELLE — Moi? Hier. La cérémonie n'est pas ache-vée. (*Elle parle avec beaucoup de naturel, mais comme si elle voyait ce qu'elle décrit.*) Le vent dérange le voile de ma sœur. Elle fait ce qu'elle peut pour pleurer. Allons! allons! encore un ef-fort. Voilà! Deux larmes, deux petites larmes qui brillent sous le crêpe.⁴³ Olga Jardet est très laide ce matin. Elle soutient ma sœur par le bras. Elle ne pleure pas à cause du rimmel ⁴⁴ et je dois dire qu'à sa place. . . C'était ma meilleure amie.

INÈS — Vous avez beaucoup souffert?

ESTELLE — Non. J'étais plutôt abrutie.

INÈS — Qu'est-ce que. . . ?

ESTELLE — Une pneumonie.⁴⁵ (*Même jeu⁴⁶ que précédemment.*) Eh bien, ça y est, ils s'en vont. Bonjour! Bonjour! Que de poignées de main. Mon mari est malade de chagrin, il est resté à la maison. (*A Inès.*) Et vous?

INÈS — Le gaz.⁴⁷

ESTELLE — Et vous, monsieur?

GARCIN — Douze balles dans la peau. (*Geste d'Es-telle.*) Excusez-moi, je ne suis pas un mort⁴⁸ de bonne compagnie.

ESTELLE — Oh! cher monsieur, si seulement vous vouliez bien ne pas user de mots si crus. C'est. . .

---

⁴² arrivée la semaine dernière
⁴³ voile de crêpe de chine porté par les femmes en signe de deuil
⁴⁴ fard des cils que les larmes font fondre
⁴⁵ maladie des poumons naguère mortelle
⁴⁶ manière de se tenir d'un acteur
⁴⁷ Le gaz l'a asphyxiée.
⁴⁸ *Un mort:* voilà le mot-surprise. Les auditeurs apprennent qu'ils ont affaire à des morts (« mot cru », va dire Estelle).

c'est choquant. Et finalement, qu'est-ce que ça veut dire? Peut-être n'avons-nous jamais été si vivants. S'il faut absolument nommer cet. . . état de choses, je propose qu'on nous appelle des absents, ce sera plus correct. Vous êtes absent depuis longtemps?

GARCIN — Depuis un mois, environ.

ESTELLE — D'où êtes-vous?

GARCIN — De Rio.

ESTELLE — Moi, de Paris. Vous avez encore quel-qu'un, là-bas?

GARCIN — Ma femme. (*Même jeu qu'Estelle.*) Elle est venue à la caserne comme tous les jours; on ne l'a pas laissée entrer. Elle regarde entre les bar-reaux de la grille. Elle ne sait pas encore que je suis absent, mais elle s'en doute. Elle s'en va, à présent. Elle est toute noire. Tant mieux, elle n'aura pas besoin de se changer.⁴⁹ Elle ne pleure pas; elle ne pleurait jamais. Il fait un beau soleil et elle est toute noire dans la rue déserte, avec ses grands yeux de victime. Ah! Elle m'agace.

Un silence. Garcin va s'asseoir sur le canapé du milieu et se met la tête dans les mains.

INÈS — Estelle!

ESTELLE — Monsieur, monsieur Garcin!

GARCIN — Plaît-il?

ESTELLE — Vous êtes assis sur mon canapé.

GARCIN — Pardon.

Il se lève.

ESTELLE — Vous aviez l'air si absorbé.

GARCIN — Je mets ma vie en ordre. (*Inès se met à rire.*) Ceux qui rient feraient aussi bien de m'imi-ter.

INÈS — Elle est en ordre, ma vie. Tout à fait en ordre. Elle s'est mise en ordre d'elle-même, là-bas, je n'ai pas besoin de m'en préoccuper.

GARCIN — Vraiment? Et vous croyez que c'est si simple! (*Il se passe la main sur le front.*) Quelle chaleur! Vous permettez?

Il va pour ôter son veston.

ESTELLE — Ah non! (*Plus doucement.*) Non. J'ai horreur des hommes en bras de chemise.

GARCIN, *remettant sa veste* — C'est bon. (*Un*

---

⁴⁹ pour se mettre en deuil

temps.) Moi, je passais mes nuits dans les salles de rédaction.[50] Il y faisait toujours une chaleur de cloporte.[51] (*Un temps. Même jeu que précédemment.*) Il y *fait* une chaleur de cloporte. C'est la nuit.

ESTELLE — Tiens, oui, c'est déjà la nuit. Olga se déshabille. Comme le temps passe vite, sur terre.

INÈS — C'est la nuit. Ils ont mis les scellés[52] sur la porte de ma chambre. Et la chambre est vide dans le noir.

GARCIN — Ils[53] ont posé leurs vestons sur le dos de leurs chaises et roulé les manches de leurs chemises au-dessus de leurs coudes. Ça sent l'homme et le cigare. (*Un silence.*) J'aimais vivre au milieu d'hommes en bras de chemise.

ESTELLE, *sèchement* — Eh bien, nous n'avons pas les mêmes goûts. Voilà ce que ça prouve. (*Vers Inès.*) Vous aimez ça, vous, les hommes en chemise?

INÈS — En chemise ou non, je n'aime pas beaucoup les hommes.

ESTELLE *les regarde tous deux avec stupeur* — Mais pourquoi, *pourquoi* nous a-t-on réunis?

INÈS, *avec un éclat étouffé* — Qu'est-ce que vous dites?

ESTELLE — Je vous regarde tous deux et je pense que nous allons demeurer ensemble. . . Je m'attendais à retrouver des amis, de la famille.

INÈS — Un excellent ami avec un trou au milieu de la figure.

ESTELLE — Celui-là aussi. Il dansait le tango comme un professionnel. Mais nous, *nous,* pourquoi nous a-t-on réunis?

GARCIN — Eh bien, c'est le hasard. Ils casent les gens où ils peuvent, dans l'ordre de leur arrivée. (*A Inès.*) Pourquoi riez-vous?

INÈS — Parce que vous m'amusez avec votre hasard. Avez-vous tellement[54] besoin de vous rassurer? Ils ne laissent rien au hasard.

ESTELLE, *timidement* — Mais nous nous sommes peut-être rencontrés autrefois?

INÈS — Jamais. Je ne vous aurais pas oubliée.

ESTELLE — Ou alors, c'est que nous avons des relations communes? Vous ne connaissez pas les Dubois-Seymour?

INÈS — Ça m'étonnerait.

ESTELLE — Ils reçoivent le monde entier.

INÈS — Qu'est-ce qu'ils font?

ESTELLE, *surprise* — Ils ne font rien. Ils ont un château en Corrèze et. . .

INÈS — Moi, j'étais employée des Postes.

ESTELLE, *avec un petit recul* — Ah? alors en effet?. . .[55] (*Un temps.*) Et vous, monsieur Garcin?

GARCIN — Je n'ai jamais quitté Rio.

ESTELLE — En ce cas vous avez parfaitement raison: c'est le hasard qui nous a réunis.

INÈS — Le hasard. Alors ces meubles sont là par hasard. C'est par hasard si le canapé de droite est vert épinard et si le canapé de gauche est bordeaux. Un hasard, n'est-ce pas? Eh bien, essayez donc de les changer de place et vous m'en direz des nouvelles. Et le bronze, c'est un hasard aussi? Et cette chaleur? Et cette chaleur? (*Un silence.*) Je vous dis qu'ils ont tout réglé. Jusque dans les moindres détails, avec amour. Cette chambre nous attendait.

ESTELLE — Mais comment voulez-vous? Tout est si laid, si dur, si anguleux. Je détestais les angles.

INÈS, *haussant les épaules* — Croyez-vous que je vivais dans un salon Second Empire?[56]

Un temps.

ESTELLE — Alors tout est prévu?

INÈS — Tout. Et nous sommes assortis.[57]

ESTELLE — Ce n'est pas par hasard que *vous,* vous êtes en face de *moi?* (*Un temps.*) Qu'est-ce qu'ils attendent?

INÈS — Je ne sais pas. Mais ils attendent.

ESTELLE — Je ne peux pas supporter qu'on attende quelque chose de moi. Ça me donne tout de suite envie de faire le contraire.

INÈS — Eh bien, faites-le! Faites-le donc! Vous ne savez même pas ce qu'ils veulent.

---

[50] rédaction des journaux
[51] chaleur humide dans laquelle se plaît cet insecte
[52] papier apposé avec sceau par le juge de paix pour clore une porte, après un décès dont la justice aura à s'occuper
[53] ses camarades journalistes
[54] *tellement:* au point de parler de hasard

[55] Sous-entendu: vous ne pouvez pas connaître les Dubois-Seymour.
[56] Ce n'est pas un mobilier pour employée des Postes.
[57] bien faits pour nous convenir les uns aux autres

ESTELLE, *frappant du pied* — C'est insupportable. Et quelque chose doit m'arriver par vous deux? (*Elle les regarde.*) Par vous deux. Il y avait des visages qui me parlaient [58] tout de suite. Et les vôtres ne me disent rien.

GARCIN, *brusquement à Inès* — Allons, pourquoi sommes-nous ensemble? Vous en avez trop dit: allez jusqu'au bout.

INÈS, *étonnée* — Mais je n'en sais absolument rien.

GARCIN — Il *faut* le savoir.

Il réfléchit un moment.

INÈS — Si seulement chacun de nous avait le courage de dire. . .

GARCIN — Quoi?

INÈS — Estelle!

ESTELLE — Plaît-il?

INÈS — Qu'avez-vous fait? Pourquoi vous ont-ils envoyée ici?

ESTELLE, *vivement* — Mais je ne sais pas, je ne sais pas du tout. Je me demande même si ce n'est pas une erreur. (*A Inès.*) Ne souriez pas. Pensez à la quantité de gens qui. . . qui s'absentent [59] chaque jour. Ils viennent ici par milliers et n'ont affaire qu'à des subalternes,[60] qu'à des employés sans instruction. Comment voulez-vous qu'il n'y ait pas d'erreur. Mais ne souriez pas. (*A Garcin.*) Et vous, dites quelque chose. S'ils se sont trompés dans mon cas, ils ont pu se tromper dans le vôtre. (*A Inès.*) Et dans le vôtre aussi. Est-ce qu'il ne vaut pas mieux croire que nous sommes là par erreur?

INÈS — C'est tout ce que vous avez à nous dire?

ESTELLE — Que voulez-vous savoir de plus? Je n'ai rien à cacher. J'étais orpheline et pauvre, j'élevais mon frère cadet. Un vieil ami de mon père m'a demandé ma main. Il était riche, et bon, j'ai accepté. Qu'auriez-vous fait à ma place? Mon frère était malade et sa santé réclamait les plus grands soins. J'ai vécu six ans avec mon mari sans un nuage.[61] Il y a deux ans, j'ai rencontré celui que je devais aimer. Nous nous sommes reconnus [62]

tout de suite, il voulait que je parte avec lui et j'ai refusé. Après cela, j'ai eu ma pneumonie. C'est tout. Peut-être qu'on pourrait, au nom de certains principes,[63] me reprocher d'avoir sacrifié ma jeunesse à un vieillard. (*A Garcin.*) Croyez-vous que ce soit une faute?

GARCIN — Certainement non. (*Un temps.*) Et, vous, trouvez-vous que ce soit une faute de vivre selon ses principes?

ESTELLE — Qui est-ce qui pourrait vous le reprocher?

GARCIN — Je dirigeais un journal pacifiste. La guerre éclate. Que faire? Ils avaient tous les yeux fixés sur moi. «Osera-t-il?» Eh bien, j'ai osé. Je me suis croisé les bras et ils m'ont fusillé. Où est la faute? Où est la faute?

ESTELLE *lui pose la main sur le bras* — Il n'y a pas de faute. Vous êtes. . .

INÈS *achève ironiquement* — Un héros. Et votre femme, Garcin?

GARCIN — Eh bien, quoi? [64] Je l'ai tirée du ruisseau.[65]

ESTELLE, *à Inès* — Vous voyez! vous voyez!

INÈS — Je vois. (*Un temps.*) Pour qui jouez-vous la comédie? Nous sommes entre nous.[66]

ESTELLE, *avec insolence* — Entre nous?

INÈS — Entre assassins. Nous sommes en enfer,[67] ma petite, il n'y a jamais d'erreur et on ne damne jamais les gens pour rien.

ESTELLE — Taisez-vous.

INÈS — En enfer! Damnés! Damnés!

ESTELLE — Taisez-vous. Voulez-vous vous taire? Je vous défends d'employer des mots grossiers.

INÈS — Damnée, la petite sainte. Damné, le héros sans reproche. Nous avons eu notre heure de plaisir, n'est-ce pas? Il y a des gens qui ont souffert pour nous jusqu'à la mort et cela nous amusait beaucoup. A présent, il faut payer.

GARCIN, *la main levée* — Est-ce que vous vous tairez?

INÈS, *le regarde sans peur, mais avec une immense surprise* — Ha! [68] (*Un temps.*) Attendez! J'ai

---

[58] qui paraissaient signifier des choses
[59] qui meurent
[60] gens qui travaillent sous les ordres de *supérieurs*
[61] difficulté qui trouble momentanément une affection
[62] comme étant destinés l'un à l'autre

[63] principes d'humanité
[64] *Quoi:* pourquoi cette question?
[65] mauvaise vie
[66] Nous n'avons pas à nous gêner.
[67] second mot-surprise, quoiqu'on pût déjà l'avoir deviné
[68] exclamation qui annonce la découverte qu'elle va dire

compris, je sais pourquoi ils nous ont mis ensemble!

GARCIN — Prenez garde à ce que vous allez dire.

INÈS — Vous allez voir, c'est bête. Bête comme chou! [69] Il n'y a pas de torture physique, n'est-ce pas? Et cependant, nous sommes en enfer. Et personne ne doit venir. Personne. Nous resterons jusqu'au bout seuls ensemble. C'est bien ça? En somme, il y a quelqu'un qui manque ici: c'est le bourreau.

GARCIN, *à mi-voix* — Je le sais bien.

INÈS — Eh bien, ils ont réalisé une économie de personnel. Voilà tout. Ce sont les clients qui font le service eux-mêmes, comme dans les restaurants coopératifs.

ESTELLE — Qu'est-ce que vous voulez dire?

INÈS — Le bourreau, c'est chacun de nous pour les deux autres.[70]

Un temps. Ils digèrent la nouvelle.

GARCIN, *d'une voix douce* — Je ne serai pas votre bourreau. Je ne vous veux aucun mal et je n'ai rien à faire avec vous. Rien. C'est tout à fait simple. Alors voilà: chacun dans son coin; c'est la parade.[71] Vous ici, vous ici, moi là. Et du silence. Pas un mot: ce n'est pas difficile, n'est-ce pas: chacun de nous a assez à faire avec lui-même. Je crois que je pourrais rester dix mille ans sans parler.

ESTELLE — Il faut que je me taise?

GARCIN — Oui. Et nous. . . nous serons sauvés.[72] Se taire. Regarder en soi, ne jamais lever la tête. C'est d'accord?

INÈS — D'accord.

ESTELLE, *après hésitation* — D'accord.

GARCIN — Alors, adieu.

Il va à son canapé et se met la tête dans ses mains. Silence. Inès se met à chanter pour elle seule:

Dans la rue des Blancs-Manteaux [73]
Ils ont élevé des tréteaux

Et mis du son dans un seau [74]
Et c'était un échafaud
Dans la rue des Blancs-Manteaux.

Dans la rue des Blancs-Manteaux
Le bourreau s'est levé tôt
C'est qu'il avait du boulot [75]
Faut qu'il coupe des Généraux,
Des Évêques, des Amiraux
Dans la rue des Blancs-Manteaux.

Dans la rue des Blancs-Manteaux
Sont v'nues des dames comme il faut [76]
Avec de beaux affutiaux [77]
Mais la tête leur f'sait défaut
Elle avait roulé de son haut
La tête avec le chapeau
Dans le ruisseau des Blancs-Manteaux.

Pendant ce temps-là, Estelle se remet de la poudre et du rouge. Estelle se poudre et cherche une glace autour d'elle d'un air inquiet. Elle fouille dans son sac et puis elle se tourne vers Garcin.

ESTELLE — Monsieur, avez-vous un miroir? (*Garcin ne répond pas.*) Un miroir, une glace de poche, n'importe quoi? (*Garcin ne répond pas.*) Si vous me laissez toute seule, procurez-moi au moins une glace.

Garcin demeure la tête dans ses mains, sans répondre.

INÈS, *avec empressement* — Moi, j'ai une glace dans mon sac. (*Elle fouille dans son sac. Avec dépit:*) Je ne l'ai plus. Ils ont dû me l'ôter au greffe.[78]

ESTELLE — Comme c'est ennuyeux.

Un temps. Elle ferme les yeux et chancelle. Inès se précipite et la soutient.

INÈS — Qu'est-ce que vous avez?

ESTELLE *rouvre les yeux et sourit* — Je me sens drôle.[79] (*Elle se tâte.*) Ça ne vous fait pas cet

---

[69] vieille expression pour désigner une bêtise banale et dérisoire
[70] première indication de la pensée qui anime toute la pièce
[71] repos et exposition
[72] en rentrant en nous-mêmes
[73] vieux quartier populaire de Paris

[74] pour recevoir les têtes tranchées sur l'échafaud
[75] du travail (populaire)
[76] femmes de la bonne société
[77] ajustement de coquetterie féminine
[78] Pièce où sont conservés les papiers ou objets appartenant à des condamnés ou concernant une affaire judiciaire. Inès assimile l'enfer à un palais de justice ou à une prison.
[79] pas dans un état normal

effet-là, à vous: quand je ne me vois pas,[80] j'ai beau me tâter, je me demande si j'existe pour de vrai.

INÈS — Vous avez de la chance. Moi, je me sens [81] toujours de l'intérieur.

ESTELLE — Ah! oui, de l'intérieur. . . Tout ce qui se passe dans les têtes est si vague, ça m'endort. (*Un temps.*) Il y a six grandes glaces dans ma chambre à coucher. Je les vois. Je les vois.[82] Mais elles ne me voient pas. Elles reflètent la causeuse, le tapis, la fenêtre. . . comme c'est vide, une glace où je ne suis pas. Quand je parlais, je m'arrangeais pour qu'il y en ait une où je puisse me regarder. Je parlais, je me voyais parler. Je me voyais comme les gens me voyaient, ça me tenait éveillée. (*Avec désespoir.*) Mon rouge! [83] Je suis sûre que je l'ai mis de travers.[84] Je ne peux pourtant pas rester sans glace toute l'éternité.

INÈS — Voulez-vous que je vous serve de miroir? Venez, je vous invite chez moi.[85] Asseyez-vous sur mon canapé.

ESTELLE *indique Garcin* — Mais. . .

INÈS — Ne nous occupons pas de lui.

ESTELLE — Nous allons nous faire du mal: c'est vous qui l'avez dit.

INÈS — Est-ce que j'ai l'air de vouloir vous nuire?

ESTELLE — On ne sait jamais. . .

INÈS — C'est toi qui me feras du mal. Mais qu'est-ce que ça peut faire. Puisqu'il faut souffrir, autant que ce soit par toi. Assieds-toi. Approche-toi. Encore. Regarde dans mes yeux: est-ce que tu t'y vois?

ESTELLE — Je suis toute petite. Je me vois très mal.

INÈS — Je te vois, moi. Tout entière. Pose-moi des questions. Aucun miroir ne sera plus fidèle.

Estelle, gênée, se tourne vers Garcin comme pour l'appeler à l'aide.

ESTELLE — Monsieur! Monsieur! Nous ne vous ennuyons pas par notre bavardage?

Garcin ne répond pas.

---

[80] dans un miroir
[81] Je sens que j'existe.
[82] Elle voit encore les choses de la vie.
[83] rouge à farder les lèvres
[84] de façon maladroite
[85] sur son canapé (ironique)

INÈS — Laisse-le; il ne compte plus; nous sommes seules. Interroge-moi.

ESTELLE — Est-ce que j'ai bien mis mon rouge à lèvres?

INÈS — Fais voir. Pas trop bien.

ESTELLE — Je m'en doutais. Heureusement que (*Elle jette un coup d'œil à Garcin.*) personne ne m'a vue. Je recommence.

INÈS — C'est mieux. Non. Suis le dessin des lèvres; je vais te guider. Là, là. C'est bien.

ESTELLE — Aussi bien que tout à l'heure, quand je suis entrée?

INÈS — C'est mieux; plus lourd, plus cruel. Ta bouche d'enfer.[86]

ESTELLE — Hum! Et c'est bien? Que c'est agaçant, je ne peux plus juger par moi-même. Vous me jurez que c'est bien?

INÈS — Tu ne veux pas qu'on se tutoie?

ESTELLE — Tu me jures que c'est bien?

INÈS — Tu es belle.

ESTELLE — Mais avez-vous du goût? Avez-vous *mon* goût? Que c'est agaçant, que c'est agaçant.

INÈS — J'ai ton goût, puisque tu me plais. Regarde-moi bien. Souris-moi. Je ne suis pas laide non plus. Est-ce que je ne vaux pas mieux qu'un miroir?

ESTELLE — Je ne sais pas. Vous m'intimidez. Mon image dans les glaces était apprivoisée.[87] Je la connaissais si bien. . . Je vais sourire: mon sourire ira au fond de vos prunelles et Dieu sait ce qu'il va devenir.

INÈS — Et qui t'empêche de m'apprivoiser? (*Elles se regardent. Estelle sourit, un peu fascinée.*) Tu ne veux décidément pas me tutoyer?

ESTELLE — J'ai de la peine à tutoyer les femmes.

INÈS — Et particulièrement les employées des postes, je suppose? Qu'est-ce que tu as là, au bas de la joue? Une plaque rouge?

ESTELLE, *sursautant* — Une plaque rouge, quelle horreur! Où ça?

INÈS — Là! là! Je suis le miroir aux alouettes;[88] ma petite alouette, je te tiens! Il n'y a pas de rougeur. Pas la moindre. Hein? [89] Si le miroir se mettait à

---

[86] telle qu'il la faut pour l'enfer
[87] soumise à mon pouvoir
[88] Je t'ai trompée (comme un miroir trompe les alouettes qu'on veut attraper).
[89] *Hein:* qu'en dis-tu?

mentir? Ou si je fermais les yeux, si je refusais de te regarder, que ferais-tu de toute cette beauté? N'aie pas peur: il faut que je te regarde, mes yeux resteront grands ouverts. Et je serai gentille, tout à fait gentille. Mais tu me diras: tu.

Un temps.

ESTELLE — Je te plais?

INÈS — Beaucoup!

Un temps.

ESTELLE, *désignant Garcin d'un coup de tête* — Je voudrais qu'il me regarde aussi.

INÈS — Ha! Parce que c'est un homme. (*A Garcin.*) Vous avez gagné. (*Garcin ne répond pas.*) Mais regardez-la donc! (*Garcin ne répond pas.*) Ne jouez pas cette comédie;[90] vous n'avez pas perdu un mot de ce que nous disions.

GARCIN, *levant brusquement la tête* — Vous pouvez le dire, pas un mot: j'avais beau m'enfoncer les doigts dans les oreilles, vous me bavardiez dans la tête. Allez-vous me laisser, à présent? Je n'ai pas affaire à vous.

INÈS — Et à la petite,[91] avez-vous affaire? J'ai vu votre manège:[92] c'est pour l'intéresser que vous avez pris vos grands airs.[93]

GARCIN — Je vous dis de me laisser. Il y a quelqu'un qui parle de moi au journal et je voudrais écouter. Je me moque de la petite, si cela peut vous tranquilliser.

ESTELLE — Merci.[94]

GARCIN — Je ne voulais pas être grossier. . .

ESTELLE — Mufle![95]

Un temps. Ils sont debout, les uns en face des autres.

GARCIN — Et voilà![96] (*Un temps.*) Je vous avais suppliées de vous taire.

ESTELLE — C'est elle qui a commencé. Elle est venue

m'offrir son miroir et je ne lui demandais rien.

INÈS — Rien. Seulement tu te frottais contre lui et tu faisais des mines pour qu'il te regarde.

ESTELLE — Et après?

GARCIN — Êtes-vous folles? Vous ne voyez donc pas où nous allons. Mais taisez-vous! (*Un temps.*) Nous allons nous rasseoir bien tranquillement, nous fermerons les yeux et chacun tâchera d'oublier la présence des autres.

Un temps, il se rassied. Elles vont à leur place d'un pas hésitant. Inès se retourne brusquement.

INÈS — Ah! oublier. Quel enfantillage![97] Je vous sens jusque dans mes os. Votre silence me crie dans les oreilles. Vous pouvez vous clouer la bouche, vous pouvez vous couper la langue, est-ce que vous vous empêcherez d'exister? Arrêterez-vous votre pensée? Je l'entends, elle fait tic tac, comme un réveil, et je sais que vous entendez la mienne. Vous avez beau vous rencoigner sur votre canapé, vous êtes partout, les sons m'arrivent souillés parce que vous les avez entendus au passage. Vous m'avez volé jusqu'à mon visage: vous le connaissez et je ne le connais pas. Et elle?[98] elle? vous me l'avez volée: si nous étions seules, croyez-vous qu'elle oserait me traiter comme elle me traite? Non, non: ôtez ces mains de votre figure, je ne vous laisserai pas, ce serait trop commode. Vous resteriez là, insensible, plongé en vous-même comme un bouddha,[99] j'aurais les yeux clos, je sentirais qu'elle vous dédie tous les bruits de sa vie,[100] même les froissements de sa robe et qu'elle vous envoie des sourires que vous ne voyez pas. . . Pas de ça! Je veux choisir mon enfer;[101] je veux vous regarder de tous mes yeux et lutter à visage découvert.

GARCIN — C'est bon. Je suppose qu'il fallait en arriver là; ils nous ont manœuvrés comme des enfants. S'ils m'avaient logé avec des hommes. . . les hommes savent se taire. Mais il ne faut pas trop demander. (*Il va vers Estelle et lui passe la*

---

[90] Ne faites pas semblant de ne pas entendre.
[91] Estelle
[92] façon de faire adroite et calculée
[93] affectation d'homme supérieur
[94] sous-entendu: de vous moquer de moi (remerciement ironiquement amer)
[95] mot injurieux
[96] sous-entendu: ce qui devait arriver

[97] sous-entendu: de croire qu'on peut oublier
[98] Estelle
[99] comme un méditatif comparable au fondateur de la religion bouddhique
[100] donc que vous êtes tout pour elle
[101] au lieu de le subir

main sous le menton.) Alors, petite, je te plais? Il paraît que tu me faisais de l'œil? [102]

ESTELLE — Ne me touchez pas.

GARCIN — Bah! Mettons-nous à l'aise. J'aimais beaucoup les femmes, sais-tu? Et elles m'aimaient beaucoup. Mets-toi donc à l'aise, nous n'avons plus rien à perdre. De la politesse, pourquoi? Des cérémonies, pourquoi? Entre nous! Tout à l'heure nous serons nus comme des vers.

ESTELLE — Laissez-moi!

GARCIN — Comme des vers! Ah! je vous avais prévenues. Je ne vous demandais rien, rien que la paix et un peu de silence. J'avais mis les doigts dans mes oreilles. Gomez [103] parlait, debout entre les tables, tous les copains [104] du journal écoutaient. En bras de chemise. Je voulais comprendre ce qu'ils disaient, c'était difficile: les événements de la terre passent si vite. Est-ce que vous ne pouviez pas vous taire? A présent, c'est fini, il ne parle plus, ce qu'il pense de moi est rentré dans sa tête. Eh bien, il faudra que nous allions jusqu'au bout. Nus comme des vers: je veux savoir à qui j'ai affaire.

INÈS — Vous le savez. A présent vous le savez.

GARCIN — Tant que chacun de nous n'aura pas avoué pourquoi ils l'ont condamné, nous ne saurons rien. Toi, la blonde, commence. Pourquoi? Dis-nous pourquoi: ta franchise peut éviter des catastrophes; quand nous connaîtrons nos monstres.[105] . . Allons, pourquoi?

ESTELLE — Je vous dis que j'ignore. Ils n'ont pas voulu me l'apprendre.

GARCIN — Je sais. A moi non plus, ils n'ont pas voulu répondre. Mais je me connais. Tu as peur de parler la première? Très bien. Je vais commencer. (*Un silence.*) Je ne suis pas très joli.

INÈS — Ça va. On sait que vous avez déserté.

GARCIN — Laissez ça. Ne parlez jamais de ça. Je suis ici parce que j'ai torturé ma femme. C'est tout. Pendant cinq ans. Bien entendu, elle souffre encore. La voilà; dès que je parle d'elle, je la vois. C'est Gomez qui m'intéresse et c'est elle que je vois. Où est Gomez? Pendant cinq ans. Dites

donc, ils lui ont rendu mes effets; [106] elle est assise près de la fenêtre et elle a pris mon veston sur ses genoux. Le veston aux douze trous. Le sang, on dirait de la rouille. Les bords des trous sont roussis. Ha! C'est une pièce de musée, un veston historique. Et j'ai porté ça! Pleureras-tu? [107] Finiras-tu par pleurer? Je rentrais saoul comme un cochon, je sentais le vin et la femme. Elle m'avait attendu toute la nuit; elle ne pleurait pas. Pas un mot de reproche, naturellement. Ses yeux, seulement. Ses grands yeux. Je ne regrette rien. Je paierai, mais je ne regrette rien. Il neige dehors.[108] Mais pleureras-tu? C'est une femme qui a la vocation du martyre.[109]

INÈS, *presque doucement* — Pourquoi l'avez-vous fait souffrir?

GARCIN — Parce que c'était facile. Il suffisait d'un mot pour la faire changer de couleur; c'était une sensitive. Ha! Pas un reproche! [110] Je suis très taquin. J'attendais, j'attendais toujours. Mais non, pas un pleur, pas un reproche. Je l'avais tirée du ruisseau, comprenez-vous? Elle passe la main sur le veston, sans le regarder. Ses doigts cherchent les trous à l'aveuglette. Qu'attends-tu? Qu'espères-tu? Je te dis que je ne regrette rien. Enfin voilà: Elle m'admirait trop. Comprenez-vous ça?

INÈS — Non. On ne m'admirait pas.

GARCIN — Tant mieux. Tant mieux pour vous. Tout cela doit vous paraître abstrait.[111] Eh bien, voici une anecdote: j'avais installé chez moi une mulâtresse. Quelles nuits! ma femme couchait au premier, elle devait nous entendre. Elle se levait la première et, comme nous faisions la grasse matinée, elle nous apportait le petit déjeuner au lit.

INÈS — Goujat! [112]

GARCIN — Mais oui, mais oui, le goujat bien-aimé. (*Il paraît distrait.*) Non, rien. C'est Gomez, mais il ne parle pas de moi. Un goujat, disiez-vous? Dame: sinon, qu'est-ce que je ferais ici? Et vous?

INÈS — Eh bien, j'étais ce qu'ils appellent, là-bas,

---

[102] Tu cherchais à m'intéresser par des regards provocants (familier et même vulgaire).
[103] camarade de journal
[104] camarades
[105] nos fautes

[106] les vêtements que je portais lors de mon exécution
[107] Il s'adresse à sa femme comme si elle était présente.
[108] dans la vie, qu'il voit ou croit voir encore
[109] qui est faite naturellement pour être martyrisée
[110] fait par elle
[111] difficile à imaginer
[112] homme grossier (injure)

une femme damnée.[113] *Déjà* damnée, n'est-ce pas? Alors, il n'y a pas eu de grosse surprise.

GARCIN — C'est tout?

INÈS — Non, il y a aussi cette affaire avec Florence. Mais c'est une histoire de morts. Trois morts. Lui d'abord, ensuite elle et moi. Il ne reste plus personne là-bas, je suis tranquille; la chambre, simplement. Je vois la chambre, de temps en temps. Vide, avec des volets clos. Ah! ah! Ils ont fini par ôter les scellés. A louer... Elle est à louer. Il y a un écriteau sur la porte. C'est... dérisoire.[114]

GARCIN — Trois. Vous avez bien dit trois?

INÈS — Trois.

GARCIN — Un homme et deux femmes?

INÈS — Oui.

GARCIN — Tiens. (*Un silence.*) Il s'est tué?

INÈS — Lui? Il en était bien incapable. Pourtant ce n'est pas faute d'avoir [115] souffert. Non c'est un tramway qui l'a écrasé. De la rigolade! [116] J'habitais chez eux, c'était mon cousin.

GARCIN — Florence était blonde?

INÈS — Blonde? (*Regard à Estelle.*) Vous savez, je ne regrette rien, mais ça ne m'amuse pas tant de vous raconter cette histoire.

GARCIN — Allez! allez! Vous avez été dégoûtée de lui?

INÈS — Petit à petit. Un mot, de-ci, de-là.[117] Par exemple, il faisait du bruit en buvant; il soufflait par le nez dans son verre. Des riens. Oh! c'était un pauvre type,[118] vulnérable. Pourquoi souriez-vous?

GARCIN — Parce que moi, je ne suis pas vulnérable.

INÈS — C'est à voir. Je me suis glissée en elle,[119] elle l'a vu par mes yeux... Pour finir, elle m'est restée sur les bras.[120] Nous avons pris une chambre à l'autre bout de la ville.

GARCIN — Alors?

INÈS — Alors il y a eu ce tramway. Je lui disais tous les jours: eh bien, ma petite! Nous l'avons tué.[121] (*Un silence.*) Je suis méchante.

GARCIN — Oui. Moi aussi.

INÈS — Non, vous, vous n'êtes pas méchant. C'est autre chose.

GARCIN — Quoi?

INÈS — Je vous le dirai plus tard. Moi, je suis méchante: ça veut dire que j'ai besoin de la souffrance des autres pour exister. Une torche.[122] Une torche dans les cœurs. Quand je suis toute seule, je m'éteins. Six mois durant, j'ai flambé dans son cœur; j'ai tout brûlé. Elle s'est levée une nuit; elle a été ouvrir le robinet du gaz sans que je m'en doute, et puis elle s'est recouchée près de moi. Voilà.

GARCIN — Hum!

INÈS — Quoi?

GARCIN — Rien. Ça n'est pas propre.[123]

INÈS — Eh bien, non, ça n'est pas propre. Après?

GARCIN — Oh! vous avez raison. (*A Estelle.*) A toi. Qu'est-ce que tu as fait?

ESTELLE — Je vous ai dit que je n'en savais rien. J'ai beau m'interroger...

GARCIN — Bon. Eh bien, on va t'aider. Ce type au visage fracassé, qui est-ce?

ESTELLE — Quel type?

INÈS — Tu le sais fort bien. Celui dont tu avais peur, quand tu es entrée.

ESTELLE — C'est un ami.

GARCIN — Pourquoi avais-tu peur de lui?

ESTELLE — Vous n'avez pas le droit de m'interroger.

INÈS — Il s'est tué à cause de toi?

ESTELLE — Mais non, vous êtes folle.

GARCIN — Alors, pourquoi te faisait-il peur? Il s'est lâché un coup de fusil dans la figure, hein? C'est ça qui lui a emporté la tête?

ESTELLE — Taisez-vous! taisez-vous!

GARCIN — A cause de toi! A cause de toi!

INÈS — Un coup de fusil à cause de toi.

ESTELLE — Laissez-moi tranquille. Vous me faites peur. Je veux m'en aller! Je veux m'en aller!

Elle se précipite vers la porte et la secoue.

---

[113] de mœurs inverties (lesbienne)
[114] comme une moquerie amère
[115] Ce n'est pas parce qu'il lui manquait d'avoir.
[116] même sens que *dérisoire*, plus haut
[117] un mot de dispute de temps en temps
[118] homme sans importance
[119] J'ai substitué ma personnalité à la sienne.
[120] à ma charge
[121] par notre conduite
[122] C'est-à-dire qu'elle fait souffrir et consume les autres par l'intérieur.
[123] moralement parlant

GARCIN — Va-t'en. Moi, je ne demande pas mieux. . . Seulement la porte est fermée de l'extérieur.

Estelle sonne; le timbre ne retentit pas. Inès et Garcin rient. Estelle se retourne sur eux, adossée à la porte.

ESTELLE, *la voix rauque et lente* — Vous êtes ignobles.

INÈS — Parfaitement, ignobles. Alors? Donc le type s'est tué à cause de toi. C'était ton amant?

GARCIN — Bien entendu, c'était son amant. Et il a voulu l'avoir pour lui tout seul. Ça n'est pas vrai?

INÈS — Il dansait le tango comme un professionnel, mais il était pauvre, j'imagine.

Un silence.

GARCIN — On te demande s'il était pauvre?

ESTELLE — Oui, il était pauvre.

GARCIN — Et puis, tu avais ta réputation à garder. Un jour il est venu, il t'a suppliée et tu as rigolé.

INÈS — Hein? Hein? Tu as rigolé? C'est pour cela qu'il s'est tué?

ESTELLE — C'est avec ces yeux-là que tu regardais Florence?

INÈS — Oui.

Un temps. Estelle se met à rire.

ESTELLE — Vous n'y êtes pas du tout.[124] (*Elle se redresse et les regarde toujours adossée à la porte. D'un ton sec et provocant:*) Il voulait me faire un enfant. Là, êtes-vous contents?

GARCIN — Et toi, tu ne voulais pas.

ESTELLE — Non. L'enfant est venu tout de même. Je suis allée passer cinq mois en Suisse. Personne n'a rien su. C'était une fille. Roger était près de moi quand elle est née. Ça l'amusait d'avoir une fille. Pas moi.

GARCIN — Après?

ESTELLE — Il y avait un balcon, au-dessus d'un lac. J'ai apporté une grosse pierre. Il criait: « Estelle, je t'en prie, je t'en supplie. » Je le détestais. Il a tout vu. Il s'est penché sur le balcon et il a vu des ronds sur le lac.[125]

GARCIN — Après?

ESTELLE — C'est tout. Je suis revenue à Paris. Lui, il a fait ce qu'il a voulu.

GARCIN — Il s'est fait sauter la tête?

ESTELLE — Bien oui. Ça n'en valait pas la peine; mon mari ne s'est jamais douté de rien. (*Un temps.*) Je vous hais.

Elle a une crise de sanglots secs.

GARCIN — Inutile. Ici les larmes ne coulent pas.

ESTELLE — Je suis lâche! Je suis lâche! (*Un temps.*) Si vous saviez comme je vous hais!

INÈS, *la prenant dans ses bras* — Mon pauvre petit! (*A Garcin:*) L'enquête est finie. Pas la peine de garder cette gueule de bourreau.

GARCIN — De bourreau. . . (*Il regarde autour de lui.*) Je donnerais n'importe quoi pour me voir dans une glace. (*Un temps.*) Qu'il fait chaud! (*Il ôte machinalement son veston.*) Oh! pardon.

Il va pour le remettre.

ESTELLE — Vous pouvez rester en bras de chemise. A présent. . .

GARCIN — Oui. (*Il jette son veston sur le canapé.*) Il ne faut pas m'en vouloir, Estelle.

ESTELLE — Je ne vous en veux pas.

INÈS — Et à moi? Tu m'en veux à moi?

ESTELLE — Oui.

Un silence.

INÈS — Eh bien, Garcin? Nous voici nus[126] comme des vers; y voyez-vous plus clair?

GARCIN — Je ne sais pas. Peut-être un peu plus clair. (*Timidement.*) Est-ce que nous ne pourrions pas essayer de nous aider les uns les autres?

INÈS — Je n'ai pas besoin d'aide.

GARCIN — Inès, ils ont embrouillé tous les fils.[127] Si vous faites le moindre geste, si vous levez la main pour vous éventer, Estelle et moi nous sentons la secousse. Aucun de nous ne peut se sauver seul; il faut que nous nous perdions ensemble ou que nous nous tirions d'affaire ensemble. Choisissez. (*Un temps.*) Qu'est-ce qu'il y a?

INÈS — Ils l'ont louée.[128] Les fenêtres sont grandes ouvertes, un homme est assis sur mon lit. Ils l'ont

---

[124] Vous vous trompez tout à fait.
[125] formés par la chute de la pierre et du corps

[126] au figuré
[127] les fils de leurs destinées
[128] la chambre (Inès poursuit sa « vision »)

louée! ils l'ont louée! Entrez, entrez, ne vous gênez pas. C'est une femme. Elle va vers lui et lui met les mains sur les épaules. . . Qu'est-ce qu'ils attendent pour allumer, on n'y voit plus; est-ce qu'ils vont s'embrasser? Cette chambre est 5 à moi! Elle est à moi! Et pourquoi n'allument-ils pas? Je ne peux plus les voir. Qu'est-ce qu'ils chuchotent? Est-ce qu'il va la caresser sur *mon* lit? Elle lui dit qu'il est midi et qu'il fait grand soleil. Alors, c'est que je deviens aveugle. (*Un* 10 *temps.*) Fini. Plus rien: je ne vois plus, je n'entends plus. Eh bien, je suppose que j'en ai fini avec la terre.[129] Plus d'alibi.[130] (*Elle frissonne.*) Je me sens vide. A présent, je suis tout à fait morte. Tout entière ici. (*Un temps.*) Vous di- 15 siez? Vous parliez de m'aider, je crois?

GARCIN — Oui.

INÈS — A quoi?

GARCIN — A déjouer leurs ruses.

INÈS — Et moi, en échange? 20

GARCIN — Vous m'aiderez. Il faudrait peu de chose, Inès: tout juste un peu de bonne volonté.

INÈS — De la bonne volonté. . . Où voulez-vous que j'en prenne? Je suis pourrie.

GARCIN — Et moi? (*Un temps.*) Tout de même, si 25 nous essayions?

INÈS — Je suis sèche. Je ne peux ni recevoir ni donner; comment voulez-vous que je vous aide? Une branche morte,[131] le feu va s'y mettre. (*Un temps; elle regarde Estelle qui a la tête dans ses* 30 *mains.*) Florence était blonde.

GARCIN — Est-ce que vous savez que cette petite sera votre bourreau?

INÈS — Peut-être bien que je m'en doute.

GARCIN — C'est par elle qu'ils vous auront. En ce 35 qui me concerne, je. . . je. . . je ne lui prête aucune attention. Si de votre côté. . .

INÈS — Quoi?

GARCIN — C'est un piège. Ils vous guettent pour savoir si vous vous y laisserez prendre. 40

INÈS — Je sais. Et *vous,* vous êtes un piège. Croyez-vous qu'ils n'ont pas prévu vos paroles? Et qu'il ne s'y cache pas des trappes que nous ne pouvons

pas voir? Tout est piège. Mais qu'est-ce que cela me fait? Moi aussi, je suis un piège. Un piège pour elle. C'est peut-être moi qui l'attraperai.

GARCIN — Vous n'attraperez rien du tout. Nous nous courrons après comme des chevaux de bois, sans jamais nous rejoindre: vous pouvez croire qu'ils ont tout arrangé. Laissez tomber, Inès. Ouvrez les mains, lâchez prise. Sinon vous ferez notre malheur à tous trois.

INÈS — Est-ce que j'ai une tête à lâcher prise? Je sais ce qui m'attend. Je vais brûler, je brûle et je sais qu'il n'y aura pas de fin; je sais tout: croyez-vous que je lâcherai prise? Je l'aurai, elle vous verra par mes yeux, comme Florence voyait l'autre. Qu'est-ce que vous venez me parler de votre malheur: je vous dis que je sais tout et je ne peux même pas avoir pitié de moi. Un piège, ha! un piège. Naturellement je suis prise au piège. Et puis après? Tant mieux, s'ils sont contents.[132]

GARCIN, *la prenant par l'épaule* — Moi, je peux avoir pitié de vous. Regardez-moi: nous sommes nus. Nus jusqu'aux os et je vous connais jusqu'au cœur. C'est un lien: croyez-vous que je voudrais vous faire du mal? Je ne regrette rien, je ne me plains pas; moi aussi, je suis sec. Mais de vous, je peux avoir pitié.

INÈS, *qui s'est laissé faire pendant qu'il parlait, se secoue* — Ne me touchez pas. Je déteste qu'on me touche. Et gardez votre pitié. Allons! Garcin, il y a aussi beaucoup de pièges pour vous, dans cette chambre. Pour vous. Préparés pour vous. Vous feriez mieux de vous occuper de vos affaires. (*Un temps.*) Si vous nous laissez tout à fait tranquilles, la petite et moi, je ferai en sorte de ne pas vous nuire.

GARCIN *la regarde un moment, puis hausse les épaules* — C'est bon.

ESTELLE, *relevant la tête* — Au secours, Garcin.

GARCIN — Que me voulez-vous?

ESTELLE, *se levant et s'approchant de lui* — Moi, vous pouvez m'aider.

GARCIN — Adressez-vous à elle.

Inès s'est rapprochée, elle se place tout contre Estelle, par derrière, sans la toucher. Pendant les répliques suivantes, elle lui parlera presque à

---

[129] Elle est maintenant tout entière en enfer.

[130] Jusque-là reliée encore à la terre, elle pouvait penser qu'elle n'était pas en enfer.

[131] Je suis comme une branche morte.

[132] *ils,* les maîtres mystérieux du monde

l'oreille. Mais Estelle, tournée vers Garcin, qui la regarde sans parler, répond uniquement à celui-ci comme si c'était lui qui l'interrogeait.

ESTELLE — Je vous en prie, vous avez promis, Garcin, vous avez promis! Vite, vite, je ne veux pas rester seule. Olga l'a emmené au dancing.

INÈS — Qui a-t-elle emmené?

ESTELLE — Pierre. Ils dansent ensemble.

INÈS — Qui est Pierre?

ESTELLE — Un petit niais. Il m'appelait son eau vive. Il m'aimait. Elle l'a emmené au dancing.

INÈS — Tu l'aimes?

ESTELLE — Ils se rasseyent. Elle est à bout de souffle. Pourquoi danse-t-elle? A moins que ce ne soit pour se faire maigrir. Bien sûr que non. Bien sûr que je ne l'aimais pas: il a dix-huit ans et je ne suis pas une ogresse, moi.

INÈS — Alors laisse-les. Qu'est-ce que cela peut te faire?

ESTELLE — Il était à moi.

INÈS — Rien n'est plus à toi sur la terre.

ESTELLE — Il était à moi.

INÈS — Oui, il *était.* . . Essaye de le prendre, essaye de le toucher. Olga peut le toucher, elle. N'est-ce pas? N'est-ce pas? Elle peut lui tenir les mains, lui frôler les genoux.

ESTELLE — Elle pousse contre lui son énorme poitrine, elle lui souffle dans la figure. Petit Poucet, pauvre Petit Poucet,[133] qu'attends-tu pour lui éclater de rire au nez? Ah! Il m'aurait suffi d'un regard, elle n'aurait jamais osé. . . Est-ce que je ne suis vraiment plus rien?

INÈS — Plus rien. Et il n'y a plus rien de toi sur la terre: tout ce qui t'appartient est ici. Veux-tu le coupe-papier? Le bronze de Barbedienne? Le canapé bleu est à toi. Et moi, mon petit, moi je suis à toi pour toujours.

ESTELLE — Ha? A moi? Eh bien, lequel de vous deux oserait m'appeler son eau vive? On ne vous trompe pas, vous autres, vous savez que je suis une ordure. Pense à moi, Pierre, ne pense qu'à moi, défends-moi; tant que tu penses: mon eau vive, ma chère eau vive, je ne suis ici qu'à moitié,

je ne suis qu'à moitié coupable, je suis eau vive là-bas, près de toi. Elle [134] est rouge comme une tomate. Voyons, c'est impossible: nous avons cent fois ri d'elle ensemble. Qu'est-ce que c'est que cet air-là, je l'aimais tant? Ah! c'est *Saint Louis Blues.* . . Eh bien, dansez, dansez. Garcin, vous vous amuseriez si vous pouviez la voir. Elle ne saura donc jamais que je la *vois.*[135] Je te vois, je te vois, avec ta coiffure défaite, ton visage chaviré, je vois que tu lui marches sur les pieds. C'est à mourir de rire. Allons! Plus vite! Plus vite! Il la tire, il la pousse. C'est indécent. Plus vite! Il me disait: vous êtes si légère. Allons, allons! (*Elle danse en parlant.*) Je te dis que je te vois. Elle s'en moque, elle danse à travers mon regard. Notre chère Estelle! Quoi, notre chère Estelle? Ah! tais-toi. Tu n'as même pas versé une larme aux obsèques. Elle lui a dit « notre chère Estelle ». Elle a le toupet de lui parler de moi. Allons! en mesure. Ce n'est pas elle qui pourrait parler et danser à la fois. Mais qu'est-ce que. . . Non! non! ne lui dis pas! je te l'abandonne, emporte-le, garde-le, fais-en ce que tu voudras, mais ne lui dis pas. . . (*Elle s'est arrêtée de danser.*) Bon. Eh bien, tu peux le garder à présent. Elle lui a tout dit, Garcin: Roger, le voyage en Suisse, l'enfant, elle lui a tout raconté. « Notre chère Estelle n'était pas. . . » Non, non, en effet, je n'étais pas. . . Il branle la tête d'un air triste, mais on ne peut pas dire que la nouvelle l'ait bouleversé. Garde-le à présent. Ce ne sont pas ses longs cils ni ses airs de fille que je te disputerai. Ha! Il m'appelait son eau vive, son cristal. Eh bien, le cristal est en miettes. « Notre chère Estelle. » Dansez! dansez, voyons! En mesure. Une, deux. (*Elle danse.*) Je donnerais tout au monde pour revenir sur terre un instant, un seul instant, et pour danser. (*Elle danse; un temps.*) Je n'entends plus très bien. Ils ont éteint les lampes comme pour un tango; pourquoi jouent-ils en sourdine? Plus fort! Que c'est loin! Je. . . Je n'entends plus du tout. (*Elle cesse de danser.*) Jamais plus. La terre m'a quittée. Garcin, regarde-moi, prends-moi dans tes bras.

---

[133] Pierre, inconnu de nous comme Olga. « Petit Poucet », personnage du célèbre conte de Perrault, mais ici l'Ogre est devenu l'Ogresse Olga.

[134] Olga

[135] Cette « vision » va faire délirer Estelle pendant toute la tirade.

Inès fait signe à Garcin de s'écarter, derrière le dos d'Estelle.

INÈS, *impérieusement* — Garcin!

GARCIN *recule d'un pas et désigne Inès à Estelle* — Adressez-vous à elle.

ESTELLE *l'agrippe* — Ne vous en allez pas! Est-ce que vous êtes un homme? Mais regardez-moi donc, ne détournez pas les yeux: est-ce donc si pénible? J'ai des cheveux d'or, et, après tout, quelqu'un s'est tué pour moi. Je vous supplie, il faut bien que vous regardiez quelque chose. Si ce n'est pas moi, ce sera le bronze, la table ou les canapés. Je suis tout de même plus agréable à voir. Écoute; je suis tombée de leurs cœurs [136] comme un petit oiseau tombe du nid. Ramasse-moi, prends-moi, dans ton cœur, tu verras comme je serai gentille.

GARCIN, *la repoussant avec effort* — Je vous dis de vous adresser à elle.

ESTELLE — A elle? Mais elle ne compte pas: c'est une femme.

INÈS — Je ne compte pas? Mais, petit oiseau, petite alouette, il y a beau temps que tu es à l'abri dans mon cœur. N'aie pas peur, je te regarderai sans répit, sans un battement de paupières. Tu vivras dans mon regard comme une paillette [137] dans un rayon de soleil.

ESTELLE — Un rayon de soleil? Ha! Fichez-moi donc la paix. Vous m'avez fait le coup [138] tout à l'heure et vous avez bien vu qu'il a raté.

INÈS — Estelle! Mon eau vive, mon cristal.

ESTELLE — *Votre* cristal? C'est bouffon. Qui pensez-vous tromper? Allons, tout le monde sait que j'ai flanqué l'enfant par la fenêtre. Le cristal est en miettes sur la terre et je m'en moque. Je ne suis plus qu'une peau — et ma peau n'est pas pour vous.

INÈS — Viens! Tu seras ce que tu voudras: eau vive, eau sale, tu te retrouveras au fond de mes yeux telle que tu te désires.

ESTELLE — Lâchez-moi! Vous n'avez pas d'yeux! Mais qu'est-ce qu'il faut que je fasse pour que tu me lâches? Tiens!

Elle lui crache à la figure, Inès la lâche brusquement.

INÈS — Garcin! Vous me le paierez!

Un temps, Garcin hausse les épaules et va vers Estelle.

GARCIN — Alors? Tu veux un homme?

ESTELLE — Un homme, non. Toi.

GARCIN — Pas d'histoire. N'importe qui ferait l'affaire. Je me suis trouvé là, c'est moi. Bon. (*Il la prend aux épaules.*) Je n'ai rien pour te plaire, tu sais: je ne suis pas un petit niais et je ne danse pas le tango.

ESTELLE — Je te prendrai comme tu es. Je te changerai peut-être.

GARCIN — J'en doute. Je serai. . . distrait. [139] J'ai d'autres affaires en tête.

ESTELLE — Quelles affaires?

GARCIN — Ça ne t'intéresserait pas.

ESTELLE — Je m'assiérai sur ton canapé. J'attendrai que tu t'occupes de moi.

INÈS, *éclatant de rire* — Ha! chienne! A plat ventre! A plat ventre! Et il n'est même pas beau!

ESTELLE, *à Garcin* — Ne l'écoute pas. Elle n'a pas d'yeux, elle n'a pas d'oreilles. Elle ne compte pas.

GARCIN — Je te donnerai ce que je pourrai. Ce n'est pas beaucoup. Je ne t'aimerai pas: je te connais trop.

ESTELLE — Est-ce que tu me désires?

GARCIN — Oui.

ESTELLE — C'est tout ce que je veux.

GARCIN — Alors. . .

Il se penche sur elle.

INÈS — Estelle! Garcin! Vous perdez le sens! Mais je suis là, moi!

GARCIN — Je vois bien, et après?

INÈS — Devant moi? Vous ne. . . vous ne pouvez pas!

ESTELLE — Pourquoi? Je me déshabillais bien devant ma femme de chambre.

INÈS, *s'agrippant à Garcin* — Laissez-la! Laissez-la! ne la touchez pas de vos sales mains d'homme!

GARCIN, *la repoussant violemment* — Ça va: je ne

---

[136] Je n'existe plus pour eux.
[137] parcelle d'or
[138] concerté une action méchante
[139] peu amoureux

suis pas un gentilhomme, je n'aurai pas peur de cogner sur une femme.

INÈS — Vous m'aviez promis, Garcin, vous m'aviez promis! Je vous en supplie, vous m'aviez promis!

GARCIN — C'est vous qui avez rompu le pacte.[140]

Inès se dégage et recule au fond de la pièce.

INÈS — Faites ce que vous voudrez, vous êtes les plus forts. Mais rappelez-vous, je suis là et je vous regarde. Je ne vous quitterai pas des yeux, Garcin; il faudra que vous l'embrassiez sous mon regard. Comme je vous hais tous les deux! Aimez-vous, aimez-vous! Nous sommes en enfer et j'aurai mon tour.

Pendant la scène suivante, elle les regardera sans mot dire.

GARCIN *revient vers Estelle et la prend aux épaules* — Donne-moi ta bouche.

Un temps. Il se penche sur elle et brusquement se redresse.

ESTELLE, *avec un geste de dépit* — Ha! . . . (*Un temps.*) Je t'ai dit de ne pas faire attention à elle.

GARCIN — Il s'agit bien d'elle.[141] (*Un temps.*) Gomez est au journal. Ils ont fermé les fenêtres; c'est donc l'hiver. Six mois. Il y a six mois qu'ils m'ont. . . Je t'ai prévenue qu'il m'arriverait d'être distrait? Ils grelottent; ils ont gardé leurs vestons. . . C'est drôle qu'ils aient si froid, là-bas! et moi j'ai si chaud. Cette fois-ci, c'est de moi qu'il parle.

ESTELLE — Ça va durer longtemps? (*Un temps.*) Dis-moi au moins ce qu'il raconte.

GARCIN — Rien. Il ne raconte rien. C'est un salaud,[142] voilà tout. (*Il prête l'oreille.*) Un beau salaud. Bah! (*Il se rapproche d'Estelle.*) Revenons à nous. M'aimeras-tu?

ESTELLE, *souriant* — Qui sait?

GARCIN — Auras-tu confiance en moi?

ESTELLE — Quelle drôle de question: tu seras constamment sous mes yeux et ce n'est pas avec Inès que tu me tromperas.

GARCIN — Évidemment. (*Un temps. Il lâche les épaules d'Estelle.*) Je parlais d'une autre confiance. (*Il écoute.*) Va! va! dis ce que tu veux: [143] je ne suis pas là pour me défendre. (*A Estelle.*) Estelle, il *faut* me donner ta confiance.

ESTELLE — Que d'embarras! Mais tu as ma bouche, mes bras, mon corps entier, et tout pourrait être si simple. . . Ma confiance? Mais je n'ai pas de confiance à donner, moi; tu me gênes horriblement. Ah! Il faut que tu aies fait un bien mauvais coup pour me réclamer ainsi ma confiance.

GARCIN — Ils m'ont fusillé.

ESTELLE — Je sais: tu avais refusé de partir. Et puis?

GARCIN — Je. . . Je n'avais pas tout à fait refusé. (*Aux invisibles.*) Il parle bien, il blâme comme il faut, mais il ne dit pas ce qu'il faut faire.[144] Allais-je entrer chez le général et lui dire: « Mon général, je ne pars pas »? Quelle sottise! Ils m'auraient coffré. Je voulais témoigner,[145] moi, témoigner! Je ne voulais pas qu'ils étouffent ma voix. (*A Estelle.*) Je. . . J'ai pris le train. Ils m'ont pincé à la frontière.

ESTELLE — Où voulais-tu aller?

GARCIN — A Mexico. Je comptais y ouvrir un journal pacifiste. (*Un silence.*) Eh bien, dis quelque chose.

ESTELLE — Que veux-tu que je te dise? Tu as bien fait puisque tu ne voulais pas te battre. (*Geste agacé de Garcin.*) Ah! mon chéri, je ne peux pas deviner ce qu'il faut te répondre.

INÈS — Mon trésor, il faut lui dire qu'il s'est enfui comme un lion. Car il s'est enfui, ton gros chéri. C'est ce qui le taquine.[146]

GARCIN — Enfui, parti; appelez-le comme vous voudrez.

ESTELLE — Il fallait bien que tu t'enfuies. Si tu étais resté, ils t'auraient mis la main au collet.[147]

GARCIN — Bien sûr. (*Un temps.*) Estelle, est-ce que je suis un lâche?

ESTELLE — Mais je n'en sais rien, mon amour, je ne suis pas dans ta peau. C'est à toi de décider.

GARCIN, *avec un geste las* — Je ne décide pas.

---

[143] Ces mots s'adressent à Gomez qu'il « voit ».
[144] Cette phrase est celle des gens que Garcin endoctrinait.
[145] être un symbole vivant
[146] tourmente
[147] Ils t'auraient arrêté.

[140] agi contrairement à l'accord consenti
[141] Inès
[142] capable de vilaines actions

ESTELLE — Enfin tu dois bien te rappeler; tu devais avoir des raisons pour agir comme tu l'as fait.

GARCIN — Oui.

ESTELLE — Eh bien?

GARCIN — Est-ce que ce sont les vraies raisons?

ESTELLE, *dépitée* — Comme tu es compliqué.

GARCIN — Je voulais témoigner, je. . . j'avais longuement réfléchi. . . Est-ce que ce sont les vraies raisons?

INÈS — Ah! Voilà la question. Est-ce que ce sont les vraies raisons? Tu raisonnais, tu ne voulais pas t'engager à la légère. Mais la peur, la haine et toutes les saletés qu'on cache, ce sont *aussi* des raisons. Allons, cherche, interroge-toi.

GARCIN — Tais-toi! Crois-tu que j'ai attendu tes conseils? Je marchais dans ma cellule, la nuit, le jour. De la fenêtre à la porte, de la porte à la fenêtre. Je me suis épié. Je me suis suivi à la trace. Il me semble que j'ai passé une vie entière à m'interroger, et puis quoi! l'acte était là. Je. . . J'ai pris le train, voilà ce qui est sûr. Mais pourquoi? Pourquoi? A la fin j'ai pensé: c'est ma mort qui décidera; si je meurs proprement, j'aurai prouvé que je ne suis pas un lâche. . .

INÈS — Et comment es-tu mort, Garcin?

GARCIN — Mal. (*Inès éclate de rire.*) Oh! c'était une simple défaillance corporelle. Je n'en ai pas honte. Seulement tout est resté en suspens pour toujours. (*A Estelle.*) Viens là, toi. Regarde-moi. J'ai besoin que quelqu'un me regarde pendant qu'ils parlent de moi sur terre. J'aime les yeux verts.

INÈS — Les yeux verts? Voyez-vous ça! Et toi, Estelle? aimes-tu les lâches?

ESTELLE — Si tu savais comme ça m'est égal. Lâche ou non, pourvu qu'il embrasse bien.

GARCIN — Ils dodelinent de la tête [148] en tirant sur leurs cigares; ils s'ennuient. Ils pensent: Garcin est un lâche. Mollement, faiblement. Histoire de penser tout de même à quelque chose. Garcin est un lâche! Voilà ce qu'ils ont décidé, eux, mes copains. Dans six mois, ils diront: lâche comme Garcin. Vous avez de la chance vous deux; personne ne pense plus à vous sur la terre. Moi, j'ai la vie plus dure.

INÈS — Et votre femme, Garcin?

GARCIN — Eh bien, quoi, ma femme. Elle est morte.

INÈS — Morte?

GARCIN — J'ai dû oublier de vous le dire. Elle est morte tout à l'heure. Il y a deux mois environ.

INÈS — De chagrin?

GARCIN — Naturellement, de chagrin. De quoi voulez-vous qu'elle soit morte? Allons, tout va bien: la guerre est finie, ma femme est morte et je suis entré dans l'histoire.[149]

Il a un sanglot sec et se passe la main sur sa figure. Estelle s'accroche à lui.

ESTELLE — Mon chéri, mon chéri! Regarde-moi, mon chéri! Touche-moi, touche-moi. (*Elle lui prend la main et la met sur sa gorge.*) Mets ta main sur ma gorge. (*Garcin fait un mouvement pour se dégager.*) Laisse ta main; laisse-la, ne bouge pas. Ils vont mourir un à un: qu'importe ce qu'ils pensent. Oublie-les. Il n'y a plus que moi.

GARCIN, *dégageant sa main* — Ils ne m'oublient pas, eux. Ils mourront, mais d'autres viendront, qui prendront la consigne: je leur ai laissé ma vie entre les mains.[150]

ESTELLE — Ah! tu penses trop!

GARCIN — Que faire d'autre? Autrefois, j'agissais. . . Ah! Revenir un seul jour au milieu d'eux. . . quel démenti! [151] Mais je suis hors jeu; ils font le bilan [152] sans s'occuper de moi, et ils ont raison puisque je suis mort. Fait comme un rat.[153] (*Il rit.*) Je suis tombé dans le domaine public.[154]

Un silence.

ESTELLE, *doucement* — Garcin!

GARCIN — Tu es là? Eh bien, écoute, tu vas me rendre un service. Non, ne recule pas. Je sais: cela te semble drôle qu'on puisse te demander du secours, tu n'as pas l'habitude. Mais si tu voulais, si tu faisais un effort, nous pourrions peut-être nous aimer pour de bon. Vois; ils sont mille à

---

[148] balancent lentement leur tête

[149] C'est-à-dire: je ne puis plus rien changer à ma destinée.

[150] Ils feront ce qu'il voudront de ma vie en la racontant ou en pensant à elle.

[151] Sous-entendu: Je leur infligerais!

[152] compte du bon et du mauvais

[153] pris au piège sans pouvoir me défendre (populaire)

[154] J'appartiens à tout le monde.

répéter que je suis un lâche. Mais qu'est-ce que c'est mille? S'il y avait une âme, une seule, pour affirmer de toutes ses forces que je n'ai pas fui, que je ne *peux pas* avoir fui, que j'ai du courage, que je suis propre, je. . . je suis sûr que je serais 5 sauvé! Veux-tu croire en moi? Tu me serais plus chère que moi-même.

ESTELLE, *riant* — Idiot! cher idiot! Penses-tu que je pourrais aimer un lâche?

GARCIN — Mais tu disais. . . 10

ESTELLE — Je me moquais de toi. J'aime les hommes, Garcin, les vrais hommes, à la peau rude, aux mains fortes. Tu n'as pas le menton d'un lâche, tu n'as pas la bouche d'un lâche, tu n'as pas la voix d'un lâche, tes cheveux ne sont pas ceux 15 d'un lâche. Et c'est pour ta bouche, pour ta voix, pour tes cheveux que je t'aime.

GARCIN — C'est vrai? C'est bien vrai?

ESTELLE — Veux-tu que je te le jure?

GARCIN — Alors je les défie tous, ceux de là-bas et 20 ceux d'ici. Estelle, nous sortirons de l'enfer. (*Inès éclate de rire. Il s'interrompt et la regarde.*) Qu'est-ce qu'il y a?

INÈS, *riant* — Mais elle ne croit pas un mot de ce qu'elle dit; comment peux-tu être si naïf? « Es- 25 telle, suis-je un lâche? » Si tu savais ce qu'elle s'en moque!

ESTELLE — Inès! (*A Garcin.*) Ne l'écoute pas. Si tu veux ma confiance, il faut commencer par me donner la tienne. 30

INÈS — Mais oui, mais oui! Fais-lui donc confiance. Elle a besoin d'un homme, tu peux le croire, d'un bras d'homme autour de sa taille, d'une odeur d'homme, d'un désir d'homme dans des yeux d'homme. Pour le reste. . . Ha! elle te dirait que 35 tu es Dieu le Père, si cela pouvait te faire plaisir.

GARCIN — Estelle! Est-ce que c'est vrai? Réponds; est-ce que c'est vrai?

ESTELLE — Que veux-tu que je te dise? Je ne com- 40 prends rien à toutes ces histoires. (*Elle tape du pied.*) Que tout cela est donc agaçant! Même si tu étais un lâche, je t'aimerais, là! Cela ne te suffit pas?

Un temps. 45

GARCIN, *aux deux femmes* — Vous me dégoûtez!

Il va vers la porte.

ESTELLE — Qu'est-ce que tu fais?

GARCIN — Je m'en vais.

INÈS, *vite* — Tu n'iras pas loin: la porte est fermée.

GARCIN — Il faudra bien qu'ils l'ouvrent.

Il appuie sur le bouton de sonnette. La sonnette ne fonctionne pas.

ESTELLE — Garcin!

INÈS, *à Estelle* — Ne t'inquiète pas; la sonnette est détraquée.

GARCIN — Je vous dis qu'ils ouvriront. (*Il tambourine contre la porte.*) Je ne peux plus vous supporter, je ne peux plus. (*Estelle court vers lui, il la repousse.*) Va-t'en! Tu me dégoûtes encore plus qu'elle. Je ne veux pas m'enliser dans tes yeux. Tu es moite! tu es molle! [155] Tu es une pieuvre, tu es un marécage. (*Il frappe contre la porte.*) Allez-vous ouvrir?

ESTELLE — Garcin, je t'en supplie, ne pars pas, je ne te parlerai plus, je te laisserai tout à fait tranquille, mais ne pars pas. Inès a sorti ses griffes, je ne veux plus rester seule avec elle.

GARCIN — Débrouille-toi. Je ne t'ai pas demandé de venir.

ESTELLE — Lâche! lâche! Oh! C'est bien vrai que tu es lâche.

INÈS, *se rapprochant d'Estelle* — Eh bien, mon alouette, tu n'es pas contente? Tu m'as craché à la figure pour lui plaire et nous nous sommes brouillées à cause de lui. Mais il s'en va, le trouble-fête, il va nous laisser entre femmes.

ESTELLE — Tu n'y gagneras rien; si cette porte s'ouvre, je m'enfuis.

INÈS — Où?

ESTELLE — N'importe où. Le plus loin de toi possible.

Garcin n'a cessé de tambouriner contre la porte.

GARCIN — Ouvrez! Ouvrez donc! J'accepte tout: [156] les brodequins, les tenailles, le plomb fondu, les pincettes, le garrot, tout ce qui brûle, tout ce qui déchire, je veux souffrir pour de bon. Plutôt cent morsures, plutôt le fouet, le vitriol, que cette souf-

---

[155] au figuré
[156] les tortures imaginées et dont les noms suivent

france de tête, ce fantôme de souffrance, qui frôle, qui caresse et qui ne fait jamais assez mal. (*Il saisit le bouton de la porte et le secoue.*) Ouvrirez-vous? (*La porte s'ouvre brusquement, et il manque de tomber.*) Hah!

Un long silence.

INÈS — Eh bien, Garcin? Allez-vous-en.

GARCIN, *lentement* — Je me demande pourquoi cette porte s'est ouverte.

INÈS — Qu'est-ce que vous attendez? Allez, allez vite!

GARCIN — Je ne m'en irai pas.

INÈS — Et toi, Estelle? (*Estelle ne bouge pas; Inès éclate de rire.*) Alors? Lequel? Lequel des trois? La voie est libre, qui nous retient? Ha! c'est à mourir de rire! Nous sommes inséparables.

Estelle bondit sur elle par derrière.

ESTELLE — Inséparables? Garcin! Aide-moi. Aide-moi vite. Nous la traînerons dehors et nous fermerons la porte sur elle; elle va voir.

INÈS, *se débattant* — Estelle! Estelle! Je t'en supplie, garde-moi. Pas dans le couloir, ne me jette pas dans le couloir!

GARCIN — Lâche-la.

ESTELLE — Tu es fou, elle te hait.

GARCIN — C'est à cause d'elle que je suis resté.

Estelle lâche Inès et regarde Garcin avec stupeur.

INÈS — A cause de moi? (*Un temps.*) Bon, eh bien, fermez la porte. Il fait dix fois plus chaud depuis qu'elle est ouverte. (*Garcin va vers la porte et la ferme.*) A cause de moi?

GARCIN — Oui. Tu sais ce que c'est qu'un lâche, toi.

INÈS — Oui, je le sais.

GARCIN — Tu sais ce que c'est que le mal, la honte, la peur. Il y a eu des jours où tu t'es vue jusqu'au cœur — et ça te cassait bras et jambes.[157] Et le lendemain, tu ne savais plus que penser, tu n'arrivais plus à déchiffrer la révélation de la veille.[158] Oui, tu connais le prix du mal. Et si tu dis que je suis un lâche, c'est en connaissance de cause, hein?

[157] Ça t'ôtait toutes tes forces.
[158] Tu ne voyais plus clair en toi.

INÈS — Oui.

GARCIN — C'est toi que je dois convaincre: tu es de ma race. T'imaginais-tu que j'allais partir? Je ne pouvais pas te laisser ici, triomphante, avec toutes ces pensées dans ta tête; toutes ces pensées qui me concernent.

INÈS — Tu veux vraiment me convaincre?

GARCIN — Je ne peux plus rien d'autre. Je ne les entends plus, tu sais. C'est sans doute qu'ils en ont fini avec moi. Fini: l'affaire est classée,[159] je ne suis plus rien sur terre, même plus un lâche. Inès, nous voilà seuls: il n'y a plus que vous deux pour penser à moi. Elle[160] ne compte pas. Mais toi, toi qui me hais, si tu me crois, tu me sauves.

INÈS — Ce ne sera pas facile. Regarde-moi: j'ai tête dure.

GARCIN — J'y mettrai le temps qu'il faudra.

INÈS — Oh! Tu as tout le temps. *Tout* le temps.[161]

GARCIN, *la prenant aux épaules* — Écoute, chacun a son but, n'est-ce pas? Moi, je me foutais[162] de l'argent, de l'amour. Je voulais être un homme. Un dur.[163] J'ai tout misé sur le même cheval.[164] Est-ce que c'est possible qu'on soit un lâche quand on a choisi les chemins les plus dangereux? Peut-on juger une vie sur un seul acte?

INÈS — Pourquoi pas? Tu as rêvé trente ans que tu avais du cœur;[165] et tu te passais[166] mille petites faiblesses parce que tout est permis aux héros. Comme c'était commode! Et puis, à l'heure du danger, on t'a mis au pied du mur[167] et. . . tu as pris le train pour Mexico.

GARCIN — Je n'ai pas rêvé cet héroïsme. Je l'ai choisi. On est ce qu'on veut.

INÈS — Prouve-le. Prouve que ce n'était pas un rêve. Seuls les actes décident de ce qu'on a voulu.

GARCIN — Je suis mort trop tôt. On ne m'a pas laissé le temps de faire *mes* actes.[168]

INÈS — On meurt toujours trop tôt — ou trop tard.

[159] mise de côté et l'on ne s'en occupe plus
[160] Estelle
[161] l'éternité
[162] Je ne m'occupais pas (vulgaire).
[163] insensible et décidé à tout
[164] Je n'ai pensé qu'à un seul genre de vie (il emploie une expression de joueur aux courses).
[165] courage
[166] permettais
[167] obligé à agir (métaphore familière)
[168] les actes que j'aurais voulus

Et cependant la vie est là, terminée; le trait est tiré, il faut faire la somme.[169] Tu n'es rien d'autre que ta vie.[170]

GARCIN — Vipère! Tu as réponse à tout.

INÈS — Allons! allons! Ne perds pas courage. Il doit t'être facile de me persuader. Cherche des arguments, fais un effort. (*Garcin hausse les épaules.*) Eh bien, eh bien? Je t'avais dit que tu étais vulnérable. Ah! Comme tu vas payer à présent. Tu es un lâche, Garcin, un lâche parce que je le veux. Je le veux, tu entends, je le veux! Et pourtant, vois comme je suis faible, un souffle; je ne suis rien que le regard qui te voit, que cette pensée incolore qui te pense. (*Il marche sur elle, les mains ouvertes.*) Ha! Elles s'ouvrent ces grosses mains d'homme. Mais qu'espères-tu? On n'attrape pas les pensées avec les mains. Allons, tu n'as pas le choix: il faut me convaincre. Je te tiens.[171]

ESTELLE — Garcin!

GARCIN — Quoi?

ESTELLE — Venge-toi.

GARCIN — Comment?

ESTELLE — Embrasse-moi, tu l'entendras chanter.[172]

GARCIN — C'est pourtant vrai, Inès. Tu me tiens, mais je te tiens aussi.

Il se penche sur Estelle. Inès pousse un cri.

INÈS — Ha! Lâche! Lâche! Va! Va te faire consoler par les femmes.

ESTELLE — Chante, Inès, chante!

INÈS — Le beau couple! Si tu voyais sa grosse patte posée à plat sur ton dos, froissant la chair et l'étoffe. Il a les mains moites; il transpire. Il laissera une marque bleue sur ta robe.

ESTELLE — Chante! Chante! Serre-moi plus fort contre toi, Garcin; elle en crèvera.

INÈS — Mais oui, serre-la bien fort, serre-la! Mêlez vos chaleurs. C'est bon l'amour, hein Garcin? C'est tiède et profond comme le sommeil, mais je t'empêcherai de dormir.

Geste de Garcin.

ESTELLE — Ne l'écoute pas. Prends ma bouche; je suis à toi tout entière.

INÈS — Eh bien, qu'attends-tu? Fais ce qu'on te dit. Garcin le lâche tient dans ses bras Estelle l'infanticide. Les paris sont ouverts. Garcin le lâche l'embrassera-t-il? Je vous vois, je vous vois; à moi seule je suis une foule, la foule, Garcin, la foule, l'entends-tu? (*Murmurant.*) Lâche! Lâche! Lâche! Lâche! En vain tu me fuis, je ne te lâcherai pas. Que vas-tu chercher sur ses lèvres? L'oubli? Mais je ne t'oublierai pas, moi. C'est moi qu'il faut convaincre. Moi. Viens, viens! Je t'attends. Tu vois, Estelle, il desserre son étreinte, il est docile comme un chien. . . Tu ne l'auras pas!

GARCIN — Il ne fera donc jamais nuit?[173]

INÈS — Jamais.

GARCIN — Tu me verras toujours?

INÈS — Toujours.

Garcin abandonne Estelle et fait quelques pas dans la pièce. Il s'approche du bronze.

GARCIN — Le bronze. . . (*Il le caresse.*) Eh bien! voici le moment. Le bronze est là, je le contemple et je comprends que je suis en enfer. Je vous dis que tout était prévu. Ils avaient prévu que je me tiendrais devant cette cheminée, pressant ma main sur ce bronze, avec tous ces regards sur moi. Tous ces regards qui me mangent.[174] . . (*Il se retourne brusquement.*) Ha! Vous n'êtes que deux? Je vous croyais beaucoup plus nombreuses. (*Il rit.*) Alors, c'est ça l'enfer. Je n'aurais jamais cru. . . Vous vous rappelez: le soufre, le bûcher, le gril. . . Ah! quelle plaisanterie. Pas besoin de gril, l'enfer, c'est les Autres.[175]

ESTELLE — Mon amour!

GARCIN, *la repoussant* — Laisse-moi. Elle[176] est entre nous. Je ne peux pas t'aimer quand elle me voit.

ESTELLE — Ha! Eh bien, elle ne nous verra plus.

Elle prend le coupe-papier sur la table, se précipite sur Inès et lui porte plusieurs coups.

---

[169] total de l'addition (sous le trait)
[170] ce que tu as fait
[171] C'est-à-dire: tu dépends de mon jugement.
[172] Ironique: elle sait qu'Inès criera.

[173] pour qu'on ne voie plus rien
[174] suppriment, anéantissent
[175] dont on est le prisonnier
[176] Inès

INÈS, *se débattant et riant* — Qu'est-ce que tu fais, qu'est-ce que tu fais, tu es folle? Tu sais bien que je suis morte.

ESTELLE — Morte?

Elle laisse tomber le couteau. Un temps. Inès ramasse le couteau et s'en frappe avec rage.

INÈS — Morte! Morte! Morte! Ni le couteau, ni le poison, ni la corde. C'est *déjà fait*,[177] comprends-tu? Et nous sommes ensemble pour toujours.   10

Elle rit.

[177] plus rien à faire, plus rien à changer

ESTELLE, *éclatant de rire* — Pour toujours, mon Dieu que c'est drôle! Pour toujours!

GARCIN *rit en les regardant toutes deux* — Pour toujours!

Ils tombent assis, chacun sur son canapé. Un long silence. Ils cessent de rire et se regardent. Garcin se lève.

GARCIN — Eh bien, continuons.

RIDEAU

JEAN ANOUILH (1910—   )

Jean Anouilh est le plus remarquable des dramaturges français contemporains. Né à Bordeaux en 1910, il a été le secrétaire de Louis Jouvet. Il a beaucoup admiré Giraudoux et *Siegfried* a probablement décidé de sa vocation. Il s'est donné au théâtre dès sa vingt-deuxième année, avec la pièce *L'Hermine* qui fut bien accueillie. Il dut son succès devant le grand public au *Voyageur sans bagages* représenté en 1937. Il est entré dans la gloire en 1944 avec *Antigone*.

L'HOMME

Le théâtre d'Anouilh, qui compte plus de trente pièces, se divise en trois groupes auxquels il a donné lui-même qualificatif: pièces roses, pièces noires, pièces grinçantes. Les premières, entre autres *Léocadia* (1939), *Le Bal des voleurs* (1938), *L'Invitation au château* (1947) brillent d'une fantaisie gaie et respirent la jeunesse. Les secondes, parmi lesquelles *Jézabel* (1946), *Médée* (1946), *Roméo et Jeannette* (1945), *Eurydice* (1941), *Antigone* (1942), mettent en accusation l'amour, l'amitié, la discipline sociale; elles représentent une démission devant les compromissions de la vie. Dans les troisièmes, par exemple *Colombe* (1951), *Ornifle* (1956), *Le Rendez-vous de Senlis* (1942), *Ardèle ou la Marguerite* (1948), l'absurdité de l'univers condamne les êtres à la solitude morale. Naturellement les trois groupes déteignent les uns sur les autres, il y a du rose dans le noir et du noir dans le rose. Dans l'ensemble de l'œuvre on voit alterner la fiction avec la réalité, le lyrisme avec la satire, l'obsession de la société pourrie dans ses classes et jusque dans la famille avec la nostalgie de la pureté.

En somme, l'inspiration fondamentale d'Anouilh se confond avec le pessimisme le plus désolant, et sans aucun doute, le pessimisme l'emporte: la vie est cruelle et la société mal faite. Aussi arrive-t-il à Anouilh de s'évader dans la satire. Sa satire des idées révolutionnaires dans *Pauvre Bitos* (1956) est remarquable.

L'ŒUVRE

Lorsque le théâtre d'Anouilh accorde une place à la dignité, à la noblesse des sentiments, à la pureté, c'est afin de faire honte à l'humanité qui les ignore ou les écrase. Mais enfin il reconnait donc l'existence de vertus et de beautés morales. Il admet d'ailleurs plus d'une fois que la grandeur n'est pas forcément un truquage; c'est précisément ce que prétendent montrer deux drames: *Becket* (1959) qui ne défend pas le héros contre le groupe social qui l'abat, mais se garde bien de l'humilier, et *L'Alouette* (1953) une de ses pièces les plus émouvantes. La tristesse et la douleur s'y trouvent magnifiées par l'histoire dans la figure sublime de Jeanne d'Arc. La Pucelle, comme tous les personnages d'Anouilh, se bat avec la réalité de l'existence dans des conditions exceptionnelles, mais illustrant toujours le drame de l'être humain dans un univers déchiré.

Ce théâtre est singulièrement vivant et, malgré son pessimisme, enchanteur. Les situations y sont originales, les personnages solidement humains, les dialogues pleins de surprises et de détours qui émoustillent le spectateur ou l'émeuvent. Son mouvement aboutit presque toujours à des scènes inoubliables de force pathétique ou de drôlerie moliéresque.

Le théâtre de Jean Anouilh est donc un de ceux qui, dans le détail comme dans l'ensemble, se rapprochent le plus de la vie. Toutes les valeurs humaines s'y rencontrent et s'y heurtent, ces valeurs qu'Anouilh a toujours traitées en observateur lucide et qu'il pèse avec de plus en plus de justice.

Nous avons choisi pour le représenter *Ardèle ou La Marguerite*, parce que cette pièce rassemble tout particulièrement les tendances d'Anouilh et ses thèmes caractéristiques: comédie et drame, satire et poésie, turpitudes et besoins de pureté, laideur sociale et solitude morale des individus. Enfin le style en est remarquablement brillant et spirituel.

Ardèle ou la Marguerite

PERSONNAGES

Le Général
La Générale
Le Comte, beau-frère du général
La Comtesse, sa sœur
Villardieu, amant de la comtesse
Nicolas, fils cadet du général
Nathalie, sa bru
Toto, fils benjamin du général dix ans
Marie-Christine, fille de la comtesse même âge
Ada, femme de chambre, maîtresse du général
Ardèle, sœur du général (personnage invisible)
Le Bossu, personnage muet

Le hall du château.

Deux escaliers montent à une galerie faisant le tour de la pièce où s'ouvrent beaucoup de portes.

C'est le matin. La scène est vide; on entend une 5 *voix aiguë qui appelle: «Léon! Léon!»*

Le général surgit d'une porte sur la galerie, en robe de chambre rouge, très général Dourakine.[1]

Il crie, se précipitant vers une autre porte:

10 LE GÉNÉRAL—Voilà, mon amie! (*Il parle à quelqu'un d'invisible par la porte entr'ouverte.*) Non,

---

[1] type célèbre créé par la comtesse de Ségur

ma colombe, non, mon ange. Je m'étais absenté une minute, mais j'étais là, dans mon bureau. Je travaillais. Cette nuit? Non. Je ne vous ai pas laissée cette nuit. Je me suis levé, c'est exact, pour prendre l'air, mais quelques instants: toujours mes étouffements. Plus d'une heure? Non m'amie, quelques instants seulement... Mais dans le demi-sommeil on perd la notion de la durée: je vous l'ai mille fois expliqué. Reposez-vous m'amie... Il est très tôt encore et je m'occupe de tout préparer pour recevoir nos hôtes. Oui, mon cher amour, à tout à l'heure.

Il repousse la porte, retourne à celle d'où il est sorti, l'ouvre. Sur le seuil: la femme de chambre. Il l'embrasse goulûment.

LE GÉNÉRAL—Grenache. Grounière. Goulune. Guenon. Pêche.[2] Gros gâteau doré. Brioche. Oh! c'est bon! c'est bon! Tu sens le pain chaud du matin.

ADA, *impassable, tandis que le général a le nez dans son cou et son corsage*—Le petit déjeuner de monsieur est servi dans son bureau.

LA GÉNÉRAL, *la caresse*—Chaude et vivante, bien ferme sur tes deux colonnes jointes.[3] Le monde existe donc ce matin encore. Tout va bien. On n'est pas seul. Et tu t'en moques, imbécile, et tu attends tout simplement que j'aie fini. C'est bon aussi. Tout à l'heure, quand tu feras la chambre du petit, tu mettras les draps à la fenêtre. Je monterai. Je t'ai acheté ce que tu voulais. (*Une porte s'est ouverte sur la galerie. Nathalie paraît. Le général lâche la femme de chambre qui est restée impassible; il lui jette à mi-voix:*) File!

Elle disparaît dans une autre chambre, passant devant Nathalie sans un regard. Nathalie et le général restent un moment immobiles.

LE GÉNÉRAL, *demande enfin d'une voix un peu cassée*—Je vous dégoûte, Nathalie?

NATHALIE, *doucement*—Oui.

Elle va descendre. Le général hésite un peu, puis il la rejoint sur l'escalier, il l'arrête.

LE GÉNÉRAL—Vous avez vingt ans, Nathalie, vous êtes l'intransigeance et la pureté et je suis un vieux misérable.

NATHALIE—Oui.

LE GÉNÉRAL—Quand vous avez épousé mon fils, cela a été comme si une fenêtre s'ouvrait dans cette grande maison triste. Le premier soir où vous avez rouvert le piano muet du grand salon, vous étiez si jeune et si belle que j'ai cru que j'accepterais—pour vous—de devenir vieux. Le général blanchi aux récits de bataille, le protecteur désuet et attendri d'une petite bru candide. C'était un beau personnage à jouer pour en finir... J'avais tout pour le réussir: les souvenirs glorieux, la belle barbe de neige, mon vieux cœur de jeune homme tout neuf sous ma brochette de ferblanterie...[4] Qu'il a été beau le premier dimanche à la messe avec vous en robe claire à mon bras! J'ai demandé à Dieu ce jour-là de ne jamais mériter votre mépris. Mais c'était un dimanche. Il devait être très occupé. Il n'a pas dû m'entendre.

NATHALIE—Sans doute pas.

LE GÉNÉRAL—Vous pensez que j'aurais dû l'aider? On a toujours tendance à laisser Dieu faire tout, tout seul... Je n'ai pas pu. L'expérience m'a malheureusement appris que je pouvais rarement ce que je voulais de bon.

NATHALIE—Pourquoi vous justifier toujours à moi? Je ne suis que la femme de votre fils et vous êtes libre.

On entend appeler soudain là-haut: «Léon! Léon!»

LE GÉNÉRAL, *cri*—Voilà! (*Et il continue.*) Je suis libre avec cette folle qui m'appelle tous les quarts d'heure de son lit depuis dix ans. La vie est longue et dure et faite de minutes, Nathalie. Vous savez tout, mais vous ne savez pas cela encore. Et pas une à perdre en espoirs ou en regrets.

NATHALIE—C'est d'amour pour vous que votre femme est devenue folle. Je suis bien jeune, c'est vrai, mais je sais déjà le prix de l'amour. Ce

---

[2] noms inventés et détournés de leur sens par le désir amoureux

[3] les deux jambes serrées

[4] ses décorations

grand trésor qu'elle vous a donné, qu'en avez-vous fait?

LE GÉNÉRAL, *simplement*—Je l'ai porté. (*Il ajoute plus bas.*) Vous ne savez pas tout, Nathalie. Vous avez épousé mon fils aîné sans amour—ne vous détournez pas, je suis une vieille ganache, mais je vois clair—alors vous rêvez de l'amour comme une petite fille que vous êtes. Il y a l'amour bien sûr. Et puis il y a la vie, son ennemie. Vous avez pu remarquer que les pauvres, qui se plaignent toujours, ont finalement moins de tracas pour gratter leur quatre sous que les grands propriétaires. On est de toute façon si seul qu'en fin de compte, je me demande si on ne gagne pas à ne pas être aimé.

On entend encore, plus loin semble-t-il: «Léon! Léon!»

LE GÉNÉRAL, *répond au regard de Nathalie*—Non. Cette fois, c'est le paon du parc qui appelle sa femelle. Un curieux destin a voulu que tout ce qui est inquiet dans ce château crie mon nom.[5] Mais l'inquiétude du paon, elle, ne dure qu'une saison. L'été passera et moi, on m'appellera encore—jusqu'à ce que l'un de nous deux renonce et meure. Rêvez, Nathalie, c'est de votre âge. Mais voilà ce que c'est votre amour: ce cri perçant tous les quarts d'heure, pour contrôler ma présence. Il faut que le goût de la liberté soit durement chevillé au cœur des hommes.

On entend appeler encore: «Léon! Léon!»

LE GÉNÉRAL—C'est encore le paon.

NATHALIE—Montez tout de même.

LE GÉNÉRAL—Voilà dix ans que je monte toujours. Je suis lucide, mais dévoué. Ne me jugez pas trop, Nathalie, pour cette fille.[6] Elle est ma liberté. Il y a quelque courage aussi et quelque grandeur à être ignoble.

NATHALIE—Je n'ai pas à vous juger.

LE GÉNÉRAL—C'est pourtant entre vous et moi que tout se décide. Dieu sait pourquoi!

On entend encore: «Léon! Léon!»

LE GÉNÉRAL—Cette fois, c'est elle. Son cri est légèrement plus perçant que celui du paon. (*Il monte.*) Mais vous, avez eu beau venir ici pour mon tourment, me regarder sans rien dire, je suis plus fort que vous. Je ne dis pas que vous ne m'aurez pas un jour, mais, avant que ces petites étoiles sur ma manche[7] me protègent, j'ai appris, dans mes trente-deux campagnes d'officier de troupe, à me battre jusqu'au bout. Et après tout, vous êtes terrible, mais vous n'êtes pas plus redoutable qu'un bataillon complet d'Arabes persuadés qu'Allah les attend. Une belle lutte tout de même entre un vieillard libertin et une jeune femme muette... (*Il rit un peu et lui crie du haut de la rampe.*) Nathalie! C'est entendu, ma femme est un ange qui meurt d'amour pour moi et je la trompe. C'est entendu, je l'ai follement aimée, moi aussi. Mais les anges vieillissent, et un matin, on se réveille tout surpris avec une vieille tête d'ange en papillotes[8] à côté de soi sur l'oreiller. Si Dieu avait voulu que l'amour soit éternel, je suis sûr qu'il se serait arrangé pour que les conditions du désir le demeurent. En faisant ce que je fais, j'ai conscience d'obéir obscurément à ses desseins. (*On entend encore: «Léon! Léon!» Le général entre dans la chambre en disant calmement:*) Me voilà, mon amour. Je parlais à Nathalie.

Nathalie reste une seconde immobile, puis elle traverse le hall et sort par le jardin. La femme de chambre paraît à une porte, encombrée de ses chiffons et de ses balais. Une autre porte s'ouvre et Toto se précipite sur elle. Il l'enlace en glapissant.

TOTO—Grenache! Grounière! Goulune! Guenon! Pêche! Gros gâteau doré! Brioche!

LA FEMME DE CHAMBRE, *se débat*—Monsieur Toto! Monsieur Toto! Je vous défends! Je vais le dire à votre père!

TOTO—Va lui dire et il me donnera cent sous pour que je me taise, idiote! Tout à l'heure, tu mettras mes draps à la fenêtre, c'est le signal, et vous

---

[5] son prénom, qui est Léon
[6] la femme de chambre
[7] signes du grade de général
[8] morceaux de papier, d'étoffe, etc., sur lesquels on roule les cheveux pour les friser

viendrez faire des saletés sur mon lit. Grenache! Goulune! Guenon! C'est comme ça qu'il fait, dis? Oh! c'est bon! C'est bon!

LA FEMME DE CHAMBRE, *crie*—Monsieur Toto! C'est honteux! Lâchez-moi! (*Elle le gifle.*) Petit co- 5 chon!

TOTO, *la regarde et lui répond, les mains dans ses poches, avec sa haine tranquille*—Il faut le temps de grandir. (*Il lui tend le poing soudain comme un gosse de dix ans qu'il est, et lui crie:*) Attends 10 un peu que la maison soit à moi! Attends un peu je sois grand, attends un peu que j'en aie vraiment envie! (*La femme de chambre hausse les épaules et entre dans la chambre. Toto crache avec mépris, puis il enjambe la rampe et la* 15 *descend d'un coup sur son fond de culotte. Arrivé en bas, il clame théâtral:*) Toto! Je vous défends de descendre sur la rampe. Vous usez vos fonds de culotte et c'est dangereux!

Il sort alors vers l'office, braillant la Marseillaise 20 *et jetant des coups de pied aux meubles au passage.*

LE GÉNÉRAL, *ouvre la porte et paraît sur la galerie. Il crie*—Toto! Assez!

TOTO, *indigné*—Comment? assez? C'est *la Mar-* 25 *seillaise!*

LE GÉNÉRAL, *vaincu*—C'est bon!

Il rentre, claquant la porte. Toto sort, ivre de mépris, donnant un coup de pied à un meuble 30 *innocent. La scène reste vide un instant, puis entrent le comte, la comtesse et Villardieu en costumes d'automobilistes. Voiles verts, lunettes noires, peaux de bique. Rien ne doit permettre de distinguer le comte de Villardieu. Mêmes moustaches,* 35 *même col trop haut, même monocle, même cul de singe[8] derrière la tête, même distinction et sans doute même club. Peut-être, seule, la couleur de leurs pieds-de-poule[10] diffère-t-elle; mais c'est une nuance.* 40

LA COMTESSE—Personne. Cette maison a toujours été déplorablement tenue.

---

[9] genre de coiffure
[10] tissus dans lesquels s'entrecroisent des fils de deux couleurs différentes

LE COMTE—Depuis la maladie de votre belle-sœur, ma chère, avouez que c'est assez compréhensible.

LA COMTESSE—Avant la maladie d'Amélie, c'était pareil. La pauvre femme passait son temps à couver amoureusement mon frère des yeux, et les domestiques avaient déjà la bride sur le cou.[11] Débarrassez-vous, Villardieu. Je suis brisée. Je suis sûre que vous nous avez fait faire du soixante.[12]

VILLARDIEU—Du soixante-cinq.

LA COMTESSE—Imprudent.

VILLARDIEU, *qui émerge de ses lunettes et de ses peaux de bique*—Je vous avoue que j'ai quelques scrupules de m'être laissé imposer par vous ici. S'il s'agit d'une affaire de famille comme le laissait pressentir le général dans son télégramme, ma présence. . .

LE COMTE, *sans une trace d'amertume*—Vous faites partie de la famille, Villardieu.

LA COMTESSE—Mon ami, je vous en supplie, il est encore très bonne heure, évitez-nous les mots d'esprit. Et vous, Villardieu, pour l'amour du ciel, ne prenez pas la mouche[13] pour rien. (*Au comte.*) Gaston, essayez plutôt de trouver quelqu'un. Cette idée de nous mettre en route en sortant du casino était follement drôle à quatre heures: le petit matin a toujours quelque chose d'héroïque. Maintenant qu'il en est onze, nous allons nous apercevoir tout bonnement que nous n'avons pas dormi. Je dois avoir cent ans.

LE COMTE, *galamment*—Une rose![14] (*Villardieu lui jette un regard noir, il se retourne vers lui.*) Je vous demande pardon, mon cher. Vous alliez le dire peut-être?[15] (*Il se lève.*) Je vais voir si nos chambres sont prêtes. (*Il s'arrête.*) Je pense que le général, dans sa simplicité de vieux militaire, nous aura fait préparer, pour Liliane et pour moi, une chambre commune. Je m'en excuse d'avance, Villardieu.[16]

---

[11] les domestiques faisaient ce qu'ils voulaient
[12] Ce qui fait 36 miles à l'heure en auto. Ce chiffre montre que la scène se passe dans le premier quart de siècle.
[13] Ne vous fâchez pas.
[14] Vous êtes fraîche comme une rose.
[15] Le comte saisira toutes les occasions d'exciter la jalousie de l'amant de sa femme, lequel joue comiquement un rôle de mari.
[16] même remarque

Il s'incline gracieusement et sort.

VILLARDIEU—Vous avez entendu?

LA COMTESSE—Il est odieux.

VILLARDIEU—Je trouve surtout qu'il manque de tact. Ce n'est que votre mari après tout.

LA COMTESSE—Il est nerveux, car je crois qu'il a du dépit avec sa petite couturière. C'est une créature que j'aimerais bien connaître. Il paraît que c'est une guenon.[17]

VILLARDIEU—Qui vous l'a dit?

LA COMTESSE—Aïssa[18] les a surpris prenant le thé aux Roches Noires.[19] C'est une fille qui ne sait pas manger une meringue! Elle s'était trompée de fourchette. Gaston a vu qu'Aïssa l'avait vu, il a rougi comme une écrevisse. Je ne suis pas méchante, mais je souhaite qu'il souffre.

VILLARDIEU—Pourquoi prendre tant d'intérêt à ce qu'il fait?

LA COMTESSE—Elle est jeune, peut-être bien faite.[20] Pensez-vous qu'il l'aime d'amour?

VILLARDIEU—C'est une question dépourvue de tout intérêt pour moi.

LA COMTESSE—En tout cas, elle est poitrinaire. Aïssa m'a dit qu'elle toussait. C'est une petite brune vulgaire. De grands yeux, paraît-il, mais elle louche.

VILLARDIEU—Tant pis!

LA COMTESSE—Enfin, Hector, votre indifférence est une pose! L'anglomanie,[21] c'était bon il y a dix ans. Vous retardez. Vous n'allez pas me faire croire qu'il vous est indifférent que le mari de votre maîtresse s'affiche partout avec un pou.

VILLARDIEU—J'aurais aimé en tout cas que cela vous fût—à vous—indifférent. En vérité, Liliane, je me demande parfois si vous n'aimez pas encore cet homme. Hier soir, au baccara,[22] vous n'avez pas cessé de lui sourire.

LA COMTESSE—Il perdait à chaque main. Je me moquais de lui.

VILLARDIEU—Je ne suis pas aveugle. Il y avait dans vos sourires une nuance de compassion. Il y a des choses que je ne tolérerai pas.[23]

LA COMTESSE—Mon ami, je suis trop fatiguée ce matin pour une scène.

VILLARDIEU—Mille diables! que signifie cette jalousie, Liliane? Cet intérêt affiché pour cet homme! Si au moins vous mettiez un peu de pudeur à dissimuler. Mais je ne suis pas le seul à m'en apercevoir. Avant hier, chez les Pontadour, vous avez dansé deux fois avec lui. C'est inconvenant, à la fin! De quoi ai-je l'air? A un moment, vous lui avez pris la main, devant tout le monde.

LA COMTESSE—En riant, comme j'aurais pris la main de n'importe qui.

VILLARDIEU—Il y a des gestes qu'une honnête femme ne se permet pas. Même en riant. Ce n'est pas parce que cet homme est votre mari. J'ai les idées larges, mais il y a des choses que je ne tolérerai pas!

LA COMTESSE—Vous placez votre vanité avant tout.

VILLARDIEU—Dites mon honneur, si vous voulez bien. Notre liaison est officielle,[24] vous le savez. *(Il ajoute:)* Et puis je souffre.

Il faisait les cent pas nerveusement en parlant; la comtesse lui dit simplement:

LA COMTESSE—Votre façon de souffrir me donne le vertige. Asseyez-vous.

VILLARDIEU, *s'assied*—Si vous continuez ainsi avec cet homme, vous me pousserez à un geste de désespoir. En vérité, tout à l'heure sur la route, j'ai eu la tentation de monter jusqu'à soixante-dix, pour en finir, une bonne fois.

LA COMTESSE—Qu'est-ce qui se passe à soixante-dix?

VILLARDIEU, *sombre*—Le moteur est fou. On n'est plus maître de son engin.

LA COMTESSE—Avez-vous pensé à Marie-Christine, Hector? Vous savez pourtant bien que si je n'ai pas voulu vous suivre à Venise, si j'ai exigé que la vie continue avec le comte, c'est pour que ma fille ne se doute jamais de rien. Me reprocherez-vous aussi d'être une mère, Villardieu?

VILLARDIEU—J'ai tout accepté pour votre enfant,

---

[17] une femme laide

[18] *Aïssa,* une amie

[19] nom inventé d'une pâtisserie de luxe

[20] La comtesse se contredit, elle vient de l'appeler «une guenon,» signe de jalousie, quoiqu'elle trompe son mari.

[21] l'imitation du flegme anglais

[22] jeu de cartes qui se tient dans les casinos

[23] cf. note 15

[24] c'est-à-dire que tout le monde la connaît

Liliane. Nos rencontres espacées, cette odieuse comédie de notre vie à trois. Je vous demande seulement de vous tenir convenablement.

Entre le comte avec Nathalie qui porte un bouquet de fleurs des champs.

LE COMTE—Cette maison est frappée d'enchantement. Je n'ai rencontré qu'une fée, dans le jardin, mais elle dit qu'elle a le pouvoir de faire ouvrir des chambres.

NATHALIE—Bonjour, Liliane. Je m'excuse. Personne n'avait entendu la voiture

LE COMTE—Elle fait pourtant assez de bruit.

VILLARDIEU, *lui jette un regard noir*—C'est le dernier modèle de Dion. Quarante chevaux. Qu'est-ce que vous voulez qu'ils fassent à eux tous? De la musique?

LE COMTE—Villardieu, une fois encore, je n'ai pas cherché à vous offenser. D'ailleurs, personnellement, moi, j'adore le bruit. Je trouve cela gai.

LA COMTESSE, *qui embrasse Nathalie*—Nathalie! Cela fait plaisir de vous revoir. Comme vous avez bonne mine. Les nouvelles de votre mari?

NATHALIE—Excellentes. Il est au fond du Tonkin.

LE COMTE, *à Villardieu*—Voilà un homme qui sait vivre.

LA COMTESSE, *présente*—Le baron de Villardieu, un de nos bons amis.

LE COMTE—Notre meilleur ami. (*A Villardieu qui le regarde:*) Je ne ris pas.

NATHALIE, *regarde Villardieu et demande*—Marie-Christine n'est pas avec vous?

LA COMTESSE—Nous sommes partis à quatre heures en sortant du casino. Elle a pris le train de sept heures avec sa gouvernante.

NATHALIE—Je monte dire que vous êtes là.

LA COMTESSE, *pendant qu'elle monte*—Elle est charmante, n'est-ce pas? Mon neveu, son mari, est une brute et un coureur. Elle l'a épousé sur un coup de tête, sans amour. Je me suis toujours demandé pourquoi.

LE COMTE—Quoi qu'il en soit, ce détail[25] leur facilitera beaucoup la vie par la suite.

VILLARDIEU—Mon cher comte, notre situation à tous deux est délicate. Ne l'oubliez jamais.

LE COMTE—Je n'aurais garde.

VILLARDIEU—Vous avez eu un mot malheureux tout à l'heure.

LE COMTE—Mais sacrebleu, Villardieu, si vous n'étiez pas mon meilleur ami, comment expliqueriez-vous que nous ne nous quittions pas d'une semelle?

LA COMTESSE—Gaston, je vous défends encore une fois de plaisanter avec des choses aussi graves!

LE COMTE—Que voulez-vous que je fasse? Que je souffre?

LA COMTESSE—Je sais que vous êtes incapable de souffrir. Mais ayez la décence de feindre, au moins, par galanterie, ce que vous ne ressentez pas.

LE COMTE—Nous naviguons tous trois dans des sentiments si embrouillés, ma chère, que si nous devons feindre, par surcroît, ceux que nous ne resentons pas, nous risquons sérieusement de nous y perdre.

LA COMTESSE—Ne faites pas d'esprit et tout sera peut-être plus simple.

VILLARDIEU, *conclut, sombre*—En tout cas, il y a des choses que je ne tolérerai pas.

Le général apparaît sur la galerie avec Nathalie.

LE GÉNÉRAL—Liliane, excuse-moi, j'étais avec Amélie; je ne t'attendais pas si tôt.

LA COMTESSE—Nous sommes venus en voiture automobile. Comment va-t-elle?

LE GÉNÉRAL—Toujours pareil. Bonjour, Gaston.

LE COMTE—Bonjour, mon général. Toujours vert!

LE GÉNÉRAL—Comme les vieux arbres. Je refleuris chaque printemps. Je fais illusion, mais le tronc est pourri.

LE COMTE—Vous nous enterrerez tous.

LE GÉNÉRAL—Je l'espère bien, mais dans quel état? J'aurais voulu vous enterrer jeune homme.

LA COMTESSE—Léon, je te présente notre bon ami Hector de Villardieu qui passe l'été chez nous à Trouville et que je me suis permis d'amener. Mon frère, le général Saintpé.

LE GÉNÉRAL, *un peu surpris*—Enchanté, monsieur.

VILLARDIEU—Très honoré, mon général. J'ai eu l'honneur de servir comme lieutenant au quatrième[26] spahis.

---

[25] Le «sans amour». Le comte est amèrement ironique.

[26] numéro de régiment

LE GÉNÉRAL, *rogue*—Souviens pas.

VILLARDIEU—J'ai été affecté en 98… quelques mois après que vous ayez quitté le commandement de l'unité.[27]

LE GÉNÉRAL—Ah! c'est pour cela! Vous avez servi avec Bourdaine?

VILLARDIEU—Oui, mon général.

LE GÉNÉRAL—Vous fais pas mon compliment. Officier supérieur déplorable; petites vues. C'est moi qui l'ai fait saquer. Ah! j'aurais dû rester colonel! C'était le bon temps, le quatrième!… Des hommes, des chevaux, des Arabes pour tirer dessus, et pas de femmes à quatre cents kilomètres! (*A ce moment, on entend appeler «Léon! Léon»! Il se retourne vers sa sœur et lui demande à mi-voix:*) Pourquoi m'as-tu amené cet animal?[28]

LA COMTESSE—Je te dirai. Elle appelle encore?

LE GÉNÉRAL—Plus que jamais. Je lui dis?

LA COMTESSE, *solennelle*—Léon, je n'ai rien à cacher à Hector!

LE GÉNÉRAL, *la regarde, puis comprend*—[29] Ah bon! On m'avait dit que c'était un diplomate cubain. Enfin, à ton âge, on commence à savoir ce qu'on fait.

LA COMTESSE—Merci.

On entend crier encore là-haut: «Léon! Léon!»

VILLARDIEU, *s'approche, aimable*—Vous avez un paon, général?

LE GÉNÉRAL *simplement*—Non, monsieur. C'est ma femme.

VILLARDIEU, *épouvanté*—Pardon.

LE GÉNÉRAL—Il paraît qu'on n'a rien à vous cacher. Bon. Moi, je veux bien. Elle m'appelle comme cela tous les quarts d'heure. Vous vous y ferez. A ce détail près, la maison est très agréable.

La voix appelle encore: «Léon! Léon!»

LE GÉNÉRAL—Voilà! (*Il monte en se retournant vers Villardieu:*) D'ailleurs, je suis ravi de vous voir. Nous reparlerons du quatrième. Mille tonnerres, c'était le bon temps!

---

[27] formation militaire (division, brigade, etc)
[28] Il désigne ainsi Hector Villardieu
[29] Il comprend que Hector Villardieu est l'amant de la comtesse.

Il va disparaître, la comtesse lui crie:

LA COMTESSE—Mais, Léon, tu oublies l'essentiel! Tu nous as demandé par télégramme de venir immédiatement ici. Pourquoi?

LE GÉNÉRAL, *lève les bras au ciel sur la galerie*—Il s'agit d'Ardèle. C'est toute une histoire. Nathalie, commencez à leur expliquer. Je calme Amélie et je redescends.

LA COMTESSE—Ardèle est malade? Où est-elle?

LE GÉNÉRAL—Dans sa chambre. Nathalie te dira. (*La voix crie encore: «Léon!» Le général entre dans la chamber en disant:*) Voilà m'amour. J'étais tout près.

Il a disparu. La comtesse se retourne vers Nathalie.

LA COMTESSE—Eh bien, Nathalie, quel est ce mystère?

NATHALIE, *embarrassée*—Tante Liliane, il s'agit de tante Ardèle, oui.

LA COMTESSE—Appelez-moi Liliane tout court, Nathalie, je vous en prie. Tante Liliane c'est grotesque.

NATHALIE—Il s'agit de tante Ardèle, Liliane.

LA COMTESSE, *à Villardieu*—C'est ma sœur aînée, celle dont je vous ai parlé, vous savez?

VILLARDIEU—Ah oui, celle qui…

LA COMTESSE, *le coupe*—Oui.

VILLARDIEU, *pour dire quelque chose, soudain*—C'est bien triste.

LA COMTESSE—Qu'est-ce qui est triste?

VILLARDIEU, *gêné*—Eh bien… ça. Vous ne croyez pas qu'il vaut mieux que je sorte?

LA COMTESSE—Vous êtes stupide; asseyez-vous. Vous pouvez parler devant M. de Villardieu, Nathalie, c'est notre meilleur ami.

NATHALIE, *hésite encore*—Eh bien, voilà. (*Elle s'arrête.*) C'est extrêmement gênant.

LE COMTE, *qu'on oublie dans son coin*—Je peux rester?[30]

LA COMTESSE—Vous n'êtes jamais drôle, Gaston; faites des efforts pour n'être pas odieux. Et vous, je vous supplie de parler, Nathalie. S'il est vrai

---

[30] Comme s'il ne faisait pas partie de la famille! Toujours ironique.

qu'elle n'est pas malade, qu'a-t-il bien pu arriver à ma sœur pour qu'on me convoque ici par dépêche?

NATHALIE—Je suis probablement sotte. Je suis vraiment très gênée... J'aimerais mieux que le 5 général lui-même vous dise...

LE GÉNÉRAL, *paraît sur la galerie*—Ils savent?

LA COMTESSE—Pas encore. Nathalie rougit, hésite. Enfin, Léon, nous venons de faire sept heures d'automobile à tombeau ouvert, j'espère que ce 10 n'est pas pour apprendre que tu nous as fait une plaisanterie? Pour la dernière fois, de quoi s'agit-il?

LE GÉNÉRAL, *solennel*—D'un conseil de famille!

VILLARDIEU, *se lève aussitôt*—Je peux sortir, mon 15 général.

LA COMTESSE, *le fait rasseoir*—Restez, Hector. Un conseil de famille? Un conseil de famille au sujet d'Ardèle qui est mon aînée de trois ans?[31] Pourquoi diable? 20

LE GÉNÉRAL—Un conseil de famille restreint. Je n'ai pas voulu convoquer l'arrière-ban pour une affaire aussi pénible et, il faut bien dire le mot, aussi confidentielle. (*Villardieu, à ce mot, regarde la comtesse et fait mine de se lever. Elle le fait* 25 *rasseoir.*) Mais tu es la sœur d'Ardèle; Gaston, en somme, est mon beau-frère.

LE COMTE—Villardieu est mon ami.

Villardieu le regarde. 30

LE GÉNÉRAL, *continue*—Nathalie, sa nièce par alliance. J'ai même demandé à Nicolas, qui est un homme maintenant, de venir.

NATHALIE, *sursaute soudain à ces mots et crie mal-* 35 *gré elle, comme épouvantée*—Nicolas doit venir? (*Elle reprend plus bas:*) Enfin, pardon. Je ne savais pas que vous lui aviez écrit.

LE GÉNÉRAL—Il refusera probablement. Depuis deux ans qu'il est à Saint-Cyr, il n'a pas accepté de 40 prendre un jour de permission ici. Mais je lui ai tout de même écrit. Il est le neveu d'Ardèle et il peut avoir à souffrir un jour, lui aussi, du scandale. Il est juste qu'il dise son mot.

LA COMTESSE—Du scandale? D'un scandale à propos d'Ardèle? Mais enfin, vas-tu t'expliquer, Léon? Tu as assez parlé par énigmes.

VILLARDIEU, *se lève, ferme*—Je sens que le général hésite. Ma position est fausse.[32] Je préfère sortir.

LA COMTESSE, *le fait rasseoir*—Hector, comprenez une bonne fois qu'on vous demande de rester tranquille et asseyez-vous. Je t'ai déjà dit, Léon, que tu pouvais parler devant M. de Villardieu. Gaston, dites-le lui aussi, je vous en prie.

LE COMTE—Parlez, général. Villardieu est un autre moi-même. Sans offense, Villardieu.

LE GÉNÉRAL, *a un geste*—Après tout, comme vous voudrez. Je suis un vieux soldat, je n'ai ni le temps, ni le goût de jouer à cache-cache. Sait-il qu'elle est bossue?

LA COMTESSE, *avec reproche*—Léon! Villardieu est un ami très intime et je lui ai déjà expliqué que ma sœur aînée était en effet légèrement contrefaite.

LE GÉNÉRAL, *à Villardieu*—Elle est bossue, carrément. De plus, elle a quarante et quelques...

LA COMTESSE, *le coupe*—Léon!

LE GÉNÉRAL—Enfin, elle a trois ans de plus que toi. Vous verrez tout à l'heure pourquoi je tenais à préciser son âge. (*Il continue, à Villardieu.*) Vieille fille, bien entendu, romanesque; une seule passion: le piano. Vous voyez cela? D'ailleurs, vous la verrez sans doute en chair et en os si 30 vous restez au château.

LA COMTESSE—Elle sait que nous sommes ici?

LE GÉNÉRAL—Non, pas encore.

LA COMTESSE—Mais elle va descendre déjeuner, j'espère. Où est-elle en ce moment?

LE GÉNÉRAL—Dans sa chambre.

LA COMTESSE—Dans sa chambre, tante Ardèle, à onze heures? et ses fleurs?

LE GÉNÉRAL—Enfermée. Voilà la clef.

LA COMTESSE—Mais enfin, Léon, pourquoi?

LE GÉNÉRAL, *regarde Villardieu*—Tu tiens vraiment à ce qu'il[33] reste? Bon. Elle a probablement un amant!

LA COMTESSE, *crie*—Léon! Tu rêves?

LE GÉNÉRAL—Je voudrais bien. Je me pince depuis

---

[31] donc à un âge où généralement on n'est pas soumis à un conseil de famille

[32] équivoque
[33] Villardieu

trois jours. Je suis couvert de bleus. Quand je trouve une épingle sur un meuble, je me pique. Quand j'allume mon cigare, je me brûle avec l'allumette, pour voir.[34] Mais rien n'y fait. Je ne rêve pas.

LA COMTESSE—Mais Ardèle est une infirme! Elle est âgée—enfin, je veux dire, elle n'a plus l'âge de... —d'ailleurs, l'âge n'y fait rien. Mais dans sa situation, avec son état de santé... Enfin jamais, quand elle avait vingt ans, Ardèle n'a songé qu'elle pourrait se marier. Elle savait bien que personne... Je vais être cruelle, mais, bien qu'elle ait un assez charmant visage... Qui, d'ailleurs, aurait pu?

LE GÉNÉRAL—C'est là que cela se corse. On a pu. Quelqu'un a pu.

LA COMTESSE—Quelqu'un a demandé la main d'Ardèle? Et elle a été assez peu raisonnable pour prendre cette demande au sérieux?

LE GÉNÉRAL—On n'a même pas demandé sa main. Ta sœur est tombée amoureuse d'un homme et elle a décidé de fuir avec lui. Prie le ciel qu'elle soit pas déjà sa maîtresse. C'est notre dernier espoir.

LA COMTESSE—Léon, à présent tu es odieux! Avec ses sentiments religieux, sa haute tenue morale, jamais Ardèle n'aurait pu. Ardèle est une sainte, voyons!

LE GÉNÉRAL—Peut-être. Mais maintenant, c'est une sainte qui veut se marier.

LA COMTESSE—Mais enfin avec qui?

LE GÉNÉRAL—Tu sais que Toto n'a jamais très bien mordu au latin?[35]

LA COMTESSE—Je ne vois pas le rapport.

LE GÉNÉRAL—Tu vas le voir. Tu sais aussi qu'Amélie, avec sa maladie, ne peut pas supporter l'idée de le mettre en pension. Bref, comme avec le curé du pays il en était toujours à la première déclinaison et qu'avec moi cela se terminait à coups de poing, j'ai décidé de lui donner un précepteur.

LA COMTESSE—Je t'ai toujours dit que ta tranquillité était à ce prix.

LE GÉNÉRAL, *ricane sombrement*—Ma tranquillité, en effet, comme tu dis! Écoute la suite. Les Vaudreuil me recommandent quelqu'un. Un homme merveilleux qui a élevé leur fils aîné. Sept ans chez eux. Un puits de science, une âme d'élite, etc., etc. Je le convoque. Qu'est-ce que je vois arriver? Tiens-toi bien, un bossu! Moi, les bosses, cela ne me fait plus rien, naturellement.[36] Il me paraît intelligent, posé, je l'engage. Je prends cependant quelques précautions pour avertir Ardèle... On ne sait jamais; une susceptibilité d'infirme... Pas du tout. Ils s'entendent très bien. Ils se découvrent une passion commune: la musique. Les voilà tous les deux tous les soirs au piano, dans le grand salon, à chanter du Fauré bosse contre bosse. C'est un homme qui a d'ailleurs une jolie voix. Je me disais: «Bon, la musique m'embête, mais cela distrait Ardèle, cette maison n'est pas si gaie, et par ailleurs, Toto fait des progrès. Tout va bien.» Tout allait bien, en effet. Tout allait admirablement bien. Du piano, ils sont passés à la botanique. Ils ont commencé un herbier. Puis ils ont découvert les papillons. Tu les vois, sautillant tous les deux dans la prairie armés de filets de tarlatane?[37] L'idylle a duré six mois. Un matin, qu'est-ce que je vois? Ardèle s'était mis du rouge aux lèvres. Je m'étonne, je la questionne. Tu sais comme je suis, je fonce, je la pousse dans ses retranchements, soudain: crac! elle fond en larmes. Elle m'avoue qu'elle aime le bossu.

LA COMTESSE—C'est affreux! Mais enfin, tu lui as fait comprendre, j'espère...

LE GÉNÉRAL—J'ai essayé, tu penses bien. Mais il n'y avait rien à lui faire comprendre. Ma pauvre Liliane, tu ne la reconnaîtras pas. Elle flambe, elle étincelle, elle a rajeuni de vingt ans. J'ai même l'impression qu'elle se tient droite.

LA COMTESSE—Mais lui?

LE GÉNÉRAL—Je le convoque. C'est un homme d'origine très modeste; plutôt humble de nature. Je me dis: «Je vais le confondre.» Je ne néglige rien, je me mets en uniforme, toutes mes décorations. Je l'attends raide derrière mon bureau, comme dans une pièce de Dumas fils. A peine

[34] pour voir s'il rêve
[35] progressé en latin
[36] puisqu'Ardèle l'a habitué aux bosses
[37] étoffe particulièrement légère

était-il debout devant moi, tout pâle, se doutant du coup, j'attaque. Je le traite d'intrigant, de suborneur,—j'avais bonne mine[38] avec l'âge de ta sœur—cela ne fait rien. J'ai été superbe. Je dois avouer qu'il s'est très bien tenu aussi. Il m'a dit qu'il comprenait parfaitement qu'il ne saurait être question pour lui d'entrer dans notre famille, qu'il ne me demandait rien, mais que ses sentiments étaient là, qu'il aimait Ardèle et que personne au monde ne le ferait renoncer à son amour.

LA COMTESSE—Mais enfin, lui as-tu fait entendre ce qu'il y avait de monstrueux dans son état...

LE GÉNÉRAL—Il prétend, avec une certaine logique, qu'il est un homme malgré sa bosse. Et comme Ardèle aussi en a une, tu comprends que j'aie manqué d'arguments. Je l'ai flanqué à la porte, c'est tout ce que je pouvais faire. Il a refusé dignement l'indemnité à laquelle il avait droit et il est allé s'installer à l'auberge du village, où il est encore. Voilà!

LA COMTESSE—Et Ardèle?

LE GÉNÉRAL—Le premier soir, elle tentait de sortir pour le retrouver. Je l'ai bouclée.[39]

Il y a un silence. Villardieu, de plus en plus gêné, dit enfin, se levant:

VILLARDIEU—C'est évidemment très pénible. Vous ne pensez pas qu'il vaudrait mieux que je...

Comme personne ne fait attention à sa tentative, il se rasseoit incertain.

LE COMTE, *qui allume un cigare, demande soudain tranquillement*—Croyez-vous qu'ils auront des enfants bossus?

LA COMTESSE, *s'écrie*—Gaston, vous êtes odieux! Vous pensez bien que la question de cette union ne se pose même pas. De quoi aurions-nous l'air?

LE COMTE—Que voulez-vous faire? Ardèle est fortunée,[40] majeure—plutôt deux fois qu'une[41] sans vous blesser, ma chère... Séquestration? Vous vous mettez dans un drôle de cas!

LA COMTESSE, *se lève*—Je vais lui parler: donne-moi la clef.

LE GÉNÉRAL—Elle a tiré le verrou, elle ne te recevra pas. J'oubliais de te dire qu'elle refuse les plateaux que je lui fais monter, depuis trois jours elle n'a rien mangé. (*Il allume un cigare et après s'être brûlé le doigt une dernière fois, en vain, avec l'allumette, il va taper sur l'épaule de Villardieu.*) Ah! c'était le bon temps, le quatrième spahis!

VILLARDIEU, *sursaute et se met machinalement au garde-à-vous*—Oui, mon général.

LE GÉNÉRAL—Repos![42] Nous en avons tous besoin.

Il va s'étendre sur un canapé. Pendant ce temps la comtesse est montée frapper à une porte.

LA COMTESSE—Ardèle. Ma petite sœur. Tu m'écoutes? C'est Liliane qui te parle. Léon m'a demandé de venir. Je veux absolument te parler. Ardèle, ouvre-moi immédiatement. Ardèle!

Rien ne répond derrière la porte, la comtesse attend un instant, puis se détourne découragée.

LE GÉNÉRAL, *lui crie*—Referme!

La comtesse redescend en silence et, après avoir rendu la clef au général, s'asseoit aussi. Silence très pénible. Villardieu se demande toujours s'il doit se lever ou rester assis. La comtesse se tourne enfin vers le comte.

LA COMTESSE—Dites quelque chose, Gaston!

LE COMTE, *doucement*—Tout ce que je pourrais dire me paraît bien inutile. Nous sommes convenus depuis longtemps, ma chère, que l'amour avait tous les droits.

LA COMTESSE, *se lève indignée*—Mais Gaston, vous êtes donc complètement amoral? Entre ces deux êtres difformes, il ne peut être question d'amour!

LE COMTE—De quoi, alors?

LA COMTESSE—Et puis il y a autre chose que l'amour! Il y a le monde. Il y a le scandale.

LE COMTE—Le monde s'arrange de bien d'autres désordres, vous le savez comme moi. Il en sourit et les trouve piquants. Il trouvera celui-ci odieux et grotesque, voilà tout. Cela ne sera jamais qu'une nuance dans l'opinion du monde et un désordre de plus.

---

[38] j'étais ridicule
[39] enfermée dans sa chambre
[40] riche
[41] Elle a le double de l'âge de la majorité.

[42] commandement militaire mettant fin au garde-à-vous

La femme de chambre est entrée, elle vient au général et annonce.

LA FEMME DE CHAMBRE—Monsieur est servi.

LE GÉNÉRAL, *se lève*—C'est vrai. J'avais oublié de vous le dire: ici nous déjeunons à midi. Faites retarder un peu, Ada et conduisez monsieur[43] à la chambre verte. Tu as la grande chambre du sud avec Gaston, Liliane, comme d'habitude. Nathalie va t'y conduire. Nous tâcherons d'y voir plus clair et de parler à Ardèle après le déjeuner.

Tout le monde se lève et se dirige vers les chambres. Le comte a pris le général à part.

LE COMTE—Dites-moi, mon cher, il n'y a que cet appareil de téléphone dans la maison?

LE GÉNÉRAL—Non, j'ai aussi un récepteur dans la bibliothèque.

LE COMTE—Parfait. Je vais vous dire: vous savez que notre vie, avec Liliane, a un peu changé.

LE GÉNÉRAL—J'ai vu cela.

LE COMTE—C'est sans aucune importance. Les apparences sont respectées.

LE GÉNÉRAL—C'est l'essentiel.

LE COMTE—Seulement j'ai une petite amie, une fille délicieuse que j'ai pris la liberté d'installer à l'auberge du village pour ne pas m'en séparer pendant notre séjour ici. J'aimerais lui téléphoner discrètement. Elle est un peu nerveuse en ce moment, elle m'inquiète. Oui, c'est le grand amour, mon cher. Cette enfant m'adore, et comme je ne peux lui donner que très peu de mon temps, elle souffre. L'autre jour, elle a voulu se tuer avec du laudanum.

LE GÉNÉRAL—Mimi Pinson![44] Cela doit être adorable!

LE COMTE—Oui, mais un peu angoissant aussi. A mon âge c'est presque trop qu'on vous donne tout. Imaginez une petite couturière, un article de Paris plein de tendresse et d'esprit.

LE GÉNÉRAL—Farceur! Mais c'est merveilleux. Quel âge?

[43] Villardieu
[44] Héroïne d'un conte de Musset, son nom est devenu celui dont on désignait les grisettes parisiennes au XIXe siècle.

LE COMTE—Vingt ans, deux yeux noirs, un petit cœur neuf...

LE GÉNÉRAL—Vous me la montrerez, cachottier?

LE COMTE—Bien sûr. Nous irons déjeuner ensemble au village. Après ma rupture avec Liliane je cherchais une aventure, c'est l'amour qui me tombe dessus. Figurez-vous que je passais rue de la Paix; il pleuvait à torrents; je lui offre mon parapluie...

Ils vont passer dans la bibliothèque. A ce moment on entend crier: «Léon! Léon!» là-haut.

LE GÉNÉRAL, *s'arrête un instant, puis hausse les épaules*—Zut! je n'y vais pas. Je dirai que j'ai cru que c'était le paon. Alors, vous dites que vous lui offrez votre parapluie...

Ils sont passés dans la bibliothèque.

La scène reste vide. On entend un sifflement, puis le bruit d'un petit train, toussotant, qui passe dans la campagne, tout près.

Nicolas entre en Saint-Cyrien avec une petite valise. Il est un peu étonné de ne voir personne.

Il pose sa valise, commence à enlever son shako et sa baïonnette.

Nathalie paraît sur la galerie et s'arrête, le voyant.

NATHALIE, *doucement*—Tu es venu?

NICOLAS—Tu vois. (*Un temps. Il continue:*) J'ai pris le raccourci de la gare à travers le bois. Je me suis arrêté une minute au petit lavoir couvert où une femme avait oublié un linge bleu comme autrefois. Là, j'ai sauté le mur près des noisetiers à l'endroit de l'ancienne brèche, et je suis remonté par les ruches. Je ne sais pas combien de temps vivent les abeilles, pourtant on dirait qu'elles m'ont reconnu. Rien n'a changé dans ce château depuis deux ans. Tout est là à sa place. Même toi.

NATHALIE, *doucement*—Même moi.

NICOLAS—La robe à peine un peu plus longue.

Un silence. Ils se regardent de loin. Nathalie murmure.

NATHALIE—Tu es devenu un homme, toi.

NICOLAS, *grave*—Tu vois. Cela devait tout de même arriver.

NATHALIE—Oui.

Il y a encore un silence pendant lequel ils se regardent sans bouger. Nicolas demande soudain

NICOLAS—Nathalie, pourquoi as-tu épousé mon frère?

Nathalie ne répond pas, immobile. Le noir soudain.

Quand la lumière revient, c'est après déjeuner. Les portes de la salle à manger sont ouvertes; on aperçoit les convives à table dans le fond. Le comte est au téléphone, jetant des regards inquiets vers la salle à manger.

LE COMTE—Tu es injuste, mon petit rat. Je t'assure que je ne peux pas parler plus haut... Parce qu'il y a du monde à côté. Non, mon petit lapin, je ne te néglige pas, mais tu sais que je suis ici pour une importante affaire de famille qui va être bientôt réglée. Je m'arrangerai pour venir te voir aussitôt. Mais si, je me rendrai libre! Mais non, mon petit loup, pas pour une demi-heure, mais pour trois quarts d'heure au moins ou une heure... Mais tu sais bien que je ne fais pas ce que je veux, Josette!... Si je t'aimais?... Mais je t'aime! Je t'en supplie, ne raccroche pas, ne raccroche pas! (*Il murmure encore dans l'appareil vide:*) Ne raccroche pas!

Puis il le pose avec un soupir et retourne dans la salle à manger. Il croise les enfants qui en sortent.

MARIE-CHRISTINE—Pourquoi ils nous ont permis de nous lever de table?

TOTO—T'as pas compris?... C'est parce qu'ils voulaient se parler. Ils ont essayé pendant tout le déjeuner. Mais quand ça commençait à devenir intéressant, il y en avait toujours un qui toussait en nous regardant.

MARIE-CHRISTINE—Qu'est-ce que tu crois qu'ils voulaient se dire?

TOTO—Des saletés. Quand ils vous font sortir, c'est toujours pour se dire des saletés.

MARIE-CHRISTINE—Quelles saletés?

TOTO—Des histoires d'amour. Maintenant qu'on est sortis, ils vont commencer. Si tu veux qu'on écoute, je connais un coin d'où on entend tout.

MARIE-CHRISTINE—Non, ça ne m'amuse pas. J'aime mieux qu'on joue à se déguiser avec leurs affaires.[45] On se ferait des scènes. On serait mariés, tu comprends. On se battrait.

On entend la générale crier là-haut: «Léon! Léon!»

MARIE-CHRISTINE—Qu'est-ce que c'est? On dirait un oiseau.

TOTO—Tu parles d'un oiseau! C'est maman qui appelle papa. C'est comme ça tous les quarts d'heure.

MARIE-CHRISTINE—Pourquoi elle l'appelle?

TOTO—Pour savoir où il est.

MARIE-CHRISTINE—Pourquoi elle veut savoir où il est?

TOTO—Parce qu'elle a peur qu'il soit avec la bonne. Attention! (*Ada est entrée portant le café. Toto demande angélique:*)[46] Alors, Marie-Christine, tu veux qu'on joue aux billes, ou si tu préfères qu'on aille donner du pain-pain aux carpes sur la terrasse?

ADA—Si vous allez aux carpes, attention à ne pas tomber dans le bassin, monsieur Toto.

TOTO, *trop poli pour être honnête*—Oui, Ada.

ADA—Et vous serez gentil, avec votre petite cousine, n'est-ce pas?

TOTO *sortant, hypocrite*—Je pense bien. On va jouer au papa et à la maman.

Ada dispose les tasses et la cafetière sur une table basse. Le général entre brusquement.

LE GÉNÉRAL—Où sont les enfants?

ADA—Ils sont sortis sur la terrasse.

LE GÉNÉRAL, *se rapproche*—Qui était cet homme, tout à l'heure, dans la cuisine?

ADA—Le plombier, pour la fuite du second.

LE GÉNÉRAL—Ce n'est plus Cotard?

ADA—C'est son ouvrier. Cotard dit qu'il est trop vieux maintenant pour faire la route à bicyclette.

LE GÉNÉRAL—Celui-là est trop jeune! Je ferai venir un plombier de Châtellerault.

ADA—Il sera peut-être aussi jeune!

---

[45] leurs vêtements
[46] faisant l'ange, pour tromper Ada sur leur conversation

LE GÉNÉRAL—Alors tant pis. Je laisserai l'eau pisser partout dans cette maison. Qu'est-ce qu'il te disait qui te faisait rire? Chaque fois qu'on entr'ouvrait la porte de l'office, je t'entendais.

ADA, *rit bêtement*—Des bêtises... Vous savez bien ce que c'est que les hommes. Quand ça voit une fille, il faut que ça lui dise des mots...

LE GÉNÉRAL, *se décompose et devient vieux soudain, il murmure*—Ada.

ADA—Oui.

LE GÉNÉRAL—Ne me trompe pas. Je t'aime. (*Il détourne les yeux.*) Enfin, j'ai besoin de toi. Je sais que tu ne peux pas m'aimer, mais je te donnerai tout ce que tu voudras. Sans ton odeur, sans ton corps chaque jour touché, je suis comme un petit garçon seul au monde dans cette maison. (*Il la regarde.*) Je te fais rire, idiote? Je suis aussi drôle que le plombier? (*Villardieu est entré. Le général enchaîne:*) C'est cela, apportez les liqueurs, Ada.

ADA—Bien, monsieur.

Elle sort. Le général allume un cigare, il en tend un à Villardieu qui vient s'asseoir près de lui. Le général, en allumant le sien, se brûle avec l'allumette à tout hasard et constate déçu:

LE GÉNÉRAL—Non. (*Il répond au regard étonné de Villardieu.*) Il faut bien se rendre à l'évidence. On ne rêve jamais. Vous ne le regrettez pas, vous, le quatrième spahis?

VILLARDIEU—Quelquefois, mon général.

LE GÉNÉRAL—Vous n'êtes pas heureux non plus? Liliane est pourtant charmante. Un peu folle, mais charmante. Je ne sais pas comment elle s'arrange, voilà dix ans qu'elle rajeunit. Qu'est-ce qui ne va pas?

VILLARDIEU—Je me demande s'il m'est possible, mon général...

LE GÉNÉRAL—Bah! Au point où nous en sommes tous dans cette maison... Il ne nous reste plus qu'à ne pas être hypocrites. Pourquoi n'êtes-vous pas heureux?

VILLARDIEU, *sombre*—Je suis jaloux.

LE GÉNÉRAL—Ah diable! D'un ouvrier plombier?

VILLARDIEU, *ahuri par cette question*—Pourquoi d'un ouvrier plombier?

LE GÉNÉRAL—Je ne sais pas. Une idée. Ç'aurait été une coïncidence amusante...

VILLARDIEU—Je crois que la comtesse aime encore son mari.

LE GÉNÉRAL—Liliane est capable de tout.

VILLARDIEU—Et on a beau être de son temps, tout admettre... Il y a une certaine netteté de sentiments qui est toute de même indispensable. Je contrôle leur vie commune.

LE GÉNÉRAL—Vraiment?

VILLARDIEU—Oui. Je suis toujours là. Je ne couche plus chez moi, je ne prends plus jamais un repas au cercle.[47] J'ai, Dieu merci, une fortune qui me permet de ne pas m'occuper d'autre chose. Nous avons, bien entendu, chacun notre chambre à cause des domestiques et de Marie-Christine. Cette villa normande est de verre,[48] on entend tout et il ne saurait être question pour Liliane d'aller chez moi, ni pour moi d'aller chez elle. Mais je passe mes nuits à surveiller la porte du comte. Je crains qu'ils n'aient des rendez-vous secrets.

LE GÉNÉRAL—Mais, dites-moi, cette vie-là ne doit pas être commode du tout. Alors ma sœur et vous...[49] (*Il a un geste.*) Nous sommes entre camarades, sacrebleu!

VILLARDIEU, *secoue la tête*—Jamais. Ou presque jamais. Comme Liliane est jalouse du comte et qu'elle veut l'empêcher à tout prix d'aller voir sa petite amie, elle s'arrange pour ne pas le quitter de tout le jour. Thés, expositions, courses... Nous allons partout tous les trois ensemble. Et la nuit, pendant que je surveille sa porte, elle surveille la sienne. Le comte est le seul d'entre nous qui pourrait dormir. Je dis: «qui pourrait», car sa petite amie, qu'il ne peut jamais voir, lui fait des scènes, et je suis persuadé qu'il ne dort pas non plus.

LE GÉNÉRAL—En somme, cela ne doit pas être très rigolo, mais cela me paraît très moral votre histoire.

Entrent le comte et la comtesse, suivis de Nathalie et de Nicolas.

---

[47] club d'hommes
[48] transparente comme le verre
[49] sous entendu: vous n'avez pas d'intimité

LA COMTESSE—Eh bien! Léon, lui parlons-nous?

LE GÉNÉRAL—Le problème est de la faire sortir de sa chambre. (*Il lui tend la clef.*) Veux-tu essayer?

LA COMTESSE—Elle a déjà refusé de m'écouter.

LE GÉNÉRAL—Essaie encore. Moi, elle m'en veut. Si cela peut arranger les choses, je t'autorise à lui dire qu'il te paraît excessif que je l'aie enfermée.

La comtesse prend la clef et monte.

VILLARDIEU, *se lève*—Dois-je sortir?

Personne ne lui répond. Il se rasseoit. Le comte allume un cigare et s'installe.

LE COMTE—Moi, je trouve qu'elle a beaucoup de cran, tante Ardèle. Trois jours sans manger. Elles étaient fameuses vos truites, général. (*A Nathalie et Nicolas qui sont assis près de lui.*) Vous n'avez jamais essayé de faire la grève de la faim, vous?

NATHALIE—Jamais.

LE COMTE, *à Nicolas*—Toi non plus?

NICOLAS—Non, mon oncle.

LE COMTE—J'ai essayé, moi, une fois. J'ai tenu jusqu'au fromage. Arrivé là, j'ai compris que c'était trop bête et qu'il fallait vivre tout de même.

LE GÉNÉRAL—C'est bien mon avis. (*Comme Nicolas s'est retourné vers Nathalie et qu'il la regarde, le général demande:*) Ce n'est pas le vôtre, Nathalie?

NATHALIE—Si, bien sûr!

LE GÉNÉRAL—Et toi, ne prends pas cet air abruti, Nicolas! On t'a fait venir parce que le scandale de tante Ardèle risque de rejaillir un jour sur toi comme sur les autres. Tu es bien jeune, mais écoute et tâche de te faire une opinion. Quand il s'agira de prendre une décision, tout à l'heure, on te la demandera.

La comtesse a tourné la clef dans la serrure d'Ardèle. Elle écoute un peu, puis commence:

LA COMTESSE—Ardèle, c'est Liliane. Nous sommes tous là: Gaston, Nathalie, et même Nicolas qui est venu spécialement en permission pour te voir.

LE COMTE—Dis-lui aussi qu'il y a Villardieu, cela la touchera!

LA COMTESSE, *hausse les épaules et continue*—Nous voulons te dire que nous sommes tous révoltés du traitement inadmissible que t'a fait subir Léon.

LE GÉNÉRAL—N'exagère pas. Elle va se croire une martyre.

LA COMTESSE—Et nous voudrions t'en parler affectueusement. Veux-tu ouvrir? Nous aimerions venir t'embrasser dans ta chambre ou bien tu pourrais descendre au salon où nous sommes tous réunis. Qu'est-ce que tu dis?

La comtesse se penche à la porte. Tout le monde écoute. La comtesse se retourne.

LA COMTESSE—Elle dit que sa décision est prise, qu'elle n'ouvrira à personne et qu'il faut la laisser mourir.

LE GÉNÉRAL—Mourir! Mourir par désespoir d'amour! Moi aussi, j'ai été désespéré à en mourir une bonne demi-douzaine de fois. Est-ce que je suis mort, sacrebleu? Non. (*Au comte:*) Et vous?

LE COMTE—Moi non plus.

LE GÉNÉRAL *se lève*—Bon. Une porte cela s'enfonce. Un levier, deux hommes: exécution![50]

LA COMTESSE—Reste calme, Léon. Nous n'obtiendrons rien que par la douceur. (*Elle revient à la porte.*) Ardèle! Je suis ta petite sœur. Léon m'a raconté ton histoire et j'ai beaucoup de peine pour toi. Je voudrais bavarder avec toi de ce qui t'arrive. Tu sais que, bien que ta cadette, j'ai une plus grande expérience de la vie que toi. J'aimerais te donner un conseil. (*Elle écoute et se redresse pincée.*) Tu es odieuse, Ardèle!

LE GÉNÉRAL—Qu'est-ce qu'elle t'a dit?

LA COMTESSE, *qui redescend hors d'elle*—Elle a été extrêmement désagréable avec moi. Fais ce que tu veux, Léon, moi, je ne m'en mêle plus.

LE GÉNÉRAL—Mais, enfin, dis-nous ce qu'elle t'a dit, saperlotte! Si nous passons notre temps à nous vexer tous, nous n'en sortirons jamais.

LA COMTESSE—Ma vie privée ne regarde personne! Surtout pas ma famille! D'ailleurs, je me demande comment elle peut savoir. Cela me donne une jolie idée de vos conversations quand je ne suis pas là. T'ai-je jamais jugé, Léon? Toutes les fois que je t'ai surpris les mains dans les jupes

---

[50] souvenir des commandements militaires

de tes femmes de chambre, ai-je seulement fait semblant de te voir?

LE GÉNÉRAL—Quelles jupes? Quelles femmes de chambre? Sors immédiatement, Nicolas! Non, d'ailleurs c'est trop tard. Reste. Ce n'est pas ma faute si ta tante est folle! (*Il crie soudain:*) Mille tonnerres, Liliane, apprends que je fais ce qu'il me plaît!

LA COMTESSE, *nez à nez avec lui*—Moi aussi, figure-toi, mon petit Léon!

LE COMTE, *calmement, derrière eux*—Tante Ardèle aussi, voilà tout. Vous êtes extraordinaires. Pourquoi ne voulez-vous pas lui reconnaître les droits que vous vous reconnaissez?

LA COMTESSE—Ne vous faites pas plus naïf que vous n'êtes, Gaston. Vous savez bien qu'il ne s'agit que de respecter les apparences. De ne pas offrir le scandale en pâture au monde.

LE COMTE—Il faut bien que le monde ait quelque chose à se mettre sous la dent.

LA COMTESSE—Et puis enfin, parlons net. Malgré son âge, nous sommes obligés de considérer Ardèle comme une enfant irresponsable. Que peut-elle savoir de l'amour?

LE COMTE, *calmement*—De l'amour comme vous l'entendez, comme je l'entends, comme l'entendent le général, Villardieu et Nathalie, rien peut-être. Mais de l'amour comme l'entend Ardèle, tout, sûrement... Et qui peut dire si ce n'est pas précisément cela, l'amour?

LA COMTESSE—Vous vous amusez comme d'habitude. Ce que vous dites n'a aucun sens commun, mon ami.

On entend crier soudain là-haut: «Léon! Léon!»

LA COMTESSE, *demande*—C'est le paon?

LE GÉNÉRAL—Non, c'est Amélie. (*Il crie:*) Voilà! (*Il monte et leur crie soudain de la galerie:*) Je suis resté dix ans à portée de voix de cette folle. J'aurais pu vivre, moi aussi. Les jupes de mes femmes de chambre, c'est tout ce que la vie m'a laissé. Alors, qu'on ne vienne pas me les reprocher maintenant! (*Il ouvre la porte et d'une autre voix:*) Je suis là, Amélie. Nous sommes tous là. Nous bavardons. De quoi? De la pluie et du beau temps. Dors un peu. (*Il referme la porte.*) Je vous donne dix minutes pour la décider, sinon je fais sauter la porte.

LE COMTE—Et après?

LE GÉNÉRAL—Si elle refuse de manger, je la gave.[51] Comme une oie.

LE COMTE—Et après?

LE GÉNÉRAL—Elle mange normalement elle reprend son piano, elle oublie son bossu. Tout rentre dans l'ordre. Vous pouvez disposer. Rompez les rangs.[52]

LE COMTE—Et si cela ne se passait pas comme ça? Si elle était vraiment désespérée? Si cet amour, qui vous paraît grotesque, était sa seule raison de vivre maintenant? Général, c'est bien ennuyeux, j'en conviens, mais figurez-vous que tante Ardèle a une âme dans sa bosse.

LE GÉNÉRAL—C'est possible! Les têtes de caillou qu'on m'expédiait comme recrues dans le Sud-marocain en avaient une aussi, théoriquement. Mais si j'en avais tenu compte, je n'aurais seulement pas réussi à les faire mettre en rang par quatre. Il faut savoir ce qu'on veut, n'est-ce pas, lieutenant?

VILLARDIEU, *sursaute et se met au garde-à-vous encore*—Oui, mon général.

LE COMTE, *dans son dos*—Repos! (*Villardieu en jette son cigare de rage et va respirer l'air du jardin. Le comte continue posément:*) D'abord, nous sommes en Indre-et-Loire, la guerre est finie dans le Sud-marocain, tante Ardèle n'est pas une recrue, et vous, mon général, vous nous jouez soudain les vieilles badernes,[53] mais, je vous connais, vous n'en pensez pas un mot. Voulez-vous que j'essaie de lui parler, moi? Il me semble que je m'y prendrais mieux que vous tous.

LE GÉNÉRAL—A votre aise mon vieux, mais je n'ai pas grand espoir.

Le comte est monté pendant ce temps jusqu'à la porte d'Ardèle, il commence:

---

[51] je la fais manger de force
[52] Autre commandement militaire. Ici il parle au présent, mais annonce l'avenir tel qu'il l'espère.
[53] Vous vous donnez soudain un air de vieil homme qui ne comprend plus rien.

LE COMTE—Tante Ardèle, c'est Gaston. Vous êtes malheureuse, tante Ardèle, et je ne suis pas très heureux non plus. Cela vous ennuierait tellement que nous bavardions un peu, tous les deux, sur le bonheur?

LA COMTESSE—Voilà un début qui promet!

LE COMTE—On fait ce qu'on peut. Si vous trouvez mieux, venez à ma place. (*Il écoute et sourit.*) Eh bien, tante Ardèle, je suis très content d'apprendre que vous m'aimez bien. Moi aussi, je vous aime beaucoup.

LE GÉNÉRAL—Ils se font des déclarations d'amour maintenant. Elle va croire qu'elle tourne la tête à tout le monde. C'est gai!

LA COMTESSE—Tout cela est d'une sottise!

Pendant ces répliques, le comte a écouté attentivement à la porte.

LE COMTE—Tante Ardèle, d'abord ce n'est pas vrai. Vous n'êtes pas vieille, vous venez de nous le prouver.

LA COMTESSE—Bien sûr qu'elle n'est pas vieille à quarante... (*Elle s'arrête.*) Ce n'est pas de son âge qu'il est question.

LE COMTE—Vous avez toute la vie devant vous, tante Ardèle. Et la vie est pleine de petites joies humbles pour chaque jour. Pensez à votre piano, à vos fleurs, à vos aquarelles. C'était bon tout cela aussi. (*Il écoute.*) Mais non, mais non. C'est plus important que vous ne le croyez. Nous sommes trop exigeants, tante Ardèle. La vie est faite de pièces de deux sous et il y en a une fortune[54] pour ceux qui savent les amasser. Seulement, nous les méprisons. Nous attendons toujours que la vie nous règle avec un billet de mille. Alors nous restons pauvres devant le trésor. Les billets de mille sont rares, tante Ardèle. (*Il se retourne vers les autres.*) Je n'ai aucune conviction pour lui débiter tous ces lieux communs. C'est bien pour vous rendre service. (*Il écoute.*) Pardon, tante Ardèle?

LE GÉNÉRAL—Qu'est-ce qu'elle répond?

LE COMTE, *se retourne*—Elle me répond avec assez de bon sens que lorsqu'on trouve un billet de mille, il ne faut pas le laisser filer.

LE GÉNÉRAL—Parlez-lui de son devoir. C'est un truc qui réussit quelquefois. Dites-lui que, moi aussi, je les ai vus passer les billets de mille, un par un, et que je suis resté.[55]

LE COMTE—Tante Ardèle, on me demande de vous parler de votre devoir. Nous sommes quelques-uns dans ce salon qui nous croyons libres et dont la vie est, dans une certaine mesure, un object de scandale.

LA COMTESSE—Gaston, c'est insensé! Ce n'est pas de nous qu'il s'agit.

LE COMTE—Eh bien, tante Ardèle, si nous ne nous conduisons pas tout à fait bien, c'est parce qu'il nous reste, à tous, une vague petite notion de devoir au fond de notre désordre qui fait que nous n'avons pas le courage de nous conduire tout à fait mal.

LE GÉNÉRAL—Il s'embrouille. Enfonçons la porte et finissons-en!

LE COMTE—Je parle pour moi comme pour les autres, tante Ardèle. (*Il écoute.*) Vous êtes gentille, tante Ardèle. Mais je suis malheureux tout de même et je vous assure que cela me fait une belle jambe[56] d'avoir raison!

LA COMTESSE—Gaston, vous n'allez pas en profiter pour vous plaindre!

LE COMTE, *se bouche une oreille comme s'il était au téléphone*—Moins de bruit, s'il vous plaît, je n'entends rien. Allô! Allô Ne coupez pas, tante Ardèle. Vous dites que Léon vous dégoûte?

LE GÉNÉRAL, *sursaute*—Ah! ça, c'est le bouquet! Elle tombe amoureuse d'un bossu et c'est moi qui la dégoûte!

LE COMTE—Léon vous dégoûte, ma pauvre tante Ardèle, parce qu'il est resté près d'Amélie et qu'il compose[57] comme il peut. Ce sont toujours nos bons sentiments qui nous font faire de vilaines choses. Avec moins de tendresse pour elle, il l'aurait mise dans une maison de repos depuis dix ans et vous n'auriez pas à le juger. Rien n'est si simple, tante Ardèle. Et pour Liliane, Villardieu et moi c'est pareil. C'est par excès de scrupules que nous en sommes là.

LA COMTESSE, *lui crie*—Gaston, il est question de

---

[54] de quoi faire une fortune

[55] immobile, sans les saisir

[56] Ironique: cela ne me procure aucun avantage.

[57] qu'il arrange les choses

tante Ardèle et d'un bossu. Pas de moi, ni de Villardieu!

VILLARDIEU, *monte quatre à quatre jusqu'au comte sur la galerie*—Comte, je vous avertis! Cette histoire ne me regarde en rien. Je ne souffrirai 5 pas qu'on y mêle ma vie privée.

LE COMTE, *lui demande*—Et la mienne, Villardieu?

VILLARDIEU—Comme il vous plaira.

LE COMTE *gentiment*—Vous me faites rire, mon vieux. C'est la même... (*Il se penche à la porte.*) 10 Non, je parlais à quelqu'un, tante Ardèle, à Villardieu. C'est un grand ami de Liliane et de moi. C'est cela, vous avez bien compris, tante Ardèle. Vous en savez long depuis quelque temps. Si je souffre? Pas exactement. Vous en 15 êtes tout au début, tante Ardèle, attendez un peu. Cette grande faculté de souffrir s'émousse aussi. Évidemment, si la première année[58] j'avais perdu Liliane...

LA COMTESSE—Gaston, tu es l'impudeur même! 20 Pour la dernière fois, ce n'est pas notre procès que nous faisons, c'est celui d'Ardèle.

LE COMTE—Mais c'est le même, ma pauvre Lili!

VILLARDIEU, *sursaute*—Comment! votre pauvre Lili! Mais qui vous autorise, monsieur? 25

LE COMTE—Repos, Villardieu! Liliane, ce n'est pas ton procès, ni le mien, ni celui du général ou d'Ardèle ou de Villardieu. Nous faisons le procès de l'amour. Tante Ardèle a l'amour caché dans sa bosse comme un diable, l'amour tout nu et 30 éclatant dans son corps difforme, sous sa vieille peau. Et nous qui trichons tous avec l'amour depuis je ne sais combien de temps, nous voilà nez à nez avec lui maintenant. Quelle rencontre!

LA COMTESSE, *d'un autre ton soudain*—Elle te fait 35 peur?

VILLARDIEU—Comment? Vous vous tutoyez maintenant?

LE COMTE—Je t'ai aimée, Liliane, il y a quelque quinze ans, quand j'ai été te prendre chez ton 40 père. J'ai vu l'amour en face et je n'ai pas eu peur. C'est quand on commence à la voir de biais ou par derrière, quand il s'éloigne, qu'il est terrible.

LA COMTESSE—Et ton nouveau grand amour aux 45

doigts piqués de trous d'aiguille,[59] te fait-il peur aussi?

LE COMTE—Je suis bien usé, Liliane, pour avoir peur de mes sentiments. Mais quand je la regarde me regarder, oui, un peu.

LA COMTESSE—Tu te crois donc aimé? Mais tout le monde sait que cette petite se moque de toi, mon ami!

LE COMTE—Puisse le monde dire vrai. Qu'il n'y ait plus d'amour nulle part que dans la bosse de tante Ardèle, et qu'on ait moins mal—tous. Mais c'est comme à ce jeu d'enfants où on se passe une allumette enflammée: Petit bonhomme vit encore. Ou on se brûle les doigts ou bien—si on s'est débarrassé assez tôt de l'allumette—on regarde les autres se brûler. Et ce n'est guère plus gai.

LE GÉNÉRAL—Mais enfin, sacrebleu! Est-ce qu'on ne pourrait pas s'aimer sans se faire mal? Est-ce qu'on ne pourrait pas se foutre un peu la paix?

LE COMTE—La paix? Général, parlez-nous de la guerre. Les militaires ont toujours eu des idées enfantines sur la paix.

LE GÉNÉRAL—Je ne plaisante pas, Gaston. C'est une idée qui me travaille. C'est entendu, ma femme est devenue folle par amour pour moi. Elle souffre, c'est bon. Est-ce ma faute? Je fais ce que je peux. Je voudrais pourtant vivre, sacrebleu! sans larmes, sans reproches, et sans coups de poignard. Il doit y avoir un moyen?

LE COMTE—Il y a bien longtemps qu'on le cherche.

LE GÉNÉRAL—Mais il y en a qui l'ont trouvé, mille tonnerres! Le mond est plein de gens heureux. Quelquefois, quand je peux m'échapper un quart d'heure, je les regarde aux terrasses des cafés qui s'abordent, qui se sourient, qui prennent des femmes par la taille. Enfin, bougre! ce sont des hommes, ce sont des femmes; et ils sont gras; ils composent tranquillement leur menu; ils se demandent s'ils iront au théâtre après, ou bien s'ils rentreront se coucher. Je les regarde, dans mon coin, comme un vieux sot, abasourdi. J'ai envie de les aborder et de leur demander la formule.

LE COMTE—Ils ne sauraient pas vous la dire, mon

---

[58] la première année du mariage

[59] allusion à la petite couturière qui est la maitresse du comte

général—ils se croient de grands amoureux—mais elle est simple.

LE GÉNÉRAL—Vous la connaissez, vous?

LE COMTE—Oui. Ils n'aiment pas. Il y a très peu d'amour dans le monde, c'est pour cela qu'il roule encore à peu près. L'amour maladif d'Amélie vous est insupportable, mais si, vous, vous n'aimiez pas votre femme, ou si du moins vous ne l'aviez pas aimée, s'il ne restait rien en vous du petit lieutenant à lorgnons qui a cru bâtir la vie avec elle, vous seriez à la terrasse d'un café, bien tranquille en ce moment avec une autre, vous aussi. Vous seriez un homme.

LE GÉNÉRAL—Mais enfin, Amélie aurait pu ne pas exagérer! Elle aurait pu ne pas devenir folle, par exemple.

LE COMTE—Détrompez-vous, c'était le moins qu'elle pouvait faire. Ou alors c'est que vous n'auriez pas reçu grand'chose d'elle, autrefois. L'amour vous a comblé, un soir ou dix ans, maintenant il vous faut payer la note. L'amour se paye à tempérament,[60] mais on est généreux, on vous donne du temps pour régler. Quelquefois toute la vie.

LE GÉNÉRAL—Mais pourquoi cette ardeur à se déchirer comme si on se voulait personnellement du mal? Pourquoi ne pas tâcher de limiter les dégâts?

LE COMTE—C'est la guerre, général. Vous êtes pour la guerre humanitaire, vous? Suppression des dents à la baïonnette, contrôle international du format de la balle, pour qu'elle tue, mais que la blessure soit bien propre? Une fois qu'on a commencé, tous les moyens sont bons. Il faut qu'il y en ait un qui ait la peau de l'autre, voilà tout.

LA COMTESSE—Votre cynisme est vraiment forcé, Gaston. A vouloir être trop brillant, vous pensez faux. Vous savez bien que l'amour, c'est avant tout le don de soi!

VILLARDIEU, qu'on avait oublié, s'écrie soudain avec force—Parfaitement!

LE COMTE—Pauvre Villardieu! Vous croyez cela, vous aussi. Et je me dépouille,[61] et je me déchire et je me tue pour l'être aimé? C'est vrai. Tant que l'être aimé est cette projection idéale de moi-même, tant qu'il est mon bien, ma chose, tant qu'il est moi. C'est si bon de sortir de l'immonde solitude. A soi-même,[62] sincèrement on n'oserait pas. Mais tout donner à cet autre qui est vous, quelle bonne pluie d'été sur un cœur racorni. Jusqu'au moment où, caprice, hasard, l'autre redevient un autre, sans plus. Alors on arrête les frais, naturellement. Que voulez-vous donc qu'on donne à un autre sur cette terre? Ce serait de la philanthropie, ce ne serait plus de l'amour.

LE GÉNÉRAL—J'ai l'impression que nous allons nous perdre. Revenons à tante Ardèle ou laissez-moi enfoncer la porte.

LE COMTE—Nous ne l'avons pas quittée,[63] général. Tante Ardèle est l'amour. Si nous persuadons tante Ardèle de renoncer à tout donner à son bossu, c'est-à-dire à elle-même, c'est que nous pouvons tous guérir. Villardieu, vous aimez ma femme; général, vous aimez la vie; Liliane, pour toi maintenant c'est plus simple, tu es arrivée au stade où on se l'avoue presque: tu t'aimes, toi. Et depuis que tu t'es sentie vieillir, tu as eu peur de ne pas te retrouver assez dans mes yeux, et tu t'es mise à en chercher d'autres, coûte que coûte, pour t'y contempler. Ce n'est pas de moi qu'il faut être jaloux, Villardieu. C'est d'elle. C'est avec elle qu'elle vous trompera, vous aussi.

LA COMTESSE—Gaston, tu as dépassé les bornes du cynisme maintenant. Tais-toi ou je sors de cette pièce!

VILLARDIEU—M'autorisez-vous à le faire taire par la force, Liliane? (Il prend le comte par la cravate.) Comte, si vous n'êtes pas un lâche, vous me rendrez raison de tout! Épargnez-moi la nécessité de vous souffleter.

LE COMTE—Entendu, mon vieux. Nous nous piquerons l'avant-bras quand vous voudrez, mais cela n'arrangera rien. (Il se retourne soudain vers la porte.) Allô! Tante Ardèle, on nous a coupés. Que disiez-vous? Qu'on ne vit qu'une fois? Criez moins fort, je ne vous comprends pas bien. Vous dites que vous avez attendu plus de quarante ans

---

[60] par versements echelonnés
[61] Façon abrégée et familière de dire: l'amour, pour vous, c'est se dépouiller, se déchirer, etc.
[62] sous entendu: tout donner
[63] en parlant d'amour

cette joie qui vous fait sortir de vous-même;
Sortez, tante Ardèle, sortez de vous-même, faites
trois petits tours; embêtez tout le monde, vous
avez bien raison; puisque, de toute façon, il vous
faudra un jour rentrer toute seule dans votre 5
bosse pour y mourir. Mais vous vous trompez sur
un point. Heureusement qu'on ne vit qu'une
fois, c'est amplement suffisant. (*Il s'éloigne de la
porte, fatigué soudain.*) Assez. Un peu à vous
d'interroger l'oracle. Les vérités premières me 10
fatiguent.[64] Et puis, cela me fait prendre un ton
pathétique dont j'ai horreur. Allons, à qui le
tour? Y a-t-il un amateur pour convaincre tante
Ardèle?

NICOLAS—Moi! 15

*Il s'est levé soudain, il court comme un fou à la
porte, il tape dessus à coups de poing et crie avant
qu'on ait pu l'en empêcher.*

NICOLAS—Tante Ardèle! C'est Nicolas. Tenez bon. 20
Moquez-vous d'eux. Moquez-vous de ce qu'ils
appellent le scandale. Aimez, tante Ardèle, aimez
qui vous voulez. Ne les écoutez pas. S'ils ne vous
disaient pas que vous êtes trop vieille et bossue,
ils vous diraient que vous êtes trop jeune. Mais 25
de toute façon, ils essaieraient de vous empêcher
d'être heureuse et d'aimer.

NATHALIE, *a bondi près de lui*—Nicolas, tu es fou!
Je te défends! Je te défends de parler, tu entends?
Tu n'as pas le droit! 30

NICOLAS, *se retourne vers elle, flamboyant*—Tu ne
peux plus rien me défendre maintenant que tu
as épousé mon frère! Que veux-tu me défendre?
De leur dire que je t'aimais et que tu m'aimais
et qu'ils nous ont forcé à nous perdre pour tou- 35
jours, comme ils veulent la forcer, elle. Et toujours pour les mêmes raisons: parce qu'il est trop
tôt ou trop tard. Oui, je veux leur dire, oui, je
veux leur dire! Je ne suis revenu ici que pour
cela! 40

LE GÉNÉRAL—Allons bon! Il ne manquait plus que
cette histoire-là maintenant! Nicolas, monte dans
ta chambre! Nous avons fait ce que nous avons
cru être notre devoir.

LE COMTE, *crie soudain*—C'est cela! Montons dans 45

nos chambres! Enfermons-nous tous comme tante
Ardèle! C'est ce que nous pouvons faire de
mieux! Ne plus nous voir!

NICOLAS—Tante Ardèle, avant qu'ils me fassent
taire, vous m'entendez? Il faut aimer. Il faut
aimer contre eux, tante Ardèle! Il faut aimer
contre tout! Il faut aimer de toutes vos forces
pour ne pas devenir comme eux!

LE GÉNÉRAL, *lutte avec lui*—Nicolas, c'est assez
maintenant! Je t'ordonne de lâcher cette porte.
(*Il réussit à l'arracher de la porte.*) Et de te
taire! Je ne sais vraiment pas ce qui me retient
de te gifler.

NICOLAS, *le regarde et lui dit doucement*—Moi, je
le sais. La honte, papa.[65]

LE GÉNÉRAL, *grommelle, vaincu*—La honte de quoi?
D'essayer de mettre un peu d'ordre dans la
baraque, d'essayer de faire le moins de mal possible et de vivre tout de même un peu avant de
mourir?

*A ce moment, la voix crie: «Léon! Léon!» Et
presque en même temps, le paon crie aussi dans le
jardin: «Léon! Léon!»*

LE GÉNÉRAL, *explose*—Allons bon! Le paon et elle!
En même temps! Zut! J'en ai assez, moi!

*Au milieu de tous ces cris, d'autres cris plus
perçants. On entend Ada crier:*

VOIX D'ADA—Monsieur Toto! Monsieur Toto! Je
vous défends! Mademoiselle Marie-Christine!

*Ada entre tentant de séparer Marie-Christine et
Toto, qui se battent férocement.*

LE GÉNÉRAL, *hurle*—Mais enfin, qu'est-ce qui se
passe, mille tonnerres? On ne pourra donc jamais
être tranquille dans cette maison?

LA COMTESSE, *qui le voit sur la tête de sa fille, crie*—
Marie-Christine! Mon chapeau!

LE COMTE, *calme*—Ne criez pas tant. Toto a le
mien.

ADA—Monsieur, je n'arrive pas à les séparer, ils se
battent comme des chiffonniers!

On se jette sur les enfants, on les sépare.

---

[64] Il prétend n'avoir dit que des choses élémentaires.

[65] allusion méchante à la vie privée du général

TOTO, *hurle, solidement maintenu*—On ne se bat pas comme des chiffonniers! Vous n'y comprenez rien du tout! On est mariés! On joue à se faire des scènes!

LE GÉNÉRAL—Des scènes de quoi, bougre d'âne, à grands coups de pied?

TOTO—Des scènes d'amour!

LE GÉNÉRAL—C'est bon. Filez tous les deux immédiatement à la cuisine ou je vous assomme. Et si vous retouchez aux vêtements, vous aurez affaire à moi.

Ada entraîne les deux enfants. A ce moment, le téléphone sonne, strident. Le général va à l'appareil et demande agacé:

LE GÉNÉRAL—Allô? Qu'est-ce que c'est encore? Comment? Comment? Ah! bon, je vous le passe. C'est pour vous, Gaston.

LE COMTE—Puis-je prendre dans la bibliothèque?

LE GÉNÉRAL—Pas maintenant que j'ai décroché ici. Vous seriez coupés.

LE COMTE, *prend l'appareil*—Après tout, tant pis!

LE GÉNÉRAL—Vous avez raison: tant pis! Il faut que ça éclate! Moi, je n'en peux plus!

La voix là-haut crie encore: «Léon! Léon!»

LE GÉNÉRAL, *lui répond exaspéré, sans bouger*—Oui! Je suis là!

LE COMTE, *à l'appareil*—Mais, mon chéri, mon tout petit lapin, mais mon tout petit loup, puisque je t'assure, mon tout petit rat…

LA COMTESSE—Assez Gaston! Vous êtes ridicule avec cette ménagerie lilliputienne.[66] On vous écoute.

LE COMTE—Mais je t'aime, mon petit, je te jure que je t'aime! Ne fais pas cela! Ne fais surtout pas cela! Allô! Allô! Josette! (*Il raccroche précipitamment.*) Elle a raccroché. Pouvez-vous me procurer une voiture immédiatement, général?

LE GÉNÉRAL—Je vais faire, atteler. Pourquoi?

LE COMTE—Elle vient de boire du laudanum. Ce n'est pas la première fois qu'elle essaie. Il faut que je file tout de suite là-bas.

LA COMTESSE—Gaston, vous vous couvrez de ridicule. Vous croyez donc que cette petite guenon vous aime assez pour se tuer?

LE COMTE—Assez pour faire semblant sûrement. Et un beau jour, elle peut très bien ne pas réussir à se rater. Cela va être trop long d'atteler. Villardieu! Je ne vous ai jamais rien demandé, mais je crois que vous me devez bien cela. Il faut que je l'aie fait vomir avant un quart d'heure. Conduisez-moi avec votre De Dion.

VILLARDIEU—Soit. Si Liliane le permet. Mais après, vous me rendrez compte de tout.

LE COMTE—A vos ordres!

LA COMTESSE, *pendant qu'ils sortent*—Mon pauvre ami, vous êtes lamentable. Allez donc vite le faire vomir, votre tendron. J'ai pitié de vous.

LE COMTE, *s'arrête sur le seuil*—Moi aussi, Liliane, j'ai pitié, de nous. Heureusement que nous sommes ridicules, sans quoi cela serait vraiment trop triste, cette histoire.

Il est sorti, suivi de Villardieu. La comtesse hausse les épaules; elle se regarde dans une glace au passage, masse ses rides.

LA COMTESSE—C'est trop bête. C'est vraiment trop bête. Si seulement tout cela ne faisait pas vieillir… Je vais m'étendre, Léon, je suis rompue.

Elle est entrée dans sa chambre. Le général n'a pas bougé. On entend la voix qui crie: «Léon! Léon!»

LE GÉNÉRAL *machinalement*—Voilà!

Il monte lourdement les marches et rentre dans la chambre de sa femme. Nicolas et Nathalie sont restés seuls; ils n'ont pas cessé de se regarder depuis tout à l'heure.

NICOLAS—Nous ne pouvons plus nous taire maintenant, Nathalie.

NATHALIE—Tu veux dire que nous ne pouvons plus que nous taire, au contraire, pour toujours.

NICOLAS—Non. Ce soir, quand ils dormiront tous, je descendrai, comme autrefois. Je t'attendrai dans le recoin des jours de pluie, sous l'escalier. Tu descendras.

NATHALIE, *dans un souffle*—Non.

NICOLAS—Si. Tu dis non, mais tu trembles,

---

[66] faite de petits êtres, comme les habitants de Lilliput, le pays imaginaire où aborde Gulliver

Nathalie. Tu m'aimes. Et mon frère est un voleur que je méprise. Tu descendras.

Le noir se fait brusquement.

Une faible lueur revient. C'est la nuit. La scène est vide. Il pleut à torrents dehors. Pendant quelques instants, on entend seulement le bruit de la pluie. Puis une ombre s'avance en bas. Elle s'immobilise soudain et se dissimule dans les replis d'une tenture. Un craquement: Toto paraît dans sa longue chemise de nuit, sur la galerie. Il écoute un instant à la porte du général, puis descend, se dirige vers la porte du vestibule et disparaît. L'ombre sort de sa cachette. C'est Nicolas, étonné du manège de son petit frère. Il observe un instant la porte du vestibule et vient se blottir dans un recoin où il y a un petit divan sous l'escalier. Toto reparaît bientôt, toujours en chemise de nuit, mais surchargé de chapeaux, de cannes, de vêtements qu'il a été voler dans l'entrée. Il rentre dans sa chambre. Nicolas le suit des yeux, intrigué. Il allume une cigarette. A la lueur de l'allumette, on le voit sourire du manège de Toto. Tout retombe dans l'ombre et le silence. Une pendule sonne onze ou douze coups, on n'en est pas sûr, quelque part dans la maison.

Une silhouette paraît alors dans le jardin: c'est le comte qui rentre, trempé, les pantalons retroussés, en imperméable, avec un parapluie et son canotier. Sa silhouette est légèrement ridicule. Il tâtonne un peu à la porte pour trouver le commutateur. Nicolas a éteint sa cigarette et s'est enfoncé sous l'escalier. Le comte a enfin trouvé le bouton; une pâle lueur venant d'une torchère, un amour de bronze au pied de l'escalier éclaire faiblement la scène. Le comte referme son parapluie mouillé, le pose et commence à monter sur la pointe des pieds, passant devant Nicolas sans le voir. Comme il arrive sur la galerie, la porte de la comtesse s'ouvre, elle paraît sur le seuil, en déshabillé.

LA COMTESSE, *à mi-voix*—C'est vous?

LE COMTE—Oui.

LA COMTESSE—Dans quel état!

LE COMTE—Il pleut beaucoup et je me suis trompé de chemin pour revenir.

LA COMTESSE—Vous allez prendre mal.

LE COMTE—Je n'aurai pas cette chance.

Il fait un pas, la comtesse interroge.

LA COMTESSE—Alors.

LE COMTE, *la regarde*—Qu'est-ce que cela peut vous faire? Elle est hors de danger.

LA COMTESSE, *demande avec une nuance d'ironie*—Et consolée?

LE COMTE—C'est une autre histoire qui n'a pas à vous intéresser. Si vous le voulez bien, je vais m'étendre sur le divan de cuir de la bibliothèque.

Il fait un pas.

LA COMTESSE—Gaston, je suis jalouse et votre liaison avec cette petite cousette m'agace. Mais je suis mal à l'aise quand vous souffrez.

LE COMTE—Je ne suis pas très heureux non plus de vous faire mal. Mais cette petite m'aime maintenant. Elle n'est pour rien dans nos histoires, et sa souffrance, même si elle vous paraît disproportionnée, m'est intolérable. C'est à cause de votre jalousie sans amour, de vos exigences insupportables qu'elle a bu ce poison ce soir.

LA COMTESSE—Enfantillage! Elle a pris soin de vous avertir pour que vous arriviez à temps.

LE COMTE—Sans doute, mais c'est très ennuyeux tout de même de se tordre et de vomir. Nous n'avons jamais pris ce risque ni l'un ni l'autre. Je voudrais bien ne plus faire de peine à personne, jamais. Bonne nuit, Liliane.

Il fait un pas, la comtesse l'arrête.

LA COMTESSE—Gaston, avez-vous remarqué que nous ne nous parlions plus? Je sens depuis longtemps le besoin d'une conversation intime avec vous.

LE COMTE—L'endroit est mal choisi. Villardieu couche au bout de la galerie.

LA COMTESSE—Entrez dans ma chambre.

LE COMTE, *sincèrement épouvanté*—A cette heure et vous dans cette tenue? Vous n'y pensez pas! S'il nous surprenait, cela ferait toute une histoire. Nous ne pouvons pas.

LA COMTESSE—Il faut absolument que je vous parle longuement, un jour, seule à seul. De retour à Paris, il faudra nous donner rendez-vous dans un petit thé tranquille.

LE COMTE—Vous savez bien que vous ne pourrez

jamais vous échapper, ma chère. Et puis, il n'y a pas de petits thés tranquilles. On y rencontre toujours quelqu'un. C'est trop risqué, Liliane, renonçons-y.

LA COMTESSE—Eh bien! à Trouville, en rentrant. Prenez un fiacre fermé et attendez-moi devant la gare. Je mettrai une voilette épaisse et je m'arrangerai pour sortir.

LE COMTE—Si on nous surprend, nous aurons l'air malins!

LA COMTESSE—Vous êtes mon mari, après tout!

LE COMTE—Après tout, justement, voilà le drame. Non, Liliane, il ne faut pas jouer avec le feu. Pensez à Marie-Christine! Vous n'avez pas le droit de risquer le scandale. Votre vie est tracée maintenant. Soyez raisonnable, rentrez dans votre chambre. Attention!

Villardieu a soudain ouvert la porte de sa chambre. Il paraît sur le seuil, inquiet, en robe de chambre. La comtesse rentre précipitamment dans sa chambre avec un petit cri effrayé.

VILLARDIEU—Ainsi, tous mes soupçons sont fondés?

LE COMTE, *lui sourit*—Mais non, Villardieu. Dormez tranquille. Je vais m'étendre sur le divan de cuir de la bibliothèque.

VILLARDIEU—Nous nous battons toujours après-demain?

LE COMTE, *gentiment*—Si vous voulez.

Il descend et disparaît dans la bibliothèque. Villardieu rentre dans sa chambre. La maison est replongée dans le silence. Alors paraît Ada en chemise, un peignoir sur les épaules, venant de l'office, portant un bougeoir. Elle monte l'escalier, pieds nus, ses souliers à la main, et entre dans le petit bureau du général. Aussitôt, celui-ci sort de la chambre de sa femme et entre silencieusement derrière elle dans le bureau. Le silence encore. On n'entend plus que la pluie dehors, puis une pendule qui sonne un quart. Nathalie paraît sur la galerie; elle est encore habillée. Elle écoute un peu, puis descend rejoindre Nicolas.

NATHALIE—Ils ont ouvert des portes jusqu'à tout à l'heure, je n'osais pas descendre.

NICOLAS, *dans un souffle*—Tu es là.

NATHALIE—Oui, mon chéri.

NICOLAS—C'est encore il y a deux ans. Tu es venue passer tes vacances au château comme chaque été. Nous avons jusqu'au mois d'octobre pour être heureux. Je serai grand un jour, je serai grand, tu verras.

NATHALIE—Tu es grand, Nicolas.

NICOLAS—Et tu es la femme de mon frère.

NATHALIE—Ne parle plus. Tiens-toi contre moi. Écoute. La pluie s'est arrêtée. Quel silence soudain. J'entends ton cœur. J'ai peur. S'ils descendaient, ce serait terrible.

NICOLAS—Ada est montée rejoindre mon père. Gaston s'est couché dans la bibliothèque. Ils ont autre chose à faire qu'à penser à nous.

NATHALIE—Ils sont laids tous. Et en descendant te rejoindre, je me sentais laide comme eux.

NICOLAS—Non.

NATHALIE—Si. Tu me tiens contre toi comme autrefois et je tends l'oreille au moindre bruit comme une coupable. J'ai peur, comme ton père avec cette fille, de m'entendre appeler soudain.

NICOLAS—Maxime est au Tonkin. Il s'amuse en ce moment, là-bas, avec une petite putain jaune. Ce n'est pas un homme à perdre une nuit, lui.

NATHALIE, *se détourne*—Ne parle plus de lui.

NICOLAS—Voleur! Avec ses grandes mains d'homme, son sourire, son assurance, ses galons de capitaine... Elles le regardaient toutes toujours, elles rougissaient quand il s'approchait d'elles au bal. Du cran, mon petit Nicolas![67] Tu ne sais vraiment pas t'y prendre. Voleur!

NATHALIE—N'aie plus mal mon petit, n'aie plus mal. Pose ta tête sur mes jambes.

NICOLAS—Il t'a touchée.

NATHALIE—Tais-toi.

Un silence. Nicolas demande comme un enfant.

NICOLAS—Pourquoi l'as-tu accepté, Nathalie?

NATHALIE—J'avais refusé tous les autres. Tu étais tout petit, prisonnier dans ton collège, et ma tante n'en pouvait plus de me garder. Ses plaintes tous les jours. Son éternel livre de comptes depuis des mois... Mes gants troués, mes manteaux chichement retournés, ma maigre portion à table, je les ai payés de mon esclavage humiliant aussi long-

---

[67] C'est ce que lui disait Maxime.

temps que je l'ai pu. Je lui ai lu tous ses livres de piété, je me suis levée la nuit pour ses pots et ses remèdes, mal fagotée, mal nourrie—et reconnaissante, bien sûr!—tant que j'ai pu. Tant que je n'ai pas senti que c'était mon âme qui allait 5 mourir. Et puis un jour, où elle m'a insultée pour une tisane renversée, j'ai compris que si je t'attendais encore des années, celle que tu retrouverais quand tu serais enfin devenue un homme, ce ne serait plus moi. C'est alors que ton frère m'a re- 10 marquée, je me demande pourquoi—entre deux maîtresses—et je l'ai préféré aux autres, pour ne pas te perdre tout à fait.

Il y a un silence. Nicolas la serre soudain plus fort contre lui. 15

NICOLAS—Nathalie, je suis grand maintenant, et moi, je t'ai attendue. Les autres se moquaient de moi. Même quand j'ai su le mariage, j'ai attendu parce que je savais que ce soir arriverait. Maxime 20 t'a eue entre cent autres femmes et moi, je n'ai jamais touché que toi.

NATHALIE—Lâche-moi, Nicolas!

NICOLAS—Ce n'est pas parce qu'ils ont écrit vos noms sur un registre, parce qu'un prêtre a bre- 25 douillé, en pensant à autre chose, des mots en série, devant vous, que tu es devenue sa femme.

NATHALIE—Non. Mais c'est parce que je l'ai accepté. Et ce oui, qui n'était qu'un mot pour lui sans doute, m'a liée, moi, envers moi-même. Je n'aime 30 que toi, Nicolas, mais je ne serai jamais à toi. Lâche-moi, il faut que je remonte.

Elle s'est levée, il la prend dans ses bras, la plaque à lui.
35

NICOLAS—Non.

NATHALIE—Lâche-moi, je te l'ordonne. Lâche-moi, je t'en supplie.

NICOLAS—Non. Cela a été long, mais c'est tout de même arrivé à force d'user les jours. Rattrapé, 40 Maxime! Nous sommes deux hommes, l'un en face de l'autre, maintenant. Et s'il faut le tuer pour te reprendre, je le tuerai.

Il l'embrasse. Elle se dégage vite et lui prend la tête à deux mains, pleine de tendresse. 45

NATHALIE—Nicolas. Mon tout petit Nicolas. Il me semble que tu es plus petit encore depuis que tu es devenu si fort. Je te jure que c'est impossible.

NICOLAS—Pourquoi? Parce qu'il t'a prise le premier, sans amour?

NATHALIE, *secoue la tête*—Non, mon chéri.

NICOLAS, *crie*—Pourquoi alors?

NATHALIE, *effrayée, lui met la main sur la bouche*—Je ne pourrai jamais te le dire. *(Elle sursaute soudain et murmure:)* Attention!

Elle l'a tiré violemment dans l'ombre de l'escalier, elle observe la nuit. Nicolas demande:

NICOLAS—Qu'est-ce que c'est?

NATHALIE—Un homme dans le jardin. Regarde.

NICOLAS—C'est impossible. Gaston est rentré. Papa et Villardieu sont là-haut.

NATHALIE—Parle plus bas. Il hésite. Il va d'arbre en arbre comme un voleur.

NICOLAS—Tu rêves. Il n'y a pas de voleurs dans ce pays.

NATHALIE—C'est un homme qui connaît la maison. Dans l'ombre il ne peut pas voir le massif et il le contourne. Il va droit à la terrasse; on dirait qu'il fait un signe.

NICOLAS—A qui? Il approche. Il va entrer. J'ai ma baïonnette au portemanteau!

NATHALIE—Non. Ne bouge pas. Tais-toi. Maintenant je crois le reconnaître. Mon Dieu, c'est lamentable... C'est lui!

NICOLAS—Qui lui?

NATHALIE, *dans un souffle*—Le bossu!

Un instant de silence, puis un homme, ombre hésitante et contrefaite, enveloppée d'une grande cape à capuchon, paraît à la porte-fenêtre.

Il l'entr'ouvre sans bruit, observe un instant la pièce déserte et silencieuse, puis monte, s'arrêtant à chaque marche. Quand il est arrivé en haut, la porte de tante Ardèle s'ouvre toute grande en silence sur la chambre obscure; le bossu disparaît.

NATHALIE, *murmure*—Il est venu rôder autour de la maison comme les vieux chiens pelés quand on enferme Diane.[68] Il lui a fait signe à la fenêtre. Elle savait qu'on avait oublié de refermer la porte et elle lui a ouvert. Ah! c'est trop laid!

---

[68] la chienne

Tout est trop laid. Ne me touche plus maintenant.

NICOLAS—Pourquoi?

NATHALIE—Eux là-haut, ils se touchent. Ils sont dans les bras l'un de l'autre. C'est laid l'amour. 5

NICOLAS—Tu blasphèmes. Leur amour est laid. Pas le nôtre.

NATHALIE—C'est le même. Notre amour d'avant était profond et pur comme un matin d'été. Mais si nous nous aimions maintenant en nous cachant, ce serait laid, ce serait comme eux. Repars, Nicolas, repars vite. Et ne reviens qu'avec une autre femme, un jour.

NICOLAS—Nathalie, tu es folle! Nous sommes jeunes, nous sommes beaux. Nous nous aimons depuis 15 que nous sommes petits. Oublie tous ces fantoches méprisables. Nous sommes les seuls dans cette maison à avoir le droit d'aimer.

NATHALIE—Plus maintenant! Lâche-moi. Ne me tiens plus dans tes bras. Je t'en supplie. (*Elle se* 20 *frotte soudain le visage.*) Oh! je voudrais que tu ne m'aies pas embrassée!

NICOLAS—Mais, Nathalie, tu rêves! c'est moi, c'est moi suis là. C'est Nicolas, je suis à toi et tu es à moi, depuis toujours, et rien ne peut être laid 25 entre nous.

Il a voulu la reprendre; elle recule farouche en criant:

NATHALIE—Si! 30

NICOLAS, *est devant elle, désemparé, les bras ballants, il murmure*—Nathalie, nous nous serrions l'un contre l'autre, autrefois, le soir, sur la pelouse, et nous étions trop petits, mais tu jurais que tu serais à moi. 35

NATHALIE, *crie*—Plus maintenant! Pas à toi aussi!

NICOLAS—Que dis-tu?

NATHALIE, *doucement, soudain*—Nous ne sommes plus petits, Nicolas. Je ne voulais pas te le dire, mais peut-être est-ce mieux que tu saches... 40 Mon cœur est plein de toi, mon chéri, et Maxime me fait horreur, mais quand il m'a prise dans ce lit le premier soir, moi qui croyais mourir de haine et de mépris, j'ai aimé, j'ai gémi de joie sous lui. La tête renversée, les yeux perdus, aban- 45 donnée, attentive à moi seule, je t'ai oublié jusqu'au matin.

NICOLAS, *crie comme un fou*—Nathalie!

NATHALIE—Le matin, j'ai voulu me tuer de dégoût. Mais je ne me suis pas tuée et j'ai attendu, humblement, que revienne l'autre nuit. Et j'attends depuis. Je te l'ai dit maintenant, c'est fini.

A ce moment, le cri éclate là-haut plus perçant que jamais: «Léon! Léon! Léon!»

Les cris ne s'arrêtent plus. La porte de la générale s'ouvre, rejetée avec force. Elle surgit soudain, terrible, échevelée, en caraco de nuit, serrant convulsivement un fichu de laine sur ses épaules. Elle va jusqu'à la rampe de la galerie, s'égosillant dans le silence.

LA GÉNÉRALE—Léon! Léon! Léon! Léon!

Nathalie et Nicolas se sont figés. Le premier, le comte paraît sur le seuil de la bibliothèque, à demi vêtu, puis Villardieu en robe de chambre, la comtesse en déshabillé qui crie, affolée, en la voyant.

LA COMTESSE—Amélie!

Le général paraît enfin, achevant de mettre sa grande robe de chambre rouge sur sa chemise de nuit; derrière lui, par la suite, Ada se montrera, curieuse, les cheveux épars, moulée dans sa longue chemise, sur le seuil du petit bureau.

LE GÉNÉRAL—Qu'est-ce qui se passe, sacrebleu? Rentre tout de suite, Amélie!

La générale hurle, se débattant, cramponnée à la rampe.

LA GÉNÉRALE—Pas dans ma chambre! Ils sont là à côté. Je l'ai entendu, je l'ai senti. Je sens toujours. Depùis dix ans que je guette, depuis dix ans que j'écoute de mon lit. Même si je dors quand tu te lèves, à la minute où tu prends cette fille, à côté, je me réveille.

LE GÉNÉRAL, *pour tenter de dire quelque chose*— Quelle fille? Je ne te comprends pas! Rentre donc!

LA GÉNÉRALE, *continue*—Je peux te dire la minute. Je peux te la dire pour le chien qui va dans la cour de la ferme, la nuit, chercher la chienne en chaleur; je peux te dire le jour où on amène le taureau au village et toutes les bêtes des bois, sous la terre, dans les herbes, dans les arbres. Vous

croyez que je dors toute la nuit. Je les écoute, je
les guette, je les sens!

LE GÉNÉRAL—Rentre, Amélie!

A ce moment le paon appelle dans le jardin:
«Léon! Léon!»

LA GÉNÉRALE, *se débat*—Non, je ne rentrerai pas!
Le paon appelle lui aussi. Et les belettes et les
blaireaux et les fouines et les renards dans la
clairière et les insectes, les millions d'insectes, en
silence, partout. Tout jouit et s'accouple et me
tue. Je sais quand les fleurs même se détendent
soudain et s'entr'ouvrent, obscènes, au petit
matin. Tous ignobles, vous êtes tous ignobles
avec votre amour. Le monde est ignoble et il
n'en finit plus. Arrêtez-les! Arrêtez-les tous les
deux! Je ne suis pas folle: je sais qu'on ne peut
pas arrêter toutes les bêtes dans les bois, toutes
les bêtes de la terre qui grouillent les unes sur
les autres, toute la nuit. Mais vous, arrêtez-vous,
au moins, de vous flairer comme des chiens
autour de moi. Arrêtez-les tous les deux à côté.
Arrêtez-les tout de suite où je vais me mettre
à hurler!

LE GÉNÉRAL—Mais arrêter qui, sacrebleu? Rentre,
Amélie. Ada, préparez-lui son gardénal.

LA GÉNÉRALE—Je ne veux pas de gardénal encore.
Ils sont là. Ils sont là! Je vous dis de les arrêter!

LE GÉNÉRAL—Mais c'est la chambre d'Ardèle,
voyons! Elle y est seule.

LA GÉNÉRALE—Non. Elle n'est pas seule! Je les entends, je les vois tous les deux!

LE GÉNÉRAL—Tonnerre de Brest! Qu'est-ce que tu
racontes! (*Il s'est précipité sur la porte.*) Ouvre,
Ardèle! Ouvre immédiatement. Tu entends bien
qu'Amélie a une crise. Ouvre tout de suite ou
j'enfonce la porte. (*Il écoute et appelle:*) Ardèle!

LA GÉNÉRALE, *monologue, très vite, bafouillant, en*
même temps que le général—C'est pour cela que
je suis devenue folle, à force de vous sentir tous
autour de moi, à force de te sentir, toi, avec tes
yeux, avec ton nez, avec tes mains, avec les poils
de ta figure, avec les pores de ta peau, à les
désirer toutes, toujours. Toutes les femmes! Celles
que j'étais obligée d'inviter à dîner, et celles qui
passaient dans la rue. Celles qui te frôlaient au
théâtre; celles qui étaient photographiées sur les

journaux—et tu faisais semblant de lire l'article,
mais c'étaient elles que tu regardais—et comme
celles que tu pouvais voir avec tes yeux ce n'était
pas assez encore, toutes celles que tu imaginais.
Tu me parlais, j'avais réussi à te traquer dans ma
chambre et il n'y avait personne à regarder, que
moi, mais ton œil fixé sur moi faisait l'amour
quelque part, avec une femme inconnue. Le
monde entier grouillait de femmes avec des
chapeaux, des éventails, des sourires, des paroles,
des faux-semblants, mais toujours leur sexe offert
comme un fruit pour toi, entre jambes. Et leur
odeur, leur puanteur de femmes autour de nous,
partout. J'ai guetté, j'ai tellement guetté pendant
tant de jours que j'ai appris à reconnaître celles
que tu désirais, à les renifler comme toi, avant
toi, quelquefois; à faire l'amour moi aussi, avec
elles!

LE GÉNÉRAL—Allons. C'est assez, Amélie. J'ai passé
ma vie à ton chevet, tu le sais bien. Tu di-
vagues.[69] Rentre. Il faut dormir. Il est tard.

LA GÉNÉRALE, *qu'on pousse vers sa chambre,*
psalmodie—Toutes! Toutes! Toutes! Toutes!
Mme. Liétar, les sœurs Pocholle, Gilberte Swann,
la Malibran et Odette de Donnadieu, Clara Pompon, la danseuse du Grand-Théâtre de Bordeaux,
la femme de la cantine au Maroc et toutes, toutes
les locataires de l'immeuble du boulevard Raspail!

LE GÉNÉRAL, *qui la pousse vers la chambre lui ré-*
pond à chaque fois—Mais non, mais non, tu
sais pas ce que tu dis. Rentre.

LA GÉNÉRALE—Si, toutes, toutes, toujours! Je ne
pouvais jamais être tranquille. Même celles que
je n'aurais jamais cru. Les femmes des livres qui
étaient mortes depuis cent ans; la petite fille le
jour de la distribution des prix; le jour de la
prise de voile de Marie-Louise, la supérieure des
Clarisses, en pleine cérémonie—et le jour, le jour
de la revue de Longchamp, où tu t'es précipité
pour baiser la main de Mme Poincaré!

LE GÉNÉRAL—Mais non. Mais non. C'est grotesque.
Poincaré[70] m'avait fait signe. Tu rêves, voyons,
tu rêves. Rentre.

LA GÉNÉRALE, *qui est devenue une pauvre chose*
pitoyable, murmure tandis qu'on la pousse vers

---

[69] Tu ne sais plus ce que tu dis.
[70] homme politique français

sa chambre—Je sais, moi, je guette, je guette, toujours! (*Comme on va la faire rentrer, deux coups de feu éclatent soudain tout près, immobilisant tout le monde. La folle seule semble ne pas avoir entendu et continue à psalmodier:*) Je guette, je guette, je guette!

LE GÉNÉRAL, *bondit*—Qu'est-ce que c'est, sacrebleu? Occupez-vous d'elle! Cette fois, il faut enfoncer la porte!

Le comte, Villardieu et le général se jettent sur la porte d'Ardèle. On les entend souffler. Ils sont ridicules et inopérants. Ils se bousculent, cela doit presque être un numéro de clowns, malgré l'angoisse. Villardieu enfin les écarte, prend son élan et se jette sur le battant de toute sa force. La porte cède, il s'écroule avec elle, lamentable. Le général l'enjambe et disparaît dans la chambre. Un silence devant la porte grande ouverte. Villardieu s'est relevé se frottant l'épaule. Le général reparaît et dit simplement:

LE GÉNÉRAL—Les imbéciles. Ils se sont tués. Courez vite chercher un médecin. Il me semble qu'Ardèle respire encore.

Villardieu sort en courant. La comtesse et le comte entrent rapidement dans la chambre derrière le général. En bas, Nicolas et Nathalie, qui n'ont pas bougé, se regardent.

NATHALIE, *doucement*—Nous n'avons même pas à nous tuer, tu vois. Eux qui ne devaient que faire rire, ils l'ont fait. Adieu, Nicolas. Ne pense plus à moi, jamais. Ne pense plus jamais à l'amour!

Elle remonte précipitamment et entre dans sa chambre. Nicolas reste une seconde sans bouger, puis il sort rapidement par le jardin, derrière Villardieu.

La scène reste vide un instant.

*Alors une porte s'entr'ouvre, Toto passe la tête, puis Marie-Christine. Voyant que tout est silencieux, ils s'enhardissent et sortent de leurs chambres. Ils sont déguisés. Par-dessus leurs chemises de nuit, ils sont harnachés de boas, d'écharpes, coiffés de chapeaux à plumes et de hauts de forme. Toto s'est même fabriqué une fausse moustache, on ne sait avec quoi. Ce sont tout à coup deux petits hommes dérisoires et grotesques qui s'avan-*cent, faisant des mines. Sur la scène devenue obscure, un projecteur s'est braqué sur eux.

TOTO, *roulant les r pour que ce soit plus passionné*—Ma chérie!

MARIE-CHRISTINE, *l'imitant*—Mon amour adoré!

TOTO—Ma chère femme! Comme je t'aime!

MARIE-CHRISTINE—Et moi donc, mon petit mari chéri.

TOTO—Pas plus que moi, mon amour!

MARIE-CHRISTINE—Si, mon amour! Dix fois plus!

TOTO—Ah non!

MARIE-CHRISTINE—Ah si!

TOTO—Non! Parce que si tu m'aimais moins, moi, un jour, je te tuerais!

MARIE-CHRISTINE—Non, mon chéri, c'est moi qui te tuerais la première!

TOTO—Non, c'est moi!

MARIE-CHRISTINE—Non, c'est moi!

Ils tapent du pied l'un en face de l'autre, en criant de plus en plus fort.

TOTO—Non, c'est moi!

MARIE-CHRISTINE—Non, c'est moi!

TOTO, *l'agrippe soudain*—Non, je te dis que c'est moi, sale idiote! Puisque c'est moi qui t'aime le plus!

MARIE-CHRISTINE—Non, c'est moi! C'est moi qui t'aime le plus! (*Elle essai de se dégager.*) Sale brute! Chenille verte! Crétin!

Il se sont jetés l'un sur l'autre, faisant voler leurs chapeaux. Ils roulent par terre, se mordant et s'arrachant les cheveux.

Le rideau tombe tandis qu'ils se battent sauvagement.

On entend Toto qui crie dans la mêlée, rouant Marie-Christine de coups.

TOTO—Ah! tu ne veux pas que ce soit moi qui t'aime le plus, imbécile! Ah! tu ne veux pas que ce soit moi qui t'aime le plus, pisseuse! Ah! tu ne veux pas que ce soit moi qui t'aime le plus, saleté!

Le rideau est tombé, les cachant, mais cela doit continuer derrière...

FIN DE LA MARGUERITE

© ÉDITIONS DE LA TABLE RONDE, 1948

EUGÈNE IONESCO (1912–   )

Né en Roumanie de mère française, Ionesco a grandi en France et est retourné à treize ans dans son pays d'origine où il a fréquenté l'université de Bucarest et a enseigné le français dans cette ville. De retour à Paris en 1938, il y a préparé une thèse. Cette thèse n'a jamais été écrite, mais elle portait sur le thème de la mort dans la poésie française contemporaine, et ce thème-là, toute l'œuvre de Ionesco l'a plus d'une fois repris, développé, enrichi. Sa carrière littéraire a commencé tardivement. Il a d'abord écrit à Paris un certain nombre de romans sans succès, puis le théâtre le tenta et *La Cantatrice chauve,* en 1950, a été son premier pas sur la route de la grande réputation. Il est aujourd'hui membre de l'Académie française.

La première pièce, *La Cantatrice chauve,* est de 1949 et fut jouée pour la première fois au Théâtre des Noctambules, le 11 mai 1950. *La Leçon* fut représentée l'année suivante, tout d'abord avec insuccès; mais le public n'a guère tardé à faire un sort heureux à la nouveauté apportée par Ionesco. *Les Chaises* en 1952 a remporté un triomphe. D'*Amédée ou comment s'en débarasser* (1954) à *Tueur sans gages* (1959) et au *Piéton de l'air* (1963), Ionesco n'a cessé de consolider sa réputation. Il est à présent un des soutiens les plus fermes du théâtre français et un des représentants les mieux acceptés à l'étranger.

La plupart de ses pièces dénoncent le vide du langage d'aujourd'hui et la difficulté qu'ont les humains de communiquer entre eux. Ce vide est sans doute un vide de l'âme, si profond qu'il n'y a plus pour nous de vie véritable, mais seulement un simulacre de vie. Qu'est-ce que *La Cantatrice chauve?* Quelque chose qui n'a rien à voir avec le titre, lequel est une attrape pour le spectateur: il s'agit d'un vieux ménage qui s'étonne de découvrir dans ses derniers jours qu'il a mené une vie constamment commune. Qu'est-ce qu'*Amédée ou comment s'en débarasser?* La cocasserie macabre d'un cadavre qu'on n'a pas déclaré à l'état-civil, qui se met à grandir dans l'appartement et à menacer la ville d'étouffement. Ainsi de suite. L'absurdité est totale. On rit avec un certain malaise, on pressent dans ce burlesque une parodie de notre propre existence. Cette existence est néant; on risque de s'en apercevoir de plus en plus, au fur et à mesure que les hystéries totalitaires mordront sur nous. C'est ce que veut annoncer *Le Rhinocéros* (1959).

Un tel théâtre est donc triste et tragique en son fond, mais comique et bouffon dans son aspect de surface. Théâtre humoristique, mais théâtre dont on dirait qu'il pressent la fin du monde. Dans *Le Roi se meurt* (1962), nous voyons un royaume en désagrégation qui figure évidemment notre planète et un souverain agonisant qui, d'abord sceptique au sujet de sa mort annoncée

Eugene Ionesco. (Photo Jerry Bauer, courtesy Grove Press)

comme imminente, se révolte bientôt contre elle, s'épouvante, demande un refuge à la tendresse, et enfin, résigné, pleure sur un anéantissement qui doit être celui de tous les hommes.

Ionesco s'applique à ne jamais se répéter. Il prend ses points de départs dans ses rêves. Les sièges vides qui s'entassent sur la scène dans *Les Chaises*, le cadavre dont on ne saura que faire dans *Amédée* sont, ainsi qu'il l'a déclaré dans un interview, des images de rêve. C'est pourquoi beaucoup de ses pièces glissent pas à pas dans l'irréel et le fantastique. Il fait penser à Jarry, à Michaux, à Kafka.

La Leçon

[*C'est dans* La Leçon *que le théâtre de Ionesco reste le plus amusant. Les deux personnages de la pièce (si nous omettons la bonne) s'entendent d'abord avec un mélange de mutuelle complaisance tout-à-fait ridicule. Puis ils se désaccordent, l'élève révélant son ignorance et sa bêtise aggravée d'étourderie, le professeur débitant gravement des absurdités, sans que l'on sache s'il devient fou ou s'il s'amuse aux dépens de l'élève. Enfin professeur et élève s'exaspèrent, et la leçon devient un duel tellement insensé que l'auteur a bien l'air d'avoir voulu composer une parodie de l'enseignement en même temps qu'une farce pour rire.*

Au début de la pièce, l'élève, comme nous le dit Ionesco, a l'air d'une fille polie, bien élevée, gaie, dynamique. Au cours du drame qui va se jouer, elle deviendra progressivement triste, morose, somnolente, sa façon de parler s'en ressentira, elle se fera de plus en plus passive, jusqu'à ne plus être qu'un objet mou entre les mains du professeur.

Le professeur, au contraire, timide au début, deviendra de plus en plus sûr de lui, nerveux, agressif, dominateur, jusqu'à se jouer comme il lui plaira de son élève, devenue, entre ses mains, une pauvre chose.

Au début de la pièce, le professeur entreprend de vérifier les connaissances de l'élève et commence par lui poser des questions sur les mathématiques. L'élève, tout en donnant immédiatement la réponse à des multiplications de chiffres incensés, car elle a appris par cœur tous les résultats possibles de toutes les multiplications possibles, se montre incapable de comprendre les notions les plus élémentaires de l'arithmétique et n'arrive point à soustraire trois de quatre. Comme la malheureuse comprend de moins en moins, le professeur passe à l'étude de la philologie linguistique qui est le passage de la pièce que nous donnons ici.]

PERSONNAGES

LE PROFESSEUR, 50 à 60 ans
LA JEUNE ÉLÈVE, 18 ans

LE PROFESSEUR—Continuons, Mademoiselle.

L'ÉLÈVE—Oui, Monsieur.

5 LE PROFESSEUR—Je vais donc vous prier d'écouter avec la plus grande attention mon cours, tout préparé...

L'ÉLÈVE—Oui, Monsieur!

LE PROFESSEUR—...Grâce auquel, en quinze min-
10 utes, vous pouvez acquérir les principes fonda-mentaux de la philologie linguistique et com-parée des langues néo-espagnoles.

L'ÉLÈVE—Oui, Monsieur, oh!

Elle frappe dans ses mains.

15 LE PROFESSEUR, *avec autorité*—Silence! Que veut dire cela?

L'ÉLÈVE—Pardon, Monsieur.

Lentement, elle remet ses mains sur la table.

LE PROFESSEUR—Silence! (*Il se lève, se promène dans la chambre, les mains derrière le dos; de temps en temps, il s'arrête, au milieu de la pièce ou auprès de l'Élève, et appuie ses paroles d'un geste de la main; il pérore, sans trop charger;* 5 *l'Élève le suit du regard et a, parfois, certaine difficulté à le suivre car elle doit beaucoup tourner la tête; une ou deux fois, pas plus, elle se retourne complètement.*) Ainsi donc, Mademoiselle, l'espagnol est bien la langue mère 10 d'où sont nées toutes les langues néo-espagnoles, dont l'espagnol, le latin, l'italien, notre français, le portugais, le roumain, le sarde ou sardanapale,[1] l'espagnol et le néo-espagnol—et aussi, pour certains de ses aspects, le turc lui-même plus rap- 15 proché cependant du grec, ce qui est tout à fait logique, étant donné que la Turquie est voisine de la Grèce et la Grèce plus près de la Turquie que vous et moi: ceci n'est qu'une illustration de plus d'une loi linguistique très importante, selon 20 laquelle: géographie et philologie sont sœurs jumelles... Vous pouvez prendre note, Mademoiselle.

L'ÉLÈVE, *d'une voix éteinte*—Oui, Monsieur!

LE PROFESSEUR—Ce qui distingue les langues néo- 25 espagnoles entre elles et leurs idiomes des autres groupes linguistiques, tels que le groupe des langues autrichiennes et néo-autrichiennes ou habsbourgiques,[2] aussi bien que des groupes espérantiste,[3] helvétique,[4] monégasque,[5] suisse, 30 andorrien,[6] basque, pelote,[7] aussi bien encore que des groupes des langues diplomatique et technique—ce qui les distingue, dis-je, c'est leur ressemblance frappante qui fait qu'on a bien du mal à les distinguer l'une de l'autre—je parle des 35 langues néo-espagnoles entre elles, que l'on arrive à distinguer, cependant, grâce à leurs caractères distinctifs, preuves absolument indiscutables de

l'extraordinaire ressemblance, qui rend indiscutable leur communauté d'origine, et qui, en même temps, les différencie profondément—par le maintien des traits distinctifs dont je viens de parler.

L'ÉLÈVE—Oooh! oouuii, Monsieur!

LE PROFESSEUR—Mais ne nous attardons pas dans les généralités...

L'ÉLÈVE, *regrettant, séduite*—Oh, Monsieur...

LE PROFESSEUR—Cela a l'air de vous intéresser. Tant mieux, tant mieux.

L'ÉLÈVE—Oh, oui, Monsieur...

LE PROFESSEUR—Ne vous inquiétez pas, Mademoiselle. Nous y reviendrons plus tard... à moins que ce ne soit plus du tout. Qui pourrait le dire?

L'ÉLÈVE, *enchantée, malgré tout*—Oh, oui, Monsieur.

LE PROFESSEUR—Toute langue, Mademoiselle, sachez-le, souvenez-vous-en *jusqu'à l'heure de votre mort...*

L'ÉLÈVE—Oh! oui, Monsieur, jusqu'à l'heure de ma mort... Oui, Monsieur...

LE PROFESSEUR—...et ceci est encore un principe fondamental, toute langue n'est en somme qu'un langage, ce qui implique nécessairement qu'elle se compose de sons, ou...

L'ÉLÈVE—Phonèmes...[8]

LE PROFESSEUR—J'allais vous le dire. N'étalez donc pas votre savoir. Écoutez, plutôt.

L'ÉLÈVE—Bien, Monsieur. Oui, Monsieur.

LE PROFESSEUR—Les sons, Mademoiselle, doivent être saisis au vol par les ailes pour qu'ils ne tombent pas dans les oreilles des sourds. Par conséquent, lorsque vous vous décidez d'articuler, il est recommandé, dans la mesure du possible, de lever très haut le cou et le menton, de vous élever sur la pointe des pieds, tenez, ainsi, vous voyez...

L'ÉLÈVE—Oui, Monsieur.

LE PROFESSEUR—Taisez-vous. Restez assise, n'interrompez pas... Et d'émettre les sons très haut et de toute la force de vos poumons associée à celle de vos cordes vocales. Comme ceci, regardez: «Papillon», «Euréka», Trafalgar», «papi, papa». De cette façon, les sons remplis d'un air

---

[1] *sarde*, langue parlée en Sardaigne; *sardanapale*, souverain assyrien fictif

[2] mot inventé par le professeur, tiré de Habsbourg

[3] *Esperanto*, langue internationale, lancée en 1887 par un médecin polonais, L. Zamenhof. Il n'y a pas de *groupe espérantiste.*

[4] de la Suisse

[5] de Monaco

[6] Andorre, principauté principale des Pyrénées entre la France et l'Espagne, fondée en 1278

[7] pelote basque

[8] élément sonore du langage articulé

chaud plus léger que l'air environnant voltige-ront sans plus risquer de tomber dans les oreilles des sourds qui sont les véritables gouffres, les tombeaux des sonorités. Si vous émettez plusieurs sons à une vitesse accélérée, ceux-ci s'agripperont les uns aux autres automatiquement, constituant ainsi des syllabes, des mots, à la rigueur des phrases, c'est-à-dire des groupements plus ou moins importants, des assemblages purement irrationnels de sons, dénués de tout sens, mais justement pour cela capables de se maintenir sans danger à une altitude élevée dans les airs. Seuls, tombent les mots chargés de signification, alourdis par leur sens, qui finissent toujours par succomber, s'écrouler...

L'ÉLÈVE—...dans les oreilles des sourds.

LE PROFESSEUR—C'est ça, mais n'interrompez pas... et dans la pire confusion... Ou par crever comme des ballons. Ainsi donc, Mademoiselle... (*L'Élève a soudain l'air de souffrir.*) Qu'avez-vous donc?

L'ÉLÈVE—J'ai mal aux dents, Monsieur.

LE PROFESSEUR—Ça n'a pas d'importance. Nous n'allons pas nous arrêter pour si peu de chose. Continuons...

L'ÉLÈVE, *qui aura l'air de souffrir de plus en plus*—Oui, Monsieur.

LE PROFESSEUR—J'attire au passage votre attention sur les consonnes qui changent de nature en liaisons. Les *f* deviennent en ce cas des *v*, les *d* des *t*, les *g* des *k* et vice versa, comme dans les exemples que je vous signale: «trois heures, les enfants, le coq au vin, l'âge nouveau, voici la nuit».

L'ÉLÈVE—J'ai mal aux dents.

LE PROFESSEUR—Continuons.

L'ÉLÈVE—Oui.

LE PROFESSEUR—Résumons: pour apprendre à pro-noncer, il faut des années et des années. Grâce à la science, nous pouvons y arriver en quelques minutes. Pour faire donc sortir les mots, les sons et tout ce que vous voudrez, sachez qu'il faut chasser impitoyablement l'air des poumons, en-suite le faire délicatement passer, en les effleurant, sur les cordes vocales qui, soudain comme des harpes ou des feuillages sous le vent, frémissent, s'agitent, vibrent, vibrent, vibrent ou grasseyent,

ou chuintent ou se froissent, ou sifflent, sifflent mettant tout en mouvement: luette, langue, palais, dents...

L'ÉLÈVE—J'ai mal aux dents.

LE PROFESSEUR—...lèvres... Finalement les mots sortent par le nez, la bouche, les oreilles, les pores, entraînant avec eux tous les organes que nous avons nommés, déracinés, dans un envol puissant, majestueux, qui n'est autre que ce qu'on appelle, improprement, la voix, se modulant en chant ou se transformant en un terrible orage symphonique avec tout un cortège... des gerbes de fleurs des plus variées, d'artifices sonores: labiales, dentales, occlusives, palatales et autres,[9] tantôt caressantes, tantôt amères ou violentes.

L'ÉLÈVE—Oui, Monsieur, j'ai mal aux dents.

LE PROFESSEUR—Continuons, continuons. Quant aux langues néo-espagnoles, elles sont des paren-tes si rapprochées les unes des autres, qu'on peut les considérer comme de véritables cousines germaines. Elles ont d'ailleurs la même mère: l'espagnole, avec un *e* muet. C'est pourquoi il est si difficile de les distinguer l'une de l'autre. C'est pourquoi il est si utile de bien prononcer, d'éviter les défauts de prononciation. La prononciation à elle seule vaut tout un langage. Une mauvaise prononciation peut vous jouer des tours.[10] A ce propos, permettez-moi, entre parenthèses, de vous faire part d'un souvenir personnel. (*Légère dé-tente, le Professeur se laisse un instant aller à ses souvenirs; sa figure s'attendrit; il se reprendra vite.*) J'étais tout jeune, encore presque un enfant. Je faisais mon service militaire. J'avais, au régi-ment, un camarade, vicomte, qui avait un défaut de prononciation assez grave: il ne pouvait pas prononcer la lettre *f*. Au lieu de *f*, il disait *f*. Ainsi, au lieu de: fontaine, je ne boirai pas de ton eau, il disait: fontaine, je ne boirai pas de ton eau. Il prononçait fille au lieu de fille, Firmin au

---

[9] *labiale*: consonne qui se prononce avec les lèvres, comme *b, p, f, v, m*; *dentale*: consonne qui se prononce en appuyant la pointe de la langue contre les dents, comme *d, t*; *occlusive*: consonne qui est produite par une fermeture momentanée du canal buccal: *k, t, p*; *palatale*: voyelle ou consonne dont le point d'articulation est dans la région du palais dur: les voyelles *e* et *i*, les consonnes *ch* et *j*.

[10] des ruses malicieuses

lieu de Firmin, fayot au lieu de fayot,[11] fichez-moi la paix au lieu de fichez-moi la paix, fatras au lieu de fatras, fifi, fon, fafa au lieu de: fifi, fon, fafa; Philippe, au lieu de Philippe; fictoire au lieu de fictoire;[12] février au lieu de février; mars-avril au lieu de mars-avril; Gérard de Nerval[13] et non pas, comme cela est correct, Gérard de Nerval; Mirabeau au lieu de Mirabeau,[14] etc., au lieu de etc., et ainsi de suite etc. au lieu de etc., et ainsi de suite, etc. Seulement il avait la chance de pouvoir si bien cacher son défaut, grâce à des chapeaux, que l'on ne s'en apercevait pas.

L'ÉLÈVE—Oui. J'ai mal aux dents.

LE PROFESSEUR, *changeant brusquement de ton, d'une voix dure*—Continuons. Précisons d'abord les ressemblances pour mieux saisir, par la suite, ce qui distingue toutes ces langues entre elles. Les différences ne sont guère saisissables aux personnes non averties. Ainsi, tous les mots de toutes ces langues...

L'ÉLÈVE—Ah oui?... J'ai mal aux dents.

LE PROFESSEUR—Continuons... sont toujours les mêmes, ainsi que toutes les désinences, tous les préfixes, tous les suffixes, toutes les racines...

L'ÉLÈVE—Les racines des mots sont-elles carrées?[15]

LE PROFESSEUR—Carrées ou cubiques. C'est selon.

L'ÉLÈVE—J'ai mal aux dents.

LE PROFESSEUR—Continuons. Ainsi, pour vous donner un exemple qui n'est guère qu'une illustration, prenez le mot front...

L'ÉLÈVE—Avec quoi le prendre?

LE PROFESSEUR—Avec ce que vous voudrez, pourvu que vous le preniez, mais surtout n'interrompez pas.

L'ÉLÈVE—J'ai mal aux dents.

LE PROFESSEUR—Continuons... J'ai dit: «Continuons.» Prenez donc le mot français front. L'avez-vous pris?

L'ÉLÈVE—Oui, oui. Ça y est. Mes dents, mes dents...

LE PROFESSEUR—Le mot front est racine dans frontispice. Il l'est aussi dans effronté. «Ispice» est suffixe, et «ef» préfixe. On les appelle ainsi parce qu'ils ne changent pas. Ils ne veulent pas.

L'ÉLÈVE—J'ai mal aux dents.

LE PROFESSEUR—Continuons. Vite. Ces préfixes sont d'origine espagnole,[16] j'espère que vous vous en êtes aperçue, n'est-ce pas?

L'ÉLÈVE—Ah! ce que j'ai mal aux dents.

LE PROFESSEUR—Continuons. Vous avez également pu remarquer qu'ils n'avaient pas changé en français. Eh bien, Mademoiselle, rien non plus ne réussit à les faire changer, ni en latin, ni en italien, ni en portugais, ni en sardanapale ou en sardanapali,[17] ni en roumain, ni en néo-espagnol, ni en espagnol, ni même en oriental: front, frontispice, effronté, toujours le même mot, invariablement avec même racine, même suffixe, même préfixe, dans toutes les langues énumérées. Et c'est toujours pareil pour tous les mots.

L'ÉLÈVE—Dans toutes les langues, ces mots veulent dire la même chose? J'ai mal aux dents.

LE PROFESSEUR—Absolument. D'ailleurs, c'est plutôt une notion qu'un mot. De toutes façons, vous avez toujours la même signification, la même composition, la même structure sonore non seulement pour ce mot, mais pour tous les mots concevables, dans toutes les langues. Car une même notion s'exprime par un seul et même mot, et ses synonymes, dans tous les pays. Laissez donc vos dents.

L'ÉLÈVE—J'ai mal aux dents. Oui, oui et oui.

LE PROFESSEUR—Bien, continuons. Je vous dis continuons... Comment dites-vous, par exemple, en français: les roses de ma grand-mère sont aussi jaunes que mon grand-père qui était Asiatique?

L'ÉLÈVE—J'ai mal, mal, mal aux dents.

LE PROFESSEUR—Continuons, continuons, dites quand même!

L'ÉLÈVE—En français?

LE PROFESSEUR—En français.

L'ÉLÈVE—Euh... que je dise en français: les roses de ma grand-mère sont...?

LE PROFESSEUR—Aussi jaunes que mon grand-père qui était Asiatique...

---

[11] mot populaire pour haricot sec
[12] victoire
[13] écrivain français (1808–55)
[14] l'orateur le plus éminent de la Révolution française (1749–91), fils du marquis de Mirabeau, économiste français (1715–89)
[15] terme de mathématiques

[16] *frontispice* vient du bas latin *frontispicium*
[17] autre mot inventé par le professeur

L'ÉLÈVE—Eh bien, on dira, en français, je crois: les roses... de ma... comment dit-on grand-mère, en français?

LE PROFESSEUR—En français? Grand-mère.

L'ÉLÈVE—Les roses de ma grand-mère sont aussi... jaunes, en français, ça se dit «jaunes»?

LE PROFESSEUR—Oui, évidemment!

L'ÉLÈVE—Sont aussi jaunes que mon grand-père quand il se mettait en colère.

LE PROFESSEUR—Non... qui était A...

L'ÉLÈVE—...siatique... J'ai mal aux dents.

LE PROFESSEUR—C'est cela.

L'ÉLÈVE—J'ai mal...

LE PROFESSEUR—Aux dents... tant pis... Continuons! A présent, traduisez la même phrase en espagnol, puis en néo-espagnol...

L'ÉLÈVE—En espagnol... ce sera: les roses de ma grand-mère sont aussi jaunes que mon grand-père qui était Asiatique.

LE PROFESSEUR—Non. C'est faux.

L'ÉLÈVE—Et en néo-espagnol: les roses de ma grand-mère sont aussi jaunes que mon grand-père qui était Asiatique.

LE PROFESSEUR—C'est faux. C'est faux. C'est faux. Vous avez fait l'inverse, vous avez pris l'espagnol pour du néo-espagnol, et le néo-espagnol pour de l'espagnol... Ah... non... c'est le contraire...

L'ÉLÈVE—J'ai mal aux dents. Vous vous embrouillez.

LE PROFESSEUR—C'est vous qui m'embrouillez. Soyez attentive et prenez note. Je vous dirai la phrase en espagnol, puis en néo-espagnol et, enfin, en latin. Vous répéterez après moi. Attention, car les ressemblances sont grandes. Ce sont des ressemblances identiques. Écoutez, suivez bien...

L'ÉLÈVE—J'ai mal...

LE PROFESSEUR—aux dents.

L'ÉLÈVE—Continuons... Ah!...

LE PROFESSEUR—...en espagnol: les roses de ma grand-mère sont aussi jaunes que mon grand-père qui était Asiatique; en latin: les roses de ma grand-mère sont aussi jaunes que mon grand-père qui était Asiatique. Saisissez-vous les différences? Traduisez cela en... roumain.

L'ÉLÈVE—Les... comment dit-on roses, en roumain?

LE PROFESSEUR—Mais «roses», voyons.

L'ÉLÈVE—Ce n'est pas «roses»? Ah, que j'ai mal aux dents...

LE PROFESSEUR—Mais non, mais non, puisque «roses» est la traduction en oriental du mot français «roses», en espagnol «roses», vous saisissez? En sardanapali «roses»...

L'ÉLÈVE—Excusez-moi, Monsieur, mais... Oh, ce que j'ai mal aux dents... je ne saisis pas la différence.

LE PROFESSEUR—C'est pourtant bien simple! Bien simple! A condition d'avoir une certaine expérience, une expérience technique et une pratique de ces langues diverses, si diverses malgré qu'elles ne présentent que des caractères tout à fait identiques. Je vais tâcher de vous donner une clé...[18]

L'ÉLÈVE—Mal aux dents...

LE PROFESSEUR—Ce qui différencie ces langues, ce ne sont ni les mots, qui sont les mêmes absolument, ni la structure de la phrase qui est partout pareille, ni l'intonation, qui ne présente pas de différences, ni le rythme du langage... ce qui les différencie... m'écoutez-vous?

L'ÉLÈVE—J'ai mal aux dents.

LE PROFESSEUR—M'écoutez-vous, Mademoiselle? Aah! nous allons nous fâcher.

L'ÉLÈVE—Vous m'embêtez, Monsieur! J'ai mal aux dents.

LE PROFESSEUR—Nom d'un caniche à barbe![19] Écoutez-moi!

L'ÉLÈVE—Eh bien... oui... oui... allez-y...

LE PROFESSEUR—Ce qui les différencie les unes des autres, d'une part, et de l'espagnole, avec un e muet, leur mère, d'autre part... c'est...

L'ÉLÈVE, grimaçante—C'est quoi?

LE PROFESSEUR—C'est une chose ineffable.[20] Un ineffable que l'on n'arrive à percevoir qu'au bout de très longtemps, avec beaucoup de peine et après une très longue expérience...

L'ÉLÈVE—Ah?

LE PROFESSEUR—Oui, Mademoiselle. On ne peut vous donner aucune règle. Il faut avoir du flair, et puis c'est tout. Mais pour en avoir, il faut étudier, étudier et encore étudier.

L'ÉLÈVE—Mal aux dents.

LE PROFESSEUR—Il y a tout de même quelques cas précis où les mots, d'une langue à l'autre, sont différents... mais on ne peut baser notre savoir

[18] une indication qui vous permettra de comprendre. . .
[19] juron inventé par le professeur
[20] une chose qui ne peut être exprimée

là-dessus car ces cas sont, pour ainsi dire, exceptionnels.

L'ÉLÈVE—Ah, oui?... Oh, Monsieur, j'ai mal aux dents.

LE PROFESSEUR—N'interrompez pas! Ne me mettez 5 pas en colère! je ne répondrais plus de moi.[21] Je disais donc... Ah, oui, les cas exceptionnels, dits de distinction facile... ou de distinction aisée... ou commode... si vous aimez mieux... je répète: si vous aimez, car je constate que vous 10 ne m'écoutez plus...

L'ÉLÈVE—J'ai mal aux dents.

LE PROFESSEUR—Je dis donc: dans certaines expressions, d'usage courant, certains mots diffèrent totalement d'une langue à l'autre, si bien que la 15 langue employée est, en ce cas, sensiblement plus facile à identifier. Je vous donne un exemple: l'expression néo-espagnole célèbre à Madrid: «ma patrie est la néo-Espagne», devient en italien: «ma patrie est... 20

L'ÉLÈVE—La néo-Espagne.»

LE PROFESSEUR—Non! «Ma patrie est l'Italie.» Dites-moi alors, par simple déduction, comment dites-vous Italie, en français?

L'ÉLÈVE—J'ai mal aux dents! 25

LE PROFESSEUR—C'est pourtant bien simple: pour le mot Italie, en français nous avons le mot France qui en est la traduction exacte. Ma patrie est la France. Et France en oriental: Orient! Ma patrie est l'Orient. Et Orient en portugais: 30 Portugal! L'expression orientale: ma patrie est l'Orient se traduit donc de cette façon en portugais: ma patrie est le Portugal! Et ainsi de suite...

L'ÉLÈVE—Ça va! Ça va![22] J'ai mal... 35

LE PROFESSEUR—Aux dents! Dents! Dents!... Je vais vous les arracher, moi! Encore un autre exemple. Le mot capitale, la capitale revêt, suivant la langue que l'on parle, un sens différent. C'est-à-dire que, si un Espagnol dit: 40 J'habite la capitale, le mot capitale ne voudra pas dire du tout la même chose que ce qu'entend un Portugais lorsqu'il dit lui aussi: j'habite dans la capitale. A plus forte raison, un Français, un néo-

Espagnol, un Roumain, un Latin, un Sardanapali... Dès que vous entendez dire, Mademoiselle, Mademoiselle, je dis ça pour vous! Merde alors! Dès que vous entendez l'expression: j'habite la capitale, vous saurez immédiatement et facilement si c'est de l'espagnol ou de l'espagnol, du néo-espagnol, du français, de l'oriental, du roumain, du latin, car il suffit de deviner quelle est la métropole à laquelle pense celui qui prononce la phrase... au moment même où il la prononce... Mais ce sont à peu près les seuls exemples précis que je puisse vous donner...

L'ÉLÈVE—Oh, là! Mes dents...

LE PROFESSEUR—Silence! Ou je vous fracasse le crâne!

L'ÉLÈVE—Essayez donc! Crâneur!

Le professeur lui prend le poignet, le tord.

L'ÉLÈVE—Aïe!

LE PROFESSEUR—Tenez-vous donc tranquille! Pas un mot!

L'ÉLÈVE, *pleurnichant*—Mal aux dents...

LE PROFESSEUR—La chose la plus... comment dirais-je?... la plus paradoxale... oui... c'est le mot... la chose la plus paradoxale, c'est qu'un tas de gens qui manquent complètement d'instruction parlent ces différentes langues... vous entendez? Qu'est-ce que j'ai dit?

L'ÉLÈVE—...parlent ces différentes langues! Qu'est-ce que j'ai dit!

LE PROFESSEUR—Vous avez eu de la chance!... Des gens du peuple parlent l'espagnol, farci[23] de mots néo-espagnols qu'ils ne décèlent pas, tout en croyant parler le latin... ou bien ils parlent le latin, farci de mots orientaux, tout en croyant parler le roumain... ou l'espagnol, farci de néo-espagnol, tout en croyant parler le sardanapali, ou l'espagnol... Vous me comprenez?

L'ÉLÈVE—Oui! Oui! Oui! Oui! Que voulez-vous de plus...?

LE PROFESSEUR—Pas d'insolence, mignonne, ou gare à toi... (*En colère.*) Mais le comble, Mademoiselle, c'est que certains, par exemple, en un latin, qu'ils supposent espagnol, disent: «Je souffre de

---

[21] Je ne serai plus responsable de mes actions.
[22] c'est-à-dire: assez, assez

[23] rempli

mes deux foies à la fois»,[24] en s'adressant à un Français, qui ne sait pas un mot d'espagnol, mais celui-ci le comprend aussi bien que si c'était sa propre langue. D'ailleurs, il croit que c'est sa propre langue. Et le Français répondra, en français: «Moi aussi, Monsieur, je souffre de mes foies», et se fera parfaitement comprendre par l'Espagnol, qui aura la certitude que c'est en pur espagnol qu'on lui a répondu, et qu'on parle espagnol... quand, en réalité, ce n'est ni de l'espagnol ni du français, mais du latin à la néo-espagnole... Tenez-vous donc tranquille, Mademoiselle, ne remuez plus les jambes, ne tapez plus des pieds...

L'ÉLÈVE—J'ai mal aux dents.

LE PROFESSEUR—Comment se fait-il que, parlant sans savoir quelle langue ils parlent, ou même croyant en parler chacun une autre, les gens du peuple s'entendent quand même entre eux?

L'ÉLÈVE—Je me le demande.

LE PROFESSEUR—C'est simplement une des curiosités inexplicables de l'empirisme grossier du peuple—ne pas confondre avec l'expérience!—un paradoxe, un non-sens, une des bizarreries de la nature humaine, c'est l'instinct, tout simplement, pour tout dire en un mot—c'est lui qui joue, ici.

L'ÉLÈVE—Ha! Ha!

LE PROFESSEUR—Au lieu de regarder voler les mouches tandis que je me donne tout ce mal... vous feriez mieux de tâcher d'être plus attentive... ce n'est pas moi qui me présente au concours du doctorat partiel... je l'ai passé, moi, il y a longtemps... y compris mon doctorat total... et mon diplôme supra-total... Vous ne comprenez donc pas que je veux votre bien?

L'ÉLÈVE—Mal aux dents!

LE PROFESSEUR—Mal élevée... Mais ça n'ira pas comme ça, pas comme ça, pas comme ça, pas comme ça...

L'ÉLÈVE—Je... vous... écoute...

LE PROFESSEUR—Ah! Pour apprendre à distinguer toutes ces différentes langues, je vous ai dit qu'il n'y a rien de mieux que la pratique...

---

[24] Jeu de mots sur *le foie* et *la fois*. Il y a une expression française «j'ai les foies» qui veut dire «J'ai peur.»

IV. Le Roman

Le père était languedocien et protestant, la mère normande et catholique. Cette double origine a partagé André Gide dans toute sa vie et dans son œuvre.

L'HOMME

Né à Paris le 22 novembre 1869, ayant perdu son père à onze ans, il a été élevé par sa mère dans une grande austérité. Après des études secondaires à l'« École alsacienne », il alla faire son droit à Montpellier où son oncle, le célèbre économiste, enseignait. Il connut là Pierre Louÿs et Paul Valéry. Revenu à Paris, il a fréquenté chez Mallarmé, mais glissé le long du groupe symboliste plutôt qu'il n'y est entré.

Il a d'ailleurs très tôt pris le parti de voyager et, sur la recommandation des médecins, s'est promené en Algérie pendant deux années. A vingt-sept ans, délivré de la tuberculose en même temps que du Symbolisme, il s'est marié avec une cousine, a publié *Les Nourritures terrestres,* puis s'est mis à vivre en dilettante, tantôt à Paris, tantôt dans sa propriété normande de Cuverville, faisant de la musique, causant, écrivant.

Des œuvres importantes de Gide s'échelonnaient dans la critique et dans le roman. L'année 1900 arrive. Gide fonde avec un groupe d'amis *La Nouvelle Revue française* qui devait devenir très vite l'organe le plus significatif de la littérature vivante.

Pendant la guerre de 1914–18, Gide s'est mobilisé dans un Foyer pour refugiés. Il y a donné beaucoup de son temps et de son argent. Après la guerre, il est apparu soudain, à la faveur des circonstances, comme le chef spirituel de la jeunesse, partagée comme lui entre la passion de vivre et l'inquiétude intellectuelle et morale. Bientôt il jeta le masque, proclama la nature spéciale de ses goûts amoureux en publiant *Corydon* (1924) et entreprit la rédaction de ses livres autobiographiques dans lesquels il ne cache rien de son intimité.

Il jouissait alors d'une réputation mondiale. Il en profita pour faire un grand geste spectaculaire, se dépouilla d'une part importante de ses biens, dispersa sa bibliothèque et partit pour l'Afrique équatoriale. Il y a documenté son indignation anticolonialiste, a dénoncé l'exploitation des nègres, et il est rentré en France gonflé d'ardeur sociale. Le justicier amateur du *Voyage au Congo* (1927) a même adhéré au communisme assez naïvement par tolstoïsme évangélique. Mais Gide ne s'entêtait pas dans ses vues. Couvert d'honneurs à Moscou, où il avait été invité, il n'en a pas moins compris là-bas le malheur des individus

Portrait d'André Gide, par J. E. Blanche. Musée des Beaux Arts, Rouen. (Photographie Giraudon)

vassalisés, dépersonnalisés et c'est pourquoi il a formulé dans *Retour de l'U.R.S.S.* (1936) un adieu au marxisme. Il revint alors à la littérature désengagée.

Les pires moments de la deuxième grande guerre passés en Afrique, Gide est rentré de Tunis à Paris. En 1947, il recevait le prix Nobel. Il respira depuis lors paisiblement l'air de la gloire et mourut dans un calme parfait le 19 février 1951.

Son œuvre est étonnamment variée et sa route présente bien des tournants. On   *L'ŒUVRE* peut y distinguer cependant plusieurs périodes assez nettes.

Première période: poèmes, essais, romans d'art, quelque peu symboliste, des *Cahiers d'André Walter* (1891) à *Paludes* (1895).

Seconde période: c'est celle des *Nourritures terrestres* (1897), où Gide exhorte les êtres à s'affranchir de leur famille, des certitudes enseignées et à se jeter en pleine vie pour en jouir au maximum. *L'Immoraliste* (1902) a analysé un exemple de cet affranchissement.

Troisième période: Gide reconnaît qu'il ne convient pas de se laisser aller aux jouissances, dans lesquelles la personnalité risque de se dissoudre. Il faut les dépasser en luttant contre elles, en ne cessant de se contrôler, en défendant son intégrité personnelle et originale. L'héroïne de *La Porte étroite* (1909) refuse le bonheur parce que le bonheur ne lui paraît pas assez difficile ni assez orienté vers Dieu.

Quatrième période: les tentations chrétiennes se précisent. La foi de l'enfance réapparaît, mais dégagée de l'autorité de l'Église et débarrassée des apports ajoutés par saint Paul à l'enseignement du Christ. Cette position est fixée dans un essai, *Numquid et tu,* aussitôt après la guerre pendant laquelle Gide avait beaucoup relu la Bible.

Cinquième période: l'analyse aiguë, dans une vive réaction contre la période précédente, découvre la complexité affolante du Moi. Tout est tumultueux et contradictoire en nous, notre être est rempli d'impulsions irrationnelles, notre inconscient grouille, et aucune unité ne paraît possible. Les deux romans de *La Symphonie pastorale* (1919) et des *Faux-monnayeurs* (1926) rendent compte de cette découverte préparée par la psychanalyse à la mode.

Sixième période: période d'oscillation entre l'individualisme nietzschéen qui sert la révolte des instincts et une tendance à la conscience fière, à la dignité morale et même à l'héroïsme, comme en témoignent une pièce, *Œdipe* (1931), un roman, *L'École des femmes* (1929), maintes pages du *Journal.* Gide a toujours aimé exprimer ses idées sous forme de fables et de mythes empruntés à la Bible (*Saül,* 1903; *Le Retour de l'enfant prodigue,* 1907), ainsi qu'à la littérature classique, comme dans cet *Œdipe* et dans le *Thésée* (1946) écrit avec l'ardeur purement païenne de ses dernières années.

Au cours de cette œuvre considérable, André Gide est toujours resté un humaniste, il a toujours « assumé le plus d'humanité possible », selon sa formule des *Nourritures terrestres,* et dans un style lucide, médité, subtil, qui l'a aidé à faire rayonner son influence mondiale.

Nous avons choisi ici le récit biblique, *Le Retour de l'enfant prodigue*. André Gide, s'étant reconnu * dans l'enfant prodigue de l'Évangile, se donne un rôle dans la parabole et, à plusieurs reprises, prend la parole, soit pour présenter les personnages, soit pour montrer sa sympathie à l'égard de l'enfant. Au théâtre, dans l'adaptation qui a été faite du conte, il est ce qu'on appelle « le récitant ».

* Dans une lettre à Christian Beck, datée du 2 juillet 1907, Gide explique la genèse du *Retour de l'enfant prodigue*. C'est sa réponse à Paul Claudel qui essayait de le convertir au catholicisme: « Peut-être ne savez-vous pas que Claudel, après avoir trouvé en Jammes une brebis facile à ramener au Seigneur, a voulu m'entreprendre à mon tour. Cela s'appelle, n'est-ce pas, « convertir »? Il ne se dissimulait sans doute pas qu'avec mon hérédité et mon éducation protestante il n'avait pas tâche facile; n'importe, il s'obstina, encouragé jusqu'à l'excès par la très vive sympathie que je montrais pour son œuvre et par l'immense crédit dont en bénéficiait sa parole. Tant par lettre que par conversation nous allâmes fort loin. Jammes, sur ces entrefaites, me fit entendre qu'un article de lui, qu'une dithyrambique « étude », allait célébrer ma conversion. Je compris qu'un malentendu risquait de s'établir et résolu à ne pas devoir l'éloge de Jammes à un (involontaire mais reconnu) compromis moral, je lui écrivis une longue lettre explicative, qui amena de sa part un brusque refroidissement. Il sentit que « j'échappais ». Tout de même, comprenant jusqu'au fond des moelles l'intérêt du geste que Claudel et lui souhaitaient me voir faire, et pourquoi je ne le faisais pas — et comment, si je l'avais fait, ce n'eût pu être qu'à la manière dont mon Enfant prodigue rentra à la Maison, et pour aider à en sortir le petit frère — j'écrivis cette petite œuvre « de circonstance » où je mis tout mon cœur, mais aussi toute ma raison. »

Le Retour de l'enfant prodigue

J'ai peint ici, pour ma secrète joie, comme on faisait dans les anciens triptyques, la parabole que Notre-Seigneur Jésus-Christ nous conta. Laissant éparse et confondue la double inspiration qui m'anime, je ne cherche à prouver la victoire sur moi 5 d'aucun dieu — ni la mienne. Peut-être cependant, si le lecteur exige de moi quelque piété, ne la chercherait-il pas en vain dans ma peinture, où, comme un donateur dans le coin du tableau, je me suis mis à genoux, faisant pendant au fils prodigue, 10 à la fois comme lui souriant et le visage trempé de larmes.

Lorsqu'après une longue absence, fatigué de sa fantaisie et comme désépris de lui-même, l'enfant 15 prodigue,[1] du fond de ce dénûment[2] qu'il cherchait,

songe au visage de son père, à cette chambre point étroite où sa mère au-dessus de son lit se penchait, à ce jardin abreuvé d'eau courante, mais clos et d'où toujours il désirait s'évader, à l'économe frère aîné qu'il n'a jamais aimé, mais qui détient encore dans l'attente cette part de ses biens[3] que, prodigue,[4] il n'a pu dilapider — l'enfant s'avoue qu'il n'a pas trouvé le bonheur, ni même su prolonger bien longtemps cette ivresse[5] qu'à défaut de bonheur[6] il cherchait. — Ah! pense-t-il, si mon père, d'abord irrité contre moi, m'a cru mort, peut-être, malgré mon péché,[7] se réjouirait-il de me revoir; ah! revenant à lui bien humblement, le front bas et

[1] personnage de la parabole rapportée par Saint Luc XV, 11–32
[2] manque complet de choses nécessaires à la vie

[3] biens de l'enfant qui appartiennent à la famille tant que le père est vivant
[4] Bien qu'il fût prodigue, c'est-à-dire faisant de folles dépenses.
[5] exaltation joyeuse
[6] pour remplacer le bonheur impossible
[7] faute contraire à la loi divine

couvert de cendre,[8] si, m'inclinant devant lui, lui disant: « Mon père, j'ai péché contre le ciel et contre toi », que ferai-je si, de sa main me relevant, il me dit: « Entre dans la maison, mon fils »? . . . Et l'enfant déjà pieusement s'achemine.[9]

Lorsqu'au défaut de [10] la colline il aperçoit enfin les toits fumants de la maison, c'est le soir; mais il attend les ombres de la nuit pour voiler un peu sa misère. Il entend au loin la voix de son père; ses genoux fléchissent;[11] il tombe et couvre de ses mains son visage, car il a honte de sa honte, sachant qu'il est le fils légitime pourtant.[12] Il a faim; il n'a plus, dans un pli de son manteau crevé, qu'une poignée de ces glands doux dont il faisait, pareil aux pourceaux qu'il gardait,[13] sa nourriture. Il voit les apprêts du souper. Il distingue s'avancer sur le perron [14] sa mère. . . Il n'y tient plus,[15] descend en courant la colline, s'avance dans la cour, aboyé par son chien qui ne le reconnaît pas. Il veut parler aux serviteurs, mais ceux-ci méfiants s'écartent, vont prévenir le maître; le voici.

Sans doute [16] il attendait le fils prodigue, car il le reconnaît aussitôt. Ses bras s'ouvrent; l'enfant alors devant lui s'agenouille et, cachant son front d'un bras, crie à lui, levant vers le pardon [17] sa main droite:

— Mon père! mon père, j'ai gravement péché contre le ciel et contre toi; je ne suis plus digne que tu m'appelles; [18] mais du moins, comme un de tes serviteurs, le dernier, dans un coin de notre maison, laisse-moi vivre. . .

Le père le relève et le presse:

— Mon fils! que le jour où tu reviens à moi soit béni! — et sa joie, qui de son cœur déborde, pleure; [19] il relève la tête de dessus le front de son fils qu'il baisait, se tourne vers les serviteurs:

— Apportez la plus belle robe; mettez des souliers à ses pieds, un anneau précieux à son doigt. Cherchez dans nos étables le veau le plus gras, tuez-le; [20] préparez un festin de joie, car le fils que je disais mort est vivant.

Et comme la nouvelle déjà se répand, il court; il ne veut pas laisser un autre dire:

— Mère, le fils que nous pleurions nous est rendu.

La joie de tous montant comme un cantique [21] fait le fils aîné soucieux. S'assied-il à la table commune, c'est que le père en l'y invitant et en le pressant l'y contraint. Seul entre tous les convives, car jusqu'au moindre serviteur [22] est convié, il montre un front courroucé: Au pécheur repenti, pourquoi plus d'honneur qu'à lui-même, qu'à lui qui n'a jamais péché? Il préfère à l'amour le bon ordre. S'il consent à paraître au festin, c'est que, faisant crédit à son frère,[23] il peut lui prêter joie pour un soir; c'est aussi que son père et sa mère lui ont promis de morigéner [24] le prodigue, demain, et que lui-même il s'apprête à le sermonner [25] gravement.

Les torches fument vers le ciel. Le repas est fini. Les serviteurs ont desservi. A présent, dans la nuit où pas un souffle ne s'élève, la maison fatiguée,[26] âme après âme, va s'endormir. Mais pourtant, dans la chambre à côté de celle du prodigue, je sais [27] un enfant, son frère cadet,[28] qui toute la nuit jusqu'à l'aube va chercher en vain le sommeil.

LA RÉPRIMANDE DU PÈRE

Mon Dieu, comme un enfant je m'agenouille [29] devant vous aujourd'hui, le visage trempé de larmes. Si je me remémore et transcris ici votre

---

[8] en signe de honte et de remords (coutume antique)
[9] prend lentement le chemin (de la maison)
[10] au bas de
[11] sous le coup de l'émotion
[12] Cette légitimité lui donne des droits.
[13] pour gagner sa vie
[14] petite terrasse au haut de l'escalier extérieur
[15] Il ne résiste plus à son désir.
[16] sans aucun doute
[17] à la rencontre du pardon espéré
[18] me nomme pour me faire venir auprès de toi
[19] *Sa joie pleure:* il pleure de joie.

[20] pour le manger en l'honneur de l'enfant retrouvé (récit de l'Évangile)
[21] chant religieux de remerciement à Dieu
[22] tout serviteur, jusqu'au plus humble
[23] attendant pour le réprimander (métaphore qui amène dans la phrase le verbe *prêter*)
[24] gronder
[25] lui reprocher sa conduite
[26] dont les habitants sont fatigués (par le travail du jour)
[27] sais qu'il y a
[28] second des enfants
[29] C'est le « récitant » qui parle.

pressante parabole,[30] c'est que je sais quel était votre enfant prodigue; c'est qu'en lui je me vois; c'est que j'entends en moi parfois et répète en secret ces paroles que, du fond de sa grande détresse, vous lui faites crier:

— Combien de mercenaires[31] de mon père ont chez lui le pain en abondance; et moi je meurs de faim!

J'imagine l'étreinte du Père; à la chaleur d'un tel amour mon cœur fond. J'imagine une précédente détresse,[32] même; ah! j'imagine tout ce qu'on veut. Je crois cela; je suis celui-là même dont le cœur bat quand, au défaut de la colline, il revoit les toits bleus de la maison qu'il a quittée. Qu'est-ce donc que j'attends pour m'élancer vers la demeure; pour entrer? — On m'attend. Je vois déjà le veau gras qu'on apprête. . .[33] Arrêtez! ne dressez pas trop vite le festin! — Fils prodigue, je songe à toi; dis-moi d'abord ce que t'a dit le Père, le lendemain, après le festin du revoir.[34] Ah! malgré que le fils aîné vous souffle,[35] Père, puissé-je entendre votre voix, parfois, à travers ses paroles!

— Mon fils, pourquoi m'as-tu quitté?

— Vous ai-je vraiment quitté? Père n'êtes-vous pas partout? Jamais je n'ai cessé de vous aimer.

— N'ergotons pas.[36] J'avais une maison qui t'enfermait. Elle était élevée pour toi. Pour que ton âme y puisse trouver un abri, un luxe digne d'elle, du confort, un emploi, des générations travaillèrent. Toi, l'héritier, le fils, pourquoi t'être évadé de la Maison?

— Parce que la Maison m'enfermait. La Maison, ce n'est pas Vous, mon Père.

— C'est moi qui l'ai construite, et pour toi.

— Ah! Vous n'avez pas dit cela, mais mon frère.[37] Vous, vous avez construit toute la terre, et la Maison et ce qui n'est pas la Maison. La Maison, d'autres que vous l'ont construite; en votre nom, je sais, mais d'autres que vous.

— L'homme a besoin d'un toit sous lequel reposer[38] sa tête. Orgueilleux! Penses-tu pouvoir dormir en plein vent?

— Y[39] faut-il tant d'orgueil? de plus pauvres que moi l'ont bien fait.

— Ce sont les pauvres. Pauvre, tu ne l'es pas. Nul ne peut abdiquer[40] sa richesse. Je t'avais fait riche entre tous.

— Mon père, vous savez bien qu'en partant j'avais emporté tout ce que j'avais pu de mes richesses. Que m'importent les biens qu'on ne peut emporter avec soi?

— Toute cette fortune emportée, tu l'as dépensée follement.

— J'ai changé votre or en plaisirs, vos préceptes en fantaisie, ma chasteté en poésie, et mon austérité en désirs.[41]

— Était-ce pour cela que tes parents économes s'employèrent à distiller[42] en toi tant de vertu?

— Pour que je brûle d'une flamme plus belle, peut-être, une nouvelle ferveur m'allumant.[43]

— Songe à cette pure flamme que vit Moïse, sur le buisson sacré:[44] elle brillait mais sans consumer.

— J'ai connu l'amour qui consume.

— L'amour que je veux t'enseigner rafraîchit. Au bout de peu de temps, que t'est-il resté, fils prodigue?

— Le souvenir de ces plaisirs.

— Et le dénûment qui les suit.

— Dans ce dénûment, je me suis senti près de vous, Père.

— Fallait-il la misère pour te pousser à revenir à moi?

— Je ne sais; je ne sais. C'est dans l'aridité[45] du désert que j'ai le mieux aimé ma soif.

— Ta misère te fit mieux sentir le prix des richesses.

[30] récit dans lequel l'histoire racontée contient un sens caché
[31] travailleurs payés qui ne sont pas de la famille
[32] chagrin provoqué par un malheur
[33] Cf. la note 20.
[34] retour
[35] vous indique en se cachant ce qu'il faut dire
[36] ergoter: discuter sur des détails
[37] sous-entendu: vous l'a soufflé (cf. la note 35)

[38] Il puisse reposer.
[39] y: pour dormir en plein vent
[40] renoncer à
[41] Ces mots résument en partie la philosophie de Gide.
[42] amasser lentement
[43] mon innocence servant de combustible frais
[44] le « buisson ardent » dans lequel Dieu apparut à Moïse pour lui ordonner d'arracher les Hébreux au joug des Égyptiens (récit biblique)
[45] sécheresse

— Non, pas cela! Ne m'entendez[46]-vous pas, mon père? Mon cœur, vidé de tout, s'emplit d'amour. Au prix de tous mes biens, j'avais acheté la ferveur.

— Étais-tu donc heureux loin de moi?

— Je ne me sentais pas loin de vous.

— Alors qu'est-ce qui t'a fait revenir? Parle.

— Je ne sais. Peut-être la paresse.

— La paresse, mon fils! Eh quoi! Ce ne fut pas l'amour?

— Père, je vous l'ai dit, je ne vous aimai jamais plus qu'au désert. Mais j'étais las, chaque matin, de poursuivre[47] ma subsistance. Dans la maison, du moins, on mange bien.

— Oui, des serviteurs y pourvoient. Ainsi, ce qui t'a ramené, c'est la faim.

— Peut-être aussi la lâcheté, la maladie. . . A la longue, cette hasardeuse[48] nourriture m'affaiblit; car je me nourrissais de fruits sauvages, de sauterelles et de miel. Je supportais de plus en plus mal l'inconfort qui d'abord attisait[49] ma ferveur. La nuit, quand j'avais froid, je songeais que mon lit était bien bordé[50] chez père; quand je jeûnais, je songeais que, chez mon père, l'abondance des mets servis outrepassait toujours ma faim. J'ai fléchi; pour lutter plus longtemps, je ne me sentais plus assez courageux, assez fort, et cependant. . .

— Donc le veau gras d'hier t'a paru bon?

Le fils prodigue se jette en sanglotant le visage contre terre:

— Mon père! mon père! Le goût sauvage des glands doux demeure malgré tout dans ma bouche. Rien n'en[51] saurait couvrir la saveur.

— Pauvre enfant! — reprend le père qui le relève, — je t'ai parlé peut-être durement. Ton frère l'a voulu; ici c'est lui qui fait la loi.[52] C'est lui qui m'a sommé[53] de te dire: « Hors la Maison, point de salut pour toi. » Mais écoute: C'est moi qui t'ai formé; ce qui est en toi,[54] je le sais. Je sais ce qui

te poussait sur les routes; je t'attendais au bout.[55] Tu m'aurais[56] appelé. . . j'étais là.

— Mon père! j'aurais donc pu vous retrouver sans revenir? . . .

— Si tu t'es senti faible, tu as bien fait de revenir. Va maintenant; rentre dans la chambre que j'ai fait préparer pour toi. Assez[57] pour aujourd'hui; repose-toi; demain tu pourras parler à ton frère.

LA RÉPRIMANDE DU FRÈRE AÎNÉ

L'enfant prodigue tâche d'abord de le prendre de haut.[58]

— Mon grand frère, commence-t-il, nous ne nous ressemblons guère. Mon frère, nous ne nous ressemblons pas.

Le frère aîné:

— C'est ta faute.

— Pourquoi la mienne?

— Parce que moi je suis dans l'ordre;[59] tout ce qui s'en distingue[60] est fruit ou semence[61] d'orgueil.

— Ne puis-je avoir de distinctif[62] que des défauts?

— N'appelle qualité que ce qui te ramène à l'ordre, et tout le reste, réduis-le.[63]

— C'est cette mutilation que je crains. Ceci[64] aussi que tu vas supprimer, vient du Père.

— Eh! non pas supprimer: réduire, t'ai-je dit.

— Je t'entends[65] bien. C'est tout de même ainsi que j'avais réduit mes vertus.

— Et c'est aussi pourquoi maintenant je les retrouve.[66] Il te les faut[67] exagérer. Comprends-moi bien: ce n'est pas une diminution, c'est une exaltation de toi que je propose, où[68] les plus divers, les

---

[46] me comprenez
[47] aller à la chasse pour
[48] sur laquelle je ne pouvais compter
[49] au début excitait
[50] par les couvertures repliées sous le matelas
[51] en: des glands doux
[52] qui est le chef
[53] contraint avec menaces
[54] pensées, sentiments, instincts

[55] C'est-à-dire au moment de la fatigue.
[56] si tu m'avais
[57] assez causé
[58] parler sur un ton arrogant (gallicisme)
[59] dans la régularité de vie conforme à la loi morale
[60] sépare
[61] effet ou cause (images métaphoriques)
[62] se peut-il que je n'aie pour me distinguer
[63] rends-le de moindre importance
[64] Le pronom démonstratif *cela* serait plus correct.
[65] comprends
[66] sous-entendu: en toi
[67] tu as le devoir de les
[68] à laquelle

plus insubordonnés éléments [69] de ta chair et de ton esprit doivent symphoniquement [70] concourir, où le pire de toi doit alimenter le meilleur, où le meilleur doit se soumettre à. . .[71]

— C'est une exaltation aussi que je cherchais, que je trouvais dans le désert — et peut-être pas très différente de celle que tu me proposes.

— A vrai dire, c'est te l'imposer que je voudrais.

— Notre Père ne parlait pas si durement.

— Je sais ce que t'a dit le Père. C'est vague. Il ne s'explique plus très clairement; de sorte qu'on lui fait dire [72] ce qu'on veut. Mais moi je connais bien sa pensée. Auprès des serviteurs j'en [73] reste l'unique interprète et qui [74] veut comprendre le Père doit m'écouter.

— Je l'entendais très aisément sans toi.

— Cela te semblait; mais tu comprenais mal. Il n'y a pas plusieurs façons de comprendre le Père; il n'y a pas plusieurs façons de l'écouter. Il n'y a pas plusieurs façons de l'aimer; afin que nous soyons unis dans son amour.

— Dans sa Maison.

— Cet amour y ramène; tu le vois bien, puisque te voici de retour. Dis-moi, maintenant: qu'est-ce qui te poussait à partir?

— Je sentais trop que la Maison n'est pas tout l'univers. Moi-même je ne suis pas tout entier dans celui [75] que vous vouliez que je fusse. J'imaginais malgré moi d'autres cultures, d'autres terres, et des routes pour y courir, des routes non tracées; j'imaginais en moi l'être neuf que je sentais s'y [76] élancer. Je m'évadai.

— Songe à [77] ce qui serait advenu si j'avais comme toi délaissé la Maison du Père. Les serviteurs et les bandits auraient pillé tout notre bien.

— Peu m'importait [78] alors, puisque j'entrevoyais d'autres biens. . .

— Que s'exagérait [79] ton orgueil. Mon frère, l'indiscipline a été.[80] De quel chaos l'homme est sorti, tu l'apprendras si tu ne le sais pas encore. Il en est mal sorti; de [81] tout son poids naïf il y retombe dès que l'Esprit ne le soulève plus au-dessus. Ne l'apprends pas à tes dépens: [82] les éléments bien ordonnés qui te composent n'attendent qu'un acquiescement,[83] qu'un affaiblissement [84] de ta part pour retourner à l'anarchie. . .[85] Mais ce que tu ne sauras jamais, c'est la longueur de temps qu'il a fallu à l'homme pour élaborer l'homme.[86] A présent que le modèle [87] est obtenu, tenons-nous-y. « Tiens ferme ce que tu as », dit l'Esprit à l'Ange de l'Église,[88] et il ajoute: « afin que personne ne prenne ta couronne. » Ce que tu as, c'est ta couronne, c'est cette royauté [89] sur les autres et sur toi-même. Ta couronne, l'usurpateur [90] la guette; il est partout; il rôde autour de toi, en toi. Tiens ferme, mon frère! Tiens ferme.

— J'ai depuis trop longtemps lâché prise; je ne peux plus refermer ma main sur mon bien.

— Si, si; je t'aiderai. J'ai veillé sur ce bien durant ton absence.

— Et puis, cette parole de l'Esprit, je la connais; tu ne la citais pas tout entière.

— Il continue ainsi, en effet: « Celui qui vaincra, j'en ferai une colonne dans le temple de mon Dieu,[91] et il n'en sortira plus. »

— « Il n'en sortira plus ». C'est là précisément ce qui me fait peur.

— Si c'est pour son bonheur.[92]

— Oh! j'entends bien. Mais dans ce temple, j'y étais. . .

---

[69] instincts, sentiments, pensées
[70] comme toutes les parties d'une symphonie
[71] Il veut sans doute dire: *à la loi.*
[72] on interprète ce qu'il dit dans le sens de
[73] *en:* de sa pensée
[74] celui qui
[75] le garçon
[76] *y:* sur les routes
[77] imagine
[78] Cela m'était égal.

[79] que croyait plus importants
[80] a existé et régné
[81] avec
[82] en le payant cher par du malheur
[83] une permission
[84] affaiblissement moral
[85] dispersion désordonnée
[86] à l'homme — animal pour préparer peu à peu l'homme civilisé
[87] type qu'on peut reproduire
[88] l'Esprit apparu à l'apôtre Jean pour qu'il transmît le message divin à l'Ange des sept églises d'Asie (Apocalypse)
[89] sous-entendu: que tu exerces
[90] celui qui s'empare d'un trône par violence ou par ruse
[91] Langage métaphorique, la colonne signifie un appui pour la foi.
[92] sous-entendu: c'est bien

— Tu t'es mal trouvé d'en sortir,[93] puisque tu as voulu y rentrer.

— Je sais; je sais. Me voici de retour; j'en conviens.

— Quel bien peux-tu chercher ailleurs, qu'ici tu ne trouves en abondance? ou mieux: c'est ici seulement que sont tes biens.

— Je sais que tu m'as gardé des richesses.

— Ceux de tes biens que tu n'as pas dilapidés, c'est-à-dire cette part qui nous est commune, à nous tous: les biens fonciers.[94]

— Ne possédé-je donc plus rien en propre? [95]

— Si; cette part spéciale de dons que notre Père consentira peut-être encore à t'accorder.

— C'est à cela seul que je tiens; je consens à ne posséder que cela.

— Orgueilleux! Tu ne seras pas consulté. Entre nous,[96] cette part est chanceuse; [97] je te conseille plutôt d'y renoncer. Cette part de dons personnels, c'est elle déjà qui fit ta perte; ce sont ces biens que tu dilapidas aussitôt.

— Les autres, je ne les pouvais pas [98] emporter.

— Aussi vas-tu les retrouver intacts. Assez pour aujourd'hui. Entre dans le repos de la Maison.

— Cela va bien, parce que je suis fatigué.

— Bénie soit ta fatigue, alors! A présent, dors. Demain ta mère te parlera.

LA MÈRE

Prodigue enfant, dont l'esprit, aux propos de ton frère, regimbe [99] encore, laisse à présent ton cœur parler. Qu'il t'est doux,[100] à demi couché aux pieds de ta mère assise, le front caché dans ses genoux, de sentir sa caressante main incliner ta nuque rebelle! [101]

— Pourquoi m'as-tu laissée si longtemps?

Et comme tu ne réponds que par des larmes:

— Pourquoi pleurer à présent, mon fils? Tu m'es rendu. Dans l'attente de toi j'ai versé toutes mes larmes.

— M'attendiez-vous encore?

— Jamais je n'ai cessé de t'espérer. Avant de m'endormir, chaque soir, je pensais: s'il revient cette nuit, saura-t-il bien ouvrir la porte? et j'étais longue [102] à m'endormir. Chaque matin, avant de m'éveiller tout à fait, je pensais: Est-ce pas aujourd'hui qu'il revient? Puis je priais. J'ai tant prié, qu'il te fallait bien [103] revenir.

— Vos prières ont forcé mon retour.

— Ne souris pas de moi, mon enfant.

— O mère! je reviens à vous très humble. Voyez comme je mets mon front plus bas que votre cœur! Il n'est plus une de mes pensées d'hier [104] qui ne devienne vaine aujourd'hui. A peine si je comprends,[105] près de vous, pourquoi j'étais parti de la maison.

— Tu ne partiras plus?

— Je ne puis plus partir.

— Qu'est-ce qui t'attirait donc au dehors?

— Je ne veux plus y songer: Rien. . . Moi-même.

— Pensais-tu donc être heureux loin de nous?

— Je ne cherchais pas le bonheur.

— Que cherchais-tu?

— Je cherchais. . .[106] qui j'étais.

— Oh! fils de tes parents, et frère entre tes frères.

— Je ne ressemblais pas à mes frères. N'en parlons plus; me voici de retour.

— Si; parlons-en encore: ne crois pas si différents de toi, tes frères.

— Mon seul soin désormais c'est de ressembler à vous tous.

— Tu dis cela comme avec résignation.

— Rien n'est plus fatigant que de réaliser sa dissemblance.[107] Ce voyage à la fin m'a lassé.

— Te voici tout vieilli, c'est vrai.

— J'ai souffert.

— Mon pauvre enfant! Sans doute ton lit n'était pas fait tous les soirs, ni pour tous tes repas la table mise?

— Je mangeais ce que je trouvais et souvent ce

[93] Tu as été malheureux d'en être sorti.
[94] les terres et les habitations
[95] personnellement
[96] entre nous deux, en confidence
[97] peu sûre
[98] pour: je ne pouvais pas les
[99] Résiste. C'est le « récitant » qui parle au début.
[100] Combien tu éprouves de douceur.
[101] ta nuque de révolté

[102] je mettais un long temps
[103] que tu étais obligé de
[104] quand il était au loin
[105] j'ai de la peine à comprendre
[106] sous-entendu: à savoir
[107] vivre selon la différence avec autrui

n'était que fruits verts ou gâtés dont ma faim faisait nourriture.[108]

— N'as-tu souffert du moins que de la faim?

— Le soleil du milieu du jour, le vent froid du cœur de la nuit, le sable chancelant du désert, les broussailles où mes pieds s'ensanglantaient, rien de tout cela ne m'arrêta, mais — je ne l'ai pas dit à mon frère — j'ai dû servir. . .[109]

— Pourquoi l'avoir caché?

— De mauvais maîtres qui malmenaient mon corps,[110] exaspéraient mon orgueil,[111] et me donnaient à peine de quoi manger. C'est alors que j'ai pensé: Ah! servir pour servir!. . .[112] En rêve j'ai revu la maison; je suis rentré.

Le fils prodigue baisse à nouveau le front que tendrement sa mère caresse.

— Qu'est-ce que tu vas faire à présent?

— Je vous l'ai dit: m'occuper de ressembler à mon grand frère; régir nos biens; comme lui prendre femme. . .

— Sans doute tu penses à quelqu'un, en disant cela.

— Oh! n'importe laquelle sera la préférée, du moment que vous l'aurez choisie. Faites comme vous avez fait pour mon frère.

— J'eusse voulu la choisir selon ton cœur.

— Qu'importe! mon cœur avait choisi. Je résigne[113] un orgueil qui m'avait emporté loin de vous. Guidez mon choix. Je me soumets, vous dis-je. Je soumettrai de même mes enfants; et ma tentative ainsi ne me paraîtra plus si vaine.[114]

— Écoute, il est[115] à présent un enfant dont tu pourrais déjà t'occuper.

— Que voulez-vous dire, et de qui parlez-vous?

— De ton frère cadet, qui n'avait pas dix ans quand tu partis, que tu n'as reconnu qu'à peine[116] et qui pourtant. . .

— Achevez, mère; de quoi vous inquiéter, à présent?

— En qui pourtant tu aurais pu te reconnaître, car il est tout pareil à ce que tu étais en partant.

— Pareil à moi?

— A celui que tu étais, te dis-je, non pas encore hélas! à celui que tu es devenu.

— Qu'il deviendra.

— Qu'il faut le faire aussitôt devenir. Parle lui; sans doute il t'écoutera, toi, prodigue. Dis-lui bien quel déboire[117] était sur la route; épargne-lui. . .

— Mais qu'est-ce qui vous fait vous alarmer ainsi sur mon frère? Peut-être simplement un rapport de traits. . .[118]

— Non, non; la ressemblance entre vous deux est plus profonde. Je m'inquiète à présent pour lui de ce qui ne m'inquiétait d'abord pas assez pour toi-même. Il lit trop, et ne préfère pas toujours les bons livres.

— N'est-ce donc que cela?

— Il est souvent juché sur le plus haut point du jardin, d'où l'on peut voir le pays, tu sais, par-dessus les murs.

— Je m'en souviens. Est-ce là tout?

— Il est bien moins souvent auprès de nous que dans la ferme.

— Ah! qu'y fait-il?

— Rien de mal. Mais ce n'est pas les fermiers, c'est les goujats[119] les plus distants de nous qu'il fréquente, et ceux qui ne sont pas du pays. Il en est un surtout, qui vient de loin, qui lui raconte des histoires.

— Ah! le porcher.[120]

— Oui. Tu le connaissais? . . . Pour l'écouter, ton frère chaque soir le suit dans l'étable des porcs; il ne revient que pour dîner, sans appétit, et les vêtements pleins d'odeur. Les remontrances n'y font rien;[121] il se raidit sous la contrainte. Certains matins, à l'aube, avant qu'aucun de nous ne soit levé, il court accompagner jusqu'à la porte ce porcher quand il sort paître son troupeau.

— Lui, sait qu'il ne doit pas sortir.

— Tu le savais aussi! Un jour il m'échappera, j'en suis sûre. Un jour il partira. . .

[108] que je mangeais parce que j'avais faim
[109] J'ai été obligé de me placer comme domestique.
[110] me frappaient
[111] sous-entendu: en m'humiliant
[112] puisqu'il faut servir; sous-entendu: plutôt servir dans sa propre maison
[113] je renonce à
[114] inféconde
[115] il existe
[116] que tu n'es pas sûr d'avoir reconnu

[117] ensemble de déceptions
[118] traits du visage
[119] les derniers des valets
[120] gardien des porcs
[121] n'ont pas d'action

— Non, je lui parlerai, mère. Ne vous alarmez pas.

— De toi, je sais qu'il écoutera bien des choses. As-tu vu comme il te regardait le premier soir? De quel prestige [122] tes haillons étaient couverts! puis la robe de pourpre dont le père t'a revêtu. J'ai craint qu'en son esprit il ne mêle un peu l'un à l'autre, et que ce qui l'attire ici, ce ne soit d'abord le haillon. Mais cette pensée à présent me paraît folle; car enfin, si toi, mon enfant, tu avais pu prévoir tant de misère, tu ne nous aurais pas quittés, n'est-ce pas?

— Je ne sais plus comment j'ai pu vous quitter, vous, ma mère.

— Eh bien! tout cela, dis-le-lui.

— Tout cela je le lui dirai demain soir. Embrassez-moi maintenant sur le front comme lorsque j'étais petit enfant et que vous me regardiez m'endormir. J'ai sommeil.

— Va dormir. Je m'en vais prier pour vous tou

DIALOGUE AVEC LE FRÈRE PUÎNÉ

C'est, à côté de celle du prodigue, une chambre point étroite aux murs nus. Le prodigue, une lampe à la main, s'avance près du lit où son frère puîné repose, le visage tourné vers le mur. Il commence à voix basse, afin, si l'enfant dort, de ne pas le troubler dans son sommeil.

— Je voudrais te parler, mon frère.

— Qu'est-ce qui t'en empêche?

— Je croyais que tu dormais.

— On n'a pas besoin de dormir pour rêver.

— Tu rêvais; à quoi donc?

— Que t'importe! Si déjà moi je ne comprends pas mes rêves, ce n'est pas toi, je pense, qui me les expliqueras.

— Ils sont donc bien subtils? Si tu me les racontais, j'essaierais. [123]

— Tes rêves, est-ce que tu les choisis? Les miens sont ce qu'ils veulent, et plus libres que moi. . . Qu'est-ce que tu viens faire ici? Pourquoi me déranger dans mon sommeil?

— Tu ne dors pas, et je viens te parler doucement.

— Qu'as-tu à me dire?

[122] influence presque magique
[123] sous-entendu: de les comprendre

— Rien, si tu le prends sur ce ton. [124]

— Alors adieu.

Le prodigue va vers la porte, mais pose à terre la lampe qui n'éclaire plus que faiblement la pièce, puis, revenant, s'assied au bord du lit et dans l'ombre caresse longuement le front détourné de l'enfant.

— Tu me réponds plus durement que je ne fis [125] jamais à ton frère. Pourtant je protestais [126] aussi contre lui.

L'enfant rétif s'est redressé brusquement.

— Dis: [127] c'est le frère qui t'envoie?

— Non, petit; pas lui, mais notre mère.

— Ah! Tu ne serais pas venu de toi-même. [128]

— Mais je viens pourtant en ami.

A demi soulevé sur son lit, l'enfant regarde fixement le prodigue.

— Comment quelqu'un des miens [129] saurait-[130]il être mon ami?

— Tu te méprends sur notre frère. . .

— Ne me parle pas de lui! Je le hais. . . Tout mon cœur, contre lui, s'impatiente. Il est cause que je t'ai répondu durement.

— Comment cela?

— Tu ne comprendrais pas.

— Dis cependant. . .

Le prodigue berce son frère contre lui, et déjà l'enfant adolescent s'abandonne:

— Le soir de ton retour, je n'ai pas pu dormir. Toute la nuit je songeais: J'avais un autre frère, et je ne le savais pas. C'est pour cela que mon cœur a battu si fort, quand, dans la cour de la maison, je t'ai vu t'avancer couvert de gloire.

— Hélas! j'étais couvert alors de haillons.

— Oui, je t'ai vu; mais déjà glorieux. Et j'ai vu ce qu'a fait notre père: il a mis à ton doigt un anneau, un anneau tel que n'en a pas notre frère. Je ne voulais interroger à ton sujet personne; je savais seulement que tu revenais de très loin, et ton regard, à table. . .

— Étais-tu du festin?

[124] si tu parles ce langage hostile
[125] pour: répondis
[126] je me révoltais
[127] pour: dis-moi
[128] spontanément
[129] de ma famille
[130] pourrait

— Oh! je sais bien que tu ne m'as pas vu; durant tout le repas tu regardais au loin sans rien voir. Et, que le second soir tu aies été parler au père, c'était bien, mais le troisième. . .

— Achève.

— Ah! ne fût-ce [131] qu'un mot d'amour, tu aurais pourtant bien pu me le dire!

— Tu m'attendais donc?

— Tellement! Penses-tu que je haïrais à ce point notre frère si tu n'avais pas été causer et [132] si longuement avec lui ce soir-là? Qu'est-ce que vous avez pu [133] vous dire? Tu sais bien, si tu me ressembles, que tu ne peux rien avoir de commun avec lui.

— J'avais eu de graves torts envers lui.

— Se peut-il? [134]

— Du moins envers notre père et notre mère. Tu sais que j'avais fui de la maison.

— Oui, je sais. Il y a longtemps, n'est-ce pas?

— A peu près quand j'avais ton âge.

— Ah! . . . Et c'est là ce que tu appelles tes torts?

— Oui, ce fut là mon tort, mon péché.

— Quand tu partis, sentais-tu que tu faisais mal?

— Non; je sentais en moi comme une obligation de partir.

— Que s'est-il donc passé depuis? pour changer ta vérité d'alors en erreur.

— J'ai souffert.

— Et c'est cela qui te fait dire: j'avais tort?

— Non, pas précisément: c'est cela qui m'a fait réfléchir.

— Auparavant tu n'avais donc pas réfléchi?

— Si, mais ma débile raison s'en laissait imposer [135] par mes désirs.

— Comme plus tard par la souffrance. De sorte qu'aujourd'hui, tu reviens. . . vaincu.

— Non, pas précisément; résigné.[136]

— Enfin, tu as renoncé à être celui que tu voulais être.

— Que [137] mon orgueil me persuadait d'être.

L'enfant reste un instant silencieux, puis brusquement sanglote et crie:

— Mon frère! je suis celui que tu étais en partant. Oh! dis: n'as-tu donc rencontré rien que de décevant [138] sur la route? Tout ce que je pressens au dehors, de différent [139] d'ici, n'est-ce donc que mirage? [140] tout ce que je sens en moi de neuf, que [141] folie? Dis: qu'as-tu rencontré de désespérant sur ta route? Oh! qu'est-ce qui t'a fait revenir?

— La liberté que je cherchais, je l'ai perdue; captif, j'ai dû servir.

— Je suis captif ici.

— Oui, mais [142] servir de mauvais maîtres; ici, ceux que tu sers sont tes parents.

— Ah! servir pour servir,[143] n'a-t-on pas cette liberté de choisir du moins son servage?

— Je l'espérais. Aussi loin que mes pieds m'ont porté, j'ai marché, comme Saül à la poursuite de ses ânesses,[144] à la poursuite de mon désir; mais, où l'attendait un royaume, c'est la misère que j'ai trouvée. Et pourtant. . .[145]

— Ne t'es-tu pas trompé de route?

— J'ai marché devant moi.

— En es-tu sûr? Et pourtant il y a d'autres royaumes, encore, et des terres sans roi,[146] à découvrir.

— Qui te l'a dit?

— Je le sais. Je le sens. Il me semble déjà que j'y domine.

— Orgueilleux!

— Ah! ah! ça [147] c'est ce que t'a dit notre frère. Pourquoi, toi, me le redis-tu maintenant? Que n'as-tu [148] gardé cet orgueil! Tu ne serais pas revenu.

— Je n'aurais donc pas pu te connaître.

---

[131] même si ce n'avait été
[132] *Et* marque une insistance.
[133] trouvé à
[134] Est-ce que cela est possible?
[135] se laissait craintivement diriger
[136] Je reviens résigné.

[137] celui que
[138] rien que des déceptions
[139] compliment direct de *pressens*
[140] illusion trompeuse (métaphore)
[141] n'est-ce donc que
[142] sous-entendu: j'ai dû
[143] Cf. la note 112.
[144] L'aventure est racontée dans la Bible, au livre de Samuel, I, 8.
[145] sous-entendu; j'ai bien cherché
[146] sur lesquelles on peut donc espérer régner
[147] *ça*: le mot *orgueilleux*
[148] dommage que tu n'aies pas

— Si, si, là-bas, où je t'aurais rejoint, tu m'aurais reconnu pour ton frère; même il me semble encore que c'est pour te retrouver que je pars.

— Que tu pars?

— Ne l'as-tu pas compris? Ne m'encourages-tu 5 pas toi-même à partir?

— Je voudrais t'épargner le retour; mais en t'épargnant le départ.

— Non, non, ne me dis pas cela; non, ce n'est pas cela que tu veux dire. Toi aussi, n'est-ce pas, 10 c'est comme un conquérant que tu partis.

— Et c'est ce qui me fit paraître plus dur le servage.

— Alors, pourquoi t'es-tu soumis? Étais-tu si fatigué déjà? 15

— Non, pas encore; mais j'ai douté.

— Que veux-tu dire?

— Douté de tout, de moi; j'ai voulu m'arrêter, m'attacher enfin quelque part; le confort que me promettait ce maître [149] m'a tenté. . . oui, je le 20 sens bien à présent; j'ai failli.[150]

Le prodigue incline la tête et cache son regard dans ses mains.

— Mais d'abord?

— J'avais marché longtemps à travers la grande 25 terre indomptée.

— Le désert?

— Ce n'était pas toujours le désert.

— Qu'y cherchais-tu?

— Je ne le comprends plus moi-même. 30

— Lève-toi de mon lit. Regarde, sur la table, à mon chevet, là, près de ce livre déchiré.

— Je vois une grenade ouverte.

— C'est le porcher qui me la rapporta l'autre soir, après n'être pas rentré de [151] trois jours. 35

— Oui, c'est une grenade sauvage.

— Je le sais; elle est d'une âcreté presque affreuse; je sens pourtant que, si j'avais suffisamment soif, j'y mordrais.

— Ah! je peux donc te le dire à présent: c'est 40 cette soif que dans le désert je cherchais.

— Une soif dont seul ce fruit non sucré désaltère. . .

— Non; [152] mais il fait aimer cette soif.[153]

— Tu sais où le cueillir?

— C'est un petit verger abandonné, où l'on arrive avant le soir. Aucun mur ne le sépare plus du désert. Là coulait un ruisseau; quelques fruits demi-mûrs pendaient aux branches.

— Quels fruits?

— Les mêmes que ceux de notre jardin; mais sauvages. Il avait fait très chaud tout le jour.

— Écoute; sais-tu pourquoi je t'attendais ce soir? C'est avant la fin de la nuit que je pars. Cette nuit; cette nuit, dès qu'elle pâlira. . . J'ai ceint mes reins,[154] j'ai gardé cette nuit mes sandales.

— Quoi! ce que je n'ai pas pu faire, tu le feras? . . .

— Tu m'as ouvert la route, et de [155] penser à toi me soutiendra.

— A moi de [156] t'admirer; à toi de m'oublier, au contraire. Qu'emportes-tu?

— Tu sais bien que, puîné,[157] je n'ai point part à l'héritage.[158] Je pars sans rien.

— C'est mieux.

— Que regardes-tu donc à la croisée?

— Le jardin où sont couchés nos parents morts.

— Mon frère. . . (et l'enfant, qui s'est levé du lit, pose, autour du cou du prodigue, son bras qui se fait aussi doux que sa voix) — Pars avec moi.

— Laisse-moi! laisse-moi! je reste à consoler notre mère. Sans moi tu seras plus vaillant. Il est temps à présent. Le ciel pâlit. Pars sans bruit. Allons! embrasse-moi, mon jeune frère: tu emportes tous mes espoirs. Sois fort; oublie-nous, oublie-moi. Puisses-tu ne pas revenir. . .[159] Descends doucement. Je tiens la lampe. . .

— Ah! donne-moi la main jusqu'à la porte.

— Prends garde aux marches du perron. . .

[152] Il ne désaltère pas.
[153] C'est-à-dire: il a le privilège de faire vivre dans le désir (philosophie de Gide).
[154] au sens propre et au sens figuré (j'ai fait provision de courage)
[155] le fait de
[156] C'est moi maintenant qui dois.
[157] né après les autres frères
[158] lequel allait à l'aîné, en partie au cadet
[159] preuve que tu auras réussi

[149] le maître qu'il servait
[150] J'ai été lâche.
[151] pendant une suite de

MARCEL PROUST (1871–1922)

L'HOMME

Né à Paris, quartier d'Auteuil, d'un père professeur à la faculté de médecine, Marcel Proust a grandi gâté par sa mère. Elle était israélite et son père était catholique, mais cette famille de bonne bourgeoisie vivait très unie. Marcel passait des vacances heureuses à Illiers, près de Chartres, chez une tante, et sur les plages élégantes de la Manche. Ayant fait ses études au lycée Condorcet, les ayant continuées, après une année de service militaire, à l'École des Sciences politiques et en Sorbonne, il a très tôt collaboré à de jeunes revues. Ce qui ne l'a pas empêché d'entrer résolument dans la vie mondaine de Paris.

Il fréquenta les salons de Madame Strauss, de Madeleine Lemaire, de Madame Armand de Caillavet, chez qui il a rencontré Anatole France et a obtenu de lui une préface en 1896 pour son premier livre, *Les Plaisirs et les jours.* Robert de Montesquiou l'introduisit chez la Comtesse Greffulhe, qui lui a donné la première idée de Mme de Guermantes.

Il a fait quelques voyages, en Hollande, en Italie, dans les provinces françaises.

Souffrant d'un asthme depuis l'enfance, il a mené une existence martyrisée par les précautions à prendre pour éviter les crises ou les rendre moins cruelles. En 1906, après la mort de ses parents, il s'est littéralement enfermé, au cœur d'un appartement du boulevard Haussmann, dans une chambre tapissée de liège. S'il sortait de temps à autre, pour faire une visite, c'était en voiture sévèrement fermée, la nuit de préférence, ou pour dîner à l'hôtel Ritz, avec des amis qu'il invitait.

Ses quinze dernières années ont été une vraie retraite. Il savait qu'il ne vivrait plus longtemps et voulait terminer l'œuvre immense qu'il avait entreprise. Il lutta contre la mort en corrigeant des épreuves d'imprimerie. Un jour, déjà agonisant, il réclama les feuillets où il avait décrit la fin d'un de ses personnages, l'écrivain Bergotte, afin de retoucher son récit: « Maintenant que je me vois à peu près au même point, dit-il, je vais profiter de cette expérience. . .». Il est mort de son mal aggravé par les suites d'un bronchite, à l'entrée de l'hiver.

Le prix Goncourt avait en 1919 répandu son nom dans le public, qui jusque-là l'ignorait. Depuis lors, la réputation de Marcel Proust n'a cessé de grandir. On l'admire en Europe et en Amérique comme en France.

L'ŒUVRE

Au premier livre de Proust, *Les Plaisirs et les jours,* il faut ajouter ses traductions de Ruskin (*La Bible d'Amiens,* 1904; *Sésame et les lys,* 1906), un volume de *Pastiches et mélanges* (1919) et un ouvrage posthume, découvert en 1950, *Jean Santeuil,* première version de *A la recherche du temps perdu,* composée de 1896 à 1906. Mais tout cela peut être négligé. Seule compte vraiment la grande œuvre, *Le Temps perdu,* achevée dès 1912, publiée en plusieurs partis: *Du Côté de chez Swann* (1913), *A l'ombre des jeunes filles en fleurs* (1918); le reste jusqu'en 1927: *Le Côté de Guermantes I* (1920), *Le Côté de Guermantes II* et *Sodome et Gomorrhe I* (1921), *Sodome et Gomorrhe II* (1922), *Sodome et Gomorrhe III, La Prisonnière* (1923), *Albertine disparue* (1925), *Le Temps retrouvé* (1927).

L'apparence compacte du style a longtemps écarté les lecteurs. Mais cependant on s'habitue vite à en suivre les labyrinthes, dans tous leurs retours et toutes leurs parenthèses, à travers la multiplicité des nuances.

Plutôt qu'un roman, plutôt même que des mémoires, Proust a écrit, certes à travers lui-même et dans ses souvenirs, les annales d'une société, la société aristocratique de la fin du XIXe siècle, ses clans, ses salons, ses dépendances et jusqu'à sa domesticité. Il en est résulté un ensemble de contes, d'anecdotes, de jugements, un peu comme dans la correspondance de la marquise de Sévigné. Il a lui aussi beaucoup observé et soigneusement noté. En outre, il laisse une galerie de personnages d'abord vus du dehors, puis vingt fois abordés, étudiés, enfin peints et expliqués de l'intérieur, profondément: les Guermantes, les Cambremer, les Verdurin, le diplomate Norpois, sa domestique Françoise, mais surtout, au premier plan de l'œuvre, sa grand-mère, au compte de qui il transpose sa passion filiale, les femmes qu'il a aimées, celles qu'il a connues et à demi inventées, et les hommes si originaux, le baron de Charlus, Robert de Saint-Loup, leur attrait, leurs misères, leurs vices, et leurs malheurs.

Il serait possible d'extraire de l'œuvre, considérée sous un autre biais, de quoi composer un traité général de la vie psychologique. On y trouverait, en traits essentiels, en présences inoubliables, l'amour sous toutes ses formes, la jalousie, les intermittences du cœur, la mémoire et l'oubli, le mensonge et ses relations avec la vérité, l'inconscient et ses rapports avec l'intelligence, le devoir des artistes, la grandeur de l'art.

Proust a fait, dit Valéry, « de l'image d'une société superficielle une œuvre profonde ». C'est qu'il appartient à la grande lignée française des investigateurs acharnés et patients de l'âme. Il se rattache à Montaigne dans le passé, à Bergson dans le présent. Quant à son art, on l'a comparé très justement au microscope qui grossit et au cinéma qui ralentit. Grâce à quoi il a peint l'être humain en lui donnant toutes ses dimensions psychologiques et en y ajoutant encore une dimension poétique. Car les plus belles analyses de Proust prennent un halo de poésie. Une anthologie de son œuvre contiendrait assurément ces poèmes merveilleux que sont le baiser maternel du soir, la grand-mère morte deux fois, dans la réalité, puis dans le souvenir, la suprême tristesse amoureuse de Swann, la petite phrase de la sonate de Vinteuil (musicien imaginaire) et sa destinée, le guignol des poupées dans le salon des Guermantes, combien d'autres!

Du Côté de chez Swann

[*Charles Swann, riche notable parisien, amateur
d'art, devenu ami des Guermantes, qui prétendent
descendre de Geneviève de Brabant, vient assister à
une réception avec concert, que donne la marquise
de Saint-Euverte.*

*Il y vient par pure politesse mondaine, car il a sa
pensée tout occupée d'Odette de Crécy, femme assez légère, qu'il aime et qui le fait souffrir de jalousie.*

*Il va rencontrer dans le salon Saint-Euverte tout
un monde aristocratique qu'il fréquente sans en
ignorer les ridicules et les petites méchancetés. Tous
les personnages dont il va être question sont inventés
par l'auteur, quoique certains de leurs traits lui aient
été fournis par des personnes vivantes. Swann lui-
même s'est appelé dans la réalité, Charles Haas,
agent de change.*

Cette scène est très durement satirique.]

UNE RÉCEPTION AU FAUBOURG
SAINT–GERMAIN

C'était chez la marquise de Saint-Euverte, à la
dernière, pour cette année-là, des soirées où elle
faisait entendre des artistes qui lui servaient ensuite
pour ses concerts de charité.[1] Swann qui avait voulu
successivement aller à toutes les précédentes et
n'avait pu s'y résoudre avait reçu, tandis qu'il
s'habillait pour se rendre à celle-ci, la visite du baron de Charlus[2] qui venait lui offrir de retourner
avec lui chez la marquise, si sa compagnie devait
l'aider à s'y ennuyer un peu moins, à s'y trouver
moins triste. Mais Swann lui avait répondu:

— Vous ne doutez pas du plaisir que j'aurais à
être avec vous. Mais le plus grand plaisir que vous
puissiez me faire, c'est d'aller plutôt voir Odette.
Vous savez l'excellente influence que vous avez sur
elle. Je crois qu'elle ne sort pas ce soir, avant d'aller

chez son ancienne couturière, où, du reste, elle sera
sûrement contente que vous l'accompagniez. En
tout cas vous la trouveriez chez elle avant. Tâchez
de la distraire et aussi de lui parler raison.[3] Si vous
pouviez arranger quelque chose[4] pour demain qui
lui plaise et que nous pourrions faire tous les trois
ensemble? Tâchez aussi de poser des jalons[5] pour
cet été, si elle avait envie de quelque chose, d'une
croisière[6] que nous ferions tous les trois, que sais-
je? Quant à ce soir, je ne compte pas la voir; maintenant si elle le désirait ou si vous trouviez un
joint,[7] vous n'avez qu'à m'envoyer un mot chez
Mme de Saint-Euverte jusqu'à minuit, et après chez
moi. Merci de tout ce que vous faites pour moi,
vous savez comme je vous aime.

Le baron lui promit d'aller faire la visite qu'il
désirait après qu'il l'aurait conduit jusqu'à la porte
de l'hôtel Saint-Euverte, où Swann arriva tranquil-
lisé par la pensée que M. de Charlus passerait la
soirée rue La Pérouse,[8] mais dans un état de mélancolique indifférence à toutes les choses qui ne
touchaient pas Odette, et en particulier aux choses
mondaines, qui[9] leur donnait le charme de ce qui,
n'étant plus un but pour notre volonté, nous apparaît en soi-même.[10] Dès sa descente de voiture, au
premier plan de ce résumé fictif de leur vie domestique[11] que les maîtresses de maison prétendent offrir à leurs invités les jours de cérémonie et
où elles cherchent à respecter la vérité du costume
et celle du décor, Swann prit plaisir à voir les hé-
ritiers des « tigres », de Balzac, les grooms, suivants
ordinaires de la promenade, qui, chapeautés et bot-
tés, restaient dehors devant l'hôtel sur le sol de
l'avenue, ou devant les écuries, comme des jardi-

---

[1] concerts payants qu'elle donnait au profit des pauvres
[2] frère du duc de Guermantes, personnage inventé sur
le modèle du comte Robert de Montesquiou

[3] la rendre raisonnable
[4] une distraction
[5] commencer à parler d'un projet
[6] long voyage comportant beaucoup de navigation
[7] un moyen de la décider
[8] où habitait Odette
[9] *Qui* a pour antécédent *état de mélancolique indifférence.*
[10] et non plus par rapport à nous
[11] dans la maison

niers auraient été rangés à l'entrée de leurs parterres. La disposition [12] particulière qu'il avait toujours eue à chercher des analogies entre les êtres vivants et les portraits des musées s'exerçait encore mais d'une façon plus constante et plus générale; c'est la vie mondaine tout entière, maintenant qu'il en était détaché,[13] qui se présentait à lui comme une suite de tableaux. Dans le vestibule où, autrefois, quand il était un mondain, il entrait enveloppé dans son pardessus pour en sortir en frac,[14] mais sans savoir ce qui s'y était passé, étant par la pensée, pendant les quelques instants qu'il y séjournait, ou bien encore dans la fête qu'il venait de quitter, ou bien déjà dans la fête où on allait l'introduire,[15] pour la première fois il remarqua, réveillée par l'arrivée inopinée d'un invité aussi tardif,[16] la meute [17] éparse, magnifique et désœuvrée de grands valets de pied qui dormaient çà et là sur des banquettes et des coffres et qui, soulevant leurs nobles profils aigus de lévriers, se dressèrent et, rassemblés, formèrent le cercle autour de lui.

L'un d'eux, d'aspect particulièrement féroce et assez semblable à l'exécuteur [18] dans certains tableaux de la Renaissance qui figurent des supplices, s'avança vers lui d'un air implacable pour lui prendre ses affaires. Mais la dureté de son regard d'acier était compensée par la douceur de ses gants de fil, si bien qu'en approchant de Swann il semblait témoigner du mépris pour sa personne et des égards pour son chapeau. Il le prit avec un soin auquel l'exactitude de sa pointure [19] donnait quelque chose de méticuleux et une délicatesse que rendait presque touchante l'appareil de sa force.[20] Puis il le passa à un de ses aides, nouveau et timide, qui exprimait l'effroi qu'il ressentait en roulant en tous sens des regards furieux et montrait l'agitation

d'une bête captive dans les premières heures de sa domesticité.[21]

A quelques pas, un grand gaillard en livrée rêvait, immobile, sculptural, inutile, comme ce guerrier purement décoratif qu'on voit dans les tableaux les plus tumultueux de Mantegna, songer, appuyé sur son bouclier, tandis qu'on se précipite et qu'on s'égorge à côté de lui; détaché du groupe de ses camarades qui s'empressaient autour de Swann, il semblait aussi résolu à se désintéresser de cette scène, qu'il suivait vaguement de ses yeux glauques et cruels, que [22] si c'eût été le massacre des Innocents ou le martyre de saint Jacques.[23] Il semblait précisément appartenir à cette race disparue — ou qui peut-être n'exista jamais que dans le retable de San Zeno [24] et les fresques des Eremitani [25] où Swann l'avait approché et où elle rêve encore — issue de la fécondation d'une statue antique par quelque modèle padouan du Maître ou quelque Saxon d'Albert Dürer.[26] Et les mèches de ses cheveux roux crespelés par la nature, mais collés par la brillantine, étaient largement traitées comme elles sont dans la sculpture grecque qu'étudiait sans cesse le peintre de Mantoue,[27] et qui, si dans la création elle ne figure que l'homme, sait du moins tirer de ses simples formes des richesses si variées et comme empruntées à toute la nature vivante, qu'une chevelure, par l'enroulement lisse et les becs aigus de ses boucles, ou dans la superposition du triple et fleurissant diadème de ses tresses, a l'air à la fois d'un paquet d'algues, d'une nichée de colombes, d'un bandeau de jacinthes et d'une torsade de serpents.

D'autres encore, colossaux aussi, se tenaient sur les degrés d'un escalier monumental que leur présence décorative et leur immobilité marmoréenne auraient pu faire nommer comme celui du Palais Ducal: [28] « l'Escalier des Géants » et dans lequel Swann s'engagea avec la tristesse de penser

[12] tendance naturelle
[13] Il n'aimait plus aller dans le monde.
[14] habit noir de cérémonie
[15] car il paraissait dans plusieurs salons au cours de la même soirée
[16] C'est lui-même.
[17] ensemble des chiens dressés pour la chasse, comparaison méprisante pour les valets de pied (vieille expression qui date du temps où un mondain sortant à pied se faisait suivre d'un valet)
[18] le bourreau
[19] La dimension intérieure du chapeau était calculée exactement sur le volume de la tête.
[20] sa force organisée avec la précision d'une machine

[21] chien ou chat
[22] *Que* dépend de *aussi résolu*.
[23] sujets traités par plusieurs grands peintres
[24] A Vérone. L'œuvre est du peintre italien Mantegna (1431–1506).
[25] près de Padoue, fresques de Mantegna
[26] *modèle padouan*, homme ou femme de Padoue. *Dürer:* peintre allemand (1471–1528)
[27] Mantegna, né à Padoue, s'était fixé à Mantoue.
[28] Palais des Doges, à Venise

qu'Odette ne l'avait jamais gravi. Ah! avec quelle joie au contraire il eût grimpé les étages noirs, malodorants et casse-cou de la petite couturière retirée, dans le « cinquième »[29] de laquelle il aurait été si heureux de payer plus cher qu'une avant-scène hebdomadaire à l'Opéra[30] le droit de passer la soirée quand Odette y venait, et même les autres jours, pour pouvoir parler d'elle, vivre avec les gens qu'elle avait l'habitude de voir quand il n'était pas là, et qui à cause de cela lui paraissaient receler, de la vie de sa maîtresse, quelque chose de plus naturel, de plus inaccessible et de plus mystérieux. Tandis que dans cet escalier pestilentiel et désiré de l'ancienne couturière, comme il n'y en avait pas un second pour le service,[31] on voyait le soir devant chaque porte une boîte au lait vide et sale préparée sur le paillasson, dans l'escalier magnifique et dédaigné que Swann montait à ce moment, d'un côté et de l'autre, à des hauteurs différentes, devant chaque anfractuosité que faisait dans le mur la fenêtre de la loge,[32] ou la porte d'un appartement, représentant le service intérieur qu'ils dirigeaient et en[33] faisant hommage aux invités, un concierge, un majordome,[34] un argentier[35] (braves gens qui vivaient le reste de la semaine un peu indépendants dans leur domaine, y dînaient chez eux comme de petits boutiquiers et seraient peut-être demain au service bourgeois[36] d'un médecin ou d'un industriel), attentifs à ne pas manquer aux recommandations qu'on leur avait faites avant de leur laisser endosser la livrée éclatante qu'ils ne revêtaient qu'à de rares intervalles et dans laquelle ils ne se sentaient pas très à leur aise, se tenaient sous l'arcature[37] de leur portail avec un éclat pompeux tempéré de bonhomie populaire, comme des saints dans leur niche; et un énorme suisse,[38] habillé comme à l'église, frappait les dalles de sa canne au passage de chaque arrivant. Parvenu en haut de l'escalier le

long duquel l'avait suivi un domestique à face blême, avec une petite queue de cheveux noués d'un catogan[39] derrière la tête, comme un sacristain de Goya,[40] ou un tabellion du répertoire,[41] Swann passa devant un bureau où des valets, assis comme des notaires devant de grands registres, se levèrent et inscrivirent son nom. Il traversa alors un petit vestibule qui — tel que certaines pièces aménagées par leur propriétaire pour servir de cadre à une seule œuvre d'art, dont elles tirent leur nom, et d'une nudité voulue, ne contiennent rien d'autre — exhibait à son entrée, comme quelque précieuse effigie de Benvenuto Cellini[42] représentant un homme de guet, un jeune valet de pied, le corps légèrement fléchi en avant, dressant sur son hausse-col[43] rouge une figure plus rouge encore d'où s'échappaient des torrents de feu, de timidité et de zèle, et qui, perçant les tapisseries d'Aubusson[44] tendues devant le salon où on écoutait la musique, de son regard impétueux, vigilant, éperdu, avait l'air, avec une impassibilité militaire ou une foi surnaturelle — allégorie[45] de l'alarme, incarnation de l'attente, commémoration du branle-bas d'épier, ange ou vigie, d'une tour de donjon ou de cathédrale, l'apparition de l'ennemi ou l'heure du Jugement.[46] Il ne restait plus à Swann qu'à pénétrer dans la salle du concert dont un huissier chargé de chaînes[47] lui ouvrit la porte, en s'inclinant, comme il lui aurait remis les clefs d'une ville. Mais il pensait à la maison où il aurait pu se trouver en ce moment même, si Odette l'avait permis, et le souvenir entrevu d'une boîte au lait vide sur un paillasson lui serra le cœur.

Swann retrouva rapidement le sentiment de la laideur masculine, quand, au-delà de la tenture de tapisserie, au spectacle des domestiques succéda celui des invités. Mais cette laideur même de visages,

[29] cinquième étage
[30] où il était abonné
[31] L'escalier de service (celui par où passent domestiques et fournisseurs) n'existe que dans les immeubles chers.
[32] loge des concierges
[33] en: du service intérieur
[34] maître d'hôtel en chef
[35] chargé de l'argenterie
[36] tandis qu'il assure là un service aristocratique
[37] suite de petites ouvertures en forme d'arc
[38] portier d'une grande maison

[39] foulard de coton
[40] peintre espagnol (1746–1828)
[41] notaire, comme on se le représente au théâtre; répertoire: ensemble des pièces jouées le plus souvent
[42] sculpteur et orfèvre florentin (1500–71)
[43] col d'étoffe très serré au cou et soutenu par une armature cachée
[44] ville française célèbre par sa manufacture de tapisseries et de tapis
[45] figure peinte ou sculptée représentant une idée, ici l'idée d'alarme
[46] le jugement dernier
[47] garde de la porte dans une cérémonie

qu'il connaissait pourtant si bien, lui semblait neuve depuis que leurs traits — au lieu d'être pour lui des signes pratiquement utilisables à l'identification de [48] telle personne qui lui avait représenté jusque-là un faisceau de plaisirs à poursuivre, d'ennuis à éviter, ou de politesses à rendre — reposaient, coordonnés seulement par des rapports esthétiques,[49] dans l'autonomie de leurs lignes.[50] Et en ces hommes, au milieu desquels Swann se trouva enserré, il n'était pas jusqu'aux monocles que beaucoup portaient (et qui, autrefois, auraient tout au plus [51] permis à Swann de dire qu'ils portaient un monocle), qui, déliés maintenant de signifier [52] une habitude, la même pour tous, ne lui apparussent chacun avec une sorte d'individualité. Peut-être parce qu'il ne regarda le général de Froberville et le marquis de Bréauté qui causaient dans l'entrée que comme deux personnages dans un tableau, alors qu'ils avaient été longtemps pour lui les amis utiles qui l'avaient présenté au Jockey [53] et assisté dans des duels, le monocle du général, resté entre ses paupières comme un éclat d'obus dans sa figure vulgaire, balafrée et triomphale, au milieu du front qu'il éborgnait comme l'œil unique du cyclope,[54] apparut à Swann comme une blessure monstrueuse qu'il pouvait être glorieux d'avoir reçue, mais qu'il était indécent d'exhiber; tandis que celui que M. de Bréauté ajoutait, en signe de festivité,[55] aux gants gris perle, au « gibus »,[56] à la cravate blanche et substituait au binocle familier (comme faisait Swann lui-même), pour aller dans le monde, portait collé à son revers, comme une préparation [57] d'histoire naturelle sous un microscope, un regard infinitésimal [58] et grouillant d'amabilité, qui ne cessait de sourire à la hauteur des plafonds, à la beauté des fêtes, à l'intérêt des programmes [59] et à la qualité des rafraîchissements.

— Tiens, vous voilà, mais il y a des éternités qu'on ne vous a vu, dit à Swann le général qui, remarquant ses traits tirés [60] et en concluant que c'était peut-être une maladie grave qui l'éloignait du monde, ajouta: « Vous avez bonne mine, vous savez! » pendant que M. de Bréauté demandait:

— Comment, vous, mon cher, qu'est-ce que vous pouvez bien faire ici? à un romancier mondain qui venait d'installer au coin de son œil un monocle, son seul organe d'investigation [61] psychologique et d'impitoyable analyse, et [62] répondit d'un air important et mystérieux, en roulant l'r:

— J'observe.

Le monocle du marquis de Forestelle était minuscule, n'avait aucune bordure et, obligeant à une crispation [63] incessante et douloureuse l'œil où il s'incrustait comme un cartilage superflu dont la présence est inexplicable et la matière recherchée, il donnait au visage du marquis une délicatesse mélancolique, et le faisait juger par les femmes comme capable de grands chagrins d'amour. Mais celui de M. de Saint-Candé, entouré d'un gigantesque anneau, comme Saturne,[64] était le centre de gravité d'une figure qui s'ordonnait à tout moment par rapport à lui, dont le nez frémissant et rouge et la bouche lippue et sarcastique [65] tâchaient par leurs grimaces d'être à la hauteur des feux roulants d'esprit [66] dont étincelait le disque de verre,[67] et se voyait préférer aux plus beaux regards du monde par des jeunes femmes snobs [68] et dépravées qu'il faisait rêver de charmes artificiels et d'un raffinement de volupté; et cependant, derrière le sien, M. de Palancy qui, avec sa grosse tête de carpe aux yeux ronds, se déplaçait lentement au milieu des fêtes en desserrant d'instant en instant ses mandibules [69] comme pour chercher son orientation,[70]

[48] pour reconnaître
[49] rapports de beauté ou de laideur
[50] l'ensemble personnel de leur visage
[51] seulement
[52] n'étant plus le signe de
[53] le Jockey Club
[54] géant mythologique, en action dans un épisode célèbre de *L'Odyssée*
[55] cérémonie de fête
[56] chapeau haut de forme
[57] matières disposées pour l'étude
[58] excessivement petit
[59] du concert

[60] fatigués par la tristesse
[61] Le *monocle* lui tient lieu d'esprit.
[62] *et qui*
[63] contraction musculaire
[64] planète, entourée d'un anneau circulaire
[65] qui a l'air prête à émettre des propos d'ironie acerbe
[66] succession vive et ininterrompue de plaisanteries, comparable à un feu de mousqueterie
[67] verre du monocle
[68] sottement soumises aux modes
[69] la mâchoire inférieure
[70] dans quel sens se diriger

avait l'air de transporter seulement avec lui un fragment accidentel, et peut-être purement symbolique,
du vitrage de son aquarium, partie destinée à figurer le tout [71] qui rappela à Swann, grand admirateur des Vices et des Vertus de Giotto [72] à Padoue,
cet Injuste à côté duquel un rameau feuillu évoque
les forêts où se cache son repaire.

Swann s'était avancé, sur l'insistance de Mme de
Saint-Euverte, et pour entendre un air d'*Orphée* [73]
qu'exécutait un flûtiste, s'était mis dans un coin où
il avait malheureusement comme seule perspective
deux dames déjà mûres assises l'une à côté de
l'autre, la marquise de Cambremer et la vicom-
tesse de Franquetot, lesquelles, parce qu'elles
étaient cousines, passaient leur temps dans les soirées, portant leurs sacs et suivies de leurs filles, à
se chercher comme dans une gare et n'étaient tranquilles que quand elles avaient marqué,[74] par leur
éventail ou leur mouchoir, deux places voisines:
Mme de Cambremer, comme elle avait très peu de
relations,[75] étant d'autant plus heureuse d'avoir
une compagne, Mme de Franquetot, qui étant au
contraire très lancée,[76] trouvait quelque chose d'élégant, d'original, à montrer à toutes ses belles connaissances qu'elle leur préférait une dame obscure
avec qui elle avait en commun des souvenirs de
jeunesse. Plein d'une mélancolie ironique, Swann
les regardait écouter l'intermède de piano (« saint
François parlant aux oiseaux », de Liszt) qui avait
succédé à l'air de flûte, et suivre le jeu vertigineux
du virtuose, Mme de Franquetot anxieusement, les
yeux éperdus comme si les touches sur lesquelles il
courait [77] avec agilité avaient été une suite de tra-
pèzes [78] d'où il pouvait tomber d'une hauteur de
quatre-vingts mètres, et non sans lancer à sa voisine des regards d'étonnement, de dénégation qui
signifiaient: « Ce n'est pas croyable, je n'aurais jamais pensé qu'un homme pût faire cela », Mme de
Cambremer, en femme qui a reçu une forte éducation musicale, battant la mesure avec sa tête trans-

formée en balancier de métronome [79] dont l'ampli-
tude et la rapidité d'oscillations d'une épaule à
l'autre étaient devenues telles (avec cette espèce
d'égarement et d'abandon du regard qu'ont les
douleurs qui ne se connaissent plus ni ne cherchent
à se maîtriser et disent: « Que voulez-vous! ») qu'à
tout moment elle accrochait avec ses solitaires [80] les
pattes de son corsage et était obligée de redresser
les raisins noirs qu'elle avait dans les cheveux, sans
cesser pour cela d'accélérer le mouvement. De
l'autre côté de Mme de Franquetot, mais un peu en
avant, était la marquise de Gallardon, occupée à sa
pensée favorite, l'alliance [81] qu'elle avait avec les
Guermantes et d'où elle tirait pour le monde et
pour elle-même beaucoup de gloire avec quelque
honte, les plus brillants d'entre eux la tenant un peu
à l'écart, peut-être parce qu'elle était ennuyeuse, ou
parce qu'elle était méchante, ou parce qu'elle était
d'une branche [82] inférieure, ou peut-être sans aucune raison. Quand elle se trouvait auprès de quelqu'un qu'elle ne connaissait pas, comme en ce moment auprès de Mme de Franquetot, elle souffrait
que [83] la conscience qu'elle avait de sa parenté avec
les Guermantes ne pût se manifester extérieurement
en caractères visibles comme ceux qui, dans les mo-
saïques des églises byzantines, placés les uns au-
dessous des autres, inscrivent en une colonne verticale, à côté d'un Saint Personnage, les mots qu'il
est censé [84] prononcer. Elle songeait en ce moment
qu'elle n'avait jamais reçu une invitation ni une
visite de sa jeune cousine la princesse des Laumes,
depuis six ans que celle-ci était mariée. Cette pensée
la remplissait de colère, mais aussi de fierté; car, à
force de dire aux personnes qui s'étonnaient de ne
pas la voir chez Mme des Laumes, que c'est parce
qu'elle aurait été exposée à y rencontrer la princesse
Mathilde [85] — ce que sa famille ultra-légitimiste [86]
ne lui aurait jamais pardonné — elle avait fini par

---

[71] le vitrage entier

[72] fresque de ce peintre (1266–1336)

[73] opéra de Gluck, compositeur allemand (1714–87)

[74] pour se les réserver

[75] personnes de la société avec lesquelles on est en rapport mondain

[76] reçue dans toute la société mondaine

[77] ses doigts couraient

[78] appareils des gymnastes dans les cirques

[79] appareil servant à mesurer la vitesse des mouvements
musicaux

[80] diamants nus

[81] parenté par mariage

[82] une des familles sortant d'une même souche

[83] *que:* de ce que

[84] considéré comme en train de

[85] fille de Jérôme Napoléon, cousine de l'empereur
Napoléon III

[86] *légitimiste:* monarchiste qui reste fidèle à la branche
aînée des Bourbons

croire que c'était en effet la raison pour laquelle elle n'allait pas chez sa jeune cousine. Elle se rappelait pourtant qu'elle avait demandé plusieurs fois à Mme des Laumes comment elle pourrait faire pour la rencontrer, mais ne se le rappelait que con- 5 fusément et d'ailleurs neutralisait et au-delà ce souvenir un peu humiliant en murmurant: « Ce n'est tout de même pas à moi à faire les premiers pas, j'ai vingt ans de plus qu'elle. » Grâce à la vertu de ces paroles intérieures, elle rejetait fièrement en 10 arrière ses épaules détachées de son buste et sur lesquelles sa tête posée presque horizontalement faisait penser à la tête « rapportée » d'un orgueilleux faisan qu'on sert sur une table avec toutes ses plumes. Ce n'est pas qu'elle ne fût par nature cour- 15 taude, hommasse et boulotte; mais les camouflets [87] l'avaient redressée comme ces arbres qui, nés dans une mauvaise position au bord d'un précipice, sont forcés de croître en arrière pour garder leur équilibre. Obligée pour se consoler de ne pas être tout à 20 fait l'égale des autres Guermantes, de se dire [88] sans cesse que c'était par intransigeance de principes et fierté [89] qu'elle les voyait peu, cette pensée avait fini par modeler son corps et par lui enfanter une sorte de prestance qui passait aux yeux des bourgeoises 25 pour un signe de race [90] et troublait quelquefois d'un désir fugitif le regard fatigué des hommes de cercle. Si on avait fait subir à la conversation de Mme de Gallardon ces analyses qui en relevant la fréquence plus ou moins grande de chaque terme 30 permettent de découvrir la clef d'un langage chiffré,[91] on se fût rendu compte qu'aucune expression, même la plus usuelle, n'y revenait aussi souvent que « chez mes cousins de Guermantes », « chez ma tante de Guermantes », « la santé d'El- 35 zéar de Guermantes », « la baignoire de ma cousine de Guermantes ». Quand on lui parlait d'un personnage illustre, elle répondait que, sans le connaître personnellement, elle l'avait rencontré mille fois chez sa tante de Guermantes, mais elle répon- 40

dait cela d'un ton si glacial et d'une voix si sourde qu'il était clair que si elle ne le connaissait pas personnellement, c'était en vertu de tous les principes indéracinables et entêtés auxquels ses épaules touchaient [92] en arrière, comme à ces échelles sur lesquelles les professeurs de gymnastique vous font étendre pour vous développer le thorax.

Or, la princesse des Laumes, qu'on ne se serait pas attendu à voir chez Mme de Saint-Euverte, venait précisément d'arriver. Pour montrer qu'elle ne cherchait pas à faire sentir dans un salon, où elle ne venait que par condescendance, la supériorité de son rang, elle était entrée en effaçant les épaules là même où il n'y avait aucune foule à fendre [93] et personne à laisser passer, restant exprès dans le fond, de l'air [94] d'y être à sa place, comme un roi qui fait la queue à la porte d'un théâtre tant que les autorités n'ont pas été prévenues qu'il est là; et, bornant simplement son regard — pour ne pas avoir l'air de signaler sa présence et de réclamer des égards — à la considération d'un [95] dessin du tapis ou de sa propre jupe, elle se tenait debout à l'endroit qui lui avait paru le plus modeste (et d'où elle savait bien qu'une exclamation ravie de Mme de Saint-Euverte allait la tirer dès que celle-ci l'aurait aperçue), à côté de Mme de Cambremer qui lui était inconnue. Elle observait la mimique de sa voisine mélomane, mais ne l'imitait pas. Ce n'est pas [96] que, pour une fois qu'elle venait passer cinq minutes chez Mme de Saint-Euverte, la princesse des Laumes n'eût souhaité, pour que la politesse [97] qu'elle lui faisait comptât double, de se montrer le plus aimable possible. Mais par nature, elle avait horreur de ce qu'elle appelait « les exagérations » et tenait à montrer qu'elle « n'avait pas » à [98] se livrer à des manifestations qui n'allaient pas avec le « genre » de la coterie [99] où elle vivait, mais qui pourtant d'autre part ne laissaient pas de l'impressionner, à la faveur de cet esprit d'imitation voisin de la timidité que développe, chez les gens les plus

---

[87] humiliations
[88] de se dire: complément de obligée
[89] à cause de la princesse Mathilde
[90] naissance noble
[91] fait de caractères d'écriture dont la valeur est convenue entre ceux qui s'écrivent et par conséquent est incompréhensible pour les tiers qui n'ont pas la clé de ce secret

[92] s'appuyaient
[93] dans laquelle pénétrer de force
[94] se donnant l'apparence
[95] à regarder avec intérêt un
[96] Il ne faut pas douter.
[97] la visite
[98] rien ne l'obligeait à
[99] ensemble d'intimes

sûrs d'eux-mêmes, l'ambiance d'un milieu nouveau, fût-il [100] inférieur. Elle commençait à se demander si cette gesticulation [101] n'était pas rendue nécessaire par le morceau qu'on jouait et qui ne rentrait peut-être pas dans le cadre de la musique qu'elle avait entendue jusqu'à ce jour, si s'abstenir n'était pas faire preuve d'incompréhension à l'égard de l'œuvre et d'inconvenance vis-à-vis de la maîtresse de la maison: de sorte que pour exprimer par une « cote mal taillée » [102] ses sentiments contradictoires, tantôt elle se contentait de remonter la bride de ses épaulettes ou d'assurer dans ses cheveux blonds les petites boules de corail ou d'émail rose, givrées de diamant,[103] qui lui faisaient une coiffure simple et charmante, en examinant avec une froide curiosité sa fougueuse voisine, tantôt de son éventail elle battait pendant un instant la mesure, mais, pour ne pas abdiquer son indépendance, à contretemps.[104] Le pianiste ayant terminé le morceau de Liszt et ayant commencé un prélude de Chopin, Mme de Cambremer lança à Mme de Franquetot un sourire attendri de satisfaction compétente et d'allusion au passé. Elle avait appris dans sa jeunesse à caresser [105] les phrases, au long col sinueux et démesuré, de Chopin, si libres, si flexibles, si tactiles,[106] qui commencent par chercher et essayer leur place en dehors et bien loin de la direction de leur départ, bien loin du point où on avait pu espérer qu'atteindrait leur attouchement, et qui ne se jouent dans cet écart de fantaisie [107] que pour revenir plus délibérément — d'un retour plus prémédité, avec plus de précision, comme sur un cristal qui résonnerait jusqu'à faire crier — vous frapper au cœur.

Vivant dans une famille provinciale qui avait peu de relations, n'allant guère au bal, elle s'était grisée dans la solitude de son manoir, à ralentir, à précipiter la danse de tous ces couples imaginaires,[108] à les égrener comme des fleurs, à quitter un moment le bal pour entendre le vent souffler dans les sapins, au bord du lac, et à y voir tout d'un coup s'avancer,

[100] même quand il est
[101] suite interrompue de gestes
[102] comptes avec concessions et compensations
[103] où les diamants semblent des gouttes glacées
[104] à l'opposé de la mesure
[105] sur le piano
[106] qui donnent la sensation du toucher
[107] écart sans nécessité
[108] que la musique lui faisait imaginer

plus différent de tout ce qu'on a jamais rêvé que ne sont les amants de la terre,[109] un mince jeune homme à la voix un peu chantante, étrangère et fausse, en gants blancs. Mais aujourd'hui la beauté démodée de cette musique semblait défraîchie. Privée depuis quelques années de l'estime des connaisseurs, elle avait perdu son honneur et son charme et ceux mêmes dont le goût est mauvais n'y trouvaient plus qu'un plaisir inavoué et médiocre.[110] Mme de Cambremer jeta un regard furtif derrière elle. Elle savait que sa jeune bru (pleine de respect pour sa nouvelle famille, sauf en ce qui touchait les choses de l'esprit sur lesquelles, sachant jusqu'à l'harmonie [111] et jusqu'au grec, elle avait des lumières spéciales) méprisait Chopin et souffrait quand elle en entendait jouer. Mais loin de la surveillance de cette wagnérienne qui était plus loin avec un groupe de personnes de son âge, Mme de Cambremer se laissait aller à des impressions délicieuses. La princesse des Laumes les éprouvait aussi. Sans être par nature douée pour la musique, elle avait reçu il y a quinze ans les leçons qu'un professeur de piano du faubourg Saint-Germain, femme de génie qui avait été à la fin de sa vie réduite à la misère, avait recommencé, à l'âge de soixante-dix ans, à donner aux filles et aux petites-filles de ses anciennes élèves. Elle était morte aujourd'hui. Mais sa méthode, son beau son, renaissaient parfois sous les doigts de ses élèves, même de celles qui étaient devenues pour le reste [112] des personnes médiocres, avaient abandonné la musique et n'ouvraient presque plus jamais un piano. Aussi Mme des Laumes put-elle secouer la tête, en pleine connaissance de cause, avec une appréciation juste de la façon dont le pianiste jouait ce prélude qu'elle savait par cœur. La fin de la phrase commencée chanta d'elle-même [113] sur ses lèvres. Et elle murmura « c'est toujours *ch*armant », avec un double *ch* au commencement du mot qui était une marque de délicatesse et dont elle sentait ses lèvres si romanesquement froissées comme une belle fleur, qu'elle harmonisa instinctivement son regard avec elles en lui donnant à ce moment-là une sorte de

[109] comme ils sont dans la réalité terrestre
[110] L'auteur donne ici un exemple de snobisme.
[111] science des accords musicaux
[112] pour ce qui n'était pas le piano
[113] sans que Mme des Laumes le voulût

sentimentalité et de vague. Cependant [114] Mme de Gallardon était en train de se dire qu'il était fâcheux qu'elle n'eût que bien rarement l'occasion de rencontrer la princesse des Laumes, car elle souhaitait lui donner une leçon en ne répondant pas à son salut. Elle ne savait pas que sa cousine fût là. Un mouvement de tête de Mme de Franquetot la lui découvrit. Aussitôt elle se précipita vers elle en dérangeant tout le monde; mais désireuse de garder un air hautain et glacial qui rappelât à tous qu'elle ne désirait pas avoir de relations avec une personne chez qui on pouvait se trouver nez à nez avec la princesse Mathilde, et au-devant de qui elle n'avait pas à aller car elle n'était pas « sa contemporaine »,[115] elle voulut pourtant compenser cet air de hauteur et de réserve par quelque propos qui justifiât sa démarche et forçât la princesse à engager la conversation; aussi une fois arrivée près de sa cousine, Mme de Gallardon, avec un visage dur, une main tendue comme une carte forcée, lui dit: « Comment va ton mari? » de la même voix soucieuse que si le prince avait été gravement malade. La princesse éclatant d'un rire qui lui était particulier et qui était destiné à la fois à montrer aux autres qu'elle se moquait de quelqu'un et aussi à se faire paraître plus jolie en concentrant les traits de son visage autour de sa bouche animée et de son regard brillant, lui répondit:

— Mais le mieux du monde!

Et elle rit encore. Cependant tout en redressant sa taille et refroidissant sa mine, inquiète encore pourtant de l'état du prince, Mme de Gallardon dit à sa cousine:

— Oriane (ici Mme des Laumes regarda d'un air étonné et rieur un tiers invisible [116] vis-à-vis duquel elle semblait tenir à attester qu'elle n'avait jamais autorisé Mme de Gallardon à l'appeler par son prénom), je tiendrais beaucoup à ce que tu viennes un moment demain soir chez moi entendre un quintette avec clarinette de Mozart. Je voudrais avoir ton appréciation.

Elle semblait non pas adresser une invitation, mais demander un service, et avoir besoin de l'avis de la princesse sur le quintette de Mozart, comme si

ç'avait été un plat de la composition d'une nouvelle cuisinière sur les talents de laquelle il lui eût été précieux de recueillir l'opinion d'un gourmet.

— Mais je connais ce quintette, je peux te dire tout de suite. . . que je l'aime!

— Tu sais, mon mari n'est pas bien, son foie [117] . . . , cela lui ferait grand plaisir de te voir, reprit Mme de Gallardon, faisant maintenant à la princesse une obligation de charité [118] de paraître à sa soirée.

La princesse n'aimait pas à dire aux gens qu'elle ne voulait pas aller chez eux. Tous les jours elle écrivait [119] son regret d'avoir été privée — par une visite inopinée de sa belle-mère, par une invitation de son beau-frère, par l'Opéra, par une partie de campagne — d'une soirée à laquelle elle n'aurait jamais songé à se rendre. Elle donnait ainsi à beaucoup de gens la joie de croire qu'elle était de leurs relations, qu'elle eût été volontiers chez eux, qu'elle n'avait été empêchée de le faire que par les contretemps princiers qu'ils étaient flattés de voir entrer en concurrence avec leur soirée. Puis faisant partie de cette spirituelle coterie des Guermantes où survivait quelque chose de l'esprit alerte, dépouillé de lieux communs et de sentiments convenus, qui descend de Mérimée — et a trouvé sa dernière expression dans le théâtre de Meilhac et Halévy [120] — elle l'adaptait même [121] aux rapports sociaux, le transposait jusque dans sa politesse qui s'efforçait d'être positive, précise, de se rapprocher de l'humble vérité. Elle ne développait pas longuement à une maîtresse de maison l'expression du désir qu'elle avait d'aller à sa soirée; elle trouvait plus aimable de lui exposer quelques petits faits d'où dépendrait qu'il lui fût ou non possible de s'y rendre.

— Écoute, je vais te dire, dit-elle à Mme de Gallardon, il faut demain soir que j'aille chez une amie qui m'a demandé mon jour [122] depuis longtemps.

[114] pendant ce temps-là
[115] Elle était moins jeune.
[116] qui n'existe pas, mais qu'elle a l'air de voir

[117] sous-entendu: le fait souffrir
[118] lui parlant ainsi afin qu'elle se considérât obligée, pour ne pas manquer à la charité
[119] une lettre pour dire
[120] esprit original et désinvolte comme celui de l'écrivain Mérimée et qu'on retrouve chez Meilhac et Halévy, auteurs de La Belle Hélène, de La Vie parisienne, etc. (fin du XIXe siècle)
[121] même: parce que l'adaptation est inattendue
[122] Le jour où je serais libre.

Si elle nous emmène au théâtre, il n'y aura pas, avec la meilleure volonté, possibilité que j'aille chez toi; mais si nous restons chez elle, comme je sais que nous serons seuls, je pourrai la quitter.

— Tiens, tu as vu ton ami M. Swann?

— Mais non, cet amour de Charles,[123] je ne savais pas qu'il fût là, je vais tâcher qu'il me voie.

— C'est drôle qu'il aille même chez la mère Saint-Euverte, dit Mme de Gallardon. Oh! je sais qu'il est intelligent, ajouta-t-elle en voulant dire par là intrigant,[124] mais cela ne fait rien, un Juif chez la sœur et la belle-sœur de deux archevêques!

— J'avoue à ma honte que je n'en suis pas choquée, dit la princesse des Laumes.

— Je sais qu'il est converti, et même déjà[125] ses parents et grands-parents. Mais on dit que les convertis restent plus attachés à leur religion que les autres, que c'est une frime,[126] est-ce vrai?

— Je suis sans lumières[127] à ce sujet.

Le pianiste qui avait à jouer deux morceaux de Chopin après avoir terminé le prélude, avait attaqué aussitôt une polonaise.[128] Mais depuis que Mme de Gallardon avait signalé à sa cousine la présence de Swann, Chopin ressuscité aurait pu venir jouer lui-même toutes ses œuvres sans que Mme des Laumes pût y faire attention. Elle faisait partie d'une de ces deux moitiés de l'humanité chez qui la curiosité qu'a l'autre moitié pour les êtres qu'elle ne connaît pas est remplacée par l'intérêt pour les êtres qu'elle connaît. Comme beaucoup de femmes du faubourg Saint-Germain,[129] la présence dans un endroit où elle se trouvait de quelqu'un de sa coterie, et auquel d'ailleurs elle n'avait rien de particulier à dire, accaparait exclusivement son attention aux dépens de tout le reste. A partir de ce moment, dans l'espoir que Swann la remarquerait, la princesse ne fit plus, comme une souris blanche apprivoisée à qui on tend puis on retire un morceau de sucre, que tourner sa figure, remplie de mille signes de connivence[130] dénués de rapports

avec le sentiment de la polonaise de Chopin, dans la direction où était Swann et si celui-ci changeait de place, elle déplaçait parallèlement son sourire aimanté.[131]

— Oriane, ne te fâche pas, reprit Mme de Gallardon qui ne pouvait jamais s'empêcher de sacrifier ses plus grandes espérances sociales et d'éblouir[132] un jour le monde, au plaisir obscur, immédiat et privé, de dire quelque chose de désagréable; il y a des gens qui prétendent que ce M. Swann, c'est quelqu'un qu'on ne peut pas recevoir chez soi, est-ce vrai?

— Mais. . . tu dois bien savoir que c'est vrai, répondit la princesse des Laumes, puisque tu l'as invité cinquante fois et qu'il n'est jamais venu.[133]

Et quittant sa cousine mortifiée,[134] elle éclata de nouveau d'un rire qui scandalisa les personnes qui écoutaient la musique, mais attira l'attention de Mme de Saint-Euverte, restée par politesse près du piano et qui aperçut seulement alors la princesse. Mme de Saint-Euverte était d'autant plus ravie de voir Mme des Laumes qu'elle la croyait encore à Guermantes en train de soigner son beau-père malade.

— Mais comment, princesse, vous étiez là?

— Oui, je m'étais mise dans un petit coin, j'ai entendu de belles choses.

— Comment, vous êtes là depuis déjà un long moment!

— Mais oui, un très long moment qui m'a semblé très court, long seulement parce que je ne vous voyais pas.

Mme de Saint-Euverte voulut donner son fauteuil à la princesse qui répondit:

— Mais pas du tout! Pourquoi! Je suis bien n'importe où!

Et, avisant, avec intention,[135] pour mieux manifester sa simplicité de grande dame, un petit siège sans dossier:

— Tenez, ce pouf,[136] c'est tout ce qu'il me

---

[123] Ce Charles Swann qu'on aime tant.
[124] qui se glisse dans la société mondaine
[125] sous-entendu: *étaient convertis*
[126] apparence sans rien de sérieux
[127] Je ne sais rien.
[128] morceau de musique de danse, comme la polka ou la mazurka
[129] quartier de Paris habité par les familles aristocratiques
[130] complicité amicale

[131] dont elle se servait comme d'un aimant
[132] l'espérance d'éblouir
[133] Elle joue malignement sur les mots dont s'est servie Mme de Gallardon.
[134] humiliée
[135] en le choisissant
[136] gros tabouret bas et capitonné

faut. Cela me fera tenir droite. Oh! mon Dieu, je fais encore du bruit, je vais me faire conspuer.[137]

Cependant le pianiste redoublant de vitesse, l'émotion musicale était à son comble, un domestique passait des rafraîchissements sur un plateau et faisait tinter des cuillers, et, comme chaque semaine, Mme de Saint-Euverte lui faisait, sans qu'il la vît, des signes de s'en aller. Une nouvelle mariée, à qui on avait appris qu'une jeune femme ne doit pas avoir l'air blasé,[138] souriait de plaisir, et cherchait des yeux la maîtresse de maison pour lui témoigner par son regard sa reconnaissance d'avoir « pensé à elle » pour un pareil régal. Pourtant, quoique avec plus de calme que Mme de Franquetot, ce n'est pas sans inquiétude qu'elle suivait le morceau; mais la sienne avait pour objet, au lieu du pianiste, le piano sur lequel une bougie tressautant à chaque fortissimo[139] risquait, sinon de mettre le feu à l'abat-jour, du moins de faire des taches sur le palissandre. A la fin elle n'y tint plus et, escaladant les deux marches de l'estrade sur laquelle était placé le piano, se précipita pour enlever la bobèche.[140] Mais à peine ses mains allaient-elles la toucher que, sur un dernier accord, le morceau finit et le pianiste se leva. Néanmoins l'initiative hardie de cette jeune femme, la courte promiscuité[141] qui en résulta entre elle et l'instrumentiste, produisirent une impression généralement favorable.

— Vous avez remarqué ce qu'a fait cette personne, princesse, dit le général de Froberville à la princesse des Laumes qu'il était venu saluer et que Mme de Saint-Euverte quitta un instant. C'est curieux. Est-ce donc une artiste?

— Non, c'est une petite Mme de Cambremer, répondit étourdiment la princesse et elle ajouta vivement: Je vous répète ce que j'ai entendu dire, je n'ai aucune espèce de notion de qui c'est, on a dit derrière moi que c'étaient des voisins de campagne de Mme de Saint-Euverte, mais je ne crois pas que personne les connaisse. Ça doit être des « gens de la campagne »! Du reste, je ne sais pas si vous êtes très répandu dans la brillante société qui se trouve ici,[142] mais je n'ai pas idée du nom de toutes ces étonnantes personnes. A quoi pensez-vous qu'ils passent leur vie en dehors des soirées de Mme de Saint-Euverte? Elle a dû les faire venir avec les musiciens, les chaises et les rafraîchissements.[143] Avouez que ces « invités de chez Belloir » sont magnifiques. Est-ce que vraiment elle a le courage de louer ces figurants toutes les semaines? Ce n'est pas possible!

— Ah! Mais Cambremer, c'est un nom authentique et ancien, dit le général.

— Je ne vois aucun mal à ce que ce soit ancien, répondit sèchement la princesse, mais en tout cas ce n'est pas *euphonique*, ajouta-t-elle en détachant le mot euphonique[144] comme s'il était entre guillemets, petite affectation de débit qui était particulière à la coterie Guermantes.

— Vous trouvez? Elle est jolie à croquer, dit le général qui ne perdait pas Mme de Cambremer de vue. Ce n'est pas votre avis, princesse?

— Elle se met trop en avant, je trouve que chez une si jeune femme, ce n'est pas agréable, car je ne crois pas qu'elle soit ma contemporaine, répondit Mme des Laumes (cette expression étant commune aux Gallardon et aux Guermantes).

Mais la princesse voyant que M. de Froberville continuait à regarder Mme de Cambremer, ajouta moitié par méchanceté pour celle-ci, moitié par amabilité pour le général: « Pas agréable. . . pour son mari! Je regrette de ne pas la connaître puisqu'elle vous tient à cœur,[145] je vous aurais présenté », dit la princesse qui probablement n'en aurait rien fait si elle avait connu la jeune femme. « Je vais être obligée de vous dire bonsoir, parce que c'est la fête d'une amie à qui je dois aller la souhaiter, dit-elle d'un ton modeste et vrai, réduisant[146] la réunion mondaine à laquelle elle se rendait à la simplicité d'une cérémonie ennuyeuse, mais où il était obligatoire et touchant d'aller.

---

[137] couvrir de honte publiquement
[138] dégoûtée de tout
[139] passage où le son est très renforcé (mot italien)
[140] petit disque de verre posé au haut d'un chandelier pour arrêter la cire de la bougie allumée que la chaleur fait couler
[141] tête-à-tête rapproché

[142] ironique
[143] Elle la soupçonne spirituellement d'avoir tout loué chez un fournisseur célèbre de l'époque (Belloir).
[144] mot recherché pour dire simplement *harmonieux*
[145] intéresse beaucoup
[146] volontairement

D'ailleurs je dois y retrouver Basin [147] qui, pendant que j'étais ici, est allé voir ces amis que vous connaissez, je crois, qui ont un nom de pont, les Iéna. » [148]

— Ç'a été d'abord un nom de victoire, princesse, dit le général. Qu'est-ce que vous voulez, pour un vieux briscard [149] comme moi, ajouta-t-il en ôtant son monocle pour l'essuyer, comme il aurait changé un pansement, tandis que la princesse détournait instinctivement les yeux, cette noblesse d'Empire, [150] c'est autre chose [151] bien entendu, mais enfin, pour ce que c'est, c'est très beau dans son genre, ce sont des gens qui en somme se sont battus en héros.

— Mais je suis pleine de respect pour les héros, dit la princesse, sur un ton légèrement ironique: si je ne vais pas avec Basin chez cette princesse d'Iéna, ce n'est pas du tout pour ça, c'est tout simplement parce que je ne les connais pas. Basin les connaît, les chérit. Oh! non, ce n'est pas ce que vous pouvez penser, ce n'est pas un flirt, je n'ai pas à m'y opposer! Du reste, pour ce que cela sert quand je veux m'y opposer! ajouta-t-elle d'une voix mélancolique, car tout le monde savait que dès le lendemain du jour où le prince des Laumes avait épousé sa ravissante cousine, il n'avait pas cessé de la tromper. Mais enfin ce n'est pas le cas, ce sont des gens qu'il a connus autrefois, il en fait ses choux gras, [152] je trouve cela très bien. D'abord je vous dirai que rien que ce qu'il m'a dit de leur maison. . . Pensez que tous leurs meubles sont « Empire »! [153]

— Mais, princesse, naturellement, c'est parce que c'est le mobilier de leurs grands-parents.

— Mais je ne vous dis pas, [154] mais ça n'est pas moins laid pour ça. Je comprends très bien qu'on ne puisse pas avoir de jolies choses, mais au moins qu'on n'ait pas de choses ridicules. Qu'est-ce que vous voulez? je ne connais rien de plus pompier, de plus bourgeois que cet horrible style avec ces commodes qui ont des têtes de cygnes comme des baignoires. [155]

— Mais je crois même qu'ils ont de belles choses, ils doivent avoir la fameuse table de mosaïque sur laquelle a été signé le traité de. . .

— Ah! Mais qu'ils aient des choses intéressantes au point de vue de l'histoire, je ne vous dis pas. Mais ça ne peut pas être beau. . . puisque c'est horrible! Moi j'ai aussi des choses comme ça que Basin a héritées des Montesquiou. Seulement elles sont dans les greniers de Guermantes où personne ne les voit. Enfin, du reste, ce n'est pas la question, je me précipiterais chez eux avec Basin, j'irais les voir même au milieu de leurs sphinx et de leur cuivre si je les connaissais, mais. . . je ne les connais pas! Moi, on m'a toujours dit quand j'étais petite que ce n'était pas poli d'aller chez les gens qu'on ne connaissait pas, dit-elle en prenant un ton puéril. Alors, je fais ce qu'on m'a appris. Voyez-vous [156] ces braves gens s'ils voyaient entrer une personne qu'ils ne connaissent pas? Ils me recevraient peut-être très mal! dit la princesse.

Et par coquetterie elle embellit le sourire que cette supposition lui arrachait, en donnant à son regard bleu fixé sur le général une expression rêveuse et douce.

— Ah! princesse, vous savez bien qu'ils ne se tiendraient pas de joie.

— Mais non, pourquoi? lui demanda-t-elle avec une extrême vivacité, soit pour ne pas avoir l'air de savoir que c'est [157] parce qu'elle était une des plus grandes dames de France, soit pour avoir le plaisir de l'entendre dire au général. Pourquoi? Qu'en savez-vous? Cela leur serait peut-être tout ce qu'il y a de plus désagréable. Moi je ne sais pas, mais si j'en juge par moi, cela m'ennuie déjà tant de voir les personnes que je connais, je crois que s'il fallait voir des gens que je ne connais pas, « même héroïques », je deviendrais folle. D'ailleurs, voyons, sauf lorsqu'il s'agit de vieux amis comme vous qu'on connaît sans cela, je ne sais pas si

---

[147] son mari
[148] Il y a un pont Iéna à Paris, ainsi baptisé en souvenir d'une victoire de Napoléon.
[149] soldat qui compte beaucoup de campagnes marquées par des bandes de couleur sur ses manches (ici le mot est métaphorique)
[150] noblesse créée par Napoléon
[151] sous-entendu: que la noblesse de l'ancienne monarchie
[152] Il en fait son plaisir (gallicisme).
[153] du style de l'époque de Napoléon
[154] sous-entendu: le contraire
[155] comme en ont les baignoires
[156] imaginez
[157] cela (qu'ils ne se tiendraient pas de joie) est

l'héroïsme serait d'un format très portatif [158] dans le monde. Ça m'ennuie déjà souvent de donner des dîners, mais s'il fallait offrir le bras à Spartacus [159] pour aller à table. . . Non vraiment, ce ne serait jamais à Vercingétorix [160] que je ferais signe comme quatorzième.[161] Je sens que je le réserverais pour les grandes soirées. Et comme je n'en donne pas. . .

— Ah! princesse, vous n'êtes pas Guermantes pour des prunes.[162] Le possédez-vous assez,[163] l'esprit des Guermantes!

— Mais on dit toujours l'esprit *des* Guermantes, je n'ai jamais pu comprendre pourquoi. Vous en connaissez donc d'autres qui en aient, ajouta-t-elle dans un éclat de rire écumant et joyeux, les traits de son visage concentrés, accouplés dans le réseau de son animation,[164] les yeux étincelants, enflammés d'un ensoleillement radieux de gaieté que seuls avaient le pouvoir de faire rayonner ainsi les propos, fussent-ils [165] tenus par la princesse elle-même, qui étaient une louange de son esprit ou de sa beauté. Tenez, voilà Swann qui a l'air de saluer votre Cambremer; là. . . il est à côté de la mère Saint-Euverte, vous ne voyez pas! Demandez-lui de vous présenter. Mais dépêchez-vous, il cherche à s'en aller!

— Avez-vous remarqué quelle affreuse mine il a? dit le général.

— Mon petit Charles! Ah! enfin il vient, je commençais à supposer qu'il ne voulait pas me voir!

Swann aimait beaucoup la princesse des Laumes, puis sa vue lui rappelait Guermantes, terre voisine de Combray,[166] tout ce pays qu'il aimait tant et où il ne retournait plus pour ne pas s'éloigner d'Odette. Usant des formes mi-artistes, mi-galantes, par lesquelles il savait plaire à la princesse et qu'il retrouvait tout naturellement quand il se retrempait [167]

un instant dans son ancien milieu — et voulant d'autre part pour lui-même exprimer la nostalgie qu'il avait de la campagne:

— Ah! dit-il à la cantonade,[168] pour être entendu à la fois de Mme de Saint-Euverte à qui il parlait et de Mme des Laumes pour qui il parlait, voici la charmante princesse! Voyez, elle est venue tout exprès de Guermantes pour entendre le *Saint François d'Assise* de Liszt et elle n'a eu le temps, comme une jolie mésange, que d'aller piquer pour les mettre sur sa tête quelques petits fruits de prunier des oiseaux et d'aubépine; il y a même encore de petites gouttes de rosée, un peu de la gelée blanche qui doit faire gémir la duchesse.[169] C'est très joli, ma chère princesse.

— Comment, la princesse est venue exprès de Guermantes. Mais c'est trop! Je ne savais pas, je suis confuse, s'écria naïvement Mme de Saint-Euverte qui était peu habituée au tour d'esprit de Swann. Et examinant la coiffure de la princesse: Mais c'est vrai, cela imite. . . comment dirais-je, pas les châtaignes, non oh! c'est une idée ravissante! Mais comment la princesse pouvait-elle connaître mon programme? Les musiciens ne me l'ont même pas communiqué à moi.

Swann, habitué, quand il était auprès d'une femme avec qui il avait gardé des habitudes galantes de langage, de dire des choses délicates que beaucoup de gens du monde ne comprenaient pas, ne daigna pas expliquer à Mme de Saint-Euverte qu'il n'avait parlé que par métaphore.[170] Quant à la princesse, elle se mit à rire aux éclats, parce que l'esprit de Swann était extrêmement apprécié dans sa coterie, et aussi parce qu'elle ne pouvait entendre un compliment s'adressant à elle sans lui trouver les grâces les plus fines et une irrésistible drôlerie.

— Hé bien! je suis ravie, Charles, si mes petits fruits d'aubépine vous plaisent. Pourquoi est-ce que vous saluez cette Cambremer, est-ce que vous êtes aussi son voisin de campagne?

Mme de Saint-Euverte voyant que la princesse avait l'air content de causer avec Swann s'était éloignée.

[158] L'héroïsme serait encombrant.
[159] chef des esclaves romains révoltés au Ier siècle avant J.–C.
[160] chef gaulois qui tint tête quelque temps à César (Ier siècle avant J.–C.)
[161] pour ne pas être treize à table (superstition)
[162] pour des bagatelles, pour rien
[163] Vous n'avez pas à craindre de ne pas posséder assez (raccourci de conversation).
[164] le rassemblement enchevêtré que forme son visage en s'animant
[165] même quand ils étaient
[166] petite ville de son enfance (en réalité Illiers)
[167] retrouvait sa nature

[168] en s'adressant à une autre personne que celle avec qui l'on se trouve (terme de théâtre)
[169] la duchesse de Guermantes, frileuse
[170] comparaison dont un des termes reste sous-entendu et qu'il faut deviner

— Mais vous l'êtes vous-même, princesse.

— Moi, mais ils ont donc des campagnes partout, ces gens! Mais comme j'aimerais être à leur place!

— Ce ne sont pas les Cambremer, c'étaient ses parents à elle; elle est une demoiselle Legrandin qui venait à Combray. Je ne sais pas si vous savez que vous êtes comtesse de Combray et que le chapitre [171] vous doit une redevance?

— Je ne sais pas ce que me doit le chapitre, mais je sais que je suis tapée de cent francs [172] tous les ans par le curé, ce dont je me passerais.[173] Enfin ces Cambremer ont un nom bien étonnant. Il finit juste à temps, mais il finit mal! dit-elle en riant.

— Il ne commence pas mieux, répondit Swann.

— En effet, cette double abréviation! . . .

— C'est quelqu'un de très en colère et de très convenable qui n'a pas osé aller jusqu'au bout du premier mot.

— Mais puisqu'il ne devait pas pouvoir s'empêcher de commencer le second, il aurait mieux fait d'achever le premier pour en finir une bonne fois. Nous sommes en train de faire des plaisanteries d'un goût charmant,[174] mon petit Charles, mais comme c'est ennuyeux de ne plus vous voir, ajouta-t-elle d'un ton câlin, j'aime tant causer avec vous. Pensez que je n'aurais même pas pu faire comprendre à cet idiot de Froberville que le nom de Cambremer était étonnant. Avouez que la vie est une chose affreuse. Il n'y a que quand je vous vois que je cesse de m'ennuyer.

Et sans doute cela n'était pas vrai. Mais Swann et la princesse avaient une même manière de juger les petites choses qui avait pour effet — à moins que ce ne fût pour cause — une grande analogie dans la façon de s'exprimer et jusque dans la prononciation. Cette ressemblance ne frappait pas parce que rien n'était plus différent que leurs deux voix. Mais si on parvenait par la pensée à ôter aux propos de Swann la sonorité qui les enveloppait, les moustaches d'entre lesquelles ils sortaient, on se rendait compte que c'étaient les mêmes phrases, les mêmes inflexions, le tour [175] de la coterie Guermantes. Pour les choses importantes, Swann et la

princesse n'avaient les mêmes idées sur rien. Mais depuis que Swann était si triste, ressentant toujours cette espèce de frisson qui précède le moment où l'on va pleurer, il avait le même besoin de parler du chagrin qu'un assassin a de parler de son crime. En entendant la princesse lui dire que la vie était une chose affreuse, il éprouva la même douceur que si elle lui avait parlé d'Odette.

— Oh! oui, la vie est une chose affreuse. Il faut que nous nous voyions, ma chère amie. Ce qu'il y a de gentil avec vous, c'est que vous n'êtes pas gaie. On pourrait passer une soirée ensemble.

— Mais je crois bien, pourquoi ne viendriez-vous pas à Guermantes, ma belle-mère serait folle de joie. Cela passe pour très laid, mais je vous dirai que ce pays ne me déplaît pas, j'ai horreur des pays « pittoresques ».[176]

— Je crois bien, c'est admirable, répondit Swann, c'est presque trop beau, trop vivant pour moi, en ce moment; c'est un pays pour être heureux. C'est peut-être parce que j'y ai vécu, mais les choses m'y parlent tellement! Dès qu'il se lève un souffle d'air, que les blés commencent à remuer, il me semble qu'il y a quelqu'un qui va arriver, que je vais recevoir une nouvelle; et ces petites maisons au bord de l'eau. . . je serais bien malheureux!

— Oh! mon petit Charles, prenez garde, voilà l'affreuse Rampillon qui m'a vue, cachez-moi, rappelez-moi donc ce qui lui est arrivé, je confonds, elle a marié sa fille ou son amant, je ne sais plus; peut-être les deux. . . et ensemble! . . . Ah! non, je me rappelle, elle a été répudiée par son prince. . . ayez l'air de me parler, pour que cette Bérénice [177] ne vienne pas m'inviter à dîner. Du reste, je me sauve. Écoutez, mon petit Charles, pour une fois que je vous vois, vous ne voulez pas vous laisser enlever et que je vous emmène chez la princesse de Parme qui serait tellement contente, et Basin aussi qui doit m'y rejoindre. Si on n'avait pas de vos nouvelles par Mémé.[178] . . Pensez que je ne vous vois plus jamais!

Swann refusa, ayant prévenu M. de Charlus qu'en quittant de chez Mme de Saint-Euverte, il

---

[171] conseil des chanoines

[172] Le curé me demande cent francs-or.

[173] ce que je ne désire nullement

[174] ironique, car elles sont d'un très mauvais goût

[175] la façon de dire les choses

[176] qui fournissent des motifs aux peintres

[177] Princesse orientale que l'empereur Titus fut empêché par les lois romaines d'épouser. Sur ce sujet historique, Racine a construit une tragédie.

[178] nom donné familièrement aux grands-mères

rentrerait directement chez lui, il ne se souciait pas en allant chez la princesse de Parme de risquer de manquer un mot [179] qu'il avait tout le temps espéré se voir remettre par un domestique pendant la soirée, et que peut-être il allait trouver chez son concierge. « Ce pauvre Swann, dit ce soir-là Mme des Laumes à son mari, il est toujours gentil, mais il a l'air bien malheureux. Vous le verrez, car il a promis de venir dîner un de ces jours. Je trouve ridicule au fond qu'un homme de son intelligence souffre pour une personne de ce genre et qui n'est même pas intéressante, car on la dit idiote », ajouta-t-elle avec la sagesse des gens non amoureux, qui trouvent qu'un homme d'esprit ne devrait être malheureux que pour une personne qui en valût la peine; c'est à peu près comme [180] s'étonner qu'on daigne souffrir du choléra par le fait d'un être aussi petit que le bacille virgule.[181]

Swann voulait partir, mais au moment où il allait enfin s'échapper, le général de Froberville lui demanda à connaître Mme de Cambremer et il fut obligé de rentrer avec lui dans le salon pour la chercher.

— Dites donc, Swann, j'aimerais mieux être le mari de cette femme-là que d'être massacré par les sauvages, qu'en dites-vous?

Ces mots « massacré par les sauvages » percèrent douloureusement le cœur de Swann;[182] aussitôt il éprouva le besoin de continuer la conversation avec le général:

— Ah! lui dit-il, il y a eu de bien belles vies qui ont fini de cette façon. . . Ainsi vous savez. . . ce navigateur dont Dumont d'Urville ramena les cendres, La Pérouse. . . (et Swann était déjà heureux comme s'il avait parlé d'Odette). C'est un beau caractère et qui m'intéresse beaucoup que celui de La Pérouse, ajouta-t-il d'un air mélancolique.

— Ah! parfaitement, La Pérouse, dit le général. C'est un nom connu. Il a sa rue.

— Vous connaissez quelqu'un rue La Pérouse? demanda Swann d'un air agité.

[179] une courte lettre, un billet
[180] c'est aussi ridicule que
[181] forme du microbe
[182] parce qu'ils lui font penser à La Pérouse, navigateur français du dix-huitième siècle massacré par les indigènes de Vanikoro (Polynésie) et, par suite, à Odette, qui habite dans la rue de ce nom

— Je ne connais que Mme de Chanlivault, la sœur de ce brave Chaussepierre. Elle nous a donné une jolie soirée de comédie l'autre jour. C'est un salon qui sera un jour très élégant, vous verrez!

— Ah! elle demeure rue La Pérouse. C'est sympathique, c'est une si jolie rue, si triste.

— Mais non, c'est que vous n'y êtes pas allé depuis quelque temps; ce n'est plus triste, cela commence à se construire,[183] tout ce quartier-là.

Quand enfin Swann présenta M. de Froberville à la jeune Mme de Cambremer, comme c'était la première fois qu'elle entendait le nom du général, elle esquissa le sourire de joie et de surprise qu'elle aurait eu si on n'en avait jamais prononcé devant elle d'autre que celui-là, car ne connaissant pas les amis de sa nouvelle famille, à chaque personne qu'on lui amenait, elle croyait que c'était l'un d'eux, et pensant qu'elle faisait preuve de tact en ayant l'air d'en avoir tant entendu parler depuis qu'elle était mariée, elle tendait la main d'un air hésitant destiné à prouver la réserve apprise qu'elle avait à vaincre et la sympathie spontanée qui réussissait à en triompher. Aussi ses beaux-parents, qu'elle croyait encore les gens les plus brillants de France, déclaraient-ils qu'elle était un ange; d'autant plus qu'ils préféraient paraître, en la faisant épouser à leur fils, avoir cédé à l'attrait plutôt de ses qualités que de sa grande fortune.

— On voit que vous êtes musicienne dans l'âme, madame, lui dit le général, en faisant inconsciemment allusion à l'incident de la bobèche.

Mais le concert recommença et Swann comprit qu'il ne pourrait pas s'en aller avant la fin de ce nouveau numéro du programme. Il souffrait de rester enfermé au milieu de ces gens dont la bêtise et les ridicules le frappaient d'autant plus douloureusement qu'ignorant son amour, incapables, s'ils l'avaient connu, de s'y intéresser et de faire autre chose que d'en sourire comme d'un enfantillage ou de le déplorer comme une folie, ils le lui faisaient apparaître sous l'aspect d'un état subjectif [184] qui n'existait que pour lui, dont rien d'extérieur ne lui affirmait la réalité; il souffrait surtout, et au point

[183] se couvrir d'immeubles
[184] état intérieur auquel ne correspond peut-être rien au dehors

que même le son des instruments lui donnait envie de crier, de prolonger son exil [185] dans ce lieu où

[185] Sa patrie est là où vit Odette.

Odette ne viendrait jamais, où personne, où rien ne la connaissait, d'où elle était entièrement absente.

Le Temps retrouvé

[Le texte qui suit, un des tout derniers qu'il ait écrit, Proust n'a pas eu le temps de le corriger. C'est pourquoi il est plein de négligences, parfois d'obscurités. Or il contient si grande richesse, il se montre si subtil et profond, qu'il est difficile de l'annoter [5] *d'aussi près qu'il le faudrait.*

Si nous l'avons choisi cependant de préférence à plusieurs qui s'offraient, c'est qu'il expose la pensée générale de l'œuvre proustienne. Il rend compte de cette mémoire involontaire et brusque qui ressuscite [10] *le passé au point de le rendre présent et de le faire revivre dans le présent avec tout son frémissement. Proust espérait arriver par elle à saisir l'« essence des choses », comme il dit, la durée intérieure qui était pour lui la vraie réalité, l'âme même peut-être,* [15] *et enfin le secret de la vie.*

On connaît dans un chapitre du Temps perdu *la surprise de la madeleine trempée de thé et dont la saveur soudain a réveillé toute l'enfance, le plaisir des vacances, certaines émotions familiales, les jeunes* [20] *amours. Ici la surprise des dalles inégales soulève un monde de pensées et dévoile à l'auteur les perspectives originales de son œuvre, au moment même où le découragement le saisissait, car il se sentait inquiet au sujet de ses dons littéraires.* [25]

L'écrivain Bergotte (en qui se peut reconnaître un peu Anatole France) a essayé de le rassurer, mais vainement. Rassuré, il va l'être en arrivant à l'hôtel du prince de Guermantes, chez qui il a été invité.] [30]

MATINÉE CHEZ LA PRINCESSE
DE GUERMANTES

Quand je pensais à ce que Bergotte m'avait dit: « Vous êtes malade, mais on ne peut vous plaindre,

car vous avez les joies de l'esprit », je voyais combien il s'était trompé sur moi. Comme il y avait peu de joie dans cette lucidité stérile! J'ajoute même que si quelquefois j'avais peut-être des plaisirs — non de l'intelligence — je les dépensais toujours [5] pour une femme différente; de sorte que le Destin, m'eût-il [1] accordé cent ans de vie de plus, et sans infirmités, n'eût fait qu'ajouter des rallonges successives [2] à une existence toute en longueur, dont on ne voyait même pas l'intérêt qu'elle se prolongeât [10] davantage, à plus forte raison longtemps encore.

Quant aux « joies de l'intelligence », pouvais-je ainsi appeler ces froides constatations que mon œil clairvoyant ou mon raisonnement juste relevaient sans aucun plaisir et qui restaient infécondes. Mais [15] c'est quelquefois au moment où tout nous semble perdu que l'avertissement arrive qui peut nous sauver: on a frappé à toutes les portes [3] qui ne donnent sur rien, et la seule par où on peut entrer et qu'on aurait cherchée en vain pendant cent ans, on y [20] heurte sans le savoir et elle s'ouvre.

En roulant les tristes pensées que je disais il y a un instant, j'étais entré dans la cour de l'hôtel de Guermantes, et dans ma distraction je n'avais pas vu une voiture qui s'avançait; au cri du wattman [4] [25] je n'eus que [5] le temps de me ranger vivement de côté, et je reculai assez pour buter malgré moi contre des pavés assez mal équarris [6] derrière lesquels était une remise.[7] Mais au moment où, me remettant d'aplomb,[8] je posai mon pied sur un pavé qui [30]

---

[1] même s'il m'avait
[2] de façon monotone
[3] portes de la vérité cherchée (métaphore)
[4] On dit aujourd'hui: *chauffeur.*
[5] J'eus tout juste.
[6] de carrés inégaux
[7] On dit aujourd'hui: *un garage.*
[8] ferme sur les jambes

était un peu moins élevé que le précédent, tout mon découragement s'évanouit devant la même félicité qu'à diverses époques de ma vie m'avaient donnée la vue d'arbres que j'avais cru reconnaître dans une promenade en voiture autour de Balbec,[9] la vue des clochers de Martinville,[10] la saveur d'une madeleine trempée dans une infusion,[11] tant d'autres sensations dont j'ai parlé et que les dernières œuvres de Vinteuil [12] m'avaient paru synthétiser. Comme au moment où je goûtais la madeleine, toute inquiétude sur l'avenir, tout doute intellectuel étaient dissipés. Ceux qui m'assaillaient tout à l'heure au sujet de la réalité de mes dons littéraires, et même de la réalité de la littérature, se trouvaient levés comme par enchantement. Cette fois je me promettais bien de ne pas me résigner à ignorer pourquoi, sans que j'eusse fait aucun raisonnement nouveau, trouvé aucun argument décisif, les difficultés, insolubles tout à l'heure avaient perdu toute importance, comme je l'avais fait [13] le jour où j'avais goûté d'une madeleine trempée dans une infusion. La félicité que je venais d'éprouver était bien, en effet, la même que celle que j'avais éprouvée en mangeant la madeleine et dont j'avais alors ajourné [14] de rechercher les causes profondes. La différence, purement matérielle, était dans les images évoquées. Un azur profond enivrait mes yeux, des impressions de fraîcheur, d'éblouissante lumière tournoyaient près de moi et, dans mon désir de les saisir, sans oser plus [15] bouger que quand je goûtais la saveur de la madeleine en tâchant de faire parvenir jusqu'à moi [16] ce qu'elle me rappelait, je restais, quitte à [17] faire rire la foule innombrable des wattmen, à tituber comme j'avais fait tout à l'heure, un pied sur le pavé plus élevé, l'autre pied sur le pavé le plus bas. Chaque fois que je refaisais, rien que matériellement, ce même pas, il me restait inutile; mais si je réussissais,

oubliant la matinée Guermantes,[18] à retrouver ce que j'avais senti en posant ainsi mes pieds, de nouveau la vision éblouissante et indistincte me frôlait comme si elle m'avait dit: « Saisis-moi au passage si tu en as la force et tâche à résoudre l'énigme du bonheur que je te propose. » Et presque tout de suite, je le reconnus, c'était Venise, dont mes efforts pour la décrire [19] et les prétendus instantanés pris par ma mémoire ne m'avaient jamais rien dit [20] et que la sensation que j'avais ressenti jadis sur deux dalles inégales du baptistère de Saint-Marc [21] m'avait rendue avec toutes les autres sensations jointes ce jour-là à cette sensation-là, et qui étaient restées dans l'attente, à leur rang, d'où un brusque hasard les avait impérieusement fait sortir, dans la série [22] des jours oubliés. De même le goût de la petite madeleine m'avait rappelé Combray. Mais pourquoi les images de Combray et de Venise m'avaient-elles, à l'un et à l'autre moment, donné une joie pareille à une certitude et suffisante sans autres preuves à me rendre la mort indifférente? Tout en me le demandant et en étant résolu aujourd'hui à trouver la réponse, j'entrai dans l'hôtel de Guermantes, parce que nous faisons toujours passer avant la besogne intérieure que nous avons à faire [23] le rôle apparent que nous jouons et qui, ce jour-là, était celui d'un invité. Mais arrivé au premier étage, un maître d'hôtel [24] me demanda d'entrer un instant dans un petit salon-bibliothèque attenant au buffet,[25] jusqu'à ce que le morceau qu'on jouait fût achevé, la princesse ayant défendu qu'on ouvrît les portes pendant son exécution. Or, à ce moment même, un second avertissement vint renforcer celui que m'avaient donné les pavés inégaux et m'exhorter à persévérer dans ma tâche. Un domestique, en effet, venait, dans ses efforts infructueux pour ne pas faire de bruit, de cogner une cuiller contre une assiette. Le même genre de félicité que m'avaient donné les dalles inégales m'en-

[9] plage que l'imagination de l'auteur a créée en se souvenant de Trouville et de Cabourg, plages de la Manche
[10] village de Normandie
[11] Elle avait réveillé brusquement des souvenirs endormis dans l'inconscient et avait fait revivre du passé.
[12] Compositeur de musique imaginé par Proust. Il sera question plus loin de « la petite phrase » d'une sonate de lui.
[13] comme je m'y étais résigné
[14] remis à plus tard
[15] davantage
[16] moi dans le moment présent
[17] au risque de

[18] à laquelle il était invité
[19] Il y avait passé le printemps de 1900.
[20] jamais satisfait
[21] dans la basilique de Venise
[22] *Dans la série* est le complément de *à leur rang*.
[23] Proust semble considérer la méditation comme un devoir.
[24] ordonnateur d'une réception mondaine
[25] table où sont disposés glaces, pâtisseries, rafraîchissements

vahit; les sensations étaient de grande chaleur [26] encore, mais toutes différentes, mêlées d'une odeur de fumée apaisée par la fraîche odeur d'un cadre forestier; et je reconnus que ce qui me paraissait si agréable était la même rangée d'arbres que j'avais trouvée ennuyeuse à observer et à décrire, et devant laquelle, débouchant la canette de bière que j'avais dans le wagon,[27] je venais de croire un instant, dans une sorte d'étourdissement, que je me trouvais, tant le bruit identique de la cuiller contre l'assiette m'avait donné, avant que j'eusse eu le temps de me ressaisir,[28] l'illusion du bruit du marteau d'un employé qui avait arrangé quelque chose à une roue de train pendant que nous étions arrêtés devant ce petit bois. Alors on eût dit que les signes qui devaient, ce jour-là, me tirer de mon découragement et me rendre la foi dans les lettres avaient à cœur de [29] se multiplier, car un maître d'hôtel depuis longtemps au service du prince de Guermantes m'ayant reconnu, et m'ayant apporté dans la bibliothèque où j'étais, pour m'éviter d'aller au buffet, un choix de petits fours, un verre d'orangeade, je m'essuyai la bouche avec la serviette qu'il m'avait donnée; mais aussitôt, comme le personnage des Mille et une Nuits qui, sans le savoir, accomplit précisément le rite [30] qui fait apparaître, visible pour lui seul, un docile génie,[31] prêt à le transporter au loin, une nouvelle vision d'azur passa devant mes yeux; mais il était pur et salin, il se gonfla en mamelles bleuâtres,[32] l'impression fut si forte que le moment que je vivais [33] me sembla être le moment actuel, plus hébété que le jour où je me demandais si j'allais vraiment être accueilli par la princesse de Guermantes ou si tout n'allait pas s'effondrer, je croyais que le domestique venait d'ouvrir la fenêtre sur la plage et que tout m'invitait à descendre me promener le long de la digue à marée haute; la serviette que j'avais prise pour m'essuyer la bouche avait précisément le genre de raideur et d'empesé de celle avec laquelle j'avais eu

tant de peine à me sécher devant la fenêtre, le premier jour de mon arrivée à Balbec, et maintenant, devant cette bibliothèque de l'hôtel de Guermantes, elle déployait, réparti dans ses plis et dans ses cassures, le plumage d'un océan vert et bleu comme la queue d'un paon. Et je ne jouissais pas que [34] de ces couleurs, mais de tout un instant de ma vie qui les soulevait, qui avait été sans doute aspirations vers elles, dont quelque sentiment de fatigue ou de tristesse m'avait peut-être empêché de jouir à Balbec, et qui maintenant, débarrassé de ce qu'il y a d'imparfait dans la perception extérieure,[35] pur [36] et désincarné, me gonflait d'allégresse. Le morceau qu'on jouait pouvait finir d'un moment à l'autre et je pouvais être obligé d'entrer au salon. Aussi je m'efforçais de tâcher de voir clair le plus vite possible dans la nature des plaisirs identiques que je venais, par trois fois en quelques minutes, de ressentir, et ensuite de dégager l'enseignement que je devais en tirer. Sur l'extrême différence qu'il y a entre l'impression vraie [37] que nous avons eue d'une chose et l'impression factice [38] que nous nous en donnons quand volontairement nous essayons de nous la représenter, je ne m'arrêtais pas; [39] me rappelant trop avec quelle indifférence relative Swann avait pu parler autrefois des jours où il était aimé, parce que sous cette phrase [40] il voyait autre chose qu'eux, et de la douleur subite que lui avait causée la petite phrase de Vinteuil en lui rendant ces jours eux-mêmes tels qu'il les avait jadis sentis, je comprenais trop que ce que la sensation des dalles inégales, la raideur de la serviette, le goût de la madeleine avaient réveillé en moi, n'avait aucun rapport avec ce que je cherchais souvent à me rappeler de Venise, de Balbec, de Combray, à l'aide d'une mémoire uniforme; [41] et je comprenais que la vie pût être jugée médiocre, bien qu'à certains moments elle parût si belle, parce que dans le premier cas c'est sur tout autre chose qu'elle-même, sur des images qui ne gardent rien d'elle, qu'on la juge et

---

[26] comme dans les jours d'autrefois
[27] en chemin de fer, aux abords de la côte normande
[28] reprendre conscience de ma vraie situation
[29] voulaient absolument
[30] geste magique
[31] esprit de la mythologie orientale
[32] les vagues de la mer
[33] par la force du souvenir

[34] seulement
[35] et immédiate
[36] devenu pur
[37] vécue et sentie
[38] obtenue artificiellement par l'intelligence
[39] Je n'y réfléchissais pas.
[40] « les jours où j'étais aimé »
[41] non la mémoire involontaire à soubresauts

qu'on la déprécie. Tout au plus notais-je accessoirement [42] que la différence qu'il y a entre chacune des impressions réelles — différences qui expliquent qu'une peinture uniforme de la vie ne puisse être ressemblante — tenait probablement à cette cause : que la moindre parole que nous avons dite à une époque de notre vie, le geste le plus insignifiant que nous avons fait était entouré, portait sur lui le reflet des choses qui logiquement ne tenaient pas à lui, en ont été séparées par l'intelligence, qui n'avait rien à faire d'elles pour les besoins du raisonnement, mais au milieu desquelles — ici reflet rose du soir sur le mur fleuri d'un restaurant champêtre, sensation de faim, désir des femmes, plaisir du luxe; là volutes bleues de la mer matinale enveloppant des phrases musicales qui en émergent partiellement comme les épaules des ondines [43] — le geste, l'acte le plus simple reste enfermé comme dans mille vases clos dont chacun serait rempli de choses d'une couleur, d'une odeur, d'une température absolument différentes; sans compter que ces vases, disposés sur toute la hauteur de nos années pendant lesquelles nous n'avons cessé de changer, fût-ce seulement de rêve et de pensée, sont situés à des altitudes bien diverses, et nous donnent la sensation d'atmosphères singulièrement variées.[44] Il est vrai que, ces changements, nous les avons accomplis insensiblement; mais entre le souvenir qui nous revient brusquement et notre état actuel, de même qu'entre deux souvenirs d'années, de lieux, d'heures différentes, la distance est telle que cela suffirait, en dehors même d'une originalité spécifique,[45] à les rendre incomparables les uns aux autres. Oui, si le souvenir, grâce à l'oubli, n'a pu contracter aucun lien, jeter aucun chaînon entre lui et la minute présente, s'il est resté à sa place, à sa date, s'il a gardé ses distances, son isolement dans le creux d'une vallée ou à la pointe d'un sommet, il nous fait tout à coup [46] respirer un air nouveau, précisément parce que c'est un air qu'on a respiré autrefois, cet air plus pur que les poètes ont vainement

essayé de faire régner dans le Paradis [47] et qui ne pourrait donner cette sensation profonde de renouvellement que s'il avait été respiré déjà, car les vrais paradis sont les paradis qu'on a perdus. Et, au passage, je remarquais qu'il y aurait dans l'œuvre d'art que je me sentais prêt déjà, sans m'y être consciemment [48] résolu, à entreprendre, de grandes difficultés. Car j'en devrais exécuter les parties successives dans une matière en quelque sorte différente. Elle serait bien différente, celle qui conviendrait aux souvenirs de matins au bord de la mer, de celle d'après-midi à Venise, une matière distincte, nouvelle, d'une transparence, d'une sonorité spéciale, compacte, fraîchissante et rose, et différente encore si je voulais décrire les soirs de Rivebelle où, dans la salle à manger ouverte sur le jardin, la chaleur commençait à se décomposer, à retomber, à se déposer, où une dernière lueur éclairait encore les roses sur les murs du restaurant tandis que les dernières aquarelles [49] du jour étaient encore visibles au ciel. Je glissais rapidement sur tout cela, plus impérieusement sollicité que j'étais de chercher la cause de cette félicité, du caractère de certitude avec lequel elle s'imposait, recherche ajournée autrefois. Or, cette cause, je la devinais en comparant entre elles ces diverses impressions bienheureuses et qui avaient entre elles ceci de commun que je les éprouvais à la fois dans le moment actuel et dans un moment éloigné où le bruit de la cuiller sur l'assiette, l'inégalité des dalles, le goût de la madeleine allaient jusqu'à faire empiéter le passé sur le présent, à [50] me faire hésiter à savoir dans lequel des deux je me trouvais; au vrai, l'être qui alors goûtait en moi cette impression la goûtait en ce qu'elle avait de commun dans un jour ancien et maintenant, dans ce qu'elle avait d'extra-temporel, un être qui n'apparaissait que quand, par une de ces identités entre le présent et le passé, il pouvait se trouver dans le seul milieu où il pût vivre,[51] jouir de l'essence des choses,[52] c'est-à-dire en dehors du temps. Cela expliquait que mes inquiétudes au

[42] comme idée secondaire
[43] génies élémentaires des eaux
[44] Proust compare les souvenirs conservés dans l'inconscient à des vases très différents les uns des autres et remplis chacun d'un liquide particulier, unique.
[45] propre à chacun d'eux
[46] par un phénomène de mémoire involontaire

[47] Proust pense au *Paradis* de Dante.
[48] avec réflexion
[49] douces couleurs (métaphore)
[50] au point de
[51] vivre réellement, concrètement
[52] le fond central et irréductible des choses et, pour ainsi dire, leur âme

sujet de ma mort eussent cessé au moment où j'avais reconnu, inconsciemment, le goût de la petite madeleine, puisqu'à ce moment-là l'être que j'avais été était un être extra-temporel, par conséquent insoucieux des vicissitudes de l'avenir.[53] Cet être-là n'était jamais venu à moi, ne s'était jamais manifesté qu'en dehors de l'action, de la jouissance immédiate, chaque fois que le miracle d'une analogie m'avait fait échapper au présent. Seul il avait le pouvoir de me faire retrouver les jours anciens, le Temps Perdu, devant quoi les efforts de ma mémoire[54] et de mon intelligence échouaient toujours.

Et peut-être, si tout à l'heure je trouvais que Bergotte avait jadis dit faux en parlant des joies de la vie spirituelle, c'était parce que j'appelais vie spirituelle, à ce moment-là, des raisonnements logiques qui étaient sans rapport avec elle, avec ce qui existait en moi à ce moment — exactement comme j'avais pu trouver le monde et la vie ennuyeux parce que je les jugeais d'après des souvenirs sans vérité, alors que j'avais un tel appétit de vivre, maintenant que venait de renaître en moi, à trois reprises, un véritable[55] moment du passé.

Rien qu'un moment du passé? Beaucoup plus, peut-être; quelque chose qui, commun à la fois au passé et au présent, est beaucoup plus essentiel qu'eux deux.

Tant de fois, au cours de ma vie, la réalité m'avait déçu parce que, au moment où je la percevais, mon imagination, qui était mon seul organe pour jouir de la beauté, ne pouvait s'appliquer à elle, en vertu de la loi inévitable qui veut qu'on ne puisse imaginer que ce qui est absent. Et voici que soudain l'effet de cette dure loi s'était trouvé neutralisé, suspendu, par un expédient[56] merveilleux de la nature, qui avait fait miroiter une sensation — bruit de la fourchette et du marteau, même inégalité de pavés — à la fois dans le passé, ce qui permettait à mon imagination de la goûter, et dans le présent où l'ébranlement effectif de mes sens par le bruit, le contact avait ajouté aux rêves de l'imagination ce dont ils sont habituellement dépourvus,

l'idée d'existence et, grâce à ce subterfuge,[57] avait permis à mon être d'obtenir, d'isoler, d'immobiliser — la durée d'un éclair — ce qu'il n'appréhende jamais: un peu de temps à l'état pur. L'être qui était rené en moi quand, avec un tel frémissement de bonheur, j'avais entendu le bruit commun à la fois à la cuiller qui touche l'assiette et au marteau qui frappe sur la roue, à l'inégalité pour les pas des pavés de la cour Guermantes et du baptistère de Saint-Marc, cet être-là ne se nourrit que de l'essence des choses, en elles seulement il trouve sa subsistance, ses délices. Il languit dans l'observation du présent où les sens ne peuvent la[58] lui apporter, dans la considération d'un passé[59] que l'intelligence lui dessèche, dans l'attente d'un avenir que la volonté construit avec des fragments du présent et du passé auxquels elle retire encore de leur réalité, ne conservant d'eux que ce qui convient à la fin utilitaire, étroitement humaine, qu'elle leur assigne. Mais qu'un bruit déjà entendu, qu'une odeur respirée jadis, le soient[60] de nouveau, à la fois dans le présent et dans le passé, réels sans être actuels,[61] idéaux sans être abstraits,[62] aussitôt l'essence permanente et habituellement cachée des choses se trouve libérée et notre vrai moi qui, parfois depuis longtemps, semblait mort, mais ne l'était pas autrement, s'éveille, s'anime en recevant la céleste[63] nourriture qui lui est apportée. Une minute affranchie de l'ordre du temps[64] a recréé en nous pour la sentir l'homme affranchi de l'ordre du temps. Et celui-là on comprend qu'il soit confiant dans sa joie, même si le simple goût d'une madeleine ne semble pas contenir logiquement les raisons de cette joie, on comprend que le mot de « mort » n'ait pas de sens pour lui; situé hors du temps, que pourrait-il craindre de l'avenir? Mais ce trompe-l'œil[65] qui mettait près de moi un moment du passé, incompatible avec le présent, ce trompe-l'œil ne durait pas. Certes, on peut prolonger les spectacles de la mémoire volontaire, qui n'engage pas plus de forces de nous-

[53] Y compris la mort.
[54] la mémoire volontaire et intellectuelle
[55] réellement revécu
[56] moyen anormal

[57] ruse
[58] l'essence des choses
[59] par la voie de la mémoire volontaire
[60] entendus et respirés
[61] présents à l'oreille et au nez
[62] hors de la réalité sensible
[63] qui semble venue du ciel
[64] succession logique des événements
[65] cette illusion

mêmes que feuilleter un livre d'images. Ainsi jadis, par exemple, le jour où je devais aller pour la première fois chez la princesse de Guermantes, de la cour ensoleillée de notre maison de Paris j'avais paresseusement regardé,[66] à mon choix, tantôt la place de l'Église à Combray, ou la plage de Balbec, comme j'aurais illustré le jour qu'il faisait en feuilletant un cahier d'aquarelles prises dans les divers lieux où j'avais été et où, avec un plaisir égoïste de collectionneur, je m'étais dit, en cataloguant ainsi les illustrations de ma mémoire: « J'ai tout de même vu de belles choses dans ma vie. » Alors ma mémoire affirmait sans doute la différence des sensations, mais elle ne faisait que combiner entre eux des éléments homogènes.[67] Il n'en avait plus été de même dans les trois souvenirs que je venais d'avoir et où, au lieu de me faire une idée plus flatteuse de mon moi, j'avais, au contraire, presque douté de la réalité actuelle de ce moi. De même que le jour où j'avais trempé la madeleine dans l'infusion chaude, au sein de l'endroit où je me trouvais (que cet endroit fût, comme ce jour-là, ma chambre de Paris, ou, comme aujourd'hui en ce moment, la bibliothèque du prince de Guermantes, un peu avant la cour de son hôtel), il y avait eu en moi, irradiant[68] d'une petite zone autour de moi, une sensation (goût de la madeleine trempée, bruit métallique, sensation de pas inégaux) qui était commune à cet endroit (où je me trouvais) et aussi à un autre endroit (chambre de ma tante Léonie, wagon de chemin de fer, baptistère de Saint-Marc). Au moment où je raisonnais ainsi, le bruit strident d'une conduite d'eau, tout à fait pareil à ces longs cris que parfois l'été les navires de plaisance faisaient entendre le soir au large de Balbec, me fit éprouver (comme me l'avait déjà fait une fois à Paris, dans un grand restaurant, la vue d'une luxueuse salle à manger à demi vide, estivale[69] et chaude) bien plus qu'une sensation simplement analogue à celle que j'avais à la fin de l'après-midi, à Balbec, quand, toutes les tables étant déjà couvertes de leur nappe et de leur argenterie, les vastes baies vitrées restant ouvertes tout en grand sur la digue, sans un seul intervalle,[70] un seul « plein » de verre ou de pierre, tandis que le soleil descendait lentement sur la mer où commençaient à errer les navires, je n'avais, pour rejoindre Albertine[71] et ses amies qui se promenaient sur la digue, qu'à enjamber le cadre de bois à peine plus haut que ma cheville, dans la charnière duquel on avait fait pour l'aération de l'hôtel glisser toutes ensemble les vitres qui se continuaient. Ce n'était d'ailleurs pas seulement un écho, un double d'une sensation passée que venait de me faire éprouver le bruit de la conduite d'eau, mais cette sensation elle-même. Dans ce cas-là comme dans tous les précédents, la sensation commune avait cherché à recréer autour d'elle le lieu ancien, cependant que le lieu actuel qui en tenait la place s'opposait de toute résistance de sa masse à cette immigration[72] dans un hôtel de Paris d'une plage[73] normande ou d'un talus d'une voie de chemin de fer. La salle à manger marine de Balbec, avec son linge damassé[74] préparé comme des nappes d'autel pour recevoir le coucher du soleil,[75] avait cherché à ébranler la solidité de l'hôtel de Guermantes,[76] d'en forcer les portes et avait fait vaciller un instant les canapés autour de moi, comme elle avait fait un autre jour pour les tables d'un restaurant de Paris. Toujours, dans ces résurrections-là, le lieu lointain engendré autour de la sensation commune s'était accouplé un instant comme un lutteur au lieu actuel. Toujours le lieu actuel avait été vainqueur; toujours c'était le vaincu qui m'avait paru le plus beau, si bien que j'étais resté en extase[77] sur le pavé inégal comme devant la tasse de thé, cherchant à maintenir aux moments où ils apparaissaient, à faire réapparaître dès qu'ils m'avaient échappé, ce Combray, cette Venise, ce Balbec envahissants et refoulés qui s'élevaient pour m'abandonner ensuite au sein de ces lieux nouveaux, mais

---

[66] dans mon esprit
[67] de même nature dans toutes leurs parties
[68] s'épanouissant lumineusement
[69] qui sentait l'été
[70] partie de mur ou de vitres fermées
[71] personnage du *Temps perdu*, objet de l'amour de Marcel
[72] produite par le souvenir
[73] *Plage* est le complément de *immigration*.
[74] agrémenté de dessins
[75] comparaison du rayon de soleil couchant au saint ciboire sur un autel d'église
[76] exagération ironique pour faire mieux comprendre la pensée
[77] ravissement qui semble transporter l'âme hors du corps

perméables pour [78] le passé. Et si le lieu actuel n'avait pas été aussitôt vainqueur, je crois que j'aurais perdu connaissance; [79] car ces résurrections du passé, dans la seconde qu'elles durent, sont si totales qu'elles n'obligent pas seulement nos yeux à cesser de voir la chambre qui est près d'eux pour regarder la voie bordée d'arbres ou la marée montante.[80] Elles forcent nos narines à respirer l'air de lieux pourtant si lointains, notre volonté à choisir entre les divers projets qu'ils nous proposent, notre personne tout entière à se croire entourée par eux, ou du moins à trébucher entre eux et les lieux présents, dans l'étourdissement d'une incertitude pareille à celle qu'on éprouve parfois devant une vision ineffable,[81] au moment de s'endormir.

De sorte que ce que l'être par trois et quatre fois ressuscité en moi venait de goûter, c'était peut-être bien des fragments d'existence soustraits au temps, mais cette contemplation, quoique d'éternité, était fugitive. Et pourtant je sentais que le plaisir qu'elle m'avait donné à de rares intervalles dans ma vie était le seul qui fût fécond et véritable. Le signe de l'irréalité [82] des autres ne se montre-t-il pas assez, soit dans leur impossibilité à nous satisfaire, comme, par exemple, les plaisirs mondains qui causent tout au plus le malaise provoqué par l'ingestion d'une nourriture abjecte, ou celui de l'amitié qui est une simulation [83] puisque, pour quelques raisons morales qu'il le fasse,[84] l'artiste qui renonce à une heure de travail pour une heure de causerie avec un ami sait qu'il sacrifie une réalité pour quelque chose qui n'existe pas (les amis n'étant des amis que dans cette douce folie que nous avons au cours de la vie, à laquelle nous nous prêtons, mais que du fond de notre intelligence savons l'erreur d'un fou qui croirait que les meubles vivent et causerait avec eux),[85] soit dans la tristesse qui suit leur satisfaction,[86] comme celle que j'avais eue, le jour où

j'avais été présenté à Albertine, de m'être donné un mal pourtant bien petit afin d'obtenir une chose — connaître cette jeune fille — qui ne me semblait petite que parce que je l'avais obtenue. Même un plaisir plus profond, comme celui que j'aurais pu éprouver quand j'aimais Albertine, n'était en réalité perçu qu'inversement [87] par l'angoisse que j'avais quand elle n'était pas là, car quand j'étais sûr qu'elle allait arriver, comme le jour où elle était revenue du Trocadéro,[88] je n'avais pas cru éprouver plus qu'un vague ennui, tandis que je m'exaltais de plus en plus au fur et à mesure que j'approfondissais le bruit du couteau ou le goût de l'infusion, avec une joie croissante pour moi qui avais fait entrer [89] dans ma chambre la chambre de ma tante Léonie et, à sa suite, tout Combray et ses deux côtés. Aussi, cette contemplation de l'essence des choses, j'étais maintenant décidé à m'attacher à elle, à la fixer, mais comment? par quel moyen? Sans doute, au moment où la raideur de la serviette m'avait rendu Balbec et pendant un instant avait caressé mon imagination, non pas seulement de la vue de la mer telle qu'elle était ce matin-là, mais de l'odeur de la chambre, de la vitesse du vent, du désir du déjeuner, de l'incertitude entre les diverses promenades, tout cela attaché à la sensation du large,[90] comme les ailes des roues à aubes [91] dans leur course vertigineuse; sans doute, au moment où l'inégalité des deux pavés avait prolongé les images desséchées et nues que j'avais de Venise et de Saint-Marc dans tous les sens et toutes les dimensions, de toutes les sensations que j'y avais éprouvées, raccordant la place à l'église, l'embarcadère à la place, le canal à l'embarcadère, et à tout ce que les yeux voient du monde de désirs qui n'est réellement vu que de l'esprit, j'avais été tenté, sinon, à cause de la saison, d'aller me promener sur les eaux pour moi surtout printanières de Venise; [92] du moins de retourner à Balbec. Mais je ne m'ar-

---

[78] qui se laissaient traverser par
[79] Je me serais évanoui.
[80] à travers le souvenir
[81] impossible à traduire en paroles
[82] fausse réalité
[83] un faire-semblant
[84] Ce membre de phrase est une parenthèse à situer entre *renonce* et *à une heure.*
[85] curieux et terrible scepticisme à l'égard du sentiment d'amitié
[86] la satisfaction des autres plaisirs

[87] dans son contraire (expliqué par le reste de la phrase)
[88] allusion à un épisode de la jalousie que lui avait fait éprouver Albertine
[89] Par le souvenir. Les deux côtés étaient deux promenades, l'une du côté de Méséglise et de Swann, l'autre du côté de la famille Guermantes.
[90] la haute mer
[91] roues des vieux bateaux à vapeur conçues comme des moulins à eau
[92] Il les avait vues au printemps.

rêtai pas un instant à cette pensée; non seulement je savais que les pays n'étaient pas tels que leur nom me les peignait, et qui avait été le leur quand je me les représentais. Il n'y avait plus guère que dans mes rêves, en dormant, qu'un lieu s'étendait devant moi, fait de la pure matière entièrement distincte des choses communes qu'on voit, qu'on touche. Mais même en ce qui concernait ces images d'un autre genre encore, celles du souvenir, je savais que la beauté de Balbec, je ne l'avais trouvée quand j'y étais allé, et celle même qu'il m'avait laissée, celle du souvenir, ce n'était plus celle que j'avais retrouvée à mon second séjour. J'avais trop expérimenté [93] l'impossibilité d'atteindre dans la réalité ce qui était au fond de moi-même. Ce n'était pas plus sur la place Saint-Marc que ce n'avait été à mon second voyage à Balbec, ou à mon retour à Tansonville, pour voir Gilberte,[94] que je retrouverais le Temps Perdu, et le voyage que ne faisait que me proposer une fois de plus l'illusion que ces impressions anciennes existaient hors de moi-même, au coin d'une certaine place, ne pouvait être le moyen que je cherchais. Je ne voulais pas me laisser leurrer une fois de plus, car il s'agissait pour moi de savoir enfin s'il était vraiment possible d'atteindre ce que, toujours déçu comme je l'avais été en présence des lieux et des êtres, j'avais (bien qu'une fois la pièce pour concert de Vinteuil eût semblé me dire le contraire) cru irréalisable. Je n'allais donc pas tenter une expérience de plus dans la voie que je savais depuis longtemps ne mener à rien. Des impressions telles que celles que je cherchais à fixer ne pouvaient que s'évanouir au contact d'une jouissance directe qui a été impuissante à les faire naître. La seule manière de les goûter davantage c'était de tâcher de les connaître plus complètement là où elles se trouvaient, c'est-à-dire en moi-même, de les rendre claires jusque dans leurs profondeurs. Je n'avais pu connaître le plaisir à Balbec, pas plus que celui de vivre avec Albertine, lequel ne m'avait été perceptible qu'après coup. Et si je faisais la récapitulation des déceptions de ma vie, en tant que vécue,[95] qui me faisaient croire que sa réalité devait résider ailleurs qu'en l'action et ne

rapprochait pas d'une manière purement fortuite, et en suivant les vicissitudes de mon existence, des désappointements différents, je sentais bien que la déception du voyage, la déception de l'amour n'étaient pas des déceptions différentes, mais l'aspect varié que prend, selon le fait auquel elle s'applique,[96] l'impuissance que nous avons à nous réaliser [97] dans la jouissance matérielle, dans l'action effective. Et repensant à cette joie extra-temporelle causée, soit par le bruit de la cuiller, soit par le goût de la madeleine, je me disais: « Était-ce cela ce bonheur proposé par la petite phrase de la sonate [98] à Swann qui s'était trompé en l'assimilant au plaisir de l'amour et n'avait pas su le trouver dans la création artistique; ce bonheur que m'avait fait pressentir comme plus supra-terrestre encore que n'avait fait la petite phrase de la sonate l'appel [99] rouge et mystérieux de ce septuor que Swann n'avait pu connaître, étant mort, comme tant d'autres, avant que la vérité faite pour eux eût été révélée? D'ailleurs, elle n'eût pu lui servir, car cette phrase pouvait bien symboliser un appel, mais non créer des forces et faire de Swann l'écrivain qu'il n'était pas. » Cependant, je m'avisai au bout d'un moment et après avoir pensé à ces résurrections de la mémoire que, d'une autre façon, des impressions obscures avaient quelquefois, et déjà à Combray, du côté de Guermantes,[100] sollicité ma pensée, à la façon de ces réminiscences, mais qui cachaient non une sensation d'autrefois, mais une vérité nouvelle, une image précieuse que je cherchais à découvrir par des efforts du même genre que ceux qu'on fait pour se rappeler quelque chose, comme si nos plus belles idées étaient comme des airs de musique qui nous reviendraient sans que nous les eussions jamais entendus, et que nous nous efforcerions d'écouter, de transcrire. Je me souviens avec plaisir, parce que cela me montrait que j'étais déjà le même alors et que cela recouvrait un trait fondamental de ma nature, avec tristesse aussi en pensant que depuis lors je n'avais jamais progressé, que déjà à Combray je fixais avec attention devant mon esprit quelque image qui m'avait forcé à la regarder, un nuage,

[93] fait l'expérience de
[94] jeune fille dont il avait été amoureux
[95] réellement et concrètement

[96] *Elle:* l'impuissance, etc.
[97] sentir notre réalité véritable
[98] sonate de Vinteuil
[99] *l'appel*, etc.: sujet de *m'avait fait pressentir*
[100] *côté de Guermantes:* cf. la note 89

un triangle, un clocher, une fleur, un caillou, en sentant qu'il y avait peut-être sous ces signes quelque chose de tout autre que je devais tâcher de découvrir, une pensée qu'ils traduisaient à la façon de ces caractères hiéroglyphes [101] qu'on croirait représenter seulement des objets matériels. Sans doute, ce déchiffrage était difficile, mais seul il donnait quelque vérité à lire. Car les vérités que l'intelligence saisit directement à claire-voie dans le monde de la pleine lumière ont quelque chose de moins profond, de moins nécessaire que celles que la vie nous a malgré nous communiquées en une impression, matérielle parce qu'elle est entrée par nos sens, mais dont nous pouvons dégager l'esprit. En somme, dans ce cas comme dans l'autre, qu'il s'agisse d'impressions comme celles que m'avait données la vue des clochers de Martinville, ou de réminiscences comme celle de l'inégalité des deux marches ou le goût de la madeleine, il fallait tâcher d'interpréter les sensations comme les signes d'autant de lois et d'idées, en essayant de penser, c'est-à-dire de faire sortir de la pénombre ce que j'avais senti, de le convertir en un équivalent spirituel. Or, ce moyen qui me paraissait le seul, qu'était-ce autre chose que faire une œuvre d'art? Et déjà les conséquentes se pressaient dans mon esprit; car qu'il s'agît de réminiscences dans le genre du bruit de la fourchette ou du goût de la madeleine, ou de ces vérités écrites à l'aide de figures dont j'essayais de chercher le sens dans ma tête, où, clochers, herbes folles, elles composaient un grimoire [102] compliqué et fleuri, leur premier caractère était que je n'étais pas libre de les choisir, qu'elles m'étaient données telles quelles. Et je sentais que ce devait être la griffe [103] de leur authenticité. Je n'avais pas été chercher les deux pavés de la cour où j'avais buté. Mais justement la façon fortuite, inévitable, dont la sensation avait été rencontrée contrôlait [104] la vérité d'un passé qu'elle ressuscitait, des images qu'elle déclenchait, puisque nous sentons son effort pour remonter vers la lumière, que nous sentons la joie du réel retrouvé. Elle est le contrôle de la vérité de tout le tableau fait d'impressions contemporaines,

qu'elle ramène à sa suite avec cette infaillible proportion de lumière et d'ombre, de relief et d'omission, de souvenir et d'oubli, que la mémoire ou l'observation conscientes ignoreront toujours.

Le livre intérieur de ces signes inconnus (de signes en relief, semblait-il, que mon attention explorant mon inconscient [105] allait chercher, heurtait, contournait, comme un plongeur qui sonde), pour sa lecture [106] personne ne pouvait m'aider d'aucune règle, cette lecture consistant en un acte de création où nul ne peut nous suppléer, ni même collaborer avec nous. Aussi combien se détournent de l'écrire, que de tâches n'assume-t-on pas pour éviter celle-là. Chaque événement, que ce fût l'affaire Dreyfus, [107] que ce fût la guerre, [108] avait fourni d'autres excuses aux écrivains pour ne pas déchiffrer ce livre-là; ils voulaient assurer le triomphe du droit, [109] refaire l'unité morale de la nation, [110] n'avaient pas le temps de penser à la littérature. Mais ce n'étaient que des excuses parce qu'ils n'avaient pas ou plus [111] de génie, c'est-à-dire d'instinct. Car l'instinct dicte le devoir [112] et l'intelligence fournit les prétextes pour l'éluder. Seulement les excuses ne figurent point dans l'art, les intentions n'y sont pas comptées, à tout moment l'artiste doit écouter son instinct, ce qui fait que l'art est ce qu'il y a de plus réel, la plus austère école de la vie, et le vrai Jugement dernier. Ce livre, [113] le plus pénible de tous à déchiffrer, est aussi le seul que nous ait dicté la réalité, le seul dont « l'impression » [114] ait été faite en nous par la réalité même. De quelque idée laissée en nous par la vie qu'il s'agisse, sa figure matérielle, trace de l'impression qu'elle nous a faite, est encore le gage de sa vérité nécessaire. Les idées formées par l'intelligence pure n'ont qu'une vérité logique, une vérité possible, leur

---

[101] caractères consistant en figures symboliques (écriture de l'ancienne Égypte)
[102] un texte difficile à déchiffrer
[103] empreinte faisant signature
[104] servait de garantie à

[105] vie intérieure hors de la zone qu'éclaire la raison
[106] pour le lire (le livre)
[107] La France, à la fin du dix-neuvième siècle, s'est passionnée pour et contre l'innocence du capitaine Dreyfus accusé de trahison par l'État-Major.
[108] guerre de 1914–1918
[109] par la guerre
[110] après l'Affaire Dreyfus
[111] ou n'avaient plus
[112] *devoir*: lire dans le « livre intérieur »
[113] le « livre intérieur »
[114] dans notre être profond

Portrait de Marcel Proust. Collection particulière. (Photographie Giraudon)

élection [115] est arbitraire. Le livre aux caractères figurés, non tracés par nous,[116] est notre seul livre. Non que les idées que nous formons ne puissent être justes logiquement, mais nous ne savons pas si elles sont vraies. Seule l'impression, si chétive qu'en semble la matière, si invraisemblable la trace, est un critérium de vérité et à cause de cela mérite seule d'être appréhendée par l'esprit, car elle est seule capable, s'il sait en dégager cette vérité, de l'amener à une plus grande perfection et de lui donner une pure joie. L'impression est pour l'écrivain ce qu'est l'expérimentation pour le savant, avec cette différence que chez le savant le travail de l'intelligence précède et chez l'écrivain vient après. Ce que nous n'avons pas eu à déchiffrer, à éclaircir par notre effort personnel, ce qui était clair avant nous, n'est pas à nous. Ne vient de nous-même que ce que nous tirons de l'obscurité qui est en nous et que ne connaissent pas les autres. Et comme l'art recompose exactement la vie, autour de ces vérités qu'on a atteintes en soi-même flotte une atmosphère de poésie, la douceur d'un mystère qui n'est que la pénombre que nous avons traversée. Un rayon oblique du couchant me rappelle instantanément un temps auquel je n'avais jamais repensé et où dans ma

petite enfance, comme ma tante Léonie avait une fièvre que le Dr Percepied avait craint typhoïde, [117] on m'avait fait habiter une semaine la petite chambre qu'Eulalie [118] avait sur la place de l'Église, et où il n'y avait qu'une sparterie [119] par terre et à la fenêtre un rideau de percale, bourdonnant [120] toujours d'un soleil auquel je n'étais pas habitué. Et en voyant comme le souvenir de cette petite chambre d'ancienne domestique ajoutait tout d'un coup à ma vie passée une longue étendue si différente du reste et si délicieuse, je pensai par contraste au néant d'impressions qu'avaient apporté dans ma vie les fêtes les plus somptueuses dans les hôtels les plus princiers. La seule chose un peu triste dans cette chambre d'Eulalie était qu'on y entendait le soir, à cause de la proximité du viaduc, les hululements des trains. Mais comme je savais que ces beuglements émanaient de machines réglées, ils ne m'épouvantaient pas comme auraient pu faire, à une époque de la préhistoire, les cris poussés par un mammouth [121] voisin dans sa promenade libre et désordonnée.

[117] craint d'avoir à diagnostiquer typhoïde
[118] une ancienne domestique de la maison
[119] tapis-brosse
[120] faisant un bruit d'abeilles au soleil
[121] énorme éléphant de l'époque quaternaire

[115] choix
[116] mais imprimés en nous malgré nous

ANTOINE DE SAINT-EXUPÉRY (1900-1944)

Né à Lyon, mais d'origine limousine, orphelin de père à quatre ans, Antoine de Saint-Exupéry, que ses intimes appelaient St. Ex., a fait des études un peu distraites et a échoué au concours de l'École Navale. Ayant accompli son service militaire dans l'aviation, il se fit engager en 1926 comme pilote d'avion commercial à la compagnie Latécoère.

L'HOMME

Il a assuré le courrier sur la ligne Toulouse-Casablanca-Dakar, puis a organisé une ligne en Amérique du sud. Il a tiré de cette expérience des leçons d'énergie qu'il a publiées dans *Courrier-Sud* (1929) et *Vol de nuit* (1931). Ce dernier livre ayant obtenu le prix Femina, Saint-Exupéry s'est trouvé entraîné dans une existence de journalisme et de conférences à travers le monde.

La guerre de 1940 l'a amené, après plusieurs missions périlleuses au cours de la campagne de France, en Afrique du nord, ensuite aux États-Unis, où il publia *Pilote de guerre* en 1942, puis, l'année suivante, la *Lettre à un otage* et *Le Petit Prince*.

Il reprit le combat en Afrique au cours de l'année 1944, affronta l'ennemi plusieurs fois, et fut porté disparu le 31 juillet.

L'ŒUVRE

Saint-Exupéry a tiré son œuvre directement de son métier, et c'est son métier qui lui a donné un monde nouveau à dépeindre (le monde des étoiles et de la pureté), un tragique total à exprimer (celui du danger perpétuel et des aventures mortelles), un style même (concis, concret, frémissant), une morale enfin (celle du stoïcisme héroïque et de la solidarité humaine).

Son grand livre de pensée est *La Citadelle* (posthume, 1948), hommage éloquant à la hiérarchie et à l'âme des chefs, mais inutilement chargé de Nietzschéisme. Son chef-d'œuvre littéraire est *Terre des hommes* (1939). Nous en extrayons le chapitre dans lequel il célèbre la gloire de deux camarades illustres.

Terre des hommes

LES CAMARADES

Quelques camarades, dont Mermoz,[1] fondèrent la ligne française de Casablanca à Dakar, à travers le Sahara[2] insoumis. Les moteurs d'alors ne résis- 5 tant guère, une panne livra Mermoz aux Maures;[3] ils hésitèrent à le massacrer, le gardèrent quinze jours prisonnier, puis le revendirent. Et Mermoz reprit ses courriers[4] au-dessus des mêmes terri- toires. 10

Lorsque s'ouvrit la ligne d'Amérique, Mermoz, toujours à l'avant-garde,[5] fut chargé d'étudier le tronçon de Buenos-Aires à Santiago, et, après un pont[6] sur le Sahara, de bâtir un pont au-dessus des Andes.[7] On lui confia un avion qui plafonnait[8] à 15 cinq mille deux cents mètres. Les crêtes de la Cor-

dillère s'élèvent à sept mille mètres. Et Mermoz décolla pour chercher des trouées.[9] Après le sable, Mermoz affronta la montagne, ces pics qui, dans le vent, lâchent leur écharpe de neige,[10] ce pâlisse- ment des choses avant l'orage, ces remous si durs qui, subis entre deux murailles de rocs, obligent le pilote à une sorte de lutte au couteau.[11] Mermoz s'engageait dans ces combats sans rien connaître de l'adversaire, sans savoir si l'on sort en vie[12] de telles étreintes. Mermoz « essayait » pour les autres.

Enfin, un jour, à force « d'essayer », il se décou- vrit prisonnier des Andes.

Échoués, à quatre mille mètres d'altitude, sur un plateau aux parois verticales, son mécanicien et lui cherchèrent pendant deux jours à s'évader. Ils étaient pris. Alors, ils jouèrent leur dernière chance, lancèrent l'avion vers le vide, rebondirent dure- ment sur le sol inégal, jusqu'au précipice, où ils coulèrent. L'avion, dans la chute, prit enfin assez de 20 vitesse pour obéir de nouveau aux commandes.[13] Mermoz le redressa face à une crête, toucha la

---

[1] Grand aviateur français (1901–36). Saint-Exupéry va résumer sa vie et évoquer sa mort.
[2] Vaste désert de l'Afrique septentrionale. Il est aujour- d'hui soumis et se civilise.
[3] populations indigènes de l'Afrique septentrionale
[4] transports réguliers de correspondance
[5] au premier rang dans une action collective
[6] « Pont aérien », établissement de vols réguliers par voie bien étudiée
[7] chaîne de hautes montagnes qui domine le côté occi- dental de l'Amérique du sud
[8] exécutait son plus haut vol

[9] ouvertures naturelles dans la chaîne
[10] neige sous forme d'immense écharpe (métaphore)
[11] lutte soutenue de très près (métaphore)
[12] *en vie:* vivant
[13] leviers de transmission

crête, et, l'eau fusant de toutes les tubulures[14] crevées dans la nuit par le gel, déjà en panne après
sept minutes de vol, découvrit la plaine chilienne,
sous lui, comme une terre promise.

Le lendemain, il recommençait.

Quand les Andes furent bien explorées, une fois
la technique des traversées bien au point,[15] Mermoz
confia ce tronçon à son camarade Guillaumet et s'en
fut explorer la nuit.

L'éclairage de nos escales[16] n'était pas encore réalisé, et sur les terrains d'arrivée, par nuit noire, on
alignait en face de Mermoz la maigre illumination
de trois feux d'essence.

Il s'en tira et ouvrit la route.

Lorsque la nuit fut bien apprivoisée,[17] Mermoz
essaya l'Océan. Et le courrier, dès 1931, fut transporté, pour la première fois, en quatre jours, de
Toulouse à Buenos-Aires. Au retour, Mermoz subit une panne d'huile au centre de l'Atlantique Sud
et sur une mer démontée. Un navire le sauva, lui,
son courrier et son équipage.

Ainsi Mermoz avait défriché[18] les sables, la montagne, la nuit et la mer. Il avait sombré plus d'une
fois dans les sables, la montagne, la nuit et la mer.
Et quand il était revenu, ç'avait toujours été pour
repartir.

Enfin après douze années de travail, comme il
survolait une fois de plus l'Atlantique Sud, il si-
gnala par un bref message qu'il coupait le moteur
arrière droit. Puis le silence se fit.

La nouvelle ne semblait guère inquiétante, et,
cependant, après dix minutes de silence, tous les
postes radio de la ligne de Paris jusqu'à Buenos-
Aires, commencèrent leur veille dans l'angoisse. Car
si dix minutes de retard n'ont guère de sens dans
la vie journalière, elles prennent dans l'aviation
postale une lourde signification. Au cœur de ce
temps mort,[19] un événement encore inconnu se
trouve enfermé. Insignifiant ou malheureux, il est
désormais révolu. La destinée a prononcé son jugement, et, contre ce jugement, il n'est plus d'appel:[20]
une main de fer a gouverné un équipage vers
l'amerrissage sans gravité ou l'écrasement. Mais le
verdict[21] n'est pas signifié à ceux qui attendent.

Lequel d'entre nous n'a point connu ces espérances de plus en plus fragiles, ce silence qui empire de minute en minute comme une maladie fatale? Nous espérions, puis les heures se sont écou-
lées et, peu à peu, il s'est fait tard. Il nous a bien
fallu comprendre que nos camarades ne rentreraient
plus, qu'ils reposaient dans cet Atlantique Sud dont
ils avaient si souvent labouré[22] le ciel. Mermoz, décidément, s'était retranché derrière son ouvrage, pareil au moissonneur qui, ayant bien lié sa gerbe, se
couche dans son champ.

Quand un camarade meurt ainsi, sa mort paraît
encore un acte qui est dans l'ordre du métier, et,
tout d'abord,[23] blesse peut-être moins qu'une autre
mort. Certes il s'est éloigné celui-là, ayant subi sa
dernière mutation d'escale,[24] mais sa présence ne
nous manque pas encore en profondeur comme
pourrait nous manquer le pain.

Nous avons en effet l'habitude d'attendre longtemps les rencontres. Car ils sont dispersés dans le
monde, les camarades de ligne, de Paris à Santiago
du Chili, isolés un peu comme des sentinelles qui
ne se parleraient guère. Il faut le hasard des voyages
pour rassembler, ici ou là, les membres dispersés de
la grande famille professionnelle. Autour de la table
d'un soir, à Casablanca, à Dakar, à Buenos-Aires,
on reprend, après des années de silence, ces conversations interrompues, on se renoue aux vieux souvenirs. Puis l'on repart. La terre ainsi est à la fois
déserte et riche. Riche de ces jardins secrets,[25] cachés, difficiles à atteindre, mais auxquels le métier
nous ramène toujours, un jour ou l'autre. Les camarades, la vie peut-être nous en[26] écarte, nous
empêche d'y beaucoup penser, mais ils sont quelque
part, on ne sait trop où, silencieux et oubliés, mais

---

[14] conduits transmettant l'essence
[15] donc, le pont aérien établi
[16] points de relâche et de ravitaillement
[17] rendue sociable (métaphore)
[18] rendu propres aux services humains
[19] privé d'action

[20] recours à un juge supérieur
[21] résultat de la délibération d'un tribunal; ici: amerrissage ou écrasement
[22] travaillé pour rendre fertile
[23] dans les premiers moments
[24] puisqu'il est passé de la vie à la mort
[25] plaisirs personnels, intimes et profonds
[26] *en*: des camarades

tellement fidèles! Et si nous croisons leur chemin, ils nous secouent par les épaules avec de belles flambées de joie! Bien sûr, nous avons l'habitude d'attendre. . .

Mais peu à peu nous découvrons que le rire clair de celui-là nous ne l'entendrons plus jamais, nous découvrons que ce jardin-là nous est interdit pour toujours. Alors commence notre deuil véritable qui n'est point déchirant mais un peu amer.

Rien, jamais, en effet, ne remplacera le compagnon perdu. On ne se crée point de vieux camarades. Rien ne vaut le trésor de tant de souvenirs communs, de tant de mauvaises heures vécues ensemble, de tant de brouilles, de réconciliations, de mouvements du cœur. On ne reconstruit pas ces amitiés-là. Il est vain, si l'on plante un chêne, d'espérer s'abriter bientôt sous son feuillage.[27]

Ainsi va la vie. Nous nous sommes enrichis d'abord, nous avons planté pendant des années, mais viennent les années où le temps défait ce travail et déboise.[28] Les camarades, un à un, nous retirent leur ombre. Et à nos deuils se mêle désormais le regret de vieillir.

Telle est la morale que Mermoz et d'autres nous ont enseignée. La grandeur d'un métier est, peut-être, avant tout, d'unir des hommes: il n'est qu'un luxe véritable,[29] et c'est celui des relations humaines.

En travaillant pour les seuls biens matériels, nous bâtissons nous-mêmes notre prison. Nous nous enfermons solitaires, avec notre monnaie de cendre[30] qui ne procure rien qui vaille de vivre.

Si je cherche dans mes souvenirs ceux qui m'ont laissé un goût durable, si je fais le bilan des heures qui ont compté,[31] à coup sûr je retrouve celles que nulle fortune ne m'eût procurées. On n'achète pas l'amitié d'un Mermoz, d'un compagnon que les épreuves vécues ensemble ont lié à nous pour toujours.

Cette nuit de vol et ses cent mille étoiles, cette sérénité, cette souveraineté[32] de quelques heures, l'argent ne les achète pas.

Cet aspect neuf du monde après l'étape difficile, ces arbres, ces fleurs, ces femmes, ces sourires fraîchement colorés par la vie qui vient de nous être rendue à l'aube, ce concert des petites choses qui nous récompensent, l'argent ne les achète pas.

Ni cette nuit vécue en dissidence[33] et dont le souvenir me revient.

Nous étions trois équipages de l'Aéropostale échoués à la tombée du jour sur la côte de Rio de Oro.[34] Mon camarade Riguelle s'était posé d'abord, à la suite d'une rupture de bielle; un autre camarade, Bourgat, avait atterri à son tour pour recueillir son équipage, mais une avarie sans gravité l'avait aussi cloué au sol. Enfin, j'atterris, mais quand je survins la nuit tombait. Nous décidâmes de sauver l'avion de Bourgat, et, afin de mener à bien la réparation, d'attendre le jour.

Une année plus tôt, nos camarades Gourp et Erable, en panne ici, exactement, avaient été massacrés par les dissidents. Nous savions qu'aujourd'hui aussi un rezzou[35] de trois cents fusils campait quelque part à Bojador.[36] Nos trois atterrissages, visibles de loin, les avaient peut-être alertés,[37] et nous commencions une veille[38] qui pouvait être la dernière.

Nous nous sommes donc installés pour la nuit. Ayant débarqué des soutes[39] à bagages cinq ou six caisses de marchandises, nous les avons vidées et disposées en cercle et, au fond de chacune d'elles, comme au creux d'une guérite,[40] nous avons allumé une pauvre bougie, mal protégée contre le vent. Ainsi, en plein désert, sur l'écorce nue de la planète, dans un isolement des[41] premières années du monde, nous avons bâti un village d'hommes.

Groupés pour la nuit sur cette grande place de notre village,[42] ce coupon[43] de sable où nos caisses

---

[27] Le chêne est d'une croissance très lente.
[28] détruit les plantations (métaphore)
[29] un seul vrai luxe existe
[30] notre argent qui n'est rien
[31] ont eu une vraie valeur
[32] sur le monde nocturne

[33] territoire aux mains de tribus révoltées et armées
[34] baie de la côte occidentale d'Afrique, au sud du Maroc
[35] rassemblement en vue d'une attaque
[36] dans le promontoire de ce nom
[37] avaient éveillé leur attention
[38] privation de sommeil pour se préparer à repousser un péril
[39] réduits pratiqués dans la cale
[40] loge en bois où s'abrite une sentinelle
[41] des: pareil à celui des
[42] ironique
[43] mince étendue

versaient une lueur tremblante, nous avons attendu. Nous attendions l'aube qui nous sauverait, ou les Maures. Et je ne sais ce qui donnait à cette nuit son goût de Noël.[44] Nous nous racontions des souvenirs, nous nous plaisantions et nous chantions.

Nous goûtions cette même ferveur légère qu'au [45] cœur d'une fête bien préparée. Et cependant, nous étions infiniment pauvres. Du vent, du sable, des étoiles. Un style [46] dur pour trappistes.[47] Mais, sur cette nappe mal éclairée, six ou sept hommes qui ne possédaient plus rien au monde, sinon leurs souvenirs, se partageaient d'invisibles richesses.[48]

Nous nous étions enfin rencontrés. On chemine longtemps côte à côte, enfermé dans son propre silence, ou bien l'on échange des mots qui ne transportent rien.[49] Mais voici l'heure du danger. Alors on s'épaule l'un à l'autre. On découvre que l'on appartient à la même communauté. On s'élargit par la découverte d'autres consciences. On se regarde avec un grand sourire. On est semblable à ce prisonnier délivré qui s'émerveille de l'immensité de la mer.

II

Guillaumet,[50] je dirai quelques mots sur toi, mais je ne te gênerai point en insistant avec lourdeur sur ton courage ou sur ta valeur professionnelle. C'est autre chose que je voudrais décrire en racontant la plus belle de tes aventures.

Il est une qualité qui n'a point de nom. Peut-être est-ce la « gravité », mais le mot ne satisfait pas. Car cette qualité peut s'accompagner de la gaîté la plus souriante. C'est la qualité même du charpentier qui s'installe d'égal à égal en face de sa pièce de bois, la palpe, la mesure et, loin de la traiter à la légère, rassemble à son propos toutes ses vertus.

J'ai lu, autrefois, Guillaumet, un récit où l'on célébrait ton aventure, et j'ai un vieux compte à régler avec [51] cette image infidèle. On t'y voyait,

lançant des boutades de « gavroche »,[52] comme si le courage consistait à s'abaisser à des railleries de collégien, au cœur des pires dangers et à l'heure de la mort. On ne te connaissait pas, Guillaumet. Tu n'éprouves pas le besoin, avant de les affronter, de tourner en dérision tes adversaires.[53] En face d'un mauvais orage, tu juges: « Voici un mauvais orage. » Tu l'acceptes et tu le mesures.

Je t'apporte ici, Guillaumet, le témoignage de mes souvenirs.

Tu avais disparu depuis cinquante heures, en hiver, au cours d'une traversée des Andes. Rentrant du fond de la Patagonie, je rejoignis le pilote Deley à Mendoza.[54] L'un et l'autre, cinq jours durant, nous fouillâmes, en avion, cet amoncellement de montagnes, mais sans rien découvrir. Nos deux appareils ne suffisaient guère. Il nous semblait que cent escadrilles,[55] naviguant pendant cent années, n'eussent pas achevé d'explorer cet énorme massif dont les crêtes s'élèvent jusqu'à sept mille mètres. Nous avions perdu tout espoir. Les contrebandiers [56] mêmes, des bandits qui, là-bas, osent [57] un crime pour cinq francs, nous refusaient d'aventurer, sur les contreforts de la montagne, des caravanes de secours: « Nous y risquerions notre vie », nous disaient-ils. « Les Andes, en hiver, ne rendent point les hommes. » Lorsque Deley ou moi atterrissions à Santiago, les officiers chiliens, eux aussi, nous conseillaient de suspendre nos explorations. « C'est l'hiver. Votre camarade, si même il a survécu à la chute, n'a pas survécu à la nuit. La nuit, là-haut, quand elle passe sur l'homme, elle le change en glace. » Et lorsque, de nouveau, je me glissais entre les murs et les piliers géants des Andes, il me semblait, non plus te rechercher, mais veiller ton corps,[58] en silence, dans une cathédrale de neige.

Enfin, au cours du septième jour, tandis que je déjeunais entre deux traversées, dans un restaurant

---

[44] C'était le rassemblement amical et tout de même solennel.
[45] *qu'au:* qu'on goûte au
[46] mode de vie
[47] religieux de la Trappe, ordre très sévère
[48] celles qu'il va dire
[49] vides de pensée et de sentiment
[50] grand aviateur français (ami de Saint-Exupéry)
[51] Je veux détruire.

[52] gamin de Paris
[53] Il veut dire les conditions de l'atmosphère et des éléments survolés.
[54] ville de l'Argentine, au pied des Andes
[55] petits groupes d'avions
[56] gens voisins des frontières qui introduisent clandestinement dans un pays des marchandises échappant ainsi aux droits de douane
[57] sous-entendu: commettre
[58] devenu cadavre

de Mendoza, un homme poussa la porte et cria, oh!
peu de chose:

— Guillaumet. . . vivant!

Et tous les inconnus qui se trouvaient là s'em-
brassèrent.[59]

Dix minutes plus tard, j'avais décollé, ayant
chargé à bord deux mécaniciens, Lefebvre et Abri.
Quarante minutes plus tard, j'avais atterri le long
d'une route, ayant reconnu, à je ne sais quoi,[60] la
voiture qui t'emportait je ne sais où [61] du côté de
San Raphaël. Ce fut une belle rencontre, nous pleurions tous, et nous t'écrasions dans nos bras, vivant,
ressuscité, auteur de ton propre miracle. C'est alors
que tu exprimas, et ce fut ta première phrase in-
telligible, un admirable orgueil d'homme: « Ce que
j'ai fait, je te le jure, jamais aucune bête ne l'aurait
fait. »

Plus tard, tu nous racontas l'accident.

Une tempête qui déversa cinq mètres d'épaisseur
de neige, en quarante-huit heures, sur le versant
chilien des Andes, bouchant tout l'espace, les Américains de la Pan-Air [62] avaient fait demi-tour. Tu
décollais pourtant à la recherche d'une déchirure
dans le ciel. Tu le découvrais un peu plus au sud,
ce piège,[63] et maintenant, vers six mille cinq cents
mètres, dominant les nuages qui ne plafonnaient
qu'à six mille, et dont émergeaient seules les hautes
crêtes, tu mettais le cap sur l'Argentine.

Les courants descendants donnent parfois aux pi-
lotes une bizarre sensation de malaise. Le moteur
tourne rond, mais l'on s'enfonce. On cabre pour sauver son altitude,[64] l'avion perd sa vitesse et devient
mou: on s'enfonce toujours. On rend la main,[65]
craignant maintenant d'avoir trop cabré, on se laisse
dériver sur la droite ou la gauche pour s'adosser à
la crête favorable, celle qui reçoit les vents comme
un tremplin,[66] mais l'on s'enfonce encore. C'est le
ciel entier qui semble descendre. On se sent pris,
alors, dans une sorte d'accident cosmique.[67] Il n'est
plus de refuge. On tente en vain le demi-tour pour
rejoindre, en arrière, les zones où l'air vous soutenait, solide et plein comme un pilier. Mais il n'est
plus de pilier. Tout se décompose, et l'on glisse dans
un délabrement universel vers le nuage qui monte
mollement, se hausse jusqu'à vous, et vous absorbe.

« J'avais déjà failli me faire coincer,[68] nous
disais-tu, mais je n'étais pas convaincu encore. On
rencontre des courants descendants au-dessus de
nuages qui paraissent stables, pour la simple raison
qu'à la même altitude ils se recomposent indéfiniment. Tout est si bizarre en haute montagne. . . »

Et quels nuages! . . .

« Aussitôt pris, je lâchai les commandes, me
cramponnant au siège pour ne point me laisser
projeter au dehors. Les secousses étaient si dures
que les courroies me blessaient aux épaules et eussent sauté. Le givrage, de plus, m'avait privé net [69]
de tout horizon instrumental [70] et je fus roulé
comme un chapeau, de six mille à trois mille cinq.

« A trois mille cinq j'entrevis une masse noire,
horizontale, qui me permit de rétablir l'avion.
C'était un étang que je reconnus: la Laguna Dia-
mante. Je la savais logée au fond d'un entonnoir,
dont un des flancs, le volcan Maipu, s'élève à six
mille neuf cents mètres. Quoique délivré du nuage,
j'étais encore aveuglé par d'épais tourbillons de
neige, et ne pouvais lâcher mon lac [71] sans m'écraser
contre un des flancs de l'entonnoir. Je tournai donc
autour de la lagune, à trente mètres d'altitude,
jusqu'à la panne d'essence. Après deux heures de
manège, je me posai et capotai.[72] Quand je me dé-
gageai de l'avion, la tempête me renversa. Je me rétablis sur mes pieds, elle me renversa encore. J'en
fus réduit à me glisser sous la carlingue [73] et à
creuser un abri dans la neige. Je m'enveloppai là de
sacs postaux et, quarante-huit heures durant, j'attendis.

« Après quoi, la tempête apaisée, je me mis en
marche. Je marchai cinq jours et quatre nuits. »

[59] de joie
[60] quelque détail
[61] vers un endroit quelconque
[62] compagnie d'aviation
[63] cette éclaircie qui était un piège
[64] On se dresse sur l'arrière pour ne pas descendre.
[65] On laisse aller.
[66] sur lequel l'avion devrait rebondir
[67] qui s'étend au monde entier

[68] prendre (familier)
[69] brusquement
[70] toute possibilité de manier l'appareil
[71] *mon*: parce que je m'en servais comme d'une chose à
moi
[72] Mon appareil culbuta en avant.
[73] partie de l'avion où se tient le mécanicien avec les
passagers ou avec le courrier

Mais que restait-il de toi, Guillaumet? Nous te retrouvions bien, mais calciné, mais racorni, mais rapetissé comme une vieille! Le soir même, en avion, je te ramenais à Mendoza où des draps blancs coulaient sur toi comme un baume.[74] Mais ils ne te guérissaient pas. Tu étais encombré de ce corps courbatu, que tu tournais et retournais, sans parvenir à le loger dans le sommeil. Ton corps n'oubliait pas les rochers ni les neiges. Ils te marquaient.[75] J'observais ton visage noir, tuméfié, semblable à un fruit blet[76] qui a reçu des coups. Tu étais très laid, et misérable, ayant perdu l'usage des beaux outils de ton travail: tes mains demeuraient gourdes,[77] et quand, pour respirer, tu t'asseyais sur le bord de ton lit, tes pieds gelés pendaient comme deux poids morts. Tu n'avais même pas terminé ton voyage, tu haletais encore, et, lorsque tu te retournais contre l'oreiller, pour chercher la paix, alors une procession d'images que tu ne pouvais retenir, une procession qui s'impatientait dans les coulisses,[78] aussitôt se mettait en branle sous ton crâne. Et elle défilait. Et tu reprenais vingt fois le combat contre des ennemis qui ressuscitaient de leurs cendres.

Je te remplissais de tisanes:

— Bois, mon vieux!

— Ce qui m'a le plus étonné. . . tu sais. . .

Boxeur[79] vainqueur, mais marqué des grands coups reçus, tu revivais ton étrange aventure. Et tu t'en délivrais par bribes.[80] Et je t'apercevais, au cours de ton récit nocturne, marchant, sans piolet, sans cordes, sans vivres, escaladant des cols de quatre mille cinq cents mètres, ou progressant le long de parois verticales, saignant des pieds, des genoux et des mains, par quarante degrés de froid. Vidé peu à peu de ton sang, de tes forces, de ta raison, tu avançais avec un entêtement de fourmi, revenant sur tes pas pour contourner l'obstacle, te relevant après les chutes, ou remontant celles des pentes qui n'aboutissaient qu'à l'abîme, ne t'accordant enfin aucun repos, car tu ne te serais pas relevé du lit de neige.

Et, en effet, quand tu glissais, tu devais te redresser vite, afin de n'être point changé en pierre. Le froid te pétrifiait de seconde en seconde, et, pour avoir goûté, après la chute, une minute de repos de trop, tu devais faire jouer, pour te relever, des muscles morts.

Tu résistais aux tentations. « Dans la neige, me disais-tu, on perd tout instinct de conservation.[81] Après deux, trois, quatre jours de marche, on ne souhaite plus que le sommeil. Je le souhaitais. Mais je me disais: Ma femme, si elle croit que je vis, croit que je marche. Les camarades croient que je marche. Ils ont tous confiance en moi. Et je suis un salaud si je ne marche pas. »

Et tu marchais, et, de la pointe du canif, tu entamais, chaque jour un peu plus, l'échancrure de tes souliers pour que tes pieds qui gelaient et gonflaient, y pussent tenir.

Tu m'as fait cette étrange confidence:

« Dès le second jour, vois-tu, mon plus gros travail fut de m'empêcher de penser. Je souffrais trop, et ma situation était par trop désespérée. Pour avoir le courage de marcher, je ne devais pas la[82] considérer. Malheureusement, je contrôlais mal mon cerveau, il travaillait comme une turbine.[83] Mais je pouvais lui choisir encore ses images. Je l'emballais sur[84] un film, sur un livre. Et le film ou le livre défilait en moi à toute allure. Puis ça me ramenait à ma situation présente. Immanquablement. Alors je le lançais sur d'autres souvenirs. . . »

Une fois cependant, ayant glissé, allongé à plat ventre dans la neige, tu renonças à te relever. Tu étais semblable au boxeur qui, vidé d'un coup[85] de toute passion, entend les secondes[86] tomber une à une dans un univers étranger,[87] jusqu'à la dixième qui est sans appel.

« J'ai fait ce que j'ai pu et je n'ai point d'espoir,

---

[74] substance physiquement adoucissante
[75] étaient imprimés sur toi
[76] trop mûr
[77] engourdies par le froid
[78] parties cachées de l'esprit comparé à une scène de théâtre (métaphore)
[79] contre les éléments
[80] phrases séparées et espacées

[81] impulsion naturelle du corps pour écarter le péril de mort
[82] *la*: sa situation
[83] C'est-à-dire mécaniquement.
[84] je lui désignais pour qu'il fût emporté par eux
[85] par un coup
[86] comptées par l'arbitre
[87] auquel il n'appartient plus

pourquoi m'obstiner dans ce martyre? » Il te suffisait de fermer les yeux [88] pour faire la paix dans le monde. Pour effacer du monde les rocs, les glaces et les neiges. A peine closes, ces paupières miraculeuses,[89] il n'était plus ni coups, ni chutes, ni muscles déchirés, ni gel brûlant, ni ce poids de la vie à traîner quand on va comme un bœuf,[90] et qu'elle se fait plus lourde qu'un char. Déjà, tu le goûtais, ce froid devenu poison, et qui, semblable à la morphine,[91] t'emplissait maintenant de béatitude. Ta vie se réfugiait autour du cœur. Quelque chose de doux et de précieux se blotissait au centre de toi-même. Ta conscience [92] peu à peu abandonnait les régions lointaines [93] de ce corps qui, bête jusqu'alors gorgée de souffrances, participait déjà de l'indifférence du marbre.

Tes scrupules [94] mêmes s'apaisaient. Nos appels ne t'atteignaient plus, ou, plus exactement, se changeaient pour toi en appels de rêve. Tu répondais heureux par une marche de rêve, par de longues enjambées faciles, qui t'ouvraient sans efforts les délices des plaines. Avec quelle aisance tu glissais dans un monde devenu si tendre pour toi! Ton retour, Guillaumet, tu décidais, avare,[95] de nous le refuser.

Les remords vinrent de l'arrière-fond de ta conscience.[96] Au songe se mêlaient soudain des détails précis. « Je pensais à ma femme. Ma police d'assurance lui épargnerait la misère. Oui, mais l'assurance. . . » [97]

Dans le cas d'une disparition, la mort légale [98] est différée de quatre années. Ce détail t'apparut éclatant, effaçant les autres images. Or tu étais étendu à plat ventre sur une forte pente de neige. Ton corps, l'été venu, roulerait avec cette boue vers une des mille crevasses des Andes. Tu le savais.[99] Mais tu savais aussi qu'un rocher émergeait à cin-

quante mètres devant toi: « J'ai pensé: si je me relève, je pourrai peut-être l'atteindre. Et si je cale mon corps contre la pierre, l'été venu on le retrouvera. » [100]

Une fois debout, tu marchas deux nuits et trois jours.

Mais tu ne pensais guère aller loin:

« Je devinai la fin [101] à beaucoup de signes. Voici l'un d'eux. J'étais contraint de faire halte toutes les deux heures environ, pour fendre un peu plus mon soulier, frictionner de neige mes pieds qui gonflaient, ou simplement pour laisser reposer mon cœur. Mais vers les derniers jours je perdais la mémoire. J'étais reparti depuis longtemps déjà, lorsque la lumière se faisait en moi: j'avais chaque fois oublié quelque chose. La première fois, ce fut un gant, et c'était grave par ce froid! Je l'avais déposé devant moi et j'étais reparti sans le ramasser. Ce fut ensuite ma montre. Puis mon canif. Puis ma boussole. A chaque arrêt je m'appauvrissais. . .

« Ce qui sauve c'est de faire un pas. Encore un pas. C'est toujours le même pas que l'on recommence. . . »

« Ce que j'ai fait, je le jure, jamais aucune bête ne l'aurait fait. » Cette phrase, la plus noble que je connaisse, cette phrase qui situe l'homme,[102] qui l'honore, qui rétablit les hiérarchies vraies, me revenait à la mémoire. Tu t'endormais enfin, ta conscience [103] était abolie, mais de ce corps démantelé, fripé, brûlé, elle allait renaître au réveil, et nouveau le dominer. Le corps, alors, n'est plus qu'un bon outil, le corps n'est plus qu'un serviteur. Et, cet orgueil du bon outil, tu savais l'exprimer aussi, Guillaumet:

« Privé de nourriture, tu t'imagines bien qu'au troisième jour de marche. . . mon cœur, ça [104] n'allait plus très fort. . . Eh bien! le long d'une pente verticale, sur laquelle je progressais, suspendu au-dessus du vide, creusant des trous pour loger mes poings, voilà que mon cœur tombe en panne. Ça

---

[88] en mourant
[89] qui créent ainsi un miracle
[90] avec lenteur
[91] médicament qui délivre de la douleur
[92] connaissance lucide
[93] éloignées du cerveau et du cœur
[94] à l'égard de sa femme et de ses amis (cf. plus haut)
[95] devenu avare
[96] Cf. la note 92.
[97] sous-entendu: ne paierait pas
[98] enregistrée par la loi
[99] et donc, pas de mort légale

[100] Alors il y aura mort légale.
[101] la mort
[102] sur l'échelle des êtres
[103] Cf. la note 92.
[104] pour *cela*, pour *lui* (familier)

hésite, ça repart. Ça bat de travers. Je sens que s'il hésite une seconde de trop, je lâche.[105] Je ne bouge plus et j'écoute en moi. Jamais, tu m'entends? Jamais en avion je ne me suis senti accroché d'aussi près à mon moteur, que je ne me suis senti, pendant ces quelques minutes-là, suspendu à mon cœur. Je lui disais: Allons, un effort! Tâche de battre encore. . . Mais c'était un cœur de bonne qualité! Il hésitait, puis repartait toujours. . . Si tu savais combien j'étais fier de ce cœur! »

Dans la chambre de Mendoza où je te veillais, tu t'endormais enfin d'un sommeil essoufflé. Et je pensais: Si on lui parlait de son courage, Guillaumet hausserait les épaules. Mais on le trahirait [106] aussi en célébrant sa modestie. Il se situe bien au delà de cette qualité médiocre. S'il hausse les épaules, c'est par sagesse. Il sait qu'une fois pris dans l'événement, les hommes ne s'en effraient plus.[107] Seul l'inconnu épouvante les hommes. Mais, pour quiconque l'affronte, il n'est déjà plus l'inconnu. Surtout si on l'observe avec cette gravité lucide.[108] Le courage de Guillaumet, avant tout, est un effet de sa droiture.[109]

Sa véritable qualité n'est point là. Sa grandeur, c'est de se sentir responsable.[110] Responsable de lui, du courrier et des camarades qui espèrent. Il tient dans ses mains leur peine ou leur joie. Responsable de ce qui se bâtit de neuf, là-bas, chez les vivants, à quoi il doit participer. Responsable un peu du destin des hommes, dans la mesure [111] de son travail.

Il fait partie des êtres larges qui acceptent de couvrir de larges horizons de leur feuillage. Être homme, c'est précisément être responsable. C'est connaître la honte en face d'une misère qui ne semblait pas dépendre de soi. C'est être fier d'une victoire que les camarades ont remportée. C'est sentir, en posant sa pierre, que l'on contribue à bâtir le monde.

On veut confondre de tels hommes avec les toréadors ou les joueurs. On vante leur mépris de la mort. Mais je me moque bien du mépris de la mort. S'il ne tire pas ses racines d'une responsabilité acceptée, il n'est que signe de pauvreté ou d'excès de jeunesse. J'ai connu un suicidé jeune. Je ne sais plus quel chagrin d'amour l'avait poussé à se tirer soigneusement une balle dans le cœur. Je ne sais à quelle tentation littéraire il avait cédé en habillant ses mains de gants blancs, mais je me souviens d'avoir ressenti en face de cette triste parade [112] une impression non de noblesse mais de misère. Ainsi, derrière ce visage aimable, sous ce crâne d'homme, il n'y avait rien eu, rien. Sinon l'image de quelque sotte petite fille semblable à d'autres.

Face à cette destinée maigre, je me rappelais une vraie mort d'homme. Celle d'un jardinier, qui me disait: [113] « Vous savez. . . parfois je suais quand je bêchais. Mon rhumatisme me tirait la jambe, et je pestais contre cet esclavage. Eh bien, aujourd'hui, je voudrais bêcher, bêcher dans la terre. Bêcher, ça me paraît tellement beau! On est tellement libre quand on bêche! Et puis, qui va tailler aussi mes arbres? » Il laissait une terre en friche. Il laissait une planète en friche.[114] Il était lié d'amour à toutes les terres et à tous les arbres de la terre. C'était lui le généreux, le prodigue, le grand seigneur! C'était lui, comme Guillaumet, l'homme courageux, quand il luttait au nom de sa Création, contre la mort.

[105] Je me laisse tomber.
[106] déformerait sa figure morale
[107] admirable remarque de psychologie
[108] la gravité de Guillaumet
[109] bon sens loyal
[110] sentir que autrui compte sur lui et que le destin dépend de lui en partie
[111] pour la part que son travail représente

[112] scène d'étalage
[113] sous-entendu: en se voyant mourir
[114] L'auteur, s'enthousiasmant de ce sens du travail, l'étend par l'imagination du terrain du jardinier à toute la terre.

ANDRÉ MALRAUX (1901–   )

D'une famille aisée d'armateurs du nord de la France, mais né à Paris, André Malraux, après des études au lycée Condorcet et à l'École des langues orientales, a été chargé à vingt-deux ans d'une mission archéologique au Cambodge dans le pays des Khmers. Il s'y mêla au jeune mouvement révolutionnaire. Pendant quatre années, de 1923 à 1927, il a mené en Orient une vie d'action mouvementée avec les communistes, puis contre eux.

Rentré en France, il a publié ses souvenirs de là-bas sous forme romanesque et a obtenu en 1933, avec *La Condition humaine,* le prix Goncourt. L'année suivante, il organisait avec l'aviateur Corniglion-Molinier un raid au-dessus de l'Arabie à la recherche de Roubat-El-Khali, l'antique capitale de la reine de Saba: ce qui marque avec originalité son esprit d'aventure. Puis il a adhéré aux mouvements anti-fascistes, a pris part à un congrès d'écrivains rouges, s'est engagé dans la guerre d'Espagne, a organisé une escadrille d'aviation pour les républicains, ensuite est allé conférencier pour la cause républicaine devant les publics des États-Unis.

En 1940, soldat, prisonnier évadé, résistant arrêté et libéré par les résistants, il a fini par commander la brigade dite d'Alsace-Lorraine qui entra en Alsace. La paix revenue, l'homme d'action a lié son sort, par deux fois, à celui du général de Gaulle. Dans les intervalles de son activité politique et sociale, il s'est consacré à de vastes études sur la philosophie de l'art.

L'HOMME

André Malraux écrivain a voulu, comme autrefois Barrès, agir contre l'obsession de la mort et du néant. Agir avec héroïsme lui est apparu comme une ressource, telle est la pensée inspiratrice de ses premiers livres, *Les Conquérants* (1928), *La Voix royale* (1930). Ensuite dans *La Condition humaine* (1933), et dans *L'Espoir* (1937), il a exhorté les hommes à échapper à l'angoisse en agissant pour les autres hommes. Il a considéré l'action révolutionnaire comme capable de rendre à l'homme une dignité perdue, et il a fait de la fraternité une sorte de religion. Il n'en est resté que plus fidèle à l'individualisme, et il a repoussé de plus en plus énergiquement le totalitarisme de Marx et de Lénine.

Aboutissant en fin de compte aux *Noyers de l'Altenburg* (1943), et à ses grands livres, *Psychologie de l'art* (1947–49), *Les Voix du silence* (1951), *Le Musée imaginaire de la sculpture mondiale* (1952–54), en vue de construire une culture planétaire et prométhéenne, Malraux caresse l'idée d'une grandeur que l'homme porte en soi quoiqu'il l'ignore souvent. Elle se manifeste dans les plus heureuses créations de l'histoire et de l'art. Elle est la meilleure réponse possible à l'angoisse et à la fatalité. Elle tourne le dos au destin, elle est en marche vers le divin.

La pensée de cet écrivain est une de celles que suit le plus volontiers la jeunesse,

L'ŒUVRE

parce qu'elle s'accorde avec les conditions de l'époque. En outre, il l'a incarnée dans des romans extrêmement pathétiques où tournoient le malheur et l'espérance des hommes. Et enfin il a peint cette vision du monde dans un style certes chargé de nuages, mais d'où surgit à maintes reprises l'électricité de l'éclair.

Le livre des *Noyers de l'Altenburg* fait alterner des discussions sur le sort des hommes avec plusieurs récits de guerre.

Nous avons choisi un de ces récits, celui qui dépeint la situation d'un char de combat en difficulté et l'angoisse des soldats qui y attendent la mort.

Il met en scène quatre personnages: un officier, chef du char, Berger, qui est le narrateur; le conducteur du char, Pradé, qui était en temps de paix ouvrier dans les Flandres et qui pense beaucoup à son fils de onze ans; le petit Léonard, radio du char, qui dans le civil était pompier à Paris; Bonneau, le mécanicien, qui a voulu se faire passer pour mauvais garçon, autrement dit un « dur », et qui est en réalité un mou assez peu courageaux.

Les Noyers de l'Altenburg

L'ANGOISSE DANS LE CHAR

Les chars viennent de quitter la route. Comme le canot délivré du sable,[1] comme l'avion qui décolle, nous entrons dans notre élément; nos muscles cris- [5] pés par la vibration du blindage,[2] par le martèlement sans fin des chenilles[3] sur la route, se détendent, s'accordent à la paix du clair de lune.

Une minute nous roulons ainsi, délivrés, entre des vergers trapus[4] en fleurs dans la nuit et des [10] bancs[5] allongés de brume. Dans l'odeur d'huile de ricin et de caoutchouc brûlé, je tiens nerveusement mes ficelles,[6] prêt à arrêter le char pour le tir: le tangage,[7] même dans ces champs apparemment unis, est trop fort pour pointer[8] en marche. Depuis [15] que nous avons quitté la route et que les rares formes devinées[9] peuvent devenir des buts,[10] nous ressentons davantage notre balancement d'anguleuses galères.[11] Les nuages masquent la lune. Nous entrons dans les blés.

Voici la minute où la guerre commence.

Aucun nom ne désigne le sentiment de marcher à l'ennemi, et pourtant il est aussi spécifique,[12] aussi fort que le désir sexuel ou l'angoisse. L'univers devient une indifférente[13] menace. Nous nous dirigeons à la boussole, et ne distinguons que ce qui se découpe sur le ciel; poteaux télégraphiques, toits, cimes d'arbres; les vergers à peine plus clairs que la brume ont disparu, les ténèbres semblent massées au ras des champs qui nous balancent ou rageusement nous secouent; si une chenille casse,[14] nous sommes morts ou prisonniers. Je sais avec quelle intensité les yeux obliques de Pradé regardent

---

[1] et remis à la mer
[2] cuirasse d'acier
[3] lourdes chaînes servant de roues et mordant sur le sol
[4] denses et épais
[5] amas
[6] Le chef de char et le conducteur sont reliés l'un à l'autre par deux ficelles attachées aux bras du conducteur et dont le chef tient dans la main l'autre extrémité.
[7] mouvement d'un navire ou d'une barque d'avant en arrière (l'auteur va multiplier les termes de marine)
[8] braquer les canons du char vers un objectif

[9] dans la brume
[10] des objectifs
[11] bateaux de guerre dans l'antiquité
[12] unique de son espèce
[13] indéterminée
[14] Ce verbe et le suivant doivent s'entendre au sens conditionnel qui indique une possibilité.

son tableau de bord,[15] je sens la ficelle, à chaque seconde, me chatouiller la main, comme si une secousse allait m'avertir. . . Et nous ne sommes pas encore en contact.[16] La guerre nous attend un peu plus loin, peut-être derrière les ondulations çà et là hérissées de poteaux télégraphiques, au béton phosphorescent[17] dans le clair de lune qui vient de reparaître.

Les grandes lignes confuses de la plaine nocturne, les bancs de brume resurgis tout blancs, montent et descendent selon les foulées[18] du char. Contre le roulis[19] sec et très dur, contre les vibrations frénétiques dès que nous retrouvons entre les blés le sol dur, tout notre corps est rassemblé, comme en automobile à l'instant d'un accident; je suis moins accroché à la tourelle[20] par mes mains que par les muscles de mon dos. Que les furieuses vibrations fêlent une des tuyauteries d'essence, et le char attendra les obus en tournant sur lui-même comme un chat épileptique.[21] Mais les chenilles martèlent toujours les champs et les pierres, et, par les fentes de visée[22] de ma tourelle, je regarde, au delà de ce que je distingue de blés courts, de brume, de vergers, monter et descendre sur le ciel nocturne l'horizon qu'aucune flamme de canon ne raye encore.

Les positions allemandes sont devant nous; de face, nos chars ne peuvent être atteints efficacement[23] qu'à la lunette de tir et au masque du canon. Nous avons confiance en nos blindages. L'ennemi n'est pas l'Allemand, c'est la rupture de chenille,[24] la mine[25] et la fosse.[26]

Le plus obsédant, c'est la fosse. La mine, on n'en parle pas plus que de la mort; on saute ou on ne saute pas, ce n'est pas un sujet de conversation. La fosse en est un:[27] nous avons écouté les histoires de l'autre guerre, — et, à l'instruction,[28] nous avons vu les fosses modernes, leur fond oblique[29] pour que le char ne puisse relever sa proue, leurs quatre canons antichars déclenchés par[30] la chute. Léonard, Bonneau, Pradé, il n'est pas un d'entre nous qui ne se soit imaginé entre quatre antichars croisés,[31] à l'instant où ils vont tirer sur lui. Et le monde[32] des fosses est vaste, depuis ce foudroiement jusqu'à l'excavation hâtivement camouflée[33] où la chute déclenche seulement un signal devant un canon lourd pointé au loin,[34] jusqu'à la simple fondrière.[35] Du vieil accord de l'homme et de la terre, il ne reste rien: ces blés où nous tanguons dans l'obscurité ne sont plus des blés, mais des camouflages: il n'y a plus de terre à moissons, il n'y a plus qu'une terre à fosses, une terre à mines; et il semble que le char rampe de lui-même vers quelque embûche terrée d'elle-même,[36] que les espèces futures[37] commencent cette nuit leur propre combat, au delà de l'aventure humaine. . .

Sur une colline basse apparaissent enfin des flammes mauves très rapides: l'artillerie lourde allemande. Leur court flamboiement était-il invisible dans la clarté lunaire, ou le tir vient-il de commencer? Il s'étend principalement de notre droite à notre gauche, aussi loin que nos tourelles balancées permettent de voir, comme si une allumette immense grattait tout l'horizon. Mais, près de nous, pas une explosion. Nos moteurs couvrent tout bruit: sans doute avons-nous quitté les blés (je ne vois pas à vingt mètres), car la forge[38] furieuse des chenilles recommence à nous marteler. Une seconde, je fais arrêter.

Du silence qui s'engouffre en moi monte la canonnade dont le vent emporte les cahots. Et à mon

---

[15] ensemble des organes de transmission sur un navire
[16] avec l'ennemi
[17] mortier spécial dont sont faits les poteaux et qui devient lumineux dans le clair-obscur
[18] mouvements de marche
[19] oscillations alternatives d'un navire d'un bord à l'autre
[20] centre surélevé et cylindrique dans lequel se tient le chef du char
[21] sujet à des convulsions
[22] pratiquées pour permettre d'inspecter l'horizon
[23] jusqu'à destruction
[24] Cf. note 3.
[25] cavité creusée dans le sol et chargée d'explosifs
[26] tranchée dissimulée sous des poutres et sous de la terre, véritable piège à chars

[27] sujet de conversation
[28] cours faits aux officiers et soldats sur les méthodes de la guerre qui les attend
[29] incliné
[30] qui font feu sous l'action de
[31] pour concentrer le feu
[32] la diversité
[33] dissimulée par un déguisement de terre et de bois
[34] par l'ennemi
[35] large crevasse dans le sol
[36] qui s'est disposée elle-même dans le sol
[37] qui prendront la succession des hommes
[38] mouvement comparable à celui d'une forge

oreille où notre fracas gronde encore sourdement, le même vent, sous les explosions de quelques obus derrière nous et la forge précipitée des chenilles de nos compagnons,[39] apporte un bruit profond de forêt, un frissonnement de grands rideaux de peupliers: l'avance de chars français invisibles jusqu'au fond de la nuit. . .

Le tir cesse. Derrière nous, puis devant, quelques très rares obus explosent encore et, leur fulguration grenat[40] évanouie,[41] un silence d'attente remonte, tout peuplé du passage de nos chars.

Nous repartons, forçons la vitesse pour rejoindre notre groupe invisible. Le martèlement des chenilles a repris et nous redevenons sourds, Pradé et moi de nouveau collés au blindage et aux manettes,[42] les yeux douloureux aux aguets d'un jaillissement de pierres et de terre au-dessus d'une explosion rouge que nous n'entendrons pas. Le vent chasse vers les lignes allemandes une déroute de flaques d'étoiles entre des nuages énormes.[43]

Rien n'est plus lent qu'une marche au combat. A notre gauche dans la brume de mai, les deux autres chars de notre groupe avancent; au delà, les autres groupes; au delà encore et en arrière, toutes les sections[44] appareillent sous la lune. Je suis sûr que Léonard et Bonneau, aveugles contre leur blindage, le savent comme Pradé collé à son épiscope,[45] comme moi à mes fentes de visée; je ressens jusque dans mon corps, autant que le plaquage des chenilles sur la terre grasse, l'élan parallèle des chars[46] à travers la nuit. D'autres chars, en face, avancent contre nous dans la même nuit claire; des hommes pareillement crispés, pareillement distraits. Mais depuis sept ans formés pour la guerre. A ma gauche, nos proues confuses montent et descendent sur le fonds moins sombre des blés. Derrière elles avancent les régiments de choc dans les chars légers; et, plus loin, les masses profondes de l'infanterie française. . . Les paysans que j'ai vus marcher en silence vers l'armée[47] sur toutes les routes de France,

au début de septembre, convergent vers le sinistre glissement de notre escadron à travers la plaine flamande. . . Ah! que la victoire demeure avec ceux qui auront fait la guerre sans l'aimer!

Cette exaltation qui s'engouffre en moi vient-elle de la communion dans l'engagement tenu au prix du sang,[48] vient-elle de ce qu'a toujours de trouble et de solennel le sacrifice humain? Comme[49] je veux qu'aucun de ces hommes ne meure! Dans le jeune blé, nos sillages miroitent sous la lune. . .

Soudain, toutes les formes proches disparaissent, sauf les cimes des arbres; plus rien au ras du sol; les ténèbres déferlent sur les chars qui nous accompagnent. Sans doute un nuage masque-t-il la lune, trop élevée dans le ciel maintenant pour que je puisse la voir par les fentes de visée. Et de nouveau nous pensons à la mine vers laquelle nous conduit dans les blés élastiques ce mouvement d'engrenage huilé,[50] et les ombres fraternelles[51] qui nous entourent s'évanouissent. Retranchés de tout ce qui n'est pas Pradé, Léonard, Bonneau, Berger: un équipage — seuls.

La main de Léonard passe entre ma hanche et la tourelle, dépose à côté de la boussole un papier. J'allume et mes yeux soudain ravagés de lumière finissent par déchiffrer, lettre par lettre, dans des soleils rouges:[52] « Char B-21 rencontre fosse ».

Pradé éteint. Par les trous des nuages, la clarté lunaire passe et repasse sur l'étendue. . . Voilà que nos chars surgissent un peu en arrière: nous les avions dépassés. Puis, à cent mètres en avant, un jaillissement cinématographique[53] d'obus, jusque dans la vibration de notre blindage. La fumée qui, une seconde, a semblé rouge, s'incline dans le vent, d'un noir[54] étrangement mat[55] sous la lune. . .

D'autres explosions. Peu nombreuses. Ce n'est pas même un tir de barrage. Toute notre escadre avance plus vite, sans donner encore sa plus grande vitesse. A quoi peut servir ce marmitage[56] dispersé? Les Allemands auraient-ils peu d'artillerie?

---

[39] les autres chars
[40] de couleur rougeâtre
[41] une fois évanouie
[42] leviers pour la manœuvre
[43] illusion d'optique bien connue
[44] groupes de chars
[45] appareil qui permet de contrôler la marche du char
[46] avance des chars dans une même direction
[47] pendant les jours de la mobilisation

[48] jusqu'au risque de mort
[49] avec quelle ardeur
[50] mouvement des chenilles
[51] des autres chars
[52] flammes allumées par la lumière dans les yeux
[53] comme on en voit au cinéma
[54] devenue d'un noir
[55] privé de brillant
[56] envoi d'obus (appelés marmites par les soldats)

Mon regard revient à ma boussole vaguement lumineuse qui frémit, dévie, revient, semble vouloir échapper à la direction [57] et sous les coups du volant [58] revient encore, comme notre vie vainement et inlassablement débattue [59] autour de son destin. De temps à autre, je tire l'une des ficelles, ractifie la direction de Pradé: sur la terre devenue inégale et dure, le char dérive. . . Tout à coup nous glissons paniquement [60] sur un sol élastique.

Ce n'est pas vrai qu'on revoie sa vie à l'instant de mourir!

Au-dessous de moi, quelqu'un hurle, Bonneau? [61] Léonard tient mes jambes à pleins bras, crie:

« Pradé! Pradé! » Je l'entends à travers mes cuisses, et ses hurlements sont minces, aigus comme des cris d'oiseau dans le silence de cataclysme [62] qui s'est engouffré dès que Pradé, sentant la chute, a bloqué ses freins.

La fosse.

Je hurle aussi. La reprise du moteur couvre toute voix.

Pradé pousse en avant le char oblique.

— En arrière! En arrière! [63]

Je tire de toutes mes forces sur la ficelle droite: elle est cassée. Les obus qui ne tombaient que de temps à autre, ce sont ceux qui faisaient sauter les fosses repérées.[64] La terre retentit du bruit des chars libres qui, tout autour de notre mort, passent. . .

Pradé a seulement cherché son élan, et revient en arrière. Combien de secondes avant l'obus? Tous, nous avons la tête enfoncée entre les épaules à la limite de notre force, et Bonneau hurle toujours. Le char furieusement appuyé sur l'avant, queue en l'air comme un poisson japonais, recule, enfonce en coin son arrière dans la paroi de la fosse, vibrant tout entier, comme une hache fichée frémit dans un tronc. Il glisse, s'effondre. Est-ce le sang ou la sueur qui coule le long de mon nez? Nous sommes tombés de guingois.[65] Bonneau, qui hurle toujours, es-

saie d'ouvrir la porte de côté, y parvient mais la referme. Elle doit s'ouvrir maintenant presque sous le char. Une chenille tourne à vide; Pradé arrache sur l'autre [66] le char qui retombe d'aplomb comme s'il s'écrasait dans une seconde fosse. Mon casque sonne contre la tourelle, et il me semble que ma tête gonfle, gonfle, bien que l'attente de l'obus l'enfonce toujours entre les épaules comme une vis. Si le fond de la fosse est mou, nous sommes enlisés, et l'obus peut prendre tout son temps. . .[67] Non, le char avance, recule, de nouveau repart. Le fond des fosses modernes cale les chars, et les antichars croisés auraient déjà tiré; restent les fosses repérées. La paroi arrière est inattaquable; si la paroi avant est verticale ou oblique nous sortirons peut-être (mais auparavant l'obus. . .[68]); si nous sommes dans un entonnoir, nous ne sortirons jamais, sortirons jamais, sortirons jamais. Jusqu'à la douleur,[69] j'essaie de voir; des gouttes glissent vers mes tempes: mes orbites sont froides de sueur. L'invisible paroi est sûrement toute proche. Bonneau affolé ouvre et ferme sans arrêt sa porte de toute sa force, et le blindage, malgré le fracas du moteur dans ce trou, sonne comme une cloche. Pourquoi l'obus n'arrive-t-il pas? Léonard a lâché mes jambes et les martèle à coups de pied. Il veut ouvrir la porte de ma tourelle. L'obus éclatera dans la fosse, on ne sort pas d'une fosse, courir hors du char est encore plus bête que rester paralysé dedans, entre un dément [70] qui essaie de vous casser les jambes et un autre,[71] fou de peur de sortir et de peur de rester, qui à coups de porte précipités bat le sinistre tam-tam du délire. Je ne suis pas calme comme un homme calme: Je suis au delà de la crise.[72] Je quitte la tourelle, me baisse pour aller vers Pradé qui, soudain, allume. L'obus ne viendra pas; on ne tue pas en pleine lumière, on ne tue que dans la nuit.[73]

Léonard, pendant le mouvement que j'ai fait pour me baisser et m'engager dans le boyau du char, s'est glissé dans la tourelle à ma place; il en

---

[57] imprimée au char
[58] que tient le conducteur
[59] perdue et reprise
[60] subitement et comme follement
[61] Est-ce Bonneau?
[62] silence qui suit un bouleversement terrestre
[63] crie le chef
[64] par l'ennemi, qui les avait préparées
[65] de travers

[66] en lui faisant prendre appui sur l'autre
[67] sous-entendu: il est sûr de nous avoir
[68] sous-entendu: sera arrivé sur nous
[69] au point de me faire mal
[70] Léonard
[71] Bonneau
[72] plus loin dans l'inhumain
[73] superstition de soldat

ouvre enfin la porte, s'arrête, la bouche ouverte; il ne saute pas dehors, s'accroupit brusquement et se retourne vers moi sans rien dire, son nez d'ivrogne extraordinairement rouge dans la lumière crue; la terreur laisse sa tête immobile, mais secoue ses épaules devant le fond noir de la porte ouverte sur la fosse. Les chenilles ne mordent pas.[74] Nous sommes dans un entonnoir. Sur les genoux et les mains, je fonce vers Pradé, envoie rouler Bonneau qui secoue toujours en hurlant la porte latérale. Je vocifère au passage:

— Ta gueule!

— Moi? Je dis rien!... répond sa voix soudain normale que je reconnais malgré le chahut[75] des moteurs: il me regarde avec l'œil mobile, le frémissement de tout le visage des enfants qui attendent une paire de claques, il se relève, son casque cognant à toute volée le plafond du boyau, retombe sur les genoux. Sa gueule de terreur de cinéma[76] a pris devant la mort quelque chose d'affreusement innocent.

— Je dis rien... répète-t-il (en même temps, comme moi, comme nous, il écoute, attend l'obus); relançant la porte, il fixe enfin son regard sur le mien et, les mains ouvertes, le casque enfoncé par le choc comme un galurin,[77] flageolant sous la secousse des chenilles qui patinent, il hurle, hurle sans me quitter du regard.

J'arrive à côté de Pradé, peux me redresser un peu. Nous sommes à l'extrême avant du char dont la proue monte, et peu à peu mon corps suspendu s'élève comme si ce char illuminé dans la fosse le présentait à la mort pour un sacrifice. Allons-nous retomber encore? Je suis enfin calé. Les chenilles patinent toujours; mes mains huileuses couvertes de sang raclent l'air à la façon des bêtes qui fouissent, comme si j'étais moi-même le char...

Les chenilles mordent!

Une fondrière camouflée? Dans une fosse, des chenilles ne mordraient plus. Sortirons-nous avant l'obus? Mes trois compagnons sont devenus mes plus vieux amis.[78] Comme une explosion, une porte tape encore! Il se peut que les artilleurs allemands n'aient pas vu le signal de la chute du char à cause d'une relève, que le guetteur roupille,[79] que... Tout ça[80] est idiot! Mais plus idiot encore d'espérer qu'il existe des fosses sans canons pointés sur elles! Les chenilles mordent toujours.

Pradé coupe l'allumage![81]

— Qu'est-ce que tu fous![82]

Malgré ma fureur de sortir, je sens le silence monter autour de nous comme une cuirasse: tant que nous n'entendrons rien siffler, pour quatre secondes, nous sommes vivants. Cette porte va-t-elle cesser de taper? J'écoute avec la même démence que j'ai regardé jusque-là, et je n'entends sous le gong de la porte[83] que le grondement de nos vagues de chars, répercuté par la fosse et par le blindage, qui passent et s'éloignent... Mon casque collé à celui de Pradé, je hurle: « Monte! » dans le trou de son couvre-oreilles, ma voix emplissant le char dans l'étrange silence revenu. Pradé, les jambes en l'air, calé par son siège dans le tank immobile et dressé, se tourne vers moi: comme la tête de Bonneau, sa tête de vieux, malgré le casque, est devenue innocente; ses yeux bridés, ses trois dents esquissent un sourire indulgent d'agonisant:

— L'fiston,[84] à c'coup-ci, j'crois bien qu'il est foutu... V'là qu'elles recommencent à patiner, les chenilles...

Il parle presque bas. J'essaie d'entendre sous les mots l'imperceptible naissance d'un sifflement d'obus:

— Si on insiste, on va se foutre sur le ventre...

Le sifflement... Nous n'avons plus de cou.[85] Les jambes de Pradé ont quitté les pédales avec un mouvement de grenouille, protégeant son ventre. L'obus éclate à trente mètres derrière nous.

La lumière s'est éteinte. Recroquevillés,[86] nous attendons le prochain obus, — non plus l'explosion ni le sifflement mais le lointain coup de départ — la

---

[74] Elles patinent.
[75] bruit très fort (familier)
[76] comme on en voit au cinéma
[77] vieux chapeau déformé
[78] admirable psychologie du péril affronté en commun

[79] dorme (populaire)
[80] toutes ces suppositions
[81] Il arrête le char.
[82] tu fais (vulgaire)
[83] la porte qui fait un bruit de gong (métaphore)
[84] Il pense à son fils que sa mort certaine va priver d'aide.
[85] à force de le rentrer dans les épaules
[86] repliés et tordus sur eux-mêmes

voix même de la mort. Et voici que la face chinoise de Pradé sort imperceptiblement de l'obscurité, devient distincte avec la solennité plombée[87] du visage des tués; une clarté mystérieuse, trouble et très faible, emplit le char. Et avec elle une terreur qui disloque mon calme de fou: la mort nous prévient.[88] De plus en plus la face immobile de Pradé extraordinairement absente, distraite de toute la vie par l'épouvante, se dégage des ténèbres. . . Je n'écoute même plus: l'obus va venir, car la mort est déjà dans le char. Pradé tourne la tête vers moi, me voit et rejette en arrière son cou traqué, libéré même de l'obus par une terreur surnaturelle,[89] la tête à toute volée[90] dans le blindage. Et le coup de cloche du casque, dans le silence, dissipant l'effroyable présence,[91] me fait enfin découvrir la glace de l'épiscope: le char dressé regarde le ciel où la lune vient de se dégager, et ce qui éclaire ainsi nos visages taris de vie, c'est le miroir qui reflète le ciel lunaire, immense et de nouveau plein d'étoiles. . .

Notre délivrance, c'est d'être rejetés à l'attente[92] de l'obus. La porte tape encore. Une main s'est accrochée à mon dos, le secoue. Je voudrais la chasser, mais je suis suspendu.

— On peut sortir, les gars! On peut sortir! gueule la voix enfantine de Léonard. C'est lui qui secoue mon dos. Il a quitté le char pendant notre manœuvre. Il grimpe dans le boyau, vertical maintenant, hérissé d'appareils, comme à un échafaudage.

— Y a des éboulis![93] C'est une espèce de fossé! Y a au moins vingt mètres, trente mètres! Avec des éboulis!

Pradé fait aussitôt reculer le char. Léonard et moi roulons, jetés à plat ventre. Le char est de nouveau horizontal. Je me relève, saute par la porte de côté que Léonard a laissée ouverte, roule une fois de plus dans une épaisse odeur de glaise tandis que le char qui continue de reculer, s'arrête à ma gauche, la figure géométrique de sa porte ouverte seule

éclairée dans la nuit où char et fosse se confondent. Pradé a pu rallumer.

Là-haut, à la surface de la terre,[94] notre division cuirassée, avec un son plus frêle que celui que nous entendions à l'intérieur du blindage, passe toujours. . . On dirait que les obus partent lentement, puis se précipitent pour arriver sur nous. Lorsque le sifflement commence, il semble toujours nous concerner, se diriger vers notre fosse. Des canons ne sont pas toujours pointés sur les frontières camouflées. Mais il n'y a pas d'éboulis. Léonard délire, nous sommes tombés dans un entonnoir renversé.[95] Non,[96] le camouflage de la fosse a été crevé en son centre par le char; toute l'obscurité qui ne se trouve pas exactement sous ce grand trou plein d'étoiles semble converger vers lui. J'avance, je tâte: un peu plus loin, la paroi que nous avons attaquée s'incline. . . N'être pas tués avant de sortir! Je n'ose pas allumer ma lampe électrique. D'ailleurs, je l'ai laissée dans le char.

— On peut essayer. . . dit Pradé tout près de moi dans l'obscurité.

Lui aussi est collé à la paroi: hors de nos blindages, nous nous sentons nus. Du mur de glaise, une odeur de champignons suinte, pleine d'enfance. . .[97] Pradé frotte une allumette; elle n'éclaire qu'à deux mètres. Encore un sifflement qui s'approche de l'aigu au grave,[98] se précipite; l'épaule enfouie dans la glaise, fascinés par le trou de ciel que va remplacer la rouge illumination fulgurante, nous attendons une fois de plus. On ne s'habitue pas à mourir. L'allumette est extraordinairement immobile, et sa flamme halète. Comme un corps humain est vulnérable et mou! Nous sommes plaqués au mur de notre fosse commune: Berger, Léonard, Bonneau, Pradé, — une seule croix.[99] Notre bout de ciel disparaît, s'éteint, des mottes dégringolent sur nos casques et sur nos épaules.

Sans doute, les Allemands n'ont-ils pas eu le temps de repérer exactement les fondrières qu'ils

[87] couleur de plomb (se rapporte par le sens à *visage*)
[88] par la clarté mystérieuse
[89] dépassant toute cause qui n'est que terrestre
[90] projetant sa tête de toute sa force
[91] de la mort
[92] En nous remettant à attendre l'obus, nous nous délivrons de l'épouvante.
[93] pierres et terre écroulées

[94] hors de la fosse
[95] la partie la plus large étant en bas
[96] C'était impossible; en réalité, etc.
[97] Enfant, on va à la chasse aux champignons.
[98] en passant du son aigu au son grave
[99] Ils sont comme crucifiés sur le mur.

ont camouflées, et les pilonnent au jugé.[100] Les obus se groupent.

Les vagues de chars passent toujours, là-haut, mais en sens inverse. Vient-on d'établir par ici le ravitaillement d'essence, ou sont-elles en retraite? Ne sortirons-nous que pour tomber sur les colonnes blindées allemandes? Je crois déjà que nous allons sortir. . .

La lampe électrique de Bonneau apparaît. Il ne hurle plus. Nous avançons tous quatre, toujours collés à la glaise. Je suis redevenu calme, mais il est un coin de mon cœur que rien ne distrait, que rien ne distraira de l'obus.[101] Le camouflage s'étend partout bien au delà du trou qu'a fait le char en tombant; voici que la paroi effondrée monte en pente presque douce. Nous la gravissons jusqu'à nous heurter aux troncs qui recouvrent la fosse.

Jamais nous n'atteindrons le trou;[102] nous sommes comme dans ces cachots qui ne prennent jour que par une trappe inaccessible: les prisonniers ne s'enfuient pas par le plafond. Il faudrait écarter les deux troncs les plus proches. Accroupis sous eux, chuchotant: « Un, deux, trois. . . » nous les éprouvons des épaules, pétrifiés en momies péruviennes[103] par chaque explosion, mais revenus à nous[104] aussitôt; depuis que nous pouvons agir, la peur est devenue action. Si nous ne pouvons rien contre les troncs, le char, lui, fera peut-être tout sauter. Il est derrière nous, silencieux, plus noir que la fosse; de sa porte entr'ouverte vient une raie de lumière où vole un insecte nocturne. . .

Nous nous y précipitons sans nous abriter, le retrouvons comme une forteresse. Pradé manœuvre pour se placer devant l'effondrement.[105] La terre meuble[106] s'y est accumulée. Les vagues, là-haut, continuent à refluer vers les lignes françaises. . . Nous, nous commençons à nous enliser.[107] Pradé rabat sous les chenilles la poutre de secours;[108] le char se dresse, tâtonne: les chenilles s'agrippent comme des mains. Le char monte encore, se bloque, patine encore, engagé, coincé dans le plafond de troncs. Si celui-ci ne cède pas, notre effort nous enfoncera de plus en plus; avant deux minutes, le corps du char sera collé à la terre et les chenilles tourneront à vide.

La poutre de secours est cette fois inemployable.
— Allons chercher des pierres!

Pradé ne répond pas.

Pleins moteurs,[109] la masse d'acier s'enfonce dans les troncs, tout le blindage se roidit; du furieux rétablissement[110] des taureaux mourants, le char me lance comme une pierre contre la tourelle, dans un fracas sonnant de troncs en pluie sur le blindage;[111] à l'arrière on crie, un casque sonne, et voilà que nous glissons comme une barque. . . Relevé, je repousse d'un coup de poing la tête de Pradé collée à l'épiscope, j'éteins: dans le miroir, à l'infini, la plaine libre. . .

Nous avançons de toute notre vitesse entre les explosions, ne pensant qu'aux fosses prochaines, chacun ratatiné à son poste. Il ne faut pas qu'un autre char tombe après nous. Je pense bêtement[112] que j'aurais dû contourner la fosse pour rester devant elle ou attendre notre remorque d'essence pour faire prévenir le commandement (mais nous devons avancer), ou allumer un feu (mais avec quoi?). Et nous ne devons pas rester là, nous devons avancer! S'arrêter, c'est échapper aux fosses; mais rien en ce moment, ni le reflux de courtes vagues de chars, ni le risque que courent les camarades qui nous suivent, ni celui que nous courons nous-mêmes, ne compte en face de l'ordre reçu: nous avançons. L'armée.[113] Ce n'est pas du courage, c'est du réflexe.[114] Et pourtant la nuit qui n'est plus le sépulcre de la fosse, la nuit vivante m'apparaît comme un don prodigieux,[115] comme une immense germination. . .[116]

---

[100] sans précision
[101] de l'idée que l'obus va arriver
[102] qu'a fait le char en tombant
[103] Nous étions pareils aux cadavres tels que les embaumaient et conservaient les Incas.
[104] reprenant vie
[105] de la paroi
[106] divisée et mouvante
[107] enfoncer dans le sol
[108] dont on s'était muni pour une manœuvre

[109] les moteurs étant en plein mouvement
[110] dans un bond pareil au sursaut
[111] Le plafond des troncs s'est effondré.
[112] trop tard pour empêcher un autre char de tomber
[113] Nous n'avons pas d'autre existence que celle de l'armée.
[114] action inconsciente
[115] sous-entendu: fait à l'homme
[116] poussée de vie à la surface de la terre

Quand nous arrivons au village, les Allemands l'ont évacué. Nous descendons. Pagaille [117] partout. Nous avançons avec un étrange balancement [118] que je commence à connaître, le mouvement de la dernière fatigue, quand les soldats marchent tête en avant, lèvre pendante, et ne voient plus clair. Notre char mal camouflé,[119] (comme les autres), nous nous affalons dans la paille d'une grange. Devant ma lampe électrique un instant allumée, je vois Pradé couché empoigner la paille et la serrer comme s'il serrait la vie.

— Ce n'était pas pour cette fois-ci, dis-je.

Sans doute pense-t-il que le fiston s'en est tiré.

— La guerre est pas finie. . . , répond-il avec son éternel sourire de rancune. Il lâche la paille et ferme les yeux.

Peut-être redeviendrons-nous vivants demain.

Le matin est aussi pur que s'il n'y avait pas la guerre. C'est la fin de l'aube. Pradé m'a éveillé en se levant; de nous tous, il a toujours été le premier levé:

— Quand je serai mort, j'aurai bien le temps de rester couché!

Je pars à la recherche d'une pompe. L'eau froide ne m'éveille pas seulement du sommeil de la nuit, mais aussi de la fosse. A quelques mètres, Pradé regarde devant lui, sourit amèrement de ses trois dents et secoue la tête:

— Si on m'avait prétendu que je regarderais des poules et que je trouverais ça pas naturel, je l'aurais pas cru. . .

Il n'y a rien dans ce matin que je ne regarde, moi aussi, avec des yeux d'étranger.[120] Les poules pas encore volées errent, en apparence ignorantes de la guerre, mais leur petit œil rond nous suit avec une sournoise prudence; tout près, quelques-unes picorent devant une grange où des soldats dorment. Ce sont elles que regardait Pradé; je regarde moi aussi ce picorement mécanique, ce coup sec de la tête déclenchée par un ressort, et leur chaleur semble envahir mes mains comme si je les y tenais serrées, la chaleur des œufs frais, — la chaleur de la vie: les bêtes sont vivantes, sur cette étrange terre. . . Nous marchons dans le matin sans paysans. Des canards de Barbarie,[121] des pies, — des moustiques. . . Devant moi sont deux arrosoirs, avec leurs pommes en champignon que j'aimais quand j'étais enfant; et il me semble soudain que l'homme est venu des profondeurs du temps seulement pour inventer un arrosoir. Au delà du passage tranquille ou furtif des volailles lâchées, un lapin russe au derrière trop lourd essaie de filer comme un garenne; [122] les meules brillent dans le matin, les toiles d'araignées étincellent de rosée; un peu hébété, je regarde longuement une fleur saugrenue, née de l'humanité comme les fleurs saccagées qui l'entourent sont nées de la terre: un balai. . . Devant la fuite brusque et souple d'un chat, voici que je me sens stupéfait qu'existe cette fourrure convulsive.[123] (Tous les chats s'enfuient, d'ailleurs. Les roquets,[124] eux, restent là, comme ils l'ont fait peut-être quand sont arrivés nos chars.) Qu'est-ce donc en moi qui s'émerveille — mon sentiment constant, depuis que je suis éveillé, c'est la surprise — que, sur cette terre si bien machinée, les chiens agissent toujours comme des chiens, les chats comme des chats? Des pigeons gris s'envolent, laissant sous eux le matou [125] cramponné à l'extrémité de son bond inutile; ils décrivent dans le ciel de lumière marine [126] un arc silencieux, le brisent et continuent, tout blancs soudain, dans une autre direction. Je suis prêt à les voir revenir, chasser en courant le chat qui s'envolera. Le temps où les bêtes parlaient,[127] la louche [128] poésie des plus vieux contes, on les rapporte avec soi de l'autre côté de la vie. . .[129]

Comme celui qui rencontre l'Inde pour la première fois, j'entends bruire sous cette profusion pittoresque [130] tout un bourdon [131] de siècles, qui

---

[117] désordre (familier)
[118] de tout le corps
[119] une fois camouflé (mal, c'est-à-dire sous un déguisement insuffisant)
[120] étranger au monde

[121] race importée d'Asie
[122] lapin vivant à l'état sauvage
[123] qui semble électrisée
[124] petits chiens sans race
[125] chat mâle
[126] d'humidité lumineuse
[127] expression venue des vieux contes populaires
[128] d'une double ou triple signification
[129] quand on a l'impression de revenir de la mort, comme ces soldats du char
[130] qui intéresserait un peintre
[131] essaim bourdonnant

plongent presqu'aussi loin que les ténèbres de cette nuit: ces granges qui regorgent de grains et de paille, ces granges aux poutres cachées par les cosses,[132] pleines de herses, de joncs, de timons, de voitures de bois, des granges où tout est grain, bois, paille ou cuir (les métaux ont été réquisitionnés),[133] tout entourées des feux éteints des réfugiés et des soldats, ce sont les granges des temps gothiques; [134] nos chars au bout de la rue font leur plein d'eau, monstres agenouillés devant les puits de la Bible. . .[135] Ô vie, si vieille!

[132] légumes mis à sécher
[133] pris par ordre gouvernemental en vue des besoins de guerre

[134] du Moyen Âge
[135] Ils sont auprès des puits comme des monstres agenouillés et cette image a une beauté biblique.

ALBERT CAMUS (1913–1960)

L'HOMME

C'était un enfant de l'Afrique du Nord. Il y naquit le 7 novembre 1913 d'une mère espagnole, et d'un père français, ouvrier agricole, tué en 1914 à la guerre. Sa mère l'avait élevé avec peine. C'est par miracle et grâce à beaucoup de courage qu'Albert Camus a pu conquérir à Alger ses grades universitaires jusqu'à la licence ès lettres et au diplôme d'études supérieures. Les difficultés d'argent et sa santé menacée aux poumons ne lui permirent pas de préparer jusqu'au bout l'agrégation de philosophie.

Il lui fallut gagner sa vie. Il a été tour à tour courtier maritime, employé de préfecture, journaliste. En 1940, après l'armistice, il prit un poste de professeur à Oran, mais vers la fin de 1942 est entré dans la Résistance avec l'équipe de « Combat ». Cela l'a conduit à devenir le leader du journal *Combat* qui parut à Paris dès la Libération. Mais il n'a pas tardé à abandonner le journalisme pour mener à bien son œuvre de romancier et de dramaturge. Elle lui a conquis très vite une réputation mondiale que le prix Nobel devait consacrer en 1957.

Le terrible accident d'automobile qui a causé la mort de Camus a vraiment consterné l'opinion du monde entier.

L'ŒUVRE

Albert Camus a commencé par définir sa pensée dans *Le Mythe de Sisyphe*, en même temps qu'il publiait son premier roman, *L'Étranger* (1942).

L'univers, disait-il à peu près dans son brillant essai, n'a pas de sens, la société est vouée au machinisme abrutissant, la condition humaine est absurde. Et cependant se forme au fond de l'homme une protestation contre ce monde insensé. Il existe même une noblesse humaine, la noblesse de l'effort, de la « lutte vers les sommets ». Par là Sisyphe, bien que son rocher doive retomber, est heureux. Camus confirmait ainsi l'extraordinaire amour de la vie qui lui avait inspiré des cahiers de quelques pages publiés à Alger, *L'Envers et l'endroit* en 1937, et *Noces* en 1938.

C'est le versant pessimiste de cette philosophie qu'illustrait *L'Étranger*, roman d'un homme qui ne comprend rien à la vie, qui se voit banni et ignoré au milieu même de ses semblables, et qui, pris dans un engrenage de hasards auxquels il participe malgré lui et l'esprit vraiment absent, finit son existence sous le couperet de la guillotine.

La Peste (1947), au contraire, répond au versant consolateur. On y voit un terrible fléau susciter la résistance à l'injustice de la nature et à l'injustice de la société par l'effort de quelques-uns et par la communion humaine qu'ils réveillent. Ne peut-on pas toujours lutter pour la justice, lutter même pour le bonheur? Et la lutte sera une victoire.

Parallèlement, Camus a poursuivi une carrière au théâtre, avec *Le Malentendu* (1944), *Caligula* (1945), *Les Justes* (1950). Mais le langage élevé de ces pièces ne suffit pas à leur donner la vie, des discussions ne font pas une action. C'est dommage. Elles sont d'une intention très noble, et l'on eût été heureux que l'intention arrivât à s'incarner.

Dans son grand essai, *L'Homme révolté* (1951), Camus s'est définitivement orienté vers un humanisme réformateur et non point révolutionnaire, vers une sagesse méditerranéenne, respectueuse avant tout de la liberté. *La Chute* (1956) est le dernier récit de Camus, où le personnage principal, Clamence, se juge sur un mode satirique et invite l'homme moderne à faire de même.

Enfin les nouvelles qui composent *L'Exil et le Royaume* (1957) font saillir sur un fond social odieux des mouvements de bonté, sur un fond historique des sursauts d'individualité libre.

L'art de Camus est particulièrement sobre et honnête. On peut dire qu'il enferme une inspiration à tendance romantique dans une forme nettement classique.

« L'hôte », nouvelle extraite du recueil *L'Exil et le Royaume,* raconte une brève histoire qui se passe dans l'extrême Sud Algérien, aux tout premiers temps de la révolte.

L'Exil et le Royaume

L'HÔTE

L'instituteur regardait les deux hommes monter vers lui. L'un était à cheval, l'autre à pied. Ils n'avaient pas encore entamé[1] le raidillon[2] abrupt qui menait à l'école, bâtie au flanc d'une colline. Ils peinaient, progressant lentement dans la neige, entre les pierres, sur l'immense étendue du haut plateau[3] désert. De temps en temps, le cheval bronchait[4] visiblement. On ne l'entendait pas encore, mais on voyait le jet de vapeur qui sortait alors de ses naseaux. L'un des hommes, au moins, connaissait le pays. Ils suivaient la piste[5] qui avait pourtant disparu depuis plusieurs jours sous une couche blanche et sale. L'instituteur calcula qu'ils ne seraient pas sur la colline avant une demi-heure. Il faisait froid; il rentra dans l'école pour chercher un chandail.

[1] mis les pieds sur
[2] court chemin en pente raide
[3] plaine située à une haute altitude

[4] faisait des faux pas
[5] chemin rudimentairement tracé

Il traversa la salle de classe, vide et glacée. Sur le tableau noir les quatre fleuves de France, dessinés avec quatre craies de couleurs différentes, coulaient vers leur estuaire depuis trois jours.[6] La neige était tombée brutalement à la mi-octobre, après huit mois de sécheresse, sans que la pluie eût apporté une transition[7] et la vingtaine d'élèves qui habitaient dans les villages disséminés sur le plateau ne venaient plus. Il fallait attendre le beau temps. Daru[8] ne chauffait plus que l'unique pièce qui constituait son logement, attenant à la classe, et ouvrant aussi sur le plateau à l'est. Une fenêtre donnait encore, comme celles de la classe, sur le midi. De ce côté, l'école se trouvait à quelques kilomètres de l'endroit où le plateau commençait à descendre vers le sud. Par temps clair, on pouvait apercevoir les masses violettes du contrefort montagneux où s'ouvrait la porte[9] du désert.

Un peu réchauffé, Daru retourna à la fenêtre d'où il avait, pour la première fois, aperçu les deux hommes. On ne les voyait plus. Ils avaient donc attaqué le raidillon. Le ciel était moins foncé: dans la nuit, la neige avait cessé de tomber. Le matin s'était levé sur une lumière sale qui s'était à peine renforcée à mesure que le plafond de nuages remontait. A deux heures de l'après-midi, on eût dit que la journée commençait seulement. Mais cela valait mieux que ces trois jours où l'épaisse neige tombait au milieu des ténèbres incessantes, avec de petites sautes de vent[10] qui venaient secouer la double porte de la classe. Daru patientait alors de longues heures dans sa chambre dont il ne sortait que pour aller sous l'appentis,[11] soigner les poules et puiser dans la provision de charbon. Heureusement, la camionnette de Tadjid, le village le plus proche au nord, avait apporté le ravitaillement deux jours avant la tourmente. Elle reviendrait dans quarante-huit heures.

Il avait d'ailleurs de quoi soutenir un siège,[12] avec les sacs de blé qui encombraient la petite chambre et que l'administration lui laissait en réserve pour distribuer à ceux de ses élèves dont les familles avaient été victimes de la sécheresse. En réalité, le malheur les avait tous atteints, puisque tous étaient pauvres. Chaque jour, Daru distribuait une ration[13] aux petits. Elle leur avait manqué, il le savait bien, pendant ces mauvais jours. Peut-être un des pères ou des grands frères viendrait ce soir et il pourrait les ravitailler en grains. Il fallait faire la soudure avec[14] la prochaine récolte, voilà tout. Des navires de blé arrivaient maintenant de France, le plus dûr était passé. Mais il serait difficile d'oublier cette misère, cette armée de fantômes haillonneux errant dans le soleil, les plateaux calcinés mois après mois, la terre recroquevillée[15] peu à peu, littéralement[16] torréfiée, chaque pierre éclatant en poussière sous le pied. Les moutons mouraient alors par milliers et[17] quelques hommes, ça et là, sans qu'on puisse toujours le savoir.

Devant cette misère, lui qui vivait presque en moine dans son école perdue,[18] content d'ailleurs du peu qu'il avait, et de cette vie rude, s'était senti un seigneur, avec ses murs crépis, son divan étroit, ses étagères de bois blanc, son puits, et son ravitaillement hebdomadaire en eau et en nourriture. Et, tout d'un coup, cette neige, sans avertissement, sans la détente[19] de la pluie. Le pays était ainsi, cruel à vivre,[20] même sans les hommes, qui, pourtant, n'arrangeaient rien.[21] Mais Daru y était né. Partout ailleurs, il se sentait exilé.

Il sortit et avança sur le terre-plein[22] devant l'école. Les deux hommes étaient maintenant à mi-pente. Il reconnut dans le cavalier, Balducci, le vieux gendarme[23] qu'il connaissait depuis longtemps. Balducci tenait au bout d'une corde un Arabe qui avançait derrière lui, les mains liées, le

[6] personne n'avait touché au dessin
[7] sous-entendu: entre sècheresse et neige
[8] l'instituteur
[9] l'entrée, le commencement (métaphore)
[10] changements subits dans la direction du vent (terme de marine)
[11] petit bâtiment appuyé au bâtiment d'habitation et non fermé
[12] de quoi se nourrir s'il était assiégé (expression familière)
[13] vivres pour une personne
[14] faire durer la réserve jusqu'à
[15] tassée et repliée sur elle-même
[16] à parler exactement
[17] et aussi
[18] éloignée du pays civilisé
[19] le délassement
[20] à ceux qui y vivent
[21] ne tempéraient pas cette cruauté
[22] terrasse de simple terre
[23] soldat chargé de maintenir l'ordre et la sécurité

front baissé. Le gendarme fit un geste de salutation auquel Daru ne répondit pas, tout entier occupé à regarder l'Arabe vêtu d'une djellabah [24] autrefois bleue, les pieds dans des sandales, mais couverts de chaussettes en grosse laine grège,[25] la tête coiffée d'un chèche [26] étroit et court. Ils approchaient. Balducci maintenait sa bête au pas pour ne pas blesser l'Arabe et le groupe avançait lentement.

A portée de voix,[27] Balducci cria: «Une heure pour faire les trois kilomètres d'El Ameur ici!» Daru ne répondit pas. Court et carré dans son chandail épais, il les regardait monter. Pas une seule fois, l'Arabe n'avait levé la tête. «Salut, dit Daru, quand ils débouchèrent sur le terre-plein. Entrez vous réchauffer.» Balducci descendit péniblement de sa bête, sans lâcher la corde. Il sourit à l'instituteur sous ses moustaches hérissées. Ses petits yeux sombres, très enfoncés sous le front basané,[28] et sa bouche entourée de rides, lui donnaient un air attentif et appliqué. Daru prit la bride, conduisit la bête vers l'appentis, et revint vers les deux hommes qui l'attendaient maintenant dans l'école. Il les fit pénétrer dans sa chambre. «Je vais chauffer la salle de classe, dit-il. Nous y serons plus à l'aise.» Quand il entra de nouveau dans la chambre, Balducci était sur le divan. Il avait dénoué la corde qui le liait à l'Arabe et celui-ci s'était accroupi près du poêle.[29] Les mains toujours liées, le chèche maintenant poussé en arrière, il regardait vers la fenêtre. Daru ne vit d'abord que ses énormes lèvres, pleines, lisses, presque négroïdes;[30] le nez cependant était droit, les yeux sombres, pleins de fièvre. Le chèche découvrait un front buté [31] et, sous la peau recuite mais un peu décolorée par le froid,[32] tout le visage avait un air à la fois inquiet et rebelle qui frappa Daru quand l'Arabe, tournant son visage vers lui, le regarda droit dans les yeux. «Passez à côté, dit l'instituteur, je vais vous faire du thé à la menthe. — Merci, dit Balducci. Quelle corvée! [33] Vivement

la retraite.» [34] Et s'adressant en arabe à son prisonnier: «Viens, toi.» L'Arabe se leva et, lentement, tenant ses poignets joints devant lui, passa dans l'école.

Avec le thé, Daru apporta une chaise. Mais Balducci trônait [35] déjà sur la première table d'élève et l'Arabe s'était accroupi contre l'estrade [36] du maître, face au poêle qui se trouvait entre le bureau et la fenêtre. Quand il tendit le verre de thé au prisonnier, Daru hésita devant ses mains liées. «On peut le délier, peut-être. — Sûr, dit Balducci. C'était pour le voyage.» Il fit mine de [37] se lever. Mais Daru, posant le verre sur le sol, s'était agenouillé près de l'Arabe. Celui-ci, sans rien dire, le regardait faire de [38] ses yeux fiévreux. Les mains libres, il frotta l'un contre l'autre ses poignets gonflés, prit le verre de thé et aspira le liquide brûlant, à petites gorgées rapides.

«Bon, dit Daru. Et comme ça,[39] où allez-vous?» Balducci retira sa moustache du thé: «Ici, fils.[40]

— Drôle d'élèves! [41] Vous couchez ici?

— Non. Je vais retourner à El Ameur. Et toi, tu livreras le camarade [42] à Tinguit. On l'attend à la commune mixte.» [43]

Balducci regardait Daru avec un petit sourire d'amitié.

«Qu'est-ce que tu racontes, dit l'instituteur. Tu te fous [44] de moi?

— Non, fils. Ce sont les ordres.

— Les ordres? Je ne suis pas...» Daru hésita;[45] il ne voulait pas peiner le vieux Corse. «Enfin, ce n'est pas mon métier.

— Eh! Qu'est-ce que ça veut dire? [46] A la guerre, on fait tous les métiers.

— Alors, j'attendrai la déclaration de guerre!»

[24] fourreau d'étoffe légère
[25] naturelle
[26] calotte
[27] à une distance d'où la voix pouvait arriver
[28] noirâtre
[29] fourneau de chauffage
[30] semblables à celles de la race nègre
[31] qui indiquait un esprit fermé
[32] brûlée puis refroidie lentement
[33] démarche ennuyeuse à faire

[34] qu'arrive vite le temps où je quitterai le service
[35] était assis de façon à dominer
[36] petit plancher élevé au-dessus du sol ou du parquet
[37] un mouvement comme pour
[38] avec
[39] tous deux ensemble comme vous êtes (familier)
[40] terme d'amitié protectrice
[41] réponse à ici (l'école)
[42] l'Arabe (terme populaire)
[43] commune administrée conjointement par Français et Arabes
[44] te moques (populaire)
[45] sous-entendu: à dire qu'il n'était pas un soldat subalterne
[46] équivaut à: cela ne veut rien dire

Balducci approuva de la tête.

« Bon. Mais les ordres sont là et ils te concernent aussi. Ça bouge,[47] paraît-il. On parle de révolte prochaine. Nous sommes mobilisés, dans un sens. »[48]

Daru gardait son air buté.

« Écoute, fils, dit Balducci. Je t'aime bien, il faut comprendre.[49] Nous sommes une douzaine à El Ameur pour patrouiller[50] dans le territoire d'un petit département[51] et je dois rentrer. On m'a dit de te confier ce zèbre[52] et de rentrer sans tarder. On ne pouvait pas le garder là-bas. Son village s'agitait, ils[53] voulaient le reprendre. Tu dois le mener à Tinguit dans la journée de demain. Ce n'est pas une vingtaine de kilomètres qui font peur à un costaud[54] comme toi. Après, ce sera fini. Tu retrouveras tes élèves et la bonne vie. »

Derrière le mur, on entendit le cheval s'ébrouer et frapper du sabot. Daru regardait par la fenêtre. Le temps se levait[55] décidément, la lumière s'élargissait sur le plateau neigeux. Quand toute la neige serait fondue, le soleil régnerait de nouveau et brûlerait une fois de plus les champs de pierre. Pendant des jours, encore, le ciel inaltérable déverserait sa lumière sèche sur l'étendue solitaire où rien ne rappelait l'homme.[56]

« Enfin, dit-il en se retournant vers Balducci, qu'est-ce qu'il a fait ? » Et il demanda, avant que le gendarme ait ouvert la bouche : « Il parle français ? »

— Non, pas un mot. On le recherchait depuis un mois, mais ils[57] le cachaient. Il a tué son cousin.

— Il est contre nous ?[58]

— Je ne crois pas. Mais on ne peut jamais savoir.

— Pourquoi a-t-il tué ?

— Des affaires de famille, je crois. L'un devait du grain à l'autre, paraît-il. Ça n'est pas clair. En-fin, bref, il a tué le cousin d'un coup de serpe. Tu sais, comme[59] au mouton, zic ! . . . »[60]

Balducci fit le geste de passer une lame sur sa gorge et l'Arabe, son attention attirée,[61] le regardait avec une sorte d'inquiétude. Une colère subite vint à Daru contre cet homme, contre tous les hommes et leur sale méchanceté, leurs haines inlassables, leur folie[62] du sang.

Mais la bouilloire chantait[63] sur le poêle. Il resservit du thé à Balducci, hésita, puis servit à nouveau l'Arabe qui, une seconde fois, but avec avidité. Ses bras soulevés entrebâillaient maintenant la djellabah et l'instituteur aperçut sa poitrine maigre et musclée.

« Merci, petit, dit Balducci. Et maintenant, je file. »[64]

Il se leva et se dirigea vers l'Arabe, en tirant une cordelette de sa poche.

« Qu'est-ce que tu fais ? » demanda sèchement Daru.

Balducci, interdit, lui montra la corde.

« Ce n'est pas la peine. »[65]

Le vieux gendarme hésita :

« Comme tu voudras. Naturellement, tu es armé ?

— J'ai mon fusil de chasse.

— Où ?

— Dans la malle.

— Tu devrais l'avoir près de ton lit.

— Pourquoi ? Je n'ai rien à craindre.

— Tu es sonné,[66] fils. S'ils se soulèvent, personne n'est à l'abri, nous sommes tous dans le même sac.[67]

— Je me défendrai. J'ai le temps de les voir arriver. »

Balducci se mit à rire, puis la moustache vint soudain recouvrir les dents encore blanches.

« Tu as le temps ? Bon.[68] C'est ce que je disais.

---

[47] le pays s'agite
[48] en fait, sinon officiellement
[49] Amicalement je veux t'expliquer.
[50] faire une tournée de surveillance
[51] ce qui fait une grande étendue à surveiller
[52] animal africain (terme de méprisante plaisanterie)
[53] les Arabes du village
[54] homme robuste
[55] s'éclaircissait
[56] l'être humain
[57] Cf. la note 53.
[58] *nous*: les Français

[59] sous-entendu: on fait
[60] onomatopée rappelant le bruit de la serpe dans la chair
[61] étant attirée (par le geste)
[62] besoin fou de faire couler
[63] *chanter*: se dit de l'eau près de bouillir
[64] Je m'en vais rapidement.
[65] sous-entendu: de l'attacher
[66] Tu n'as plus ta raison (populaire): tu es dans l'état d'un homme renversé et dont la tête a fait entendre un son en heurtant le sol.
[67] pris dans la même situation (métaphore)
[68] interjection qui annonce la phrase suivante

Tu as toujours été un peu fêlé.⁶⁵ C'est pour ça que je t'aime bien, mon fils était comme ça. »

Il tirait en même temps son revolver et le posait sur le bureau.

« Garde-le, je n'ai pas besoin de deux armes d'ici El Ameur. » ⁷⁰

Le revolver brillait sur la peinture noire de la table. Quand le gendarme se retourna vers lui, l'instituteur sentit son odeur de cuir et de cheval.

« Écoute, Balducci, dit Daru soudainement, tout ça me dégoûte, et ton gars ⁷¹ le premier. Mais je ne le livrerai pas. Me battre, oui,⁷² s'il le faut. Mais pas ça. » ⁷³

Le vieux gendarme se tenait devant lui et le regardait avec sévérité.

« Tu fais des bêtises, dit-il lentement. Moi non plus, je n'aime pas ça. Mettre une corde à un homme, malgré les années,⁷⁴ on ne s'y ⁷⁵ habitue pas et même, oui, on a honte. Mais on ne peut pas les laisser faire.

— Je ne le livrerai pas, répéta Daru.

— C'est un ordre, fils. Je te le répète.

— C'est ça. Répète-leur ⁷⁶ ce que je t'ai dit: je ne le livrerai pas. »

Balducci faisait un visible effort de réflexion. Il regardait l'Arabe et Daru. Il se décida enfin.

« Non. Je ne leur dirai rien. Si tu veux nous lâcher,⁷⁷ à ton aise,⁷⁸ je ne te dénoncerai pas. J'ai l'ordre de livrer le prisonnier: je le fais. Tu vas maintenant me signer le papier.

— C'est inutile. Je ne nierai pas que tu me l'as laissé.

— Ne sois pas méchant avec moi. Je sais que tu diras la vérité. Tu es d'ici, tu es un homme.⁷⁹ Mais tu dois signer, c'est la règle. »

Daru ouvrit son tiroir, tira une petite bouteille carrée d'encre violette, le porte-plume de bois rouge avec la plume *sergent-major* ⁸⁰ qui lui servait à tracer les modèles d'écriture ⁸¹ et il signa. Le gendarme plia soigneusement le papier et le mit dans son portefeuille. Puis il se dirigea vers la porte.

« Je vais t'accompagner, dit Daru.

— Non, dit Balducci. Ce n'est pas la peine ⁸² d'être poli. Tu m'as fait un affront. »

Il regarda l'Arabe, immobile, à la même place, renifla d'un air chagrin et se détourna vers la porte: « Adieu, fils », dit-il. La porte battit derrière lui. Balducci surgit devant la fenêtre puis disparut. Ses pas étaient étouffés par la neige. Le cheval s'agita derrière la cloison, des poules s'effarèrent. Un moment après, Balducci repassa devant la fenêtre tirant le cheval par la bride. Il avançait vers le raidillon sans se retourner, disparut le premier et le cheval le suivit. On entendit une grosse pierre rouler mollement. Daru revint vers le prisonnier qui n'avait pas bougé, mais ne le quittait pas des yeux. « Attends », dit l'instituteur en arabe, et il se dirigea vers la chambre. Au moment de passer le seuil, il se ravisa,⁸³ alla au bureau, prit le revolver et le fourra dans sa poche. Puis, sans se retourner, il entra dans sa chambre.

Longtemps, il resta étendu sur son divan à ⁸⁴ regarder le ciel se fermer ⁸⁵ peu à peu, à écouter le silence. C'était ce silence qui lui avait paru pénible les premiers jours de son arrivée, après la guerre. Il avait demandé un poste ⁸⁶ dans la petite ville au pied des contreforts ⁸⁷ qui séparent du désert les hauts plateaux. Là, des murailles rocheuses, vertes et noires au nord, roses ou mauves au sud, marquaient la frontière de l'éternel été.⁸⁸ On l'avait nommé à un poste plus au nord, sur le plateau même. Au début, la solitude et le silence lui avaient été durs sur ces terres ingrates,⁸⁹ habitées seulement par des pierres. Parfois, des sillons faisaient

---

⁶⁹ fou, par fente dans le crâne (métaphore)
⁷⁰ pour aller d'ici à El Ameur
⁷¹ garçon: l'Arabe (familier)
⁷² sous-entendu: je veux bien
⁷³ *ça:* cela (le livrer), expression de mépris
⁷⁴ sous-entendu: pendant lesquelles je l'ai fait
⁷⁵ *y:* à cela
⁷⁶ à tes chefs
⁷⁷ te séparer de nous (familier)
⁷⁸ Ne te gêne pas.
⁷⁹ Tu as du courage et de la loyauté.

⁸⁰ marque de plume à écrire
⁸¹ pour ses élèves
⁸² tu fais l'effort inutile
⁸³ changea d'intention
⁸⁴ occupé à
⁸⁵ sous l'action de la nuit
⁸⁶ lieu assigné à un fonctionnaire pour remplir ses fonctions
⁸⁷ montagnes qui appuient les hauts plateaux
⁸⁸ le pays de la chaleur ininterrompue
⁸⁹ qui ne produisent rien

croire à des cultures, mais ils avaient été creusés pour mettre au jour [90] une certaine pierre, propice à la construction.[91] On ne labourait ici que pour récolter des cailloux. D'autres fois, on grattait quelques copeaux de terre, accumulée dans les creux, dont on engraisserait [92] les maigres jardins des villages. C'était ainsi, le caillou seul [93] couvrait les trois quarts de ce pays. Les villes y naissaient, brillaient, puis disparaissaient; les hommes y passaient, s'aimaient ou se mordaient à la gorge, puis mouraient. Dans ce désert, personne, ni lui ni son hôte [94] n'étaient rien. Et pourtant, hors de ce désert, ni l'un ni l'autre, Daru le savait, n'auraient pu vivre vraiment.[95]

Quand il se leva, aucun bruit ne venait de la salle de classe. Il s'étonna de cette joie franche qui lui venait [96] à la seule pensée que l'Arabe avait pu fuir et qu'il allait se retrouver seul sans avoir rien à décider. Mais le prisonnier était là. Il s'était seulement couché de tout son long entre le poêle et le bureau. Les yeux ouverts, il regardait le plafond. Dans cette position, on voyait surtout ses lèvres épaisses qui lui donnaient un air boudeur. « Viens », dit Daru. L'Arabe se leva et le suivit. Dans la chambre, l'instituteur lui montra une chaise près de la table, sous la fenêtre. L'Arabe prit place sans cesser de regarder Daru.

« Tu as faim?

— Oui », dit le prisonnier.[97]

Daru installa deux couverts. Il prit de la farine et de l'huile, pétrit dans un plat une galette et alluma le petit fourneau à butagaz.[98] Pendant que la galette cuisait, il sortit pour ramener de l'appentis du fromage, des œufs, des dattes et du lait condensé. Quand la galette fut cuite, il la mit à refroidir sur le rebord de la fenêtre, fit chauffer du lait condensé étendu [99] d'eau et, pour finir, battit les œufs en [100] omelette. Dans un de ses mouvements, il heurta le revolver enfoncé dans sa poche droite. Il posa le bol, passa dans la salle de classe et mit le revolver dans le tiroir de son bureau. Quand il revint dans la chambre, la nuit tombait. Il donna [101] de la lumière et servit l'Arabe: « Mange », dit-il. L'autre prit un morceau de galette, le porta vivement à sa bouche et s'arrêta.

« Et toi? dit-il.

— Après toi. Je mangerai aussi. »

Les grosses lèvres s'ouvrirent un peu, l'Arabe hésita, puis il mordit résolument dans la galette.

Le repas fini, l'Arabe regardait l'instituteur.

« C'est toi le juge?

— Non, je te garde jusqu'à demain.

— Pourquoi tu manges avec moi? [102]

— J'ai faim. »

L'autre se tut. Daru se leva et sortit. Il ramena un lit de camp [103] de l'appentis, l'étendit entre la table et le poêle, perpendiculairement à son propre lit. D'une grande valise qui, debout dans un coin, servait d'étagère à [104] dossiers, il tira deux couvertures qu'il disposa sur le lit de camp. Puis il s'arrêta, se sentit oisif, s'assit sur son lit. Il n'y avait plus rien à faire ni à préparer. Il fallait regarder cet homme. Il le regardait donc, essayant d'imaginer ce visage emporté de fureur.[105] Il n'y parvenait pas. Il voyait seulement le regard à la fois sombre et brillant, et la bouche animale.

« Pourquoi tu l'as tué? » dit-il d'une voix dont l'hostilité [106] le surprit.

L'Arabe détourna son regard.

« Il s'est sauvé. J'ai couru derrière lui. »

Il releva les yeux sur Daru et ils étaient pleins d'une sorte d'interrogation malheureuse.

« Maintenant, qu'est-ce qu'on va me faire?

— Tu as peur? »

L'autre se raidit, en détournant les yeux.

« Tu regrettes? »

L'Arabe le regarda, bouche ouverte. Visiblement, il ne comprenait pas. L'irritation gagnait Daru. En

---

[90] extraire
[91] à bâtir des maisons
[92] fertiliserait
[93] sans terre
[94] l'Arabe
[95] totalement satisfaits
[96] sous entendu: à l'esprit
[97] tous deux parlent arabe
[98] gaz conservé et transporté en bombonnes
[99] délayé dans un peu
[100] *en:* pour faire une

[101] par bouton électrique
[102] Cette égalité l'étonne.
[103] lit démontable dont se servait autrefois un officier en campagne
[104] pour les
[105] quand il s'était emporté (pour **tuer**)
[106] le ton méchant

même temps, il se sentait gauche et emprunté [107] dans son gros corps, coincé entre les deux lits.

« Couche-toi là, dit-il avec impatience. C'est ton lit. »

L'Arabe ne bougeait pas. Il appela Daru:

« Dis! »

L'instituteur le regarda.

« Le gendarme revient demain? »

— Je ne sais pas.

— Tu viens avec nous?

— Je ne sais pas. Pourquoi? »

Le prisonnier se leva et s'étendit à même les couvertures, les pieds vers la fenêtre. La lumière de l'ampoule électrique lui tombait droit dans les yeux qu'il ferma aussitôt.

« Pourquoi? » répéta Daru, planté devant le lit.

L'Arabe ouvrit les yeux sous la lumière aveuglante et le regarda en s'efforçant de ne pas battre les paupières.

« Viens avec nous », dit-il.

Au milieu de la nuit, Daru ne dormait toujours pas. Il s'était mis au lit après s'être complètement déshabillé: il couchait nu habituellement. Mais quand il se trouva sans vêtements dans la chambre, il hésita. Il se sentait vulnérable,[108] la tentation lui vint de se rhabiller. Puis il haussa les épaules; il en avait vu d'autres [109] et, s'il le fallait, il casserait en deux son adversaire. De son lit, il pouvait l'observer, étendu sur le dos, toujours immobile et les yeux fermés sous la lumière violente. Quand Daru éteignit, les ténèbres semblèrent se congeler [110] d'un coup. Peu à peu, la nuit redevint vivante dans la fenêtre où le ciel sans étoiles remuait [111] doucement. L'instituteur distingua bientôt le corps étendu devant lui. L'Arabe ne bougeait toujours pas, mais ses yeux semblaient ouverts. Un léger vent rôdait autour de l'école. Il chasserait peut-être les nuages et le soleil reviendrait.

Dans la nuit, le vent grandit. Les poules s'agitèrent un peu, puis se turent. L'Arabe se retourna sur le côté, présentant le dos à Daru et celui-ci crut l'entendre gémir. Il guetta ensuite sa respiration, devenue plus forte et plus régulière. Il écoutait ce souffle si proche et rêvait sans pouvoir s'endormir. Dans la chambre où, depuis un an, il dormait seul, cette présence le gênait. Mais elle le gênait aussi parce qu'elle lui imposait une sorte de fraternité qu'il refusait dans les circonstances présentes et qu'il connaissait bien: les hommes, qui partagent les mêmes chambres, soldats ou prisonniers, contractent un lien étrange [112] comme si, leurs armures quittées [113] avec les vêtements, ils se rejoignaient chaque soir, par-dessus leurs différences, dans la vieille communauté du songe et de la fatigue. Mais Daru se secouait,[114] il n'aimait pas ces bêtises,[115] il fallait dormir.

Un peu plus tard pourtant, quand l'Arabe bougea imperceptiblement, l'instituteur ne dormait toujours pas. Au deuxième mouvement du prisonnier, il se raidit, en alerte.[116] L'Arabe se soulevait lentement sur les bras, d'un mouvement presque somnambulique.[117] Assis sur le lit, il attendit, immobile, sans tourner la tête vers Daru, comme s'il écoutait de [118] toute son attention. Daru ne bougea pas; il venait de penser que le revolver était resté dans le tiroir de son bureau. Il valait mieux agir [119] tout de suite. Il continua cependant d'observer le prisonnier qui, du même mouvement huilé,[120] posait ses pieds sur le sol, attendait encore, puis commençait à se dresser lentement. Daru allait l'interpeller quand l'Arabe se mit en marche, d'une allure naturelle cette fois, mais extraordinairement silencieuse. Il allait vers la porte du fond qui donnait sur l'appentis. Il fit jouer le loquet [121] avec précaution et sortit en repoussant la porte derrière lui, sans la refermer. Daru n'avait pas bougé: « Il fuit, pensait-il seulement. Bon débarras! » [122] Il tendit pourtant l'oreille. Les poules ne bougeaient pas: l'autre était donc sur le plateau. Un faible bruit d'eau lui parvint alors dont il ne comprit ce qu'il était qu'au moment où

---

[107] maladroit et embarrassé
[108] facile à blesser ou à tuer
[109] Il avait couru d'autres dangers (gallicisme).
[110] se changer en un corps solide
[111] par les nuages
[112] une union qui surprend
[113] étant quittées
[114] se faisait des reproches
[115] sentimentalités
[116] sur ses gardes et prêt à agir
[117] de celui qui se lève et même marche sans être éveillé
[118] avec
[119] Il était prudent d'agir.
[120] pareil à des rouages frottés d'huile
[121] fermeture sommaire d'une porte
[122] Pour: il est parti, j'en suis débarrassé.

l'Arabe s'encastra de nouveau dans la porte, la referma avec soin, et vint se recoucher sans un bruit.
Alors Daru lui tourna le dos et s'endormit. Plus
tard encore, il lui sembla entendre, du fond de son
sommeil, des pas furtifs [123] autour de l'école. « Je
rêve, je rêve! » se répétait-il. Et il dormait.

Quand il se réveilla, le ciel était découvert; par la
fenêtre mal jointe entrait un air froid et pur.
L'Arabe dormait, recroquevillé maintenant sous les
couvertures, la bouche ouverte, totalement abandonné.[124] Mais quand Daru le secoua, il eut un sursaut [125] terrible, regardant Daru sans le reconnaître
avec des yeux fous et une expression si apeurée que
l'instituteur fit un pas en arrière. « N'aie pas
peur. C'est moi. Il faut manger. » L'Arabe secoua
la tête et dit oui. Le calme était revenu sur son
visage, mais son expression restait absente et distraite.

Le café était prêt. Ils le burent, assis tous deux
sur le lit de camp, en mordant leurs morceaux de
galette. Puis Daru mena l'Arabe sous l'appentis et
lui montra le robinet [126] où il faisait sa toilette. Il
rentra dans la chambre, plia les couvertures et le
lit de camp, fit son propre lit et mit la pièce en
ordre. Il sortit alors sur le terre-plein en passant par
l'école. Le soleil montait déjà dans le ciel bleu; une
lumière tendre et vive inondait le plateau désert.
Sur le raidillon, la neige fondait par endroits. Les
pierres allaient apparaître de nouveau. Accroupi au
bord du plateau, l'instituteur contemplait l'étendue
déserte. Il pensait à Balducci. Il lui avait fait de la
peine, il l'avait renvoyé, d'une certaine manière,
comme s'il ne voulait pas être dans le même sac.[127]
Il entendait encore l'adieu du gendarme et, sans savoir pourquoi, il se sentait étrangement vide et
vulnérable. A ce moment, de l'autre côté de l'école,
le prisonnier toussa. Daru l'écouta, presque malgré
lui, puis, furieux, jeta un caillou qui siffla dans l'air
avant de s'enfoncer dans la neige. Le crime imbécile
de cet homme le révoltait, mais le livrer était contraire à l'honneur: d'y penser seulement [128] le ren-

dait fou d'humiliation. Et il maudissait à la fois
les siens [129] qui lui envoyaient cet Arabe et celui-ci
qui avait osé tuer et n'avait pas su s'enfuir. Daru se
leva, tourna en rond [130] sur le terre-plein, attendit,
immobile, puis entra dans l'école.

L'Arabe, penché sur le sol cimenté de l'appentis,
se lavait les dents avec deux doigts. Daru le regarda,
puis: « Viens », dit-il. Il rentra dans la chambre, devant le prisonnier. Il enfila une veste de chasse sur
son chandail et chaussa des souliers de marche. Il
attendit debout que l'Arabe eût remis son chèche et
ses sandales. Ils passèrent dans l'école et l'instituteur
montra la sortie à son compagnon. « Va », dit-il.
L'autre ne bougea pas. « Je viens », dit Daru.
L'Arabe sortit. Daru rentra dans la chambre et fit
un paquet avec des biscottes, des dattes et du sucre.
Dans la salle de classe, avant de sortir, il hésita une
seconde devant son bureau,[131] puis il franchit le
seuil de l'école et boucla la porte. « C'est par là »,
dit-il. Il prit la direction de l'est, suivi par le prisonnier. Mais, à une faible distance de l'école, il lui
sembla entendre un léger bruit derrière lui. Il revint
sur ses pas, inspecta les alentours de la maison: il
n'y avait personne. L'Arabe le regardait faire, sans
paraître comprendre. « Allons », dit Daru.

Ils marchèrent une heure et se reposèrent auprès
d'une sorte d'aiguille calcaire.[132] La neige fondait
de plus en plus vite, le soleil pompait aussitôt les
flaques, nettoyait à toute allure le plateau qui, peu à
peu, devenait sec et vibrait [133] comme l'air lui-
même. Quand ils reprirent la route, le sol résonnait
sous leurs pas. De loin en loin, un oiseau fendait
l'espace devant eux avec un cri joyeux. Daru buvait,
à profondes aspirations, la lumière fraîche. Une
sorte d'exaltation naissait en lui devant le grand
espace familier, presque entièrement jaune maintenant, sous sa calotte de ciel bleu. Ils marchèrent
encore une heure, en descendant vers le sud. Ils arrivèrent à une sorte d'éminence aplatie, faite de
rochers friables.[134] A partir de là, le plateau dévalait,
à l'est, vers une plaine basse où l'on pouvait distinguer quelques arbres maigres et, au sud, vers

---

[123] qui semblaient vouloir ne pas se faire entendre
[124] confiant
[125] mouvement de brusque réveil
[126] système qui retient ou laisse couler l'eau d'un réservoir
[127] Cf. la note 67.
[128] la seule idée de le livrer

[129] les gens de sa race
[130] et donc un peu sur lui-même
[131] en pensant au revolver
[132] roche dure, haute et mince
[133] semblait trembler
[134] faciles à réduire en poudre

des amas rocheux qui donnaient au paysage un aspect tourmenté.[135]

Daru inspecta les deux directions. Il n'y avait que le ciel à l'horizon, pas un homme ne se montrait. Il se tourna vers l'Arabe, qui le regardait sans comprendre. Daru lui tendit un paquet: « Prends, dit-il. Ce sont des dattes, du pain, du sucre. Tu peux tenir [136] deux jours. Voilà mille francs aussi. » L'Arabe prit le paquet et l'argent, mais il gardait ses mains pleines à hauteur de la poitrine, comme s'il ne savait que faire de ce qu'on lui donnait. « Regarde maintenant, dit l'instituteur, et il lui montrait la direction de l'est, voilà la route de Tinguit. Tu as deux heures de marche. A Tinguit, il y a l'administration et la police. Ils t'attendent. » L'Arabe regardait vers l'est, retenant toujours contre lui le paquet et l'argent. Daru lui prit le bras et lui fit faire, sans douceur, un quart de tour vers le sud. Au pied de la hauteur où ils se trouvaient, on devinait un chemin à peine dessiné. « Ça, c'est la piste qui traverse le plateau. A un jour de marche d'ici, tu trouveras les pâturages et les premiers nomades. Ils t'accueilleront et t'abriteront, selon leur loi. » [137] L'Arabe s'était retourné maintenant vers Daru et une sorte de panique se levait sur son visage: « Écoute », dit-il. Daru secoua la tête: « Non, tais-toi. Maintenant, je te laisse. » Il lui tourna le dos, fit deux grands pas dans la direction de l'école, regarda d'un air indécis l'Arabe immobile et repartit. Pendant quelques minutes, il n'entendit plus que son propre pas, sonore sur la terre froide, et il ne détourna pas la tête. Au bout d'un moment,

pourtant, il se retourna. L'Arabe était toujours là, au bord de la colline, les bras pendants maintenant, et il regardait l'instituteur. Daru sentit sa gorge se nouer.[138] Mais il jura d'impatience,[139] fit un grand signe et repartit. Il était déjà loin quand il s'arrêta de nouveau et regarda. Il n'y avait plus personne sur la colline.

Daru hésita. Le soleil était maintenant assez haut dans le ciel et commençait de lui dévorer le front. L'instituteur revint sur ses pas, d'abord un peu incertain, puis avec décision. Quand il parvint à la petite colline, il ruisselait de sueur. Il la gravit à toute allure et s'arrêta, essoufflé, sur le sommet. Les champs de roche, au sud, se dessinaient nettement sur le ciel bleu, mais sur la plaine, à l'est, une buée de chaleur montait déjà. Et dans cette brume légère, Daru, le cœur serré, découvrit l'Arabe qui cheminait lentement sur la route de la prison.

Un peu plus tard, planté [140] devant la fenêtre de la salle de classe, l'instituteur regardait sans la voir la jeune lumière bondir des hauteurs du ciel sur toute la surface du plateau. Derrière lui, sur le tableau noir, entre les méandres des fleuves français s'étalait, tracée à la craie par une main malhabile, l'inscription qu'il venait de lire: « Tu as livré notre frère. Tu paieras. » [141] Daru regardait le ciel, le plateau et, au-delà, les terres invisibles qui s'étendaient jusqu'à la mer. Dans ce vaste pays qu'il avait tant aimé, il était seul.

[135] qui présente beaucoup d'inégalités brusques
[136] résister à la faim
[137] loi de l'hospitalité
[138] Un commencement d'émotion lui serrait la gorge.
[139] à l'égard de l'Arabe et à l'égard de lui-même qui se laissait émouvoir
[140] droit et immobile
[141] Tu expieras; sous-entendu: ton crime.

ALAIN ROBBE-GRILLET (1922–   )

L'HOMME

Alain Robbe-Grillet est né à Brest en 1922. Il exerce la profession d'ingénieur agronome et s'est fait estimer dans la science des fruits coloniaux.

Ne disons pas qu'il est le chef de l'école littéraire appelée «le nouveau roman» ou «la littérature du regard». Cette école n'existe pas; il existe un groupe rassemblé artificiellement par la critique et que composent Nathalie Sarraute, Michel Butor, Claude Simon, Robert Pinget et Robbe-Grillet. Ces écrivains se ressemblent en ce qu'ils bannissent de leurs romans l'explication des choses, la psychologie consciente, la morale et autres «vieux mythes de la profondeur», comme l'a dit l'un d'eux, et qu'ils ne veulent reproduire du monde que ses apparences immédiatement perceptibles. Mais cela ne les empêche pas de différer profondément entre eux.

L'ŒUVRE

Dans les premiers livres de Robbe-Grillet, *Les Gommes* (1953) et *Le Voyeur* (1955), les apparences de la réalité se rapportaient à une vague action menée par des humains qui n'avaient guère plus de consistance que des ombres et qui se mouvaient mystérieusement: il y avait comme un secret à découvrir et qu'on ne découvrait pas. Dans la suite, Robbe-Grillet, en pleine évolution, et est arrivé à écrire «Croire que le romancier a quelque chose à dire et qu'il cherche ensuite comment le dire représente le plus grave des contre-sens. Car c'est précisément ce *comment,* cette manière de dire qui constitue son projet d'écrivain.» Dès lors, la technique du roman l'a emporté sur sa substance dans les créations de l'auteur, tout en réagissant fatalement sur elle.

Dans *La Jalousie* (1957), il s'agit assurément du sentiment de jalousie, mais aussi du genre de store qui porte ce nom. Nous devinons plus que nous n'apercevons le jaloux à travers les lames du store. D'autre part, le narrateur reflète passivement tout ce qui se laisse enregistrer, par exemple une conversation chuchotée près de lui, une porte qui bat, un mille-pattes qui remue; et la passion se trouve peu à peu mesurée comme un phénomène physique, sans la moindre pensée ni la moindre émotion, et d'ailleurs sans aucune cohérence. L'auteur laisse beaucoup à faire au lecteur.

Le roman *Dans le labyrinthe* (1959), dont nous donnons ci-après un extrait, nous montre un soldat échappé d'une armée en déroute, perdu au milieu d'une ville couverte de neige, portant le paquet confié par un camarade pour être remis à une famille qu'il ne trouve pas; il fait penser à une pauvre bête égarée. On ne sait rien de ce soldat; on le regarde sans comprendre ses gestes et ses quelques paroles. Comme tous les personnages de Robbe-Grillet, il est sans identité. En outre, et pour achever de nous dérouter, les épisodes se suivent sans liaison logique, sans raisons d'être. Il n'y a pas d'intrigue. Le lecteur a l'impression de rester étranger au récit.

Mais alors, demandera-t-on, quel est l'intérêt de tels romans? Leur intérêt réside dans un incontestable pouvoir de suggestion, et l'on ne s'étonne pas que l'auteur de *Dans le labyrinthe* se soit essayé au cinéma avec *L'Année dernière à Marienbad.* Dans ses romans, il s'applique, en somme, à faire entrevoir une réalité voisine de celle de Kafka et qui nous entraîne au bord du néant. Il ramène l'homme à un minimum d'importance et le perd dans un univers incompréhensible. Il répond ainsi à une certaine angoisse et à un certain désespoir du temps présent. Mais il a l'habileté de le suggérer au lieu de le dire nettement. Et il le fait avec un talent neuf et original.

Alain Robbe-Grillet est aussi l'auteur de nouvelles, *Instantanés* (1962), inférieures à ses romans, et d'un essai théorique, *Pour un nouveau roman* (1963). Depuis la publication de son dernier roman, *La Maison de rendez-vous* (1968), il s'est surtout consacré au cinéma.

Dans le Labyrinthe

[Nous avons choisi de donner ici un passage tiré du début de Dans le labyrinthe. *C'est le moment où le soldat, perdu dans la ville, a rencontré un jeune garçon. Ce dernier disparaît, reparaît et en le suivant, le soldat arrive devant un immeuble.]* 5

LA VISITE DU SOLDAT

La porte est en bois plein, moulurée,[1] peinte en brun foncé. Le vantail[2] entrouvert est encadré de 10 deux parties fixes beaucoup plus étroites; le soldat achève de le pousser. Ayant ouvert en grand, il gravit la marche enneigée, déjà marquée de pas nombreux, et franchit le seuil.

Il se trouve à l'extrémité d'un corridor obscur, 15 sur lequel donnent plusieurs portes. A l'autre bout se devine l'amorce[3] d'un escalier, qui s'élève dans le prolongement du corridor et se perd vite dans le noir. Le fond de cette étroite et longue entrée donne aussi accès à un autre couloir, perpendicu- 20 laire, signalé par des ténèbres plus épaisses, juste avant l'escalier, de chaque côté de celui-ci. Tout cela est vide, privé de ces objets domestiques qui révèlent en général la vie d'une maison: paillassons devant les portes, poussette[4] laissée au bas des 25 marches, seau et balai appuyé dans un recoin. Il n'y a rien ici que le sol et les murs; encore les murs sont-ils nus, peints uniformément d'une couleur très sombre; tout de suite à gauche, en entrant, s'y détache la petite affiche blanche de la 30

défense passive,[5] rappelant les premières mesures à prendre en cas d'incendie. Le sol est en bois ordinaire, noirci par la boue et de grossiers lavages, ainsi que les premières marches, seules bien visibles, de l'escalier. Au bout de cinq ou six marches, l'escalier semble tourner, vers la droite. Le soldat distingue, à présent, le mur du fond. Là collée le plus qu'elle peut dans l'encoignure, les deux bras raidis le long du corps et appliquée contre les parois, il y a une femme en large jupe et long tablier serré à la taille, qui regarde vers la porte ouverte de la maison et la silhouette qui s'y dresse à contre-jour.[6]

Avant que l'homme[7] ait eu le temps de lui adresser la parole, une porte latérale s'ouvre brusquement dans le corridor, sur la gauche, et une autre femme en tablier, plus volumineuse que la première, plus âgée peut-être aussi, fait un pas en avant. Ayant levé les yeux, elle s'arrête net, ouvre la bouche progressivement, de façon démesurée, et, tandis qu'elle recule peu à peu dans l'embrasure de sa porte, se met à pousser un long hurlement, dont le son monte, de plus en plus aigu, pour s'achever par le claquement violent de la porte qui se referme. Au même instant des pas précipités se font entendre sur les marches de bois; c'est l'autre femme qui s'enfuit, vers le haut de l'escalier, disparue à son tour en un clin d'œil,[8] le martellement de ses socques[9] continuant néanmoins leur ascen-

---

[1] ornée
[2] chassis ouvrant d'une porte
[3] le commencement
[4] petite voiture d'enfant

[5] protection des populations civiles contre les attaques aériennes
[6] dans un sens opposé au jour
[7] le soldat
[8] en un instant
[9] chaussures basses

sion, sans que la course se ralentisse, mais le bruit décroissant d'étage en étage, graduellement, à mesure que la jeune femme monte, sa large jupe battant autour de ses jambes, à demi retenue peut-être d'une main, ne marquant même pas la moindre 5 halte aux paliers pour souffler un peu, les seuls repères étant suggérés par une résonance différente au début et à la fin de chaque volée:[10] un étage, deux étages, trois ou quatre étages, ou même plus.

Ensuite, c'est de nouveau le complet silence. 10 Mais, sur la partie droite du corridor cette fois, une seconde porte s'est entrebâillée.[11] Ou bien était-elle déjà ouverte tout à l'heure? Il est plus probable que le soudain vacarme vient d'attirer cette nouvelle figure, assez semblable encore aux deux premières, 15 à la première du moins: une femme, jeune d'aspect aussi, vêtue d'un long tablier gris foncé, serré à la taille et bouffant autour des hanches. Son regard ayant rencontré celui du soldat, elle demande:

«Qu'est-ce que c'est?»   20

Sa voix est grave, basse, mais sans nuances, et ceci avec un air prémédité, comme si elle voulait demeurer autant que possible impersonnelle. Ce pourrait être aussi bien la voix entendue de la rue, il y a un moment.   25

«Elles ont eu peur, dit le soldat.

—Oui, dit la femme, c'est de vous voir là comme ça... Et puis éclairé par derrière... On ne distingue pas... Elles vous ont pris pour un...»

Elle n'achève pas sa phrase.[12] Elle reste immobile 30 à le contempler. Elle n'ouvre pas non plus sa porte davantage, se sentant sans doute plus en sûreté à l'intérieur, tenant le battant d'une main et de l'autre le chambranle,[13] prête à le refermer. Elle demande: 35

«Qu'est-ce que vous voulez?

—Je cherche une rue... dit le soldat, une rue où il fallait que j'aille.

—Quelle rue?

—Justement, c'est son nom que je ne me rappelle 40 pas. C'était quelque chose comme Galabier, ou

Matadier. Mais je ne suis pas sûr. Plutôt Montoret peut-être?»

La femme semble réfléchir.

«C'est grand, vous savez, la ville, dit-elle à la fin.

—Mais ça se trouve de ce côté-ci, d'après ce qu'on m'avait expliqué.»

La jeune femme tourne la tête vers l'intérieur de l'appartement et, à voix plus haute, interroge quelqu'un à la cantonade:[14] «Tu connais une rue Montaret, toi? Près d'ici. Ou quelque chose qui ressemble à ça[15]?»

Elle attend, présentant son profil aux traits réguliers dans l'entre-bâillement de la porte. Tout est sombre derrière elle; il doit s'agir d'un vestibule sans fenêtre. La grosse femme également sortait d'une obscurité totale. Au bout d'un instant, une voix lointaine répond, quelques mots indistincts, et la jeune femme ramène son visage vers le soldat:

«Attendez-moi une minute, je vais voir.»

Elle commence à rabattre sa porte, mais se ravise aussitôt:

«Fermez donc sur la rue, dit-elle, il vient du froid dans toute la maison.»

Le soldat retourne jusqu'au seuil et pousse à fond le battant, qui claque avec un bruit léger: le déclic du pène[16] qui reprend sa place. Il se retrouve dans le noir. La porte de la dame doit être close aussi. Impossible même d'aller vers elle, car rien ne permet de s'orienter, aucune lueur. C'est la nuit absolue. On n'entend pas non plus le moindre son: ni pas, ni murmures étouffés, ni chocs d'ustensiles. Toute la maison a l'air inhabitée. Le soldat ferme les yeux, et retrouve les flocons blancs qui descendent avec lenteur, les réverbères alignés qui jalonnent sa route d'un bout à l'autre du trottoir enneigé, et le gamin[17] qui s'éloigne en courant à toutes jambes, apparaissant et disparaissant, visible à chaque fois pendant quelques secondes, dans les taches de lumière successives, de plus en plus petit, à intervalles de temps égaux, mais les espaces étant

[10] partie d'escalier entre deux paliers successifs
[11] entrouverte légèrement
[12] le mot sous-entendu est *espion*
[13] elle a une main sur la porte, l'autre sur l'encadrement de la porte

[14] en s'adressant à une personne que l'on suppose dans l'appartement
[15] à Montaret
[16] pièce principale de la serrure qui, actionnée par la clef, ferme la porte
[17] le jeune garçon qu'il a rencontré dans la rue au début du roman

de plus en plus raccourcis par la distance, si bien qu'il semble ralentir de plus en plus à mesure qu'il s'amenuise.[18]

De la commode à la table il y a six pas: trois pas jusqu'à la cheminée et trois autres ensuite. Il y a cinq pas de la table au coin du lit; quatre pas du lit à la commode. Le chemin qui va de la commode à la table n'est pas tout à fait rectiligne: il s'incurve légèrement pour passer plus près de la cheminée. Au-dessus de la cheminée il y a une glace, une grande glace rectangulaire fixée au mur. Le pied du lit est situé juste en face.

Brusquement la lumière revient, dans le corridor. Ce n'est pas la même lumière et elle n'éclaire pas directement l'endroit où le soldat se tient, qui reste dans la pénombre. C'est, à l'autre bout du corridor, une clarté artificielle, jaune et pâle, qui provient de la branche droite du couloir transversal. Un rectangle lumineux se découpe ainsi dans la paroi, au fond et à droite, juste avant l'escalier, et une zone éclairée s'évase[19] à partir de là, traçant deux lignes obliques sur le sol: l'une qui traverse le plancher noirci du corridor, l'autre qui monte en biais les trois premières marches; au-delà de celle-ci, comme en deçà de celle-là, l'obscurité demeure, mais un peu atténuée.

Toujours de ce côté, dans la région non visible d'où vient la lumière, une porte se ferme doucement et une clef tourne dans une serrure. Puis tout s'éteint. Et c'est de nouveau le noir. Mais un pas, guidé probablement par une vieille habitude des lieux, s'avance le long du couloir transversal. C'est un pas souple, peu appuyé, pourtant net, qui n'hésite pas. Il arrive aussitôt devant l'escalier, en face du soldat, qui, pour éviter la rencontre des deux corps dans le noir, tend les mains à l'aveuglette[20] autour de lui, à la recherche d'un mur contre lequel il pourrait s'effacer. Mais les pas ne se dirigent pas vers lui: au lieu de tourner dans le corridor à l'extrémité duquel il se trouve, ils ont continué tout droit dans la branche gauche du couloir transversal. On y tire un loquet, et une clarté plus crue, celle du dehors, se développe dans

cette partie gauche du couloir, l'intensité allant en augmentant, jusqu'à un demi-jour terne et gris. Il doit s'agir là d'une seconde porte d'entrée, donnant sur l'autre rue. C'est par celle-là que serait ressorti le gamin. Bientôt la lumière disparaît, comme elle était venue, d'une façon progressive, et la porte se clôt, en même temps que l'obscurité complète se rétablit.

Noir. Déclic. Clarté jaune. Déclic. Noir. Déclic. Clarté grise. Déclic. Et les pas qui résonnent sur le plancher du couloir. Et les pas qui résonnent sur l'asphalte, dans la rue figée par le gel. Et la neige qui commence à tomber. Et la silhouette intermittente du gamin qui s'amenuise, là-bas, de lampadaire en lampadaire.

Si le dernier personnage n'était pas sorti par la même porte que le gamin, mais de ce côté-ci de l'immeuble, il aurait, en tirant le battant, fait entrer le jour dans cette partie-ci du couloir et découvert le soldat collé contre le mur, surgi tout à coup en pleine lumière à quelques centimètres de lui. Comme dans le cas d'une collision dans les ténèbres, de nouveaux cris risquaient alors d'ameuter une seconde fois toute la maison, faisant détaler des ombres vers la cage de l'escalier et jaillir des figures affolées dans l'entrebâillement des portes, cou tendu, œil anxieux, bouche qui s'ouvre déjà pour hurler . . .

«Il n'y a pas de rue Montalet, par ici, ni rien qui ressemble», annonce la voix grave; et aussitôt: «Quoi, vous êtes dans le noir! Il fallait allumer l'électricité.» A ces mots la lumière se fait dans le corridor, une lumière jaune qui tombe d'une ampoule nue[21] suspendue au bout de son fil, éclairant la jeune femme en tablier gris dont le bras est encore tendu hors de l'embrasure; la main posée sur l'interrupteur[22] de porcelaine blanche s'abaisse, tandis que les yeux clairs dévisagent l'homme, allant des joues creuses, où la barbe atteint près d'un demi-centimètre, à la boîte enveloppée de papier brun[23] et aux molletières mal enroulées, puis revenant aux traits tirés du visage.

---

[18] devient plus petit
[19] s'élargit
[20] à tâtons, sans y voir

[21] sans abat-jour
[22] appareil qui sert à interrompre ou à rétablir un courant électrique
[23] un paquet que le soldat doit apporter à la famille d'un soldat ami

«Vous êtes fatigué», dit-elle.

Ce n'est pas une question. La voix est redevenue neutre, basse, privée d'intonation, méfiante peut-être. Le soldat fait un geste vague de sa main libre; un demi-sourire tire un coin de sa bouche.

«Vous n'êtes pas blessé?»

La main libre s'élève un peu plus haut: «Non, non, dit l'homme, je ne suis pas blessé.»

Et la main retombe lentement. Ils restent ensuite un certain temps à se regarder sans rien dire.

«Qu'est-ce que vous allez faire, demande enfin la femme, puisque vous avez perdu le nom de cette rue?

—Je ne sais pas, dit le soldat.

—C'était pour une chose importante?

—Oui . . . Non . . . Probablement.»

Après un nouveau silence, la jeune femme demande encore:

«Qu'est-ce que c'était?

—Je ne sais pas», dit le soldat.

Il est fatigué, il a envie de s'asseoir, n'importe où, là, contre le mur. Il répète machinalement:

«Je ne sais pas.

—Vous ne savez pas ce que vous alliez y[24] faire?

—Il fallait y aller, pour savoir.

—Ah! . . .

—Je devais rencontrer quelqu'un. Il sera trop tard, à présent.»

Pendant ce dialogue, la femme a ouvert sa porte tout à fait, et s'est avancée dans l'embrasure. Elle porte une robe noire à longue et large jupe, que recouvre aux trois quarts un tablier gris à fronces, noué autour de la taille. Le bas du tablier est très ample, ainsi que la jupe, tandis que le haut n'est qu'un simple carré de toile protégeant le devant du corsage. Le visage a des lignes régulières, très accusées. Les cheveux sont noirs. Mais les yeux ont une teinte claire, dans les bleu-vert ou gris-bleu. Ils ne cherchent pas à se dérober, s'arrêtant au contraire longuement sur l'interlocuteur, sans permettre pourtant à celui-ci de lire en eux quoi que ce soit.

«Vous n'avez pas mangé», dit-elle. Et une fugitive nuance, comme de pitié, ou de crainte, ou d'étonnement, passe cette fois dans sa phrase.

Mais, sitôt la phrase achevée, et le silence revenu,

il devient impossible de retrouver l'intonation qui paraissait à l'instant avoir un sens—crainte, ennui, doute, sollicitude, intérêt quelconque—et seule demeure la constatation: «Vous n'avez pas mangé», prononcée d'une voix neutre. L'homme répète son geste évasif.

«Entrez donc un instant», dit-elle, peut-être à regret—ou peut-être pas.

Déclic. Noir. Déclic. Lumière jaune, éclairant maintenant un petit vestibule où se dresse un porte-manteau circulaire, surchargé de chapeaux et de vêtements. Déclic. Noir.

Une porte s'ouvre à présent sur une pièce carrée, meublée d'un lit-divan, d'une table rectangulaire et d'une commode à dessus de marbre. La table est couverte d'une toile cirée à petits carreaux rouges et blancs. Une cheminée au tablier levé,[25] mais sur un âtre sans chenets, aux cendres refroidies, occupe le milieu d'un des murs. A droite de cette cheminée se trouve une autre porte, entrebâillée, qui donne sur une pièce très sombre, ou sur un débarras.

«Tenez», dit la jeune femme en désignant une chaise de paille, placée contre la table, «mettez-vous ici.» Le soldat écarte un peu la chaise, en la tenant par le haut du dossier, et s'assoit. Il pose sa main droite et son coude sur la toile cirée. La main gauche est restée dans la poche de la capote, le bras serrant toujours aux creux de la taille la boîte enveloppée de papier brun.

Dans l'entrebâillement de la porte, mais en retrait d'un pas ou deux, fortement estompée par l'ombre, la silhouette d'un enfant se tient immobile, tournée vers l'homme en costume militaire que sa mère (est-ce sa mère) vient d'introduire dans l'appartement et qui est assis à la table, légèrement de biais, à demi appuyé sur la toile cirée rouge, les épaules voûtées, la tête penchée en avant.

La femme opère sa rentrée, par la porte donnant sur le vestibule. Elle tient dans une main, ramenée vers sa hanche, un morceau de pain et un verre; l'autre bras pend le long du corps, la main tenant une bouteille par le goulot. Elle dépose le tout sur la table, devant le soldat.

Sans rien dire, elle emplit le verre jusqu'au bord.

---

[24] dans la rue qu'il cherchait

[25] rideau en tôle, qui peut se baisser devant une cheminée pour permettre d'en régler le tirage

Puis elle quitte de nouveau la pièce. La bouteille est un litre ordinaire en verre incolore, à demi pleine d'un vin rouge de teinte foncée; le verre, qui est placé devant, tout près de la main de l'homme,[26] est de fabrication grossière, en forme de gobelet cylindrique, canelé jusqu'à mi-hauteur. A gauche se trouve le pain: l'extrémité d'un gros pain noir, dont la section est un demi-cercle aux coins arrondis; la mie s'y présente en contexture serrée, avec des trous réguliers et très fins. La main de l'homme est rouge, abîmée par les travaux rudes et le froid; les doigts, repliés vers l'intérieur de la paume, montrent, sur le dessus, de multiples petites crevasses au niveau des articulations; ils sont en outre tachés de noir, comme par du cambouis, qui aurait adhéré aux régions crevassées de la peau et dont un lavage trop rapide ne serait pas venu à bout. Ainsi la saillie osseuse, à la base de l'index, est-elle hachurée de courtes lignes noires, parallèles entre elles pour une bonne part, ou faiblement divergentes, les autres diversement orientées, entourant les premières ou les recoupant.

Au-dessus de la cheminée, une grande glace rectangulaire est fixée au mur; la paroi qui s'y reflète est celle dont la grosse commode occupe le bas. En plein milieu du panneau se trouve la photographie, en pied, d'un militaire en tenue de campagne—peut-être le mari de la jeune femme à la voix grave et aux yeux clairs, et peut-être le père de l'enfant. Capote aux deux pans relevés, molletières, grosses chaussures de marche: l'uniforme est celui de l'infanterie, de même que le casque à jugulaire, et le harnachement complet de musette, sac, bidon, ceinturon, cartouchière, etc. L'homme tient ses deux mains fermées, un peu au-dessus de la ceinture sur les deux courroies qui se croisent en travers de sa poitrine; il porte une moustache taillée avec soin; l'ensemble a d'ailleurs un aspect net et comme laqué, dû sans doute aux retouches savantes du spécialiste qui a exécuté l'agrandissement; le visage lui-même, paré d'un sourire de convention, a été tellement gratté, rectifié, adouci, qu'il n'a plus aucun caractère, ressemblant désormais à toutes ces images de soldats ou marins en partance[27] qui s'étalent aux vitrines des photographes. Pourtant le cliché originel semble bien avoir été pris par un amateur—la jeune femme, sans doute, ou quelque camarade de régiment—car le décor n'est pas celui d'un faux salon bourgeois, ni d'une pseudo-terrasse à plantes vertes avec un fond de parc peint sur une toile en trompe-l'œil, mais le rue elle-même devant la porte de l'immeuble, près du bec de gaz, au fût conique autour duquel s'enroule une guirlande de lierre stylisé.

L'équipement de l'homme est tout neuf. La photographie doit remonter au commencement de la guerre, à l'époque de la mobilisation générale ou aux premiers rappels de réservistes, peut-être même à une date antérieure: lors du service militaire, ou d'une brève période d'entrainement. Le grand attirail du soldat en campagne paraît cependant indiquer, plutôt, qu'il s'agit vraiment du début de la guerre, car un fantassin en permission[28] ne vient pas chez lui dans un accoutrement[29] si peu commode, en temps normal. L'occasion la plus vraisemblable serait donc un congé exceptionnel de quelques heures, accordé au mobilisé pour les adieux à sa famille, juste avant de partir pour le front. Aucun camarade de régiment ne l'accompagnait, car la jeune femme figurerait alors sur le cliché, à côté du soldat; c'est elle qui a dû prendre la photo, avec son propre appareil; elle a même sans doute consacré tout un rouleau de pellicules à l'événement, et elle a ensuite fait agrandir la meilleure.

L'homme[30] s'est placé dehors, en plein soleil, parce qu'il n'y a pas assez de lumière à l'intérieur de l'appartement; il est tout simplement sorti devant sa porte, et il a trouvé naturel de se poster près du lampadaire. Afin d'être éclairé de face, il est tourné dans le sens de la rue, ayant derrière lui, sur la droite (c'est-à-dire à sa gauche), l'arête en pierre de l'immeuble; le bec de gaz se dresse de l'autre côté, frôlé par le bas de la capote. Le soldat jette un coup d'œil à ses pieds et remarque pour la première fois le rameau de lierre moulé dans la fonte. Les feuilles palmées à cinq lobes pointus, avec leurs

---

[26] du soldat
[27] prêts à partir

[28] congé accordé à un militaire
[29] habillement bizarre ou ridicule
[30] le soldat dans la photographie

cinq nervures en relief, sont portées sur un pédoncule[31] assez long; à l'insertion de chacune d'elles, la tige change de direction, mais les courbes alternées qu'elle décrit ainsi sont à peine marquées sur l'un des côtés, et de l'autre au contraire très prononcée, ce qui donne à l'ensemble un mouvement général incurvé, empêchant le rameau de prendre de la hauteur et lui permettant de s'enrouler autour du cône; puis il se divise en deux, et la branche supérieure, la plus courte, munie seulement de trois feuilles (dont une terminale, très petite), s'élève en sinusoïde[32] amortie; l'autre branche disparaît vers le côté opposé du cône, et le bord du trottoir. Une fois le rouleau de pellicules terminé, le soldat[33] rentre dans l'immeuble.

Le couloir est obscur, comme d'habitude. La porte de l'appartement est restée entrouverte; il la pousse, traverse le vestibule sans lumière et va s'asseoir à table, où sa femme lui sert du vin. Il boit, sans rien dire, à petites gorgées, reposant chaque fois le verre sur la toile cirée à carreaux. Après d'assez nombreuses répétitions de ce manège, les alentours dont entièrement masculés de traces circulaires, mais presque toutes incomplètes, dessinant une série d'arcs plus ou moins fermés, se chevauchant parfois l'un l'autre, à peu près secs à certains endroits, ailleurs encore brillants de liquide frais. Entre les gorgées de vin, le soldat[34] garde les yeux baissés sur ce réseau sans ordonnance, qui se complique davantage de minute en minute. Il ne sait pas quoi dire. Il devrait maintenant s'en aller. Mais lorsqu'il a fini son verre, la femme lui en sert un second; et il le boit encore, à petites gorgées, tout en mangeant lentement le reste du pain. La silhouette enfantine qu'il avait aperçue par la porte entrebâillée de la pièce voisine s'est dissoute dans l'obscurité.

Quand le soldat se décide à lever les yeux sur la jeune femme, celle-ci est assise en face de lui: non pas à table, mais sur une chaise qui est située (vient-elle de l'y mettre?) devant la commode, sous l'encadrement noir du portrait accroché au mur. Elle est en train de contempler l'uniforme défraîchi de

---

31 queue d'une fleur
32 courbe plane
33 cf. note 30
34 ici le soldat vivant

---

son visiteur; ses yeux gris remontent jusqu'à la hauteur du cou, là où sont cousus les deux morceaux de feutre rouge marqués du numéro matricule.

«C'est quel régiment?» dit-elle à la fin, avec un mouvement du visage vers l'avant, pour indiquer les deux losanges rouge clair.

«Je ne sais pas», dit le soldat.

Cette fois la femme montre un certain étonnement:

«Vous avez oublié, aussi, le nom de votre régiment?

—Non, ce n'est pas ça . . . Mais cette capote-là n'est pas la mienne.»

La jeune femme demeure un moment sans rien ajouter. Une question semble cependant lui être venue à l'esprit, qu'elle ne sait pas comment formuler, ou qu'elle hésite à poser de façon directe. En effet, après une minute entière de silence, ou même plus, elle demande:

«Et à qui appartenait-elle?

—Je ne sais pas», dit le soldat.

S'il l'avait su, d'ailleurs, il aurait probablement pu dire aussi quel régiment représentaient les losanges rouge clair. Il regarde de nouveau l'agrandissement photographique accroché au mur, au-dessus des cheveux noirs de la femme. L'image a une forme ovale, estompée sur les bords; le papier tout autour est resté blanc-crème, jusqu'au cadre rectangulaire en bois très foncé. A cette distance, les insignes distinctifs ne s t pas visibles, sur le col de la capote. L'uniforme est, en tout cas, celui de l'infanterie. L'homme devait être caserné dans la ville même, ou dans ses environs immédiats, en attendant sa montée en ligne; sans cela, il n'aurait pas pu venir embrasser sa femme avant de partir. Mais où les casernes se trouvent-elles dans cette cité? Sont-elles nombreuses? Quelles unités y voit-on en période ordinaire?

Le soldat pense qu'il devrait s'intéresser à ces choses: elles leur fourniraient un sujet de conversation normal et anodin. Mais à peine a-t-il ouvert la bouche qu'il remarque un changement dans l'attitude de son interlocutrice. Elle le regarde en plissant un peu les paupières, semblant guetter la suite de ses paroles avec une attention exagérément tendue, vu l'importance que lui-même leur accorde. Il s'arrête aussitôt, sur une phrase incertaine, bouclée à la hâte dans une direction que le début n'annonçait guère, et dont le caractère interrogatif est si peu net que la femme conserve la possibilité de s'abstenir d'y répondre. C'est du reste la solution qu'elle 5 adopte. Mais ses traits demeurent comme crispés. Ces questions sont évidemment celles-là mêmes que poseraient un espion maladroit; et la méfiance est naturelle en pareilles circonstances... Bien qu'il soit un peu tard, à présent, pour dissimuler à 10 l'ennemi l'emplacement des objectifs militaires.

Le soldat a terminé son pain et son vin. Il n'a plus aucune raison de s'attarder dans cette demeure, malgré son désir de profiter encore un instant de cette chaleur relative, de cette chaise inconfortable 15 et de cette présence circonspecte qui lui fait face. Il faudrait imaginer une façon de partir pleine d'aisance, qui atténuerait l'impression laissée par le récent malentendu.[35] Essayer de se justifier serait en tout cas la pire maladresse; et comment ex- 20 pliquer de façon vraisemblable son ignorance au sujet de... Le soldat essaye maintenant de se rappeler les termes exacts qu'il vient d'employer. Il y avait le mot «caserne», mais il ne parvient pas à se souvenir de la phrase bizarre qu'il a prononcée; il 25 n'est même pas certain d'avoir nommément mis en cause la situation des bâtiments, encore moins d'avoir montré sans ambiguïté qu'il ne la connaissait pas.

Sans s'en apercevoir, il est peut-être passé devant 30 une caserne, au cours de ses pérégrinations. Cependant il n'a pas remarqué de bâtisse dans le style traditionnel: une construction basse (deux étages seulement de fenêtres toutes semblables, encadrées de briques rouges), s'allongeant sur près de cent 35 mètres et surmontée d'un toit en ardoises à faible pente, qui porte de hautes cheminées rectangulaires, également en briques. L'ensemble se dresse au fond d'une vaste cour nue, couverte de gravier, séparée du boulevard et de ses arbres au feuillage épais par 40 une grille de fer très élevée, étayée de contreforts et toute hérissée de pointes, autant sur l'intérieur

que vers le dehors. Une guérite, de place en place, abrite un factionnaire l'arme au pied; elles sont en bois, avec un toit de zinc, peintes à l'extérieur, sur les deux côtés, de grands chevrons rouges et noirs.

Le soldat n'a rien vu de tel. Il n'a longé aucune grille; il n'a pas aperçu de vaste cour semée de gravier; il n'a rencontré ni feuillages touffus ni guérites, ni bien entendu de factionnaires en armes. Il n'a même pas emprunté le moindre boulevard planté d'arbres. Il n'a parcouru toujours que les mêmes rues rectilignes, entre deux hautes files de façades plates; mais une caserne peut aussi revêtir cette apparence. Les guérites ont été enlevées, naturellement, ainsi que tout ce qui pouvait distinguer l'immeuble dans la série de ceux qui l'entourent; il ne subsiste que les barreaux de fer qui protègent les fenêtres du rez-de-chaussée sur la plus grande partie de leur hauteur. Ce sont des tiges verticales à section carrée, espacées d'une main, réunies par deux barres transversales situées non loin des extrémités. L'extrémité supérieure est libre, terminée en pointe à une vingtaine de centimètres du haut de l'embrasure; la base des barreaux doit être scellée dans la pierre d'appui de la fenêtre, mais ce détail n'est pas visible à cause de la neige qui s'y est accumulée, formant une couche irrégulière sur toute la surface horizontale, très épaisse surtout du côté droit.

Mais il s'agit là, aussi bien, d'une caserne de pompiers, ou d'un couvent, ou d'une école, ou de bureaux commerciaux, ou d'une simple maison d'habitation dont les fenêtres du rez-de-chaussée sont protégées par des grilles. Parvenu au carrefour suivant, le soldat tourne, à angle droit, dans la rue adjacente.

Et la neige continue à tomber, lente, verticale, uniforme, et la couche blanche s'épaissit insensiblement sur les avancées des appuis de fenêtre, sur les marches au seuil des maisons, sur les parties saillantes des lampadaires noirs, sur la chaussée sans voitures, sur les trottoirs déserts où déjà les sentiers tracés par les piétinements, au cours de la journée, ont disparu. Et c'est encore la nuit qui vient.

[35] malentendu causé par le fait qu'il n'a pu répondre aux questions de la femme, ce qui le rend suspect

MICHEL BUTOR (1926–   )

Universitaire d'origine, Michel Butor s'est détourné, comme tant d'autres, de l'enseignement pour entrer dans la littérature. Il a publié à 28 ans son premier roman, *Passage de Milan* et en 1957, le succès de *La Modification* lui a valu le prix Théophraste Renaudot. Depuis lors, il n'a fait qu'écrire, voyager et donner des conférences. Il a reçu de nombreuses invitations d'enseigner à l'étranger et a été accueilli particulièrement par les universités américaines.

La structure de la plupart des romans de Butor repose sur l'organisation du temps dans lequel se meuvent les personnages. *Passage de Milan* se passe en une journée dans un immeuble de plusieurs étages où les locataires communiquent d'un étage à l'autre. *L'Emploi du temps* (1956) raconte la lutte de cœur et d'esprit d'un Français contre l'emprise d'une ville anglaise. Le livre est divisé en cinq parties dont chacune correspond à une période de temps différente dans le roman. *La Modification* (1957) est l'histoire d'un homme en voyage d'affaires de Paris à Rome où l'attend sa maîtresse. A la fin de son voyage, le personnage découvre qu'il n'a pas d'amour vrai pour cette femme, il n'aime en elle qu'une étrangère dont l'attrait se confond avec celui de la Ville éternelle. Car la hantise des villes fait aussi partie de l'œuvre de Butor et se retrouve dans *Passage de Milan* et *L'Emploi du temps*. Écrit à la suite d'un voyage aux États-Unis, *Mobile* (1962) survole le territoire de ce pays et dresse une carte de sa diversité urbaine.

Degrés et *Répertoire* échappent à ce genre. *Degrés* (1960) reproduit les exercices d'une classe de lycée, matière par matière, professeur par professeur, et prétend ainsi tracer un tableau de l'enseignement secondaire. *Répertoire* (1960) est une collection d'études et de conférences (1948–59) qui a valu à Butor le Grand Prix de la critique en 1960. Deux autres volumes suivront, *Répertoire II* (1964), et *Répertoire III* (1968).

Enfin, il faut noter la minutie avec laquelle tout est décrit dans ses romans. C'est là un des caractères du «Nouveau Roman» que Michel Butor représente avec Nathalie Sarraute, Alain Robbe-Grillet et Claude Simon.

La Modification

[*C'est à* La Modification *que sont empruntées les pages à lire ci-après. Le narrateur est en chemin de fer; il va retrouver une maîtresse dans la capitale italienne et il est décidé à l'épouser après un divorce. Mais au cours de ses pensées nocturnes dans ce train qui l'emporte, et où il passe alternativement du présent au futur et au passé, sa décision faiblit, s'effrite, tombe à rien.*

On remarquera que l'auteur, au lieu de parler de son personnage et de dire «il», s'adresse à lui et lui dit «vous».]

QUELQUES IMAGES D'UNE RÉVOLUTION PSYCHOLOGIQUE

Vous êtes encore transi[1] de l'humidité froide qui vous a saisi lorsque vous êtes sorti du wagon sur

[1] saisi par l'humidité froide

lequel, vous l'avez vérifié, la pancarte de métal pendue à l'extérieur juste derrière votre dos sous la fenêtre du corridor, est bien marquée Dijon, Modane, Turin, Gênes, Rome, Naples, Messine et Syracuse[2] jusqu'où vont peut-être les deux jeunes époux en voyage de noces,[3] qui ont baissé la vitre en face de vous, se penchent pour regarder les rails et un autre train se déplaçant lentement au loin dans la pluie qui tombe de plus en plus fort.

Il[4] relève la tête; des gouttes d'eau brillent sur ses cheveux secs de la même couleur que le bois de la table dans votre salle à manger, quinze place du Panthéon; et elle[5] secoue ses mèches, glissant ses doigts dans leur soleil de novembre comme Cécile dans ses serpents aux écailles de jais[6] quand elle refait ses tresses, comme faisait Henriette il y a des années, quand elle était encore jeune femme.

L'ecclésiastique a ressorti son bréviaire de son étui qui traîne, comme s'il l'avait jeté, sur la banquette, non loin du roman que vous aviez laissé pour marquer votre place et que vous ramassez pour le déposer sur l'étagère[7] après l'avoir, sans en lire un mot, feuilleté, vous savez,[8] avec le pouce, comme vous faisiez pour ces petits livres-cinématographes lorsque vous étiez en classe, ici non point pour voir des images bouger, simplement pour entendre, au milieu du brouhaha du train et de la gare, à votre oreille le léger bruit que cela produit, semblable à celui de la pluie.

Il est toujours carré[9] dans sa robe noire dont les plis sont maintenant immobiles comme ceux d'une statue de lave, se détournant du paysage pluvieux des voies et des caténaires,[10] peut-être trop connu, trop déprimant pour lui, son gros index enfoncé dans la tranche rouge encore des pages[11] qu'il fait plier, et son regard croise un instant le vôtre tandis que vous vous asseyez, mais ce n'est pas vous qu'il considère, c'est en face de vous, à la place où se trouvait le professeur qui vient de descendre, cet homme entré ici tandis que vous étiez sur le quai à considérer les pancartes, qui n'a pas encore enlevé son manteau gris clair assez peu mouillé, qui est sûrement Italien non seulement parce qu'il vient de sortir de sa poche *La Stampa*,[12] mais surtous parce que ses souliers à fines pointes, sur la rivière de fer chauffant aux vagues fixées en losanges,[13] sont noirs et blancs.

Les deux jeunes époux remontent la vitre et se rasseyent.

Une femme toute vêtue de noir, agitée, assez petite, avec un visage déjà ridé et un chapeau garni de tulle et de grosses épingles à boules,[14] entre en tenant d'une main une valise de paille et un cabas,[15] de l'autre un garçon d'une dizaine d'années qui porte lui-même un panier recouvert d'un foulard tomate,[16] et une fois qu'ils sont installés tous les deux entre vous et l'ecclésiastique, elle laisse échapper un long soupir.

Vous entendez la voix déformée par les haut-parleurs terminer son discours: «...Chambéry, Modane, et l'Italie, en voiture s'il vous plaît; attention au départ», et le claquement sourd d'une dernière porte que l'on ferme; le train s'en va.

Sur le cuir blanc de ces chaussures,[17] il y a quelques taches de boue rondes, très voyantes; ce doit être la seule paire qu'il ait emportée quittant l'Italie, un jour de beau temps, dimanche dernier peut-être comme vous.

Apparaît, avec sa casquette et sa veste blanche, le garçon du wagon-restaurant qui propose des tickets bleus pour retenir les places au premier service à midi, celui que choisissent les deux époux, roses pour le second, un peu après une heure, que vous préférez comme l'Italien, qui semble avoir à peu près le même âge que vous, sans doute moins riche que vous, peut-être représentant dans son pays d'une maison dijonnaise, organisant les importations là-bas de moutarde ou de Clos-Vougeot.[18]

---

[2] *Dijon* et *Modane,* villes francaises; toutes les autres sont des villes italiennes.

[3] pour célébrer leur mariage

[4] le jeune époux

[5] la jeune épouse

[6] *Cécile* est la maîtresse dans l'histoire et *Henriette* l'épouse.

[7] petite table placée sous la fenêtre

[8] vous savez comment

[9] assis

[10] système de suspension du câble électrique qui sert à l'alimentation des locomotives électriques

[11] les pages du bréviaire

[12] journal italien

[13] métaphore pour indiquer le chauffage

[14] épingles pour chapeaux

[15] panier plat en paille ou sac en étoffe

[16] couleur de tomate

[17] les chaussures de l'italien

[18] vin de bourgogne

L'écharpe qu'il garde autour du cou est exactement du même bleu de cobalt que son sac de voyage dans le filet à l'emplacement de la serviette[19] rouge sombre tachée d'encre d'où le professeur de droit retirait les volumes reliés de grosse toile noire qu'il devait avoir empruntés à la bibliothèque de sa Faculté.

Lui, quelles affaires a-t-il pour sa toilette? Un rasoir électrique sans doute, ce à quoi vous n'avez jamais pu vous habituer, et à côté de cela un pyjama au moins, quelques chemises élégantes comme on ne sait les faire qu'en Italie, des pantoufles de cuir dans une enveloppe de soie comme on en voit dans les vitrines du Corso,[20] et puis naturellement les dossiers, les papiers, les feuilles dactylographiées de plusieurs couleurs, les projets, les devis,[21] les lettres, les factures.

La dame en noir près de l'ecclésiastique qui descendra sans doute à une station prochaine (ils forment un étrange couple sombre en face du couple clair des jeunes époux), soulève le foulard qui couvre le panier serré entre elle et le petit à votre gauche qui déjà s'impatiente (il ressemble à Thomas il y a quelques années) et tape l'une contre l'autre ses jambes qui pendent.

Déjà passe la gare de Gevrey-Chambertin. Dans le corridor, vous apercevez la veste blanche du garçon qui sort d'un des compartiments et pénètre dans le suivant; et de l'autre côté, au travers de la vitre de nouveau couverte de grosses gouttes de pluie qui ruissellent lentement, hésitantes, en une gerbe de lignes obliques irrégulières avec des tressaillements et des captures, un fantôme de camion de lait s'éloigne au milieu de ces taches mal distinctes, plus sombres sur le fond brun brouillé.

Lorsque Cécile sortira du palais Farnèse,[22] lundi soir, vous cherchera des yeux, vous découvrira près d'une des fontaines en forme de baignoire, écoutant ce bruit d'eau ruisselante en la regardant s'approcher dans la nuit, traverser la place presque

vide, il n'y aura plus aucun marchand sur le Campo dei Fiori,[23] et ce ne sera que lorsque vous arriverez à la via Vittorio Emmanuele[24] que vous retrouverez les lumières et l'agitation d'une grande ville, avec le bruit des tramways et les enseignes au néon; mais comme il vous restera une heure encore avant le repas, il est probable que vous ne prendrez point cet itinéraire trop courant, mais cheminerez au contraire longuement, lentement, sinueusement dans les petites rues obscures, votre main à sa taille ou sur son épaule, comme y chemineront les deux jeunes époux si c'est à Rome qu'ils s'arrêtent, ou comme ils se promèneront à Syracuse si c'est jusque-là qu'ils vont, comme font tous les soirs les précoces couples romains, vous plongeant en cette diffuse foule d'amoureux comme dans un bain de jouvence,[25] et vous irez longer le Tibre,[26] vous appuyant de temps en temps à ses parapets pour regarder les reflets trembler sur l'eau basse et noire, tandis que montera, des pontons où l'on danse, la médiocre musique patinée[27] par le vent frais, jusqu'au ponte Sant'Angelo[28] dont les statues si purement tourmentées, si blanches le jour, ne vous apparaîtront que comme d'étranges taches d'encre solides, puis, par d'autres rues obscures, vous parviendrez encore une fois jusqu'à cette épine dorsale de votre Rome, jusqu'à la piazza Navona[29] où la fontaine du Bernin sera lumineuse, et vous vous y installerez, sinon à la terrasse trop fraîche à cette heure-là et dont les tables seront très vraisemblablement rentrées, du moins le plus près possible d'une fenêtre au restaurant Tre Scalini pour y commander le meilleur Orvieto[30] et raconter à Cécile dans le plus grand détail ce que vous aurez fait pendant votre après-midi, afin d'abord qu'elle soit bien certaine que c'est pour elle seule que vous êtes venu, même dans cette journée où vous aurez été presque tout le temps séparés, que vous n'avez

[19] petite valise souple
[20] boulevard de Rome
[21] descriptions détaillées d'un projet
[22] C'est l'une des plus belles constructions de la Renaissance à Rome et le siège de l'ambassade de France pour le Quirinal et de l'École française de Rome. C'est là que Cécile travaille.

[23] ancienne place de la papauté à Rome, maintenant un marché
[24] rue de Rome
[25] de jeunesse
[26] fleuve d'Italie qui passe à Rome
[27] apportée
[28] Construit in 136 par l'empereur Hadrien, il est considéré comme étant le plus beau pont de Rome
[29] place fameuse de Rome où se trouve la Fontaine des rivières, construite en 1647 par Bernin (1508–1680).
[30] un vin fameux

point profité d'un voyage qui vous était imposé par la maison Scabelli,[31] parce qu'il est absolument indispensable pour cette nouvelle vie qui va commencer entre vous deux qu'il n'y ait non seulement point de mensonge à sa base mais même de soupçon de mensonge, et aussi afin de pouvoir parler une dernière fois de Rome, à Rome, avec elle.

En effet, maintenant qu'elle va partir, et dès la décision prise, les dates fixées, les démarches[32] faites, c'est-à-dire sinon lundi soir, du moins dans quelques semaines au maximum, disons au moment de votre prochain voyage à Rome qui sera probablement le dernier où vous l'y retrouverez, ce sera pour vous presque comme si elle l'avait déjà quittée, car elle se mettra à revoir ce qu'elle connaît de cette ville afin de l'amarrer plus solidement dans son souvenir, sans plus chercher à l'approfondir.

Ainsi, désormais, c'est vous des deux qui serez le Romain, et ce que vous voulez, c'est qu'elle vous fasse profiter le plus possible de son savoir avant de s'en aller, avant qu'il ne s'estompe[33] dans sa vie parisienne, c'est que, de plus, elle utilise les derniers temps de son séjour, ce sursis (qu'au besoin elle prenne quelques jours de vacances une fois qu'elle aura quitté l'ambassade) afin de prendre connaissance de ce que vous aimez et qu'elle n'a pas encore vu, et d'abord de ce qu'il y a d'intéressant malgré tout dans ce musée du Vatican dans lequel elle ne voulait pas entrer jusqu'à présent non seulement à cause de son aversion générale pour l'église catholique (cela n'aurait pas été suffisant), mais aussi parce que cette cité[34] représentait pour elle depuis votre rencontre et avec quelque apparence de raison, si sincères que fussent vos protestations de liberté d'esprit, tout ce qui vous empêchait de vous séparer d'Henriette,[35] tout ce qui vous interdisait de recommencer votre vie, de vous débarrasser de ce vieil homme que vous étiez en train de devenir.

A présent, par votre décision, par votre voyage pour elle seule, vous lui aurez bien montré que vous avez rompu ce genre de chaînes, et par conséquent ces images et ces statutes ne devraient plus représenter pour elle un obstacle à tourner pour vous atteindre, une barrière à anéantir pour vous délivrer, de telle sorte qu'elle pourra et qu'il lui faudra les voir maintenant malgré tout l'agacement que la cité, ses gardiens et ses visiteurs lui produiront certainement, afin que soit plus solide encore cette communauté romaine, cette communion dans le lieu, ce terrain dans lequel votre amour s'enracine, cet amour qui va s'élever et s'épanouir ailleurs, dans cette ville de Paris que vous considérez tous deux comme votre inaliénable patrie.

De l'autre côté du corridor, au travers de la vitre couverte de toute une toile tissée par les gouttes de pluie, vous devinez à cette luisance d'aluminium que ce qui s'approche, vous croise et disparaît, c'était un camion de pétrole. Une secousse un peu plus violente fait tinter le bouton d'une manche sur une barre de métal. Au-delà de la fenêtre noyée tournent, au milieu du paysage semblable à des reflets dans un étang, les triangles obscurs de toits et d'un clocher.

Quand vous avez quitté le restaurant Tre Scalini où vous aviez déjeuné avec Cécile, il faisait merveilleusement beau; n'eût été la fraîcheur de l'air, on se serait cru encore au mois d'août: la Fontaine des Fleuves[36] ruisselait au soleil.

Elle se plaignait de cet abandon dans lequel vous alliez la laisser, de ce qu'elle allait passer toute seule cette après-midi de dimanche, et vous tentiez de l'apaiser en lui expliquant pour quelles raisons votre présence était indispensable le lendemain matin à votre bureau à Paris, que non, vous ne pouviez pas envoyer un télégramme pour avertir que vous ne seriez là que le surlendemain, qu'il était inutile d'essayer de vous retarder, vous obligeant ainsi à attendre le train de vingt-trois heures trente[37] que vous prendrez pour revenir lundi prochain.

«Et moi qui laisserais tout pour partir à Paris avec toi, pour te voir tous les jours, ne serait-ce que cinq minutes, même en secret. Ah, je le sais bien, je ne suis que ton amie romaine, et je suis folle de

---

[31] maison commerciale qu'il représente à Paris
[32] tentatives faites en vue d'obtenir quelque chose
[33] s'efface
[34] Le Vatican
[35] allusion au divorce défendu par l'église catholique

[36] Voir n. 29.
[37] onze heures et demie du soir

continuer à t'aimer, de te pardonner ainsi, de te croire quand tu me dis qu'il n'y a plus que moi qui compte malgré toutes les preuves que j'ai du contraire.»

C'est pourquoi vous l'avez assurée que vous faisiez tout pour lui trouver une situation, que, dès que l'occasion s'en présenterait, vous la ramèneriez avec vous, que vous vous sépareriez d'Henriette, sans esclandre,[38] et que vous vivriez ensemble.

Or, si maintenant vous avez effectivement décidé, si vous avez effectivement demandé autour de vous et obtenu cette proposition[39] que vous cherchiez, si tout ce que vous lui disiez est devenu vrai, à ce moment-là vous n'aviez encore fait aucune démarche en ce sens, tout cela demeurait à l'état de projet imprécis et vous en remettiez l'exécution de semaine en semaine, de voyage en voyage.

C'est ce qu'elle comprenait fort bien en vous regardant avec ce sourire triste que vous trouviez si injuste, et c'est à cause de cela qu'elle s'est tue, qu'elle s'est contentée de se mettre en marche vers la station de taxis en face de Sant'Andrea della Valle[40] parce que l'heure avançait et qu'il vous fallait aller reprendre votre valise à l'Albergo Quirinale.[41]

Stazione Termini,[42] après être monté, au *marciapied*[43] neuf, dans un wagon de première classe pour y marquer une place de coin couloir face à la marche[44] avec les journaux et le roman policier italien que vous veniez d'acheter dans le grand hall transparent, au moment où l'horloge y marquait treize heures trente,[45] pour y déposer sur le filet au-dessus votre serviette et votre valise, vous êtes redescendu sur le quai pour embrasser Cécile qui vous a demandé une fois de plus, pour essayer de transformer votre réponse (et il est vrai que la réponse s'est transformée, mais à ce moment vous

ne le saviez pas, vous ne pouviez point la consoler, la satisfaire encore):

«Alors, quand reviendras-tu?»

et à qui vous avez répété ce qu'elle savait déjà, ce que vous lui aviez déjà dit vingt fois au cours de ce séjour:

«Hélas, pas avant les derniers jours de décembre»,

ce qui est devenu faux maintenant; or, tout à coup, comme si elle pressentait ce qui allait se passer, ce qui est en train de se faire, elle s'est débarrassée de toute sa mélancolie, elle s'est mise à rire, elle vous a crié comme s'ébranlait la machine:

«Allons, bon voyage, ne m'oublie pas»,

et vous l'avez regardée diminuer dans la distance.

Puis vous vous êtes installé dans votre compartiment en face d'une photographie en couleurs représentant un des détails de la Sixtine,[46] un des damnés cherchant à se cacher les yeux, au-dessus de la place qui est restée vide jusqu'à Paris, et vous vous êtes plongé dans la lecture des lettres de Julien l'Apostat.[47]

Le soleil achevait de se coucher quand vous êtes arrivé à Pise; il pleuvait sur Gênes tandis que vous dîniez au wagon-restaurant, et vous regardiez le nombre des gouttes d'eau augmenter de l'autre côté de la vitre; vous avez passé la frontière vers une heure du matin, puis on a éteint la lumière et vous vous êtes endormi confortablement pour ne vous réveiller que vers les cinq heures du matin; entrouvrant le rideau bleu à votre droite, vous avez vu, interrompant la nuit encore complète, les lumières d'une gare dont vous avez pu lire le nom comme le train ralentissait: Tournus.

Au-delà de la fenêtre toujours aussi brouillée de pluie, se superposant[48] à la série des pylônes réguliers comme un coup inattendu légèrement plus fort, un signal en damier tourne d'un quart de tour. Une secousse un peu plus violente fait sursauter le couvercle du cendrier sous votre main droite. De l'autre côté du corridor, au-delà de la vitre rayée d'une gerbe de petits fleuves sem-

---

[38] scandale
[39] offre d'un emploi
[40] Cette église fut finie en 1650 d'après le plan de Maderno (1556–1629).
[41] nom de l'hôtel où il est descendu
[42] la gare de Rome
[43] petit escalier pour faciliter la montée dans un wagon
[44] dans le sens où le train marche
[45] une heure et demie de l'après-midi

[46] chapelle du Vatican construite entre 1473 et 1484
[47] empereur romain (331–63)
[48] un signal en damier se superposant

blables à des trajectoires de très lentes et très hésitantes particules dans une chambre de Wilson,[49] un camion bâché lève d'énormes éclaboussures parmi les flaques jaunes de la route.

Cette fois-ci vous n'aurez pas besoin de retourner à l'Albergo Quirinale,[50] ni de vous presser après le repas puisque vous rentrerez passer la soirée au cinquante-six via Monte della Farina, dans cette chambre que Cécile va bientôt quitter et que vous ne verrez plus qu'une ou deux fois par conséquent.

Ce qui fera le sujet de votre conversation, ce sera les arrangements de votre vie future, la façon dont elle pourra s'installer à Paris, point qui, lui, n'est pas entièrement réglé, ce pour quoi vous préférez ne lui en parler qu'en ce dernier moment, mais à propos duquel vous pourrez déjà lui soumettre un certain nombre de possibilités: ainsi, pour l'instant, à la rigueur, pour attendre, cette chambre de bonne au treize place du Panthéon, malgré cette proximité terriblement gênante,[51] ou l'hôtel, qui est loin d'être ce dont vous rêvez tous les deux, mais que l'on pourrait envisager pour les premières semaines, puis, à partir de janvier, l'appartement des Martel qui doivent s'en aller pour un voyage d'une année aux États-Unis et accepteraient certainement de vous héberger pendant ce temps-là, mais avec qui il faudrait prendre certaines précautions, ne les mettant qu'à demi dans la confidence, parce que, malgré leur chaleureuse approbation officielle, vous ne savez pas ce qu'ils en[52] penseront vraiment, et enfin, au mois de février seulement, le petit logement de Dumont qui doit s'installer à Marseille, ni grand, ni confortable, mal situé, mais qu'à défaut d'autre chose[53] vous pourriez arranger convenablement.

Voilà où en est la situation, lui direz-vous, de nouveau confronté aux problèmes des jeunes mariés, mais il est très possible que d'ici quelques jours affluent d'autres propositions, vous suivrez soigneusement les annonces des journaux et, si jamais quelque chose convient, vous l'arrêterez immédiatement,[54] vous y ferez même commencer les travaux de peinture pour que tout soit prêt lors de son arrivée.

Couchés tous les deux sur son lit, au-dessous des photographies de l'obélisque et de l'arc de triomphe,[55] vous vous caresserez tout en discutant, malgré cette incertitude, des meubles qu'il faudra, des appareils pour la cuisine, avec de nombreux silences entre les phrases, entre les mots, et bientôt, beaucoup trop tôt, ce sera l'heure de payer pour cette chambre d'à côté où vous n'aurez pas dormi, dont vous aurez seulement défait le lit les deux matins, puis de vous acheminer vers la gare, non pas à pied, à cause de votre valise, si légère que vous l'ayez voulue, mais dans un taxi qu'il vous aura fallu sans doute attendre assez longtemps devant Sant'Andrea della Valle[56] ou au Largo Argentina[57] parce que vers onze heures ils passent beaucoup plus rarement.

Dans la gare lumineuse, après être monté dans un wagon de troisième classe sur lequel il y aura la pancarte: «Pisa Genova Torino Modena Parigi», pour tâcher d'y trouver et d'y réserver une place semblable à celle où vous êtes maintenant, un coin couloir face à la marche, vous redescendrez sur le quai retrouver Cécile, qui vous redira peut-être:

«Alors, quand reviendras-tu?»

mais ce sera sur un tout autre ton, dans un tout autre dessein, et vous pourrez lui répondre, dans cette nuit que la séparation même ne réussira pas à empêcher d'être heureuse, exactement les mêmes paroles que dimanche dernier au début de l'après-midi:

«Hélas, pas avant les derniers jours de décembre»,

mais vous les prononcerez tout autrement, en riant vous-même, dans la certitude de votre bonheur prochain, de vos retrouvailles définitives, non plus dans la gêne et l'agacement.

Jusqu'à la dernière minute vous resterez à l'em-

---

[49] *chambre de Wilson,* disposif permettant de photographier les trajectoires des particules électrisées

[50] Voir note 41.

[51] gênante car cette chambre est située près de l'appartement où sa famille habite

[52] de lui et Cécile vivant ensemble

[53] de mieux

[54] vous le louerez

[55] L'obélisque de Louqsor, apportée d'Egypte en 1836, s'élève au milieu de la place de la Concorde, créée par Louis XV. L'Arc de Triomphe s'élève sur une éminence qui termine l'avenue des Champs-Elysées à Paris.

[56] Voir note 40.

[57] place de Rome

brasser, car cette fois, à cette heure tardive, au départ de ce train peu commode, vous n'avez nulle crainte qu'un membre influent de la maison Scabelli,[58] même si par un prodigieux hasard il se trouvait à deux pas de vous, risque de vous identifier; vous n'escaladerez les marches qu'au sifflet, et d'une fenêtre dont vous aurez baissé la vitre, vous regarderez Cécile courir, vous faire des signes jusqu'à ce qu'elle n'en puisse plus, essoufflée, rouge d'effort et d'émotion, diminuant dans la distance, tandis que le train quittera la gare, avant de vous installer pour cette nuit inconfortable sans vous plonger encore dans vos lectures car vous aurez l'esprit si rempli d'elle que ce sont ses yeux, ses lèvres qui vous souriront sur tous les visages de vos compagnons de voyage, et de tous ceux qui attendront d'autres trains sur les quais des stations suburbaines, Roma Tuscolana, Roma Ostiense, Roma Trastevere.

Puis quelqu'un demandera d'éteindre la lampe.

A travers la vitre un peu moins brouillée par les gouttes de la pluie qui s'atténue, vous apercevez une voiture semblable à la vôtre, une quinze chevaux noire toute maculée de boue, aux essuie-glaces papillotants, qui s'éloigne bientôt de la voie et disparaît derrière une grange, entre les vignes de l'autre côté du corridor où s'avance maintenant brandissant sa sonnette le garçon du wagon-restaurant. Passe la gare de Fontaines-Mercurey.

Les deux jeunes époux ont dressé la tête, mais lui, qui doit avoir bien plus qu'elle l'expérience des voyages, déclare qu'ils ont bien le temps, qu'ils peuvent attendre jusqu'au retour du tintement.

Vous regardez à votre montre: il est onze heures cinquante-trois, quatre minutes par conséquent avant l'arrivée à Chalon, plus d'une heure avant votre repas.

Le petit garçon à votre gauche croque une tablette de chocolat qui commence à fondre et à lui tacher les doigts, si bien que la femme en noir à qui Henriette ressemblera dans quelques années, un peu plus élégante voilà tout, vêtue d'un gris à peine moins sombre, à peine moins triste que ce noir, sort de son sac un mouchoir et essuie sa petite

main en l'interpellant, puis elle tire du panier un paquet de biscuits enveloppé dans du papier d'argent qu'elle déchire, et elle en donne un à cet enfant qui est peut-être son fils, ou son petit-fils, ou un neveu, ou autre chose encore, qui en fait tomber une partie sur le sol chauffant et vibrant.

L'ecclésiastique lève les yeux de son bréviaire, réprime un bâillement, pose sa main gauche sur l'appui, tapant avec un doigt sur la bande de métal où se trouve l'inscription: «Il est dangereux de se pencher au dehors», puis il se frotte les épaules contre le dossier, s'enfonce et se redresse, se remet à sa lecture devant les premières maisons de Chalon.

Celui qui tout à l'heure vous avait pris votre place rentre dans le compartiment, enfile son imperméable noir, se balançant entre les deux banquettes comme un homme ivre; il perd l'équilibre et se rattrape de justesse en empoignant votre épaule.

Maintenant, c'est l'immobilité et le silence, sur lequel se détachent quelques cris, quelques grincements, quelques frottements; les gouttes d'eau sur les vitres no tremblent plus, ne se renouvellent plus.

Avec aisance, le voyageur de commerce descend du filet sa valise de carton rougeâtre imitant si mal le cuir, renforcée aux coins, dans laquelle il doit avoir ses échantillons:[59] brosses? conserves? produits d'entretien?

En général, leurs trajets d'affaires[60] sont plus brefs: ils vont de ville en ville par petites étapes et ont leur point d'attache près de la région qu'ils prospectent. Aucun de vos représentants en province n'aurait à faire pour la maison Scabelli des déplacements de cette importance; ils n'ont jamais à venir à Paris pour leur métier, ce sont vos inspecteurs qui vont les voir, et celui-ci n'est certainement pas un inspecteur de quelque maison que ce soit. Il s'agit peut-être d'une de ces petites boîtes mal organisées qui diffusent au hasard une marchandise de qualité le plus souvent très inférieure, à moins qu'il soit allé en vacances (quelle époque pour cela!), ou voir sa famille, ou voir une femme

---

[58] Voir note 31.

[59] ce qui permet d'apprécier ou de faire connaître les qualités d'un produit
[60] activités commerciales

lui aussi, quel genre de femme, dans quelle rue sordide, quel hôtel meublé?

Quant à ce paquet enveloppé de journal, peut-être quelques provisions, quelques restes d'un dessert de la veille, il ne peut pas le garder à la main toute la journée et l'amener chez ses clients, ni le déposer à la consigne,[61] on n'en voudra pas; mais pourquoi n'en voudrait-on pas et il a peut-être des amis ici, peut-être qu'il habite ici avec sa femme et ses enfants (oui, il a une alliance[62] comme vous, comme le jeune époux qu'il vous cache, comme l'Italien en face de vous), sa femme qu'il croit tromper[63] si habilement mais qui n'ignore rien en réalité de ce qui l'attire à Paris, qui le laisse mentir le plus souvent sans le contredire, pour avoir la paix, mais qui de temps en temps explose.

Dans la porte apparaît un autre homme de même espèce avec une valise identique, un peu plus âgé, plus rouge, plus large, auquel il crie qu'il arrive, celui certainement qu'il avait retrouvé dans un compartiment voisin et près de qui il s'était installé, vous rendant votre place préférée.

Le petit garçon à côté de vous mord violemment dans un morceau de pain coupé en deux d'où dépasse une langue de jambon.

Un jeune militaire dans son manteau trempé couleur de foin, dépaysé, pénètre, hisse[64] cette boîte de bois peint qui lui sert de bagage, s'assied auprès de l'Italien.

On entend le sifflet qui roule; on voit les poteaux, les bancs de la gare qui se déplacent; le bruit, le balancement reprennent. Ce n'est plus la gare déjà. Des automobiles attendent devant un passage à niveau.[65] Ce sont les dernières maisons de Chalon.

Commence la procession des gens sans manteaux qui s'en vont vers leur nourriture, vers la salle à manger mouvante, leur ticket bleu à la main, tandis que revient la clochette.

La jeune mariée se lève la première, marque sa place avec le guide bleu[66] d'Italie, s'arrange les cheveux devant la glace, et quand elle a fini sort avec son époux.

La veuve a pris dans le panier un morceau de gruyère[67] qu'elle coupe en fines lamelles; l'ecclésiastique a refermé son bréviaire qu'il enfile dans son étui.

Passe la gare de Varennes-le-Grand. Dans le corridor vous apercevez le dos du garçon en veste blanche et en casquette. Au-delà de la fenêtre qui recommence à se brouiller de pluie, des écoliers s'échappent d'une école.

Il y avait deux autres personnes dans le compartiment, qui dormaient la bouche ouverte, un homme et une femme, tandis qu'au plafond, dans le globe, la petite ampoule bleue veillait; vous vous êtes levé, vous avez ouvert la porte, vous êtes allé dans le corridor pour fumer une cigarette italienne. Tout était noir dans la campagne depuis Tournus; les fenêtres du wagon projetaient sur le talus des rectangles de lumière où glissaient les herbes.

Vous aviez rêvé de Cécile, mais non point agréablement; c'était son visage de méfiance et de reproche qui était revenue dans votre sommeil pour vous tourmenter, le visage qu'elle avait eu lors de vos adieux sur le quai de la Stazione Termini.[68]

Or, si vous éprouviez tellement le besoin de vous éloigner d'Henriette, n'était-ce pas avant tout à cause de cet air perpétuel d'accusation, qui baignait ses moindres paroles et ses moindres gestes? Alliez-vous donc le retrouver à Rome désormais? N'y aurait-il plus là pour vous de repos, ne vous serait-il plus possible d'aller vous y replonger, vous y rajeunir dans la franchise d'un amour clair et neuf? La vieillesse commençait-elle déjà à mordre aussi sur cette partie de vous-même que vous en croyiez préservée? Seriez-vous donc maintenant ballotté entre ces deux reproches, ces deux rancunes, ces deux accusations de lâcheté? Alliez-vous laisser s'augmenter cette mince lézarde qui risquait de corrompre et de faire tomber en poussière tout cet édifice de salut que vous aviez vu pendant ces deux ans s'élever, s'affermir, s'embellir à chaque voyage? Alliez-vous le laisser s'implanter et croître aussi sur ce visage,[69] ce lichen du soupçon qui vous

[61] bureau de gare, où l'on dépose provisoirement les bagages
[62] anneau de mariage
[63] violer la foi conjugale
[64] la met dans le filet au-dessus des sièges
[65] endroit où une voie ferrée est coupée par un chemin ou route au même niveau
[66] guide de voyage

[67] fromage
[68] Voir note 42.
[69] le visage de Cécile

faisait haïr l'autre,[70] le laisser croître simplement parce que vous n'osiez pas l'arracher d'un coup brutal et libérateur?

Certes, cet énorme chancre insidieux qui recouvrait les traits anciens d'Henriette d'un masque horrible se durcissant autour de sa bouche jusqu'à la rendre à peu près muette (toute parole qu'elle proférait semblait venir de l'autre côté d'un mur s'épaississant de jour en jour, de l'autre côté d'un désert se hérissant de jour en jour de buissons de plus en plus épineux), jusqu'à rendre sous vos baisers ces lèvres qui ne les acceptent plus que par habitude, froides et rugueuses comme du granit, se durcissant[71] autour de ses yeux, les recouvrant comme d'une taie déformante, si vous hésitiez tant à l'extraire,[72] c'était par crainte de ces chairs à vif que vous découvririez, comme le chirurgien quand il a pratiqué son incision, de toute cette vieille souffrance qui jaillirait d'un seul coup.

Mais cette profonde blessure horrible et purulente, ce n'est qu'après un tel nettoyage qu'elle pourra se cicatriser, et si vous continuiez d'attendre, le pourrissement se mettrait à enfoncer ses racines plus avant encore, la contagion serrerait ses bras autour de vous plus étroitement, ce serait le visage même de Cécile qui subirait tout entier l'atteinte de cette lèpre...[73]

Déjà le reproche avait appesanti sur lui son ombre menaçante, il était grand temps de choisir entre ces deux femmes, ou plus exactement, puisque le choix ne pouvait faire le moindre doute, de tirer les conséquences de ce choix, de le déclarer, de le publier, et tant pis pour la souffrance d'Henriette, tant pis pour le trouble des enfants puisque c'était là l'unique chemin de sa guérison, de la leur, de la vôtre, l'unique moyen de préserver la santé de Cécile; mais que la décision était dure à prendre, comme le couteau tremblait dans votre main!

Ah, vous auriez remis les choses encore à une autre semaine, à un autre voyage, s'il n'y avait pas eu à Paris toutes ces contrariétés, toute cette fadeur confuse vous submergeant; vous auriez tenté de tergiverser,[74] lâche comme le pensait Henriette, comme commençait à le penser Cécile aussi, comme elle ne le pensera plus maintenant, puisque vous l'avez enfin franchi, ce pas; vous auriez ainsi continué à retarder l'avènement de votre propre bonheur, malgré cette voix qui vous poursuivait, malgré cette plainte qui vous pressait, cet appel à l'aide, malgré ce visage qui vous avait tourmenté dans votre rêve et qui se dessinait maintenant dans les fuyantes herbes du talus éclairées en rectangles par les fenêtres du wagon, auquel vous tentiez de ne plus penser malgré cette sirène d'angoisse poignante qui s'était mise à hululer[75] dans votre cœur et que vous essayiez d'écarter.

Vous avez cherché du secours dans son dernier rire sur le quai, mais c'était en vain, car voici que vous l'entendiez se renouveler[76] à votre prochain voyage, le prochain, celui de décembre, plus aigre, puis se transformer en sarcasme aux adieux suivants.

Pour l'éloigner, pour l'estomper,[77] pour l'étouffer dans la distance, vous sondiez la nuit noire où des masses plus sombres encore, arbres et maisons, filaient comme de grands troupeaux rasant le sol, accrochant votre attention sur les stations qui se succédaient avec leurs lumières, leurs pancartes et leurs horloges: Sennecey, Varennes-le-Grand, les longs quais vides de Chalon où le train ne s'arrêtait pas, Fontaines-Mercurey, Rully; puis, lassé, espérant que le sommeil allait vous reprendre, vous êtes rentré dans votre compartiment de première dont vous avez refermé la porte; en écartant un peu le rideau bleu qui masquait le carreau à votre droite, vous avez vu les lanternes d'une gare, et comme le train ralentissait encore, vous avez pu lire que c'était Chagny.

Au-delà de la fenêtre sur laquelle les gouttes de pluie sont maintenant plus fines, ce village qui passe doit être Sennecey. L'ecclésiastique se lève, prend son porte-documents sur le filet, en ouvre la

---

[70] Henriette
[71] le masque horrible se durcissant
[72] extraire cet énorme chancre
[73] (qu'Henriette lui communiquerait)

[74] prendre des détours au lieu d'agir
[75] crier en gémissant
[76] son rire
[77] voiler le rire

fermeture éclair,[78] y glisse son bréviaire et se rassied. Sur le tapis de fer chauffant, oscille une miette de biscuit au centre de l'un des losanges entre les souliers de la dame en noir et ceux du jeune militaire qui déboutonne son manteau, écarte bien les genoux, pose ses coudes par-dessus, regarde dans le corridor.

Dans le compartiment de troisième classe où vous vous êtes réveillé,[79] Cécile dormait en face de vous tandis que veillait la lumière bleue dans le lampadaire, et il y avait trois autres personnes assoupies, des touristes.

Puis au crépuscule de l'aube, vous avez vu à votre montre qu'il n'était pas encore cinq heures; le ciel était parfaitement pur et à chaque sortie de tunnel son vert apparaissait plus clair.

Entre deux collines, de l'autre côté du corridor, vous avez aperçu Vénus, et comme vous reconnaissiez la gare de Tarquinia, ceux qui étaient près de la fenêtre ont secoué leurs têtes, se sont étirés; l'un a décroché le rideau qui est remonté lentement tout seul et les rayons peu à peu roses ont commencé à peindre et détacher le visage de Cécile qui s'est mise à remuer, s'est redressée, a ouvert les yeux, vous a regardé un certain temps sans vous reconnaître, s'interrogeant, se demandant où elle se trouvait, puis vous a souri.

Vous songiez aux traits tirés qu'avait Henriette dans votre lit le matin d'avant avec ses cheveux en désordre, tandis qu'elle,[80] sa tresse noire qu'elle n'avait pas défaite, presque intacte, simplement un peu relâchée par les mouvements de la nuit, par les frottements sur le dossier, splendide dans la lumière nouvelle, lui entourait le front, les joues comme une auréole de l'ombre la plus voluptueuse et la plus riche, faisant comme vibrer l'éclat de soie à peine froissée de sa peau, de ses lèvres, de ses yeux quelques instants vagues et incertains, clignotants, mais qui avaient déjà repris toute leur vivacité avec quelque chose de plus, une sorte de gaieté confiante qu'ils n'avaient pas la veille, changement dont vous vous sentiez responsable.

«Comment? Vous êtes resté ici?»

Passant votre main sur votre menton râpeux,[81] vous lui avez dit que vous alliez revenir dans un moment, puis vous vous êtes dirigé dans le sens inverse de la marche du train jusqu'à ce compartiment de première vide maintenant dans lequel vous vous étiez installé à Paris, vous avez descendu vos bagages sur la banquette pour en tirer la poche de nylon où sont vos affaires de toilette et pouvoir aller vous raser, après quoi vous êtes revenu à travers les wagons où presque tous les rideaux étaient alors relevés, presque tous les voyageurs déjà réveillés, jusqu'à Cécile qui elle aussi pendant ce temps s'était rafraîchie, avait resserré sa tresse et repeint ses lèvres, Cécile dont vous ne saviez pas encore le nom.

Après Roma Trastevere,[82] puis le fleuve,[83] après Roma Ostiense, avec la pyramide de Cestius[84] brillante aux rayons du matin, après Roma Tuscolana, puis la porte Majeure[85] et le temple de la Minerve Médecin,[86] dans la grande gare transparente de Termini,[87] vous l'avez aidée à descendre, vous lui avez porté ses paquets, vous avez traversé le hall ensemble, vous lui avez offert le petit déjeuner, contemplant derrière les grands panneaux de verre les ruines de la construction de Dioclétien[88] illuminées par le jeune soleil superbe, vous avez insisté pour qu'elle profite de votre taxi, et c'est ainsi que vous êtes arrivé pour la première fois devant le cinquante-six via Monte della Farina, dans ce quartier que vous ne connaissiez presque pas.

Elle ne vous avait pas dit son nom; elle ignorait le vôtre; vous n'aviez point parlé de vous revoir, mais comme le chauffeur vous ramenait par la via Nazionale jusqu'à l'Albergo Quirinale, vous aviez déjà la certitude qu'un jour ou l'autre vous la retrouveriez, que l'aventure ne pouvait se terminer là, et qu'alors vous échangeriez officiellement vos identités et vos adresses, que vous conviendriez

---

[78] fermeture de deux chaînes qui se joignent au moyen d'un curseur
[79] Il se rappelle sa première rencontre avec Cécile.
[80] Cécile

[81] qui n'est pas rasé
[82] un quartier populaire de Rome
[83] le Tibre
[84] La tombe du tribun Cestius est en forme de pyramide.
[85] cette porte date du premier siècle
[86] ruines datant du troisième siècle
[87] Voir note 42.
[88] empereur romain (284–305)

d'un lieu pour vous revoir, que bientôt elle vous ferait pénétrer non seulement dans cette haute maison romaine où elle était entrée, mais encore dans tout ce quartier, dans toute une partie de Rome qui vous était encore cachée.

Tout le jour, son visage a hanté vos promenades et conversations, toute la nuit votre sommeil, et le lendemain vous n'avez pu vous empêcher de rôder du côté de la via Monte della Farina, même de faire le guet[89] quelques instants devant le cinquante-six, comme vous le ferez demain, espérant la voir apparaître à une fenêtre, puis, comme vous avez craint d'être ridicule (il y avait longtemps que vous ne vous étiez plus conduit de cette façon), surtout de l'agacer, de la gêner si elle vous voyait ainsi, de vous faire rabrouer comme importun, de tout gâcher, de tout empêcher par votre impatience, vous vous êtes résigné à vous éloigner, vous efforçant de l'oublier, résolu en tout cas à laisser au destin le soin de ménager la prochaine rencontre.

Sur le tapis de fer chauffant, la chaussure du militaire écrase la miette de biscuit. L'ecclésiastique tire son porte-monnaie de sa poche et compte sa fortune. Au-delà de la fenêtre sur laquelle les gouttes de pluie maintenant s'espacent, cette église et ce village qui s'approchent, vous savez bien que c'est Tournus.

Dans le lampadaire au plafond la petite ampoule bleue veillait. Il faisait chaud et lourd, vous aviez de la peine à respirer; les deux autres occupants dormaient toujours, balançant leurs têtes à droite et à gauche comme des fruits agités par un grand vent, puis l'un des deux s'est éveillé, un homme épais qui s'est levé, qui s'est avancé vers la porte en titubant.

Comme vous vous efforciez de chasser de votre esprit ce visage de Cécile qui vous poursuivait, ce sont les images de votre famille parisienne qui sont venues vous tourmenter, et vous avez tenté de les chasser aussi, retombant sur celles de votre travail sans parvenir à échapper à ce triangle.[90]

Il aurait fallu que la lumière fût revenue, que vous fussiez capable de lire ou même seulement de regarder avec attention quelque chose, mais il y avait encore cette femme dans l'ombre dont vous ignoriez les yeux et les traits, la couleur des cheveux et du costume, que vous aviez peut-être vu entrer la veille au soir mais que vous aviez oubliée, cette forme confuse recroquevillée dans le coin près de la fenêtre face à la marche, protégée derrière l'accoudoir qu'elle avait baissé, dont vous entendiez la respiration régulière un peu rauque et que vous n'osiez pas troubler.

Par la porte restée à demi-ouverte, un pan de clarté jaunâtre entrait, tout habité par l'agitation des poussières, détachant de la nuit votre genou droit, dessinant sur le sol un trapèze qu'a écorné l'ombre du gros homme revenant, qui s'est adossé au panneau coulissant, dont la jambe droite, la manche droite, le bord défraîchi de la chemise, le bouton d'ivoire de la manchette, et la main qui s'est enfoncée dans sa poche pour en tirer non pas un paquet de Gauloises[91] mais de Nazionale[92] vous sont devenus visibles; puis comme vous suiviez les écheveaux de fumée qui s'élevaient, qui se tordaient, qui tentaient des incursions dans le compartiment, s'étalaient enfin, une secousse plus brutale vous a averti que vous étiez arrivé à Dijon.

Dans le silence ponctué de quelques grincements, quelques roulements isolés, la femme qui s'était réveillée a détaché les boutons du rideau auprès d'elle et l'a remonté de quelques centimètres, laissant apparaître, parce qu'il faisait déjà un peu moins sombre dehors, une mince bande grise qui peu à peu, comme le train s'était remis en marche, s'est élargie, s'est éclaircie sans qu'eussent paru les couleurs de l'aurore.

Bientôt la fenêtre entièrement dégagée vous a fait voir le ciel nuageux, et sur sa vitre des gouttes d'eau se sont mises à marquer leurs petits cercles.

La lampe bleue s'était éteinte dans le globe du plafond, les lampes jaunâtres dans le corridor; une à une toutes les portes s'ouvraient et des voyageurs en sortaient, écarquillant leurs yeux encore tout envasés de sommeil; tous les rideaux se relevaient.

---

[89] action d'épier
[90] triangle formé par le visage de Cécile, sa famille et son travail

[91] cigarettes françaises
[92] cigarettes italiennes

Vous êtes allé jusqu'au wagon-restaurant pour y prendre non point le précieux café italien, cette liqueur vivifiante et concentrée, mais simplement une eau noirâtre[93] dans une épaisse tasse de faïence bleu pâle avec les curieuses biscottes rectangulaires enveloppées par trois dans de la cellophane que vous n'avez jamais vues que là.

Dehors, sous la pluie, passait la forêt de Fontainebleau dont les arbres étaient encore garnis de feuilles que le vent arrachait comme par touffes et qui retombaient lentement pareilles à des essaims[94] de chauves-souris pourpres et fauves, ces arbres qui en quelques jours ont perdu tout leur apparat,[95] sur lesquels il ne restait plus tout à l'heure, au bout de leurs branches sévères, que quelques fines taches tremblantes, quelques rappels de cette pompe[96] alors si généreusement répandue qu'elle fourmillait jusque dans les clairières et les halliers,[97] et il vous semblait voir apparaître, cause de tout ce remuement, à travers taillis et futaies,[98] la figure d'un cavalier de très haute stature,[99] vêtu des lambeaux[100] d'un habit superbe dont les rubans et les galons métalliques décousus lui faisaient comme une chevelure de ternes flammes, sur un cheval dont transparaissaient à demi les os noirs semblables à d'humides ramures de hêtre se carbonisant,[101] à travers ses chairs flottantes, ses fibres détachées, ses lanières de peau claquantes[102] qui s'ouvraient et se refermaient, la figure de ce grand veneur dont vous aviez même l'impression d'entendre la célèbre plainte: «M'entendez-vous?»

Puis il y a eu les abords de Paris, les murs gris, les cabines des aiguilleurs, l'entremêlement des rails, les trains de banlieue, les quais et l'horloge.

Au-delà de la fenêtre sur laquelle les gouttes de pluie s'espacent de plus en plus, vous apercevez bien plus nettement que tout à l'heure, sous une tache claire dans le ciel, des maisons, les poteaux, la terre, des gens qui sortent, une charrette, une petite automobile italienne qui croise la voie au-dessus de vous sur un pont. Dans le corridor viennent deux jeunes gens déjà vêtus de leurs manteaux, avec leurs valises à la main. Passe la gare de Sénozan.

L'ecclésiastique a retiré son ticket de son porte-monnaie qu'il remet dans la poche de sa soutane après avoir fait le compte de sa fortune, puis il boutonne son manteau noir, serre autour de son cou son écharpe de tricot, met sous son bras son porte-documents[103] gonflé qu'il essaie en vain de fermer complètement, tandis que passent derrière lui les premières rues de Mâcon, puis, se tenant à la barre de métal, levant bien haut ses grands souliers, il passe devant la dame en noir, entre le militaire et le petit garçon, entre l'Italien qui tourne la page de son journal et vous, sort, reste immobile devant la vitre jusqu'à l'arrêt complet.

Qu'y a-t-il entre ces deux feuilles de cuir médiocre[104] en dehors de son bréviaire? D'autres livres? Des livres de classe peut-être s'il est professeur dans un collège, s'il va y rentrer déjeuner dans quelques instants et qu'un cours l'attend à deux heures avec des garnements dans le genre d'Henri ou Thomas,[105] ou des devoirs à corriger, des dictées toutes zébrées[106] de crayon rouge: nul,[107] très faible, zéro, souligné, avec des points d'exclamation, des analyses «A rapporter avec la signature de vos parents», des narrations «Vous écrivez une lettre à l'un de vos amis pour lui raconter vos vacances» (non, il y a déjà trop longtemps qu'ils sont rentrés; c'est toujours le premier sujet de l'année), «Imaginez que vous êtes le représentant à Paris d'une maison de machines à écrire italiennes, vous écrivez à votre directeur romain pour lui expliquer que vous avez décidé de prendre quatre jours de vacances», «Des idées mais pas de plan», «Attention à l'orthographe», «Vous faites des phrases trop longues», «En dehors du sujet», «Jamais vous ne ferez admettre à votre directeur italien des raisons

---

[93] c'est-à-dire un café infecte
[94] groupes
[95] éclat
[96] beauté
[97] réunion de buissons touffus
[98] là où on a coupé des arbres
[99] Allusion au fantôme du Grand Veneur (chef de la chasse royale) qui hante la forêt de Fontainebleau. L'apparition de ce fantôme aurait, d'après la légende, annoncé à Henri IV la mort de sa maîtresse, Gabrièle d'Astrée.
[100] morceau d'étoffe arrachée
[101] les os . . . se carbonisant
[102] faisant un bruit sec

[103] sa serviette
[104] Voir note 103.
[105] les noms des fils du narrateur
[106] marquée de raies
[107] ne vaut rien

pareilles», ou bien: «Imaginez que vous êtes monsieur Léon Delmont et que vous écrivez à votre maîtresse Cécile Darcella pour lui annoncer que vous avez trouvé pour elle une situation à Paris», «On voit bien que vous n'avez jamais été amoureux»; et lui, que sait-il de cela?

Peut-être qu'il en est dévoré, qu'il est écartelé entre son désir, ce salut qu'il pressent pour lui ici-bas, et la terreur de son divorce avec l'Église, qui le laissera si démuni.[108]

«Imaginez que vous voulez vous séparer de votre femme; vous lui écrivez pour lui expliquer la situation», «Vous ne vous êtes pas assez mis dans la peau du personnage». «Imaginez que vous êtes un père jésuite; vous écrivez à votre supérieur pour lui annoncer que vous allez quitter la compagnie.»[109]

Quelqu'un a ouvert une des fenêtres du corridor, et l'on entend assez distinctement la voix dans le haut-parleur qui récit: «...Chambéry, Saint-Jean-de-Maurienne, Saint-Michel-Valloire, Modane et l'Italie, en voitures s'il vous plaît...»

Ces voyageurs sans manteaux ni valises, ce doit être ceux qui reviennent du wagon-restaurant, le premier service terminé, et parmi eux voici en effet les jeunes mariés qui rentrent, tandis qu'à terre un employé fait claquer les portes du wagon et que le train s'ébranle, elle[110] oscillant entre les filets[111] comme un jeune bouleau dans le vent.

La veuve pèle une pomme rouge qu'elle a choisie dans le panier, en passe les quartiers l'un après l'autre au petit garçon et pose bien soigneusement les épluchures sur un morceau de journal déchiré, étalé sur ses genoux, qu'elle replie quand tout est fini, froisse en forme de boule et jette sous la banquette, après y avoir essuyé la lame de son canif qu'elle referme et range dans son sac à main, puis, elle se glisse jusqu'au coin de la fenêtre, à la place que l'ecclésiastique a quittée, et le petit garçon s'éloigne de vous, suçant ses doigts, mâchant son fruit dont l'odeur remplit encore tout le compartiment.

Passe la gare de Pont-de-Veyle. Dans le corridor,

deux jeunes gens accoudés à l'une des barres de cuivre devant une vitre allument mutuellement leurs cigarettes. Sur le tapis de fer chauffant le soulier gauche jaune clair à semelle de crêpe du jeune époux recouvre presque entièrement la tache de même couleur que dessine le morceau de biscuit écrasé.

Plus d'un mois après votre rencontre dans le train, comme vous l'aviez presque oubliée, au soir d'une journée de septembre ou d'octobre encore très chaude, où le soleil avait été superbe, vous aviez dîné seul dans un restaurant du Corso[112] avec un vin des plus médiocres malgré son prix exorbitant, après avoir dû régler un certain nombre de questions plutôt épineuses chez Scabelli, vous étiez allé pour vous détendre voir vous ne savez plus quel film français dans le cinéma qui est au coin de la via Merulana en face de l'auditorium de Mécène,[113] et devant le guichet vous l'avez rencontrée qui vous a dit bonjour avec simplicité, avec qui vous êtes monté, si bien que l'ouvreuse, comprenant que vous étiez ensemble, vous a donné deux fauteuils contigus.

Quelques minutes après le début du spectacle, le plafond s'est ouvert lentement, et c'est cela que vous considériez, non point l'écran, cette bande bleue du ciel nocturne s'élargissant pleine d'étoiles au milieu desquelles un avion passait avec ses feux de position rouge et vert tandis que de légers souffles d'air descendaient dans cette caverne.

A la sortie, vous l'avez priée d'accepter un rafraîchissement, et dans le taxi qui vous amenait à la via Veneto, par Sainte-Marie Majeure[114] et la rue des Quatre Fontaines, vous lui avez dit votre nom, votre adresse parisienne et celle où l'on pouvait vous joindre à Rome; puis, sous l'excitation merveilleuse de la claire foule élégante, vous lui avez demandé de venir déjeuner avec vous le lendemain au restaurant Tre Scalini.

C'est pourquoi le matin, avant même d'aller au siège central de chez Scabelli, vous êtes passé à la grande poste envoyer un télégramme pour avertir Henriette que vous ne seriez pas à Paris avant le

---

[108] dépouillé moralement
[109] La Compagnie de Jésus
[110] la jeune mariée
[111] les filets qui sont au-dessus des sièges et dans lesquels on met les valises

[112] Voir note 20.
[113] diplomate romain (69–8 av. J.-C.)
[114] basilique construite par le pape Libère (352 à 366).

lundi, puis, un peu avant une heure, depuis une table de la terrasse, vous l'avez vue venir de l'autre bout de la place où des petits garçons se baignaient dans la Fontaine des Fleuves,[115] minuscules à côté des géants éclatants, et si vous aviez connu à ce moment-là les poèmes de Cavalcanti,[116] vous auriez dit qu'elle faisait trembler l'air de clarté.

Elle s'est assise en face de vous, posant son sac et son chapeau sur une chaise de rotin à côté d'elle, posant ses longues mains sur la nappe parfaitement blanche où des fleurs entre vos verres s'agitaient très doucement dans l'ombre délicieuse qui vous protégeait, vous approuvait, vous incitait, tombant des hautes maisons anciennes et séparant ce qui avait été un cirque impérial en deux régions bien tranchées.

Tous deux vous regardiez le spectacle de ce peuple traversant le seuil du soleil sans interrompre gestes ni discours, allumant ou éteignant les couleurs de ses vêtements, faisant soudain jaillir des cheveux et des robes noirs plis et reflets inattendus, révélant dans ce qui n'était que flammes blanches une prodigieuse diversité de nuances.

Ensemble vous avez fait l'éloge de cette place, de cette fontaine, de cette église[117] aux deux clochers elliptiques, chants amœbées,[118] parlant pour la première fois entre vous des monuments de Rome, commençant par ceux du dix-septième siècle, et c'est elle, désirant vous montrer des «coins charmants», qui vous a guidé tout l'après-midi dans une longue promenade bientôt tendre, vous faisant passer près de toutes les églises de Borromini que vous ne connaissiez pas encore.

Sur le tapis de fer chauffant la boule de papier journal roule jusqu'aux souliers de l'Italien. Le jeune militaire, dont le manteau couleur de foin est maintenant sec, se lève et sort. Un homme qui marche dans le même sens que le train passe la tête,[119] puis s'en va, sûr qu'il s'est trompé.

Tout était comble et pourtant on était en hiver;

c'était dans cette région-ci, entre Mâcon et Bourg, à peu près à cette heure-ci; vous aviez déjeuné au premier service et vous étiez à la recherche de vos deux places de troisième; Henriette prétendait toujours que c'était plus loin et elle avait raison, pourtant vous ouvriez toutes les portes (aisément, déjà vous n'avez plus votre force d'alors), vous passiez la tête et la retiriez comme ce monsieur après avoir constaté votre erreur.

Vous avez failli faire de même pour votre compartiment, car tous ses occupants avaient changé: il y avait maintenant entre autres une famille avec quatre enfants qui s'étaient installés aux places que vous aviez quittées, rangeant soigneusement sur l'étagère au-dessus d'eux les livres que vous y aviez laissés pour les marquer.

Vous avez attendu dans le corridor, regardant les champs, les vignes et les bois noirs, le ciel très sombre au-dessus, la neige qui a commencé à tomber à Bourg, les flocons s'écrasant sur les vitres, collant aux cadres, jusqu'à Chambéry où vous avez pu vous rasseoir, Henriette près de la fenêtre et vous à côté d'elle, comme les deux jeunes mariés, mais face à la marche.

La neige qui avait cessé de tomber couvrait toutes les montagnes, tous les arbres, tous les toits des maisons et des gares sous le ciel laiteux, et la buée se condensait sur le verre froid qu'il fallait essuyer perpétuellement.

Après le passage de la frontière dans la nuit, le chauffage mal réglé étant tout juste suffisant, vous vous êtes emmitouflés tous deux dans vos manteaux, et elle a dormi la tête contre votre épaule.

Un autre homme, qui marche dans le sens inverse de celui du train, passe la tête par la porte et puis s'en va. Le jeune militaire revient et se rassied. Involontairement, il donne un coup de pied dans la boule de papier journal qui oscillait sur le tapis de fer et la chasse sous la banquette.

Au voyage suivant, vous l'aviez prévenue de votre arrivée par la première lettre que vous lui eussiez écrite, bien différente de celles d'aujourd'hui, le style étant passé de «Chère Madame» à «Chère Cécile», puis aux petits surnoms d'amants, le vous ayant fait place au tu, les formules de politesse aux envois de baisers.

---

115 Voir note 29.

116 poète italien (1255–1300)

117 l'Église de Saint-Anès, construite par Borromini (1599–1667)

118 Les deux clochers sont comparés à des vers de différentes mesures dans un poème.

119 jette un coup d'œil dans le compartiment

Vous avez trouvé sa réponse en arrivant à l'Albergo Quirinale comme vous le lui aviez demandé, vous priant de venir l'attendre à la sortie du Palais Farnèse, pour qu'elle pût vous mener, si cela vous amusait, dans un petit restaurant qu'elle 5 connaissait au Trastevere.[120]

Le pli était pris;[121] chaque fois vous l'avez revue; bientôt ce fut l'automne puis l'hiver; vous aviez parlé de musique, elle vous a procuré des places de concert; elle s'est mise à étudier pour vous les pro- 10 grammes des cinémas, à organiser tous vos loisirs à Rome.

Sans qu'elle s'en rendît compte alors, sans l'avoir cherché (vous l'avez appris tous les deux ensemble en étudiant votre Rome l'un pour l'autre), elle 15 avait mis votre première promenade commune sous le signe de Borromini;[122] depuis, vous avez eu bien d'autres guides et patrons; ainsi, comme vous aviez longuement feuilleté un jour dans une petite librairie d'occasions précieuses, près du palais 20 Borghese,[123] celle-là même où Cécile vous a acheté peu de temps après pour votre fête la Construction et la Prison[124] qui ornent votre salon, quinze place du Panthéon, un volume de Piranèse consacré aux ruines, les mêmes sujets à peu près que ceux des 25 toiles imaginaires rassemblées dans le tableau de Pannini,[125] dans l'hiver vous êtes allés considérer, interroger l'un après l'autre tous ces amas de briques et de pierres.

Un soir enfin—vous étiez allés sur la via Appia,[126] vous y aviez eu fort froid à cause du vent, vous y aviez été surpris par le coucher du soleil près du tombeau de Cécilia Métella;[127] on apercevait la ville et ses remparts dans une brume 35 pourpre poussiéreuse—, elle vous a proposé ce que vous attendiez depuis plusieurs mois, de venir prendre le thé dans sa maison, et vous avez franchi le seuil du cinquante-six via Monte della Farina, 40

vous avez monté ces quatre hauts étages, vous avez pénétré dans l'appartement de la famille da Ponte avec ses buffets noirs, ses fauteuils recouverts de houses en macramé,[128] ses calendriers publicitaires dont un de la maison Scabelli, et ses images pieuses, 5 vous êtes entré dans sa chambre si fraîchement, si différemment arrangée avec sa bibliothèque de livres français et italiens, ses photographies de Paris, son couvre-lit à rayures de couleurs.

Il y avait une grosse réserve de bois fendu à côté 10 de la cheminée et vous lui avez dit que vous vous chargiez d'allumer le feu, mais c'est une chose dont vous aviez perdu l'habitude depuis la fin de la guerre; il vous a fallu longtemps.

Il faisait chaud maintenant; enfoncé dans un des 15 fauteuils, vous avez commencé à boire son thé qui vous réconfortait merveilleusement; vous vous sentiez tout envahi d'une délicieuse fatigue; vous regardiez les flammes claires et leurs reflets sur les pots de verre et de faïence, dans les yeux tout 20 proches des vôtres de Cécile qui avait enlevé ses souliers et s'était allongée sur le divan, beurrant appuyée sur un coude, une tranche de pain grillé.

Vous entendiez le bruit du couteau sur la mie durcie, le ronflement dans le foyer; il y avait cette 25 fine odeur de deux fumées à la fois; de nouveau vous aviez toute votre timidité de jeune homme; le baiser vous apparaissait comme une fatalité à laquelle il vous était impossible de vous soustraire; vous vous êtes levé brusquement et elle vous a 30 demandé: «Qu'est-ce qu'il y a?»

La regardant sans lui répondre, sans plus pouvoir détacher vos yeux des siens, vous vous êtes approché d'elle doucement avec l'impression de tirer un immense poids derrière vous; assis près d'elle 35 sur le divan, votre bouche a eu encore quelques terribles centimètres à franchir, votre cœur était serré comme un linge humide qu'on essore.[129]

Elle a lâché le couteau qu'elle tenait d'une main, 40 le pain qu'elle tenait de l'autre, et vous avez fait ce que font ensemble les amoureux.

Sur le tapis de fer chauffant, vous voyez un pépin de pomme sauter d'un losange à un autre. Dans le

---

[120] Voir notes 22 et 82.
[121] c'est devenue une habitude
[122] Voir note 117.
[123] construit en 1549 par Martino Longhi (?–1600)
[124] gravures par Giovanni Piranesi (1720–78)
[125] Gian Paolo Pannini (1691–1764) connu pour ses peintures de ruines
[126] la plus fameuse des routes de l'ancienne Rome
[127] Le tombeau de Cécilia Métella est le monument le plus fameux situé sur la Via Appia.

[128] étoffe en fils tressés et noués
[129] presse pour faire sortir l'eau

corridor le garçon du wagon-restaurant fait tinter de nouveau sa clochette. Passe la gare de Polliat.

Le jeune militaire se lève, descend avec précaution cette boîte de contreplaqué teinte au brou de noix[130] avec sa poignée de métal, son unique bagage, et sort, bientôt suivi de l'Italien qui s'en va dans la direction opposée, masqué au bout de quelques pas à vos yeux par deux femmes d'un autre compartiment qui s'éloignent derrière lui tandis que paraissent les premières maisons de Bourg, de telle sorte qu'il n'y a plus maintenant en face que les deux jeunes mariés au-dessous de leurs deux grandes valises semblables en beau cuir clair, avec une étiquette fixée à la poignée sur laquelle est vraisemblablement écrit le nom de la ville où ils se rendent, peut-être en cette Sicile où vous désireriez aller si vous pouviez célébrer par un voyage vos fausses noces, vos demi-noces avec Cécile, trouvant là-bas presque l'été.

Outre ses affaires de toilette, avec tout cet outillage compliqué pour les ongles dont elles[131] se servent, il doit y avoir dans la sienne[132] des robes claires sans manches découvrant ses bras nus qui se doreront, ses bras qui demeuraient si bien cachés dans ce Paris, qu'ils ont quitté en même temps que vous, et le demeureront jusqu'à la fin de leur trajet, même s'ils font escale à Rome, même s'ils s'y arrêtent une journée entière et ne repartent que par le train du soir, pour arriver épuisés après vingt-quatre heures encore d'un roulement plus bruyant et moins rapide que celui-ci, d'un balancement plus brutal, de secousses plus fréquentes et

plus violentes, à Palerme ou à Syracuse où dès qu'ils auront mis les pieds, que ce soit le soir ou le matin, ils verront la mer splendide et dorée comme un tableau de Claude,[133] avec ses profondeurs vertes et violettes, il respireront l'air délicieux plein d'odeurs, ce qui les lavera, les détendra si bien qu'ils se regarderont l'un l'autre comme deux vainqueurs venant d'accomplir un exploit; il doit y avoir un costume de bain et de grandes serviettes en tissu éponge avec lesquelles ils s'essuieront le soir ou le lendemain, que ce soit lundi ou mardi (à ce moment déjà vous serez sur le chemin du retour, vous aurez déjà repassé la frontière à Modane), avant de s'étendre sur le sable.

La femme en noir a terminé son déjeuner maintenant, puisque le petit garçon est en train de sucer un bonbon à la menthe; elle ouvre la fenêtre, sur laquelle il n'y a plus que quelques gouttes, pour jeter les papiers, tandis que les quais presque vides s'immobilisent, les wagons de bois, les fils dans le ciel, les rails sur la terre qui leur répondent, devant l'horizon de petites constructions grises.

Comme le tintement de la clochette s'approche de nouveau, une fois debout, respirant longuement l'air humide, vous jetez un coup d'œil sur les étiquettes des deux valises où en effet est inscrit le mot Syracuse, sur les quatre photographies dans les coins: montagnes, bateaux, cité de Carcassonne, et l'arc de triomphe de l'Étoile au-dessus de votre place que vous marquez, après l'avoir repris sur l'étagère, par le roman que vous avez acheté au départ de Paris gare de Lyon, puis vous sortez.

[130] teinture brune
[131] les femmes
[132] la valise de la jeune mariée

[133] Claude Lorrain (1600–82), peintre français connu pour ses paysages

Index alphabétique des auteurs et des textes